Césaire Villatte

Notwörterbuch der französischen und deutschen Sprache

für Reise, Lektüre und Konversation in drei Teilen

Césaire Villatte

Notwörterbuch der französischen und deutschen Sprache
für Reise, Lektüre und Konversation in drei Teilen

ISBN/EAN: 9783744699600

Hergestellt in Europa, USA, Kanada, Australien, Japan

Cover: Foto ©Andreas Hilbeck / pixelio.de

Weitere Bücher finden Sie auf **www.hansebooks.com**

angenscheidts Notwörterbücher

Französisch-Deutsch.

NOTWÖRTERBUCH

der

französischen und deutschen Sprache

für Reise, Lektüre und Konversation.

In drei Teilen:

Teil I	Teil II	Teil III
französisch-deutsch	deutsch-französisch	Sach-Wörterbuch (Land u. Leute)

Teil I

Französisch-Deutsch

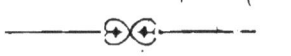

Zweite Auflage.

Zusammengestellt

von

Prof. Dr. Césaire Villatte.

BERLIN SW.

LANGENSCHEIDTSCHE VERLAGSBUCHHANDLUNG

(PROF. G. LANGENSCHEIDT)

1887.

Druck d. Langenscheidtschen Buchdruckerei, Berlin SW., Hallesche Str. 17.

Vorwort.

a) Zum Gesamtwerke.

Wer ein fremdes Land besucht, will:
1) verstehen, was er hört;
2) sagen können, was er denkt;
3) Land und Leute insoweit kennen, als dies notwendig ist, um von seinem Aufenthalte dort den richtigen Nutzen zu ziehen, Verstöße gegen Sitte und Gepflogenheiten zu vermeiden, und um auch in sprachlicher Beziehung jene Eigenarten des Landes berücksichtigen zu können, deren Kenntnis zum Verständnis und zur richtigen Anwendung sehr vieler Ausdrücke ꝛc. unbedingt erforderlich ist.

Selten, wohl niemals wird ein das fremde Land besuchender Deutscher die fremde Landessprache so beherrschen, die fremden Landesbräuche so kennen, daß er nicht häufig in der einen oder andern Beziehung in Verlegenheit geriete.

In solchen Fällen prompt aus der Not zu helfen, ist die Aufgabe vorliegenden Werkchens, das, um abgerundet, übersichtlich und relativ vollständig zu sein, für jede Sprache in drei einzelne, den angedeuteten drei verschiedenen Erfordernissen besonders dienende Teile zerlegt werden mußte.

Dem ersten Zwecke: Verstehen, was man hört 2c., — soll Teil I (französisch-deutsch) in Fällen der Not nach Möglichkeit förderlich sein; er unterscheidet sich von allen ähnlichen Erscheinungen u. a. durch die durchgängige genaue Angabe der Aussprache nach dem Toussaint-Langenscheidtschen System, das im Punkte der Genauigkeit und darum Richtigkeit von keinem andern, dem gleichen Zwecke dienenden Verfahren erreicht wird.

Die zweite Aufgabe: Sagen, was man denkt, — unterstützt Teil II (deutsch-französisch), soweit ein Miniaturlexikon dies vermag.

Dem dritten Erfordernis: Kenntnis der vom deutschen Brauche abweichenden fremden Landes-sitten, — dient Teil III „Sachwörterbuch (Land und Leute in Frankreich)".

Dieser III. Teil wird aber auch, abgesehen von Reisezwecken, überhaupt jedem Freunde und Kenner der französischen Sprache im Verkehr mit der fremden Litteratur in allen Fällen gute Dienste leisten, wo es sich darum handelt, die Sache kennen zu ler-nen, um das dafür übliche Wort zu verstehen und richtig zu gebrauchen.

Endlich soll das Gesamtwerk ein Nothelfer überall da sein, wo die Mitnahme eines größeren Lexikons unthunlich oder unbequem wäre.

b) Zum vorliegenden I. Teile.

Wie schon der Titel des Werkes besagt, kann von dem französisch-deutschen Wörterschatze hier nur das Allernotwendigste gegeben werden. Man wolle also das Gegebene, nicht das Fehlende beurteilen.

Ausgelassen sind grundsätzlich Wörter, von denen man annehmen kann, daß sie hier nicht auf-gesucht werden, z. B.: a) in beiden Sprachen fast

gleichlautende, sehr bekannte Wörter wie „dé-
cembre, exil, épilepsie“; b) viele Substantiva
verbalia auf ...ation, ...ment, sofern die entsprechen-
den Verba gegeben sind. Wer z. B. abjuration
sucht und nicht findet, wohl aber das entsprechende
Verbum *abjurer* abschwören, wird sich leicht die
Bedeutung Abschwörung zurecht legen; c) alle Ad-
verbia auf ...ment, soweit sie sich regelmäßig
von ihrem Adjektiv bilden und letzteres hier angeführt
ist; d) Angaben grammatikalischer Natur,
außer wo ein zweiter oder dritter Abschnitt eines
Artikels von dem ersten unterschieden werden mußte.
Das Genus ist jedoch jedem Hauptworte, das als
Titelkopf figuriert, beigegeben und den Übersetzungen
desselben überall da, wo das Genus desselben von
dem des Titelkopfes abweicht.

Durch diese Auslassungen war es möglich, ｛im
Verhältnis zu älteren Werken ähnlicher Natur｝
     mehr Titelköpfe,
     mehr Andeutungen der Konstruktion,
     mehr eigentümliche Redensarten,
insbesondere aber die
     vollständige Aussprache-Bezeichnung
zu bringen.

Als Quelle dieses Teils hat ausnahmslos Sachs-
Villattes encyklopädisches Wörterbuch der franz.
und deutschen Sprache gedient.

Über die Anordnung des Werkchens ist nur we-
niges zu bemerken. Jeder Titelkopf hat den An-
fangsbuchstaben (Majuskel oder Minuskel), den seine
grammatische Natur ihm anweist. Für die französischen Wörter ist die Orthographie der letzten
(1878er) Ausgabe des *Dictionnaire de l'Académie*
verwandt worden, während für die deutschen Wörter
die neue Schulorthographie angewandt wurde.

Als Vorzüge dieses Werkchens vor andern Taschenwörterbüchern möchte ich hervorheben die unter Aufwendung vieljähriger Mühe angestrebte **Korrektheit**, nicht bloß des Druckes, sondern auch der Übertragungen in die andere Sprache, sowie die Ergänzung des Wörterschatzes mit dem, was die neueste Zeit hervorgebracht hat; ferner die Aufnahme der wichtigsten Eigennamen, 2c. Das Hauptgewicht möchte ich jedoch legen auf die Beigabe der **Aus= sprache** jedes französischen Wortes nach dem be= währten Toussaint=Langenscheidtschen Systeme. Man unterschätze dies nicht, wie so manche es thun, die längere Zeit Französisch getrieben haben; man lege ihnen Wörter vor wie: asthme, igné, liber, signet, pétiole, gageure, équestre, quadruple, oder Eigennamen, wie Guise, Laon, Regnauld, les Vosges, etc.: gewiß werden manche schwanken, manche halb richtig oder falsch lesen.

Allen weitergehenden Anforderungen entspricht das schon oben genannte Wörterbuch von Sachs= Villatte.

      *   *
        *

Die vorliegende zweite Auflage des Werkchens ist ein fast unveränderter Abdruck der ersten.

Neustrelitz.

Prof. Dr. **Villatte.**

Zeichen und Abkürzungen.

F Familiär, vertraulich.

P Populär, Sprache der Ungebildeten.

† (Kreuz) veraltet.

⚘ (Blume) Botanik.

✿ (Geldstück) Handel.

⚓ (Anker) Marine, Schifffahrt.

⚔ (Degen) militärisch.

♪ (Note) Musik.

☉ (Zahnrad) Technik.

~ (die Tilde) ersetzt den Titelkopf. Abweichungen von diesem sind durch a~, B~ ꝛc. angedeutet Steht statt der Aussprache nur die Tilde, so bedeutet dies, daß die Aussprache genau der des vorhergehenden Titelkopfes entspricht.

(Man vgl. die Artikel panaché und panacher.)

---

a. = auch.

a. = adjectif, Eigenschaftswort.

abr. = abbreviiert, abgekürzt. [gig.]

abs. = absolu, unabhän-

adv. = adverbe, Umstandswort.

advt = adverbialement, in adverbialer Bedeutung.

agr. = agriculture, Ackerbau.

an. = anatomie, Anatomie.

a/n. c. = adjectif numéral cardinal, Grundzahl.

arch. = architecture, Baukunst.

bibl. = biblisch.

bl. = blason, Wappenkunde.

ch. = chasse, Jagd.

chir. = chirurgie, Wundarzneikunst.

drt. = droit, Rechtskunde.

ea. = einander.

ehm. = ehemals.

enf. = (langage des) enfants, Kindersprache.

e-r = einer.

e-s = eines.

e-m = einem.

e-n = einen.

et. = etwas.

f = féminin, weiblich.

géogr. = géographie, Erdkunde.

gr. = grammaire, Grammatik.

id. = idem, der-, die-, dasselbe.

inf. = infinitif, Infinitiv.

inv. = invariable, unveränderlich.

jem. = jemand.

j-m = jemandem.

m. = machen.

m = masculin, männlich.

math. = mathématiques, Mathematik.

méd. = médecine, Arzneikunde.

mst. = meist.

mv. part = en mauvaise part, in üblem, schlechtem Sinne.

n = neutre, sächlich.

nég. = négation, Verneinung.

npr. = nom propre, Eigenname.

oh. = ohne.

partp. = participe passé, Participium Perfekti (z. B. gebunden).

path. = pathologie, Krankheitslehre.

pharm., phm. = pharmacie, Apotheke.

pl. = pluriel, Mehrheit (m/pl. = masculin pluriel).

poét. = poétique, dichterisch.

pr. = pronom, Fürwort.

pr/p. = pronom personnel, persönliches Fürwort.

pr/poss. = pronom possessif, besitzanzeigendes Fürwort.

s. = substantif, Hauptwort.

sn = sein.

subj. = subjonctif, Konjunktiv.

sup. = superlatif, Superlativ.

thé. = théâtre, Theater.

typ.	= tygographie, Buchdruckerkunst.	*vét.*	= vétérinaire, Tierarzneikunde.
v.	= voir, voyez, siehe.	*vo.*	= voyelle, Vokal.
v.	= verbe, Zeitwort.	w.	= werden.
v/a.	= verbe actif, thätiges Zeitwort.	*zo.*	= zoologie, Tierkunde.
v/n.	= *verbe neutre*, intransitiv.Zeitwort.	zf.	= zusammen.
		Zssg.	= Zusammensetzung.

Erläuterung des Toussaint-Langenscheidt französischen

══ I. Allgemeine Grundsätze. ══

Deutsche Buchstaben: für französische Laute, welche auch durch deutsche Schriftzeichen genau bezeichnet werden können: a, e, b, k, 2c.

Lateinische Schrift: für franz. Laute, welche sich nicht durch deutsche Buchstaben wiedergeben lassen: a, ä͟, ᴳ, 2c. (*Kursivschrift* mit unterlegtem ‿: a̠, ä̠, 2c. für Nasenlaute).

Kleinere Schrift: für schwache, unbetonte Vokale und wenig hervortretende Konsonanten: ᵢ, ᵟ, ᵟ, 2c.: lieu (lᶠö); bᵢ, ᵗᵢ, ᵇʳ, 2c.: oncle (ō̠'ᵗᵢ).

══ II. Besondere Zeichen. ══

˘ (Kürzezeichen): bắld, Bĕgĭnn, Mŏral, Nŭll, ă,ŏ,ĕ,ŏ,ŏ.

¯ (Längezeichen): Tādel, ēdel, Alie, Pōle, Blūt, ā,ō,ē,ā,ō.

′ (Silbenaccent): gibt die betonte Silbe an: Ge′bet mir das Gebe′tbuch.

- (Trennungsstrich) zerlegt das Wort in soviel Silben als zu sprechen sind: fidélité (fi-de-li-te′).

⌢ (Bogen) steht über Doppellauten, welche als eine Silbe zu sprechen sind: Molière (mŏ-lᶠä̂′r).

' (Apostroph): = fast stummes kurzes ŏ, noch kürzer als ŏ.

══ III. Vokale. ══

a geschlossenes a: Schwan.
a offenes a: Kassel, mädame.

a̠ nasales a: enfant (a̠-fa̠′).
e geschlossenes e: See, Klee.

schen Systems zur Bezeichnung der Aussprache.

ä̃ halboffenes e: (zwischen ä u. e): Ehre, Gewehre.

ä offenes e: Ähre, gewähre.

ą̃ nasales ä: faim (fą̃), main (mą̃).

o geschloss. o: Ton, Sohn.

o offenes o: Tonne, Sonne, Mord.

ǫ nasales o: bonbon (bǫ-bǫ').

ö geschlossenes ö: Töne, Öfen, heureux (ö-rö').

ö offenes ö: Tönnchen, öffnen, œuf (öf).

ǫ̈ nasales ö: parfum (pär-fǫ̈').

=== **IV. Konsonanten.** ===

g = G in Gott (hochdeutsch ausgesprochen).

j̇ = son mouillé.

ganz schwaches, flüchtig. j.

s das sanfte, weiche s: Rose.

ß das scharfe s: Haß.

G (eine Vereinigung von G und j) stellt den franz. Laut dar, der in Logis mit „g", in Journal mit „j" geschrieben wird.

=== **V. Besondere Bemerkungen.** ===

1. Die in der Aussprache-Bezeichnung sonst vorkommenden, vorstehend weiter nicht besprochenen deutschen Buchstaben werden wie im Hochdeutschen gelesen: sévérité (sě-we-rĭ-te').

2. Vokale, die weder ein Länge- noch ein Kürzezeichen haben, lauten mittelzeitig, d. h. weder lang noch kurz.

3. Die Konsonanten t, ß, k, p, sch sind sorgfältigst zu unterscheiden von d, s, g, b, g.

4. Alle stummen französischen Buchstaben werden gar nicht bezeichnet.

(Für Notizen.)

`

(Für Notizen.)

A.

A (a) A n; abr. = Altesse.

abaisse (ă-bæ'ß) f Unterrinde an Pasteten. [ten n; Erniedrigung f.

abaissement (ă-bæ-ßmg') m Sen-

abaisser (ă-bæ-ße') niedriger machen; demütigen; s'~ sich senken; sich erniedrigen.

abandon (ă-bg-bg') m Verlaffenheit f; Abtretung f; Ungezwungenheit f; à l'~ gänzlich vernachläffigt;brunter u.drüber.

abandonner(ă-bg-bŏ-ne') gänzlich verlaffen, im Stich laffen; aufgeben; fahren laffen; s'~ sich hingeben.

abaque (ă-bă'ſ) m Kapitälplatte f.

abasourdir (ă-bă-ßur-bī'r) betäuben; verbutzen. [schlachten n.

abatage(ta'G) n Holzfällen n; Ab-

abâtardir(ă-ba-tär-bī'r) ausarten (machen). [Entartung f.

abâtardissement (bī-ßmg') m

abatis (tī') m Späne pl.; Schlacht-Abfälle pl., Gänse rc. Klein n.

abat-jour (ă-ba-Gū'r) m Lichtschirm; Schrägfenster n.

abattant (ă-bă-tg') m Fall-laden, -thür f; Tischklappe f.

abattement (ă-bă-tmg')m Niedergeschlagenheit f.

abattoir (tŏă'r) m Schlachthaus n.

abattre (ă-bă'tr) herunterschlagen; schlachten; s'~ einstürzen; sich legen (vom Winde).

abattu, ~e (ă-bă-tü') niedergeschlagen. [bach n.

abat-vent (ă-bă-wg') m Wetter-

abat-voix (wŏă') m Schalldeckel.

abbatial (ă-bă-ßiă'l) äbtlich.

abbaye (ă-bĕ'-i) f Abtei.

abbé (ă-be') m Abt; Abbé.

abbesse (ă-bæ'ß) f Äbtiffin.

abcès (ăb-ßā') m Geschwür n.

abdication (ăb-bĭ-kā-ßiọ') f Abbankung; Entsagung.

abdiquer (ăb-bĭ-ke') abbanken.

abdomen (bŏ-mæ'n) m Unterleib.

abecquer (ă-bæ-ke') junge Vögel füttern.

abée (ă-bē') f Mühlenschleuse.

abeille (ă-bæ'j) f Biene.

aberration (ă-bær-rā-ßiọ') f Abweichung.

abêtir (ă-bæ-tī'r) dumm machen.

abhorrer (ă-bŏr-re') verabscheuen.

abîme (ă-bī'm) m Abgrund.

abîmer (bi-me') zu Grunde richten; s'~, auch: sich vertiefen (in et.).

abject, ~e (ă-bGæ'kt) verworfen; verächtlich. [worfenheit.

abjection (ă-bGæ-kßiọ') f Ver-

abjurer (ă-bGü-re') abschwören.

able (a'bl) m, ~tte (ă-blæ't) f Weißfisch m.

ablution(ă-blü-ßiọ')fAbwaschung.

abnégation (ăb-nĕ-gā-ßiọ') f Verleugnung. [Todeskampf.

aboi (ă-bŏă') m Gebell; ~s m/pl.

aboiement, aboîment (ă-bŏă-mg') m Gebell n.

abolir (ă-bŏ-lī'r) abschaffen.

abolition (li-ßiọ') f Abschaffung.

abominable(mĭ-na'bl) abscheulich.

abomination (nā-ßiọ') f Greuelm.

abondance (ă-bg-bg'ß) f überfluß.

abondant, ~e (bg', bg't) reichlich.

abonder (ă-bg-be') reichlich vorhanden sein.

abonné m, ~e f (ă-bŏ-ne') Abon-
nent(in).

abonnir (ă-bŏ-nī'r) gut machen,
verbessern.

abord (ă-bŏ'r) m Zugang; avoir
l'~ facile zugänglich sein; dès
l'~gleich zuerst; d'~erst,anfangs.

abordable(ă-bŏr-ba'bl)zugänglich.

abordage (ă-bŏr-ba'G) m Anlegen
n, Entern n, Übersegeln n.

aborder (ă-bŏr-be') I. v/a. sich jem.
nähern; jem. anreden; eine Sache
vornehmen; ↓ anlegen, entern;
übersegeln. II. v/n. anlanden.

aborigènes (ă-bŏ-rĭ-Gæ'n) m/pl.
Ur-einwohner.

abortif, ~ve (ă-bŏr-tī'f, ~Ī'w) zu
früh geboren; verkümmert; die
Leibesfrucht abtreibend.

abouchement (ă-bu-schmg') m
mündliche Unterredung.

aboucher (sche'): s'~ sich bereden.

about (ă-bu') m Balkenkopf; Ein-
laßzapfen.

aboutir (ă-bŭ-tī'r) à qc. bis an
et. gehen, an et. grenzen; auf
et. hinzielen.

aboutissant, ~e(ă-bu-tĭ-ßg', ~ğ't)
angrenzend (v. tenant).

aboyer (ă-bŏ̈ă-se') bellen.

aboyeur (ă-bŏ̈ă-iŏ'r) m ch. Sau-
beller, Kläffer; fig. bissiger
Mensch.

abrégé (brĕ-Ge') m Abriß, Auszug.

abréger (ă-brĕ-Ge') abkürzen.

abreuver (ă-brŏ-we') tränken.

abreuvoir (wŏ̈ă'r) m Schwemme,
Tränke f.   [kürzung.

abréviation (ă-brĕ-wĭă-ßğ') f Ab-

abri (ă-bri') Obdach n; à l'~ de
gedeckt gegen.

abricot (ă-brĭ-ko') m Aprikose f.

abricotier (ă-brĭ-kŏ-tĭe') m Apri-
kosenbaum.

abriter (ă-brĭ-te') gegen Wind
und Wetter schützen.   [heben.

abroger (brŏ-Ge') abschaffen, auf-

abrouti (ă-bru-tĭ') abgenagt.

abrupt, ~e (ă-brŭ'pt) schroff.

abrutir (ă-brŭ-tī'r) verdummen,
vertieren.   [Vertierung f.

abrutissement (ă-brŭ-tĭ-ßmg') m

absence (ăb-ßğ'ß) f Abwesenheit.

absent, ~e(ăb-ßğ', ~ğ't) abwesend.

absenter (ăb-ßğ-te'): s'~ sich entfernen; verreisen.

absinthe (ăb-ßğ't) f Wermut m;
eau distillée d'~ Absinth m.

absolu (ăb-ßŏ-lü') unumschränkt;
unabhängig.

absolument (mğ') adv. durchaus.

absolution (ßğ') f Freisprechung.

absolutisme (tĭ'ßm) m unum-
schränkte Regierungsform.

absolutoire (tŏ̈ă'r) lossprechend.

absorber (ăb-ßŏr-be') aufsaugen;
aufzehren; s'~ dans sich vertiefen in.

absorption (ăb-ßŏr-pßğ') f Ein-
saugung, Verzehrung.

absoudre (ăb-ßū'br) freisprechen.

abstenir (ăb-ßt'nī'r): s'~ sich
enthalten.   [von et.

abstention (ßtğ-ßğ') f Abstehen n

abstergent(ăb-ßtăr-Qğ') a. u. s/m.
reinigend(es Mittel n).

absterger (ăb-ßtăr-Qe') eine Wunde
auswaschen.

abstinence (ăb-ßtĭ-nğ'ß) f Enthaltsamkeit.

abstraction (ăb-ßtră-kßğ')f: faire
~ de qc. von et. absehen.

abstrait, ~e (ßtræ', ßtræ't) ab-
strakt.   [verständlich.

abstrus, ~e (ăb-ßtrŭ', ~ū'ß) schwer

absurde (ßŭ'rb) ungereimt. [heit.

absurdité (ßŭr-bĭ-te')f Ungereimt-

abus (ă-bŭ') m Mißbrauch.

abuser (ă-bŭ-se'): ~ q. jem. (s'~
sich) täuschen; ~ de qc. et. miß-
brauchen.   [lich.

abusif, ~ve (ßĭ'f, ßī'w) mißbräuch-

acabit (ă-kă-bĭ') m Eigenschaft f.

acacia (ă-kă-ßĭă') m Akazie f.

académicien (ă-kă-bĕ-mĭ-ßğ') m
Akademiker.

*aca*démie (ă-ĭă-bĕ-mĭ') f Afade-
mie; ~ d'équitation Reitſchule.
acagnarder (ă-ĭă-njăr-be'): s'~
faulenzen.
acajou (ă-ĭă-Qu') m Mahagoni n.
acanthe (ă-ĭā't) f Bärenĭlau;
Afanthus m.
acariâtre (ă-ĭă-rĭā'tr) zänĭiſch.
accablant, ~e (ă-ĭa-blĭ', ~ā't)
(er)brücfenb; ſchwül; fig. läſtig.
accablement (ă-ĭa-blĭmĭ') m Nie-
bergeſchlagenheit f; überhäu-
fung f mit Leiden, a. m. Geſchäften.
accabler (ble') zu Boden brücfen;
überwältigen.   [aufĭaufen.
accaparer (ă-ĭă-pa-re') wucheriſch
accapareur, ~se (rŏ'r, rŏ'f) f
wucheriſche(r) Auĭäufer(in).
accéder (ă-ĭße-be') beitreten.
accéléra*teur*, ~trice (ă-ĭßĕ-ĭĕ-ra-
tŏ'r, ~trĭ'ß) beſchleunigenb.
accélérer (re') beſchleunigen.
accent (ă-ĭßĭ') m Accent; Ton;
ſchlechte Ausſprache f.   [nung.
accentuation (tŭā-ßĭ') f Beto-
accentuer (ă-ĭßĭ-tŭ-e') betonen.
acceptable (ă-ĭßĕ̆-pta'bĭ) annehmbar, annehmlich.
acceptation (ptā-ßĭ')f Annahme.
accepter (ă-ĭßĕ̆-pte') annehmen.
acception (ă-ĭßĕ̆-pßĭ') f Rücf-
ſicht; gr. Bedeutung e-s Wortes.
accès (ă-ĭßĕ̆') m Zutritt; (Sieber-
x.) Anfall.   [lich.
accessible (ă-ĭßĕ̆-ßĭ'bĭ) zugäng-
accessit (ßĭ't) m Nebenpreis.
accessoire (ă-ĭßĕ̆-ßŏā'r) 1. neben-
ſächlich. 2. m Zuſatz; Neben-
ſache f; ~s pl. Requiſi'ten.
accident(ă-ĭßĭ-bă')m Zu-,Un-fall.
accidenté (te') uneben, coupiert.
accidentel, ~le (ă-ĭßĭ-bă-tĕ'l, ~-
tĕ'l) zufällig, unweſentlich.
acclamation (ă-ĭĭă-mā-ßĭ') f
Beifalls-, Freuden-ruf m.
acclamer (ă-ĭĭa-me') zujauchzen.
acclimater(ă-ĭĭĭ-ma-te') (s'~ ſich)
an bas Ĭlima gewöhnen.

accolade(ă-ĭŏ-la'b)f Umarmung,
Ritterſchlag; typ. Ĭlammer.
accoler (ă-ĭŏ-ĭe') umarmen, zu-
ſammen-fügen, -ĭlammern.
accommodable (ă-ĭŏ-mŏ-ba'bĭ)
was ſich gütlich beilegen läßt.
accommodant, ~e (ă-ĭŏ-mŏ-bă',
~bă't) willfährig, gefällig.
accommodement (ă-ĭŏ-mo-bmă')
m Abĭommen n, Bergleich.
accommoder (mŏ-be') in Ordnung
bringen, zurecht machen; ſchlich-
ten; s'~ à qc. ſich in et. ſchicĭen.
accompagna*teur* m, ~trice f (ă-
ĭą-pă-nja-tŏ'r, ~trĭ'ß) ber (bie)
ein Muſiĭſtücĭ begleitet.
accompagnement (~pă-nj'mă') m
Begleitung f, Gefolge n.
accompagner (nje') begleiten.
accomplir (ă-ĭą-plĭ'r) vollenden.
accomplissement (ă-ĭą-plĭ-ßmă')
m Erfüllung f, Bollendung f.
accord (ă-ĭŏ'r) Einĭlang; Bergleich; d'~ einig, einverſtanden.
accordable(ă-ĭŏr-ba'bĭ) vereinbar.
accordailles (ba'ĭ)f/pl. Berlöbnis.
accordé(e f) m (ă-ĭŏr-be') Bräutigam, Braut.
accordéon (ă-ĭŏr-bĕ-ǫ') m Zieh-
harmo'niĭa.
accorder (ă-ĭŏr-be') bewilligen;
in Übereinſtimmung bringen,
vereinigen; s'~ ſich vertragen.
accordeur m, ~se f (ă-ĭŏr-bŏ'r, ~-
bŏ'ſ) Stimmer(in).   [hammer.
accordoir (ă-ĭŏr-bŏā'r) m Stimm-
accore ⚓ (ă-ĭŏ'r) ſteil.
accort, ~e (ă-ĭŏ'r, ă-ĭŏ'rt) artig,
höflich, geſchmeidig, geſchicĭt.
accoster (ă-ĭŏ-ßte') q. auf jem.
zugehen u. ihn anſprechen.
accoter (te') anlehnen, ſtützen.
accotoir (tŏā'r) m Seitenlehne f.
accouchée (ă-ĭu-ſchĕ') f Wöchne-
rin.   [Entbindung f.
accouchement (ă-ĭu-ſchmă') m
accoucher (ſche') I. v/n. nieder-
ĭommen. II. v/a. entbinden.

accoucheur m, ~se f (ă-ku-schŏ̆'r, schŏ̆'s) Geburtshelfer, Hebamme.

accouder (ă-ku-be'): s'~ sich mit dem Ellbogen stützen.

accoudoir (dŏ̄ä'r) m Armlehne f.

accouplement (ă-ku-plĭ-mg') m Paarung; ⊕ Zusammenfügung.

accoupler (ple') (s'~ sich) paaren.

accourcir (ă-kŭr-sī'r) abkürzen.

accourir (ă-ku-rī'r) herbeilaufen.

accoutrement (ă-ku-trĭ-mg') m Ausstaffierung f, Aufputz.

accoutrer (tre') herausputzen.

accoutumance (ă-ku-tŭ-mā̆'s) f Gewöhnung. [wöhnen.

accoutumer (me') (s'~ sich) ge-
accréditer (ă-krĕ-bĭ-te') beglaubigen [Hindernis n.

accroc (ă-krŏ') m Riß im Kleide;

accrocher (ă-krŏ-sche') anhängen.

accroire (ă-krŏä'r): faire ~ qc. à q. jem. et. aufbinden. [wachs.

accroissement (krŏä-smg') m Zu-
accroître (krŏä'tr) I. v/a. vermehren. II. v/n. anwachsen. [hocken.

accroupir (ă-kru-pī'r): s'~ nieder-
accrue (ă-krŭ') f Anwachs m.

accueil (ă-kŏ̆'j) m Empfang.

accueillir (ă-kŏ̆-jī'r) aufnehmen, empfangen, bewillkommnen.

accul (ă-kŭ'l) m Ende n eines Fuchs- oder Dachs-baues.

acculer (ă-kŭ-le') in die Enge treiben; s'~ sich den Rücken decken.

accumuler (mŭ-le') anhäufen.

accusable (ă-kŭ-sa'bl) anklagbar.

accusateur m, ~trice f (ă-kŭ-sa-tŏ̄'r, ~trĭ's) Ankläger(in).

accusation (sā-sĭŏ̆') f Anklage.

accusé, ~e (ă-kŭ-se') s. Angeklagte(r); ~ de réception Empfangsanzeige f.

accuser (ă-kŭ-se') anklagen.

acerbe (ă-sĕ'rb) herbe, bitter.

acérer (ă-se-re') schärfen, spitzen.

acescent, ~e (ă-sĕ̆-sg', ~sā̆'t) sauer werdend. [Salz.

acétate (ă-sĕ̆-tä't) m essigsaures

achalander (ă-schă-lg-be') q. jem. Kunden verschaffen. [erpicht.

acharné (ă-schär-ne') erbittert,

acharnement (ă-schär-n'mg') m Raubgier v. Tieren; Erbitterung.

acharner (ă-schär-ne') aufhetzen, erbittern; s'~ erpicht sein.

achat (ă-scha') m Einkauf, Kauf.

acheminer (ă-sch'mi-ne'): s'~ sich auf den Weg machen.

acheter (ă-schte') (ein-)kaufen.

acheteur m, ~se f (ă-schtŏ̄'r, ~ŏ̆'s) Käufer(in), Aufkäufer(in).

achèvement (ă-schä̆-v'mg') m Vollendung f. [vollenden.

achever (ă-sch've') fertig machen,

achillée (ă-kĭ-le') f Schafgarbe.

achoppement (ă-schŏ̆-p'mg') m: pierre d'~ Stein des Anstoßes.

achromatique (ă-krŏ-ma-ti'k) farblos.

acide (ă-sī'b) 1. sauer. 2. m Säure.

acidité (ă-sĭ-bĭ-te') f Säure, Schärfe.

acidule (bü'l) säuerlich; eaux ~s Sauerbrunnen m.

acier (ă-sĭe') m Stahl.

aciérer (ă-sĭe-re') stählen.

aciérie (ă-sĭe-rī') f Stahlhütte.

acolyte (ă-kŏ-li't) m Meßgehülfe.

acompte (ă-kg̱'t) m Abschlagszahlung f.

aconit (ă-kŏ-ni't) m Eisenhut.

acoquiner (kĭ-ne') faul u. liederlich
à-coup (ă-ku') m Ruck. [machen.

acoustique (ă-ku-sti'k) 1. akustisch (das Gehör betreffend). 2. f Klanglehre, Aku'stik.

acquéreur m, ~se f (ă-kĕ-rŏ̄'r, ~ŏ̆'s) Erwerber(in), Aufkäufer(in).

acquérir (ă-kĕ-rī'r) erwerben.

acquiescement (ă-kĭä̆-smg') m Zustimmung f. [einwilligen.

acquiescer (ă-kĭä̆-se') à qc. in et.

acquis (ă-kĭ') 1. erworben. 2. m angeeignete Kenntnisse pl.

acquisition (ă-kĭ-sĭ-sĭŏ̆') f Erwerbung, Ankauf m.

acquit(ă-ťi') m Quittung *f*; ~-à-caution Bürgſchein; ~ de transit Tranſitſchein; Bezahlung *f*; Beruhigung (des Gewiſſens); par manière d'~ zum Schein, obenhin; Ausſatz im Billard.

acquittement (ă-ťi-tmạ') m Zahlung *f*; Freiſprechung *f*.

acquitter(ă-ťi-te') entlaſten; freiſprechen; bezahlen; quittieren; s'~ de qc. ſich v. et. frei machen.

âcre (ā'tɛ) herbe; *fig.* beißend.

âcreté (a-ťri-te') *f* Herbe, Schärfe.

acrimonie (ă-ťri-mŏ-nĭ') *f* Schärfe; *fig.* Bitterkeit.

acrimonieux, ~se (ă-ťri-mŏ-nĭȭ', ~nĭȭ'ſ) ſcharf; *fig.* gallicht.

acrobate (ťrŏ-ba't) m Seiltänzer.

acte (ăťt) m That *f*, Handlung *f*; Urkunde *f*; Akt, Aufzug; A~s des apôtres Apoſtelgeſchichte *f*.

acteur m, ~trice *f* (ă-ťtŏ'r, ~trĭ'ß) Schauſpieler(in).

actif, ~ve (ă-ťti'f, ~ĭ'v) 1. thätig; wirkſam. 2. m Aktivvermögen n; *gr.* Acti'vum n.

action(ă-ťßȭ')*f*Handlung; Lebendigkeit; Thätigkeit; Gefecht n; gerichtliche Klage; Aktie.

actionner (ă-ťßiŏ-ne') gerichtlich belangen. [keit; Wirkſamkeit.

activité (ă-ťti-wi-te') *f* Thätig-

actrice v. acteur.

actualité(ă-ttĭa-li-te')*f*Wirklichkeit; Zeitgemäßheit.

actuel, ~le (ă-ťtuǣ'l, ~uǣ'l) gegenwärtig; wirklich; wirkſam.

acuité (ă-ťui-te') *f* Spitzigkeit.

acutangle (ťu-tā'ǥl) ſpitzwinkelig.

adage (ă-da'ǥ) m Sprichwort n.

adapter (ă-dă-pte') anpaſſen.

addition (bi-ßȭ')*f* Hinzufügung; Zuſatz m; Addition; Rechnung im Gaſthauſe. [ǣ'l) zuſätzlich.

additionnel, ~le (ă-bi-ßiŏ-nǣ'l,

additionner (ne') zſ.-zählen.

adepte (ă-dǣ'pt) s. Eingeweihte(r); Goldmacher, Alchymi'ſt.

adhérence (ă-bě-rạ̄'ß) *f* Anhangen n; Ankleben n an et.

adhérent, ~e (rạ', rạ̄'t) 1. an-hangend, -klebend. 2. m Anhänger.

adhérer (ă-be-re') an-hangen, -kleben; zu einer Partei halten; *fig.* beiſtimmen.

adhésif, ~ve (ă-bě-ſi'f, ~i'v) an-klebend; *fig.* beiſtimmend.

adhésion (ă-bě-ſȭ')*f*Anhangen n; Anziehungskraft; Beitritt m.

adiante ♀ (ă-bĭā't) m Frauenhaar.

adieu (ă-bĭȭ') 1. Gott befohlen!; lebe wohl. 2. ~x m/pl. Lebe-

Adige (ă-bi'Ǥ) *f* Etſch. [wohl n.

adipeux, ~se (pȭ', pȭ'ſ) fetthaltig.

adjacent, ~e (ă-bǥ̌ă-ßạ', ~ßạ̄'t) angrenzend.

adjoindre (ă-bǥ̌ȭ̃'bɛ) zugeſellen.

adjoint, ~e (ă-bǥ̌ȭ̃', ă-bǥ̌ȭ̃'t) 1. beigeordnet. 2. Amtsgehülfe.

adjonction (ă-bǥ̌ạ-ťßȭ') *f* Zuord-nung eines Amtsgehülfen; Hinzu-fügung.

adjudicataire (ă-bǥ̌ŭ-bi-ťa-tā'r) m jem., dem gerichtlich et. zuer-kannt wird.

adjudication (ťā-ßȭ') *f* gerichtliche Zuſprechung; Auktion; Sub-miſſion. [erkennen; zuſchlagen.

adjuger (ă-bǥ̌ŭ-Ǥe') gerichtlich zu-

adjurer (re') beſchwören, inſtändig bitten. [gelten laſſen.

admettre (ăd-mǣ'tɛ) zulaſſen;

adminicule (mi-ni-ťü'l) m Behelf.

administrateur m, ~trice *f* (ſtra-tŏ'r, ~trĭ'ß) *f* Verwalter(in).

administratif, ~ve (ti'f, ti'v) zur Verwaltung gehörig. [waltung.

administration (ſtrā-ßȭ') *f* Ver-

administré (ăd-mi-ni-ſtre') m Untergebene(r) einer Verwaltung.

administrer (~) verwalten; ver-abreichen; die Sakramente aus-teilen; einem Kranken die letzte Ölung geben; Beweiſe beibringen.

admirable (ăd-mi-ra'bi) bewun-bernswürdig; vortrefflich.

admira*teur* m, ～trice f (äb-mĭ-ra-tö'r, ～trĭ'ß) Bewunbrer(in).
admirati*f*, ～ve (äb-mĭ-ra-tĭ'f, ～ tĭ'w)Bewunberung ausbrückenb ob. erregenb. [wunberung.
admiration (äb-mĭ-rā-ß(ǭ') f Be=
admirer (äb-mĭ-re) bewunbern.
admissible (äb-mĭ-ßĭ'ßĭ) zuläffig.
admission (mĭ-ß(ǭ') f Zulaffung.
admonition (äb-mŏ-ni-ß(ǭ') f Warnung, Verweis m, Rüge.
adolescence (ä-bŏ-lä̆-ßǟ'ß) f Jünglingsalter n; Jugenb.
adolescent, ～e (ä-bŏ-lä̆-ßǡ', ～ ßǡ't) 1. a. jung, neu. 2. s. Jüngling, Jungfrau.
adoniser (nĭ-ſe') herausputzen.
adonner (ä-bŏ-ne'): s'～ ſich einer Sache hingeben, wibmen.
adoptable (pta'ßĭ) aboptierbar.
adopter (ä-bŏ-pte') an Kinbesftatt annehmen; ſich aneignen.
adopti*f*, ～ve (ptĭ'f, ptĭ'w) an Kin= besftatt angenommen; Pflege=...
adoption (ä-bŏ-pßĭ(ǭ') f Annahme an Kinbesftatt.
adorable (ra'ßĭ) anbetungswürbig.
adora*teur* m, ～trice f (ä-bŏ-ra-tö'r, ～trĭ'ß) Anbeter(in).
adorer (ä-bŏ-re') anbeten.
ados (ä-bō') ſchräges Gartenbeet.
adosser (ä-bo-ße') anlehnen.
adouber (ä-bu-ße') 1. einen Stein, eine Figur im Schachspiel berüh= ren. 2. ein Schiff ausbeffern.
adoucir (ä-bu-ßĭ'r) berfüßen, milbern; polieren.
adoucissement (ä-bu-ßĭ-ßmᵃ') m Berfüßung f; Linberung f.
adragant (ä-brᵃ-gᵃ') m Tragᵃ'nt.
adresse (ä-brä̆'ß) f 1. Auffchrift; Empfehlungsbrief m; Denk=ſchrift. 2. Gefchicklichkeit; Lift.
adresser (ä-brä̆-ße') richten; einen Brief an jem. abreffieren; an jem. weiſen; s'～ à q. ſich an jem. wenben. [gewanbt.
adroit, ～e (ä-brŏ̆ä', ～ßä't) geſchickt,

adu*lateur* m, ～trice f (ä-bü-la-tö'r, ～trĭ'ß) Schmeichler(in), Fuchsfchwänzer(in).
adulation (ä-bü-lā-ß(ǭ') f niebrige Schmeichelei. [cheln.
aduler (ä-bü-le') kriechenb ſchmei=
adulte (ä-bü'lt) 1. a. erwachfen. 2. s. Erwachfene(r).
adultère (ä-bül-tǟ'r) 1. a. ehebre-cherifch; homme (femme)～ Ehe-brecher(in). 2. m Ehebruch.
adultérin, ～e (ä-bül-tĕ-rᵃ', ～i'n) im Ehebruch erzeugt.
advenir (äb-w'nĭ'r) geſchehen.
adversaire (äb-wär-ßǟ'r) s. Geg-ner(in); Gegenpartei.
adverse (wä'rß) wibrig, Gegen=...
adversité (äb-wär-ßĭ-te') f Miß-geſchick n.
aérage (ä-ĕ-ra'G) m Lüftung f.
aéré, ～e (ä-ĕ-re') luftig. [ſetzen.
aérer (～) lüften, ber Luft aus=
aérien, ～ne (ä-ĕ-rĭǡ', ～rĭä̆'n) in ber Luft vergehenb, Luft=...
aéri..., aéro... Luft=...
aérolithe (rŏ-lĭ't) m Meteorftein.
aéronaute (nō't) m Luftfchiffer.
aérostat (ßtᵃ') m Luftballon.
affabilité (ä-fä-bĭ-lĭ-te') f Leut-feligkeit, Freunblichkeit.
affable (ä-fa'ßĭ) leutfelig.
affadir (ä-fa-bĭ'r) ungenießbar machen; anwibern.
affaiblir (ä-fä̆-blĭ'r) ſchwächen.
affaiblissement (ä-fä̆-blĭ-ßmᵃ') m Schwächung, Entkräftung.
affaire (ä-fǟ'r) f Gefchäft n; An-gelegenheit, Sache; Glück n; Ge-fecht n; Prozeß m.
affairé (ä-fä̆-re') gefchäftig.
affaissement(ä-fä̆-ßmᵃ')m (Ein=) Sinken n; Entkräftung f.
affaisser (ä-fä̆-ße') nieber=, zu Boben brücken; s'～ hinſinken.
affamer (ä-fa-me') aushungern.
affectation (ä-fä̆-ktā-ß(ǭ') f Zie-rerei; Sucht nach et.; Beftim-mung einer Summe.

*aff*ecter (ă-fă̆-kte') Vorliebe für jem., et. haben; erfünſteln; begierig nach et. ſtreben; eine Summe für et. beſtimmen; rühren.

affectiſ, ‿ve (ă-fă̆-kti'f, ‿i'w) ergreifend, Gemüts-...

affection (lȟ̃Q') f Zuneigung.

affectionné (ă-fă̆-kȟ̃ŏ-ne') wohlgewogen.

affectionner (ă-fă̆-kȟ̃ŏ-ne') q. jem. wohlgewogen ſein; ‿ qc. Neigung für et. haben; s'‿ à qc. ſich für et. intereſſieren.

affectueux, ‿se (ă-fă̆-ktü-ŏ', ‿ŏ'ſ) liebevoll, herzlich; ergreifend.

affermer (ă-făr-me') (ver)pachten.

affermir (ă-făr-mi'r) befeſtigen.

afféte̍ (ă-fe-te') geziert, affektiert.

afféterie (ă-fe-t'ri') f Biererei.

affiche (ă-fi'ſch) f Anſchlage-zettel; petites ‿s Intelligenzblatt n.

afficher (ă-fi-ſche') öffentlich anſchlagen; zur Schau tragen; s'‿ pour ... ſich ausgeben für ...

affidé, ‿e (ă-fi-de') 1. a. vertraut. 2. s. Vertraute(r), Spießgeſell.

affiler (ă-fi-le') ſcharf machen.

affiliation (lĭẵ-ȟ̃Q') f Aufnahme in einen Orden; Verbrüderung.

affilier (ă-fi-li-e') in eine Geſellſchaft aufnehmen; s'‿ ſich verbrüdern, ſich anſchließen.

affiloir (ă-fi-lŏẵ'r) m Wetzſtein, Streichriemen.

affinage (na'Q) m Feinmachen n; Friſchen n (Metalle); Läuterung.

affiner (ă-fi-ne') fein machen; ſpitzen; zu Draht ziehen; Metall abtreiben.

affinerie (ă-fi-n'ri') f Raffinerie; Drahtzieherei; Abtreibhütte.

affineur (ă-fi-nŏ'r) m Flachshechler; Drahtzieher; Zuckerläuterer; Abtreiber beim Metall.

affinité (ni-te') f Verwandtſchaft.

affinoir (ă-fi-nŏẵ'r) m Feinhechel f.

affiquet (ă-fi-kă̆') m Strickſcheibe; ‿s pl. Flitterſtaat.

*aff*irmatiſ, ‿ve (ă-fĭr-ma-ti'f, ‿ti'w) bejahend; bekräftigend.

affirmation (mă-ȟ̃Q') f Bejahung.

affirmer(me')bejahen, bekräftigen.

affleurer (ă-flŏ-re') auf gleiche Linie bringen; leicht berühren; v/n. horizontal fortlaufen.

affliction (fli-kȟ̃Q') f Betrübnis.

affligeant, ‿e (ă-fli-Qẵ', ‿ă't) betrübend.   [kränken.

affliger (ă-fli-Qe') betrüben;

affluence (ă-flüẵ'ß) f Zuſtrömen n; Überfluß m.

affluent, ‿e (ă-flüẵ', ‿ẵ't) 1. zuſtrömend. 2. m Nebenfluß.

affluer (ă-flü-e') zuſtrömen; einmünden, ſich ergießen.

afflux (flü') m Andrang des Blutes.

affoler (ă-fŏ-le') zum Narren machen; ♉ aiguille ‿e plötzlich abſpringende Magnetnadel.

affourcher (ă-fŭr-ſche') ausßehlen; v/n. u. s'‿ ſich rittlings ſetzen.

affranchi, ‿e (ă-frₐ-ſchi') 1.a. freigelaſſen. 2. s. Freigelaſſene(r).

affranchir (ſchi'r) frei machen; frei laſſen; einen Brief frankieren.

affranchissement (ſchi-ßmₐ') m Freilaſſung f; Frankieren n.

affres (ă'fr) f/pl. Schrecken m des Todes.   [ten, befrachten.

afféter (ă-fre-te') ein Schiff mie-

affréteur (ă-frĕ-tŏ'r) m Mieter eines Schiffes.

affreux, ‿se (frŏ', ŏ'ſ) abſcheulich.

affriander (ă-friₐ-be') naſchhaft machen; anlocken.

affrioler (ă-friŏ-le') = affriander.

affront (ă-frₐ') m Beſchimpfung f.

affronter (ă-frₐ-te') q. jem. die Stirn bieten; den Gefahren trotzen.

affublement (ă-fü-bl'mₐ') m lächerlicher Anzug.

affubler (ă-fü-ble') einhüllen; ausſtaffieren.

affût (ă-fü') m Lafette f; Anſtand auf der Jagd; être à l'‿ auf der Lauer ſtehen.

affûter (ă-fū-te') auf die Lafette setzen; zurecht machen; mit e-m Stiel versehen. [um zu.
afin (fₐ') que, ~ de damit, auf daß,
africain, ~e (ă-frĭ-fₐ', ~æ'n) afrikanisch; A~ s. Afrikaner(in).
Afrique (ă-frĭ't) f A'frika n.
agaçant, ~e (ă-ga-ßₐ', ~ßₐ't) herausfordernd; stichelnd.
agace (ă-gā'ß) f Elster.
agacer (ă-gä-ße') die Zähne stumpf machen; necken, foppen.
agacerie (ă-ga-ß'rĭ') f Neckerei.
agape (ă-gä'p) f Liebesmahl n.
agaric (ă-gä-rĭ't) m Blätterpilz.
agate (ă-ga't) f Acha't m. [ter n.
âge (āG) m (Menschen-, Zeit-)Alâgé, ~e (a-Ge') alt, bejahrt.
agence (ă-Gā'ß) f Agentschaft.
agencement (ă-Gₐ-ßmₐ') m geschickte Anordnung; Aufputzen.
agencer (ă-Gₐ-ße') zurechtlegen, anordnen; herausputzen.
agenda (ă-Gₐ-da') m Notizbuch n.
agenouiller (ă-G'nŭ-je'): s'~ niederknien.
agent (ă-Gₐ') m wirkende Kraft; Age'nt; ~ de change Wechselmäkler; ~ provocateur bezahlter Unruhstifter.
agglomérer (ă-glŏ-mĕ-re') zusammen-häufen, -ballen.
agglutiner (ă-glü-tĭ-ne') ankleben; zusammenheilen.
aggravant, ~e (ă-grä-wₐ', ~ₐ't) erschwerend; fig. gravierend.
aggraver (ă-grä-we') erschweren; verschlimmern (Krankheit).
agile (ă-Gĭ'l) behend, flink.
agilité(ă-Gĭ-lĭ-te')f Behendigkeit.
agioter (ă-Gĭ-ŏ-te') Börsenwucher treiben.
agioteur (tō'r) m Börsenwucherer.
agir (ă-Gĭ'r) handeln, verfahren; (ein-)wirken; il s'agit de ... es handelt sich um ...
agissant, ~e(Gĭ-ßₐ', ~ₐ't)wirksam.
agitateur (ta-tō'r) m Aufwiegler.

agitation(ă-Gĭ-tā-ßĭₒ')f Bewegtheit, Unruhe; Aufwiegelung.
agiter (ă-Gĭ-te') hin- u. her-bewegen; be-unruhigen; eine Frage anregen, verhandeln.
agnat (ă-gna') m Blutsverwandte(r) väterlicher Linie.
agneau (ă-njo') m Lamm n.
agneler (ă-nj'le') lammen.
agneline (ă-nj'lĭ'n) a/f. laine ~ Lämmerwolle. [vom Lande.
Agnès (ă-njæ'ß) f Agnes; Einfalt
agonie (ă-gŏ-nĭ') f Todeskampf m.
agoniser (ă-gŏ-nĭ-ße') im Sterben liegen. [chen u.
agrafe (ă-grä'f) f Spange, Häkagrafer (ă-grä-fe') anhaken.
agraire (grä'r) a.: loi ~ Ackergesetz.
agrandir (ă-grₐ-dĭ'r) vergrößern.
agrandissement (ă-grₐ-dĭ-ßmₐ') m Vergrößerung f.
agréable (ă-grĕ-a'bl) angenehm.
agréer (grĕ-e') I. v/a. 1. genehmigen. 2. ⚓ auftakeln. II. v/n. gefallen, anstehen.
agréeur (ĕ'r) m Takelmeister.
agrégé (ă-grĕ-Ge') 1. a. herdenweise beisammen lebend. 2. m Aggrega't n, Anhäufung f; außerordentlicher Professor.
agréger (ă-grĕ-Ge') beigesellen; in eine Körperschaft aufnehmen.
agrément (ă-grĕ-mₐ') m Genehmigung f; Annehmlichkeit f; ~s pl. Vorzüge; Verzierungen f.
agrès (ă-græ') m/pl. Takelage f.
agresseur (græ-ßō'r) m Angreifer.
agressif, ~ve (ă-grĕ-ßĭ'f, ~ĭ'w) angreifend.
agression(ă-grĕ-ßĭₒ')f Angriff m.
agreste (ă-græ'ßt) ländlich; wild (wachsend).
Agria (ă-grĭ-a') npr. f 1. Eger n. 2. Erlau n.
agricole (ă-grĭ-fŏ'l) Ackerbau treibend. [mann, Landwirt.
agriculteur (fŭl-tō'r) m Ackersagriculture (tŭ'r) f Ackerbau m.

agriffer(ä-grĭ-fe')mit den Klauen
faffen.   [baukunbige(r).
agronome (ă-grŏ-nŏ'm) m Acker-
aguerrir (ă-gă-rī'r) an den Krieg
  gewöhnen; abhärten.
aguets (ă-gä̈') m/pl.: aux ~ auf
  der Lauer.   [chen.
ahaner (ă-ă-ne') bei der Arbeit keu-
ahi (ă-ĭ') au, o weh!
ahurir (ă-ü-rī'r) verbutzen.
aï (ă-ĭ') m 1. Faultier n. 2. Cham-
  pagner aus der Stadt Aï.
aide (äb) 1. f Hülfe. 2. s. Gehülfe,
  Gehülfin; ~ de camp Adjutant.
aider (æ-be') helfen; s'~ de qc.
  sich mit et. zu helfen suchen.
aïe (ă-ĭ') = ahi. ~
aïeul m, ~e f (ă-iö'l) Groß-vater,
  -mutter; Ahn-herr, -frau;
  aïeux pl. Ahnen.
aigle (ä̈'gl) 1. m Adler. 2. f Adler-
  weibchen n; (Wappen-)Adler m;
  Feldzeichen n.
aiglon (æ-glŏ') m junger Adler.
aigre (ä̈'gr) fauer; scharf, schneidend.   [fauersüß.
aigre-doux,~ce(æ-grĭ-bū', ~bū'ß)
aigrefin (æ-grĭ-fǡ') m Schellfisch;
  Schlaukopf.
aigrelet, ~te (læ', læ't) fäuerlich.
aigremoine(mx̃a'n) f Obermennig.
aigret (æ-græ') = aigrelet.
aigrette (æ-græ't) f Silberreiher
  m; Feberbusch m; Diamant-
  strauß m; Haarbüschel m.
aigreur (æ-grŏ'r) f Säure; fig.
  Bitterkeit; ~s pl. Magensäure.
aigriette (grĭ-ä't) f faure Kirsche.
aigrir (æ-grī'r) fäuern; erbittern;
  s'~ fauer werden; sich ärgern.
aigu, ~ë(æ-gü') spitzig; durchdringend; heftig vom Schmerz; gellend.
aiguayer (æ-gä-je') abspülen; ein
  Pferd schwemmen. [Aquamari'n.
aigue-marine (æg-mä-ri'n) f
aiguière (æ-gĭä'r) f Wasserkrug m.
aiguille(æ-gü'j) f (Näh-)Nadel; ~
  d'emballage (à tricoter) Pack-,

(Strick-)nadel; Uhrzeiger m,
  Spitze eines Kirchturms, Berges;
  Weichschiene, Weiche.
aiguillé (æ-gü-je') nadelförmig.
aiguillée(~)f Faden m zumEinfädeln.
aiguiller (~) die Weiche stellen.
aiguilletier (æ-gü-jæ-tĭe') m
  Nestelmacher.
aiguillette (jæ't) f Schnürband n.
aiguilleur (jŏ'r) m Weichensteller.
aiguillier (æ-gü-jĭe') m Nadler.
aiguillon (æ-gü-jŏ') m Stachel,
  fig. Sporn.
aiguillonner (jŏ-ne') anspornen.
aiguillonneux, ~se (æ-gü-jŏ-nö',
  ~ö'ß) stachelig.
aiguiser (æ-gü-fe') schärfen.
aiguité (æ-gü-te') f Spitzigkeit
  eines Winkels.   [lauch.
ail (aj) m, pl. auch aulx (ō) Knob-
aile (äl) f Flügel m.
ailé (æ-le') geflügelt.
aileron (æ-l'rǫ') m Flügelspitze f;
  Schaufel f am Rade.
aillade (ă-ja'b) f Knoblauchbrühe.
ailleurs (ă-jŏ'r) anderswo; d'~
  anderswoher; übrigens.
aimable (æ-ma'bl) liebenswürdig.
aimant, ~e (æ-mǫ', ~ǫ't) 1. liebreich. 2. m Magne't.
aimanter (æ-mǫ-te') magne'tisch
  machen; aiguille ~ée Magne't-
  nadel.   [magne'thaltig.
aimantin, ~e (æ-mǫ-tǡ', ~tǡ'n)
aimer (e-me') lieben; gern haben,
  gern essen ob. trinken; j'aime-
  rais ich möchte; ~ mieux lieber
  mögen.
aine (än) f Schamleiste.
aîné, ~e (æ-ne') erstgeboren, älter,
  ältest.   [(Erstgeburtsrecht n.
aînesse (æ-næ'ß) f: droit d'~
ainsi (ǫ-ßĭ') also, so; ~ que so
  wie; ~ soit-il! Amen.
air (är) m 1. Luft f. 2. Miene f,
  Ansehen n; avoir l'~ aussehen.
  3. Melodie f.
airain (æ-rǫ') m Erz n.

aire (ā'r) f 1. Dreschtenne; Plan m; Grundfläche; Hof m um die Sonne; ⌁ ~ de vent Windstrich m. 2. Horst m; Vogelherd m.

airelle (æ-ræ'l) f Heidelbeere; ~ rouge Preißelbeere.

airer (æ-re') horsten, nisten.

ais (æ) m Brett n, Diele f.

aisance (æ-ſā'ß) f Leichtigkeit; Bequemlichkeit; Wohlhabenheit; (cabinet ou lieux d')~s Abtritt m.

aise (æſ) 1. a. froh; être bien ~ sich freuen. 2. f Freude; Bequemlichkeit; Wohlhabenheit; à son ~ wohlhabend; à l'~ bequem, gemächlich. [wohlhabend.

aisé (æ-ſe') leicht; ungezwungen;

aisselle (æ-ßæ'l) f Achselhöhle.

aissette (æ-ßæ't) f kleine Art.

Aix-la-Chapelle(æß-lä-ſchä-pæ'l) m Aachen n.

ajonc (ă-ġọ') m Stechginster.

ajouré (ă-ġu-re') durchbrochen.

ajournement (ă-ġŭr-n'mạ') m Vorladung f; Vertagung f.

ajourner (ă-ġŭr-ne') vor Gericht laden; vertagen. [Schriften.

ajouté (ă-ġu-te') m Zusatz zu

ajouter (ă-ġu-te') hinzufügen; ~ foi Glauben beimessen; ~ à qc. et. vermehren.

ajustement(ă-ġŭ-ßt'mạ) m Richtigmachen n; Zurichtung f; Eichung f; Anzug, Putz.

ajuster (ă-ġŭ-ßte') richtig ob. zurecht machen; anpassen; genau worauf richten; auf jem. anlegen, zielen.

ajusteur (ă-ġŭ-ßtö'r) m Justierer.

alacrité (lă-krĭ-te') f Munterkeit.

alambic (ă-lạ-bĭ'k) m Destillierapparat.

alambiquer (ă-lạ-bĭ-ke') mit Spitzfindigkeiten ermüden.

alanguir (ă-lạ-gĭ'r) erschlaffen (machen). [gend.

alarmant (ă-lär-mạ') be-unruhi-

alarme (ă-lä'rɪn) f (donner l')~ Lärm m (schlagen), Notschrei m; Schrecken m. [erschrecken.

alarmer(ă-lär-me')Lärm schlagen;

alarmiste (mĭ'ßt) s. Verbreiter(in) be-unruhigender Nachrichten.

albâtre (ăl-bā'tr) m Alabaster.

albatros (ăl-ba-trŏ'ß) m Alba'tros (Vogel).

albigeois (bĭ-ġã') m Albigenser.

albin, ~e (ăl-bạ', ~bĭ'n) weißlich.

albinos (ăl-bĭ-nŏ'ß) m Albi'no, Kakerlak.

albran (brạ') m junge wilde Ente.

album (ăl-bŏ'm) m Album n, Stammbuch n.

albumine (bŭ-mĭ'n) f Eiweiß n.

alcalin, ~e (ăl-kă-lạ', ~li'n) laugensalz-artig.

alcé (ăl-ße') m Elen-tier n.

alchimie (ăl-ſchĭ-mĭ') f Alchimie, Goldmacherkunst. [Weingeist.

alcool (al-kŏ'l) m höchst gereinigter

alcyon (ăl-ßĭọ') m Eisvogel.

ale (ĕl) f Ale n (engl. Bier).

alêne (ă-lĕ'n) f Pfriem m.

alentour (lạ-tū'r) 1. rings umher. 2. ~s m/pl. Um-gegend, -gebung.

alerte (ă-lĕ'rt) 1. wachsam; munter bei et. 2. f Lärm m.

alevin (ăl-vạ') m Fischbrut f.

aleviner (ăl-vĭ-ne') einen Teich mit Fischbrut besetzen.

alezan (ăl-ſạ') m Fuchs (Pferd).

algacé (ăl-gă-ße') algen-artig.

algarade (ăl-gă-ra'b) f grobe Beleidigung, Ausfall m. [nung.

algèbre (ġæ'br) f Buchstabenrech

algébrique (ġĕ-brĭ'k) algebra'isch.

Alger (ăl-ġe') m Algier n (Stadt).

Algérie (ăl-ġĕ-rĭ') f Alge'rien n

algue (ălg) f Alge. [(Land).

aliboron (ă-lĭ-bŏ-rọ') m: maître ~ Lang-ohr, Esel (a. fig.).

aliénable (e-na'bɪ) veräußerlich.

aliénation(nā-ßĭọ')f Veräußerung; Entfremdung der Gemüter; ~ mentale Geisteszerrüttung.

aliéné, ~e (ă-lĭ-e-ne') s. Irre(r).
aliéner(~) veräußern; entfremden.
aliéniste (ni'ßt) m Irren-arzt.
alignement (ă-lĭ-nj'ʹmᵍ') m Abstecken nach der Schnur; Schnur-
linie; ✗ ~! richt euch!
aligner (ă-lĭ-nje') nach der Schnur
richten, abstecken; s'~ sich in
Reih u. Glied stellen, sich richten.
aliment(mᵍ') m Nahrungsmittel.
alimentaire (ă-lĭ-mᵍ-tā'r) zur
Speisung gehörig.
alimentation (ă-lĭ-mᵍ-tā-ßĝ') f
Ernährung, Verpflegung; Speisung der Dampfkessel.
alimenter (ă-lĭ-mᵍ-te') ernähren;
verproviantieren; fig. Nahrung
geben, fördern; die Lokomotive
speisen. [tŏ'ß) nahrhaft.
alimenteux, ~se (ă-lĭ-mᵍ-tŏ', ~
alinéa (ne-a')m Absatz, neue Zeile.
aliquante (kā't) f, auch partie ~ in
einer größeren aufgehende Zahl.
alise (ă-lĭ'ß) f Elsbeere.
alisier (ă-lĭ-ßĭe') m Elsbeerbaum.
alité (ă-lĭ-te') bettlägerig.
aliter (ă-lĭ-te') an das Bett fesseln;
s'~ sich legen.
alizari (ßă-rĭ') m Krappwurzel f.
alizé (ße'): vent ~ Passatwind.
allaiter (ă-læ-te') säugen, stillen.
allécher (ă-lĕ-sche') anlocken.
allée (ă-lĕ') f Hingehen n; Gang
m; Allee.
allégation (ă-lĕ-gā-ßĝ') f An-
führung einer Stelle; Vorschützen.
allège (lœ'Q) f Lichter(-schiff n) m;
Tender m; Fenstervorsprung m.
allégement (ă-le-Q'mᵍ') m Erleichterung f; ⚓ Lichten n.
alléger (ă-lĕ-Ge') erleichtern;
ein Schiff lichten, löschen.
allègre (ăl-lœ'gr) munter.
allégresse(ăl-lĕ-græ'ß) f Jubel m.
alléguer (ăl-lĕ-ge') anführen,
sich auf et. berufen. [land n.
Allemagne (ă-l'mä'nj) f Deutsch-
allemand, ~e (mᵍ', mᵍ'd) deutsch.

aller(ă-le')1.gehen, sich fortbewegen; reisen; ~ (à cheval, en
voiture) reiten, fahren; il y
va de mon honneur meine Ehre
steht auf dem Spiel; gut kleiden,
stehen; passen; il va venir er
wird gleich kommen; n'allez
pas croire glauben Sie ja nicht;
allons donc! ich dächte gar!
2.s'en ~ fortgehen; vergehen; sich
abnutzen; faire en ~ vertreiben.
3. m ~ et retour Hin- und
Rück-reise f. [schützes bohren.
alléser (ă-lĕ-ße') die Seele eines Ge-
alliacé (ă-lĭ-a-ße') lauch-artig.
alliage (ă-lĭ-a'Q) m Metallver-
setzung f, Legierung f.
alliager (ă-lĭ-a-Ge') legieren.
alliance (ă-lĭ-ā̱'ß) f Bund m;
Ehe; Trauring aus 2 Reifen.
allié, ~e (ă-lĭ-e') s. Verbünde-
te(r); Verwandte(r).
allier(~)vereinigen; durch Heirat verbinden; Metalle legieren; s'~ sich
verbünden; sich vermischen; zu-
einander passen. [bewilligung.
allocation (ăl-lŏ-kā-ßĝ') f Geld-
allocution (kū-ßĝ') f Ansprache.
allonge (ă-lā̱'Q) f Ansatzstück n.
allonger (ă-lā̱-Ge') verlängern,
ausdehnen. [lässig.
allouable (ă-lŭ-a'bl) gültig; zu-
allouer (ă-lŭ-e') eine Summe für et.
auswerfen. [einem Rabe.
alluchon (ă-lŭ-schĝ') m Zahn an
allumelle (ă-lŭ-mæ'l) f angezün-
deter Kohlenmeiler. [bibus.
allume-pipes (ă-lŭm-pĭ'p) m Fi-
allumer (lŭ-me') an-, ent-zünden.
allumette(mæ't) f Zündhölzchen n.
allumettier (mæ-tĭe') m Zündhölzchen - Verfertiger, -Ver-
käufer. [Anzünder(in).
allumeur, ~se (ă-lŭ-mŏ'r, ~ŏ'ß) s.
allure (ă-lū'r) f Gang m; Spur
des Wildes; ~s pl. Benehmen n;
Art und Weise; Schliche m/pl.;
Verlauf m e-r Sache.

allusif, ~ve (ăl-lü-ſí'f, ~í'w) an-
ſpielend.

allusion (ăl-lü-ſĩq̅') f Anſpielung.
alluvien, ~ne (ăl-lü-wĩq̅', ~ĩæ̅'n)
angeſchwemmt.

alluvion (wĩq̅') f Anſchwemmung.
almanach(ăl-mä-na')m Kalender.
aloès (ă-lŏ-æ̅'ß) m Alo-e(-ſaft) f.
aloi (ă-lŏã̅') m Feingehalt der
Münzen; fig. Beſchaffenheit f.

alors (ă-lŏ'r) damals ; dann.
alose (ă-lŏ̅'ſ) f Elſe (Fiſch).
alouette (ă-lü-æ̅'t) f Lerche.
alourdir (ă-lür-bĩ'r) ſchwerfällig
machen.   [vom Ochſen.

aloyau (ă-lŏã̅-lŏ̅') m Lendenbraten
alpaca (ăl-pă-ľa')m Kamelziege f.
alpage (ăl-pa'G) m Weiden n des
Viehs auf der Alm; Recht n dazu.

alpe (ălp) f Alpe, Alm; A~s f/pl.
Alpen.   [angehörig.

alpestre (ăl-pæ̅'ßtr) den Alpen
Alsace (ăl-ſa̅'ß) f Elſaß n.
alsacien, ~ne(ſă-ſĩq̅', ~ĩæ̅'n) 1. el-
ſäſſiſch. 2. A~ s. Elſäſſer(in).

altérable (tĕ-ra'bl) nachteiligen Ver-
änderungen unterworfen.[genb.

altérant, ~e (rq', rã̅'t) Durſt erre-
altération (ăl-tĕ-rä-ſĩq̅') f nach-
teilige Veränderung; Gemüts-
aufregung, Ärger m.

altercation(ăl-tăr-ľă-ſĩq̅')f Zank.
altéré, ~e (ăl-tĕ-re') durſtig.
altérer (~) nachteilig verändern;
entſtellen ; fälſchen ; durſtig
machen; s'~ de qc. ſich über
et. aufregen.   [abwechſelnd.

alternatif, ~ve (tăr-na-ti'f, ~í'w)
alternative (tĩ'w) f Doppelwahl.
alterne(ăl-tă'rn): angle~ Wechſel-
winkel m.   [wechſeln.

alterner (ăl-tăr-ne') regelmäßig ab-
Altesse (ăl-tæ̅'ß) f Hoheit (Titel).
altier, ~ère (ăl-tĩe', ~ĩã̅'r) hochmütig; hehr, erhaben.

altitude (ăl-tĩ-tü'b) f Höhe über
dem Meeresſpiegel.   [ſtimme f.

alto (ăl-tŏ') m Bratſche f; Alt-

alumine (ă lü-mi'n) f reine Thon
alun (ă-lq̅') m Alaun.   [erde.
aluner (ă-lü-ne') in Alaunwaſſer
ſieden ; ein Buch planieren.
alunière (ă-lü-nĩã̅'r) f Alaun-
hütte, -bruch m. [(Zahn-)Höhle.
alvéole (ăl-wĕ-o'l) f (Wachs-)Zelle;
amabilité (ă-mä-bi-li-te') f Lie-
benswürdigkeit.

amadou (ă-ma-bu') m Zunder.
amadouer (bü-e') ſchmeicheln, um
den Bart gehen.

amaigrir (ă-mæ-grĩ'r) I. v/a. mager machen. II. v/n. mager w.
amalgame (ă-mäl-ga'm) m Ver-
quickung f der Erze; Gemiſch n.
amalgamer (ă-mäl-gă-me') ver-
quicken; vermiſchen.

amande (nã̅'b) f Mandel; Kern.
amandé (mã-be') m Mandelmilch.
amandier (bĩe') m Mandelbaum.
amant, ~e (ă-mq̅', ~q̅'t) s. Geliebt-
te(r).   [ſchön w.

amarante (ă-mä-rq̅'t) f Tauſend-
amariner ⚓ (rĩ-ne') eine Reiſe be-
mannen; an die See gewöhnen.
amarre (ă-mã̅'r) f (Unter-, Verbin-
dungs-)Tau n; ~s pl. Winde-
bäume m.

amarrer (ă-ma-re') mit einem Tau
feſtbinden, ſorren; s'~ vor An-
ter gehen.   [Haufen Volks.

amas (ă-ma') m Anhäufung f ;
amasser (ă-ma-ße') ſammeln, anhäufen.   [Freund v. Sachen.
amateur (ă-ma-tŏ'r)m Liebhaber,
amatir(tĩ'r)matt,glanzlos machen.
amazone (ă-mä-ſŏ'n) f Amazo'ne;
Mannweib n; Frau im Reit-
anzuge.   [m/pl.

ambages(g-ba'G) f/pl. Umſchweife
ambassade (bä-ßa'b) f Botſchaft.
ambassadeur, ~drice (ßa-bŏ'r,
~brĩ'ß) s. Botſchafter(in).

ambe (q̅b) m Ambe f, Zweitreffer.
ambesas (g-bĩ-ſa'ß) m Einspaſch
im Triktrak.   [benb.

ambiant, ~e (g-bĩq̅', ~ĩq̅'t) umge-

ambigu, ~ë (ǡ-bĭ-gü') 1. *a.* zwei-
deutig. 2. *m* Mahlzeit *f*, bei der
Alles zugleich aufgetragen wird;
Mischmasch. [deutigkeit.

ambiguïté (ǡ-bĭ-gü̂-te') *f* Zwei-
ambitieux, ~se (ǡ-bi-ṧĭ̂', ~ŝ'f)
ehrgeizig.

ambition (ǡ-bi-ṧĭ̂ŷ') *f* Ehrgeiz *m*.

ambitionner (ṧĭ̂ŏ-ne') qc. aus
Ehrgeiz nach et. streben; sehn-
lich wünschen.

amble (ǡ'bĭ) *m* Paßgang.

ambre (ǡ'br) *m* Ambra *f*; ~ jaune
Bernstein. [chern.

ambrer (ǡ-bre') mit Amber räu-
ambrette (brǣ't) *f* Bisamstrauch.

Ambroise (brǣ̂'f) *m* Ambro'fius.

ambroisie (ǡ-brǣ̂-ṧĭ') *f* Ambro'-
fia, Götterspeise. [lazarett *n*.

ambulance (ǡ-bü̂-lǡ̂'ṧ) *f* Feld-
ambulant, ~e (ǡ-bü̂-lǡ', ~ǡ't)
umherziehend.

âme (ām) *f* Seele; rendre l'~
ben Geist aufgeben.

amé † (ǎ-me') lieb u. getreu.

Amédée (ǎ-mĕ-be') *m* Amabe'-us.

amélanche (ǎ-mĕ-lǡ̂'ṧch) *f* Alpen-
mispel, Felsenbirne.

amélioration (ǎ-mĕ-lĭŏ-rā-ṧĭ̂ŷ') *f*
Verbefferung.

améliorer (lĭŏ-re') verbeffern.

aménagement (ǎ-mĕ-na-G'mǡ')*m*
fachwiffenschaftliche Behandlung; (sparsame) Einrichtung.

aménager (na-Ge') Waldungen in
wirtschaftlichem Zustande erhalten; zu Rate ziehen; einrichten.

amendable (ǎ-mǡ-ba'bĭ) verbeffe-
rungsfähig; *fig.* sühnbar.

amende (ǎ-mǡ̄'b) *f* Geldstrafe; ~
honorable Ehrenerklärung.

amendement (ǎ-mǡ-bmǡ') *m*
Befferung *f*; Abänderungsvor-
schlag zu einem Gesetze.

amender(ǎ-mǡ-be') beffern; düngen; ein Gesetz durch ein Amendement umändern.

amener(ǎ-mne') herführen, mit-
bringen; zur Folge haben, nach
sich ziehen. [keit.

aménité (ǎ-mĕ-nĭ-te') *f* Lieblich-
amenuiser(mĭ-nü̂ĭ-ŝe')dünner ma-
amer, ~ère (ǎ-mǟ'r) bitter. [chen.

américain, ~e (ǎ-mĕ-rĭ-kǡ', ~æ'n)
amerikanisch; A~, A~e *s.* Ame-
rikaner(in).

Amérique (rĭ'k) *f* Amerika. [keit.

amertume (ǎ-mǟr-tü̂'m) *f* Bitter-
ameublement (ǎ-mö-bĭ'mǡ') *m*
Ausmöblierung *f*; Mobilia'r *n*.

ameublir (ǎ-mö-blĭ'r) zum Mobi-
liarvermögen schlagen; ben Boben auflockern.

ameuter (ǎ-mö-te') Hunde zusam-
menkoppeln; aufhetzen; s'~ sich
zusammen rotten.

ami, ~e (ǎ-mi', ~ĭ') *s.* Freund(in).

amiable (ǎ-mĭ-a'bĭ) freundschaft-
lich; s'arranger à l'~ sich gütlich abfinden. [schaftlich.

amical, ~e (ǎ-mĭ-kǎ'l) freund-

amidon (ǎ-mĭ-bŷ') *m* Stärke *f*,
Kraftmehl *n*. [fabrikant.

amidonnier (bŏ-nĭ̂') *m* Stärke-

amincir (mǡ-ṧĭ'r) dünner machen.

amiral (ǎ-mĭ-rǎ'l) *m* Admiral.

amirauté (ǎ-mĭ-ro-te')*f* Admiral=
schaft; cour de l'~ Admirali-
tät(s-Gericht *n*).

amitié (tĭ̂')*f* Freundschaft; ~s *pl.*
Höflichkeiten, Grüße *m/pl.*

amnistie (ǎ-mnĭ-ftĭ') *f* Amnestie.

amnistier (ǎ-mnĭ-ftĭ̂-e') vollständig begnadigen.

amodiateur, ~trice (ǎ-mo-bĭ-a-
tö'r, ~trĭ'ṧ) Pächter(in).

amodier (bĭ-e') (ver)pachten.

amoindrir (ǎ-mǡŷ-brĭ'r) verminbern. [verweichlichen.

amollir (ǎ-mŏ-lĭ'r) erweichen;

amollissement (ǎ-mŏ-lĭ-ṧmǡ')
m Erweichung *f*.

amonceler(ǎ-mǡ-ṧ'le')aufhäufen.

amoncellement (ǎ-mŷ-ṧæ-l'mǡ')
m Anhäufung *f*.

amont (ă-mǫ') aufwärts, gegen den Strom.

amontal, ~e ⚓ (tă'l) östlich, Ost-...

amorce (ă-mŏ'rß) f Köder; Anlockung; Zündpulver, Zünder.

amorcer(mŏr-ße')ködern;~ le fusil Pulver auf die Pfanne schütten, ein Zündhütchen aufsetzen.

amorçoir (ßŏă'r) m Vorbohrer; Zündhütchen-Kapsel f.

amortir (ă-mŏr-tī'r) ertöten, dämpfen; abschwächen; eine Rente amortisieren.

amortissable (tĭ-ßa'bĭ) tilgbar.

amortissement (ă-mŏr-tĭ-ßmǫ') m Schuldentilgung f.

amour(ă-mū'r)m Liebe f; geliebter Gegenstand; ~s f/pl. Liebschaften; ~-propre Eigenliebe.

amouracher (ă-mu-ră-ße'): s'~ de ... sich vernarren in ...

amourette (ræ't) f Liebschaft.

amoureux, ~se (rŏ', rŏ'ß) 1. a. verliebt (de q. in jem.). 2. s. Liebhaber(in). [Absetzbarkeit.

amovibilité (ă-mŏ-wi-bĭ-lĭ-te') f

amovible (wĭ'bĭ) absetzbar.

amphibie (ǫ-fĭ-bĭ') 1. a. beiblebig. 2. m Amphi'bie f.

amphibologie (ǫ-fĭ-bŏ-lŏ-ǫĭ') f Zweideutigkeit. [nes Geschwätz.

amphigouri (fĭ-gu-ri') verworre-

amphitryon (trĭ-ǫ') m Gastgeber.

ample (ā'pĭ) weit, umfassend.

ampleur (ǫ-plŏ'r) f Weite, Geräumigkeit.

ampliation (ǫ-plĭ-ā-ßǫ') f Erweiterung; Duplikat n; Doppelquittung.

amplificateur (ǫ-plĭ-fĭ-ḟa-tŏ'r)m Vergrößerer, Aufschneider.

amplification (ǫ-plĭ-fĭ-ḟā-ßǫ') f Erweiterung; Ausarbeitung einer Schul-Aufgabe. [erweitern.

amplifier (ǫ-plĭ-fĭ-e') mit Worten

amplitude (ǫ-plĭ-tū'b) f Weite.

ampoule (ǫ-pū'l) f Fläschchen n; Wasserbläschen n; Hitzblatter.

ampoulé (ǫ-pu-le') schwülstig.

amputé (ǫ-pü-te') m Amputierte(r), Krüppel. [men.

amputer (~) ab-schneiden, -neh-

amulette (ă-mü-læ't) f Amulett n; Zaubermittel n. [zusetzen.

amurer ⚓ (ă-mü-re') die Halsen

amures ⚓ (ă-mü'r) f/pl. Halsen.

amusable (ă-mü-ßa'bĭ) leicht zu unterhalten. [lustigend.

amusant, ~e (ă-mü-ßǫ', ~ǫ't) be-

amusement (ă-mü-ßmǫ') m Zeitvertreib.

amuser (ă-mü-ße') unterhalten, die Zeit vertreiben; aufhalten; hinhalten.

amusette (ßæ't) f Spielwerk n.

amygdales (ă-mĭg-bă'l) f/pl.

an (ǫ) m Jahr n. [Halsdrüsen.

anabaptiste (ă-nă-ba-tĭ'ßt) m Wiedertäufer. [siebler.

anachorète (ă-nă-ḟŏ-ræ't) m Ein-

anachronisme (ă-nă-ḟrŏ-ni'ßm)m Zeitrechnungsfehler.

analectes (lœ'ḟt) m/pl. Sammlung auserlesener Stellen.

analogue (ă-nă-lo'g) analog, ähnlich, übereinstimmend.

analyse (ă-nă-lĭ'ß) f Zerlegung in die Grundbestandteile; Auflösung; Recension.

analyser (lĭ-ße') zergliedern.

anarchie (ă-när-ßĭ') f Gesetz-, Regierungs-losigkeit. fig. Unordnung.

anathématiser(ă-na-tĕ-ma-tĭ-ße') in den Kirchenbann thun; verfluchen.

anathème (tæ'm) 1. m Bannfluch; Verwünschung f; e. mit dem Kirchenbann Belegter. 2. a. verflucht. [bern.

anatomiser (tŏ-mĭ-ße') zerglie-

ancêtres (ǫ-ßæ'tr) m/pl. Ahnen, Vorfahren.

anche (ā'ß) f Röhrchen; Mundstück n von Blase-Instrumenten.

anchois (ǫ-ßŏă') m Ancho'vis.

ancien, ~ne (ą-ßiğ', ~ßæ'n) 1. alt;
ehemalig; ~nement ehemals.
2. m der Alte; ~s pl. die Alten
(Griechen u. Römer); Kirchen-Älte-
ster; älterer Kolle'ge.

ancienneté (ą-ßiæ-n'te') f Alter
(-tum) n; Dienst-alter n.

ancolie ⚥ (ą-ĕŏ-lī') f Aglei.

ancrage (ą-ĕra'Q) m: droit d'~
Ankerzoll.

ancre (ą'ĕr) f Anker m.

ancrer (ą-ĕre') (ver)ankern; fig.
befestigen.

andain (ą-bą') m Schwaden.

andalou, ~se (ą-bă-lu', ~ū'ſ) a.
andalu'ſiſch; A~, A~se s. Andalu'ſier(in). [Rolle.

andouille (bu'j) f Wurst; Tabaks-

andouiller (ą-bŭ-je') m Weib-
ſproſſe f. [chen n.

andouillette (ſæ't) f Kalbs-würſt-

androgyne (brŏ-Qi'n) m Zwitter.

androphobe (fŏ'b) männerſcheu.

âne (ān) m, ~sse (a-næ'ß) f
Eſel(in).

anéantir (ă-nĕ-ą-tī'r) vernichten;
s'~ in das Nichts zurückſinken;
ſich demütigen.

anéantissement (tī-ßmą') m Ver-
nichtung f, Zerknirſchung f.

anecdote (ă-næĕ-bŏ't) f Anekdote.

anecdotier (ă-næĕ-bŏ-tiē') m
Anekdotenjäger.

anémie (ă-nĕ-mī') f Blut-Armut.

anémomètre (mo-mæ'tr) m Wind-
ânerie (ā-n'rī') f Eſelei. [meſſer.

aneth ⚥ (ă-næ') m Dill.

anévrisme (ă-nĕ-wri'ßm) m Puls-
ader-Geſchwulſt f.

anfractueux, ~se (ą-frä-ĕtŭ-ŏ',
~ŏ'ſ) krumm, holperig.

anfractuosité (o-ſi-te') f Krümmung. [in Verzückung ſein.

ange (ąQ) m Engel; être aux ~s

angélique (ą-Qĕ-lī'ĕ) engelhaft.

angevin, ~e (ą-Q'wą', ~ī'n) aus
Angers ob. Anjou.

angine (ą-Qi'n) f Halsbräune.

angineux, ~se (ą-Qi-nŏ', ~ŏ'ſ)
bräune-artig.

anglais, ~e (ą-glæ', ~æ'ſ) 1. a.
engliſch. 2. A~ m, A~e f Eng-
länder(in).

angle (ą'gl) m Winkel.

Angleterre (ą-glŭ-tæ'r) f England.

angleux, ~se (glŏ', ~ŏ'ſ) winkelig.

anglomane (ą-glo-ma'n) m über-
triebener Bewunderer Englands.

angoisse (ąwa'ß) f Herzensangſt.

anguillade (ą-gi-ja'b) f Peitſche
aus Aalhaut; Schlag damit
ob. mit einem zuſammen ge-
drehten Taſchentuche.

anguille (ą-gi'j) f Aal m.

anguillière (ą-gi-jiæ'r) f Aal-
teich m, -kaſten m, -fang m.

angulaire (gŭ-læ'r) eckig, winkelig.

anguleux, ~se (ą-gŭ-lŏ', ~ŏ'ſ)
vielwinkelig. [nis n.

anicroche (ă-ni-ĕrŏ'ſch) f Hinder-

anier (ā-niē') m, ~ère (ā-niæ'r) f
Eſeltreiber(in).

animadversion (ă-ni-măb-wær-
ßiğ')/ Mißbilligung; Abneigung.

animal (ni-mă'l) 1. m Tier n. 2. a.
tieriſch; règne ~ Tierreich n.

animaliser (mă-li-ſe') (s')~ (ſich)
in tieriſchen Stoff verwandeln.

animalité (mă-li-te') f Tier-
heit; tieriſches Leben.

animation (mā-ßiğ') f Belebung.

animer (ă-ni-me') beleben; s'~
lebhaft w.; hitzig w. [rung.

animosité (mo-ſi-te') f Erbitte-

anis (ă-ni') m Anis.

aniser (ă-ni-ſe') mit Anis würzen.

anisette (ſæ't) f Anisliqueur m.

annal, ~e (ăn-nă'l) jährig.

annales (~) f/pl. Jahrbücher n/pl.

anneau (ă-nŏ') m Ring, Ringel.

année (ă-nĕ') f Jahr n.

anneler (ă-n'le') ringeln.

annelet (ă-n'læ') m Ringelchen.

annexe (ă-næ'ß) f Zubehör n;
Anhang m. [annektieren.

annexer (ă-næĕ-ĕſe') beifügen;

annexion (ă-năĕ-łßī͡ꞯ') *f* Beifü-
gung; Einverleibung.
anniversaire (ă-nĭ-wăr-ßā̆'r)
1. alljährlich. 2. *m* Jahrestag.
annonce (ă-nꞯ'ß) *f* Anzeige.
annoncer (ă-nꞯ-ße') ankündigen.
annonciation (ă-nꞯ-ßĭ-ā-ßī͡ꞯ') *f*
Feft Mariä Verkündigung.
annotateur (ă-nŏ-ta-tō̆'r) *m* Ausleger, Kommenta'tor.
annoter (ăn-nŏ-te') anmerken,
mit Anmerkungen versehen;
gerichtlich aufzeichnen.
annuaire (ăn-nŭ-ā̆'r) 1. jährlich.
2. *m* Kalender; Jahrbuch *n.*
annuel, ᴗle (ăn-nŭ-ă̆'l) jährig;
jährlich geschehend.
annuité (ăn-nŭ-i-te') *f* Leibrente.
annulaire (ă-nŭ-lā̆'r) ringförmig.
annuler (ă-nŭ-le') für null und
nichtig erklären, widerrufen.
anobli (ă-nŏ-bli') *m* Geadelte(r).
anoblir (bli'r) adeln; veredeln.
anodin, ᴗe (bǎ', bi'n) schmerz-
stillend. [widrigkeit.
anomalie (ă-nŏ-mă-li') *f* Regel-
ânon (a-nꞯ') *m* Eselsfüllen *n.*
ânonner (a-nŏ-ne') ein Eselsfüllen
werfen; stottern. [namenlos.
anonyme (ă-nŏ-nī'm) ungenannt,
ano(r)mal (ă-nŏ(r)-mă'l) regel-
widrig.
anse (ā̆ß) *f* Henkel; ⚓ flache Bucht.
ansérine 🌿(ꞯ-ßĕ-ri'n) *f* Gänsefuß.
anspect (ꞯ-ßpă̆'l) *m* Handspake.
antagoniste (ꞯ-tă-gŏ-ni'ßt) *m*
Widersacher.
anté... (ꞯ-te...) in Zsstg. vor-...
ante-bois (ꞯ-t'bwā̆') *m* Scheuer-
leifte *f.*
antécédent, ᴗe (ꞯ-te-ßĕ-dꞯ', ᴗꞯ't)
1. vorhergehend. 2. *m* Vorder-
satz, -glied *n*; Präcedenzfall;
ᴗs *pl.* frühere Lebensumstände.
antédiluvien, ᴗne (ꞯ-te-bĭ-lü-
wī͡ꞯ', ᴗī͡ă̆'n) vorsündflutlich.
antenne (ꞯ-tă̆'n) *f* Fühlhorn *n*
der Insekten; ⚓ Raa d. lt. Segels.

antépénultième (ꞯ-te-pĕ-nǔl-
tī͡ă̆'m) drittletzt. [früher als et.
antérieur, ᴗe (ꞯ-tĕ-rī͡ō'r) à qc.
antériorité (ꞯ-te-rĭ-o-rĭ-te') *f*
Frühersein *n*, Zeitvorzug *m.*
anthère (ꞯ-tā̆'r) *f* Staubbeutel *m.*
anthologie(ꞯ-tŏ-lŏ-ꞯī')*f* Blumen-
lese. [blende *f.*
anthracite (ꞯ-trä-ßi't) *m* Kohlen-
anthropo... (ꞯ-trŏ-pŏ...) in Zsfg.
Menschen-... [Menschenfresser.
anthropophage (ꞯ-trŏ-pŏ-fa'ꞯ) *m*
anti... (ꞯ-ti...) in Zsfg. gegen-...,
un-..., bisw. vor-...
antichambre (ꞯ-tĭ-schā̆'be) *f* Vor-
zimmer *n.*
antichrétien (krĕ-tī͡ꞯ') unchristlich.
anticipation (ꞯ-ti-ßĭ-pā-ßī͡ꞯ') *f*
Vorausnahme; Vorschuß *m* auf
Waaren; Eingriff *m* in j-s Rechte.
anticipé, ᴗe (pe') verfrüht.
anticiper (ᴗ) I. *v/a.* voraus-
nehmen, empfangen. II. *v/n.* ᴗ
sur qc. et. vorwegnehmen; auch
eingreifen in et. [tieren.
antidater (ꞯ-ti-ba-te') zurückda-
antidote (bŏ't) *m* Gegengift *n.*
antilope (lo'p) *f* id., Hirschziege.
antimoine (mŏă'n) *m* Spießglanz.
antipathie (ꞯ-ti-pa-tī') *f* natür-
licher Widerwille.
antiquaille (ka'j) *f* alter Plunder.
antiquaire (ꞯ-ti-lā̆'r) *m* Alter-
tumsforscher. [altertümlich.
antique (ꞯ-ti'l) ur-alt; anti'l;
antiquité (tĭ-te') *f* Altertum *n*;
alte Welt; Anti'le.
antispasmodique (ꞯ-ti-ßpă-ßmŏ-
bi'l) krampfstillend.
antithèse (tă̆'f) *f* Gegensatz *m.*
antre (ꞯ'tr) *m* unheimliche Höhle;
Spelunke.
anus (a-nü'ß) *m* After.
Anvers (ꞯ-wă̆'r) *m* Antwerpen *n.*
anxiété (ꞯ-łßĭ-ĕ-te') *f* Angst,
Ängstlichkeit. [lich.
anxieux, ᴗse (ꞯ-łßĭ-ō', ᴗō'f) ängst-
août (u) *m* Monat Augu'ft.

aoûtement (ă-u-tŭng') m Reifwerden n.   [löhner.
aoûteron (u-t'rǫ') m Ernte-Tage-
apaiser (ă-pæ-ſe') beruhigen; den
Hunger ſtillen.   [dinge n.
apanage (ă-pă-na'Q) m Leibge-
apanagiste (nă-Qi'ſzt) m apana-
gierter Fürſt. (Gefühl-loſigkeit.
apathie (ă-pa-tī') ſ Leidenſchafts-,
apathique (ti'ſz) unempfindlich.
apercevable(ă-păr-ſzı̆-wa'ŏl) (be-)
merkbar, wahrnehmbar.
apercevoir(ă-păr-ſzı̆-wǟ'r) wahrnehmen, bemerken; s'~ de qc.
et. merken, inne werden.
aperçu (ſzü') m Überſicht ſ; Koſten-
Überſchlag; ~s pl. Anſichten ſ.
apéritiſ, ~ve (ă-pĕ-rĭ-ti'f, ~ſz'w)
abführend, öffnend.
apétale (tă'l) (blumen-)blattlos.
apetisser (ă-ptı̆-ſze') kleiner machen; s'~ kleiner werden.
aphorisme (ă-fŏ-ri'ſzm) m Lehr-
ſpruch.   [-fäule ſ.
aphtes(ăft)m/pl.Mund-ſchwamm,
api (ă-pı̆') m : (pomme d') ~
Franz-Apfel.   [zucht.
apiculture (pı̆-kŭl-tū'r) ſ Bienen-
apitoyer (ă-pı̆-tŏă-ſe') zum Mitleid bewegen; s'~ zum Mitleid
gerührt werden (sur qc. durch
aplanir (ă-pla-nı̆'r) ebenen. [et.).
aplanissement (ă-pla-nı̆-ſzmǫ') m
Ebenen n.   [abplatten.
aplatir (ă-pla-tı̆'r) platt machen,
aplomb (ă-plǫ') m ſenkrechte Stellung; d'~ lotrecht; Sicherheit ſ
im Auftreten.
Apocalypse(ă-pŏ-kă-li'rſz)ſ Offenbarung Johannis.
apocalyptique (ă-pŏ-kă-lĭ-pti'ſz)
apokalyptiſch; fig. dunkel, geheimnisvoll.
apocryphe (ă-pŏ-kri'f) 1. unglaub-
würdig. 2. ~s m/pl. apokry'-
phiſche Bücher.
apode (ă-po'd) 1. fußlos; ⚥ un-
geſtielt. 2. m Mauerſchwalbe.

apodictique (ă-pŏ-dĭ-kti'ſz) un-
widerleglich.
apogée (Qĕ') m Erdferne ſ des
Mondes; fig. höchſter Gipfel.
apologie (ă-pŏ-lŏ-Qi') ſ Vertei-
digungs-rede, -ſchrift.
apologiste (Qi'ſzt) m Ehrenretter.
apologue (lo'g) m (Lehr-)Fabel ſ.
apoplexie (plă-kſzi')ſ Schlagfluß.
apostasie(ă-pŏ-ſzta-ſi')ſ Abfall m
vom Glauben, Abtrünnigkeit.
apostasier (ſzi-e') abtrünnig w.
apostat (ſzta') m Abtrünnige(r).
aposter (ă-pŏ-ſzte') auf die Lauer
ſtellen; falſche Zeugen ſtellen.
apostille (ſzti'l)ſ Randbemerkung.
apostolat (ă-pŏ-ſztŏ-la') m Apo-
ſtel-Amt n.   [päpſtlich.
apostolique (ſztŏ-li'ſz) apoſto'liſch;
apostrophe (ă-pŏ-ſztrŏ'f) ſ plötzliche Anrede; Verweis m; Ohrfeige; Apoſtro'ph m.
apostropher (ă-pŏ-ſztrŏ-fe') ſich
plötzlich an jem. wenden; jem.
hart anfahren.
apothéose (tĕ-ō'ſz)ſ Vergötterung.
apothicaire(tı̆-kă'r) m Apothe'ker.
apôtre (ă-pō'tr) m Apoſtel.
apparaître (ă-pă-rǟ'tr) erſcheinen.
apparat(ă-pă-ra')mPomp,Prunk.
appareil(ă-pă-rǟ'i)m Zurüſtung ſ;
Gepränge n; Appara't.
appareillage(rǟ-ja'Q)m Abſegeln.
appareillement (rǟ-j'mǫ') m Zu-
ſammenjochen n; Verkuppeln n.
appareiller (ă-pă-rǟ-je') I. v/a.
gleich zu gleich geſellen; ſortieren. II. v/n. ſich ſegelfertig m.
apparemment (ă-pă-ră-mǫ')
wahrſcheinlicherweiſe.
apparence (rǫ'ſz) ſ Anſchein m.
apparent, ~e (ă-pă-rǫ', ~ǫ't)
augenſcheinlich; ſcheinbar.
apparenter (rǫ-te') verſchwägern.
apparier (rı̆-e') paaren; gleich
und gleich zuſammenſtellen.
appariteur (rı̆-tŏ'r) m Pedell.
apparition (ri-ſzǫ')ſ Erſcheinung.

appartement (ă-păr-tmạ') m größere Wohnung.

appartenance (t'nā'ß) f Zubehör.

appartenir (t'nĭ'r) an-, zugehören; verwandt sein; il m'appartient de ... es gebührt mir, zu ...

appas (ă-pa') m/pl. Reize.

appât (~) m Lockspeise f; Verlockung f.

appâter (ă-pa-te') anlocken.

appauvrir (ă-po-wrĭ'r) arm machen; ärmer machen; s'~ verarmen; schwach werden.

appauvrissement (wrĭ-ßmạ') m Verarmung f. [gel.

appeau (ă-pō') m Lock-pfeife f, -vo-

appel (ă-pĕ'l) m Anrufen n; Ruf; Appell; Aufruf; Berufung f auf ein höheres Gericht.

appelant (ă-p'lạ') m Appellant.

appeler (ă-p'le') I. v/a. (herbei-) rufen; nennen; s'~ heißen; vor Gericht laden. II. v/n. ~ d'un jugement appellieren; en ~ à ... sich berufen auf ...

appendice (ă-pạ-dĭ'ß) m Anhang.

appentis (ă-pạ-tĭ') m angebauter Schuppen.

appesantir (ă-pĭ-ßạ-tĭ'r) schwer (-fällig) machen; s'~ schwer, träge werden; s'~ sur qc. ein Langes u. Breites über et. reden.

appesantissement (tĭ-ßmạ') m Schwerfälligkeit, Abstumpfung.

appétence (ăp-pĕ-tā'ß) f Naturtrieb m, Begierde. [gehren.

appéter (te') instinktmäßig be-

appétissant, ~e (ă-pĕ-tĭ-ßạ', ~ā't) appeti'tlich. [lust n; Eßlust f.

appétit (ă-pĕ-tĭ') m (Sinnen-)Ge-

applaudir (plo-dĭ'r) I. v/n. Beifall klatschen. II. v/a. beklatschen.

applicable (plĭ-ka'bl) anwendbar.

application (ka-ßķọ') f Auflegen n; An-, Ver-wendung; Fleiß m.

applique (ă-plĭ'k) f Auf-legestück.

appliqué, ~e (ă-plĭ-ke') fleißig; angewandt.

appliquer (ă-plĭ-ke') auflegen; e-n Kuß, e-e Ohrfeige geben; an-, ver-wenden; ~qc. auf et. beziehen, deuten; s'~ à qc. sich einer Sache befleißigen.

appoint (ă-pợ') m Nachschuß zu einer Summe; Appoint (Summe, zu deren Betrage es einzelne Scheine giebt); Wechsel.

appointements (pợ-tmạ') m/pl. Gehalt n, Besoldung f.

appointer (ă-pợ-te') besolden; spitz machen.

apport (ă-pō'r) m Eingebrachte(s) n (in die Ehe); Ein-lage, -schuß.

apporter (pōr-te') (mit-)bringen.

apposer (ă-po-se') anfügen; ein Siegel aufdrücken; Zettel anschlagen. [bar.

appréciable (ă-pre-ßĭ-a'bĭ) schätz-

appréciateur m, ~trice f (ă-pre-ßĭ-a-tö'r, ~trĭ'ß) Schätzer(in).

apprécier (ă-pre-ßĭ-e') schätzen; zu würdigen wissen.

appréhender(ă-prĕ-ạ-de') befürchten; ~q.au corps jem.verhaften.

appréhension(ßķọ') f Befürchtung; Verhaftung; Verständnis n.

apprendre (ă-prạ'br) lernen; erfahren, hören; ~ qc. à q. jem. et. lehren, melden.

apprenti m, ~e f (ă-prạ-tĭ', ~tĭ') Lehrling, Lehrmädchen n.

apprentissage (ă-prạ-tĭ-ßa'Q) m Lehre f, Lehrzeit f.

apprêt (ă-præ') m Bereitung f; Appretur f; gesuchtes Wesen, Künstelei f.

apprêté, ~e (ă-præ-te') affektiert.

apprêter (ă-præ-te') zubereiten; zurecht machen, Speisen würzen.

appris (ă-prĭ') part. v. apprendre.

apprivoiser (prĭ-wā-se') zähmen.

approbateur, ~trice (ă-prö-ba-tö'r, ~trĭ'ß) 1. bei-fällig, -stimmend. 2. s. Beifallspender(in).

approbation (ba-ßķọ') f Billigung; Beifall m.

approchant (ă-prŏ-ſchǫ') adv. u. prp. ungefähr.
approche (ă-prŏ'ſch) f Annäherung; Zugang m; ~s pl. Laufgräben m.
approcher (ă-prŏ-ſche') I. v/a. näher bringen, nähern. II. v/n. heran-kommen, -nahen; s'~ de q.,qc. ſich jem.,e-rSache nähern.
approfondir (ă-prŏ-fǫ-bî'r) austiefen; ergründen.
approprier (prî-e') anpaſſen; zu eigen machen; reinigen.
approuver (ă-pru-we') billigen.
approvisionner (ă-prŏ-wi-ſiŏ-ne') verproviantieren.
approximatif, ~ve (ă-prŏ-kſî-ma-tî'f, ~î'w) annähernd.
appui (ă-pŭî') m Stütze f.
appui-main (mǫ') m Malerstock.
appuyer (ă-pŭî-ſe') I. v/a. stützen; anlehnen; gegen et. halten. II. v/n. auf et. ruhen, Nachdruck legen. [gierig auf et.
âpre (ā'pr) rauh, herbe; ~ à qc.
après (ă-præ') nach; d'~ nach, gemäß; adv. nachher; cj. ~ que nachdem.
après-demain(bmǫ') übermorgen.
après-midi (mî-bî') m u. f Nachmittag m.
âpreté (a-prĭ-te') f Rauhigkeit.
apte (apt) zu et. geschickt, fähig.
aptitude (ă-ptî-tü'b) f Geschick n, Fähigkeit. [kennen.
apurer (ă-pŭ-re') für richtig erkennen.
aquatique (ă-kℓa-ti'ℓ) voll Waſſer; im Waſſer lebend; Waſſer-...
aqueduc (a-kĭ-bü'ℓ) m Waſſerleitung f.
aqueux, ~se (ă-kö', ~ö'ſ) wäſſerig.
aquilin (ă-kℓ-lℓ') a/m. nez ~ Adler-Naſe f, römiſche Naſe.
aquilon (ă-kℓ-lǫ') m Nordwind.
arabe(ă-ra'b) 1. ara'biſch. 2. A~ m [A'raber.
arable (ra'bℓ) pflügbar.
araignée (ă-ræ-nĵe') f Spinne.
araser (ă-ra-ſe') abgleichen.

aratoire(ă-ra-tǫā'r)zum Ackerbau gehörig.
arbalète (ăr-bă-lᴂ't) f Armbrust.
arbalétrier(ăr-bă-le-trĭe') m Armbruſt-ſchütze, -verfertiger.
arbitrage (bĭ-tra'Q) m Schiedsspruch; Vergleichung der Wechselkurse; Wechselhandel.
arbitraire (trä'r) willkürlich.
arbitre (bĭ'tr) m 1. Schiedsrichter. 2. libre ~ freier Wille.
arborer (ăr-bŏ-re') baumgerade aufrichten, -stecken. [Baumzucht.
arboriculture (ăr-bŏ-rĭ-ℓül-tü'r) f
arbouse (bū'ſ) f Baum-erdbeere.
arbre (ā'rbr) m Baum, Wellbaum.
arbrisseau(ăr-brĭ-ſo') m Strauch, Bäumchen n. [Strauch.
arbuste (ăr-bü'ſzt) m Staude f,
arc (ărℓ) m Bogen. [-gang m.
arcade(ăr-ℓa'b) f Bogen-wölbung,
arcane (ℓa'n) m Geheimmittel n.
arcasse (ăr-ℓa'ß) f Schiffsheck n.
arc-boutant (ar-bu-tǫ') m, pl. ~s ~s Strebepfeiler; Hauptstütze f.
arc-bouter(ar-bu-te') mit Strebepfeilern stützen.
arceau (ăr-ßo') m kleiner Bogen.
arc-en-ciel (ăr-ℓǫ-ßĭᴂ'l) m Regenbogen. [braht.
archal (ăr-ſchă'l) m: fil d'~ Eisenarchange (ℓā'Q) m Erz-engel.
arche (ărſch) f 1. Brückenbogen. 2. Arche; ~ d'alliance Bundeslade.
archer (ăr-ſche') m Bogenschütze.
archet (ăr-ſchᴂ') m Fiedelbogen.
archétype (ăr-ℓℓ-ti'p) urbildlich.
archevêché (ăr-ſch'wᴂ-ſche') m Erzbistum n. [biſchof.
archevêque (ăr-ſch'wᴂ'ℓ) m Erzarchi... (ăr-ſchĭ...) Erz..., Haupt...
archiduc m, ~chesse f (ăr-ſchĭ-bü'ℓ, ~bü-ſchᴂ'ß)Erzherzog(in).
archiépiscopal (ăr-ℓĭ-ĕ-pĭ-ßℓŏ-pă'l) erzbiſchöflich. [meiſter.
architecte (ăr-ſchĭ-tᴂ'ft) m Bauarchiviste (wĭ'ßt) m Archiva'r.

arçon (är-ßǫ') m Sattelbogen; ferme sur ses ~s sattelfest.

arctique (kti'k) nördlich, Nord-...

ardemment (är-bä-mg') glühend, sehnsüchtig.

ardent, ~e (bg', bḡ't) brennend, glühend; hitzig; brennend rot (v. Haaren). [Glut, fig. Feuer n.

ardeur (är-bȫ'r) f stechende Hitze,

ardillon (är-bĭ-jǫ') m Schnallen= born; typ. Bogenhalter.

ardoise (är-bŏ̄ä'ß) f Schiefer m; Rechentafel. . [ferbruch m.

ardoisière (är-bŏ̄ä-ßĭä'r) f Schie=

ardu (bü') schroff; schwer zu lösen.

are (ār) m Ar (Flächenmaß).

arène (ă-rä̆'n) f Kampfplatz m.

aréni...(ă-re-nĭ...)in Zssg. Sand-..., z.B. ~forme sandförmig.

aréole (ă-rĕ-o'l) f Warzenring m; Hof m, Lichtkreis m um den Mond.

arête (ă-rä̆'t) f (Fisch-)Gräte; Ährenspitze; Grat m; Kante; (Felsen-)Kamm m; ~s pl. Mäule der Pferde.

arétier (ă-rä̆-tĭĕ') m Eckjparren.

argent (är-Gǫ') m Silber; Geld.

argenté (är-Gǫ-te') silberweiß.

argenter (är-Gǫ-te') versilbern.

argenterie (t'rĭ') f Silberzeug n.

argenteur (tȫ'r) m Versilberer.

argentin, ~e (är-Gǫ-tǫ', ~tĭ'n) silber=artig, =hell.

argenture (tü'r) f Versilberung.

argile (Gĭ'l) f Thon m, Töpfererde.

argileux, ~se (Gĭ-lȫ, ~ȫ'ß) thonig.

argon (är-gǫ') m Dohne f.

argot (är-go') m Gaunersprache f; Sprache f e-s besondern Gewerbes.

Argovie (är-gŏ-wĭ') f Aargau n.

argue (ärg) f Draht=winde, =bank.

arguer(är-gü-e')schließen, folgern.

argument (är-gü-mg') m Schluß; Beweisgrund; Inhaltsangabe.

argumentation (är-gü-mg-tä-ßǫ') f Beweisführung.

argumenter(te') Schlüsse machen; ~ de qc. aus et. folgern.

argutie(är-gü-ßĭ') f Spitzfindig= keit.

aride (ă-rĭ'b) dürr. [keit.

aridité (ă-rĭ-bĭ-te') f Dürre, Trockenheit. [aria'nisch.

arien, ~ne (ă-rĭ-ǫ', ~ä̆'n) a'risch;

ariette (ă-rĭä̆'t) f Liedchen n.

Aristarque (ă-rĭ-ßtä'rk) strenger Kunstrichter.

aristocratie (ă-rĭ-ßtŏ-kra-ßĭ')f id.

aristocratiser (ă-rĭ-ßtŏ-kra-tĭ-je') zum Aristokraten machen; ari= stokratische Form geben.

aristoloche (lŏ'sch) f Osterluzei'.

Aristote (ßtŏ't) m Aristo'teles.

arithméticien, ~ne (tme-tĭ-ßĭǫ', ~ä̆'n) s. Rechenkünstler(in).

arlequin (är-lŏ-kǫ') m Harlekin, Hanswurst; Allerlei n aus Resten verschiedener Speisen.

arlequinade (kĭ-na'b)f Hanswurst= streich m, Possenreißerei.

armadille (är-mä-bĭ'j) 1. f kleine span. Flotte. 2. m Gürteltier n.

armateur (är-nia-tȫ'r) m Reeder.

armature (tü'r) f (Eisen-)Beschlag m; Balkenverstärkung.

arme (ärm) f Waffe; ~ blanche blanke od. Hieb=W.; faire des ~s fechten; ~s pl. a. Wappen.

armée (är-me') f Heer n; ~ navale Kriegsflotte.

armeline (m'lĭ'n) f Hermeli'nfell.

armement (är-mĭ-mg') m Kriegs= rüstung f; Bemannung f eines Schiffes; Geschütz=Zubehör n; ♂ Vorzeichnung f.

armer (är-me') bewaffnen, aus= rüsten; ~q. chevalier jem. zum Ritter schlagen; ♂ ~ la clef die Tonart vorzeichnen.

armet (är-mä̆') m Sturmhaube.

armistice (är-mĭ-ßtĭ'ß) m kurzer Waffenstillstand.

armoire (är-mŏ̄ä'r) f Schrank m.

armoiries (mŏ̄ä-rĭ') f/pl. Wappen.

armoise ♀ (mŏ̄ä'ß) f Beifuß m.

armorial, ~e (är-mo-rĭ-a'l) 1. He= raldisch. 2. m Wappenbuch n.

armorier (är-mo-ri-e') mit e-m Wappen verſehen.

armure (mü'r) f Rüſtung; Einfaſſung, Beſchlag m.

armurerie (är-mü-ri-rï') f Waffenſchmiede-Kunſt. [ſchmied.

armurier (är-mü-riė') m Waffen-

aromate (ä-ro-ma't) m Gewürz n, wohlriechender Stoff.

aromatiser (ma-ti-ſe') würzen.

arome (ä-ro'm) m Duftſtoff.

arpège (är-pæ'G) m Harpe'ggio.

arpéger (är-pe-Ge') harpeggieren.

arpent (är-pa') m Morgen Landes.

arpenter (är-pa-te') das Feld vermeſſen; ~ le terrain gewaltig ausſchreiten.

arpenteur (tö'r) m Feldmeſſer.

arqué (är-ke') bogenförmig.

arquebuse (är-ki-bü'ſ) f Büchſe.

arquebuserie (är-ki-bü-ſ'rï') f Büchſenmacherei. [cher.

arquebusier (ſiė') m Büchſenma-

arquer (är-ke') krümmen, biegen.

arracher (ä-rä-ſche') ab-, aus-, los-reißen; s'~ qc. ſich um et. reißen. [reißer.

arracheur (ſchö'r) m (Zahn-)Aus-

arrangement (ä-ra-G'ma') m Anordnung; Accord mit Gläubigern.

arranger (ä-ra-Ge') ordnen; in Ordnung bringen; vereinbaren; genehm ſein; s'~ ſich einrichten, ſich verſtändigen.

arrérages (ä-re-ra'G) m/pl. Rückſtand an Zinſen. [haftung.

arrestation (ä-ræ-ſta-ſio')f Ver-

arrêt (ä-ræ') m Stillſtehen n; temps d'~ Pauſe f, Aufſchub; Beſchlagnahme f, Verhaft(ung f); ~s pl. (Soldaten-)Arreſt.

arrêté (ä-ræ-te') m Beſchluß; ~ de compte Rechnungs-Abſchluß.

arrêter (~) aufhalten, hemmen; jem. zurückhalten; verhaften; e-n Platz, Wagen beſtellen; s'~ ſtill ſtehen.

arrhes (är) f/pl. Handgeld n.

arrière (ä-riã'r) 1. zurück; en ~ rückwärts, im Rückſtande. 2. m Hinterſchiff n, Heck n.

arriéré (ä-rie-re') 1. a. im Rückſtande; geiſtig zurück. 2. m Rückſtand einer Zahlung. [bann.

arrière-ban (ä-riãr-ba') m Heer-

arrière-bouche(bu'ſch)f Schlund.

arrière-boutique (bu-ti'k) f Hinterladen m.

arrière-fief (fiã'f) m Afterlehen n.

arrière-garde (ga'rd) f Nachtrab.

arrière-main (ma') f Schlag mit der verkehrten Hand beim Ballſpiel; Hintergeſtell n des Pferdes.

arrière-neveu (ni-wö') m Großneffe. [gedanke m.

arrière-pensée (pa-ſe') f Hinter-

arrière-petit-fils (pti-fi'ß) m Urenkel.

arriérer (ä-rie-re') zurückhalten; s'~ zurückbleiben, in Rückſtand geraten. [Spätherbſt m.

arrière-saison (ä-riãr-ßæ-ſo') f

arrimer ⚓ (ä-ri-me') ſtauen.

arriser ⚓ (ſe') die Segel herablaſſen.

arrivée (ä-ri-wē') f Ankunft.

arriver (ä-ri-we') ankommen; ~ à qc. zu et. gelangen; ſich ereignen; widerfahren. [ßung.

arrogance (ä-ro-ga'ß) f Anma-

arrogant, ~e (ä-ro-ga', ~a't) anmaßend. [anmaßen.

arroger (ä-ro-Ge'): s'~ qc. ſich et.

arrondir (ä-ra-bi'r) abrunden.

arrondissement (bi-ßma') m Abrundung f; Kreis, Bezirk.

arroser (ä-ro-ſe') begießen, benetzen; beſpülen.

arrosoir (ä-ro-ſoã'r) m Gießkanne f; Regen-Duſche f.

arsenal (är-ſi-na'l) m Zeughaus.

arsenic (är-ſi-ni') m Arſe'nik n.

art (ār) m Kunſt f.

artère (är-tã'r) f Schlag-ader.

artésien, ~ne (är-te-ſiã', ~sæ'n) arte'ſiſch. [ſchocke f.

artichaut (är-ti-ſcho') m Arti-

article(är-ti'u)m Artifel; Gelenf;
Glieb; à l'~ de la mort im
Sterben.
articulation (är-tī-fŭ-lā-ßǫ') f
Gelenf-Einfügung; Deutlich-
feit des Ausfprechens.
articuler (fŭ-le') beutlich, nach
der Silbenteilung ausfprechen.
artifice·(fī'ß) m Kunft-fertigfeit f,
·griff; Arglift f; feu d'~ Feuer-
werf n. [lich; erfünftelt.
artificiel,~le (fi-ßiẽ'l, ßiẽ'l)fünft-
artificier (ßiē') m Feuerwerfer.
artificieux, ~se (är-tī-fi-ßiẽ', ~°
ßiẽ'f) argliftig, verfchmißt.
artilleur (är-tī-jō'r) m Artillerift.
artimon (mǫ') m: mât d'~ Befan-
artisan(ßǫ')m Handwerfer. [maft.
artison (är-tī-ßǫ') m Kleibermotte
f, Holzwurm.
artiste (är-ti'ßt) 1. s. Künftler(in).
2. a. fünftlerifch. [Künftler-...
artistique (är-tī-ßti'f) Kunft-...,
as (äß) m As n, Daus n. [wand).
asbeste (ä-ßbä'ßt)m Asbeft(-Lein-
ascaride (ßfä-ri'b) m Spulwurm.
ascendance (ä-ßg-bā'ß) f Auffteigen n (bfd. von Geftirnen).
ascendant, ~e (ä-ßg-bǫ', ~ǫ't)
1. auf-(wärts-)fteigenb. 2. m
Blutsverwandte(r) in auffteigen-
genber Linie; Einfluß, Gewalt f
über j-s Gemüt. [mafchine f.
ascenseur(ßō'r)m hybraulifche Hebe-
ascension (ßǫ') f Auffteigen n;
Himmelfahrt. [über(in).
ascète (ßä't) s. Asce't, Tugenb-
asiatique (ä-fī-a-ti'f) afia'tifch.
Asie (ä-fī') f Afien n; l'~ Mineure
Klein-Afien n, jeßt Nato'lien n.
asile (ä-fī'l) m Zufluchtsort; salle
d'~Kleinfinder-Bewahranftalt.
asine (ä-fī'n) a.: bête f ~ Efel(in
aspe (äßp) m Hafpel. [f) m.
aspect (ä-ßpä' ober ä-ßpä'f) m
Anblid; Ausfehen; Ausficht.
asperge (ä-ßpä'rǫ) f Spargel m.
asperger (ä-ßpär-Qe') befprengen.

aspergerie(ä-ßpär-Ǥ'rī')f Spar-
gel-pflanzung, -beet n.
aspergès (Ǥä'ß) m Weihwedel.
aspergière (Ǥiã'r) f Spargelbeet.
aspérité (ä-ßpe-rī-te') f Rauheit.
aspersion (ä-ßpär-ßǫ') f Be-
fprengung.
aspersoir (ßiã'r) m Weihwedel.
asphaltage (ffäl-ta'Q)m Belegen
mit Asphalt. [jaune Golbwurz.
asphodèle (ßfö-bä'l)m Affobi'll; ~
asphyxier (ä-ßfī-ffī-e') erfticen.
aspic (ä-ßpī'f) m 1. Natter f.
2. id. (falte Fleifch- ob. Fifch-fpeife).
aspirail (ä-ßpī-ra'i) m Zugloch n
im Ofen. [Bewerber(in).
aspirant m, ~e f (ä-ßpī-rǫ', ~ǫ't)
aspirateur m, ~trice f (ä-ßpī-ra-
tō'r, ~trī'ß) 1. a. einfaugenb.
2. m Windfang. [hauchenb.
aspiratif, ~ve (ra-ti'f, ~i'w) gr.
aspiration (ä-ßpī-rā-ßǫ')f Atem-
holen n; Ein-, An-faugen n;
gr. Afpiri'eren n; fig. Trachten
n, Sehnen n.
aspirer (re') I. v/a. ein-atmen;
auf-, ein-faugen; gr. mit e-m
Hauche ausfprechen. II. v/n. ~ à
qc. nach et. trachten.
assaillant(ä-ßä-jǫ')m Angreifer;
Stürmende(r). [beftürmen.
assaillir (jl'r) plößlich angreifen;
assainir(ä-ßä-nī'r) gefünder machen. [m Würze f.
assaisonnement (ä-ßä-fö-n'mǫ')
assaisonner (ne') würzen.
assassin m, ~e f (ä-ßä-ßǫ', ~i'n)
Mörder(in). [morb.
assassinat (ßī-na') m Meuchel-
assassiner (ßī-ne') ermorben.
assaut (ä-ßo') m Angriff, Sturm.
asseau (~) m Dachsbeil, Dechfel.
assemblage (ä-ßg-bla'Q) m Zu-
fammenfügen n; Anfammlung
f; Gemenge n.
assemblée (blē') f Verfammlung.
assembler (ä-ßg-ble') zufammen-
bringen; s'~ fich verfammeln.

assener (ă-ß̌-ne') einen Schlag versetzen. [stimmung f.

assentiment (ă-ßg-tĭ-mg') m Bei-

asseoir (ă-ß̌ă'r) (nieder)setzen; fest gründen; s'~ sich setzen; être assis sitzen. [eibigen.

assermenter (ă-ß̌ăr-mg-te') ver-

assertion (ß̌q') f Behauptung.

asservir (wĭ'r) unter-werfen, -jo-chen. [terjochung; Knechtschaft.

asservissement (wĭ-ßmg') m Un-

assez (ă-ß̌e') genug; ziemlich.

assidu, ~e (ă-ß̌ĭ-bü') emsig; stets pünktlich; dienstbeflissen.

assiduité (bü-te') f Emsigkeit; Pünktlichkeit; ~s pl. häufige Besuche m. [te(r).

assiégé, ~e (ă-ß̌ĭe-Qe') s. Belager-

assiégeant m, ~e f (Qq', Qq̄'t) 1. belagernd. 2. Belagerer.

assiéger (ă-ß̌ĭe-Qe') belagern.

assiette (ă-ß̌ă̆'t) f Lage, Sitz m; Gemütszustand m; Teller m.

assiettée (ß̌ă̆-tě') f e. Teller voll.

assignation (ă-ß̌ĭ-njă-ß̌q') f An-weisung; Vorladung.

assigner (ă-ß̌ĭ-nĭe') anweisen; vor Gericht laden.

assimiler (ă-ß̌ĭ-mĭ-lĕ) ähnlich ob. gleich machen; vergleichen.

assis m, ~e f (ă-ß̌ĭ', ~ĭ'ß) sitzend (v. asseoir); gelegen.

assise (ă-ß̌ĭ'ß) f Steinschicht; cour d'~s Schwurgericht n.

assistance (ß̌ĭ-ß̌tă̄'ß) f Anwesen-heit; die Anwesenden; Beistand.

assistant, ~e (ă-ß̌ĭ-ß̌tq', ~q̄'t) 1. helfend. 2. m Anwesende(r); Gehülfe.

assister (ă-ß̌ĭ-ß̌te'): ~à qc. bei et. zugegen sein; ~ q. j-m bei-stehen, helfen.

association (ă-ß̌ŏ-ß̌ĭă-ß̌q') f Ver-einigung; Verbindung; Handels-Gesellschaft.

associer (ß̌ĭ-e') zugesellen; ver-binden; s'~ avec q. mit jem. in Verbindung treten.

assoler (ă-ß̌ŏ-le') agr. in Schläge einteilen. [mißmutig machen.

assombrir (ă-ß̌q-brĭ'r) verdüstern;

assommant (ă-ß̌ŏ-mg') unerträg-lich, tötlich langweilig.

assommer(me') (halb)tot schlagen.

assommoir (mă̄'r) m (Keulen-) Stock; fig. coup d'~ harter Schlag. [Himmelfahrt.

assomption (ă-ß̌q-pß̌q') f Mariä

assonance (ă-ß̌ŏ-nq̄'ß) f Gleich-klang m. [klingend.

assonant, ~e (ă-ß̌ŏ-nq', ~q̄'t) an-

assortiment (ă-ß̌ŏr-tĭ-mg') m passende Zusammenstellung f, Auswahl f; Sortiment n.

assortir (ă-ß̌ŏr-tĭ'r) passend zu-sammenstellen; mit Waren versehen; ~à qc. zu et. passen.

assoter(ß̌ŏ-te'): ~q. j-m den Kopf verdrehen; s'~ sich vernarren.

assoupir (ă-ß̌u-pĭ'r) einschläfern; s'~ einschlummern; nachlassen.

assoupissement (pĭ-ßmg') m Schlummer; Dämpfung f.

assouplir (pĭĭ'r) geschmeidig m.

assourdir (ă-ß̌ur-bĭ'r) betäuben.

assouvir (ă-ß̌u-wĭ'r) den Heißhunger völlig sättigen.

assujettir (ă-ß̌ü-Qă̆-tĭ'r) unter-thänig machen; jem. zu et. nöti-gen; befestigen.

assujettissement (Qă̆-tĭ-ßmg') m Unterwerfung; Gebundenheit f.

assurance (rq̄'ß) f Zusicherung; Beteuerung; Zuversicht; Ver-sicherung gegen Feuer ꝛc.

assuré, ~e(ß̌ü-re') 1. sicher; uner-schrocken; teck. 2. Versicherte(r).

assurément (re-mg') sicherlich.

assurer (ă-ß̌ü-re') versichern; s'~ auch: sich vergewissern.

assureur (ă-ß̌ü-rŏ'r) m Asseku-ra'nt, Versicherer.

aster ⚥ (ă-ß̌tă̄'r) m Aster f.

astérisque (ă-ß̌te-rĭ'ß̌ĭ) m Stern-chen n im Buche. [brüstig.

asthmatique (ă-ß̌ma-tĭ'ĭ) eng-

asthme (äßm) m Engbrüstigkeit f.
asticoter (ßtǐ-kŏ-te') schikanieren.
astiquer (ke') glätten; prügeln.
astragale (ă-ßträ-gă'l) m Rund-
ftab; Verstäbung f.
astral, ~e (ă-ßträ'l) Sternen-...;
lampe ~e Aftra'llampe f.
astre (ä'ßtr) m Gestirn n.
astreindre (ă-ßträ'dr) nötigen.
astringent (ă-ßträg-Qg') a. od. s/m.
zusammenziehend(es Mittel).
astuce (ßtü'ß) f Verschlagenheit.
astucieux, ~se (ă-ßtü-ßiö', ~iö'f)
verschlagen, hinterliftig.
atelier (ă-tǐ-lǐe') m Werkstatt f.
atermoyer (ă-tăr-mǐ̄ä-ǐe') (die
Zahlungsfrist) prolongieren; s'~
sich mit seinen Gläubigern auf
gewisse Termine setzen.
athée (ă-te') 1. athe-i'stisch. 2. s.
Athe-i'st(in). [kämpfer.
athlète (ă-tlä̃'t) m Athle't, Wett-
atome (tō'm) m Urstoff-teilchen n.
atonie (ă-tŏ-nǐ') f Schlaffheit.
atours (tū'r) m/pl. weiblicher Putz.
atout (ă-tu') m Trumpf.
atrabilaire(ă-trä-bǐ-lä̃'r) schwarz-
gallig; griesgrämig.
âtre (ā'tr) m (Feuer-)Herb.
atroce (ă-tro'ß) gräßlich. [keit.
atrocité (ă-trŏ-ßǐ-te') f Gräßlich-
atrophie (ă-trŏ-fǐ') f Abzehrung.
attabler (ă-tă-ble'): s'~ sich a. d.
Tisch setzen. [merksam keit fesselnd.
attachant, ~e (ßäg', ßä̃g't) die Auf-
attache (tă'ßg) f Band n, Schnur;
chien d'~ Kettenhund m.
attachement (ă-tă-ßgmg') m
Anhänglichkeit f.
attacher (ă-tă-ßge') fest machen,
anbinden; fig. heften, verbinden; sich jem. verbindlich machen;
s'~ à qc., q. sich an et., jem.
anhängen, anschließen.
attaquable (ka'br) angreifbar.
attaque (tä'k) f An-griff, -fall m.
attaquer(tă-ke') angreifen; anfal-
len; s'~ à q. sich an jem. wagen.

attarder (ă-tăr-be'): s'~ sich ver-
späten; zurückbleiben.
atteindre (tä̃'dr) erreichen, treffen;
einholen; befallen(v. Krankheiten);
v/n. ~ à qc. zu et. gelangen.
atteinte (tä̃'t) f Berührung durch e.
Schlag ꝛc.; Verletzung; Anfall m,
Anwandlung von e-r Krankheit.
attelage (ă-t'la'G) m Gespann n.
atteler (ă-t'le') an-, be-spannen.
attelle (tä'l) f Ku'mmethorn n;
(Bein-)Schiene.
attenant, ~e (ă-t'nq', ~q't) angrenzend. [deffen.
attendant(ă-tg-bq'): en ~ unter-
attendre (ă-tg̃'dr) (er)warten (que
biß); s'~ à qc. sich auf et. ge-
faßt machen, et. vermuten.
attendrir (ă-tg-brǐ'r) mürbe m.;
fig. rühren; s'~ sur qc. von et.
gerührt werden. [rührend.
attendrissant, ~e (brǐ-ßg', ~g't)
attendrissement (ă-tg-brǐ-ßmg')
m Rührung f, Bewegung f.
attendu (bü') in Ansehung, wegen; ~ que in Erwägung, daß.
attente (ă-tg̃'t) f Erwartung.
attenter (ă-tg-te'): ~ à qc. sich an
et. vergreifen; ~ aux jours de q.
nach j-s Leben trachten. [fam.
attentif, ~ve (ti'f, tǐ'w) aufmerk-
attention (ßǐq')f Aufmerksamkeit.
atténuant, ~e (ă-te-nü-q', ~q't)
milbernd. [milbern.
atténuer (ă-te-nü-e') vermindern;
atterrer (ă-tä-re') zu Boden werfen, niederschmettern.
atterrir ⚓ (ă-tä-rǐ'r) landen.
atterrissement (ă-tä-rǐ-ßmg') m
angespültes Land.
attiédir (ă-tǐ̄e-bǐ'r) lau machen;
s'~ lau werden, erkalten.
attifer (ă-tǐ-fe') herausputzen.
attique (ăt-ti'k) 1. a. attisch.
2. A~ f A'ttika n. 3. m arch.
A'ttika f. [Gepäck n.
attirail (ă-tǐ-ra'j) m Gerät n;
attirant, ~e (rq', rq̄'t) anziehend.

attirer (ǎ-tǐ-re') anziehen; s'~
qc. sich et. zuziehen.
attiser (ǎ-tǐ-se') schüren.
attitré, ~e (tre') bestallt, ständig.
attitude (ǎ-tǐ-tü'b) f Haltung.
attouchement (ǎ-tu-schmǎ') m
Berührung f. [anziehend.
attractif, ~ve (ǎ-trǎ-ftǐ'f, ~ǐ'w)
attrait (ǎ-trǣ') m Reiz, Lockung f.
attrape (trǎ'p) Falle, Schlinge; id.
attraper (ǎ-trǎ-pe') fangen (in e-r
Falle); erwischen; anführen,
foppen; sich et. zuziehen.
attrapeur m, ~se f (pǒ'r, pǒ'j)
Betrüger(in). [anziehend.
attrayant, ~e (ǎ-trǣ-iǎ', ~iǎ't)
attribuer (ǎ-trǐ-bü-e') zu-teilen;
-schreiben. [Merkmal; Prädikat.
attribut (bü') m Eigenschaft f;
attribution (ǎ-trǐ-bü-ßǐǒ') f Zu-
eignung; Befugnis.
attrister (ßte') betrüben. [lauf.
attroupement (tru-p'mǎ') m Auf-
attrouper (pe'): s'~ sich zusammen-
rotten. [chen n.
aubade (o-ba'b) f Morgenständ-
aubaine (o-bǣ'n) f unverhoffter
Fund; droit d'~ Heimfallsrecht n. [hemb n.
aube(ōb) f Tagesanbruch m; Chor-
aubépine (o-bě-pi'n) f Hagedorn.
aubère (o-bǎ'r) a. u. s/m. falb;
Falber.
auberge (o-bǎ'rG) f Wirtshaus n.
aubergiste (o-bǎr-Gi'ßt) m Gast-
aubier (o-bǐe') m Splint. [wirt.
aubin (o-bǎ') m Dreischlag (Halbgalopp). [gehen.
aubiner (o-bǐ-ne') Halbgalopp
aucun, ~e(o-fǎ', ~fü'n) irgend ein
(Eine(r); mit ne: kein, Keine(r).
audace (o-bǎ'ß) f Kühnheit.
audacieux, ~se (o-ba-ßǐǒ', ~ǐǒ'j)
kühn. [bienz; Gerichtssitzung.
audience (bǐǎ'ß) f Gehör n; Au-
audition (o-bǐ-ßǐǒ') f Abhören n.
auditoire (o-bǐ-tǎ'r) m Hörsaal;
Zuhörerschaft f.

auge (ōG) f Trog m; Bütte.
auget (o-Gǣ') m kleiner Trog;
Vogelnäpfchen. [Vergrößerung.
augmentation (o-gmg-tä-ßǐǒ') f
augmenter (o-gmg-te') I. v/a.
vermehren, vergrößern. II. v/n.
größer werden, zunehmen.
augure (o-gü'r) m 1. Wahrsagerei f aus dem Vogelfluge; Vor-
bebeutung f. 2. Augur.
augurer(gü-re') prophezeien, mutmaßen. [August(us).
auguste (gü'ßt) 1. erhaben. 2. A~
aujourd'hui (o-Gür-bǔǐ') heute.
aulique (o-li'f) Hof-...
aulx (ō) pl. v. ail.
aumône (o-mō'n und o-mǒ'n) f
Almosen n. [Almosenpfleger.
aumônier (o-mo-nǐe' u. ~mǒ~) m
aunaie (o-nǣ') f Erlengehölz n.
aune (ōn) 1. m Erle f. 2. f Elle.
aunée (o-ne') f Ellenlänge.
auner (o-ne') mit der Elle messen.
auparavant (o-pǎ-rǎ-wǎ') vorher.
auprès (o-prǣ') 1. adv. daneben.
2. prp. ~ de bei, neben; gegen,
im Vergleiche mit.
auréole (rě-o'l) f Heiligenschein.
auriculaire (o-rǐ-fü-lǎ'r) Ohr-...;
Ohren-(-Beichte, -Zeuge).
aurifère (o-rǐ-fǣ'r) goldhaltig.
aurore (o-rō'r) f Morgenröte.
ausculter (o-ßfül-te') den Zustand
der Brust aushorchen.
auspice (o-ßpǐ'ß) m 1. Wahrsa-
gung f aus dem Vogelfluge; Vor-
bebeutung f; ~s pl. fig. Schutz.
2. Wahrsager aus dem Vogelfluge.
aussi (o-ßǐ') auch; überdies; des-
halb auch; ~ ... ebenso ... als.
aussitôt (o-ßǐ-to') sogleich; ~ que
sobald als.
auster (o-ßtǎ'r) m Südwind.
austère (o-ßtǎ'r) strenge in Sitten;
rauh; ernst, schmucklos.
austérité (o-ßte-rǐ-te') f Kastei-
ung; Strenge; Schmucklosigkeit.
austral, ~e (o-ßtrǎ'l) südlich.

austro... (o-ǥtro...) österreichisch.

autan (o-tg') m Südwind; Sturm.

autant (⌣) eben so viel, eben so sehr (que als); d'⌣ um soviel (besser rc.); ⌣ que so weit, insofern.

autel (o-tä'l) m Altar.

auteur (o-tö'r) m Urheber; Erfinder; Verfasser; Schriftsteller.

authenticité (o-tg-ti-ßi-te') f Glaubwürdigkeit, Echtheit.

authentique (o-tg-ti'ℓ) glaubwürdig, echt.

auto... (o-tŏ...) Selbst-..., ₃B. ⌣biographe m Selbstbiogra'ph.

autochtone (o-tŏ-ℓtŏ'n) 1. eingeboren. 2. s. Ureinwohner(in).

automnal, ⌣e (tŏ-mnäl) herbstlich.

automne (o-to'n) m Herbst.

autopsie (o-tŏ-pßi') f Selbstbeschauung; Leichenschau.

autoriser (o-tŏ-rĭ-se') bevollmächtigen, gutheißen; s'⌣ de qc. sich auf et. berufen.

autorité (o-tŏ-rĭ-te') f Ansehen n; (Amts-)Gewalt; ⌣s pl. Obrigkeit, Behörde.

autour (o-tū'r) 1. ⌣ (de) um, herum. 2. m Habicht.

autre(ō'tr) andere(r); l'⌣ jour neulich; l'un l'⌣ einander; nous ⌣s wir (Deutsche rc.); à d'⌣s! Das machen Sie Andern weiß!

autrefois (o-trĭ-fŏä') ehemals.

autrement (mg') adv. anders.

Autriche (o-tri'ſch) f Österreich n.

autrichien, ⌣ne (o-tri-ſchĭä', ⌣⁻ſchĭæ'n) 1. österreichisch. 2. A⌣, A⌣ne s. Österreicher(in).

autruche (trü'ſch) f Strauß (Vogel).

autrui (trĭ') Anderer, Andere pl.

auvent (o-wg') m Wetterdach n; ⌣ de casque Visier n.

auxiliaire (o-ℓßĭ-lĭä'r) 1. a. helfend, Hülfs-... 2. m Helfer, Bundesgenosse.

avachir (ă-wă-ſchĭ'r): s'⌣ allzu weich ob. schlaff werden; welf niederhängen.

aval (ă-wă'l) 1. m Thalrichtung f. 2. adv. strom-abwärts. 3. m Wechselbürgschaft f.

avalage (wă-la'Ǥ) m Hinabfahren n; Einschroten n in den Keller.

avalanche (lg'ſch) f Lawine.

avaler (ă-wă-le') 1. verschlucken, (ver)schlingen. 2. sich für e-n Wechsel verbürgen.

avaleur m, ⌣se f (ă-wă-lŏ'r, ⌣lŏ'ſ) Schlucker(in).

avalies (lĭ') f/pl. Schabwolle.

avaliste (lĭ'ßt) m Wechselbürge.

avançage (ă-wg-ßa'Ǥ) m Droschkenhalteplatz.

avance (ă-wḡ'ß) f Vorbau m; Vorteil m; Vorschuß m; d'⌣ im Voraus.

avancer (wg-ße') I. v/a. vorwärtsbringen; befördern; eine Uhr vorstellen; behaupten; vorschießen. II. v/n. vorwärtskommen.

avanie (ă-wă-nĭ') f Mißhandlung, Schimpf m.

avant (ă-wg') 1. prp. vor; ⌣ peu in kurzem. 2. adv. weit hinein; en ⌣ vorwärts. 3. cj. ⌣ que ehe. 4. m Vorderteil n. [Vorder-...

avant-... (ă-wg'...) in Zſſg. Vor-...,

avantage (ă-wg-ta'Ǥ) m Vorteil; Überlegenheit f; Vorrecht n.

avantager (tă-Ǥe') bevorzugen.

avantageux, ⌣se (ă-wg-tă-Ǥŏ', ⌣Ǥŏ'ſ) vorteilhaft; übermütig.

avant-bras (bra') m Vorder-arm.

avant-hier (tĭä'r) vorgestern.

avant-veille (ă-wg-wǣ'j) f zweiter Tag vorher. [Geizhals.

avare (ă-wā'r) 1. geizig. 2. m

avarice (ă-wă-rĭ'ß) f Geiz m.

avaricieux, ⌣se (ă-wă-rĭ-ßĭŏ', ⌣ßĭŏ'ſ) geizig.

avarie (rĭ') f See-schaden m.

avarier (rĭ-e') s'⌣ zur See verderben.

à vau-l'eau (ă-wo-lo') strom-abwärts.

avec (ă-wǣ'ℓ) mit. [nuß.

aveline (w'lĭ'n) f rote Lambertsnuß.

avenant, ~e (ă-v'nĝ', ~ĝ't) 1. le cas ~ iut Falle, daß. 2. a. einnehmend, artig. 3. adv. à l'~ verhältnismäßig.

avènement (ă-væ-n'mĝ') m (Regierungs-)Antritt. [2. m Zukunft f.

avenir (ă-v'nĭ'r) 1. sich zutragen.

avent (ă-vĝ') m Advent.

aventure (tü'r) f Abenteuer n.

aventurer (tü-re') wagen; s'~ sich in Gefahr bringen.

aventureux, ~se (ă-vĝ-tü-rŏ', ~ŏ'j) abenteuerlich.

aventurier m, ~ière f (ă-vĝ-tü-rĭe', ~rĭă'r) f Abenteurer(in).

avérer (ve-re') als wahr beweisen.

averse (ă-vĝ'rß) f Platzregen m.

aversion (ă-vĝr-ßĝ') f Widerwille m. [gen; warnen.

avertir (ă-vĝr-tĭ'r) benachrichtigen; warnen.

avertissement (ă-vĝr-tĭ-ßmĝ') m Nachricht f; Warnung f.

aveu (vö') m Geständnis n; Einwilligung f; sans ~ heimatlos.

aveugle (ă-vö'gl) 1. blind; verblendet. 2. s. Blinde(r).

aveuglement (ă-vö-gl'mĝ') m Verblendung f.

aveuglément (ă - vö - gle - mĝ') blindlings. [blenden.

aveugler (vö-gle') blenden; verblenden.

avide (ă-vĭ'b) (be-)gierig.

avidité (vĭ-bĭ-te') f Gier, Sucht.

avilir (ă-vi-lĭ'r) herabwürdigen; entwerten; s'~ sich wegwerfen.

avilissant, ~e (ă-vi-lĭ-ßĝ', ~ĝ't) erniedrigend.

avilissement (li-ßmĝ') m Entwürdigung f; Verächtlichkeit f.

aviner (ne') mit Wein anfeuchten; s'~ Weingeruch annehmen.

aviron (ă-vĭ-rĝ') m Ruder n.

avis (ă-vĭ') m Meinung f; Meldung f; Warnung f.

avisé, ~e (ă-vĭ-ße') klug.

aviser (ă-vĭ-ße') benachrichtigen; ~ à qc. auf et. bedacht sein; s'~ de qc. sich et. einfallen lassen. [viantieren.

avitailler (ă-vĭ-tă-je') verproviantieren.

aviver (ă-vĭ-ve') beleben; glätten; Wund-ränder blutig ritzen.

avocasser (ă-vŏ-tă-ße') Winkeladvokatu'r treiben.

avocat (ła') m Rechtsanwalt.

avoine (ă-voă'n) f Hafer m.

avoir (ă-voă'r) 1. haben; bekommen; il y a es giebt, es ist od. sind. 2. m Habe f.

avoisiner (ă-voă-ßĭ-ne'): ~ qc. an et. angrenzen. [geburt f.

avortement (ă-vŏr-tmĝ') m Fehlgeburt f.

avorter (te') zu früh gebären; verkümmern; fig. verunglücken.

avorton (tĝ') m unzeitige Frucht.

avoué (ă-vu-e') m Sachwalter.

avouer (~) eingestehen; anerkennen.

avoyer (ă-voă-je') m Stadtschultheiß.

avril (ă-vri'j od. ă-vrĭ'l) m April.

axe (ałß) m Achse f.

axonge (ă-łßĝ'Q) f Schmeer m.

ayant (ă-łĝ') 1. habend. 2. ~ cause m, pl. ~s ~ Rechtsnachfolger; ~ droit m, pl. ~s ~ Berechtigte(r).

azote (ă-ßŏ't) m Stickstoff.

azur (ă-ßü'r) m Lasur-stein, -farbe f; Himmelblau n. [azurn.

azuré, ~e (ă-ßü-re') himmelblau, azy (ă-ßĭ') m Lab n.

azyme (ă-ßĭ'm): (pain) ~ ungesäuert(es Brot).

B.

baba (bä-ba') m Rosinenkuchen.

Babel (bä'l) f Ba'bylon, Ba'bel n; tour de ~ babylonischer Turm; Sprachverwirrung.

babeurre (bä-bö'r) m Buttermilch.

babiche (bä-bi'sch) f zottiges Schoßhündchen.

babil (bä-bi'l) m Geschwätz n.

babillage (bä-bi-ja'Q) m Plauderei f, Schwatzen n.

babillard, ~e (jä'r, jä'rb) 1. geschwätzig. 2. s. Schwätzer(in).

babiller (bä-bi-je') schwatzen.

babine (bä-bi'n) f (Hänge-)Lippe.

babiole (bä-bi-o'l) f Spielzeug n; Lappa'li-e.

babion (bä-bi-ọ') m kleiner Affe.

bâbord (ba-bö'r) m Backbord n.

babouche (bä-bu'sch) f Schlappbabouin (bäọ') m Pavian. [schuh.

babouiner (bä-bäi-ne') Gesichter schneiden.

baby (bä-bi') m kleines Kind.

bac (bäk) m Fähre f; Back n, Weichtrog.

bacchanaliser (bä-kä-nä-li-se') schwärmen, sich tüchtig betrinken. [Beerenfresser.

baccivores (bä-kßi-wö'r) m/pl.

bacha (bä-scha') m Pascha.

bâche (bäsch) f Wagenplane.

bachelier (bä-sch'li̇e') m Baccalau're-us.

bachelière (sch'li̇ä'r) f Studentin.

bachique (bä-schi'k) dem Bacchus geweiht; chanson ~ Trinklied n.

bachot (bä-scho') m Nachen.

bachotage (bä-schọ-ta'Q) m Übersetzen n im Nachen.

bachoteur (tö'r) m Fährmann.

bâcler (bä-kle') versperren; ein Schiff anlegen zum Laden; fig. eilig abmachen, zurechtpfuschen.

bâcleur (klö'r) m Hafenschließer.

badaud m, ~e f (bä-bo', ~bö'b) Maul-affe.

badauder (bä-bọ-be') gaffen.

badigeon (bä-bi-Gọ') m gelblicher Steinmörtel; Bildhauer-Kitt.

badigeonner (Gọ-ne') mit Mauergelb anstreichen; verkitten.

badin, ~e (bä-bạ', ~bi'n) schäkernd.

badinage (bä-bi-na'Q) m Spaß.

badine (bä-bi'n) f Spazierstöckchen.

badiner (bi-ne') spaßen, schäkern.

bafouer (bä-fü-e') verhöhnen.

bâfrer (ba-fre') gierig fressen.

bagage (bä-ga'Q) m Gepäck n.

bagarre (bä-gā'r) f Wirrwarr m.

bagatelle (gä-tä'l) f Kleinigkeit.

bagne (bänj) m Bagno.

bague (bāg) f (Finger-)Ring m.

baguenaude (bä-gnö'b) f Klatschblase. [treiben; bummeln.

baguenauder (bä-gnọ-be') Possen

baguette (bä-gä't) f Gerte, dünner Stab; Trommel-, Lade-stock m; ~s pl. Spießruten.

baguier (bä-gie') m Ringkästchen.

bahut (bä-ü') m Truhe f; en ~ gewölbt. [ben). 2. m Braune(r).

bai m, ~e f (bä) 1. braun (v. Pferbaie (bä) f. 1. Bai. 2. Beere. 3. Thür- 2c. öffnung.

baigner (bä-nje') baden, schwemmen; bespülen; se ~ sich baden.

baigneur m, ~se f (njö'r, njö'ſ) Badende(r); Bade-gast, -meister, -frau; ~se a. Bademantel m.

baignoire (bä - njüä'r) f Badewanne; Parterre-loge.

bail (bäi) m Pacht f; Pachtkontrakt.

baille ⚓ (bäi) f Balje. [Hia'tus.

bâillement (bä-j'mạ')m Gähnen n;

bailler (bä-je') (über-)geben.

bâiller (bä-je') gähnen; klaffen.

bailleur m, ~eresse f (bä-jö'r, ~j'rä'ß) Verpächter(in).

bailli (bä-ji') m Amtmann.
bâillon (bā-jŏ') m Knebel.
bâillonner (bā-jŏ-ne') knebeln.
bain (bŏ) m Bad n; Bade-wanne f, -anstalt f, -stube f.
baisemain (bæ-s'mŏ') m Handkuß.
baiser (bæ-se') 1. m Kuß. 2.küssen.
baisoter (bæ-sŏ-te') oft küssen.
baisse (bæß) f Fallen der Preise, Kurse.
baisser (bæ-ße') I.v/a. senken, herunterlaffen. II. v/n. abnehmen, sinken; se ~ sich bücken.
bal (bäl) m (Tanz-)Ball.
baladin m, ~e f (bä-lä-dŏ', ~bi'n) Possenreißer(in).
balafre (bä-lä'fr) f Schmarre.
balafrer (bä-lä-fre'): ~ q. jem. eine Schmarre beibringen.
balai (bä-læ') m Besen. [rubin.
balais (bä-læ') m: rubis ~ Ballas-
balance (bä-lŏ'ß) f Wage; ~ à bascule Brücken-W.; ~ romaine Schnell-W.; Gleichgewicht n; Schwebe; (Konto-)Bilanz.
balancer (lŏ-ße') I.v/a. ins Gleichgewicht bringen, im Gleichgewicht erhalten; schaukeln; fig. überlegen; aufwiegen. II. v/n. schwanken; unschlüffig sein.
balancier (bä-lŏ-ßie) m Wagenmacher; Balancierstange f; Unruhe f der Uhr.
balançoire (ßŏ'r) f Schaukel.
balandre (bä-lŏ'dr) f Bilander.
balasse (bä-lä'ß) f Bettsack m.
Balaton (bä-la-tŏ') m Plattensee.
balayer (bä-læ-ie') (aus-, weg-) fegen, auskehren. [kehrer(in).
balayeur m, ~se f (iŏ'r, iŏ'ß) Aus-
balayures (bä-læ-iü'r) f/pl. Kehricht n. [herstammeln.
balbutier (bäl-bü-ßi-e') stottern;
balbutieur (~ßiŏ'r) m Stammler.
baldaquin (bäl-bä-kŏ') m Thronhimmel, Ba'lbachin.
Bâle (bāl) f Basel n.
baleine (bä-læ'n) f Wal(-fisch); Fischbein.

baleinier (bä-læ-nie') m Walfisch-fahrer, -fänger; Fischbeinhänd-
balise ⚓ (bä-li'ß) f Bake. [ler.
baliser (bä-li-se') mit Baken bezeichnen; ausbaggern.
baliseur (ßŏ'r) m Bakenmeister.
baliste (bä-li'ßt) f Balliste.
baliveau (bä-li-wo') m Laßreis n; Rüstbaum.
baliverne (wä'rn) f Albernheit.
baliverner (bä-li-wär-ne') Possen reißen. [kernb.
ballant, ~e (bä-lŏ', ~lŏ't) schlen-
balle (bäl) f (Spiel-)Ball m; (Flinten-)Kugel; (Waren-)Ballen m; Balg m der Gräser.
ballon(bä-lŏ') m Luftballon; Glaskolben; Gebinde n; B~ d'Alsace Welscher Belchen (Berg).
ballonner (bä-lŏ-ne') sich (auf-) blähen; eine Glocke machen.
ballot (lŏ') m kleiner Ballen, Pack n.
ballottage (lŏ-ta'ß) m Kugelung.
ballotter (bä-lŏ-te') I.v/a. hin- u. herschütteln; über jem. kugeln; in Pakete legen. II. v/n. hin- u. herschwanken. [Bade-...
balnéatoire (bäl-nĕ-a-tŏā'r)
balourd m, ~e f (bä-lū'r, ~lu'rd) Tölpel m, Gans f.
balourdise(bä-lūr-bi'ß) f Tölpelei.
Baltique (bäl-ti't) f Ostsee.
balustre (bä-lü'ßtr) m Geländerbocke f.
balzan(bäl-ßŏ')man d.Füßenweißgezeichneter Rappe od.Braune(r).
bambin (bŏ-bŏ') m Kindchen n.
bamboche (bŏ'sch) f Gliederpuppe; ~s pl. tolle Streiche. [mel.
bambocheur (bŏ-schŏ'r) Schwie-
bambou (bŏ-bu') m Bambusrohr.
ban (bŏ) m Aufgebot n; Bezirk: Bann, Acht f.
banal, ~e (bä-nä'l) bann-herrlich, Gemeinde-...; gemein-nützig; abgedroschen, alltäglich.
banalité (nä-li-te') f Zwangsgerechtigkeit; abgedroschenes Zeug.

bananier (bä-nä-ñẽ') m Pisang.
banc (bg) m Bank f.
bancal, ~e (bg-kä'l) krummbeinig.
bancroche (bg-krö'sch) = bancal.
bande (bāb) f Binde, Streifen m;
  Rand m, Billard=Bande; Bande,
  Schar.
bandeau(bg-bo')m (Stirn-)Binde f;
  coiffure en ~x (Haar-)Scheitel.
bander (bg-be') I. v/a. verbinden;
  spannen. II. v/n. steif sein.
banderole (b'rö'l) f Fähnchen n.
bandoulière(bg-bu-liã'r)f Schul-
  tergehänge n.
banlieue (bg-liõ') f Weichbild n.
banne(bän)f (Wagen-,Last-)Korb m;
  Sonnenzelt n; Plane.
banneret (bä-n'rä') m: (seigneur)
  ~ Bannerherr.
bannière (bä-niã'r) f Banner n.
bannir (bä-nī'r) verbannen.
bannissement (bä-ni-ßmg') m
  Verbannung f.
banque (bāk) f (Wechsel-)Bank.
banquet (bg-kä') m Gastmahl n.
banqueteur (k'tö'r) m Schmauser.
banquette (bg-kä't) f gepolsterte
  Bank ohne Lehne.
banquise (bg-kī'f) f Eisbank.
baptême (bä-tã'm) m Taufe f.
baptiser (bä-tī-fe') taufen.
baptismal, ~e (bä-tī-ßmä'l), bap-
  tistaire (~ßtä'r) Tauf-...
baptistère (ßtä'r) m Taufkapelle.
baquet (bä-kä') m Kübel, Zuber.
baquetures (bä-k's-tü'r) f/pl. Leck-
  wein m.   [welsch n.
baragouin(bä-rä-güg')m Kauder-
baragouiner (gü-ne') radebrechen.
baraquer (bä-rä-ke') Lagerhütten
  aufbauen; in Hütten unterbringen.   [Schleif m.
baraterie ⚓ (bä-ra-t'rī') f Unter-
baratte (bä-rä't) f Butterfaß n.
baratter (bä-rä-te') buttern.
barbacane (bär-bä-ka'n) f Schieß-
  scharte.
barbarie (rī') f Rohheit, Barbarei.

barbariser (bär-bä-rī-fe') unrich-
  tig sprechen.   [Werberroß n.
barbe (bärb) 1. f Bart m. 2. m
barbé (bär-be') bärtig.
barbeau(bär-bo')mBarbe f (Fisch).
Barberousse (b'ruß) m Rotbart.
barbet m, ~te f (bä', bæ't) Pudel.
barbette(bär-bæ't)f Geschützbank;
  Brustschleier m der Nonnen.
barbeyer ⚓ (bär-bæ-ẽ') killen.
barbiche (bi'sch) f kleiner Kinnbart.
barbichet (bär-bi-schä') m Pudel.
barbichon (schg') m = barbichet.
barbier (bär-biẽ') m Barbier.
barbillon (bär-bi-jg') m Bartfaser;
  junge Barbe; Freßspitze; Pips.
barbon (bär-bg') m Grau-bart.
barbote (bär-bö't) f Aalquappe.
barboter (bär-bö-te') schnattern;
  im Schlamme waten.
barbotine (ti'n)f Zitwersamen m.
barbouiller (bär-bu-je') besudeln,
  (be)schmieren; verpfuschen.
barbouilleur (jö'r) m Sudler.
barbu, ~e (bär-bü') bärtig.
barbue (~) f Bartmännchen n;
  Rautenscholle (Fische).
.bard (bär) m Tragbahre f.
bardane (bär-ba'n) f Klette.
barde (bärb) 1. f Speckschnitte;
  Reitkissen. 2. m Barde, Dichter.
bardeau (bär-bo') m Dachschin-
  del f; typ. Vorratskasten; auch
  = bardot.
bardée (bẽ') f Speck n zum Spicken.
barder (bär-be') auf eine Tragbahre laden; einem Pferde den
  Harnisch anlegen; spicken.
bardeur (bö'r) m Bahrenträger.
bardot (bo') m kleiner Maulesel;
  fig.Pack-esel; Ergänzungsbogen.
barème (bä-rã'm) m Rechenknecht.
barge (bärQ) f Sumpfläufer m
  (Schnepfe); Heu-,Holz-haufen m.
barguigner (bär-gi-nje') zaudern,
  drucksen.
baril (bä-rī') m Fäßchen n.
barillage (rī-ja'Q) m Faßwerk n.

barillet(bä-rĭ-jæ') m Tönnchen n; Drehstift; Pumpenstiefel.
bariolé(bä-rĭ-o-le') bunt(fchecfig).
barioler (~) buntfchecfig bemalen.
barlong, ~ue (bär-lọ', ~lọ̃'g) un-gleichmäßig vier-ecfig.
barnache (bär-nä'fch) f Rotgans.
barnacle (bär-nā'tl) f = barnache.
baronnage (bä-rŏ-na'Q) m Frei-herrnstand. [Wehr n.
barrage (bä-ra'Q) m Schlagbaum;
barre (bār) f Stange, Barren m; Quer-stange,-riegel m; Schlag-, Stall-baum; ~ fixe Recf n; ~s pl. parallèles Barren m; Feber-strich m; Ruderpinne; Sand-bant; Schranfe des Gerichtshofes; Barrenspiel n.
barreau (ba-ro') m Gitterstange f; Advofaten-plah, -fih; Sach-walterschaft f. [durchstreichen.
barrer (re') verriegeln, versperren;
barrette (bä-ræ't) f Barett n; Karbinalshut m.
barricader(rĭ-fä-be')verrammeln.
barrique (bä-rĭ'f) f Stücfaß n.
barrir (bär-rĭ'r) fchreien (von Elefanten).
barrot (bä-ro') m Fäßchen n mit Anchovis; ↓ fleiner Querbalfen.
bartavelle (bär-tä-wæ'l) f Rot-huhn n.
bas, ~se (ba, baß) 1. a. niebrig; abwärts geneigt; faire main ~se fur niebermachen; unter-geordnet, nieder; wohlfeil, ge-ring; niebrig benfend, gemein; vue f ~se Kurzfichtigfeit; à voix ~se leife; ♂ tief. 2. adv. niebrig; leife; à ~! herunter! en ~ unten; par en ~ unten-burch; ici-~ hienieben; là-~ ba hinten, bort. 3. m Unterteil n; Strumpf. [leber.
basane (bä-fa'n) f braunes Schaf-
basané, ~e (bä-fä-ne') fonnver-brannt, schwarzbraun.
basaner (~) schwarzbraun färben.

bas-bleu(ba-blö')mBlaustrumpf.
bascule (bä-fkü'l) f Schaufel-brett n; Schlagbalfen m; (pont à) ~ Brücfenwage.
basculer (bä-fkü-le') schaufeln.
base (bāf) f Grundlage.
baser (ba-fe') auf et. gründen.
bas-fond (ba-fọ') m Niederung f; ↓ Untiefe f.
basilic (bä-fĭ-lĭ'f) m Königs-fraut n; Basilisf.
basque (bäſf) 1. f Rocfschoß m. 2. B~ s. Basfe, Basfin; tambour de b~ Schellentrommel f.
basse (baß) f Baß m; Baß-fän-ger m, -geige, -faite; ↓ Untiefe.
basse-contre (fọ'tr) f tiefer Baß.
basse-cour (fū'r) f Wirtschaftshof.
bassesse (bä-fæ'ſ) f Niederträch-tigfeit.
basset (ba-fæ') m Dachshund.
basse-taille (baß-ta'l) f tiefer Tenor. [f; ↓ Docf n.
bassin (ba-fọ') m Becfen n, Schale
bassiner (bä-fĭ-ne') mit der Wärm-pfanne wärmen; feuchte Um-schläge machen.
bassinet (næ') m Zündpfanne f.
bassinoire (nŏä'r) f Bettwärmer.
basson (ba-fọ') m Fagott n.
baste (bäſt)! genug! [verschanzen.
bastinguer (bä-ſtg̃-ge') das Schiff
bastringue (bä-ſtrg̃'g) m (Tanz-) Kneipe f. [~ Pacfpferb n.
bât (ba) m Pacfsattel; cheval de
bataclan (bä-tä-flạ') m Plunder.
bataille (bä-ta'l) f Schlacht.
batailler (bä-tä-je') streiten.
batailleur (bä-tä-jŏ'r) m Zänfer.
bâtard m,~e f(ba-tā'r,~ä'rb) 1.un-ehelich; un-echt. 2. m Bastarb.
batardeau (bä-tär-bo') m Abbäm-
bâte (bāt) f Zarge. [mung f.
bateau (bä-to') m Kahn; ~ à va-peur Dampfschiff n.
batelage (bä-t'laQ) m Gaufelei f.
batelet (bä-t'læ') m fleiner Kahn, Ewer.

bateleur m, ~se *f* (t'lŏ'r, t'lŏ'f)
Taſchenſpieler(in),Gaukler(in).

batelier (t'lĭe') m (gluß-)Schiffer.

bâter (ba-te') ein Padtier ſatteln.

batifoler (bă-tĭ-fŏ-le') tändeln.

bâtiment(ba-tĭ-mg')m Gebäude n;
♃ Fahrzeug n.

bâtir (ba-tĭ'r) bauen.   [Bau m.

bâtisse (ba-ti'ß) f Mauer-arbeit.

bâton (ba-tǫ') m Stock; Stab;
Stange f Siegellad.   [wert.

bâtonnable (tŏ-na'bl) prügels-

bâtonnage (ba-tŏ-na'G) m Anfer-
tigung f von Siegellad-Stangen;
Liniieren n des Papiers.

bâtonner (ne') prügeln; in kleine
Vierede falten; ausſtreichen.

bâtonnet (ba-tŏ-næ') m Stäbchen n; Kantel.

bâtonnier (nĭe') m Stabträger;
Vorſteher der Advokatenſchaft.

bâtonniste (ni'ßt) m Stockfechter.

battage (bă-ta'G) m Dreſchen n.

battant (bă-tg') 1. ſchlagend;
tambour ~ mit klingendem
Spiele. 2. m Thürflügel; Glok-
kenſchwengel; Roll-Jalouſie f;
Thürkliuke f.

batte (băt) f Schlägel m; Harlekin-
Pritſche; Hand-ramme.

battement (bă-tmg') m Schlagen n; ~ de mains Händeklat-
ſchen n; ♪ Doppeltriller.

batterie (bă-t'rĭ') f id.; ~ de cuisine Küchengeſchirr; Schlägerei.

batteur (tŏ'r) m Schläger; Raufbold; ~ de pavé Pflaſtertreter;
ch. Treiber; Dreſcher.

batteuse (tŏ'f) f Dreſchmaſchine.

battoir (bă-tŏa'r) m Waſchbläuel;
Ballkelle f beim Ballſpiel.

battre (bă'tr) ſchlagen; klopfen;
quirlen; ~ en brèche Breſche
ſchießen; Getreide dreſchen; ~ la
campagne faſeln; ~ froid à q.
jem. kalt aufnehmen.

battu, ~e (bă-tü') 1. geſchlagen;
gebahnt. 2. m Gold- ꝛc. Lahn.

battue (bă-tü') f Treibjagen n.

bau ♃ (bo) m Querbalken.

baudet (bo-bæ') m (Zucht-)Eſel;
Dummkopf; Gurtbett n.

Baudouin (bo-bü-g') m Balduin.

baudrier (brĭe') m Wehrgehänge n.

bauge (bōG) f Sau-lache; ſchmuzi-
ges Bett n, Wohnung; Kleberlehm m.

baugue (bōg) f Seetang m.

baume (bōm) m Balſam.

baumier (bo-mĭe') m Balſam-
baux (bō) pl. von bail.   [ſtrauch.

bavard, ~e (bă-wă'r, bă-wă'rb)
1. ſchwaßhaft. 2. s. Schwäzer,
Schwäzerin. [ſchwäz, Gewäſch.

bavardage (bă-wăr-ba'G) m Ge-
bavarder (bă-wăr-be') ſchwazen.

bavarois, ~e (bă-wă-rŏă', ~rŏă'f)
1. bayeriſch. 2. B~ s. Bayer(in).
3. ~e f Frucht-Creme.

bave (băw) f Geifer; Speichel.

baver (ba-we') geifern; ſpeicheln.

bavette (ba-wæ't) f Speichellaz.

baveux, ~se (ba-wŏ', ~wŏ'f) gei-
fernb; teigig.

Bavière (bă-wĭă'r) f Bayern n; ~
rhénane Rhein-Bayern.

bavocher (bă-wŏ-ſche') unſauber
ſtechen oder druden.

bavolet (bă-wŏ-læ') m Haube f;
Nackenſchleier.

bavure (bă-wü'r) f Gußnaht.

bayart (bă-ĭa'r) m Tragbahre f.

bayer (be-ĭe') gaffen; ~ aux cor-
neilles Maul-affen feil haben.

béant, ~e (bĕ-g', ~g't) klaffenb;
bouche ~e mit offenem Munde.

béat, ~e (bĕ-a', ~a't) 1. ſchein-
heilig. 2. s. Frömmler(in).

béatifier (a-tĭ-fĭ-e') ſelig ſprechen.

béatitude (tü'b) f Seligkeit.

beau(bō), bel m, belle f(bæl, bæl)
1. ſchön; ~ monde vornehme
Geſellſchaft; il a ~ dire er mag
ſagen, was er will; l'échapper
belle mit heiler Haut davonkommen; bel et bien gründ-

lich; bel esprit Schöngeist.
2. beau m das Schöne; Stutzer.
beaucoup (bo-ku') viel; sehr.
beau-fils (bo-fi'ß) m Stief-,
Schwieger-sohn.
beau-frère (frä'r) m Schwager.
beau-père (pä'r) m Schwieger-,
Stief-vater.
beaupré (bo-pre') m Bugspriet n.
beauté (bo-te') f Schönheit.
bébé (bĕ-be') m kleines Kind;
Knirps.
bec(bĕk)mSchnabel,Gas-Brenner.
bécarre ♩ (bĕ-kā'r) m Auflösungs-
zeichen n.
bécasse (bĕ-ka'ß) f Wald-Schnepfe.
bécassonnier (bĕ-kă-ßō-nĭe') m
Entenflinte f.
bec-d'âne (bĕ-bā'n) m Kreuz-
meißel. [gel-zange f.
bec-de-cane (bĕk-dĭ-ka'n) m Ku-
bec-de-corbin (bĕk-dĭ-kŏr-bẫ') m
Hohlmeißel. [Hasenscharte f.
bec-de-lièvre (bĕk-dĭ-liӗ'wr) m
becfigue (bĕk-fi'g) m Feigen-
fresser, -drossel f.
bêche (bẫsch) f Spaten m.
bêcher (bӕ-sche') umgraben.
bêchon (bӕ-schǫ') m Hacke f.
becquée(bĕ-ke')f e. Schnabel voll.
becqueter (bĕk-k'te') mit dem
Schnabel hacken.
bedaine (bĭ-bӕ'n) f Wanst m.
bedeau (bĭ-bo') m Kirchendiener.
bée (bĕ) offenstehend.
béer (be-e') = bayer.
beffroi (bĕ-frẫ') m Warte f.
bégaiement(bĕ-gӕ-mǫ') m Lallen.
bégayer (bĕ-gӕ-ĭe') stammeln.
bègue (bẫg) 1. stammelnd. 2. m
Stammler.
bégueule (bĕ-gȫl) f Spröde.
bégueulerie (bĕ-gȫ-lrĭ') f alberne
Ziererei. [der-haube f.
béguin (bĕ-gẫ') m Nonnen-, Kin-
béguine (bĕ-gi'n) f Beguine; Bet-
schwester.
beige (bӕg) ungefärbt.

beignet (bӕ-njӕ') m Pfann-
kuchen, Krapfen.
béjaune (bĕ-Gȏ'n) m Nestvogel;
fig. Neuling, Gelbschnabel.
bel (bĕl) v. beau.
bêler (bӕ-le') blöken.
belette (bĭ-lӕ't) f Wiesel n.
belge (bӕlG) 1. belgisch. 2. B. s.
Belgier(in).
Belgique (bӕl-Gi'k) f Belgien n.
bélier(bĕ-lĭe')mSchafbock,Widder.
bélître (bĕ-li'tr) m Lumpenkerl.
bellâtre (bĕ-lä'tr) m Schönthuer.
belle (bӕl) v. beau.
belle-dame (bӕl-da'm) f Melde;
Belladonna. [farbige Winde.
belle-de-jour (bӕl-dĭ-Gū'r) f bret-
belle-de-nuit(bӕl-dĭ-nüĭ') f Wun-
derblume; Rohrdrossel.
belle-fille (bӕl-fi'j) f Schwieger-,
Stief-tochter. [sacht!
bellement (bӕ-l'mǫ') gemach!
belle-mère (bӕl-mä'r) f Schwie-
ger-, Stief-mutter.
belle-sœur (bӕl-ßȫ'r) f Schwä-
gerin; Stiefschwester.
bellie ♀ (bӕl-li') f Maßliebchen n.
belligérant, ~e (ll-Ge-rǫ', ~rӓ't)
kriegführend. [kriegerisch.
belliqueux, ~se (bӕl-li-kȫ', ~ȫ'ß)
bellot, ~te (bӕ-lo', ~lŏ't) nieblich.
bénarde(bĕ-nӓ'rb)f Doppelschloß.
bénédicité (be-nĕ-dĭ-ßi-te') m
Tischgebet n.
bénédiction (l'ßjǫ') f Segen m.
bénéfice (fi'ß) m Gewinn,Vorteil;
Rechtswohlthat f; Pfründe f.
bénéficiable(be-nĕ-fi-ßi-a'bl) einträglich. [Pfründen-besitzer(in).
bénéficier m, ~ère f (ßĭe', ßĭӓ'r)
bénéficier (ßi-e') Vorteil ziehen.
benêt (bĭ-nӕ') m Dummkopf.
bénévole (be-nĕ-wŏ'l) wohlwollend. [Gutartigkeit.
bénignité (bĕ-nĭ-nji-te') f Güte;
bénin, ~gne (nǫ', nĭ'nj) gütig;
zu gut; gut-artig, gelinde.
bénir (bĕ-ni'r) segnen; einweihen.

bénit, ~e (bĕ-nĭ', ~i't) geweiht.
bénitier (be-nĭ-tĭē') m Weihkeffel.
benjoin (bₐ-G͠iₐ̃') m Benzo-e-
gummi n.
Benoît (bĭ-nŏ͠a') m Benedikt.
béotien, ~ne (be-ŏ-ß͠iₐ̃', ~ĭₐ̃'n)
bö-otisch; dumm. [loßigkeit f.
béotisme (ti'ßm) m Geschmack-
béqueter (be-k'te') = becqueter.
béquillard (bĕ-kĭ-jā'r) m Krücken-
gänger. [pl. Stützen.
béquille (bĕ-kĭ'j) f Krücke; ⚓ ~s
béquiller (kĭ-je') L v/n. an Krücken
gehen. II. v/a. auflockern.
béquot (bĕ-kŏ') m junge Schnepfe.
bercail (bär-ka'j) m Schafstall;
Schoß der Kirche. [Laube f.
berceau (ßo') m Wiege f; Bogen-
bercelonnette (bär-ß'lŏ-næ't) f
Hänge-wiege.
bercer (ße') wiegen; schaukeln.
berceuse (bär-ßŏ'ß) f Wiege-frau;
Wiegenlied n; Schaukelstuhl m.
béret (bĕ-ræ') m platte baskische
berge (bärG) f steiles Ufer. [Mütze.
berger (bär-Ge') m Schäfer.
bergère (bär-Gä'r) f Schäferin;
Lehnseffel m.
bergerie (bär-G'rĭ') f Schäferei;
Dorfgeschichte.
bergeronnette (bär-G'rŏ-næ't) f
Bachstelze. [der Trommel.
berloque (lŏ'k) f Zeichen n mit
berlue (lü') f Funkeln n vor den
Augen; avoir la ~ geblendet fn.
berme (bärm) f Wall-Abfatz m.
bernacle (bär-nā'kl) f Enten-
muschel; Rotgans.
berne (bärn) f Fuchsprellen n
(Spiel); Prellbecke. [foppen.
berner (bär-ne') prellen, schnellen;
berneur m, ~se f (bär-nŏ'r, ~nŏ'ß)
Preller(in); Spötter(in).
bernique! (nĭ'k) fehlgeschoffen!
berrichon, ~ne (bä-rĭ-schₐ', bä-
rĭ-schŏ'n) aus Berry. [fack m.
besace (bĭ-ßa'ß) f Quer-, Bettel-
besacier (bĭ-ßa-ßĭē') m Bettler.

besaigre (bĭ-ßæ'gr) fauer werdend
(vom Wein).
besaiguë (bĭ-ßæ-gü') f Quer-axt.
besant(bĭ-ßₐ') m Byzantiner(Goldmünze).
beset (bĭ-ßæ') m zwei Aß (Triktrat).
besicles(bĭ-ßĭ'kl)m/pl. Band-Brille.
besoche (bĭ-ßŏ'sch) f Reut-haue;
Grabscheit n.
besogne (bĭ-ßŏ'nj) f Arbeit.
besogner (bĭ-ßŏ-nje') arbeiten.
besogneux, ~se (bĭ-ßŏ-njŏ', ~
njŏ'ß) bedürftig.
besoin (bĭ-ß͠uₐ̃') m Bedürfnis n;
avoir ~ de ... nötig h., brauchen.
bestial, ~e (bæ-ßtĭā'l) viehisch.
bestiasse (ßtĭa'ß) f dummes Tier.
bestiaux (ßtĭŏ') m/pl. Rindvieh n.
bêta (bæ-ta') m Dummkopf.
bétail (bĕ-ta'j) m Vieh n.
bête (bæt) 1. f Tier n: ~à cornes
Hornvieh n; ~ de somme Laft-
tier n; ~ de trait Zugvieh n;
Wild n: ~ fauve (noire) Rot-
(Schwarz-)w. n; Dummkopf m;
Bête im Kartenspiel. 2. a. dumm.
bêtise (bæ-tĭ'ß) f Dummheit.
béton (bĕ-tₐ') m Stein-, Guß-
mörtel. [bauen.
bétonner (be-tŏ-ne') mit Beton
bette (bæt) f Beete. [rübe.
betterave (bä-t'rā'w) f Runkel-
beugler (bŏ-gle') brüllen.
beurre (bŏr) m Butter f.
beurré (bŏ-re') m Butterbirne f.
beurrée (bŏ-rĕ') f Butterbrot n.
beurrer(bŏ-re') mit Butter beftrei-
chen, zurichten.
beurrerie (rĭ-rĭ') f Butterkammer.
beurrier m, ~ère f (bŏ-rĭē', ~rĭₐ'r)
Butterhändler(in).
bévue (bĕ-wü') f Versehen n.
bi... (bĭ...) in Zsg. zwei-, doppel-...
biais, ~e (bĭ-æ', ~æ'ß) 1. schräge.
2. m schräge Fläche od. Richtung,
Schiefe; Seitenweg, Winkelzug.
biaiser (bĭæ-ße') schräg laufen;
Winkelzüge machen.

biaiseur m, ~se f (biè-fŏ'r, ~fŏ'f) der (die) Schleichwege liebt.

bibelots (bĭ-blŏ') m/pl. Schnurr-pfeifereien.

biberon (bĭ-bĭ-rŏ') m Becher; Saugfläschchen n; élever au ~ aufpäppeln.

bibi (bĭ-bĭ') m kleiner Frauenhut; mon ~, a. bibiche f Liebchen!

biblio... (bĭ-blĭ-o...) Bücher-...

biblique (bĭ-blĭ'f) biblisch.

biche (bĭsch) f Hirschkuh; ma ~! mein Liebchen! [bin.

bichette (bĭ-schæ't) f junge Hin-

bichon (schŏ') m Bologneserhünd-chen n; mon ~! mein Schäfchen!

bichonner (schŏ-ne')Haar kräuseln; verhätscheln. [Baracke, Nest n.

bicoque (bĭ-kŏ'k) f elende Festung;

bidet (bĭ-bæ') m Klepper; Wasch-becken n. [flasche f.

bidon (bĭ-dŏ') m Kanne f; Feld-

bielle (bĭèl) f Kurbelstange.

bien (bĭê) 1. m das Gute; Wohl n; Gut n, Vermögen n. 2. adv. gut, wohl, sehr; gern; ~ de la peine viel Mühe; eh ~! nun! wohlan! ~ que obgleich.

bien-aimé, ~e (bĭê-ne-me'), pl. ~-s vielgeliebt; Liebling.

bien-dire (bĭê-bĭ'r) m Wohlreden-heit f. [stand, -befinden n.

bien-être (bĭê-nê'tr) m Wohl-

bienfaisance (bĭê-f'fă'ß) f Wohl-thätigkeit.

bienfait (bĭê-fæ') m Wohlthat f.

bienfaiteur m, ~trice f (bĭê-fæ-tŏ'r, ~trĭ'ß) Wohlthäter(in).

bien-fonds(fŏ') m, pl.~s-~ Grund-stück n. [~rŏ'ß) (glück)selig.

bienheureux, ~se (bĭê-nŏ-rŏ',

bien-intentionné (nŏ-tg-ßĭŏ-ne') wohlgesinnt. [anständigkeit.

bienséance (bĭê-ßĕ-ă'ß) f Wohl-bienséant, ~e (ă', ă't) schicklich.

bientôt (bĭê-to') bald.

bienveillance (bĭê-wæ-jă'ß) f Wohlwollen n.

*bien*veillant, ~e (bĭê-wæ-jă', ~jă't) wohlwollend.

bienvenu,~e (w'nü') willkommen.

bienvenue(~)f glückliche Ankunft.

bienvoulu, ~e (bĭê-wu-lü') gern gesehen. [Bahre.

bière(bĭär)f 1.Bier n. 2. Sarg m;

biez (bĭè) m Mühlgerinne n.

biffer(bĭ-fe') aus-, durch-streichen.

biffure (bĭ-fü'r) f Strich m, mit dem man et. durchstreicht.

bifteck (bĭ-ftæ'k) m Beefsteak n.

bifurcation (bĭ-für-ka-ßĭŏ') f Ga-belung.

bifurquer (bĭ-für-ke') sich gabel-förmig teilen; sich abzweigen.

bigamie (bĭ-gă-mĭ')f Doppel-ehe.

bigarré (bĭ-ga-re') buntscheckig.

bigarreau (rŏ') m Herzkirsche f.

bigarrer (bĭ-ga-re') bunt(scheckig) machen, anstreichen.

bigarrure(rü'r)f Buntscheckige(s).

bigle (bĭ'gl) einwärts schielend.

bigorne (bĭ-go'rn) f Spitz-amboß.

bigot m, ~e f (bĭ-go', ~gŏ't) Bet-bruder, -schwester.

bigre (bĭ'gr) 1. m Lumpenkerl. 2. int. verflucht!

bijou (bĭ-Qu') m Kleinod, Juwel.

bijouterie(t'rĭ')f Juwelen-Arbeit, -Handel m. [ler, -Arbeiter.

bijoutier (tĭe') m Juwelen-Händ-

bilan (bĭ-lă') m Bilanz f.

bilboquet (bĭl-bŏ-kæ') m Fang-becher; Steh-auf.

bile (bĭl) f Galle.

biliaire (bĭ-lĭă'r) Galle führend.

bilieux, ~se (bĭ-lĭŏ', ~lĭŏ'f) gallig.

bille (bĭj) f (Billard.)Ball m; Mar-mor-Kügelchen n; Holz-Kloß m; Packstock m. [schnüren.

biller (bĭ-je') fest zusammen-

billet (bĭ-jæ') m id. n; Anwei-sung f; Schuldschein; Wechsel; (Lotterie-)Los n.

billetier (bĭ-jĭtĭe') m Zollschreiber.

billette (bĭ-jæ't) f Zoll-zeichen n, -schein m.

billevesée (bĭl-w̆ĭ-ſē̆') f Hirngeſpinſt n.

billiou (bĭ-lĭ̃ǫ') m 1000 Millionen.

billon (bĭ-jǫ') m ſchlechte Metall-
miſchung f; Scheide-münze f;
Kippergeld n. [und Wipperei f.

billonnage (jŏ-na'G) m Kipperei

billonner (ne') kippen u. wippen.

billot (bĭ-jo') m Block, Hau-kloß.

bimbeloterie (bᵫ -b'lŏ -t'rĭ') f
Spielſachen(-Handelm, -Fabri-
kation). [Händler,-Verfertiger.

bimbelotier (tĭē') m Spielwaren-

binage (bi-na'G) m Zweibrachen n.

binard (bĭ-nā'r) m Blockwagen.

bine (bin) f Hacke.

binet (bĭ-nᵫ') m Lichtknecht.

binocle (bi-nŏ'll) m Operngucker
für beide Augen; Lorgnette f.

bio... (bĭ-ŏ...) in Zſſg. Lebens-...

bipontin, ᷓe (bi-pǫ-tᵫ', ᷓtĭ'n) in
Zweibrücken erſchienen. [wage.

biquet(bĭ-kᵫ')m Zicklein; Schnell-

biqueter(k'te') 1. zickeln. 2. Gold ꝛc.
auf der Schnellwage abwägen.

bis, ᷓe (bĭ, bĭſ) ſchwarzbraun;
pain ᷓ Schwarzbrot n.

bis (bĭß) 1. noch einmal. 2. m
Wiederholung f, Dacapo n.

bisaïeul m, ᷓe f (bi-ſä-ſō̆'l) Ur-
groß-vater, -mutter.

bisaigle (bĭ-ſᵫ̆'gl) m Glätt-holz n.

bisaille (bĭ-ſa'j) f Nachmehl n.

bisbille (bĭſ-bĭ'j) f kleiner Zwiſt.

biscaïen, ᷓne (bĭ-ßkä-ĩ̆', ᷓ ᷓᵫ̆'n)
1. biskayiſch. 2. Bᷓ s. Bis-
kayer(in). 3. m Kartätſchen-
kugel f.

biscapit (bi-ßkä-pĭ't) m zweima-
liges Eintragen in Rechnung.

biscornu,ᷓe(ßkŏr-nü')verſchroben.

biscotin (bĭ-ßkŏ-tᵫ̆') m Zucker-
brötchen n.

biscotte (bĭ-ßkŏ't) f Zwieback m.

biscuit(ßküĭ') m Zwieback; Biskuit.

bise (bĭſ) f Nord(oſt)wind m.

biseau (bĭ-ſo') m Schrägfläche f;
en ᷓ ſchrägkantig.

biser (bi-ſe') I. v/a. umfärben.
II. v/n. ſchwarz w. (v. Getreide).

biset (bĭ-ſᵫ') m Holztaube f.

bismuth (bĭ-ßmü̃'t) m Wismut.

bison (bĭ-ſǫ') m id., amerit. Büffel.

bisonne (bĭ-ſŏ'n) f graues Futter-
zeug. [Schaffell mit der Wolle.

bisquain (bĭ-ßkᵫ̆') m gegerbtes

bisquant, ᷓe (ßkᵫ̆', ᷓᵫ̆'t) ärgerlich.

bisque (bĭßk) f Kraftſuppe; Ärger.

bisquer (bĭ-ßke') ſich ärgern, wettern; faire ᷓ q. jem. ſcheußlich
ärgern.

bissac (bĭ-ßä'k) m Querſack.

bisser (bi-ße') da capo verlangen,
ſingen.

bissextil, ᷓe (ßᵫ̆-kßti'l) Schalt-...

bistouri (bĭ-ßtu-ri') m Ritzmeſſer.

bistourner (bĭ-ßtür-ne') drehen.

bistre (bĭ'ßtr) m Ruß-ſchwarz n,
-braun n.

bistrer (bĭ-ßtre') bräunen.

bitord ⚓ (bi-tŏ'r) m zwei-dräh-
tiges Garn.

bitte ⚓ (bit) f große Beting.

bitume (bĭ-tü'm) m Erdharz n.

bituminer(bĭ-tü-mi-ne') mit Erdharz beſtreichen.

bivalve (bi-wä'lw) zweiſchalig.

biveau (bĭ-wo') m Schmiege f.

bizarre (bĭ-ſā'r) wunderlich.

blafard, ᷓe (blă-fā'r, ᷓfä'rd) fahl,
bleich.

blague (blăg) f Tabaksbeutel m;
Aufſchneiderei; Suade.

blagueur m, ᷓse f (blă-gŏ'r,ᷓgŏ'ſ)
Aufſchneider(in).

blaireau (blᵫ̆-ro') m Dachs; Ab-
putz-, Raſier-pinſel.

Blaise (blᵫ̆ſ) m Blaſius.

blâmable (bla-ma'bl) tadelnswert.

blâme (blām) m Tadel.

blâmer (bla-me') tadeln, ſchelten.

blanc m,ᷓche f (blᵫ̆,blᵫ̆ſch) 1.weiß;
rein, ſauber; blank(e Waffen);
unbeſchrieben;nuitᷓche ſchlaf-
loſe Nacht. 2. m Weiße(r);
Weiß n; weißes Bruſtfleiſch von

Geflügel; 'Knopf der Scheibe; en ~ in blanko. [Naseweis.
blanc-bec (blᴀ-bǽ'f) m, pl. ~s-~s
blanchâtre (blᴀ-ſchā'tr) weißlich.
blanche (blāſch) 1. f von blanc. 2. f Weiße, Europäerin; halbe Note. 3. B~ f Bianka.
blanchet (blᴀ-ſchæ') 1. weißlich. 2. m weiße Schminke; typ. Filzunterlage f; Mundfäule f.
blancheur (blᴀ-ſchȫ'r) f Weiße.
blanchir (ſchi'r) weißen; (weiß) waschen; fig. weiß brennen; bleichen; v/n.bleichen, ergrauen.
blanchissage (ſchi-ſa'Q) m Waschen; Wäscher-, Bleicher-lohn.
blanchisserie (blᴀ-ſchi-ſ'ri') f Bleiche; Waschhaus n.
blanchisseur m, ~se f (blᴀ-ſchi-ſȫ'r, ~ſȫ'ſ) Wäscher; Bleicher; Waschfrau. [Blankett n.
blanc-seing (blᴀ-ſᴀ') m, pl. ~s-~s
blaser (bla-ſe') abstumpfen.
blason (blᴀ-ſᴏ') m Wappen-schild n, -kunde f. [erklären.
blasonner (ſᴏ-ne') ein Wappen
blasphémateur m, ~trice f (blᴀ-ſe-ma-tȫ'r, ~tri'ſ) Gotteslästerer, -lästerin. [lästerung f.
blasphème (blᴀ-ſfǽ'm) m Gotteslästerung f.
blasphémer (blᴀ-ſe-me') Gott lästern; fluchen. [quaken.
blatérer (bla-te-re') blöken,
blatier (bla-tiȇ')m Kornverkäufer.
blatte (blᴀt) f Schabe, Kakerlak m.
blé (ble) m Getreide n, Korn n; ~ noir Buchweizen.
blême (blǽm) leichenblaß.
blêmir (blǽ-mi'r) erblassen.
bléser (ble-ſe') die Zahnlaute beim Sprechen verwechseln.
blesser (blǽ-ſe') verwunden.
blessure (blǽ-ſü'r) f Wunde; Kränkung.
blet, ~te (blæ,blæt) molsch (v.Obst).
blettir (blǽ-ti'r) molsch werden.
bleu, ~e(blȍ) 1. blau. 2. m Blau n; blauer Fleck.

bleuâtre (blȍ-ā'tr) bläulich.
bleuir (blȍ-i'r) blau anlaufen lassen, bläuen; v/n. blau werden.
blindage ⚓ (blᴀ-da'Q) m Blendung f, Panzerung f.
blinder ⚓ (blᴀ-be') panzern.
bloc (blȏk) m Block, Kloß; en ~ im ganzen. [steine.
blocage (blȍ-ka'Q) m kleine Bruch-
blocus (blȍ-kü'ſ) m Blockade f.
bloquer (blȍ-ke') einschließen, blockieren.
blottir (blȍ-ti'r): se ~ sich kauern.
blouse (blūſ) f Billard-Loch n; Kittel m, Bluse.
blouser (blu-ſe') ins Loch spielen; se ~ sich verlaufen; ♪ die Pauke schlagen.
bluet (blü-æ') m blaue Kornblume.
bluette (æ't) f Feuerfünkchen n, fig. Witzfunke m, witzige Kleinigkeit.
bluteau (blü-to') m Mehl-beutel, -trommel f.
bluter (blü-te') Mehl beuteln.
blutoir (blü-toā'r) m Beutelkasten; auch = bluteau.
bobèche(bȍ-bǽ'ſch)f Leuchterbülle.
bobine (bȍ-bi'n) f Spule.
bobiner (bȍ-bi-ne') aufspulen.
bobineuse (bȍ-bi-nȍ'ſ) f Spulerin; Spulmaschine.
bobinière (niȃ'r) f Spulspindel.
bobinoir (niȃ'r) m Spulrad n.
bocage (bȍ-ka'Q) m Hain.
bocager m, ~ère f (bȍ-kᴀ-Qe', ~Qä'r) in Gebüschen wohnend; busch-reich.
bocal (bȍ-kᴀ'l) m bauchiges Glasgefäß mit weiter Öffnung; Glaskugel f zur Licht-arbeit; ♪ Mundstück n.
bocard (bȍ-kᴀ'r) m Pochwerk n.
bocarder (bȍ-kär-be') Erze pochen.
bock (bȏk) m (kleiner Bier-)Seidel.
boësse (bȍ-æ'ſ)f Werkzeug n zum Ausputzen der Ziseller-arbeit.
boësser(æ-ſe') Ziseliertes ausputzen.

bœuf (bŏf, *pl.* bŏ) m Ochs; Rind-
fleisch n.
Bohême (bŏ-ã'm) 1. f: a) Böh-
men n; b) b~ liederliche Welt.
2. s.: a) ~ Böhme, Böhmin;
b) b~ Zigeuner(in); c) b~
Bummler. 3. b~ böhmisch.
bohémien, ~ne (bŏe-mĩ', ~ã'n)
1. böhmisch. 2. s. Zigeuner(in).
3. m Böhmisch; Zigeunersprache.
boire (bŏãr) trinken; saufen; ver-
trinken; einsaugen (v. Schwamm).
bois (bŏã) m Holz n; Gehölz n;
Gehörn n, Geweih n.
boisage (bŏã-sa'Q) m Getäfel n.
boisement (bŏã - s'mg') m Holz-
Anbau; Holzstand.
boiser (bŏã-se') beholzen; täfeln.
boiserie (bŏã-s'rĩ') f Getäfel n.
boiseux, ~se (bŏã-sŏ', ~ŏ's) holzig.
boisseau (bŏã-so') m Scheffel.
boisselage (bŏã-s'la'Q) m Korn-
messen n.
boiselée (s'le') f ein Scheffel voll.
boisselier (bŏã-s'lie') m Scheffel-,
Schachtel-macher, -händler.
boisson (bŏã-sŏ') f Getränk n.
boîte (bŏãt) f Schachtel, Büchse,
Dose; ~ (aux lettres) Brief-
kasten; ~ de montre Uhrgehäuse.
boiter (bŏã-te') hinken.
boiteux, ~se (bŏã-tŏ', ~tŏ's) hin-
kend, lahm.
boîtier (bŏã-tie')m Salbenbüchse f;
Verbandkasten.
bol (bŏl) m 1. Bol(us); große
Pille. 2. Schale f, Bowle f.
bolet (bŏ-læ') m Pilz.
bombance (bŏ-bã'ß) f Wohl-
leben n; faire ~ flott leben.
bombarde(bŏ-bã'rd)f id.; Donner-
büchse; Bombardier - Galiote;
Baßbrummer m in Orgeln.
bombé (bŏ-be') gewölbt.
bomber (~) (sich) wölben, schweifen; einen Kleidbesatz aufpuffen.
bomberie(b'rĩ')f Bombengießerei.
bomerie (bo-m'rĩ') f Bodmerei.

bon, ~ne (bŏ, bŏn) 1. gut; tüchtig,
gütig; einfältig; de ~ne foi aufrichtig; de ~ne heure frühzeitig;
à la ~ne heure! meinetwegen!
à ~ marché billig; ~mot Witz
m; tont de ~ ernstlich; tenir ~
standhalten. 2. m das Gute;
Anweisung, Schein. [Lunen n.
bonace (bŏ-nā'ß) f Meeresstille.
bonasse (bŏ-na'ß) zu gutmütig.
bon - chrétien (bŏ - kre - tiã') m
Pfund-, Christ-birne f.
bond (bŏ) m Absprung; Sprung,
Satz. [Spundloch n.
bonde (bŏd) f (Teich-)Zapfen m;
bonder ♺ (bŏ-de') voll-laden.
bondir (bŏ-dĩ'r) auf-, zurück-pral-
len; hüpfen; aufspringen.
bondon (bŏ-dŏ') m Spundzapfen.
bondonner (bŏ-bŏ-ne') zuspünden.
bondonnière (bŏ - bŏ - niã'r) f
Spundbohrer m.
bonheur (bŏ-nŏ'r) m Glück n.
bonhomie(nŏ-mĩ')f Gutmütigkeit.
bonhomme (nŏ'm) m guter Kerl,
Schwachkopf; petit ~ Knirps.
boni (bŏ-nĩ') m Überschuß; Gut-
haben n.
bonifier (bŏ-nĩ-fĩ-e') verbessern;
vergüten. [gen, guten Tag.
bonjour (bŏ-Gũ'r) m guten Mor-
bonnement (bŏ-n'mg') treu-her-
zig; tout ~ ohne weiteres.
bonnet (bŏ-næ') m Mütze; Haube.
bonneterie (næ-t'rĩ') f Strumpf-
wirkerei, -ware.
bonnetier m, ~ère f (n'tie', n'tiã'r)
s. Strumpf-wirker(in), -händ-
ler(in). [gute Nacht.
bonsoir (bŏ-sŏã'r) m guten Abend,
bonté (bŏ-te') f Güte.
bord (bŏr) m Rand, Saum; Ufer n;
Schiffs-Bord; Borte f, Tresse f.
bordage (bŏr-ba'Q) m Einfassen n;
♺ Schiffsplanke f zur Verkleidung.
bordé (be') m Borte f, Tresse f.
bordée (bẽ') f Breitseite, Geschütz-
salve; Gang e-s lavierenden Schiffes.

*bor*delais, ~e (bŏr-b'lǣ', ~b'lǣ'ſ)
aus Bordeaux.

border (be') einfaſſen, ſäumen;
⚓ ~ les côtes am Ufer entlang
fahren.   [ten=zettel.

bordereau (bŏr-b'ro') m Geldſor-
bordeur (bŏr-bōr'r) m Band=Ein-
faſſer (Nähmaſchine).

bordeyer (bŏr-bǣ-ſe') lavieren.

bordoyer (bŏr-bǟ-ſe') einfaſſen,
bordieren.   [brämung.

bordure (bŏr-bü'r) f Borte, Ver-
boréal, ~e (bŏ-rĕ-a'l) nördlich.

borgne(bŏrnj) einäugig; *fig.* finſter.

borne (bŏrn) f Grenz=, Eck=ſtein m;
Grenze; Schranken *pl.*

borné (bŏr-ne') beſchränkt.

borner (~) abgrenzen; beſchränken;
se ~ à qc. ſich mit et. begnügen.

bornoyer (bŏr-nǟ-ſe') viſieren;
abſtecken.

borussien, ~ne(bŏ-rü-ſǐǟ',~ſǣ'n)
ſtock=, groß=preußiſch.

bosquet (ßkǣ') m Luſtwäldchen n.

bosse (bŏß) f Buckel m; Höcker m;
Beule; erhabene Arbeit; Gips-
abguß m.

bosselé (bŏ-ß'le') voller Beulen.

bosseler (bŏ-ß'le') erhabene Arbeit
machen, boſſieren.

bosser ⚓ (bŏ-ße') ein Tau mit Stop-
pern ſtoppen.   [Pferdegebiß.

bossette (bŏ-ßǣ't) f Buckel m am
bossoir (bŏ-ßǟ'r) m Kranbalken.

bossu, ~e (bŏ-ßü') 1. bucklig, ver-
wachſen. 2. *s.* Bucklige(r).

bossué (bŏ-ßü-e') beulig.

bossuer (bŏ-ßü-e') Beulen ſchlagen; se ~ Beulen bekommen.

bot (bŏ): pied ~ Klumpfuß m.

botte (bŏt) f Stiefel m; Schutz-
leder n an den Füßen der Pferde;
Bund n Stroh ꝛc.; Hieb m, Ausfall m beim Fechten.

bottelage (bŏ-t'la'Ꝗ) m Binden n
von Stroh ꝛc.   [ſammenbinden.

botteler (bŏ-tle') in Bunde zu-
bottelette(tlǣ't) f Bünd(el)chen n.

botteleur m, ~se f (bŏ-tlō'r, ~
tlō'ſ) Binder(in).

botter (bŏ-te'): ~ q. jem. Stiefel
machen, anziehen; ~é geſtiefelt.

bottier (bŏ-tiē') m Stiefelmacher.

bottine (bŏ-ti'n) f Halb=, Damen=,
Schnür=ſtiefel m.

bouc (bük) m (Ziegen=)Bock; ~
émissaire Sühnbock; Schlauch.

boucan (bu-kǎ') m Räucherhütte f
der Indianer; Räucher-roſt.

boucaner (bu-kă-ne') räuchern;
v/n. Büffel jagen; lärmen.

boucanier (bu-kă-niē') m Büffel-
jäger; Seeräuber.

boucassin (ßǎ') m Futterbarchent.

boucaut (bu-kō') m Packfaß n.

bouche (buſch) f Mund m; Maul n;
Mündung.

bouche-bouteilles(buſch-bu-tǣ'j)
m (Flaſchen=)Pfropfmaſchine f.

bouchée (bu-ſchē') f ein Mund
voll, Biſſen m.   [zupfropfen.

boucher (bu-ſche') zu=, ver=ſtopfen;

boucher m, ~ère f(bu-ſche', ~ſchǟ'r)
Schlächter, Fleiſcher; Fleiſchers-
frau.

boucherie (ſch'rī') f Schlächterei;
Fleiſcherladen m; Gemetzel n.

bouche-trou (tru') m Lückenbüßer.

boucheture (bu-ſch'tü'r) f Gehege.

bouchoir (bu-ſchǟ'r) m Schieber.

bouchon (ſchǫ') m Pfropfen, Stöpſel; ~ de paille Strohwiſch;
Wirtshaus n.

bouchonner (ſchǫ-ne') zuſammen-
bündeln; mit einem Strohwiſch ab-
reiben.   [Korkſchneider.

bouchonnier (bu-ſchǫ-niē') m

boucle (bu'kl) f Ring m, Öſe;
Schlinge in einem Tau; Schnalle;
(Haar=)Locke; ~ d'oreille Ohr-
ring m; ~ de porte Thürklopfer.

boucler (bu-kle') ſchnallen; in
Locken legen; se ~ ſich locken.

bouclier (bu-kli-e') m Schild.

bouder (be') ſchmollen, maulen.

bouderie (b'rī') f Schmollen n.

boudeur m, ~se f (bu-dŏ'r, ~dŏ'f) Maulhänger(in).

boudin (bu-då') m Blutwurst f: ~ blanc Leberwurst f; Wurst(förmiges) f; (Tabaks-)Rolle f.

boue (bu) f Dreck m, Kot m.

bouée ↓ (bŭ-ĕ') f Boje.

boueur m, ~se f (ŏ'r, ŏ'f) Gassenkehrer(in), -kot-Fuhrmann.

boueux, ~se (bŭ-ŏ', ~ŏ'f) dreckig.

bouffant, ~e (bŭ-få', ~å't) 1. bauschig. 2. m Bausch.

bouffée (bŭ-fĕ') f Windstoß m; Qualm m; Aufstoßen n; par ~s ruckweise.

bouffer (bŭ-fĕ') vor Zorn schnauben; bauschen; v/a. aufblasen.

bouffette (bŭ-fæ't) f Quaste.

bouffir (bŭ-fī'r) aufschwellen; ~i schwülstig (Stil).

bouffissure (bŭ-fī-sŭ'r) f Aufgedunsenheit; Breitspurigkeit.

bouffon, ~ne (bŭ-fŏ', ~fŏ'n) 1. possierlich. 2. s. Lustigmacher(in); le ~ das Niedrig-Komische.

bouffonnerie (bŭ-fŏ-n'rī') f Possen pl., Spaß m.

bouge (būg) m Schmutzloch n.

bougeoir (bu-gšå'r) m Wachsstockleuchter.

bouger (gĕ') sich v. der Stelle rühren.

bougie (bu-gī') f Wachslicht n.

bougonner (bu-gŏ-ne') brummen, schelten.

bougran (grå') m Steifleinwand f.

bougre (bū'gr) m Schuft; int. zum Henker! [bend; aufbrausend.

bouillant, ~e (bŭ-jå', ~jå't) siede-

bouillerie (bŭ-j'rī') f Branntweinbrennerei.

bouilli (ji') m Suppen-Rindfleisch n.

bouillie (ji') f Mehlbrei m, Pappe.

bouillir (bŭ-jī'r) sieden, kochen; aufwallen.

bouilloire (bu-jšå'r) f Theekessel m.

bouillon (bŭ-jå') m Blase f, Sprudel; Fleischbrühe f.

bouillonné (bŭ-jŏ-ne') bauschig.

bouillonner (bŭ-jŏ-ne') aufwallen, -sieden.

bouillotte (bŭ-jŏ't) f id., Hasardspiel; a. = bouilloire.

boulaie(bu-læ')f Birkenpflanzung.

boulanger m, ~ère f (bu-lg-ĝe', ~gå'r) Bäcker(in).

boulangerie (ĝ'rī') f Bäcker-handwerk n, -laden m; Backstube.

boule (būl) f Kugel.

bouleau (bu-lo') m Birke f.

boulet (bu-læ') m Kanonenkugel f; Köte f am Pferdefuß.

bouleté (bu-l'te') überkötet.

boulette (bu-læ't) f Kügelchen n; Fleischkloß. [stürzen, -wälzen.

bouleverser (bu-l'wär-ße') um-

boulin (bu-lg') m Taubenloch n.

bouline ↓ (bu-li'n) f Bulien.

bouliner (bu-li-ne') bei dem Winde segeln.

boulingrin (lg-grå') m Rasenplatz.

bouloir (bu-lšå'r) m Rührstange f.

boulon (bu-lg') m Bolzen; Gewicht n an der Schnellwage.

boulonner (bu-lŏ-ne') verbolzen.

boulot, ~te (lo', lŏ't) dick und fett.

boulotter (bu-lŏ-te') munter sein; vorwärts kommen. [mädchen n.

bouquetière (fŭ-tiå'r) f Blumen-

bouquetin (bu-f'tg') m Steinbock.

bouquin (bu-fg') m alter Bock; altes Buch, Schmöker.

bouquinerie (bu-fi-n'rī') f Handel m mit alten Büchern.

bouquiniste (fi-ni'ßt) m Antiquar, Büchertrödler. [Kamelott.

bouracan (bu-rä-fg') m Berka'n.

bourbe (būrb) f Morast m.

bourbeux, ~se (būr-bŏ', ~bŏ'f) kotig; im Schlamm lebend.

bourbier (bī'e') m Sumpfloch n.

bourdaine (bæ'n) f Faulbaum m.

bourdalou (bä-lu') m Hutschnur f.

bourde (būrd) f Aufschneiderei.

bourdeur, ~se (būr-dŏ'r, ~dŏ'f) s. Lügner(in); Aufschneider(in).

bourdon (būr-dg') m Pilgerstab;

♪ Brummbaß, Schnarr=werk n,
=pfeife f; Hummel f.

bourdonner (bür-bŏ-ne') summen;
murmeln; sausen (im Ohr).

bourdonnet (bür-bŏ-næ') m
Wieke f (Charpie).

bourdonneur (nŏ'r) 1. summenb.
2. m Summvogel, Kolibri.

bourg (būr, a. bürk) m Marct=Flecken.

bourgade (bür-ga'b) f kleiner
Marct=Flecken.

bourgeois, ~e (bür-Gŏã', ~Gŏã'ſ)
1. bürgerlich; ohne Luxus; Pri=
vat=...; spießbürgerlich. 2. s.
Bürger(in) einer Stadt; Bürger=
liche(r); Bürgerstand; en ~ in
Civilkleidung; ~ pl. besitzende
Klaffe; Meister, Prinzipal;
Spießbürger. [ſchaft, =stand m.

bourgeoisie (Gŏã-ſi') f Bürger=
bourgeon (bür-Gŏ') m Knospe f,
Auge n; Finne f im Geſicht.

bourgeonner (bür-Gŏ-ne') Knos=
pen treiben.

Bourgogne (gŏ'nj) f Burgund n;
du b. Burgunderwein m.

bourguignon, ~ne (bür-gi-njŏ',
~njŏ'n) burgundiſch; B ~ s. Bur=
gunder(in).

bourrache ⚥(bu-rä'ſch)f Borretſch.

bourrade (bu-ra'b)f Zahnhieb m;
Rippenstoß m.

bourrasque (rä'ſk) f jäher Wind=
stoß; heftiger Anfall von Schmerz;
finanzielle Kriſis.

bourre (būr) f Füllhaar n; Vor=
labung, Pfropf m einer Flinte xc.

bourreau (bu-ro') m Scharfrichter,
Henker. [Art Tanz m.

bourrée (bu-rĕ')f Reisigbündel n;

bourreler (r'le') foltern, martern.

bourrelet (r'læ') m Sitzpolster n;
Bausch, Wulst f; Fall=hut.

bourrer (re') voll stopfen, pfrop=
fen; i-m Rippenstöße geben.

bourriche (ri'ſch)f Korb ohne Henkel.

bourrique (ri'k) f ſchlechte Eſelin;
Schindmähre.

bourriquier(bu-ri-kie')m Eſeltrei=
bourru, ~e (bu-rü')mürriſch. [ber.

bourse (bürß) f Beutel m; Börse.

boursicaut (bür-ſi-ko') m kleine
Börse; Sparpfennig.

boursicotier (bür-ſi-kŏ-tie') m
Winkel=Börsenspekulant.

boursier (bür-ſie') m Stipendiat;
Kaffenwart.

boursiller (bür-ſi-je') Geld zu=
ſammenschießen. [Bombaſt.

boursouflage (bür-ſu-fla'G) m

boursoufler (fle') aufblasen.

boursouflure (flü'r)f Aufblähung.

bousculer (bu-ſkü-le') herum=
bouse (būſ)f Kuhmiſt m. [stoßen.

bousiller (bu-ſi-je') mit Stroh=
lehm bauen; pfuschen.

bousilleur m, ~se f (bu-ſi-jŏ'r,
~jŏ'ſ) Pfuscher(in).

boussole (ßŏ'l)f Schiffs=Kompaß m

bout (bu) m Ende n; Spitze f;
Zipfel; Endchen n, Stück n; à
~ portant mit vorgehaltenem
Gewehr.

boutade (bu-ta'b) f Grille, Laune.

boute-en-train (but-ã-trã') m
Spaß=Angeber. [Brandstifter.

boutefeu (but-fŏ') m Zündstoff;

bouteille (bu-tæ'j) f Flasche.

bouteiller (bu-tæ-je') m Keller=
meister. [large in See stechen.

bouter (te') legen, stecken; ⚓ ~ au

bouterolle (bu-t'rŏ'l)f Ortband n;
Bajonett=hülse. [zum Aufsitzen.

boute-selle (but-ßæ'l) m Signal n

boutique (bu-ti'k) f Kauf=Laden m.

boutiquier m, ~ère f (bu-ti-kie',
~kiä'r) Krämer(in). [rüſſel.

boutoir (bu-tŏã'r)m Wildschweins=

bouton (bu-tŏ') m Knopf; Knospe f;
Hitzblatter f.

boutonner (bu-tŏ-ne') zuknüpfen;
v/n. knospen.

boutonnerie (bu-tŏ-n'ri')f Knopf=
handel m, =fabrik.

boutonnier (nie') m Knopfmacher.

boutonnière (niä'r) f Knopfloch n.

bouts-rimés (bu-ri-me') m/pl. gegebene Endreime.

bouture (bu-tü'r) f Stecfling m.

bouveau (bu-wo') m junger Ochs.

bouvier (bu-wie') m Ochsenhirt.

bouvreuil (bu-wrö'j) m Dompfaff (Vogel).

bovine (bö-wi'n): bête ~ Rind n.

boxe (böks) f Boren n. [Gebärne.

boyau (bŏā-ſo') m Darm; ~x pl.

bracelet (bra-ß'lǽ') m Armband n.

braconner(brä-kŏ-ne') wildbieben.

braconnier (nie') m Wildbieb.

brai (brǽ) m Schiffsteer.

brail (braj) m (Vogel-)Schlinge f.

braillard, ~e (brä-jā'r, ~jä'rb) 1. laut schreiend. 2. s. Großmaul n.

brailler (je') freischen, schreien.

brailleur, ~se (brä-jŏ'r, ~jŏ'ſ) großmäulig.

braire (brā'r) schreien (Esel), yanen.

braise (brǽſ) f Kohlenglut.

braiser (brǽ-ſe') auf Kohlen bacfen, schmoren.

braisier(brǽ-ſie') m Kohlenkasten.

braisière(brä-ſiǟ'r) f Glutpfanne.

bramer (bra-me') schreien (Hirſch).

bran (brg) m Unrat.

brancard (brg-fā'r) m Tragbahre; Sänfte f; Gabelbeichsel f.

brancardier (brg-kär-bie') m Krankenträger.

branchage (ſcha'G) m Aftwerf n.

branche (brā'ſch) f Aft m, Zweig m; Stange des Hirſchgeweihs.

branchement (brg-ſchmg') m Verzweigung f.

brancher(ſche')auf Bäume fliegen.

branchies (ſchī') f/pl. Kiemen.

branchu, ~e (brg-ſchü') viel-äftig.

brandebourg (brg-b'bū'r) m Rocfſchnur f.

brandiller (bï-je') hin- und herſchlenfern; (ſe) ~ ſich ſchaufeln.

brandir (brg-bī'r) ſchwingen.

brandon (bg') m (Stroh-)Facfel f; Feuerbrand; ~s pl. grüne Reiſer.

*bran*donner(brg-bö-ne') mit e-m Strohwiſch bezeichnen.

branlant, ~e (lg', lǟ't) wacfelig.

branle (brā̄l) m Anftoß; Schwung; en ~ im Gange; Reigen; Kehraus.

branler (brg-le') I. v/n. wacfeln, wanfen. II. v/a. ſchütteln, ſchlenfern, mit et. wacfeln.

branloire (lā'r) f Schaufelbrett n.

braque (brǟf) s. Bracfe, Hühnerhund. [ten.

braquer (brä-fe') aufproßen; richs

bras (bra) m Arm; à tour de ~ aus Leibeskräften; ~ pl. vordere Gliedmaßen, Fang-arme, Scheren, Floſſen; ♃ Ranfe f; ⚓ pl. Braſſen. [II. v/n. praſſeln.

braser (bra-ſe') I. v/a. hart löten.

brasier (bra-ſie') m Kohlen-glut f, -becfen n. [(vom Meere).

brasiller ⚓ (bra-ſi-je') leuchten

brasque (brǟſf) f Kohlenſtaub m.

brassard (brä-ßā'r) m Arm-ſchiene f, -binde f.

brasse (braß) f Faden m, Klafter; Stoß m beim Schwimmen.

brassée (brä-ße') f ein Arm voll.

brasser (ße') durcheinander rühren; Bier brauen; ⚓ v/n. braſſen.

brasserie (ß'rī') f Brauerei.

brasseur (brä-ßŏ'r) m Brauer.

brassières (ßiā'r) f/pl. Mieder n; Schnürleib m mit Achſelbändern; Torniſter-gurt m. [Gebräu n.

brassin (ßg') m Brau-pfanne f;

brasure (bra-ſü'r) f Lötſtelle.

bravache(brä-wä'ſch) m Brama'rbas. [Prahlerei.

bravade (brä-wa'b) f beleidigende

brave (brāw) 1. tapfer; brav; ſorgfältig gepußt. 2. m tapferer Krieger; faux ~ Maulheld.

braver (brä-we'): ~q. j-m troßen.

brayer (brä-ſe') m Bruchband n.

brayer (brä-ſe') teeren.

brayon (brä-ŏ') m Teller-eiſen n.

brebis (brĭ-bī') f (Mutter-)Schaf n.

brèche (bræſch) f Scharte in einem
  Meſſer ꝛc.; Wallbruch m.
brèche-dent (bǫ') zahnlückig.
brechet (brĭ-ſchǽ') m Bruſtbein.
bredi-breda (brĭ-bi-brĭ-ba') in
  aller Eile.
bredouille (brĭ-bu'j) 1. f Matſch m
  (Triktrak). 2. adv. unverrichteter
  Sache. [ſprechen, brummeln.
bredouiller(brĭ-bŭ-je') unbeutlich
bref, brève (bræf, brǣw) 1. kurz.
  2. m Breve n; ⚓ See-brief.
brelan (brĭ-lǫ') m Spielhaus n.
brelandier (brĭ-lǫ-dĭe')m Erzſpie-
  ler; Spielhaus-beſitzer.
brelle (bræl) f Gebinde n.
breloque (brĭ-lŏ'k) f Berlo'que,
  bſo. Uhrgehänge n.
brème (brǣm) f Braſſe,Blei (Fiſch).
breneux, ~se (brĭ-nö', ~nö'ſ) mit
  Menſchen-Kot beſudelt.
Brésil (brĕ-ſĭ'l) m Braſilien n;
  b~ Braſilienholz n.
brésiller (bre-ſi-je') I. v/a. rot
  färben. II. v/n. durch zu große
  Trockenheit zerbröckeln.
brétailler (brĕ-tä-je') gleich mit
  dem Degen bei der Hand ſein.
bretauder (brĭ-to-be') ungleich
  ſcheren. [Trag-riemen m.
bretelle(brĭ-tæ'l)f Hoſenträger m;
breton, ~ne(brĭ-tǫ', ~tö'n) 1. bre-
  tagniſch. 2. B~ s.Bretagner(in).
brette (bræt) f Hieber m. [keln.
bretteler (brǽ-t'le') zähnen, zäl-
bretteur (brǽ-tö'r) m Raufbold.
breuil (brö̆j) m Brühl.
breuvage(brö-wa'ʒ)m Getränk n;
  Arznei-trank. [kurze Silbe.
brève (brǣw) 1. f v. bref. 2. f
brevet (brĭ-wæ') m Diplom n;
  Patent n.
breveter (brǽ-w'te') patentieren.
bréviaire (brĕ-wſä'r)m Brevier n.
bribe (brĭb) f Brocken m.
bric-à-brac (brĭ-lä-brä'k) m Trö-
  delkram.
brick (brĭk) m Brigg f.

bricole (brĭ-lŏ'l) f Rückprall m;
  Bruſt-riemen m.
bricoler (brĭ-lŏ-le') einem Pferde
  den Bruſt-riemen anlegen; Billard: von hinten machen, Ban-
  benſtöße machen.
bricolier (~lĭe') m Nebenpferd n.
bride (brĭd) f Zaum m, Zügel m;
  Binbeband n an Hauben.
brider (brĭ-be') aufzäumen.
bridon (brĭ-bǫ') m Trenſe f.
brièvement (brĭ-æ-w'mǫ') kurz,
  in wenig Worten.
brièveté (brĭ-æ-w'te') f Kürze.
brigadier (gä-bĭe') m Korporal.
brigand (brĭ-gǫ') m Räuber.
brigandage (brĭ-gǫ-ba'ʒ)m Stra-
  ßenraub. [Pflaume von Brignoles.
brignole (njŏ'l) f Brunelle, trockene
brigue (brĭg) f Bewerbung; Kabale. [et. bewerben.
briguer (bri-ge'): ~ qc. ſich um
brillant, ~e(brĭ-jǫ', ~jǟ't) 1. glänzend. 2. m Schimmer; Brillant.
briller (brĭ-je') glänzen.
brimbale (brǫ-bä'l) f Pumpen-
  ſchwengel m. [her bewegen.
brimbaler (brǫ-bä-le') hin und
brimborion (bo-rĭ-ǫ')m Spielerei.
brin (brǫ) m Halm; Bißchen n.
Brindes (brǫb) m Brindiſi n.
brindille (brǫ-bi'j) f kleines Reis.
brioche (brĭ-o'ſch) f Butter-ſtol-
  len m; Schnitzer m.
brion (brĭ-ǫ') m Baum-moos n.
brique (brĭk) f Ziegelſtein m.
briquet (brĭ-læ') m Feuer-ſtahl,
  -zeug n. [ſtein-art bemalen.
briqueter (brĭ-l'te') nach Back-
briqueterie (brĭ-læ-t'rĭ') f Ziegelei. [cher.
briquetier(brĭ-l'tĭe')m Ziegelſtrei-
briquette (brĭ-læ't) f Lohkuchen m;
  Braunkohlen-ziegel m.
bris (brĭ) m gewaltſames Aufbrechen
  n; ⚓ Schiffstrümmer pl.
brisant (brĭ-ſǫ') m Branbung f;
  Wellenbrecher.

brisées (brĭ-ſē') f/pl. Brüche zur Bezeichnung der Wildbahn; hohe Fährte; aller sur les ~ de q. j-m ins Gehege kommen.

brise-glace (briſ-glā'ß) m Eisbrecher.

briser (brĭ-ſē') zer-brechen, -schlagen; r-n an zerknicken; auch zſ.-legen; se ~ sich brechen, zerbrechen.

briseur m, ~se f (brĭ-ſȫ'r, ~ſȫ'ſ) Zerbrecher(in); ~ d'images Bilderstürmer.

brisoir (ſŏā'r) m Flachsbreche f.

brisure (ſü'r) f Bruch, Sprung.

broc (bro) m Kanne f, Krug.

brocanter (brŏ-kq-te') mit alten Waren handeln.

brocanteur m, ~se f (tȫ'r, tȫ'ſ) Kunsthändler(in), Trödler(in).

brocard (brŏ-kā'r) m Stichelei f.

brocart (brŏ-kā'r) m Brokat.

broche (brŏſch) f Bratspieß m; lange Nadel; Busennadel; Zapfen m; ~s pl. Hauer des Schwarzwildes; erstes Geweih; Pfriem m; Zwecke. [voll.

brochée (brŏ-ſche') f ein Bratspieß

brocher (brŏ-ſche') durchwirken; ein Buch heften; auf-, an-zwecken.

brochet (brŏ-ſchæ') m Hecht.

brocheter (brŏ-ſchte') anpflöcken.

brochette (brŏ-ſchæ't) f kleiner Bratspieß; Futterhölzchen n für junge Vögel.

brocheur, ~se (ſchȫ'r, ſchȫ'ſ) s. Bücherhefter(in); Strumpfstricker(in). [Stiefel; Soccus.

brodequin (b'kŏ') m Halb-, Schnür-

broder (brŏ-de') sticken; ~ au crochet häkeln; fig. mit Erdichtetem ausschmücken.

broderie (brŏ-b'rĭ') f Stickerei.

brodeur, ~se (brŏ-bȫ'r, ~bȫ'ſ) s. Sticker(in).

broie (brŏā) f Breche; Hechel.

broiement (brŏā-mq') m Zermalmen n. [pern n der Pferde.

bronchade (brq-ſcha'b) f Stol-

broncher(brq-ſche', straucheln, fig. anstoßen. [der Luftröhren-Äste.

bronchite (ſchi't) f Entzündung

bronzer (ſe') Bronze-farbe geben.

broquart (brŏ-kā'r) m Spießer.

broquette (brŏ-kæ't) f Tapetennagel m; Zwecke.

brosse (broß) f Bürste; Pinsel m.

brosser (brŏ-ße') (ab-)bürsten; striegeln; durchprügeln.

brosserie (brŏ-ß'rĭ') f Bürstenbinderei, -handel m.

brosseur (bß'r) m Stiefelwichser.

brossier (ßĭe') m Bürstenbinder.

brou (bru) m grüne Nußschale.

brouée (brü-ē') f Staub-regen m.

brouet (æ') m Kraftsuppe; ~ noir schwarze Suppe der Spartaner.

brouette (brü-æ't) f Schubkarre.

brouetter (bru-æ-te') karren.

brouhaha (bru-ă-a') m lärmendes Geschrei. [Wirrwarr.

brouillamini (brü-jă-mĭ-nĭ') m

brouillard (brü-jā'r) m Nebel; papier ~ Löschpapier n.

brouille (bruj) f Zwist m.

brouiller (brü-je') durcheinander mischen; trüben, verwirren; se ~ sich entzweien, überwerfen; trübe werden.

brouillerie(brü-j'rĭ')f Zwistigkeit.

brouillon (brü-jŏ') 1. ~ m, ~ne f a. händelsüchtig; als s. Zänker. 2. m Concept n, Kladde f. [fen.

brouillonner (brü-jŏ-ne') entwer-

brouir (brü-ĭ'r) die bereifte Saat versengen (Sonne). [schaden m.

brouissure (bru-ĭ-ßü'r) f Frost-

broussailles (ßa'j) f/pl. Gestrüpp.

broussin (bru-ßœ') m Maserholz n.

brout (bru) m (Baum-)Trieb.

brouter (bru-te') abweiden.

broutilles (bru-ti'j) f/pl. Reisig n.

broyer (brŏā-ſe') zerreiben, zerstoßen. [ber; Flachsbrecher.

broyeur (brŏā-ſȫ'r) m Farbenrei-

bru (brü) f Schwiegertochter.

bruant (brü-q') m Ammer f.

bruine (brün) f kalter Staubregen.
bruiner (brü-ne') nieseln.
bruire (brüïr) rauschen, brausen.
bruissement (brü-ßïng') m Rauschen n. [Gerücht n; Auflauf.
bruit (brüï) m Geräusch n, Lärm;
brûlant, ~e (brü-lg', ~lã't) brennend. [-geruch.
brûlé (le') m Brand-geschmack,
brûle-pourpoint (brül-pür-pũ̃g'): à ~ ganz nahe, auf die Brust.
brûler (brü-le')(ver-, an-)brennen.
brûleur, ~se (brü-lõ'r, ~lõ'ß) 1. s. Brandstifter(in). 2. m (Branntwein-)Brenner.
brûlot (brü-lo') m Brander.
brûlure (lü'r) f Brand-fleck, -mal.
brume (brüm) f dicker Nebel.
brumeux, ~se (brü-mö', ~mö'ß) nebelig; unklar.
brun, ~e (brg, brün) 1. braun; düster. 2. m Braun n; braun(haarig)er Mensch. 3. ~e f Brünette; Abenddämmerung.
brunir (brü-nï'r) bräunen; braun beizen. [plötzlich.
brusque (brüßk) aufbrausend;
brusquer (brü-ßke') hart anfahren; et. rasch durchsetzen wollen.
brusquerie (brü-ßk'rï') f barsches Wesen; kränkende Äußerung.
brut, ~e (brüt) roh; poids ~ Brutto-Gewicht n. [grob.
brutal, ~e (brü-tä'l) tierisch; roh,
brutaliser (brü-tä-li-ße') grob behandeln. [Tier; roher Mensch.
brute (brüt) f unvernünftiges
bruyamment (brüï-ã-mg') adv. v. bruyant. [-schend; geräuschvoll.
bruyant, ~e (brüï-ã', ~ã't) rau-
bruyère (brüï-ã'r) f Heide-kraut n, -land n; coq de ~ Birkhahn m.
buanderie (bü-g-b'rï') f Beuch-, Wasch-haus n. [Beucher(in).
buandier m, ~ère f (bïe', bïã'r)
bube (büb) f Blatter, Blase.
bubon (bü-bg') m Leisten-Geschwulst f.

buccin (bü-kßg') m Trompeten-schnecke f. [dummer Mensch.
bûche (büsch) f Scheit n, Klobe;
bûcher (bü-sche') m Holzstall; Scheiterhaufen.
bûcheron m, ~ne f (bü-sch'rg', ~sch'rö'n) Holzhauer(-Frau).
bûchette (bü-schä't) f Leseholz n; Späne; Hälmchen n zum Losen.
Bude (büd) f Buda n, Ofen n (ungar. Stadt). [dern, -roller.
buffle (bü'fl) m Büffel-ochs, -le-
buffleterie (bü-flä-t'rï') f Leder-zeug n der Soldaten.
buis (büï) m Buchsbaum.
buisson (büï-ßg') m Busch, Strauch; Gebüsch n.
buissonneux, ~se (bö-nö', bö-nö'ß) buschicht.
buissonnier, ~ère (bü-bö-nïe', ~nïã'r) in Büschen lebend.
bulbe (bülb) f (a.m) Zwiebel, Knolle.
bulbeux, ~se (bül-bö', bül-bö'ß) knollig. [liche Bulle.
bulle (bül) f Blase; Blatter; päpst-
bulletin (bü-l'tg') m Wahlzettel; Krankheits-, Tages-Bericht; amtlicher Schein; Einlaßkarte f.
bulleux, ~se (bül-lö', ~lö'ß) blasig.
buraliste (bü-rä-li'ßt) m Kassierer, Tabaksverschleißer.
bure (bü'r) f grober Wollenstoff.
bureau (bü-ro') m Zahl-, Schreib-tisch; Schreibzimmer n; Kasse f, Kanzlei f.
burette (bü-rä't) f Kännchen n.
burin (bü-rg') m Grabstichel.
buriner (bü-rï-ne') mit dem Grabstichel stechen.
busard (bü-ßä'r) m Weihe f (Vogel).
busc (büßk) m Blankscheit n im Schnürleib. [Dummkopf.
buse (büß) f Bussard, Mäusefalk;
busquer (bü-ßke') einschnüren.
but (bü) m Zweck, Ziel n; Scheibe f.
buter (bü-te'): ~ q. jem. stoßen; durch Streb-pfeiler stützen; auch ~
butin (bü-tg') m Beute f. [butter.

butiner(bü-tĭ-ne') Beute machen; ~les fleurs Honig aus den Blumen sammeln.

butor (bü-tō'r) m Rohrdommel f; Tölpel.

butte (büt) f Erdhügel m; Schießstand m, Kugelfang m; être en ~ à ... e-r Sache ausgesetzt sein.

bu(t)ter (bü-te') I. v/a. häufeln. II. v/n. stolpern.

buttoir (bü-tŏ̄'r) m Schutzleiste f, Puffer.

buvable (bü-wa'bl) trinkbar.

buvard (bü-wā'r) m Schreib-unterlage f, -mappe f; papier ~ Löschpapier n. [zimmer n.

buvette (bü-wæ't) f Erfrischungs-

buveur m, ~se f (bü-wö'r, ~wö'f) Trinker(in), Zecher(in).

buvoter (bü-wŏ-te') nippen.

C.

ça (ßă) = cela; comme ci, comme ~ so so, la la.

çà (ßă) 1. hier, hierher; ~ et là hier und da. 2. int. munter! ah ~! nun, hört!

cabale (kă-bä'l) f Kabbala(h) (magische Geheimlehre der Juden); Kabale.

cabaler (bä-le') Ränke schmieden.

cabaleur, ~se (lö'r, lö'f) s. Ränkeschmied(in); Auspfeifer.

caban (kă-bg') m Regenmantel.

cabane (kă-ba'n) f Hütte; Vogelhecke; Zelt n auf einem Kahne.

cabanon (ng') m Gefängnis-Zelle f.

cabaret (kă-bä-ræ') m Schenke f; Thee-brett n.

cabaretier m, ~ère f (kă-ba-r'tiē', ~r'tiā'r) Schenkwirt(in).

cabas (kă-ba') m Binsenkorb.

cabestan (kă-bĕ-ßtg') m (Schiffs-) Winde f.

cabillaud (kă-bĭ-jō') m Kabeljau.

cabine (bi'n) f Koje; Bade-karren.

cabinet (kă-bĭ-næ') m Kabinett n; Studierzimmer n.

câble (kā'bl) m dickes Seil, Tau n.

câbler (kă-ble') ein Seil drehen.

cabliau (kă-blĭō) m = cabillaud.

caboche (kă-bŏ'sch) f Schuh-, Hufnagel m; Kopf m. [schiffahrt f.

cabotage (kă-bŏ-ta'Q) m Küsten-

caboteur (tö'r) m Küstenfahrer.

cabotin (kă-bŏ-tg') m Komödiant.

cabrer (kă-bre'): se ~ sich bäumen.

cabri (kă-brĭ') m Zicklein n.

cabriole (brĭ-o'l) f Luftsprung m.

cabus (kă-bü'): chou ~ Kopfkohl.

cacaotier (kă-kă-o-tiē') m Kakaobaum.

cacatois (kă-kă-tŏ̄') m Kakabu.

cachalot (kă-schă-lo') m Pottfisch.

cache-cache (kăsch-kă'sch) m Versteck n (Spiel).

cacher (kă-sche') verbergen; esprit ~é Duckmäuser m.

cacherie (sch'rĭ') f Heimlichthun n.

cachet (kă-schæ') m Petschaft n, Siegel n; Gepräge n; Marke f von Privatstunden.

cache-tampon (kăsch-tg-pg') m „Fuchs im Loch" (Spiel).

cacheter (kă-schte') versiegeln.

cachette (kă-schæ't) f Versteck n.

cachot (kă-schŏ') m Kerker.

cachotter (schŏ-te') geheim halten.

cachottier, ~ère (kă-schŏ-tiē', ~tiā'r) s. Geheimniskrämer(in).

caco... (kă-kŏ...) in Zssg. schlechte(r) ..., Miß-...

cactier (kă-ktiē') m Kaktus.

cadastre (kă-bä'ßtr) m Grundbuch n, Kataster.

cadavéreux, ~se (kă-bă-we-rö', ~rö'f) leichen-artig.

cadavre (kă-bā'wr) m Leichnam m.

cadeau (kă-bo') m Geschenk n.

cadenas (dna') m Vorlegeschloß n.

cadence (fä-dā'ß) f Tonfall m;
Takt m.　　　[Hinterhaar=zopf.
cadenette (kä-bnä't) f geflochtener
cadet, ~te (kä-bä', ~bä't) 1. jün=
ger(e), jüngfte(r). 2. s. Jüng=
fte(r); ~ m luftiger Kerl; ehm.
Kadett.　　　[Quadrant.
cadran (kä-brą') m Zifferblatt n;
cadrat(in)(kä-bra', ~a-tą') m typ.
Quadrat n. [Stamm e-r Truppe.
cadre (kā'bt) m Rahmen; id.,
cadrer (ka-bre') paffenb machen;
r/n. mit et. übereinftimmen.
caduc, ~que (kä-bü'k, ~bü'k) bau=,
hin=fällig; mal ~ Fallfucht f.
caducité (kä-bü-ßi-te') f Bau=,
Hin=fälligkeit.
cafard, ~e (fā'r, fä'rb) 1. gleiß=
nerifch. 2. s. Scheinheilige(r).
cafarderie (fär-b'rī')f Gleißnerei.
café (kä-fe') m Kaffee(=Pflanze f,
=Bohne f, =Haus n).
cafetière (kä-f'tiā'r)f Kaffeekanne.
caffre (kä'fr) m gemeiner Menfch.
cage (kaQ) f Vogelbauer, Käfig.
cagette (ka-Qä't) f kleines Bauer,
Fallbauer.　　　[Faulenzer(in).
cagnard, ~e (kä-njā'r, ~njä'rb) s.
cagneux, ~se (kä-njö', ~njö'f)
krummbeinig.
cagot, ~e (go', gö't) s. Mucker(in).
cahier(kä-ie') m (Papier=)Heft n; ~
des charges Kaufbedingungen.
cahin-caha (kä-ą-kä-a') balb fo,
balb fo; nicht zum beften.
cahot (kä-o') m Stoß des Wagens.
cahoter (kä-ŏ-te') ftoßen, rütteln.
cahute (kä-ü't) f fchlechte Hütte.
caieu, cayeu(kä-iö') m Brut=zwie=
bel f; Zwiebel=blume f.
caille (kaj) f Wachtel.
caillé (kä-ie') m bicke Milch.
caillebotte (kä-i'bö't) f Quark m.
cailler (kä-ie'): se ~ gerinnen.
cailleteau (j'to') m junge Wachtel.
caillou (kä-iu') m Kiefelftein.
caillouter (kä-iu-te') mit Kiefel=
fteinen befchütten.

caisse (käß) f Kifte, Kaften m;
Kaffe; Trommel.
caissier m, ~ère f (kä-ßie', ~ßiā'r)
Kaffierer(in).
caisson (kä-ßǫ') m Kaften=, Mu=
nitions=wagen.　　　[fchmeicheln.
cajoler (kä-Qǒ-le') liebkofen;
cajolerie (Qǒ-l'rī') f Liebkofung.
cajoleur m, ~se f (kä-Qǒ-lö'r,
~lö'f) Schmeichler(in), Schmei=
chelkätzchen n.
cal (käl) m Schwiele f.
calamité (kä-lä-mi-te') f Drang=
fal, Mißgefchick n.　　　[voll.
calamiteux, ~se (tö', tö'f) unheil=
calandre (kä-lą'br) f Kalander=
lerche; Kornwurm; Zeug=rolle.
calandrer(lą-bre')rollen,mangeln.
calcaire (käl-kā'r) 1. kalk=artig.
2. m Kalk(=ftein, =erbe f).
calcédoine(ßĕ-bŏa'n)fChalce'bon.
calciner (käl-ßi-ne') ausglühen;
verbrennen, börren; se ~ fich
verkalken.
calcul (käl-kü'l) m Rechnung f;
Berechnung f; ~ mental Kopf=
rechnen n; méd. Stein.
calculer (kü-le')(aus=,be=)rechnen.
calculeux, ~se (lö', lö'f) mit
Steinbefchwerden behaftet.
cale (käl) f abhängiges Ufer;
Schiffsraum m; Kielholen n;
Keil m; Bremsfchuh m.
calebasse (kä-l'ba'ß) f Flafchen=
kürbis m; Kürbisflafche. [hofe.
caleçon (kä-l'ßǫ') m Unter=, Babe=
caléfacteur (kä-lĕ-fä-ktŏ'r) m
Wärmpfanne f.
calembour(lą-bū'r)m Wortfpiel n.
calendrier (lą-brie') m Kalender.
calepin (kä-l'pą') m Notizbuch n.
caler ↓ (kä-le') niederlaffen; fem.
kielholen; einen Keil unter et.
legen; bremfen.
calfat (käl-fa') m Kalfa'terer.
calfater (käl-fa-te') kalfatern.
calfeutrer (fŏ-tre') Ritzen ꝛc. zu=
calice (kä-li'ß) m Kelch. [ftopfen.

califourchon(kä-il-fûr-ſchₒ'): à ⁓ rittlings. [leriſch.

câlin, ⁓e (ka-lₐ', ⁓li'n) ſchmeich-
câliner (ka-il-ne') ſchmeicheln.
caliorne ⚓ (kä-il-o'rn) f Seiten-
tafel n, Gien.
calleux, ⁓se (kä-lö', ⁓lö'ſ) ſchwie-
lig. [Haut, Schwiele.
callosité (käl-lo-ſi-te') f harte
calmant, ⁓e (mₐ', mₐ̄'t) a. u. s/m.
ſchmerzlindernd(es Mittel).
calme (kälm) 1. ruhig, ſtill. 2. m
Windſtille f; Gemütsruhe f.
calmer (käl-me') zur Ruhe bringen; lindern; se ⁓ ruhig werden.
calomnia*teur* m, ⁓trice f (kä-lö-
mnï-a-tö'r, ⁓trï'ß) Verleum-
der(in).
calomnie (mnï') f Verleumdung.
calomnier (mnï-e') verleumden.
calorifère (rï-fä'r) 1. Wärme haltend. 2. m Heiz-apparat.
calotte (kä-lö't) f Käppchen n;
Prieſtermütze; fig. die Pfaffen;
Maulſchelle.
calottin (kä-lö-tₐ') m Pfaffe.
calquer (käl-ke') durchzeichnen.
calumet (kä-lü-mæ') m: ⁓ (de
paix) Friedenspfeife f.
calus (kä-lü'ß) m Schwiele f.
Calvaire (käl-wä'r)m Go'lgatha n.
calvitie (wï-ßï') f Kahlköpfigkeit.
camaïeu (kä-mä-ïö') m id., Bilder-
ſtein; einfarbiges Gemälde.
camail (kä-ma'j) m Biſchofsmän-
telchen n. [radſchaft; Koterie.
camaraderie(mä-ra-b'rï')fKame-
camard, ⁓e (kä-mä'r, kä-mä'rb)
ſtumpfnaſig. [ſchmiere f.
cambouis (kₐ-bü'ï') m Wagen-
cambré (kₐ-bre') rundlich, ge-
ſchweift, fig. üppig.
cambrer (⁓): (se) ⁓(ſich) krümmen.
cambrure (kₐ-brü'r) f Bogen-
krümmung. [kammer.
cambuse ⚓ (kₐ-bü'ſ) f Proviant-
cambusier (kₐ-bü-ſie') m Bottler.
came (kam) f Gienmuſchel.

caméléopard(kä-me-le-ö-pä'r)m
Giraffe f.
camelot (kä-m'lo') m Kamelott.
camelote (m'lö't) f Schund m.
camérier (mĕ-rïe') m Kämmerer.
camériste(rï'ßt)fHoftammerfrau.
camion (kä-mₒ') m Farbentopf;
Rollwagen; kleine Stecknadel.
camionner (kä-mïö-ne') auf Rollwagen fortſchaffen. [terjacke.
camisole (mï-ſö'l) f Kamiſol, Un-
camomille (kä-mö-mi'j)fKamille.
camouflet (mu-flæ') m Qualm v.
brennendemPapier; berberVerweis.
camp (kₐ) m (Feld-)Lager n.
campagnard, ⁓e (kₐ-pä-njä'r,
⁓njä'rb) 1. ländlich, Land-...;
bäuriſch. 2. s. Land-mann,-frau.
campagne (kₐ-pä'nj) f Feld n, Ge-
filde n; Land n; Feldzug m; Be-
triebsdauer. [maus f.
campagnol (kₐ-pä-njö'l) m Feld-
campane(pa'n)fTroddel; Kapitäl.
campan*elle*, ⁓ule (kₐ-pä-nä'l,
⁓nü'l) f Glockenblume.
campement (p'mₐ')m Feld-Lager n.
camper (kₐ-pe') lagern.
camphrer (fre') mit Kampfer anmachen. [(Schule).
campos (kₐ-pö'): avoir ⁓ frei haben
camus, ⁓e (kä-mü', kä-mü'ſ)
ſtumpf-, platt-naſig.
camuset, ⁓te (kä-mü-ſæ', ⁓ſæ't)
mit platter Naſe.
canaille (kä-na'j) f Geſindel n.
canal, pl. ⁓aux(nä'l, nö') m Kanal.
canard (kä-nä'r) m Ente f, Ente-
rich; Schnurre f; Zeitungs-Ente f;
♪ falſche Note; chien ⁓ zur En-
tenjagd abgerichteter Hund.
canardeau (när-bo') m junge Ente.
canarder (kä-när-be'): ⁓ q. aus ge-
deckter Stellung auf jem. feuern;
jem. et. aufbinden; v/n. ♪ mit
der Stimme überſchnappen.
canardière (kä-när-bïä'r)f Enten-
haus n, -flinte. [-baum.
canari (nä-rï') m Kanarien-vogel,

canasse(fä-na'ß)*m* Thee-,Tabaks-
Kiste *f*; Knaster(-Tabat).

cancan (fġ-fġ') *m* Schrei von Enten
und Papageien; ⸗s *pl.* Klatsche-
reien *f*; id. (unzüchtiger Tanz).

cancaner (fä-ne') klatschen; durch
die Nase reden; Kankan tanzen.

cancanier *m*, ⸗ère *f* (nſe', niä'r)
Klatschweib; Kankantänzer(in).

cancer (ßä'r) *m* Krebs(-schaden).

cancéreux, ⸗se (fġ-ßĕ-rö', ⸗rö'ſ)
krebsartig. [Schlucker, Knicker.

cancre (fä'tɛ) *m* Krabbe *f*; armer

candeur (fġ-bö'r) *f* Treuherzig-
keit; ⸗ de mœurs Sittenrein-
heit. [Falsch.

candide (fġ-bï'b) treuherzig, ohne

cane (fan) *f* weibliche Ente.

caneton (fä-n'tġ') *m* Entchen *n*.

canette (fä-nä't) *f* Entchen *n*;
halbe Kanne, großes Seidel.

caniche (fä-ni'ſch) *m* Pudel.

canicule (fä-nï-fü'l) *f* Hunds-
stern *m*, -tagszeit.

canif (fä-ni'f) *m* Federmesser *n*.

canin, ⸗e (fä-nġ', ⸗ni'n) hunde-
artig; dent⸗e Augenzahn; faim
⸗e Heißhunger *m*.

canine (fä-ni'n) *f* Augenzahn *m*
(= dent canine).

canitie (nï-ßï') *f* Grau-werden *n*.

cannaie (fä-nä') *f* Röhricht *n*.

canne (fän) *f* Rohr *n*; Rohr-,
Spazier-stock *m*.

canneler (fä-n'le') auskehlen.

cannelle (fä-nä'l) *f* Zimmt *n*.

cannelure (fä-n'lü'r) *f* Hohlkehle.

canne-siège (fän-ßĭä'G) *f* zj.-zu-
legender Stuhl in Stockform.

cannetille (fä-n'ti'l) *f* Kantille.

cannette (nä't) *f* spanisches Rohr.

cannier (fä-nſe') *m* Rohrflechter.

canon (fä-nġ') *m* 1. Kanone *f*;
Flinten- rc. lauf; Pumpen-Stie-
fel; Abfallrohr *n*. 2. Satzung *f*;
Ka'non. [nisch.

canonial, ⸗e (fä-nŏ-nĭä'l) kano-

canoniser (nï-ſe') heilig sprechen.

canonner(fä-nŏ-ne')mit Kanonen
beschießen. [nenboot *n*.

canonnière (fä-nŏ-nĭä'r) *f* Kano-

canot (fä-no') *m* Baumkahn; kleines Boot. [rer.

canotier (fä-nŏ-tĭe') *m* Kahnfah-

cantatrice (fġ-ta-trï'ß) *f* (Opern-)
Sängerin. [⸗ spanische Fliege.

cantharide (tä-rï'b) *f*, a. mouche

cantine (fġ-ti'n) *f* Flaschenfutter
n; Marketenderei.

cantinier *m*, ⸗ère *f* (fġ-tï-nĭe',
⸗nĭä'r) Marketender(in).

cantique (fġ-ti'f) *m* Lobgesang;
Kirchenlied *n*; C⸗ des ⸗s hohes
Lied Salomo'nis.

cantonade (fġ-tŏ-na'b) *f* Raum *m*
hinter den Coulissen; à la ⸗ in
die Coulissen (sprechen).

cantonnier (nſe') *m* Chaussee-,
Bahn-wärter. [Röhre.

canule (fä-nü'l) *f* Spitzröhrchen *n*;

cap (fäp) *m* Vorgebirge *n*; ♪ Nase *f*
des Schiffs; de pied en ⸗ vom
Scheitel bis zur Sohle.

capable (pa'bl) fähig, im Stande.

capacité(fä-pä-ßï-te')*f*Fähigkeit;
Befähigung; Geräumigkeit.

caparaçon (rä-ßġ') *m* Pferdedecke.

cape (fäp) *f* Kappenmantel *m*;
Kapuze; sous ⸗ heimlich.

cap(é)er ♪ (fä-p(e-)e') beiliegen.

capelet (fä-p'lä') *m* Steingalle *f*
bei Pferden. [2.♪*m*Frauenhaar *n*.

capillaire (pïl-lä'r) 1. haar-artig.

capilotade (fä-pï-lŏ-ta'b) *f* Ein-
geschnittenes *n* von Geflügel; mettre en ⸗ zu Brei schlagen.

capitaine (fä-pï-tä'n) *m* Hauptmann; Feldherr.

capital, ⸗e (tä'l) 1. hauptsächlich.
2. *m* Hauptsache *f*; Kapita'l *n*.

capitale (fä-pï-tä'l) *f* Hauptstadt.

capitan (fä-pï-tġ') *m* Maulheld.

capitation (tä-ßġ') *f* Kopfsteuer.

capiteux, ⸗se (fä-pï-tö', ⸗tö'ſ)
berauschend. [besetzen.

capitonner (tŏ-ne') mit Flockseide

capitulaire (kä-pĭ-tü-lä'r) Kapitel-... ob. Stifts-...

capon(kä-pǫ') m Memme f; gaunerischer Spieler.

caporal (kä-pŏ-rä'l) m Korporal.

caporalisme (kä-pŏ-rä-li'ßm) m Gamaschendienst.

capot (kä-po') 1. m Regenmantel; Matsch(Piquetspiel). 2. a. matsch; bestürzt.

capote (kä-pŏ't) f Regenmantel m mit Kapuze; Soldatenrock m; Wagen-Verdeck n; Schornstein-Kappe.

cappe(käp) f Rahm m. [Laune f.

caprice (kä-prĭ'ß) m Eigensinn; capricieux, ~se(kä-prĭ-ßŏ̆', ~ßĭŏ̆'f) eigensinnig; launenhaft.

capricorne (kä-prĭ-kŏ'rn) m Holzbock(Käfer); Steinbock(Sternbild).

câprier(ka-prĭ-e')mKapernstrauch.

capron (kä-prǫ') m Ananas-Erdbeere f. [hütchen n.

capsule (kä-pßü'l) f Kapsel; Zünd-

captateur m, ~trice f (kä-pta-tŏ'r, ~trĭ'ß)Erbschleicher(in).[schung.

captation (ptā-ßĭǫ') f Erbschlei-
capter (kä-pte') erschleichen; eine Mineralquelle fassen. [fänglich.

captieux, ~se(kä-pßĭŏ̆', ~ßĭŏ̆'f) ver-
captif, ~ve (pti'f, pti'w) 1. (Kriegs-) gefangen. 2. s. Gefangene(r).

captivant, ~e (kä-ptĭ-wä', ~wä't) gewinnend, bezaubernd.

captiver (kä-ptĭ-we') für sich gewinnen, einnehmen.

captivité (kä-ptĭ-wĭ-te') f Gefangenschaft. [Prise; Beute.

capture (kä-ptü'r) f Fang m;
capturer (ptü-re') fangen; wegnehmen; ♃ aufbringen.

capuchon (pü-schǫ') m Kapuze f.

capucin (kä-pü-ßǫ') m Kapuziner (-Affe, -Käfer, -Taube f).

capucinade (kä-pü-ßĭ-na'd) f Kapuziner-Predigt.

capucine(ßĭ'n)f Kapuziner-nonne; Kapuziner-kresse. [tönnchen n.

caque (käk) f Herings-, Pulver-

caquer (kä-ke') Heringe einsalzen; in Tonnen packen; v/n. kaken.

caquet (kä-kä') m Gackern n; Schwatzen n der Vögel; Geschwätz n. [klatschen.

caqueter (k'te') gackern; schwatzen,
car (kar) denn. [Medizin.

carabin (kä-rä-bǫ') m Student der
carabine (kä-rä-bĭ'n) f Büchse, Stutzen m, Reiter-Karabi'ner m.

carabiner (kä-rä-bĭ-ne') ein Flintenrohr ziehen; v/n. plänkeln.

caracoler (kä-rä-kŏ-le') ein Pferd herumtummeln, schwenken.

caractère (kä-rä-ktä'r) m Schriftzeichen n; Charakter. [eimer.

carafon (fǫ')m Fläschchen n; Kühl-
caramel (kä-rä-mä'l) m brauner Zuckerkandis. [bräunen.

caraméliser(kä-rä-me-lĭ-fe') Zucker
carapace (kä-rä-pä'ß) f Rückenschild n der Schildkröten.

carat (kä-ra') m Karat n.

caravanier(kä-rä-wä-nĭe') m Führer der Lasttiere einer Karawane.

carbatine (kär-ba-tĭ'n) f frisch abgezogenes Tierfell.

carbonater (kär-bŏ-na-te') mit Kohlensäure sättigen.

carbone (bo'n) m Kohlenstoff.

carbonique (bŏ-nĭ'k) kohlensauer.

carboniser (bŏ-nĭ-fe') verkohlen.

carcan (kär-kǫ') m Halseisen n, Strafe f des Prangers.

carcasse (kär-kä'ß) f Gerippe n.

carcinome (kär-ßĭ-nŏ'm)m Krebsgeschwür n.

cardage (da'Q) m Karbätschen n der Wolle. [sen-kresse.

cardamine (kär-ba-mĭ'n) f Wie-
carde (kärd) f eßbare Mittelblattrippe der wilden Artischocke; Stachelkopf m der Weberkarde; Wollkratze. [kämmen.

carder (kär-de') kratzen, krämpeln,
cardeur m, ~se f (kär-dŏ'r, ~dŏ'f) Wollkämmer(in). [macher.

cardier (kär-dĭe') m Karbätschen-

cardinal,~e(fär-bi-nä'l) 1.haupt-
ſächlich,Haupt-... 2.mKarbina'l.
cardon (bợ') m wilde Artiſchocke.
carême (fä-rä'm) m Faſtenzeit f.
carême-prenant (fä-ræm-prị-nạ')
m Faſtnachtszeit f; Faſchings-
narr.   [holen n; Werft f.
carénage (fä-re-na'G) m Kiel-
carène (fä-rä'n) f (Schiffs-)Kiel m.
caréner (fä-re-ne') ein Schiff kielholen.   [einſchmeichelnd.
caressant, ~e (fä-rä-ɓạ', ~ɓạ't)
caresse (fä-rä'ɓ) f Liebkoſung.
caresser (fä-rä-ɓe') liebkoſen,
hätſcheln.   [labung.
cargaison (fär-gæ-ɓợ') f Schiffs-
cargue (färg) f Gei-tau n.
carguer (fär-ge') aufgeien; v/n.
ſich auf eine Seite neigen.
carie (fä-rĭ') f Knochenfraß m;
Hohlwerden n der Zähne; Korn-
fäule.   [anfaulen.
carier (fä-rĭ-e') anfreſſen; se ~
carieux, ~se (fä-rĭɓ', ~rĭɓ'ſ) an-
gefreſſen, faul.
carillon (fä-rĭ-jợ') m Uhr f mit
Glockenſpiel; Glockenläuten n.
carillonner (jö-ne') (ein)läuten.
carillonneur (jö-nö'r) m Glöckner.
carlin (fär-lị') m Mops.
carlingue ⚓ (lï'g) f Kielſchwein n.
carlovingien,~ne(fär-lö-wạ-Gɓạ',
~Gɓä'n) karolingiſch.
carmagnole (fär-mä-njŏ'l) f id.
(republik. Lied; Tanz); Jakobiner-
jacke.   [déchaussé Barfüßer.
carme (färm) m Karmeli'ter; ~
carminer(fär-mĭ-ne') mitKarmin
malen.
carnage (fär-na'G) m Blutbad n.
carnassier, ~ère (fär-na-ɓɓe',
~ɓịä'r) fleiſchfreſſend.
carnassière (ɓịä'r) f Jagdtaſche.
carnation (fär-nä-ɓɓợ') f Fleiſch-
Darſtellung auf Gemälden.
carne (färn) f Kante, äußerer
Winkel.
carnet (fär-nä') m Notizbuch n.

carnier (fär-nɓe') m Jagdtaſche f.
carnifier (fär-nĭ-fĭ-e'): se ~ zu
Fleiſch werden.
Carniole (fär-nĭ-o'l) f Krain n.
carnivore (wŏ'r) fleiſchfreſſend.
caroncule (fä-rợ-kü'l) f Fleiſch-
wärzchen n.
carotte (fa-rŏ't) f Mohrrübe; Ta-
baksrolle; tirer une ~ à q. j-m
etwas abſchwindeln.   [len.
carotter (fä-rŏ-te') knickerig ſpie-
carotteur m, **~se** f (fä-rŏ-tö'r,
~tö'ſ) knickerige(r) Spieler(in).
caroubier (fä-ru-bɓe') m Johan-
nisbrotbaum.
carpe (färp) f Karpfen m.
carpeau (fär-po') m kleiner Setz-
karpfen.   [Karpfenteich m.
carpier m, **~ère** f (fär-pɓe', ~pɓä'r)
carquois (fär-kɓa') m Köcher.
carre (fär) f Winkel m; Oberteil n einer Hutform ꝛc.
carré, ~e (fa-re') 1. vier-eckig;
Quadrat-...; tête ~e gediegener
Kopf, Menſch von hartnäckigem
Charakter, Deutſcher.   2. m
Vier-eck n, Quadrat n; ~ de
moutonHammel-Vorderviertel.
carreau (rō') m vier-eckige Platte
(Stein-)Flieſe f; (Ofen-)Kachel f;
Straßenpflaſter n; ~ (de vitre)
Fenſterſcheibe f; Fußkiſſen n;
Karreau n.
carrefour (fa-r'fū'r) m Kreuzweg.
carreler (fa-r'le') mit Flieſen auslegen, pflaſtern; alte Schuhe be-
ſohlen.
carrelet (fa-r'lä') m Glattbutte f
(Fiſch); Packnadel f; vier-eckiges
Senkgarn; Seihe-rahmen.
carreleur (fa-r'lö'r) m Pflaſterer;
herumziehender Schuhflicker.
carrément (fa-re-mạ') ins Ge-
viert; gerade zu.
carrer (fa-re') vier-eckig machen;
ins Quadrat erheben; se ~ ſich
ſpreizen.   [Steinbruch m.
carrière (fa-rĭä'r) f Laufbahn;

carrosse (ka-rŏ'ß) m Kutsche f.
carrosserie(rŏ-ß'rĭ')fWagenfabri-
kation. [kant; Kutschpferd n.
carrossier (ßĕ') m Wagenfabri-
carrure (ka-rü'r) f Schulterbreite.
cartayer (kär-tĕ-ĕ') ben halben
Weg halten.
carte (kärt) f (Land-, Spiel-, Disiten-,
Speise-)Karte; für das Essen zu zah-
lende Rechnung; ~ blanche Voll-
macht. [brik(ation).
carterie (kär-t'rĭ') f Kartenfa-
carteron m, ~ne f (t'rŏ', t'rŏ'n)
Quadron(e).
carthame ♃ (ta'm) m Saflo'r.
cartier(kär-tĭĕ')m Karten-macher,
-händler.
cartilage (kär-tĭ-la'Q) m Knorpel.
cartomancien, ~ne (kär-tŏ-mg-
ßĭã', ~ßĭã'n) s. Kartenschlä-
ger(in). [ton; Mappe f.
carton (kär-tŏ') m Pappe f; Kar-
cartonner (kär-tŏ-ne') in Pappe
binden. [penfabrik.
cartonnerie (kär-tŏ-n'rĭ') f Pap-
carton-pâte (kär-tŏ-pa't) m Pa-
piermaché n. [Steinpappe f.
carton-pierre (kär-tŏ-piä'r) m
cartouche (tu'sch) 1. f Patrone.
2. m Zierrahmen, Schönleiste f;
Beet-Einfassung f. [tasche f.
cartouchier (tu-schĕ') m Patron-
cartulaire (kär-tü-lä'r) m Ar-
chiv n; Urkundenbewahrer.
carvi ♃ (kär-wĭ') m Kümmel.
cas (ka) m Fall; faire ~ de qc.
Wert auf etwas legen.
casanier, ~ère (kä-fä-nĕ', ~nĭä'r)
1. zu Hause sitzend, hockend.
2. m Ofenhocker.
casaque (kä-fä'k) f Reise-rock m;
tourner ~ seine Gesinnung
ändern. [rock; Schoßjacke f.
casaquin (kä-fä-kã') m kurzer Über-
cascade (kä-ska'b) f Wasserfall m;
sprudelnder Witz; plötzlicher
Übergang. [Wasserfall.
cascatelle (kä-ßka-tä'l) f kleiner

case (käß) f Häuschen n; Fach n;
Feld n (Schachbrett).
caséeux, ~se (kä-ßĕ-ŏ', ~ŏ'ß) käsig.
caser (ka-ße') unterbringen; fach-
weise ordnen. [nenwärter.
casernier (kä-fär-nĕ') m Kaser-
casier (ka-ßĕ') m Fachkasten m.
casque (käßk) m Helm.
casqué (kä-ßkĕ') gehelmt.
casquette (kä-ßkä't) f Mütze.
cassable (ka-ßa'bl) zerbrechlich.
cassade (ka-ßa'b) f Notlüge.
cassant,~e (ka-ßã', ~ßã't) zerbrechlich; spröde (Metall); fig. scharf.
casse (kaß) f 1. zerbrochenes Geschirr; ⚔ Strafe der Absetzung.
2. Schriftkasten m; Federkasten
m; ♃ Ka'ssia.
casse-cou (kaß-fu')m halsbrechen-
der Weg. [Nußknacker.
casse-noisette (kaß-nŏä-ßä't) m
casser(ka-ße') zerbrechen, entzwei
machen; für ungültig erklären;
absetzen.
casse-tête (kaß-tä't) m Totschlä-
ger (Stock); Streit-axt der Wilden;
kopfbrechende Arbeit.
cassette(ka-ßä't)f (Juwelen-)Käst-
chen n; Schatulle.
cassier (kä-ßĕ') m Kassienbaum.
cassolette (kä-ßŏ-lä't) f Räucher-
pfanne. [zucker m.
cassonade (kä-ßŏ-na'b) f Farin-
Cassovie (kä-ßŏ-wĭ') f Kaschau n.
cassure (ka-ßü'r) f Bruch m.
castor (kä-ßtŏ'r)m Biber; Kastor-
hut. [fälligkeit.
casualité (ka-fü-a-lĭ-te') f Zu-
casuel m, ~le f (ka-fü-ä'l, ~ä'l)
1. zufällig. 2. m Sporteln pl.
catalepsie (kä-tä-lä-pßĭ') f
Starrsucht. [Umschlag.
cataplasme (plä'ßm) m (Brei-)
cataracte (rä'kt) f großer Wasserfall; path. grauer Star.
catarrheux,~se (kä-tar-rŏ', ~rŏ'ß)
zu Katarrh, zu Schleimflüssen
geneigt.

Catau (kă-to') f Käthe.

catéchiser (kă-tĕ-ſchĭ-ſe') den Katechismus lehren; *fig.* j-m vorpredigen.

catéchumène (kă-tĕ-kŭ-mæ'n) s. Katechismusſchüler(in), Konfirmand(in). [abteilen.

catégoriser (gŏ-rĭ-ſe') nach Klaſſen

catholicité (kă-tŏ-lĭ-ßĭ-te') f Übereinſtimmung mit der kathol. Kirche; katholiſche Chriſtenheit.

catholicon (lĭ-kọ') m Univerſalmittel n; Sammelſurium n.

catimini (kă-tĭ-mĭ-ni'): en ～ ganz heimlich. [Dirne.

Catin (kă-tạ') f Käthchen n; c～

catir (kă-tĭ'r) dem Tuche Glanzpreſſe geben.

catisseur (tĭ-ßọ'r) m Zeugpreſſer.

catogan (kă-to-gạ') m aufgeſchürzter Zopf. [kato'niſch.

catonien, ～ne (kă-tŏ-nㅣẵ', ～nꬶꬶ'n)

cauchemar (ko-ſchma'r) m Alpdrücken n; *fig.* Schreckbild n.

caudé (ko-de') geſchwänzt.

causal, ～e (ko-ſă'l) urſächlich; den Grund angebend.

cause (kōſ) f Urſache; Veranlaſſung; Rechtsgrund m; Prozeß m; 'Sache, die verteidigt wird: à ～ de ... wegen.

causer (ko-ſe') 1. verurſachen. 2. plaudern. [Gerede n.

causerie (ko-ſrĭ') f Geplauder n,

causette (ko-ſæ't) f Gekoſe n.

causeur, ～se (ko-ſọ'r, ～ſọ'ſ) 1. geſprächig. 2. s. geſprächige(r) Mann, Frau. 3. ～se f id. (Kanapee für zwei).

causticité (ſtĭ-ßĭ-te') f Beizkraft; Spottſucht.

caustique (ko-ſtĭ'k) 1. beizend; *fig.* beißend. 2. m Ätzmittel n.

cauteleux, ～se (ko-t'lọ', ～t'lọ'ſ) verſchmitzt. [Brennmittel n.

cautère (ko-tã'r) m Fontanelle f;

cautériser (ko-te-rĭ-ſe') eine Fontanelle ſetzen; (aus)brennen.

caution (ko-ßㅣọ') f Bürgſchaft; Bürge m; sujet à ～ verdächtig.

cautionnement (ko-ßㅣọ-n'mạ') m Leiſtung f der Bürgſchaft; Kaution(ſſumme f) f.

cautionner (ko-ßㅣọ-ne'): ～ q., qc. ſich für jem., et. verbürgen.

cavale (kă-wă'l) f Stute.

cavalier m, ～ère f (kă-wă-lㅣe', ～lㅣẵ'r) Reiter(in); Kavalleriſt; Kavalier.

cavalièrement (lㅣẵ-r'mạ') allzufrei, hochfahrend, anmaßend.

cave (kāw) f 1. Keller; ～ (à cristaux) Flaſchen-Keller m, -futter n; ～ à liqueurs *eleganter* Kaſten mit Liqueurflaſchen und Gläſern. 2.a. hohl; eingefallen.

caveau (kă-wo') m kleiner Keller: (Grab-)Gewölbe n.

caveçon (kă-w'ßọ') m Kappzaum.

cavée (kă-wẽ') f Hohlweg m.

caver (kă-we') aushöhlen; ～ (de) quelque somme Geld zum Spielen vor ſich hinlegen.

caverne (kă-wẵ'rn) f Höhle.

caverneux, ～se (kă-wẵr-nọ', ～nọ'ſ) voller Höhlen; voix ～se Grabesſtimme.

cavité (kă-wĭ-te') f Höhlung.

ce (ß) und cet m, cette f (ßẵt); *pl.* ces (ßẵ) dieſe(r); jene(r); ～ qui (que) was.

céans (ßẵ-ạ') hier.

ceci (ßㅣ-ßi') dies.

cécité (ßẽ-ßĭ-te') f Blindheit.

céder (ße-de') überlaſſen, abtreten; *v/n.* nachgeben; weichen.

cèdre (ßẵ'dr) m Zeder f.

cédule (ßẽ-bü'l) f *ehm.* Schuldſchein. [umgeben, umgürten.

ceindre (ßạ'dr): ～ de qc. mit et.

ceinture (ßạ-tü'r) f Gürtel m; Einfaſſung; Lenden *pl.*; ～ hygiénique Leibbinde.

ceinturer (ßạ-tü-re') mit einem Gürtel umgeben.

ceinturier (ßạ-tü-rㅣe') m Gürtler.

*ce*inturon (ßg-tŭ-rą') m Degen-
gehenk n.
cela (ß'lä') das (da); jenes.
célébration(ßĕ-le-brä-ßǫ')ƒ Feier.
célèbre (ßĕ-lä'br) berühmt.
célébrer (le-bre') feiern; rühmen.
célébrité (brĭ-te') ƒ Berühmtheit.
celer (ßŏ-le') verheimlichen.
céleri (ße-l'rĭ') m Sellerie.
célérité (ßĕ-le-rĭ-te') ƒ Schnellig-
céleste (lä'ßt) himmlisch. [keit.
célibat (ßĕ-lĭ-ba') m Ehelosigkeit.
célibataire(ba-tä'r)m Junggeselle.
celle (ßäl) ƒ von celui. [wölben.
cellier (ßä-lĭe') m Vorratsge-
cellulaire (ßä-lŭ-lä'r) Zellen-...
cellule (ßä-lŭ'l) ƒ Zelle. [zellig.
celluleux, ~se (ßä-lŭ-lö', ~lö'ß)
celui (ß'lŭ') m, celle (ßäl) ƒ, ceux
(ßö) m/pl., celles ƒ/pl. der (die,
das)jenige; ~-ci dieser; ~-là
cendre (ßg̅'br) ƒ Asche. [jener.
cendré (ßg-bre') aschfarben.
cendrer (ßg-bre') aschgrau malen; mit Asche bestreuen.
cendreux, ~se (brö', brö'ß) aschig.
cendrier (ßg-brĭe') m Aschen-
händler, -kasten. [bröbel n.
Cendrillon (ßg-brĭ-jǫ') m Aschen-
cène (ßän) ƒ Abendmahl. [mönch.
cénobite (ße-nŏ-bi't) m Kloster-
cens (ßaß) m Zensus; Pachtzins.
censé (ßg-ße') für et. gehalten.
censeur (ßg-ßö'r) m Zensor.
censier, ~ère (ßĭe', ßĭä'r) s. Päch-
ter(in); Lehnzins-herr, -buch n.
censuel, ~le (ßg-ßŭä'l, ~ßŭä'l)
lehnzinspflichtig. [wert.
censurable (ßg-ßŭ-ra'bl) tadelns-
censure (ßŭ'r) ƒ Zensur (von Schriften); Tadel; Disciplinarstrafe.
censurer (ßg-ßŭ-re') tadeln.
cent (ßg) hundert.
centaine (ßg-tä'n) ƒ das Hundert.
centaurée (to-rĕ')ƒ Flockenblume.
centenaire (t'nä'r) hundertjährig.
centi... (ßg-ti...) in Zssg. hundert-...
centième(ßg-tĭä'm) hundertste(r).

centigrade (ßg-tĭ-gra'b) hundert-
grabig.
centime(ßg-tĭ'm) m id.('/₁₀₀Srant).
central, ~e (ßg-trä'l) im Mittelpunkt gelegen. [trum n.
centre (ßg̅'tr) m Mittelpunkt, Cen-
centuple (ßg-tŭ'pl) hundertfach.
centupler(ßg-tŭ-ple') verhundert-
cep (ßä) m Rebenstock. [fachen.
cépage (ße-pa'Q) m Rebensorte ƒ.
cependant (ßĭ-pg-bg') indessen;
doch; mittlerweile.
céracé, ~e (ße-ra-ße') wachsartig.
céramique (rä-mĭ't)ƒTöpferkunst.
cérat (ßĕ-ra') m Wachssalbe ƒ.
cerceau (ßär-ßo') m Reifen.
cercle (ßä'rk) m Kreis, Zirkel;
Klub; Reif. [legen.
cercler (ßär-kle') Reifen um et.
cercueil (ßär-kö'j) m Sarg.
céréale (ße-rĕ-a'l) ƒ Getreide n.
cérébral, ~e (brä'l) Gehirn-...
cérémonial (mŏ-nßä'l) m Fest-
gebräuche pl., Ceremoniell n.
cerf (ßär) m Hirsch.
cerfeuil (ßär-fö'j) m Kerbel.
cerf-volant (ßär-wŏ-lg') m Pa-
pierdrache; Hirschkäfer.
cerisaie(ß'ri-ßä')ƒKirschgarten m.
cerise (ß'rĭ'ß)ƒ Kirsche. [Kirsche.
cerisette (ß'ri-ßä't) ƒ getrocknete
cerisier (ß'ri-ßĭe') m Kirschbaum.
cerne (ßärn)m Jahresring im Holze.
cerneau (ßär-no') m unreifer Nuß-
kern; ~x pl. mit der grünen Schale
eingemachte Walnüsse.
cerner (ßär-ne') umzingeln; avoir
les yeux ~és blaue Ringe um die
Augen haben; Nüsse auskernen.
certain, ~e (ßär-tg', ~tä'n) gewiß.
certes (ßärt) wahrlich.
certificat (ßär-tĭ-fĭ-ka') m Be-
scheinigung ƒ, Attest n, Schein.
certifier(ßär-tĭ-fĭ-e') bescheinigen.
certitude (tŭ'b) ƒ Gewißheit.
céruse (ßĕ-rŭ'ß) ƒ Blei-weiß n.
cervaison (ßär-wä-ßǫ') ƒ Hirsch-
cerveau (wo') m Gehirn n. [feiste.

cervelas (ßắr-w'la') m Cervelat-
wurſt f.

cervelet (w'lǽ') m kleines Gehirn.

cervelle (wǽ'l) f Gehirn, Bregen.

cervier (wſë') v. chat-, loup-.

cervoise (wẫ'f) f Kräuterbier n.

ces (ßǽ) v. ce.

Césaire (ßĕ-ſắ'r) m Cäſa'rius.

césarien, ne (ße-ſä-rẫ', rǽ'n)
cäſa'riſch; *chir.* Kaiſer(-ſchnitt).

cespiteux, se (ßǽ-ßpĭ-tö', tö'ſ)
in dichten Büſchen wachſend.

cessation (ßǽ-ſä-ßẫ') f Aufhören n, Stillſtand m.

cesse (ßǽß) f Aufhören n.

cesser (ßǽ-ße') aufhören; v/a.
einſtellen.

cessible (ßǽ-ßĭ'bĭ) abtretbar.

cession (ßǽ-ßẫ') f Abtretung.

cessionnaire (ßĭẫ-nä'r) m Über-
nehmer *e-s abgetretenen Rechts. c-r*

cet, te (ßĭt, ßǽt) v. ce. [attic.

cétacé, e (ße-ta-ße') 1. zu den
Walen gehörig. 2. m Wal.

ceux (ßö) v. celui. [Sevennen.

cévenol, e (ße-w'nŏ'l) aus den

chable (ſcha'bĭ) m Roll-ſeil n.

chabler (ſchä-blë') mit einem Taue
heben.

chablis (ſchä-blĭ') m Windbruch.

chabot (bo') m Kaulkopf (Fiſch).

chacun, e (ſchä-kẫ', kŭ'n) Jede(r).

chaff (ſchäf) m Kaff.

chafouin m, e f (ſchä-fŭẫ', fŭ'n)
Schleicher(in).

chagrin, e (ſchä-grẫ', gri'n) 1.m
Gram, Kummer; id. (*genarbtes
Leder*). 2. a. grämlich.

chagriner (ſchä-grĭ-ne'): q. j-m
Kummer verurſachen; se fich
grämen; *eine Haut* chagrin-artig
zubereiten. [grin-arbeiter.

chagrinier (ſchä-grĭ-nĭë') m Cha-
chaine (ſchǽn) f Kette.

chainé, e (ſchǽ-ne') kettenförmig.

chainer () mit der Kette meſſen.

chainetier (ſchǽ-n'tĭë') m Kettler,
Gürtler.

chaînette(ſchǽ-nǽ't)f Kettchen n;
point de Kettenſtich m.

chainon (ſchǽ-nŏ') m Schake f.

chair (ſchắr) f Fleiſch n (a. *fig.*).

chaire (ſchắr) f Kanzel; Katheder
m; Profeſſur.

chaise (ſchǽß)f Stuhl m; percée
Nachtſtuhl m; de poste Poſt-
kutſche; à porteurs Sänfte.

chaisier(ſchǽ-ſĭë')m Stuhlmacher.

chaland m, e f (ſchä-lẫ', lä'b)
Kunde, Kundin. [(Gi).

chalaze (lä-lä'f) f Hahnentritt m

chalcographie (käl-tŏ-grä-fĭ') f
Kupferſtechkunſt. [tuch n.

châle (ſchäl) m Shawl, Umſchlage-

chalet (ſchä-lǽ') m Senn-hütte f.

chaleur(ſchä-lö'r)f Hitze; Wärme.

chaleureux, se (lö-rö', rö'ſ)
warm, feurig. [Matroſe.

chaloupier(lu-pĭë')mSchaluppen-

chalumeau(ſchä-lŭ-mo') m Halm;
Schalmei f. [ſpitze f.

chalumet (ſchä-lŭ-mǽ')mPfeifen-

chamailler(ſchä-mä-je'), *auch:* se
fich herumzanken. [men.

chamarrer (ſchä-mä-re') verbrä-
chamarrure (rŭ'r) f Verbrämung.

chambellan (ſchg-bǽ-lg') m Kam-
merherr. [bekleidung f.

chambranle (ſchg-brẫ'l) m Thür-

chambre (ſchẫ'br) f Stube, Zimmer; Kammer; basse Unter-
haus. [voll; Korporalſchaft.

chambrée (ſchg-bre') f eine Stube

chambrer (ſchg-bre') beiſammen
wohnen; v/a. jem. bei Seite
führen. [benmädchen n.

chambrière (ſchg-brĭ-ắ'r) f Stu-
chameau (ſchä-mo') m Kamel n.

chamélée (mĕ-lĕ') f Kamelsblatt.

chamelier (ſchä-mĭ-lĭë') m Kamel-
treiber. [Gemshaut f.

chamois (ſchä-mŭẫ') m Gemſe f;

chamoiser (ſe') ſämiſch gerben.

champ (ſchg) m Feld n; Acker;
clos Schranken *pl.*; ſchmale
Seite, hohe Kante.

*champ*enois, ~e (ſchg-p'nsǻ', p'nsǻ'ſ) aus der Champagne.

champêtre (ſchg-pǽ'tr) ländlich.

champi (ſchg-pi') m Findling.

champignonnière (ſchg-pi-njö-niǻ'r) f Champignon-Beet n.

champion (ſchg-piṍ') m Kämpfer; Verfechter.

champlé (ſchg-ple') vom Froſte beſchädigt.

champlure (ſchg-plü'r) f Froſt-ſchaden m. [find n.

chançard (ſchg-ßā́'r) m Glücks-

chance (ſchãß) f Glücks-wurf m, -fall m; möglicher Fall; Glück n.

chancelant, ~e (ſchg-ß'la', ~ß'lā't) (ſch)wankend.

chanceler (ſchg-ß'le') (ſch)wanken.

chancelier (ſchg-ß'lie') m Kanzler.

chancelière (ſchg-ß'liǻ'r) f Kanz-lerin; Fußſack m.

chancellerie (ßǽ-l'ri') f Staats-kanzlei. [mißlich.

chanceux, ~se (ßö', ßö'ſ) glücklich;

chancir (ſchg-ßi'r) verſchimmeln.

chancissure (ſchg-ßi-ßü'r) f Schimmel m, Kahm m.

chancre (ſchã'tr) m Krebs; Schan-ter; Brand der Blumen.

chancreux ~se (ſchg-krö', ~krö'ſ) mit dem Krebſe behaftet; krebs-artig. [nieß.

Chandeleur (ſchg-b'lö'r) f Licht-

chandelier (ſchg-b'lie') m Leuch-ter; Lichtzieher.

chandelle (ſchg-bǽ'l) f Talg-Licht n.

chandellerie (ſchg-bǽ-l'ri') f Lichtziehrei.

chanfrein (ſchg-frã') m (Baum-zeug n am) Vorderteil des Pferde-kopfes; Federbuſch für Pferde; Schrägkante f.

chanfreiner (ſchg-frǽ-ne') ab-ſchrägen.

change (ſchãQ) m Wechsel, Tauſch; Bank-, Wechsel-geſchäft n; ch. falſche Spur. [änderlich.

changeable (ſchg-Qa'bl) unver-

changeant, ~e (ſchg-Qa', ~Qā't) 1. veränderlich; ſchillernd. 2. m Schiller-taffet. [änderung f.

changement (ſchg-Q'ma') m Ver-

changer (ſchg-Qe') vertauſchen; Geld (ein-, um-)wechſeln; etwas verändern; v/n. ſich verändern; ~ de qc. etwas wechſeln.

changeur (ſchg-Qö'r) m Wechsler.

chanoine (ſchä-nsǻn) m Domherr.

chanoinesse (ſchä-nså-næ'ß) f Stiftsdame. [pl. Klauſen.

chanson (ſchg-ßQ') f Lied n; ~s

chansonner (ſchg-ßö-ne'): ~ q. ein Spottlied auf jem. machen.

chansonnier (nie') m Liederdichter.

chant (ſchg) m Geſang.

chantable (ſchg-ta'bl) ſingbar.

chantage (ſchg-ta'Q) m Drohun-gen behufs Geld-erpreſſung.

chanteau (to') m Runken Brot.

chantepleure (ſchg-ti-plö'r) f Seihe-trichter m.

chanter (ſchg-te') ſingen; preiſen.

chanterelle (t'rǽ'l) f Quinte(n-ſaite); Lockvogel m. [ger(in).

chanteur m, ~se f (tö'r, tö'ſ) Sän-

chantier (ſchg-tie') m Bauplatz, Zimmerhof; (Schiffs-)Werft f.

chantonner (ſchg-tö-ne') halblaut vor ſich hinſingen. [kehlen.

chantourner (ſchg-tür-ne') aus-

chantre (ſchã'tr) m Kantor; poét. Sänger, Dichter.

chanvre (ſchã'vr) m Hanf. [reiter.

chanvrier (ſchg-vrie') m Hanfbe-

chape (ſchäp) f Chorrock m; Schüſſel-Stürze; Überzug m, Kappe.

chapeau (ſchä-po') m Hut; Kap-laken n.

chapelain (ſchä-p'lã') m Kaplan.

chapeler (ſchä-p'le') Brot ab-raſpeln. [kranz zum Beten.

chapelet (ſchä-p'lǽ') m Roſen-

chapelier (p'lie') m Hutmacher.

chapelle (ſchä-pǽ'l) f Kapelle.

chapellerie (ſchä-pǽ-l'ri') f Hut-macher-geſchäft n, -ware.

chapelure (ſchă-p'lü'r) f abgeraſpelte Brot-rinde.

chaperon (ſchă-p'rŏ') m Käppchen n; arch. Haube f, Kappe f; Anſtandsdame f.

chaperonner (ſchă-p'rŏ-ne') behauben; ein junges Mädchen in die Welt einführen. [Kapitä'l n.

chapiteau (ſchă-pi-to') m Knauf,

chapitre (ſchă-pi'tr) m Kapitel n.

chapitrer (ſchă-pi-tre'): ~ q. j-m die Leviten leſen.

chapon (ſchă-pŏ') m Kapaun.

chaque (ſchăk) jede(r), jedes.

char (ſchar) m Wagen.

charançon (ſchă-rŏ-ßŏ') m Kornwurm.

charbon (ſchăr-bŏ') m Kohle f; (Getreide-)Brand; Peſtblatter f.

charbonné, ~e(ſchăr-bŏ-ne') 1. verkohlt; kohlſchwarz. 2. ~e f Roſtbraten m.

charbonner (~) verkohlen; mit Kohle zeichnen; v/n. kohlen, blaken. [Kohlenbrenner.

charbonnier (ſchăr-bŏ-nič') m

charbonnière (ſchăr-bŏ-nič'r) f Meiler m; Kohlmeiſe.

charcuter(ſchăr-kü-te') zermetzeln.

charcutier (kü-tič') m Schweinefleiſchwaren-Händler.

chardon (ſchăr-dŏ') m Diſtel f.

chardonneret (ſchăr-bŏ-n'ræ') m Diſtelfink; Stieglitz.

charge (ſchărǦ) f Laſt, Bürde; Ladung; Verpflichtung; Amt n, Stelle; erſchwerender Anklagepunkt; heftiger Angriff, pas de ~ Sturmſchritt m. [Ladung f.

chargement (ſchăr-Ǧ'mŏ') m Verladung

charger (ſchăr-Ǧe') (be)laden, beſchweren; einen Brief rekommandieren; ~ q. de qc. jem. mit et. beauftragen, j-m et. zur Laſt legen; übertreiben; karifieren; mit blanker Waffe angreifen; se ~ de qc. ſich beſchweren mit et., et. auf ſich nehmen; se ~ ſich

umwölken (Wetter), ſich belegen (Zunge). [Befrachter.

chargeur(ſchăr-Ǧŏ'r) m Auflader;

chariot (ſchă-ri-o') m (Transport-) Wagen. [tig.

charitable (ſchă-ri-ta'bi) mildthä-

charité (ſchă-ri-te') f Nächſtenliebe, Barmherzigkeit; Liebeswerk n, Almoſen n. [muſik f.

charivari (ri-wă-ri') m Katzen-

charlatanesque (ſchăr-la-tă-næ'ßk) marktſchreieriſch.

Charlemagne (ſchăr-l'mă'nj) m Karl der Große.

Charles (ſchărl) m Karl.

Charlot(ſchăr-lo')m 1. Kärlchen n. 2. c~ der Henker. [terte.

charlotte (ſchăr-lŏ't) f Apfelbrei-

charme (ſchărm) m Zauber; Reiz.

charmer (ſchăr-me') bezaubern; entzücken; j'en suis ~é das freut mich.

charmille (ſchăr-mi'j) f Hagebuttengang m.

charnel, ~le (ſchăr-næ'l, ~næ'l) fleiſchlich. [Beinhaus n.

charnier (nič') m Fleiſchkammer f;

charnière (ſchăr-nič'r) f Scharnier n, Gewinde n.

charnu, ~e (ſchăr-nü') fleiſchig.

charnure (ſchăr-nü'r) f Fleiſch (-teile) n des Körpers.

charogne (ſchă-rŏ'nj) f Aas n.

charpente (ſchăr-pă't) f Zimmerwerk n. [zerfetzen.

charpenter(ſchăr-pŏ-te')zimmern;

charpentier (ſchăr-pŏ-tič') m Zimmermann. [voll.

charretée (ſchă-r'te')f ein Karren

charretier (ſchă-r'tič') m Kärrner.

charrette (ſchă-ræ't) f zweirädriger Karren. [Fuhrlohn.

charriage(ſchă-ria'Ǧ)m Fahren n;

charrier (ſchă-ri-e') an-, ab-fahren; mit ſich führen (v. Flüſſen).

charroi(riă')m Fuhre f; Fuhrlohn.

charron (ſchă-rŏ') m Stellmacher.

charrue (ſchă-rü') f Pflug m.

charte (schärt) f id., Urkunde; ~
partie f id. (Befrachtungsvertrag).
chartil (schär-ti') m Karren-gestell
n; Ernte-wagen. [Kloster n.
chartreuse (trö'f) f Karthäufer-
chartreux m, ~se f (trö', trö'f)
Karthäufer(in). [fammlung.
chartrier(schär-tri-e')m Urkunden-
chas (scha) m Nadel-öhr n.
chasse (schäß) f Jagd; ~ à courre
Hetzjagd; Beweglichkeit von Maschinen, Spiel n. [chen n.
châsse (schäß) f Reliquienkäst-
chasse-avant (schäß-ä-wg') m
Werkmeister. [(Traube).
chasselas (schä-ß'la') m Gut-edel
chasse-marée (schäß-mä-rē') m
Fisch-karren, -kärrner; Fischer-
boot n. [gen-netz n, -webel.
chasse-mouches (mu'sch) m Flie-
chasse-neige (nä'G) m Schnee-
schippe f (an Lokomotiven).
chasser (schä-ße') jagen; vor sich
hertreiben; fortjagen; v/n. bien
~ leicht gehen, spielen (von Maschinen). [Diana).
chasseresse (ß'ræ'ß) f jagend(e
chasseur m, ~se f (schä-ßö'r,~ßö'f)
Jäger(in).
chassie (schä-ßi') f Augenbutter.
chassieux, ~se (schä-ßiö', ~ßiö'f)
trief-äugig.
châssis (schä-ßi') m Einfassung f,
Fenster-Rahmen; Zeichen-Gitter n,
chaste (schäßt) keusch. [Netz n.
chasteté(schä-ßts-te')f Keuschheit.
chasuble (sü'bl) f Meßgewand n.
chat (scha) m Katze f.
châtaigne(scha-tä'nj)f Kasta'ni-e.
châtaignier (scha-tä-nje') m Ka-
stanienbaum. [braun.
châtain, ~e (tg', tä'n) kastanien-
chat-cervier (ßär-wie') m, pl. ~s-
~s brauner Luchs. [Burg f.
château (scha-to') m Schloß n,
châtelain m, ~e f (scha-t'lg',
~t'læ'n) Burg-vogt (-vögtin);
Burg-herr (-frau).

chat-huant (scha-ü-g') m Nacht-
kauz. [still feilen.
châtier (scha-ti-e') züchtigen; den
chatière (scha-tiä'r) f Katzen-loch
n, -falle.
châtiment (scha-ti-mg') m Züch-
tigung f. [Schillern n.
chatoiement (scha-tua-mg') m
chaton (schä-tg') m Ringkasten.
chatonner (schä-tö-ne') einen Edelstein einfassen. [schmeicheln.
chatouiller (schä-tu-je) kitzeln, fig.
chatouilleux, ~se (schä-tu-jö',
~jö'f) kitzelig.
chatoyer (scha-tua-le') schillern.
chat-pard (scha-pa'r) m, pl. ~s-~s
Parbelkatze f.
châtrer (scha-tre') verschneiden,
entmannen.
chatte (schät) f weibliche Katze.
chattemite (schä-tmi't) f Schleicher m, Scheinheilige(r).
chaud, ~e (schō, schōb) 1. warm,
heiß; hitzig; brünstig; adv. rasch.
2. m Wärme f, Hitze f. 3. ~e f
Glühhitze.
chaudeau (scho-bo') m warmer
Eierwein; warme Weinsauce.
chaude-pisse (schob-pi'ß)f Harn-
röhren-Schleimfluß m.
chaudière (scho-biä'r) f Kessel m.
chaudron (scho-brg')m Koch-Kessel.
chaudronnier (scho-brö-nie') m
Kupferschmied.
chauffage (scho-fa'G) m Heizen n.
chauffe (schöf) f Feuerung, Glühe;
Heizzeit. [m Tellerwärmer.
chauffe-assiettes (schof-ä-ßiæ't)
chauffer (scho-fe') warm machen,
heizen. [wärmer m.
chaufferette (scho-fræ't) f Fuß-
chauffeur (scho-fö'r) m Heizer.
chauffeuse (scho-fö'f) f warmer
Lehnstuhl. [stube f.
chauffoir (scho-fuä'r) m Wärm-
chaufournier (scho-für-nie') m
Kalkbrenner. [benetzen.
chauler (scho-le') mit Kalkwasser

chaumage (ſcho-ma'Q) m Abſtoppeln n; Stoppelzeit f.

chaume (ſchōm) m Stoppel(-feld n) f; Dachſtroh n.

chaumer (ſcho-me') abſtoppeln; Bäume unten anſengen.

chaumière (mĭã'r) f Stroh-hütte.

chaussée(ſcho-ßē') f Flußdamm m; Kunſtſtraße.

chausse-pied (ſchoß-pĭē') m Stiefel-, Schuh-anzieher.

chausser (ſcho-ße') Schuhzeug anziehen; ~ q. als Schuhmacher für jem. arbeiten; v/n. ~ bien gut ſitzen. [Hoſen.

chausses (ſchōß) f/pl. ehm. kurze

chausse-trape (ſchoß-trã'p) f Fuß-angel; Fuchseiſen n.

chaussette (ſcho-ßä't) f Halb-ſtrumpf m, Socke.

chausson (ſcho-ßǫ') m Socke f (auch aus Tuch-eggen, zum überziehen); Fecht-, Spiel-ſchuh; Beinſchlagen n. [dung, Schuhzeug n.

chaussure (ſcho-ßü'r) f Fußbeklei-
chauve (ſchōw) kahl(-köpfig).

chauve-souris (ſchow-ßu-rĭ') f Fledermaus.

chauvin m, ~iste m (ſcho-wą', ~wĭ-nĭ'ßt) id. (alter Soldat; Bewunderer Napoleons I., Stockfranzoſe).

chauvir (ſcho-wĭ'r): ~ des oreilles die Ohren ſpitzen (v. Pferden ꝛc.).

chaux (ſchō) f Kalk m.

chavirer (ſchã-wĭ-re') umſchlagen (von Böten ꝛc.); fig. ſcheitern.

chef (ſchäf) m Oberhaupt n, Anführer; ~d'atelier Werkführer; ~ (de cuisine) Oberkoch; Hauptpunkt, -abſchnitt: de mon ~ aus eigenem Antriebe; in Zſſg.: Haupt-... [ſterſtück n.

chef-d'œuvre (ſchäf-dö'wr) m Mei-
chef-lieu(ſchäf-lĭö') m Haupt-ort.

chemin (ſch'mą') m Weg, Straße f; ~ de fer Eiſenbahn f; ~ ferré Kiesweg; ~ de halage Leinpfad; ~ faisant unterwegs.

cheminée(ſch'mĭ-nē') f Kamin m; Schornſtein m.

cheminer (ſch'mĭ-ne') wandeln; ſich vorwärts bewegen.

chemise (ſch'mĭ'ſ) f Hemb n; Umſchlag m, überzug m.

chemiserie (ſch'mi-ſ'rĭ') f Wäſche-geſchäft n.

chemisier m, ~ère f (ſch'mĭ-ſĭe', ~ſĭã'r) Hemden-fabrikant(in).

chênaie (ſchæ-næ') f Eichenpflanzung. [waſſer; Mühlbach.

chenal (ſch'näl) m enges Fahr-
chenapan (ſchnä-pą') m Schnapphahn. [hahn.

chêne (ſchæn) m Eiche f.

chéneau (ſchæ-no') m Dachrinne f.

chenet (ſch'næ') m Feuerbock.

chènevière (ſchæ-n'wĭã'r) f Hanf-acker m. [ſamen.

chènevis (ſchæ-n'wĭ') m Hanf-
chènevotte (ſchæ-n'wö't) f abge-ſchabter Hanf-ſtengel.

chenil (ſch'ni') m Hundeſtall.

chenille (ſch'ni'j) f Raupe.

chenillère (ſch'nĭ-jã'r) f Raupen-neſt n. [ausgezeichnet.

chenu, ~e (ſch'nü') altersgrau;
cheptel (ſch'tä'l) m Viehpacht.

chèque (ſchä'k) m Anweiſung f.

cher, chère (ſchär) teuer; wert, lieb. [ſucher.

cherche-fil(ſchärſch-fĭ'l) m Faden-
chercher (ſchär-ſche') ſuchen; venir ~ abholen; envoyer ~ holen laſſen.

chercheur m, ~se f (ſchär-ſchö'r, ~ſchö'ſ)Sucher(in); Forſcher(in).

chère (ſchär) 1. f von cher. 2. f Koſt; aimer la bonne ~ gern gut eſſen und trinken.

chérir (ſchĕ-rĭ'r) zärtlich lieben.

cherté (ſchär-te') f Teuerung; hoher Preis.

chérubin (ſche-rü-bą') m Cherub; face de ~ bausbäckiges Geſicht.

chétif, ~ve (ti'f, tĭ'w) ſchmächtig, winzig. [keit, Armſeligkeit.

chétiveté (ti-w'te')f Schmächtig-

cheval (ſchwäl) m Pferd n; être
à ~ sur une rivière beide Seit-
ten des Fluſſes beſetzt halten.
chevaler (ſchwä-le') mit Strebe-
balken ſtützen; v/n. ü'bertreten
(von Pferden).   [tum n.
chevalerie (ſchwä-l'rī') f Ritter-
chevalet (ſchwä-lä') m hölzernes
Pferd zum Foltern, (Straf-)Eſel;
Steg an Saiten-inſtrumenten; Staf-
felei f; Bock, Gerüſt n.
chevalier (ſchwä-lĭé') m Ritter.
chevaline (ſchwä-lĭ'n) a/f.: race
~ Pferde-race.   [Pferde-kraft.
cheval-vapeur(ſchwäl-wä-pö'r) m
chevaucher (ſchwo-ſche') reiten;
über einander liegen, greifen.
chevêche (ſch'wä'ſch) f Kauz m
(Eule).
chevelu (ſchŭ-w'lü') langhaarig.
chevelure(w'lü'r) f Haarwuchs m,
Haare n/pl.; Schweif m (Komet).
chever (ſch'we') unten aushöhlen.
chevet (ſch'wä') m Kopfkiſſen n.
chevêtre (ſch'wä'tr) m Halfter f.
cheveu (ſch'wö') m (Kopf-)Haar n.
cheville (ſch'wi'j) f Pflock m;
Zapfen m; Wirbel m (Violine);
~s pl. Enden am Geweih.
cheviller (ſch'wĭ-jé') an-bolzen,
-pflocken.   [pferd n.
chevillier (ſch'wĭ-jĭé') m Border-
chèvre (ſchä'wr) f Ziege.
chevreau (ſchŭ-wro') m Zicklein n;
de ~ ziegenledern. [Geißblatt.
chèvrefeuille (ſchä-wrŭ-fö'j) m
chevrette (ſchŭ-wrä't) f kleine
Ziege; Ricke; Rehziege.
chevreuil (ſchŭ-wrö'j) m Rehbock.
chevrier m, ~ère f (ſchŭ-wrĭé',
~wrĭä'r) Ziegenhirt(in).
chevrillard (wri-jä'r)m Rehkalb n.
chevron (ſchŭ-wrȯ') m Dach-Spar-
ren; ✕ id. (ſparrenförmiges Dienſt-
Abzeichen).   [verſehen.
chevronner(wrȯ-ne') mit Sparren
chevrot(a)in (tä') m Biſamtier n.
chevroter (te') zickeln; meckern.

chevrotin (ſchŭ-wrȯ-tä') m Zie-
genhaut f; Rehkalb n.
chevrotine (~tĭ'n) f Rehpoſte.
chez (ſche) bei; in der Wohnung,
Heimat f-s.
chez-soi (ſche-ßȧ')m eigener Herb.
chiasse (ſchĭ-a'ß) f Kot m; Me-
talliſchaum m.
chic(ſchĭk) 1. m Schick; Geſchmack.
2. a. famos, pikfein.
chicane (ſchĭ-ka'n) f Rechtsver-
drehung; Streit m um nichts.
chicanier m, ~ère f (ſchĭ-kä-nĭé',
~nĭä'r) Krakehler(in).
chicorée (ſchĭ-ko-ré') f Cicho'ri-e.
chicot (ko')m Stumpf; Zahn-Stift.
chicotin (kȯ-tä') m Bitterſtoff.
chien (ſchĭä) m Hund; entre ~ et
loup in der Dämmerung; Hahn
am Gewehr.
chiendent (ſchĭä-dȧ') m Quecke f.
chienne (ſchĭän) f Hündin.
chienner (ſchĭä-ne') werfen, jungen (von der Hündin).
chier (ſchĭ-e) ſcheißen.
chiffe (ſchĭf) f Papierlumpen m;
dünnes Zeug.
chiffon (ſchĭ-fȯ') m Lappen, Lumpen; ~s pl. Putz.
chiffonné, ~e (ſchĭ-fö-ne') zerknit-
tert; petite mine ~e unregel-
mäßiges, aber anſprechendes
Geſichtchen.
chiffonner (~) zerknittern; ärgern.
chiffonnier m, ~ère f (ſchĭ-fö-nĭé',
~nĭä'r) Lumpenſammler(in);
~ère f Nähtiſchchen n.
chiffre (ſchĭ'fr) m Ziffer f, Zahl f.
chiffrer (ſchĭ-fre') rechnen; beziſ-
fern; chiffrieren.
chimère (mä'r) f Hirngeſpinſt n.
chimie (ſchĭ-mī') f Chemie.
chimiste (ſchĭ-mĭ'ßt) m Che'miker.
chiner (ſchĭ-ne') ein buntes Muſter einweben.   [neſiſch.
chinois, ~e (ſchĭ-nȧ', ~nĭä'ſ) Chi-
chinoiserie(ſchĭ-nȧ-f'rī') f Kunſt-
gegenſtand m aus China.

*chi*ourme (ſchĭ-u'rm) f Rudervolk n auf Galeeren.

chiper (ſchĭ-pe') Leder auf däniſche Art zubereiten; ſtibitzen.

chipie (ſchĭ-pĭ') f ſchnippiſches Mädchen. [ſern; krakehlen.

chipoter (pŏ-te') tröbeln; knau-

chipotier m, ~ère f (ſchĭ-pŏ-tĭe', ~tĭā'r) Tröbler(in); Umſtands-kommiſſa'rius; Knauſer(in); Krakehler(in).

chique (ſchĭk) f Schnellkügelchen n; Priemchen n; Sandfloh m.

chiquenaude (ſchĭ-knŏ'b) f Naſen-ſtüber m.

chiquer (ſchĭ-ke') Tabak kauen.

chiqueter (ſchĭ-k'te') zerfetzen; Boue kratzen. [kauer.

chiqueur (ſchĭ-kö'r) m Tabaks-

chir... (ſchĭ-r...) in Zſſg. Hand-..., iB.
   chiragre f Handgicht. [rurg.
   chirurgien (ſchĭ-rŭr-Gĭā') m Chi-
chiure (ſchĭ-ü'r) f Fliegenſchmutz.

chlore (klōr) m Chlor n.

chlorose (klŏ-rō'j) f Bleichſucht.

choc (ſchŏk) m Stoß; Erſchütte-rung f; Zuſammenſtoß.

chocolat (ſchŏ-kŏ-la') m Choko-lade f. [Chokoladenkanne.

chocolatière (ſchŏ-kŏ-la-tĭā'r) f
chœur (kör) m Chor.

choir (ſchŏär) fallen.

choisir (ſchŏä-ſĭ'r) (aus)wählen.

choix (ſchŏä) m Wahl f; Auswahl f.

chômer (ſcho-me') feiern, nicht ar-beiten; ſtr(e)iken; brach liegen.

chope (ſchop) f Schoppen. [Nöſel.

chopine (ſchŏ-pĭ'n) f Schoppen m,
chopiner (ſchŏ-pĭ-ne') zechen.

choquant, ~e (kǎ', kā't) anſtößig.

choquer (ſchŏ-ke') (an)ſtoßen; bei j-m Anſtoß erregen.

chorus (kŏ-rŭ'ß) m: faire ~ im Chore einfallen; beiſtimmen.

chose (ſchōj) f Sache, Ding n: quelque ~ etwas; autre ~ et. anderes; grand'~ viel; mon-sieur ~ der Herr Dingskirchen.

---

chou (ſchu) m Kohl; mon ~! mein Püppchen!

choucas (ſchu-ka') m Dohle f.

choucroute (kru't) f Sauerkraut n.

chouette (ſchü-æ't) f Eule.

chou-fleur (ſchu-flö'r) m Blumen-kohl. [~x-~s Steckrübe f.

chou-navet (ſchu-nä-wæ') m, pl.
chou-palmier (ſchu-päl-mĭe') m, pl. ~x-~s Palmkohl. [rabi.

chou-rave(rä'w)m,pl.~x-~s Kohl-chourineur (ſchu-rĭ-nö'r)m Schin-der; Mörder.

choyer (ſchŏä-ĭe') ſorgſam pflegen; hätſcheln. [öl n.

chrême (krām) m Chriſam, Salb-chrétien m, ~ne f (krĕ-tĭā', ~tĭā'n) 1. chriſtlich. 2. s. Chriſt(in). 3. C~(ne f) m Chriſtian(e).

chrétienté (kre-tĭā-te') f Chriſten-heit. [ſŭ-krĭ') m Chriſtus.

Christ (krĭßt), Jésus-Christ (Gĕ-christianiser (krĭ-ſtĭ-ä-nĭ-ſe') zu(m) Chriſten machen. [tum.

christianisme (nĭ'ßm)m Chriſten-chromolithographie (kro-mŏ-lĭ-tŏ-grä-fĭ') f Farben(ſtein)druck.

chromotrope (kro-mŏ-tro'p) m Wandel-, Nebel-bild n.

chronique (krŏ-nĭ'k) f Chronik.

chrono... (krŏ-nŏ...) in Zſſg. Zeit-...

chrysalide (krĭ-ſä-lĭ'b) f Schmetter-lings-Puppe.

chryso... (krĭ-ſŏ...) in Zſſg. Gold-...

chucheter(ſchü-ſch'te')zwitſchern.

chuchoter (ſchü-ſchŏ-te') flüſtern, ins Ohr raunen.

chuchoterie (ſchü-ſchŏ-t'rĭ') f Zi-ſcheln n; Geheimniskrämerei.

chuinter(ſcḧ-te') ſchreien (Eule); j und ch ziſchelnd ausſprechen.

chut (ſchüt) ſtill! bſt!

chute (ſchüt) f Fallen n, Umſturz m; Fall m, Sturz m.

chuter (ſcḧ-te') zum Schweigen bringen, ausziſchen; v/n. Fiasko machen.

chyle (ſchĭl) m Milch-, Speiſe-ſaft.

*chy*me (ſchim) *m* Speiſe-brei.

ci (ſi) (nie allein ſtehend) hier (v. celui): par ci, par là hier und da, ab und zu; ~-annexé hier beigefügt; ~-après weiter unten; ~-contre nebenſtehend; ~-devant vorſtehend, vormals; ~-gît hier ruht; ~-joint hier beigefügt.

cible (ſi'bl) *f* (Ziel-)Scheibe.

ciboire (ſi-bŏā'r) *m* Hoſtien-gefäß *n*; Monſtranz *f*.

ciboule (bū'l) *f* Schalotte. [lauch.

ciboulette (ſi-bu-læ't) *f* Schnitt-

cicatrice (ſi-ka-tri'ß) *f* Narbe.

cicatriser (ſi-ka-tri-ſe') benarben; se ~ vernarben.

cicerole (ſi-ß'rŏ'l) *f* Kicher-erbſe.

cicutaire (ſi-kü-tā'r) *f* Waſſerſchierling *m*.

cidre (ſi'br) *m* Apfelwein.

ciel (ſiæl) *m* Himmel.

cierge (ſiārg) *m* Wachskerze *f*.

ciergier (ſiār-gie') *m* Kerzen- [macher.

cieux (ſiö) *pl.* von ciel.

cigale (ſi-gā'l) *f* Cikade.

cigogne (ſi-gŏ'nj) *f* Storch *m*.

ciguë (ſi-gü') *f* Schierling; Giftcil (ſil) *m* Wimper *f*. [becher.

cilice (ſi-li'ß) *m* Büßerhemd *n*.

cilié, ~e (ſi-li-e') gewimpert.

ciller (ſi-je'): ~ les yeux mit den Augen blinzeln.

cime (ſim) *f* Gipfel *m*; Spitze.

ciment (ſi-mą') *m* Cement; Kitt.

cimenter (ſi-mą-te') verkitten; *fig.* beſiegeln. [Türken-Säbel.

cimeterre (ſi-m'tā'r) *m* krummer

cimetière (ſi-m'tiā'r) *m* Kirch-, Fried-hof. [zen-vertreibend.

cimicifuge (ſi-mi-ſi-fü'g) wan-

cimier (ſi-mie') *m* Helmſtutz; Lendenſtück *n*.

cinabre (ſi-nā'br) *m* Zinno'ber.

cinéraire (ſi-ne-rā'r) 1. Aſchen-... 2. & *f* Cinera'ria.

cinération (ſi-ne-rā-ßią') *f* Einäſcherung; ~ des corps Leichenverbrennung.

cingler (ſą-gle') mit einer Peitſche hauen, geißeln; zängeln; *v/n.* ⚓ ſegeln, einen Kurs ſteuern.

cinnamome (ſin-nä-mō'm) *m* echter Zimmt. [Fünfer.

cinq (ſą(k)) 1. fünf. 2. *m* Fünf *f*,

cinqcentistes (ſą-ßą-ti'ßt) *m/pl.* Cinquecentiſten.

cinquantaine (ſą-ką-tä'n) *f* Zahl, Menge v. 50; funfzigſtes Jahr.

cinquante (ſą-ką't) funfzig.

cinquantième (ſą-ką-tiä'm) funfzigſte(r). [ſeil *n*.

cinquenelle (ſą-k'næ'l) *f* Winde-

cinquième (ſą-kiä'm) 1. fünfter. 2. *m* Fünfter; fünftes Stockwerk. 3. *f* Quinta.

cintre (ſą'tr) *m* Bogen, Gewölbe *n*.

cintrer (ſą-tre') wölben.

cipaye (ſi-pa'j) *m* Sipoy.

cippe (ſip) *m* Halbſäule *f*.

cirage (ſi-ra'g) *m* Wichſen *n*; Bohnen *n*; Wichſe *f*, Bohnwachs *n*.

circom..., circon...(ſir-ką...)in Zſſa-um-..., herum-... [ben.

circoncire (ſir-ką-ſi'r) beſchnei-

circonférence (ſir-ką-fe-rą'ß) *f* Umkreis *m*. [*f* Umſchreibung.

circonlocution (ſir-ką-lŏ-kü-ßią')

circonscrire (ſir-kri'r) umgrenzen.

circonspect, ~e (ſir-ką-ßpæ't, ~ßpæ'kt) vorſichtig.

circonstance (ſir-ką-ßtą'ß) *f* Umſtand *m*.

circonstancier(ſir-ką-ßi-e')umſtändlich ſchildern. [überliſten.

circonvenir (v'nir') umgarnen,

circuit (kü') *m* Umkreis; Umweg.

circulaire (ſir-kü-lā'r) 1. kreisförmig. 2. *f* Rundſchreiben *n*.

circuler(ſir-kü-le') umlaufen; ſich hin und her bewegen.

circumnavigateur (ſir-kŏm-nä-wi-ga-tö'r) *m* Welt-umſegler.

cire (ſir) *f* Wachs *n*; ~ à cacheter Siegellack *n*.

cirer (ſi-re') wichſen, bohnen; toile ~ée Wachstuch *n*.

cirier (ſi-rie') *m* Wachszieher.

ciron (ßi-rǫ') m Milbe f.
cirque (ßirk) m Cirkus.
cirre (ßir) m Wickelranke f; bart-
lofe Feder bei Vögeln.
cirreux, ~se (ßir-rö',~rö'ß) rankig.
cirrus (rü'ß) m id., Federwolke f.
cis... (ßiß...) in Zßg. bießfeit(s).
cisailler (ßi-ßä-je') Blech ic. ein-,
zer-fchneiden; Wäfche tollen.
cisailles (ßi-ßa'j) f/pl. Blechfchere;
Abfchnißel n.   [Schere f.
ciseau (ßi-ßo') m Meißel; ~x m/pl.
ciseler (ßi-ß'le') cifelieren; aus-
meißeln; Sammet reißen.
ciselet (ßi-ß'lä') m Meißelchen n.
cisoir (ßi-ßuä'r) m Metallfchere f.
ciste (ßißt) m Ciftenrofe f.
citadin m, ~e f (ßi-tä-bǧ', ~bi'n)
Städter(in).   [Vorladung.
citation (ßi-tä-ßǧ') f Cita't n;
cité (ßi-te') f (Alt-)Stadt.
citer (~) anführen, citieren; gerichtlich vorladen.   [tig.
citérieur, ~e (ßi-te-riö'r) bießfei-
citerne (ßi-tä'rn) f Cifterne.
citoyen m, ~ne f (ßi-tuä-ǧ', ~ä'n)
(Staats-)Bürger(in).
citrin, ~e (ßi-trǫ', ~tri'n) citro-
nenfarbig, Citronen-...; acide ~
Citronenfäure f.
citron (ßi-trǫ') m Citrone. [baum.
citronnier (trö-niè') m Citronen-
citrouille (ßi-tru'j) f Kürbis m.
civet (ßi-wä') m Hafen-pfeffer,
-klein n.
civette (wä't) f Zibeth(-kaße) m;
Schnittlauch m.
civière (ßi-wiä'r) f Tragbahre.
civil (ßi-wi'l) bürgerlich, Civil-...;
gefittet, höflich.
civilisateur, ~trice (ßi-wi-li-ßa-
tö'r, ~tri'ß) die Bildung be-
förbernd.
civilité (ßi-wi-li-te') f Höflichkeit;
~s pl. Grüße.   [ger-...
civique (ßi-wi'k) bürgerlich, Bür-
civisme (ßi-wi'ßm) m Bürgerfinn.
claband (ßlä-bō') m Jagdhund

mit Schlapp-ohren; Kläffer; Hut
mit fchlaffer Krämpe.
clabandage (ßlä-bo-ba'Q) m Kläffen n; Gefchwäß n.
clabauder (ßlä-bo-be') kläffen;
keifen.
claie (ßlä) f Gitterfieb n; Schleife;
Flechtwerk n.
clair, ~e (ßlär) 1. hell, klar; deutlich. 2. m Helle f, ~ de lune
Mond-fchein.
claircer (ßlär-ße') klären.
Claire (ßlär) f Klara.
clairet, ~te (ßlä-rä', ~rä't)
1. bleich-rot (Wein). 2. m Blei-
cher(-Wein).
claire-voie (ßlär-wŭä') f, pl. ~s-~s
Ausfichtslücke; Gitter n; à ~
weit geflochten.
clairière (ßlä-riä'r) f Lichtung.
clair-obscur m, pl. ~s-~s (sg. u.
pl. ßlär-ŏb-ßkü'r) Helldunkel n.
clairon (ßlä-rǫ') m Zinke f, Horn n;
Hornift.   [gefäet.
clairsemé, ~e (ßlär-ßi-me') dünn
clairvoyant, ~e (ßlär-wŭä-ǧ',
~ǧ't) fcharffichtig; hellfehend
(von Somnambülen).
clameur (ßlä-mö'r) f Gefchrei n.
clampe (ßlǫp) f eiferne Klammer.
clampin, ~e (ßlǫ-pǫ', ~pi'n) 1. hin-
kend. 2. m Nachzügler; Fau-
lenzer.   [heimlich; unerlaubt.
clandestin, ~e (blǎ-ßtǫ', ~ßti'n)
clandestinité(ßlǫ-bǎ-ßti-ni-te')f
Heimlichkeit.   [til n.
clapet (ßlä-pä') m Klappe f, Ven-
clapier (ßlä-piè') m Kaninchen-
bau; Hauskaninchen n.
clapir (ßlä-pi'r) quieken; se ~ fich
verkriechen.   [fcholten.
clapoter (ßlä-pŏ-te') plätfchern,
clapper (ßlä-pe') fchnalzen.
claque (ßlǎk) f Klaps m; die gedun-
genen Klatfcher im Theater; Über-
fchuh m; Klapp-hut m. [leber.
claquedent (ßlä-k'bǧ') m Hunger-
claquemurer (mü-re') einfperren.

claquer(klä-ke') klatschen, knallen, klappern; v/a. beklatschen.
claquet (klä-kä') m Mühlklapper.
claqueter (k'te') klappern (Storch).
claquette (kä't) f kleine Klapper.
claqueur (klä-kö'r) m gedungener Klatscher [läutern.
clarifier (klä-ri-fi-e') abklären;
clarine (klä-ri'n) f Schelle.
clarté (klär-te') f Helle, Schein m; Klarheit; Deutlichkeit.
classe (kläß) f Abteilung, Klasse; Schule.
classer, ~ifier (kla-ße', klä-ßi-fi-e') nach Klassen ordnen, einteilen.
classique (klä-ßi'k) 1. klassisch. 2. m Klassiker.
clause (klōf) f Klausel.
claustral, ~e(klo-strä'l) klösterlich.
claveau (klä-wo') m Schafpocken.
clavecin †(kla-w'ßg') m Klavier n.
clavelée (kla-w'lē') f = claveau.
claveliser (kla-w'li-ße') die Schafpocken ein-impfen. [sel.
clavette (klä-wä't) f Keil, Schlüs-
clavi... (klä-wi...) in Zssg. Keulen-...
clavicule (klä-wi-kü'l) f Schlüsselbein n.
clavier (klä-wie') m Klaviatur f.
clayon (klä-g') m geflochtene Hürde; Rutenwerk n. [werf) flechten.
clayonner (iō-ne') (mit Hürden-
clé,clef (kle) f Schlüssel m; Klappe an Blase-instrumenten.
clématite (kle-ma-ti't)f Waldrebe.
clémence (kle-mg'ß) f Milde.
clément, ~e (kle-mg', ~mg't) mild, huldreich.
clerc (klär) m Geistliche(r); Schreiber, Kanzlist. [Klerus.
clergé (klär-Ge') m Geistlichkeit f,
clérical, ~e (kle-ri-kä'l) geistlich; pfäffisch. [reotyp-platte f.
cliché (kli-sche') m Abklatsch, Ste-
clicher (kli-sche') abklatschen.
clicheur m, ~se f (schö'r, schö'f) Abklatscher(in). [Kunde.
client m, ~e f (kli-g', ~g't) Kli-ent;

clientèle(kli-g-tä'l) f Kundschaft, Praxis. [Blindekuh-spiel n.
cligne-musette (klinj-mü-sä't) f
cligner (kli-nje') blinzeln; ~ de l'œil mit dem Auge einen Wink geben. [blinzeln.
clignoter (kli-njō-te') fortwährend
climat(kli-ma') m Klima n; Himmelsstrich. [-blick.
clin (klg) m: ~ d'œil Augen-wink,
clinquant (klg-kg') m Flitter--gold n, -staat.
clique (klik) f Sippschaft.
cliquet (kli-kä') m Sperrklinke f; Mühlklapper f; Schlagfeder f.
cliqueter (kli-k'te') klirren, rasseln.
cliquetis (k'ti') m Geklirr, Rasseln.
clisse (kliß) f Käse-hürde; Korbgeflecht n um e-e Flasche.
clisser (kli-ße') einflechten; chir. schienen. [ten.
cliver (kli-we') Diamanten ꝛc. spal-
cloche(klosch) f Glocke; Haut-Blase.
cloche-pied (klosch-pie'): aller à ~ auf einem Beine hüpfen.
clocher (klō-sche') 1. m Glocken-, Kirch-turm. 2. v/n. hinken.
clocheton (klō-schtg') m kleiner Glockenturm.
clochette(klō-schä't)f Glöckchen n, Schelle; Glockenblume.
cloison (klöa-ßg') f Verschlag m; Zwischenwand.
cloisonner (klöa-ßō-ne') durch Scheide-wände trennen.
cloître (klöa'tr) m Kloster n.
cloîtrer (klöa-tre') in ein Kloster sperren; einsperren.
clopin-clopant (klō-pg-klō-pg') humpelnd. [Uffel f.
cloporte (klō-pö'rt) m Keller-
clore (klōr) (ver-, zu-)schließen.
clos, ~e (klo, klōf) verschlossen.
clos (klo) m Einfriedigung f; eingezäunter Weinberg.
closerie (klo-fri') f kleine Meierei; dicht aneinandergefügte Flechtarbeit.

clôture (klo-tü'r) f Einfriedigung; Klausur; Schließung.
clôturer (klo-tü-re') einfriedigen; (ab)schließen.
clou (klu) m Nagel; ~ (de girofle) Gewürznelke f; Blutgeschwür n.
clouer (klü-e') (an-, auf-)nageln.
clouter (klu-te') mit Stiften be-, aus-schlagen. [Nagelkram m.
clouterie (t'rî') f Nagelschmiede;
cloutier (klu-tiē') m Nagelschmied.
cloyère (klõã-iā'r) f Austernkorb m.
clubiste (klü-bi'st) m Mitglied n eines Klubs.
cluse (klü's) f Schlucht.
co... (ko...) in Zssg. mit-..., z.B. coac-cusé m Mit-angeklagte(r).
coaguler (ko-ã-gü-le') gerinnen.
coaliser (ko-ã-li-se') vereinigen, verbünden. [Verbindung.
coalition (li-ßiõ') f vorübergehende
coalitionner (ko-ã-li-ßiõ-ne'): se ~ sich verbünden.
coasser (ko-a-ße') quaken.
cobaltifère (ko-bãl-ti-fā'r) Kobalt enthaltend.
cobite(ko-bi't)m Schmerle f (Fisch).
cocagne (ko-kã'nj) f: mât de ~ Kletermast m; pays m de C~ Schlaraffenland n.
cocasse (ko-ka'ß) spaßhaft.
cocasserie (ko-kã-ß'rî') f lächer-licher Unsinn.
coche (ko'sch) 1. m ehm. Landkut-sche f; ~ d'eau Marktschiff n. 2. f Kerb m, Einschnitt m. 3. f Sau. [chenille färben.
cocheniller (ko-sch'nï-je') mit Co-
cocher (ko-sche') 1. m Kutscher. 2. v/a. e-n Kerb in et. machen.
cochère (ko-schā'r) a.: porte ~ Thorweg m.
cochet (ko-schæ') m Hähnchen n.
cochevis (sch'wî') m Haubenlerche.
cochon (ko-schõ') m Schwein n; ~ de lait Spanferkel n.
cochonnaille (ko-schõ-na'j) f Schweine-fleisch-Waren pl.

cochonner (ko-schõ-ne') ferkeln.
cochonnerie (n'rî') f Schweinerei.
cochonnet (næ') m Schweinchen n; Doppelwürfel; Zielstein.
coco (ko-ko') m Kokosnuß f.
cocodès(ko-ko-bä'ß)m jungerGeck.
cocodette (ko-ko-bæ't) f vornehme Buhlerin. [sich einspinnen.
coconner (ne') den Cocon bilden,
cocote (ko-ko't) f Henne; ~s pl. ♂ Fiorituren; a. = cocodette.
cocotier(ko-ko-tiē')mKokosnußbaum.
coction (ko-kßiõ') f Abkochen n.
cocu (ko-kü') m Hahnrei.
code (kod) m Gesetzbuch n.
coerciti f, ~ve (ko-är-ßi-ti'f, ~ti'w zwingend, Zwangs-...
cœur (kör) m Herz n; Herzhaftig-keit f; Coeur n (Kartenfarbe); par ~ auswendig (wissen); j'ai mal au ~ mir wird übel.
coffiner (ko-fi-ne') krümmen; se ~ sich werfen.
coffre (ko'fr) m Kasten, Truhe f; Geldkasten; Brustkasten.
coffre-fort (fo'r) m Geldschrank.
coffrer (ko-fre') einsperren; Minen-gänge ausschalen.
coffret (ko-fræ') m Kästchen n.
cognasse (ko-nja'ß) f kleine, wilde Quitte. [tenbaum.
cognassier (ko-njã-ßiē') m Quit-
cognat (ko-gna') m mütterlicher Anverwandte(r).
cognée (ko-nje') f Axt.
cogner (ko-nje') stoßen, schlagen; an die Thür klopfen.
cognition (ko-gni-ßiõ') f Erken-nungsvermögen n.
cognoir (ko-njoã'r) m Triebel.
cohabiter (ko-ã-bi-te') ehelich zu-sammen leben.
cohérent, ~e (ko-ä-rg', ~rã't) zu-sammenhängend, eng verbun-den. [~tiã'r) Mit-erbe, -erbin.
cohéritier m, ~ère f (ko-ä-ri-tiē',
cohésion (ko-e-ßiõ') f Kohäsion, Zusammenhang m.

co**h**ibition(ĕo-i-bi-ß͞ĩ͞g') ƒ Verbotn.
cohue (ĕŏ-ü')ƒ Gewühl, Wirrwarr.
coi m, ~te ƒ (ĕĭã, ĕĩat) ruhig, still.
coiffe (ĕĩãf) ƒ Frauenmütze; ~ de
chapeau Hutfutter n.
coiffé (ĕĩã-fe') mit einer Haube
auf dem Kopfe; frisiert; ~ en cheveux in bloßen Haaren; ~ de
... vernarrt in ...
coiffer (ĕĩã-fe') den Kopf bedecken;
frisieren; dem Manne Hörner aufsetzen; ch. bei den Ohren packen;
v/n. (gut) kleiden, stehen (von
Kopfbedeckung); se ~ sich das Haar
machen; sich berauschen; sich
vernarren (de in).
coiffeur m, ~se ƒ (ĕĩã-fö'r, ~fö'ß)
Friseur(in). [(Haar-)Aufsatz m.
coiffure(ĕĩã-fü'r)ƒ Kopfbedeckung;
coin (ĕĩg͞) m Ecke ƒ, Winkel; Eck-
schränkchen n; (Strumpf-)Zwickel;
Keil; (Münzen-)Stempel.
coincer (ĕĩg͞-ße') verkeilen.
coïncider (ĕo-ẽ-ßĩ-de') zſ.-fallen,
coing (ĕĩg͞) m Quitte ƒ. [-treffen.
Coire (ĕĩãr)ƒ Thür n (Graubünden).
col (ĕŏl) m Hals; Halsbinde ƒ,
(Kravatten-)Einlage ƒ; Kragen;
Hemdkragen; Gebirgspaß.
Colas (ĕŏ-la') m Klaus.
colchique ♀(ĕŏl-ſchi't)m Zeitlofeƒ.
col-cravate (ĕŏl-ĕrã-wä't) m, col-
écharpe (ĕ-ſchã'rp) m Schlips.
coléoptère(ĕŏ-lĕ-o-ptã'r)m Käfer.
colère (ĕŏ-lã'r) 1. ƒ Zorn m. 2. a.
jähzornig. [geneigt.
colérique (ĕŏ-le-ri'ĕ) zum Zorne
colette (ĕã't) ƒ Dame des Klara-
Ordens. [kerei; Flitterkram.
colifichet (ĕó-li-fi-ſchã') m Spie-
colimaçon (ĕŏ-li-mä-ß͞g') m Erd-
schnecke ƒ; escalier m en ~ Wendeltreppe ƒ. [Blindekuh-spiel.
colin-maillard (ĕŏ-lg͞-mä-jã'r) m
collaborer (ĕŏl-lä-bo-re') mit-ar-
beiten, -wirken.
collage (ĕŏ-la'Q) m Leimen n;
Aufkleben n; Klären n (Wein).

co**ll**ant, ~e (ĕŏ-lg͞', ~lg͞'t) klebend;
eng anliegend.
collatéral, ~e(ĕŏl-la-tĕ-rã'l) 1. zur
Seitenlinie gehörig. 2. s. Sei-
tenverwandte(r). [Pfründe.
collateur (tŏ'r) m Verleiher einer
collation ƒ 1. (ĕŏl-la-ß͞ĩ͞g') Ver-
leihung; Vergleichung. 2. (ĕŏ-
la-ß͞ĩ͞g') Zwischenmahlzeit.
colle (ĕŏl) ƒ Kleister m; ~ forte
Leim m; fig. Flause, Ulk m.
collection (ĕŏ-lä̆-ĕß͞ĩ͞g') ƒ Sammlung. [sammeln.
collectionner (ĕŏ-lä̆-ĕß͞ĩ͞o-ne')
collège (ĕŏ-lä̆'Q) m Kollegium n;
Wahlversammlung ƒ.städt.Gym-
nasium. [Stifts-...;ſchülerhaft.
collégial, ~e(ĕŏ-le-Gĩã'l) Schul-...;
collégien (Gĩã') m Gymnasiaſt.
collègue (ĕŏl-lä̆'g) m Amtsbruder.
coller (ĕŏ-le') (an-, auf-, zuſam-
men-)kleben, leimen; mit Leim-
waſſer tränken, planieren; Wein
abklären; se faire ~ im Examen
durchfallen; v/n. feſt kleben; eng
anſchließen (von Kleidern).
collerette (ĕŏ-l'rä̆'t)ƒHalskrauſe.
collet (ĕŏ-lä̆') m (Rock- ꝛc.)Kragen;
Koller n; Schlinge ƒ, Dohne ƒ;
~ monté ehm. steifer (Weiber-)
Kragen, fig. altväteriſcher Kerl,
prüde Perſon.
colleter (ĕŏ-l'te') beim Kragen
packen; se ~ sich balgen; v/n.
Schlingen legen.
colleur m, ~se ƒ (lö'r, lö'ß) Tape-
ten-aufzieher(in); Planierer; ~
d'affiches Zettel-aufkleber.
colli... (ĕŏ-li...) in Zſſg.: Hals-...
collier (ĕŏ-lĩe') m Hals-band n,
-kette ƒ, -riemen; Ordenskette ƒ;
~ de cheval Kummet.
colline (ĕŏ-li'n) ƒ Hügel m.
colliquation (ĕŏl-li-ĕĩã-ß͞ĩ͞g') ƒ
Flüſſigwerden n. [stoß m.
collision (ĕŏl-li-ß͞ĩ͞g')ƒ Zuſammen-
collocation (ĕŏ-la-ß͞ĩ͞g') ƒ Reihen-
folge, Zahlungsrang d.Gläubiger.

colloque(ĸŏl-lŏ'ĸ) m Unterredung.
colloquer (ĸŏl-lŏ-ĸe') die Reihen-
folge der Gläubiger feſtſtellen.
colluder (ĸŏl-lü-be') im Einver-
ſtändnis ſtehen.
collure (ĸŏ-lü'r) f Leimen n.
collusion (ĸŏl-lü-ſĩổ') f Einver-
ſtändnis n.
Cologne (ĸŏ-lŏ'nj) f Köln n.
colombe (ĸŏ-lõ̱'b) f 1. Taube.
2. arch. Ständer m.
Colombie (lõ̱-bi') f Kolu'mbia n.
colombier (ĸŏ-lõ̱-bĩe') m Tauben-
haus n, -ſchlag.
colombin, ⸗e (ĸŏ-lõ̱-ɓ̱a̱', ⸗bi'n)
1. taubenartig. 2. m Holztaube.
colombine (ĸŏ-lõ̱-bi'n) f Tauben-
miſt m; Taubenhalsfarbe.
colon (lõ̱') m Anſiedler, Koloniſt.
côlon (ĸŏ-lõ̱') m Grimmdarm.
colonel m, ⸗le f(ĸŏ-lŏ-næ̆'l, ⸗næ̆'l)
Oberſt(in).   [belung.
colonisation (nĭ-ſa̱-ßĩổ') f Anſie-
colonne (ĸŏ-lŏ'n) f Säule; Ko-
lumne; ⸗ itinéraire Wegwei-
ſer m; ✕ Kolonne. [nium n.
colophane (ĸŏ-lŏ-fa'n)f Kolopho-
colorant, ⸗e (ra̱', ra̱'t) färbend.
colorer (ĸŏ-lŏ-re') färben.
colorier (ĸŏ-lŏ-rĩe') kolorieren,
illuminieren.
coloris (ĸŏ-lŏ-rĭ') m Kolorit n.
colporter (ĸŏl-pŏr-te') mit et. hau-
ſieren; eine Nachricht verbreiten.
colporteur m, ⸗se f (ĸŏl-pŏr-tõ̆'r,
⸗tõ̆'ſ) Hauſierer(in), Neuig-
keitskrämer(in).
colubrin, ⸗e (ĸŏ-lü-brā̱', ⸗brĭ'n)
Natter-...; gegen Schlangenbiß
wirkend.
colza (ĸŏl-ſa') m Raps.
com... In Zſg.: mit-...
coma (ĸŏ-ma') m Schlafſucht f.
comateux, ⸗se (ĸŏ-ma-tõ̆', ⸗tõ̆'ſ)
ſchlafſüchtig.
combat (ĸŏ-ba') m Kampf, Ge-
fecht n; ⸗ naval Seeſchlacht f.
combattant (bă-ta̱') m kampfbereiter

oder kämpfender Soldat, Kämpfer;
Streiter; Kampfhahn.
combattre (ĸŏ-bä'tr) (be)kämpfen.
combien (bĩã̱') wie viel; wie ſehr.
combinable (bĭ-na'bl) vereinbar.
combinaison (ĸŏ-bĭ-næ-ſổ') f Zu-
ſammenſtellung; Berechnung,
Kombination.
combiner (ne') zuſammenſtellen,
vereinigen; erwägen, berechnen.
comble (ĸõ̱'bl) 1. m Übermaß n;
Dach(-ſtuhl m) n; fig. Gipfel,
Spitze f; de fond en ⸗ ganz
und gar. 2. a. (über)voll.
comblement (ĸõ̱-blă-nĩg') m Aus-
füllung f, Zuſchütten n.
combler (ĸõ̱-ble') bis zum Übermaße
anfüllen, gehäuft voll machen;
ausfüllen, zuſchütten; ⸗ q. de
qc. jem. mit et. überhäufen.
combustible(ĸõ̱-bü-ßtĭ'bl) 1.(ver-)
brennbar. 2. m Brennmaterial.
combustion (ĸõ̱-bü̆-ßtĩổ') f Verbrennung; Brand m.
Côme(ĸõm)m 1.Kosmus. 2.Como.
comédien m, ⸗ne f (ĸŏ-mĕ-bĩã̱',
⸗ɓã̱'n) Schauſpieler(in).
comédie-vaudeville (ĸŏ-mĕ-bi-
wo-b'wi'l) f Singſpiel n.
comestible (ĸŏ-mĕ-ßtĭ'bl) 1. eßbar. 2. m Nahrungsmittel n.
comète (ĸŏ-mæ̆'t) f Komet m.
comices (ĸŏ'ß) m/pl. Komi'tien;
jetzt: Verſammlung f zur Volksab-
ſtimmung. [Komiſche; Komiker.
comique (mĭ'ĸ) 1.komiſch. 2.m das
comitat (ĸŏ-ta') m Geſpanſchaft f.
comité(ĸŏ-te') m Ausſchuß; petit
⸗ kleiner vertraulicher Zirkel.
comma (ĸŏm-ma') m eingeſchobe-
ner Satz; f id. n (ſehr kleiner Teil
des Ton-Intervalls); typ. Kolon n.
commande (ĸŏ-ma̱'b)f Beſtellung.
commandement (ĸŏ-mg̱-bnĭg') m
Befehl, Gebot n; Kommando n.
commander (be') befehlen; beſtellen; befehligen; überragen.
commanderie (b'rĭ') f Komturei.

commandeur (kŏ-mq-dö'r) *m* Komtur (a. eines Ordens); ~ des croyants Beherrscher der Gläubigen.

commanditaire (kŏ-mq-bĭ-tä'r) *m* stiller (Handlungs-)Gesellschafter.

commanditer (kŏ-mq-bĭ-te') Geld in ein Geschäft geben, ohne Teilnehmer zu sein.

comme (kŏm) 1. wie. 2. *cj.* als, gerade da oder als; weil, da.

commémoratif, ~ve (kŏ-me-mo-ra-tí'f, ~tí'w) erinnernd, Gedächtnis-...

commémoration (mo-rā-ßîǫ') *f* Gedächtnisfeier; Andenken *n.*

commençant *m*, ~e *f* (kŏ-mq-ßq', ~ßā't) Anfänger(in).

commencement (ßmq') *m* Anfang.

commencer (kŏ-mq-ße') anfangen.

commendataire (ba-tā'r) *m* Pfründen-Inhaber. [noß, -genossin.

commensal *m*, ~e *f* (ßä'l) Tisch-ge-

commensurable (ßü-ra'bl) mit gleichem Maße meßbar.

comment (kŏ-mq') 1. wie? wie! 2. *m* Art und Weise.

commentaire (kŏ(m)-mq-tä'r) *m* Auslegung *f*, Kommenta'r; *fig.* boshafte Auslegung.

commentateur *m*, ~trice *f* (kŏ(m)-mq-ta-tö'r, ~trí'ß) Ausleger(in).

commenter (kŏ(m)-mq-te') auslegen; *v/n.* ~ sur qc. Glossen zu et. machen. [scheret *f.*

commérage (kŏ-me-ra'G) *m* Klat-

commerçant, ~e (kŏ-mär-ßq', ~ßā't) 1. handeltreibend. 2. *m* Handelsherr.

commerce (mär'ß) *m* Handel; Geschäft *n*; Handelsstand; Verkehr, Umgang. [Handel treiben.

commercer (kŏ-mär-ße') handeln,

commercial, ~e (kŏ-mär-ßĭ'l) Handels-..., kaufmännisch.

commère (kŏ-mä'r) *f* Gevatterin; Stadtklatsche. [geber.

commettant (mä-tq') *m* Auftrag-

commettre (kŏ-mä'tr) eine Sünde: begehen; ~ qc. à q. j-m etwas auftragen, anvertrauen; einer Gefahr aussetzen; bloßstellen, kompromittieren; ⚓ ein Tau zur vollen Härte drehen.

commination (kŏm-mĭ-nā-ßĭǫ') *f* Androhung. [zerbrechen.

comminuer(nü-e') in kleine Stücke

commis (kŏ-mĭ') *m* id.; Beamter, Schreiber; ~ marchand Handlungsdiener. [*f* Mitleid *n.*

commisération (kŏ-mĭ-se-rā-ßĭǫ')

commissaire-priseur (kŏ-mĭ-ßär-prĭ-sö'r) *m* Auktionskommissarius, Taxa'tor.

commission (kŏ-mĭ-ßĭǫ') *f* Auftrag *m*, Bestellung; Kommissionsgeschäft *n*; Provision; ⚓ Kaperbrief *m*; (Geschäfts-)Ausschuß *m*; péché *m* de ~ Begehungssünde.

commissionnaire (kŏ-mĭ-ßĭǫ-nā'r) *m* Beauftragte(r); Dienstmann; Lohnbediente(r). [tigen.

commissionner (ne') bevollmäch-

commissure (kŏ-mĭ-ßü'r) *f* Verbindungsstelle, Fuge.

commode (mo'b) 1. bequem; umgänglich; schlaff. 2. *f* Kommode.

commodité (kŏ-mŏ-bĭ-te') *f* Bequemlichkeit; gute Gelegenheit; ~s *pl.* Abtritt *m.* [terung.

commotion(kŏ-mō-ßĭǫ')*f* Erschüt-

commuer (kŏ-mü-e') eine Strafe in eine kleinere umwandeln.

commun,~e(kŏ-mq', ~mü'n) 1. gemein(sam), allgemein; gewöhnlich, alltäglich; gemein; ~ diviseur gemeinschaftlicher Nenner. 2. *m* Gemeinschaft *f*; der große Haufe; Hausgesinde *n*; ~s *pl.* Nebengebäude *n.*

communal, ~e (kŏ-mü-nä'l) Gemeinde-...

communard (kŏ-mü-nā'r) *m* Mitglied *n* (Anhänger) der Kommune (1871).

communauté (kŏ-mŭ-no-te') f
(Güter-)Gemeinschaft; Gemein-
wesen n; Innung; religiöse Brüderschaft.   [gemein.
communément (mŭ-ne-mɒ') ins-
communiant m, ~e f(nĭ-ɒ', nĭ-ā̱'t)
Kommunika'nt(in).
communicable (kŏ-mŭ-nĭ-ka'bl)
mitteilbar.   [mitteilsam.
communicatif, ~ve (ka-tĭ'f, ~tĭ'w)
communication (kŏ-mŭ-nĭ-kā-
ßi̯ọ') f Mitteilung.
communier (kŏ-mŭ-nĭ-e') zum
Abendmahle gehen, v/a. das
Abendmahl reichen.
communion (nĭ̯ọ') f (Glaubens-)Ge-
meinschaft; Abendmahl n.
communiqué (kŏ-mŭ-nĭ-ke') m von
der Regierung ausgehende Berichti-
gung; Eingesandt n.
communiquer (kŏ-mŭ-nĭ-ke') mit-
teilen; v/n. ~ avec qc. mit et.
in Verbindung stehen.
commutation (kŏ(m)-mŭ-tā-ßi̯ọ')
f Umwandelung; ~ de peine
Strafmilderung.   [tigkeit.
compacité (kọ-pä-ßĭ-te') f Dich-
compagne (kọ-pä'nj) f Genossin.
compagnie (kọ-pä-nĭ̯') f Gesellschaft; ⚔ Compagnie.
compagnon (nĭ̯ọ') m Gefährte,
Kamerad; (Handwerks-)Gesell.
compagnonnage (nĭ̯ŏ-na'G) m Ge-
sellen-zeit f, -verbindung f.
comparable (ra'bl) vergleichlich.
comparaison (kọ-pä-ræ-ßọ') f Ver-
gleich(ung) m; gr. Komparation.
comparaître (kọ-pä-ræ̈'tr) vor Gericht erscheinen.   [parent(in).
comparant m, ~e f(rɒ', rā̱'t) Kom-
comparatif, ~ve (ra-tĭ'f, ~tĭ'w)
1. vergleichend. 2. m Komparativ.
comparer (kọ-pä-re') vergleichen.
comparse (kọ-pä'rß) s. Statist(in).
compartiment (kọ-pär-tĭ-mɒ') m
Abteilung f, Fach n; (Eisenbahn-)
Coupé n. [scheinen vor Gericht.
comparution (kọ-pä-rü-ßi̯ọ') f Er-

compas (kọ-pa') m Zirkel zum
Messen.   [messen, steif.
compassé, ~e (kọ-pa-ße') abge-
compasser (~) abzirkeln; ⚓ ~ la
carte das Besteck machen.
compassion (kọ-pa-ßi̯ọ') f Mitleid.
compaternité (kọ-pa-tär-nĭ-te') f
Patenverhältnis n.
compatible(kọ-pa-tĭ'bl) vereinbar.
compatir (kọ-pa-tĭ'r): ~ à qc. et.
bemitleiden; ne pas ~ avec qc.
sich nicht mit et. vertragen.
compatissant, ~e (tĭ-ßɒ', ~ßā̱'t)
mitleidig.   [mann, -männin.
compatriote (trĭ-o't) s. Lands-
compensation (kọ-pɒ-ßā-ßi̯ọ') f
Ausgleich m, Ersatz m.
compenser (kọ-pɒ-ße') ausgleichen, ersetzen.   [terschaft f.
compérage (kọ-pe-ra'G) m Gevat-
compère (kọ-pä'r) m Pate, Ge-
vatter; rusé ~ schlauer Gast;
Helfershelfer.   [Zuständigkeit.
compétence (kọ-pe-tā̱'ß)f(Rechts-)
compétent, ~e (kọ-pe-tɒ', ~tā̱'t)
zuständig, befugt.   [ren.
compéter (te') rechtmäßig gebüh-
compétiteur m, ~trice f (kọ-pe-tĭ-
tö̱'r, ~trĭ'ß) Mitbewerber(in).
compiler (kọ-pĭ-le') aus Schriften
zusammen-tragen, -stoppeln.
complainte (kọ-plā̱'t) f Posseffo'-
ri-en-Klage; Klage-, Bänkel-
fänger-lied n.
complaire (kọ-plä'r) sich gefällig
zeigen; se ~ à qc. an et. Gefallen finden.
complaisance (kọ-plæ-ßā̱'ß) f Gefälligkeit; Wohlgefallen n.
complaisant, ~e(kọ-plæ-ßɒ',~ßā̱'t)
1. gefällig. 2. m Augendiener.
complément (kọ-plĕ-mɒ') m Ergänzung f; gr. ~ direct nähe-
res Objekt.   [Ergänzungs-...
complémentaire (kọ-plĕ-mɒ-tä'r)
complet, ~ète (plä', plä̆'t) vollständig, -zählig.   [gänzung f.
complètement (plε-tmɒ') m Er-

complètement (fǫ-plæ-tmǫ') adv.
ju complet. [bigen.
compléter (fǫ-ple-te') vervollstän-
complexe (fǫ-plä'fß) verwickelt.
complexion fǫ-plä-kßǫ') fLeibes-
beschaffenheit; Gemütsanlage.
complication (fǫ-plī-fā-ßǫ') f
Verwickelung. [bige(r).
complice (fǫ-plī'ß) s. Mitschul-
complicité (plī-ßī-te') fMitschuld.
compliment (fǫ-plī-mǫ') m feierliche Anrede; Artigkeit f; ~ de
condoléanceBeileidsbezeugung
f; ~s pl. Grüße, Verbindliches n.
complimenter (fǫ-plī-mǫ-te') be-
glückwünschen; v/n. Kompli-
mente machen.
compliquer(fǫ-plī-fe') verwickeln.
componction (fǫ-pǫ-kßǫ') f Zer-
knirschung. [se ~ sich betragen.
comporter (fǫ-pǒr-te') zulassen;
composé, ~e (fǫ-po-se') 1.zusam-
mengesetzt; zurückhaltend. 2. m
Zusammensetzung f: Mischung
f; zusammengesetztes Wort.
composer (fǫ-po-se') zs.-setzen;
ausarbeiten, verfassen; ♪ kom-
ponieren; typ. setzen; v/n. unterhandeln; se ~ eine studierte
Miene annehmen.
compositeur (fǫ-po-ßī-tö'r) m
Komponist; Schriftsetzer.
composition (fǫ-po-ßī-ßǫ') f Zusammensetzung; Ausarbeitung;
(Schul-)Aufsatz m; gütliche Über-
einkunft; Mischmetall n.
composter (fǫ-pǒ-ßte') düngen.
composteur (fǫ-pǒ-ßtö'r) m typ.
Winkelhaken. [begreiflich.
compréhensible (fǫ-prě-ǫ-ßī'bl)
compréhension (fǫ-prě-ǫ-ßǫ') f
Fassungskraft. [umfassen.
comprendre (fǫ-prǫ'br) begreifen;
compressible (fǫ-prě-ßī'bl) preß-
bar. [sammendrückung.
compression (fǫ-prě-ßǫ') f Zu-
comprimer (prī-me') zs.-drücken.
compris, ~e (fǫ-prī', ~prī'ß) part.

von comprendre; y ~ mit ein-
begriffen.
compromettre (prǒ-mä'tr) bloßstellen, kompromittieren.
compromis (fǫ-prǒ-mī') m Kom-
promiß (Berufung auf schiedsrich-
terlichen Spruch; Ausgleich).
comptabilité (fǫ-tä-bī-lī-te') f
Rechnungs-führung, -amt n.
comptable (fǫ-ta'bl) 1. rechnungs-
führend, -pflichtig. 2. m Rech-
nungsbeamte(r).
comptant (fǫ-tǫ') bar.
compte (fǫt) m Berechnung f;
Rechnung f; à bon ~ wohlfeil;
Konto n: Rechenschaft f; tenir ~
de qc. Wert auf et. legen; ~ courant Kontokorrent n; ~ rendu
Bericht; Recension f.
compter (fǫ-te') zählen, (aus-, be-)
rechnen: v/n. abrechnen; mit in
Anschlag kommen; darauf rechnen, daß ..., beabsichtigen.
compteur (fǫ-tö'r)m Zähler; Zähl-
Apparat.
comptoir (fǫ-tǒā'r) m Zähl-, Laden-
tisch; Comptoir n; Kommandite.
compulser (fǫ-pǖl-ße') in Büchern ic.
nach-schlagen, -sehen.
computer (fǫ-pü-te') berechnen.
comtal, ~e (fǫ-tä'l) gräflich.
comte (fǫt) m Graf.
comté (fǫ-te') m Grafschaft f.
comtesse (fǫ-tä'ß) f Gräfin.
comtois, ~e (tǒā', tǒā'f) aus der
Franche-Comté. [sammen-...
con... (fǫ...) in Zsfg.: mit-..., zu-
concasser (fǫ-fa-ße') Pfeffer ic. grob
im Mörser zerstoßen.
concave (fǫ-kā'w) hohlgewölbt.
concéder (fǫ-ße-de') bewilligen.
concentrer (fǫ-ßǫ-tre') auf einen
Punkt zusammenziehen.
conceptible (fǫ-ßä-ptī'bl) faßlich.
conception (fǫ-ßä-pßǫ') f Em-
pfängnis; Fassungskraft; (Gei-
stes-)Schöpfung. [treffend.
concernant (fǫ-ßär-nǫ') prp. be-

concerner (fą-ßǎr-ne') betreffen, angehen.

concert (ßǎ'r) m Konze'rt n; Einklang; de ~ verabredetermaßen.

concerter (fą-ßǎr-te') verabreden.

concession (fą-ßä-ßi̢ǫ') f Bewilligung; Abtretung.

concetti (fą-tſchǣt-ti') m/pl. durch überßaffung frappierende Einfälle.

concevable (ßä-wa'bl) begreiflich.

concevoir (fą-ßȥ-wǎ'r) empfangen (befruchtet werden); begreifen, verstehen; ersinnen; Verdacht ꝛc. ſchöpfen.

concierge (ßiǎ'rG)s. Kastellan(in); Kerkermeister; Thürhüter(in).

conciergerie (fą-ßiǎr-G'ri)f Hausvogtei. [bar.

conciliable (fą-ßl-liǎ'bl) verein-
conciliabule (liǎ-bü'l) m geheime verdächtige Zusammenkunft.

conciliant, ~e (fą-ßl-li-ą', ~ą't) verſöhnlich.

concilia/eur m, ~trice f(fą-ßl-liǎ-tǒ'r, ~tri'ß) Vermittler(in).

conciliation (fą-ßl-liǎ-ßi̢ǫ')f Vermittelung, Verſöhnung.

concilier (fą-ßl-li-e') ausſöhnen; ~ qc. à q. j-m et. erwerben.

concis, ~e (fą-ßi', ~ßi'ſ) bündig.

concision (fą-ßl-ßi̢ǫ')f Bündigkeit, Kürze. [~ßǣ'n) Mitbürger(in).

concitoyen m, ~ne f(fą-ßl-tßǎ-i̢ǎ',

concluant, ~e(fą-flü-ą', ~ą't) beweisend, triftig.

conclure (fą-flü'r) ſchließen; ~ de qc. aus etwas folgern; ~ à qc. auf etwas erkennen.

conclusion (fą-flü-ßi̢ǫ') f Schlußfolgerung; Abſchluß m.

concombre (fą-fą̃'br) m Gurke f.

concordance (fą-fǒr-bą̃'ß)f übereinstimmung; gr. ~ des temps Aufeinanderfolge der Tempora.

concordant, ~e(fą-fǒr-bą', ~bą't) übereinstimmend; einträchtig.

concordat (ba') m Konforda't n.

concorde (fą-fǒ'rb) f Eintracht.

concorder (fą-fǒr-be') übereinstimmen.

concourir (fą-fu-ri'r) zuſammenlaufen, -fallen; ~ à qc. zu et. mitwirken; ~ pour qc. ſich gemeinſchaftlich um et. bewerben.

concours (fą-fü'r) m Zuſammenlauf, Andrang; Mitwirkung f; Mitbewerbung f. [rinnen.

concréter (fą-fre-te'): se ~ gerinnen.
concrétion (fą-fre-ßi̢ǫ') f Zuſammenwachſen n, Festwerden n; fester Körper. [m wilde Ehe.

concubinage, ~t(fü-bl-na'G, ~na')

concupiscence (pl-ßą̃'ß) f böſe Lust. [~ßą̃'t) lüstern.

concupiscent, ~e (fą-fü-pl-ßą̃',

concurrence (fą-fü-rą̃'ß) f Mitbewerbung; Konkurrenz, Wettstreit m; Belauf m, Summe; Gleichberechtigung.

concurrent, ~e (rą̃', rą̃'t) 1. zſ.wirkend. 2. s. Mitbewerber(in).

concussion (ßi̢ǫ') f Erpreſſung; Veruntreuung öffentlicher Gelder.

concussionnaire (fą-fü-ßi̢ǫ-nǎ'r) m der Geld-Unterſchlagung Schuldige(r). [dammlich.

condamnable (fą-bǎ-na'bl) ver-
condamnation (fą-bǎ-nǎ-ßi̢ǫ') f Verurteilung.

condamner (ne') verurteilen, verdammen; e-e Thür ꝛc. vermauern.

condenser (fą-bą-ße') verdichten.

condenseur (fą-bą-ßǒ'r) m Kondenſa'tor, Kühlgefäß n.

condescendance (bǣ-ßą-bą̃'ß) f Willfährigkeit, Herablaſſung.

condescendre (fą-bǣ-ßą̃'br): ~ à qc. willfahren, ſich zu et. verstehen; Nachſicht haben mit et.

condiment (bl-mą') m Würzstoff.

condimenteux, ~se (fą-bl-mą-tǒ', ~tǒ'ſ) würzig.

condisciple (ßi'pl) m Mitſchüler.

condition (fą-bi-ßi̢ǫ')f Beſchaffenheit; Lage, Stand; Bedingung.

conditionnel, ~le (ßi̢ǫ-nǣ'l, ~ǣ'l)

1. bedingt; bedingend. 2. *m*
gr. id. (bedingte Form).

conditionner (kǫ-di-ßiǒ-ne') die
gehörige Beschaffenheit geben.

condoléance (bǒ-lě-ǎ'ß) *f* Beileid.

conduc*teur m,* ⁓trice *f* (bü-ktǒ'r,
⁓ktri'ß) Leiter(in); Schaffner.

conductible (ktǐ'bl) leitungsfähig.

conduire (kǫ-büi'r) führen, leiten;
se ⁓ sich betragen. [Minne *f.*

conduit (kǫ-büi')*m*Leitungsröhre *f.*

conduite (kǫ-büi't) *f* Leitung; Begleitung; Aufführung.

cône (kōn) *m* Kegel; (Tannen-)
Zapfen; Kegelschnecke *f.*

côné, ⁓e (ko-ne') kegelförmig.

confection (kǫ-fǽ-kßiǒ')*f*Ausführung; fabrikmäßige Verfertigung von Kleidungsstücken.

confectionner (kǫ-fǽ-kßiǒ-ne')
verfertigen.

confédératif,⁓ve(kǫ-fe-bě-ra-ti'f,
⁓ti'w) eidgenössisch, Bundes-...

confédération (kǫ-fe-bě-rā-ßiǒ')*f*
Bündnis *n,* Bund *m.* [nosse.

confédéré (re')*m*Bundes-,Eid-ge-

confédérer (⁓) (se sich) verbünden.

conférence (kǫ-fě-rā'ß) *f* Konfe-
renz; öffentliche Vorlesung.

conférer (kǫ-fe-re') vergleichen;
verleihen; *v/n.* ⁓ avec q. sich
mit j-m besprechen.

confesse (kǫ-fǽ'ß) *f* Beichte.

confesser (kǫ-fǽ-ße') beichten;
j-s Beichte hören; sich zu et.
bekennen.

confesseur (ßǒ'r) *m* Beichtvater;
Glaubenszeuge in der Urkirche.

confession (kǫ-fǽ-ßiǒ')*f*Bekenntnis *n;* Beichte. [stuhl.

confessionnal (ßiǒ-nǎ'l) *m* Beicht-

confiance (kǫ-fiǎ'ß)*f*Vertrauen *n;*
Zuversicht; Zutraulichkeit.

confiant,⁓e (kǫ-fiǎ', fiǎ't) ver-
trauensvoll. [trauen.

confidemment (fi-bǎ-mǎ')imVer-

confidence (kǫ-fi-bǎ'ß) *f* vertrau-
liche Mitteilung.

confident *m,* ⁓e *f* (kǫ-fi-bǎ', ⁓-
bǎ't) Vertraute(r).

confidentiel, ⁓le (kǫ-fi-bǎ-ßiǽ'l,
⁓ßiǽ'l) im Vertrauen mitgeteilt.

confier (kǫ-fi-e') anvertrauen; se
⁓ en q. sich auf jem. verlassen.

configuration (kǫ-fi-gü-rā-ßiǒ') *f*
äußere Gestaltung.

confiner (kǫ-fi-ne'): ⁓ à qc. an et.
grenzen; *v/a.* einsperren, wohin
verbannen.

confins (kǫ-fǎ') *m/pl.* Grenzen *f.*

confire (fi'r) Früchte ꝛc. einmachen.

confirmatif, ⁓ve (kǫ-fir-ma-ti'f,
⁓ti'w) bestätigend.

confirmation (kǫ-fir-mā-ßiǒ') *f*
Bekräftigung; Firmelung.

confirmer(kǫ-fir-me')bekräftigen,
bestätigen; firmeln. [machen.

confisable (fi-ßa'bl) gut zum Ein-

confiscable (ßka'bl) konfiszierbar.

confiserie (kǫ-fi-ß'ri') *f* Zucker-
warenfabrik(ation).

confiseur (kǫ-fi-ßǒ'r) *m* Kondi'tor.

confisquer (kǫ-fi-ßke') gerichtlich
einziehen. [gebet *n.*

confiteor (kǫ-fi-te-ǒ'r) *m* Beicht-

confiture (kǫ-fi-tü'r)*f*Konfekt *n.*

conflagration (kǫ-flā-grā-ßiǒ') *f*
großer Brand.

conflit (kǫ-fli') *m* Konflikt.

confluent, ⁓e (kǫ-flü-ǎ', ⁓ǎ't)
1. zf.-fließend. 2. *m* Zf.-fluß.

confondre (kǫ-fǫ'br) vermengen;
verwechseln; beschämen; bestürzt machen.

conformation (kǫ-fǫr-mā-ßiǒ')*f*
Gestaltung, Bau *m.*

conforme (kǫ-fǫ'rm) gleich-för-
mig, -lautend; ⁓ à ... gemäß.

conformer (kǫ-fǫr-me') Gestalt
geben;⁓à qc. nach et. einrichten;
se ⁓ à qc. sich nach et. richten.

conformité (mi-te')*f*Gleichför-
migkeit; en ⁓ de ... zufolge.

confort (kǫ-fǫ'r) *m* Komfort, Be-
haglichkeit *f.*

conforter (kǫ-fǫr-te') stärken.

confraternité(fʀ-fra-tär-nĭ-te')f
Verbrüderung.

confrère (fʀ-frä'r) m Amtsbruder.

confrérie (fre-rĭ') f Brüderschaft.

confronter (fʀ-frᴏ-te') gegenüber
stellen.   [dunkel; beschämt.

confus, ~e (fʀ-fü', ~fü'f) verwirrt;
confusion (fü-fĭᴏ') f Verwirrung;
Verwechselung; Beschämung.

congé (fʀ-Ge') m Urlaub; schul-
freie Zeit; Dienst-Entlassung f;
Aufkündigung f der Miete.

congédiable (fʀ-Gĕ-bĭa'bĭ) zu be-
urlauben.   [verabschieden.

congédier (Ge-bĭ-e') be-urlauben;

congelable (Gᴣ-la'bĭ) gefrierbar.

congélateur (fʀ-Gĕ-la-tö'r) m
Eis-erzeugungs-Apparat.

congeler (fʀ-Gᴣ-le') gefrieren
(machen).   [verwandt.

congénial,~e(fʀ-Ge-nĭa'l) geistes-

congestionner (fʀ-Gᴂ-ßtĭᴏ-ne')
Blut-andrang verursachen.

conglober(fʀ-glᴏ-be') zusammen-
ballen.   [Zusammenhäufung.

conglomération (mĕ-rā-ßĭᴏ') f

conglutiner (fʀ-glü-tĭ-ne') zu-
sammenkleben.

congre (fᴏ'ʀr) m Meer-aal.

congréganiste (fʀ-gre-gä-nĭ'ßt)
s. Laien-bruder, -schwester.

congrégation (gā-ßĭᴏ') f Ordens-
gesellschaft; ~ des fidèles Gemeinschaft der Gläubigen.

congru, ~e (fʀ-grü') gehörig.

congruité (fʀ-grü-ĭ-te') f Ge-
hörigkeit.   [zapfen-...

coni... (fᴏ-nĭ...) in Zssg. kegel-...,

conicité(fᴏ-nĭ-ßĭ-te')fRegelform.

conique (fᴏ-nĭ't) kegelförmig;
sections ~s Kegelschnitte m/pl.

conjecture (fʀ-Gᴂ-ktü'r) f Mut-
maßung.   [binden.

conjoindre(fʀ-Gᴏ̂'br) (ehelich) ver-
conjoint, ~e (fʀ-Gᴏ̂', ~Gᴏ̂'t)
1. verbunden. 2. m Ehe-gatte.

conjonction (fʀ-Gᴏ-kßĭᴏ') f Verbindung; Bindewort n.

conjugaison (fʀ-Gü-gᴂ-ßᴏ') f
Konjugation.

conjugal, ~e (fʀ-Gü-gä'l) ehelich.

conjungo(fʀ-Qᴏ-go')m Trauungs-
formel f.   [sterbeschwörer.

conjurateur(fʀ-Gü-ra-tö'r) m Gei-

conjuration (rā-ßĭᴏ') f Verschwö-
rung; (Geister-)Beschwörung.

conjuré (fʀ-Gü-re') m Verschwo-
rene(r).

conjurer (~) beschwören (dringend
bitten; bannen); v/n. u. se ~ sich
verschwören.   [bar.

connaissable(fᴏ-nᴂ-ßa'bĭ) erkenn-

connaissance (ßᴂ'ß) f Kenntnis;
Bewußtsein n; Bekanntschaft;
Bekannte(r).   [fracht-brief.

connaissement (nᴂ-ßmᴏ') m See-

connaisseur m, ~se f (fᴏ-nᴂ-ßö'r,
~ßö'f) Kenner(in).

connaître (fᴏ-nᴂ'tr) kennen; bekannt sein mit; v/n. ~ de qc.
über et. erkennen, urteilen; se
~ à qc. sich auf et. verstehen.

connexe (fᴏn-nᴂ'kß) verbunden.

connivence (fᴏn-nĭ-wᴂ'ß) f straf-
bare Nachsicht.

conniver (fᴏn-nĭ-we'): ~ avec q.
j-m et. nachsehen; unter e i n e r
Decke stecken.

connu(fᴏ-nü') part. von connaître.

conque (fᴏ̂t) f Hohlmuschel; See-
trompete.

conquérant, ~e (fʀ-kĕ-rᴀ', ~rā't)
1. erobernd. 2. m Eroberer.

conquérir (fʀ-kĕ-rĭ'r) erobern.

conquête (fʀ-kᴂ't) f Eroberung.

consacrer (ßᴂ-kre') (ein)weihen;
widmen.

consanguin, ~e (fʀ-ßᴀ-gᴀ', ~gĭ'n)
von e i n e m Vater abstammend.

conscience (fʀ-ßĭᴀ'ß)fGewissen n;
(Selbst-)Bewußtsein n.

consciencieux, ~se (fʀ-ßĭᴀ-ßĭᴏ̈',
ßĭᴏ̈'f) gewissenhaft.

conscient, ~e (ßĭ-ᴀ', ᴀ̄'t) bewußt.

conscrit (fʀ-ßkri') m Rekrut; fig.
Gelbschnabel.

consécration (tₒ-ßĕ-trā-ßǧ') f
Weihe.

consécutif, ‿ve (tₒ-ßĕ-tŭ-ti'f,
‿ti'w) auf einander folgend.

consécution (tŭ-ßǧ') f (Reihen-)
Folge.　　　　　　[korn n.

conseigle (tₒ-ßǣ'gl) m Meng-

conseil (ßǣ'j) m Rat(schlag); Ratgeber, Rechtskonsulent; Rats-
versammlung f, -sitzung f; ‿s
pl. Ratschlüsse.

conseiller (ßǣ-je') 1. (an)raten.
2. ‿ m, ‿ère f Rat, Rätin; ‿
intime ou privé Geheimrat.

consentement (ßₒ-tma') m Einwilligung f, Zustimmung f.

consentir (tₒ-ßₒ-ti'r): ‿ à qc. in
et. einwilligen; v/n. ↓ sich biegen; v/a. billigen.

conséquence (tₒ-ßĕ-tₐ'ß) f Folge
(-richtigkeit); Wichtigkeit; de ‿
bedeutend.

conséquent, ‿e (tₒ-ßĕ-tₐ', ‿tā't)
1.folgerecht. 2.mFolge-,Schluß-
satz; par ‿ folglich.

conservateur m, ‿trice f (tₒ-ßǟr-
wa-tō'r, ‿tri'ß) Bewahrer(in);
Aufseher; Konservativer.

conservatif, ‿ve (ti'f, ti'w) erhal-
tend.　　　　　　　　[tung.

conservation (wā-ßǧ') f Erhal-

conservatoire (tₒ-ßǟr-wa-tŭā'r)
1. zur Erhaltung dienend. 2. m
Lehr-Anstalt f.

conserve (tₒ-ßǟ'rw) f Eingemach-
tes n; ↓ Geleitschiff n; de ‿ in
Gesellschaft; ‿s pl. Konserva-
tionsbrille.

conserver (tₒ-ßǟr-we') (gut) erhalten, aufbewahren; ↓ im
Auge behalten.　　　　[lich.

considérable(ßĭ-dĕ-ra'bl) beträcht-

considération (tₒ-ßĭ-dĕ-rā-ßǧ')f
Betrachtung, Erwägung; prise
en ‿ Inbetrachtnahme; An-
sehen n; Hochachtung; Besonnenheit; Beweggrund m.

considéré, ‿e (de-re') umsichtig.

considérer (tₒ-ßĭ-de-re') aufmerk-
sam betrachten; erwägen; hoch-
achten.

consignataire (nja-tǟ'r) m Ver-
wahrer; (Labungs-)Empfänger.

consignateur (tₒ-ßĭ-nja-tō'r) m
(Waren-)Einsender.

consignation (tₒ-ßĭ-njā-ßǧ') f
Hinterlegung; Depo'situm n.

consigne (tₒ-ßi'nj) f Instruktion
eines Wachtpostens. Thürhüters; forcer la ‿ den Eingang erzwingen.

consigner(ßĭ-nje') gerichtlich hinter-
legen; verzeichnen; das Ausgehen verbieten; ‿ q. à la porte
Befehl geben, jem. abzuweisen.

consistance (tₒ-ßĭ-ßtā'ß) f Bestand m; Festigkeit; Dichtigkeit.

consistant, ‿e (tₒ-ßĭ-ßtₐ', ‿ßtā't)
fest; dickflüssig.

consister (ßĭ-ßte') bestehen. [lich.

consolant, ‿e (ßŏ-lₐ', ‿lā't) tröst-

consolateur m, ‿trice f (tₒ-ßŏ-
la-tō'r, ‿tri'ß) Tröster(in).

consolation (lā-ßǧ') f Trost m.

console (tₒ-ßŏ'l) f id., Kragstein
m; Pfeilertisch m.

consoler (tₒ-ßŏ-le') trösten.

consolider (tₒ-ßŏ-lĭ-de') befestigen, sichern (a. v. Staatsschulden).

consolidés (‿) m/pl. Ko'nsols (fun-
dierte, bsd. englische, Staatsschuld).

consommateur m, ‿trice f (tₒ-ßŏ-
ma-tō'r, ‿tri'ß) Verzehrer(in),
Konsument(in); Gast.

consommation (tₒ-ßŏ-mā-ßǧ') f
Vollendung; Vollziehung der
Ehe; Verbrauch m; Zeche im
Wirtshause; société de ‿ Kon-
sumverein m.　　　　[brühe f.

consommé (tₒ-ßŏ-me') m Kraft-

consommer (tₒ-ßŏ-me') vollbrin-
gen; die Ehe vollziehen; verbrauchen, konsumieren.

consomption (tₒ-ßₒ-pßǧ') f Verzehrung; Auszehrung.

consonance (tₒ-ßŏ-nₐ'ß) f Gleich-
laut m, -klang m.

consonne (fꞯ-ßö'n) f Konfonant.

conspirateur (fꞯ-ßpĭ-ra-tö'r) m
Verſchworene(r).   [rung.

conspiration (rā-ßꞯ') f Verſchwö-

conspirer (re') ſich verſchwören;
~ à qc. zu etwas mitwirken.

conspuer (fꞯ-ßvŭ-e') anſpeien.

constance (fꞯ-ßtā'ß) f 1. Stand-
haftigkeit; Beſtändigkeit. 2. C~
Koſtnitz n.

constant,~e(fꞯ-ßtꞯ',~ßtā't) ſtand-
haft, beharrlich; il est ~ que ...
es ſteht feſt, daß ...

constater (fꞯ-ßta-te') feſtſtellen.

constellation (fꞯ-ßtꬴl-lā-ßꞯ') f
Sternbild n.

constellé,~e (fꞯ-ßtꬴl-le') geſtirnt.

consteller (~) mit Sternen beſetzen.   [Beſtürzung.

consternation (fꞯ-ßtꬴr-nā-ßꞯ') f

consterné, ~e (ne') beſtürzt.

consterner (ne') beſtürzt machen.

constipé, ~e (fꞯ-ßtĭ-pe') hartlei-
big, an Verſtopfung leidend.

constiper (fꞯ-ßtĭ-pe') verſtopfen.

constituer (fꞯ-ßtĭ-tü-e') ausma-
chen; begründen; juꞋ et. einſetzen;
ein Gehalt ꝛc. ausſetzen.

constitutif, ~ve (fꞯ-ßtĭ-tü-ti'f,
~tĭ'w) weſentlich begründend.

constitution(tü-ßꞯ')Anorbnung;
Leibesbeſchaffenheit; (Staats-)
Verfaſſung; Grundgeſetz n.

constrictif, ~ve (fꞯ-ßtrĭ-kti'f,
~ktĭ'w), constringent, ~e (fꞯ-
ßtrꞯ-Gꞯ', ~Gā't) zu-, zuſam-
men-ſchnürend.   [Erbauer.

constructeur (fꞯ-ßtrŭ-ktö'r) m

construction (fßꞯ') f Erbauung,
Bau m; id. (Wortfügung. Satzbil-
bung).

construire (fꞯ-ßtrŭï'r) erbauen,
errichten; konſtruieren.

consultant(fꞯ-ßŭl-tꞯ') ratgebend.

consultatif, ~ve (ta-ti'f, ta-tĭ'w)
beratend.

consulter (te') um Rat fragen;
v/n. beratſchlagen.

consumer (fꞯ-ßŭ-me') auf- (ver-,
ab-)zehren; se ~ de, dans qc.
ſich durch et. auf-reiben.

contagieux,~se(fꞯ-tä-Gĭö',~Gĭö'ſ)
anſteckend.   [Seuche.

contagion (Gꞯ') f Anſteckung;

conte (kꭓt) m Märchen, Geſchichte.

contemplatif, ~ve (fꞯ-tꞯ-pla-ti'f,
~tĭ'w) beſchaulich. [nachſinnen.

contempler (ple') beſchauen; v/n.

contemporain, ~e (fꞯ-tꞯ-pö-rꞯ',
~rꬱ'n) 1. gleichzeitig.   2. m
Zeitgenoſſe.   [ächter.

contempteur (fꞯ-tꞯ-ptö'r) m Ver-

contenance (fꞯ-t'nā'ß) f In-, Gehalt m; Anſtand m; Faſſung.

contenir (fꞯ-t'nĭ'r) enthalten, faſſen; in Grenzen, im Zaume halten; se ~ ſich zuſammennehmen.

content, ~e (tꞯ', tā't) zufrieden.

contentement (fꞯ-tꞯ-tmꞯ') m Zu-
friedenheit f; Freude f; Befrie-
bigung f.

contenter (fꞯ-tꞯ-te') befriedigen;
se ~ de qc. ſich mit et. begnügen.

contentieux, ~se (fꞯ-tꞯ-ßĭö',~ĭö'ſ)
ſtreitig; ſtreitſüchtig.

contention (ßꞯ') f Anſtrengung.

contenu (fꞯ-t'nü') m Inhalt.

conter (fꞯ-te') erzählen; en ~ à
q. j-m et. weis machen. [bar.

contestable (tꬱ-ßta'ßl) beſtreit-

contestation (ßtā-ßꞯ')f Streit m.

conteste (fꞯ-tꬱ'ßt) f: sans ~ unſtreitig.   [in Abrede ſtellen.

contester (fꞯ-tꬱ-ßte') beſtreiten,

conteur m, ~se f (fꞯ-tö'r, ~tö'ſ)
Erzähler(in); ~ de chansons,
de sornettes Flauſenmacher.

contexture (fꞯ-tꬱk-ßtü'r) f Gewebe n, innerer Bau.

contigu, ~ë (beides: fꞯ-tĭ-gü') an-
grenzenb; angle ~ Nebenwinkel.

contiguité (fꞯ-tĭ-gü-ĭ-te') f An-
(einander)grenzen n. [ſamkeit.

continence (fꞯ-tĭ-nꞯ'ß)f Enthalt-

continent, ~e (fꞯ-tĭ-nꞯ', ~nā't)
1: keuſch. 2. m Feſtland n.

contingent, ~e(ꞁẁ-tẁ-Gā', ~Gā't)
1. zufällig; verhältnismäßig.
2. m Anteil, id. (Beitrag zum Heere).

continu, ~e (ꞁẁ-tĭ-nü') ftetig; fortlaufend; ununterbrochen.

continuation (ꞁẁ-ti-nü-ā-ßẁ') f
Fortſetzung.

continuel, ~le (ꞁẁ-tĭ-nᷤäĭ'l, ~nᷤäĭ'l)
beſtändig, anhaltend.

continuer (ꞁẁ-ti-nü-e') fortſetzen;
v/n. fortfahren.

contondre (ꞁẁ-tẁ'br) zerquetſchen.

contorsion (ꞁẁ-tör-ßẁ') f Verren-
fung; Verzerrung.   [dreht.

contourné (tür-ne') frumm, ver-

contourner (~) ſich um et. winden;
verbiegen; se ~ ſich werfen.

contractant, ~e (ꞁẁ-trä-ꞁtg', ~ā't)
vertragſchließend.   [zogen.

contracte (ꞁẁ-trä'ꞁt) gr. zſ.-ge-

contracter (ꞁẁ-trä-ꞁte') ein Bündnis ꝛc. ſchließen; Schulden machen;
ſich zuziehen; gr. zuſammen-
ziehen.

contractile (ꞁẁ-trä-ꞁti'l) zuſam-
menziehbar.

contraction (ꞁßẁ') f Zuſammen-
ziehung; Verzerrung der Züge.

contracturer (ꞁtü-re') ſteif machen
(Muskel); se ~ ſich zſ.-ziehen.

contradicteur (ꞁẁ-trä-bĭ-ꞁtö'r) m
Widerſprecher.

contraignable (træ-nja'bl) zwing-
bar; ~ par corps perſönlich
haftbar.

contraindre (ꞁẁ-trẁ'br) zwingen,
nötigen; se ~ ſich Gewalt an-
thun.   [zwungen, erfünſtelt.

contraint, ~e (ꞁẁ-trẁ', ~trẁ't) ge-

contrainte (ꞁẁ-trẁ't) f Zwang m;
~ par corps Perſonal-Arreſt m.

contraire (ꞁẁ-trä'r) 1. entgegen-
geſetzt; widrig; nachteilig. 2. m
Gegenteil n; au ~ im Gegenteil.

contralto (ꞁẁ-träl-to') m tiefe
Altſtimme.

contrariant, ~e(ꞁẁ-trä-rĭ-g', ~ā't)
widerwärtig; zanfſüchtig.

contrarier (ꞁẁ-trä-rĭ-e'): ~ q. j.-m.
widerſprechen; entgegen ſein;
jem. ärgern.

contrariété (e-te') f Wider-ſtreit,
-wärtigfeit; Unannehmlichfeit.

contraster (ſte') gegen et. abſtechen.

contrat (ꞁẁ-tra') m Kontraft.

contravention (ꞁẁ-trä-wẁ-ßẁ') f
Übertretung.

contre (ꞁẁ'tr) gegen, wider; adv.
dagegen; in Zſg.: Gegen-..., z.B.
~-accusation (ꞁẁtr-ä-fü-ſä-
ßẁ') f Gegenflage; ~-allée
(ä-lĕ') f Seiten-Allee; ~-ba-
lance (bä-lā'ß) f Gegengewicht
n; ~-balancer (bä-lg-ße') die
Wage halten; ~basson (ba-ßẁ')
m Doppelfagott n; ~-bouter
(bu-te') mit Strebe-pfeilern
ſtützen; ~carrer (ꞁa-re'): ~ q.
j.-m entgegenarbeiten; ~-cœur
(ꞁö'r): à ~cœur mit Widerwillen; ~-coup (ꞁu') m Gegen-
ſtoß; Rückwirkung; par ~-coup
inbireft; ~dire (bĭ'r): ~dire q.
j.-m widerſprechen; sans ~dit
unſtreitig; ~façon (fä-ßẁ') f be-
trügliche Nachahmung; Nachbruck
m; ~facteur (fä-ꞁtö'r) m Nach-
brucker; ~faction (fä-ꞁßẁ') f
Fälſchung; ~faire (fä'r) nach-
machen, nachäffen; betrüglich
nach-ahmen, -brucken; ~-fenê-
tre (ĭ'näĭ'tr) f Vor-, Doppel-
fenſter n; ~-fil (fĭ'l): à ~-fil
gegen den Strich; ~fort (fö'r) m
Strebe-mauer f, -pfeiler; Aus-
läufer eines Gebirges; ~-garder
(gär-be'): se ~garder ſehr auf
ſ-r Hut ſein; ~-hacher (ä-ſche')
ins Kreuz ſchraffieren; ~-lettre
(läĭ'tr) f Gegenverſchreibung,
Revers m; ~maitre (mäĭ'tr) m
Werfführer; ~mander(mg-be'):
~mander q. j.-m Gegenbefehl
geben; ~-partie (pär-tĭ') f Ge-
gen-buch n, -regiſter n; Gegen-
meinung; ♂ zweite Stimme;

Revanche-partie; ⌃poids (pŏă′)
m Gegengewicht n; Uhrgewicht
n; ⌃-poil (pŏă′l): à ⌃-poil gegen
ben Strich; verkehrt; ⌃point
(pŏă′) m Kontra-punkt; ⌃-poin-
ter (pŏă-te′) steppen; ⌃poison
(pŏă-ſq′) m Gegengift n; ⌃-po-
ser (po-ſe′) verſetzen, die Soll-
unb Haben-ſeite verwechſeln;
⌃-sceller (ßĕ-le′) ein Gegen-
ſiegel aufbrücken; ⌃seing (ßq′)
m Gegenzeichnung f; ⌃sens
(ßq̄′ß) m Sinnwidrigkeit f; ⌃-
signataire (ßī-nja-tă′r) m Ge-
genzeichner; ⌃-tailler (tă-je′) =
⌃-hacher; ⌃temps (tq′) m Unzeit
f; Querſtrich; ⌃venir (w′nĭ′r)
übertre′ten, zuwiderhandeln; ⌃
vent (wq′) m äußererFenſterladen.
contrée (ĝq-trĕ′) f Gegenb, Land-
ſtrich m.   [ſteuerpflichtig.
contribuable (ĝq-tri-bü-a′bī)
contribuer (ĝq-tri-bü-e′) bei-tra-
gen, -ſteuern; ſteuern.
contribution (bü-ßq̄′) f Beitrag m;
Steuer; Brandſchatzung.
contrister (ĝq-tri-ſte′) betrüben.
contrit, ⌃e (trī′, trī′t) zerknirſcht.
contrition (ĝq-tri-ßq̄′) f Zerknirſchung, Reue.
contrôle (ĝq-trō′l) m Gegenbuch n,
Kontrolle f; Kontroll-Amt n.
controuver (ĝq-tru-we′) Unwahres
erfinden.   [etwas ſtreiten.
controverser (trŏ-wăr-ße′) über
contumace (tü-mā′ß) 1. f Nicht-
Erſcheinen n vor Gericht. 2. s.
in contumaciam Verurteilte(r).
contusion (tü-ſq̄′) f Quetſchung.
convaincre (ĝq-wq̄′r) überführen;
se ⌃ de qc. ſich von et. überzeugen.   [⌃ßq̄′t) geneſend.
convalescent, ⌃e (ĝq-wă-lĕ-ßq̄′,
convallaire (ĝq-wăl-lă′r) f Mai-
blümchen n.   [paſſend.
convenable (w′na′bī) angemeſſen,
convenance (ĝq-w′nq̄′ß) f Ange-
meſſenheit, Schicklichkeit.

convenant, ⌃e (ĝq-w′nq′, ⌃nq̄′t)
ſchicklich.
convenir (ĝq-w′nĭ′r): ⌃ de qc. über
et. übereinkommen; et. einräu-
men; c'est convenu es bleibt
dabei; ⌃ aveo qc. einer Sache
entſprechen; ⌃ à q. j-m gefallen, anſtehen; j-m gebühren; il
convient es ſchickt ſich.
convention (ĝq-wq-ßq̄′) f Über-
einkunft; de ⌃ angenommen
(nicht reell); der Konvent.
conventionnel, ⌃le (ĝq-wq-ßĭŏ-
nă′l, ⌃nă′l) 1. vertragsmäßig;
id. (worüber man übereingekommen
iſt). 2. m Konventsmitglied n.
conventuel, ⌃le (ĝq-wq-tü-ĕ′l,
⌃ĕ′l) klöſterlich.
convers, ⌃e (ĝq-wă′r, ⌃wă′rß):
frère ⌃, sœur ⌃e Laien-bruder,
-ſchweſter.
converser (ĝq-wăr-ße′) ſich unter-
reden; ⚔ ſchwenken.
conversion (ßq̄′) f Verwandlung;
Bekehrung; ⚔ Schwenkung.
converti, ⌃e (tĭ′) s. Konvertit(in).
convertible (tĭ′bī) umkehrbar.
convertir (ĝq-wăr-tĭ′r) verwanbeln, umſetzen; bekehren.
convertisseur (tĭ-ßŏ′r) m Proſe-
lytenmacher; Wechſel-agent.
convexe (ĝq-wĕ′kß) rund-erhaben.
conviction (ĝq-wĭ-kßq̄′) f Über-
zeugung.
convier (ĝq-wĭ-e′) einladen.
convive (ĝq-wĭ′w) m Tiſchgenoſſe.
convocation (ĝq-wŏ-kā-ßq̄′) f Ein-
berufung.
convoi (ĝq-wŏă′) m Geleit n, Zu-
fuhr f mit Bedeckung; Eiſenbahnzug.   [ſich gelüſten laſſen.
convoiter (ĝq-wŏă-te′) begehren,
convoitise (tĭ′ſ) f Lüſternheit.
convoler (wŏ-le′): ⌃ (en secondes
noces) ſich wieder verheiraten.
convoquer (ĝq-wŏ-ke′) ein-, zu-
ſammen-berufen.
convoyer (ĝq-wŏă-ke′) eskortieren.

convulser (kŏ-wül-ße') krampfhaft verzerren. [haft.

convulsif, ~ve (ßi'f, ßi'w) krampf-
convulsion (ßiõ') f Zuckung.

coobligé (kŏ-ŏ-blĭ-Ģe') m Mit-
verpflichtete(r).

coopérateur m, ~trice f (kŏ-ŏ-pĕ-
ra-tŏ'r, ~trĭ'ß) Mitarbeiter(in).

coopérer (kŏ-ŏ-pe-re') mitwirken.

coordonner (kŏ-ŏr-bŏ-ne') bei-
ordnen. [balfam.

copahu (kŏ-pă-ü') m Kopaiv-

copartageant, ~e (kŏ-păr-tă-Ģą',
~Ģą't) teilhabend.

copeau (kŏ-po') m (Hobel-)Span.

copie (pĭ') f Abschrift; Abbild n;
ins Reine geschriebene Schularbeit;
Manuskript n für den Setzer.

copier (kŏ-pĭ-e') kopieren. [lich.

copieux, ~se (kŏ-pĭõ', ~õŝ') reich-

copter (kŏ-pte') beiern. [thun.

copuler (kŏ-pü-le') zusammen-

coq (kŏk) m Hahn; ~ des bois,
~ de bruyère Auerhahn: ~à-
l'âne (kŏk-ă-lã'n) m Unsinn; ~
d'Inde (kŏ-bą'b) m Puter.

coquard (kŏ-kă'r) m alter Hahn.

coque (kŏk) f (Eier-)Schale; œufs
à la ~ weichgesottene Eier; ⚓
Springfrucht; Bund n Garn.

coquelicot (kŏ-klĭ-ko') m Mohn.

coquelourde (kŏ-klü'rb) f Oster-
blume, Stechnelke.

coqueluche (kŏ-klü'sch) f Keuch-
husten; fig. von allen gefeierter
Mensch. [topf.

coquemar (kŏ-kma'r) m Koch-

coqueter (kŏ-kte') kokettieren.

coquetier (kŏ-kĭ-tĭe') m Geflügel-
händler; Eierbecher.

coquillage (kŏ-kĭ-ja'Ģ) m Muschel-
(-thier n, -schale f).

coquille(kŏ-kĭ'j)f Muschel(schale);
Eier-, Nuß-schale; Muschel-
zierat m. [muschel-haltig.

coquilleux, ~se (kŏ-kĭ-jõ', ~ß'j)

coquin, ~e (kĭ', kĭ'n) Schuft(in);
Schlingel; Schelm(in).

coquinerie (kŏ-kĭ-n'rĭ') f Schur-
ken-streich m, -sinn m.

cor (kŏr) m (Wald-) Horn; Hornbläser; Weibsprosse f; Leichdorn.

coracie (kŏ-ră-ßĭ') f Birkhäher m.

corail (kŏ-ra'j) m Koralle f.

corailler(kŏ-ră-je')krächzen(Rabe).

corailleur (jŏ'r) m Korallenfischer.

corassin(kŏ-ră-ßą')m Karausche f.

corbeau (kŏr-bo') m Rabe;
Schwarzrock; Leichenträger;
Kragstein. [Brautgeschenk n.

corbeille (kŏr-bă'j) f Korb m;

corbillard (kŏr-bĭ-jă'r) m Leichen-
wagen. [(-Spiel n) n.

corbillon (kŏr-bĭ-ją') m Körbchen

corbleu! (kŏr-blõ') alle Wetter!

cordage (kŏr-ba'Ģ) m Tau(-werk)
n; Klaftern n des Holzes.

corde (kŏrb) f Strick m, Strang m,
Seil n; (Darm-) Saite f; Bogen-
sehne f; Faden m e-s Gewebes;
Klafter (Brennholz); ~à feu Lunte f. [herzförmig.

cordé m, ~e f (kŏr-be') gedreht;

cordeau (kŏr-bo') m (Meß-)
Schnur f; Wäschleine f; marquer au ~ abschnüren. [ten.

cordeler (kŏr-b'le') drehen, flech-

cordelier (kŏr-bŭ-lĭe') m Fran-
ziskanermönch.

cordelière (kŏr-bŭ-lĭã'r)f Knoten-
strick m; strick-ähnlicher Gürtel;
Raupe, Schnur von Seide.

cordelle (kŏr-bæ'l) f Zieh-leine.

corder (kŏr-be') Hanf drehen, spinnen; Holz messen; beschnüren.

corderie (kŏr-b'rĭ')f Seiler-bahn,
-handwerk n. [herzlich.

cordial, ~e (kŏr-bĭã'l)herzstärkend,

cordier (kŏr-bĭe') m Seiler.

cordon (bą') m Schnur f; Litze f;
Zug an der Thür; breites Band;
Leibstrick; Truppenkette f, Kor-
bo'n; Münz-rand. [rändern.

cordonner (kŏr-bŏ-ne') zs.-drehen;

cordonnerie (kŏr-bŏ-n'rĭ')f Schu-
ster-handwerk n, -werkstatt.

*cor*donnet(kŏr-dŏ-næ')m Schnür-
chen n; Schnürnestel f; grobe
Nähseide. [macher.
cordonnier (kŏr-dŏ-nĭe') m Schuh-
Cordoue (kŏr-bu') f Ko'rbova n.
Coré (kŏ-re'): bande f de ~ Rotte
Korah.
corégent (ko-rĕ-Qg')m Mitregent.
coreligionnaire (ko-rĭ-lĭ-Gĭŏ-
nä'r) m Glaubensgenosse.
corflote (kŏr-fĭ-o't) aus Ko'rfu.
coriace (kŏ-rĭ-ā'ß) zähe wie Leder.
corlieu (kŏr-lĭŏ') m kleine Brach-
schnepfe.
corme (kŏrm) f Spierling m.
cormier (kŏr-mĭe') m Spierlings-,
Sperber-baum.
cormoran (kŏr-mŏ-rg') m See-
rabe.
cornac (kŏr-nä'k) m Elefanten-
führer. [neo'l m.
cornaline (kŏr-nä-lĭ'n) f Kar-
corne (kŏrn) f Horn n; bêtes à
~s Hornvieh n; de ~ hörnern;
Hornwand am Hufe; Huf m;
Eselsohr n im Buche. [Auges.
cornée (kŏr-nĕ') f Hornhaut des
corneille (kŏr-nä'j) f Krähe.
cornement (kŏr-n'mg') m Ohrensausen n. [sack m.
cornemuse (kŏr-n'mü'j) f Dudel-
corner (kŏr-ne') die Hunde mit dem
Horn zusammenrufen; auspo-
saunen; ein Ohr in ein Buch 2c.
machen; v/n. tuten; sausen im
Ohr; keuchen; muffig riechen.
cornet (kŏr-næ') m Hörnchen n;
~ à piston Klapphorn n; Hörrohr n; Düte f; Würfelbecher;
Tintenstecher; Schröpfkopf.
cornette (kŏr-næ't) 1. f Morgen-
haube; ehm. Standarte; Fähnlein n. 2. m Fahnenjunker.
corneur (kŏr-nŏ'r) 1. m Tuter.
2. a. cheval ~ keuchendes Pferd.
corniche (kŏr-nĭ'sch) f Karnies n.
cornichon (kŏr-nĭ-schg') m kleine
Pfeffergurke; Einfaltspinsel.

cornier, ~ère (kŏr-nĭe', ~ĭä'r)
an einer Ecke stehend.
cornière (kŏr-nĭä'r) f Kehlrinne.
cornouiller (kŏr-nŭ-je') m Kor-
ne'lkirschenbaum. [gereimt.
cornu, ~e (kŏr-nü') gehörnt; un-
cornue (kŏr-nü') f Retorte.
corolle (kŏ-rŏ'l) f Blumenkrone.
corporal (kŏr-pŏ-rä'l) m geweihtes
Meßtuch für die Hostie.
corporel, ~le (kŏr-pŏ-rä'l, ~ä'l)
körperlich. [körpern.
corporifier (kŏr-pŏ-rĭ-fĭ-e') ver-
corps (kŏr) m Körper, Leib; Leichnam; Hauptteil; ~ de logis
Hauptgebäude n; Dichtigkeit f;
Stärke f; Körperschaft f, Innung f; ⚔ Corps n.
corpuscule (kŏr-pü-ßkü'l) m Ur-
körperchen n; Ato'm n.
correctif, ~ve (kŏr-rä-ktĭ'f, ~ĭ'w)
1. verbessernd. 2. m Milde-
rungsmittel n.
correction (kŏr-rä-kßĭg') f Be-
richtigung; Korrekturenlesen n:
sauf ~ mit Verlaub; Ver-
weis m; Korrektheit.
correctionnel, ~le (kŏr-rä-kßĭŏ-
nä'l, ~ä'l) verbessernd; tribunal m de police ~le Zuchtpoli-
zeigericht n.
corrélation (~rä-lā-ßĭg') f Wech-
sel-beziehung.
correspondance (~rä-ßpg-dā'ß) f
Übereinstimmung; Verkehr m;
Briefwechsel m; voiture f de ~
Anschlußwagen m.
correspondre (kŏ-rä-ßpg'dr) entsprechen, zu etwas stimmen;
korrespondieren.
corridor (kŏ-rĭ-bŏ'r) m Hausflur.
corriger (kŏ-rĭ-Ge') verbessern;
berichtigen; züchtigen.
corroborer (kŏ-ro-bŏ-re') stärken;
bekräftigen. [(weg)beizen.
corroder (kŏr-ro-be') anfressen;
corroi (kŏ-rŭä') m Gerben n.
corrompre (kŏ-rg'pr) verderben;

verfälschen; bestechen; se ~ in
Fäulnis übergehen.

corrosi*, ~ve (kŏr-ro-ſi'f, ~ſ'w)
1. ätzend. 2. m Ätzmittel n.

corrosion (kŏr-ro-ſiǫ̃') f Ätzen n;
Anfressen n.

corroyer (kŏ-rȧ̈-ſe') Leder gerben;
Eiſen ausſchweißen; Stahl raf=
finieren; Thon kneten.

corroyeur (kŏ-rȧ̈-iŏ̃'r) m Gerber.

corrupteur m, ~trice f (kŏ-rü-ptŏ̃'r,
~trī'ß) 1. verderblich. 2. s. Ver=
derber(in); Verführer(in).

corruptible (kŏ-rü-ptī'bl) ver=
weslich; bestechlich.

corruption (kŏ-rü-pſiǫ̃')f Verderb
m; Verdorbenheit; Verwesung;
Bestechung; Bestechlichkeit.

cors (kŏr) m/pl. Hirſchgeweih n.

corsage (kŏr-ſa'Q) m Oberleib
(v. Frauen); Leibchen; Mieder.

corsaire (ßȧ'r) m Kaperſchiff n;
Seeräuber; Leuteſchinder.

Corse (kŏrß) 1. f Korſika n.
2. s. Korſe, Korſin.

corsé, ~e (kŏr-ße') kräftig (Wein).

corset (kŏr-ßæ') m Schnürleib.

corsetier m, ~ère f (kŏr-ß'tie',
~ȧ'r) Korſettmacher(in).

cortège (kŏr-tæ'Q) m Gefolge n;
(Auf=)Bug. [artig.

cortical, ~e (kŏr-tĭ-kȧ'l) rinden=

coruscation (kŏ-rü-ßkȧ-ßiǫ̃') f
Aufleuchten n. [pflichtig.

corvéable (kŏr-wĕ-a'bl) fron=

corvée (kŏr-wĕ') f Frone. [be.

corymbe (kŏ-rȧ̈'b) m Dolbentrau=

coryza (kŏ-rĭ-ſa') m (see Stock=)
Schnupfen.

cosmétique (kŏ-ßmĕ-tĭ'k) 1. ver=
ſchönernd. 2. m Schönheits=
mittel n. 3. f Schönheitspflege.

cosmique (kŏ-ßmi'k) das Welt=all
betreffend.

cosmo... (kŏ-ßmŏ...) in Zuſ.=ſetzung:
Welt(en)=..., z. B. ~polite m
Weltbürger. [Mit-inhaber.

cosociétaire (ko-ßŏ-ßie-tȧ'r) m

cosse (kŏß) f Schote; Hülſe.

cosser (kŏ-ßĕ') und se ~ ſich mit
den Köpfen stoßen.

cossu, ~e (kŏ-ßü') vielſchotig; fig.
reich, großartig.

costé, ~e (kŏ-ßte') gerippt. [pen=...

costo-... (kŏ-ßto...) in Zſg.: Rip=

costumier m, ~ère f (kŏ-ßtü-mie',
~ȧ'r) Koſtüm=Verfertiger(in);
=Verleiher(in); Garderoben=
Aufſeher(in).

cote (kŏt) f Buchstabe m ob. Ziffer
zur Bezeichnung von Akten; Bei=
tragsanteil m; Kurszettel m.

côte (kŏt) f Rippe; Abhang m;
Küste; Strand m.

côté (ko-te') m Seite f: de mon ~
auf meine(r) Seite, meiner=
ſeits; à ~ de ... neben. [f.

coteau (ko-to') m Abhang; Leiste

coter (kŏ-te') mit Buchstaben oder
Ziffern bezeichnen; die Preiſe, Kurſe
notieren.

coterie (ko-t'rī') f Sippſchaft.

côtier m, ~ère f (ko-tie', ~ȧ'r)
Küsten=... [brot n.

cotignac (kŏ-tĭ-njä') m Quitten=

cotillon (kŏ-tĭ-jǫ')m Frauen=Unter=
rock; fig. Weiber n/pl., Schür=
zen f/pl.; id. (Tanz).

cotir (kŏ-tĭ'r) Obst quetſchen.

cotiser (kŏ-tĭ-ſe') Geld zuſammen=
ſchießen; se ~ ſich besteuern.

coton (kŏ-tǫ') m Baumwolle f;
Milchbart. [wollenzeug n.

cotonnade (kŏ-tŏ-na'b) f Baum=

cotonnerie (kŏ-tŏ-n'rī') f Baum=
wollen=bau m, =pflanzung.

cotonneux, ~se (kŏ-tŏ-nŏ̃', ~ŏ̃'ſ)
wollicht; pelzicht.

cotonnier (kŏ-tŏ-nie') 1. m Baum=
wollenpflanze f; Kattunfabri=
kant. 2. a. ~ m, ~ère f Baum=
wollen=... [Schießbaumwolle f.

coton - poudre (kŏ - tǫ - pū'br) m

côtoyer (ko-tȧ̈-ſe') längs et. hin=
gehen, =fahren; fig. streifen.

cotret (kŏ-træ') m Reisbündel n.

cotte (fŏt) *f* (Weiber-)Rock *m*; ~ de mailles Panzerhemd *n*.

cotuteur *m*, ~trice *f* (fo-tü-tö'r, ~trĭ'ß) Mitvor-mund, -mün-

cou (fu) *m* Hals. [berin.

co(u'ac (fŭ-a'f, fŏ-a'f) *m* Schrei (Rabe); faire un ~ mit b. Stimme ꝛc. überschnappen. [2. *m* Memme *f*.

couard, ~e (fŭ-ā'r, ~ā'rb) 1. feig. 2.

couardise (fu-är-bĭ'ß) *f* Feigheit.

couchage (fu-scha'G) *m* Nacht-lager *n*; Schlafgeld *n*.

couchant (fu-scha') *m* 1. Westen. 2. *a.* chien ~ Hühnerhund.

couche (fusch) *f* Bett *n*; Ehe; ~s *pl.* Kindbett *n*; Wochen *pl.*; La-ge, Schicht; Mistbeet *n*. [n.

couchée (fu-sche') *f* Nachtquartier

coucher (fu-sche') 1. zu Bett brin-gen; nieder-legen, -drücken; ~ q. en joue auf jemand (das Ge-wehr) anlegen; *v/n.* schlafen, übernachten; se ~ zu Bett ge-hen; sich hinlegen; untergehen (Sonne). 2. *m* Schlafengehen *n*; Nachtlager *n*; Untergang.

couchette (fu-schä't) *f* Bettchen *n*, Pritsche. [Schlafkamerad(in).

coucheur *m*, ~se *f* (fu-schö'r, ~ö'f)

coucou (fu-fu') *m* Kuckuck.

coucou(l)er (fu-fu-(l)e') Kuckuck schreien. [sch. Biegung *f*.

coude (fūb) *m* Ell(en)bogen; plötz-

coudé, ~e (fu-be') knie-förmig ge-bogen. [länge) *m*; Elle.

coudée (fu-be') *f* Vorderarm(s-

cou-de-pied, *a.* coude-pied *m* (fu-b'pĭe') *m* Spann *n*. [gen.

couder (fu-be') knie-förmig bie-

coudoyer (fu-bŏa-lĕ') mit dem Ell(en)bogen stoßen. [n.

coudraie (fu-bræ') *f* Haselgebüsch

coudre (fū'br) (zs-, an-)nähen.

coudrier (fu-brĭ-e') *m* Haselnuß-strauch. [te.

couenne (fŭan ob. fŭän) *f* Schwar-

coulage (fu-la'G) *m* Guß; Aus-laufen von Flüssigkeiten; Beuchen.

coulant, ~e (fu-la', ~ā't) 1. flie-ßend, willfährig. 2. *m* Schie-ber, Schiebe-ring.

coulé (fu-le') *m* ♪ Schleifstrich; Schleifer (Tanzschritt); Bindung der Schrift; Nachlaufen (Billard).

coulée (fu-le') *f* Fließen *n*; Wasser-Lauf *m*; Guß *m*; zf.-hängende Schrift mit geraden Strichen.

couler (fule') fließen; auslaufen; lecken; aus-, ab-rutschen; ~ sur qc. über et. leicht hinweggehen; *v/a.* durchseihen; ~ (à fond) in den Grund bohren; gleiten las-sen; ♪ schleifen; in Formen gie-ßen; se ~ sich schleichen.

couleur (fu-lö'r) *f* Farbe; pâles ~s Bleichsucht; sous ~ de ... unter dem Scheine von ...

couleuvre (fu-lö'vr) *f* Natter.

couleuvré, ~e (fu-lö-vre') ge-schlängelt. [schlange.

couleuvrine (fu-lö-vri'n) *f* Feld-

coulis (fu-lĭ') 1. *m* durchgeseihte Kraftbrühe; Lecken *n* d. Fasses. 2. vent ~ Zug(-luft *f*) *m*.

coulisse (fu-lĭ'ß) *f* Falz; Schnür-rinne; Schiebe-Fenster; Theater-Coulisse; Pfuschmakler *pl.*

coulissé, ~e (lĭ-ße') gefalzt. [ler.

coulissier (lĭ-ßĭe') *m* Pfuschmak-

couloir (fu-lŏä'r) *m* Seih-tuch *n*; kleiner Flur; Geheimtreppe *f*.

coup (fu) *m* Schlag, Stich, Stoß, Hieb; ~ (de feu) Schuß; Streich; Stückchen *n*; Schluck; au ~ de midi mit dem Schlage 12; ~ d'œil Blick; ~ de pinceau Pin-selstrich; ~ de sang Schlag-an-fall; tout d'un ~ mit einem Male; tout à ~ plötzlich; à ~ sûr sicherlich; pour le ~ (für) diesmal. [bar.

coupable (fu-pa'bl) schuldig; straf-

coupant, ~e (fu-pa', ~ā't) scharf.

coupe (fup) *f* 1. Fällen *n*; Zuschnitt *m*; Abheben *n* (Karten). 2. (Trink-) Schale; Pokal *m*.

coupé (ku-pe') m Halbkutſche f;
Kabriolett n t. Poſtw.; Coupé n.
coupe-gorge (kup-gö'rG) m Mör-
bergrube. [Strauchdieb.
coupe-jarret (kup-Gä-ræ) m
coupelle (ku-pæ'l) f Treibſcherben
m, Kapelle.
couper (ku-pe') (ab)ſchneiden;
hemmen; unterbrechen; einen
Weg durchſchneiden; eine Karte
ſtechen; mit Waſſer verdünnen;
Wein verſchneiden; v/n. ſchneiden; ſcharf ſn; abheben (Karten);
~ court à qc. mit et. brechen.
couperet (ku-p'ræ') m Hacke-meſ-
ſer n. [ferig (im Geſicht).
couperosé, ~e (ku-p'ro-ſe') kup-
coupe-tête (kup-tæ't) m Halsab-
ſchneider; Bockſpringen (Spiel).
coupeur m, ~se f (ku-pö'r, ~ö'ſ)
Ab-, Zu-ſchneider(in); Wein-
leſer(in); Falzbein n.
couple (ku'pl) 1. f Paar n nicht gl.
gehöriger Dinge; Koppel-riemen
m. 2. m Paar n lebender Weſen.
coupler (ku-ple') paarweiſe zu-
ſammenthun, koppeln. [Vers.
couplet (ku-plæ') m Strophe f,
coupoir (ku-pŏ'r) m (Blech-)Sche-
re f; Falzbein n.
coupole (ku-pŏ'l) f Kuppel.
coupon (ku-pŏ') m Tuchreſt; id.
(Abſchnittſchein); ~ de loge Logen-
billet n. [m; kleine Banknote.
coupure (pü'r) f Schnitt(-wunde)
cour (kūr) f Hof m; Gerichtshof m.
courageux, ~se (ku-rä-Gö', ~ö'ſ)
mutig.
couramment (rä-mą') geläufig.
courant, ~e (ku-rą', ~ą't) 1. laufend; gangbar; geläufig. 2. m
Lauf; Strom; ~ d'air Luftzug;
être au ~ de qc. mit et. Be-
ſcheid wiſſen.
courante (ku-rą't) f Durchfall m;
Kurrentſchrift.
courbatu, ~e (kūr-ba-tü') herz-
ſchlägig; wie zerſchlagen.

courbature (kūr-ba-tü'r) f Steifigkeit; Fluß; Zerſchlagenheit
der Glieder.
courbaturer (kūr-ba-tü-re') Steifigkeit ob. Fluß verurſachen.
courbe (kūrb) 1. gebogen. 2. f
Kurve; Flußgalle.
courber (kūr-be') krümmen, biegen; se ~ a. ſich bücken.
courbette (kūr-bæ't) f Bogen-
ſprung, id.; ~s pl. Bücklinge.
courbure (kūr-bü'r) f Krümme.
courcailler (kūr-kä-je') ſchlagen
(Wachtel).
coureur (ku-rö'r) m Läufer; Her-
umſtreicher ; Mädchenjäger;
Renner (Pferd).
coureuse (ku-rö'ſ) f leichte Stute;
Straßen-Hure. [Tragſtange.
courge (kūrG) f Kürbis m; (Eimer-)
courgée (kūr-Gẽ) f Tracht Waſſer.
courir (ku-rĭ'r) laufen; rennen;
fließen: v/a. ab-, durch-lau-
fen; ~ le monde in der Welt
umherziehen; ~ le cachet Pri-
vatſtunden geben; être fort
couru ſehr geſucht ſein.
courlis, a. ~lieu (kūr-lĭ', ~lĭß') m
Brachſchnepfe f.
couronne(ku-rŏ'n) f Krone; Kranz
m; Tonſur. [Krönung f.
couronnement (ku-rŏ-n'mą') m
couronner (ku-rŏ-ne') krönen; be-
kränzen; se ~ kahle Kniee bekommen (von Pferden).
cou-rouge (rū'G) m, pl. ~s-~s Rot-
kehlchen n. [à ~ Parforcejagd f.
courre (kūr) Jagd machen; chasse
courrier (ku-rĭ'e') m Kurier; Brief-
poſt(-konbukteur, -wagen) f;
faire son ~ ſ-e Poſt beſorgen.
courroie (rŏ'ä') f Riemen. [nen.
courroucer (ru-ße') heftig erzür-
courroux (ku-rū') m Zorn, Grimm.
cours (kūr) m Lauf, Richtung f;
Verlauf; Umlauf, Kurs; Gang-
barkeit f; wiſſenſchaftliche Vor-
leſung; Korſo.

course (kür̃) f Laufen n; Wettlauf m; ~ de chevaux Pferde-
rennen n; (Geschäfts-)Gang m;
Ausflug m; prendre à la ~ e-n
Wagen auf die Tour nehmen;
⚓ Kaperei.   [Renner.
coursier (kür-ßïe') m Streit-roß n,
court, ~e (kür, kürt) kurz; prendre
le plus ~ den kürzesten Weg nehmen; rester ~ stecken bleiben.
courtage (kür-ta'G) m Makler-
geschäft n, -gebühr f.
courtaud, ~e (kür-tö', ~tö'b) 1. ab-
gestutzt. 2. m kurzer, stämmi-
ger Mensch; Stutzschwanz (Pferd
oder Hund).   [Ohren abstutzen.
courtauder (to-be') Schweif und
court-bouillon (kur-bū-jq') m
kurze Fischbrühe.   [decke.
courtepointe (kürt-pṑ't)f/Stepp-
courtier (kür-tïe') m Makler.
courtière (tïä'r) f (de mariage)
Heiratsstifterin. [wurfsgrille.
courtilière (kür-tĭ-lïä'r) f Maul-
Courtille (kür-ti'j) f id. (Vorstadt
von Paris); descente de la ~ lär-
mende Rückkehr der Masken nach
Paris am Aschermittwoch-Morgen.
courtine(ti'n)f ehm. Bettvorhang;
arch. Façadenteil zwischen zwei
Flügeln; ⚔ Mittelwall.
courtisan (kür-tĭ-ßq') m Höfling.
courtisane (ßa'n) f Buhlerin.
courtisanesque (kür-tĭ-ßä-nä'ßk)
schranzenmäßig.
courtiser (ße') den Hof machen.
court-jointé, ~e(kur-Gϑ̃-te') kurz-
gefesselt (Pferd).   [(Wechsel).
court-jour (Qū'r): à ~ kurzsichtig
courtois, ~e (kür-tṑä', ~tṑä'f) höflich, ritterlich.   [Rittersitte.
courtoisie (tṑä-ßĭ') f Artigkeit,
couru (ku-rü') part. von courir.
couscous(ku-ßku'ß)mKuskus(a.n).
couseuse (tu-ßö'ß) f Näherin;
(Buch-)Hefterin; Heftmaschine.
cousin (ku-ßq') m 1. Vetter.
2. (Stech-)Mücke f.

cousinage (ku-ßĭ-na'G) m Vetter-
schaft f.
cousine (ku-ßĭ'n) f id., Muhme.
cousiner (ku-ßĭ-ne') herumschma-
rotzen.   [netz n.
cousinière (ku-ßĭ-nïä'r) f Mücken-
cousoir (ku-ßṑä'r) m Heftlade f.
coussin (ku-ßq') m Kissen, Polster.
coussinet (ku-ßĭ-nä') m kleines
Kissen; Wulst f; Kranz zum Tragen von Lasten auf dem Kopf.
coût (kū) m Kosten pl.   [preis.
coûtant (ku-tq'): prix ~ Einkaufs-
couteau (ku-to') m Messer n; ~
de chasse Hirschfänger.
coutelas (t'la') m kurzes Schwert;
großes Küchenmesser.   [schmied.
coutelier (ku-tĭ-lïe') m Messer-
coutellerie (ku-tä-l'rĭ') f Messer-
schmiede-Handwerk n, -Fabrik f.
coûter (ku-te') kosten.
coûteux, ~se (tö', tö'ß) kostspielig.
coutier (ku-tïe') m Zwillichweber.
coutil (ku-ti') m Zwillich.
coutre (kū'tr) m Pflug-eisen n.
coutume (ku-tü'm)f Gewohnheit;
Brauch m.
coutumier, ~ère (tü-mĭe', ~mïä'r)
auf Herkommen gegründet.
couture (ku-tü'r) f Naht; Näherei.
couturé, ~e (ku-tü-re') benarbt.
couturière (ku-tü-rĭä'r)f Näh(t)e-
rin; Schneiderin; ~ en linge
Weißnäherin.
couvaison (ku-wä-ßq')f Brutzeit.
couvée (ku-wë')f Nest n voll Eier,
Jungen; Brut.
couvent(wq') m Kloster. [hecken.
couver (ku-we') brüten, fig. aus-
couvercle (ku-wä'rt) m Deckel.
couvert (ku-wä'r) 1. part. von
couvrir. 2. m Tischzeug n; Ge-
deck n; Tafel-Besteck n; Obdach
n; être à ~ im Trocknen, sicher
couverte (wä'rt) f Decke. [sein.
couverture (ku-wä'r-tü'r) f Decke,
Überzug m; Bedachung; ●
Deckung.

couvet (ku-wä') m Feuerkiele f.
couveuse (ku-wȫ'f) f Brut-henne; Brüt-ofen m.
couvi (ku-wi') a.: œuf ~ angebrütetes, verborbenes Ei.
couvre-feu (kūwr-fȫ') m Kohlen-deckel; Feierabendglocke f.
couvreur (ku-wrȫ'r) m Dachdecker.
couvrir (ku-wri'r) (be-, zu-)decken; bekleiden; verhüllen; beschönigen; beschirmen; beschälen; ☞ se ~ sich decken.
crabe (krab) m Krabbe f.
crac (kräk) 1. krach! plumps! 2. m Krach(en n).
crachat (krä-scha') m Speichel, Auswurf; Ordensstern.
cracher (krä-sche') speien, spucken; spritzen (Schreibfeder).
cracheur m, ~se f (krä-schȫ'r, ~schȫ'f) Spucker(in).
crachoir(krä-schoä'r)m Spucknapf.
crachoter (schǒ-te') oft ausspucken.
Cracovie (krä-kǒ-wi') f Krakau n.
craie (krä) f Kreide.
craindre (krä̃'dr) fürchten; je crains qu'il ne vienne ich fürchte, daß er kommt.
crainte (krä̃t) f Furcht, Scheu.
craintif, ~ve (krä̃-ti'f, ~ti'w) furchtsam, ängstlich. [finrot.
cramoisi, ~e (krä-moä-fi') karme-
crampe (krãp) f Krampf m.
crampon (krã-põ') m Krampe f, Eisenklammer f; Stollen, Eisgriff am Huf-eisen.
cramponner (krã-pǒ-ne') anklammern; Huf-eisen mit Eisspitzen versehen.
cran (krã) m Einschnitt, Kerbe f.
crâne (krān) 1. m Hirnschale, Schädel; fig. Brause-kopf. 2. a. verwegen. [rei.
crânerie (krä-n'ri') f Renommiste-
crapaud (krä-pǒ') m Kröte.
crapaudaille (krä-po-ba'j) f Gesindel n; Kreppflor m.
crapaudière (biä'r) f Krötenloch n.

crapaudine (krä-po-bi'n) f Krötenstein m; pigeon à la ~ aufgeschnittene, auf dem Roste gebratene Taube; typ. Pfanne, Frosch.
crapule(krä-pü'l)f Völlerei; Lumpenvolk n.
crapuleux, ~se (krä-pü-lȫ', ~lȫ'f) der Völlerei ergeben; lumpenmäßig.
craque (kräk) f Aufschneiderei.
craquelé, ~e (krä-k'le'): porcelaine ~ ~e Porzellan n mit rissiger Glasur.
craquelin (krä-k'lã') m Kringel.
craquelot (krä-k'lo') m frischer Bückling; Köberkrabbe f.
craquer (krä-ke') krachen, knarren; aufschneiden, lügen; klappern.
craquerie (kri') f Aufschneiderei.
craqueter (krä-k'te') knistern: klappern (Storch).
craqueur (krä-kȫ'r) m Prahler.
crasse (kräß) f Schmutz m; Schlacke; fig. schmutziger Geiz.
crasseux, ~se (krä-ßȫ', ~ßȫ'f) schmutzig; filzig.
crassi... (krä-ßi...) in Zssg. dick-...
cratère (kra-tä'r) m Trinkschale f; Krater.
craticuler (ti-kü-le') eine Zeichnung durch das Gitter verkleinern.
cravache (krä-wä'sch) f Reitpeitsche. [Entenmuschel f.
cravan (krä-wã') m Ringelgans f;
cravate(krä-wä't) 1.f Hals-tuch n, -binde. 2. m kroatisches Pferd.
cravater(krä-wä-te'): ~ q. j-m ein Halstuch umbinden.
crayeux, ~se(krä-wȫ', ~wȫ'f) kreidig.
crayon (krä-wõ')m (Blei-, Farben-) Stift; Kreide-zeichnung f.
crayonner (krä-wǒ-ne') mit dem Stifte zeichnen; skizzieren.
crayonneur m, ~se f (nȫ'r, nȫ'f) Subler(in). [sackerlot!
cré (kre) = sacré, s.d. ~ Dieu!
créable (krě-a'bl) erschaffbar.
créance (krě-ã'ß) f Glauben m;

lettres de ~ Beglaubigungs-
schreiben n; Schuldforderung.
créancier m, ~ère f (kre-a-ßĕ',
~ßiâ'r) Gläubiger(in).
créat (krĕ-a') m Bereiter.
créateur m, ~trice f (a-tö'r, ~tri'ß)
Schöpfer(in). [Erschaffung.
création (kre-ā-ßiǫ')f Schöpfung,
crécelle (krĕ-ßæ'l) f Klapper.
crécerelle(kre-ß'ræ'l)f Turmfalke.
crèche (kræsch) f Krippe; Findel-
haus n; Bewahr-Anstalt für
Kinder unter 2 Jahren.
crédibilité (kre-bi-bĭ-li-te') f
Glaubwürdigkeit. [Einfluß.
credit(krĕ-bi')m Kredit; Ansehen;
Credo (kre-bo') m Glaubensbe-
kenntniß n.
crédule (krĕ-bü'l) leichtgläubig.
crédulité (kre-bü-li-te') f Leicht-
gläubigkeit.
créer(krĕ-e')(er)schaffen; erfinden.
crémaillère (kre-ma-jä'r)f Kessel-
haken m: pendre la ~ eine neue
Wohnung durch e-n Schmaus
einweihen. [verbrennung
crémation (kre-mā-ßiǫ')f Leichen-
crème (kræm) f Sahne; das Beste.
crémer (kre-me') Rahm ansetzen.
crémerie (kre-m'ri') f Milchge-
schäft n. [sahnenhaltig.
crémeux, ~se (kre-mö', ~mö'f)
crémier m, ~ère f(kre-miĕ',~miâ'r)
Milch-, Eier-händler(in).
créné, ~e (krĕ-ne') gekerbt.
créneau(no')m Zinne; Schießschar-
te; ⚔ Pelotonlücke für Offiziere.
créneler (kre-n'le') mit Zinnen,
Schießscharten versehen; auszacken; Münzen rändern.
crénelure (n'lü'r) f Kerbzahn m;
Verzahnung; gezackte Arbeit.
créner (krĕ-ne') Lettern abschärfen;
einkerben.
crépage (krĕ-pa'Q) m Kräuseln n.
crêpe (kræp) 1. m Krepp; (Trauer-)
Flor. 2. f Krapfen m; Pfann-
kuchen m aus Buchweizenmehl.

crêper(kræ-pe') kräuseln. [Putz.
crépi (krĕ-pi') m (Mörtel-)Anwurf,
Crépin (krĕ-pẫ') m Crispi'nus.
crépin (krĕ-pẫ') m Schusterhand-
werkzeug n.
crépine (pi'n) f Art Franse; Netz n
der Lämmer. [wurst.
crépinette (kre-pĭ-næ't) f Hirn-
crépir (krĕ-pi'r) eine Wand berap-
pen, bewerfen; Pferde-haare kräuseln. [rappen n.
crépissage (kre-pĭ-ßa'Q) m Be-
crépissure (ßü'r) f Bewurf m.
crépiter (te') knistern, prasseln.
crépodaille (kre-pŏ-ba'j) f dünner
Haubenflor.
crépu, ~e (krĕ-pü') kraus.
crépure (krĕ-pü'r) f Kräuseln n.
crépuscule (kre-pü-ßkü'l) m
(Abend-)Dämmerung f.
cresson (kræ-ßǫ') m Kresse f.
crête (kræt) f (Hahnen-)Kamm m;
Schopf m der Vögel; Helmkamm
m; Grat m eines Berges; First-
steine m/pl. [versehen.
crêté, ~e (kræ-te') mit e-m Kamme
crételer (tre-t'le') gackern.
crétiniser (kre-ti-ni-fe') verdummen; se ~ blödsinnig werden.
cretons (krĕ-tǫ') m/pl. Grieben.
creuser(krö-fe') aus-graben, -höh-
len; ausbaggern; se ~ le cerveau sich den Kopf zerbrechen.
creuset(krö-ßæ') m Schmelztiegel.
creux, ~se (krö, krö'f) 1. hohl; tief
(-liegend); leer; kraft-, gehaltlos; songer ~ Grillen fangen.
2. m Höhlung f; ~ de l'estomac Herzgrube f. [Sprung.
crevasse (krĕ-wa'ß) f Spalt, Riß;
crevasser (krĕ-wä-ße') aufreißen;
schrundig machen; se ~ Risse
bekommen.
crevé (krĕ-we') m: petit ~ Jung-
greis, entnervter Geck. [leib.
crève-cœur (kræm-kö'r) m Herze-
crever (krĕ-we') bersten machen,
zersprengen; ~ le cœur herzzer-

reißend sein; ein Pferd zu Tode
jagen; v/n. platzen, bersten; kre-
pieren; sich tot kaufen (Kartien-
spiel); se ～ de travail sich zu
Tode arbeiten.　　　[-senkel.

crevet(krö-wæ')m Schnür-band n,

crevette (krö-wæ't) f Krabbe.

cri (kri) m Schrei; à cor et à ～
mit Ungestüm (fordern); Ausruf;
～ public öffentliche Meinung.

criailler(kri-ä-je') quarren; keifen.

criaillerie (kri-ä-j'ri') f Geschrei n;
Gezänk n.　　　[schreiend.

criant, ～e (kri-g', ～g't) (himmel-)

criard, ～e(kri-ā'r, ～ä'rd) schreiend,
keifend; dettes ～es Läpperschul-
ben f/pl.; gellend; grell (Farbe).

crible (kri'bl) m Sieb.

cribler (kri-ble') (durch)sieben;
durchlöchern; être ～é de dettes
bis über die Ohren in Schulden
stecken.　　　[Sieber(in).

cribleur m, ～se f (kri-blö'r, ～blö'f)

criblure (blü'r) f Aussiebsel n.

cric 1. (kri) m (Wagen-)Winde f.
2. (krik) int. ～ crac ritsch ratsch.

cricet (kri-sæ') m Hamster.

cri-cri (kri-kri') m Grille f.

criée (kri-é') f: (vente f à la) ～
gerichtliche Versteigerung.

crier (kri-e') schreien; zurufen;
laut klagen; knarren (Thür);
v/a. ausrufen.

crierie (kri-'ri') f Geschrei n.

crieur m, ～se f (kri-ö'r, ～ö'f)
Schreier(in); Ausrufer.

crime (krim) m Verbrechen n.

criminalité (kri-mi-nä-li-te') f
Strafbarkeit.

criminel, ～le(kri-mi-næ'l, ～næ'l)
1. verbrecherisch; peinlich, kri-
minell. 2. s. Verbrecher(in).

crin (krᵶ) m (Roß-)Haar n.

crincrin (krᵶ-krᵶ') m Gefiedel n.

crinière (kri-niä'r) f Mähne; Roß-
schweif m (Helm).

crinoline (kri-nŏ-li'n) f Roßhaar-
zeug n; id.

crique(krik)f kleine Bucht, Schlupf-
hafen m.

criquet (kri-kæ') m Schnarr-heu-
schrecke f; Heimchen n; Krick-
ente f; alte Kracke.　　[Krists.

crise (kriß) f Entscheidungspunkt,

crispation (kri-ßpā-ßiō') f Kräuseln, krampfhafte Zs.-ziehung.

crisper (ßpe') kraus machen; se ～
krampfhaft aufgeregt werden.

cristal (kri-ßtä'l) m Kryſtall; ～aux
pl. a. geschliffene Glaßsachen.

cristi (kri-ßti') int. sackerlot!

critiquable (kri-ti-ka'bl) tadelhaft.

critique (kri-ti'k) 1. kritisch; bedenklich. 2. m Kri'tiker; Krittler. 3. f Kritik; Krittelei, Tadel.

critiquer (kri-ti-ke') scharf be-ur-
teilen; tadeln.

critiqueur (kri-ti-kö'r) m Krittler.

croasser(kro-ä-ße')krächzen (Rabe).

croc (kro) m Haken; ～s pl. Haken-
zähne; Krebsscheeren f, Knebel-
bart.　　　[Beinstellen n.

croc-en-jambe (krŏ-kₐ-ĝā'b) m

croche (krŏsch) 1. hakenförmig,
krumm 2. f geschwänzte Note,
Achtel-Note.　[zen; ♩ anhaken.

crocher (krŏ-sche') Noten schwän-

crochet (krŏ-schæ')m Haken, Häk-
chen n; Dietrich; ～s pl. Trage-
Reff n; eckige Klammern; Ro-
tenschwanz.

crocheter (krŏ-sche'te') mit dem
Dietrich öffnen; aufbrechen.

crocheteur (sch'tö'r)m Lastträger;
～ de serrures Einbrecher(Dieb).

crochetier (krŏ-sche'tié') m Speng-
ler; (Trag-)Reffmacher.

crochu, ～e (krŏ-schü') hakenförmig, krumm; kuh-heffig (Pferd).

croire (krᵈr) glauben; en ～ q.
j-m et. glauben; ～ q. qc. jem.
für et. halten; ～ à qc. an et.
glauben.

croisade (kröä-sa'b) f Kreuzzug m.

croisé (kröä-se') m Kreuzfahrer.

croisée (sé') f Fenster; Kreuzweg.

croisement (krŭā-ſ'mŭ') m Kreuzung f.

croiser (krŭā-ſe') kreuzweise legen, kreuzen (a. ⚓); durch=, eine Schrift unter=kreuzen. [Fahrzeug.

croiseur (krŭā-ſö'r) m kreuzendes

croisier (krŭā-ſĭe') m Kreuzträger (Mönchsorden).

croisière ⚓ (ſĭā'r) f Kreuzfahrt; Gegend, wo Schiffe kreuzen.

croisillon (krŭā-ſĭ-jŏ') m Querholz n eines Fensterkreuzes.

croissance (bŭā'ß) f Wachstum n.

croissant, ～e (krŭā-bŭā', ～bŭā't) 1. zunehmend. 2. m zunehmender Mond; Halbmond; Hörnchen n (Gebäck).

croisure (krŭā-ſü'r) f Köper m.

croitre (krŭā'tr) wachsen.

croix (krŭā) f Kreuz n; ～ ou pile Kopf oder Schrift (Hazardspiel).

crône (krōn) m Kran; Schlupfloch n für Fische.

croquant, ～e(krŏ-kŭ', ～kŭ't) 1. unter den Zähnen krachend. 2. m Lumpenkerl; Knorpel. 3. ～e knusprige Mandeltorte.

croquembouche (krŏ-kŭ-bu'ſch) m Krachkonfekt n.

croque-mitaine (krŏk-mĭ-tæ'n) m Knecht Ruprecht.

croque-mort (krŏk-mŏ'r) m Leichenträger. [freſſer.

croque-note (krŏk-nŏ't) m Noten=

croquer (krŏ-ke') knabbern; gierig verzehren; jolie à ～ zum Anbeißen schön; mit wenig Strichen entwerfen, croquieren; Noten unter den Tisch fallen laſſen; v/n. krachen: knarren.

croquet (krŏ-kæ') m Knaſterkuchen.

croquette (krŏ-kæ't) f Reis=, Kartoffel=klöschen n. [ſtüber m.

croquignole (krŏ-kĭ-njŏ'l) f Naſen=

croquis (krŏ-kĭ') m Skizze f.

crosse (krŏß) f Bischofs=, Krummſtab m; Gewehrkolben m.

crosser (krŏ-ße') kolben (Spiel);

einen Ball mit dem Kolben fortſtoßen; ～ q. jem. verächtlich behandeln; se ～ sich prügeln.

crosseur m, ～se f (krŏ-ßō'r, ～ßō'ſ) Rabo=ſpieler(in). [ſchlange.

crotale (tä'l) m Klapper; Klapper=

crotte (krŏt) f (Straßen-)Kot m, Dreck m; Kötel m. [ſpritzen.

crotter (krŏ-te') beſchmutzen, be=

crottin (krŏ-tŭ') m Kötel; ～ de cheval Pferde-mist. [fällig.

croulant, ～e (kru-lŭ', ～lŭ't) baufällig.

croulement(kru-l'mŭ')m Einſturz.

crouler (le') ein=ſtürzen, =ſinken.

croup (krup) m Krupp.

croupade (kru-pa'd) f Hochſprung m (Pferd). [Berg=Rücken m.

croupe (krup) f Kruppe, Kreuz n;

croupeux, ～se (kru-pö', ～pö'ſ) mit Krupp behaftet.

croupier (pĭe')m id., Spielgehülfe.

croupière (kru-pĭā'r) f Schwanzriemen m. [parlament.

croupion (pĭŏ') m Steiß; Rumpf=

croupir (kru-pĭ'r) ſtill ſtehen und faulig werden (Waſſer); fig. bei kommen. [mo'bernd.

croupissant, ～e (kru-pĭ-ßŭ', ～ŭ't)

croustillant,～e(ßtĭ-jŭ', ～ŭ't)knuſprig. [Schorf; altes Gemälde.

croûte (krut) f Kruſte, Rinde;

croûter (kru-te') eine Kruſte bekommen.

croûtier (tĭe') m Farbenkleckſer.

croûton (kru-tŏ') m (Brot-)Kanten; a. = croûtier.

croyable (krŭā-ſa'bl) glaubhaft.

croyance (krŭā-ĭā'ß) f Glaube m.

croyant, ～e (ĭā', ĭā't) gläubig.

cru (krü) 1. part. von croire. 2. a. roh, ungekocht; grell; gerade heraus. 3. (a. crû) m Wuchs; Grund und Boden; de mon ～ auf meinem Boden gewachſen.

cruauté (krü-o-te') f Grauſamkeit.

cruche (krüſch) f Krug m; Dummkopf m.

cruchon (krü-ſchŏ') m Krüglein n.

crucial, ~e (krü-ßȳä'l) kreuzförmig.

crucifié (ßĭ-fĭe') m Gekreuzigte(r).

crucifiement (krü-ßĭ-fĭ-mą') m Kreuzigung f.

crucifier (krü-ßĭ-fĭ-e') kreuzigen.

crucifix (krü-ßĭ-fĭ') m Kruzifix n.

crudité (krü-dĭ-te') f roher Zustand; Unverbaulichkeit; fig. Derbheit der Rede.

crue (krü) f Anwachsen n.

cruel, ~le (krüä'l, krüä'l) grausam.

crûment (krü-mą') schonungslos.

crural, ~e (krü-rä'l) 1. Schenkel-... 2. m Schenkelmuskel. [tiere.

crustacés (ßta-ße') m/pl. Schaltiere.

crypto .. (krĭ-ptŏ...) in Zssg.: verborgen, geheim, z. B. ~graphie f Geheimschreibekunst.

cu (kü) m = cul. [Messung f.

cubage (kü-ba'Q) m Kubik-inhalts-

cube (küb) 1. m Kubus, Würfel; Kubik-zahl f. 2. a. Kubik-...

cubique (kü-bĭ'k) kubisch.

cubo... (kü-bŏ...) in Zssg. Würfel-...

cucurbite (kü-kür-bĭ't) f Kürbis m; (Destillier-)Kolben.

cueillage m, ~aison f (kö-ja'Q, ~ȧ-șą') Obst-Erntezeit f.

cueille (köj) f Pflücken n des Obstes.

cueillette (kö-jȧ't) f Obst-ernte.

cueilleur m, ~se f (kö-jö'r, ~jö'ș) Obstpflücker(in); ~ d'or Goldwäscher. [meln, ernten.

cueillir (kö-jĭ'r) pflücken; einsam-

cueilloir (kö-jȧ'r) m Obst-pflück-korb; Obstbrecher.

cuiller (kül-jä'r) f Löffel m.

cuillerée (j'rë') f ein Löffel voll.

cuir (kü̆r) m Haut f; Leder n; ~ de Russie Juchten; ~ à rasoir Streichriemen; Sprachschnitzer.

cuirasse (kü̆-ra'ß) f Küraß m; (Schiffs-)Panzer m.

cuirasser (kü̆-rä-ße') bepanzern.

cuiratier (ra-tĭe') m Lederbereiter.

cuire (kü̆r) kochen, sieden; backen; reifen; v/n. auch brennen, weh thun.

cuisant, ~e (kü̆-są', ~ßą't) brennend (heftig schmerzend).

cuiseur (șö'r) m (Ziegel- 2c.) Brenner.

cuisine (ßĭ'n) f Küche; Kochkunst.

cuisine-poêle (kül-șĭn-ρȧ'l) f Koch-ofen m, -maschine.

cuisiner (ßĭ-ne') die Küche besorgen.

cuisinier m, ~ère f (ßĭ-nĭe', ~nĭä'r) Koch, Köchin. [künstliches Bein.

cuissard (ßȧ'r) m Bein-harnisch;

cuisse (kü̆ß) f (Ober-)Schenkel m; Keule. [(Kalb).

cuisseau (kü̆-șo') m Lendenstück n

cuisson (kü̆-șą')f Kochen; Backen; Brennen (auch von Wunden).

cuissot (kü̆-șo') m Keule f (Wild).

cuistre (kü̆'ßtr) m Schulfuchs.

cuite (kü̆t) f Brennen n von Ziegeln 2c.; Brand m; Einkochen n.

cuivre (kü̆'wr) m Kupfer n; ~ jaune Messing n. [gekupfert.

cuivré, ~e (kü̆-wre') kupferfarbig;

cuivrer (kü̆-wre') mit Kupfer bedecken, verkupfern.

cuivrerie (kü̆-wrĭ-rĭ') f Kupfer-waren pl. [kupferig.

cuivreux, ~se (kü̆-wrö', ~wrö'ș)

cul (kü) m Hintere, Arsch; Boden, Unterteil; ~ de plomb Sitzfleisch n.

culasse (kü̆-la'ß) f Bodenstück n (Kanone); Schwanzschraube; fusil se chargeant par la ~ Hinterlader m.

cul-blanc (kü-blą') m Weißschwanz.

culbutant (kül-bü-tą') m Tummeltaube f.

culbute (kül-bü't) f Burzelbaum m.

culbuter (kül-bü-te') Hals über Kopf herunterwerfen; über den Haufen werfen; v/n. burzeln.

culbuteur (kül-bü-tö'r) m Burzelmännchen n. [pel ohne Beine.

cul-de-jatte (kü-bĭ-Qȧ't) m Krüp-

cul-de-lampe (lą'p) m Decken-zierat; Erker; typ. Schlußzierat.

cul-de-sac (sȧ'k) m Sackgasse f.

culée (kü-lë')f Widerlage; (Baum-)

Stumpf m; ⚓ Stoßen n auf
den Grund.

culer ⚓ (kü-le') über Steuer gehen.

culière (liä'r) f Schwanzriemen m.

culinaire (kü-li-nä'r) Küchen-...,
Koch-...

culminant, ~e (kül-mi-ng', ~ng't)
kulminierend; point ~ Höhe-
punkt m.

culot (kü-lo') m Restküchlein n;
metallischer Bodensatz: Unterteil.

culotte (kü-lö't) f (kurze Knie-)Hosen
pl.; Schwanzstück n; das Ange-
rauchte im Pfeifenkopf.

culotter (kü-lö-te') behosen; eine
Pfeife anrauchen; se ~ a. sich betrinken. [ner Hosen; Beutler.

culottier (tiē') m Verfertiger leder-

culpabilité (kül-pa-bi-li-te') f
Straffälligkeit. [Kultus.

culte (kült) m Gottesverehrung f,

cultivable (kül-ti-wa'bl) kultur-
fähig. [mann; Landwirt.

cultivateur (wa-tö'r) m Ackers-

cultiver (we') an-, be-bauen, bestellen; betreiben, üben; ~ q.
jem. warm halten.

culture (kül-tü'r) f Anbau, Kul-
tu'r; Züchten; Pflege der Künste ec.

cumin (kü-mng') m Kümmel; le C~
Insel Komi'no.

cumul (kü-mü'l) m gleichzeitiger
Besitz mehrerer Ämter: Häufung f.

cumuler (mü-le') anhäufen; mehrere Ämter ec. gleichzeitig besitzen.

cunéaire, ~iforme (kü-ne-ä'r, kü-
ne-i-fö'rm) keilförmig, Keil-...

cunette (nä't) f Abzugsgraben m.

cupide (pi'b) hab-gierig, -süchtig.

cupidité (kü-pi-bi-te') f Habsucht.

cupri... (kü-pri...) in Zssg. kupfer-...,
ıB. ~fère kupferhaltig.

curable (kü-ra'bl) heilbar.

curage (kü-ra'Q) m Reinigen n;
Ausbaggern n.

curatif, ~ve (kü-ra-ti'f, ~ti'w)
1. heilend. 2. m Heilmittel n.

cure (kür) f Heilung, Kur; Pfarre.

curé (kü-re') m Pfarrer.

cure-dent (kür-bg') m Zahnstocher.

curée (kü-rē') f Jägerrecht n für
die Hunde; Mahlzeit; âpre à la
~ beute-gierig. [reiniger.

cure-langue (kür-lg'g) m Zungen-

cure-môle (kür-mö'l) m Bagger.

cure-oreille (ö-rä'j) m Ohrlöffel.

cure-pipe (pi'p) m Pfeifenräumer.

curette (kü-rä't) f Blasenräumer;
Kardenreiniger. [Regierung.

curie (kü-ri') f Kurie; päpstliche

curieux, ~se (kü-riö', ~riö'f) neu-
gierig; wißbegierig; vorwitzig;
selten, merkwürdig.

curiosité (kü-ri-o-si-te') f Neu-
gierde; Vorwitz m; Seltenheit,
Kuriosität; ~s pl. Sehenswür-
digkeiten.

curoir (kü-rsä'r) m Pflug-reute f.

curseur (kür-sö'r) m Schieb-ring.

cursif, ~ve (kür-si'f, ~si'w) laufend, Kurre'nt-...

curvi-...(kür-wi...)in Zssg. krumm-...,
ıB. ~rostre krummschnäbelig.

cuscute (kü-skü't) f Flachsseide.

cuspidé, ~e (kü-ßpi-be') stachelspitzig.

custode (kü-ßto'b) 1. m Kustos;
Oberer von Orden; Aufseher. 2. f
Decke über der Hostienschachtel; Pi-
stolenhalfterbeckel m; Ohrkissen
n in Kutschen. [gehörig, Haut-...

cutané, ~e (kü-tä-ne') zur Haut

cutter ⚓ (ko'tr) m Kutter.

cuve (küw) f Kufe, Bottich m.

cuveau (kü-wo') m kleine Kufe.

cuvée (kü-wē') f eine Kufe voll.

cuveler (kü-w'le') einen Schacht ver-
zimmern.

cuvelier (kü-w'liē') m Böttcher.

cuver (kü-we') in der Kufe stehen
bleiben (vom Wein); v/a. ~ son
vin seinen Rausch ausschlafen,
sich beruhigen.

cuverie (kü-w'rī') f Küperkunst.

cuvette (kü-wä't) f Waschbecken n;
(Blumen-)Untersatz m.

cuvier (kü-wiē') m Laugenfaß n.

*cy*clone (ßī-klo'n) *f* (a. *m*) Wirbel-
cygne (ßīnj) *m* Schwan. [sturm.
cylindrer (ßī-lạ-bre') walzen, rollen; kalanbern; cylindrische
Form geben.
cymaise (ßī-mǟ'ß) *f* Hohlkehle.
cymbalier (ßạ-bǟ-lĭē') *m* Becken-
schläger.

*cy*nocéphale (ßī-no-ßĕ-fǟ'l)
1. hundsköpfig. 2. *m* Pavian.
cyprès (ßī-prǟ') *m*: ~ (pendant
Trauer-)Cypresse *f*.
cyprière (ßī-prĭ-ǟ'r) *f* Cypressen-
hain *m*. [Entzündung.
cystite (ßī-ßtĭ't) *f* Harnblasen-
cytise (ßī-tĭ'ß) *m* Bohnenbaum.

D.

da (ba): oui-~ ei ja; nenni-~,
non-~ nicht doch.
d'abord (bǎ-bō'r) v. abord.
d'accord (bǎ-kō'r) v. accord.
dada (bǎ-ba') *m* Steckenpferd *n*.
dadais (bǟ') *m* läppischer Bengel.
dague (bāg) *f* langer Dolch; ~s *pl*.
Spieße (erstes Geweih).
daguer (bǎ-ge') das Tier beschlagen
(Hirsch); Glacé schwingen; † er-
bolchen.
daguet (bǎ-gǎ') *m* Spießer.
dahlia ♀ (II-a') *m* id. *f*, Georgine *f*.
daigner (bǟ-nĭe') geruhen.
d'ailleurs (bǎ-jō'r) v. ailleurs.
daim *m*, daine *f* (bạ, bæn) Dam-
hirsch *m*, -tier *n*.
dais (bǟ') *m* Thron-, Altar-himmel.
dalle (bǎl) *f* Steinplatte, Fliese;
Goßstein *m*.
daller (bǎ-le') mit Fliesen belegen.
dalot ⚓ (bǎ-lo') *m* Spei-gatt *n*.
dam (bạ) *m* Schaden; Verdammniß *f*.
damas (bǎ-ma') *m* Dama'st; Da-
mascener-klinge *f*, -traube *f*,
-pflaume *f*. [mascieren.
damasquiner (bǎ-mǎ-ßkĭ-ne') da-
damasser (ma-ße') auf Da'mast-
art weben; Stahl damascieren.
damasseur, ~se (bǎ-ma-ßō'r, ~ő'f)
s. Da'mastweber(in).
damassin (ßạ') *m* Halb-da'mast.
dame (bam) 1. *f* Dame; Gebieterin; König *m* im Regelspiel; Hand-

ramme; Maß-erbkegel *m*. 2. *int*.
gewiß! ei wahrlich!
dame-jeanne (bam-ξạ'n) *f* große
Flasche; Glasballon *m*.
damer (bǎ-me') aufbamen (Brett-
spiel); fest rammen. [knecht.
dameret (ba-m'rǟ') *m* Zungfern-
damier (bǎ-mĭē') *m* Damenbrett.
damnable (ba-na'bl) verbammlich.
damnation (ba-nā-ßĭ̯ọ') *f* Verdam-
mung; ewige Verdammniß.
damné *m*, ~e *f* (ne') Verdammte(r).
damner (ba-ne') verdammen.
damoiseau (bǎ-mßặ-fo') *m* Edel-
knappe; Zungfernknecht.
damoiselle (bǎ-mßặ-fæ'l) *f* ehm.
Edelfräulein *n*.
dandin (bạ-bạ') *m* schlotteriger
Mensch, Laffe.
dandiner (bạ-bĭ-ne') u. se ~ sich
hin und her wiegen, wackeln.
danger (bạ-ξe') *m* Gefahr *f*.
dangereux, ~se (bạ-ξ'rō', ~ξ'rō'f)
gefährlich.
dano-allemand, ~e (bǎ-no-ǎ-
l'mạ', ~l'mā'b) dänisch-deutsch.
danois, ~e (bǎ-nặ', ~nặ'f) 1. dä-
nisch. 2. s. Däne, Dänin.
danophile (bǎ-nŏ-fĭ'l) *m* Dänen-
dans (bạ) in. [freund.
dansant, ~e (ßạ', ßā't) tanzend;
zum Tanz ge-eignet; Tanz-...
danse (bāß) *f* Tanz *m*; ~ du panier Schwenzelpfennige *m/pl*.
danser (bạ-ße') tanzen.

danseur m, ~se f (bₐ-ßö'r, ~ßö'ſ)
Tänzer(in). [Danteß, bantiſch.
dantesque (bₐ-tä'ßk) im Stil
Danube (bä-nü'b) m Donau f.
danubien, ~ne (bä-nü-bĭₐ',
~bĭæ'n) an der Donau gelegen,
Donau~...
dapifer (bä-pĭ-fā'r) m Truchſeß.
d'après (bä-præ') v. après.
dard (bār) m Wurfſpieß; (Bienen-)
Stachel; Harpune f.
darder (bär-be') einen Spieß ſchleu-
bern; harpunieren; ben Stachel ꝛc.
hervorſtrecken; Strahlen herab-
ſchießen.   [chen n.
dariole (bä-rĭ-o'l) f Sahnentört-
darse, ~ine (bärß, bär-ßi'n) f kleiner
Binnenhafen.
dartre (bä'rtr) f Flechte, Schwinde.
dartreux, ~se (bär-trö', ~trö'ſ)
mit Flechten behaftet, flechten-
artiₙ, Flechten~...
date (bat) f Datum n; d'ancienne
~ alt; être le premier en ~ die
älteſten Anſprüche haben.
dater (ba-te') batieren; ~ de ...
von ... an rechnen; à ~ de ce
jour von dieſem Tage an.
datte (bät) f Dattel.
dattier (bä-tĭe') m Dattelpalme f.
datura (bä-tü-ra') m Stech-apfel.
daube (bōb) f Schmoren n;
Schmor-fleiſch n.
dauber (bo-be') Fleiſch ſchmoren,
dämpfen; ~ q. jem. foppen.
daubière (bĭa'r) f Schmorpfanne.
Daumont (bo-mₐ'): attelage m
à la ~ Viergeſpann n mit Stan-
genreiter.
dauphin, ~e (bo-fₐ', ~fĭ'n) 1. m
Delphin (Art Wal); ~ géant
Spritzwal; Delphinſchnecke f.
2. s. id. (ehm. fr. Thronfolger und
beſſen Frau).   [ſporn m.
dauphinelle ⚥ (fĭ-næ'l) f Ritter-
daurade (ra'b) f Goldbraſſen m.
d'autant (bo-tₐ') v. autant.
davantage (bä-wₐ-ta'G) mehr.

davier (bä-wĭe') m Zahnzange f,
Pelikan.
dé (be)m (Spiel-)Würfel; Domino-
ſtein; ~ (à coudre) Fingerhut.
débâcle (bĕ-bā'tl) f Eisgang m;
fig. plötzliche Auflöſung.
débâcler (be-ba-kle') einen Hafen
ausräumen; e-n Fluß vom Floß-
holze, vom Eiſe befreien; v/n.
plötzlich aufgehen (Eis); abbrechen und einpacken (nach einem
Jahrmarkte).   [meiſter.
débâcleur (be-ba-klö'r) m Hafen-
déballer (bä-le') auspacken; Waren
zum Verkaufe ausſtellen.
débandade (be-bₐ-ba'b) f Unordnung; à la ~ bunt burcheinander.
débander (be-bₐ-be') ab-, los-
ſpannen; ~ q. j-m den Verband
abnehmen; se ~ abſchnappen;
milder werden (Wetter); ✕ Reiß-
aus nehmen; ſich vom Corps
trennen.
débanquer (be-bₐ-ke') Spiel: ~ q.
j-m die Bank ſprengen; v/n. ⚓
von Untiefen herauskommen.
débaptiser (bä-tĭ-ſe') umtaufen.
débarbouiller (be-bär-bü-je') e-m
Kinde das Geſicht waſchen; fig.
jem. aus großer Verlegenheit
ziehen.   [jɛ̃ã'r) Handtuch n.
débarbouilloir m, ~e f (be-bär-bü-
débarcadère (be-bär-kä-bā'r) m
Bahnhof; ⚓ Auslade-platz.
débarder (be') Floßholz ans Land
ſchaffen; ⚓ Waren ausladen.
débardeur (be-bär-bö'r m (Holz-,
Schiffs-)Auslader; Maske f mit
dem Koſtüm eines Holz-Aus-
laders.   [Ausſchiffung f.
débarquement (be-bär-tmₐ') m
debarquer(ke')ausſchiffen, landen.
débarras (ba-ra') m Entlaſtung f.
débarrasser (be-ba-rä-ße') von e-r
Laſt befreien; se ~ de qc. ſich et.
vom Halſe ſchaffen.
débarrer (re') den Schlagbaum,
Riegel von et. wegnehmen.

débat (bĕ-ba') m Debatte f, lebhafte Besprechung. [satteln.

débâter (be-ba-te') ein Lasttier ab-

débattre (bĕ-bä'tt): ~ qc. über et. streiten, verhandeln; se ~ zappeln, sich sträuben.

débauche (bĕ-bō'sch) f Schlemmerei; Ausschweifung.

débauché (be-bo-sche') m Schlemmer, Wüstling.

débaucher (be-bo-sche') zu Ausschweifungen verführen; f-m Herrn abspenstig machen, zur Desertion verleiten. [stand e-r Schuld.

débet (bĕ-bæ') m De'bet n, Rück-

débile (bĕ-bi'l) schwach, matt.

débilité (be-bĭ-li-te') f Schwäche.

débiliter (be-bĭ-li-te') schwächen.

débillarder (be-bĭ-jär-be') schräg sägen, behauen. [Klemme.

débine (bĕ-bi'n) f Geldnot,

débit (bĕ-bi') m Absatz; Geschäft n, Kram; Verbreitung f von Nachrichten; Vortrag.

débitant (be-bĭ-tą') m Krämer.

débiter (be-bĭ-te') im Kleinen verkaufen; hersagen; Neuigkeiten aussprengen; als Schuld berechnen.

débit*eur* m, **~***trice* f (be-bĭ-tȫr, ~trĭ'ß) Schuldner(in); **~**, **~***teu*-se (tȫ'ß) Verbreiter(in) von Nachrichten. [von Erde; Abraum.

déblai (bĕ-blæ') m Wegschaffung f

déblatérer (be-bla-te-re'): ~ contre q. auf jem. schimpfen.

déblayer (be-blæ-ie') einen Platz abräumen; Erde zc. wegschaffen.

déblayeur (iȫ'r) m Aufräumer.

débloquer (be-blŏ-ke') von einer Blokade befreien; typ. die Fliegenköpfe berichtigen.

déboire (bĕ-bŏā'r) m übler Nachgeschmack; Katzenjammer.

déboiser (be-bŏä-se') abholzen.

déboîter (be-bŏä-te') verrenken.

débonder (be-bǫ-be') aufzapfen; einen Teich ablassen; se ~ sich ergießen.

débondonner (be-bǫ-bǫ-ne') aufzapfen.

débonnaire (bǫ-nǟ'r) gut-, sanftmütig; Louis le D~ ber Fromme.

débord (bĕ-bȫr) m Vorstoß.

débordé, **~e** (be-bȫr-be') ausschweifend.

débordement (be-bȫr-bmą') m Überschwemmung f; Flut f; Zügellosigkeit f.

déborder (be') ben Rand abnehmen; ü'berragen; v/n. aus ben Ufern treten; am Rande hervorstehen; se ~ sich ergießen; ausschweifen. [Stiefel ausziehen.

débotter (bǫ-te'): (se ~ sich) die

débouché(be-bu-sche')m Ausgang; Absatzweg (Worte).

déboucher (be-bu-sche') entkorken; v/n. aus einem Engpasse herauskommen; münden.

déboucler (be-bu-kle') losschnallen; se ~ in Unordnung geraten (von Locken). [herausfahren.

débouquer ♪ (ke') aus e-m Kanale

débourber(be-bür-be') ausschlämmen; aus dem Schlamme ziehen.

débourrer (be-bu-re'): ~ qc. den Pfropfen aus et. herausziehen; e-e Pfeife ausklopfen; se ~ die ungeschliffenen Manieren ablegen.

déboursé (be-bür-ße') m Auslage.

débourser (~) Geld auslegen.

debout (bǫ-bu') aufrecht (stehend); être ~ stehen; int. auf(gestanben)! [Klage abweisen.

débouter (be-bu-te') mit seiner

déboutonner (tȫ-ne') aufknöpfen.

débrailler (be-brä-je'): se ~ sich Hals und Brust unanständig entblößen.

débridée (be-bri-be')f Stallgeld n.

débrider (be) abzäumen; sans ~ in einem fort. [Überreste pl.

débris (bĕ-bri') m Trümmer pl.;

débrouiller(be-brü-je') entwirren.

débrutir (be-brü-tï'r) aus dem Groben schleifen.

*déb*ucher(bŭ-ſche') das Wild aufjagen; v/n. ſein Lager verlaſſen.
débusquer (be-bŭ-ſte') vertreiben.
début (bĕ-bŭ') m erſter Anfang;
  erſtes Auftreten.
débuter (be-bŭ-te') anfangen.
déca... (bĕ-ſa...) in Zſſg. zehn=...
deçà (bs-ſa') auf dieſer Seite; en
  ~ des Alpes biesſeits der Alpen.
décacheter (bĕ-ſä-ſchte') entſie-
décadence(bā'ſs)ſVerfall.   [geln.
décaèdre (ſä-ā̆'br) 1. zehnflächig.
  2. m Zehnflächner.   [auspaden.
décaisser (ſä-ſe') aus einer Kiſte
Décalogue (bĕ-ſä-lo'g) m bie zehn
  Gebote.   [zug, Widerbrud.
décalque (bĕ-ſä'lſ) m Gegen-ab-
décamper (bĕ-ſg-pe') bas Lager
  abbrechen; ſich aus bem Staube
  machen.
décanter (bĕ-ſg-te') abſlären.
décaper (bĕ-ſä-pe') abbeizen;
  ſcheuern.   [ten, ſöpfen.
décapiter (bĕ-ſä-pĭ-te') enthaup-
décaser (bĕ-ſa-ſe') aus e-m Fache
  herausholen.
décatir (ſä-tĭ'r) auffrazen; Tuch
  frumpen.   [latierer.
décatisseur (bĕ-ſä-tĭ-ſȫ'r) m De-
décaver (bĕ-ſa-we'): ~ q. einem
  Spielenben ſeine ganze Spielkaſſe
  abgewinnen.
décéder (bĕ-ſĕ-be') verſcheiben.
déceler (be-ſs'le') Geheimes enthüllen; se ~ ſich verraten.
décem...(bĕ-ſäm...) in Zſſg. zehn=...
décemment (bĕ-ſä-mg') (wohl=)
  anſtänbig.
décence (bĕ-ſg'ſs) ſ Anſtanb m.
décennaire(bĕ-ſän-nä'r)um zehn
  fortſchreitenb.   [rig.
décennal (bĕ-ſän-nä'l) zehnjäh-
décent, ~e (bĕ-ſg', ~ſg't) (wohl=)
  anſtänbig, ehrbar.
décentraliser(bĕ-ſg-trä-lĭ-ſe')bie
  einheitliche Verwaltung löſen,
  becentraliſieren.   [Täuſchung.
déception (bĕ-ſä-pſſg')ſTrug m;

*dé*cerner(bĕ-ſär-ne') gerichtlich beſchließen; e-n Preis zu-erkennen.
décès (bĕ-ſä')m Hinſcheiben, Tob.
décevant, ~e (be-ſs-wg', ~wg̅'t)
  trügeriſch.   [ſchen.
décevoir (wsä'r)hintergehen, täu-
déchaînement (bĕ-ſchä-n'mg') m
  Entſeſſelung ſ; Toben n.
déchaîner (bĕ-ſchä-ne') losketten;
  entfeſſeln, aufhetzen; se ~ losbrechen.   [herabſtimmen.
déchanter (bĕ-ſchg-te') ben Ton
décharge (bĕ-ſchä'rG) ſ Ab=, Aus-
  labung, ↓ Löſchung; Erleichterung; freiſprechenbes Urteil;
  Entlaſtung: Quittung; Rum-
  pelkammer; Abfluß(-Grabenm)
  m; ⚔ Salve.
décharger (bĕ-ſchär-Ge') ab=, aus-
  laben; von einer Laſt befreien;
  einer Verbinblichteit entheben; ein
  Konto entlaſten; zum Vorteile
  für jem. zeugen; ab=, los-ſchie=
  ßen; ~ un fusil e-n Schuß aus
  bem Rohre ziehen; se ~ ſich ent-
  lebigen; von ſelbſt losgehen,
  ſich entlaben (Gewehr).
décharner(bĕ-ſchär-ne') v. Fleiſch
  entblößen; se ~ abmagern.
déchaumer (bĕ-ſcho-me') von ben
  Stoppeln ſäubern.
déchausser (bĕ-ſcho-ſe') Schuhe
  unb Strümpfe abziehen; Bäume,
  Zähne bloßlegen.   [ſüßer.
déchaux (bĕ-ſchō'): carme ~ Bar-
déchéance (ſchĕ-g̅'ſs) ſ Verluſt m
  ber Krone, Abſetzung; à peine
  de ~ bei Verluſt ſeiner Klage.
déchet (bĕ-ſchä') m Verluſt an et.,
  Abgang.   [bas Haarzerzauſen.
décheveler (ſchĕ-w'le'): ~ q. j-m
déchevêtrer (be-ſch'wä-tre') ein
  Saumtier abhalftern.
déchiffrer (bĕ-ſchĭ-fre') entziffern;
  ♂ Noten leſen.
déchiffreur m, ~se ſ (bĕ-ſchĭ-frȫ'r,
  ~frö'ſ) Entziffrer(in); habile ~
  guter Notenleſer.

déchiqueter (bĕ-ſchǐ-k'te') zerſtückeln, zerſetzen; außzacken.

déchirant, ~e (bĕ-ſchǐ-ra̓', ~ra̓'t)
herzzerreißend.

déchirer (bĕ-ſchǐ-re') zerreißen;
verläſtern; ein Gas zerſchlagen.

déchireur (bĕ-ſchǐ-rö'r) m Schiff-
außſchlachter.

déchirure (bĕ-ſchǐ-rü'r) f Riß m.

déchoir (bĕ-ſcha̓ä'r) in Verfall geraten; herunterkommen; ~ de
qc. et. verlieren.

déchristianiser (bĕ-krǐ-ßtǐ-a-nǐ-
ſe') dem Chriſtentum entfrem-
ben.   [ne(r) (Sünder).

déchu m, ~e f (bĕ-ſchü') Gefalle-

déci... (bĕ-ßi...) in Zſſg. Zehntel-...

décidé, ~e (bĕ-ßǐ-be') entſchloſſen;
beſtimmt.   [lich.

décidément (bĕ-ßǐ-be-ma̓') ſicher-

décider (bĕ-ßǐ-be') entſcheiden; ~
q. à qc. jem. zu einem Entſchluſſe bringen.

décigramme (bĕ-ßǐ-grä'm) m
Zehntelgramm n.

décimable (ma'bl) zehentpflichtig.

décime (bĕ-ßǐ'm) m ehm. geiſtlicher
Zehent; jetzt Zehntelfrank.

décimer (bĕ-ßǐ-me') becimieren.

décimo (10°) (mo') zehntens.

décisi f, ~ve (bĕ-ßǐ-ſi'f, ~ſi'w)
entſcheidend.   [bung.

décision (bĕ-ßǐ-ſǐa̓') f Entſchei-

déciviliser (bĕ-ßǐ-wǐ-lǐ-ſe') bie
Bildung vernichten.

déclamateur (flä-ma-tö'r) m De-
klama'tor; ſchwülſtiger Redner.

déclamer (flä-me') beklamieren;
~ contre q. auf jem. lozziehen.

déclaration (bĕ-flä-rä-ßǐa̓') f id.,
Erklärung; 🜊 Verzeichnis n.

déclarer (bĕ-flä-re') erklären;
Waren beklarieren; se ~ a. ſich
kundgeben.

déclasser (ße') auß einer geſellſchaft-
lichen Klaſſe außſtreichen; se ~
auß einer Klaſſe außtreten.

déclencher (bĕ-fla̓-ſche') eine Thür

aufklinken; Dampfmaſchine: auß-
rücken.   [Sperrklinke f.

déclic (bĕ-flǐ't) m Rammblock;

déclimater (bĕ-flǐ-ma-te') einem
Klima entwöhnen.

déclin (bĕ-flɑ̓') m Abnehmen n,
Verfall.   [klination.

déclinaison (bĕ-flǐ-næ-ſɑ̓') f De-

décliner(bĕ-flǐ-ne')zu Ende gehen,
ſich neigen; v/a. beklinieren;
ſeinen Namen nennen; ablehnen.

décliquer(bĕ-flǐ-fe') den Schneller
einer Maſchine abbrücken.

déclive (bĕ-flǐ'w) abſchüſſig.

déclivité (wǐ-te') f Abſchüſſigkeit.

décloîtrer (bĕ-flᾱ-tre') auß dem
Kloſter bringen.

déclore (bĕ-flö'r) die Umzäunung
von et. wegnehmen.

déclouer (bĕ-flü-e') von den Nä-
geln lozmachen.   [ſchießen.

décocher (bĕ-fö-ſche') e-n Pfeil ab-

décoction (bĕ-fö-fßǐᾱ')f Abſieden.

décoiffer (bĕ-fа̓ä-fe'): ~ q. den
Kopfputz j-z abnehmen; j-z
Haare in Unordnung bringen;
eine Flaſche entpichen und aufmachen.   [hauptung (Johannis).

décollation (bĕ-fö-lä-ßǐᾱ') f Ent-

décoller (bĕ-fö-le') den Kopf ab-
hauen; Geleimtes lozmachen; e-n
Ball von der Bande abſpielen.

décolleté, ~e (bĕ-fö-l'te') am Buſen
und Halſe außgeſchnitten (Kleid);
mit ſehr entblößtem Buſen;
fig. allzu frei.   [blößen.

décolleter (~): se ~ die Bruſt ent-

décolorer (bĕ-fö-lö-re') entfärben.

décombrer(bĕ-fɑ-bre') von Schutt
reinigen.   [Schutt.

décombres (fɑ̓'br) m/pl. Abraum,

décommander (bĕ-fö-mɑ-be') ab-
beſtellen.   [ſtändig machen.

décompléter (fɑ-ple-te') unvoll-

décompliquer(plǐ-fe') entwirren.

décomposer (po-ſe') zerſetzen; zerlegen; Geſichtszüge entſtellen.

décompte (bĕ-fɑ̓'t) m Abrechnung.

décompter (bĕ-ḳŏ-te') abreĉnen.

déconcerter (ßăr-te') die Harmonie ſtören; fig. außer Faſſung bringen; zuniĉte maĉen.

déconfiture (bĕ-ḳŏ-fĭ-tü'r) f gänzliĉe Niederlage; Ruin m; faire ~ de ... vertilgen. [raten.

déconseiller (bĕ-ḳŏ-ßĕ-je') ab-

déconsidération (bĕ-ḳŏ-ßĭ-bĕ-rā-ßĭq') f Verruf m.

déconsidérer(de-re'): ~ q. jem. um die Aĉtung anderer bringen.

décontenance (bĕ-ḳŏ-t'nā'ß) f Beſtürzung. [Faſſung bringen.

décontenancer (t'ng-ße') aus der

déconvenue (ḋ'nü') f Mißgeſĉiĉ.

décor (bĕ-ḳŏ'r) m Zierat; (Theater-) Dekoration. [zierung; Orben.

décoration (bĕ-ḳŏ-rā-ßĭq') f Ver-

décorder (bĕ-ḳŏr-be') ein Seil aufbrehen. [Orbens.

décoré (bĕ-ḳŏ-re') m Inhaber e-s

décorer (bĕ-ḳŏ-re') ausſĉmüĉen; j-m ein Orbenszeiĉen geben.

décorner (bĕ-ḳŏr-ne') die Hörner abſtoßen; Ohren aus Büĉern ausbiegen. [ben.

décortiquer(bĕ-ḳŏr-tĭ-ḳe') ent-rin-

découcher (bĕ-ḳu-ſĉe') auswärts ſĉlafen.

découdre (bĕ-ḳü'br) auftrennen; se ~ aufgehen; v. décousu.

découenner (bĕ-ḳŭä-ne') die Sĉwarte ablöſen.

découler (bĕ-ḳu-le') herabfließen; fig. ſiĉ ableiten aus ...

découper (bĕ-ḳu-pe') aus-, zer-, vor-ſĉneiben.

découplé, ~e (bĕ-ḳu-ple') ſĉlanḳ.

découpler (bĕ-ḳu-ple') losḳoppeln.

découpoir (pŏä'r) m Abſĉneibeſĉere f; Ausſĉlag-eiſen n.

découpure (pü'r) f Ausſĉnitt m.

découragement (bĕ-ḳu-ra-G'mg') m Mutloſigḳeit f.

décourager (bĕ-ḳu-rä-Ge') entmutigen. [des Mondes ꝛc.

décours (bĕ-ḳü'r) m Abnehmen n

décousu, ~e (bĕ-ḳu-ſü') 1. unzuſammenhängend. 2. m Mangel an Einheit.

découvert(bĕ-ḳu-mä'r) 1. part. p. von découvrir; unbedeĉt. 2. m Deficit n; Blanko-Krebit. 3. à ~ ungebeĉt; unverhohlen; blanḳo.

découverte (bĕ-ḳu-mä'rt) f Entbeĉung. [entblößen.

découvrir(bĕ-ḳu-mrĭ'r) entbeĉen;

décrasser (ḳrä-ße') vom Sĉmuße befreien, ſäubern.

décréditer (bĕ-ḳre-bĭ-te'): ~ q. jem. um ſeinen Krebit, ſein Anſehen bringen. [gelebt.

décrépit, ~e (bĕ-ḳrĕ-pi', ~pĭ't) ab-

décrépiter (bĕ-ḳre-pĭ-te') zerḳniſtern, verpuffen. [ſĉwäĉe.

décrépitude (pĭ-tü'b) f Alters-

décret (ḳrä') m Beſĉluß, Deḳre't.

décréter (bĕ-ḳre-te') verorbnen.

décri(ḳri') m Verrufs-Erḳlärung f.

décrier (bĕ-ḳrĭ-e') in Verruf bringen; eine Münze unterbrüĉen ob. herabſeßen.

décrire (bĕ-ḳrĭ'r) beſĉreiben.

décrocher (bĕ-ḳrŏ-ſĉe') losḥaḳen.

décroissance (bĕ-ḳrŏä-ßä'ß) f Abnahme. [ſiĉ verminbern.

décroître (bĕ-ḳrŏä'tr) abnehmen,

décrotter (bĕ-ḳrŏ-te') vom Kot ſäubern, (ab)pußen.

décrotteur (tŏ'r) m Sĉuhpußer.

décrottoire (tŏä'r) f Sĉuhbürſte.

décrue(bĕ-ḳrü') f Fallen des Waſſers.

déçu (bĕ-ßü') part. p. v. décevoir.

décuire (bĕ-ḳüĭ'r) flüſſiger maĉen.

décuple (bĕ-ḳü'pl) zehnfaĉ.

décupler (ḳü-ple') verzehnfaĉen.

décuver (bĕ-ḳü-me') Wein aus einer Kufe ablaſſen.

dédaigner (bä-nje') verſĉmähen.

dédaigneux, ~se(bĕ-bä-njŏ', ~ŏ'j) geringſĉäßig, veräĉtliĉ.

dédain (bĕ-bg') m Geringſĉäßung f; ſtolze Veraĉtung.

dédale (bĕ-bä'l) m Labyrinth n.

dedans (bĭ-bg') innen, bar(e)in;

au ~ im Innern; donner ~ in
bie Falle gehen.

dédicace (be-bĭ-ſa'β) ſ Ein-
weihung; Kirchweihfeſt n; Zueignungsſchrift.

dédicatoire (be-bĭ-ka-tŏä'r): épî-
tre ſ ~ Zueignungsſchrift.

dédier(be-bĭ-e')wibmen,zueignen.

dédire (bĕ-bĭ'r): ~ q. de qc. jem.
wegen et. Lügen ſtrafen; se ~
de qc. et. wiberrufen. [kauf.

dédit (bĕ-bi') m Wiberruf; Reu-

dédommager (be-bŏ-ma-Ge') entſchädigen. [abkraßen.

dédorer (be-bo-re') bie Vergolbung

dédoubler (be-bu-ble') boppelt Zu-
ſammengelegtes auseinanber falten; bas Futter heraustrennen;
X teilen, zu zweien abbrechen.

déduction (be-bü-kſiŏ') ſ Abzug
m; Schlußfolgerung.

déduire (bĕ-bǖ'r) ab-ziehen, -rech-
nen; folgern, bebucieren.

déesse (bĕ-æ'β) ſ Göttin.

défâcher (be-fa-ſche') wieber be-
ſänftigen. [macht.

défaillance (be-fä-jā'β) ſ Ohn-

défaillant, ~e (be-fä-ja', ~jā't)
ohnmächtig, ſchwach; ausſter-
benb; vorGericht nicht erſcheinenb.

défaillir (be-fä-jĭ'r) ſchwach, ohnmächtig werben; ausſterben.

défaire (bĕ-fä'r) auf-, los-machen;
vernichten, X gänzlich ſchlagen;
abmagern, mitnehmen; se ~ de
q., qc. ſich j-s, einer Sache ent-
lebigen. [Ausflucht; ⚓ Abſaß.

défaite (fä't) ſ Nieberlage; letre

défalquer (be-fäl-ke'): ~ de ou
sur qc. von et. abrechnen.

défausser (be-fo-ße') wieber gerabe biegen.

défaut (bĕ-fŏ') m Fehler, Gebrechen n; Mangel (an et.); être en
~ auf falſcher Spur ſein; faire
~ ausbleiben; mettre en ~ vereiteln. [Mißkrebit m.

défaveur (be-fä-wŏ'r) ſ Ungnabe;

défavorable (be-fä-wŏ-ra'bi) un-
günſtig.

défection (be-fä̆-kſiŏ')ſ Abfall m.

défectionner (be-fä̆-kſiŏ-ne') abtrünnig werben.

défectueux, ~se (be-fä̆-ktü-ŏ',
~ŏ'ſ) mangelhaft; ſchabhaft.

défectuosité (be-fä̆-ktü-o-ſĭ-te')
Mangelhaftigkeit.

défendeur m, ~eresse ſ (be-fa-
bŏ'r, ~b'ræ'β) Verklagte(r).

défendre (bĕ-fā'bt) verteibigen;
beſchützen, ſchirmen; verbieten;
à son corps ~ant in ber Not-
wehr; se ~ de qc. ſich einer
Sache erwehren.

défens (bĕ-fa') m Schonungszeit.

défense (bĕ-fā'β) ſ Verteibigung:
Wehr, Fangzahn m; Verbot n;
Abſperrung, Warnlatte; ~s pl.
Verteibigungsſchrift. [biger.

défenseur (be-fa-bŏ'r) m Vertei-

défensive (ſĭ'm) ſ Verteibigung.

déféquer (be-fe-ke') abkläten.

déférant, ~e (be-fĕ-ra', ~ra't)
willfährig. [tung.

déférence(be-fĕ-ra'β)ſEhr-erbie-

déférer (be-fe-re') eine Würbe ꝛc.
zuerkennen; ben Eib zuſchieben;
vor Gericht bringen; v/n. willfahren.

déferler (be-fär-le') bie Segel losmachen, aufſpannen; (se) ~
branben (Wellen).

déferrer (be-fä-re') ben Eiſenbe-
ſchlag, bie Huf-eiſen abreißen.

défet (bĕ-fä') m Defektbogen.

défeuiller (be-fŏ-je') entlauben.

défi (bĕ-fĭ') m Herausforberung ſ.

défiance (be-fĭā'β) ſ Mißtrauen n.

défiant, ~e (be-fĭ-a', ~ā't) arg-
wöhniſch, mißtrauiſch.

déficeler (be-fĭ-β'le') aufſchnüren.

défier (be-fĭ-e') herausforbern; je
vous défie de le faire ich wette,
baß Sie es nicht können; je
vous en défie bas ſollen Sie
wohl bleiben laſſen; ~qc. einer

Sache Trotz bieten; se ~ de q. j-m mißtrauen.

défigurer (be-fi-gü-re') entstellen.
défilade (be-fi-la'b) f Vorbei=De=filieren n. [filieren n.
défilé (be-fi-le') m Engpaß; De=défiler (be-fi-le') vom Faden ab=reißen; den Rosenkranz beten; v/n. vorbeimarschieren.
défini, ~e (be-fi-ni') bestimmt.
définir (be-fi-ni'r) bestimmen, be=finieren; ~ q. jem. abschildern.
définissable (be-fi-ni-ßa'bl) be=stimmbar. [endgültig.
définitif, ~ve (be-fi-ni-ti'f, ~ti'w)
deflagration (flä-grä-ßió') f Auf=flackern n, schnelle Verbrennung.
défléchir (be-flě-schi'r) von der Rich=tung ablenken.
défleurir (be-flö-ri'r) der Blüten berauben; (se) ~ ab=,ver=blühen.
déflorer (be-flo-re') entjungfern; fig. den Reiz der Neuheit nehmen.
défoncer (be-fg-ße') einem Faße den Boden einschlagen; den Erdboden unfahrbar machen; das Land tief umgraben, rigo'len. [ten.
déformer (be-för-me') verunstal=défortifier (ti-fi-e'): ~ une place die Festungswerke eines Platzes schleifen. [Back=ofen nehmen.
défourner (be-fur-ne') aus dem
défrai (bě-fræ') m Frei=halten n.
défraîchir (be-fræ-schi'r) die Frische benehmen.
défrayer (be-fræ-ie'): ~ q. jem. frei=halten. [machen.
défricher (be-fri-sche') urbar
défriser (be-fri-se') die Frisur ver=derben; eine Perücke auskämmen; ~ q. jem. verwirren. [glätten.
défroncer (be-frg-ße') die Falten
défroque (bě-frò'l) f Hinterlassen=schaft; abgelegtes Kleid.
défroquer (be-frò-fe'): ~ q. j-m das Ordenskleid ausziehen; se ~ das Mönchstum abstreifen.
défunt, ~e (bě-fg', ~ğ't) verstorben.

dégagé, ~e (bě-gä-ǧe') ungezwun=gen; schlank.
dégagement (bě-ga-ǧ'mg') m Ein=lösung f (Pfand; Wort); Be=freiung f; Ungezwungenheit f; Frei=werden n von Gasen; esca=lier de ~ Nebentreppe f.
dégager (bě-gä-ǧe') aus=, ein=lö=sen; ~ sa parole, a. sein Wort zurücknehmen; frei=,los=machen; ~ la taille den schlanken Wuchs hervortreten lassen (vom Kleide).
dégainer (bě-gæ-ne') aus der Scheide ziehen. [bolb.
dégaineur (bě-gæ-nö'r) m Rauf=déganter (be-gg-te'): ~ la main, se ~ die Handschuhe ablegen.
dégarnir (bě-gär-ni'r) von Besatz, Schmuck 2c. entblößen; ein Schiff abtakeln.
dégât (bě-ga') m Verwüstung f.
dégauchir (bě-go-schi'r) gerade richten; einen linkischen Menschen zustutzen. [sen wegnehmen.
dégazonner(bě-ga-ßo-ne') den Ra=dégel (bě-ǧæ'l) m Auftauen n; Tau=wetter n.
dégelée (be-ǧ'lě')f Tracht Schläge.
dégeler(be-ǧ'le') auftauen; il dé=gèle es taut.
dégénérer(be-ǧe-ně-re') entarten.
dégingandé, ~e (be-ǧg-gg-be') schlotterig, lendenlahm.
dégîter (be-ǧi-te') aus dem Lager auf=jagen. [rute losmachen.
dégluer (bě-glü-e') von der Leim=déglutition (ti-ßǫ') f Schlucken n.
dégobiller (bě-gǫ-bi-je') kotzen.
dégoiser (bě-gǎ-se') schwatzen.
dégommer (gǫ-me') vom Gummi befreien. [heben.
dégonder (gg-be') aus den Angeln
dégonfler (fle') die Anschwellung vertreiben. [lauf=rinne f.
dégorgeoir (bě-gǒr-ǧǎ'r) m Ab=dégorger(bě-gǒr-ǧe') genossene Spei=sen wieder von sich geben; einen Kanal 2c. ausschlämmen; rein=

gen; ſtſche abſchlämmen; se ~ ſich entleeren; abfließen.

dégourdi, ~e (gür-bi') aufgeweckt.

dégourdir (bï'r) die Erstarrung benehmen; wieder beleben; fig. ~ q. j-m sein ungelenkes Weſen abgewöhnen; se ~, a. lau-warm werden. [luſt; Ekel.

dégoût (bĕ-gū') m Mangel an Eß-

dégoûtant, ~e (bĕ-gu-tạ', ~tā't) ekelhaft. [Sache überdrüſſig.

dégoûté, ~e (te'): ~ de qc. einer

dégoûter (~) anekeln; ~q. de qc. j-m et. verleiden; se ~ de qc. einer Sache überdrüſſig werden.

dégoutter (gü-te') herabtröpfeln.

dégradant, ~e (bĕ-grä-dạ', ~dā't) erniedrigend.

dégrader (bĕ-grä-be') ſ-r Würde entſetzen; entwürdigen; se ~ ſich herabwürdigen; verfallen.

dégrafer (bĕ-grä-fe') aufhaken.

dégraisser (bĕ-græ-ße') entfetten.

dégraisseur (ßö'r) m Flecken-aus-macher. [ermäuer unterhöhlen.

dégravoyer (bĕ-grä-wṻä-ſe') ein

degré (bï-gre') m Stufe f; Grad; prendre ses ~s promovieren.

dégréer (bĕ-grĕ-e') abtakeln.

dégrever(bĕ-grï-we') von Steuern entlaſten.

dégringolade (bĕ-grạ-gö-la'b) f Herunterburzeln n; Sturz m.

dégringoler (le') herunterburzeln.

dégriser (bĕ-gri-ſe') nüchtern machen.

dégrossir (bĕ-gro-ßï'r) aus dem Groben arbeiten; fig. jem. ab-ſchleifen. [lumpt.

déguenillé, ~e (be-gnï-ſe') zer-

déguerpir (bĕ-gĕr-pï'r) ſich aus dem Staube machen. [dung f.

déguisement (gï-ſ'mạ') m Verklei-

déguiser (gï-ſe') verkleiden; ſeine Stimme verſtellen; fig. entſtellen.

déguster (bĕ-gü-ſte') koſten, ver-ſuchen. [lahm.

déhanché, ~e (be-ạ-ſche') hüften-

déhancher (be-ạ-ſche'): se ~ ſich die Hüfte ausfallen. [ſchirren.

déharnacher (be-är-nă-ſche') los-

déhonté, ~e (be-ạ-te') ſchamlos.

dehors (bï-ō'r) 1. draußen, hin-aus. 2. au ou en ~ de qc. außer-halb von et. 3. m das Äußere; ~ pl. äußerer Schein.

déi... (be-ï...) in Zſſg. Gottes-..., zB. ~cide gottesmörderiſch.

déifier (be-ï-fï-e') vergöttern.

déité (be-ï-te') f Gottheit.

déjà (bĕ-Qa') ſchon. [rung.

déjection (be-Qæ-kßg̣') f Auslee-

déjeter (Q'te'): se ~ ſich werfen, ziehen. [2. m Frühſtück n.

déjeuner (Qö-ne') 1. frühſtücken.

déjoindre (bĕ-Qsḍ'br): se ~ aus den Fugen gehen.

déjouer (be-Qü-e') vereiteln.

delà (b'la'): au ~, par ~ jenſeits; en ~ drüben; prp. jenſeit.

délabrer (bĕ-la-bre') zerrütten.

délacer (bĕ-la-ße') aufſchnüren.

délai (læ') m Aufſchub; Bedenk-zeit; Frist. [Zuſtande verlaſſen.

délaisser (bĕ-læ-ße') in hülfloſem

délarder (bĕ-lär-be') den Speck ausſchneiden; mit dem Spitzham-mer behauen. [holung f.

délassement (bĕ-la-ßmạ') m Er-

délasser (bĕ-la-ße'): ~ q. j-m Er-holung gewähren; se ~ ſich aus-ruhen. [~tri'ß) Angeber(in).

délateur m, ~trice f (bĕ-la-tö'r,

délation (bĕ-la-ßg̣') f Angeberei; Zuſchiebung des Eibes.

délatter (bĕ-la-te') ablatten.

délaver (we') verwaſchen (Farbe).

délayer (bĕ-læ-ĕ') einrühren, ver-dünnen.

délébile (bĕ-le-bï'l) vertilgbar.

délectable (bĕ-læ-kta'bï) köſtlich.

délecter (bĕ-læ-kte') ergötzen.

délégataire (bĕ-lĕ-ga-tä'r) m Be-auftragte(r). [ordnung.

délégation (bĕ-lĕ-ga-ßg̣') f Ab-

délégué (ge') m Abgeordnete(r).

*dé*léguer(bĕ-lĕ-ge') feine Amtsgewalt übertragen; jem. ab-orbnen.

délester (bĕ-lä̆-ßte') ben Ballaft ausladen.

délétère (bĕ-le-tä̆'r) töblich.

délibérati*f*, ~ve (bĕ-li-bĕ-ra-ti'f, ~ti'w) beratenb; beschließenb(e Stimme).

délibération (rā-ßĭ̆') f Beratung; Überlegung; Beschluß m.

délibéré, ~e (bĕ-li-be-re') beherzt; de propos ~ vorsätzlich.

délibérer (~) über et. beratschlagen; sich entschließen et. zu thun.

délicat, ~e (bĕ-li-ka', ~ka't) lecker; fein, zart; mißlich; feinfühlenb.

délice (bĕ-li'ß) m Wonne f; ~s f/pl. Luft, Genüffe. [köftlich.

délicieux, ~se (bĕ-li-ßĭ̆ŏ', ~ßĭ̆ŏ'f)

délicoter (kŏ-te') (se fich) loshalf*

délié, ~e (e') bünn, fein. [tern.

délier (~) losbinben; die Junge lö-fen; ~ de qc. von et. entbinben.

délimiter(bĕ-li-mi-te')abgrenzen.

délinéer (bĕ-li-nĕ-e') bie Umriffe von et. zeichnen.

délire (bĕ-li'r) m Wahnfinn; ~ tremblant Säufer-Wahnfinn.

délirer (bĕ-li-re') irre reben; schwärmen.

délit (bĕ-li') m Vergehen n; en flagrant ~ auf frischer That.

délivrance (bĕ-li-wrā̆'ß) f Be-freiung; Entbinbung e-r Schwan-geren; Aushänbigung.

délivrer (bĕ-li-wre') befreien; e-e Frau entbinben; aus-hänbigen, -liefern.

déloger(bĕ-lŏ-Ge')I. v/a.ausquar-tieren; ben Feinb aus einer Stellung vertreiben. II. v/n. ausziehen.

déloyal, ~e (bĕ-lŏä̆-ßä̆'I) unreblich, treulos. [loßgkeit.

déloyauté (bĕ-lŏä̆-ŏ-te') f Treu-

delphinal (bĕl-fĭ-nä̆'I) bem Dau-phin, zur Dauphiné gehörig.

déluge (bĕ-lĭĭ'G) m Sünbflut f.

déluré, ~e (bĕ-lĭ̆-re') gewitzt.

*dé*lustrer (bĕ-lĭ̆-ßtre') ben Glanz benehmen.

démaigrir (bĕ-mä̆-grĭ'r) magerer, bünner machen; abschrägen; v/n. beleibter werden. [auswickeln.

démailloter (bĕ-mä̆-ŏ-te') ein Kinb

demain (bmg) morgen.

démancher (bĕ-mg-sche') I. v/a. ben Stiel ober Griff losmachen. II. v/n. ♂ vom Halse auf ben Bauch ber Geige ꝛc. übergreifen.

demande (b'mā̆'b) f Bitte, Forbe-rung; Gesuch n; (Waren-)Beftel-lung; Frage; Klage vor Gericht.

demander (b'mg-be') begehren; erbitten; verlangen; ~ qc. à q. jem. um et. bitten, nach et. fragen.

demande*ur* m, ~euse f (b'mg-bö̆'r, ~ö̆'f) Bittenbe(r); Frager(in); ~ m, ~eresse (b'rä̆'ß) f Klä-ger(in). [Jucken n.

démangeaison (bĕ-mg-Gä̆-ßg') f

démanger (bĕ-mg-Ge') jucken.

démanteler(bĕ-mg-t'le')bie Ring-mauern niederreißen.

démantibuler (ti-bĭ̆-le') aus ben Fugen bringen, zerschlagen.

démarcation (bĕ-mär-kā̆-ßĭ̆') f Abgrenzung.

démarche (bĕ-mä̆'rsch) f Gang m; Verhalten; Schritt, Maßregel.

démarier (bĕ-mä̆-ri-e'): se ~ fich scheiben lassen.

démarquer (bĕ-mär-ke') bas Zei-chen aus et. herausmachen.

démarrer ⚓ (bĕ-ma-re') vom Tau losmachen; v/n. abfegeln.

démasquer(bĕ-mä̆-ße')entlarven.

démâter (bĕ-ma-te') entmaften.

dématérialiser (bĕ-mä̆-te-rĭ̆-a-li-fe') vergeiftigen.

démêlé (bĕ-mä̆-le') m Streit.

démêler(~) entwirren; unter Mehre-ren herausfinden; burchschauen; aufklären; avoir qc. à ~ avec q. mit j-m zu schaffen, Hänbel haben; einmaischen.

démêloir (bĕ-mæ-lŏȧ'r) m weiter Kamm; Haspel f.

démembrer (mg-bre') zerstückeln.

déménager(bĕ-mĕ-na-Ǧe') e-e Wohnung ausräumen; v/n. ausziehen.

démence (bĕ-mā̱'ß) f Wahnsinn m.

démener (be-m'ne'): se ~ sich zerarbeiten; se ~ contre q. sich gegen jem. ereifern.

démenti (bĕ-mg-ti') m Lügenstrafen n; il en aura le ~ er wird sich dabei blamieren.

démentir (tĭ'r) Lügen strafen; verleugnen; widerlegen. [bung f.

démérite (bĕ-mĕ-ri't) m Verschul-

démériter (bĕ-me-rĭ-te'): ~ de q. et. gegen jem. verschulden.

démesuré, ~e (be-mĭ-sū-re') übermäßig. [eines Amtes entsetzen.

démettre (mĕ̱'tr) verrenken; jem.

démeubler (bĕ-mö-ble') ein Zimmer ausräumen.

demeurant, ~e (bĭ-mö-rg', ~rg̱'t) wohnhaft; au ~ übrigens.

demeure (bĭ-mö'r) f Wohnung; Verzug m; être en ~ im Rückstande sein; à ~ auf die Dauer.

demeurer(bĭ-mö-re') wohnen; sich aufhalten; bleiben; en ~ là es dabei bewenden lassen.

demi, ~e (b'mĭ', b'mĭ') halb; un ~ ein Halb(es); ~e f Halbe, halbe Stunde, Flasche ɾc.; à ~ zur Hälfte; ~-... in Zssg.: Halb-..., ɾß. ~-basane (b'mĭ-bä-sa'n) f Halbfranzband m; ~-cercle (ßĕ'rtl) m Halbkreis; ~-fortune (för-tū'n) f vierräderiger Einspänner m; ~-jour (ǧū'r) m Zwie-licht n; ~-mot (mo'): à ~-mot auf e-e bloße Andeutung hin; ~-reliure(rĭ-lĭ-lĭ'r) f Pappband m mit Lederrücken; ~-soupir ♂ (ßu-pĭ'r) m Achtelpause f.

démission (bĕ-mĭ-ßg̱') f Abdankung, Niederlegung.

démissionnaire(ßĭŏ-nä'r)m entlassener od. abgegangener Beamte.

démocratie (bĕ-mŏ-ɾra-ßĭ') f id, Volksherrschaft.

démographe (bĕ-mŏ-grä'f) m Volksbeschreiber, Stati'stiker.

demoiselle (bĭ-mŭȧ-sæ'l) f Fräulein n; Bettwärmer m; Jungfern-birne; Libelle; Schwanzmeise; Hand-ramme.

démoisir(bĕ-mŭȧ-sĭ'r)vom Schimmel befreien.

démolir (bĕ-mŏ-lĭ'r) ab-, niederreißen, abbrechen.

démolisseur (bĕ-mŏ-lĭ-ßŏ'r) m Niederreißer; Käufer auf den Abbruch; Umsturzmann.

démon (bĕ-mg')m Dämon; Teufel.

démonétiser (bĕ-mŏ-ne-tĭ-se') den Wert des Geldes herabsetzen; in Verruf bringen. [besessen.

démoniaque (nĭ-a'ɾ) vom Teufel

démonstratif, ~ve (mg-ßtra-tĭ'f, ~tĭ'w) be-, hin-weisend; seine Gesinnung durch äußere Zeichen bekundend, lebhaft in Geberden.

démonstration (ßträ-ßg̱') f Beweis(-führung); Kundgebung, Äußerung; Scheinmanöver n.

démonter (te') e-n Reiter abwerfen; die Reiterei absitzen lassen; auseinander nehmen, zerlegen; fig. aus der Fassung bringen.

démontrer (bĕ-mg-tre') be-, erweisen; durch Vorzeigen erklären; kundgeben.

démordre (bĕ-mo'rr) nach dem Beißen loslassen; ~ de qc. von et. abstehen.

démoucheter (bĕ-mu-schte') den Knopf vom Florett abnehmen.

démunir (bĕ-mü-nĭ'r) von Kriegsbedarf entblößen.

démurer (bĕ-mü-re') Zugemauertes wieder durchbrechen.

démuseler(bĕ-mü-s'le') den Maulkorb abnehmen.

dénantir (be-ng-tĭ'r): ~ q. j-m ein Unterpfand abnehmen. [ten.

dénatter (bĕ-nä-te') Haare aufflech-

*dé*naturaliser(bĕ-nă-tŭ-ră-lĭ-ſe′) bes Heimatsrechtes berauben.

dénaturé, ~e (bĕ-nă-tŭ-re′) entartet, unnatürlich.

dénaturer (~) bie Natur von et. verändern; entstellen.

denché, ~e (bₐ-ſche′) gezähnelt.

dénégation (be-ne-gă-ſĭŏ′)fLeugdéni (bĕ-ni′) m Versagung. [nen.

déniaisé, ~e (be-nĭ-æ-ſe′) durchtrieben, schlau.

déniaiser (be-nĭ-æ-ſe′) witzigen.

dénicher (be-nĭ-ſche′) I. *v/a.* aus bem Neste nehmen; *fig.* ausfinbiz machen; von einem Posten verjagen. II. *v/n.* ausfliegen.

dénicheur (be-nĭ-ſchŏ′r) m Nesterausnehmer. [Gelb n.

denier (bĭ-nĭe′) m Dena′r; Heller;
dénier (be-nĭ-e′) ableugnen.

dénigrer (be-nĭ-gre′) anschwärzen, verleumben.

dénigreur (be-nĭ-grŏ′r) m Verleumber. [ny′sius.

Denis ou Denys (bĭ-nĭ′) m Dioděniveler (be-ni-w′le′) aus ber wage-rechten Lage bringen.

dénombrement (be-nₐ-brĭ-mₐ′) m Auf-, Volks-zählung f.

dénombrer(be-nₐ-bre′) aufzählen.

dénominateur (be-nŏ-mĭ-na-tŏ′r) m Nenner e-s Bruchs. [nennenb.

dénominatif, ~ve (tĭ′f, ~tĭ′w) bedénomination (be-nŏ-mĭ-nā-ſĭŏ′) f Benennung. [se ~ heißen.

dénommer(be-nŏ-me′) benennen;
dénoncer(be-nₐ-ſe′) ankündigen; zur Anzeige bringen, benunzieren; e-n Vertrag ꝛc. aufkündigen.

dénonciateur m, ~trice f (be-nₐ-ſĭ-a-tŏ′r, ~trĭ′ſ) Angeber(in).

dénonciation (ā-ſĭŏ′)f Denunziation; Kündigung eines Vertrages.

dénoter(be-nŏ-te′) bezeichnen; auf et. hinbenten.

dénouement (be-nu-mₐ′) m Lösung f bes Knotens; Ausgang; Auflösung f.

dénouer (be-nŭ-e′) auf-knüpfen, -lösen; ben Knoten bes Dramas lösen; ben Körper gelenfer machen.

denrée (bₐ-rĕ′) f Eß-, Materialware. [schwer.

dense (bₐß) bicht; specifisch

dent (bₐ) f Zahn m; Zacken m; Horn n (Berggipfel); être (mettre) sur les ~s hundsmübe sein (zu Schanben reiten).

dentaire (bₐ-tä′r) 1. *a.* zahn-... 2. f Zahnkraut n.

dental, ~e (bₐ-tă′l) Zahn-...

denté, ~e (bₐ-te′) gezähnt.

dentée (tĕ′) f Biß m; Zahnhieb m.

dentelé, ~e (bₐ-t′le′) gezähnelt.

denteler (bₐ-t′le′) auszacken.

dentelle(bₐ-tæ′l)fKante; Spitze; ~ de soie Blonde.

dentelure(bₐ-t′lŭ′r)fAuszacung.

denter (te′) mit Zähnen versehen.

denticulé, ~e (tĭ-lŭ-le′) gezähnelt.

dentier (tĭe′) m künstliches Gebiß.

dentifrice (bₐ-tĭ-frĭ′ß) zahnreinigenb; poudre ~ Zahnpulver n.

dentiste (bₐ-tĭ′ßt) m Zahn-arzt.

dentition (bₐ-ti-ſĭŏ′) f Zahnen n.

dentu, ~e (bₐ-tŭ′) gezähnt.

denture (tŭ′r)fZahnung an Rädern.

dénuder (be-nŭ-be′) entblößen, bloßlegen.

dénué, ~e (be-nŭ-e′) entblößt, beraubt; ~ de secours hülflos.

dénuement (be-nŭ-mₐ′) m Entblößung f, Hülflosigkeit f.

dénuer (be-nŭ-e′) entblößen, beDenys v. Denis. [rauben.

dépaqueter(be-pă-k′te′)auspacken.

dépareiller (pă-ræ-je′) zs.-gehöriges von einander trennen, vereinzeln. [berauben; entstellen.

déparer (be-pa-re′) bes Schmuckes

déparier (be-pă-rĭ-e′) paarweise zsammengehöriges trennen.

déparler (be-pär-le′): ne pas ~ gar nicht aufhören zu sprechen.

déparquer (be-pär-ke′) aus bem Pferch lassen.

départ(bĕ-pā'r)m Ab•reife,•fahrt. |

départir (be-pär-tī'r) aus•, ver•, zu•teilen; se ~ de qc. von et. abstehen.

dépasser (de-pa-ße') überho'len, hinter sich laffen; höher hinauf• reichen als et.; überschrei'ten.

dépaver (be-pa-we') das (Straßen•) Pflafter aufreißen.

dépayser (pe-ĭ-fe') in die Frembe schicken; irre führen. [ftücfeln.

dépecer (pĭ-ße') zerschneiden, zer• dépêcher (be-pæ-schc') beschleu• nigen, abfertigen; se ~ sich be• eilen. [bern.

dépeindre (bĕ-pẫ'br) (ab-)schil• dépenaillé, ~e (be-p'nä-je') zer• lumpt. [gigfeit; ~s pl. Zubehör.

dépendance (be-pg-dā'ß)fAbhän• dépendant, ~e(bg', bā't)abhängig.

dépendre (bĕ-vā'br) I. v/n. ab• hangen, abhängig fein; cela dépend je nachbem. II. v/a. Hängendes herunternehmen.

dépens (bĕ-pg') m/pl. Roften.

dépense (bĕ-pā'ß)f Ausgabe, Auf• wanb m. [aufwenden.

dépenser (be-pg-ße') ausgeben, dépensier m, ~ère f (be-pg-ßĭe', ~ßĭā'r) Verschwenber(in).

dépérir (be-pe-rī'r) verfümmern.

dépérissement (be-pe-rĭ-ßmg') m Verfall.

dépêtrer (be-pæ-tre') die Füße •• Pferdes losmachen; se ~ de qc. sich aus et. heraushelfen.

dépeupler(be-pö-ple') entvölfern.

dépilation (be-pĭ-lā-ßĩǥ')f Ent• haarung. [fallen machen.

dépiler (be-pĭ-le') die Haare aus• dépister (be-pĭ-ßte') ausspüren.

dépit (bĕ-pi') m Ärger, Verbruß.

dépiter (be-pĭ-te') ärgern.

déplacer (be-pla-ße') verfeßen, anders wohin ftellen.

déplaire (bĕ-plā'r) mißfallen.

déplaisant, ~e (be-plæ-ßg', ~ßĩā't) unangenehm.

déplaisir (be-plæ-ßī'r) m Mißver• gnügen n. [ßen; ausreißen.

déplanter (be-plg-te') verpflan• déplier (be-plĭ-e') entfalten.

déplisser (be-plĭ-ße') die Falten herausmachen.

déploiement (be-plẫ-mg') m Ent• wicfelung; ✕ Aufmarfchieren.

déplomber (be-plg-be') das Blei• ßtegel abnehmen.

déplorable (be-plö-ra'bĭ) befam• mernswert. [jammern.

déplorer (be-plö-re') bedauern, be• déployer (be-plẫ-ße') entfalten, aus•breiten, •spannen; ✕ auf• marschieren laffen.

déplumer (be-plü-me') rupfen.

dépoli (be-pö-lĭ') m Matt(fein) n.

dépolir (lī'r) den Glanz benehmen, matt schleifen. [Entvölferung.

dépopulation (be-pö-pŭ-lā-ßĩǥ') f déport (bĕ-pö'r) m Aufschub; ⚓ Vergütigung f für das Verleihen von Wertpapieren.

déportements (be-pör-tmg') m/pl. schlechte Aufführung.

déporter (be-pör-te') bevortieren; se ~ de qc. von et. abftehen.

déposant m, ~e f(be-po-fg', ~fā't) abgehörte(r) Zeuge, Zeugin; Deponent; Einleger(in) bei Sparfassen.

déposer (be-po-fe') niederlegen; in Verwahrung geben; ablegen; ~ de sa charge feines Amtes entfeßen; eine Leiche beifeßen; abtragen, abbrechen; v/n. ge• richtlich aussagen. [wahrer.

dépositaire (be-po-fĭ-tā'r) m Ver• déposition (be-po-fĭ-ßĩǥ') f Ab• feßung; (Zeugen•)Aussage.

dépossession (pö-ßǽ-ßĩǥ') f Ver• treibung aus dem Befiße.

dépôt (bĕ-pō') m anvertrautes Gut; Verwahrungsort; ⚓ Nie• berlage f; Erfatbataillon n; Niederschlag. [Wein umfüllen.

dépoter (be-pö-te') umpflanzen;

dépouille(bĕ-puʼj)fBalgm;Hülle; Nachlaß m; Beute, Raub m.

dépouiller (be-pŭ-je') abbalgen; ~ q. de qc. jem. einer Sache berauben; eine Hülle abwerfen; Register ıc. auszieben unb prüfen.

dépourvoir (be-pŭr-wŏā'r): ~ de qc. von et. entblößen.

dépourvu (wŭ'): au ~ unverfeßens.

dépravation (be-prā-wā-ßïǫ') f Verberbtheit.

dépraver (be-prä-we') verberben.

dépréciation (be-pre-ßïā-ßïǫ') f Wert-Herabsetzung.

déprécier(be-pre-ßï-e')herabwürbigen, schmälern.   [treuer.

déprédateur (da-tŏ'r m Verun-

deprédation (be-pre-dā-ßïǫ') f Veruntreuung, Erpreffung.

dépressif, ~ve (bĕ-prǽ-ßi'f, ~ï'w) nieberbrückenb.

dépression (be-prǽ-ßïǫ') f Senkung; Sinken; fig. Demütigung.

déprier (be-prï-e') absagen laffen.

déprimer (me') nieberbrücken; herabseßen; fig. bemütigen.

dépriser (fe') zu gering schäßen.

déprisonner (be-prï-fŏ-ne') auß bem Gefängnis befreien.

dépuceler (pŭ-ß'le') entjungfern.

depuis (b'pŭï') feit, von … an; adv. u. ~ que cf. feitbem.

dépurer (be-pŭ-re') reinigen.

députer (be-pŭ-te') ab-orbnen.

déraciner (be-rä-ßï-ne') entwurzeln, fig. auẞrotten.

dérader (be-ra-be') ein Schiff von ber Reede abtreiben (v. Sturm).

déraidir (be-rä-bï'r) bie Steifigkeit benehmen.

dérailler (be-rä-je') entgleifen.

déraison (be-rǽ-ßǫ')fUnvernunft.

déraisonnable (fŏ-na'bĕ) unvernünftig.   [reben, fafeln.

déraisonner (fŏ-ne') unvernünftig

dérangement(be-rg-ǵ'mg')mUnorbnung f; Störung f; Zerrüttung f; Lieberlichkeit f.

déranger(be-rg-Ge')inUnorbnung bringen; stören: ben Magen verberben; se ~, a. in Schulden geraten, lieberlich werben.

déraper (rä-pe') ben Anker lichten.

dérâper(be-ra-pe') bie (Wein-)Beeren von ber Traube trennen.

dératé (be-ra-te') m burchtriebener Schelm.

derechef (bĕ-r'schǽ'f) von neuem.

déréglé, ~e (be-re-gle') unorbentlich; lieberlich.

dérèglement (be-rǽ-glǐ-mg') m Unregelmäßigkeit;Lieberlichkeit.

dérégler(be-re-gle') in Unorbnung bringen; se ~, a. lieberlich w.

dérider (be-ri-be') ent-runzeln.

dérision (be-rï-ßïǫ')fVerhöhnung.

dérisoire (be-rï-fŏā'r) spöttisch.

dérivatif (be-rï-wa-ti'f) m ableitenbeẞ Mittel.   [treiben.

dérive (bĕ-rï'w) f: aller en ~ abdériver (be-ri-we') (vom Ufer) abstoßen, abtreiben; abgeleitet w.; herkommen; v/a. ab-, her-leiten; loßnieten.   [Haut-…

derm(at)o...(bĕr-m(a-t)ŏ...)in Zffg.

dernier, ~ère (bǎr-nïě', ~nïā'r) leßt; vorig, verwichen; unterst; äußerst; ~ venu Zuleßtgekommene(r).   [neulich.

dernièrement (nïā-r'mg') jüngst.

dérobée(be-rŏ-bĕ'): à la ~ heimlich.

dérober (be-rŏ-be') entwenden, steblen; ben Blicken entzieben.

dérogation (be-rŏ-gā-ßïǫ') f Beeinträchtigung; Verstoß m gegen Gewohnheiten.

déroger (be-rŏ-Ge') zuwiberhanbeln; be-einträchtigen; stanbeswibrig hanbeln.

dérouiller(be-rŭ-je') ben Rost abpußen; fig. wieber auffrifchen, abschleifen.

dérouler (be-ru-le') auẞeinanber rollen, wickeln; auẞbreiten.

déroute (bĕ-ru't) f wilbe Flucht; Niederlage.

*dé*router (dĕ-ru-te') vom Wege
abbringen; in Verwirrung
bringen.

derrière (dă-riă'r) 1. hinten; par
~ von hinten. 2. prp. hinter.
3. m Hintere, After; Hinterteil
n, Rückseite f; ~s pl. Nachtrab
eines Heeres.

dès (dæ) 1. von ... an; schon in;
seit; schon (morgen ꝛc.). 2. cj. ~
que sobald als. [schen.

désabuser (dĕ-fă-bü-fe') enttäu-

désaccord(dĕ-fă-kŏ'r)m Mißklang;
Zerwürfnis n. [veruneinigen.

désaccorder(kŏr-de') verstimmen;

désaccoupler (dĕ-fă-ku-ple') ge-
paarte Tiere ꝛc. von einander trennen; Hunde loskoppeln.

désaccoutumer (tü-me'): ~ q. de
qc. j-m et. abgewöhnen.

désachalander (dĕ-fă-fchă-lg-de')
jem. um seine Kunden bringen.

désaffairé, ~e(fæ-re') geschäftsles.

désaffectionner (dĕ-fă-fæ-kfiŏ-
ne') abgeneigt machen. [nehm.

désagréable (grĕ-a'bl) unange-

désagrément (gre-mg') m Unan-
nehmlichkeit f. [bringen.

désajuster(ğü-fte')in Unordnung

désallier(lī-e'):se ~fichentzweien.

désaltérer (dĕ-făl-tĕ-re'): ~ q. j-s
Durst stillen.

désamorcer (dĕ-fă-mŏr-ße') das
Zündhütchen abnehmen.

désancrer (dĕ-fg-kre') den Anker
lichten. [f Unfleiß m.

désapplication (dĕ-fă-pll-kă-ßŏ')

désappointement (be-fă-pĭd-
tnig') m getäuschte Hoffnung.

désappointer (te'): ~ q. jem. in
seinen Erwartungen täuschen.

désapprendre (prg'dr) verlernen.

désapprobateur, ~trice(dĕ-fă-prŏ-
ba-tŏ'r, ~trī'ß) mißbilligend.

désapprobation (bā-ßŏ') f Mißbilligung.

désapprouver(dĕ-fă-pru-we')miß-
billigen.

désarçonner (dĕ-făr-ßŏ-ne') aus
dem Sattel heben.

désarmer(dĕ-făr-me') entwaffnen;
~ un fusil den Hahn in Ruhe
setzen; v/n. abrüsten.

désarroi (dĕ-fă-riă')m Unordnung.

désarticuler (dĕ-făr-tĭ-kü-le') aus
den Gelenken lösen.

désassimiler(dĕ-fă-ßĭ-mĭ-le')aus-
scheiden. [Verbindung trennen.

désassocier (dĕ-fă-ßŏ-ßĭ-e') eine

désassortir (ßŏr-tĭ'r) ein Waren-for-
timent unvollständig machen.

désastre (dĕ-fă-ßtr) m Unstern,
schweres Mißgeschick.

désastreux, ~se (dĕ-fă-ßtrŏ',
~ßtrŏ'f) un(glück)selig.

désavantage (vg-ta'ĝ)m Nachteil.

désavantager (dĕ-fă-vg-tă-ĝe')
benachteiligen. [unvorteilhaft.

désavantageux, ~se (ĝŏ', ĝŏ'f)

désaveu (dĕ-fă-vŏ') m Nicht-an-
erkennung. [die Augen öffnen.

désaveugler (vŏ-gle'): ~ q. j-m

désavouer(dĕ-fă-vü-e')in Abrede
stellen, (ver)leugnen; nicht anerkennen; widerrufen.

desceller (dĕ-ßĕ-le') das Siegel
abnehmen; loskitten.

descendance (dĕ-ßg-dā'ß) f Herkunft; Nachkommenschaft.

descendant, ~e (dĕ-ßg-dg', ~dā't)
1. absteigend. 2. s.Abkömmling.

descendre(dĕ-ßā'dr) herabsteigen;
~ à terre landen; ~ chez q. bei
j-m einkehren; bei j-m eine
Haussuchung vornehmen; ~ de
qc., q. von et. herrühren, von
j-m abstammen; v/a. herunternehmen, -tragen; Passagiere ab-,
ans Land setzen.

descente (dĕ-ßā't) f Herab-stei-
gen n, -fahren n; Haussuchung;
Herunternehmen n; Landung,
Einfall m [militär.]; Abhang m.

descripteur (dĕ-ßkrĭ-ptŏ'r) m Beschreiber. [schreibung.

description (dĕ-ßkrĭ-pßŏ') f Be-

*dés*emballer (be-ſ*a*-bä-le') auspacken.

désembargo (bär-go') *m* Aufhören
des Embargo, der Schiffshaft.

désembourber (be-ſ*a*-bür-be') aus
dem Schlamme ziehen.

désemparer (pa-re') abziehen von
einem Orte; sans ~ unverzüglich.

désemplir (be-ſ*a*-plî'r) abfüllen.

désenchanter (be-ſ*a*-ſch*a*-te') ent-
zaubern; ernüchtern.   [geln.

désenclouer (be-ſ*a*-klŭ-e') entna-
désenfler (ſle') e-e Geschwulst vertreiben.   [der Geschwulst.

désenflure (flü'r) *f* Abnehmen *n*

désenivrer (ſ*a*-nî-vre') nüchtern
machen.   [Schlinge losmachen.

désenlacer (be-ſ*a*-la-ße') aus der

désennuyer (nŭ-ïe') zerstreuen.

désenrayer (be-ſ*a*-ræ-ïe') den
Hemmschuh wegnehmen.

désenvelopper (be-ſ*a*-v'lŏ-pe')
auswickeln.   [benehmen.

désenvenimer (v'nî-me') das Gift

désert, ~e (bě-ſä'r, ~ſä'rt) 1. wüst,
öde. 2. *m* Wüste *f*.

déserter (be-ſär-te') einen Ort verlassen; ~ qc. einer Sache abtrünnig werden; v/n. ausreißen.

désertion (ſŏ') *f* Ausreißen *n*.

désespérer (be-ſä-ſpe-re') I. v/n.
verzweifeln. II. v/a. in Verzweiflung bringen.

désespoir (ſpŏä'r)*m* Verzweiflung.

déshabillé (be-ſä-bî-ïe') *m* Haus-
kleid *n*, Negligé *n*.   [ben.

déshabiller (be-ſä-bî-ïe') entklei-
déshabité, ~e (be-ſä-bî-te') nicht
mehr bewohnt.   [wöhnen.

déshabituer (be-ſä-bî-tŭ-e') abge-

déshériter (be-ſě-rî-te') ent-erben.

déshonnête(ſŏ-næ't) unanständig.

déshonnêteté (be-ſŏ-næ-tî-te') *f*
Unanständigkeit.

déshonneur (nŏ'r) *m* Schande *f*.

déshonorer (be-ſŏ-nŏ-re') ent-ehren, beschimpfen.   [zeichnung.

désignation (be-ſî-njä-ſŏ') *f* Be-

*dés*igner (be-ſî-nje') bezeichnen,
anzeigen; bestimmen; im voraus
ernennen.   [enttäuschen.

désillusionner (be-ſîl-lü-ſïŏ-ne')

désinence (be-ſî-n*a*'ß) *f* (Wort-)
Endung.

désinfecter(be-ſ*a*-fä-kte')von An-
steckungsstoffen reinigen, des-
inficieren.

désintéressé, ~e (be-ſ*a*-tě-ræ-ße')
unbeteiligt; uneigennützig.

désintéressement (be-ſ*a*-tě-ræ-
ßm*a*') *m* Uneigennützigkeit *f*.

désintéresser(be-ſ*a*-tě-ræ-ße') abfinden, schadlos halten.

désinvestir(be-ſ*a*-væ-ßtî'r) zu belagern aufhören; ~q. de qc. j-m
ein ihm verliehenes Recht entziehen.

désinvolture (be-ſ*a*-wŏl-tü'r) *f*
zwangloser Anstand.

désir(bě-ſî'r)*m* Wunsch; Begierde.

désirable (be-ſî-ra'bl) wünschens-
wert.

Désiré (be-ſî-re') *m* Desiderius.

désirer (~) wünschen, verlangen.

désireux, ~se (rö', rö'ſ) begierig.

désistement (ßtm*a*') *m* Verzicht.

désister (be-ſî-ßte'): se ~ de qc.
von et. abstehen.   [ſam sein.

désobéir (be-ſŏ-bě-î'r) ungehor-

désobéissance (be-ſ-ß*a*'ß) *f* Unge-
horsam *m*.   [Ungefälligkeit.

désobligeance (be-ſŏ-blî-ʒ*a*'ß) *f*

désobliger (be-ſŏ-blî-ʒe'): ~ q.
j-m einen schlechten Dienst erweisen, mißfällig werden.

désobstruer (be-ſŏb-ßtrü-e') Ver-
stopftes frei machen.

désœuvré, ~e (be-ſŏ-wre') 1. gern
unthätig. 2.s.Müßiggänger(in).

désœuvrement (be-ſŏ-wrī-m*a*') *m*
Müßiggang.   [trostlos.

désolant, ~e (be-ſŏ-l*a*', ~l*a*'t)

désolation (be-ſŏ-lā-ßŏ') *f* Trost-
losigkeit; Verwüstung.

désoler (be-ſŏ-le') aufs tiefste betrüben; être ~é untröstlich sein;
verheeren, verwüsten.

désopilant,~e(be-ſō-pĭ-lᾱ', ~lᾱ't)
Lachen erregend.

désopiler (be-ſō-pĭ-le'): ~ la rate
das Zwerchfell erſchüttern.

désordonné,~e(be-ſōr-bŏ-ne') unorbentlich; lieberlich.

désordonner (~) in Unordnung
bringen.   [ſ, Verwirrung ſ.

désordre (bĕ-ſo'rbr) m Unordnung

désorienter (be-ſō-rĭᾱ-te') irre,
verwirrt machen.   [hinfort.

désormais (ſōr-mᾱ') von nun an,

désorner (be-ſōr-ne') verunzieren.

désosser (be-ſō-ße') die Knochen
ober Gräten ausnehmen.

despote (bĕ-ßpŏ't) m Despot.

dessaisir (bĕ-ßᾱ-ſī'r): se ~ de
qc. et. aus den Händen geben.

dessaler (bĕ-ßa-le') entſalzen.

dessangler (ßᾱ-gle') losgurten.

dessécher (ßĕ-ſche') austrocknen;
dörren.   [~ gefliſſentlich.

dessein (ßᾱ') m Abſicht ſ, Zweck; à

desseller (bĕ-ßᾱ-le') abſatteln.

desserre (ßᾱ'r) ſ: être dur à la ~
ſich ſchwer vom Gelbe trennen.

desserrer (bĕ-ßᾱ-re') loſer, locker
machen.

dessert (bĕ-ßᾱ'r) m Nachtiſch.

desserte (bĕ-ßᾱ'rt) ſ abgetragene
Speiſen.   [verweſer.

desservant (bĕ-ßᾱr-wᾱ')m Pfarr-

desservir(wĭ'r)die Speiſen abtragen;
~q. j-m ſchaden;~une chapelle
den Kirchendienſt für jem. verſehen.   [~tĭ'w) austrocknenb.

dessiccatiſ, ~ve (bĕ-ßĭ-ka-tĭ'f,

dessiller (bĕ-ßĭ-je'): ~ les yeux
à q. j-m die Augen öffnen.

dessin (bĕ-ßᾱ') m Zeichnung ſ;
Riß; Zeichenkunſt ſ.

dessinateur m, ~trice ſ (bĕ-ßĭ-
na-tō'r, ~trĭ'ß) Zeichner(in).

dessiner (bĕ-ßĭ-ne') zeichnen; se
~ ſeine Formen zeigen.

dessoucher (ßu-ſche') ausroben.

dessouder (bĕ-ßu-be') loslöten.

dessoufrer (fre') entſchwefeln.

dessouler (bĕ-ßu-le') nüchtern
machen.

dessous (b'ßu') 1. (dar)unter; en
~ unterwärts; mettre sens dessus ~ das Unterſte zu oberſt kehren. 2. prp. au-~ de ... unter.
3. m Unterſeite ſ; Kehrſeite ſ;
avoir le ~ den kürzern ziehen.

dessus (b'ßü') 1. oben(brauf); v.
dessous 1; ci-~ oben erwähnt.
2.prp. au-~ de oberhalb, über;
de ~ la table vom Tiſche weg;
par-~ barüber hinaus. 3. m
Oberteil, obere Seite; avoir le
~ sur q. die Oberhand über jem.
behalten; ♪ Diskant.

destin (bĕ-ßtᾱ') m Geſchick n,
Verhängnis n.   [Abreſſa't.

destinataire (bĕ-ßtĭ-na-tᾱ'r) m

destinateur (tō'r) m Abreſſant.

destination (bĕ-ßtĭ-nᾱ-ßᾱ')ſ Beſtimmung; Zweck m.

destinée (nĕ') ſ Schickſal n, Los n.

destiner (bĕ-ßtĭ-ne') beſtimmen,
auserſehen.   [berauben.

destituer (tü-e') ab-, ent-ſetzen;

destitution (tü-ßᾱ') ſ Abſetzung.

destrier (bĕ-ßtrĭe')m Schlachtroß.

destructeur, ~trice(bĕ-ßtrü-ktō'r,
~trĭ'ß) 1. zerſtörend. 2. s. Zer-
ſtörer(in).   [ſtörend.

destructiſ, ~ve (ktĭ'f, ktĭ'w) zer-

destruction (kßᾱ') ſ Zerſtörung.

désuétude (be-ßü-ĕ-tü'b) ſ Ab-
kommen n eines Geſetzes; tomber
en ~ außer Gebrauch kommen.

désunion (be-ßü-nᾱ')ſ Trennung;
Zwietracht.

désunir (be-ßü-nĭ'r) entzweien.

détacher (be-tä-ſche') 1. los-machen, -reißen, -binden; Noten ab-
ſtoßen; auf Kommando aus-
ſchicken. 2. von Flecken reinigen.

détailler (be-tä-je') im kleinen
verkaufen; umſtändlich erzählen; einen Ochſen ꝛc. zerhauen.

détaler (le') I. v/a. wieder einpak-
ken. II. v/n. ſich packen,abziehen.

détaxer(be-tä-ḳṡe') den Preis her-
abſetzen.
déteindre (bĕ-tā̰'ʋʀ) entfärben;
v/n. u. se ~ abfärben.
dételer (be-t'le') ausſpannen.
détendre (bĕ-tā̰'ʋʀ) ab-, los-ſpan-
nen; se ~ ſchlaff werden.
détenir (be-t'nî'r) feſt halten; im
Beſitze haben; gefangen halten.
détente (bĕ-tā̰'t) f Drücker m einer
Flinte; Losbrücken n.
détenteur m, ~trice f (be-tg-tō'r,
~trĭ'ṡ) Inhaber(in).
détention (be-tg-ṡĭ̯ō̰') f Gefangen-
haltung; faktiſcher Beſitz; Vor-
enthaltung.   [tierte(r).
détenu m, ~e f (be-t'nü') Inhaf-
détériorer (be-te-rĭ-o-re') ver-
ſchlechtern.   [beſtimmend.
déterminant,~e (tär-mĭ-ng', ~ā̰'t)
détermination(be-tär-mĭ-nā-ṡĭ̯ō̰')
f Beſtimmung; Entſchließung.
déterminé, ~e(be-tär-mĭ-n ') entſchloſſen, verwegen.
déterminer (be-tär-mĭ-ne') beſtimmen; ~ q. à qc. jem. zu
einem Entſchluſſe bringen; ~
de ... beſchließen, zu ...
déterrer (be-tä-re') ausgraben;
fig. ausfindig machen.   [lich.
détestable (be-tä-ṡta'bl) abſcheu-
détester (tä-ṡte') verabſcheuen.
détirer(tĭ-re') auseinanderrecken.
détonation (tö-nā-ṡĭ̯ō̰') f Knall m.
détoner (be-tö-ne') explodieren.
détonner♪ (be-tö-ne') betonieren.
détordre (be-to'ʋʀ) aufbrechen.
détors, ~e (bĕ-tō'r, ~tö'rṡ) auſein-
ander gebreht.
détortiller (be-tör-tĭ-je') aufwickeln.   [Umweg; Ausrede f.
détour (bĕ-tū'r) m Krümmung f;
détourné, ~e (be-tür-ne') abgelegen.   [Entwendung f.
détournement (be-tür-n'mg') m
détourner (be-tür-ne') vom Wege
ablenken; von et. abziehen; ~qc.
de q. et. von j-m abwenden;

heimlich auf die Seite ſchaffen,
unterſchlagen.   [leumber.
détracteur (be-trä-ḳtō'r) m Ver-
détraquer (trä-ḳe') in Unordnung
bringen.   [farbe, -malerei.
détrempe (bĕ-trā̰'p) f Waſſer-
détremper (be-trg-pe') ein-, anrühren; Stahl weich machen.
détresse (bĕ-trä'ṡ) f höchſte Not,
Angſt.
détresser (be-trä-ṡe') aufflechten.
détriment (be-trĭ-mg') m Schaben, Nachteil.
détriter (be-trĭ-te') zerquetſchen.
détritus (tü'ṡ) m Trümmer pl.
détroit (bĕ-trā̄') m Meer-enge f;
Engpaß.   [Irrtum reißen.
détromper (be-trg-pe') aus dem
détrôner (be-tro-ne') entthronen.
détrousser (be-tru-ṡe') ein Kleid
herunterſchürzen; ausplündern.
détruire (bĕ-trā̄'r) zerſtören.
dette (bät) f (Geld-)Schuld; fig.
Tribut m, Zoll m.
deuil (bö̃j) m Trauer f.   [beide.
deux (bö) zwei; tous (les) ~ alle
deuxième (bö-ṡĭ̯ä̰'m) zweite(r).
deuxièmement (bö-ṡĭ̯ä̰-mĭ-mg')
zweitens.   [punkt, Ko'lon n.
deux-points (bö-pü̃ḭ') m Doppel-
Deux-Ponts (pg') m Zweibrücken.
dévaliser (be-wä-lĭ-ṡe') ausplün-
bern.
devancer (bĭ-wg-ṡe'): ~ q. vor
j-m hergehen, j-m zuvorkom-
men, j-s Vorgänger ſein.
devancier m, ~ère f (bĭ-wg-ṡĭ̯e',
~ṡĭ̯ä'r) Vor-gänger(in), -fahr.
devant (b'wg') 1. vorn, voran;
vorher. 2. prp. vor. 3. m Vorberteil.   [fenſter n.
devanture (bĭ-wg-tü'r) f Schau-
dévaster (be-wä-ṡte') verheeren.
déveine (bĕ-wä̰'n) f Pech im Spiel.
développement(be-w'lö-p'mg') m
Entwickelung f.
développer (w'lö-pe') entwickeln.
devenir (bĭ-w'nî'r) werden.

dévergondé, ~e (be-wăr-gɠ-be') schamlos. [riegeln.
déverrouiller (be-wă-rŭ-je') auf-
devers (bĭ-wā'r) (nahe) bei.
dévers, ~e (bĕ-wā'r, be-wā'rß) 1. krumm, schief. 2. m schiefe Kante.
déverser (be-wăr-ße') krümmen; das Waffer in einen Kanal ableiten; ausschütten. [fer-ablaß.
déversoir (be-wăr-ßŏā'r) m Waf-
dévêtir (be-wæ-tī'r) entkleiden; se ~ de qc. sich einer Erbschaft ıc. begeben. [chung von der Bahn.
déviation (be-wĭ-ā-ßĭǫ') f Abwei-
dévider (be') ab-haspeln, -spulen, -wickeln. [Garnwinder(in).
dévideur m, ~se f (bŏ'r, bŏ'ß)
dévidoir (bĭā'r) m Garnwinde f.
dévier (be-wĭ-e'): ~ de qc. von et. abweichen.
devin m, ~eresse f (bĭ-wɠ', bĭ-wĭ-n'ræ'ß) Wahrsager(in).
deviner (bĭ-wĭ-ne') erraten.
devis (bĭ-wĭ') m Bau-anschlag.
dévisager (be-wĭ-fă-Ge'): ~ q. j-m das Gesicht zerkratzen; jem. scharf ansehen. [ea. plaudern.
deviser (bĭ-wĭ-fe') zutraulich mit
dévisser (be-wĭ-ße') losschrauben.
dévoiement (wĭā-mɠ') m Durch-fall; schiefe Neigung. [-hüllen.
dévoiler(be-wĭā-le') ent-schleiern,
devoir (bĭ-wĭā'r) 1. schuldig sein; müssen, sollen; beabsichtigen zu ... 2. m Pflicht f, Schuldigkeit f; Schul-arbeit f.
dévolu m, ~e f (be-wŏ-lŭ') 1. heim-, zu-gefallen; erworben. 2. m jeter son ~ sur q. sein Auge auf jem. werfen. [gen.
dévorer(re')zerfleischen;verschlin-
dévot, ~e(bĭ-wo', ~wŏ't) 1.fromm, andächtig. 2. s. Andächtige(r); faux ~ Mucker.
dévotion (be-wŏ-ßĭǫ') f Andacht; Frömmigkeit; große Ergeben-
dévoué, ~e(wŭ-e')ergeben. [heit.

dévouement (be-wu-mɠ') m Er-gebenheit f; Aufopferung f.
dévouer(wŭ-e') weihen, widmen; auf-opfern. [schicklichkeit.
dextérité (bæ̆t-ßtĕ-rĭ-te') f Ge-
dia (bĭā) int. hist! (links).
diabète(bĭ-ă-bæ̆'t) m 1. Vexier-becher. 2. Harnruhr f; ~ sucré Zuckerkrankheit f.
diable (bĭā'bl) m Teufel; bon ~ gute Haut; Brummkreisel.
diablement (bl'mɠ') verteufelt.
diablerie (bĭā-blĭ-rĭ') f Teufelei.
diablesse (bĭā-blæ'ß) f Teufels-weib n, Satan m.
diablotin (bĭā-blŏ-tɠ') m Teufel-chen n; überzuckertes Chokoladen-plätzchen. [abscheulich.
diabolique (bĭā-bŏ-lĭ'k) teuflisch;
diacre (bĭ-a'kr) m Dia'konus.
dialoguer (bĭ-ă-lŏ-ge') in Ge-sprächsform einkleiden.
diama ter (bĭā-mɠ-te') mit Dia-mau ten besetzen.
diamantin, ~e (bĭā-mɠ-tɠ', ~tī'n) hart wie Diamant. [messer.
diamètre (bĭ-ă-mæ̆'tr) m Durch-
diane ⚔ (bĭ-a'n) f Reveille.
diantre (bĭɠ'tr) m Teufel, Deiker.
diapason (bĭ-ă-ya-fɠ') m Umfang einer Stimme; Stimmgabel f; ~ normal Kammerton.
diaphane (bĭ-ă-fa'n) durch-schei-nend, -sichtig. [fell n.
diaphragme (frä'gm) m Zwerch-
diapré, ~e (pre') vielfarbig, bunt.
diatribe (trĭ'b) f Schmähschrift.
dicible (bĭ-ßĭ'bl) sagbar.
dictée (bĭ-kte') f Diktieren s; Diktat n, Extemporale n.
dicter(kte') diktieren; vorschreiben;
diction (bĭ-kßĭǫ') f Vortrag m; Ausdruck m. [Redensart.
dicton (bĭ-ktɠ') m sprichwörtliche
Didier (bĭ-bĭe') m Deside'rtus.
dièse ♪ (bĭ-æ̆'ß) m Kreuz n.
dièser (bĭ-e-fe') mit einem Kreuz bezeichnen.

diète(bĭ-ĕ't) f 1.Lebensordnung; Diät. 2. Landtag, Bundestag.

Dieu (bĭŭ) m Gott; d.(x pl.) Gott (-heit f), Abgott; pl. Götter.

Dieudonné (bĭŭ-bŏ-ne') m Deobat, Theodor.

diffamant, ～e, ～matoire (bĭ-fă-mạ', ～mạ't, ～ma-tŭạ'r) ehrenrührig. [läfterung.

diffamation (bĭ-fă-mā-ṡ͡ǫ') f Ver

diffamer(bĭ-fă-me') in böfen Leumund bringen, verfchreien.

différemment (bĭ-fĕ-ră-ıng') (in) verfchieben(er Weife), abweichend; ～ de ... anberß alß ...

différence (fĕ-rạ̄'ṡ) f Unterfchieb.

différencier(bĭ-fĕ-rᵤ-ṡĭ-e') unterfcheiben. [ftreitige Sache.

différend (rᵤ') m Streit, Zwift;

différent, ～e (rᵤ', rᵤ̄'t) verfchieben; c'eft ～ baß ift etwaß anbereß.

différer (bĭ-fĕ-re') I. v/a. auffchieben. II. v/n. ～ à ou de ... anftehen zu ...; von einanber abweichen, fich unterfcheiben.

difficile(bĭ-fĭ-ṡĭ'l) fchwer (zu thun), fchwierig; wunberlich, fchwer zu befriebigen.

difficulté (bĭ-fĭ-fŭl-te') f Schwierigfeit; Bebenflichfeit.

difficultueux, ～se(tŭ-ŏ', ～ŏ'f) voll Bebenflichfeiten. [fließenb.

diffluent, ～e (bĭ-flŭ-ạ', ～ạ̄'t) zer

difforme (bĭ-fŏ'rm) ungeftalt.

difformité (bĭ-fŏr-mĭ-te') f Mißgeftaltung, Häßlichfeit.

diffus, ～e(bĭ-fŭ', ～fŭ'f) weitfchweifig, breit; weit außgebreitet.

diffuser (bĭ-fŭ-fe') zerftreuen.

diffusion (bĭ-fŭ-ṡ͡ǫ') f Außbreittung; Weitfchweiffgfeit.

digérer (bĭ-ɢ̌ĕ-re') verbauen.

digestif, ～ve (bĭ-ɢ̌ĕ-ſti'f, ～tĭ'w) Verbauung beförbernb.

digestion (ſtĭ͡ǫ') f Verbauung.

digital (bĭ-ɢĭ-tă'l) Finger-...

digitale &(bĭ-ɢĭ-tă'l) f Fingerhut.

digne (bĭnj) würbig, wert.

dignitaire (bĭ-njĭ-tă'r) m Würbenträger.   [Ehren-amt n.

dignité (bĭ-njĭ-te') f Würbe;

digresser (grĕ-ſe') abfchweifen.

digression (ſĭ͡ǫ') f Abfchweifung.

digue (bĭg) f Damm m, Deich m.

diguer (bĭ-ge') einbeichen.

dilacérer (bĭ-lă-ſe-re') gewaltfam zerreißen.

dilapider(bĭ-lă-pĭ-be') vergeuben.

dilater (bĭ-la-te') außbehnen, erweitern; ～ le cœur baß Herz erfreuen.   [bewirfenb.

dilatoire (bĭ-la-tŭạ'r) Auffchub

dilection (bĭ-lĕ-ḳſ͡ǫ') f Liebe.

diligence (bĭ-lĭ-ɢ̌ạ̄'ſ) f Emfigfeit; Schnelligfeit; Sorgfalt; Eilwagen m; Eifenbahnwagen m erfter Klaffe für wenig Paffagiere.

diligent, ～e (lĭ-ɢ̌ạ', ～ɢ̌ạ̄'t) flinf, gefchwinb; forgfältig.   [len.

diligenter (ɢ̌ạ-te'): se ～ fich be-ei

dilucider(bĭ-lŭ-ſĭ-be') auffläten.

diluer (lŭ-e') mit Waffer verbünnen.

diluvien, ～ne(bĭ-lŭ-wĭạ̃', ～wĭạ̃'n) fünbflutlich.

dimanche (bĭ-mạ̄'fch) m Sonntag.

dîme (bĭm) f Zehent m.

dimension (bĭ-mᵤ-ſ͡ǫ') f Außbehnung.   [erheben.

dîmer (bĭ-me') ben Zehnten von et.

diminuer (bĭ-mĭ-nŭ-e') I. v/a.verfleinern, verminbern. II. v/n. abnehmen; ～ (de prix) vom Preife herunterlaffen.

diminution (bĭ-mĭ-nŭ-ſ͡ǫ') f Verminberung.   [fingware.

dinanderie (bĭ-nᵤ-b'rĭ') f Meſ

dinandier (nᵤ-bĭ͡ĕ') m Gelbgie

dinde (bᵤ̃b) f Trut-henne.   [ßer.

dindon (bᵤ̃-bᵤ̃') m Trut-hahn.

dindonneau (bᵤ̃-bŏ-no') m junge Pute.   [Putenhüter(in).

dindonnier m, ～ère f (nĭ͡ĕ', nĭ͡ặ'r)

diné (bĭ-ne') m = dîner 2.

dînée (bĭ-nĕ') f Mittagsherberge.

dîner (bĭ-ne') 1. zu Mittag fpeifen. 2. m Mittag-effen n.

dîneur (bĭ-nȫ'r) *m* Mittagsgaſt.

diocèse (bĭ-ŏ-ßȫ'ſ) *m* Kirchen-
ſprengel, Diöce'ſe *f.*

diphtongue (bĭ-ftā'g) *f* Diph-
thong *m.*

diplomatie (bĭ-plŏ-ma-ßĭ') *f* id.,
Staatswiſſenſchaft; geſandt-
ſchaftliche Verhandlungen.

diplomatique (bĭ-plŏ-ma-tĭ't)
1. diplomatiſch. 2. *f* Diploma'-
tik, Urkundenlehre. [kenner.

diplomatiste (tĭ'ßt) *m* Urkunden-

dire (bīr) 1. ſagen; on dit es geht
die Rede; c'est-à-~ das heißt;
le qu'en dira-t-on das Gerede
der Leute; est-ce à ...? meinen
Sie etwa damit ...? voilà qui
est dit dabei bleibt es; se ~ ſich
nennen, ſich ausgeben für. 2. *m*
Ausſage *f.*

direct, ~e (bĭ-rắ'kt) direkt (gerade;
unmittelbar; förmlich).

directeur-gérant (bĭ-rắk-ktȫr-Ge-
rā') *m* Geſchäftsinhaber; Haupt-
redakteur *einer* Zeitung.

directif, ~ve (ktĭ'f, ktĭ'w) leitend.

direction (bĭ-rắk-kßĭǫ') *f* Leitung,
Führung; Direktorſtelle; Di-
rektionsbureau *n*; Richtung.

directoire (ktŏā'r) *m* Direkto'rium.

diriger (bĭ-rĭ-Ge') führen, leiten;
auf et. hin richten.

dirimant, ~e(bĭ-rĭ-mǫ', ~mā't) die
Gültigkeit der Ehe aufhebend.

discale (bĭ-ßkǎ'l) *f* Deka'lo *n* (Ge-
wichtsabgang).

discernement (bĭ-ßằr-n'mǫ') *m*
Sonderung;Unterſcheidung;Er-
kenntnis; Urteilskraft; âge de
~ zurechnungsfähiges Alter.

discerner (ne') ſondern; unter-
ſcheiden, erkennen. [hänger.

disciple (bĭ-ßĭ'pl) *m* Jünger, An-

discipline(bĭ-ßĭ-pli'n)*f*(Manns-)
Zucht; conseil *m* de ~ Diſcipli-
nargerichtshof *m*;compagnie de
~ Strafkompagnie; Ordensregel; Lehre; Geißel *zur* Kaſteiung.

discipliner(bĭ-ßĭ-pli-ne')inZucht
halten; an Zucht gewöhnen;
rl. geißeln. [terbrochen.

discontinu, ~e (bĭ-ßkǫ-tĭ-nü') un-

discontinuer (bĭ-ßkǫ-ti-nü-e')
nicht fortſetzen, unterbrechen;
v/n. aufhören mit et. [lich.

disconvenable (w'na'bl) unſchick-

disconvenance (w'nā'ß)*f*Mißver-
hältnis *n*. [unverträglich.

disconvenant, ~e (w'nǫ', ~w'nā't)

discord (bĭ-ßkŏ'r) 1. *m* Zwiſt.
2. *a.* verſtimmt.

discordance (ßkŏr-dā'ß)*f*Mißton;
falſche Stimmung; Uneinigkeit.

discordant, ~e (bǫ', bā't) nicht
übereinſtimmend; verſtimmt.

discorde (bĭ-ßkŏ'rd) *f* Zwietracht,
Hader *m*. [nien.

discorder(bĭ-ßkŏr-be') nicht ſtim-

discoureur *m*, ~se *f* (bĭ-ßku-rȫ'r,
~rȫ'ß) Schwätzer(in).

discourir (bĭ-ßku-rī'r) ausführlich
über et. ſprechen. [ſpräch *n*.

discours (bĭ-ßkū'r) *m* Rede *f*; Ge-

discourtois, ~e (ßkŭr-tǎ', ~tǎ'ß)
unhöflich. [kredit bringen.

discréditer(bĭ-ßkre-bĭ-te')in Miß-

discret, ~ète(bĭ-ßkrắ', ~ßkrắ't) be-
ſcheiden, taktvoll; verſchwiegen.

discrétion (bĭ-ßkre-ßĭǫ')*f*Beſchei-
benheit; Verſchwiegenheit; à ~
nach Belieben.

discrétionnaire (bĭ-ßkre-ßĭŏ-nǎ'r)
dem Ermeſſen überlaſſen.

disculper (bĭ-ßkül-pe') entſchul-
bigen, rechtfertigen. [rung.

discussion (bĭ-ßkü-ßĭǫ') *f* Erörte-

discuter (bĭ-ßkü-te') erörtern.

disert, ~e (bĭ-ßǎ'r, ~ßǎ'rt) rede-
fertig, beredt. [Teuerung.

disette (bĭ-ßǽ't) *f* Mangel *m*,

diseur *m*, ~se *f* (ßȫ'r, ßȫ'ß) Spre-
chende(r); beau ~ Schönrebner.

disgrâce (bĭſ-grā'ß) *f* Ungnade;
Mangel *m* an Grazie.

disgracié, ~e (bĭſ-gra-ßĭ-e') in
Ungnade gefallen; ~ de la na-

ture von der Natur stiefmütter-
lich behandelt.

disgracier (dĭſ-gra-ſĭ-e'): ~ q.
j-m seine Gnade entziehen.

disgracieu*x*, ~se (ſĭŏ', ſĭŏ'ſ) anmutslos; widerwärtig.

disjoindre (dĭſ-ǭǎ'br) trennen.

disjoncti*f*, ~ve (dĭſ-ǭ-k̆tĭ'f,
~tĭ'w) trennend.

disloquer (lŏ-ke') Maschinen aus-
einandernehmen; Glieder aus-
renken; Truppen auseinander-
legen. [schwinden.

disparaitre (dĭ-ſpä-rä̆'tr) ver-

disparate (dĭ-ſpä-ra't) 1. nicht
zusammenpassend. 2. f Miß-
verhältnis n.

disparité (rĭ-te') f Ungleichheit.

disparition (dĭ-ſpä-ri-ſĭǫ̆') f Verschwinden n. [kostspielig.

dispendieu*x*, ~se (ſpǫ-dĭŏ', ~dĭŏ'ſ)

dispensaire (dĭ-ſpǫ-ſǟ'r) m Apo-
thekerbuch n; Laboratorium n;
Armen-apotheke f.

dispensa*teur* m, ~trice f (dĭ-ſpǫ-
ſa-tŏ̄'r, ~trĭ'ſ) Austeiler(in).

dispense (dĭ-ſpā'ſ) f Erlaß m.

dispenser (dĭ-ſpǫ-ſe') austeilen;
~ de qc. von et. entbinden, dis-
pensieren; se ~ de qc. sich einer
Sache überheben. [streuen.

disperser (dĭ-ſpǎr-ſe') zer-, ver-

dispersion (dĭ-ſpǎr-ſĭǫ̆') f Zerstreuung; Auseinanderlegung
von Truppen.

disponibilité (dĭ-ſpŏ-ni-bĭ-lĭ-te')
f Verfügbarkeit.

dispos (dĭ-ſpŏ') munter.

disposé, ~e (dĭ-ſpo-ſe'): ~ à qc.
bereit, geneigt zu et.

disposer (dĭ-ſpo-ſe') disponieren,
anordnen; ~ q. à qc. jem. zu et.
geneigt machen; ~ pour qc.
für et. vorbereiten; ~ de q., qc.
über jem., et. verfügen; se ~ à
qc. sich zu et. anschicken.

disposition (dĭ-ſpo-ſi-ſĭǫ̆') f Anordnung; Verfügung; ~ à qc.

Lust zu et.; körperliche oder geistige
Anlage. [Mißverhältnis n.

disproportion (dĭ-ſprŏ-pŏr-ſĭǫ̆') f

dispute (dĭ-ſpü't) f Streit m,
Wortwechsel m; gelehrter Streit;
· Disputier-übung.

disputer (dĭ-ſpŭ-te') streiten, zanken; disputieren; v/a. ~ qc. à
q. j-m et. streitig machen.

disputeur, ~se (dĭ-ſpü-tŏ̄'r, ~tŏ̄'ſ)
streitsüchtig. [runde Scheibe.

disque (dĭſk) m Wurfscheibe f;

dissection (dĭ-ſǟ-k̆ſĭǫ̆') f Zerglie-
berung; Section.

dissemblable (dĭ-ſǧ-bla'bl) un-
ähnlich. [ähnlichkeit.

dissemblance (dĭ-ſǧ-blā'ſ) f Un-

disséminer (dĭ-ſe-mĭ-ne') aus-,
zer-streuen; verbreiten. [keit.

dissension (dĭ-ſǧ-ſĭǫ̆') f Mißhellig-

dissentiment (dĭ-ſǧ-tĭ-mǎ') m
Meinungsverschiedenheit f.

disséquer (dĭ-ſe-ke') sezieren.

disserter (dĭ-ſǟr-te') erörternd ab-
handeln. [bensspaltung.

dissidence (dĭ-ſĭ-bā'ſ) f Glau-

dissident, ~e (dĭ-ſĭ-ba', ~bā't)
andersgläubig.

dissimilitude (dĭ-ſĭ-mĭ-lĭ-tü'b) f
Ungleichartigkeit. [stellung.

dissimulation (mŭ-lā-ſĭǫ̆') f Ver-

dissimulé, ~e(mŭ-le') gleißnerisch.

dissimuler (dĭ-ſĭ-mŭ-le') I. v/a.
verhehlen, sich et. nicht merken
lassen. II. v/n. sich verstellen.

dissipa*teur* m, ~trice f (dĭ-ſĭ-pa-
tŏ̄'r, ~trĭ'ſ) Verschwender(in).

dissipation (pā-ſĭǫ̆') f Zerstreut-
heit; Verschwendung; Saus
und Braus m.

dissiper (dĭ-ſĭ-pe') verschwenden;
zerteilen; zerstreuen; auseinan-
dersprengen.

dissocier (dĭ-ſŏ-ſĭ-e') trennen.

dissolu, ~e (dĭ-ſŏ-lü') ausschweifend, liederlich.

dissoluble (dĭ-ſŏ-lü'bl) auflösbar.

dissolution (dĭ-ſŏ-lü-ſĭǫ̆') f Auf-

lösung; Trennung der Ehe; Ausschweifung.

dissoner (dĭ-ßŏ-ne') mißtönen.

dissoudre (dĭ-ßū'dr) auflösen.

dissous, ∽te (dĭß-ßu', ∽ßu't) part.
p. v. dissoudre; aufgelöst.

dissuader (ßŭ-a-be') widerraten.

dissuasion (dĭ-ßŭ-ā-ßĩǫ') ƒ Widerraten n. [zwei-silbig(es Wort).

dissyllabe (bi-ßĭl-la'b) a. und m

distancer (dĭ-ßtg-ße') im Wettlauf
überholen (v. Pferden), den Rang
abgewinnen.

distant, ∽e (dĭ-ßtg', ∽tg̱'t) entfernt.

distendre (dĭ-ßtg̱'dr) zu sehr aus-
behnen. [bestillieren.

distiller (dĭ-ßtĭ-le') herabträufeln;

distillerie (dĭ-ßtĭ-l'rĭ') ƒ (Brannt-
wein-)Brennerei.

distinct, ∽e (dĭ-ßtg̱', ßtg̱'kt) un-
terschieben; beutlich.

distinctif, ∽ve (dĭ-ßtg̱-kti'f,
∽kti'w) unterscheidend.

distinction (dĭ-ßtg̱-kßĩǫ') ƒ Unter-
scheidung; (Standes-)Unterschied
m; Auszeichnung; Vornehmheit.

distinguer (dĭ-ßtg̱-ge') unterschei-
ben; auszeichnen; abteilen.

distique (bi-ßtĭ'k) m Distichon n.

distordre (dĭ-ßto'rdr) verzerren.

distraction (dĭ-ßträ-kßĩǫ') ƒ Zer-
streutheit; Zerstreuung, Erhei-
terung; ∽ d'avec Trennung von.

distraire (dĭ-ßträ'r) ben Geist zerstreuen; von et. abziehen; absondern. [streut.

distrait, ∽e (dĭ-ßtræ', ∽ßtræ't) zer-

distribuer (dĭ-ßtrĭ-bŭ-e') aus-,
ver-teilen; ab-, ein-teilen.

distributeur m, ∽trice ƒ (dĭ-ßtrĭ-
bŭ-tō'r, ∽trĭ'ß) Austeiler(in).

distribution (dĭ-ßtrĭ-bŭ-ßĩǫ') ƒ
Aus-, Ver-, Ein-teilung.

dit (bi) m Spruch; ∽s et redits
Hin- und Her-gerede n.

diurne (dĭ-ü'rn) 1. während eines
Tages geschehend. 2. ∽s m/pl.
Tag-falter, -raubvögel.

divagation (dĭ-wä-gā-ßĩǫ') ƒ Abschweifung im Reden.

divaguer (dĭ-wä-ge') abschweifen;
frei herumlaufen; austreten
(von Flüssen). [berlaufen.

diverger (dĭ-wăr-ge') auseinan-

divers, ∽e (dĭ-wä'r, ∽wä'rß) verschieben, unterschieblich.

diversifier (dĭ-wär-ßi-fĭ-e') Ab-
wechselung in et. bringen.

diversion (ßĩǫ') ƒ Ablenkung.

diversité (ßĭ-te') ƒ Mannigfaltig-
keit. [Gelder unterschlagen.

divertir (dĭ-wär-tĭ'r) belustigen;

divertissant, ∽e (dĭ-wär-tĭ-ßg̱',
∽ßg̱'t) ergötzlich.

divertissement (ßmg') m Belusti-
gung ƒ; ∽s pl. Zwischenspiele
in der Oper; Unterschlagung ƒ.

divin, ∽e (dĭ-wg̱', ∽wi'n) göttlich.

divinateur m, ∽trice ƒ (dĭ-wĭ-na-
tō'r, ∽trĭ'ß) Weissager(in).

divination (nā-ßĩǫ') ƒ Wahrsagerei.

divinatoire (na-tŏä'r) auf Wahrsagerei bezüglich; baguette ƒ
∽ Wünschelrute.

diviniser (dĭ-wĭ-nĭ-se') vergöttern.

divinité (dĭ-wĭ-nĭ-te') ƒ Gottheit.

diviser (dĭ-wĭ-se') (ab-, ein-, zer-)
teilen; entzweien. [Teilscheibe.

diviseur (ßō'r) m Divi'sor, Teiler;

divisible (dĭ-wĭ-ßĭ'bl) teilbar.

division (ßĩǫ') ƒ Teilung; Division; Abteilung; Divi's n.

divorce (dĭ-wŏ'rß) m Ehe-schei-
bung ƒ; fig. Trennung ƒ.

divorcer (dĭ-wŏr-ße'): ∽ d'avec
q. sich vom Gatten (von der
Gattin) scheiden lassen.

divulguer (dĭ-wŭl-ge') aussspren-
gen, unter die Leute bringen.

divulsion (ßĩǫ') ƒ Zerreißung.

dix (dĭß; ∽ personnes zc.: dĭ; vor
vo.: dĭß) zehn.

dix-cors (dĭ-kŏ'r) m Zehn-Ender.

dix-huit (dĭ-ßŭi'ob. ∽ßĭ't) achtzehn.

dixième (di-ßĩæ'm) 1. zehnte(r).
2. ƒ d De'zime.

dix-neuf (blṡ-nö'f) neunzehn.
dix-sept (blṡ-ßæ't) ſiebzehn.
dizain (dḭ-ßặ') m Gedicht n von
zehn Verſen.   [zehn.
dizaine (dḭ-ßæ'n) f Anzahl von
docile (dŏ-ßḭ'l) gelehrig; fügſam.
docilité (dŏ-ßḭ-lḭ-te') f Gelehrig-
keit; Fügſamkeit.
docte (dokt) gelehrt.
doctoral, ~e (dŏ-ktŏ-rặ'l) Dok-
tor(en)-...; pedantiſch.
dodéca... (dŏ-dĕ-kặ...) in Zſg.
zwölf-..., 12. dodécaèdre (dŏ-
bĕ-kặ-ặ'br) zwölfflächig.
dodeliner (bo-b'lḭ-ne') einlullen;
~ (de) la tête den Kopf hin
und her wiegen.
dodiner (dŏ-dḭ-ne') wiegen, ſchau-
keln; v/n. ſchwingen (Pendel).
dodo (bo-bo')m 1. enf. Baba; faire
~ ſchlafen. 2. Dronte (Vogel).
dodu, ~e (dŏ-bü') dick und fett,
fleiſchig.   [des Dogen.
dogaresse (dŏ-gặ-ræ'ß) f Gattin
dogat (dŏ-gặ') m Dogenwürde.
dogme (bŏgm) m Dogma n.
dogue (bog) m Dogge f. [ſtoßen.
doguer (bŏ-ge') ſich mit den Köpfen
doguin (bŏ-gặ') m Mops.
doigt (bṵặ) m Finger; ~ (de pied)
Zehe f; Klaue f.
doigté ♂ (bṵặ-te') m Fingerſatz.
doigter (bṵặ-te') 1. ♂ die Finger
ſetzen; v/a. mit dem richtigen
Fingerſatze ſpielen; ein Muſikſtück
befingern. 2. m = doigté.
doigtier(bṵặ-tḭe')m lederner Däumling, Fingerling.
doit (bṵặ) m Soll n, Debet n.
dol (bŏl) m Arglift f, Betrug.
doléance (bŏ-lĕ-ặ̱'ß) f Klage, Be-
ſchwerde.
dolent, ~e (bŏ-lặ', ~lặ't) kläglich.
doler (bŏ-le') abhobeln; zuhauen;
Leder dünn ſchaben.
doloir(bŏ-lṵặ'r)m Schabe-Eiſen n.
doloire (bŏ-lṵặ'r) f Schneide-meſ-
ſer n; Dünnbeil n; Kalk-krücke.

domaine(bŏ-mæ'n) m Kammer-,
Staats-gut; Bereich, Gebiet.
domanier (bŏ-mặ-nḭe') die Domä-
nen betreffend.
dôme (bōm) m Kuppel f, Helm-
dach n; Gewölbe n; dtſch. ob. it.
Dom, Münſter n.
domesticité (bŏ-mæ-ßtḭ-ßḭ-te') f
Bedientenſtand; Dienerſchaft;
Zuſtand m eines Haustiers.
domestique(bŏ-mæ-ßtḭ'k) 1. häuslich, Haus-...; einheimiſch;
zahm (von Haustieren); état m ~
Stellung f eines Dieners. 2. s.
Bediente(r), Magd.
domestiquer (mæ-ßtḭ-ke') zu e-m
Haustiere machen. [geſeffen.
domicilié, ~e (bŏ-mḭ-ßḭ-lḭ-e') an-
domicilier (~) ſich häuslich nieder-
laſſen.   [vorherrſchend.
dominant, ~e (bŏ-mḭ-nặ', ~nặ't)
domina/teur m, ~trice f (na-tö'r,
~trḭ'ß) 1.herrſchend. 2.s.Beherr-
ſcher(in). [(Ober-)Herrſchaft.
domination (bŏ-mḭ-nặ-ßḭ̱ő') f
dominer (bŏ-mḭ-ne') beherrſchen;
übertragen; v/n. ~ sur ... herr-
ſchen über ...; vorherrſchen.
dominical, ~e (bŏ-mḭ-nḭ-kặ'l) dem
Herrn (Gott) gehörig; oraison
(lettre)~e Vaterunſer n; Sonn-
tagsbuchſtabe m.
dominoterie (bŏ-mḭ-nŏ-t'rḭ') f
bunte bedruckte Papierbogen;
Verfertigung u. Handel damit.
dominotier (tḭe') m Buntpapier-
bogen-fabrikant, -händler.
dommage (bŏ-mặ'G) m Schaden,
Verluſt; quel ~! wie ſchade!;
~s-intérêts Schaden-Erſatz mit
Zinſen.
domptable (bọ-tặ'bl) bezwingbar.
dompter(te') bezwingen,bändigen.
dompteur (bọ-tö'r) m Bezwinger;
(Tier-)Bändiger.
don (bọ) m Schenkung f, Gabe f.
donataire (bŏ-nặ-tặ'r) s. Be-
ſchenkte(r).

donateur m, ~trice f (bŏ-na-tŏ'r, ~tri'ß) Schenker(in).

donation (nā-ßŏ') f Schenkung.

donc (zu Anfang ob. Ende des Satzes u. vor Vokalen: dŏľ; sonst dŏ) also, folglich; pourquoi ~? warum benn? viens ~! komm boch!

dondon (dŏ-dŏ') f bickes, frisch und gesund aussehendes Weib.

donjon (ŏŏ') m Schloß-, Festungsturm; Erker; Warte f. [gebig.

donnant, ~e (bŏ-ng', ~nḡ't) frei-

donne (bŏn) f Kartengeben n; faire fausse ~ vergeben.

donner (bŏ-ne') geben, schenken; zuteilen, beilegen; ~ qc. pour... et. ausgeben für...; v/n. ~ à qc. auf et. geben, Wert legen; ~ au but das Ziel treffen; ~ contre qc. gegen et. stoßen, anrennen; ~ dans qc. auf ob. in et. geraten; ~ sur le jardin nach bem Garten hinausgehen (von Fenstern); ✗ ~ (sur l'ennemi) auf ben Feind losgehen, ben Feind angreifen; abs. ergiebig sein, gut geraten. [Geber(in).

donneur m, ~se f (bŏ-nŏ'r, ~nŏ'f)

dont (bŏ) beffen, beren, von (mit, aus) welchem, welcher, welchen; ce ~ wovon, womit, woraus.

donzelle (sæ'l) f Mamsell, Dirne.

doré, ~e (bo-re') vergolbet, golbig.

dorénavant (bŏ-re-nä-wg') künftighin.

dorer (bo-re') vergolben; den Brotteig mit Ei-botter bestreichen.

doreur (bo-rŏ'r) m Vergolber.

dorloter (bŏr-lŏ-te') verzärteln.

dorlotine (ti'n) f Schlafsofa n.

dormant, ~e (bŏr-mg', ~mḡ't) 1. schlafenb; stehend (Wasser); unbeweglich. 2. m Tafel-aufsaß; ~ de croisée, de porte Fensterrahmen, Thürfutter n.

dormeur m, ~se f (bŏr-mŏ'r, ~mŏ'f) (Lang-)Schläfer(in). [stuhl.

dormeuse (mŏ'f) f bequemer Schlaf-

dormir (bŏr-mi'r) schlafen; stillstehen; unbenutzt bleiben.

dormitif, ~ve (bŏr-mi-ti'f, ~ti'w) a. u. s/m. einschläfernb(es Mittel). [Streichpinsel ber Bäcker.

doroir (bo-rŏä'r) m Vergolbpinsel;

dorsal, ~e (bŏr-ßä'l) Rücken-...

dortoir (bŏr-tŏä'r) m Schlafsaal.

dorure (bo-rū'r) f Vergolbung; Bestreichen n mit Ei-gelb.

dos (bo) m Rücken; ~ à ~ mit bem Rücken gegen einanber gekehrt; Rückseite f e-s Wechsels 2c.; Stuhl-Lehne f; en ~ d'âne nach beiden Seiten hin abschüffig.

dose (bŏf) f gehöriges Maß; Do'ßs.

doser (bo-fe') quantitativ bestimmen; bie gehörige Doßs geben.

dosse (bŏß) f Beifchale (a. dosseflache f); bickes Brett.

dossier (bo-ßĭe') m Rück-lehne f, -seite f; Akten-beckel, -stoß, alle zu e-r Sache gehörigen Dokumente.

dot (bŏt) f Mitgift.

dotal, ~e (bŏ-tä'l) bie Mitgift betreffenb; régime ~ Ausschluß m ber Gütergemeinschaft.

dotation (tā-ßŏ') f Ausstattung mit Einkünften, Schenkung.

doter (bŏ-te') ausstatten, fig. begaben. [gebinge n.

douaire (bü-ä'r) m Wittum n, Leib-

douairière (bü-ä-rĭä'r) f Witwe von Stanbe; reine ~ Königin-Witwe.

douane (bü-a'n) f Aus-, Eingangszoll m; (Grenz-)Zoll-Amt n.

douaner (bu-ä-ne') plombieren.

douanier m, ~ère f (nĭe', nĭä'r) 1. m Zollbeamter, Grenz-aufseher. 2. a. association ou union ~ère Zollverein m.

double (bū'bl) 1. boppelt, zweifach; au ~ noch einmal soviel; fig. boppelzüngig. 2. m das Doppelte; Dublette f; Doppelgänger; thé. Stellvertreter in einer Rolle. [Plattierung f.

doublé (bu-ble') m id. n (Billard);

doubler(bu-ble')verdoppeln; Kleider füttern; einen Schauspieler in einer Rolle vertreten; einen Ball bublieren; ein Vorgebirge umsegeln. [Doublé n; Pasch.

doublet (bu-blä') m Dublette f;

doublon (bu-blg') m Dublone f (Goldmünze).

doublure (bu-blü'r) f Unterfutter n; thé. Stellvertreter(in).

Doubs (bu) mid., Nebenfl. der Saône.

douce (buß) f von doux.

douceâtre (bu-ßä'tr) süßlich.

doucement(bu-ßmg')sachte, leise, behutsam; v. doux.

doucerette (bu-ß'rä't) f sanftthuendes Jüngferchen.

doucereux, ~se (bu-ß'rö', ~ß'rö'ß) widerlich süß; fig. übertrieben freundlich, süß. [zimperlich.

doucet, ~te (bu-ßä', ~ßä't) süß,

douceur (bu-ßö'r) f Süßigkeit; Sanftheit, Zartheit; Anmut; Freundlichkeit; Trinkgeld n; ~s pl. Schmeicheleien.

douche (busch) f Sturzbad n; ~ en arrosoir Schauerbad n.

doucher (bu-sche'): ~ q. j-m ein Gießbad geben.

doucir (bu-ßï'r) Glas :c. schleifen.

douer (bu-e'): ~ q. de qc. jem. mit et. begaben.

douille (buj) f kurze Röhre, Dille.

douillet, ~te (bu-jä', ~jä't) weich, zart; weichlich, verzärtelt.

douleur (bu-lö'r) f Schmerz m.

douloureux, ~se (bu-lu-rö', ~rö'ß) schmerzhaft, schmerzlich.

doute (but) m Zweifel; Vermutung f; Besorgnis f.

douter (bu-te') zweifeln (de qc. an et.); se ~ de qc. et. ahnen, vermuten. [Zweifler(in).

douteur m, ~se f (bu-tö'r, ~tö'ß)

douteux, ~se (bu-tö', ~tö'ß) zweifelhaft; verdächtig.

douvain (bu-vg') m Daubenholz.

douve (büv) f Faßdaube.

Douvres (bü'vr) f Dover n.

doux, ~ce (bu, büß) süß; anmutig, lieblich; sanft, weich; sanftmütig, mild; fromm (v. Tieren).

douzaine (bu-sä'n) f Dutzend n; à la ~ dutzendweise.

douze (büß) zwölf.

douzième (bu-sïä'm) zwölfte(r).

douzièmement (bu-sïä-ms-mg') zwölftens.

doyen (bëä-jg') m Dechant; Dekan; ~ d'âge Alterspräsident.

doyenné (bëä-jä-ne') m Dechanei f; Dekanat n.

draconien, ~ne(brä-ko-nïg', ~ïä'n) 1. drachen-artig. 2. drako'nisch.

dragée (brä-ße') f Zucker-erbse; ~s pl. Zuckerwerk n; Flintenschrot n; Mengkorn n.

drageoir(brä-ßöä'r)m Zuckerwerkschale f, -büte f.

drageoire (brä-ßöä'r) f Falz m.

drageon (ßg') m Wurzelschößling.

dragon (brä-gg') m Drache, Lindwurm; Drago'ner.

dragonne (brä-gö'n) 1. f Degenquaste, Portepee n.

dragonneau (brä-gö-no') m Fleck lu Diamanten; Medi'na-wurm.

drague(bräg)f Bagger m; Scharrnetz n.

draguer (brä-ge') baggern; Muscheln mit dem Scharrnetz fischen.

dragueur (brä-gö'r) m Baggerer; bateau ~ Baggerschiff n.

drain (brg) m Drain(-röhre f).

drainer (brä - ne') entwässern; drainieren.

drap (bra) m Tuch n (Wollenzeug) ~ (de lit) Bett-laken n; ~ mortuaire Leichentuch n.

drapeau (brä-po') m Fahne f.

draper (brä-pe') mit Tuch ausschlagen, behängen; in (schöne) Falten legen, drapieren; tuchartig zurichten; se ~ de qc. sich mit et. brüsten.

draperie (brä-p'rï') f Tuch-mache-

rei, -waren *pl.*, -handel *m*; Ge-
wandung.   [händler.
drapier (brä-pĭě') *m* Tuch-macher,
drastique (brä-ŝti'ť) schnell wirkend, drastisch.
drayer (bræ-ĭě') Felle ausschaben.
drayoire(ĭȧ'r) *f* Schabe-messer *n*.
drêche (brĕȷ̈ch) *f* Darr-malz *n*.
drège (brĕ̊G) *f* Riffel.
dréger (bre-Gě') Flachs riffeln.
drelin (brı-lĝ') *int.* kling, kling!
dresse (bræß) *f* Mittelsohle.
dresser (bræ-ße') auf-, in die Höhe
richten, strecken; aufstellen; ein
Bett aufschlagen; einen Hinterhalt
legen; einen Kontrakt aufsetzen;
ein Protokoll aufnehmen; einen
Hund ꝛc. bressieren, abrichten;
Speisen anrichten; den Draht zu den
Nadeln richten; eine Batterie auf-
pflanzen; *v/n.* zu Berge stehen
(von Haaren); se ~ sich aufrichten, bäumen.
dresseur (bræ-ḫȫ'r) *m* Abrichter;
(Geschütz-)Rohr-richter.
dressoir (bræ-ḫȭ'r) *m* Abtropf-
bant *f* für Küchengeschirr; ehm. An-
richte-tisch.
drille (brij) 1. *m* bon ~ braver
Kerl; vieux ~ alter Haudegen,
Fuchs. 2. *f* -s *pl.* (Papier-)Lum-
pen; ~ Drillbohrer *m*.
drisse ⚓ (briß) *f* Hißtau *n*.
drogmanat (brȯ-gmä-na') *m* Dol-
metscherposten.   [metscher.
drog(o)man(brȯ-g(ȯ-)ma')*m*Dol-
drogue (brog) *f* Apotheker-, Far-
ben-, Spezerei-ware; Schund.
droguer (brȯ-ge') Wein verfälschen;
~ q. j-m (zu) viel Arznei eingeben.   [chen *n*.
droguier (brȯ-gĭě') *m* Arzneikäst-
droguiste (brȯ-gĭ'ßt) *m* Droguе-
rie-warenhändler en détail.
droit, ~e (brä̊, brŏȧt) 1. gerade,
aufrecht; recht (nicht link); red-
lich, rechtschaffen. 2. *adv.* ge-
rade(aus). 3. *m* Recht *n*; ~ des

gens Völkerrecht *n*; de (bon) ~
von Rechts wegen; docteur en ~
Doktor der Rechte; faire son ~
Jura studieren; Abgabe *f*, Gebühr *f*; ~ de timbre Stempel-
gebühr *f*; ch. ~ des chiens Jä-
ger-recht *n*; un ~ ein rechter
Winkel.
droite (brŏȧt) *f* rechte Hand, Seite;
Rechte e-r politischen Versammlung;
à ~ rechts.
droitier (brŏȧ-tĭě') *m* der rechts ist.
droiture (brŏȧ-tŭ'r) *f* Geradheit,
Redlichkeit; en ~ geradeswegs.
drolatique (bro-la-ti'k) lustig,
spaßhaft.
drôle (brōl) 1. drollig, possierlich.
2. *m et f* un ~ de corps ein
merkwürdiger Kauz; une ~ d'i-
dée ein schnurriger Gedanke.
3. *m* Schelm, durchtriebener Kerl.
drôlerie (bro-l'rĭ') *f* Schnurre;
Kleinigkeit.
drôlesse (læ'ß) *f* liederliche Dirne.
dromadaire (brȯ-mä-bä'r) *m* Dro-
medar *n*.   [suar.
dromée (brȯ-mě') *f* australischer Ka-
drossart (brȯ-ḫȧ'r)*m* Drost, Amts-
hauptmann.
droue (brü) *f* Trespe.
drousse (bruß) *f* Wollkamm *m*.
drousser(bru-ße') Wolle schlumpen.
dru, ~e (brü) dicht, gedrängt;
flügge; munter, ohne Umstände;
adv. ~ et menu hagelbicht.
drupe (brüp) *m* Steinfrucht *f*.
druse (brüß) *f* (Kropf-, Krystall-)
Druse.
dû *m*, due *f* (bü) 1. schuldig, ge-
bührend; ~ment wie es sich gehört. 2. *m* Gebühr *f*, das j-m
Zukommende.
dubitatif, ~ve (bü-bĭ-ta-ti'f,
~tĭ'w) Zweifel anzeigend.
duc (bük) *m* 1. Herzog. 2. Ohr-
Eule *f*; grand ~ Uhu; moyen
~ Horn-Eule *f*. 3. *v.* ~ d'Albe.
ducal, ~e (bü-ka'l) herzoglich.

duc d'Albe (dük bä'lb) m 1. Herzog von Alba. 2. ⚓ Dükbalbe f, Schiffspfahl.

duché (bü-fche') m Herzogtum n.

duchesse (bü-fchæ'ß) f Herzogin.

ducroire 🌑 (krää'r) m Delcre'dere.

ductile (bü-kti'l) dehn-, streck-bar.

ductilité (kti-li-te') f Dehnbarkeit.

duègne (bü-æ'nj) f Dueña.

duel (bü-æ'l) m Duell n; gr. Dua'lis.

duelliste (bü-æ-li'ßt) m Duellant.

dulcifier (bül-ßi-fi-e') ab-, versüßen.

dûment (bü-mg') v. dû.

dune (bün) f Düne.

dunette ⚓ (bü-næ't) f Hütte (Kajüte auf Deck).

duo (bü-o') m Duett n.

duodénum (bü-o-bé-nö'm) m Zwölffingerdarm.

dupe (büp) f Betrogene(r); leichtgläubige(r) Thor oder Thörin; être la ～ de q. von j-m betrogen, angeführt werden.

duper (bü-pe') anführen, betrügen.

duperie (bü-p'ri') f Prellerei, Schwindel m.

dupeur (bü-pȫ'r) m Betrüger.

duplicatif, ～ve (bü-pli-ka-ti'f, ～ti'w) verdoppelnd.

duplicité (bü-pli-ßi-te') f Doppelt-sein n; Doppelzüngigkeit.

dur, ～e (bür) hart; hartherzig, streng; être ～ d'oreille, entendre ～ schwer hören; coucher sur la ～e auf der bloßen Erde liegen.

durant (bü-rg') während.

durcir (bür-ßi'r) (ver-, ab-)härten; se ～ hart werden.

durcissement (bür-ßi-ßmg') m Hart-werden n, -sein n.

durée (bü-rē') f (Fort-)Dauer; de ～ dauerhaft.

durer (re') (fort)bauern, währen.

duret, ～te (bü-ræ', ～ræ't) härtlich.

dureté (bü-r'te') f Härte; Gefühllosigkeit; Schroffheit.

durillon (bü-ri-jg') m (Haut-) Schwiele f.

duriuscule (bü-ri-ü-ßkü'l) härtlich.

duvet (bü-wæ') m Flaum (-feber f); Daunenbett n; Milchbart.

duveté, ～e (bü-w'te') flaumig.

duveteux, ～se (bü-w'tȫ', ～w'tȫ'f) flaumig.

dysenterie (bi-ßg-t'ri') f Ruhr.

E.

E abr. = Éminence, Excellence; géogr. = Est Osten.

eau (ō) f Wasser n; se jeter à l'～ sich ertränken; les ～x et forêts Jagd-, Forst- und Wasser-verwaltung; lâcher son ～ sein Wasser abschlagen; ⚓ faire ～ einen Leck haben; faire de l'～ sich mit Trinkwasser versehen.

eau-de-vie (o-b'wi') f Branntwein m. [fer n.

eau-forte (o-fȫ'rt) f Scheide-waf-

ébahi, ～e (é-bä-i') wie aus den Wolken gefallen.

ébahir (é-bä-i'r): s'～ staunen.

ébarber (é-bär-be') gebern schleißen; das Rauhe wegnehmen; Papier, Hecken beschneiden; beschroten; ausputzen.

ébats (é-ba') m/pl. muntere Sprünge; prendre ses ～ sich belustigen.

ébattre (é-bä'tr): s'～ vergnügt umherspringen, sich erlustigen.

ébaubi, ～e (é-bo-bi') verblüfft.

ébauche (é-bō'fch) f Entwurf m, erste Anlage.

ébaucher (é-bo-fche') flüchtig ent-

werfen, ſkizzieren; auß dem
Gröbſten arbeiten.   [ſtigen.
ébaudir (ě-bo-dī'r): s'~ ſich belu-
ébène (ě-bæ'n) f Ebenholz n.
ébéner (ě-bě-ne') ſchwarz beizen.
ébénier (ě-be-nīe') m Ebenholz-
baum.   [tiſchler.
ébéniste (ě-bě-ni'ſt) m Kunſt=
ébeurrer (ě-bö-re'): ~ le lait die
Butter von der Milch ſondern.
éblouir (ě-blü-ī'r) (ver)blenden.
éblouissant, ~e (ě-blu-ī-ßa',
~ßā't) blendend.
éblouissement (ě-blu-ī-ßmä') m
Blendung f; Verblendung f.
éborgner (ě-bŏr-nje') eines Auges
berauben, auf einem Auge blen-
ben; die Augen eines Obſtbaumes
ausſchneiden.
éboulement (ě-bu-l'mä') m Einſturz; Erbfall.
ébouler (ě-bu-le'): s'~ einſtürzen.
ébouleux, ~se (ě-bu-lö', ~lö'ſ)
leicht zuſammenſtürzend.
éboulis (ě-bu-lī) m Geröll e n.
ébourgeonner (ē-bür-Gŏ-ne') die
überflüſſigen Knoſpen und Triebe
ausbrechen.   [erſtaunlich, rieſig.
ébouriffant, ~e (ě-bu-rī-fa', ~fā't)
ébouriffer (ě-bu-rī-fe') das Haar
zerzauſen; fig. verblüffen.
ébrancher (ě-brg-ſche') ausäſten.
ébranlement (l'mä') m Erſchüt-
terung f.   [wegung ſetzen.
ébranler (le') erſchüttern, in Be-
ébréché, ~e (ě-brě-ſche') ſchartig.
ébrécher (~) ſchartig machen; ſchä-
bigen.   [Kot reinigen.
ébrener (e-brě-ne') ein Kind von
ébruiter (brü-te'): s'~ ruchbar w.
ébullition (ě-bül-li-ßğ') f Auf-
kochen n; Aufbrauſen n; Ausſchlag m, Hitzblatter.
éburné, ~e (ě-bür-ne') elfenbein-
artig.   [platt drücken.
écacher (ě-kă-ſche') zerquetſchen,
écaille(ě-kă'j) f Schuppe; (Auſtern-)
Schale; Schildpatt n.

écaillé, ~e (ě-kă-je') ſchuppig.
écailler (ě-kă-je') abſchuppen, ab-
ſchalen; Auſtern aufmachen; s'~
ſich ſchiefern.
écailler m, ~ère f (ě-kă-je', ~jā'r)
Austernhändler(in).
écailleux, ~se (jö', jö'ſ) ſchuppig;
abblätternd. [nen-.Ruß-)Schale.
écale (ě-kă'l) f (Eier-, Erbſen-, Boh-
écaler (ě-kă-le') Bohnen. Nüſſe x.
auß der Schale machen.
écanguer (ě-kg-ge') Flachs brechen.
écarlate (ě-kăr-la't) 1. f Schar-
lach m. 2. a. ſcharlach-rot.
écarner (ě-kăr-ne') abkanten.
écarquiller (ě-kăr-kī-je') die Beine
auseinanderſpreizen; die Augen
aufſperren.
écart (ě-kā'r) m 1. Seitenſprung;
Abſchweifung; Verirrung; à l'~
bei Seite, abſeits; weggelegte
Karten. 2. bl. Schildviertel.
écarteler (ě-kăr-t'le') vierteilen.
écartement (tmä') m Abſtand.
écarter (ě-kăr-te') ausſpreizen;
entfernen; Karten abwerfen; von
einer Flinte: ~ (le plomb) ſtreuen.
écatir (ě-kă-tī'r) Tuch kalt preſſen.
Ecclésiaste (ě-kle-ſī-a'ſt) m:
livre de l'~ Prediger Salomo.
ecclésiastique (ă-ſti'k) 1. geiſtlich, kirchlich. 2. m Geiſtliche(r);
l'E~ das Buch Jeſus Sirach.
écervelé, ~e (ě-ßăr-w'le') hirnlos,
unbeſonnen(er Menſch).
échafaud (ě-ſchă-fō') m (Bau-,
Schau-)Gerüſt n; Schafott n.
échafauder (ě-ſchă-fo-de') ein Gerüſt aufſchlagen.
échalas (ě-ſchă-la') m Rebenpfahl.
échalasser (ě-ſchă-lă-ße') Weinſtöcke
pfählen.   [aus Reiſig.
échalier (ě-ſchă-līe') m Feldzaun
échalote (ě-ſchă-lŏ't) f Schalotte.
échancrer (ě-ſchg-kre') ausſchwei-
fen, bogenförmig ausſchneiden.
échancrure (ě-ſchg-krü'r) f bogen-
förmiger Ausſchnitt.

échandole (ĕ-ſchą-bŏ'l) f Dach-
ſchindel.

échange (ĕ-ſchą'g) m Austauſch;
libre ~ Frei-handel.

échanger (ĕ-ſchą-ge') (contre ou
pour qc. gegen ob. für et.) aus-
tauſchen.　[~ Freihändler.

échangiste (ĕ-ſchą-gi'ſt) m: libre
échanson (ßą') m Mundſchenk.

échantillon (tl-ją') m Probe(-ſtück
n) f, Muſter n; Eichmaß n.

échantillonner (ĕ-ſchą-tl-jŏ-ne')
Gewichte ꝛc. eichen; Zeug zu Pro-
ben zerſchneiden; mit den Pro-
ben vergleichen.　[Ausflucht.

échappatoire (ĕ-ſchă-pa-tŏa'r) f

échappé (ĕ-ſchă-pe') m Entſprun-
gene(r); ~ de prison Galgen-
vogel; (cheval) ~ d'arabe Pferd
von einem Araber-hengſt und
einer Stute anderer Race.

échappée (ĕ-ſchă-pe') f Abſtecher
m; Ausbrechen n des Diebs; un-
beſonnener Streich; ~ (de vue)
ſchmale Durchſicht.

échappement (ĕ-ſchă-p'mą') m
(Dampf· ꝛc.)Entweichung f, Hem-
mung f in der Uhr.

échapper (ĕ-ſchă-pe') entlaufen;
entſchlüpfen (Wort); ~ à qc. e-r
Sache entgehen; v. beau.

écharde (ĕ-ſchă'rd) f Diſtel-ſtachel
m; (Holz·)Splitter m.

échardonner (ĕ-ſchär-bŏ-ne') von
Diſteln befreien.

écharner(ĕ-ſchär-ne') ausfleiſchen.

écharpe (ĕ-ſchă'rp) f Schärpe;
(Arm·)Binde.　[zerſäbeln.

écharper (ĕ-ſchär-pe') zerhauen,

écharpiller (ĕ-ſchär-pl-je') in
Stücke hauen; Roßhaar auseinan-
anderzupfen.

échasse (ĕ-ſcha'ß) f Stelze; ~
(d'échafaud) Rüſtbaum m.

échauboulure (ĕ-ſcho-bu-lū'r) f
Hitzblatter.　[kuchen.

échaudé (ĕ-ſcho-be') m Spritz-

échauder (~) (ab-, ver-)brühen.

échaudoir (ĕ-ſchŏ-bŏa'r) m Brüh-
keſſel, ·haus n.　[ſteck m.

échaudure (ĕ-ſcho-bū'r) f Brand-

échauffant, ~e (ĕ-ſcho-fą', ~fą't)
erhitzend; verſtopfend.

échauffé, ~e (fe') erhitzt; ſtockig.

échauffement (ĕ-ſcho-f'mą') m Er-
hitzung f; Muffigwerden n.

échauffer (ĕ-ſcho-fe') erwärmen,
erhitzen; s'~ warm werden, ſich
ereifern; muffig werden.

échauffourée (ĕ-ſcho-fu-re') f un-
beſonnenes Unternehmen; ✗
Scharmützel n.

échauffure (fū'r) f Hitzblatter.

échaumer (ĕ-ſcho-me') abſtoppeln.

échéable (ĕ-ſchĕ-a'bl) fällig.

échéance (ą'ß) f Verfallstag m.

échéant, ~e (ĕ-ſchĕ-ą', ~ą't) fällig; v. échoir.

échec (ĕ-ſchĕ'k) m Schach; ~s pl.
(ĕ-ſchă') Schachſpiel n; Schach-
figuren.　[mit Leitern.

échelade (e-ſch'la'b) f Stürmen n

échelle(ĕ-ſchĕ'l)fLeiter; ~ double
Steh-leiter; fig. Stufenleiter;
♪ Tonleiter.

échelon (e-ſch'lą') m Leiterſproſſe.

échelonner ✗ (e-ſch'lŏ-ne') ſtaffel-
förmig aufſtellen.

échenal, ~eau(e-ſch'nä'l, e-ſch'no')
m hölzerne Dachrinne.

écheniller (e-ſch'nl-je') abraupen.

échenilloir(jŏa'r)m Raupenſchere.

écheveau (e-ſch'wo') m Docke f,
Strähne f.

échevelé, ~e(e-ſchl-w'le') mit flie-
genden Haaren; wild umher-
hängend; poète ~ Sturm· und
Drang·Dichter.

écheveler (~) das Haar zerzauſen.

échevin (e-ſch'mą') m Schöffe.

échine (ĕ-ſchi'n) f Rückgrat n.

échiner (ĕ-ſchi-ne'): ~ q. j-m das
Rückgrat zerbrechen; j. krumm
u. lahm ſchlagen; s'~ ſich abquälen.　[brett-artig geteilt.

échiqueté, ~e (ĕ-ſchi-k'te') ſchach-

Schiquier (ě-ſchǐ-kǐē') m Schachbrett n; cour de l'É~ Schatz-
kammergericht n in England.

écho (ě-ko') m Echo n.

échoir (ě-ſchǎä'r) anheim-, zufallen; fällig ſein; le cas ~éant
eintretenden Falls. [bube.

échoppe (ě-ſcho'p) f kleine Kram-

échoppier m, ~ère f (ě-ſchǒ-pǐē',
~pǐä'r) Krämer(in).

échouer (ě-ſchǔ-e') ſcheitern; v/a.
auf den Strand ſetzen. [fallen.

échu, ~e (ě-ſchǔ') abgelaufen, ver-

éclabousser (ě-klä-bu-ſe') mit Kot
beſpritzen. [geſpritzter Kot.

éclaboussure (ě-klä-bu-ßǔ'r) f an-

éclair (ě-klä'r) m Blitz.

éclairage (ě-klä-ra'G) m Be-, Er-
leuchtung f.

éclaircie (ě-klär-ßǐ') f Lichtung.

éclaircir (ě-klär-ßǐ'r) auf-, er-hel-
len; aufklären; dünner machen,
lichten.

éclairer (ě-klä-re') erleuchten, be-
ſcheinen; fig. aufklären; v/n.
(wetter-)leuchten, blitzen.

éclaireur (ě-klä-rö'r) m Plänkler.

éclanche (ě-klä'ſch) f (Schöpfen-)
Vorderblatt n.

éclat (ě-klä') m Splitter; Knall;
~ de rire ſchallendes Gelächter;
Aufſehen n, Skandal; Glanz,
Pracht f.

éclatant, ~e (ě-klä-tą', ~tą't)
glänzend; ſchallend; auffallend.

éclater (ě-klä-te') zer-ſplittern,
-ſpringen; knallen, praſſeln; ~
de rire laut auflachen; in Zorn ıc.
ausbrechen; zum Ausbruch kommen; blitzen, glänzen.

éclipse (ě-klǐ'pß) f (Mond- ıc.)Fin-
sterniß. [s'~ verſchwinden.

éclipser (ě-klǐ-pße') verfinstern;

éclisse(ě-klǐ'ß)f Span m, Spleiße;
Brettchen n; Schiene.

éclisser (ě-klǐ-ße') (be)ſchienen;
ſchinbeln.

éclopé, ~e (ě-klǒ-pe') lahm.

écloper (ě-klǒ-pe') zum Krüppel
machen. [ſchen; aufblühen.

éclore (ě-klǒ'r) aus dem Ei krie-

écluse (ě-klǔ'ſ) f Schleuse.

écluser (ě-klǔ-ſe') durchſchleuſen.

éclusier (ě-klǔ-ſǐē') m Schleuſen-
meiſter.

écœurer (ě-kö-re') anekeln.

écofrai (ě-kǒ-frä') m Werktiſch.

écolage (ě-kǒ-la'G) m Schul-gelb
n, -unterricht.

école (ě-kǒ'l) f Schule; faire une
~ einen Schnitzer machen.

écolier m, ~ère f (ě-kǒ-lǐē', ~lǐä'r)
Schüler(in).

éconduire (kǫ-dǔǐ'r) höflich abweiſen, hinauskomplimentieren.

économat (ě-kǒ-nǒ-ma') m Ver-
walterſtelle f.

économe (ě-kǒ-nǒ'm) 1. haushäl-
terisch. 2. s. Haushälter(in),
Verwalter(in).

économiser (ě-kǒ-nǒ-mǐ-ſe') haus-
hälteriſch verwalten; ſparſam
mit et. umgehen; erübrigen;
v/n. ~ sur ... ſparen von ...

économiste (ě-kǒ-nǒ-mǐ'ßt) m Na-
tional-Ökonom.

écope (ě-kǒ'p) f Waſſerſchaufel;
Schöpfkelle; Gießfaß n.

écorce (ě-kǒ'rß) f (Baum-)Rinde,
Baſt m, Borke; Lohe.

écorcer (ě-kǒr-ße') (ab-)ſchälen.

écorcher (ě-kǒr-ſche') das Fell abziehen, ſchinden; wund machen;
die Ohren zerreißen; eine Sprache
radebrechen; prellen,überteuern;
s'~ ſich wund reiten, liegen.

écorcherie (ě-kǒr-ſch'rǐ') f Schind-
anger m; Prellerei. [Schinder.

écorcheur(ě-kǒr-ſchö'r)mAbdecker,

écorchure (ě-kǒr-ſchǔ'r) f wunde
Stelle der Haut, Wolf m.

écorner (ně') die Hörner, die ſchar-
fen Ecken abstoßen; ſchmälern,
verringern. [Schmarotzer(in).

écornifleur m,~se/(nǐ-flö'r, ~flö'ſ)

écossais, ~e (ě-kǒ-ßä', ~ßä'ſ)

1. schottisch. 2. É~ s. Schotte, Schottin.

Écosse (ĕ-ko'ß) f Schottland n.
écosser (ĕ-ko-ße') aushülsen.
écosseur m, ~se f (ĕ-ko-ßŏ'r, ~ßŏ'f) f Aushülfer(in).
écot (ĕ-ko') m 1. Zeche f. 2. Stamm oder Ast mit zurückgebliebenen Zweigstumpfen. [ten besetzt.
écoté, ~e (ĕ-ko-te') bl. mit Astkno-
écôter (ĕ-ko-te') Tabak ausrippen.
écouane (ĕ-kŭ-a'n) f Raspel.
écoucher (kŭ-sche') Hanf zurichten.
écoulement (ĕ-kŭ-l'mg') m Abfluß.
écouler (ĕ-kŭ-le') ablaufen; verfallen (Wechsel); s'~ abfließen; verfließen, verstreichen; Absatz haben (von Waren).
écourgée (ĕ-kŭr-Gĕ') f Karbatsche.
écourter (ĕ-kŭr-te') kürzer machen, (ab)stutzen.
écoute (ĕ-kŭt') f Horchwinkel m; être aux ~s auf der Lauer sein; ⚓ Schote.
écouter (ĕ-kŭ-te') zu-, an-hören, behorchen; erhören; auf jem., et. hören; v/n. ~ aux portes an den Thüren horchen.
écouteur m, ~se f (ĕ-kŭ-tŏ'r, ~tŏ'f) Hörer(in); Horcher(in).
écoutille (ĕ-kŭ-ti'j) f (Schiffs-)Luke.
écouvillon (ĕ-kŭ-wi-jg') m (Ofen-, Kanonen-)Wischer. [Schirm.
écran (ĕ-krg') m Ofen-, Licht-
écrasé, ~e (ĕ-kra-ße') platt gedrückt.
écraser (ĕ-kra-ße') zermalmen, zerquetschen; fig. erdrücken.
écrémer (ĕ-kre-me') die Milch abrahmen; das Beste abschöpfen.
écrémoire (mŏ'r) f Rahmlöffel.
écréner(ne') Lettern unterschneiden.
écrêter (ĕ-kræ-te') dem Hahne den Kamm abschneiden.
écrevisse (e-krĕ-wi'ß) f Krebs m.
écrier (ĕ-kri-e'): s'~ aufschreien; ausrufen.
écrin (ĕ-krg') m Schmuckkästchen.
écrire (ĕ-kri'r) schreiben.

écrit (ĕ-kri') m Schrift(stück); par ~ schriftlich. [Tafel, Anschlag.
écriteau (ĕ-kri-to') m ausgehängte
écritoire (tŏ'r) f Schreibzeug n.
écriture (ĕ-kri-tü'r) f Schrift; Schreibe-kunst; Hand(-schrift); la sainte É~ die heilige Schrift.
écrivailler (ĕ-kri-wă-je') schmieren (viel und schlecht schreiben).
écrivailleur (jŏ'r) m Schmierer.
écrivain (ĕ-kri-wg') m Schreiber; Schriftsteller(in).
écrivassier (wă-ße') m Schmierer.
écriveur m, ~se f (wŏ'r, wŏ'f) der (die) gern Briefe schreibt.
écrou (ĕ-krŭ') m 1. (Schrauben-) Mutter f. 2. Notiz f in der Gefangenenliste. [feln.
écrouelles (ĕ-krŭ-æ'l) f/pl. Skro-
écrouer (ĕ-krŭ-e') in die Gefangenenliste eintragen; einstecken.
écrouler (ĕ-krŭ-le'): s'~ ein-, zusammen-stürzen.
écru, ~e (ĕ-krü') 1. ungenetzt, ungebleicht, roh. 2. m roher Zustand; ungebleichter Stoff.
écu (ĕ-kü') m Schild; Wappenschild; Thaler.
écubier ⚓ (ĕ-kü-biĕ') m Klüse f.
écueil (ĕ-kŏ'j) m Klippe f.
écuelle (ĕ-kiæ'l) f Napf m.
écuellée (ĕ-kiæ-lĕ') f ein Napf voll.
éculer (ĕ-kü-le') Stiefel ꝛc. übertreten. [Geifer m.
écume (ĕ-kü'm) f Schaum m;
écumer (ĕ-kŭ-me') I. v/a. abschäumen; ~ les mers Seeräuberei treiben. II. v/n. schäumen.
écumeur (ĕ-kŭ-mŏ'r) m: ~ de marmites Schmarotzer; ~ de mer Seeräuber. [bedeckt.
écumeux, ~se (mŏ', mŏ'f) schaum-
écumoire (mŏ'r) f Schaumlöffel.
écurer (ĕ-kŭ-re') abscheuern.
écureuil (rŏ'j) m Eichhörnchen n.
écureur m, ~se f (rŏ'r, rŏ'f) Scheurer, Scheuerfrau. [Marstall m.
écurie (ĕ-kŭ-ri') f Pferdestall m,

écusson (ĕ-kü-ßǫ') m kleiner Wappenschild; Schildchen n; greffer en ~ mit dem Schilde okulieren.
écussonner (ßŏ-ne') okulieren.
écuyer (ĕ-kü-īē') m ehm. Schildknappe; Junker; jetzt: Bereiter; Stallmeister; Kunstreiter.
écuyère(ĕ-kü-iā'r)f Kunstreiterin.
édenté, ~e (ĕ-dą-te') zahnlos.
édenter (~) die Zähne ausbrechen.
édifiant, ~e (ĕ-dĭ-fĭ-ą', ~ą't) erbaulich.
édifice (ĕ-dĭ-fĭ'ß) m Gebäude n.
édifier (fĭ-e') Paläste ꝛc. bauen; relt. édit(bĭ') m Edikt. [giōs erbauen.
éditer (ĕ-dĭ-te') ein Werk herausgeben, verlegen.
éditeur (ĕ-dĭ-tŏ'r) m Herausgeber.
édition (ĕ-dĭ-ßǫ') f Ausgabe; Auflage. [Edmund.
Edme, ~ond (ĕbm, ĕb-mǫ') m
édredon (e-brĭ-dǫ')m Eiderdaune f; Deckbett n aus Daunen.
éducable (ĕ-bü-ka'bĭ) erziehungsfähig. [Züchtung; Dressu'r.
éducation (tā-ßǫ') f Erziehung;
édulcorer (ĕ-bül-kŏ-re') absüßen.
éfaufiler (ĕ-fo-fĭ-le') ausfasern.
effacer (ĕ-fa-ße') aus-wischen, -löschen, -streichen; austilgen; ~ les épaules die Schultern einziehen. [chene Stelle.
effaçure (ĕ-fa-ßü'r) f ausgestriffaner (ĕ-fä-ne') abblatten; Getreide schröpfen. [stürzung f.
effarement (ĕ-fa-r'mg') m Beeffarer (ĕ-fa-re') bestürzt machen.
effaroucher (ĕ-fä-ru-sche') scheu machen, verscheuchen; abschrecken; s'~ erschrecken.
effectif, ~ve (ĕ-fĕ-ktĭ'f, ~tĭ'w) 1. wirklich vorhanden; thatsächlich. 2. m wirklicher Bestand. [in der That.
effectivement (ĕ-fĕ-kti-w'mg')
effectuer (ktü-e') bewerkstelligen.
efféminer (ĕ-fĕ-mĭ-ne') weibisch machen, verweichlichen.

effervescence (ĕ-fär-wĕ-ßą'ß) f Aufbrausen n. [aufbrausend.
effervescent, ~e (wĕ-ßą', ~ßą't)
effet (ĕ-fäͤ') m Wirkung f; Eindruck, Effekt; Verwirklichung f, That f; en ~ in der That; Zweck; à cet ~ in dieser Absicht; ~s pl. Gepäck n, Sachen f/pl.; ꝛWechsel; ~s publics Staatspapiere.
effeuiller (ĕ-fŏ-je') entblättern; abblatten.
efficace (ĕ-fĭ-ka'ß) wirksam.
efficacité (ka-ßĭ-te')fWirksamkeit.
effigie (ĕ-fĭ-ǵĭ') f Bildnis n; Bildseite einer Münze.
effilé(ĕ-fĭ-le') dünn; lang-leibig.
effiler (ĕ-fĭ-le') ausfasern; dünner schneiden.
effiloche (ĕ-fĭ-lŏ'sch)f Flockseide.
effilocher, effiloquer (ĕ-fĭ-lŏ-sche', ~le') ausfasern; Lumpen zu Halbzeug zerkleinern.
effilure(lü'r)fausgezogene Fäden.
efflanqué, ~e (ĕ-flą-ke') abgemagert, schmächtig; saft- und kraftlos (Stil). [mergeln.
efflanquer (ĕ-flą-ke') Pferde abeffleurer (flŏ-re') streifen, oberfläch. berühren; ritzen, schrammen; Häute abnarben. [tern.
effleurir (rĭ'r) s'~ Salze auswitefflorescence (ĕ-flŏ-rĕ-ßą'ß) f Blüte-zeit; flaum-artiger Anflug; Auswittern n.
effluent, ~e (ĕ-flü-ą', ~ą't) ausströmend.
effluve (ĕ-flü'w) m Ausströmung f; ~s pl. magnetisches Fluidum.
effondré, ~e (ĕ-fǫ-bre') grundlos (Weg).
effondrer (ĕ-fǫ-bre') tief umpflügen; den Boden eines Gasses einschlagen; s'~ einstürzen.
effondrilles (brĭ'j)f/pl. Bodensatz.
efforcer (ĕ-fŏr-ße'): s'~ sich anstrengen.
effort (ĕ-fŏ'r) m Anstrengung f; Bemühung f; Überwindung f.

*eff*raction(ă-fră-kſiŏ́') f Einbruch.

effrayant, ~e (ă-frä-iắ', ~iắ't) fürchterlich.

effrayer (ă-frä-ſe') erſchrecken.

effréné, ~e (ă-frĕ-ne') zügelloß.

effriter (ă-frĭ-te') den Boden aus-ſaugen. [Schrecken.

effroi (ă-frŏă') m Entſetzen n,

effronté, ~e (frŏ-te') unverſchämt.

effronterie (ă-frŏ-t'rĭ') f Unver-ſchämtheit.

effroyable(ă-frŏă-ſa'bl)entſetzlich.

effruiter (ă-frŭl-te') 1. = effri-ter. 2. daß Obſt ableſen.

effusion(ăf-fŭ-ſiŏ́') f Ergießung; (Herzenß-)Erguß m.

égal, ~e (ĕ-gă'l) 1. gleich; gleich-gültig; eben. 2. m mon ~ mei-neßgleichen; à l'~ de ebenſo wie.

égaler (ĕ-gă-le') gleich machen; ~ q. j-m gleichkommen.

égaliser (ĕ-gă-lĭ-ſe') gleichmäßig verteilen; eben machen.

égalité (ĕ-gă-lĭ-te') f Gleichheit; Ebenheit.

égard (ĕ-gā'r) m Rückſicht f; à l'~ de ... in betreff; bſb. ~ß pl. Achtung f. [irrung f.

égarement (ĕ-ga-r'mă') m Ver-

égarer (ĕ-ga-re') irre leiten; ver-legen; s'~ ſich verirren.

égayer (ĕ-gă-ſe') erheitern; s'~ luſtig w. [gelber Roſenſtock.

églantier (ĕ-glă-tſe') m wilder

églantine (tĭ'n) f wilde Roſe.

église (ĕ-glĭ'ſ) f Kirche.

églogue (ĕ-glo'g) f Eklo'ge, Hir-tengedicht n.

égohine (ĕ-gŏ-ĭ'n) f Stoßſäge.

↓égorger (ĕ-gŏr-Çe'): ~ q. j-m den Hals abſchneiden; erwürgen; gewaltig überteuern.

↓égorgeur m, ~se f (ĕ-gŏr-Çŏ́'r, ~Çŏ́'ſ) Mörder(in).

↓gosiller (ĕ-go-ſĭ-ſe'): s'~ ſich heiſer ſchreien.

gout (ĕ-gu') m Außlauf-rinne f; Dachtraufe f; Kloake f.

*égou*tier (ĕ-gu-tſe') m Kloaken-reiniger. [ſen.

égoutter (ĕ-gŭ-te') abtropfen laſ-

égouttoir (tŏă'r) m Abtropfbank.

égrapper (ĕ-grä-þe') Trauben ab-beeren.

égratigner (ĕ-grä-tĭ-nje') kratzen, ritzen; den Boden aufkratzen; ſchraffieren. [Schramme.

égratignure (nĭü'r) f Kratzwunde,

égrener (e-grĭ-ne') außkörnen; abbeeren; s'~ außfallen (Samen-törner); zerbröckeln.

égrillard, ~e (ĕ-grĭ-iā'r, ~iä'rb) 1. ſchelmiſch. 2. s. Schalk; ſchelmiſcheß Mädchen. [ver n.

égrisée (e-grĭ-ſe') f Diamantpul-

égriser (e-grĭ-ſe') Diamanten ꝛc. vorſchleifen, grob ſchleifen.

égrugeoir (ĕ-grŭ-Çŏă'r) m Holz-mörſer. [ſchroten; Hanfriffeln.

égruger (ĕ-grŭ-Çe') klein ſtoßen;

éguenlé m, ~e f(ĕ-gŏ-le')Schand-maul n.

éguenler (ĕ-gŏ-le') den Halß oder die Schnauze eines Gefäſes ab-ſtoßen; s'~ ſich heiſer ſchreien.

égyptien, ~ne (ĕ-Çĭ-þſiŏ́', ~ſiă'n) ägyptiſch.

éhonté, ~e (e-ŏ-te') ſchamloß.

éhouper (e-u-þe') Bäume ab-wipfeln, kappen.

éjaculer(ĕ-Çă-kŭ-le') außſpritzen.

éjection (ĕ-Çă-kſiŏ́') f Außwer-fung.

élaborer(ĕ-lă-bŏ-re')außarbeiten.

élaguer (ĕ-lă-ge') einen Baum be-ſchneiden, lichten; überflüſſigeß, Schädliches fortſchaffen.

élan (ĕ-lă') m 1. Anlauf; Auf-ſchwung;Begeiſterung. 2.Elen-tier n.

élancé, ~e (ĕ-lă-ſe') ſchlank.

élancement (ĕ-lă-ſmă') m An-lauf; Galoppſprung; Schnellen n des Vogels; Aufſchwung; Ste-chen n (alß Schmerz).

élancer (ĕ-lă-ſe'): s'~ ſich vorwärtß

stürzen, losbrechen; in die Höhe
schießen.

élargir (ĕ-lär-Qĭ'r) breiter, weiter
machen; in Freiheit setzen.

élargissement (Qĭ-ḫmḡ') m Erweiterung f; Frei-lassung f.

élastique (ĕ-lä-ḫtī'ḟ) elastisch.

électeur (ĕ-lĕ-ḫtō'r) m Wahl-
mann; Kurfürst. [Wahl-...

électif, ~ve (ĕ-lĕ-ḫti'f, ~ti'w)

élection (ĕ-lĕ-ḫṡĩǫ') f Wahl.

électivité (ḫtī-wĭ-te') f Fähigkeit,
gewählt zu werden.

électoral, ~e (ĕ-lĕ-ḫtō-rä'l) Wahl-
(manns)-...; kurfürstlich.

électorat (ra') m Kur-würde f,
-fürstentum n; Wahlrecht n.

électrice (ĕ-lĕ-ḫtrī'ḟ) f Kurfürstin.

électrique (ĕ-lĕ-ḫtri'ḟ) elektrisch.

électuaire (ḫtŭ-ä'r) m Latwerge f.

élégance (ĕ-lĕ-ḡā'ḟ) f Eleganz.

élémentaire (mḡ-tä'r) elementar.

éléphantin, ~e (ĕ-lĕ-ḟḡ-tḡ', ~ti'n)
elefanten-artig.

élevage (e-l'wa'Q) m Züchtung f
der Haustiere.

élévation (ĕ-lĕ-wā-ḟĩǫ') f Erhebung, Erhöhung; Anhöhe.

élève (ĕ-lä̈'w) m Zögling, Schüler; junges Zuchttier; Sämling.

élevé, ~e (e-l'we') 1. erhaben. 2. m
un mal ~ ungebildeter Mensch.

élever (e-l'we') erheben, erhöhen;
Kinder groß-, er-ziehen; Vieh,
Pflanzen ziehen.

éleveur (e-l'wö'r) m Viehzüchter.

élevure (e-l'wü'r) f Hitzblatter,
Ausschlag m.

Élide (ĕ-lĭ'b) f E'lis n.

éligible (ĕ-lĭ-Qĭ'bl) wählbar.

éliminer (ĕ-lĭ-mĭ-ne') wegschaffen.

élire (ĕ-lĭ'r) erwählen. [Kern m.

élite (ĕ-lĭ't) f das Auserlesenste,

ellébore (ĕl-lĕ-bō'r) m Nieswurz.

élocution (ĕ-lŏ-kŭ-ḟĩǫ') f Aus-
drucksweise.

élodée ⚥ (ĕ-lŏ-bĕ') f: ~ cana-
dienne kanadische Wasserpest.

éloge (ĕ-lŏ'Q) m Lobrede f; Lobeserhebung f. [lobend.

élogieux, ~se (ĕ-lŏ-Qĩẽ', ~Qĩẽ'ẟ)

Éloi (ĕ-lĩã') m Eli'gius.

éloigné, ~e (ĕ-lĩã-nje') entfernt.

éloignement (ĕ-lĩã-nĩ'mḡ')m Ent-
fernung f; Abwesenheit f; Wi-
berwille. [entfremden.

éloigner (ĕ-lĩã-nje') entfernen;

éloquence (lŏ-kḡ'ḟ)f Beredsamkeit.

éloquent, ~e (kḡ', kḡ't) beredt.

Elseneur(ĕl-ḟĩ-nö'r)m Helfingör.

élu, ~e (ĕ-lü') 1. part. von élire.
2. s. Auserwählte(r).

élucider (ĕ-lü-ḟĭ-be') aufklären.

élucubrations (kŭ-brā-ḟĩǫ') f/pl.
gelehrte nächtliche Forschungen.

éluder (ĕ-lü-be'): ~ qc. e-r Sache
aus dem Wege gehen, et. umgehen. [2. a. elysäisch.

élysée (ĕ-lĩ-ḟẽ') 1. m Ely'sium n.

émail (ĕ-ma'j) m id., Schmelz.

émailler (ĕ-mä-je') mit Schmelz
überziehen; fig. bunt durchwirken. [fluß m, Ausströmung.

émanation (ĕ-mä-nā-ḟĩǫ') f Aus-

émanciper (ĕ-mḡ-ḟĭ-pe') mündig
sprechen; bürgerlich gleichstel-
len, frei machen; s'~ sich über
die bestehenden Schranken fortsetzen. [-strömen.

émaner (ĕ-mä-ne') aus-fließen,

émarger (ĕ-mär-Qe') am Rande
beschneiden; am Rande quittieren; seinen Gehalt beziehen.

émasculer(ĕ-mä-ḟkŭ-le') entmannen. [von Eisschollen.

embâcle (ḡ-bā'kl) m Anhäufung f

emballer (bä-le') ein-, ver-packen.

emballeur (ḡ-bä-lö'r)m Verpacker.

emballotter (lŏ-te') in Ballen pak-
ken. [sich im Reden verwickeln.

'embarbotter (ḡ-bär-bŏ-te'): s'~

embarbouiller (ḡ-bär-bŭ-je') be-
schmieren.

embarcadère (ḡ-bär-kä-bä'r) m
Anlande-, Einschiffungs-platz;
Bahnhof.

embarcation (ɡ-bǎr-ǎ-ß͡q') f
Ruder-Fahrzeug n.   [racken.
embariller (ɡ-bǎ-rǐ-je') in Fässer
embarquer (ɡ-bǎr-ke') einschiffen;
fig. jem. in et. verwickeln.
embarras (ba-ra') m Hindernis n;
Verwirrung f; Verlegenheit f.
embarrasser (ba-rǎ-ße') hindern,
versperren; verwirren; in Verlegenheit setzen; path. beschweren.
embarrer (ɡ-ba-re') mit Stangen
einschließen; s'~ über den Stallbaum treten (Pferd); v/n. einen
Hebel unterstecken.   [mauer f.
embasement ('mɡ') m Grund-
embastiller (ɡ-bǎ-ßtǐ-je') in ein
Staatsgefängnis einsperren;
eine Stadt mit Forts umgeben.
embatailler (tǎ-je') in Schlachtordnung aufstellen.
embâter (ɡ-ba-te') ein Saumtier
satteln; fig. ~ q. de qc. j-m
et. Lästiges aufbürden.
embatre (ɡ-bǎ'tr) Räder beschienen.
embaucher (ɡ-bo-sche') Arbeiter
dingen; dem alten Meister abwendig machen; × zur Desertion
verleiten.
embaumer (me') I. v/a. einbalsamieren; durchdüften. II. v/n.
lieblich duften.
embéguiner (ɡ-bǎ-gǐ-ne'): ~ q.
j-m den Kopf umhüllen, fig.
j-m et. in den Kopf setzen.
embellir (ɡ-bǎ-lǐ'r) verschönern.
embellissement (ɡ-bǎ-lǐ-ßmɡ') m
Verschönerung f.
embérize (ɡ-bǎ-rǐ'ß) f Ammer.
emberlificoter (ɡ-bǎr-lǐ-fǐ-ko-te')
verwickeln.
embêtant, ~e (ɡ-bæ-tɡ', ~tɡ't)
langweilig, verdrießlich.
embêter (ɡ-bæ-te') dumm machen;
verdrießen; s'~ sich langweilen.
embeurrer (ɡ-bö-re') mit Butter
bestreichen.
emblaison (ɡ-blæ-ßɡ') f Saatzeit.
emblaver (ɡ-blǎ-we') besäen.

emblée (ɡ-blě'): d'~ im ersten
Anlauf, gleich ohne weiteres.
emblème (ɡ-blæ'm) m Sinnbild.
emboire (ɡ-bǒä'r) einölen; s'~ von
Farben: einziehen.
emboîter (ɡ-bǒä-te') ein-fügen,
-zapfen; × ~ le pas durchtreten.
emboîture (tü'r) f Einfügung.
embonpoint (ɡ-bɡ-pɡ̃') m Wohlbeleibtheit f.
emboquer (ɡ-bǒ-ke') nudeln.
emboucher (ɡ-bu-sche') ein Blas-Instrument an den Mund setzen;
dem Pferde das Gebiß anlegen;
~ q. j-m die Worte in den
Mund legen.
embouchure (ɡ-bu-schü'r) f Mündung eines Flusses; ♪ Mundstück n;
Ansatz m beim Blasen; Stange
am Gebiß.   [dubeln.
embouer (ɡ-bü-e') mit Kot be-
embouquer ♱ (ɡ-bu-ke') in eine
Meer-enge einlaufen.
embourber (ɡ-bür-be') in den Kot
oder Morast fahren; fig. in einen
schlimmen Handel verwickeln.
embourrer (ɡ-bu-re') polstern.
embourser (ɡ-bür-ße') einsacken.
embouser (ɡ-bu-se') mit Kuhmist
bedecken.
embout (ɡ-bu') m Zwinge f.
embouteiller (ɡ-bu-tæ-je') auf
Flaschen ziehen.   [versehen.
embouter (bu-te') mit e-r Zwinge
emboutir (tǐ'r) austiefen, treiben.
embranchement (ɡ-brɡ-schmɡ') m
Verzweigung f; Zweigbahn f.
embrancher (ɡ-brɡ-sche'): s'~ sich
in einander fügen; zusammenlaufen, sich kreuzen.
embrasement (ɡ-bra-ßmɡ') m
Brand; fig. Aufruhr.
embraser (ße') in Brand stecken;
fig. entflammen.   [armung.
embrassade (ɡ-brǎ-ßa'b) f Um-
embrasser (ɡ-brǎ-ße') umarmen;
küssen; umfassen, überblicken;
in sich begreifen.

*embr*asure (g-bra-fü'r) *f* Schieß-
scharte; Thür=, Fenster=öffnung.

embrayer (g-brä-ĩe') Maschinen-teile
ein=, aus=rücken.

embrener (g-brĭ-ne'): s'~ sich mit
Kot beschmutzen.

embrever (g-brĭ-we') einfalzen.

embrigader (g-brĭ-gä-be') in Rotten einteilen; anwerben.

embrocher (g-brŏ-fche') an den
Bratspieß stecken.

embrouiller (g-brŭ-je') verwirren.

embruiné, ~e (g-brŭĩ-ne') durch
kalten Staub-regen beschädigt.

embrumé (g-brŭ-me') in Nebel
gehüllt. [kel(er) machen.

embrunir(g-brŭ-nĩ'r) braun, bun-

embu(bü') 1. *part.v.* emboire. 2. *m*
nachgedunkelte, trübe Stelle.

embûche (g-bü'fch) *f* hinterlistige
Nachstellung, Fallstrick *m*; Hinterhalt *m*. [halt *m*.

embuscade (g-bü-ßka'b) *f* Hinter-

embusquer (g-bü-ßke'): s'~ sich
in einen Hinterhalt legen.

émeraude (e-m'rŏ'b) *f* Smaragd.

émerger (ĕ-mär-Ge') aus dem Was-
fer auftauchen.

émeri (e-m'ri') *m* Schmirgel.

émerillon (e-m'rĭ-jŏ') *m* Lerchen-
falke. [munter, lustig.

émerillonné, ~e (e-m'rĭ-jŏ-ne')

émérite (ĕ-me-ri't) ausgedient.

émerveiller(ĕ-mär-wä-je')inVer-
wunderung setzen; s'~ de qc.
über et. staunen.

émétique(me-ti'k) 1.Brechen erregend, Brech=... 2. *m* Brechmittel.

émettre (ĕ-mä'tr) von sich geben;
eine Meinung äußern; ⊕ ausgeben, emittieren.

émeute (e-mŏ't) *f* Aufruhr *m*.

émeutier (e-mŏ-tĩe') *m* Unruhstifter. [zertrümmeln.

émi(ett)er (ĕ-mĭ-e', ĕ-mĭä-te')

émigrer (e-mĭ-gre') auswandern.

émincer (ĕ-mg-ße') in dünne
Schnitte zerschneiden.

éminemment (ĕ-mĭ-nä-mg')
höchst, überaus, vorzugsweise.

éminence (ĕ-mĭ-ng'ß) *f* Anhöhe;
Erhabenheit; Eminenz (Titel).

éminent, ~e (ĕ-mĭ-ng', ~ng't) erhaben; außerordentlich.

émissaire (ĕ-mĭ-ßä'r) *m* Sendling;
Ableitungskanal; v. bouc.

émission (ĕ-mĭ-ßĩ') *f* Aus-strö-
men *n*, =stoßen *n*; Äußerung e-s
Wunsches; ⊕ id., Ausgabe.

emmagasiner (g-mä-gä-fĭ-ne')
aufspeichern. [wickeln.

emmailloter (g-mä-jŏ-te') ein Kind

emmancher (g-mg-fche') mit e-m
Stiele versehen; *fig.* in Gang
bringen.

emmariner ⚓ (g-mä-rĭ-ne') be-
mannen; an die See gewöhnen.

emmêler (g-mä-le') verwickeln.

emménager (g-mĕ-na-Ge') in e-e
neue Wohnung ziehen; *v/a.* ~
q. den Umzug für jem. besorgen; s'~ sich Möbel anschaffen.

emmener (g-m'ne') wegführen,
mitnehmen. [fesseln anlegen.

emmenotter (g-m'nŏ-te') Hand-

emmieller (g-mĩĕ-le') mit Honig
bestreichen; *fig.* überzuckern.

emmitonner, ~toufler (g-mĭ-tŏ-
ne', ~tu-fle') weich, warm ein-
mummeln.

emmoustaché (g-mu-ßtä-fche')
mit einem Schnurrbart.

emmuseler (g-mü-f'le') einen
Maulkorb anlegen.

émoi (ĕ-mŏã') *m* Aufregung *f*.

émollient, ~e (ĕ-mŏ-lĩ-g', ~ã't)
erweichend.

émolument (ĕ-mŏ-lü-mg') *m* Honora'r; ~s *pl.*Gehalt; Sporteln.

émonder (ĕ-mg-be') einen Baum
aus=schneiden, =putzen.

émondes (ĕ-mg'b) *f/pl.* von den
Bäumen geschnittenes Reisig.

émotion (ĕ-mŏ-ßĩ')*f* Aufregung;
Gährung einer Volksmasse; Rührung.

émotionner (ĕ-mŏ-ṣĭŏ-ne') aufregen.   [len zerschlagen.
émotter (ĕ-mŏ-te') bie Erbschol-
émottoir(tŏā'r)m Schollenschlägel.
émou (ĕ-mu') m E'mu (Kasuar).
émoucher (ĕ-mu-sche') bie Fliegen
abwehren; ben Knopf vom Flo-
rette abnehmen.   [brechen.
émoucheter (schte') bie Spitze ab-
émouchette (schæ't)f Fliegenneß.
émoudre (ĕ-mū'br) schleifen.
émousser (ĕ-mu-ße') 1. stumpf
machen. 2. abmoosen.
émoustiller (ĕ-mu-ßtĭ-je') lustig
machen.   [ergreifend.
émouvant, ~e (ĕ-mu-wą', ~wą't)
émouvoir (wĭā'r) in Bewegung
setzen; er-, auf-regen; rühren.
empailler (ą-pă-je') Vogel ꝛc. aus-
stopfen; mit Stroh umwickeln,
beflechten.   [Ausstopfer(in).
empailleur m, ~se f (jŏ'r, jŏ'j)
empaler (le') pfählen, spießen.
empan (ą-pą') m Spanne f.
empaqueter(ą-pă-k'te') einpacken.
emparer (ą-pa-re'): s'~ de qc.
sich einer Sache bemächtigen.
emparquer(ą-păr-ke') einpferchen.
empâter (ą-pa-te') teigig, klebrig
machen; bie Zunge verschleimen;
im Teige umkehren; nudeln;
bie Farbe bick auftragen.
empaumer (ą-po-me') ben Ball auffangen unb wegschlagen; fig.
eine Sache wohl angreifen; ch.
bie Spur aufnehmen; ~ q. jem.
unter f-e Herrschaft bekommen.
empaumure (ą-po-mū'r) f Krone
am Dischgeweih.   [Hindernis n.
empêchement (ą-pæ-schmą')m
empêcher(ą-pæ-sche') verhindern;
ne pouvoir s'~ nicht umhin
können.   [an Schutzen.
empeigne (ą-pæ'nj)f Oberleder n
empereur (ą-p'rŏ'r) m Kaiser.
empesé, ~e (ą-pĕ-ße') gestärkt
(Wäsche); fig. steif.
empeser (ą-pĕ-ße') Wäsche stärken.

empester (ą-pæ-ßte') verpesten.
empêtrer (ą-pæ-tre') bie Füße fesseln; fig. jem. in et. verwickeln;
s'~ sich verwickeln.
emphase (ą-fā'ṣ) f Nachdruck m.
empierrer (ą-pĭă-re') eine Stein-
grundlage machen; Steine aufschütten.   [griffe thun in ...
empiéter (ą-pĭe-te'): ~ sur ... Ein-
empiffrer (ą-pĭ-fre'): s'~ sich voll
stopfen, fressen.
empiler (ą-pĭ-le') aufstapeln.
empire (ą-pĭ'r) m Herrschaft f;
Reich n; Kaisertum n.
empirer (ą-pĭ-re') verschlimmern.
empirique (ą-pĭ-ri'k) m Erfah-
rungsarzt; Quacksalber.
emplacement (ą-pla-ṣmą') m
Platz; (Bau-)Stelle f.
emplâtre (ą-plā'tr) m Pflaster n.
emplette (ą-plæ't) f Einkauf m.
emplir (ą-plĭ'r) anfüllen.
emploi (ą-plŏą') m An-, Ver-wendung f; Amt n, Anstellung f.
employé (ą-plŏą-ē') m Beamte(r),
Angestellte(r).   [gebrauchen.
employer (~) an-, ver-wenden,
employeur (ŏ'r) m Arbeitgeber.
emplumer (ą-plü-me') befiedern.
empocher(ą-pŏ-sche') in bie Tasche
stecken.   [ergreifen, packen.
empoigner(ą-pŏą-nje') mit ber Faust
empointer (ą-pŏą-te') zusammen-
heften; Nadeln zuspitzen.
empois(ą-pŏą')m Stärke zur Wäsche.
empoisonner (ą-pŏą-ṣŏ-ne') ver-
giften.   [nŏ'ṣ) Giftmischer(in).
empoisonneur m, ~se f (nŏ'r,
empoisser (ą-pŏą-ße') pichen.
empoissonner (ṣŏ-ne') mit Fischbrut besetzen.   [senb, heftig.
emporté, ~e (ą-pŏr-te') aufbrau-
emportement(ą-pŏr-tmą')m Aufwallung f; Zornesausbruch.
emporter (te') weg-tragen, -brin-
gen; mitnehmen; fortreißen;
hinwegraffen; l'~ ben Sieg ba-
vontragen; s'~ heftig werden.

empoter(g-pŏ-te') in Töpfe setzen.
empourprer (g-pür-pre') purpur-
rot färben.
empreindre (g-prĕ'bt) ab-, auf-
brüden; einprägen.
empreinte (g-prĕ't) f Abbruck m,
Gepräge n. [tig, dienstfertig.
empressé, ~e (g-prä-ße') geschäf-
empressement (g-prä-ßmg') m
Eifer; Diensteifer.
empresser (g-prä-ße'): s'~ sich
be-eilen, sich be-eifern.
emprisonner (g-pri-sŏ-ne') ins
Gefängnis setzen.
emprunt(g-prg') m Entlehnung f;
Anleihe f; d'~ erborgt.
emprunter (g-prg-te') borgen, e-e
Anleihe machen.
emprunteur (tŏ'r) m Borger.
empuantir (g-pü-g-tī'r) mit Gestank erfüllen. [voir.
ému, ~e (ĕ-mü') part.p. von émou-
émulateur m, ~trice f (ĕ-mü-la-
tö'r, ~trī'ß) Nach-eiferer, -eife-
rin. [eiferung, Wetteifer m.
émulation (ĕ-mü-lā-ßğ') f Nach-
émule (ĕ-mü'l) s. Nach-eiferer,
-eiferin.
en (g) 1. davon; dessen, deren.
2. prp. in, nach; im Jahre; ~
ami als Freund; vor part. prés.
indem, dadurch daß.
enamourer(g-nă-mu-re'): s'~ sich
verlieben.
énarrer (ĕ-när-re') weitläuftig erzählen. [länge.
encablure ⚓ (g-ła-blü'r) f Kabel-
encadrer (g-ła-bre') einrahmen.
encager (g-ła-Qe') in einen Käfig
stecken.
encaisse (g-łä'ß) f Kassenbestand.
encaisser (g-łä-ße') in e-e Kiste
packen; einkassieren; eindeichen;
in Kübel einsetzen.
encan (g-łg') m Auktion f.
encanailler (g-łă-nă-je'): s'~ sich
gemein machen.
encapuchonner(g-łă-pü-schŏ-ne')

(s'~ sich) mit e-r Kapuze bedek-
ken; s'~, a. Mönch werden.
encaquer(g-łä-łe') Heringe in Tonnen packen; fig. zs.-pfropfen.
encarter (g-łär-te') Stecknadeln in
Briefe stecken; typ. einen Karton
einfügen. [sel-blatt einlegen.
encartonner (tŏ-ne') ein Auswech-
en-cas (g-ła') m Notbehelf.
encasteler (g-łä-ßt'le'): s'~ huf-
zwängig w. [hohem Oberwerk.
encastillé, ~e (ßtī-je') Schiff mit
encastrer (g-łä-ßtre') einfalzen.
encaver (g-ła-we') in den Keller
legen. [Schröter; Küfer.
encaveur (g-ła-wŏ'r) m (Wein-)
enceindre (g-ßĕ'bt) um-gürten,
-geben.
enceinte (g-ßĕ't) 1. f Umkreis m;
Umschließung von Mauern zc.;
umschlossener Raum. 2. a.
schwanger.
encens (g-ßg') m Weihrauch.
encenser (g-ßg-ße') mit Weihrauch beräuchern; j-m Weihrauch streuen. [ler.
encenseur (g-ßg-ßŏ'r) m Lobhud-
encensoir (ßŏ'r) m Rauchfaß n.
enchaînement (g-schä-n'mg') m
Verkettung f.
enchaîner (g-schä-ne') anketten;
fig. fesseln; verketten; hemmen.
enchantement (g-schg-tmg') m
Bezauberung f; Zauber; Entzücken n. [entzücken.
enchanter (g-schg-te') bezaubern;
enchanteur, ~teresse (tŏ'r, t'rä'ß)
1. s. Zauberer, Zauberin. 2. a.
bezaubernd. [anderes setzen.
enchaper (g-schă-pe') e. Faß in ein
enchâsser (g-schg-ße') in ein Re-
liquienkästchen legen; einfassen;
einfügen. [von Edelsteinen.
enchâssure(g-schg-ßü'r)f Fassung
enchatonner (g-schă-tŏ-ne') Edelsteine einfassen.
enchausser (g-schŏ-ße') mit Stroh
oder Dung bedecken.

enchère (g-fchä'r) f höheres Gebot; Versteigerung, Auktion;
folle ~ Neu-kauf m.
enchérir (g-fchě-rī'r) den Preis
von et. steigern; ein höheres Gebot auf et. thun; v/n. theurer
werden; ~ sur q. jem. überbieten.   [m Preiserhöhung f.
enchérissement (g-fche-ri-ßma')
enchérisseur (-ßö'r) m Bieter;
dernier ~ Meistbietende(r).
enchevêtrer (g-fch'n'æ-tre') half-
tern; fig. s'~ dans qc. fich in
et. verwickeln.   [gefeilt.
enchevillé, ~e (g-fch'wi-je') ein-
enchifrener (g-fchi-frě-ne'): s'~
fich einen Schnupfen holen. ·
enclasser (g-kla-ße') einer Klaffe
zuteilen.
enclaver (g-kla-we') Landesteile mit
fremdem Gebiet umschließen.
enclin, ~e (g-klä', -klī'n): ~ à ...
geneigt zu ...   [ster sperren.
encloîtrer (g-klẽa-tre') in ein Klo-
enclore (g-klö'r) einschließen.
enclos, ~e (klo', klö'ß) 1. einge-
schloffen. 2. m umzäunter Platz.
enclouer (g-klü-e') vernageln; s'~
fich e-n Nagel in den Fuß treten.
encloure (g-klü-ū'r) f Nagel-
schaden m (Pferd).
enclume (g-klü'm) f Amboß m.
encoche (g-kö'fch) f Kerbe.
encocher (g-kö-fche') die Sehne in
die Kerbe legen; einkerben.
encoffrer (g-kö-fre') in einen Kaften einschließen.
enco(i)gnure (beides: g-kö-njū'r) f
Ecke, einspringender Winkel.
encoller (g-kö-le') leimen; planieren; anschweißen.
encolure (g-kö-lū'r) f Hals m
(Pferd); fig. äußeres Ansehen.
encombrant, ~e (g-kg-bra', -ā't)
sperrig, Sperr-...
encombre (g-kg'br) f Unfall, Hindernis.   [versperren.
encombrer (g-kg-bre') den Verkehr

encontre (g-kg'tr): à l'~ gegen,
zuwider; entgegen.
encore (g-kö'r) noch; nochmals;
überbies; ~ que obgleich.
encorné, ~e (g-kör-ne') gehörnt.
encorner (~) auf die Hörner
spießen.   [tern, ermutigen.
encourager(g-ku-rä-ge') aufmun-
encourir (rī'r) fich et. zuziehen.
encrasser (g-krä-ße') schmutzig
machen.
encre (ā'r) f Tinte.   [gen.
encrer (g-kre') Schwärze auftra-
encrier (g-krē') m Tintenfaß n.
encroûté, ~e (g-kru-te') mit einer
Kruste überzogen; fig. in Borur-
teile versunken; verknöchert.
encuver(g-kü-we') in Kufen bringen; ~ le malt einmaischen
endauber (g-do-be') schmoren.
endenter (bg-te') ein-, ver-zahnen.
endetté, ~e (g-dæ-te') verschuldet.
endetter (g-dæ-te'): (s'~ fich) in
Schulden stürzen.
endêver (g-dæ-we') höchst ärgerlich sein; faire ~ q. jem. rasend
machen.
endiablé, ~e (g-dĩa-ble') vom
Teufel befessen; verteufelt.
endiguer (g-di-ge') eindeichen.
endimancher (g-di-mg-fche'): s'~
feinen Sonntagsstaat anziehen.
endive (g-di'w) f Endi'vi-e.
endoctriner (g-bö-ktri-ne') beleh-
ren; ~ q. j-m fagen, wie er fich
benehmen foll.
endolori, ~e (g-bö-lö-ri') fchmer-
zend.   [fchädigen.
endommager (g-bö-mä-ge') be-
endormeur (g-bör-mö'r) 1. einschläfernd. 2. Einschläferer;
Gauner, der fein Opfer betäubt.
endormir (g-bör-mi'r) einschläfern; s'~ einschlafen.
endos (g-bö') m Indoffierung f.
endossé (g-bo-ße') m Indoffa't,
Gira't.
endosser(g-bo-ße') auf den Rücken

nehmen, ein Kleid ꝛc. anziehen;
~ q. de qc. j-m et. aufbürden;
⊕ einen Wechſel indoſſieren, gi-
rieren.　　　　[ſant, Girant.
endoſſeur (g-bo-ßō'r) m Indoſ-
endroit (g-brẽã') m Ort, Stelle f;
rechte Seite eines Stoffes.
enduire (g-bɯĩ'r) überſtreichen.
enduit (g-bũĩ') m Überzug; Bewurf, Puß.　　　　[bulbig.
endurant, ~e (g-bü-rɑ', ~rɑ̃'t) ge-
endurci, ~e (g-bür-ßĩ', ~ßĩ') ver-
härtet; verſtockt.
endurcir (g-bür-ßĩ'r) (ab-, ver-)
härten; s'~ ſich ab-, ver-härten;
verſtockt werden.　　　[bulben.
endurer (g-bü-re') ausſtehen, er-
énergique(ĕ-năr-Qĩ'f)thatkräftig.
énergumène (ĕ-năr-gü-mǟ'n) s.
vom Teufel Beſeſſene(r).
énervement (ĕ-năr-w'mɑ') m
Kraftloſigkeit f.
énerver (ĕ-năr-we') entnerven.
enfaîteau (g-fǟ-to') m Firſtziegel.
enfaîter (g-fǟ-te') verfirſten.
enfance (g-fɑ̃'ß) f Kindheit.
enfant (g-fɑ̃') m Kind n; ~ de
chœur Chorknabe.
enfanter (g-fɑ̃-te') gebären; fig.
zur Welt bringen.　　[beret f.
enfantillage (g-fɑ̃-tĩ-ja'G)m Kin-
enfantin, ~e (g-fɑ̃-tɑ̃', ~tĩ'n)
kindlich; kindiſch.　　[beſtreuen.
enfariner (g-fă-rĩ-ne') mit Mehl
enfer (g-fǟ'r) m Hölle f: ~s pl.
Unterwelt f.　　[ßen, -ſperren.
enfermer (g-făr-me') ein-ſchlie-
enferrer (g-fă-re') mit einer Waffe
durchbohren, aufſpießen.
enficeler(g-fĩ-ß'le')mit Bindfaden
umſchnüren.
enfiévrer (g-fĩe-wre'): ~ q. j-m
Fieber verurſachen.
enfilade (g-fĩ-la'b) f lange Reihe;
Zimmerflucht; Brücke (Trittral);
✗ Längsbeſtreichung.
enfiler (g-fĩ-le') einfädeln; auf
einen Faden ziehen; einen Weg

einſchlagen; ✗ ⚓ beſtreichen,
der Länge nach beſchießen.
enfin (g-fɑ̃') endlich; kurz, mit
einem Worte.
enflammer (g-flă-me') in Flam-
men ſetzen; fig. entflammen.
enflé, ~e (g-fle') 1. angeſchwollen;
aufgeblaſen. 2. m dicker Kerl.
enfler (g-fle')(an-, auf-)ſchwellen;
auf-blaſen, -blähen; s'~ ſchwel-
len; ſich aufblähen.
enflure (g-flü'r) f Geſchwulſt; fig.
Schwulſt m des Stils.
enfoncement (g-fɔ̃-ßmɑ') m Einſchlagen, -ſtoßen; Vertiefung.
enfoncer (g-fɔ̃-ße') I. v/a. tief
hinein-ſchlagen, -treiben, -drük-
ken; e-e Thür einſtoßen; ſprengen; jem. übertölpeln. II. v/n.
einſinken; s'~ ſich ſenken.
enfonçure (ßü'r) f Vertiefung.
enfouir (g-fü-ĩ'r) vergraben.
enfourchement (g-für-ſchmɑ') m
Gabelverbindung f.
enfourcher (g-für-ſche') ein Pferd
rittlings beſteigen; mit der Heu-
gabel aufſpießen.
enfourchure (ſchü'r) f Gabelung.
enfourner (g-für-ne') Brot in den
Ofen ſchießen.
enfreindre (g-frɑ̃'br) ein Geſetz ꝛc.
übertre'ten, verletzen.
enfuir (g-fũĩ'r): s'~ entfliehen;
aus-, über-laufen (von der Milch).
enfumer (g-fü-me') einräuchern;
Füchſe ꝛc. ausräuchern.
engageant, ~e (g-gă-Qɑ', ~Qɑ̃'t)
einnehmend.
engagement(g-ga-Q'mɑ')m Ver-
pfändung f; Verbindlichkeit f;
(Liebes- ꝛc.)Verhältnis n; Verbindung f, id. n.
engager (g-gă-Qe') verpfänden;
~ q. à qc. jem. zu et. bewegen,
veranlaſſen; in Dienſt nehmen,
engagieren; den Kampf ꝛc. beginnen; ~ le fer die Klinge des Gegners binden; s'~ à ... ſich ver-

binblich machen zu ...; s'~ dans
qc. sich in ob. auf et. einlaffen.

engainer (g-gæ-ne') in die Scheide
stecken.   [sen.

engazonner (g-ga-só-ne') bera-
engeance (g-Gā'ß) f Zucht, Brut;
Gezücht n.

engelure (g-G'lü'r) f Frostbeule.

engendrer (g-Gg-dre') erzeugen.

engerber (g-Gär-be') in Garben
binden; auffstapeln.

engin (g-Gg') m Werkzeug n;
Winde f; Göpel; Falle f; ~s pl.
Jagd- und Fisch-gerät n.

engloutir(g-glu-tī'r) verschlingen.

engluer (g-glü-e') mit Vogelleim
bestreichen, fangen.

engommer (g-göme') mit Gummi
bestreichen.

engoncer (g-gg-ße') von Kleidern:
zu hoch hinaufgehen, so daß der
Kopf zwischen den Schultern zu stecken
scheint.   [verschleimen.

engorger (g-gör-Ge') verstopfen;

engouement (g-gu-mg') m Ein-
genommenheit, Affenliebe für et.

engouer (g-gü-e'): ~ q. j-m die
Kehle verstopfen; fig. s'~ de qc.
eine blinde Vorliebe für etwas
faffen.

engouffrer (g-gü-fre'): s'~ sich in
einen Abgrund verlieren; vom
Winde: sich verfangen.

engoulevent (g-gu-l'wg') m Zie-
genmelfer (Vogel).

engourdir (g-gür-bī'r) erstarren
(machen); fig. abspannen.

engourdissement (bī-ßmg') m Er-
ftarrung f; Einschlafen n von
Gliedern; Winterschlaf von Tieren.

engrais (g-græ') m Mast f; Dung.

engraisser (g-græ-ße') mästen;
düngen; einfetten.

engraisseur (ßö'r) m Viehmäster.

engranger (g-grg-Ge') in die
Scheune bringen.

engraver (g-grä-we') ein Schiff auf
ben Sand treiben.

engrêlé, ~e (g-græ-le') mit Rand-
zäckchen geschmückt.

engrenage (g-grī-na'G) m Eingreifen n der Räder in einander.

engrener (g-grī-ne') 1. Getreide
aufschütten (Mühle); mit Korn
füttern; fig. eine Sache richtig an-
faffen; ein Schiff beladen. 2. v/n.
u. s'~ in einander greifen, eingreifen (von Rädern).

engrosser (g-gro-ße') schwängern.

enguenniller (g-gnī-je') in Lumpen hüllen.

engueuler (gö-le') ausschimpfen.

enhardir (g-är-bī'r) kühn machen;
s'~ sich erkühnen.

enharnacher (g-är-nă-sche') an-
schirren; lächerlich aufputzen.

énigmatique (ĕ-nī-gma-ti'k) rät-
felhaft.

énigme (ĕ-nī'gm) f Rätfel n.

enivrant, ~e (g-nī-wrg', ~wrā't)
berauschend.

enivrement (g-nī-wrī-mg') m
Trunkenheit f, Rausch.

enivrer (g-nī-wre') berauschen;
bethören; s'~ sich betrinken.

enjambée (g-Gg-be') f (Weit-)
Schritt m.

enjambement (b'mg') m Ü'bergrei-
fen n eines Verses in den folgenden.

enjamber (g-Gg-be'): I. v/a. ~
qc. über et. hinwegschreiten; eine
Klasse ꝛc. überspringen. II. v/n.
e-n großen Schritt machen; ~
sur ... in den nächsten Vers übergreifen; e-n Übergriff thun in ...

enjaveler (g-Ga-w'le') in Schwaben legen.

enjeu (g-Gö') m Einsatz im Spiele.

enjoindre (g-Gjã̄'br) einschärfen.

enjôler (g-Go-le') beschwatzen.

enjôleur m, ~se f (g-Go-lö'r, ~ö'f)
Bethörer(in), Schwindler(in).

enjoliver (g-Gö-lī-we') verzieren.

enjoué, ~e (g-Gü-e') munter, auf-
geräumt.   [terkeit f.

enjouement (g-Gu-mg') m Mun-

enkystement(g-fi-ſtmg') m Ein-
kapſelung f. [kapſeln.
enkyster (g-fi-ſte'): s'~ ſich ein-
enlacer (g-la-ße') in ea. flechten
ober ſchlingen; umſchlingen.
enlaidir (g-læ-bi'r) I. v/a. häßlich machen. II. v/n. häßlich w.
enlèvement(g-læ-w'mg') m Wegnahme f; Entführung f.
enlever (l'we') in bie Höhe heben;
fortreißen, mit ſich fort nehmen;
entführen; fortnehmen; mit
Sturm nehmen; hinraffen.
enlier (g-li-e') in Verband vermauern. [richten.
enligner (nje') nach ber Schnur
enluminer (g-lü-mi-ne') folorie-
ren, austuſchen; fig.(rot) färben.
enluminure (g-lü-mi-nü'r) f Aus-
malen n; illuminiertes Bilb;
Röte bes Geſichts.
ennemi m, ~e f(æ-n'mi') 1. Feinb,
Feinbin. 2. a. feinblich.
ennoblir (g-nŏ-bli'r) veredeln.
ennui (g-nü') m Langeweile f;
Überdruß; Kummer.
ennuyer (g-nü-ĩe') langweilen;
s'~ ſich langweilen, es müde
werden, zu ... [weilig.
ennuyeux, ~se (ĩß', ĩö'ſ) lang-
énoncé (ĕ-ng-ße') m Ausſage f.
énoncer (~) aus-brücken, -ſagen.
énonciation (ĕ-ng-ßĩa-ßĩõ') f Aus-
bruck m; gr. Satz m.
enorgueillir (g-nŏr-gŏ-jĩ'r) ſtolz
machen. [heuerlichkeit.
énormité (ĕ-nŏr-mi-te') f Unge-
enquérir (g-kĕ-ri'r): s'~ ſich er-
kunbigen; nach et. forſchen.
enquête (g-kæ't) f Unterſuchung.
enraciner (g-ra-ßi-ne') u. s'~ ein-
wurzeln. [wütenb.
enragé, ~e (g-ra-Qe') toll; fig.
enrageant, ~e (g-ra-Qg', ~Qā't)
höchſt ärgerlich.
enrager (g-ra-Qe') raſenb werden.
enrayer (g-ræ-ĩe') hemmen, bremſen; ein Rab ſpeichen; anpflügen.

enrégimenter(g-re-Gi-mg-te') in
ein Regiment einreihen.
enregistrement (g - rĭ - Gi - ſtrĭ -
mg') m Registrieren n; Eintra-
gungs-vermerk, -gebühr f; Re-
giſtratur f. [tragen.
enregistrer (g-rĭ-Gi-ſtre') ein-
enrhumer (g-rü-me'): s'~ e-n Katarrh bekommen, ſich erkälten.
enrichir (g-rĭ-ſchĩ'r) bereichern.
enrôler (g-ro-le') anwerben.
enrôleur (g-ro-lö'r) m Werber.
enroué, ~e (g-rü-e') heiſer. [w.
enrouer(~)heiſer machen; s'~heiſer
enrouiller (je'): s'~ einroſten.
enrouler (g-ru-le') aufrollen.
enrubanner(rü-bä-ne')bebändern.
ensabler (g-ßa-ble') auf ben Sanb
ſetzen; verſanden.
ensaboter(g-ßä-bŏ-te')ben Hemm-
ſchuh anlegen; e-e Kugel auffpie-
geln. [Blut beflecken.
ensanglanter (g-ßg-glg-te') mit
enseigne (g-ßæ'nj) 1. f Kennzei-
chen n; (Aushänge-)Schilb n;
Fahne. 2. m Fähnrich.
enseignement (g-ßæ-nj'mg') m
Unterricht. [jem. unterrichten.
enseigner (g-ßæ-nje') et. lehren;
ensemble (g-ßā'bl) 1. zuſammen,
miteinanber. 2. m bas Ganze;
Zuſammenwirkung f.
ensemencer (g-ß'mg-ße') beſäen.
enserrer (g-ßä-re') einſchließen;
ins Gewächshaus ſetzen.
ensevelir (g-ßĭ-w'li'r) begraben;
in ein Leichentuch hüllen.
ensimer(g-ßĭ-me') Wolle einfetten.
ensorceler (g-ßŏr-ß'le') behexen.
ens(o)uple (g - ßu'pl, g - ßü'pl) f
Weberbaum m. [ſtreichen.
ensuifer (g-ßũ-fe') mit Talg be-
ensuite (g-ßũ't) barauf.
ensuivre (g-ßũĩ'vr): s'~ aus etwas
folgen, ſich ergeben.
ensuple v. ensouple.
entablement (g-ta-blĭ-mg') m
Haupt-Geſims n.

entacher (g-tä-jche') beflecken.

entaille (g-ta'i) f Einschnitt m.

entailler (g-tä-je') einkerben.

entamer (g-tä-me') ein Brot an-
schneiden; an-brechen, -zapfen;
die Haut ritzen; ~ q. in j-8 Rechte
eingreifen. [m; Schramme.

entamure (g-tä-mü'r) f Anschnitt

entasser (g-ta-ße') aufhäufen.

ente (ọt) f 1. Pfropf-reis n. 2.vor-
springender Pfeiler.

entendement (g-tg-bmg') m Be-
griffsvermögen n; Verstand.

entendre (g-tg'br) hören; verstehen; beabsichtigen; erhören;
s'~ a. im Einverständnisse sein.

entendu, ~e (g-tg-bü') klug, erfahren.

entente (g-tg'') f Sinn m eines
Wortes; Einverständnis n; ~ de
la scène Bühnenkenntnis.

enter (g-te') pfropfen, impfen;
Strümpfe anstricken. [bestätigen.

entériner (g-te-rĭ-ne') gerichtlich

enterrement (g-tä-r'mg') m Be-
erdigung f; Leichenbegängnis n.

enterrer (g-tä-re') vergraben; be-
erdigen, bestatten.

en-tête (g-tä't) m Aufschrift f,
Kopf von Briefen, Tabellen.

entêté, ~e (g-tä-te') eigensinnig.

entêtement (g-tä-tmg') m Be-
nommenheit f; Eingenommen-
heit f, Vorliebe f; Eigensinn.

entêter (g-tä-te') j-m in den Kopf
steigen; benebeln; eitel machen;
Stecknadeln anköpfen; s'~ de ...
eine Vorliebe fassen für ...;
eigensinnig bestehen auf ...

entichement (g-ti-jchmg') m blin-
des Vorurteil.

enticher (g-tĭ-jche'): ~ de qc. mit
et. anstecken; s'~ de q. sich in
jem. vernarren.

entier, ~ère (g-tjĕ', g-tjä'r) ganz;
völlig; unversehrt; cheval ~
Hengst. 2. m das Ganze.

entièrement (tjä-r'mg') gänzlich.

entoiler (g-tŭã-le') auf Leinwand
ziehen.

entomo... (g-tŏ-mo...) Insekten-...

entonner (g-tŏ-ne') 1. in Fässer
füllen. 2. ein Lied anstimmen.

entonnoir (nŭã'r) m Trichter.

entorse (g-tŏ'rß) f Verrenkung.

entortiller (g-tŏr-tĭ-je') ein-, umwickeln; s'~ autour de qc. sich
um et. wickeln; s'~ sich im Reden
verwickeln.

entourage (g-tu-ra'G) m Einfassung f; Umgebung f.

entourer (re') um-geben, -ringen.

entours (g-tū'r) m/pl. Umgebung.

entr'acte (g-trä'kt) m Zwischenakt.

entr'aider (g-træ-be'): s'~ einander beistehen. [weide n/pl.

entrailles (g-tra'j) f/pl. Einge-

entrain (g-trg') m Munterkeit f;
Schwung, Zug.

entraînement (g-træ-n'mg') m
hinreißende Gewalt.

entraîner (g-træ-ne') 1. entführen, mit sich fortreißen; hinreißen. 2. Pferde trainieren.

entrant (g-trg') m Eintretende(r).

entrave (g-trā'w) f Spannstrick m,
Fessel; Hindernis n.

entraver (g-trä-we') einem Pferde
die Füße fesseln; fig. hemmen,
hindern.

entre (g'r) zwischen, unter. [neu.

entre-bâiller (g̣r-bā-je') halb öff-

entre-bande (bg'b) f Sahlleiste.

entre-choquer (g̣r-jchŏ-ke'): s'~
an einander stoßen. [stück n.

entrecôte (kō't) m Mittelrippen-

entrecouper (g̣r-ku-pe') durch-
schneiden; unterbrechen; s'~ la
gorge ea. die Hälse brechen.

entre-croiser (g̣r-krŭã-se') durch-
kreuzen.

entre-deux (g̣r-bö') m Zwischenraum, -glied n; Einsatz in der
Wäsche.

entrée (g-trĕ') f Eingang m; Eintritt m; Einzug m; Anfang m.

*ent*refaites (ā̆ɪɪ-fæ̆'t): sur ces ~ mittlerweile. [fleisch n.

entre-fesses (ā̆ɪɪ-fæ̆'ß) m Mittel-

entrefilet (ā̆ɪɪ-fī-læ') m eingeschobener kurzer Artikel einer Zeitung.

entregent (ā̆ɪɪ-ɢɑ') m Lebensart f, Takt. [förmig.

entreillissé (ɑ-trȅ̆-il-ße') gitter-

entrelacer (ā̆ɪɪ-lɑ-ße') in einander schlingen, verflechten.

entrelacs (ā̆ɪɪ-lɑ') m Geflecht n.

entrelarder (ā̆ɪɪ-lär-be') spicken; ~ de qc. mit ct. untermischen.

entre-ligne (ā̆ɪɪ-lī'nj) m Raum zwischen 2 Zeilen; Zwischenzeile.

entremêler (ā̆ɪɪ-mæ-le') untermischen; s'~ sich hineinmischen.

entremets (ā̆ɪɪ-mæ̆') m zweiter Gang; Zwischengericht n.

entremetteur m, ~se f (ā̆ɪɪ-mæ̆-tō̆'r, ~tō̆'ß) Unterhändler(in); Kuppler(in).

entremettre(ā̆ɪɪ-mæ̆'tr): s'~ de qc. sich bei et. ins Mittel legen, sich mit et. befassen.

entremise (mī'ß) f Vermittelung.

entrepont (pɔ') m Zwischendeck n.

entreposer (ā̆ɪɪ-po-ße') in eine (Waren-)Niederlage bringen.

entreposeur (ā̆ɪɪ-po-ßō̆'r) m Niederlagen-Aufseher.

entrepositaire (ā̆ɪɪ-po-ßī-tā̆'r) m jem., der Waren in eine Niederlage bringt; Speicher-Besitzer.

entrepôt (ā̆ɪɪ-pō') m Niederlage f, Speicher; Zollverschluß.

entreprenant, ~e (ā̆ɪɪ-prȅ-nɑ', ~nā̆'t) unternehmend; kühn.

entreprendre (ā̆ɪɪ-prā̆'br) unternehmen; v/n. ~ sur q., qc. sich an j-m, et. vergreifen.

entrepreneur (ā̆ɪɪ-prȅ-nō̆'r) m Unternehmer.

entreprise (ā̆ɪɪ-prī'ß) f Unternehmung; Eingriff; Angriff auf et.

entrer (ɑ-tre') eintreten; hineingehen, -passen; faire ~ hineinbringen; ~ en colère in Zorn

geraten; ~ pour beaucoup dans qc. großen Einfluß auf etwas haben; v/a. hineinschaffen; ✪ importieren; in die Bücher eintragen. [schoß n, id. n.

entresol (ā̆ɪɪ-ßō'l) m Halbgeschoß

entre-sourcils (ßūr-ßī') m Raum zwischen den Augenbrauen.

entreteneur (t'nō̆'r) m Aushalter.

entretenir (ā̆ɪɪ-t'nī'r) in gutem Stande erhalten; unterha'lten; ~ q. mit j-m reben; s'~ de qc. sich über et. unterha'lten.

entretien (ā̆ɪɪ-tiā̆') m Erhaltung f, Unterhalt; Unter-haltung f, -rebung f.

entretoile (ā̆ɪɪ-tßa'l) f Spitzenstrich m zwischen 2 Leinwandstreifen.

entretoise (tßa'ß) f Querholz, Riegel. [zwischen den Schienen.

entre-voie (ā̆ɪɪ-wßa') f Raum m

entrevoir (ā̆ɪɪ-wßa'r) undeutlich oder flüchtig sehen; ahnen.

entrevous (ā̆ɪɪ-wu') m Füllung f eines Feldes zwischen 2 Bodenbalken.

entrevue(wü') f Zusammenkunft.

entr'ouvrir (ɑ-tru-wrī'r) halb oder ein wenig öffnen.

enture (ɑ-tü'r) f Pfropfspalt m.

énumérateur (ȅ-nü-mȅ-ra-tō̆'r) m Aufzähler.

énumérer(ȅ-nü-mȅ-re') aufzählen.

envahir (ɑ-wă-ī'r) mit Gewalt besetzen; in et. ein-fallen, -bringen; fig. sich schnell verbreiten über ... [berräuber.

envahisseur (ɑ-wă-ī-ßō̆'r) m Län-

envaser (ɑ-wa-ße') verschlammen.

enveilloter (ɑ-wæ̆-jȅ-te') Heu in kleine Haufen setzen.

enveloppe (ɑ-w'lȍ'p) f Umschlag m; (Brief-)Kouvert n; Hülle.

envelopper(w'lȍ-pe') ein-wickeln, -hüllen, -schlagen; mit hinein verwickeln.

envenimer (ɑ-w'nī-me') verschlimmern; jem. erbittern (gegen jem.).

enverger(ĝ-wär-ĝe') mit Weiden-
ruten ausflechten. [anschlagen.

enverguer (ĝ-wär-ge') die Segel

envergure (ĝü'r) f Anschlagen n
der Segel; Weite e-s Segels; Schiffs-
breite; Flügelweite eines Vogels.

envers (ĝ-wä'r) 1. gegen. 2. m
linke, unrechte Seite e-s Stoffes;
à l'~ verkehrt. [q. mit j-m).

envi(wi'): à l'~ um die Wette (de

enviable (ĝ-wi-a'bl) beneidens-

envider (be') bewickeln. [wert.

envie (ĝ-wi')f Neid m, Mißgunst,
Lust, Verlangen n, Gelüst n;
Neidnagel m; Muttermal n.

envier (ĝ-wi-e') beneiden; vorent-
halten; sehnsüchtig wünschen.

envieux, ~se (ĝ-wiö', ~wiö'j) nei-
disch, mißgünstig.

environ (ĝ-wi-rĝ') ungefähr.

environner (ĝ-wi-rö-ne') umge'-
ben, um et. herumliegen.

environs (ĝ-wi-rĝ') m/pl. Umge-
bungen f.

envisager (šă-ĝe') (j-m) ins Gesicht sehen; ins Auge fassen.

envoi (ĝ-wiä') m Sendung f.

envoler (wö-le'): s'~ davonfliegen.

envoyé(ĝ-wiä-ẽ') m Gesandte(r).

envoyer (ĝ-wiä-ẽ') schicken; ~
chercher holen lassen.

envoyeur(ĝ-wiä-iö't)m Absender.

Éole (ĝ-o'l) m Äolus.

éolien, ~ne (e-ŏ-lĩã'ͺ ~lĩã'n)
äo'lisch; harpe ~ne Äolsharfe.

épagneul (ĝ-pă-njö'l) m Wachtel-
hund.

épais, ~se (ĝ-pä', ~ä'ß) dick; dicht
(säen); dickflüssig; fig. schwer-
fällig. [Dichtigkeit.

épaisseur (ĝ-pä-ßö'r) f Dicke;

épaissir(ĝ-pä-ßi'r) verdicken; v/n.
u. s'~ dick werden, sich verdichten.

épamprer (ĝ-pͣ-pre') den Weinstock
ablauben. [gießung f.

épanchement(ĝ-pͣ-šmͣ') m Er-

épancher (še') aus-gießen, -strö-
men; s'~ sein Herz ausschütten.

épandre (ĝ-pͣ'dr) ausstreuen.

épanouir (ĝ-pă-nŭ-i'r) entfalten;
erheitern; ~ la rate zum Lachen bringen; s'~ aufblühen;
sich aufheitern. [Ersparnis.

épargne (ĝ-pä'rnj)f Sparsamkeit;

épargner (ĝ-pär-nje') (er)sparen;
schonen(d behandeln).

éparpiller(ĝ-pär-pi-je') zerstreuen,
verzetteln.

épars, ~e (ĝ-pä'r, ĝ-pä'rß) zer-
streut; aufgelöst(es Haar).

éparvin (ĝ-pär-wͣ') m Spat.

épaté, ~e (ĝ-pa-te') (Glas) ohne
Fuß; stumpf(e Nase).

épater (ĝ-pa-te') den Fuß eines
Glases abbrechen; jem. zu Boden
werfen; s'~ der Länge nach hin-
fallen.

épaule (ĝ-pō'l) f Schulter; Bug m.

épaulée (ĝ-po-le') f Schieben n
mit der Schulter; par ~s ruckweise. [ter-mauer f, -wehr f.

épaulement(ĝ-po-l'mͣ') m Schul-

épauler (le') bug-lahm machen;
j-m helfen; das Gewehr anlegen;
durch eine Schulterwehr decken.

épave (ĝ-pä'm) f herrenlose Sache;
verlaufenes Tier; droit m d'~
Strand-recht n.

épeautre (ĝ-pō'tr) m Spelz.

épée(ĝ-pẽ')f Schwert n; Degen m.

épeler (e-p'le') buchstabieren.

épellation (ĝ-pͤl-lā-ßĝ')f Buchstabieren n.

éperdu, ~e (ĝ-pͤr-dü') bestürzt,
außer sich; äußerst; ~ment
amoureux sterblich verliebt.

éperlan (ĝ-pͤr-lͣ') m Stint.

éperon (e-p'rĝ') m Sporn.

éperonné (e-p'rö-ne') gespornt.

éperonner (e-p'rö-ne') die Sporen
geben; anspornen.

éperonnier (nie') m Sporer.

épervier (ĝ-pͤr-wiẽ') m Sperber.

éphélide (ĝ-fĝ-li'b) f Sommer-
sprosse. [2. m Eintags-fliege.

éphémère (ĝ-fĝ-mä'r) 1. eintägig.

épi (ĕ-pĭ') m Ähre f; kleiner Haarbüschel. [d'~ Pfefferkuchen.
épice (ĕ-pĭ'ß) f Gewürz; pain m
épicer (ĕ-pĭ-ße') würzen.
épicier (pĭ-ßĭe') m Gewürz-, Ma-
terialwaren-händler; Spießbürger, Philister. [haut f.
épiderme (ĕ-pĭ-dă'rm) m Ober-
épier (ĕ-pĭ-e') belauschen; aus-
spähen. [säubern.
épierrer (ĕ-pĭä-re') von Steinen
épieu (ĕ-pĭö') m Spieß.
épigastre (gă'ßtr) m Herzgrube f.
épiglotte (glŏ't) f Kehldeckel m.
épigraphe (ĕ-pĭ-grä'f) f Inschrift;
Motto n.
épiler (ĕ-pĭ-le') enthaaren; j-m
die grauen Haare ausrupfen.
épileur m, ~se f (ĕ-pĭ-lŏ'r, ~ŏ'f)
Haar-Ausrupfer(in).
épillet (pĭ-jæ') m Grasährchen n.
épiloguer (ĕ-pĭ-lŏ-ge') bekritteln.
épilogueur (lŏ-gŏ'r) m Krittler.
épinaie (ĕ-pĭ-næ') f Dornenfeld n.
épinard (ĕ-pĭ-nă'r) m Spinat.
épinc(et)er (ĕ-pạ̈-ß('t)e') noppen.
épine (pĭ'n) f Dorn m; Stachel m.
épinette (ĕ-pĭ-næ't) f Spinett n;
Mastkäfig m.
épineux, ~se (nŏ', nŏ'f) dornig;
fig. mißlich. [Berberitze.
épine-vinette (ĕ-pĭn-wĭ-næ't) f
épingle (ĕ-pạ̈'gl) f Stecknadel;
~s pl. Nadel-, Trink-geld n;
Wäschklammer.
épinglé (ĕ-pạ̈-gle'): velours m ~
Rippsammet. [ken, säubern.
épingler (~) mit e-r Nadel anstek-
épinglerie (ĕ-pạ̈-glŏ-rĭ') f Steck-
nadel-fabrik. [nadel.
épinglette (ĕ-pạ̈-glæ't) f Räum-
épinglier (ĕ-pạ̈-glĭ-e') m Nadler.
épinière (ĕ-pĭ-nĭă'r): moelle f ~
Rückenmark n.
épique (ĕ-pĭ'k) e'pisch. [lich.
épiscopal,~e (pĭ-ßkŏ-pă'l) bischöf-
épiscopat (ßkŏ-pa') m bischöfliche
Würde; Gesamtheit der Bischöfe.

épisser ⚓ (ĕ-pĭ-ße') splissen, an
einander flechten.
épissure (ĕ-pĭ-ßü'r) f Splissung.
épistolaire (ßtŏ-lä'r) Brief-(stil).
épistolier m, ~ère f (lĭe', lĭă'r)
berühmte(r) Briefschreiber(in).
épitaphe (ĕ-pĭ-tă'f) f Grabschrift.
épithalame (tä-la'm) m Hochzeits-
épitre (ĕ-pĭ'tr) f Epistel. [gedicht.
épizootie (ĕ-pĭ-ßŏ-ŏ-ßĭ') f Vieh-
seuche. [zerfließend.
éploré, ~e (ĕ-plŏ-re') in Thränen
éplucher (ĕ-plü-sche') ab-, aus-
klauben, reinigen; Gemüse ver-
lesen; Geflügel spielen, Fische ab-
schuppen; e-n Baum ausputzen;
Tuch noppen; genau prüfen;
Fehler aus et. herausklauben.
éplucheur m, ~se f (ĕ-plü-schŏ'r,
~schŏ'f) Ausleser(in); ~ de
mots Wortklauber.
épluchure (ĕ-plü-schü'r) f Abfall
m von Gemüse. [brechen.
épointer (ĕ-pŏạ̈-te') die Spitze ab-
épois (pŏạ̈') m/pl. oberste Sprossen
f am Hirschgeweih.
éponge (ĕ-pŏ̃'G) f Schwamm m.
éponger (ĕ-pŏ̃-Ge') mit einem
Schwamme ab-, über-wischen.
époque (ĕ-pŏ'k) f Epoche; Zeit.
épouiller (ĕ-pu-je') lausen
époumoner (ĕ-pu-mŏ-ne'): s'~
sich die Lungen ausschreien.
épousailles (sa'j) f/pl. Trauung.
épouse (ĕ-pu'j) f Gattin.
épousée (pu-fe') f Neuvermählte.
épouser (ĕ-pu-fe') heiraten.
épouseur (ĕ-pu-fŏ'r) m Freier.
épousseter (ĕ-pu-ß'te) abstäuben;
durchprügeln.
épouvantable (wg-ta'bl) erschreck-
lich, fürchterlich. [scheuche f.
épouvantail (wg-ta'j) m Vogel-
épouvante (wg̃'t) f Schrecken m.
épouvanter (wg-te') erschrecken,
entsetzen. [pl. Ehe-leute.
époux (ĕ-pu') m Gatte, Gemahl;
épreindre (ĕ-prạ̈'br) auspressen.

épreintes (ĕ-prã't) f/pl. Stuhl-
zwang m.
éprendre(prã'br): s'~ de... von e-r
Leidenschaft ꝛc. ergriffen werden;
sich in jem. verlieben.
épreuve (prö'w) f Probe; à l'~ du
feu feuerfest; typ. Korrekturbogen m. [verliebt.
épris, ~e (ĕ-pri', ~i'j) entbrannt,
éprouvé, ~e (ĕ-pru-we') erprobt,
bewährt. [erfahren, erleben.
éprouver (~) probieren, prüfen;
éprouvette(ĕ-pru-wæ't)fProbier-
Vorrichtung, -Glas n; Sonde,
Sucher m.
épucer (ĕ-pü-ße') flöhen.
épuisement (ĕ-püĭ-ß'ma') m Er-
schöpfung f. [fen.
épuiser (ĕ-püĭ-ße') aus-, er-schöp-
épuratoire(pü-ra-tŏä'r) reinigend.
épure (ĕ-pü'r) f Aufriß m.
épurer(ĕ-pü-re')reinigen, läutern.
équarrir (ĕ-ka-rĭ'r) viereckig zu-
schneiden, abvieren. [becker.
équarrisseur (ĕ-ka-rĭ-ßö'r) m Ab-
équateur (ĕ-kŭa-tö'r) m Äqua'tor.
équation (ĕ-kŭa-ßĭ̯') f Gleichung.
équerre (ĕ-kä'r) f Winkelmaß n.
équestre (ĕ-kä̈'ßtr) Ritter-...,
Reiter-... [lig.
équiangle(ĕ-kĭ-ã'gl) gleichwinke-
équilatéral, ~e (la-tĕ-rä'l) gleich-
seitig, -schenklig. [nicht n.
équilibre (ĕ-kĭ-lĭ'br) m Gleichge-
équinoxe (kĭ-nŏ'kß) m Tag- und
Nacht-gleiche f.
équipage (pa'ǵ) m Schiffsmann-
schaft f; Gerät n; Zubehör n;
Aufzug; Fuhrwerk n. [Schacht.
équipe (ĕ-kĭ'p) f Zug m Arbeiter,
équipée (ĕ-kĭ-pē') f unbesonnener
Streich. [bemannen.
équiper (ĕ-kĭ-pe') ausrüsten; ⚓
équipeur(-monteur) (ĕ-kĭ-pŏr-
mǫ-tö'r) m Büchsenschäfter.
équitable (ĕ-kĭ-ta'bl) billig (ben-
kenb), gerecht. [kunft; Reiten.
équitation (ĕ-kĭ-ta-ßĭ̯') f Reit-

équivalent (ĕ-kĭ-wä-la') 1. ~ à...
von gleichem Werte mit... 2. m
Äquivalent n, Ersatz.
équivaloir(ĕ-kĭ-wä-lŏä'r): ~ à qc.
gleichen Wert mit et. haben.
équivoque (ĕ-kĭ-wŏ'k) 1. zwei-
deutig. 2. f Zwei-deutigkeit.
équivoquer (ĕ-kĭ-wŏ-ke') zwei-
deutig schreiben ober reben.
érable (ĕ-ra'bl) m Ahorn.
éradication(ĕ-rä-dĭ-ka-ßĭ̯')fAus-
rottung. [men.
érafler (ĕ-ra-fle') ritzen, schram-
éraflure (ĕ-ra-flü'r) f Ritz m.
éraillé, ~e (ĕ-rä-je') auf-gelockert,
-gebrieselt; rotstreifig(es Auge).
érailler (ĕ-rä-je') Zeug auflockern,
verzerren. [Stelle.
éraillure (ĕ-rä-jü'r) f verzerrte
érater (ĕ-ra-te') die Milz ausschneiden; s'~ sich außer Atem
laufen; courir, rire comme un
~é tüchtig laufen, lachen (wie
einer, der keine Milz hat).
ère (ä'r) f Ära, Zeit-rechnung.
érecteur(ĕ-rä-ktö'r) m aufrichten-
der Muskel. [richtung.
érection (ĕ-rä-kßĭ̯') f Er-, Auf-
éreinter (ĕ-rẽ-te') kreuzlahm ober
braun und blau schlagen; ab-
hetzen; ein Buch, Stück herunter-
reißen. [Mutterkorn n.
ergot (är-go') m Sporn bes Hahnes;
ergoter (är-gŏ-te') über Kleinigkeiten zanken.
ergoteur (tö'r) m Rechthaber.
ériger (ĕ-rĭ-Ge') auf-, er-richten;
~ en qc. zu et. erheben. [keil n.
erminette (är-mĭ-næ't) f Dachs-
ermite (är-mĭ't) m Einsiedler.
éroder (ĕ-rŏ-be') zernagen.
érosif, ~ve (ĕ-ro-ßĭ'f, ~i'w) fressend, ätzend. [bes-...
érotique (ĕ-rŏ-tĭ'k) ero'tisch, Lie-
errant, ~e (är-ra', ~ã't) umher-
irrend. [verzeichnis n.
errata (är-ra-ta') m Druckfehler-
errer(är-re')umherirren,fig.irren.

erres (ār) *f/pl.* Fährte. [hen.
erreur (ăr-rō'r) *f* Irrtum, Berse-
erroné, ~e (ăr-rŏ-ne') irrig.
éructation (ĕ-rŭ-ktā-ßi͜ǫ') *f* Aufstoßen *n*, Rülpsen *n*.
érudit, ~e (ĕ-rŭ-di', ~bi't) gelehrt.
érudition (ĕ-rŭ-bi-ßi͜ǫ') *f* Gelehrsamkeit. [Haut-ausschlag.
éruption (ĕ-rŭ-pßi͜ǫ') *f* Ausbruch;
érysipèle (ĕ-rĭ-sĭ-pǣ'l) *m* Rose *f*,
Rotlauf.
ès(æ u. æß) = en les; maître ~ arts
Magister ber freien Künste.
escabeau *m*, ~belle *f* (ĕ-ßkă-bo',
~bǣ'l) Fußschemel *m*.
escadre (ßkā'br) *f* Geschwader *n*.
escadron(ßkă-brǫ')*m*Schwadron *f.*
escafignon (ĕ-ßkă-fĭ-njǫ'): sentir
l'~ nach schweißigen Füßen
riechen. [(Sturm-)Leitern.
escalade (lă'b) *f* Ersteigung mit
escalader (ĕ-ßkă-lă-be') mit
Leitern ersteigen.
escale (ĕ-ßkă'l) *f* Handelsplatz *m*
(Levante); faire ~, auch: escaler
(ĕ-ßkă-le') in einen Hafen einlaufen.
escalier (ĕ-ßkă-lĭe') *m* Treppe *f.*
escalope (lo'p) *f* id. (Fleischschnitte).
escamote (mŏ't) *f* (Taschenspieler-)
Kügelchen *n*. [laffen; stibitzen.
escamoter (mŏ-te') verschwinden
escamoteur (mŏ-tō'r) *m* Taschen-
spieler; listiger Dieb.
escamper (ĕ-ßkǫ-pe') bavonlau-
fen, ausreißen.
escampette (pǣ't) *f*: prendre la
poudre d'~ bas Hasenpanier
ergreifen.
escapade (ßkă-pa'b) *f* verstohlener
Ausflug; faire une ~ über bie
Stränge hauen. [Käfer.
escarbot (ĕ-ßkăr-bo') *m* (Mai-)
escarboucle (bu'kl) *f* Karfunkel *m.*
escarcelle (ßkǣ'l) *f* Geldkatze.
escargot (go') *m* Schnecke *f* mit
Gehäuse; escalier *m* en ~ Wen-
beltreppe *f*.

escarmouche (ĕ-ßkăr-mu'sch) *f*
Scharmützel *n*.
escarpe (ĕ-ßkă'rp) *f* Böschung.
escarpé, ~e (ĕ-ßkăr-pe') steil, jäh.
escarper (ĕ-ßkăr-pe') steil böschen.
escarpin (ĕ-ßkăr-pĕ') *m* id. (feiner
Tanzschuh).
escarpolette (pŏ-lǣ't) *f* Schaukel.
escaveçade (ĕ-ßkă-m'ßa'b) *f*
Ruck *m* mit bem Kappzaum.
eschare (ĕ-ßkā'r) *f* Grind, Schorf.
escient (ĕ-(ß)-ßi͜ǫ'): à bon ~ mit
gutem Vorbedacht.
esclandre (ĕ-ßklǟ'br) *m* ärger-
licher Auftritt, Skandal.
esclavage (ĕ-ßklă-ma'G) *m* Sklaverei *f*. [Sklavin.
esclave (ĕ-ßklă'm) *s.* Sklave,
Esclavon *m*, ~ne *f* (ĕ-ßklă-mǫ',
~mŏ'n) Slavo'ni-er(in).
escobarderie (ĕ-ßkŏ-băr-b'rī') *f*
Jesuitenkniff *m*.
escogriffe (gri'f) *m* Schnapphahn.
escompte (ĕ-ßkǫ't) *m* Diskonto *n*.
escompter (ßkǫ-te') diskontieren.
escope (ßko'p) *f* Wasser-schaufel.
escopette (ßkŏ-pǣ't) *f* Stutzbüchse.
escorter (ßkŏr-te') geleiten, decken.
escouade (ĕ-ßkŭ-a'b) *f* Korporal-
schaft. [Fechtkunst.
escrime (ĕ-ßkrī'm) *f* Fechten *n*;
escrimer (ĕ-ßkrĭ-me') fechten; sich
mühen; s'~ sich schlagen, zanken; sich abmühen.
escroc (ĕ-ßkro') *m* Gauner.
escroquerie (ĕ-ßkrŏ-k'rī') *f* Gaunerei.
esherber (ĕ-ßăr-be') jäten.
espace (ßpa'ß) *m* Raum; Strecke *f*;
Zwischenraum.
espacer(ĕ-ßpa-ße')Zwischenraum
zwischen et. laffen; *typ.* burch-
schießen, spattinieren. [gen.
espader (ĕ-ßpă-be') Hanf schwin-
espadon (ßpă-bǫ') *m* zwei-händiges
Schwert; Säbel; Schwertfisch.
espadonner (ĕ-ßpă-bŏ-ne') auf
Hieb fechten.

Espagne (ă-ßpä'nj) f Spanien n.

espagnol, ~e (ßpä-njŏ'l) 1. spanisch. 2. E~ s. Spanier(in).

espagnolette (njŏ-lä't) f Drehriegel m.

espalier (ă-ßpä-lĩe') m Spalier n.

esparcette ⚘ (ă-ßpär-ßä't) f Esparsette.   [gel m.

espargoute ⚘ (ßpär-gŭ't) f Sper-

espèce (ă-ßpä̃'ß) f Art; Gattung;
~s pl. bares Geld.   [nung.

espérance (ă-ßpe-rā̃'ß) f Hoff-

espérer (ă-ßpe-re') hoffen.

espiègle (ă-ßpiä̃'gl) 1. schalkhaft.
2. s. Schalk, Eulenspiegel; schelmisches Mädchen.

espièglerie (ă-ßpiä̃-glĭ-rĩ') f Schelmenstreich m.

espion m, ~ne f (ă-ßpĩŏ̃', ~ŏ̃'n) Kundschafter(in), Spion(in).

espionner (ă-ßpĩŏ-ne') auskundschaften, spionieren.

esplanade (ă-ßplă-na'b) f id., Vorplatz; freier Platz.

espoir (ă-ßpŏä'r) m Hoffnung f.

esponton (ă-ßpŏ-tŏ̃') m Sponton'n;
⚓ Enterpike f.

esprit (ă-ßpri') m Geist; Witz;
Gemüt n; Spiritus; ~ de vin Weingeist.

esquif (ă-ßkĭ'f) m kleines Boot.

esquille (ßkĭ'j) f Knochensplitter
m.   [Bräune.

esquinancie (ă-ßkĭ-ng-ßĭ')f path.

esquisse (ă-ßkĭ'ß) f Skizze.

esquisser (ă-ßkĭ-ße') entwerfen, skizzieren.   [schickt ausweichen.

esquiver (we'): ~ qc. e-r Sache ge-

essai (ă-ßä') m Versuch; Probe f.

essaim (ßä') m (Bienen-)Schwarm.

essaimer (ßä-me') ausschwärmen.

essanger (ă-ßg-Ge') Wäsche einweichen.

essart (ă-ßā'r) m Reutland n.

essarter (ă-ßär-te') ausreuten.

essayer (ă-ßä-ße') versuchen, probieren.   [Münz-Wardein.

essayeur (ă-ßä-ẽŏ'r) m Probierer;

esse (ăß) f S-förmiges Werkzeug;
Schall-loch n einer Geige; Lünse, Achsnagel m.   [Sein n; Essenz.

essence (ăß-ßā'ß) f Wesen n,

essentiel, ~le (ăß-ßg-ßiä̃'l, ~iä̃'l)
1. wesentlich. 2. m Hauptsache f.

essette (ă-ßä't) f Dachsbeil n.

essieu (ă-ßiŏ̃') m (Wagen-)Achse f.

essor (ăß-ßŏ'r) m Aufflug, Aufschwung.   [nen.

essorer (ă-ßŏ-re') an der Luft trock-

essoriller (ă-ßŏ-rĭ-je') die Ohren abschneiden, stutzen; die Haare sehr kurz schneiden.

essoucher (ă-ßu-sche') ausstocken.

essoufflé (ă-ßu-fle') außer Atem.

essouffler (ă-ßu-fle'): s'~ außer Atem kommen.

essui (ă-ßŭĩ') m Trockenplatz.

essuie-main (ă-ßŭĩ-mg') m Handtuch n.

essuyer (ă-ßŭĩ-ße') ab-wischen, -trocknen; aushalten, ertragen.

est (ăßt) m Osten.

estacade (ă-ßtä-ka'b) f Stake't n; Verpfählung.

estafette (ă-ßtä-fä't) f Stafette.

estafier (ă-ßtä-fĩe') m langer Kerl von Bedienter; Hurenwirt.

estafilade (ßtä-fĭ-la'b) f Schmarre; Riß m im Zeuge.

estaminet (mĭ-nä') m Tabagie f.

estampe (ă-ßtā'p) f (Kupfer-, Holz-)Stich m; Druckplatte; Loch-eisen n; Stampfe.

estamper (ă-ßtg-pe') stempeln; prägen; drucken; stampfen.

estampille (ßtg-pi'j) f Stempel m.

estampiller (ßtg-pĭ-je') stempeln.

estelaire (ă-ßt'lä'r): cerf m ~ Lockhirsch.

estère (ă-ßtä'r) f Binsenmatte.

esthétique (ßte-ti'l) 1. f Ästhetik. 2. a. ästhetisch.

Esthonie (ă-ßtŏ-uĩ') f Esthland n.

estimable (ă-ßtĭ-ma'bl) achtbar.

estimateur (ma-tŏ̃'r) m Taxator.

estimation (mā-ßĭŏ̃')f Abschätzung.

estime (ä-ßtī'm) f (Hoch-)Achtung; ungefähre Berechnung.

estimer (ä-ßtī-me') abschätzen; (hoch-)achten; meinen, für et. halten. [f der Herden.

estivage(wa'G)m übersommerung

estival, ~e (ßtī-wä'l) sommerlich.

estivation (wa-ßĩǫ') f Blütenknospenstand m; Sommerschlaf m von Tieren. [(lassen).

estiver (ä-ßtī-we') übersommern

estoc (ä-ßtŏ'l) m Stoßdegen; d'~ et de taille auf Stoß u. Hieb.

estocade (ä-ßtŏ-ka'b) f Degenstoß m.

estomac (ä-ßtŏ-ma') m Magen.

estompe (ä-ßtǫ'p) f id., Wischer m; gewischte Zeichnung.

estramaçon (ä-ßträ-ma-ßǫ') m zwei-schneidiges Schwert, Pallasch. [des Wippens n.

estrapade (ä-ßträ-pa'b) f Strafe

estrapader (ßträ-pa-de') wippen.

estropié, ~e (ßtrŏ-pīe') 1. verstümmelt; gelähmt. 2. m Krüppel.

estropier (ä-ßtrŏ-pī-e') zum Krüppel machen; lähmen; verstümmeln. [becken n; Watt n.

estuaire (ßtü-ä'r) m Mündungs-

esturgeon (ä-ßtür-Gǫ') m Stör.

établage (é-tä-bla'G) m Stallgeld n.

étable (é-ta'bl) f (Vieh-)Stall m.

établer (é-tä-ble') in den Stall bringen.

établi (é-tä-blī') m Werktisch.

établir (é-tä-blī'r) fest-setzen, -stellen; einrichten; bauen; einführen, begründen; jem. anstellen, versorgen; e-e Tochter verheiraten; s'~ sich niederlassen; sich verheiraten; sich festsetzen.

établissement (é-tä-blī-ßmǫ') m Feststellung f; Errichtung f, Gründung f; Versorgung f; id., Anstalt f, Institut n.

étage (é-ta'G) m Stockwerk n; Absatz, Stufe f; fig. Rang.

étager (é-tä-Ge') stufenweise aufstellen, schneiden (Haare).

étai (é-tä') m Stütze f, ⚓ Stag n.

étaim (é-tg') m Kammwolle f.

étain (é-tg') m Zinn n.

étal (é-tä'l) m Fleischbank f; Fleischer-scharren.

étalage (é-tä-la'G) m Aus-legen n, -hängen n von Waren; Putz; Auskramen n, Schau-stellung f; Standgeld n. [krämer(in).

étalagiste(é-tä-lä-Gï'ßt) s.Stand-

étaler (le') aus-legen, -hängen; ausbreiten; zur Schau stellen.

étalinguer(é-tä-lg-ge') das Ankertau in dem Ankerringe festbinden.

étalingure(é-tä-lg-gü'r) f Schleife am Ankerringe.

étalon (é-tä-lg') m 1. Hengst, Beschäler. 2. Eich-, Normal-maß.

étalonner (é-tä-lŏ-ne') eichen.

étambot ⚓ (é-tg-bo') m Hintersteven.

étamer (é-tä-me') verzinnen.

étameur (é-tä-mö'r) m Verzinner.

étamine (é-tä-mi'n) f 1. Beutel-, Sieb-tuch n. 2. ♀ Staubfaden.

étamure (mü'r) f Verzinnung.

étanche (é-tä'ſch) auch: à ~ d'eau wasserdicht.

étancher (é-tg-ſche') Blut stillen; den Durst löschen; ein Leck verstopfen.

étançon (é-tg-ßǫ') m Stütze f.

étançonner (é-tg-ßŏ-ne') stützen.

étang (é-tg') m Teich.

étape (tä'p) f Handelsplatz m; ✕ Lieferung v. Proviant an Truppen auf dem Marsche; id., Marschquartier n; Tage-marsch m. [ster.

étapier(é-tä-pīe') m Proviantmei-

état (é-ta') m Stand, Zustand, Lage f; Gewerbe n, Stellung f; Anschlag, überschlag, Verzeichnis n; É~ Staat, Reich n; ~s pl.Landstände.

état-major (é-ta-mä-Gŏ'r) m Regiments-Stab.

États-Unis (ĕ-tạ-fŭ-nī') m/pl.
Vereinigte Staaten (Nord-Ame-
étan (ĕ-to') m Schraubstock. [rika).
étayement(ĕ-tæ̂-mạ')m Stützen n.
étayer (ĕ-tæ̂-ſĕ') stützen.
été (e-te') 1. m Sommer. 2. part.
v. être, gewesen.
éteigneur m, ~se ſ (tæ-njŏ̆'r, ~ŏ̆'ſ)
Auslöscher(in).   [horn n.
éteignoir (ĕ-tæ̂-njŏ̆a'r) m Lösch-
éteindre (ĕ-tậ'br) auslöschen; fig.
dämpfen, mäßigen: s'~ er-
löschen; aussterben; hinschwin-
ben.   [matt.
éteint, ~e (ĕ-tậ', ĕ-tậ't) erloschen,
étendage (ĕ-tạ-ba'G) m Trocken-
leinen ſ/pl., -boben.
étendard (ĕ-tạ-bā'r) m Standarte
ſ, Fahne ſ.   [boben m.
étenderie (ĕ-tạ-b'rī') ſ Trocken-
étendre (ĕ-tậ'br) aus-breiten,
-spannen; Wäsche aufhängen;
hinstrecken; erweitern, verlängern; mit Wasser verdünnen.
étendue (tạ-bŭ̈') ſ Raum m; Aus-
behnung; Weite, Umfang m.
éternel, ~le (tăr-næ̆'l, ~æ̆'l) ewig.
éterniser (ĕ-tăr-nī-ſe') verewigen.
éternité (ĕ-tăr-nī-te') ſ Ewigkeit.
éternuer (ĕ-tăr-nŭ-e') niefen.
étêter (ĕ-tæ̂-te') einen Baum, Nagel
köpfen.
éteuf (ĕ-tŏ̆') m ehm. Schlagball.
éteule (ĕ-tŏ̆'l) ſ Stoppel.
éther (ĕ-tæ̂'r) m Äther.
éthéré, ~e (ĕ-te-re') ätherisch.
ethnique (æ̆-tni'ſ) heidnisch; gr.
mot ~ Völkername.
ethnographie (æ̆-tnŏ̆-grä-fī') ſ
Sittenbeschreibung.
étiage (ĕ-tī-a'G) m niedrigster
Wasserstand.
Étienne (ĕ-tſã'n) m Stephan.
étinceler (ĕ-tạ-ſ'le') funkeln.
étincelle (ĕ-tạ-ſæ̆'l) ſ Funke m.
étincellement (ĕ-tạ-ſæ̆-l'mạ') m
Funkeln n.   [mert.
étiolé, ~e (ĕ-tī-o-le') verküm-

étioler(ĕ-tī-o-le'): s'~ verquienen,
bahin siechen.   [mager.
étique (tī'ſ) schwindsüchtig; bürr,
étirer (ĕ-tī-re') strecken, recken.
étoffe (ĕ-tŏ̆'ſ) ſ Stoff m, Zeug n.
étoffer (ĕ-tŏ̆-fe') ausstaffieren, gut
ausstatten.
étoile (ĕ-tſã'l) ſ Stern m.
étoilé, ~e(ĕ-tſã-le') gestirnt; stern-
förmig, Stern-...
étoiler (ĕ-tſã-le') besternen; e-n
sternförmigen Sprung verursachen (im Glase).   [staunlich.
étonnant, ~e (ĕ-tŏ̆-nạ', ~ạ't) er-
étonnement (ĕ-tŏ̆-n'mạ') m Verwunderung ſ, Erstaunen n.
étonner (ĕ-tŏ̆-ne') in Erstaunen
setzen; s'~ de qc. sich über et.
wundern.   [stickend, schwül.
étouffant, ~e (ĕ-tŭ-fạ', ~fạ't) er-
étouffement (ĕ-tŭ-f'mạ') m Ersticken n; Beklemmung ſ.
étouffer (fe') ersticken; fig. unter-
brücken, dämpfen; v/n. sticken.
étouffoir (fŏ̆a'r) m Glutdämpfer;
Dämpfer am Klavier.
étoupe (ĕ-tu'p) ſ Werg n, Hebe.
étouper (ĕ-tu-pe') mit Werg verstopfen.   [m, Stoppi'ne.
étoupille (ĕ-tu-pī'j) ſ Zündstrick
étoupillon (ĕ-tu-pī-jạ') m Werg-
stöpsel.   [sonnenheit.
étourderie (ĕ-tŭr-b'rī') ſ Unbe-
étourdi, ~e (ĕ-tŭr-bī') 1. unbesonnen, leichtsinnig. 2. s. Windbeutel.
étourdir (bī'r) betäuben; Wasser
verschlagen lassen; s'~ sur qc.
sich et. aus dem Sinn schlagen.
étourdissant, ~e (bī-ſạ', ~ạ't) betäubend; fig. großartig, strahlend.
étourdissement (ĕ-tŭr-bī-ſmạ')m
Betäubung ſ; Schwindel; Tau-
mel.   [fig. Windbeutel.
étourneau (ĕ-tŭr-no') m Star;
étrange (ĕ-trậ'G) seltsam, befremdend.
étranger m, ~ère ſ (ĕ-trạ-Ge',~ã̆'r)

1. fremb, ausländisch. 2. s.
Fremde(r), Ausländer(in).

étrangeté (ĕ-trg-Q'te') f Seltsam-
keit.	[eingeklemmt (Bruch).

étranglé, ~e (ĕ-trg-gle') zu eng;
étrangler (ĕ-trg-gle') I. v/a. erwürgen, erdrosseln; verengen,
zusammenschnüren; zu gedrängt
abfassen. II. v/n. ersticken; vor
Durst verschmachten.

étrape (ĕ-trä'p) f Stoppel-sichel.

étraquer (ĕ-trä-ke') die Spur des
Wildes auf dem Schnee verfolgen.

étrave (ĕ-trä'w) f Vordersteven m.

être (æ'tr) 1. sein, beim passif
werden. 2. m Wesen n; Ge-
schöpf n; Dasein n; ~s pl.
Räumlichkeiten f eines Hauses.

étrécir (trĕ-ßi'r) enger machen; s'~
einlaufen.	[gelaufensein n.

étrécissure (ĕ-trĕ-ßi-ßü'r) f Ein-
étreignoir (ĕ-træ-njßã'r) m Leim-,
Schraub-zwinge f.

étreindre (ĕ-trã'dr) fest zusammenschnüren, drücken; in die
Arme drücken.

étreinte (ĕ-trã't) f Zs.-schnüren n;
Druck m; Umarmung.

étrenne (ĕ-træ'n) f Neujahrs-Ge-
schenk n; erste Einnahme des
Tages; erster Gebrauch von et.

étrenner (ĕ-træ-ne') zu Neujahr beschenken; j-m die erste Einnahme gewähren; zum ersten-
mal benutzen; v/n. das erste
Geld lösen.	[Stütze f.

étrésillon (ĕ-trĕ-ßi-jọ')m Strebe f,
étrier (ĕ-trĭ-e') m Steigbügel.

étrille (ĕ-tri'j) f Striegel.

étriller (ĕ-trĭ-je') striegeln; durch-
prügeln; prellen.	[nehmen.

étriper (ĕ-trĭ-pe')(die Gedärme) aus-
étriqué, ~e (ke') zu eng; knapp;
ch. dünnleibig.	[den.

étriquer (ĕ-trĭ-ke') zu eng schnei-
étrivière (trĭ-wiã'r) f Steigbügel-
riemen m; ~s pl. Peitschenhiebe
m; schimpfliche Behandlung.

étroit, ~e (ĕ-trõã', ĕ-trõã't) eng,
schmal; beschränkt; à l'~ knapp.

étroitesse (ĕ-trõã-tæ'ß) f Einge-
schränktheit.

étron (ĕ-trọ') m (Kot-)Haufen.

étronçonner (ßọ-ne') einen Baum
bis auf den Stamm kröpfen.

étude (ĕ-tü'b) f Studium n; faire
ses ~s studieren; gezwungenes
Wesen; Maler-Studie; Schreib-
stube eines Notars ꝛc.

étudiant (ĕ-tü-bĭ-ạ') m Stude'nt.

étudier (ĕ-tü-bĭ-e') studieren; ein-
üben; künsteln.

étui (ĕ-tü̈') m id. n, Futteral n,
Besteck n; Nadelbüchse f.

étuve(tü̈'w) f Bade-, Schwitz-stube.

étuvée (ĕ-tü-wẽ') f Dämpfen n,
Schmoren n; gedämpfte Speise.

étuver (ĕ-tü-we') bähen; dämpfen,
.schmoren; trocknen.

eucharistie (ö-kä-rĭ-ßti') f das
heilige Abendmahl.

Eudes (öb) m Odo.

Eumée (ö-me') m Eumä'us.

eunuque (nü'k) m Verschnittener.

euphémique (ö-fĕ-mi'k) euphemi-
stisch, beschönigend.

européen, ~ne (ö-rö-pĕ-ạ', ~æ'n)
eux (ö) sie m/pl.	[europä'isch.

évacuation (ĕ-wä-kü-ā-ßĩọ') f
Ausleerung; Räumung.

evacuer (ĕ-wä-kü-e') ausleeren;
einen Platz räumen.

évader (ĕ-wä-de'): s'~ entwischen.

évaluer (lü-e') abschätzen, veran-
schlagen.	[ge'lisch.

évangélique (ĕ-wg-Gĕ-li'k) evan-
évangile (Gi'l) m Evange'lium n.

évanouir (ĕ-wä-nü-ĭ'r): s'~ ohnmächtig werden; vergehen, verschwinden.

évanouissement (ĭ-ßmạ') m Ohnmacht f; Verschwinden n.

évaporable (põ-ra'bl) verdunstbar.

évaporation(põ-rā-ßĩọ') f Verdun-
stung; fig. Leichtsinn m.

évaporé; ~e (põ-re') 1. leichtsinnig, winbig. 2. m Windbeutel, Hans Dampf.

évaporer (ĕ-wä-pŏ-re') verdun=
ften laffen; s'~ verbunften; fig.
verfliegen.

évaser (ĕ-wa-fe') eine Öffnung er=
weitern, ausweiten. [weichend.

évasif, ~ve (ĕ-wa-fi'f, ~i'm) aus=
évasion (wa-fiǭ') f Entweichung.

Ève (Ēw) f Eva.

évêché (ĕ-wæ-fche') m Bistum n;
bifchöfliche Residenz.

éveil (ĕ-wæ'j) m Wink; donner
l'~ de qc. à q. jem. auf et. auf=
merkfam machen; se tenir en
~ aufpaffen. [munter.

éveillé, ~e (ĕ-wæ-je') aufgeweckt,

éveiller (~) wecken; aufmuntern.

événement (ĕ-we-n'mg') m Be=
gebenheit f, Ereignis n; à tout
~ auf alle Fälle.

évent(mg') m frifche Luft; mettre
à l'~ lüften; fchaler Gefchmack;
sentir l'~abgeftanden fchmecken.

éventail (ĕ-mg-ta'j) m Fächer.

éventaire (ĕ-mg-tǟr) m flacher
Obft=, Gemüfe-forb.

éventé, ~e (te') fchal geworden;
winbig, leichtfinnig.

éventer (ĕ-mg-te') fächeln; lüften;
aus=wittern, =fpüren; s'~ an
der Luft verberben.

éventrer (ĕ-mg-tre') ben Bauch
auffchlißen. [etwa-ig.

éventuel, ~le (ĕ-mg-tǟ'l, ~ǟ'l)

évêque (ĕ-wæ'k) m Bifchof.

éversif, ~ve(ĕ-wǎr-fi'f, ~i'm) um=
ftürzend. [Kräfte aufbieten.

évertuer (tü-e'): s'~ alle feine

éviction (ĕ-wi-kfiǭ') f Ausftoßung
aus einem Befiße. [zu évident.

évidemment (ĕ-wi-bǎ-mg') adv.

évidence (bā'ß) f Augenfcheinlich=
keit. [fcheinlich, offenbar.

évident, ~e(ĕ-wi-bg', ~ā't)augen=

évider (be') aus=höhlen, =kehlen,
=bohren, =fchweifen.

évidoir(ĕ-wi-bǟr) m Hohlbohrer.

évier(ĕ-wie') m Gußftein i. d. Küche.

évincer (ĕ-wg-ße') aus bem Befiß
vertreiben. [nung.

éviration (wi-rā-ßiǭ') f Entman=

évitable (ĕ-wi-ta'bl) vermeiblich.

éviter (te') vermeiden; entgehen.

évocation (ĕ-wŏ-kā-ßiǭ') f Geifter=
Befchwörung; drt. id.

évoquer (ĕ-wŏ-ke') Geifter befchwö=
ren, citieren; drt. vor-e-n anbern
Gerichtshof ziehen. [ßung.

évulsion (ĕ-wül-ßiǭ') f Ausrei=

ex(-) (mit tiret unb vor Konfonanten:
ǎkß..., vor Bokalen ǎ-gf...)aus=...,
vor s. ehemalig, Ex=...

exact, ~e (ǎ-gßä'kt ober ǎ-gßä'k)
pünktlich; genau.

exacteur (ǎ-gßä-ktö'r) m Erpref=
fer, Leutefchinder.

exaction (kßiǭ')f Gelb=Eintreibung;
Erpreffung.

exactitude (ktl-tü'b) f Pünktlich=
keit; Genauigkeit. [treibung.

exagération (Qe-rā-ßiǭ') f Über=

exagérer (Qe-re') übertreiben.

exaltation (ǎ-gßǎl-tā-ßiǭ') f Er=
höhung; Erhebung zur Papftwürbe;
Begeifterung, Überfpanntheit.

exalté, ~e (ǎ-gßǎl-te')überfpannt.

exalter (~) erheben, preifen; auf=
regen, exaltieren.

examen (ǎ-gßǎ-mg', bism. a. ~=
mǎ'n) m Prüfung f.

examiner (ǎ-gßǎ-mi-ne') prüfen;
aufmerkfam betrachten.

exanthème (ǎ-gig-tǟ'm) m Haut=
Ausfchlag. [Erbitterung.

exaspération(ǎ-gßǎ-ßpĕ-rā-ßiǭ')f

exaspérer(re') im höchften Grabe auf=
bringen; ein Übel verfchlimmern.

exaucer (ǎ-gßo-ße') erhören.

excavation (ǎk-ßßǎ-wā-ßiǭ') f
Aushöhlung.

excédant (ǎk-ßßĕ-bg') m Überfchuß.

excéder(ǎ-kßĕ-be')über=fchreiten,
=fteigen; ~ de coups tüchtig
burchprügeln; abmatten, er=
fchöpfen; s'~ fich überne'hmen.

excellemment (ĕk̆-ßĕ̆-lă-mₐ') adv. ⟂u excellent.

excellence (ĕk̆-ßĕ̆-lā'ß) f Vortrefflichkeit; par ⟂ recht eigentlich; Excellenz (Titel). [lich.

excellent, ⟂e (lₐ', lā't) vortreff- exceller (le') sich auszeichnen.

excentrique(ßₐ-tri'k) vom Mittelpunkte abweichend; sonderbar, überspannt. [außer.

excepté (ßĕ̆-pte') ausgenommen, excepter (ßĕ̆-pte') ausnehmen.

exception (pßŏ') f Ausnahme.

excès (ĕk̆-ßĕ̆') m Übermaß n; Frevel; Ausschweifung f.

excessif, ⟂ve (ßĕ̆-ßi'f, ⟂i'w) übermäßig.

excitant, ⟂e (ßi-tₐ' ⟂ā't) 1. anregend. 2. m Reizmittel n.

exciter (ßi-te') erregen; reizen; aufmuntern.

exclamatif, ⟂ve (ĕk̆-ßklă-ma-ti'f, ⟂i'w) Ausrufungs-... [ruf m.

exclamation(ßklă-mā-ßŏ')f Aus- exclure (ĕk̆-ßklü'r) ausschließen.

exclusif, ⟂ve (ßklü-ßi'f, ⟂i'w) ausschließlich. [ßung.

exclusion (ßklü-ßŏ') f Ausschlie- excommunier (ĕk̆-ßkŏ-mü-ni-e') in den Kirchenbann thun. [gen.

excorier (ri-e') s'⟂ sich wund lie- excréter(ĕk̆-ßkre-te') ausscheiden, ausleeren. [wuchs m.

excroissance (ßkrŏă-ßₐ'ß) f Aus- excursion (ßkür-ßŏ') f Ausflug m; Abschweifung; Streiferei.

excuse (ßklü'f) f Entschuldigung.

excuser (ßklü-fe') entschuldigen.

exeat (ĕ-ßke-a't) m Erlaubniskarte f zum Ausgehen.

exécrable (ßkĕ-kra'bl) abscheulich.

exécration (krā-ßŏ') f Fluch m; Abscheu m; Greuel m.

exécrer (ĕ-ßkĕ-kre') verabscheuen.

exécuter (kü-te') ausführen, vollstrecken; auspfänden; hinrichten.

exécuteur (kü-tö'r) m Vollstrecker; Scharfrichter.

exécutif, ⟂ve (ĕ-gßĕ̆-kü-ti'f, ⟂i'w) vollziehend.

exécution (kü-ßŏ')f Ausführung; Vollstreckung; Hinrichtung; Auspfändung. [Mustergültigkeit.

exemplarité (ĕ-gßₐ-plă-ri-te') f

exemple (ĕ-gßā'pl) m Beispiel n; par ⟂ zum Beispiel, a. warum nicht gar!; Schreibvorschrift f.

exempt, ⟂e (ĕ-gßₐ', ⟂ā't) 1. von et. frei, befreit. 2. m ehm. Gefreiter; Polizeibeamte(r).

exempter (ĕ-gßₐ-te') von etwas befreien. [m, Befreiung (von et.).

exemption (ĕ-gßₐ-pßŏ') f Erlaß

exercer (gßär-ße') üben; betreiben.

exercice (ßi'ß) m Übung f; Ausübung f; Leibesbewegung f, Motion f; Arbeit f, Mühe f; Finanz-, Rechnungs-jahr n.

exergue (ĕ-gßä'rg) m id. (Nebenraum für die Jahreszahl oder Inschrift auf einer Schau-münze).

exfolier(ĕk̆ß-fŏ-li-e'): s'⟂ sich abblättern. [dünstung.

exhalaison (ĕ-gßă-lă-ßŏ') f Aus-

exhaler (ĕ-gßă-le') aus-atmen, -dünsten; seinen Zorn auslassen.

exhausser (ĕ-gßŏ-ße') hoch oder höher machen, erhöhen.

exhérédation (ĕ-gßĕ̆-re-vĕ-bā-ßŏ') f Enterbung.

exhiber (ĕ-gßi-be') vorzeigen.

exhibition (bi-ßŏ')f Aufweisung; Ausstellung, bes. Tierschau.

exhilarant, ⟂e (ĕ-gßi-lă-rₐ', ⟂ā't) erheiternd.

exhorter (ĕ-gßŏr-te') ermahnen.

exhumer (ĕ-gßü-me') wieder ausgraben; wieder ans Licht ziehen.

exigeant, ⟂e (ĕ-gßi-Qₐ', ⟂ā't) anspruchsvoll.

exigence(ĕ-gßi-Qā'ß)f anspruchsvolles Wesen; Erfordernis n; Anforderung. [erfordern.

exiger (Qe') fordern; eintreiben;

exigible (ĕ-gßi-Qi'bl) einklagbar.

exigu, ⟂ë (ĕ-gßi-gü') gering.

exiguité (ă-gſī-gŭ-ĭ-te') f Geringfügigkeit. [Mofis.
exode (ă-gſo'b) m zweites Buch
exonérer (ă-gſŏ-ne-re') entlasten.
exorbitant, ~e (gſŏr-bĭ-ta', ~a̠'t)
übermäßig. [beschwören.
exorciser (ă-gſŏr-ſĭ-ſe') den Teufel
exorde (ă-gſŏ'rb) m Eingang einer
Rede. [dehnbar.
expansible (ă-ßpg-ßĭ'bĭ) aus-
expansion (ßĭ͡q') f Ausdehnung;
Mitteilungsgabe.
expatrier (ă-ßra-trĭ-e') aus dem
Vaterlande verweisen.
expectative (ă-ßpă̠-kta-tĭ'm) f
Erwartung, Aussicht.
expectorer (ă-ßpă̠-ktŏ-re') den
Schleim auswerfen.
expédient (ßpe-bĭ-a̠') 1. zuträg-
lich. 2. m Auskunftsmittel n.
expédier (bĭ-e') schnell abmachen;
spedieren, befördern. [biteur.
expéditeur (ßpĕ-bĭ-tŏ'r) m Spe-
expéditif, ~ve (ă̠-ßpĕ-bĭ-tĭ'f,
~tĭ'm) geschwind, flink.
expédition (bĭ-ßĭ͡q') f Beförderung;
Ausfertigung; Eile; kriegerische
Unternehmung. [pedie'nt.
expéditionnaire (ßĭ͡ŏ-nă̠'r) m Ex-
expérience (ă̠-ßpe-rĭ-ä̠'ß) f Erfahrung; Experime'nt.
expérimenter (ă̠-ßpe-rĭ-mg-te')
einen Versuch mit et. machen.
expert, ~e (ßpă̠'r, ~ä̠'rt) 1. sach-
kundig. 2. m Sach-, Kunst-ver-
ständige(r).
expertise (ă̠-ßpă̠r-tĭ'ſ) f Besichtigung durch Sachverständige.
expiable (ă̠-ßpĭ-a'bĭ) sühnbar.
expiateur, ~trice (a-tŏ'r, ~trĭ'ß)
sühnend. [Sühne.
expiation (ā-ßĭ͡q') f Abbüßung,
expier (ßpĭ-e') abbüßen; sühnen.
expirant, ~e (ra', ra̠'t) sterbend;
endigend.
expiration (ă̠-ßpĭ-rā-ßĭ͡q') f Aus-
atmung; Ablauf m, Ende n.
expirer (re') I. v/n. verscheiden,

sterben; ablaufen. II. v/a. aus-
hauchen. [ausfüllend.
explétif, ~ve (ă̠-ßplĕ-tĭ'f, ~ĭ'm)
explicable (ă̠-ßplĭ-ka'bĭ) erklär-
bar. [klärung.
explication(ă̠-ßplĭ-kā-ßĭ͡q')f Er-
explicite (ßplĭ-ßĭ't) ausdrücklich.
expliquer (ă̠-ßplĭ-ke') erklären,
auslegen; s'~ avec q. sich mit
j-m verständigen.
exploit (ă̠-ßplä̠') m (Helden-)
That f; drt. Vorladung f durch
den Gerichtsdiener; ~ de saisie
Pfändung f. [nutzbar.
exploitable (ă̠-ßplä̠ä-ta'bĭ) aus-
exploitation (tā-ßĭ͡q') f Nutzung,
Ausbeutung; Betrieb m.
exploiter (ßplä̠ä-te') aus-nutzen,
-beuten; in Betrieb setzen.
explorateur (ă̠-ßplŏ-ra-tŏ'r) m
Ausforscher.
explorer (ă̠-ßplŏ-re') erforschen,
auskundschaften. [bierbar.
explosible (ă̠-ßplo-ſĭ'bĭ) explo-
explosion (ă̠-ßplo-ſĭ͡q') f id.,
Zerplatzen n. [Ausfuhr.
exportation (ă̠-ßpŏr-tā-ßĭ͡q') f
exposé (ßpo-ſe') m Darlegung f.
exposer (ă̠-ßpo-ſe') aus-setzen,
-stellen; bien ~ r-m Gebäude eine
gute Lage geben; in Gefahr
setzen; darlegen, aus ea. setzen.
exposition(ă̠-ßpo-ſĭ-ßĭ͡q')f Ausstellung, -setzung; Lage eines
Gebäudes; Darlegung.
exprès, expresse(ă̠-ßprä̠', ~ä̠'ß)
1. ausdrücklich, bextlich. 2. adv.
absichtlich. [(tra) ~ Kurierzug.
express(ă̠-ßprä̠'ß) m: (train m)
expressément (ă̠-ßprä̠-ße-mg')
ausdrücklich.
expressif, ~ve (ßĭ'f, ßĭ'm) aus-
drucksvoll. [Ausdruck m.
expression (ßĭ͡q') f Ausdrücken n;
exprimer (ßprĭ-me') ausdrücken.
exproprier (ßprŏ-prĭ-e') aus dem
Eigentum vertreiben; zwangs-
weise kaufen.

expulser(äf-ßpül-ße')vertreiben.

expurger (äf-ßpür-Qe') die an-
ftößigen Stellen ausmerzen.

exquis, ~e (äf-ßfî', ~ßfî'ſ) aus-
gefucht, -erlefen.

exsuder (äf-ßü-be') ausſchwitzen.

extasier (äf-ßta-ſî-e'): s'~ in
Entzücken geraten.

extatique (äf-ßta-ti'f) verzückt.

extenseur (äf-ßtą-ßö'r) m Streck-
musfel.

extensible (äf-ßtą-ßî'bl) behnbar.

exténuer (ßte-nü-e') entkräften.

extérieur, ~e (ßtê-rîȭ'r) 1. äußerlich. 2. m das Äußere.

exterminateur (ßtär-mî-na-tȭ'r)
vertilgend, Würg-...

exterminer (mî-ne') vertilgen.

externat(äf-ßtär-na') m Schule ſ
ohne Penfiona't.

externe (äf-ßtä'rn) äußerlich;
außerhalb wohnend; (élève) ~
Extra'ne-us.

extinction (äf-ßtą-kßȭ') ſ Aus-
löſchen n; Erlöſchen n.

extirper (äf-ßtîr-pe') ausrotten.

extorquer (ßtör-ke') abbringen,
erpreffen.

extorsion (ßtör-ßȭ')ſ Erpreffung.

extractif, ~ve(äf-ßträ-kti'ſ,~î'w)
ausziehend.

extraction (äf-ßträ-kßȭ') ſ Aus-
ziehung; Gewinnung der Erze ꝛc.;
Herkunft. [Auslieferung.

extradition (äf-ßträ-bi-ßȭ') ſ

extraire (äf-ßträ'r) ausziehen;
einen Auszug machen; Erze aus
der Grube fördern. [trakt.

extrait (äf-ßträ') m Auszug; Ex-

extravagance(äf-ßträ-wą-gā'ß)ſ
Ausſchweifung; Ungereimtheit.

extravagant, ~e (äf-ßträ-wä-gą',
~gā't) närriſch, ungereimt.

extravaguer (wä-ge') faseln.

extravaser (wa-ſe'): s'~ aus ſ-n
Gefäßen austreten.

extrême(äf-ßträ'm) äußerſt, letzt,
übertrieben. [letzte Ölung.

extrême - onction (ǫ - kßȭ') ſ

extrémité(ßtre-mî-te')ſ äußerstes
Ende; letzter Augenblick; äußerste Not. [Überfülle.

exubérance (ä-gſü-bĕ-rā'ß) ſ

exubérant, ~e (ä-gſü-bĕ-rą',~ā't)
üppig, wuchernd.

exulcération (ä-gſül-ße-rā-ßȭ')
ſ Schwären n.

exultation (tä-ßȭ')ſ Frohlocken n.

F.

fa ♪ (fa) m F n (vierte Note).

fable (fa'bl) ſ Fabel; Mytholo-
gie; Gespött n.

fabliau (fä-blî-o') m altfranzöfiſche
Erzählung in Versen.

fablier(fä-blî-e') m Fabel-dichter,
-fammlung ſ. [fertiger.

fabricateur (brî-ka-tȭ'r) m Ver-

fabrique (fä-brî'k) ſ Fabri'k; Ver-
fertigung:Kirchen-vermögen n,
-verwaltung.

fabriquer (fä-brî-ke') fabrizieren.

fabuleux, ~se (fä-bü-lö', ~lö'ſ)
fabelhaft.

fabuliste (lî'ßt) m Fabeldichter.

façade (fä-ßa'b)ſ id., Vorderseite.

face (fäß) ſ Geſicht n, Antlitz n;
faire ~ die Spitze bieten, Front
machen; Seite, Fläche; Gestalt,
Lage; Kopfſeite einer Münze;
(Vorder-)Seite eines Gebäudes.

facétie (fä-ße-ſî') ſ Schwank m.

facétieux, ~se (ßîȭ', ßîȭ'ſ) spaßhaft, drollig. [fläche.

facette (ßæ't)ſ id., kleine Rauten-

fâché, ~e (fa-ſche') erzürnt, böse
über et.; je suis ~ que ... es thut
mir leid, daß ...

fâcher (fa-ſché') ärgern, verdrießen.   [Zwiſtigkeit.
fâcherie (fa-ſch'rĭ') ƒ Verdruß m ;
fâcheux, ~**se** (fa-ſchö', ~ö'ſ) ärgerlich, fata'l ; läſtig, zudringlich.
facial, ~e (fä-ßĭa'l) Geſichts-...
facile (fä-ßi'l) leicht (zu machen);
leicht auffaſſend, fähig; nachgiebig; ungezwungen.
facilité (fä-ßĭ-lĭ-te')ƒ Leichtigkeit;
das Gefällige, Ungezwungenheit;
~s pl. Erleichterungen, bſd. im
Bezahlen.
faciliter (fä-ßĭ-lĭ-te') erleichtern.
façon (fä-ßǫ') ƒ Geſtalt, Zuſchnitt
m ; Machen n ; Macherlohn m ;
Art und Weiſe; de la bonne ~
gehörig, tüchtig; faire des ~s
Umſtände machen, ſich zieren;
de ~ que ſo daß.
faconde (fä-kǫ'b) ƒ Redſeligkeit.
façonner (fä-ßŏ-ne') geſtalten,
modeln; *fig.* (aus)bilden.
façonnier, ~**ère** (nĭe', nĭä'r) der
(die) viel Umſtände macht.
factage (fä-kta'G) m Überbringen
n der Waren vors Haus ; Spedi-
tions-Geſchäft n ; Rollgeld n.
facteur (fä-ktö'r) m Briefträger;
Gepäckmeiſter; Geſchäftsführer;
Pianoforte-Fabrikant, Orgel-
bauer; *math.* Faktor.   [lich.
factice (ktĭ'ß) nachgemacht, künſt-
factieux, ~**se** (fa-kßĭö', ~kßĭö'ſ)
1. aufrühreriſch. 2. m Auf-
rührer, -wiegler.
faction (fä-kßǫ') ƒ Partei; Schild-
wacheſtehen n; être de ~ Poſten
ſtehen. [Schildwache ƒ, Poſten.
factionnaire (fä-kßĭŏ-nä'r) m
factorage (fä-ktŏ-ra'G) m Kom-
miſſionsgebühr ƒ.   [torei.
factorerie (fä-kto-rĭ-rĭ') ƒ Fak-
facturer (fä-ktü-re'): ~ qc. die
Fakturen über et. ausfertigen.
facturier (fä-ktü-rĭe') m Kommis,
der die Rechnungen ausfertigt;
Fakturenbuch n.

facultatiƒ, ~**ve** (fä-kül-ta-tĭ'ſ,
~tĭ'w) ein Recht gebend; dem
freien Willen überlaſſen.
faculté (fä-kül-te') ƒ Fähigkeit,
Vermögen n; Talent n; Befugnis; (mediziniſche) Fakultät.
fadaise (fä-bä'ſ) ƒ Albernheit.
fade (fab) ſchal; abgeſchmackt.
fadeur(fä-bö'r)ƒ Schalheit; Abge-
ſchmacktheit; fade Schmeichelei.
fagot (fä-go') m Reiſigbündel n;
Päckchen n; läppiſches Zeug;
~s pl. Flauſen ƒ.
fagoter (fä-gŏ-te') Reisholz zuſam-
menbinden; zſ.-ſtümpern, -lü-
gen; geſchmacklos kleiden.
fagoteur (fä-gŏ-tö'r) m Reisholz-
binder; Zuſammenſtoppler.
fagotin (fä-gŏ-tǫ') m kleines Reis-
holzbündel; gepußter Affe;
Hanswurſt.   [kröſe n.
fagoue (fä-gū') ƒ Kalbsmilch; Ge-
faible (fä'bl) 1. ſchwach. 2. m
ſchwache Seite, Schwachheit ƒ.
faiblesse (fä-blä'ß) ƒ Schwäche;
Ohnmacht.   [nachlaſſen.
faiblir (fä-blĭ'r) ſchwach werden,
faïence (fä-ǫ'ß) ƒ Steingut n.
failli (fä-ji') m Bankrottierer.
faillir (fä-ji'r) fehlen; irren; sans
~ unfehlbar; zu Ende gehen;
fallieren, Bankrott m.; j'ai failli
tomber ich wäre beinahe geſal-
faillite (ji't) ƒ Bankrott m. [len.
faim (fǫ) ƒ Hunger m.
faîne (fän) ƒ Buch-ecker.
fainéanter (fe-néǫ-te') faulenzen.
fainéantise (tĭ'ſ) ƒ Müßiggang m.
faire (fär) machen; thun; vor *inf.*
laſſen; n'avoir que ~ de qc. et.
nicht brauchen können; ~ q. à
qc. jem. an et. gewöhnen; *v/imp.*
il fait (chaud) es iſt (warm);
se ~ geſchehen; werden.
faisable (ſ'ſa'bl) thunlich.
faisan (fæ-ſǫ') m Faſan.
faisan(d)e (ſa'n, ſǫ'b) ƒ: (poule)
~ Faſanhenne.

faisandeau (fæ-ſg-bo') m junger Faſan. [werben laſſen.

faisander (fæ-ſg-be') Wilbfleiſch alt

faisanderie (ſg-b'rī') f Faſanen-garten m, -hauß n. [wärter.

faisandier (fæ-ſg-bīe') m Faſanen-

faisceau (fæ-ſo) m Bündel n; ~ de fusils Gewehr-Pyramide f.

faiseur m, ~se f (f'ſō'r, f'ſō'ſ) Macher(in).

fait (fæ) 1. part.p. von faire. 2. m That f, Handlung f; cela est de votre ~ baß haben Sie gethan; Thatſache, Faktum; An-teil; Vermögen; aller au ~ zur Sache kommen; être au ~ de qc. in et. wohl unterrichtet ſein; mettre q. au ~ jem. in et. ein-weihen; il est de ~ eß iſt auß-gemacht; si ~ boch, allerbingß.

faitage (fæ-ta'Q) m Verfirſtung f.

faite(fæt) m Firſt f; Gipfel; Glanz-punkt, Höhe f.

faitière (fæ-tiā'r) f Firſt-ziegel m, -ſtange an einem Zelte.

faix (fæ) m Bürde f, Laſt f.

falaise (fä-lǟ'ſ) f ſteileß Geſtabe.

falbala (fäl-bä-la') m Falbel f.

fallacieux, ~se (fäl-la-ſiō', ~iō'ſ) trügeriſch.

falloir (fä-lȫ'r) nötig ſein; il faut que je sorte ich muß außgehen; comme il faut wie ſich'ß gehört; il s'en faut (de) beaucoup eß fehlt viel baran.

falot (fä-lo') 1. m Stock-laterne f; Pechpfanne f. 2. ~, ~e (fä-lȫt) a. närriſch. [pelholz.

falourde (lü'rb) f Bund n Knüp-

falsificateur (fäl-ſī-fī-fa-tȫ'r) m (Ver-)Fälſcher.

falsifier (fäl-ſī-fī-e')(ver)fälſchen.

falun (fä-lq') m Muſchel-Erbe f zum Düngen. [Grube, -Bant.

falunière(lü-niā'r) f Muſchelerbe-

famé, ~e (fa-me'): bien (mal) ~ in gutem(ſchlechtem) Rufe ſtehenb.

famélique (fä-mě-li'f) hungrig.

fameux, ~se (fä-mō', ~mō'ſ) be-rühmt; berüchtigt; gehörig; fa-mo'ß. [men; vertraut machen.

familiariser(fä-mi-liā-rī-ſe')ſäh-

familiarité (fä-mi-liā-rī-te') f Vertraulichteit.

familier, ~ère (fä-mi-liē', ~liā'r) vertraut, (ver)traulich, unge-zwungen; style m ~ Sprache f beß gewöhnlichen Lebenß; ani-mal m ~ Hauſtier n.

famille (fä-mi'ſ) f Familie.

famine (fä-mi'n) f Hungerßnot.

fanage (na'Q) m Heu-machen n.

fanal (fä-nä'l) m Leuchtfeuer n; (Schiffs-)Laterne f.

fanatique (fä-na-ti'f) 1. ſchwär-meriſch. 2. m Schwärmer, Fa-na'tifer.

fane (fan) f abgefalleneß Laub.

fané, ~e (fa-ne') verwelkt.

faner (fa-ne') Heu wenden; welt machen; se ~ verwelfen.

faneur, ~se (nȫ'r,nȫ'ſ) Heuer(in).

fanfan (ſg-ſg') m Herzenßkind n.

fanfare (ſg-fā'r) f id., Trompeten-Tuſch m. [Großſprecher(in).

fanfaron, ~ne (ſg-fa-rq', ~rȫ'n) f

fanfaronnade (ſg-fa-rȫ-na'b) f Prahlerei. [terwert n.

fanfreluche (ſg-frī-lü'ſch) f Flit-

fange (fā'Q) f Kot m.

fangeux, ~se (ſg-Gō', ~Gȫ'ſ) fotig.

fanon (fä-nq') m Fähnlein n an einer Bите; Binde f am Arme beß Meßprieſters; Wamme f beß Rinb-viehes; Walfiſchbarte f.

fantaisie (ſg-tæ-ſī') f Einfall m; Grille; Geſchmack m, Liebha-berei; Phantaſie. [Gaufelbilb.

fantasmagorie (tä-ſma-gȫ-rī') f

fantasque (ſg-tä'ſf) grillenhaft.

fantassin (tä-ſq') m Infanteriſt.

fantastique (ſg-tä-ſti'f) phan-taſtiſch, eingebilbet.

faon (ſg) m Hirſch-, Reh-talb n.

faonner (fä-ne') Junge werfen.

faquin (fä-fq') m Lump.

faraud (fa-rō′) m im Sonntagsstaat stolzierender Spießbürger.

farce (färß) f Poffe, Schwank m;
Schabernack m; Füllfel n.

farceur m, ~se f (fär-ßö′r, ~ßö′ß)
Spaßmacher(in); Schäker(in).

farcin (fär-ßᾰ′) m Wurm der Pferde.

farcineux, ~se (fär-ßi-nö′, ~nö′ß)
mit dem Wurm behaftet.

farcir (fär-ßi′r) mit Füllfel oder Farce
füllen; fig. vollpfropfen.

farcissure(ßü′r)f Füllung; Füllfel.

fard (fār) m Schminke f. [f.

fardeau (fär-bo′) m Laft f, Bürde

farder (be′) I. v/a. schminken; fig.
beschönigen. II. v/n. sich senken
(von Mauern). [herausputzt.

fardeur (bö′r) m der seine Ware

fardier (fär-bie′) m Blockwagen.

farfadet (fär-fä-bæ′) m Irrwisch,
Kobold. [v/n. herum stöbern.

farfouiller (fu-je′) durchstöbern;

faribole (fä-ri-bö′l) f Lappa′li-e.

farinacé, ~e (na-ße′) mehl-artig.

farine (fä-ri′n) f Mehl n.

fariner (fä-ri-ne′) mit Mehl beftreuen; v/n. wie Mehl ftäuben.

farineux, ~se(nö′,nö′ß) 1. mehlig.
2. m/pl. Mehl-ftoffe, -fpeifen f.

farinier (ri-nie′) m Mehlhändler.

farlouse(fär-lü′ß)fWiefen-pieper.

farouche (fä-ru′sch) wild, scheu.

farrago (fä-rä-go′) m Mischkorn;
fig. Mischmasch. [Balken m.

fasce (faß) f Binde, Fries n; bl.

fascicule (fäß-ßi-kü′l) m Faszikel.

fascinage (fäß-ßi-na′G) m Fa-
schinenwerk n. [bezaubernd.

fascinateur, ~trice(na-tö′r, ~tri′ß)

fascination(nā-ßᾱ′)f bezaubernde
Kraft; Bezauberung.

fascine (fäß-ßi′n) f Faschine.

fasciner (fäß-ßi-ne′) bezaubern;
verblenden.

fashion (fä-schᾱ′) f id. (fᾱ′-sch′n),
Mode, Ton m der vornehmen Welt.

fashionable (fä-schiß-na′bl) 1.mo-
disch. 2. m Stuper.

fasier ⚓ (fä-ßie′) wappern, killen
(von Segeln).

faste (fäßt) m Gepränge n.

fastes (fäßt) m/pl. Staatskalen-
der der alten Römer; Jahrbücher.

fastidieux, ~se (fä-ßti-biö′, ~biö′ß)
langweilig, Widerwillen erre-
gend. [voll, -liebend.

fastueux, ~se (ßtüö′, ßtüö′ß) prunk-

fat (fät) 1. geckenhaft. 2. m Geck,
Laffe. [unselig.

fatal, ~e (fä-tä′l) verhängnisvoll;

fatalité (tä-li-te′) f Verhängnis n.

fatidique (fä-ti-bi′k) weißfagend.

fatigant, ~e (fä-ti-ga′, ~gᾱ′t) er-
müdend; läftig. [Strapaze.

fatigue (fä-ti′g) f Ermüdung;

fatiguer (fä-ti-ge′) ermüden; be-
schwerlich fallen; v/n. sich abmatten.

fatras (tra′) m Plunder. [tigfeit.

fatuité (fä-tü-i-te′) f Geckenhaf-

faubert ⚓ (fo-bä′r) m Schwabber.

fauberter⚓(bär-te′)abschwabbern.

faubourg (fo-bu′r) m Vorftadt f.

faubourien, ~ne (fo-bu-riᾱ′,
~riᾱ′n) 1.vorftädtisch. 2.s.Vor-
ftäbter(in).

fauchage (fo-scha′G) m Mähen n.

fauchaison (fo-schæ-ßᾱ′) f Mähe-

fauchée (fo-sche′) f Mahd. [zeit.

faucher (fo-sche′) (ab)mähen; fig.
wegraffen. [Hippe f.

fauchet (fo-schæ′) m Holzharke f;

faucheur (fo-schö′r) m Mäher,
Schnitter. [Mähmaschine.

faucheuse (fo-schö′ß) f Mäherin;

fauchon (fo-schᾱ′) m kleine Sichel.

faucille (fo-ßi′l) f Sichel.

fauciller (fo-ßi-je′) abficheln.

faucon (fo-kᾱ′) m Falke.

fauconneau (fo-kö-no′) m junger
Falke; Kranbalken; ehm. Fal-
konett n. [rei.

fauconnerie (fo-kö-n′ri′)f Falkne-

fauconnier (fo-kö-nie′) m Falkner.

fauconnière (niᾱ′r) f Falkenier-,
Jagd-tasche.

fauder (fo-be')Zuch ber Länge nach zf.=legen, mit Seide zeichnen.

faufil (fo-fī'l) m Heftfaben.

faufiler (fo-fī-le') verloren heften; se ~ sich einschleichen.

faufilure (fo-fī-lū'r) f Heftnaht.

faussaire (fo-ßä'r) m Urtunden-Fälscher.

fausse (fōß) f von faux.

fausser (fo-ße') verbiegen; verbrehen; fälschen; irre leiten; ~ compagnie sich wegschleichen.

fausset (ßæ') m Falsett n, Fistelstimme f. [Unwahrheit.

fausseté (fo-ß'te') f Falschheit;

faute (fōt) f Fehler m; Versehen n, Schuld; Mangel m; ~ de ... in Ermangelung von ...

fauteuil (fo-tö'j) m Lehnstuhl.

fauteur m, ~trice f(fo-tö'r, ~trī'ß) Gönner(in); Beschützer(in) von etwas Verwerflichem.

fautif, ~ve (fo-tī'f, ~ī'w) fehlerhaft. [Rotwild n.

fauve (fōw) falb, fahl; bêtes ~s

fauvette (fo-wæ't) f Grasmücke.

faux (fō) f Sense.

faux (fō) 1. a. ~ m, ~sse f falsch; ~sse alarme blinder Lärm; ~sse clef Nachschlüssel; ~ col Hembkragen; ~ monnayeur Falschmünzer. 2.m das Falsche; Fälschung f.

faux-bourdon(bür-bọ')m Drohne.

faux-du-corps (bü-kọ'r) m Dünnung f, Weichen pl.

faux-fuyant (fo-fü-jạ̈') m Ausflucht f.

faveur (fä-wö'r) f Gunst; Gunstbezeigung; Beliebtheit; sous la ~ de ... mit Hülfe von ...

favorable (fä-wọ-ra'bl) günstig.

favori, ~te (ri', rī't) 1. beliebt. 2. m Günstling: ~s pl. Backenbart. 3. ~te f Liebling m; Favori'tin. [stigen.

favoriser (fä-wọ-rī-fe') begünstigen.

féal (fé-a'l) ehm. getreu.

fébrifuge (fe-brī-fü'G) fiebervertreibend.

fébrile (fé-brī'l) fieberhaft.

fécale (fé-kạ'l) a.f.: matière ~ Menschen=, Tier=Kot m.

fèces (fäß) f/pl. Bobensatz m; Kot m. [bar; befruchtend.

fécond, ~e (fé-kọ', ~kọ'b) fruchtbar;

féconder (fé-kọ-be') befruchten.

fécondité (fé-kọ-bī-te') f Fruchtbarkeit.

fécule (fé-kü'l) f Stärke-mehl n.

féculent, ~e (fü-lạ', ~lạ̈'t) stärkemehl-haltig. [fabrik.

féculerie (fü-l'rī') f Stärkemehl-

fédéral, ~e (fe-bé-rä'l) Bundes=...; eidgenössisch.

fédéraliser (fe-bé-rä-lī-fe') zu e-m Bundesstaate umschaffen.

fédéré (fe-bé-re') m Verbündeter.

féerie (fe-rī') f Zauberei; Zauberféerique (fe-rī'f) feenhaft. [posse.

feindre (fạ̈'br) erheucheln, fingieren.

feinte (fạ̈t) f Verstellung; Finte.

fêle (fäl) f Blase-rohr n der Glasmacher.

fêlé, ~e (fä-le') geborsten; avoir le timbre ~ einen Sparren h.

fêler (le'): se ~ Risse bekommen.

félicitation (fé-lī-ßī-tā-ßjọ') f Glückwunsch m. [keit.

félicité (fé-lī-ßī-te') f Glückseligkeit.

féliciter (fé-lī-ßī-te'): ~ q. de qc. j-m zu et. gratulieren.

félin, ~e (fé-lạ', ~ī'n) katzen-artig.

félir (fé-lī'r) fauchen.

félon, ~ne (lọ', lö'n) treu-brüchig.

félonie (fé-lö-nī') f Lehnsfrevel m; Verräterei.

fêlure(fä-lü'r)f Riß m,Sprung m.

femelle (fä-mæ'l) 1.f Weibchen v. Tieren; Weibsbild. 2. weiblich.

féminin, ~e (fé-mī-nạ', ~nī'n) 1. weiblich; weibisch. 2. m Feminī'num n.

féminiser (fé-mī-nī-fe') e-m Worte weibliches Geschlecht geben.

femme (fam) *f* Weib n, Frauens-
person; (Ehe-)Frau. [chen n.
femmelette (fa-m'læ't) *f* Weib-
fenaison (fɛ-næ-fꬹ') *f* Heu-ernte.
fenderie (b'rî') *f* Zerhauen n des
Eisens in Stangen; Zainhammer
m; Holz-Schneidemaschine.
fendeur *m*, ⁓se *f* (fꬹ-bö'r, ⁓bö'f)
Spalter(in); ⁓ de bois Holz-
hacker.
fendillé, ⁓e (fꬹ-bî-je') rissig.
fendiller (fꬹ-bî-je'): se ⁓ Risse
bekommen. [im Eisen.
fendilles (fꬹ-bi'j) *f/pl.* Risse *m*
fendre (fꬹ'br) (zer)spalten; aufschlitzen; sich durch das Gewühl
drängen; *v/n.* la tête me fend
der Kopf möchte mir zerspringen.
fenêtrage (f'næ-tra'Q) *m* Fenster-
werk *n*.
fenêtre (f'næ'tr) *f* Fenster *n*.
fenêtrer (f'næ-tre') mit Fenstern
versehen; durchlöchern.
fenii (f'ni'j ob. f'ni') *m* Heu-boden.
fenouil (f'nu'j) *m* Fenchel.
fente (fꬹt) *f* Spalte, Ritze.
fentoir (fꬹ-tꬹâ'r) *m* Hackmesser *n*.
fenton (iꬹ-tꬹ') *m* Pflockholz n; Ge-
simsklammer *f*. [bar.
féodal, ⁓e (fe-ŏ-bä'l) feudal, lehn-
féodalité (fe-ŏ-bä-lî-te') *f* Lehn-
barkeit; Lehnspflicht.
fer (fär) *m* Eisen n; Schwert n,
Stahl; ⁓s *pl.* Ketten *f*, Bande;
⁓ (de cheval) Huf-eisen n; en
⁓ à cheval huf-eisen-förmig; ⁓
à repasser Bügel-eisen n.
fer-blanc (fär-blꬹ') *m* (Weiß-)Blech.
ferblantier (blꬹ-tîe') *m* Klempner.
férie (fe-rî') *f* Wochentag *m* außer
Sonnabend.
férié (fe-rî-e'): jour ⁓ Feiertag.
férir (fě-rî'r): sans coup ⁓ ohne
Schwertstreich. [schlagen.
ferler ⚓ (fär-le') die Segel be-
fermage (fär-ma'Q) *m* Pachtgeld *n*.
fermail (fär-ma'j) *m* Spange *f*.
fermant, ⁓e (fär-mꬹ', ⁓ꬹ't) schlie-

ßenb; verschließbar; à portes
⁓es bei Thoresschluß.
ferme (färm) 1. fest; sicher; stark;
tenir ⁓ standhalten. 2. *f* Pacht;
donner à ⁓ verpachten; Pacht-
hof *m*, Meierei. [mittel *n*.
ferment (fär-mꬹ') *m* Gärungs-
fermentation (mꬹ-tä-ßfꬹ') *f* Gä-
fermenter (te') gären. [rung.
fermer (fär-me') zumachen; ver-
schließen.
fermeté (fär-m'te') *f* Festigkeit.
fermeture (m'tü'r) *f* Verschluß *m*.
fermier *m*, ⁓ère *f* (fär-mîe', ⁓îä'r)
Pächter(in).
fermoir (fär-mꬷâ'r) *m* Schließha-
ken an Büchern; Schloß *n*; breites
Stemm-eisen.
féroce (fě-ro'ß) wild, reißend; blut-
dürstig; grimmig.
férocité (fe-rŏ-ßî-te') *f* Wildheit.
ferrage (fä-ra'Q) *m* Beschlagen n
(Pferd); Anketten; Plombieren.
ferraille (fä-ra'j) *f* altes Eisen.
ferrailler (fä-rä-je') fuchteln, mit
dem Säbel rasseln.
ferrailleur (rä-jö'r) *m* Alt-eisen-
händler; Raufbold. [schmied.
ferrant (fä-rꬹ'): maréchal *m* ⁓ Huf-
ferré, ⁓e (fä-re') beschlagen; chemin *m* ⁓ Kunststraße, Chaussee;
voie *f* ⁓e Eisenbahn.
ferrer (fä-re') mit Eisen beschlagen;
plombieren.
ferrerie (fä-rɛ-rî') *f* Eisenwaren
pl.; Handel *m* mit Eisen.
ferret (fä-ræ') *m* Nestelstift.
ferretier (fä-r'tîe') *m* Schmiede-
hammer.
ferreur (fä-rö'r) *m* Nestelstift-
Anmacher; Schloß-Anschläger;
Plombierer.
ferrière (fä-rîä'r) *f* Beschlagtasche.
ferronnerie (fä-rŏ-n'rî') *f* Eisen-
hammer *m*, -kram *m*.
ferronnier (nîe') *m* Eisenhändler.
ferronnière (fä-rŏ-nîä'r) *f* goldenes
Stirn-band.

ferrugineux, ~se (fä-rü-Gi-nö', ~nö'f) eisenhaltig. [beschlag m.

ferrure (fä-rü'r) f Eisen-, Huf-

fertile (fär-ti'l) fruchtbar.

fertiliser (fär-ti-li-se') fruchtbar machen. [barkeit.

fertilité (fär-ti-li-te') f Frucht-

féru, ~e (fé-rü') vét. verwundet; ~ de ... verliebt in ...

férule (fé-rü'l) f Zuchtrute.

fervent, ~e (fär-wa', ~wä't) glühend, inbrünstig.

ferveur (wö'r) f Inbrunst, Glut.

fesse (fäß) f Hinterbacke.

fessée (fä-ße') f Streiche m/pl. auf den Hintern. [Wucherer.

fesse-mathieu (fäß-mä-tiö') m

fesser (fä-ße') auf den Hintern schlagen; schnell mit etwas umspringen.

fessier (fä-ßie') m Gesäß n, Popo.

fessu, ~e (fä-ßü') dicksteißig.

festin (fä-ßtg') m Festmahl n, Gasterei f. [wirten.

festiner (fä-ßti-ne') festlich be-

festival (ßti-wä'l) m Musikfest n.

feston (fä-ßtg') m Blumen-, Laubschnur f, Guirlande f.

festonner (fä-ßtö-ne') mit Guirlanden schmücken; zierlich ausschneiden, sticken.

fête (fät) f Fest n; Namens-fest n, -tag m; Kirchweih.

Fête-Dieu (fät-diö') f Fronleichnamsfest n.

fêter (fä-te') feiern.

fétide (fé-ti'd) stinkend.

fétidité (fe-ti-di-te') f Gestank m.

fétu (fé-tü') m Strohhälmchen n.

feu (fö) m Feuer n; ~x pl. Feuerstellen f, Wirtschaften f; Signal-laterne f.

feu, ~e (fö) a. verstorben. [mann.

feudataire (fö-da-tä'r) m Lehns-

feuillage (fö-ja'G) m Laub n.

feuillaison (jä-ßg') f Belaubung.

feuillard (jä'r) m belaubte Zweige als Viehfutter; Reisholz n.

feuille (föj) f Blatt n; Bogen m Papier; typ. bonne ~ Aushängebogen m; Liste, Bestellbogen m; ~ de route Marschroute; Foli-e.

feuillé (fö-je') m Baumschlag (Malerei). [hütte, -werk n.

feuillée (fö-je') f Laube; Laub-

feuille-morte (föj-mö'rt) a. gelbbraun.

feuiller (fö-je') einen Keller mit grünem Laub bedecken; das Laubwerk malen; se ~ sich mit Blättern bedecken.

feuillet (fö-jä') m Blatt n eines Papierbogens; platte Schicht; dünnes Brett; dritter Magen der Wiederkäuer.

feuilleté, ~e (fö-j'te') 1. blätterig. 2. m Blätter-teig, -kuchen.

feuilleter (fö-j'te') durchblättern; den Teig blätterig machen; se ~ sich abblättern.

feuillette (fö-jä't) f Faß n von 135 Liter. [schreiber.

feuilliste (fö-ji'ßt) m Pamphlet-

feuillu, ~e (fö-jü') dicht belaubt.

feutre (fö'tr) m Filz; Filz-hut, -schuh; dichtes, wolliges Haar.

feutrer (fö-tre') filzen.

feutrier (fö-tri-e') m Filzer.

fève (fäw) f Bohne; ~ des marais Sau-bohne. [bohne.

féverole (fä-w'rö'l) f Pferde-

février (fé-wri-e') m Februar.

fi (fi) pfui!; faire ~ de qc. etwas verachten.

fiacre (fia'tr) m Mietskutsche f.

fiançailles (fi-g-ßa'j) f/pl. Verlobung.

fiancé m, ~e f (ße') Verlobte(r).

fiancer (fi-g-ße') verloben.

fibre (fi'br) f Fiber, Faser; avoir la ~ sensible zartfühlend sein.

fibreux, ~se (fi-brö', ~ö'j) faserig.

fibrille (fi-bri'l) f Fäserchen n.

fic (fik) m Feigwarze f.

ficeler (fi-ß'le') mit Bindfaden (zu)binden.

ficelier (fi-ßĭ-lĭē') m Bindfaden-
rolle f.

ficelle (fi-ßæ'l) f Bindfaden m,
Schnur; ~s pl. Kunstgriffe m,
Kniffe m.

fiche (fisch) f Rammintiefe; Absteck-
pfahl m; Fugstelle; Thürband
n; Spielmarke.

ficher (fi-sche') einschlagen; hin-
eintreiben; ausfugen (Maurerei);
richten, werfen (Anger): P nach-
lässig hinwerfen; fiche-moi le
camp! packe Dich!: se ~ de ...
sich lustig machen über ...

fichet (fi-schæ') m Trittrat-Marke f.

fichoir (fi-schŏä'r) m Wäsche-Klam-
mer f.

fichtre! (fi'schtr) verflucht!

fichu (fi-schū') 1. Busen-, Hals-
tuch n. 2. ~, ~e a. erbärmlich,
lächerlich; verloren, futsch.

fictif, ~ve (fi-ktī'f, ~ī'w) erdichtet.

fiction (fi-kßiŏ') f Erdichtung.

fidèle (fi-dæ'l) treu; gläubig.

fidélité (fi-be-lĭ-te') f Treue.

fiduciaire (fi-bŭ-ßĭä'r) vom Vertrauen abhängig; monnaie ~
Papiergeld n.

fief (fiæf) m Lehen n.   [Erz...

fieffé, ~e (fiæ-fe') ausgefeimt,
fieffer (fiæ-fe') belehnen.

fiel (fiæl) m Galle f der Tiere u. fig.

fiente (fiã't) f Mist m, Kot m.

fienter (fiã-te') misten.

fier (fi-e') anvertrauen; se ~ à q.
j-m vertrauen.

fier, fière (fiär) stolz; hochsinnig;
gewaltig, gehörig.   [marbas.

fier-à-bras (fiä-rä-bra') m Bra-

fierté (fiär-te') f Stolz m.

fièvre (fiæ'wr) f Fieber n.

fiévreux, ~se (fiæ-wrö', ~wrö'ß)
1. Fieber verursachend; fieberhaft. 2. s. Fieberkranke(r).

fifre (fi'fr) m Querpfeife f; Pfeifer.

figer (fi-Ge') gerinnen machen; se
~ gerinnen.   [sich herausputzen.

fignoler (finjŏ-le') sich hervorthun;

figue (fig) f Feige; faire la ~ à
q. jem. ausätschen.

figuier (fi-gĭē') m Feigenbaum.

figuline (fi-gŭ-li'n) 1. f Gefäß n
aus Terracotta. 2. a. terre ~
Töpferthon m.

figuratif, ~ve (fi-gŭ-ra-tĭ'f, ~ĭ'w)
bildlich, Bilder-(schrift x.).

figuration (fi-gŭ-rä-ßĭŏ') f bild-
liche Darstellung.

figure (fi-gŭ'r) f Gestalt; Gesicht
n; Bild n; bildlicher Ausdruck;
Figur.

figuré, ~e (gŭ-re') bildlich, figür-
lich; (sens) ~ m bildlicher Sinn.

figurer (fi-gŭ-re') abbilden; v/n.
(wohl oder schlecht) zusammen-
passen; sich ausnehmen; als
Statist auftreten; auf einer Liste
stehen. [Bildsäule od. Figur.

figurine (fi-gŭ-ri'n) f sehr kleine

fil (fil) m Faden (a. fig.); Garn n;
(Perlen x.) Schnur f; Draht;
Faser f; Strömung f des Wassers;
Schärfe f e-s Messers. [spinnt n.

filage (fi-la'G) m Spinnen n; Ge-

filament (fi-lä-mã') m Faser f.

filamenteux, ~se (fi-lä-mã-tö',
~tö'ß) faserig.   [rin.

filandière (fi-lã-bĭä'r) f Spinne-

filandres (fi-lã'br) f/pl. Sommer-,
Marien-fäden m.

filandreux, ~se (fi-lã-brö', ~brö'ß)
faserig; aderig.

filant, ~e (fi-lã', ~lã't) dickflüssig;
étoile ~e Sternschnuppe f.

filasse (fi-la'ß) f Werg n, Hede.

filateur (fi-la-tö'r) m Spinn-
meister; Spinnerei-Besitzer.

filatrice (fi-la-trī'ß) f Seiden-
hasplerin.

filature (fi-la-tū'r) f Spinnerei.

file (fil) f Reihe von hinter ea. stehenden Sachen oder Personen; ⚓ Rotte.

filer (fi-le') spinnen; einen Strich
drehen; eine Karte unterschlagen;
einen Ton aushalten; ein Tau allmählich nachlassen; v/n. sich wie-

ein Faden ziehen; fett werden (Wein); ~ doux gelinde Saiten aufziehen; spinnen (von Katzen); in einer Reihe hinter ea. gehen; abziehen, sich fortpacken; sich schnuppen (von Sternen).

filerie (fĭ-l'rĭ') f Hanfspinnerei.

filet (fĭ-lä') m dünner Faden; Zungenband n; ~ de voix bünnes Stimmchen; Netz n, Garn n; id., Lenden-. Möhr-braten; Bruſtſtück n von Vögeln; Gold-ſtreif; Schraubengewinde n.

fileter (fi-l'te') eine Schraube schneiden; Draht ziehen. [ner(in).

fileur m, ~se f (fi-lö'r, -lö'f) Spin-

filial, ~e (lĭä'l) kindlich, Kindes-...

filiation (lĭ-ā-ßĭǫ̈') f Abstammung in direkter Linie; Verbindung, Verkettung.

filière (fĭ-lĭä'r) f (Draht-)Zieh-eisen n; Wachsstockzug m; passer par la ~ durch die Schule der Prüfung gehen.

filiforme (lĭ-fö'rm) fadenförmig.

filigrane (fĭ-lĭ-ǧra'n) m Filigra'n n; Wasserzeichen n im Papier.

fille (fij) f Tochter; Mädchen n; Jungfer; Dirne.

fillette (fĭ-jä't) f kleines Mädchen.

filleul m, ~e f (fĭ-jö'l) Pate, Täufling m.

filon (fĭ-lǫ') m (Erz-)Gang.

filoselle (fĭ-lö-ßä'l) f Flockseide.

filou (fĭ-lu') m Gauner. [trügen.

filouter (lu-te') listig stehlen; be-

filouterie (fĭ-lu-t'rĭ') f Gauner-

fils (fiß) m Sohn. [ſtreich m.

filtre (fĭ'ltr) m Filter, Seihtuch n.

filtrer (fĭl-tre') durchseihen; v/n. durchsickern. [ben m.

filure (fĭ-lü'r) f Gespinst n, Fa-

fin (fą) f Ende n; Zweck m; Ziel n; Ultimo m.

fin, ~e (fą, fĭn) fein; zart; schlau.

final, ~e (nä'l) 1. endlich, End-..., Schluß-... 2. m Fina'le n. 3. ~e f Endsilbe.

finalement (fĭ-nä-l'mą') schließlich. [rücken.

financer (fĭ-nǧ-ße') Geld heraus-

finasser (fĭ-nä-ße) Kniffe gebrauchen. [Schlauheit.

finasserie (fĭ-nä-ß'rĭ') f ränkevolle

finasseur m, ~se f, **finassier** m, ~ère f (fĭ-nä-ßö'r, -ß'f, fĭ-nä-ßĭ'e', -ßĭä'r) Ränke-macher(in).

finaud, ~e (fĭ-nō', -ō'b) 1. pfiffig. 2. s. Schlaukopf m.

finesse (nä'ß) f Feinheit; Scharf-sinn m; Verschmitztheit.

finet, ~te (fĭ-nä', -nä't) pfiffig.

fini, ~e (fĭ-nĭ') 1. vollendet. 2. m Vollendung, Vollkommenheit.

finir (fĭ-nĭ'r) (be)endigen; voll-bringen; v/n. aufhören; ~ par faire qc. zuletzt etwas thun.

Finmarchie (fą-mär-ſchĭ')f Finn-marken n.

finnois, ~e (fĭ-nŏä', -ŏä'f) finnisch.

fiole (fĭŏ'l) f Fläschchen n.

fion (fĭǫ̈) m schöne Manier, Schick.

Fionie (fĭ-ŏ-nĭ') f Fünen n.

floritures (fŏ-rĭ-tü'r) f/pl. Ver-zierungen.

fissile (fĭ(ß)-ßĭ'l) spaltbar.

fissure (ßü'r) f Spalte, Riß m.

fistule (fĭ-ßtü'l) f Fistel.

fixation (fĭ-kßā-ßĭǫ̈') f Festmachen n; Feststellung.

fixe (fĭkß) 1. fest; unbeweglich; beständig. 2. m Fixum n, festes Gehalt.

fixer (fĭ-kße') befestigen; eine bestimmte Richtung geben; das Auge auf et. heften; die Aufmerksamkeit fesseln; jem. starr ansehen; den Preis bestimmen; seßhaft machen. [ſtändigkeit.

fixité (fĭ-kßĭ-te') f Festigkeit; Be-

flache (flaſch) f Loch n im Straßen-pflaster; Vertiefung; Wasser-lache; Wahnkante.

flacheux, ~se (flä-ſchö', -ſchö'f) wahnkantig. [(Wein-)Flasche f.

flacon (flä-kǫ') m Fläschchen n;

*flag*eller (flä-Gǽl-le') geißeln.

flageoler (flä-Gŏ-le') Flageolett ſpielen; mit den Beinen ſchlottern.

flageolet ♪ (flä-Gŏ-Iæ') m id. n, Flaſchenett n.

flagorner(gŏr-ne')fuchsſchwänzen.

flagornerie (n'rī') f Speichellecke-

flagrant (flä-grɑ') v. délit. [rei.

flair(flār) m Witterung f des Hundes.

flairer (flä-re') riechen, wittern.

flaireur (flä-rŏ'r) m Außſpürer; ~ de table ou de cuisine Schma-roter.   [miſch, flandriſch.

flamand, ~e (flä-mɑ', ~ɑ'b) flä-flamant (flä-mɑ') m Flamingo.

flambant, ~e (flɑ-bɑ', ~ɑ't) flam-mend; tout ~ neuf funkel-nagelneu.

flambart (flɑ-bā'r) m brennende Kohle; Sankt-Elmsfeuer n; flotter Burſche.

flambé, ~e (flɑ-be') verloren, hin.

flambeau (flɑ-bo') m Fackel f; (Arm-)Leuchter.   [des Feuer.

flambée (flɑ-bē') f hell auflobern-

flamber (flɑ-be') I. v/n. flackern, auflobern. II.v/a. ſengen; ab-, aus-flammen.

flamberge (flɑ-bä'rG) f Flamberg m; Degen m; mettre ~ au vent vom Leder ziehen.

flamboyer (flɑ-biä-ſe') wie Feuer blitzen, leuchten.

flamme (flam) f Flamme (a. fig.); Aberlaßſchnäpper m; Spalt-meißel m; Wimpel m.

flammèche (flä-mæ'ſch) f Flämm-chen n, Zündfunke m.

flammette(mæ't) f Flämmchen n.

flan (flɑ) m 1. Flaben, Torte f. 2. Schrötling.   [Flanke f.

flanc (flɑ) m Seite f, Weiche f;

flandrin, ~e (flɑ-brɑ', ~i'n) 1. aus Flandern. 2. m langer ſchmäch-tiger Kerl.

flâner (flä-ne') umherbummeln.

flâneur m, ~se f (nŏ'r, nŏ'ſ) Um-herſtreicher(in), Bummler(in).

*flan*quer (flɑ-ke') 1. mit Seiten-werken verſehen; von der Seite beſtreichen. 2. ſchleudern, wer-fen; einen Streich verſetzen.

flanqueur (flɑ-tŏ'r) m Plänkler.

flaque (flät) f Pfütze.

flaquée (flä-tē') f Guß m Waſſer.

flaquer (te') mit Heftigkeit gießen.

flasque (fläßt) 1. ſchlaff, welk. 2.m Lafettenwand. 3. f Pulverhorn.

flatter (flä-te'): ~ q. j-m ſchmei-cheln; die Sinne angenehm be-rühren; liebkoſen, ſtreicheln.

flatterie (flä-t'rī') f Schmeichelei.

flatteur m, ~se f (flä-tŏ'r, ~ŏ'ſ) 1. einſchmeichelnd; ſchmeichel-haft. 2. s. Schmeichler(in).

flatueux, ~se (flä-tŭ-ŏ', ~ŏ'ſ) blähend.   [hung.

flatuosité (flä-tŭ-o-ſī-te') f Blä-

fléau (flĕ-o') m Dreſchflegel; Land-plage f, Geißel f; Wage-bal-ten; Thorriegel.

flèche (fläſch) f Pfeil m; (Gitt-) Stange; (Lanzen-, Turm-)Spitze; Langbaum m; ~ de lard Speck-ſeite.

fléchir (flĕ-ſchī'r) I. v/a. beugen; rühren, erweichen. II. v/n. ſich biegen, unter et. beugen; weichen.

fléchissement (flĕ-ſchī-ßmɑ') m Beugung f.

fléchisseur (ſchī-ßŏ'r) m Beuge-muskel.

flegme (flägm) m Phlegma n.

flet m, fléteau m (flæ, flĕ-to') Flunder.

flétrir (fle-trī'r) welk machen; Farben bleichen; entmutigen; brandmarken; fig. ſchänden; se ~ verwelken.

flétrissure (fle-trī-ßū'r) f Ver-welken n; Schandfleck m.

fleur (flŏr) f Blume, Blüte; Blüte-zeit; das Beſte, Kern m; Flaum m; Reif m auf dem Obſt; Schim-mel m, Rahm m; ~s blanches weißer Fluß; à ~ d'eau mit dem Waffer gleich, wagerecht mit dem Waffer.   [Flor m.

fleuraison (flŏ-ræ-ſǫ') f Blütezeit,

fleurer (flŏ-re') (gut ꝛc.) riechen.

fleuret (flŏ-ræ') m Stoß-Rapier n; Florettſeide f.

fleurette (flŏ-ræ't) f Blümchen n; galante Schmeichelei; conter ⸗s die Kur machen.

fleurir (flŏ-rī'r) blühen; se ⸗ sich mit Blumen schmücken, sich Blumen kaufen.

fleuriste (flŏ-ri'ßt) s. Blumen-Liebhaber(in), -Fabrikant(in).

fleuron (flŏ-rǫ') m Blumenzierat; Kleinod n; typ. Vignette f.

fleuronner (rǫ-ne') mit Blumenzieraten versehen.

fleuve (flöw) m großer Fluß, Strom.

flexible (flæ-kßi'bl) biegsam.

flexueux, ⸗se (flæ-kßü-ö', ⸗ö'ſ) gewunden.   [treiben.

flibuster (fli-bü-ßte') Freibeuterei

floche (flŏſch): soie ⸗ ungedrehte

flocon (flŏ-kǫ') m Flocke f.   [Seide.

floconneux, ⸗se (flŏ-kŏ-nö', ⸗ö'ſ) flockig.   [raison.

floraison (flŏ-ræ-ſǫ') f = fleu-

florès (ræ'ß): faire ⸗ flott leben.

florin (flŏ-rǫ') m Gulden.

florissant, ⸗e (flŏ-rī-ßǫ', ⸗ǭ't) blühend.

flot (flŏ) m Welle f, Woge f; ⸗s pl. Fluten f; être à ⸗ flott sein.

flottable (flŏ-ta'bl) flößbar.

flottaison ⚓ (flŏ-tæ-ſǫ') f Wassertracht; ligne de ⸗ Wasserlinie.

flottant, ⸗e(tǫ', tǭ't) schwimmend; flatternd, wehend; schwebend(e Schuld); schwankend, unschlüssig.

flotte (flŏt) f Flotte; Boje; Fischerkork: Schwimmer m.

flotter (flŏ-te') auf dem Wasser treiben; im Winde flattern; schwanken.

flou (flu) weich, sanft (Malerei).

flouer (flū-e') betrügen.

flouerie (flū-rī') f Betrügerei.

floueur m, ⸗se f (flü-ö'r, ⸗ö'ſ) Betrüger(in).   [der Selbe.

flou-flou (flu-flu') m Rauschen n

fluctuer (flü-ktü-e') schwanken.

fluet, ⸗te (flü-æ', ⸗æ't) schmächtig.

fluide (flüī'b) 1. flüssig. 2. m flüssiger Körper; Flu'idum n, Strömung f.

flûte(flüt)f Flöte; Flötist m; Weißbrötchen; Butterstecher.   [ꝛc.).

flûté, ⸗e (flü-te') Flöten-(Stimme

flûter (te') Flöte blasen; tüchtig zechen; v/a. Butter ausstechen.

flûtiste (flü-ti'ßt) m Flötist.

fluvial, ⸗e (flü-wiā'l) Fluß-...

flux (flü) m Flut f (ant. Ebbe); ⸗ de ventre Durchfall.   [Körper.

fluxion (flü-kßǫ') f Fluß m im

foc (fŏk) m Klüver.   [bel.

foène (fæn) f Harpune, Fischgabel

foéner (fo-ĕ-ne') harpunieren.

foi (fŏā) f Glaube m; Beglaubigung; Treue; ma ⸗! wahrhaftig.

foie (fŏā) m Leber f.   [tig.

foin (fŏā) 1. m Heu n. 2. int. zum Henker! pfui!

foire (fŏār) f 1. Jahrmarkt m, Messe. 2. Durchfall m.

foirer(fŏā-re')Durchfall haben; sich vor Angst in die Hosen scheißen.

foireux (rö') m Hosen-Scheißer.

fois (fŏā) f Mal n; une ⸗ einmal.

foison (fŏā-ſǫ') f Überfluß m.

foisonner (fŏā-ſŏ-ne'): ⸗ en qc. an et. Überfluß haben; reichlich vorhanden sn; sich stark vermehren.

fol (fŏl) v. fou.

folâtre (fŏ-lā'tr) 1. mutwillig, schäfernd. 2. s. Schäfer(in).

folâtrer (fŏ-la-tre') ausgelassen sein, Mutwillen treiben.

folâtrerie (fŏ-la-trĭ-rī') f Schäferei, Mutwille m.

folichon m, ⸗ne f (fŏ-lĭ-ſǫ', ⸗schŏ'n) = folâtre.

folie (fŏ-lī') f Narrheit; Wahnsinn m; Thorheit; toller Streich.

folié, ⸗e (fŏ-lĭ-e') beblättert.

folio(fŏ-lĬ-o') *m* Blatt *n* e-s Buches; *typ.* Seitenzahl *f*; *v.* in-folio.

folioter (fŏ-lĬ-o-te') paginieren.

folle (fŏl) 1. *f v.* fou. 2. *f* Wahnsinnige; Närrin. 3. *f* Sackgarn *n*.

follet, ‿te (fŏ-lǽ', ‿ǽ't) ein wenig albern: esprit ‿ Poltergeist *m*; feu ‿ Irrlicht *n*.

folliculaire (fŏl-lĬ-kŭ-lä'r) *m* Zeitungsschreiber.　　　　　[kapsel *f*.

follicule ♀ (fŏl-lĬ-kŭ'l) *m* Balgfomentateur (fŏ-mɑ-ta-tö'r) *m* Aufwiegler.

fomentation (fŏ-mɑ-tā-ß̣ĭǫ') *f* Bähung; Begünstigung von Unruhen ɪc.　[nähren, unterhalten.

fomenter (fŏ-mɑ-te') bähen; *fig.*

fonçailles (fǫ-ßa'i) *f/pl.* Bodenbretter *n* e-r Bettstelle, -holz *n*.

foncé, ‿e (fǫ-ße') dunkel(-farbig).

foncer (fǫ-ße') den Boden e-s Fasses ɪc. machen; einen Brunnen graben; Farben dunkler machen.

foncet (fǫ-ßǽ') *m* Schloßblech *n*.

foncier, ‿ère (fǫ-ße̤', ‿iä'r) zum Grund und Boden gehörig: impôt ‿ Grundsteuer *f*; *fig.* gründlich.　　[richtung; Amt *n*.

fonction (fǫ-kß̣ĭǫ') *f* Amts-Verfonctionnaire (fǫ-kß̣ĭǫ-nä'r) *m* Beamte(r).

fonctionner (kß̣ĭǫ-ne') seine Verrichtung thun; in Betrieb sein.

fond (fǫ) *m* Grund, das Unterste; Wasser-Tiefe *f*; entlegenster, hinterster Teil; Vordersitz e-r Kutsche; à ‿ gründlich; au ‿, dans le ‿ im Grunde; de ‿ en comble von Grund aus; *vgl.* fonds.

fondamental, ‿e (fǫ-dă-mɑ-tä'l) als Grundlage dienend.

fondant, ‿e (bǫ', bǫ't) 1. im Munde zergehend. 2. *m* auflösendes Mittel; gefülltes Zuckerwerk.

fond*ateur m*, ‿trice*f*(fǫ-ba-tö'r, ‿͜e trĭ'ß) Gründer(in), Stifter(in).

fondation (fǫ-bā-ß̣ĭǫ') *f* Fundamentierung.

fondé (fǫ-be'): ‿ de pouvoir Bevollmächtigte(r).

fondement (fǫ-bmɑ') *m* Grundgraben, -bau; Begründung *f*; sans ‿ unbegründet; After.

fonder (bë') gründen, den Grund legen zu…; begründen; être ‿é à … Grund haben zu…; ‿ q. de pouvoir jem. bevollmächtigen; *vgl.* fondé.

fonderie (fǫ-b'rĭ') *f* Gießerei.

fondeur (fǫ-bȫ'r) *m* Gießer, Schmelzer.

fondre (fǫ'br) schmelzen; gießen; Aktien zu Geld machen; *v/n.* schmelzen; zergehen; in Thränen zerfließen; ‿ sur qc. auf etwas los-stürzen, -schießen.　[loch *n*.

fondrière (fǫ-brĭ-ä'r) *f* Schlammfonds (fǫ) *m* Grund und Boden; Grundstück *n*; Vorrat, Wissen-ɪc. Schatz; *pl.* Gelder *n/pl.*, Kapital *n*; kaufmännisches Geschäft.

fonger (fǫ-ǧe') durchschlagen (von Papier).　　[nicht; pilz-artig.

fongueux, ‿se (ğö̆', ğö̆'f) schwamfontaine (fǫ-tǽ'n) *f* Quell *m*; Springbrunnen *m*; Wasserfaß *n*; Hahn *m* am Fasse.

fonte (fǫt) *f* (Ein-, Aus-) Schmelzen; Guß; Guß-metall, -eisen.

fontenier (fǫ-t'nĭe') *m* Brunnenmeister; Quellensucher.

fonts (fǫ) *m/pl.*: ‿ baptismaux ou de baptême Taufbecken *n*.

for (fŏr) *m* Forum *n*, Gericht *n*.

forage (fŏ-ra'ǧ) *m* Bohrung *f*.

forain, ‿e (fŏ-rǫ', ‿ǽ'n) auswärtig; Jahrmarkts-…

forban (fŏr-bɑ') *m* Freibeuter.

forçat (fŏr-ßa') *m* Galeerensklave; Bau-gefangene(r).

force (fŏrß) *f* Kraft, Stärke; Gewalt; ‿ majeure zwingende Umstände *pl.*; Macht; à ‿ de travail(ler) durch vieles, angestrengtes Arbeiten; ‿ gens e-e Menge Leute.

forcé, ~e(fŏr-ße')er~,ge~zwungen,
Zwangs~...; marche f ~e Eil-
marſch m. [brungen.
forcément (fŏr-ße-m̩') notge-
forcené, ~e (fŏr-ßı-ne') von Sin-
nen, raſend; Raſenbe(r).
forcer (fŏr-ße') zwingen, Gewalt
anthun; aufbrechen; ein Schloß
verdrehen; mit Gewalt nehmen,
ſprengen; ein Pferd überan-
ſtrengen. [ſchere sg.
forces (fŏrß) f/pl. Schaf~, Tuch-
forclusion (fŏr-klü-ſıǫ') f Rechts-
ausſchließung.
forer (fŏ-re') bohren.
forerie (ſo-rı-rı') f Bohrerei.
forestier, ~ère (fŏ-ræ-ßtıe', ~ıā'r)
1. Forſt~... 2. m Förſter; Forſt-
Ele've.
foret (ræ') m Bohrer. [Forſt m.
forêt (fŏ-ræ' ob. ~ā') f Wald m,
Forêt-Noire(ræ-nı̄ā'r) f Schwarz-
wald m. [v/a. verwirken.
forfaire (fŏr-fā'r) ſich vergehen;
forfait (fŏr-fæ') m 1. Frevelthat f.
2. Verdingung f; Bauſchkauf;
Reu-geld n. [vergeſſenheit.
forfaiture (fŏr-fæ-tǖ'r) f Pflicht-
forfanterie (fŏr-fg-t'rı') f Wind-
beutelei. [hammer m.
forge (fŏrQ) f Schmiede; Eiſen-
forgeable (fŏr-Qa'bı) ſchmiebbar.
forger (fŏr-Ge') ſchmieden; fig.
ausheden.
forgeron (fŏr-Q'rǫ') m Schmied.
forjet (fŏr-Qæ') m fehlerhafter Vorſprung. [bauchen.
forjeter (Q'te') vorſpringen, ſich
forlan, ~e (lǫ', la'n) aus Friaul.
forlancer (lǫ-ße') Wild aufjagen.
forligner (fŏr-lı-nje') ent-arten.
formaliser (fŏr-mă-lı-ſe'): se ~ de
qc. et. übel nehmen.
formaliste (fŏr-mă-lı'ßt) 1. umſtändlich. 2. Umſtandskrämer.
formateur m, ~trice f(fŏr-ma-tŏ'r,
~trı'ß) 1. bildend. 2. Bild-
ner(in).

forme (fŏrm) f Form, Geſtalt;
pour la ~ zum Scheine; par ~
d'avis zur Nachricht. [lich.
formel, ~le (fŏr-mæ'l, ~æ'l) förm-
former (fŏr-me') bilden, formen;
hervorbringen; Wünſche ꝛc. hegen.
formicant (fŏr-mı-kǫ') ſchwach(er
Puls). [bein n.
formication (mı-kā-ßıǫ') f Krib-
formidable (mı-ba'bı) furchtbar.
formulaire (fŏr-mü-lā'r) m For-
mula'r n; Formelbuch n.
formule (fŏr-mü'l) f Formel; phm.
Rezept n. [Rezepte ſchreiben.
formuler (mü-le') formulieren;
fornicateur m, ~trice f (fŏr-nı-ka-
tŏ'r, ~trı'ß) Hurer(in). [rerei.
fornication (fŏr-nı-kā-ßıǫ') f Hu-
fors (fŏr) außer.
fort, ~e (fŏr, fŏrt) 1. ſtark an
Kräften; beträchtlich; geſchickt,
tüchtig; esprit ~ Freigeiſt m;
à plus ~e raison um ſo mehr; se
faire ~ ſich anheiſchig machen;
ſtark ob. übel riechend, ranzig(e
Butter). 2. adv. ſehr. 3. m der
Stärke; ~ de la halle Sack-
träger; Stärke f, ſtärkſte Seite;
das Hauptſächlichſte; ſtärkſter
Grad; Dickicht n; id. n, kleine
Feſtung.
forteresse (fŏr-t'ræ'ß) f Feſtung.
fortifiant, ~e (fŏr-tı-fı-g', ~g't)
ſtärkend.
fortification (fŏr-tı-fı-kā-ßıǫ') f
Befeſtigungs-kunſt, ~werk n.
fortifier (fŏr-tı-fı-e') ſtärken; einen
Ort befeſtigen.
fortin (fŏr-tg') m kleines Fort.
fortrait, ~e (fŏr-træ', ~æ't) ab-
getrieben(es Pferd).
fortuit, ~e (fŏr-tǖ', ~ıı't) zufällig.
fortune (fŏr-tü'n) f Glück n; Geſchick n, Los n; bonne ~ glücklicher Zufall; Frauengunſt;
mauvaise ~ Unglück n; Vermögen n (an Geld).
fortuné, ~e (fŏr-tü-ne') glücklich.

forure (fŏ-rū'r) f Bohrloch n.
fosse (fōß) f Grube; Grab n.
fossé (fo-ße') m Graben.
fossette (fo-ßæ't) f Grübchen n.
fossoyer (fŏ-ßŏā-ße') mit Gräben
einschließen.   [gräber.
fossoyeur (fŏ-ßŏā-lō'r) m Toten-
fou (fu) 1. a., vor vo. fol, folle f
verrückt, wahnsinnig; toll, när-
risch. 2. s. Irre(r); Verrückte(r);
Narr m, Närrin f. 3. m Läufer
im Schachspiele.
fouace (fŭaß) f Aschenbrot n.
fouailler (fu-ä-je') immerfort
peitschen.
foudre (fū'dr) 1. f Blitzstrahl m;
coup de ~ Donnerschlag (bsd.
fig.). 2. m ~ d'éloquence ge-
waltiger Redner; ~ de guerre
Kriegsheld; ~s pl. de l'Église
Bannstrahl. 3. m Fuder(faß) n.
foudroyant, ~e (fu-drŏā-iā', ~iā't)
niederschmetternd.
foudroyer (fu-drŏā-ße') mit dem Blitze
erschlagen; niederschmettern.
fouet (fŭæ) m Peitsche f; fest ge-
drehte Vorschnur daran, Schmitze;
Rute des Hundes.
fouetter (fŭæ-te') peitschen, stäu-
pen; zu Schaum schlagen.
fougasse (fu-ga'ß) f Flattermine.
fougère (fu-Gä'r) f Farnkraut n.
fougue (fug) f 1. Aufwallung,
Wut; Begeisterung, Feuer n.
2. mât de ~ Besa'nmast m.
fouille (fuj) f Auf-, Um-graben n,
Durchwühlen n; Nachforschung.
fouiller (fŭ-je') I. v/a. auf-graben,
-wühlen; durchsuchen. II. v/n.
wühlen; herumkramen.
fouillis (fŭ-jī') m Wirrwarr.
fouine (fŭ-ī'n) f Hausmarder m.
fouir (fŭ-ī'r) graben; wühlen.
foulard (fu-lā'r) m seidenes Taschen-,
Hals-Tuch.   [Gedränge n.
foule (fūl) f Haufe m, Menge;
fouler (fu-le') nieder-drücken,
· -treten; die Trauben austreten; be-

drücken; drücken; verstauchen;
walken.
foulerie (fu-l'rī') f Walkmühle.
fouleur (fu-lō'r) m Traubentreter;
Walker.
foulon (fu-lọ') m Walker.
foulque (fulk) f Wasserhuhn n.
foulure (fu-lū'r) f Verstauchung.
four (fūr) m Back-ofen, -haus n;
petits ~s kleines Backwerk.
fourbe (fūrb) 1. schurkisch. 2. m
Betrüger; Schurke.
fourber (fūr-be') betrügen.
fourberie (fūr-b'rī') f Schurkerei.
fourbir (fūr-bī'r) blank putzen.
fourbisseur (bī-ßō'r) m Schwert-
feger.   [reße (von Pferden).
fourbu, ~e (fūr-bū') verfangen,
fourbure (fūr-bū'r) f Reße.
fourche (fūrsch) f Heu-, Mist-gabel;
Gabelteilung; en ~ gabelförmg.
fourcher (fūr-sche'): se ~ sich
gabelförmig teilen.
fourchet (fūr-schæ') m Zwiesel,
Klauenseuche f.
fourchette (schæ't) f (Tisch-)Gabel;
~ tonique Stimmgabel.
fourchon (fūr-schọ') m Zinke f.
fourchu, ~e (schū') gabelförmig.
fourchure (fūr-schū'r) f Gabelung.
fourgon (fūr-gọ') m 1. Ofengabel f.
2. Munitions-, Pack-wagen.
fourgonner (fūr-gŏ-ne') mit der
Ofengabel umschüren.
fourmi (mī') f Ameise.   [haufen.
fourmilière (mī-liā'r) f Ameisen-
fourmi-lion (mī-lī-ọ') m Ameisen-
löwe.   [kribbeln.
fourmiller (fūr-mī-je') wimmeln;
fournage (fūr-na'G) m Backgeld n.
fournaise (fūr-næ'ß) f Ofen in
voller Glut, feuriger Ofen.
fourneau (fūr-no') m (Küchen-,
Zabrit-)Ofen; Pfeifen-Kopf; Koh-
len-Meiler.
fournée (fūr-nē') f ein Ofen voll;
Gebäck n; Brand m; fig. Mas-
sen-ernennung, Schub m.

fournier m, ~ère f (fŭr-nīe', ~iä'r)
Backofenbesitzer(in).
fournil (fŭr-ni') m Backstube f.
fourniment ⚔ (fŭr-nĭ-mng') m
Lederzeug n.
fournir (fŭr-nĭ'r): ~ q. de qc. jem.
mit et. versehen; ~ qc. à q. j-m
et. liefern; v/n. ~ à qc. zu et.
beitragen. [rant.
fournisseur (fŭr-nĭ-ßö'r) m Liefe-
fourniture (fŭr-nĭ-tü'r) f Bedarf
m; Lieferung; Zuthaten pl.
fourrage (fu-ra'Q) m Futter n;
Futter-holen n.
fourragère (rä-Gä'r) a.: plante ~
Futterpflanze f.
fourré (fu-re') 1. m Dickicht n.
2. ~, ~e a. gefüttert; waldig;
coup m ~ Alte'mvo-hieb; paix f
~e Scheinfriede m. [Überzug.
fourreau (fu-ro') m Scheide f;
fourrer (fu-re') hinein-stecken,
-stopfen; mit Pelz füttern.
fourreur (fu-rö'r) m Kürschner.
fourrier (fu-rīe') m Furier.
fourrure (fu-rü'r) f Pelz m; Pelz-,
Rauch-werk n.
fourvoyer(fŭr-wßä-ße')irre führen;
se ~ sich verirren.
foyer (fßä-ße') m Herd; Brenn-
punkt; thé. id. n: a)Versammlungs-
zimmer der Schauspieler; b) Konver-
sationssaal für das Publikum.
fracas (frä-ka') m Zerschmetterung
f; Krachen n, Getöse n.
fracasser (ka-ße') zerschmettern.
fraction (frä-kßĭQ') f Bruch-stück
n,-teil m; ~(décimaleDezimal-)
Bruch m; Brechen n des Brotes.
fractionner (kßĭö-ne') in Brüche
zerteilen.
fracture (frä-ktü'r) f Aufbrechen
n; (Knochen- 等) Bruch m.
fracturer (frä-ktü-re') zerbrechen.
fragile (frä-Gĭ'l) zerbrechlich: fig.
gebrechlich. [brechlichkeit.
fragilité (frä-Gĭ-lĭ-te') f Zer-, Ge-
fragment (gmg') m Bruchstück n.

fragmentaire (frä-gmg-tä'r)
fragmentarisch.
frai (frä) m Laich der Fische.
fraiche (fräsch) 1. f v. frais. 2. f
fruchtbare Wiese; feuchte Brise.
fraicheur (frä-schö'r) f Frische;
Kühle. [(Wind).
fraichir(frä-schĭ'r)frischer werden
frais (frä) 1. ~ m, fraiche f frisch.
2. m Kühle f. 3. m/pl. Kosten.
fraise (fräs) f 1. Erdbeere.
2. Halskrause; (Kalbs- 等) Ge-
kröse n; Pfahlwerk n.
fraiser (frä-ße') kräuseln; Teig
durchwirken; verpfählen.
fraisier (frä-ße') m Erdbeer-
pflanze f.
fraisière (ßä'r) f Erdbeerbeet n.
fraisil (frä-ßĭ') m Schmiede-Kohlen-
asche f.
fraisoir(frä-ßä'r)m Fristerbohrer.
framboise (frg-bßä'ß) f Himbeere.
framboisier (frg-bßä-ße') m Him-
beerstrauch.
franc (frg) 1. a. ~ m, ~che f frei;
~ de port portofrei; freimütig;
ungemischt;Erz-(Lügner 等). 2.a.
~ m, ~que f fränkisch; langue
~que Li'ngua fra'nca. 3. F~
m Franke (Volk). 4. m Frank
(Münze).
français m, ~e f (frg-ßä', ~ßä'ß)
1. französisch. 2. F~ s. Fran-
zose, Französin.
France (fräß) f Frankreich n.
franche (frgsch) f v. franc.
franchir(frg-schĭ'r)über-springen,
-steigen.
franchise (frg-schĭ'ß) f Freiheit (v.
Abgaben 等); Freimütigkeit.
franciser (frg-ßĭ-ße') französieren.
franc-maçon (frg-ma-ßQ') m Frei-
maurer.
François m, ~e f (frg-ßßä', ~ßä'ß)
Franz(iskus), Franziska.
francon, ~ne (kQ', kö'n) 1. aus
Franken. 2.F~Franke,Frankin.
Franconie (fö-nĭ') f Franken n.

*fran*conien, ～ne (frg-kŏ-nĭą̆', ～·
nĭæ̆'n) = francon.

frange (frąǪ) *f* Franfe.

frangé, ～e (frg-Ǥe') gefrauſt.

franger (frg-Ǥe') mit Franſen
beſeßen.

franque (frąk) *f v.* franc.

franquette (frą kæ't): à la (bonne)
～ freimütig.

frappant, ～e (fră-bg', ～ą̆'t) auf-
fallenb, ſchlagenb.

frappart (fră-bā'r) *m*: frère ～
Knecht Ruprecht.

frappe (fräp) *f* Ǥepräge *n*.

frapper (fră-pe') ſchlagen; treffen;
bie Luft erſchüttern; Münzen prägen; ～ (de glace) mit Eiſ ab-
fühlen; ～ q. jem. befremben,
j-m auffallen, Einbruck auf
jem. machen.

frappeur (frä-pō̄'r) *m* Klopfer;
esprit ～ Klopfgeiſt.

frater (fra-tā'r) *m* Barbiergeſell;
ſchlechter Chirurg. [brüderlich.

fraternel, ～le (fra-tăr-nĕ'l, ～æ'l)

fraterniser(fra-tăr-nĭ-ſe')brüder-
lich verkehren; Brüderſchaft
ſchließen. [ſchaft.

fraternité (tăr-nĭ-te') *f* Brüder-

fratricide (fra-trĭ-ßĭ'b) *m* Bruder-
mörber, -morb. [gelei.

fraude(frōb) *f* Betrug *m*; Schmug-

frauder (fro-be') betrügen; ～ la
douane, les droits befraubieren.

frauduleux, ～se (fro-bŭ-lō̄', ～ō̄'ſ)
betrüglich; ſchmugglertſch.

frayer (fræ-ſe') bahnen; *v/n.* mit
j-m verkehren. [ken *m.*

frayeur (fræ-ī̄ō̄'r) *f* Angſt, Schrek-

fredaine (frĭ-bæ'n) *f* mutwilliger
Streich. [trällern.

fredonner (frĭ-bŏ-ne') trillern,

frégate (frĕ-gā't) *f* Fregatte; Fre-
gattenvogel *m.*

frein (frg) *m* Gebiß *n*; *fig.* Zaum,
Zügel. [fälſchen.

frelater (frĭ-la-te') Ǥetränke ver-

frêle (frĕl) zerbrechlich, zart.

frelon (frĕ-lǫ') *m* Horniſſe *f.*

freluche (frĭ-lŭ'ſch) *f* feibenes
Quäſtchen.

freluquet (frĕ-lŭ-kæ') *m* Laffe.

frémir (fre-mĭ'r) brauſen; ſchau-
bern.

frémissement (fre-nĭ-ßmg') *m*
Brauſen *n*; Schauber.

frêne (fræn) *m* Eſche *f.*

frénésie (fre-nĕ-ſĭ') *f* Raſerei.

frénétique (nĕ-tĭ'k) wahnſinnig.

fréquent, ～e (frĕ-kg', ～ą̆'t) häufig.

fréquenter (fre-kg-te') öfter beſuchen; umgehen mit ...

frère (frär) *m* Bruder.

frérot (fre-ro') *m* Brüderchen *n.*

fressure (frĕ-ßŭ'r) *f* Geſchlinge *n.*

fret (fræ) *m* Schiffsfracht *f.* [ten.

fréter (fre-te') ein Schiff (ver)mie-

fréteur (frĕ-tō̄'r) *m* Reeber.

frétiller (fre-tĭ-ſe') zappeln; ſich
beſtändig bewegen; ～ de la
queue wedeln.

fretin (frĭ-tg') *m* Ausſchuß; ganz
kleiner Fiſch. [Zwinge.

fretter (fræt) *f* Eiſenring *m*,

friable (frĭ-a'bl) zerreibbar. [lig.

friand, ～e (frĭ-g', ～ą̆'b) leckermäu-

friandise (frĭ-g-bĭ'ſ) *f* Leckerhaf-
tigkeit; ～s *pl.* Naſchwerk *n.*

fricasser (frĭ-kă-ße') in Butter
ſchmoren; *fig.* verpraſſen.

fricasseur (frĭ-kă-ßō̄'r) *m* Subelkoch; Verſchwenber.

friche(friſch) *f* unangebautes Land;
en ～ brach. [Ragout *n.*

fricot (frĭ-ko') *m* Fleiſchgericht *n*,

fricoter (kŏ-te') I. *v/n.* ein Ragout
kochen; gut eſſen; Börſenwu-
cher treiben. II. *v/a.* verpraſſen.

friction (frĭ-kßĭǫ') *f* Reibung.

frictionner (kßĭŏ-ne') (ein)reiben.

frileux, ～se (frĭ-lō̄', ～ō̄'ſ) froſtig.

frimas (frĭ-ma') *m* Reif.

frime(frĭm) *f* Miene, Schein; faire
la ～ de ... ſich ſtellen als ob ...

fringant, ～e (frg-gg', ～ą̆'t) lebhaft, munter.

fringuer(frǧ-ge') tanzen u. ſprin-
Frioul (fri-u'l) m Friaul n. [gen.
fripe (frip) f Eßware, Koſt.
friper (fri-pe') zerfnittern; ab-
nußen; verthun. [Plunder m.
friperie (fri-p'ri') f Tröbel m;
fripier m, ~ère f (fri-pie', ~piä'r)
Tröbler(in).
fripon m, ~ne f (fri-pǫ', ~pǒ'n)
1. Schelm(in); Schalf, loſes
Mädchen. 2. a. ſpißbübiſch;
ſchalfhaft.
friponner (pǒ-ne') (be)gaunern.
friponnerie (fri-pǒ-n'ri') f Spiß-
büberei.
frire (frir) in der Pfanne braten,
backen; fig. être frit ruiniert,
fertig ſein.
friſe (friſ) f Fries n; Bühnen-
himmel m; Flauſch m; la F~
Friesland n; cheval de ~ ſpaniſcher Reiter. [ſtreifen.
friser (fri-se') fräuseln; an etwas
frisoir (fri-ſǒa'r) m Brenn-eisen n
zum Friſieren. [Frieſin.
Frison m, ~ne f (ſǫ', ſǒ'n) Frieſe,
frisson (fri-ſǫ') m Schauer, Froſt;
Schauder. [ſchau(b)ern.
frissonner (fri-ſǒ-ne') fröſteln,
frit (fri) part.p. von frire.
friteau(fri-to') m: ~ de poulet ge-
backenes Hühnchen.
friteur m, ~se f (fri-tö'r, ~tö'f)
Bratloch; Verkäufer(in) v.Brat-
kartoffeln, -würften.
fritte (frit) f Fritte, Glaßſaß m.
friture(fri-tü'r)f (das)Braten in der
Pfanne; gebackene Fiſche m/pl.;
Schmelzbutter. [ſinnig.
frivole (wǒ'l) eitel, nichtig; leicht-
froc (frǒf) m Mönchsfutte f.
frocaille (frǒ-fa'l)f Mönchsvolf n.
frocard (fa'r) m Kuttenträger.
froid, ~e (frǟ, frǟb) 1. falt.
2. m Kälte f; avoir ~ frieren;
prendre ~ ſich erfälten.
froideur (frǟ-bö'r) f Kälte (bſd.
fig.), Froſtigfeit.

froidure (frǟ-bü'r) f faltes Wetter; Winter m.
froisser (frǟ-ſe') zerquetſchen; an
ea. reiben; zerfnittern; wund
reiben, ſchlagen; fig. fränfen.
froissure(frǟ-ſü'r)f Quetſchung;
Zerfnitterung.
frôlement (fro-l'mǧ') m (An-)
Streifen; Raſchln. [rühren.
frôler (fro-le') ſtreifen, leicht be-
fromage (frǒ-ma'ǧ) m Käse; ~ de
cochon Preßfopf.
fromager m, ~ère f (frǒ-mä-ǧe',
~ǧä'r) Käse-macher(in), -händ-
ler(in).
fromagerie (frǒ-ma-ǧ'ri') f Käse-
hütte, -bereitung, -handel m.
froment (frǒ-mǧ') m Weizen.
fromentacé, ~e (frǒ-mǧ-ta-ſe')
weizen-artig.
fronce (frǫs) f gezogene Falte
(Räßerei); fehlerhafte Falte im
Papier 2c. [ziehen, einziehen.
froncer (frǫ-ſe') runzeln; Falten
froncis (frǫ-ſī') m gezogene Falten f/pl. [des Laubes; Laub.
frondaison (frǫ-bä-ſǫ') f Treiben
fronde (frǫb) f Schleuder; Fronde.
fronder (frǫ-be') mit einer Schleuder
ſchleudern; heftig tabeln; v/n.
ehm. zur Fronde, zu den politiſch
Unzufriedenen gehören.
frondeur(frǫ-bö'r) m Schleuderer;
Mitglied n der Fronde; Miß-
vergnügte(r).
front (frǫ) m Stirn f; Front(e)f;
Frechheit f; de ~ neben ea.,
zugleich, von born.
frontal, ~e (frǫ-tä'l) 1. Stirn-...
2. m Stirn-band n, -binde f.
fronteau (frǫ-to') m Stirnbinde f
(bſd. der Juden).
frontière (frǫ-tiä'r) f Grenze.
fronton (frǫ-tǫ') m Giebel.
frottée (frǒ-te') f Tracht Prügel;
~ d'ail mit Knoblauch einge-
riebene Brot-rinde.
frotter (frǒ-te') (ab-, ein-)reiben;

den Fußboden bohnen; durchprügeln; se ~ à q. mit j-m
anbinden. [Bohner(in).
frotteur m, ~se f (frŏ-tŏ'r, ~tŏ'f)
frottoir (tŏā'r) m Reibe-lappen;
Wischtuch n; Bohn-bürfte f.
frou-frou (fru-fru') m Raufchen n
bfd. der Seidenfleider. [bringen.
fructifier (frŭ-ĕtĭ-fĭ-e') Frucht
fructueux, ~se (frŭ-ĕtŭ-ŏ, ~ŏ'f)
Frucht tragend; einträglich.
frugal, ~e (gä'l) mäßig, nüchtern;
spärlich. [feit, Nüchternheit.
frugalité (gä-lĭ-te') f Genügfam-
fruit (frŭ) m Frucht f; Obst n;
Nachtisch; Gewinn.
fruitage (frŭ-ta'G) m Obstwerk n.
fruiterie(frŭ-t'rĭ') f Obstfammer.
fruitier m, ~ère f (frŭ-tĭē', ~tĭā'r)
1. Obsthändler(in). 2. a. obst-
tragend. [feit f.
frusquin (frŭ-ßĕ') m Habfelig-
fruste (frŭßt) verwifcht, abge-
fcheuert.
frustrer(frŭ-ßtre'): ~q. de qc. jem.
uni et. bringen; täufchen.
frutescent, ~e (frŭ-tĕ-ßĕ', ~ĕ't)
ftrauch-artig.
fruticuleux, ~se(frŭ-tĭ-fŭ-lŏ', ~-
lŏ'f) ftauben-artig.
fugace (fŭ-gā'ß) flüchtig. [feit.
fugacité (fŭ-ga-ßĭ-te') f Flüchtig-
fugitif m, ~ve f(fŭ-Gĭ-tĭ'f, ~ĭ'w)
1. flüchtig, rafch vorübergehend.
2. s. Flüchtling m.
fugue (fŭg) f Flucht; Fuge.
fuie (fŭĭ) f Taubenfchlag. [fecken.
fuir (fŭĭr) (ent)fliehen; v. Fäffern:
fuite (fŭĭt) f Flucht; Entweichen.
fulgurant, ~e (fŭl-gŭ-ra', ~ra't)
blitzend.
fulguration (fŭl-gŭ-rā-ßĭǫ') f
Wetterleuchten; Silberblick.
fuligineux, ~se (fŭ-lĭ-Gĭ-nŏ', ~
nŏ'f) rußig.
fulmicoton (fŭl-mĭ-fŏ-tǫ') m
Schießbaumwolle f.
fulminant, ~e (fŭl-mĭ-na', ~a't)

Blitze fchleudernd;niederfchmet-
ternd: Knall-...
fulmination (fŭl-mĭ-nā-ßĭǫ') f
Aufblitzen n, Knall m; Schleudern n des Bannftrahls.
fulminer (mĭ-ne') Blitze fchleudern; fig. wettern, toben; v/a.
e-n Bannftrahl fchleudern. [rot-...
fulvi... (fŭl-wĭ...) in Zffg.: fuchs-
fumée (fŭ-mě')f Rauch m; Dampf
m; ~s pl. Magendünfte m, Raufch
m; Lofung des Wildes.
fumer (fŭ-me') rauchen; v/a. eine
Cigarre ic. rauchen; räuchern;
düngen. [rauchzimmer n.
fumerie (fŭ-m'rĭ') f Opium-
fumeron(m'rǫ') m Dampffohle f;
Sonntagsraucher. [des Weines.
fumet (fŭ-mĕ') m Duft, Blume f
fumeteron (fŭ-mĭ-t'rǫ') m Dün-
gerhaufen auf dem Felde.
fumeur (fŭ-mŏ'r) m Raucher.
fumeux, ~se (mŏ', mŏ'f) rauchig.
fumier (fŭ-mĭē') m Mift; Dung-
haufen, ~grube f.
fumiger (mĭ-Ge') durchräuchern.
fumiste (fŭ-mĭ'ßt) m Ofenfetzer,
Rauchfangverbefferer.
fumoir(mŏā'r) m Rauchzimmer n;
Räucherkammer f. [tänzer(in).
funambule (fŭ-na-bŭ'l) s. Seil-
fanèbre (fŭ-nä'br) Begräbnis-...,
Leichen-(Rede ic.); fig. düfter.
funérailles (fŭ-ně-ra'j) f/pl. Leichenbegängnis n.
funéraire (ně-rā'r) Begräbnis-...
funeste (fŭ-nä'ßt) unheilvoll.
fur (fŭr) m: au ~ et à mesure je
nachdem, nach Maßgabe.
furet (fŭ-rĕ') m Frettchen n; fig.
Schnüffler.
fureter (fŭ-r'te) mit Frettchen jagen; herumfpüren; v/a. durch-
ftöbern.
fureteur (fŭ-r'tŏ'r) m Kaninchen-
jäger mit Frettchen; Ausfpürer.
fureur (fŭ-rŏ'r) f Wut, Raferei;
Begeifterung; Furore. (machen).

furfures (für-fü'r) m/pl. Schinnen. [wütenb.
furibond, ~e (fü-ri-bǫ', ~bǫ'b)
furie (fü-rī') f Furi-e; Wut.
furieux, ~se (fü-riö', ~riö'ś) wütenb, rasenb; außerordentlich.
furolles (rö'l) f/pl. Irrlichter n.
furoncle (rǫ'tl) m Blutgeschwür n.
furti/, ~ve (für-ti'f, ~ti'w) verstohlen.
fusain (fü-śǫ') m Spindelbaum; Reißkohle f.
fuseau (fü-śo') m Spindel f; (Spitzen-)Klöppel.
fusée (fü-śē') f eine Spindel voll; Rakete; Zünder m einer Bombe.
fuséen (fü-śĕ-ǫ') m Raketenschleuderer. [machen.
fuseler (fü-ś'le') spindelförmig
fuselier (ś'lē') m Spindelmacher.
fuser (fü-śe') zerfließen.
fusible (fü-śī'bi) schmelzbar.
fusil (fü-śī') m Flinte f, Gewehr n; Wetzstahl.
fusilier (fü-śī-lē') m Füsilier.

fusillade (fü-śī-ja'b) f Kleingewehrfeuer n; Erschießen n.
fusiller (fü-śī-je') erschießen; ein Messer auf dem Wetzstahle wetzen.
fusion (fü-śǫ') f Schmelzen n, Fluß m; Verschmelzung.
fusionner (śǫ-ne') verschmelzen.
fustet(fü-śtæ') m Färber-Sumach.
fustiger (fü-śtī-ǵe') auspeitschen.
fût(fü) m Schaft; bois de haut ~ Hochwald; Handgriff; Gestell n; Faß n. [haute ~ hochstämmig.
futaie (fü-tæ') f Hochwald m; de
futaille (fü-ta'l) f Faß n.
futaine (fü-tæ'n) f Barchent m.
futé, ~e (fü-te') pfiffig.
fûtier (fü-tiē') m Koffermacher.
futile (fü-ti'l) wertlos, nichtig.
futilité (fü-tī-lī-te') f Gehaltlosigkeit; Lapperei.
futur, ~e (fü-tü'r) zukünftig.
fuyant, ~e (fül-ǫ', ~ǫ't) sich entfernend, zurücktretend.
fuyard m, ~e f (fül-fa'r, ~fa'rb) Flüchtling.

G.

gabare (gǎ-bā'r) f Gabarre; Schlagnetz n.
gabarer (ba-re') ein Boot wricken.
gabarier (gǎ-ba-riē') m Schiffer, Auslader einer Gabarre.
gabari(t) (gǎ-ba-ri') m Modell n, Formbrett n.
gabelle (gǎ-bæ'l) f ehm. Salzsteuer, -magazin n.
gabier (gǎ-biē') m Mastwächter.
gabion (gǎ-biǫ') m Schanzkorb.
gabionner (biǫ-ne') durch Schanzkörbe decken.
gâche(gāsch)f Kalkschaufel; Rührspatel m; Schließklappe eines Schlosses.
gâcher (ga-sche') Kalk anrühren; eine Arbeit hinsudeln; Ware verschleudern; ~ le blé die Saat auf-eggen. [am Schlosse.
gâchette (ga-schæ't) f Zuhaltung
gâcheur m, ~se f (ga-schö'r, ~ʒ'ś) Kalk-einrührer; Pfuscher(in); Schleuderer. [rig, rotig.
gâcheux, ~se (schö', schö'ś) schmie-
gâchis (ga-schī') m Mörtel; schlammiger Dreck; Patsche f.
gade (gab) m Trüsche f (Fisch).
gadelle (gǎ-bæ'l) f Stachelbeere.
Gaëls (gǎ-æ'l) m/pl. Gälen.
gaffe (gäf) f Bootshaken m.
gaffer (gä-fe') mit dem Bootshaken fassen.
gage (gaʒ) m (Unter-)Pfand n; jeu au ~ touché Pfänderspiel n; ~s pl. Lohn von Dienstboten.

*gag*er(ga-Ǧe') wetten; verwetten;
jem. beſolden.   [Wetter(in).
gageur *m*, ~ſe *f* (gă-Ǧō'r, ~ō̆'ſ)
gageure (gă-Ǧū'r) *f* Wette.
gagiste (gă-Ǧi'ſt) *m* Beſoldete(r).
gagnage (gă-nja'Ǧ) *m* Viehweide
f; ~s *pl.* Saatfelder.
gagnant *m*, ~e *f* (gă-nja', ~ā't)
Gewinner(in).   [dienſt.
gagne-pain (gănj-þa̯') *m* Brotver-
gagne-petit (gănj-þ'ti') *m* herumziehender Scherenſchleifer.
gag*n*er (gă-nje') gewinnen; verdienen; ſich einen Schnupfen ꝛc.
holen; einen Ort erreichen; la
faim me ~e der Hunger befällt
mich; ~ q. jem. einholen, a. jem.
auf ſeine Seite bringen.
gagneur (gă-njō̆'r) *m* Gewinner.
gai, ~e (ge) fröhlich, luſtig.
gaïac (gă-ĭ̄a̯'ĭ̯) *m* Pockenholz *n*.
gaieté (gē-te') *f* Fröhlichkeit; de
~ de cœur mutwillig.
gaillard, ~e(gă-jā'r,jă'rb) 1.mun-
ter, ausgelaſſen; ein wenig frei,
ſchlüpfrig; angeheitert (vom
Weine). 2. *m* fide'ler Kerl; ⚓
~ d'avant (d'arrière) Vorder-
(Achter-)Kaſtell *n*. 3. ~e *f* loſes
Frauenzimmer.
gaillardise (gă-jăr-bĭ'ſ) *f* ausge-
laſſene Fröhlichkeit; ſchlüpfrige
Rede.   [*adv.* zu gai.
gaîment (ge-ma̯'), auch gaiement
gain (ga̯) *m* Gewinn.
gaine (gæn) *f* (Meſſer-)Scheide.
gainier (gæ-nĭ̯e') *m* Scheiden-
macher.
galacto... (gă-lă-ltŏ...) in Zſſg.:
Milch-..., z.B. galactomètre *m*
Milch(güte)meſſer.   [galant.
galamment (gă-lă-ma̯') *adv.* zu
galant, ~e (gă-lă', ~lā̆'t) bieder;
~ homme Ehrenmann; galant;
verliebt.   [Liebhaber.
galantin (lă-tă̯') *m* geckenhafter
galbe (gălb) *m* zierliche Rundung.
gale (găl) *f* Krätze; Räude.

*gal*ée(gă-lē')ſ*typ.*(Setz-)Schiff *n*.
galène (gă-læ'n) *f* Bleiglanz *m*.
galère (gă-lā̆'r) *f* Galeere.
galerie (ga-l'rĭ') *f* id., langer
Saal; Kreis *m* von Zuſchauern
beim Spiel.
galérien (gă-lĕ-rĭ̯a̯') *m* Galeeren-
ſklave; Sträfling. [Ufer-Kieſel.
galet (gă-læ') *m* glatter, runder
galetas (ga-l'ta') *m* Dachkammer
f; ärmliche Wohnung, Loch *n*.
galette (gă-læ't) *f* Fladen *m*,
Brotkuchen *m*.
galeux, ~se(gă-lō', ~ō̆'ſ) 1.krätzig;
räudig. 2. *m* Krätzkranke(r).
Galice (lĭ'ſ) *f* Galizien (ſpan. Provinz).   [worrenes Geſchwätz.
galimatias (gă-lĭ-ma-tĭ̯a̯') *m* ver-
galle(găl)*f*(Eichen-)Galle;noix de
~ Gall-apfel *m*.
Galles (găl) *f*: pays *m* de ~ Wales.
gallinacé, ~e (lĭ-na-ße') hühner-
artig.   [Wales.
gallois, ~e (găl-lŏa̯', ~lŏa̯'ſ) aus
galoche (gă-lŏ'ſch) *f* Überſchuh *m*.
galon (gă-lŏ') *m* Treſſe *f*, Borte *f*.
galonner (gă-lŏ-ne') mit Treſſen
beſetzen.
galoper (lŏ-þe') galoppieren; *v/a.*
galoppieren laſſen; ~ q. jem.
verfolgen.
galopin(gă-lŏ-þa̯') *m* Laufburſche;
Küchenjunge; Straßenjunge.
galuchat(gă-lŭ-ſcha') *m* Chagrin
aus Rochenhaut.
galvanique (găl-wă-nĭ'ĭ̯) galva-
niſch.   [verhunzen.
galvauder(găl-wo-be') verderben,
gambade(ga̯-ba'b)*f*Luftſprung *m*.
gambader (ga̯-bă-de') Sprünge
machen.   [baumeln.
gambiller (bĭ-je') mit den Beinen
gamelle (gă-mæ'l) *f* Schüſſel, aus
der mehrere Soldaten oder Matroſen
gemeinſchaftlich eſſen.
gamin (gă-ma̯') *m* Gaſſenjunge.
gamine (gă-mĭ'n) *f* keckes, ſchel-
miſches Mädchen.

gaminer (gă-mĭ-ne') ſich auf der Straße ſpielend herumtreiben.

gaminerie (gă-mi-n'rĭ') f mutwilliger Streich.

gamme (gam) f Tonleiter, Skala.

ganache (gă-nä'ſch) f id., untere Kinnlade des Pferdes; fig. Dummkopf m, Zopfmenſch m.

Gand (gₐ) m Gent.

gandin (gₐ-dₐ') m Mode-narr.

ganglion (gₐ-glĭ-ₐ') m Nerven-knoten; Überbein n.

gangrène (græ'n) f path. Brand m; fig. Krebsſchaden m. [machen.

gangrener (gₐ-grᵫ-ne') brandig gangreneux, ~se (grᵫ-nö', ~nö'ſ) brandig. [ſe: Knopfloch n.

ganse (gₐ̃s) f Rundſchnur; Schlei-ganseur (gₐ-ßö'r) m Band-auf-näher (Nähmaſchine).

gant (gₐ) m Handſchuh. [ſchuh.

gantelet (gₐ-t'læ') m Panzerhand-ganter (gₐ-te'): ~ q. j-m Hand-ſchuhe anziehen; j-m paſſen (v. Handſchuhen).

ganterie (gₐ-t'rĭ') f Handſchuh-macherei, -fabrik, -laden m.

gantier m, ~ère f (gₐ-tĭe', ~tĭä'r) Handſchuhmacher(in).

garage (gă-ra'G) m Ausbiegen n; voie de ~ Nebengeleiſe n.

garance (rₐ'ß) f Krapp(-rot n) m.

garancer (gă-rₐ-ße') mit Krapp färben. [feld n, -färberei.

garancière (gă-rₐ-ßĭä'r) f Krapp-

garant m, ~e f (rₐ', rₐ't) Bürge, Bürgin.

garantir (gă-rₐ-tĭ'r) verbürgen; ~ q. de qc. jem. gegen et. ſchützen.

garce (gărß) f liederliche Dirne.

garcette (găr-ßæ't) f Seiſing m, Beſchlag-leine.

garçon (găr-ßₐ') m Knabe; Junge; Junggeſell; (Handwerks-)Geſell; Kellner; (Laden- ꝛc.) Diener.

garçonnière (găr-ßö-nĭä'r) f wil-des Mädchen.

garde (gărb) 1. f Wache; monter

la ~ auf Wache ziehen; Garde; Bewahrung; se tenir sur ses ~s auf ſeiner Hut ſein: prendre ~ à qc. auf etwas achthaben; Stichblatt n des Degens. 2. m Garbiſt; Wächter, Wärter.

garde-boutique (gărb-bu-tĭ'k) m Ladenhüter.

garde-chasse (~ſchä'ß) m Wild-meiſter. [leber n.

garde-crotte (gărb-krŏ't) m Spritz-garde-fou (gărb-fu') m Geländer.

garde-manger (gărb-mₐ-Ge') m Speiſe-kammer f, -ſchrank.

garder (găr-be') bewahren, be-hüten; bewachen; Kranke war-ten; das Bett hüten; auf-heben, -bewahren; bei-behalten.

garde-robe (gărb-rŏ'b) f id (Kleider-kammer, -ſchrank, -vorrat; Abtritt).

gardeur m, ~se f (găr-bö'r, ~ß'ſ) Hirt(in), Hüter(in).

gardien m, ~ne f (găr-bĭₐ̃', ~ſæ'n) Bewahrer(in), Wächter(in): Guardian; ange ~ Schutzengel.

gardon (bₐ') m Rot-auge n (Fiſch).

gare (gₐr) 1. f Flußhafen m; Eiſen-Bahnhof m; Ausweicheſtelle. 2. int. vorgeſehen! aufgepaßt!

garenne (gă-ræ'n) f Kaninchen-gehege n.

garer (ga-re') ein Fahrzeug in eine Bucht legen; einen Eiſenbahnzug auf einen andern Strang brin-gen; se ~ ausweichen; ſich vor j-m. et. hüten. [ſich gurgeln.

gargariser (găr-gă-rĭ-ſe'): se ~ gargarisme (găr-gă-rĭ'ßm) m Gur-geln n; Gurgelwaſſer n.

gargote (găr-gŏ't) f elnige Gar-küche; unſauberes Speiſe-haus.

gargotier m, ~ère f (gŏ-tĭe', ~tĭä'r) Gar-koch, -köchin; Sudelkoch.

gargouille (găr-gu'j) f Trauf-röhre. [im Bauche knurren.

gargouiller (gŭ-je') plätſchern; gargouillis (gŭ-jĭ') m Plätſchern n des Waſſers aus einer Dachrinne.

gargousse (găr-gu'ß) *f* Stückpatrone, Kartusche.

garigue (gă-rī'g) *f* Heidelanb *n.*

garnement (găr-n'mą') *m* Taugenichts. [iner, Haus.

garni (găr-ni') *m* möbliertes Zim-

garnir (găr-nī'r): ~ de qc. mit et. besetzen, versehen, einfassen, überziehen. [tionssolbat.

garnisaire (găr-ni-sä'r) *m* Exeku-

garrot (ga-ro') *m* Armbruß-Bolzen; Knebel; Widerrist bes Pferdes; Quak-ente *f.* [durch Knebeln.

garrotte (ga-rŏ't) *f* Erbroffelung

garrotter (ga-rŏ-te') knebeln.

garrulité (găr-rŭ-li-te') *f* Geschwätzigkeit.

gars (ga') *m* Bursche.

gascon, ~ne (gă-ßkǫ', gă-ßkŏ'n) 1. gascognisch. 2. G~ *s.* Gascogner(in). 3. *m* Aufschneider.

gasconner (gă-ßkŏ-ne') im Gascogner Dialekt sprechen; aufschneiben. [bern.

gaspiller (gă-ßpi-je') verschleu-

gaspilleur *m*, ~se *f* (gă-ßpi-jŏ'r, ~jŏ'j) Verschleuderer(in).

gastr... (gă-ßtr...) ïn Zsfg.: Magen-..., ț8. gastralgie *f* Magenkrampf *m.* [Fieber.

gastrite (gă-ßtri't) *f* gastrisches

gâteau (ga-to') *m* Kuchen.

gâte-métier (gat-mĕ-tie') *m* Preisverderber.

gâter (ga-te') verberben, beschäbigen; jem. verwöhnen, verziehen.

gâte-sauce (gat-ßo'ß) *m* schlechter Koch, Subelkoch.

gâteux (ga-tŏ') *m* Kranker, der ben Unrat unter sich gehen läßt.

gauche (gō'sch) 1. link; à ~ links, linker Hanb; linkisch, unbeholfen; schief gewachsen (von Holz). 2. *f* linke Hand, linke Seite; Linke. [jem., der links ist.

gaucher *m*, ~ère *f* (go-sche', ~ä'r)

gaucherie (go-sch'ri') *f* linkisches Wesen; Ungeschicklichkeit.

gauchir (go-schī'r) schief werden, sich werfen.

gaude (gōb) *f* Wau *m* (zum Gelbfärben); Brei *m* aus Maismehl.

gauder (go-be') mit Wau färben.

gaudir (go-bī'r): se ~ sich freuen; sich über jem. lustig machen.

gaudriole (go-bri-o'l) *f* et. freier Scherz, Schwank *m.*

gaufre (gō'fr) *f* Waffel(-kuchen *m*); Wabe; Preffung.

gaufrer (go-fre') auf Zeuge ꝛc. Muster einpressen.

gaufreur (go-frŏ'r) *m* Zeugbrucker.

gaufrier (go-fri-e') *m* Waffeleisen *n.* [Figuren *pl.*

gaufrure (go-frü'r) *f* eingepreßte

gaulade (go-la'b) *f* Schlag *m* mit einer Gerte. [ꝛc.) Gerte.

gaule (gōl) *f* lange Stange; (Reit-

Gaule (gōl) *f*, bsb. ~s *pl.* Gallien *n.*

gauler (go-le') Früchte mit einer Stange abschlagen.

gaulois, ~e (go-lßă', ~ßă'j) 1. gallisch; aus guter alter Zeit; berb. 2. G~ *s.* Gallier(in).

gausse (gōß ob. goß) *f* Schnurre.

gausser (go-ße') lügen; se ~ de q. jem. foppen. [Spötter(in).

gausseur *m*, ~se *f* (go-ßŏ'r, ~ß'j)

Gautier (tie') *m* Walter. [kerl.

gavache (gă-wä'sch) *m* Lumpen-

gave (gāw) 1. *m* Gießbach (Pyrenäen). 2. *f* Kropf *m* ber Vögel.

gavion (gă-wǫ') *m* Gurgel *f.*

gaz (gaß) *m* Gas *n.*

gaze (gāß) *f* Gaze; *fig.* Schleier *m.*

gazéifier (ga-se-i-fi-e') in Gas verwanbeln.

gazer (se') mit Gaze überziehen; *fig.* verschleiern. [schreiber.

gazetier (ga-ß'tie') *m* Zeitungs-

gazette (gă-ßæ't) *f* Zeitung.

gazeux, ~se (ga-ßŏ', ~ß'j) gasartig; kohlensäure-haltig; poudre *f* ~se Brause-pulver *n.*

gazier (ga-ßie') *m* Gaze-weber; Gas-arbeiter.

gazon (ga-ſọ́) *m* Raſen.

gazonner (ga-ſŏ-ne′) mit Raſen belegen.

gazouiller (ga-ſŭ-je′) zwitſchern; ſanft rauſchen (vom Waſſer).

gazouillis (ga-ſŭ-jī′) *m* Gezwitſcher *n*; Gemurmel *n*.

geai (Gẽ) *m* Häher, Holzſchreier.

géant *m*, ~e *f* (Gĕ-ạ́′, ~ạ́′t) Rieſe, Rieſin; Gigant.   [ächzend.

geignant, ~e (Gæ-nį ọ́′, ~nįạ́′t)

geindre (Gẫ′br) ächzen, wimmern.

gel (Gæ̃l) *m* Gefrieren *n*, Froſt.

gelable (Gĭ-la′bĭ) gefrierbar.

gélatineux, ~se (Gĕ-la-tĭ-nŏ′, ~nŏ′ſ) gallert-artig.   [lerte.

gelée (Gĭ-lẽ′) *f* Froſt *m*; id., Gal-

geler (Gĭ-le′) zum Gefrieren bringen; durch Froſt beſchädigen; erſtarren machen; *v/n.* ge=, ein=, er-frieren; il a ~é blanc es hat gereift.   [tig.

gélif, ~ve (Gĕ-lĭ′f, ~lī′w) eisklüf-

gelinotte (Gĭ-lĭ-nŏ́t) *f* junges fettes Huhn; ~ (des bois) Haſelhuhn *n*.

gélivure (Gĕ-lĭ-wū́′r) *f* Eisluft.

Gémeaux (Gĕ-mo′) *m/pl.* Zwillinge (Tierkreis).

géminé, ~e (Gĕ-mĭ-ne′) doppelt.

gémir (Gĕ-mĭ′r) ächzen, ſeufzen; girren (Taube).

gémissement (mĭ-ḟzing′) *m* Ächzen *n*, Wimmern *n*; Girren *n*.

gemmation (Gæ̃m-ma-ḟzọ́′) *f* Knoſpen=treiben *n*, =ſtand *m*.

gemme (Gæ̃m) *f* Gemme; Auge *n*, Knoſpe.

gencive (Gọ-ḟzī′w) *f* Zahnfleiſch *n*.

gendarmer (Gọ-bär-me′): se ~ ſich um nichts ereifern.

gendre (Gạ̃′br) *m* Schwiegerſohn.

gêne (Gæ̃n) *f* Folter; Marter; Zwang *m*; Armut.

gêner (Gæ̃-ne′) quälen; beläſtigen; in (Geld=)Verlegenheit bringen.

général, ~e (Gĕ-nĕ-rä′l) 1. allgemein; Haupt=, Ober=... 2. *m* das Allgemeine; General. 3.~e *f* Generalin; Generalmarſch *m*.

généraliser (Gĕ-nĕ-rä-lĭ-ſe′) verallgemeinern.   [gemeinheit.

généralité (Gĕ-nĕ-rä-lĭ-te′) *f* All-

générateur *m*, ~trice *f* (nĕ-ra-tŏ′r, ~trĭ′ḟz) 1. erzeugend. 2. *s.* Erzeuger(in).

génération (Gĕ-nĕ-rä-ḟzọ́′) *f* (Er=) Zeugung; id., Geſchlecht *n*.

généreux, ~se (Gĕ-nĕ-rŏ′, ~rŏ′ſ) großmütig; freigebig.

générosité (nĕ-ro-ſĭ-te′) *f* Edelmut *m*; Freigebigkeit.

Gênes (Gæ̃n) *f* Genua *n*.

Genèse (Ɉ'næ̃′ſ) *f* Ge'neſis, 1.Buch Moſis.   [per.

genet (Ɉ'næ̃′) *m* ſpaniſcher Klepper-

genêt (Ɉ'næ̃′) *m* Ginſter.

genette (Ɉ'næ̃′t) *f* Ginſterkatze.

Genève (Ɉ'næ̃′w) *f* Genf *n*.

Geneviève (Gĭ-n'wī̃æ̃′w) *f* Genove'va.

genévois *m*, ~e *f* (Ɉ'ne-wĩ̃ạ̃′, ~ḟạ̃′ſ) genferiſch; G~ *s.* Genfer(in).   [holder-ſtrauch.

genévrier (Ɉ'ne-wrĭ-e′) *m* Wa-

genièvre (Gĭ-nĩæ̃′wr) *m* Wacholder=Beere *f*, =Branntwein.

génisse (Gĕ-nĭ′ḟz) *f* junges weibliches Rind, Färſe.   [gungs=...

génital, ~e (Ge-nĭ-tä′l) Zeu-

génois, ~e (Ɉe-nĩ̃ạ̃′, ~ḟạ̃′ſ) aus Genua; G~ *s.* Genueſer(in).

genou (Ɉ'nu′) *m* Knie *n*.

genouillère (Ɉ'nŭ-jä′r) *f* Knieſchiene; (Stiefel=)Stulpe.

genre (Gạ̃r) *m* Gattung *f*; Geſchlecht *n*; Art und Weiſe *f*; Mode *f*.   [des ~Völkerrecht *n*.

gens (Gạ̃) *m* (*f*) *pl.* Leute; droit

gent (Gạ̃) 1. *f* Sippe. 2. ~, ~e *a.* hübſch, artig.

gentiane (Gọ-ḟzĩ̃ạ̃′n) *f* Enzian *m*.

gentil, ~e (tĭ′, tĭ′l) 1. *a. u. s.* heidniſch; Heide, Heidin. 2. *a.* ~, ~le (tĭ′j) artig, niedlich.

gentilhomme (Gọ-tĭ-jŏ′m), *pl.*

gentilshommes (Ǧa-tĭ-ſŏ'm) m Edelmann.

gentilité (Ǧa-tĭ-lĭ-te') f Heiden-tum n. [junker.

gentillâtre (Ǧa-tĭ-jā'tr) m Kraut-

gentillesse (Ǧa-tĭ-jæ'ß) f Anmut; artiger Einfall.

gentiment (mǧ') adv. ju gentil 2.

génuflexion (Ge-nü-flæ-kßĭ') f Knie-beugung. [Geo...

géo... (Ǧĕ-ŏ...) in Zſſg.: Erd-..., geôle (Ǧōl) m Gefängnis n.

geôlier m, ~ère f (Ǧo-lĭe', ~ĭā'r) Kerkermeister(in).

gérance (Ǧĕ-rā'ß) f Geschäfts-führung. [rer; Gera'nt.

gérant (Ǧĕ-ra') m Geschäftsfüh-

gerbage (Ǧăr-ba'Ǧ) m Einsam-meln n der Garben.

gerbe (Ǧărb) f Garbe.

gerbée (Ǧăr-be') f Futterstroh n; getrocknetes Mengfutter.

gerber (Ǧăr-be') in Garben bin-den; aufstapeln, über ea. legen; v/n. reichliche Garben geben.

gerbière (Ǧăr-bĭā'r) f Ernte-wagen m; Garbenhaufen m.

gercer (Ǧăr-ße') die Haut, Lippen auf-reißen, -ritzen; se ~ auf-springen.

gerçure (Ǧăr-ßü'r) f Riß m, auf-gesprungene Haut. [gen.

gérer (Ge-re') verwalten, besor-

gerfaut (Ǧăr-fo') m Gierfalke.

germain, ~e (mǧ', mæ'n) 1. leib-lich, vollbürtig. 2. germanisch. 3. G~, G~es. Germane, Germa-nin; Hermann, Hermine.

germandrée (Ǧăr-ma-bre') f Ga-manber m. [manisch, deutsch.

germanique (Ǧăr-mä-ni'k) ger-

germe (Ǧărm) m Keim.

germer (Ǧăr-me') keimen.

germination (Ǧăr-mĭ-nā-ßĭ') f Keimen n.

germoir (mŏā'r) m Malzkeller.

gésier (Ǧĕ-ſĭe') m Fleischmagen der Vögel.

gésir (Ǧĕ-ſĭ'r) (begraben) liegen; ci-gît hier ruhet.

gesse (Ǧæß) f Platt-erbse.

gestation (Ǧæ-ßtā-ßĭ') f Träch-tigkeit.

geste (Ǧæßt) 1. m Geberde. 2. f (chanson de) ~(s)altfranzösische Heldengedichte n/pl. 3. faits et ~s m/pl. Handlungen, Thaten.

gestion (Ǧæ-ßtĭ') f Amts-Führung.

gibbeux, ~se (Ǧĭ-bö', ~ö'ſ) buckelig.

gibbosité (Ǧĭb-bo-ſĭ-te') f Buckel.

gibecière (Ǧĭ-bŭ-ßĭā'r) f Jagd-tasche; tours de ~ Taschenspie-ler-künste pl.

gibelet (Ǧĭ-b'læ') m Zwickbohrer.

Gibelin (Ǧĭ-b'lĭ) m Ghibelline.

gibelotte (Ǧĭ-b'lŏ't) f Kaninchen-frikassee n. [tasche.

giberne (Ǧĭ-bă'rn) f Patron-

gibet (Ǧĭ-bæ') m Galgen.

gibier (Ǧĭ-bĭe') m Wild(bret) n.

giboulée (Ǧĭ-bu-le') f Unwetter n v. Regen- u. Graupel-schauern; fig. Tracht Schläge. [gen.

giboyer (Ǧĭ-bŏā-ſe') pirschen; ja-

giboyeur (Ǧĭ-bŏā-ŏ'r) m eifriger Jäger. [wildreich.

giboyeux, ~se (Ǧĭ-bŏā-ŏ', ~ŏ'ſ) gibus (bü'ß) m Klappcylinderhut.

gifle (Ǧĭ'ß) f Ohrfeige, Backpfeife.

gifler (Ǧĭ-ße') ohrfeigen. [haft.

gigantesque (Ǧĭ-ga-tæ'ßk) riesen-

gigot (Ǧĭ-go') m Hammelkeule f.

gigoter (Ǧĭ-gŏ-te') mit den Bei-nen zappeln. [keule; id. (Tanz).

gigue (Ǧĭg) f langes Bein; Reh-

giguer (Ǧĭ-ge') tanzen.

gilet (Ǧĭ-læ') m Weste f.

gileter (Ǧĭ-l'te'): se ~ eine Weste anziehen. [ber.

giletier (Ǧĭ-l'tĭe') m Westenschnei-

Gille (Ǧĭl) m Hanswurst; Tropf.

Gilles (Ǧĭl) m Ägidius.

gimblette (Ǧa-blæ't) f Kringel m.

gingembre (Ǧa-Ǧā'br) m Ingwer.

girande (Ǧĭ-rā'b) f Wasserstrahl m aus e-m vielröhrigen Springbrunnen;

id. (Feuerwerk aus vielen vertikal verbundenen Raketen).

girandole (rg-dŏ'l) f = girande; Armleuchter m; Ohrgehänge n aus Edelsteinen. [Gewürznelke f.

girofle (GĪ-rŏ'fl) m: (clou de) ~

giroflée (GĪ-rŏ-flē') f Levkoje.

giroflier (GĪ-rŏ-flī-e') m Gewürz-nelkenbaum. [breite f.

giron (GĪ-rǫ') m Schoß; Stufen-

gironner (GĪ-rŏ-ne') ab-, aus-runden. [fahne.

gironette (GĪ-rǖ̃e't) f Wetter-

gisant, ~e (GĪ-sǫ, ~ǫ't) liegend.

gisement (Gi-sˈmǫ') m Lage f einer Küste; Lagerung f.

git (GĪ) 3. Pers. sg. vom prés. von gésir. [Zigeuner(in).

gitano m, ~a f (GĪ-tä-no', ~na')

gite (GĪt) m Nacht-lager n, -her-berge f; Lager n der Hasen.

giter (Gi-te') übernachten; von Tieren: sich lagern.

givre (GĪ'vr) 1. m Rauhreif. 2. f bl. Schlange.

givré, ~e (GĪ-vre') 1. mit Reif bedeckt. 2. bl. schlangenköpfig.

givreux, ~se (GĪ-vrŏ', ~ŏ'ʃ) rissig (von Edelsteinen).

glabre (glā'br) glatt, unbehaart.

glace (glāß) f Eis n; Spiegel m; Kutschenfenster n; Zuckerguß m.

glacé, ~e (gla-ße') 1. eisig; frostig; glasiert. 2. m Glanz. Glasur f.

glacer (gla-ße') gefrieren oder er-starren machen; glasieren; mit Zuckerguß überziehen; se ~ zu Eis werden, erstarren.

glacerie (gla-ßˈrī') f Bereitung v. Gefrorenem; Spiegelgießerei.

glaceur (gla-ßŏ'r) m Glasierer; Satinierer.

glacial, ~e (-ßi͡a'l) eisig, eiskalt.

glacier (gla-ße') m 1. Gletscher. 2. Eishändler, Konditor; Spie-gelscheiben-Fabrikant.

glacière (gla-ßi͡a'r) f Eisberg m; Eiskeller m.

glacis (gla-ßĪ') m Abhang; id. n.

glaçon (gla-ßǫ') m Eisscholle f.

glaieul (glä-Iŏ'l) m Schwertel.

glaire (glär) f (m) rohes Ei-weiß; Schleim m. [unig.

glaireux, ~se(glä-rŏ', ~ŏ'ʃ)schlei-

glaise (glä̃ʃ) f, a. terre ~ Thon (-erbe) m.

glaisière (glä-ʃi͡a'r) f Thongrube.

glaive (glä̃w) m Schwert n.

glanage (glä-na'G) m Ährenlesen.

gland (glǫ) m Eichel f; Quaste f.

glande (glǫb) f Drüse. [-mast.

glandée (glǫ-be') f Eichel-ernte,

glane (glan) f Büschel n von auf-gelesenen Ähren; Berechtigung zum Ährenlesen. [lese halten.

glaner' glä-ne') Ähren lesen: Nach-

glaneur m, ~se f (glä-nŏ'r, ~ŏ'ʃ) Ährenleser(in f) m.

glapir (glä-pĪ'r) kläffen; kreischen.

glapissement (glä-pĪ-ßmǫ') m Kläffen n; Kreischen n.

glas(gla) m Toten-glocke, -geläute.

glauque (glōk) meergrün.

glèbe (glä̃b) f Scholle; serf at-taché à la ~ Leib-eigene(r).

glissade (glĪ-ßa'b) f Ausgleiten n; Schlittern n; Gleitbahn.

glissant, ~e (glĪ-ßǫ', ~ǫ't) glatt, schlüpfrig.

glisser (glĪ-ße') aus-, ab-gleiten; schlittern; ~ sur qc. leicht über et. hingehen; v/a. gleiten lassen; unvermerkt (hin)einschieben; ~ qc. à l'oreille de q. j-m etwas heimlich ins Ohr sagen; se ~ sich (ein-)schleichen.

glisseur (glĪ-ßŏ'r) m Schlitterer.

glissoir(glĪ-ßŏ̃a'r)m Holzrutsche f.

glissoire (glĪ-ßŏ̃a'r)f Glitschbahn.

globe (glob) m Kugel f, Globus.

globule (glŏ-bü'l) m Kügelchen n.

globuleux, ~se (glŏ-bü-lö', ~ö'ʃ) Kugel-...

gloire (glŏ̃ar) f Ruhm m; se faire ~ de qc. sich aus et. eine Ehre machen.

gloria (glo-rĭ-a') m id. n; *fig.* il est comme ~ patri er ift Hans in allen Gaffen; Taffe Kaffee mit abgebranntem Kognak.

gloriette (glŏ-rĭ-æ't) f Lufthäus-ʤen n.

glorieux, ~se (rȫ', rĭȫ'f) rühmlich; ruhmvoll; ruhmfüchtig; ftolz.

glorification (glŏ-rĭ-fĭ-kā-ßȋǫ') f Verherrlichung.

glorifier (rĭ-fĭ-e') verherrlichen; verklären; se ~ de qc. fich e-r Sache rühmen. [Ruhmfucht.

gloriole (glŏ-rĭ-o'l) f kleinliche

glose (glōf) f Auslegung, Gloffe.

gloser (glo-fe') erklären, gloffie-ren; ~ sur qc. Gloffen über et. machen.

gloseur m, ~se f (glo-ßȫ'r, ~ßȫ'f) Gloffenmacher(in), Tadler(in).

glossaire (glŏ-ßā'r) m Gloffa'rium n; Wortschatz einer Sprache.

glossateur (ßa-tȫr) m Ausleger.

glotte (glŏt) f Stimmritze.

glouglou (glu-glu') m Kollern n des Puters; Glukgluk n beim Ein-ʃchenken. [Glukgluk machen.

glouglouter (glu-glu-te') kollern;

glousser (be') gluck(f)en (Henne).

glouteron (glu-t'rǫ') m Klette f.

glouton, ~ne (glu-tǫ', ~tȫ'n) 1. ge-fräßig. 2. m Vielfraß.

gloutonnerie (glu-tŏ-n'rĭ') f Ge-fräßigkeit.

glu (glü) f Vogelleim m.

gluant, ~e (glü-ā', ~ā't) klebrig.

gluau (glü-o') m Leimrute f.

glucose (kō'f) f Traubenzucker m.

gluer (glü-e') mit Vogelleim be-ftreichen.

glume (glüm) f Balg m der Gräfer. [ten.

gluten (glü-tǽ'n) m Kleber, Glu'-

glutinatif, ~ve (tĭ-na-ti'f, ~tĭ'w) 1. klebend. 2. m Klebemittel n.

glyphe (glĭf) m arch. Schlitz.

glyptique (glĭ-ptĭ'k) f Stein-ʃchneidekunft.

gnome (gnȫm) 1. m id., Erd-geift. 2. f Sinnspruch m. [Umftände.

go (go): tout de ~ gerade zu, ohne

gobbe (gŏb) f Giftkugel für Tiere; Mäskugel für Federvieh.

gobelet (gŏ-b'lǽ') m Becher.

gobeleterie (b'lǽ-t'rĭ') f Becher-fabrik; (Handel m mit) Glas-waren pl.

gobeletier (gŏ-b'lǽ-tĭe') m Becher-macher; Glaswarenhändler.

gobelin (gŏ-b'lǽ') m 1. Kobold. 2. id. gewirkte Tapete.

gobe-mouches (gŏb-mu'ʃʤ) m Fliegenschnäpper (Vogel).

gober (gŏ-be') gierig hinunter-ʃchlucken; *fig.* ~ des mouches die Zeit vertrödeln.

goberge (gŏ-bǽ'rǫ) f Kabeljau m; Leimzwinge; ~s pl. Bettboden-bretter n.

goberger (bǽr-ǫe'): se ~ fich's be-quem machen; fich luftig machen.

gobeter (b'te') mit Kalt bewerfen.

gobetis (gŏ-b'tĭ') m erfter Bewurf.

gobeur m, ~se f (gŏ-bȫ'r, ~ȫ'f) Schlucker(in); Leichtgläubige(r).

gobille (gŏ-bĭ'j) f Schnellkugel.

godaille (gŏ-ba'j) f Völlerei.

godailler (bǎ-je') zechen, faufen.

godailleur m, ~se f (gŏ-bǎ-jȫ'r, ~jȫ'f) Säufer(in).

Godefroi (gŏ-b'frȫä') m Gottfried.

godelureau (gŏ-b'lŭ-ro') m Süß-ling. [ʤen n; Knirps.

godenot (b'no') m Gaukelmänn-

goder (gŏ-be') Falten werfen, fich aufbauschen.

godet (gŏ-bǽ') m Tümmler(Becher); Schöpf-eimer; (Pfeifen-)Kopf.

godiche (gŏ-bĭ'ʃʤ) s. Einfalts-pinfel, dumme Gans.

godichon, ~ne (gŏ-bĭ-ʃʤǫ', ~ȫ'n) tölpelhaft. [Wricken.

godille (gŏ-bĭ'j) f Ruder n zum

godiller (gŏ-bĭ-je') wricken.

godiveau (gŏ-bĭ-wo') m warme Fleischpaftete.

godron (gŏ-brŏ') m Eierleiste f; runbgeschweifte Randverzierung; runbe Falte. [teln.
godronner (gŏ-brŏ-ne') runb fäl-
goéland (gŏ-æ-lɑ') m See-mövef.
gogaille (gŏ-ga'l) f Gelage n.
gogo (gŏ-go'): à ~ herrlich unb in Freuben.
goguenard, ~e (gŏ-gnā'r, ~ă'rb) 1. spöttisch scherzenb. 2. Schallsnarr. [Witze machen.
goguenarder (gnär-be') schlechte
goguettes (gŏ-gæ't) f/pl. lustige Schwänke m; être en ~ lustig fn.
goinfre (gɔ̃ã't) m Fresser. [nien.
goinfrer (gɔ̃ã-fre') fressen, schlem-
goinfrerie (gɔ̃ã-frɪ-rɪ') f Schlem-
goitre (gɔ̃ã'tr) m Kropf. [merei.
goitreux, ~se (gɔ̃ã-trŏ', ~ŏ'f) mit einem Kropfe behaftet; kropfartig.
gomme (gŏm) f Gummi. [artig.
gommer (gŏ-me') gummieren.
gommeux, ~se (gŏ-mŏ', gŏ-mŏ'f) gummi-artig.
gond(gɔ̃) m Thür-angel f, Haspe f.
gondole (gɔ̃-bŏ'l) f Gonbel.
gonfalon (gɔ̃-fā-lɔ̃') m (Kirchen-) Fahne f. [schwellung f.
gonflement (gɔ̃-flɪ-mɑ') m An-
gonfler (gɔ̃-fle') aufblähen; v/n. unb se ~ (auf-)schwellen.
Gonthier (gɔ̃-tɪe') m Günther.
gord (gŏr) m Fischwehr n.
gordien (gŏr-bɪɑ̃') m: nœud ~ gorbischer Knoten. [Schiffsbesen.
goret (gŏ-ræ') m Spanferkel n;
gorge (gŏrG) f Kehle, Gurgel; Hals m; (Frauen-)Busen m; Kropf m; rendre ~ sich übergeben; Gebirgspaß m, Schlucht.
gorgée (gŏr-Gě') f Schluck m.
gorger (gŏr-Ge') vollpfropfen.
gorgerette (gŏr-G'ræ't) f Halskragen m ber Frauen.
gorget (gŏr-Gæ') m Falzhobel.
Gorice (gŏ-rɪ'ß) f Görz n.
gosier (go-ssɪe') m Schlunb, Kehle f; ~ pavé ausgepichte Kehle.

Gothie (gŏ-tɪ') f Gothlanb n.
Goton (gŏ-tɔ̃') f Gretchen n.
gouache (guãsch) f Wassermalerei.
gouailler (gü-ă-je') verspotten.
gouaillerie (gü-ă-j'rɪ') f Spott m.
goudran (gu-brɑ') m Pechfaschine.
goudron (gu-brɔ̃') m Theer.
goudronner (gu-brŏ-ne') theeren.
goudronnerie (brŏ-n'rɪ') f Theerschwelerei. [~ŏ'f) theericht.
goudronneux, ~se (gu-brŏ-nŏ',
gouffre(gu'fr)mAbgrunb,Schlunb.
gouge (gũG) f Hohlmeißel m.
goujat (gu-Ga') m Maurer-Hanblanger; Flegel; Troßbube.
goujon (Gɔ̃') m Gründling (Fisch); Pflock, Stift. [befestigen.
goujonner (Gŏ-ne') mit Pflöcken
goulée (gu-lě') f ein Maul voll.
goulet (gu-læ') m enge Einfahrt eines Hafens.
goulot (gu-lo') m Flaschenhals.
goulu, ~e (gu-lü') gefräßig, gierig.
goupille (gu-pɪ'j) f Pflock m.
goupiller (gu-pɪ-je') einen Pflock vor et. stecken. [Gläserbürste f.
goupillon (jɔ̃') m Weih-webel;
gourd, ~e (gūr, gūrb) vor Kälte starr, steif.
gourde (gūrb) f Kürbisflasche.
gourdin (gūr-bɑ̃') m Knüttel.
goure (gūr) f phm. verfälschte Ware.
gourer (gu-re') verfälschen.
gourgandine (gūr-gɑ-bɪ'n) f feile Dirne. [schlag m, Puff m.
gourmade (gūr-ma'b) f Faust-
gourmand m, ~e f (gūr-mɑ', ~ɑ̃'b) 1. gefräßig; leckerhaft. 2. s. gefräßiger Mensch; Leckermaul n.
gourmander(gūr-mɑ-be')gefräßig unb leckerhaft sein; v/a. ausschelten, heruntermachen.
gourmandise (gūr-mɑ-bɪ'ß) f Gefräßigkeit; ~s pl. Leckerbiffen.
gourme (gūrm) f Druse ber Pferde; Milchschorf ber Kinber; fig. jeter sa ~ sich bie Hörner ablaufen.

gourmé, ～e (gür-me') steif, pedantisch.

gourmer (gür-me') die Kinnkette anlegen; mit Fäusten schlagen; se ～ e. steifes Wesen annehmen.

gourmet (gür-mæ') m Weinkenner; Feinschmecker.

gourmette (mæ't) f Kinnkette.

gournable ⚓ (gür-na'bl) m langer Holznagel.

goussant, ～ut (gu-ßg', ～ßo') dickhalsig, gedrungen; (cheval) ～ m Speckhals.

gousse (guß) f Schote; ～ d'ail Knoblauchszehe.

gousset (gu-ßæ') m Achselhöhle f; übler Geruch aus der Achselhöhle; Uhr-, Hosen-tasche f; Geldbeutel; Achselstück n.

goût (gū) m Geschmack.

goûter (gu-te') 1. kosten, schmecken; genießen; v/n. ～ à qc. et. probieren; vespern. 2. m Vesperbrot n.

goutte (güt) f Tropfen; ne ... ～ nicht das Geringste; Glas n Schnaps; Gicht. [chen n.

gouttelette (gü-t'læ't) f Tröpf-
goutter (gü-te') tröpfeln.

goutteux, ～se (tö', tö'ß) 1. gichtisch. 2. s. Gichtkranke(r).

gouttière (gü-tiä'r) f Traufe; Dachrinne. [Steuerruder n.

gouvernail ⚓ (gu-wär-na'j) m

gouvernante (gu-wär-ng't) f Statthalterin; Haushälterin; Erzieherin.

gouverne (wä'rn) f Richtschnur.

gouvernement (gu-wär-n'mg') m Regierung; Statthalterschaft f; Statthalterei-Bezirk.

gouvernemental, ～e (gu-wär-n'mg-tä'l) regierungs-freundlich. [verwalten; ⚓ steuern.

gouverner (gu-wär-ne') regieren;
gouverneur (wär-nö'r) m Statthalter; Vorsteher; Erzieher.

grabat (grä-ba') m elendes Bett.

grabataire(grä-ba-tä'r) bettlägerig. [Rabus(che) f (Kartenspiel).

grabuge (grä-bü'G) m Zänkerei f;

grâce (gräß) f Gnade; Begnadigung; Gewogenheit; Anmut; Dank m; pl. Gra'tias n (Dankgebet nach Tische).

gracier (gra-ßi-e') begnadigen.

gracieuseté (gra-ßiö-f'te') f Artigkeitsbezeugung; Geschenk n.

gracieux, ～se (gra-ßiö', ～ßiö'ß) liebreich; anmutig; hold; allergnädigst (von Herrschern).

gradation (grä-bä-ßiq') f Stufenfolge, Steigerung.

grade (grab) m Ehrenstufe f; Rang.

gradé (grä-de') der einen der untern Grade im Heere bekleidet; hommes ～s Unteroffiziere m/pl.

gradin (grä-bg') m Altar- ꝛc. Aufsatz; Stufe f; ～s pl. Stufensitze.

gradine (bi'n) f Grabier-eisen n.

graduation(bü-ä-ßiq')f Grad-einteilung; Grabierhaus n (Saline).

gradué(grä-bü-e')m Graduierte(r) (mit einer akademischen Würde Bekleideter). [weise fortschreitend.

graduel, ～le (bü-æ'l, ～æ'l) stufen-
graduer (grä-bü-e') in Grade abteilen; stufenweise steigern; mit einer akademischen Würde bekleiden.

grailler (grä-je') in das Hifthorn stoßen, um die Hunde zurückzurufen.

graillon (grä-jg') m Fettgeruch; Überreste pl. einer Mahlzeit; Schleim-auswurf.

graillonner(grä-jö-ne') brandigen Geschmack u. Geruch annehmen; Schleim aushusten.

grain (grg) m Korn n v. Cerealien, Metallen; ～s pl. Getreide n; Beere f; Köper; (Leder-)Narbe f.

grainaille (grä-na'j) f Korn-abfall m. [händler.

graineter(grä-nt-tie')m Samen-
grainier(nie') m Samen-händler, -sammlung f.

*grai*sse(græß)ƒ Fett n;Schmalz n.

graisser (græ-ße') ein·fetten,
·schmieren; fettig machen.

graisserie(græ-ß'rǐ')ƒFett-handel.

graisseu*x*, ⁓se (græ-ßö', ⁓ő'ß)
fettig, schmierig.   [ser.

graminées (grä-mǐ-nē')ƒ/pl. Grä-
grammaire (gräm-mä'r) ƒ Gram-
ma'tik.   [Gramma'tiker.

grammairien (gräm-mæ-rǐą̆') m

grand, ⁓e (grą, grą̄b) 1. groß;
bedeutend; ausgezeichnet; vor-
nehm. 2. m Erwachsene(r);
Großer, Grande v. Spanien; das
Große, Erhabene; en ⁓ in gro-
ßem Maßstabe.

grand-... (grą) in Zssg.: Groß-...,
Ober·..., ᵢ͑ℬ. grand-duc m,
grande-duchesse ƒ Großher-
zog(in); russischer Großfürst(in).

grandesse (grą-bä̆'ß)ƒ Würde e-s
Granden, Grandezza.

grandeur (grą-bȫ'r)ƒ Größe; Erhabenheit.

grandir (grą-bǐ'r) groß ob. größer
werden; v/a. größer machen.

grange (grą̄Ǧ)ƒ Scheune. [voll.

grangée (grą-Ǧē')ƒ eine Scheune

graniteu*x*, ⁓se (grä-nǐ-tö', ⁓ő'ß)
granithaltig.

granulation (grä-nǔ-lä-ßǐą̆')ƒ id.
(Körnen der Metalle, path. Körnchen-
bildung).

granule (grä-nǔ'l) m Körnchen n.

granuler (grä-nǔ-le') körnen.

grappe(gräp)ƒTraube; vét.Maule.

grappiller(grä-pǐ-je')in Weinbergen
Nachlese halten; fig. Schmu
machen.

grappilleur m, ⁓se ƒ (grä-pǐ-jȫ'r,
⁓jȫ'ß) Nachleser(in); Schmu-
macher(in).   [chen n.

grappillon (grä-pǐ-ją̆') m Träub-

grappin (grä-pą̆') m Quirl-anker;
Enter-haken.

grappiner (grä-pǐ-ne') entern.

gras, ⁓se (grą, graß) 1.fett;jours
⁓ Fleischtage; mardi ⁓ Fast-

nachtsbienstag m; schmierig; fig.
zotig; zähe, dick. 2. m Fett n;
Fleisch(speisen ƒ/pl.) n; faire ⁓
Fleisch essen (statt der Fastenspeise);
⁓ de la jambe Wade ƒ.

gras-double (gra-bū'bl) m Fett-
barm als Speise.   [wenig fett.

grasset, ⁓te (grä-ßä̆', ⁓ä̆'t) ein

grasseyer (ßä̆-je')das r fehlerhaft
aussprechen; l statt r sprechen.

grassouillet, ⁓te (ßū-jä̆', ⁓jä̆'t)
quabbelig.   [culer.

graticuler (grä-tǐ-kǔ-le') = crati-

gratifier (tǐ-fǐ-e'): ⁓ q. de qc. jem.
mit et. begnabigen; beschenken.

gratin (grä-tą̆') m Bratensatz in
der Pfanne ꝛc.; au ⁓ mit geriebener
Semmel.

gratiner (grä-tǐ-ne') am Rande des
Kochtopfes ꝛc. festbacken.

gratis (gra-tǐ'ß) unentgeltlich.

gratitude (tǐ-tǖ'b)ƒ Dankbarkeit.

gratte(grät)ƒSchraper m; Schmu
m an Zeug-abfällen beim Schneidern.

gratte-cul(grät-kü') mHagebutte.

gratteler (grä-t'le') schaben.

grattelen*x*,⁓se(t'lö', t'lȫ'ß)krätzig.

grattelle (grä-tä̆'l)ƒ Krätze.

gratte-papier (grät-pä-pǐe') m
Aktenschmierer; Federfuchser.

gratter (grä-te') kratzen; scharren;
ausradieren; krauen; schmei-
cheln; à la porte leise anpochen.

grattoir (grä-tǎ̄'r) m Radier-
messer n; Schaber.

gratuit, ⁓e (tǖ', tǖ't) unentgeltlich; grundlos.   [kärrner.

gravatier (grä-wa-tǐe') m Schutt-

gravais (grä-wä')m/pl. Schutt.

grave (gräw) schwer; ernst; feierlich; einflußreich; gefährlich,
bedenklich; tief(er Ton).

gravelade (gra-w'la'b) ƒ Schafpocken pl.   [schütten.

graveler (gra-w'le') mit Kies be-

graveleu*x*, ⁓se (gra-w'lö', ⁓lȫ'ß)
griesig; mit Harngries behaftet;
schlüpfrig, zotig.

gravelure (gra-w'lü'r) ƒ Zote.

graver (grä-we') ein•graben, •schneiden, •gravieren.

gravier(grä-wie')m Kies n, Grieß.

gravir (grä-wi'r) erklimmen, (er•) klettern. [kraft.

gravitation (wl-tā-ßĩǫ')ƒSchwer•

gravité (grä-wl-te') ƒ Schwere; Wichtigkeit; Ernst m; ƒ Tiefe.

graviter (grä-wl-te') vermöge der Schwerkraft nach einem Punkte hinstreben.

gravois (grä-wsã') m Müll (vom Gipfe); Schutt.

gravure (wü'r) ƒ Kupferstecher•kunst; (Kupfer•, Stahl•)Stich m; ~ sur bois Holzschnitt m.

gré (gre) m Gefallen n, Belieben n; de son ~ aus freiem Willen; bon ~, mal ~ er mag wollen ob. nicht; savoir ~ à q. j-m Dank wissen.

gréage (grĕ-a'G) m Betakelung ƒ.

grébiche (grĕ-bi'ſch) ƒ Ziehdeckel.

grec m, grecque ƒ (græk, græk) 1. griechisch. 2. G~ s. Grieche, Griechin.

Grèce (græß) ƒ Griechenland n.

gréco-latin, ~e (grĕ-ko-lä-tǫ', ~ti'n) griechisch•lateinisch.

gredin m, ~e ƒ (grī-dǫ', ~di'n) Schuft; gemeines Weib.

gréer (grĕ-e') betakeln.

greffe (græf) 1. ƒ Pfropf•reis n; Pfropfen n. 2. m Kanzlei ƒ.

greffer (grä-fe') pfropfen.

greffier (grä-fie') m Gerichts•schreiber. [Seide.

grège (græG) ƒ (auch soie ~) rohe

grégeois (gre-Gã'): feu m ~ griechisches Feuer.

grègues (græg) ƒ/pl. Hosen.

grêle (græl) 1. lang und dünn; grell, fein(Stimme). 2.ƒHagel m.

grêlé, ~e (grä-le') pockennarbig.

grêler (grä-le') hageln; v/a. durch Hagelschlag verwüsten.

grêlon (græ-lǫ') m Hagelkorn n.

grelot (grı-lo') m Schelle ƒ.

grelotter (grı-lŏ-te') vor Kälte zit•tern; mit den Zähnen klappern.

grenade (grı-na'b) ƒ 1. Granat•apfel m; ⚔ Grana'te. 2. G~ ƒ Grana'da n.

grenadier (grı-nä-bie') m Granat•baum; Grenadier.

grenadin, ~e (grı-nä-bǫ', ~di'n) grana'disch.

grenaille (na'j) ƒ Korn•abfall m; gekörntes Metall; v. grain...

grenasse (na'ß) ƒ kleiner Sturm.

grenat (na') m Granat(•stein).

grènetis (græ-n'tĩ) m krauser Rand (einer Münze).

grenier (grı-nie') m (Korn•, Heu•) Boden, Speicher; Dachraum.

grenouille (grı-nu'j) ƒ Frosch m.

grenouillère (nü-jä'r) ƒ Frosch•lache, Sumpf m.

grès (græ) m Sandstein.

grésier (gre-ſie') m Arbeiter in einem Sandsteinbruche.

grésière (ſiä'r) ƒ Sandsteinbruch.

grésil (grĕ-ſi'j) m Graupeln pl.

grésiller (gre-ſl-je') 1. graupeln. 2. v/a. zſ.•schrumpfen machen.

gresset (græ-ßä') m Laubfrosch.

grève (græw)ƒStrand m; Grève•platz m in Paris; Arbeitseinstel•lung; faire ~ str(e)iken.

grever (grı-we') kränken; belasten.

griblette (grı-blæ't) ƒ in Speck geröstetes Fleischschnittchen.

gribouiller (grı-bü-je') sudeln, schmieren.

gribouillette (grı-bü-jæ't): jeter à la ~ in die Grabbel werfen.

grief, ~ève (grı-æ'f, ~æ'w) 1.hart, schwer; schmerzlich. 2.m Scha•den; Beschwerde ƒ. [Vergehens.

grièveté (æ-w'te') ƒ Schwere eines

griffade (grı-fa'b) ƒ Krallenhieb.

griffe (grif) ƒ Kralle, Klaue; Na•mensstempel. [packen, kratzen.

griffer (grı-fe') mit den Klauen

griffon (gri-fõ') m 1. Lämmer-
geier; Greif. 2. Sudler.
griffonnage (gri-fŏ-na'G) m Gekritzel n. [schmieren.
griffonner (gri-fŏ-ne') kritzeln,
griffonneur (gri-fŏ-nö'r) m Sudler; Vielschreiber.
grignoter (gri-njŏ-te') benagen;
knabbern. [Arbeit.
grignotis(gri-njŏ-tī')m punktierte
grigou (gri-gu') m Filz, Lump.
gril (gri) m (Brat-)Rost.
grillade (gri-ja'b) f Braten n auf
dem Roste; Rostbraten m.
grillage (gri-ja'G) m Rösten n der
Seide; Drahtgitter n.
grillager (gri-jă-Ge') vergittern.
grille (grij) f Gitter n.
griller (gri-je') rösten; vergittern;
v/n. braten; vor Ungeduld bren-
grillon (jõ') m Heimchen n. [nen.
grillon-taupe (jõ-tō'p) m Maulwurfsgrille f. [schneiden.
grimacer (gri-ma-ße') Gesichter
grimacier m, ~ère f(ma-ßẽ', iã'r)
Fratzenschneider(in); Heuch-
ler(in); zimperliches Frauenzimmer.
grimaud, ~e (mō', mō'b) 1.m Abc-
schütz; elender Skribent. 2. a.
verdrießlich.
grimer (gri-me'): se ~ sich Runzeln
malen, um alt auszusehen.
grimoire(gri-mŏã'r)m Zauberbuch.
grimpant, ~e (grã-pã', ~ã't) klet-
ternd, Schling-...
grimper (grã-pe') (er)klettern.
grimpereau (grã-p'ro') m Baumläufer, Grau-specht.
grimpeur (grã-pö'r) m Kletterer;
~s pl. Baumläufer. [schen n.
grincement (ßmã') m Zähneknir-
grincer (ße'): ~ les (ou des) dents
~ mit den Zähnen knirschen.
grincher (grã-sche') abgebacken
sein (Brot). [matikus.
gringalet(grã-gă-lä')m Schwäch-
gringotter(grã-gŏ-te')zwitschern.

griot (gri-o') m Aftermehl n.
griotte (gri-o't) f Weichselkirsche.
griottier (gri-ŏ-tiẽ') m Weichsel-
kirschbaum.
grippe (grip) f Laune; prendre q.
en ~ j-m grau w.; path.Grippe.
grippe-coquin (grip-fŏ-kã') m
Häscher. [(von Zeugen).
grippeler (gri-p'le') sich krumpeln
gripper(gri-pe')erhaschen; stehlen,
mausen; gegen jem. einnehmen;
se ~ einschrumpfen (Zeug); sich
Vorurteile in den Kopf setzen.
gripperie (gri-p'rī') f Mauserei.
gris, ~e (gri, grīß) grau; düster,
trübe; angetrunken.
grisaille (gri-ßa'j) f Grau n in
Grau (Malerei).
grisailler(ßă-je') grau anstreichen.
grisard (gri-ßã'r) m Dachs; See-
möve f.
grisâtre (gri-ßã'tr) ein wenig
grau. [nebeln.
griser (gri-ße') berauschen, be-
grisette (gri-ßä't) f Grisett(-zeug
n; id. (leichtlebiges junges Mädchen
der niebern Stände).
grisoller (ßŏ-le') trillern (Lerche).
grison, ~ne (ßõ', ßõ'n) 1. grau
(Haar). 2. m Grau-kopf, -bart:
Grau-tier n, Esel. 3. G~, G~ne
s. Graubündtner(in), pays m
des G~s Graubündten n.
grisonner(gri-ßŏ-ne') graues Haar
bekommen. [Drossel.
grive (grīw) f Krammetsvogel m;
grivelé, ~e (gri-w'le') grau und
weiß gesprenkelt.
grivois, ~e (wã', wã'ß) 1. lustig;
schlüpfrig. 2.s. lustiger Bursche,
resolutes Frauenzimmer.
grognard (grŏ-njã'r) m Brumm-
bär; alter Hau-degen.
grogner (grŏ-nje') grunzen; murren, brummen.
grogneur m, ~se f(grŏ-njõ'r, ~ß'f)
1. brummig. 2. s. Murrkopf;
Keifer(in).

grognon (grŏ-nįǫ') = grogneur.
grognonner (njŏ-ne') = grogner.
groin(grŏ-ǫ')mSchweine-schnauze f; Fratze f.
grolle (gröl) f Saatkrähe.
grommeler (grŏ-m'le') vor sich hinbrummeln.
gronder (grǫ-be')brummen, murren; dumpf rollen (vom Donner); v/a. (aus)schelten. [Reifen n.
gronderie (grǫ-b'rī')f Schelten n,
grondeur m, ~se f(grǫ-bö'r, ~ß'f) 1. mürrisch. 2. s. Zänker(in).
gros, ~se (gro, groß) 1. dick, stark; schwanger; groß; derb; stürmisch (Wetter). 2. m dickster Teil. Hauptsache f; marchand en ~ Großhändler; Groschen.
groseille (gro-sä̆'j) f Johannisbeere; ~ verte, ~ à maquereau Stachelbeere.
groseillier(gro-sä̆-jse') m Johannis-, Stachel-beerstrauch.
grosse (groß) 1. f von gros. 2. f Groß n (12 Dutzend); große Schrift; Abschrift einer Urkunde.
grosserie(gro-ß'rī')f Großhandel.
grossesse (gro-ßä̆'ß) f Schwangerschaft.
grosseur (ßö'r) f Dicke, Stärke.
grossier, ~ère (ßie', ßiä'r) grob; roh; gemein. [heit, Roheit.
grossièreté (gro-ßiä̆-r'te')f Grob-
grossir (gro-ßi'r) dicker machen, aufschwellen; v/n. stärker w.
grouillant, ~e (grū-jǫ', ~ǫ't) herumkrabbelnd. [n im Leibe.
grouillement (j'mǫ') m Knurren
grouiller (grū-je') sich rühren; wackeln (vom Kopfe); knurren; von etwas wimmeln.
groupe (grup) m Gruppe f.
grouper (gru-pe') gruppieren, zusammenstellen.
gruau (grü-o') m Grütze f; feinstes Weizenmehl; Kartoffelsago. [kopf m; Kran m.
grue (grü) f Kranich m; Dumm-

gruer(grü-e') zu Grütze mahlen.
gruger (grü-ǧe') mit den Zähnen zermalmen; verspeisen; fig. jem. um Hab und Gut bringen.
grugerie (grü-ǧ'rī') f Prellerei.
grume (grüm) m berindetes Holz.
grumeau (grü-mo') m Klümpchen.
grumeler (grü-m'le'): se ~ klümperig werden. [klümperig.
grumeleux, ~se (grü-m'lö', ~ö'f)
Gruyère(grü̆-jä̆'r)f Greierz n; fromage m de ~, g~ m Schweizerkäse. [passer à ~ durchwaten.
gué (ge) m Furt f, seichte Stelle;
guéable (gĕ-a'bl) durchwatbar.
guède (gä̆d) f Färberwaid n.
guéder (ge-de') mit Waid färben.
guéer (gĕ-e') durchwaten; Wäsche spülen; ein Pferd in die Schwemme reiten. [pl. Plunder m.
guenille (g'nī'j) f Lumpen m; ~s
guenon (g'nǫ') f Affenweibchen n; Meerkatze.
guêpe (gä̆p) f Wespe.
guêpier (gä̆-pie') m Wespennest n.
guère (gär): ne ... ~ nicht viel, wenig; nicht eben.
guéret (gĕ-rä̆') m Brach-acker; Flur f. [tisch.
guéridon (ge-rĭ-bǫ') m Leuchter-
guérir(gĕ-rĭ'r) I. v/a.heilen,gesund machen. II. v/n. genesen.
guérison (ge-rĭ-sǫ') f Heilung, Genesung. [Quacksalber.
guérisseur (ge-rĭ-ßö'r) m Heiler;
guérite (gĕ-ri't)f Schilderhaus n.
guerre (gär) f Krieg m.
guerrier m, ~ère f (gä̆-rie', ~iä'r) 1. kriegerisch. 2. s. Krieger(in).
guerroyer (roa-ie') Krieg führen.
guet (gä̆) m Lauer f; Wache f; Wachmannschaft f.
guet-apens (gä̆-tä-pǫ') m Hinterhalt; fig. Schlinge f.
guêtre (gä̆'tr) f Gamasche.
guetter (gä̆-te') belauern; erspähen. [Aufpasser(in).
guetteur m, ~se f (gä̆-tö'r, ~tö'f)

gueulard (gö-lä'r) 1. m Schreihals; Fresser. 2. a. hartmäulig (Pferd). [Mündung.

gueule (göl) f Maul n; Öffnung,

gueulée (gö-lē') f ein Maul voll.

gueuler (gö-le') e. großes Maul h.

gueules (göl) m bl. rote Farbe.

gueusaille (gö-sa'j) f Bettelvolk n.

gueusard (gö-sa'r) m Lump von einem Bettler. [gueux.

gueuse (gös) f Eisen-Gans; v.

gueuserie (gö-s'rī') f Bettel-armut; Bettelei.

gueux m, ~se f (gö, gös) 1. bettel-arm; armselig. 2. s. Bettler; Lump; liederliches Weibsbild; les ~ pl. die niederländischen Geusen. [baum.

gui (gi) m: ♀ Mistel f; ⚓ Giet-Gui (gi) m Guido, Veit.

guichet (gi-schæ') m Einlaßförtchen n; kleine Thür in einer großen; Schalter. [Schließer.

guichetier (gi-sch'tiē') m Pförtner,

guide (gīd) 1. m Wegweiser, Führer. 2. f Leine; à grandes ~s vierspännig vom Bock.

guide-âne(gīd-ä'n) m Eselsbrücke.

guider (gi-de') führen, leiten.

guidon (gi-dø') m Standarte(n-junker) f; Absteckfähnchen n; ~ de renvoi Hinweisungszeichen n.

guigne (ginj) f Süßkirsche.

guigner (gi-nje'): ~ qc. nach et. hinschielen; auf et. spekulieren.

guignon (gi-njø') m Unglück n im Spiel; Pech n. [ärgerlich.

guignonant, ~e (njö-ng', ~ng't)

guillage (gi-ja'G) m Gährung f des jungen Biers.

Guillaume (gi-jō'm) m Wilhelm.

Guillelmine (gi-jěl-mi'n) f Wilhelmine.

guillemet (gi-j'mæ') m Anführungszeichen n. [helmine.

Guillemette (gi-j'næ't) f Wil-

guiller (gi-je') Hefen auswerfen.

guilleret, ~te (gi-j'ræ', ~æ't) aufgeweckt; etwas schlüpfrig.

Guillibaud (ji-bō') m Willibald.

guillocher (gi-jö-sche') mit verschlungenen Kreislinien verzieren.

guilloire (gi-jsä'r) f Gährbottich.

guimauve (gi-mō'w) f Eibisch m; pâte f de ~ Lederzucker m.

guimbarde (gæ-bä'rb) f Frachtwagen m; Maultrommel.

guimpe (gæ'p) f Brusttuch n der Nonnen; ärmelloses Leibchen.

guindage(gæ-ba'G) m Aufwinden.

guindal (gæ-bä'l) m Schiffswinde.

guindé, ~e (be') geschraubt (Stil).

guinder (~) in die Höhe winden, aufhissen.

guingois (gæ-gsä') m das Schiefe, Verschrobene; de ~ schief.

guinguette (gæ-gæ't) f Schenke.

guiper (gi-pe') mit Seide überspinnen.

guipure (pü'r) f id. (mit gedrehter Seide übersponnene Spitze.

guise (gīs) f Art, Sitte, Gebrauch.

Guise(güis): duc m de ~ Herzog v. Guise. [Schmecken n.

gustation (gü-ßtä-ßø') f Kosten n,

gustuel, ~le (gü-ßtü-æ'l, ~æ'l) Geschmacks-... [baum.

guttier (gü-tiē') m Gummigutt-

guttural, ~e (tü-rä'l) zur Kehle gehörig, Kehl-...

gymnase (gi-mnä'ß) m Turn-Anstalt, -Platz; dtsch. Gymnasium.

gymnastique (gi-mnä-ßti't) 1. f Turnkunst; faire de la ~ turnen. 2. a. gymnastisch.

H.

(Das Hälchen vor dem h bezeichnet, daß dieses aspiriert ist).

habile (ă-bi'l) geschickt, gewandt; emsig, flink; ~ à succéder erbfähig. [keit.

habileté (ă-bi-l'te') f Geschicklich-

habilitation (ă-bĭ-lĭ-tā-ßᴏ̃') f Rechtsfähigkeits-Erteilung.

habilité (ă-bĭ-lĭ-te') f (Erb- ꝛc.) Fähigkeit. [fähigen.

habiliter (ă-bĭ-lĭ-te') rechtlich be-

habillage (ă-bĭ-ja'Ǥ) m Zurichten n des Geflügels ꝛc.; Ausschlachten n eines Kalbes.

habillant, ~e (bĭ-ja', ~ā̆'t) kleidsam. [dung f.

habillement (ă-bĭ-j'ma') m Klei-

habiller (ă-bĭ-je') (an-, be-)kleiden; einkleiden; als Schneider für jem. arbeiten; gut ꝛc. kleiden, stehen; in Papier einschlagen; zustutzen, zurechtmachen; s'~ sich anziehen; sich kleiden.

habilleur m, ~se f (ă-bĭ-jŏ̄'r, ~ᵭ'ß) Anzieher(in); Theaterschneiderin; Zurichter; Ausschlachter.

habit (ă-bi') m Kleid n, Gewand n; Leibrock; Frack; Ordenskleid n.

habitable (ă-bĭ-ta'bĭ) bewohnbar.

habitacle (ă-bĭ-tā'kl) m Kompaßhäuschen n.

habitant m, ~e f (ă-bĭ-ta', ~tā̆'t) Be-, Ein-wohner(in).

habitation (tā-ßᴏ̃') f Wohnung; Wohnen n; Fund-ort m von Pflanzen.

habiter (ă-bĭ-te') (be)wohnen.

habitude (tü'b) f Gewohnheit.

habitué(ă-bĭ-tü-e')m Stammgast; Pfarrgehülfe.

habituel, ~le (ă-bĭ-tü-ĕ'l, ~ĕ'l) zur Gewohnheit geworden, gewöhnlich.

habituer (ă-bĭ-tü-e') gewöhnen.

‖hâbler (a-ble') prahlen. [rei.

‖hâblerie (blŭ-rĭ') f Großsprecheᵣ

‖hâbleur m, ~se f (a-blŏ̄'r, ~ᵭ'ß) Aufschneider(in).

‖hache (ăsch) f Axt, Beil n.

‖hache-paille (ăsch-pa'j) m Futter-schneide f. [fieren.

‖hacher(ă-sche') zerhacken; schraf-

‖hachereau (ă-sch'ro') m kleines Beil.

‖hachette (ă-schæ't) f Handbeil.

‖hachis(schĭ') m gehacktes Fleisch.

‖hachoir (ă-schᴏ̃ā'r) m Hack-brett n, -messer n; Hau-block.

‖hachure(schü'r)f Schraffierung.

‖hagard, ~e (ă-gā'r, ~ā̆'rb) wild, verstört, scheu. [mauer).

‖haha(ă-a') m Durchblick (Garten-

‖haie (æ̂) f Hecke; Zaun m; Reihe von Personen, Spalier n.

‖haillon(a-jᴏ̃')m Lumpen,Lappen.

‖Hainaut (æ̂-nŏ̄') m Hennegau.

‖haine (æ̂n) f Haß m.

‖haineuᵣ, ~se (æ̂-nŏ̄', ~ᵭ'ß) haß-

‖haïr (ă-ĭ'r) hassen. [süchtig.

‖haire (ær) f härenes Gewand, Bußkleid n. [wert.

‖haïssable (ă-ĭ-ßa'bĭ) hassens-

‖halage (ă-la'Ǥ) m Ziehen n der Schiffe. [Ente.

‖halbran (ăl-bra') m junge wilde

‖hâle (āl) m Sonnenbrand; trockener Ost- ob. Nord-wind.

‖hale-bas ⚓ (al-ba') m Niederholer.

haleine (ă-læ̆'n) f Atem; Hauch.

halenée (ă-lŭ-nĕ') f übelriechender Hauch. [ren; v/n. atmen.

halener (ă-lŭ-ne') wittern; spü-

‖haler (ă-le') anholen, heranziehen; Hunde hetzen; v/n. umsetzen (vom Winde).

‖'**hâler**(a-le') die Haut bräunen; die Pflanzen börren. [chenb.

‖'**haletant**, ⸗e (ă-l'tₐ, ⸗ā̆'t) keuchend.

‖'**haleter** (ă-l'te') keuchen.

‖'**haleur** (a-lȫr) m Schiffszieher.

‖'**halle** (al) ƒ Markthalle. [barde.

‖'**hallebarde** (ă-l'bä̆'rd) ƒ Helle⸗

‖'**hallier** (ă-lĭē') m 1. Hallenvogt; Standkrämer. 2. Dickicht n, Gebüsch n; ch. Netz n.

hallucination (ăl-lŭ-ßĭ-nā-ßiǫ̆')ƒ id., Sinnentäuschung. [Monb.

‖'**halo** (ă-lo) m Hof um Sonne und

‖'**halo**... (ă-lo...) in Zsg.: Salz⸗..., ꝛc. ‖'halographie ƒ Salzbe⸗ schreibung.

‖'**halte** (ălt) 1. ƒ Halt m, Rast⸗ (platz m). 2. int. halt!; ⸗là! nicht weiter!

‖'**haltère** (ăl-tā̆'r) m Hantel.

‖'**hamac** (ă-mă̆'k) m Hängematteƒ.

‖'**hameau** (ă-mo') m Dörfchen n.

hameçon (ă-m'ßǫ̆') m Angelhaken; fig. Schlinge ƒ.

‖'**hampe** (ā̆p) ƒ Lanzen⸗. Fahnen⸗ Schaft m; Pinselstock m; Brust des Hirsches.

‖'**hamster** (ăm-ßtā̆'r) m Hamster.

‖'**hanap** (ă-nă̆'p) m Humpen.

‖'**hanche** (ā̆sch) ƒ Hüfte; Hanke.

‖'**hangar** (ą-gā̆'r) m (Wagen⸗) Schuppen.

‖'**hanneton**(ă-n'tǫ̆) m Mai⸗käfer; fig. Unbesonnene(r).

‖'**hanse** (ā̆ß) ƒ Hansa.

‖'**hanter** (ą-te') oft besuchen; mit j-m umgehen. [Krampe.

‖'**happe** (ă̆p) ƒ Achsenblech n;

‖'**happe-chair** (ă̆p-schā̆'r) m Men⸗ schenschinder.

‖'**happelourde**(ă-p'lŭ'rd)ƒfalscher Edelstein; hübscher, aber dum⸗ mer Mensch.

‖'**happer** (ă-pe') erhaschen; er⸗, weg⸗schnappen; v/n. an der Zunge festkleben.

‖'**haquenée** (ă-k'nē') ƒ Zelter m.

‖'**haquet** (ă-kä̆') m Rollwagen.

‖'**haquetier**(ă-kĭ-tĭē') m Kärrner.

‖'**harangue** (ă-rā̆'g) ƒ lange feier⸗ liche Anrede.

‖'**haranguer** (rą-ge') feierlich an⸗ reden; abs. e⸗e Ansprache halten.

‖'**harangueur** (ă-rą-gȫr) m Red⸗ ner, Wortführer.

‖'**haras** (ă-ra') m Gestüt n.

‖'**harasser** (ă-rä-ße') abmatten, abtreiben.

‖'**harcèlement** (ßă̆-l'mą') m Nek⸗ ken; Beunruhigung des Feindes.

‖'**harceler** (ăr-ß'le') plagen, quä⸗ len; necken.

‖'**harde** (ărd) ƒ Rudel n Wild; Koppelriemen m für 4 oder 6 Hunde; v. hardes. [koppeln.

‖'**harder** (ăr-de') Hunde zusammen⸗

‖'**hardes** (ărd) ƒ/pl. Kleidungs⸗ stücke n, Sachen.

‖'**hardi**, ⸗e (ăr-bi') dreist, kühn.

‖'**hardiesse** (ăr-bĭæ̆'ß) ƒ Dreistig⸗ keit, Kühnheit.

‖'**harem** (ă-rä̆'m) m Harem.

‖'**hareng** (ă-rą') m Hering; ⸗ fumé Bückling; ⸗ vierge Matjes⸗H.

‖'**harengaison** (ă-rą-gæ̆-ßǫ̆')ƒZeit des Heringsfanges.

‖'**harengère**(ă-rą-Gā̆'r)ƒHerings⸗ weib n; Schandmaul n.

‖'**hargneux**, ⸗se (ăr-njö̆', ⸗njö̆'ß) mürrisch, zänkisch; bissig.

‖'**haricot** (ă-rĭ-ko') m Bohne ƒ; ⸗ de mouton Hammelfleisch n mit Kartoffeln und Rüben.

‖'**haridelle** (ă-rĭ-bæ̆'l) ƒ Schind⸗ mähre; hageres Weibsstück,Reff.

‖'**harle** (ărl) m Tauch-ente ƒ.

harmonieux, ⸗se (ăr-mǫ-niö̆', ⸗ niö̆'ß) harmonisch.

harmoniser (nĭ-ße') in Harmonie bringen. [an⸗, auf⸗schirren.

‖'**harnacher** (ăr-nă̆-sche') Pferde

‖'**harnacheur** (schö̆'r) m Pferde⸗ anschirrer; Riemer.

‖'**harnais** (næ̆') m (Pferde⸗)Geschirr n, Sattel⸗ und Zaum-zeug n; ehm. Harnisch, Rüstung ƒ.

‖*haro* (a-ro') m id. n, Zeterge-
geschrei n. [Geizhals.
Harpagon (är-pă-gǫ') m id.;
‖'harpe (ärp) f Harfe.
‖'harpeau (är-po') m Enterhaken.
‖'harper (är-pe') kräftig packen;
v/n. ~ d'une jambe den Hahnentritt haben. [nist(in).
‖'harpiste (är-pi'ßt) s. Harfe-
‖'harpon (är-pǫ') m Harpu'ne f.
‖'harponner (är-pŏ-ne') harpunieren. [m zum Henken.
‖'hart (är) f Weidenband n; Strick
‖'hasard (ă-ßā'r) m Zufall, Ungefähr n; Gefahr f.
‖'hasarder (ßär-be') wagen, aufs
Spiel setzen.
‖'hasardeux, ~se (ă-ßär-bö', ~ö'ß)
gewagt; verwegen.
‖'hase (āß) f Häsin.
hast (äßt): arme f d'~ Stoß-
waffe mit Schaft.
‖'hâte (āt) f Eile, Hast.
‖'hâter (a-te') beschleunigen, be-
eilen; se ~ sich sputen.
‖'hâtif, ~ve (a-ti'f, ~i'w) frühzeitig, -reif. [f, -birne f.
‖'hâtiveau(a-ti-wo')m Früh-erbse
‖'hâtiveté (a-ti-w'te') f Früh-
zeitigkeit.
‖'hauban (o-bǫ') m Want-tau n.
‖'haubaner (o-bă-ne') mit Want-
tauen befestigen.
‖'haubergeon (o-bär-ǫ') m Pan-
zerhemdchen n.
‖'haubert (o-bā'r) m Panzerhemb.
‖'hausse (ōß) f erhöhender Untersatz;
Preis-erhöhung, id.
‖'hausse-col(ōß-kō'l) m ehm.Hals-
unb Brust-schild der Offiziere.
‖'haussement (o-ßmg') m Erhöhen n; ~ d'épaules Achsel-
zucken n.
‖'hausser (o-ße') höher machen,
erhöhen; die Achseln zucken; v/n.
steigen, anwachsen.
‖'haut, ~e (ō, ōt) 1. hoch; H~e
Allemagne Oberdeutschland n;

bedeutend, gewaltig; hochmütig,
stolz; laut, hell; ~ mal fallende
Sucht. 2. m Gipfel, Spitze f.
‖'hautain, ~e (o-tǎ', ~æn) hochmü-
‖'hautbois (bǎ') m Obo'-e f. [tig.
‖'haut-de-chausse(s) (o-b'schō'ß)
m, pl.~s-~-~(s) ehm.Knie-hosen.
‖'haute-contre ♂ (ot-kǫ'tr) f Alt
m; Altist(in f) m.
‖'haute-lisse (ot-li'ß) f hochschäf-
tige Tapete. [Ober-Lausitz.
‖'Haute-Lusace (ot-lü-ßā'ß) f
‖'hautement (o-tmg') frei heraus.
‖'Hautesse (tä'ß) f Hoheit (Titel
des Sultans). [Teno'r.
‖'haute-taille (ot-ta'j) f erster
‖'hauteur (o-tö'r) f Höhe; fig.
Hoheit; Hochmut m; Anhöhe.
‖'haut-le-corps (o-lĭ-kō'r) m Ruck;
Sprung. [aus Havana.
‖'havanais, ~e (ă-wă-næ', ~næ'ß)
‖*Havane* (ă-wa'n) 1. la ~ die
Havana. 2. h~ m Havana-
Cigarre f.
‖'hâve (āw) abgezehrt, blaß.
‖'haveron (ă-w'rǫ') m Flughafer.
‖'havir (ă-wī'r) durch jähe Hitze
im Ofen von außen verbrennen.
‖'havre (ā'wr) m ehm. See-hafen;
jetzt: Flut-, Zeit-hafen.
‖'havresac (āwr-ßä'k) m Ranzen,
Ränzel n; ehm. Tornister.
‖'Haye (æ): la ~ der Haag.
‖'hayer (æ-ke') eine Hecke machen.
‖'heaume (ōm) m Helm.
hebdomadaire (ĕb-bŏ-mă-bā'r)
wöchentlich.
héberger (ĕ-bär-ǫe') beherbergen.
hébétant, ~e (ĕ-be-tǫ', ~tǫ't) ab-
stumpfend. [nige(r).
hébété (ĕ-be-te') m Stumpfsin-
hébéter (ĕ-be-te') stumpfsinnig
machen. [sinnigkeit.
hébétude (ĕ-be-tü'b) f Stumpf-
hébraïser (ĕ-brä-ĭ-ße') Hebrä-isch
treiben; hebrä-ische Ausdrücke
brauchen. [2. H~ m Hebräer.
hébreu (ĕ-brö') 1. hebrä-isch.

hect... (ĕ-ĭt...), ~o... (ĕ-ĭto...) in
3ſſg.: Hundert-..., ¡B. hectare m
Heïta'r n, Maß von 100 Aren.
hectique(ĕ-ĭti'ï)heïtiſch,ſchwind-
ſüchtig.   [zehrung.
hectisie (ĕ-ĭtī-ſī') ƒ Ab-, Aus-
hecto... v. hect..
hégire (ĕ-Ĝī'r) ƒ Hedſchra.
hélas (ĕ-lā'ß) ach! leider!
‖'héler (e-lē') ein Schiff anrufen.
hélianthe (ĕ-lī-ā̆'t) ƒ Sonnenblume.
hélice(lī'ß)ƒSchraubenlinie; vaisseau m à ~ Schraubendampfer.
hélicé, ~e, hélicoïde (ĕ-lī-ße', ĕ-
lī-ïŏ-ĭ'b) ſchrauben-förmig.
hélio... (ĕ-lī-o...) m 3fg.: Son-
nen-..., ¡B. héliotrope m Son-
nenwende ƒ, Heliotrop n.
héma(to)... (ĕ-ma(-to)...) in 3ſſg.:
Blut-..., ¡B. hématose ƒ Blut-
bereitung.
hémi... (ĕ-nti ..) in 3ſſg.: Halb-...,
¡B. hémicycle m Halbïreis,
Amphitheater n.   [vers.
hémistiche (ĕ-nĭ-ßtī'ſch) m Halb-
hémorragie (ĕ-nŏr-rǎ-Ĝī') ƒ
Blutſturz m.
hendéca... (ĝ-bĕ-ïa...) in 3ſſg.:
elf-..., ¡B. hendécagone 1. elf-
eckig. 2. m Elf-eck n.
‖'hennir (ĕ-nī'r u. ä~) wiehern.
‖'hennissement(ä-nĭ-ßmŋ'u.ä~)
m Gewieher n.
‖'hennuyer m, ~ère ƒ (ä-nü̆-ſē',
~ĭā'r) 1. aus dem Hennegau.
2. H~, ~ère s. Hennegauer(in).
‖'Henri (ĝ-rī') m Heinrich.
‖'henriquinquiste (rĭ-ïĝ-ïi'ßt) m
Anhänger Heinrichs V.
hépatique (ĕ-pa-tī'ï) Leber-...
hépatite (ĕ-pa-tī't) ƒ Leber-ent-
zündung, -ſtein m.
hept... (ĕ-pt...) in 3ſſg.: ſieben-...,
¡B.heptaèdre mSiebenflächner.
héraldique(ĕ-rǎl-bī'ï) Wappen-...
‖'héraut (ĕ-rō') m Herold.   [tig.
herbacé, ~e (ăr-ba-ße') ïraut-ar-

herbage(ăr-ba'Ĝ) m Kräuterwerï
n; Gras-, Weide-plaß.
herbager (bä-Ĝe') m Viehmäſter.
herbe (ărb) ƒ Gras n; Kraut n;
mauvaise ~ Unïraut n.
herber (ăr-be') auf bem Graſe
bleichen.   [Wachsbleiche.
herberie (ăr-b'rī') ƒ Krautmarkt;
herbette (ăr-bä't) ƒ zartes Gras.
herbeux, ~se (ăr-bŏ', ~bŏ'ſ) mit
Gras bewachſen.
herbier (ăr-bīe') m Herba'rium n;
Buch n über Pflanzenïunde;
Grasſchuppen.
herbière (ăr-bĭā'r) ƒ Kräuterhänd-
lerin; Graspflückerin.
herbivore (ăr-bĭ-wŏ'r) ïräuter-
freſſend.   [Pflanzenſammler.
herborisateur (ăr-bŏ-rĭ-ſa-tŏ'r) m
herboriser (rĭ-ſe') botaniſieren.
herboriste(ăr-bŏ-rī'ßt) s.Kräuter-
händler(in).
herbu, ~e (ăr-bü') graſig.
‖'hère (ăr) m armer Teufel;
Spießhirſch.   [Erb-...
héréditaire (ĕ-re-bĭ-tā̆'r) erblich,
hérédité(ĕ-re-bĭ-te')ƒ Eigenſchaft
als Erbe; Erbſchaft; Erbrecht n.
hérésie (ĕ-re-ſī') ƒ Keßerei.
hérétique (ĕ-re-tī'ï) 1. keßeriſch.
2. s. Keßer(in).
‖'hérissé, ~e (ĕ-rĭ-ße') emporge-
richtet, borſtig; ~ de qc. von et.
ſtroßend.
‖'hérisser(ĕ-rĭ-ße') bie Haare, Febern
ſträuben; beſpiïen, ſtachel-ähn-
lich umſtarren; mit Mörtel rauh
bewerfen.
‖'hérisson (ĕ-rĭ-ßǫ') m Igel.
héritage (ĕ-rĭ-ta'Ĝ) m Erbe n,
Erbſchaft ƒ.
hériter (ĕ-rĭ-te') erben.
héritier m, ~ère ƒ (ĕ-rĭ-tĭē', ~ĭā'r)
Erbe, Erbin. [Luftbichtigïeit.
herméticité (ăr-me-tĭ-ßĭ-te') ƒ
hermétique (ăr-mĕ-tī'ï) luftbicht,
hermetiſch; colonne ƒ ~Hermen-
ſäule.

hermine (ăr-mĭ'n) f Hermelin
(-pelz m) n. [lin besetzen.
herminer(ăr-mĭ-ne') mit Herme-
‖'herniaire (ăr-nĭä'r) Bruch-...,
bandage m ⌣ Bruchbaub n.
‖'hernie (ăr-nĭ') f path. Bruch m.
‖'hernute (ăr-nü't) s. Herrnhu-
ter(in).
héroïne (ĕ-rŏ-ĭ'n) f Helbin.
héroïque (ĕ-rŏ-ĭ'k) heldenmütig.
héroïsme (ĭ'ȝm) m Heldenmut.
‖'héron (ĕ-rǫ') m Reiher.
‖'héros (ĕ-rō') m Held.
‖'herpe (ărp) f Klaue des Hundes.
‖'herse (ărȝ) f Egge; Fallgatter n.
‖'herser (ăr-ȝe') eggen.
‖'herseur (ăr-ȝö'r) m Egger.
hésitation (ĕ-ȝĭ-tā-ȝĭǫ') f Un-
schlüssigkeit; Anstoßen n beim
Reden.
hésiter (ĕ-ȝĭ-te') schwanken, zaudern; beim Reden anstoßen.
hétéro... (ĕ-te-ro...) in Zfg.: an-
ders-..., fremd-..., z. B. hétéro-
doxe anders-, irr-gläubig.
‖'hêtre (ǣ'tr) m Buche f.
‖'heu (ō) ⌣! ⌣! hm! hm! so! so!
heur (ör) m Glück n.
heure (ör) f Stunde; à l'⌣ stun-
benweise; de bonne ⌣ früh; de
meilleure ⌣ früher; tout à l'⌣
eben erst; sogleich; à la bonne ⌣
so laß ich mir's gefallen; quelle
⌣ est-il? was ist die Uhr; il est
six ⌣s es ist 6 Uhr; livre d'⌣s
Gebetbuch n; les H⌣s die Horen.
heureusement (ö-rö-ȝ'mǫ') glück-
licherweise. [lich.
heureux, ⌣se (ö-rö', ⌣rö'ȝ) glück-
‖'heurt (ör) m Stoß.
‖'heurter (ör-te') (an)stoßen; ⌣ q.
bei j-m Anstoß erregen; v/n.
anklopfen.
hexa... (ĕ-gȝă...) in Zfg: sechs-...,
z. B. hexagone: 1. sechs-eckig.
2. m Sechseck n. [lich.
hibernal, ⌣e (ĭ-băr-nä'l) winter-
hiberner(ne') Winterschlaf halten.

‖'hibou (ĭ-bu') m Eule f.
‖'hic (ĭk) m Hauptschwierigkeit f.
‖'hideur (ĭ-dö'r) f Scheußlichkeit.
‖'hideux, ⌣se (bö', dö'ȝ) scheußlich.
‖'hie (ĭ) f Ramme.
hièble ♀ (ĭǣ'bl) f Attich m.
hiémal, ⌣e (ĭ-e-mä'l) winterlich.
hier (ĭär) gestern.
‖'hier (ĭ-e') einrammen.
hilarité (ĭ-lă-rĭ-te') f Heiterkeit.
hipp(o)... (ĭp-p(o)...) in Zfg.: Roß-
..., z. B. hippiatrie f Roßarznei-
kunde. [Milpferb n.
hippopotame (ĭp-pŏ-pŏ-ta'm) m
hircin, ⌣e(ĭr-ȝǫ', ⌣ȝĭ'n)bocksartig.
hirondelle(ĭ-rǫ-bǣ'l) f Schwalbe.
hispide (ĭ-ȝpĭ'b) borsten-artig.
‖'hisser (ĭ-ȝe') aufhissen, in die
Höhe ziehen.
histoire (ĭ-ȝtǟ'r) f Geschichte.
historien(ĭ-ȝto-rĭǫ') m Geschicht-
schreiber.
historier (ĭ-ȝto-rĭ-e') ein Gemälde
mit Berücksichtigung des Ge-
schichtlichen behandeln; eine Erzählung ꝛc. ausschmücken.
historiette (ĭ-ȝto-rĭǣ't) f Ge-
schichtchen n.
historique (ȝtŏ-rĭ'k) 1. geschicht-
lich. 2. m geschichtliche Zusammenstellung.
histrion (ĭ-ȝtrĭ-ǫ') m Komödiant.
hiver (ĭ-wǟ'r) m Winter.
hivernage (wär-na'Q) m Winter-
zeit f, -bestellung f, -hafen.
hivernal, ⌣e (nä'l) winterlich.
hiverner(ĭ-wǟr-ne') überwintern;
v/a. vor dem Winter bestellen.
‖'hobereau (ŏ-b'ro') m Baum-
falke; Krautjunker.
‖'hoche (ŏsch) f Kerbe.
‖'hochement (ŏ-schmǫ') m: ⌣ de
tête Kopfschütteln n.
‖'hochepot (ŏsch-po') m Fleisch-
ragout n mit Rüben.
‖'hochequeue (ŏsch-kö') m Bachstelze f. [schütteln; einkerben.
‖'hocher (ŏ-sche') rütteln; den Kopf

‖'*hochet*'(ŏ-ſchæ')mₘRinderklapper
f für zahnende Rinder; Spielzeug
n; Tand; Steckenpferd *n*.

hodomètre (ŏ-bŏ-mæ'tₑ) *m* Wege-
meſſer.

hoir (ᷓr) *m* Leibeserbe.

hoirie (ᷓ-rĭ') *f* Erbſchaft.

‖'*holà* (ŏ-la') 1. holla, he! 2. *m*
mettre le ~ Frieden gebieten.

‖'*hôler* (o-le') ſchreien (Eule).

‖'*Hollandais* *m*, ~e *f* (ŏ-lₐ-bᷓ',
~bᷓ'ſ) Holländer(in).

holo... (ŏ-lo...) in Zſſg.: ganz-...,
ȷℬ. holobranches *m*/*pl*. Ganz-
kiemer.   [Opfer *n*.

holocauste (ŏ-lŏ-ſo'ſt) *m* Sühn-

‖'*homard* (ŏ-ma'r) *m* Hummer.

homélie (ŏ-me-lĭ') *f* Homili'e
(Erklärung eines Bibel-abſchnittes als
Predigt).

homicide (ŏ-mĭ-ſĭ'b) *m* 1. Mörber; ~ de soi-même Selbſtmör-
ber. 2. Totſchlag, Mord. 3. *a*.
mörderiſch.   [*f*.

hommage (ŏ-ma'G) *m* Huldigung

hommager (ŏ-mᷓ-Ge') *m* Lehns-
mann.

hommasse(ŏ-ma'ß) bäßlich-männ-
lich; femme *f* ~ Mannweib *n*.

homme (ŏm) *m* Menſch; Mann;
~ d'affaires Geſchäftsführer; ~
de lettres Litterat.

hommée (ŏ-mē') *f* Tagewerk *n*
eines Pflügers.

homo...(ŏ-mo...) in Zſſg.: gleich-...,
ȷℬ. homogène gleich-artig.

homonyme(ŏ-mŏ-nĭ'm) 1. gleich-
lautenb. 2. *m* Namensvetter;
gr. Homony'm *n*.   [Wallach.

‖'*hongre* (ᷓ'gr) *m*, auch: cheval ~

‖'*hongrer* (ᷓ-gre') wallachen; kaſ-
trieren.

‖'*Hongrie* (ᷓ-grĭ') *f* Ungarn *n*.

‖'*hongrois*, ~e (grᷓ',grᷓ'ſ) 1.un-
gariſch. 2.H~, H~ₑ s.Ungar(in).

‖'*hongroyer* (ᷓ-grᷓ-ſe') Leder un-
gariſch bereiten.

honnête (ŏ-nᷓ't) (wohl-)anſtän-

big, ſchicklich; ehrenvoll; ehrbar,
züchtig; rechtſchaffen, bieder;
homme ~ höflicher Mann.

honnêteté (ŏ-næ-tĭ-te') *f* Schicklichkeit; Ehrbarkeit; Rechtlich-
keit; Höflichkeit.

honneur (ŏ-nᷓ'r) *m* Ehre *f*;
faire ~ à une lettre de change
einen Wechſel honorieren, bezahlen; ~s *pl*. Ehren-bezei-
gungen *f*, -ſtellen *f*; faire les
~s den Wirt machen.

‖'*honnir* (ŏ-nĭ'r) verhöhnen; ~i
soit qui mal y pense e. Schelm,
der Schlechtes babei benkt.

honorabilité (ŏ-nŏ-ra-bĭ-lĭ-te') *f*
Ehrenhaftigkeit.   [voll, -wert.

honorable (ŏ-nŏ-ra'bₗ) ehren-

honoraire(ŏ-nŏ-rᷓ'r) 1. Ehren-...,
Titular-... 2. *m* Honora'r *n*.

Honoré (ŏ-nŏ-re') *m* Hono'rius.

honorer (ŏ-nŏ-re') ehren, wert
halten; ~ de qc. mit etwas be-
ehren.   [bringenb.

honorifique (ŏ-nŏ-rĭ-fĭ't) ehre-

‖'*honte* (ᷓt) *f* Scham; avoir ~
ſich ſchämen; Schande.

‖'*honteux*, ~se (ₐ-tö', ~tö'ſ) be-,
ver-ſchämt, blöbe; ſchändlich;
parties *f*/*pl*. ~ses Schamteile
m/*pl*. [~ militaire Lazarett *n*.

hôpital (ŏ-pĭ-tᷓ'l) *m* Hoſpita'l *n*;

‖'*hoquet* (ŏ-kᷓ') *m* Schluck-auf.

‖'*hoqueter* (ŏ-k'te) ben Schluchzen haben.

horaire (ŏ-rᷓ'r) Stunden-...

‖'*horde* (ᷓrb) *f* Horbe.

‖'*horion* (o-rĭ-ₐ') *m* Kopfnuß *f*.

horizon (ŏ-rĭ-ſₐ') *m* Geſichtskreis.

horloge (ŏr-lŏ'G) *f* (Turm-)Uhr.

horloger(ŏr-lŏ-Ge') *m* Uhrmacher.

horlogerie (ŏr-lo-G'rĭ') *f* Uhr-
macherei; Uhren-fabrik, -han-
bel *m*.   [außer.

‖'*hormis* (ŏr-mĭ') ausgenommen,

horo... (ŏ-rŏ...) in Zſſg.: Stunden
..., ȷℬ. horométrie *f* Stunden-
meſſungskunde.

horreur (ŏr-rō'r) *f* Entſetzen *n*,
Schauder *m*; Abſcheu *m*; Gräuel-
that. [ſcheulich.
horrible (ŏr-rĭ'bĭ) entſetzlich, ab-
‖'hors (ŏr) 1. außerhalb; außer;
~ d'ici! hinaus! marſch!; ~ de
prix übermäßig teuer. 2. *adv.*
braußen.
‖'hors-d'œuvre (or-bō'vr) *m* Bei-,
Neben-werk *n*; Nebengericht *n*
nach der Suppe; Anbau.
horticulture (ŏr-tĭ-kŭl-tū'r) *f*
Gartenbau *m*. [Lobgeſang.
hosanna(ŏ-ſän-na') *m* Hoſianna *n*;
hospice (ŏſpĭ'ß) *m* Hoſpiz *n*; Ar-
men-, Kranken-, Findel-haus *n*.
hospitalier, ~ère (ŏ-ſpĭ-tă-lĭe',
~lĭä'r) gaſtfrei, gaſtlich.
hospitalité (ſpĭ-tă-lĭ-te') *f* Gaſt-
freundſchaft, -freiheit.
hostie (ŏ-ſtĭ') *f* Opfer(tier) *n*; geweihte Hoſti-e. [ſelig.
hostile (ŏ-ſtĭ'l) feindlich, feind-
hostilité (ŏ-ſtĭ-lĭ-te') *f* Feind-
ſeligkeit. [Wirt(in); Gaſt.
hôte *m*, ~sse *f* (ōt, ŏ-tæ'ß)
hôtel (ŏ-tæ'l) *m* vornehmes Privat-
Haus *n*; maître d'~ Haushofmeiſter; großes öffentliches Gebäude; ~ de ville Rathaus *n*;
id. *n*, großer Gaſthof.
Hôtel-Dieu (ŏ-tæl-bĭō') *m* Kran-
kenhaus *n*. [Gaſtwirt(in).
hôtelier *m*, ~ère *f* (ŏ-t'lĭe', ~lĭä'r)
hôtellerie (ŏ-tæ-l'rĭ') *f* Herberge.
‖'hotte (ŏt) *f* Tragkorb *m*, Butte.
‖'hottée (ŏ-te') *f* e. Tragkorb voll.
‖'hotter (te') in der Butte tragen.
‖'hotteur *m*, ~se *f* (ŏ-tō'r, ŏ-tō'ſ)
Buttenträger(in).
‖'houblon (u-blǫ') *m* Hopfen.
‖'houblonner (u-blŏ-ne') hopfen.
‖'houblonnière (nĭä'r) *f* Hopfen-
‖'houe (ū) *f* Hacke. [feld *n*.
‖'houer (ū-e') umhacken.
‖'houille (uĭ) *f* Steinkohle.
‖'houiller, ~ère (ū-ſe', ū-ſĭä'r) koh-
lenhaltig.

‖'houillère(ū-ſĭä'r)*f* Steinkohlen-
grube. [arbeiter.
‖'houilleur (ſŏ'r) *m* Steinkohlen-
‖'houilleux, ~se (ū-ſŏ', ū-ſŏ'ſ)
(ſtein-)kohlenhaltig. [welle.
‖'houle ⚓(ūl)*f* hohle See; Schlag-
‖'houlette (u-læ't) *f* Hirtenſtab.
‖'houleux, ~se (u-lŏ', u-lŏ'ſ) hohl-
gehend.
‖'houppe (up) *f* Quaſte; Haar-
büſchel *m*. [Überrock.
‖'houppelande (u-p'lä'b)*f* weiter
‖'houpper (u-pe') mit Quaſten
verſehen; Wolle kämmen.
‖'houque (uk) *f* Honiggras *n*.
‖'hourdage (ūr-ba'G) *m* rauhes
Mauerwerk aus Feldſteinen.
‖'hourder (ūr-be') rauh aus Brok-
ken aufführen.
‖'hourvari(ūr-wă-rĭ') 1. *ch.* hierher, ſuch! 2. *m* Lärm.
‖'houspiller (u-ſpĭ-je') herum-
zauſen, mißhandeln. [gebüſch.
‖'houssaie (ßæ') *f* Stechpalmen-
‖'housse(uß)*f* Schabracke; Möbel-
überzug; Decke des Kutſcherbocks.
‖'housseau (u-ßo') *m* große Stecknadel.
‖'housser (u-ße') abſtäuben.
‖'houssette (u-ßæ't) *f* Schnapp-
ſchloß *n*.
‖'houssine (u-ßĭ'n) *f* Reitgerte.
‖'houssiner (u-ßĭ-ne') mit einer
Gerte ausklopfen. [ſen.
‖'houssoir (u-ßŏa'r) *m* Staub-be-
‖'houx (ū) *m* Stechpalme *f*.
‖'hoyau (ŏa-ĭō') *m* Karſt, Erdhaue.
‖'huage (u-a'G) *m ch.* Geſchrei *n*.
‖'huau (ü-o') *m* Vogelſcheuche *f*.
‖'huche (üſch) *f* Backtrog *m*;
Fiſchkaſten *m*. [rufen.
‖'hucher (ü-ſche') den Hunden zu-
‖'huchet (ü-ſchæ') *m* Hifthorn *n*.
‖'huée (ü-e') *f* Hohngeſchrei *n*.
‖'huer(ü-e'): ~ le loup hinter dem
Wolfe herſchreien: ~ q. jem. mit
Hohngeſchrei verfolgen, ausziſchen.

†'*Hugues* (üg) m Hugo.

huile (üïl) f Öl n; les saintes ~s die letzte Ölung.

huiler (ü-le') ein-ölen. [mer.

huilerie (l'rï') f Öl-fabrik, -kam-

huileux, ~se (ü-lö', ~lö'f) ölig.

huilier (ü-lïe') m Gestell n zu den Öl- und Essig-flaschen, Platt-menage f. [senen Thüren.

huis (üï) m: à ~clos bei verschlof-

huisserie (ü-ß'rï) f Thür-einfaf-fung. [Gerichtsdiener.

huissier (ü-ßïe') m Thürsteher;

‖'huit (üït; vor cons. ü) acht.

‖'huitain (ü-tä') m achtzeiliges Gedicht.

‖'huitième (ü-tïä'm) m achte(r).

huître (üï'tr) f Auster.

huitrière(ü-trïä'r) f Austernbank.

‖'hulotte (ü-lö't) f Wald-eule.

humain, ~e (ü-mä', ü-mä'n) 1. menschlich; leutselig; huma-nistisch. 2.les ~s die Sterblichen.

humaniser (ü-mä-nï-fe') menfch-lich oder gefittet machen; will-fährig machen.

humanitaire(ü-mä-nï-tä'r) 1. die Interessen der Menschheit be-treffend. 2. m Verfechter der menschlichen Interessen.

humanité (mä-nï-te') f Menfch-heit; Menschlichkeit; Menschen-geschlecht n; ~s pl. Humanio'ra.

humble (ö'bl) demütig; niedrig, bescheiden; ~ serviteur ergebe-ner Diener. [feuchten.

humecter (ü-mä-kte') an-, be-

‖'humer (ü-me') einschlürfen.

humeur (ü-mö'r) f Feuchtigkeit; ~s pl. Säfte m; Gemütsart, Laune; üble Laune.

humide (ü-mï'b) feucht, naß.

humidité (ü-mï-bï-te') f Feuch-tigkeit. [demütigend.

humiliant, ~e (ü-mï-lï-a', ~a't)

humiliation (ü-mï-lï-ä-ßïô') f Demütigung.

humilier (ü-mï-lï-e') demütigen.

humilité (ü-mï-lï-te') f Demut.

humoral, ~e (ü-mö-rä'l) von Flüffen im Körper herrührend; fièvre f ~e Flußfieber n.

humoriste (ü-mö-ri'ßt) verdrieß-lich, launisch; humoriftisch; v humouriste. [moriftisch.

humoristique (ü-mö-rï-ßti'k) hu-humour (ü-mü'r; a. engl. ü-mö'r) m Humo'r. [m Humori'ft.

humo(u)riste (ü-mu-ri'ßt, ~mö~)

‖'hun (ö) 1. hunnisch. 2. les H~s m/pl. die Hunnen.

‖'hune (ün) f Mars m, Mastkorb.

‖'hunier (ü-nïe') m Marssegel n.

‖'hunnique (ü-nï'k) hunnisch.

‖'huppe (üp) f Wiede-hopf m; Schopf m der Vögel.

‖'huppé, ~e (ü-pe') gehaubt, Hau-ben-....; les plus ~s die Vor-nehmsten, Klügsten.

‖'hure (ür) f struppiger Kopf; Kopf des (Wild-)Schweines, Lachfes 2c.

‖'hurlement (ür-l'ma') m Geheul.

‖'hurler (ür-le') heulen.

‖'hurleur m, ~se f (ür-lö'r, ~lö'f) Heuler(in).

(‖')hurluberlu (ür-lü-bär-lü') m Unbesonnene(r), Wildfang.

‖'hussard (ü-ßa'r) Husar.

‖'hutin (tä') † eigensinnig; Louis le H~ Ludwig der Zänker.

‖'hutte (üt) f Hütte. [bauen.

‖'hutter (ü-te'): se ~ sich Hütten

‖'hutteur (ü-tö'r) m Hüttenjäger.

hyalin, ~e (ï-ä-lä', ~li'n) durch-sichtig wie Glas. [macherkunst.

hyalurgie (ï-ä-lür-Gï') f Glas-

hybride (ï-brï'b) Bastard-...

hydr(o)... (ï-br(o)...) in Zssg.: Waf-fer-..., z.B.hydrocéphale m Waf-ferkopf. [stoff.

hydrogène(ï-brö-Gä'n) m Waffer-

hydropathie (ï-brö-pa-tï') f Waf-ferheilkunde.

hydrophobe(brö-fö'b)wafferscheu.

hydropique (pï'k) wafferfüchtig.

*hy*dropisie(ĭ-brŏ-pĭ̄-ſĭ̄′)ſ Waſſer-
hyène (ĭ-æ′n) ſ Hyäne. [ſucht.
hygiène (ĭ-ği̊æ̈′n) ſ Geſundheits-
lehre.   [tigkeits-...
hygro... (ĭ-gro...) in Zſſg.: Feuch-
hymen, hyménée, beibes m (ĭ-mæ̈′n,
    ĭ-mĕ̆-nĕ̆′) Ehe ſ.
hyper... (ĭ-pår...) in Zſſg.: über-...,
    allzu, z. B. hypertrophie ſ über-

nährung, krankhafte Vergrößerung.
hypo... (ĭ-po...) in Zſſg.: unter-...
hypocrisie (ĭ-pŏ-krĭ-ſĭ̄′) ſ Heu-
chelei; Scheinheiligkeit.
hypocrite (ĭ-pŏ-krĭ′t) heuchleriſch,
gleißneriſch; als s. Scheinheili-
ge(r).   [potheken belaſten.
hypothéquer (ĭ-pŏ-te-ke′) mit Hy-

I.

ichtyo... (ĭ-ktĭ-o...) in Zſſg.:
Fiſch-...,z. B. ichtyologie ſ Fiſch-
kunde; ichtyophage: 1. fiſch-
eſſenb. 2. m Fiſch-eſſer.
ichtyocolle (ĭ-ktĭ-o-kŏl′) ſ Hau-
ſenblaſe.
ici (ĭ-ſĭ′) hier; hierher; jusqu'~
bis hierher, bis jetzt; ~-bas hie-
nieden.
icono... (ĭ-kŏ-nŏ...) in Zſſg.: Bil-
ber-..., z. B. iconoclaste m Bil-
ber-ſtürmer; iconolâtre m Bil-
ber-anbeter.
icosaèdre (ĭ-kŏ-ſå-æ̈′br) m Zwan-
zigflächner.
ictère (ĭ-ktä′r) m Gelbſucht ſ.
ictérique (ĭ-ktĕ̆-ri′k) gelbſüchtig.
id. *abr.* = idem.
idée (ĭ-bĕ′) ſ Begriff m; Vorſtel-
lung; Einfall m; falſche Einbildung; se mettre qc. dans l'~
ſich et. in den Kopf ſetzen.
idem (i-bĕ̈′m) ber (bie, bas) ſelbe,
ebenſo.   [zieren.
identifier (ĭ-bạ-tĭ-fĭ-e′) identifi-
identique (ĭ-bạ-ti′k) gleichbebeu-
tenb, identiſch.
ides (ĭb) ſ/pl. Jbu's; ~ de mars
ber 15. März.
idio... (ĭ-bĭ-o...) in Zſſg.: eigen-...,
ſelbſt-..., z. B. idiolâtre m Selbſt-
vergötterer.   [artlich.
idiomatique (o-ma-ti′k) munb-
idiot, ~e (ĭ-bĭ-o′, ~o′t) blöbſinnig.

idiotisme (bĭ-o-ti′ßm) m Sprach-
eigenheit ſ.
idolâtre (ĭ-bŏ-lā′tr) 1. abgöttiſch.
2. s. Götzenbiener(in).
idolâtrer (ĭ-bŏ-la-tre′) abgöttiſch
lieben; v/n. Abgötterei treiben.
idolâtrie (ĭ-bŏ-la-trĭ̄′) ſ Abgötterei, Götzenbienſt m.
idole (ĭ-bŏ′l) ſ Götze(nbild n) m.
if (if) m Eibenbaum, Taxus; py-
ramibales Geſtell zu Jllumi-
nationen.
igname (ĭ-gna′m) ſ Yamswurzel.
ignare (ĭ-njā′r) unwiſſenb.
igné, ~e (ĭ-gne′) feurig.
igni... (ĭ-gnĭ...) in Zſſg.: feuer-...,
z. B. ignicole feuer-anbetenb.
ignoble (ĭ-njo′bl) un-ebel, niebrig.
ignominie (njŏ-mĭ-nĭ′) ſ Schanbe.
ignominieux, ~se (ĭ-njŏ-mĭ-nĭŏ′
~nĭŏ′ſ) ſchimpflich.
ignorance (ĭ-njŏ-rā̱′ß) ſ Unwiſ-
ſenheit.   [wiſſenb.
ignorant, ~e (ĭ-njŏ-rạ′, ~rā̱′t) un-
ignorer (ĭ-njŏ-re′) nicht wiſſen;
ne pas ~ ſehr wohl wiſſen.
île (ĭl) ſ Inſel; les Iles bie Antil-
iles (il) m/pl. an. Weichen. [len.
illégal, ~e (ĭl-lĕ̆-gä′l) ungeſetzlich.
illégalité (ĭl-le-gä-lĭ-te′) ſ Unge-
ſetzlichkeit.
illégitime (ğĭ-tĭ′m) unrechtmäßig;
unehelich(es Kinb). [mäßigkeit.
illégitimité (ti-mĭ-te′) ſ Unrecht-

illettré, ~e (Il-Iĕ-tre') nicht wissenschaftlich gebildet.

illicite (Il-Iï-ßi't) unerlaubt.

illimité, ~e (Il-Ii-mï-te') unbegrenzt, schrankenlos.

illisible (Il-Il-fï'ʙı) unleserlich.

illuminati/, ~ve (Il-Ilï-mï-na-tï'f, ~tï'w) erleuchtend.

illusion (lü-fĩõ') fid., Täuschung; Blendwerk n.

illusionner(Il-lü-fĩõ-ne')täuschen.

illusoire (Il-Iü-fõã'r) illusorisch.

illustration (Il-ßträ-ßĩõ') f Auszeichnung; Berühmtheit; berühmte Person; Erläuterung; eingeschalteter Holzschnitt.

illustre (Il-Iü'ßtɾ) berühmt, erlaucht. [erläutern; illustrieren.

illustrer (ßtre') berühmt machen;

ilot (i-Io') m Inselchen n.

ilote (I-Iõ't) m Helote.

im...(ǥ...; vor vo. und einem m: im) nicht, un...

image (I-ma'Ǥ) f Bild n.

imager (I-mă-Ǥe') verzieren.

imagerie (I-ma-Ǥ'rï') f Bilderhandel m, -fabrik. [bar.

imaginable (I-mă-Ǥĩ-na'ʙı) denk-
imaginaire (Ǥĩ-nã'r) eingebildet.

imaginati/, ~ve (I-mă-Ǥĩ-na-tï'f, ~tï'w) erfinderisch.

imagination (I-mă-Ǥĩ-nā-ßĩõ') f Einbildungskraft, Phantasie; Einbildung.

imaginer (ne'): ~ qc. fich et. denken; ausdenken; s'~ fich einbilden.

imbécile (ǥ-bĕ-ßï'I) 1. schwach-, blöd-finnig; einfältig. 2. s. Einfaltspinsel.

imbécillité (ßI-Il-te') f Stumpffinnigkeit; Einfalt.

imberbe (ǥ-bã'rʙ) unbärtig.

imbiber (bĩ-be') tränken; s'~ d'eau Wasser ein-saugen, -ziehen.

imbricati/, ~ve (brĩ-ła-tï'f, ~tï'w) dachziegel-artig über ea. liegend.

imbroglio(brõ-jo')mVerwickelung f, id. n (verwickeltes Schauspiel).

imbu, ~e(ǥ-bü'): ~ de ... getränkt, fig. durchdrungen von ...

imitateur m, ~trice f(I-mĩ-ta-tõ'r, ~trĩ'ß) 1. nachahmend. 2. s. Nachahmer(in).

imitati/, ~ve (ta-tï'f, ~tï'w) nachahmend. [ahmung.

imitation (I-mĩ-tā-ßĩõ') f Nachiimiter (I-mĩ-te'): ~ q. j-m nachahmen. [befleckt.

immaculé, ~e (Im-ma-łü-Ie') un-

immanent, ~e (Im-mă-nǥ', ~nǥ't) innewohnend. [eßbar.

immangeable (ǥ-mǥ-Ǥa'ʙı) un-
immanquable (Im-mǥ-ła'ʙı) unausbleiblich. [unverwelklich.

immarcescible(Im-mãr-ßĕ-ßI'ʙı)

immatériel,~le(mä-te-rĩã'I, ßã'I) unkörperlich, geistig. [Unreife.

immaturité (Im-mă-tü-rĩ-te') f

immédiat, ~e (Im-me-bĩ-a', ~a't) unmittelbar. [vordenklich.

immémorial, ~e (mo-rĩa'I) un-

immense (Im-mǥ'ß) unermeßlich.

immensité (Im-mǥ-ßI-te')f Unermeßlichkeit.

immerger (mãr-Ǥe') eintauchen.

immérité, ~e (Im-me-rĩ-te') unverdient. [dienstlich.

imméritoire (me-rĩ-tõã'r) unver-

immersion (Im-mãr-ßĩõ) f Untertauchen n; Eintritt m in den Schatten eines Weltkörpers.

immeuble (Im-mõ'ʙı) a. u. m unbeweglich(es Gut).

immigrer (mĩ-gre') einwandern.

imminence (nǥ'ß) f nahes Bevorstehen. [vorstehend, drohend.

imminent, ~e (nǥ', nǥ't) nahe be-
immiscer (Im-mIß-ße'): s'~ fich einmischen. [mischung.

immixtion (Im-mIł-ßtĩõ') f Ein-

immobile (Im-mõ-bï'I) unbeweglich.

immobilier (mõ-bĩ-Ife') Immobiliar-... [Gut verwandeln:

immobiliser (Il-fe') in unbewegl.

immobilisme (bĩ-Iĩ'ßm) m Hang, starr am Alten festzuhalten.

*imm*obilité (ĭm-mŏ-bĭ-lĭ-te') *f*
Unbeweglichkeit.

immodéré, ~e (bĕ-re') übermäßig,
maßlos. [unanständig.

immodeste (bĕ'ßt) unbescheiden;
immoler (ĭm-mŏ-le') opfern.

immonde (mō̆'b) unrein. [keit.

immondice (mǫ-bĭ'ß) *f* Unreinig-

immoral, ~e (mŏ-rä'l) unsittlich.

immortaliser (ĭm-mŏr-tă-lĭ-se')
unsterblich machen.

immortalité (te') *f* Unsterblichkeit.

immortel, ~le (mŏr-tĕ'l, ~tĕ'l)
unsterblich. [bußfertig.

immortifié, ~e (mŏr-tĭ-fĭ-e') un-

immuable (ĭm-mü-a'bl) unwan-
belbar. [freiheit.

immunité (mü-nĭ-te') *f* Steuer-

impair (ǫ-pä'r) ungerade.

impalpable (pắl-pa'bl) unfühlbar.

impardonnable (ǫ-pär-bŏ-na'bl)
unverzeißlich.

imparfait (ǫ-pär-fä') 1. unvoll-
kommen. 2. *m* Imperfektum *n*.

impartial, ~e (ßĭã'l) unpartei-isch.

impasse (ǫ-pa'ß) *f* Sackgasse.

impassible (ǫ-pa-ßĭ'bl) unempfindlich.

impatience (pă-ßĭã̂'ß) *f* Ungebuld.

impatient, ~e (ǫ-pă-ßĭã̂', ~ßĭã̂'t)
ungebuldig.

impatienter (ßĭã-te') ungebuldig
machen; s'~ ungebuldig werden.

impatroniser (pă-trŏ-nĭ-se') einführen; s'~ sich einnisten.

impayable (ǫ-pä̆ːßã̂'bl) unbezahl-
bar; köstlich. [zu sündigen.

impeccable (ǫ-pĕ̆k-ka'bl) unfähig

impénétrable (ǫ-pe-nĕ̆-tra'bl) un-
durchbringlich; unerforschlich.

impénitence (ǫ-pe-nĭ-tã̂'ß) *f* Un-
bußfertigkeit.

impénitent, ~e (ǫ-pe-nĭ-tǫ', ~ǫ̂'t)
unbußfertig; verstockt.

impératif, ~ve (ǫ-pĕ̆-ra-tĭ'f, ~ĭ'w)
befehlend; gebieterisch; (mode
m) ~ *m* Imperati'vus. [jerin.

impératrice (ǫ-pĕ̆-ra-trĭ'ß) *f* Kai-

*imp*erceptible (ǫ-pär-ßĕ̆-ptĭ'bl)
unmerklich; nicht wahrnehmbar. [Unvollkommenheit.

imperfection (ǫ-pär-fĕ̆-kßĭǫ') *f*

impérial, ~e (ǫ-pĕ̆-rĭã̂'l) kaiserlich.

impériale (ǫ-pĕ̆-rĭã̂'l) *f* mit Sitzen
versehenes Wagenverdeck; Zwickel-
bart *m*. [risch; unabweislich.

impérieux, ~se (rĭõ̆', rĭõ̆'ß) gebiete-

impéritie (ǫ-pe-rĭ-ßĭ') *f* Uner;
fahrenheit.

imperméable (ǫ-pär-mĕ̆-a'bl) un-
durchbringlich, wasserdicht.

impersonnel, ~le (ǫ-pär-ßŏ-nĕ̆'l,
~nĕ̆'l) unpersönlich.

impertinent, ~e (pär-tĭ-nǫ', ~ǫ̂'t)
ungehörig; id., ungezogen, grob.
2. *s.* Flegel; freches Weib.

imperturbable (ǫ-pär-tür-ba'bl)
unerschütterlich.

impétrer (ǫ-pe-tre') burch Ansuchen
erlangen. [ungestüm.

impétueux, ~se (ǫ-pe-tü-õ̆', ~õ̆'ß)

impétuosité (pe-tü-o-ßĭ-te') *f* Un-

impie (ǫ-pĭ') gottlos. [gestüm *s.*

impiété (ǫ-pĭ-e-te') *f* Gottlosigkeit.

impitoyable (ǫ-pĭ-tŏã̂-ßã̂'bl) un-
barmherzig. [söhnlich.

implacable (ǫ-plă̆-ka'bl) unver-

implanter (ǫ-plǫ-te') einpflanzen.

implexe (ǫ-plĕ̆'kß) verwickelt.

implication (ǫ-plĭ-ka-ßĭǫ') *f* Verwickelung in ein Verbrechen.

implicite (ǫ-plĭ-ßĭ't) mit einbe-
griffen. [mit einbegreifen.

impliquer (ke') hineinziehen in et.;

implorer (ǫ-plŏ-re') anflehen.

impoli, ~e (ǫ-pŏ-lĭ') unhöflich.

impolitesse (ǫ-pŏ-lĭ-tĕ̆'ß) *f* Unhöflichkeit.

impondérable (ǫ-pǫ-bĕ̆-ra'bl) un-
wägbar. [tigkeit.

importance (ǫ-pŏr-tǫ̂'ß) *f* Wich-

important, ~e (ǫ-pŏr-tǫ', ~tǫ̂'t)
1. wichtig. 2. *m* Hauptpunkt;
Wichtigthuer.

importateur (ǫ-pŏr-ta-tõ̆'r) *m*
Importhändler.

*im*portation (ạ-pŏr-tā-ßi͡ǫ') *f*
Einfuhr, Import *m.*

importer (ạ-pŏr-te') 1. aus dem
Auslande einführen. 2. *v/n.* ~ à
q., qc. für jem., et. wichtig sein;
il ~e es ist von Wichtigkeit;
n'~e gleichviel; qu'~e? was ist
daran gelegen?

importun, ~e (ạ-pŏr-tǫ', ~tü'n)
lästig, zudringlich.

importuner (tü-ne') belästigen.

importunité (ạ-pŏr-tü-nǐ-te') *f*
Belästigung.

imposable (ạ-po-ſa'bɩ) steuerbar.

imposant, ~e (ạ-po-ſạ', ~ſạ̄'t) id.,
Ehrfurcht gebietend.

imposer (po-ſe') I. *v/a.* die Hände
auflegen; auferlegen; Schweig-
gen, Achtung gebieten; besteuern;
typ. ausschießen. II. *v/n.* Ehrfurcht gebieten, imponieren; en
~ à q. j-m et. aufbinden.

imposition (ạ-po-ſi-ßi͡ǫ') *f* Auflegen *n* der Hände; Auferlegung;
Steuer, Auflage.

impossibilité (ạ-pŏ-ßi-bǐ-lǐ-te') *f*
Unmöglichkeit.

impossible (pŏ-ßǐ'bɩ) unmöglich.

imposteur (ạ-pŏ-ßtǫ̈'r) 1. *m* Betrüger; Lügner. 2. *a.* betrüge-
risch. [Verleumdung.

imposture (ßtü̈'r) *f* Betrug *m,*
impôt (po') *m* Auflage*f,* Steuer*f.*

impotable (po-ta'bɩ) untrinkbar.

impotent, ~e (tǫ', tạ̄'t) gelähmt.

impraticable (ạ-prǎ-tǐ-ka'bɩ) unthunlich; ungangbar, unbefahr-
bar; nicht umgänglich.

imprécation (ạ-prĕ-kā-ßi͡ǫ') *f*
Verwünschung.

imprégner (prĕ-nje') schwängern;
mit et. sättigen, durchdri'ngen.

imprenable (ạ-prɩ-na'bɩ) unein-
nehmbar. [unverjährbar.

imprescriptible (prĕ-ßkrǐ-ptǐ'bɩ)

impression (ạ-prĕ-ßi͡ǫ') *f* Aufdrücken *n* eines Siegels; Eindruck
m; typ. Druck(en *n) m.*

impressionnable (ạ-prĕ-ßi͡o-
na'bɩ) Eindrücken zugänglich.

impressionner (ạ-prĕ-ßi͡o-ne')
Eindruck machen auf ...

imprévoyance (ạ-pre-wā̆-ǵ'ß) *f*
Unvorsichtigkeit.

imprévu, ~e (ạ-pre-wü') unvor-
hergesehen, unvermutet.

imprimé (ạ-prǐ-me') *m* Druck-
schrift *f.*

imprimer (me') aufdrücken; *fig.*
einprägen; ein Buch rc. drucken.

imprimerie (ạ-pri-m'rǐ') *f* Buch-
druckerkunst; Druckerei.

imprimeur (ạ-prǐ-mǫ̈'r) *m* (Buch-)
Drucker. [scheinlich.

improbable (ạ-prŏ-ba'bɩ) unwahr-
improbateur, ~trice (prŏ-ba-tǫ̈'r,
~trǐ'ß) mißbilligend.

improbation (ạ-prŏ-bā-ßi͡ǫ') *f*
Mißbilligung. [lichkeit.

improbité (ạ-prŏ-bǐ-te') *f* Unred-
improductif, ~ve (ạ-prŏ-bü-ktǐ'f,
~tǐ'w) unergiebig.

impromptu (ạ-prą-ptü') *m* Steg-
reifsgedicht *n.* [unpassend.

impropre (ạ-pro'pr) uneigentlich;
improuver (ạ-pru-we') mißbil-
ligen. [Stegreif dichten.

improviser (ạ-prŏ-wǐ-ſe') aus dem
improviste (ạ-prŏ-wǐ'ßt): à l'~
unvermutet. [vorsichtigkeit.

imprudence (ạ-prü-bạ̄'ß) *f* Un-
imprudent, ~e (ạ-prü-bǫ', ~bạ̄'t)
unvorsichtig, unklug.

impubère (pü-bạ̄'r) unmannbar.

impuberté (ạ-pü-bär-te') *f* Un-
mannbarkeit. [schämtheit.

impudence (ạ-pü-bạ̄'ß) *f* Unver-
impudent, ~e (ạ-pü-bǫ', ~bạ̄'t)
schamlos. [sigkeit.

impudeur (ạ-pü-bǫ̈'r) *f* Schamlo-
impudicité (ạ-pü-bǐ-ßǐ-te') *f* un-
züchtige Gesinnung.

impudique (ạ-pü-bǐ'k) unkeusch.

impuissance (ạ-pü̈-ßạ̄'ß) *f* Ohnmacht; Impotenz.

impuissant, ~e (ạ-pü̈-ßạ', ~ßạ̄'t)

ohnmächtig; zeugungsunfähig, impotent.

impulsion (g̣-pül-ßǫ') f Antrieb.

impunément adv., impuni, ~e a. (g̣-pü-ne-mg̣', g̣-pü-ni') ungestraft. [losigkeit.

impunité (g̣-pü-nī-te') f Straf-

impur, ~e (pü'r) unrein, unkeusch.

impureté (g̣-pü-r'te') f Unreinigkeit; ~s pl. Zoten.

imputable (pü-ta'bl) zurechenbar.

imputer (g̣-pü-te') anrechnen; ~ qc. à q. jem. et. beimessen; ~ sur qc. von etwas abrechnen.

in... (vor vo. u. n: ĭ-n~..., vor cons. g̣) un~..., nicht; in~..., ein~...

inabordable (ĭ-nä-bŏr-da'bl) unzugänglich. [unannehmbar.

inacceptable (ĭ-nă-kßǟ-pta'bl)

inaccessible (ĭ-nă-kßǟ-ßĭ'bl) unzugänglich, unerreichbar.

inaccoutumé, ~e (ĭ-nă-ku-tü-me') ungewohnt. [keit.

inaction (ĭ-nă-kßǫ') f Unthätig-

inactivité (ĭ-nă-ktĭ-wĭ-te') bauernde Unthätigkeit. [zulässig.

inadmissible (ĭ-näb-mĭ-ßĭ'bl) un-

inadvertance (ĭ-näb-wär-tg̣'ß) f Unachtsamkeit. [veräußerlich.

inaliénable (ĭ-nă-lĭ-e-na'bl) un-

inaltérable (ĭ-näl-tĕ-ra'bl) unveränderlich, unverwüstlich.

inamovible (ĭ-nă-mŏ-wĭ'bl) unabsetzbar.

inanimé, ~e (ĭ-nă-nĭ-me') leblos.

inanité (ĭ-nă-nĭ-te') f Leere.

inanition (nĭ-ßǫ') f Entkräftung.

inaperçu, ~e (ĭ-nă-pär-ßü') unbemerkt. [Unfleiß m.

inapplication (ĭ-nă-plĭ-kă-ßǫ') f

inappréciable (ĭ-nă-pre-ßĭ-a'bl) unschätzbar. [keit zu et.

inaptitude (ptĭ-tü'b) f Untüchtig-

inassouvi, ~e (ĭ-nă-ßu-wĭ') unbefriedigt. [erwartet.

inattendu, ~e (ĭ-nă-tg̣-bü') un-

inaugural, ~e (ĭ-no-gü-rä'l) Antritts-..., Einweihungs-...

inaugurer (ĭ-no-gü-re') feierlich einweihen. [berechenbar.

incalculable (g̣-kăl-kü-la'bl) un-

incandescent, ~e (g̣-kg̣-bǟ-ßg̣', ~ä't) weißglühend. [fähigkeit.

incapacité (g̣-kă-pă-ßĭ-te') f Un-

incarcérer (kär-ße-re') einkerkern.

incarnadin, ~e (kär-nă-bg̣', ~ĭ'n) fleischfarben.

incarnat (kär-na') hoch(rosen)rot.

incarnation (nā-ßǫ') f Fleischwerdung.

incarné, ~e (g̣-kär-ne') leibhaftig.

incarner (g̣-kär-ne') in Fleisch und Blut verwandeln.

incartade (g̣-kär-ta'b) f kränkende Äußerung; toller Streich.

incendiaire (g̣-ßg̣-bĭä'r) 1. mordbrennerisch. 2. m Brandstifter.

incendie (g̣-ßg̣-bĭ') m Feuersbrunst f; Brand. [brannte(r).

incendié m, ~e (g̣-ßg̣-bĭe') Abge-

incendier (g̣-ßg̣-bĭ-e') in Brand stecken. [ungewiß.

incertain, ~e (g̣-ßär-tg̣', ~tä'n)

incertitude (g̣-ßär-tĭ-tü'b) f Ungewißheit.

incessamment (g̣-ßǟ-ßä-mg̣') unverzüglich; unaufhörlich.

incessant, ~e (g̣-ßǟ-ßg̣', ~ä't) unablässig.

inceste (g̣-ßǟ'ßt) m Blutschande.

incestueux, ~se (g̣-ßǟ-ßtü-ö', ~ö'f) blutschänderisch. [bei.

incidemment (ßĭ-bă-mg̣') neben-

incident, ~e (ßĭ-bg̣', ~bä't) 1. eingeschoben, Zwischen(-satz); phys. einfallend. 2. m Zwischenfall.

incinérer (ßĭ-nĕ-re') einäschern.

inciser (g̣-ßĭ-ße') einschneiden in et.

incisif, ~ve (g̣-ßĭ-ßĭ'f, ~ßĭ'w) einschneidend; (dent)~ve Schneidezahn m.

incision (g̣-ßĭ-ßǫ') f Einschnitt.

inciter (g̣-ßĭ-te') anreizen.

incivil, ~e (g̣-ßĭ-wĭ'l, ~wĭ'l) unhöflich. [an Bürgertugend.

incivisme (g̣-ßĭ-wĭ'ßm) m Mangel

inclinaison (ẫ-klĭ-næ-ṣ̃q') ƒ Neigung, Gefälle n.
inclination (ẫ-klĭ-nā-ṣ̃q') ƒ Ver-
neigung; (Zu=)Neigung.
incliner (ẫ-klĭ-ne') I. v/a. neigen.
II. v/n. sich neigen, abschüssig
sein; ~ à qc. für et. Neigung
haben. [schloffen, einliegend.
inclus, ~e (ẫ-klü', ~ü'ſ) einge=
inclusif, ~ve (ẫ-klü-ſĭ'f, ~ſĭ'w)
einschließend. [inklusive.
inclusivement (ẫ-klü-ſĭ-w'mẫ')
incohérent, ~e (ẫ-ko-ĕ-rẫ', ~ā't)
unzusammenhängend.
incolore (ẫ-kŏ-lō't) farblos.
incombustible (ẫ-kq-bü-ſtĭ'bl)
unverbrennbar. [läftigen.
incommoder (ẫ-kŏ-mŏ-be') be=
incomparable (ẫ-kq-pä-ra'bl) un=
vergleichlich. [verträglich.
incompatible (ẫ-kq-pa-tĭ'bl) un=
incompréhensible, inconcevable
(ẫ-kq-prĕ-q-ſĭ'bl, kq-ſĕ-wa'bl)
unbegreiflich.
inconciliable (kq-ſĭ-lĭa'bl) unver=
einbar. [lichkeit.
inconduite (ẫ-kq-bü't) ƒ Lieder=
incongruité (ẫ-kq-grü-ĭ-te') ƒ
Ungehörigkeit, Unschicklichkeit;
Sprachfehler m.
inconnu, ~e (ẫ-kŏ-nü')unbekannt.
inconscient, ~e (ẫ-kq-ſĭ-q', ~ā't)
unbewußt. [unbedachtsam.
inconsidéré, ~e (ẫ-kq-ſĭ-be-re')
inconsolable (ẫ-kq-ſŏ-la'bl) un=
tröstlich.
inconstance (ẫ-kq-ſtā'ß) ƒ Unbe=
ständigkeit; Wankelmut m.
incontestable (ẫ-kq-tæ-ſta'bl)
unbestreitbar.
incontinence (ẫ-kq-tĭ-nā'ß) ƒ Un=
enthaltsamkeit, Unkeuschheit.
incontinent, ~e (kq-tĭ-nā', ~nā't)
unenthaltsam; adv. sogleich.
inconvenance (ẫ-kq-w'nā'ß) ƒ
Unschicklichkeit.
inconvénient (ẫ-kq-we-nẫ') m
Hindernis n, Übelstand.

incorporation(ẫ-kŏr-pŏ-rā-ṣ̃q')ƒ
Einverleibung.
incorporel, ~le (kŏr-pŏ-ræ'l, ~æ'l)
unkörperlich. [leiben.
incorporer (ẫ-kŏr-pŏ-re') einver=
incorrection (ẫ-kŏr-ræ-kſ̃q') ƒ
Fehlerhaftigkeit. [befferlich.
incorrigible (kŏ-rĭ-Gĭ'bl) unver=
incorruptible (ẫ-kŏ-rü-ptĭ'bl) un=
verderblich; unbestechlich.
incourant, ~e (ẫ-ku-rẫ', ~rā't) un=
gangbar, ohne Kurs.
incrédibilité (ẫ-kre-bi-bĭ-lĭ-te') ƒ
Unglaublichkeit.
incrédule (ẫ-krĕ-bü'l) ungläubig.
incrédulité (bü-lĭ-te')ƒ Unglaube.
incriminer (ẫ-krĭ-mĭ-ne') an=, be=
schuldigen; als strafbar bezeich=
nen. [lich.
incroyable (ẫ-krŭa-ſa'bl) unglaub=
incruster (ẫ-krü-ſte') mit Platten
von Gold, Elfenbein auslegen;
überfintern. [Brüten n.
incubation (ẫ-kü-bā-ṣ̃q')ƒ(Aus)=
incube (ẫ-kü'b) m Alp, Kobold.
inculper (ẫ-kül-pe') beschuldigen.
inculquer (ẫ-kül-ke') ein=schärfen,
=bläuen. [(aus)gebildet.
inculte (ẫ-kü'lt) unangebaut; un=
incunable (ẫ-kü-na'bl) m Inku=
nabel ƒ, erster (alter) Druck.
incurable (ẫ-kü-ra'bl) unheilbar.
incurie (ẫ-kü-rĭ')ƒ Fahrlässigkeit.
incursion (ẫ-kür-ṣ̃q')ƒ Streifzug.
incurver (ẫ-kür-we') krümmen.
Indes (Ẽb) ƒ/pl. Indi-en n.
indébrouillable (ẫ-be-brü-ja'bl)
unentwirrbar. [bigkeit.
indécence(ẫ-bĕ-ſā'ß)ƒ Unanstän=
indécent, ~e (ẫ-bĕ-ſā', ~ā't) un=
anständig. [entzifferbar.
indéchiffrable (bĕ-ſĭ-fra'bl) un=
indécis, ~e (ẫ-bĕ-ſĭ', ~ſĭ'ſ) un=
ent=schieden, =schloffen.
indéfini, ~e (ẫ-be-fĭ-ni') unbe=
stimmt; passé ~ Perfektum n.
indéfinissable (ẫ-be-fĭ-nĭ-ſa'bl)
unbestimmbar, unerklärlich.

indélébile (g-dĕ-le-bi'l) unauslöschlich. [schädigen.
indemniser (g-dæ̆-mnĭ-ſe') ent-
indépendant, ~e (g-de-pg-dg', ~dḡ't) unabhängig.
indéracinable (g-de-rä-ſĭ-na'bl) nicht zu entwurzeln.
indescriptible (g-dæ̆-ſkrĭ-ptĭ'bl) unbeschreiblich.
indestructible (g-dæ̆-ſtrŭ-ktĭ'bl) unzerstörbar. [unbestimmt.
indéterminé, ~e (be-tär-mĭ-né')
index (g-dæ̆'kß) m Register n; Zeigefinger.
indicateur (g-dĭ-ka-tō̆'r) m Anzeiger; (doigt) ~ Zeigefinger; (Eisenbahn-)Fahrplan.
indication (g-dĭ-ka-ßḡ') f Anzeige; Auskunft; Merkmal n.
indice (g-dĭ'ß) m Anzeichen n.
Indien, ~ne (bßḡ', bæ̆'n) 1. indisch; indianisch. 2. I~, I~ne s. Inder(in); Indianer(in).
indienne (g-dĭæ̆'n) f Kattun m.
indienneur (g-dĭæ̆-nȫ'r) m Kattunweber. [gültigkeit.
indifférence (bĭ-fĕ-rḡ'ß) f Gleich-
indifférent, ~e (g-bĭ-fĕ-rg', ~rḡ't) gleichgültig.
indigence (g-bĭ-Gḡ'ß) f Armut.
indigène (g-bĭ-Gæ̆'n) s. Eingeborene(r). [arm.
indigent, ~e (Gg', Gḡ't) dürftig,
indigeste (Gæ̆'ßt) unverdaulich.
indigestion (g-bĭ-Gæ̆-ßtḡ') f verdorbener Magen.
indignation (g-bĭ-njā-ßḡ') f Entrüstung, Unwille m. [big.
indigne (g-bĭ'nj) un-, nichtswür-
indigné, ~e (g-bĭ-nje') unwillig, aufgebracht. [empören.
indigner (g-bĭ-nje') aufbringen,
indignité (njĭ-te') f Unwürdigkeit; Abscheulichkeit. [fabrik.
indigoterie (gŏ-t'rĭ') f Indigo-
indiquer (g-bĭ-ke') anzeigen, andeuten. [losigkeit.
indiscipline (bĭ-ßĭ-plĭ'n) f Zucht-

indiscret, ~ète (g-bĭ-ßkræ̆', ~æ̆'t) unbescheiden; unverschwiegen, plauderhaft. [gänglich.
indispensable (ßpg-ßa'bl) unum-
indisposé, ~e (ßpo-ſe') unpäßlich.
indisposer (g-bĭ-ßpo-ſe') unwohl machen; in üble Laune versetzen.
indissoluble (ßŏ-lü'bl) unauflöslich. [unbeutlich.
indistinct, ~e (g-bĭ-ßtg', ~ḡ'ft)
indistinctement (g-bĭ-ßtg-ft'mg') ohne Unterschied.
indivis, ~e (mĭ', mĭ'ſ) ungeteilt.
indivisible (mĭ-ſĭ'bl) unteilbar.
in-dix-huit (g-bĭ-ſü̆'t) m (geschr. meist in-18) Oktoz-format n.
indocile (g-bŏ-ßĭ'l) ungelehrig.
indolence (g-bŏ-lḡ'ß) f Lässigkeit, Unempfindlichkeit.
indolent, ~e (g-bŏ-lg', ~ḡ't) lässig; path. schmerzlos.
indomptable (g-bg-ta'bl) unbezähmbar; unbeugsam.
in-douze (bū'ß) m (geschr. meist in-12) Duode'z-format n.
indu, ~e (g-bü') ungebührlich.
indubitable (g-bü-bĭ-ta'bl) unzweifelhaft. [folgern.
induire (g-bü̆'r) zu et. verleiten;
indulgence (g-bŭl-Gḡ'ß) f Nachsicht; ~s pl. Ablaß m. [sichtig.
indulgent, ~e (Gg', Gḡ't) nach-
indûment (g-bü-mg') ungebührlich. [~ŏ'ß) betriebsam.
industrieux, ~se (g-bü-ßtrĭ-ö̆',
inébranlable (ĭ-nĕ-brg-la'bl) unerschütterlich. [gedruckt.
inédit, ~e (ĭ-nĕ-bĭ', ~ĭ't) noch un-
ineffable (nĕ-fa'bl) unaussprechlich. [ſam.
inefficace (ĭ-nĕ-fĭ-kā'ß) unwirk-
inégal, ~e (ĭ-nĕ-gä'l) ungleich; uneben. [Unebenheit.
inégalité (gä-lĭ-te') f Ungleichheit;
inéligible (ĭ-nĕ-lĭ-Gĭ'bl) nicht wählbar. [albern.
inepte (ĭ-næ̆'pt) ungeschickt; zu et.;
ineptie (ĭ-næ̆-pßĭ') f Albernheit.

*in*épuisable (ĭ-nĕ-pŭī-ſa'ьı) un-
erſchöpflich. [rung.
inerte (ĭ-nă'rt) ohne Lebensäuße-
inertie (ĭ-năr-ſı') f Mangel m an
Lebensäußerung; force d'~ paſ-
ſiver Widerſtand. [meiblich.
inévitable (i-nĕ-vĭ-ta'ьı) unver-
inexact, ~e (ĭ-nă-gſä'tt) un-
pünktlich; ungenau.
inexcusable (năſ-ßkŭ-ſa'ьı) nicht
zu entſchuldigen.
inexigible (ĭ-nă-gſĭ-Gı'ьı) unein-
treibbar. [erbittlich.
inexorable (ĭ-nă-gſŏ-ra'ьı) un-
inexpérience (ĭ-năſ-ßpe-rĭ-ā̄'ß) f
Unerfahrenheit.
inexpérimenté, ~e (ĭ-năſ-ßpe-rĭ-
mą-te') unerfahren.
inexprimable (ĭ-năſ-ßprĭ-ma'ьı)
unausſprechlich. [wirrbar.
inextricable (ßtrĭ-ka'ьı) unent-
infaillible (ą-fă-jı'ьı) unfehlbar.
infamant, ~e (ą-fa-mą', ~mą̄'t)
ehrenrührig. [trächtig.
infâme (ą-fā'm) ehrlos, nieder-
infamie (ą-fa-mĭ') f Ehrloſigkeit;
Schändlichkeit.
infanticide (ą-fą-tĭ-ßı'b) 1. m
et f Kindesmörder(in). 2. m
Kindesmord.
infatigable (ą-fă-tĭ-ga'ьı) uner-
müdlich. [vernarren in...
infatuer (ą-fa-tŭ-e') s'~ de ... ſich
infect, ~e (ą-fă'tt) ſtinkend, verpeſtet; moraliſch anekelnd.
infecter (ą-fă-kte') mit Geſtank
erfüllen, verpeſten.
infection (fă-kßı̆ǫ') f Verpeſtung.
inférer (fe-re') folgern, ſchließen.
inférieur, ~e (ą-fĕ-rĭǫ'r) 1. geringer, niedriger (à ... als ...).
2. m Untergebener.
infériorité (ą-fe-rĭ-o-rĭ-te') f ge-
ringerer Grad; untergeordnete
Stellung.
infernal, ~e (ą-făr-nä'l) hölliſch;
pierre f ~e Höllenſtein m.
infertile (ą-făr-tı'l) unfruchtbar.

*in*fester (ą-fă-ßte') ein Land ıc. un-
ſicher machen. [ungläubig.
infidèle (ą-fĭ-dĕ'l) un(ge)treu;
infidélité (fĭ-be-lĭ-te') f Untreue.
infiltration (ą-fĭl-trā-ßı̆ǫ') f ſſi-
kernde Anſammlung (Flüſſigkeit).
infiltrer (ą-fĭl-tre') filtrierend hineinbringen; s'~ filtrierend einbringen, ſich ergießen.
infime (ą-fĭ'm) unterſt, niedrigſt.
infini, ~e (ą-fĭ-ni') unendlich.
infinité (ą-fĭ-nĭ-te') f Unendlich-
keit; Unzahl. [lich.
infirme (fĭ'rm) kränklich, ſchwäch-
infirmer (fĭr-me') entkräften (eine
Behauptung ıc.).
infirmerie (ą-fĭr-ın'rı') f Kranken-
ſtube, -ſaal m; Siechenhaus n.
infirmier m, ~ère f (ą-fĭr-mĭĕ',
~mĭä'r) Krankenwärter(in).
infirmité (fĭr-mĭ-te') f Schwäche;
Gebrechen n.
inflammable (flă(m)-ma'ьı) ent-
zündbar. [Entzündung.
inflammation (flă(m)-mā-ßı̆ǫ') f
infléchir (ą-flĕ-ſchı'r) einwärts
biegen. [fam.
inflexible (ą-flă-kßı'ьı) unbeug-
inflexion (ą-flă-kßı̆ǫ') f Biegung;
Stimmfall m; gr. Abwande-
lung. [erlegen.
infliger (ą-flĭ-Ge') eine Strafe auf-
influence (flŭ-ā̄'ß) f Einfluß m.
influencer (ą-ße') be-einfluſſen.
influent, ~e (ą', ą̄'t) einflußreich.
influer (flŭ-e') Einfluß haben.
in-folio (fŏ-lĭ-o') m Folio-format;
Foliant.
information(fŏr-mā-ßı̆ǫ')f Erkun-
digung; Zeugenverhör n.
informe (ą-fŏ'rm) ungeſtalt.
informer (ą-fŏr-me'): ~ q. de qc.
jem. von et. benachrichtigen;
v/n. eine Unterſuchung einleiten; s'~ de qc. ſich nach etwas
erkundigen. [ſchick n.
infortune (ą-fŏr-tŭ'n) f Mißge-
infortuné, ~e (tŭ-ne') unglücklich.

infraction (ₐ-frᾰ-k̆s̆ĭǭ') ƒ Übertretung eines Gesetzes.

infranchissable (ₐ-frₐ-ſchĭ-ßa'bĭ)
unüberſchreitbar.

infructueux, ~se (ₐ-frü-k̆tü-ö',
~ö'j) unfruchtbar; erfolglos.

infus, ~e (ₐ-fü', ~fü'ſ) angeboren;
~ de ... durchdrungen von ...

infuser (ₐ-fü-ſe') aufgießen; einweichen.   [bar.

infusible (ₐ-fü-ſĭ'bĭ) unſchmelz-

infusion (ₐ-fü-ſĭǭ') ƒ Aufguß m.

infusoires (ₐ-fü-ſŏᾱ'r) m/pl. In-
fuſo'ri-en.   [Weinen, flink.

ingambe (ₐ-gᾱ'b) gut auf den

ingénier (ₐ-Ge-nĭ-e'): s'~ ſich den
Kopf zerbrechen.   [reich.

ingénieux, ~se (nĭö', nĭö'ſ) ſinn-

ingéniosité (ₐ-Ge-nĭ-o-ſĭ-te') ƒ
Scharfſinnigkeit.

ingénu, ~e (Ge̅-nü') unbefangen,
arglos, na-iv.   [fangenheit.

ingénuité (ₐ-Ge-nü-ĭ-te') ƒ Unbe-

ingérence (rᾱ'ß) ƒ Einmiſchung.

ingérer (ₐ-Ge-re'): s'~ dans ...
ſich einmiſchen in ...

ingrat, ~e (ₐ-grₐ', ~a't) undank-
bar.   [dankbarkeit.

ingratitude (ₐ-grᾰ-tĭ-tü'b) ƒ Un-

ingrédient (gre-bĭǭ') m Zuthat ƒ.

Ingrie (ₐ-grĭ') ƒ Ingermanland n.

inguérissable (ₐ-ge-rĭ-ßa'bĭ) unheilbar.   [ſchlucken.

ingurgiter (gŭr-gĭ-te) herunter-

inhabile (ĭ-nᾰ-bĭ'l) ungeſchickt.

inhabité, ~e (bĭ-te') unbewohnt.

inhaler (ĭ-nᾰ-le') einatmen.

inhérence (ĭ-ne̅-rᾱ'ß) ƒ Anhaften.

inhérent, ~e (ĭ-ne̅-rₐ', ~rᾱ't) an-
haftend.

inhospitalier, ~ère (ĭ-nŏ-ßpĭ-tᾰ-
lĭe', ~lĭᾱ'r) ungaſtlich.

inhumain, ~e (ĭ-nü-mₐ', ~mᴂ'n)
unmenſchlich.

inhumer (ĭ-nü-me') be-erbigen.

inimitable (ĭ-nĭ-mĭ-ta'bĭ) unnach-
ahmbar.

inimitié (mĭ-tĭe') ƒ Feindſchaft.

intintelligible(ĭ-nₐ-tᴂ̆l-lĭ-ğĭ'bĭ)
unverſtändlich.

inique (ĭ-nĭ'k) unbillig, ungerecht.

iniquité (ĭ-nĭ-k̆ĭ-te') ƒ Unbilde; rl.
Miſſethat.

initial, ~e (ĭ-nĭ-ßĭᾱ'l) Anfangs-...

initier (ĭ-nĭ-ßĭ-e') einweihen.

injecter (ₐ-ğᴂ̆-k̆te') einſpritzen.

injonction (ₐ-ğǭ-k̆ßĭǭ') ƒ ausdrück-
licher Befehl.

injure (ₐ-ğü'r) ƒ Beleidigung;
Ungunſt des Wetters; Verhee-
rungen der Jahre ꝛc.

injurier (ₐ-ğü-rĭ-e') beſchimpfen.

injurieux, ~se (ₐ-ğü-rĭö', ~rĭö'ſ)
ehrenrührig.

injuste (ₐ-ğü'ßt) ungerecht.

injustice (ₐ-ğü-ßtĭ'ß) ƒ Unge-
rechtigkeit.   [zu rechtfertigen.

injustifiable (ğü-ßtĭ-fĭ-a'bĭ) nicht

inné, ~e (ĭn-ne') angeboren.

innocence (ĭ-nŏ-ßᾱ'ß) ƒ Unſchuld.

innocent, ~e (nŏ-ßₐ', ~ᾱ't) 1. un-
ſchuldig; einfältig. 2. I~ m
J'nnocenz.   [lig.

innombrable (ĭ-nŏ-bra'bĭ) unzäh-

innovation (ĭn-nŏ-wᾱ-ßĭǭ') ƒ
Neuerung.   [Ungehorſam m.

inobéissance (ĭ-nŏ-be-ĭ-ßᾱ'ß) ƒ

inoccupé, ~e (ĭ-nŏ-k̆ü-pe') un-
beſchäftigt.

in-octavo (ĭn-ŏ-k̆ta-wo') m (geſchr.
meiſt in-8°) Oktav-format n,
-band.

inoculer (ĭ-nŏ-k̆ü-le') einimpfen.

inodore (ĭ-nŏ-bŏ'r) geruchlos.

inoffensif, ~ve (nŏ-ßₐ-ßĭ'f, ~ßĭ'w)
harmlos.   [ſchwemmung.

inondation (ĭ-nŏ-bᾱ-ßĭǭ') ƒ Über-

inonder (nₐ-be') überſchwemmen.

inopiné, ~e (ĭ-nŏ-pĭ-ne') uner-
wartet.   [ungelegen.

inopportun, ~e (nŏ-pŏr-tₐ', ~tü'n)

inouï, ~e (ĭ-nü-ĭ') unerhört.

inqualifiable(ₐ-k̆ᾰ-lĭ-fĭ-a'bĭ) nicht
zu bezeichnen.

in-quarto (k̆ŭᾰr-to') m (geſchr. meiſt
in-4°) Quartband.

inquiet, ~ète (ᵫ-ḱĩæ̃', ~ḱĩæ̃'t) unruhig.

inquiéter (ḱi-e-te') be-unruhigen.

inquiétude (ᵫ-ḱi-e-tü'b) ƒ Unruhe.

insaisissable (ᵫ-ßæ̆-ßi-ßa'bi) unergreifbar; unfaßbar.

insalubre (ᵫ-ßă-lü'br) ungeſund.

insatiable (ᵫ-ßă-ßi-a'bi) unerſättlich.

inscription (ᵫ-ßḱri-pßiᵫ') ƒ Inſchrift; Einſchreibung.

inscrire (ᵫ-ßḱri'r) einſchreiben; s'~ en faux eine Fälſchungsklage anſtellen.   [forſchlich.

inscrutable (ᵫ-ßḱrü-ta'bi) uner-

insecticide (ᵫ-ßæ̆-ḱti-ßi'b) Inſekten tötenb; poudre ƒ ~ Inſekten-pulver *n.*

in-seize (ᵫ-ßæ̃'f) *m* (geſchr. meiſt in-16) Sedez-format *n.*   [rückt.

insensé, ~e (ßᵫ-ße') unſinnig, verinsensible (ßᵫ-ßi'bi) unempfindlich, gefühllos; unmerklich.

inséparable (ᵫ-ße-pă-ra'bi) unzertrennlich.

insérer (ᵫ-ße-re') einrücken.

insertion (ᵫ-ßär-ßiᵫ') ƒ Ein-fügung, -rückung.

insidieux, ~se (ßi-biᵫ̃', ~biᵫ̃'f) hinterliſtig; verfänglich.

insigne (ᵫ-ßi'nj) 1. ausgezeichnet. 2. ~s *m/pl.* Abzeichen *n.*

insignifiant, ~e (ßi-nji-fiᵫ̃', ~ᵫ̃'t) unbebeutenb.   [ſchmeichelnb.

insinuant, ~e (nü-ᵫ̃', ~ᵫ̃'t) ein-insinuer (ᵫ-ßi-nü-e') ſanft in eine Wunde einführen; zu verſtehen geben; *arl.* einhändigen.

insipide (ᵫ-ßi-pi'b) geſchmacklos.

insistance (ᵫ-ßi-ßtᵫ̃'ß) ƒ Dringen *n auf etwas.*   [beharren.

insister (ßte'): ~ sur qc. auf et.

insociable (ßᵫ-ßia'bi) ungeſellig.

insolence (ᵫ-ßᵫ-lᵫ̃'ß) ƒ Unverſchämtheit.   [ſchämt, frech.

insolent, ~e (ßᵫ-lᵫ̃', ~ᵫ̃'t) unver-

insolite (ᵫ-ßᵫ-li't) ungewöhnlich.

insoluble (ßᵫ-lü'bi) unauflöslich.

insolvable (ᵫ-ßᵫl-va'bi) zahlungsunfähig.   [loſigkeit.

insomnie (ᵫ-ßᵫ-mni') ƒ Schlaf-insouciance (ᵫ-ßu-ßiᵫ̃'ß) ƒ Sorgloſigkeit.   [ſorglos.

insouciant, ~e (ᵫ-ßu-ßiᵫ̃', ~ßiᵫ̃'t)

insoumis, ~e (ᵫ-ßu-mi', ~i'ſ) unbezwungen; ungehorſam.

insoutenable (ᵫ-ßu-t'na'bi) unhaltbar; unerträglich.

inspecter (ᵫ-ßpæ̆-ḱte') inſpizieren.

inspirer (ᵫ-ßpi-re') einatmen, einhauchen; *jem. et.* in ben Sinn geben; *jem.* begeiſtern.

instabilité (ᵫ-ßta-bi-li-te') ƒ Unbeſtänbigkeit.   [einführen.

installer (ᵫ-ßtă-le') in ein Amt

instamment (ßtă-mᵫ̃') inſtänbig.

instance (ᵫ-ßtᵫ̃'ß) ƒ inſtänbige Bitte; gerichtl. Anſuchen; Inſtanz.

instant, ~e (ᵫ-ßtᵫ̃', ~ᵫ̃'t) 1. bringenb. 2. *m* Augenblick.

instantané, ~e (ᵫ-ßtᵫ̃-tă-ne') augenblicklich.   [Art wie ...

instar (ᵫ-ßta'r): à l'~ de ... nach

instigateur *m*, ~trice ƒ (ᵫ-ßti-gă-tö'r, ~tri'ß) Anſtifter(in).

instigation (ᵫ-ßti-gă-ßiᵫ') ƒ Anſtiftung.   [ſtiften; einrichten.

instituer (ᵫ-ßti-tü-e') einſeßen;

institut (ᵫ-ßti-tü') *m* Stiftung ƒ; Anſtalt ƒ; Orbensregel ƒ; geiſtlicher Orben; I~ (de France) Frankreichs Inſtitut (Geſamtheit der 5 Akademien).

instituteur *m*, ~trice ƒ (tü-tö'r, ~tri'ß) Stifter(in); Lehrer(in).

institution (ᵫ-ßti-tü-ßiᵫ') ƒ Stiftung; Erziehungs-Anſtalt.

instructeur (ßtrü-ḱtö'r) *m* Lehrer; Exerzier-, Reit-meiſter; juge ~ Unterſuchungsrichter.   [reich.

instructif, ~ve (ḱti'f, ḱti'w) lehr-instruction (ᵫ-ßtrü-ḱßiᵫ') ƒ Unterricht; Verhaltungsbefehl.

instruire (ᵫ-ßtrüi'r) unterrichten; *von etwas* benachrichtigen; *einen* Prozeß einleiten.

instruit, ~e (ŏ- štrü̈', ~ü̈'t) unterrichtet, kenntnisreich.

insu (ŏ-šü̈'): à l'~ de q. ohne
Vorwiffen jemandes.

insubordonné, ~e (ŏ-šüb̆-ŏr-bŏ-
ne') widerfeßlich.

insuccès (ŏ-šü̈-kŝä') m Mißerfolg.

insuffisant, ~e (ŏ-šü̈-fl-ŝa', ~ŝa't)
unzulänglich.

insulaire (ŏ-šü̈-lä̈'r) 1. auf einer
Insel wohnend. 2. s. Inselbe-
wohner(in). [Handstreich m.

insulte (ŏ-šü̈'lt) f Beleidigung;

insulter (ŏ-šü̈l-te') beschimpfen;
plötzlich überfallen.

insupportable (ŏ-šü̈-pŏr-ta'bl)
unausstehlich. -

insurgé (ŏ-šü̈r-Ge') m Aufrührer.

insurger (ŏ-šü̈r-Ge') aufwiegeln;
s'~ sich erheben.

insurmontable (ŏ-šü̈r-mŏ-ta'bl)
unüberwindlich. [Aufstand m.

insurrection (ŏ-šü̈r-rä̈-kŝlŏ') f

intact, ~e (ŏ-tä̈'kt) unberührt.

intarissable (ŏ-tä̈-rl-ŝa'bl) unver-
siegbar. [dig.

intégral, ~e (ŏ-tĕ-grä̈'l) vollstän-

intègre (ŏ-tä̈'gr) unbescholten.

intégrité (ŏ-tĕ-grl-te') f Unbe-
scholtenheit; Redlichkeit; Voll-
ständigkeit.

intellect (tä̈l-lä̈'kt) m Verstand.

intelligence (ŏ-tä̈l-ll-Gă̈'ß) f
Einsicht; Verstand m; Einverständnis n. [klug, einsichtig.

intelligent, ~e (tä̈l-ll-Gă̈', ~Gă̈'t)

intelligible (ŏ-tä̈l-ll-Gl'bl) ver-
ständlich. [Unmäßigkeit.

intempérance (ŏ-tŏ-pĕ-rä̈'ß) f

intempérant, ~e (tŏ-pĕ-rŏ', ~ŏ̈'t)
unmäßig, ausschweifend.

intempérie (ŏ-tŏ-pĕ-rl') f Unregelmäßigkeit; Rauheit des Wetters.

intempestif, ~ve (ŏ-tŏ-pä̈-šti'f,
~l'w) unzeitig.

intense (ŏ-tä̈'ß) angespannt, stark.

intenter (ŏ-tŏ-te') ~n Prozeß gegen
jem. anhängig machen.

intention (ŏ-tŏ-šlŏ') f Absicht.

intentionné, ~e (ŏ-tŏ-šlŏ-ne'):
(bien) ~ (gut) gesinnt.

intentionnel, ~le (ŏ-tŏ-šlŏ-nä̈'l,
~ä̈'l) beabsichtigt. [schen-...

inter... (ŏ-tär...) in Zsg.: zwi-

intercalaire (ŏ-tär-kä̈-lä̈'r) einge-
schaltet; jour m ~ Schalttag.

intercaler (kä̈-le') einschieben.

intercéder (ŏ-tär-ße-de'): ~ pour
q. sich für jem. verwenden.

intercepter (ßä̈-pte') auffangen,
unterschla'gen; hemmen.

intercesseur (ŏ-tär-ßä̈-ßŏ'r) m
Fürsprecher. [Fürsprache.

intercession (ŏ-tär-ßä̈-ßlŏ') f

interdiction (ŏ-tär-bl-kšlŏ') f Un-
tersagung, Verbot n; Amts-
entziehung; Mundtot-erklärung.

interdire (ŏ-tär-bl'r) untersagen;
vom Amt suspendieren; mund-
tot erklären; rl. mit dem Interdikt belegen.

interdit, ~e (ŏ-tär-bl', ~l't) 1. bestürzt. 2. m Interdikt n.

intéressé, ~e (ŏ-tĕ-rä̈-ße') 1. be-
teiligt; eigennützig. 2. s. Teil-
haber(in).

intéresser (rä̈-ße') interessieren;
jem. an et. Teil nehmen lassen;
jem. angehen, betreffen.

intérêt (ŏ-tĕ-rä̈') m Interesse n,
Nutzen; Anteil; Eigennutz;
Zinsen f/pl. [durchschie'ßen.

interfolier (tär-fŏ-ll-e') mit Papier

intérieur, ~e (ŏ-te-rlŏ'r) 1. in-
ner, inwendig. 2. m das Innere; Inland n.

intérim (ŏ-tĕ-rl'm) m Zwischen-
zeit f; Interim n.

interjection (ŏ-tär-Gä̈-kšlŏ') f gr.
id.; drt. ~ d'appel Einlegung
einer Appellation.

interligne (tär-ll'nj) 1. m Zwischenraum zwischen zwei Zeilen. 2. f
typ. Durchschuß. [schie'ßen.

interligner (ll-nje') typ. durch-

interlocuteur m, ~trice f (ŏ-tärlŏ-kŭ-tō'r, ~trĭ'ß) redende Person in einem Dialoge.

interlope (a-tăr-lo'p): (vaisseau) ~ m Schmugglerschiff n; commerce m ~ Schleichhandel; le monde ~ die Leute von zweideutigem Rufe.

interloquer (lŏ-ke') verbutzen.

intermède (mæ'd) m Zwischenspiel n.

intermédiaire (a-tăr-me-bĭã'r) 1. zwischen 2 Dingen befindlich. 2. m Vermittelung f.

interminable (a-tăr-mĭ-na'bl) unendlich. [Unterbrechung.

intermission (a-tăr-mĭ-ßĭǫ') f

internat (tăr-na') m Alumnat n.

interne (a-tă'rn) 1. innerlich. 2.m Schüler u. Pensionär, Alumne.

interner (a-tăr-ne') von den Grenzen in das Innere verweisen, internieren. [nuntius.

internonce (a-tăr-nǫ'ß) m Internuntius.

interpoler (a-tăr-pŏ-le') in etwas einschalten.

interposer (tăr-po-fe') dazwischen stellen; s'~ dazwischen treten, sich ins Mittel schlagen.

interprète (a-tăr-præ't) m Dolmetscher; Ausleger.

interpréter (a-tăr-pre-te')verbolmetschen; auslegen, deuten.

interrègne (a-tăr-ræ'nj) m Interregnum n, Zwischenreich n.

interrogatif, ~ve (a-tă-rŏ-ga-ti'f, ~tĭ'w) fragend.

interrogation (gā-ßĭǫ') f Frage; point m d'~ Fragezeichen n.

interrogatoire(a-tă-rŏ-ga-tŏã'r)m Verhör n.

interroger (a-tă-rŏ-Ge') ausfragen, verhören. [brechen.

interrompre (a-tăr-rǫ'pr) unterbrechen.

interruption (rŭ-pßĭǫ') f Unterbrechung. [schnitt m.

intersection (ßæ-kßĭǫ') f Durchschnitt m.

intervalle (a-tăr-wä'l) m Zwischenraum, -zeit f.

intervenir (a-tăr-w'nĭ'r) dazwischen treten; vermittelnd eintreten. [um-kehren.

intervertir (a-tăr-wăr-tĭ'r) ver-

intestin, ~e (a-tæ-ßtₐ', ~ĭ'n) 1. inner(lich). 2. ~s m/pl. Gedärme. [inti'm.

intime (a-tĭ'm) innerst, innig;

intimer (a-tĭ-me') von Gerichtswegen zufertigen; vorladen.

intimider (mĭ-be') einschüchtern.

intitulé (tĭ-tŭ-le') m Aufschrift f.

intituler (a-tĭ-tŭ-le') betiteln.

intolérable (tŏ-lĕ-ra'bl) unerträglich. [Geist der Unbuldsamkeit.

intolérantisme (tŏ-le-rₐ-ti'ßm) m

intoxication (a-tŏ-kßĭ-fā-ßĭǫ') f Vergiftung.

intraduisible (a-trä-bŭĭ-fĭ'bl) unübersetzbar. [fam, störrisch.

intraitable (a-træ-ta'bl) unlenksam,

in-trente-deux (a-trₐt-bö') m (geschr. meist in-32) Zweiunddreißigstel-format n.

intrépide (trĕ-pĭ'b) unerschrocken.

intrépidité (a-trĕ-pi-bĭ-te') f Unerschrockenheit.

intriguer (a-trĭ-ge') I. v/n. Ränke schmieden. II. v/a. ~ q. jemandes Neugier erregen.

introducteur m, ~trice f (trŏ-bŭ-ktō'r, ~trĭ'ß) Einführer(in).

introduire (trŏ-bŭĭ'r) einführen.

intromission (a-trŏ-mĭ-ßĭǫ') f Einbringen n. [fetzen.

intrôner(a-tro-ne') auf den Thron setzen.

introniser (a-trŏ-nĭ-fe') e-n Bischof feierlich einsetzen.

introuvable (a-tru-wa'bl) unauffindbar. [bringling.

intrus m, ~e f (a-trŭ', ~ŭ'f) Eindringling.

intrusion (trŭ-fĭǫ') f Eindrängen.

intuitif, ~ve (a-tŭ-ĭ-ti'f, ~tĭ'w) anschauend.

intuition (i-ßĭǫ') f Anschauung; unmittelbare Erkenntnis.

inusité, ~e (a-nŭ-fĭ-te') ungebräuchlich.

inu*tile (ĭ-nŭ-tī'l) unnütz.

inutilité (tĭ-lĭ-te') f Nutzlosigkeit.

invaincu, ~e (wₐ-kŭ') unbesiegt.

invalide (wă-lī'b) dienstunfähig; *adt.* ungültig.

invalider (ₐ-wă-lĭ-be') ungültig machen. [änderlich.

invariable (ₐ-wă-rĭā'bl) unver-

invasion (ₐ-wₐ-sĭ̃') f feindlicher Einbruch, Einfall.

invective (wᴂ-ктī'w) f Schimpf-wort *n.* [tarium *n.*

inventaire (ₐ-wₐ-tā'r) *m* Inven-

inventer (ₐ-wₐ-te') erfinden.

inventeur(ₐ-wₐ-tȫ'r) *m* Erfinder.

invention (wₐ-s̃ĭ̃') f Erfindung.

inventorier (ₐ-wₐ-tö̆-rĭ-e') in-ventarisieren.

inverse (ₐ-wᴂ'rß) 1. umgekehrt. 2. *m* das Gegenteil. [bellos.

invertébré, ~e (wăr-te-bre') wir-

invertir (ₐ-wᴂr-tī'r) umkehren.

investiga*teur m,* ~trice f (ₐ-wᴂ̆-ßtĭ-ga-tȫ'r, ~trī'ß) 1. forschend. 2. *s.* Forscher(in).

investir (ₐ-wᴂ̆-ßtī'r) mit etwas be-lehnen; eine Festung einschließen.

invétérer (ₐ-we-tĕ-re'): s'~ ein-wurzeln. [lich.

invincible (ₐ-wₐ-ßĭ'bl) unbesieg-

inviolable (ₐ-wĭ-ŏ-la'bl) unver-letzlich. [bar.

invisible (ₐ-wĭ-sī'bl) unsicht-

invitation (tā-ßĭ̃') f Einladung.

inviter (ₐ-wĭ-te') einladen.

invocation (ₐ-wŏ-kā-ßĭ̃') f An-rufung. [willig.

involontaire (wŏ-lₐ-tā'r) unfrei-

invoquer (ₐ-wŏ-ke') anrufen.

invraisemblable (wrᴂ-ßₐ-blă'bl) unwahrscheinlich.

invraisemblance(blã'ß)f Unwahr-scheinlichkeit. [verwundbar.

invulnérable (wŭl-nĕ-ra'bl) un-

iou(d)ler (ĭu-(b)le') jodeln.

irascible (ĭ-тă-ßĭ'bl) jähzornig.

irisation (ĭ-rĭ-sā-ßĭ̃') f Spielen *n* in den Regenbogenfarben.

irisé, ~e (ĭ-rĭ-se') regenbogen-farbig.

Iroquois *m,* ~e f (ĭ-rŏ-kŭā', ~ā'ĭ) Irokese, Irokesin; *fig.* verdrehter Kerl. [len.

irradier (ĭr-tă-bĭ-e') ausstrah-

irrassasiable (ĭr-tă-ßₐ-sĭā'bl) un-ersättlich. [unversöhnlich.

irréconciliable(ĭr-rĕ-kₐ-ßĭ-lĭā'bl)

irrécusable (ĭr-rĕ-kŭ-sa'bl) un-verwerflich. [reduzierbar.

irréductible (ĭr-re-bŭ-ктĭ'bl) un-

irréfléchi, ~e (ĭr-re-flĕ-schĭ') un-überlegt. [widersprechlich.

irréfragable (ĭr-re-frā-ga'bl) un-

irrégularité (ĭr-re-gŭ-lă-rĭ-te') f Unregelmäßigkeit. [mäßig.

irrégulier, ~ère(lĭe',lĭã'r) unregel-

irrémédiable (re-mĕ-bĭ-a'bl) dem nicht abzuhelfen ist.

irrémissible (ĭr-re-mĭ-ßĭ'bl) un-verzeihlich. [setzlich.

irréparable (ĭr-re-pă-ra'bl) uner-

irrépréhensible (re-prĕ-ₐ-ßĭ'bl) untadelhaft. [tadellos.

irréprochable (ĭr-re-prŏ-scha'bl)

irrésistible (ĭr-re-sĭ-ßтĭ'bl) un-widerstehlich. [schlossen.

irrésolu, ~e (ĭr-re-sŏ-lŭ') unent-

irrésoluble (sŏ-lŭ'bl) unlösbar.

irrésolution (ĭr-re-sŏ-lŭ-ßĭ̃') f Unentschlossenheit.

irrespectueux, ~se (ĭr-тă̆-ßpᴂ̆-ктŭ-ö', ~ö̆'s) unehrerbietig.

irrespirable (тă̆-ßpĭ-ra'bl) nicht atembar. [verantwortlich.

irresponsable (тă̆-ßpₐ-ßa'bl) un-

irrétractable(ĭr-re-тră-кta'bl)un-widerruflich.

irrigateur (ĭr-rĭ-ga-tȫ'r) *m* Be-wässerungsspritze f; selbsttätige Klystierspritze.

irriguer (ĭr-rĭ-ge') bewässern.

irritable (ĭr-rĭ-ta'bl) reizbar.

irrité, ~e (ĭr-rĭ-te') erzürnt.

irriter (ĭr-rĭ-te') (auf)reizen, auf-bringen; s'~ sich erzürnen, böse werden.

irruption (ĭr-rŭ-pṣ͡i͡ǫ') *f* feindlicher Einfall; Einbruch.
isard (ĭ-ṣā'r) *m* Gemſe *f.*
islamite (ĭ-ſlă-mĭ't) *m* Bekenner
des Islam.
iso... (ĭ-ſo...) in 3ſſg.: gleich•..., ʑB.
isocèle (ĭ-ſŏ-ṣæ̆'l) gleichſchenke-
lig; **isochrone** gleichzeitig.
isolé, ‿e (ĭ-ſŏ-le') alleinſtehend,
iſoliert. [ſchiedenheit *f.*
isolement (ĭ-ſo-l'mą') *m* Abge-
isoler (ſŏ-le') abſondern, verein-
issu, ‿e (ṣŭ') entſproſſen. [zeln.
issue (ĭ-ṣŭ') *f* Ausgang *m*; Ende
n; Ausweg *m.*
italique (ĭ-tä-lĭ'ʔ) *m*, *a.* caractère
m, écriture *f* ‿ Kurſivſchrift *f.*

item (ĭ-tæ̆'m) ingleichen.
itératif, ‿ve (ĭ-te-ra-tĭ'f, ‿tĭ'w)
wiederholt.
itinéraire (ĭ-tĭ-nĕ-rā'r) 1. Weg•...
2. *m* Reiſeplan; Marſchroute *f.*
ivoire (ĭ-wǎ'r) *f* Elfenbein *n.*
ivoirerie (ĭ-wǎa-rĭ-rĭ') *f* Elfen-
bein•arbeiten *pl.*
ivraie (ĭ-wræ̆') *f* Unkraut *n.*
ivre (ĭ'wr) (be)trunken.
ivresse (ĭ-wræ̆'ß) *f* Trunkenheit.
ivrogne (ĭ-wrŏ'nj) 1. dem Trunke
ergeben. 2. *m* Trunkenbold.
ivrognerie (ĭ-wrŏ-nj'rĭ') *f* Trunk•
ſucht.
ivrognesse (ĭ-wrŏ-njæ̆'ß) *f* Säu-
ferin.

J.

jable (Ga'bĭ) *m* Gergel *f* (Falz an
den Faßdauben).
jabot (Gă-bo') *m* Kropf der Vögel;
id., Buſenſtreif. [plappern.
jaboter (Gă-bŏ-te') ſchwatzen,
jacasse (Gă-ka'ß) *f* Plaudertaſche.
jacasser (Gă-kă-ße') ſchreien
(Elſter); plappern.
jacent, ‿e (ßą', ßǟ't) herrenlos.
jachère (Gă-ſchǟ'r) *f* Brache.
jachérer (Gă-ſche-re') brachen.
jacinthe (Gă-ßǟ't) *f* Hyazinthe.
jacobin *m*, ‿e *f* (Gă-kŏ-ką', ‿bĭ'n)
Jakobiner•mönch, •nonne; Ja-
kobiner(in).
jaconas (Gă-kŏ-na') *m* Jakonett.
Jacques (Gak) *m* Jakob.
jactance (Gă-ktą'ß) *f* Prahlerei,
Ruhmredigkeit.
jadis (Gă-bĭ'ß) ehemals.
jaillir (Gă-jĭ'r) heraus•ſpringen,
•ſprudeln.
jais (Gæ̆) *m* Gagat, Pechkohle *f.*
jalon (Gă-lą') *m* Abſteckpfahl.
jalonner (Gă-lŏ-ne') abſtecken.
jalouser (Gă-lu-ße'): ‿q. auf jem.
eiferſüchtig ſein.

jalousie (Gă-lu-ſĭ') *f* Eiferſucht.
jaloux, ‿se (Gă-lū', ‿lū'ſ) eiferſüchtig; neidiſch; eifrig; être ‿
de faire qc. darauf brennen, et.
zu thun.
jamais (Gă-mæ̆') jemals; ne ... ‿
niemals; à (tout) ‿ auf immer.
jambage (Gą-ba'G) *m* Grundmauer *f*; (Thür•, Fenſter•)Pfoſten;
Grundſtrich. [arch. Pfeiler *m.*
jambe (Gą̄b) *f* Bein *n*, Lauf *m*;
jambé, ‿e (Gą-be'): (bien) ‿ mit
(wohl)gewachſenen Beinen.
jambette (Gą-bæ̆'t) *f* Beinchen *n*;
Taſchenmeſſer *n.*
jambière (bĭǟ'r) *f* Bein•harniſch.
jambon (Gą-bą') *m* Schinken.
jan (Gą) *m* Brücke *f* (Brettſpiel).
jante (Gą̄t) *f* Radfelge.
jantille (Gą-tĭ'j) *f* Schöpfbrett *n*
eines Waſſerrades.
janvier (Gą-wĭe') *m* Januar.
Japon (Gă-pą') *m* Ja'pan *n.*
japonais, ‿e (Gă-pŏ-næ̆', ‿næ̆'ſ)
1. japane'ſiſch. 2. J‿, J‿ e *s.* Ja-
paneſe, ...ſin.
japper (Gă-pe') kläffen.

jappeur (ſä-pö'r) m Kläffer.

jaquemart (ſmä'r) m geharniſch-
ter Stundenſchläger an uhren.

jaquette (ſä-kæ't) f Jacke; Kin-
derröckchen n; Elſter.

jaquier (ſä-kĭe') m Brotbaum.

jardin (ſär-bą') m Garten.

jardinage (bĭ-na'ʒ m Garten-
land n, -bau, -früchte pl.; Fleck
in Diamanten. [treiben.

jardiner (ſär-bĭ-ne') Gärtnerei

jardinet (bĭ-næ') m Gärtchen n.

jardineux, -se (ſär-bĭ-nö', -nö'ſ)
fleckig (von Edelſteinen).

jardinier (ſär-bĭ-nĭe') m Gärtner.

jardinière (bĭ-nĭä'r) f Gärtnerin;
Blumentiſch m; potage à la -
Gemüſeſuppe.

jardiniste (bĭ-ni'ſt) m Zeichner
von Garten-entwürfen.

jardon (ſär-bą') m Haſenſpat.

jargon (ſą') m Kauderwelſch n.

jargonner (ſär-gŏ-ne') unverſtändlich reden. [welſcher.

jargonneur (ſŏ-nö'r) m Kauder-

jarre (ſär) 1. f großer irbener
Krug. 2. m langes, hartes Haar
an Pelzen. [-bug.

jarret (ſä-ræ') m Knie-kehle f,

jarreté, -e (ſä-r'te') kuhheſſig.

jarretière (ſä-r'tĭä'r) f Strumpf-
band n; ordre de la J.- Hoſen-
band-Orden m.

jarreux, -se (ſa-rö', -rö'ſ)
ſtruppig (Wolle).

jars (ſär) m Gänſerich; Diebes-
ſprache f; auch = jarre 2.

jaser (ſa-ſe') ſchwatzen.

jaserie (ſa-ſ'rĭ') f Geſchwätz n.

jaseur m, -se f (ſa-ſö'r, -ſö'ſ)
Schwätzer(in).

jaspe (ſäſp) m Jaspis.

jasper (ſä-ſpe') jaſpisartig ſtrei-
chen, marmorieren.

jaspure (ſpü'r) f Jaſpisanſtrich.

jatte (ſät) f Napf m, Satte.

jattée (ſä-te') eine Satte voll.

jauge (ſōʒ) f Eichmaß n; Meß-
stock m; agr. fumer à vive -
tief und reichlich düngen.

jauger (ſo-ʒe') eichen, viſieren.

jaugeur (ſo-ʒö'r) m Eicher.

jaunâtre (ſo-nä'tr) gelblich.

jaune (ſōn) 1. gelb. 2. m Gelb
n; - d'œuf Ei-botter n.

jaunet, -te (ſo-næ', -næ't)
1. gelblich. 2. m Goldſtück n.

jaunir (ſo-nĭ'r) gelb färben; v/n.
u. se - gelb werden.

jaunisse (ſo-ni'ſ) f Gelbſucht.

javart (ſä-wä'r) m vét. Durch-
fäule f. [legen.

javeler (ſä-w'le') in Schwaden

javelle (ſä-wæ'l) f Schwad n.

javelot (ſä-w'lo') m Wurfſpieß.

Jean (ſą) m Johann(es).

Jeanne (ſan) f Johanna.

Jeannot (ſä-no') m Hänschen n.

Jérôme (ſe-rō'm) m Hi-ero'ny-
mus.

jet (ſæ) m Wurf; Strahl; - d'eau
Springbrunnen; - d'abeilles
junger Bienenſchwarm; Schößling, Trieb.

jetée (ſĭ-te') f Hafendamm m;
Aufſchüttung auf einem Wege.

jeter (ſĭ-te') werfen; (her)aus-
werfen; aus-ſtrahlen, -ſpeien;
weg-werfen, -gießen; r-e Brücke
ſchlagen; Knospen treiben.

jeton (ſĭ-tą') m Spielmarke f,
Rechenpfennig.

jeu (ſö) m Spiel n; Einſatz:
Spaß; Spielhaus; - de paume
Ballhaus n; Spielraum; Gang
einer Maschine.

jeudi (ſö-bĭ') m Donnerſtag.

jeun (ſą): à - nüchtern.

jeune (ſōn) jung.

jeûne (ſōn) m Faſten n.

jeûner (ſö-ne') faſten.

jeunesse (ſö-næ'ſ) f Jugend;
junges Blut, Mädchen n.

jeunet, -te (ſö-næ', -næ't) blut-
jung. [kunſt, -waren pl.

joaillerie (ſſä-ſ'rĭ') f Juwelier-

Joaillier (G͞sa̅-ſïe̅') m Zuwelier.

Job (G͞ŏb) m Hi'ob. [Gimpel.

jobard (G͞ŏ-ba̅'r) m Dummkopf,

jocrisse (G͞ŏ-kri'ß) m Topfgucker.

joie (G͞sa̅) f Freude, Fröhlichkeit.

joindre (G͞sa̅⏜'br) an ea. fügen, legen; ~ à qc. zu et. hinzufügen; ~ q. jem. einholen, treffen; v/n. genau anliegen.

joint (G͞sa̅⏜) m Gelenk n; Fuge f.

jointe (G͞sa̅⏜t) f Feſſel am Pferdefuße.

jointé, ~e (G͞sa̅⏜-te') : court-~ kurz gefeſſelt. [an ea. paſſend.

jointiſ, ~ve (G͞sa̅⏜-ti'ſ, ~tï'w) dicht

jointoyer (G͞sa̅⏜-t͞sa̅-ſe') die Fugen verſtreichen. [lenk n; Fuge.

jointure (G͞sa̅⏜-tü̅'r) f Knochen-Ge-
joli, ~e (G͞ŏ-li') hübſch; nieblich.

joliet, ~te (l͞l-æ̅', ~æ̅'t) ganz artig.

joliment (l͞l-ma̅') hübſch, tüchtig.

jonc (G͞ŏ) m Binſe f, Rohr n.

jonchaie (G͞ŏ-ſcha̅') f Binſengebüſch n. [Blumen, Laub ꝛc.

jonchée (G͞ŏ-ſche̅') f Geſtreu n v.

joncher (G͞ŏ-ſche') mit Blumen ꝛc. beſtreuen. [Stäbchenspiel n.

jonchet (ſcha̅') m Stäbchen; ~s pl.

jonction (G͞ŏ-kſïo̅') f Verbindung.

jongler (gle') Kunſtſtücke machen.

jonglerie (G͞ŏ-glı-rï') f Taſchenſpielerei.

jongleur (G͞ŏ-glö̅'r) m ehm. herumziehender Sänger; jeßt: Gaukler.

jonque (G͞ŏk) f Dſchunke.

jouable (G͞ŭ-a̅'bl) ſpielbar, aufführbar.

jouailler (G͞u-a̅-ſe') niebrig, nur zum Vergnügen ſpielen; mittelmäßig Klavier ꝛc. ſpielen.

joubarbe (G͞u-ba̅'rb) f Hauswurz.

joue (G͞ū) f Backe, Wange.

jouer (G͞ŭ-e') ſpielen; aufs Spiel ſeßen; ~ q. jem. zum Narren h.; v/n. ~ aux cartes (du violon) Karten (Violine) ſpielen; se ~ tänbeln; se ~ à q. ſich an j-m vergreifen; se ~ de q. jem. zum beſten haben.

jouet (G͞ŭ-æ̅') m Spiel-zeug n, -werk; fig. Spielball. [ler(in).

joueur m, ~se f (ö̅'r, ö̅'ſ) Spie-

joufflu, ~e (G͞u-flü̅') bausbäckig.

joug (G͞ug) m Joch n.

jouir (G͞ŭ-ī'r) : ~ de qc. etwas genießen. [Nußnießung.

jouissance(G͞u-ī-ßa̅'ß)f Genuß m;

joujou (G͞u-G͞u') m Spielzeug n.

jour (G͞ūr) m Tag; ~ de l'an Neujahrstag; vivre au ~ la journée von der Hand in den Mund leben; être de ~ Dienst haben; de mes ~s in meinem ganzen Leben; (Tages-)Licht n; Fenſter n, Öffnung; percé à ~ durchbrochen; se faire ~ ſich Bahn machen. [buch n; Zeitung f.

journal (G͞ūr-na̅'l) m id. n, Tage-

journalier, ~ère (G͞ūr-na̅-ſïe', ~lïa̅'r) 1. täglich erſcheinend. 2. m Tagelöhner.

journée(G͞ūr-ne̅') f Tag m, Tageszeit; Tage-werk n, -lohn m, -reiſe; Schlachttag m, benkwürdiger Tag.

joute (G͞ut) f Lanzenbrechen n; ~ sur l'eau Schifferstechen n.

jouter (G͞u-te') Lanzen brechen.

Jouvence(G͞u-wa̅'ß): fontaine de ~ Verjüngungsquelle.

jouvenceau m, ~elle f (G͞u-wa̅-ßo', ~ßæ̅'l) Jüngling, Jungferchen n. [luſtig.

jovial, ~e (G͞ŏ-wïa̅'l) fröhlich,

joyau (G͞sa̅-ſo') m Kleinod n, Juwel n. [lich, luſtig.

joyeux, ~se (G͞sa̅-ïö̅', ~ïö̅'ſ) fröh-

jubé (G͞ŭ-be') m Emporkirche f.

jubilaire (G͞ŭ-bï-la̅'r): année f ~ Jubeljahr n.

jubilation (bï-la̅-ßïo̅') f Jubel m.

jubilé (G͞ŭ-bï-le') m Jubel-, Ablaß-jahr; 50-jähriges Jubilä-um.

jubiler (G͞ŭ-bï-le') jauchzen.

jucher (G͞ŭ-ſche') auf der Stange aufſißen; se ~ ſich auf-e Stange, einen Zweig ſeßen.

juchoir (Gü-schŏâ'r) m Hühner-
steige f. [Buchstaben klebend.
judaïque (Gü-bä-i'ʔ) jüdisch; am
judaïser (Gü-bä-ĭ-fe') das jüdische
Gesetz befolgen. [tum n.
judaïsme (Gü-bä-i'ßm) m Juden-
Judas (Gü-ba'ß) m 1. Judas. 2. j~
Guckloch n im Fußboden.
judicature (Gü-bĭ-ka-tü'r) f Rich-
ter-amt n, -stand m.
judiciaire (Gü-bĭ-ßĭâ'r) 1. gerichtlich. 2. f Beurteilungs-Ver-
mögen n. [gescheit.
judicieux, ~se (Gü-bĭ-ßĭŏ', ~ßĭŏ'ʃ)
juge (GüG) m Richter.
jugement (Gü-G'mg') m Urteil n.
juger (Gü-Ge') richten, (ab-)ur-
teilen; denken, glauben.
jugulaire (Gü-gü-lä'r) 1. Kehl-...,
Gurgel-... 2. ~s f/pl. Sturm-
bänder n am Tschako.
juif m, ~ve f (Qüf, Qüw) 1. jüdisch. 2. J~, J~ve s.Jude,Jüdin.
juillet (Gü-jæ') m Juli.
juin (Qüä) m Juni.
juiverie (Gü-w'rĭ') f Judenschaft;
Juden-stadt, -viertel n.
jujube (Gü-Qü'b) f Brustbeere.
julep (lä'p) m Erquickungstrank.
Jules (Qül) m Julius.
Julienne (Gü-lĭæ'n) f 1. Juliane.
2. j~ Nachtviole; (potage m à
la) j~ id. (Suppe mit kleingeschnit-
tenem Gemüse darin).
Juliers (Gü-lĭe') m Jülich n.
jumeau (Gü-mo') 1. Zwillings-...,
verbunden. 2. m Zwilling.
jumelle (Gü-mæ'l) f Zwillings-
schwester; ~s pl. zwei ähnliche,
sich entsprechende Stücke an e-r
Maschine; Seitenwände; Operngucker m für beide Augen.
jument (Gü-mg') f Stute.
jupe (Güp) f (Weiber-)Rock m.
jupon (Gü-pg') m (Frauen-)Unter-
jurande (Gü-rg̅'b) f Zunft. [rock.
juré, ~e (Gü-re') 1. be-eidigt. 2. m
Geschworene(r).

jurement (Gü-r'mg') m Fluch.
jurer (Gü-re') schwören; fluchen,
lästern; ~ avec qc. grell gegen
etwas abstechen; quielen (v. In-
strumenten). [Flucher.
jureur (Gü-rŏ'r) m Eidleister,
juridiction (Gü-rĭ-bĭ-kßĭg') f Gerichtsbarkeit; Gerichtssprengel.
jurisconsulte (Gü-rĭ-ßĭg-ßü'lt) m
Rechtsgelehrte(r).
jurisprudence (Gü-rĭ-ßprü-bã'ß)
f Rechtsgelehrsamkeit.
juriste (Gü-ri'ßt) m juristischer
Schriftsteller.
juron (Gü-rg') m (Lieblings-)Fluch.
jury (Gü-ri') m id. f, Schwurgericht n.
jus (Gü) m Saft, Brühe f.
jusant (Gü-ßg') m Ebbe f.
jusque (Güßk), jusqu'à, ~ sur &
bis an, zu, auf; ~'à son amitié sogar seine Freundschaft; cj.
~'à ce que bis.
jusquiame (Gü-ßkĭ-a'm) f Bilsen-
kraut n.
justaucorps (Gü-ßto-kŏ'r) m ehm.
eng anliegender Mannsrock.
juste (Güßt) gerecht, billig; genau,
richtig; passend; (zu) eng; adv.
richtig. [gerade, eben.
justement (Güßt-mg') mit Recht;
justesse (Gü-ßtæ'ß) f Richtigkeit
genaues Passen.
justice (Gü-ßtĭ'ß) f Gerechtigkeit,
Recht n; Gerichtswesen n.
justiciable (Gü-ßtĭ-ßĭa'bl) einer
Gerichtsbarkeit unterworfen.
justicier (ßtĭ-ßĭe') m: (seigneur)
~ Gerichtsherr.
justification (Gü-ßtĭ-fĭ-ka-ßĭg') f
Rechtfertigung.
justifier (ßtĭ-fĭ-e') rechtfertigen.
juteux, ~se (Gü-tŏ', ~tŏ'ʃ) saftig.
juvénile (Gü-wĕ-ni'l) jugendlich.
juvénilité (Gü-we-nĭ-lĭ-te') f
Jugendlichkeit.
juxtaposer(Gü-kßtä-po-ʃe') neben
einander stellen.

K, a. kil. *abr.* = kilogramme(s).

kakatoès (kă-ka-tŏā') *m* Kakadu.

kantien *m*, ~iste *m*(t̯a-ßi̯ā', ~ti'ßt) Kantianer.

képi (kĕ-pi') *m* Käppi *n*.

kermesse (kär-mæ'ß) *f* Kirmeß.

ketmie ♀ (kĕ-tmi') *f* Eibisch *m*.

kilo... (kĭ-lo...) in Zsg.: tausend-, Kilo-..., ıß. kilogramme *m* Kilogramm *n*.

kilo (kĭ-lo) *m* = kilogramme.

kyrielle(ki-rĭ-æ'l)*f* Litanei; lange Reihe von etwas; Suite.

L(ĕl) *abr.* auf Kurszetteln = lettre Brief(angeboten); L. L. M. M. = leurs Majestés; L. St. = livre sterling. [A *n* (Note).

la (lă) 1. *art.* die. 2. *pr.* sie. 3. *m*

là (lă) da, daselbst, dort, dahin; çà et ~ hier und dort;.ce livre- ~ jenes Buch. [beit, Mühsal *f*.

labeur (lă-bŏ'r) *m* mühevolle Ar-

labial, ~e (lă-bĭā'l) Lippen-..., (lettre)~e *f* Lippenbuchstabe *m*.

labile (lă-bĭ'l) hinfällig, schwach.

laboratoire (bŏ-ra-ti̯ā'r) *m* Laborato'rium *n*.

laborieux, ~se (lă-bŏ-rĭŏ', ~rĭŏ'ß) arbeitsam; mühselig.

labour (lă-bū'r) *m* (Feld-)Umpflügung *f*, Ackern *n*.

labourable (bu-ra'bı) pflügbar.

labourage (lă-bu-ra'Q) *m* Pflügen *n*, Behacken *n*; Ackerlohn.

labourer (bu-re') pflügen, ackern; aufwühlen. [mann.

laboureur (lă-bu-rŏ'r) *m* Ackers-

labre (lā'br) *m* Oberlippe *f*; Lipp-

lac (lăk) *m* See. [fisch.

laçage (la-ßa'Q) *m* (Zu-)Schnüren *n*. [belegen (v. Hunden).

lacer (la-ße') (ein-, zu-)schnüren;

lacérer (la-ßĕ-re') zerreißen.

lacet (la-ßæ') *m* Schnürband *n*; Schlinge *f*, Dohne *f*.

lâche (lāsch) 1. locker, schlaff; ventre ~ offener Leib; kraftlos, matt; feig; niederträchtig. 2. *m* Feigling.

lâcher (la-sche') lockerer machen, nachlassen; los lassen, fahren lassen; die Hunde auf jem. hetzen; ~ un coup de fusil eine Flinte abfeuern; ~ le pied davonlaufen. [Niederträchtigkeit.

lâcheté (la-sch'te') *f* Feigheit;

lacis (la-ßi') *m* netzförmiges Gewebe. [nen-...

lacrymal, ~e (lă-krĭ-mā'l) Thrä-

lacs (la) *m* Schnur *f*; Schlinge *f*; Lasso. [~e Milchstraße.

lacté, ~e (lă-kte') Milch-...; voie *f*

lacune (lă-kŭ'n) *f* Lücke.

laçure (la-ßŭ'r) *f* Einschnürung.

lacustre(lă-kŭ'ßtr)in Seen lebend, wachsend; cités *f/pl.* ~s Pfahlbauten.

là-dessous (lă-b'ßu') darunter.

là-dessus (b'ßŭ') darüber; darauf.

ladite (lă-bi't) *f* besagte (v. ledit).

ladre (lā'br) 1. aussätzig; finnig; knickerig. 2. ~ *m*, ~sse *f* Aussätzige(r); Knauser(in).

ladrerie (la-brĭ-rĭ') *f* Aussatz *m*; grains *m/pl.* de ~ Schweine-Finnen; Siechenhaus *n* für Aussätzige; Knauserei.

là-haut (lă-o′) dort oben.

lai, ~e (læ) 1. weltlich, Laien-...
2. ~s m/pl. Laien. 3. m Lai
(erzählendes Gedicht).

laiche (læſch) f Lieſchgras n.

laid, ~e (læ, læd) häßlich.

laideron (læ-b′rǫ′) f häßliches
Frauenzimmer.

laideur (læ-bō′r) f Häßlichkeit.

laie (læ) f Bache, wilde Sau;
Schneuſe im Walde.

lainage (læ-na′G) m Vlies n;
Wollenware f; Aufrauhen n
des Tuches.

laine (læn) f Wolle.

lainer (læ-ne′) Tuch aufrauhen.

lainerie (læ-n′rī′) f Wollen-waren
pl., -fabrikation; Schäfſcher-
platz m; Wollmarkt m.

laineur (læ-nō′r) m Tuchrauher.

laineuse (nō′ſ) f Rauhmaſchine.

laineux, ~se (læ-nō′, ~ō′ſ) wollig.

lainier m, ~ère f (læ-nſe′, ~nſā′r)
Woll-arbeiter(in). [2. m Laie.

laïque (lă-i′k) 1. weltlich, Laien-...

lais (læ) m Laßreis n.

laisse (læß) f Koppelriemen m;
mener en ~ am Gängelbande
führen.

laisser (læ-ße′) laſſen; ne pas ~ de
nicht unterlaſſen ob. ermangeln
zu; übrig ober zurück laſſen; zulaſſen, geſtatten; hinterlaſſen,
vermachen. [gehenlaſſen n.

laisser-aller (læ-ße-ă-le′) m Sich-

laissez-passer (læ-ße-pa-ße′) m
Paſſierſchein.

lait (læ) m Milch f; ~ de poule
Eiermilch f; ~ de chaux Kalk-
weiße f.

laitage (læ-ta′G) m Milchſpeiſe f.

laitance f, laite (læ-tā′ß, læt) f
Milch der Fiſche.

laité, ~e(te′): poisson m ~ Milchner;
poule f ~e Schwachma′tikus m.

laiterie (læ-t′rī′) f Milch-keller m,
-kammer.

laiteux, ~se (tō′, tō′ſ) milchicht.

laitier (læ-tſe′) m Milchhändler;
Glasſchaum.

laitière (tſā′r) f Milch-mädchen n,
-frau f; (vache f) ~ Milchkuh.

laiton (læ-tǫ′) m Meſſing.

laitue(læ-tü′) f Lattich m, Garten-
ſalat m.

lama (la-ma′) m 1. id., Bubbha-
prieſter. 2. id. n, Schafkamel n.

lamanage (lă-mă-na′G) m Lotſen.

lamaneur (lă-mă-nō′r) m Lotſe.

lambeau(lą-bo′) m Lappen, Fetzen.

lambin m, ~e f (lą-bǣ′, ~i′n) Faul-
pelz, Trödler(in).

lambiner (lą-bī-ne′) trödeln.

lambourde (bü′rb) f Stützbalken
m; weicher Bruchſtein.

lambrequin (lą-brǝ-kǣ′) m id.,
Bogenbehänge pl.; Helmdecke f.

lambris (lą-brī′) m Täfelwerk n.

lambrisser (lą-brī-ße′) täfeln.

lame (lam) f Degen- 2c. Klinge; Me-
tall-Platte; Lahn m; Woge, See.

lamelle (lă-mǣ′l) f Plättchen n.

lamelleux, ~se (lă-mǣl-lō′, ~ō′ſ)
geblättert. [jämmerlich.

lamentable (lă-mą-ta′bl) kläglich,

lamentation (mą-tā-ßǫ′) f Klage-
geſchrei n. [tern.

lamenter (lă-mą-te′): se ~ jam-

lamette (lă-mǣ′t) f kleine Platte.

lamier (lă-mſe′) m Lahnmacher.

laminer (lă-mī-ne′) Metall plätten, ſtrecken. [werk n.

laminerie (lă-mī-n′rī′) f Walz-

lamineur (lă-mī-nō′r) m Metall-
plätter. [werk n.

laminoir (lă-mī-nſā′r) m Streck-

lampas (lą-pa′) m vét. Froſch.

lampe (ląp) f Lampe.

lampée (lą-pē′) f tüchtiger Zug.

lamper (lą-pe′) in langen Zügen
trinken. [f für den Docht.

lamperon (p′rǫ′) m (Lampen-)Dille

lampion (lą-pſǫ′) m Lämpchen n;
Drei-maſter (Hut).

lampiste (lą-pī′ßt) m Lampen-
fabrikant, -anzünder.

*lam*pisterie (lᾱ-pĭ-ßt'rĭ') f Lam-pen=wesen n, -raum m.

lampon (lᾱ-pǫ') m satirisches Lied.

lamproie (lᾱ-prŏᾱ') f Lampre'te, Neun-auge n.

lançage (lᾱ-ßa'G) m Stapellauf.

lance (lᾱß) f Lanze; Fahnen- ꝛc. Stange; Feuer-, Wasser-Strahl m.

lancé, ~e (lᾱ-ße') 1. etwas ange-trunken. 2. m Ort, wo das Wild von den Hunden aufgejagt ist.

lancer (lᾱ-ße') schleudern, wer-fen; Strahlen schießen; die Hunde hetzen; eine Flugschrift gegen jem. loslaffen; den Hirsch auftreiben; jem. in die Welt einführen; ein Schiff vom Stapel lassen.

lancette (lᾱ-ßæ't) f Lanzette.

lancettier (lᾱ-ßæ-tĭe') m Lanzett-besteck n.

lancier (lᾱ-ßĭe') m Lanzenreiter.

lancinant, ~e (lᾱ-ßĭ-nᾱ', ~nᾱ't) stechend (Schmerz).

lande (lᾱb) f Heide, Steppe.

landier (lᾱ-bĭe') m Feuerbock.

laneret (lă-n'ræ') m Männchen n des Blau-fußes (v. lanier).

langage (lᾱ-ga'G) m Rede-weise f, Sprache f.

lange (lᾱG) m Windel f.

langoureux, ~se (lᾱ-gu-rŏ', ~ŏ'j) schmachtend.

langouste (lᾱ-gu'ßt) f großer See-krebs (ohne Scheren).

langue (lᾱg) f Zunge; Sprache.

languette (lᾱ-gæ't) f Zünglein n; Zäckchen n. [Schmachten n.

langueur (lᾱ-gŏ'r) f Mattigkeit;

languir (lᾱ-gĭ'r) dahinsiechen; er-starrt liegen; danieder liegen (z.B.v.Handel); nach et. schmachten.

languissant, ~e (lᾱ-gĭ-ßᾱ', ~ßᾱ't) entkräftet; schmachtend; schläf-rig, ● flau. [Hundszahn m.

laniaire (lă-nĭᾱ'r) f: (dent f) ~

lanier (lă-nĭe') m Blau-fuß (Falke).

lansquenet (lᾱ-ß'knæ') m Lands-knecht.

*lan*terne (lᾱ-tæ'rn) f Laterne.

lanterner (lᾱ-tär-ne') zaubern, tröbeln; v/a. unnütz aufhalten; langweilen; vorschwatzen.

lanternier (tär-nĭe') m Laternen-macher, -anzünder; Zauberer.

lantiponner (tĭ-pǫ-ne') albernes Zeug schwatzen.

lanugineux, ~se (lă-nŭ-Gĭ-nŏ', ~nŏ'j) wollicht.

Laon (lᾱ) m id. n (franz. Stadt).

laper (lă-pe') auflecken. [chen.

lapereau (p'ro') m junges Kanin-

lapidaire (pĭ-bᾱ'r) 1. m Stein-schneider; Edelstein-händler. 2. a. style m ~ Lapidarstil.

lapider (lă-pĭ-be') steinigen.

lapidifier (bĭ-fĭ-e') versteinern.

lapin m, ~e f (lă-pǫ', ~pĭ'n) Ka-ninchen n; ~e weibliches Ka-ninchen; blinder Passagier, hand-fester Kerl. [lĭ') m Lasurstein.

lapis (lă-pĭ'ß), a. ~lazuli (lă-ßü-

Lapon m, ~ne f (lă-pǫ', ~pǫ'n) Lappe, Lappin. [raum.

laps (lᾱpß) m: ~ de temps Zeit-

laque (lăf) 1. f Lack m. 2. m Lack-

laquer (lă-ke') lackieren. [firnis.

larcin (lăr-ßǫ') m Diebstahl.

lard (lᾱr) m Speck.

larder (lăr-be') spicken.

lardoire (lăr-bŏᾱ'r) f Spicknadel.

lardon (lăr-bǫ') m Speckschnitte f; Stichelei f.

large (lᾱrG) 1. breit; weit; groß, mächtig; üppig. 2. m Breite f; hohe See. [feit; Schenkung.

largesse (lăr-Gæ'ß) f Freigebig-

largeur (lăr-Gŏ'r) f Breite.

largue ⚓ (lᾱrg) 1. schlaff; vent m ~ halber Wind. 2. m hohe See. [ßen lassen.

larguer (lăr-ge') nachlassen, schie-

larme (lᾱrm) f Thräne; Tröpfchen; ~s de plomb Vogelschrot n.

larmier (lăr-mĭe') m Traufbach n; Thränen-winkel des Auges, -sack der Hirsche.

*l*armoyant, ~e(lär-mꭣ-ꭣ̂', ~ꭣ̂'t) thränenvoll; weinerlich. [nen.

larmoyer (mꭣ̃-ſe') bitterlich wei-

larron *m*, ~nesse *f* (la-rŏ', la-rŏ-nꭣ'ß) Dieb(in); le bon (le mauvais) ~ der gute (böſe) Schächer; Dieb am Lichte; Seele *f* der **Ɠänſefeder.** [höhle.

larronnière(la-rŏ-nꭣ'r) *f* Diebes-

larve (lärw) *f* (Jnſekten-)Larve; ~s *pl.* Nachtgeſpenſter *n.*

laryngite (lä-rꭣ̃-Ɠi't) *f* Kehlkopfentzündung.

larynx (lä-rꭣ̃'kß) *m* Kehlkopf.

las, ~se (lā, läß)müde; überdrüſſig.

lasci*f*, ~ve (lä-ßi'f, ~ßi'w) geil, unzüchtig.

lasciveté (lä-ßi-w'te') *f* Geilheit.

lasser(la-ße') abmatten, ermüden; se ~ müde, überdrüſſig werden.

lassitude (la-ßi-tü'b)*f*Müdigkeit.

last(e) (läßt) *m* (Schiffs-)Laſt *f.*

latanier (lä-tä-nꭣ̃') *m* Fächerpalme *f.* [late'nt.

latent, ~e(lä-tꭣ', ~ꭣ̂'t) verborgen, latéral, ~e (lä-te-rä'l) ſeitwärts befindlich, Seiten-...

lati... (lä-ti...) in Zſſg.: breit-...

latin, ~e (lä-tꭣ', ~ti'n) 1. lateiniſch. 2. *m* Latein(iſch) *n*; L~s *pl.* Latiner; Lateiner.

latitude (tĭ-tü'b) *f* geographiſche Breite; ~nord nördliche Breite; Spielraum *m*, Freiheit der Bewegung.

latrines (lä-tri'n) *f/pl.* Abtritt *m.*

latte (lät) *f* Latte; Eiſenſtange; Küraſſierpallaſch *m.*

latter (lä-te') belatten.

lattis (lä-tĭ') *m* Lattenwerk *n.*

laudanum(lo-ba-nŏ'm)*m*Opium-Extrakt. [lobredneriſch.

laudati*f*, ~ve (lo-ba-ti'f, ~ti'w) lauréat (lo-re-a') *m* gekrönter Dichter. [Lorenz.

Laurent (lo-rꭣ') *m* Laurentius, laurier (lo-rꭣ̃') *m* Lorbeer.

laurier-rose (rō'ſ) *m* Oleander.

*l*avabo(lä-wä-bo') *m* Waſch-tiſch, -toilette *f.*

lavage (lä-wa'Ɠ) *m* (Ab-, Aus-) Waſchen *n*; wäſſerige Speiſe, Geſchlapper *n.*

lavande (lä-wꭣ̃'b) *f* Lawe'ndel *m.*

lavandière (lä-wꭣ̃-biꭣ̃'r) *f* Waſchfrau. [große Muräne (Fiſche).

lavaret (lä-wä-rä') *m* Schnäpel;

lavasse (lä-wa'ß) *f* Regenguß *m*; *fig.* Rüffel *m*; wäſſeriges Getränk.

lave (lāw) *f* Lava. [tränk.

lave-main (law-mꭣ̃') *m* Handwaſchbecken *n.*

lavement (lä-w'mꭣ̃') *m* (Zus-) Waſchen *n*; Klyſtier *n.*

laver (lä-we') (ab)waſchen; beſpülen; Malerei: verwaſchen, lavieren.

laverie (lä-w'rĭ') *f* Erzwäſche.

lavette (lä-wä't) *f* Waſchlappen.

laveur *m*, ~se *f* (lä-wŏ'r, ~ꭣ̃'ſ) Wäſcher(in). [Zeichnung.

lavis (wĭ') *m* Tuſchen; getuſchte

lavoir(lä-wꭣ̃'r) *m* Waſch-haus *n*, -küche *f*; Waſch-becken *n*, -ſtein.

lavure (lä-wü'r) *f* Spülwaſſer *n.*

laxati*f*, ~ve (lä-kßa-ti'f, ~ti'w) *a.* u. *s/m.* abführend(es Mittel).

laxité (lä-kßi-te') *f* Schlaffheit.

layer (lä-ꭣ̃') eine Schneiſe durchhauen; die Laßreiſer zeichnen.

layette (lä-ꭣ̃'t) *f* Schublade; Wickelzeug *n.* [Anſchalmer.

layeur (iŏ'r) *m* Wildbahnhauer;

lazaret (lä-ſä-rä') *m* Quarantäne-Anſtalt *f.*

lazuli v. lapis. [täne-Anſtalt *f.*

lazulite (lä-ſü-li't) *m* Laſu'rſtein.

lé (le') *m* Breite *f*, Blatt *n* eines Zeuges. [chen.

lèche (lꭣ̃ſch) *f* dünnes Schnitt-

lèchefrite (lꭣ̃ſch-fri't) *f* Bratpfanne.

lécher (le-ſche') (ab-, be-)lecken.

lécheur *m*, ~se *f* (le-ſchŏ'r, ~ꭣ̃'ſ) Leckermaul *n*; Schmarotzer(in).

leçon (l'ßŏ') *f* Lehrſtunde; Lehre; Lernaufgabe, Lektion; Verweis.

lecteur m, ~trice *f* (lĕ-ltŏ'r, ~ttrĭ'ß) (Bor=)Lefer(in).

lecture (lĕ-ltü'r) *f* Lefen *n*; cabinet de ~ Leihbibliothek; Belefenheit; Lefe=kunft, =probe.

ledit (lɪ-bi') befagter, obiger.

légal, ~e (lĕ-gä'l) gefeßlich.

légaliser (lĕ-gä-lĭ-fe') gerichtlich, obrigkeitlich beglaubigen.

légalité (lĕ-gä-lĭ-te') *f* Gefeßmäßigkeit. [nis=Erbe.

légataire (ga-tä'r) *m* Vermächt=

légation (gä-ß͠ǫ')*f* Gefandtfchaft.

lège (lǣG) leer (Schiff).

léger, ~ère (lĕ-Ge', ~Gä'r) leicht an Gewicht; hurtig, flink; leichtfinnig; unbedeutend.

légèreté (le-Gä-r'te') *f* Leichtigkeit; Geringfügigkeit; Leichtfertigkeit.

légionnaire (le-Gĭ͠o-nä'r) *m* Legionsfoldat; Mitglied *n* der Ehrenlegion.

législateur m, ~trice *f* (Glß-la-tŏ'r, ~trĭ'ß) Gefeßgeber(in).

législatif, ~ve(la-ti'f, ~tĭ'w) gefeß= gebend, =geberisch. [lehrte(r).

légiste (lĕ-Gi'ßt) *m* Rechtsge=

légitimaire (le-Gĭ-tĭ-mä'r): portion *f* ~ Pflichtteil *n*.

légitime (le-Gĭ-tĭ'm) 1. gefeß= mäßig; gerecht. 2.*f* Pflichtteil *n*.

légitimer (tĭ-me') für legiti'm erlegs (lǣ') *m* Lega't *n*. [klären.

léguer (le-ge') teftamentarisch vermachen.

légume (lĕ-gü'm) *m* Gemüfe *n*.

légumineux, ~se (lĕ-gü-mĭ-nŏ', ~nŏ'ß) 1.hülfen=artig,=tragend. 2. *m/pl.* Gemüfe als Speife.

légumiste (lĕ-gü-mi'ßt) *m* Gemüfegärtner; Vegetarianer.

lendemain (lg-bmã͠') *m* der folgende, morgige Tag.

lénifier (le-nĭ-fĭ-e') lindern.

lent, ~e (lg, lã̱t) langfam; träge.

lente (lã̱t) *f* Niffe, Laus-ei *n*.

lenteur (lg-tŏ'r) *f* Langfamkeit.

lentille (lg-ti'j) *f* Linfe.

léonin,~e(le-ŏ-ng', ~i'n) Löwen=...

lépidoptères (pĭ-bŏ-ptä'r) *m/pl.* Schuppenflügler, Schmetter-

lèpre (lǣ'pr) *f* Ausfaß *m*. [linge.

lépreux *m*, ~se *f* (lĕ-prŏ', ~ŏ'ß) Ausfäßiger(in).

léproserie (lĕ-pro-f'rĭ') *f* Spital *n* für Ausfäßige.

lequel *m*, laquelle *f*, lesquels *m/pl.*, lesquelles *f/pl.* (lɪ-lǣ'l, lä-kǣ'l,lä-kǣ'l, ~ǣ'l) welche(r).

lérot (lĕ-ro') *m* große Hafelmaus.

les (lǣ) *art. pl.* die; *pr/p.* fie.

lesbien, ~ne (lĕ-fbĭ͠ǫ', ~ĭǣ'n) aus Lesbos.

lèse-majesté(lǣf-mä-Gǣ-ßte')*f*: crime de ~ Majeftätsverbrechen.

léser (le-fe') befchädigen.

lésine (lĕ-fi'n) *f* Filzigkeit.

lésiner (lĕ-fĭ-ne') knaufern.

lésinerie (le-fi-n'rĭ')*f* Knauferei.

lésion (le-fĭ͠ǫ') *f* Befchädigung.

lessivage (lǣ-ßĭ-wa'G) *m* Aus-, Ein-laugen *n*. [Wäfche.

lessive (lǣ-ßĭ'w)*f*Lauge; Beuche; lessiver (lǣ-ßĭ-we') beuchen; wafchen. [~ŏ'ß) Wäfcher(in).

lessiveur *m*, ~se *f* (lǣ-ßĭ-wŏ'r, lest (lǣßt) *m* Ballaft.

leste (lǣßt) flink; leicht(fertig); fchlüpfrig. [feben.

lester (lǣ-ßte') mit Ballaft ver-

léthalité (le-tä-lĭ-te') *f* Tötlichkeit. [fucht.

léthargie (le-tär-Gĭ') *f* Schlaf-

léthargique (tär-Gĭ'k) fchlaffüchtig. [L~ ~ne *s.* Lette, Lettin.

letton, ~ne (lĕ-tǫ', ~ǫ'n) lettifch;

lettre (lǣ'tr) *f* Buchftabe *m*; *typ.* (Druck=)Schrift; Brief *m*; Urkunde; ~ de change Wechfel *m*; meift: *abr.* L. Brief (angeboten); ~s *pl.* Litteratur; les belles-lettres die fchönen Wiffenfchaften. [lich gebildet.

lettré, ~e (lĕ-tre') wiffenfchaft-

lettrine (lĕ-trĭ'n) *f* Notenbuch=

ſtube m; Kolumnentitel m in Wörterbüchern. [marſche.

leu (lö): à la queue ~~ im Gänſe-

leuc(o)... (lö-k(ö)...) in Zſg.: weiß-..., z.B. leucopathie f Weißſucht.

leur (lör) 1. pr/poss. ihr; le ~ der ihrige. 2. pr/p. ihnen.

leurre (lör) m Federſpiel n; Köder.

leurrer (lö-re') anlocken, ködern; se ~ de qc. ſich mit der Hoffnung auf etwas ſchmeicheln.

levain (l̳-wᾰ') m Sauerteig.

levant (l̳-wᾰ') m Aufgang der Sonne; Oſten; Morgenland n, Levante f.

levantin, ~e (wᾰ-tᾰ', ~i'n) 1. morgenländiſch. 2. L~, ~e s. Morgenländer(in); Levantiner(in).

levé (l̳-we') m ♪ Auf-ſchlag, -takt; Aufnahme f eines Planes.

levée (l̳-wē') f Aufheben n einer Leiche ꝛc.; Aufhebung einer Belagerung, Sitzung ꝛc.; Abnahme der Siegel; Aushebung von Soldaten; Stich m (Kartenſpiel); Ausleeren n des Briefkaſtens; aufgeſchütteter Damm zur Seite eines Fluſſes.

lever (l̳-we') 1. auf-, in die Höhe heben; erheben; ein Verbot ꝛc. aufheben; einen Riß aufnehmen; einen (Karten-)Stich nehmen; ein-ernten; abbrechen; enden; v/n. aufgehen (Saat, Teig); faire ~ einen Haſen ꝛc. auftreiben; se ~ aufſtehen (vom Sitz, aus dem Bett); aufgehen (von Geſtirnen). 2. m Aufſtehen n; Morgen-aufwartung f bei Hofe; Aufziehen n des Vorhangs; Aufgang m eines Geſtirnes. [heben n der Hoſti-e.

lever-Dieu (l̳-we-bᴵö') m Auf-

levier (l̳-wᴵē') m Hebel.

léviger (le-wᴵ-Ge') zu feinem Pulver zerreiben.

levraut (l̳-wrö') m Häschen n.

lèvre (lᾰ'wᴇ) f Lippe; Lefze.

levrette (l̳-wrᾰ't) f Wind-hün-bin, -ſpiel n.

levretter (l̳-wrᾰ-te') mit Windhunden jagen; Junge werfen (von der Häſin).

lévrier (lᾰ-wrᴵē') m Windhund.

levron (l̳-wrᵔ') m kleines Windſpiel.

levure (l̳-wᴵᴵ'r) f Bier-hefe; ~ (de lard) Speck-Abgänge m/pl.

lézard (lᾰ-ſᾱ'r) m Eidechſe f; cap m L~ Kap n Lizard. [~-e Mauer.

lézarde (ſᾱ'rd) f Riß m, Spalte in

lézarder (le-ſᾱr-be') Riſſe verurſachen; se ~ riſſig w. [gen.

liage (lᴵ-a'Ǭ) m Verbindung; Men-

liaison (lᴵ-ᾰ-ſᵔ') f Verbindung; Band n; Bindung bei der Ausſprache; Liebes-verhältniß n; Binde-ſtrich m.

liaisonner (lᴵ-ᾰ-ſö-ne') verbandmäßig vermauern. [geſellig.

liant, ~e (lᴵ-a', ~ᾱ't) geſchmeidig;

liard (lᴵᾱr) m Pfennig; Heller.

liarder (lᴵᾱr-be') ſein Scherflein beiſteuern; knauſern.

liasse (lᴵ-a'β) f Pack n v. Papieren.

libation (bᾱ-βǬ') f Trank-opfer n; faire d'amples ~s wacker zechen.

libelle (bᴶ'l) m Schmähſchrift f.

libeller (lᴵ-bᴂl-le') eine Klageſchrift aufſetzen. [quillant.

libelliste (lᴵ-bᴂl-lᴵ'βt) m Pas-

liber (lᴵ-bᾱ'r) m Baſt m.

libéral, ~e (lᴵ-bᴇ-rᾰ'l) liberal, frei-gebig, -ſinnig. [gebigkeit.

libéralité (lᴵ-bᴇ-rᾰ-lᴵ-te') f Frei-

libérateur m, ~trice f (lᴵ-bᴇ-ra-tö'r, ~trᴵ'β) Befreier(in).

libération (lᴵ-bᴇ-rᾱ-βǬ') f Frei-ſprechung; Entlaſſung.

libérer (lᴵ-be-re') v. et. befreien; entlaſſen.

liberté (lᴵ-bᾱr-te') f Freiheit.

liberticide (lᴵ-bᾱr-tᴵ-βᴵ'b) frei-heitsmörderiſch.

libertin, ~e (lᴵ-bᾱr-tᵔ', ~tᴵ'n) 1. liederlich, locker; † frei-denkend. 2. s. Wüſtling; leichtfertige Dirne.

libertinage (lĭ-bär-tĭ-na'G) *m*
Liederlichkeit, Ausschweifung.

libertiner (lĭ-bär-tĭ-ne') lieberlich
leben. [lüftern, unzüchtig.

libidineux, ~se (bĭ-dĭ-nö', ~nö'ſ)

libidinosité (lĭ-bĭ-dĭ-no-ſĭ-te') *f*
große geſchlechtliche Sinnlichkeit,
Unzucht.

libraire (lĭ-brä'r) *m* Buchhändler;
~-éditeur *m* Verlagsbuchhänd-
ler. [lung, ~handel *m*.

librairie (lĭ-brä-rĭ') *f* Buch-hand-

libre (lĭ'br) frei. [Freihandel.

libre-échange (lĭbr-ĕ-ſchā'G) *m*

libre-échangiste (lĭbr-ĕ-ſchg-
Gi'ſt) *m* Freihändler.

librettiste(lĭ-brä-tĭ'ſt) *m* Opern-
text-dichter. [text.

libretto (lĭ-brät-to') *m* Opern-

lice (lĭß) *f* Kampf-, Turnier-platz
m; Rennbahn; Jagdhündin.

licence (lĭ-ßā'ß) *f* Erlaubnis;
Konzeſſion, Gewerbe-ſchein *m*;
Lizentiatenwürde; allzu große
Freiheit; po-etiſche Lizenz.

licencié (lĭ-ßg-ßĭ-e') *m* Lizentia't.

licencier (ßg-ßĭ-e') verabſchieden.

licencieux, ~se (lĭ-ßg-ßĭö', ~ßĭö'ſ)
ausgelaſſen, lieberlich; frech.

lichen (lĭ'k'n) *m* ⚕, *path.* Flechte *f*.

licheur *m*, ~se *f*(lĭ-ſchö'r, ~ſchö'ſ)
Schmauſer(in), Zecher(in).

licite (lĭ-ßĭ't) erlaubt.

liciter (lĭ-ßĭ-te') verſteigern.

licorne (lĭ-kö'rn) *f* Einhorn *n*; ~
de mer Narwal, Einhornfiſch.

licou (lĭ-ku') *m* Halfter *f*.

lie (lĭ) *f* Boden-, eſp. Wein-hefe;
fig. Hefe des Volkes ꝛc.

liège (lĭä'G) 1. *m* Kork-eiche *f*;
Kork. 2. L~ *f* Lüttich *n*.

liégeois, ~e (lĭä-Gẟā', ~ẟā'ſ) 1. aus
Lüttich. 2. L~, L~e *s.* Lütti-
cher(in).

liéger (lĭä-Ge') bekorken.

lien (lĭɐ̃) *m* Band *n*; ~s *pl.* Bande,
Feſſeln; *chir.* Binde *f*.

lier (lĭ-e') binden; zuknüpfen;

verbinden, vereinigen; Brühe
verdicken.

lierne (lĭärn) *f* Querband *n*.

lierner(lĭär-ne') mit Querbändern

lierre (lĭär) *m* Epheu. [verſehen

liesse (lĭäß) *f*: vivre en joie et
en ~ herrlich und in Freuden
leben.

lieu (lĭö) *m* Ort, Stätte, Stelle;
~x *pl.* Räume, Zimmer *n/pl.*;
~x (d'aisances) Abtritt; en
premier ~ erſtens; avoir ~ ſtatt-
finden; au ~ (an)ſtatt.

lieue (lĭö) *f* (Weg-)Stunde.

lieur *m*, ~se *f* (lĭö'r, ~ẟ'ſ) (Gar-
ben- ꝛc.) Binder(in).

lieutenance (lĭö-t'na'ß) *f* Statt-
halter-, Lieutenants-ſtelle.

lieutenant (lĭö-t'ng') *m* Stellvertreter, Statthalter; ✠ id.; ~
colonel *m* Oberſt-Lieutenant.

lièvre (lĭä'vr) *m* Haſe.

lièvre-rat (lĭävr-ra') *m* Pfeifhaſe.

lièvreteau (lĭä-vrt-to') *m* Neſt-
haſe. [Band.

ligament (lĭ-gä-mg') *m* ſehniges

ligamenteux, ~se (lĭ-gä-mg-tö',
~tö'ſ) band-artig.

ligature (ga-tü'r) *f* Unterbindung;
Binde; *typ.* Ligatu'r. [ben.

ligaturer (lĭ-ga-tü-re') unterbin-

lige (lĭG): homme ~ *m* Lehns-
mann. [der Loire.

Ligerin (lĭ-G'rg') *m* Anwohner

lignage (lĭ-nja'G) *m* Abkunft *f*,
Geſchlecht *n*.

ligne (linj) *f* Lini-e; Strich *m*;
Richtung; Geſchlechts-L.; Zeile;
Angelſchnur; pêcher à la ~ an-
geln; Lien, Leine. [ſchaft.

lignée (lĭ-nje') *f* Nachkommen-

ligner (lĭ-nje') lini-ieren.

ligneul (lĭ-njö'l) *m* Pechdraht.

ligneux, ~se (njö', njö'ſ) holzig.

lignifier (lĭ-njĭ-fĭ-e'): se ~ ſich in
Holz verwandeln.

lignite (lĭ-njĭ't) *m* Braunkohle *f*.

ligue (lĭg) *f* Bund *m*; id., Liga.

liguer (lĭ-ge') verbünden.
ligueur (lĭ-gö'r) m Liguist, Mitglied n der Ligue. [n (a. a.).
lilas (lĭ-la') m Flieder; Lila-blau
liliacé, ~e (lĭ-a-ße') lili-en-artig.
limace (lĭ-ma'ß) f nactte Schnecke.
limaçon (lĭ-ma-ßŏ') m Schnecke f mit Haus; Ohrschnecke f; escalier en (co)~ Wendeltreppe f.
limaille (ma'j) f Feilspäne m/pl.
limande(lĭ-mā'b)f Kliesche(ßfch); flaches Holzstück, ⚓ Spunt n.
limbe (lĭb) m Rand; ~s pl. Vorhölle f. [m des Wildschweines.
lime (lĭm) f Feile; ~s pl. Hauer
limer (lĭ-me') (be-, aus-)feilen.
limeur (lĭ-mö'r) m Feiler.
limeuse (lĭ-mö'f) f Feilmaschine.
limier (lĭ-mĭe') m Spürhund.
limitatif, ~ve (lĭ-ta-tĭ'f, ~tĭ'w) einschränkend.
limite (lĭ-mĭ't) f Grenze.
limiter (lĭ-mĭ-te') begrenzen; beschränken.
limitrophe (mĭ-trŏ'f) angrenzend.
limon (lĭ-mŏ') m Schlamm; Arm einer Gabeldeichsel; ⚕ Limo'ne f.
limonadier m, ~ère f (lĭ-mŏ-nä-bĭe', ~bĭä'r) Limonaden-verkäufer(in); Kaffeewirt(in).
limoneux, ~se (lĭ-mŏ-nö', ~nö'f) schlammig. [Limo'nenbaum.
limonier (nĭe') m Gabelpferd n; limo(n)siner(lĭ-mu-ßĭ-ne', ~mo~) roh mauern.
limpide (lĭ-pĭ'b) hell, durchsichtig.
limpidité (lĭ-pĭ-bĭ-te')f Klarheit.
limure (lĭ-mü'r) f Feilen n; Feilspäne m/pl.
lin (lĭ) m Flachs, Lein.
linaire (lĭ-nä'r) f Leinkraut n.
Linange (lĭ-nā'G) f Leiningen n.
linceul (lĭ-ßö'l) m Leichentuch n.
linéaire (lĭ-ne-ä'r) lini-enförmig; Linear-...
linéal, ~e (lĭ-ne-a'l) in Lini-en bestehend; drt. in gerader Lini-e folgend.

linéament (lĭ-ne-ă-mă') m Gesichtszug; Entwurf.
linette (lĭ-næ't) f Leinsame m.
linge (lĭG) m Leinenzeug; (Leib-) Wäsche f.
linger m, ~ère f (lĭ-Ge', ~Gä'r) Weißzeughändler(in), Wäschenäherin. [Wäsche-kammer.
lingerie(G'rĭ) f Weißzeugkram m;
lingot (lĭG-go') m (Gold-, Silber-) Barren. [flasche.
lingotière (lĭG-gŏ-tĭă'r) f Gießlingual, ~e (lĭG-guä'l) Zungen-...
linguiste(gü'ßt)m Sprachforscher.
linière (lĭ-nĭä'r) 1. f Lein-acker m. 2. a. industrie f ~ Leinen-Industrie. [Schmiersalbe f.
liniment (lĭ-nĭ-mă') m id. n,
linition (lĭ-nĭ-ßŏ') f Einreibung.
linot m, ~te f (lĭ-no', ~nŏ't) Hänfling; siffler la ~te tüchtig zechen; a. im Gefängnis sitzen.
linteau (lĭG-to') m Oberschwelle f.
lion m, ~ne f (lĭ-ŏ', ~o'n) Löwe, Löwin.
lionceau(lĭ-ŏ-ßo') m junger Löwe.
lipome (pö'm) m Fettgeschwulst f.
lippe (lĭp) f dicke Unterlippe; faire la ~ maulen.
lippée (lĭ-pe') f gute Mahlzeit; courir la ~ schmarotzen.
lippu, ~e (lĭ-pü') dicklippig.
liquéfaction (lĭ-kĕ-fă-kßŏ') f Schmelzung.
liquéfier (lĭ-kĕ-fĭ-e') schmelzen.
liqueur (lĭ-kö'r) f Flüssigkeit; Likör m.
liquidambar (lĭ-kĭ-ba-ba'r) m Amberbaum; flüssiger Amber.
liquidateur (lĭ-kĭ-ba-tö'r) m Abrechner.
liquide (lĭ-kĭ'b) 1. flüssig; von Geldern: klar, liquid. 2. m Flüssigkeit f; geistiges Getränk.
liquider (lĭ-kĭ-be') berechnen; ins Reine bringen.
liquoreux, ~se (lĭ-kŏ-rö', ~rö'f) likör-artig.

liquoriste (lī-kŏ-ri'ßt) m Likör=
fabrikant.

lire (līr) 1. lefen; vorlefen. 2. f
Lira (it. Münze = 1 Frant).

lis (līß) m Lili-e f; les fleurs de
~ (lī) die 3 Lili-en im Wappen
der Bourbons.

Lisbonne (lī-ßŏ'n) f Liffabo'n n.

liséré (lī-ßĕ-re') m Randschnur f.

liserer (lī-ß're'), a. ~é~ (lī-ßĕ-re')
mit Schnur einfaffen, fticken.

liseron ♀ (lī-ß'rǫ') m Winde f.

liseur m, ~se f (lī-ßö'r, ~ßö'ſ)
(Viel=)Lefer(in). [wert.

lisible (lī-ßī'bl) leferlich; lefens=

lisière (lī-ßiä'r) f Leifte, Sal=
band n; Gängelband n; Rand
m, Grenze; Rain m.

Lison (lī-ßǫ') f Lieschen n.

lisse (līß) 1. glatt, eben. 2. f
Schnur zum Binden der Palete;
Weberei: Aufzug m, Kette; Litze.

lissé (lī-ße') m Glanz; zäh gekoch=
ter Zucker.

lisser (~) glätten. [f, =holz n.

lissoir (lī-ßǒä'r) m Glätt=mafchine

lissure (lī-ßü'r) f Glätten n.

liste (līßt) f Lifte.

listeau (lī-ßto') ob. **listel** (~ßtĕ'l)
m, pl. listeaux Leifte f.

lit (lī) m Bett n; Lager n; Ehe f;
Lage f, Schicht f, ehm. Thron
der fr. Könige im Parlament.

litanies (lī-tă-nī') f/pl. Litanei sg.

liteau (lī-to') m Leifte f; farbiger
Streifen an der Tifchwäfche.

liter (lī-te') fchichten. [=zeug n.

literie (lī-t'rī') f Bett=gerät n,

lith(o)... (lī-t(o)...) in Zffg.: Stein=
..., z.B. lithochromie f Farben=
fteindruck m; lithoglyphe m
Steinfchneider.

Lithuanie (tü-ă-nī') f Lithauen n.

litière (lī-tiä'r) f Streu; Sänfte.

litige (lī-tī'G) m (Rechts=)Streit.

litigieux, ~se (lī-tī-Giö', ~Giö'ſ)
ftreitig. [vogel m.

litorne (lī-tŏ'rn) f Kramts=

---

litre (lī'tr) m Liter n (Maß).

littéraire (lī-tĕ-rä'r) litterarifch.

littéral, ~e (tĕ-rä'l) buchftäblich.

littérateur(tĕ-ra-tö'r)m Littera't.

littoral, ~e (lī-tŏ-rä'l) 1. Ufer=...,
Küften=... 2. m Küftenftrich.

liure (lī-ü'r) f Wagenfeil n.

Live (līw) m: Tite-~ Livius.

livide(lī-wī'b)bleifarbig, fchwarz=
blau. [blaue (Haut=)Farbe.

lividité (lī-wī-bī-te') f fchwarz=

Livonie (lī-wŏ-nī') f Livland n.

Livourne (lī-wü'rn) f Livorno n.

livraison(lī-wrä-ßǫ')fLieferung.

livre (lī'wr) 1. m Buch n; à ~
ouvert vom Blatte weg. 2. f
Pfund n; 1000 ~s de rente
1000 Franken Einkünfte.

livrée (lī-wre') f id., Bedienten=
kleid n; Dienerfchaft; Leib=
farbe in Turnieren; Pelz m von
Tieren. [über=liefern.

livrer (lī-wre') liefern; ab= aus=,

livret (lī-wrä') m Büchelchen n;
Katalog; Kontobuch; Wander=
buch n; Einmaleins n.

lixiviation (lī-kßī-wī-ā-ßiǫ') f
Auslaugung.

loam (lŏm) m guter Lehmboden.

lobaire (lŏ-bä'r) lappig.

lobe (lŏb) m an., ♀ Lappen.

lobé, ~e (lŏ-be') lappig.

lobule (lŏ-bü'l) m Läppchen n.

local, ~e (lŏ-kä'l) 1. örtlich. 2. m
Ort, Platz.

localité (lŏ-kä-lī-te')fÖrtlichkeit.

locataire (kă-tä'r) s. Mieter(in).

locatif, ~ve (lŏ-kă-tī'f, ~tī'w)
Miets=... [tung; Mieten n.

location (lŏ-kă-ßiǫ') f Vermie=

loch (lŏk) m Log n.

loche (lŏfch) f Schmerle (Fifch).

locher (lŏ-fche') lofe fein (v. Huf=

locman (lŏ-kmg') m Lotfe. [eifen).

locobatteuse (lŏ-kŏ-bă-tö'ſ) f
Dampfdrefchmafchine.

locomobile (lŏ-kŏ-mŏ-bī'l) 1. von
der Stelle bewegbar. 2. f id.

*loc*omotion (lŏ-kŏ-uto-ƀïǫ́) f Ortsveränderung.

Locride (lŏ-krī'b) f Lokris n.

locule (lŏ-kü'l) m kleines Fach.

locuste (lŏ-kü'ßt) f Heuschrecke.

locution (lŏ-kü-ƀïǫ́) f Redensart.

lof (lŏf) m Luv-, Wind-feite f; Halfen pl. eines Segels.

lofer (lŏ-fe') anluven.

loge (lōǫ) f Hütte; Kämmerchen n; Zelle; Portierswohnung; Loge.

logeable (lŏ-ǫa'bi) bewohnbar.

logement (lo-ǫ'mǫ') m Wohnung f; Quartier n.

loger (lŏ-ǫe') beherbergen; einquartieren; hineinbringen; v/n. wohnen. [Zelle.

logette (lŏ-ǫæ't) f kleine Loge,

logeur m, ~se f (lŏ-ǫō'r, ~ǫō'f) Zimmervermieter(in).

logicien (lŏ-ǫī-ƀïǫ́) m Lo'giker.

logis (lŏ-ǫī') m Behausung f, Wohnung f bsd. des Sprechenden.

loi (lïå) f Gesetz n.

loin (lïǫ̃) weit; de ~ von weitem; au ~ weit weg; de ~ en ~ dann und wann; ~ que weit entfernt daß.

lointain, ~e (lïå-tǫ́, ~æ'n) 1. entfernt. 2. m Ferne f.

loir (lïår) m Siebenschläfer.

loisible (lïå-fī'bi) erlaubt, gestattet.

loisir (lïå-fī'r) m Muße f. [stattet.

lombaire (lǫ-bā'r) Lenden-...

*lom*bard, ~e (bā'r, bä'rb) 1. longobarbisch; lombardisch. 2. L~, L~e s. Longo-barbe, -barbin; Lom-barbe, -barbin. 3. ~ m Leihhaus n.

lombes (lǫ̃b) m/pl. Lenden f. [...

lombo... (lǫ-bo...) in Zsg.: Lenden-

lombric (lǫ-brī'k) m Regenwurm.

lombrical, ~e (lǫ-brī-kà'l) wurmförmig.

lome (lom) m Lumme f (Vogel).

l'on (lǫ̃) man. [aus London.

londonnien, ~ne (bŏ-nïǫ̃', ~ßæ'n)

Londres (lǫ̃'br) m (f) London n.

long, longue (lǫ, lǫ̃g) 1. lang; langwierig; de ~ue main feit langer Zeit; ~ à croître langfam wachfend; en savoir ~ ein schlauer Fuchs fein. 2. m Länge; le ~ de längs. [Langmut.

longanimité (lǫ-gà-ni-ntl-te') f

longe (lǫ̃ǫ) f 1. Leine; id. 2. Lenden-ftüd n, -braten m.

longer (lǫ-ǫe'): ~ qc. an etwas entlang gehen, reiten 2c.; fich längs etwas hin-erftreden.

longévité (lǫ-ǫe-wĭ-te') f lange Lebensbauer. [phifche Länge.

longitude (lǫ-ǫī-tü'b) f geografa-

longitudinal, ~e (ǫī-tü-bĭ-nä'l) der Länge nach laufend.

longrine (lǫ-grī'n) f Langfchwelle.

longtemps (lǫ-tǫ') lange.

longue (lǫ̃g) 1. f von long. 2. f lange Silbe; Länge; à la ~ auf die Dauer. [lich.

longuement (lǫ-g'mǫ') ausführ-

longueur (lǫ-gō'r) f Länge; Langfamkeit.

longue-vue (lǫ̃g-wü') f Fernrohr.

looch (lŏk) m Bruftfaft.

lopin (lŏ-pǫ́) m Stüd n (Fleisch); Broden.

loquace (lŏ-kŭa'ß) geschwätzig.

loquacité (lŏ-kŭa-ßĭ-te') f Geschwätzigkeit.

loque (lŏk) f Lumpen m, Fetzen m.

loquet (lŏ-kæ') m Klinke, Drüder.

loqueteau (lŏ-k'to') m Fallklinke.

lorgner (lŏr-nje') be-äugeln, verftohlen betrachten; ~ qc. ein Auge auf etwas haben.

lorgnette (lŏr-njæ't) f kleines Fernrohr für ein Auge.

lorgnon (lŏr-njǫ́) m Lorgnette f für ein Auge, Kneifer.

loriot (lŏ-rĭ-o') m Gold-amfel f, Piro'l; (Bäder-)Wafchtrog.

loriqué, ~e (lŏ-rĭ-ke') bepanzert.

*lor*rain, ~e (lŏ-rǫ́, ~ræ'n) 1. lothringifch. 2. L~, L~e s. Lothringer(in).

Lorraine(lŏ-ræ'n) ƒ Lothringen n.

lors (lŏr) alsbann; dès ~ ſeitdem, bemzufolge; ~ de … zur Zeit (des, der …).

lorsque (lŏ'r-ßts) als, da, wenn.

losange (lŏ-ſ̱ā̱'G) ƒ (m) Raute ƒ, Rhombus m.

lot (lŏ) m Anteil, Los n; Lotteriegewinn; le gros ~ das große Los.

loterie (lŏ-t'rī') ƒ Lotterie; Lotto.

lotier (lŏ-tī̱e') m Schotenklee.

lotion (lŏ-ßŷ') ƒ Abwaſchung; Waſchmittel n.

lotionner (lŏ-ßŷ̆-ne') abwaſchen.

lotir(tī̱'r) verloſen, verteilen; être bien ~i gut weggekommen ſein.

lotte (lŏt) ƒ Quappe (Fiſch).

louable (lŭ-a'bŏ) löblich.

louage (lŭ-a'G) m Ver-, Ab-mietung ƒ; donner à ~ vermieten.

louange (lŭ-ā̱'G) ƒ Lob n, Lobeserhebung.

louanger (lŭ-ᾱ-Ge') lobhudeln.

louangeur m, ~se ƒ (lŭ-ᾱ-Gȫ'r, ~Gȫ'ſ) Lobhudler(in).

louche (lŭſch) 1. ſchielend; trübe; verdächtig; unklar. 2. ƒ Suppenlöffel m; Düngerkelle.

loucher (lŭ-ſche') ſchielen.

loucherie (lŭ-ſch'rī') ƒ Schielen n.

louchet (lŭ-ſchæ̆') m Spaten.

louer(lŭ-e') 1.vermieten; mieten. 2. loben; se ~ de qc. mit et. zufrieden ſein.

loueur m, ~se ƒ (lŭ-ȫ'r, ~ȫ'ſ) Vermieter(in).

loup (lŭ') m Wolf; ſchwarzer Mann (Spiel); Samtmaske ƒ; Wolf (bösartiges Geſchwür).

loup-cervier (ßĕr-vī̱e') m Luchs.

loupe(lŭp)ƒSackgeſchwulſt; Knorren m; Höcker m; unreifer Edelſtein; Optik: Linſe, Vergrößerungsglas n.

louper (lŭ-pe') faulenzen. [wolf.

loup-garou (lŭ-gă-ru') m Wer-

lourd, ~e (lŭr, lŭrd) ſchwer, drückend; plump.

lourdaud m, ~e ƒ (lŭr-bō̄', ~ō̄'b) Tölpel(in).

lourderie (lŭr-b'rī̱') ƒ Tölpelei.

lourdeur (lŭr-bȫ'r) ƒ Schwerfälligkeit.

lourdise (lŭr-bī̱'ſ) ƒ Tölpelei.

lourer ♪ (lŭ-re') Töne ſchleifen.

loustic (lu-ßtī̱'k) m Spaßmacher.

loutre (lū'tr) ƒ Fiſch-otter.

loutreur (lu-trȫ'r) m Otternjäger.

Louvain (lu-vᾱ') m Löwen n.

louve (lūv) ƒ Wölfin; Steinzange.

louver (lu-ve') mit der Steinzange heben. [Wolf.

louveteau (lu-v'to') m junger

louveter (lu-v'te') I. v/n. werfen (Wölfin). II. v/a. Wolle krempeln.

louveterie (lu-vᾰ̆-t'rī') ƒ Zeug n zur Wolfsjagd.

louvetier (lu-v'tī̱e') m Jägermeiſter bei der Wolfsjagd.

louvoyer (lu-vᾱ̆-ſe') lavieren.

lovanois, ~e (lŏ-vᾰ̆-nᾰ̆', ~nᾰ̆'ſ) aus Löwen.

Lovelace (lŏ-v'lā̱'ß) m id. (liebenswürdiger Verführer); Wüſtling.

loyal, ~e (lᾱ̆-ä̱'l) bieder, ohne Falſch; drt. rechtmäßig.

loyauté (lᾱ̆-ō̄-te') ƒ Biederkeit; Ehrenhaftigkeit.

loyer (ᾰ̆') m Hauszins, Miete ƒ.

lu (lŭ) part.p. von lire. [fall.

lubie (lŭ-bī̱') ƒ ſonderbarer Ein-

lubricité (brī̱-ßī̱-te') ƒ Geilheit.

lubrifier (lŭ-brī̱-fī̱-e') einſchmieren, ſchlüpfrig machen.

lubrique (lŭ-brī̱'k) unzüchtig.

Luc (lŭk) m Lukas.

lucane (lŭ-ka'n) m Hirſchkäfer.

lucarne (lŭ-kä̆'rn) ƒ Dach-fenſter n, -luke. [gottesdienſt.

lucernaire (ßĕr-nä̆'r) m Abend-

lucide (lŭ-ßī̱'b) licht, hell; hellſehend. [Hellſehen n.

lucidité (lŭ-ßī̱-bī̱-te') ƒ Klarheit;

luciole (lŭ-ßī̱-o'l) ƒ Johanniswürmchen n. [einträglich.

lucratif, ~ve (lŭ-kra-ti'f, ~ti'w)

lucre (lü'tr) *m* Gewinn.

luette(lü-æ't)*f*Zäpfchen n im Halse.

lueur (lü-ö'r)*f* Schein *m*, Schimmer *m*. [lich.

lugubre(gü'br) Trauer-..., schauer-

lui (lüi) er, ihn; ihm, ihr.

luire (lüi'r) leuchten, blinken.

luisant, ~e (lüi-ſĝ', ~ſĝ't) leuchtend, schimmernd.

lumière (lü-mĩã'r) *f* Licht *n*; *fig.* Erkenntnis, Aufklärung; Luft-, Licht-, Seh-loch *n*; Zündloch *n*.

lumignon (lü-mi-njɡ') *m* Licht-Schnuppe *f*, -Stumpf.

luminaire (mi-nã'r) *m* Beleuchtung *f*; *bibl.* Licht *n* (Gestirn).

lumineux, ~se (lü-mi-nö', ~nö'ſ) leuchtend; lichtvoll.

lunaire(lü-nã'r)Mond-...; (halb-) mondförmig. [umlaufes.

lunaison(næ-ſɡ')Zeit e-s Mond-

lunatique (lü-na-ti'k) mondsüchtig; wunderlich. [Käd).

lunch (lɡſch) *m* id. *n* (Gabelfrüh-

lundi (lɡ-di') *m* Montag.

lune (lün)*f*Mond *m*; *poët.* Monat *m*; ~ de miel Flitterwochen *pl.*

luné, ~e (lü-ne') (halb-)mondförmig; bien ~ gut gelaunt.

lunette (lü-næ't) *f* Fernglas *n*; ~s *pl.* Brille *sg.*; Scheu-leder *n* der Pferde; Lichtloch *n*; Abtrittbrille; id., Brillenwerk *n*.

lune(t)tier(lü-næ-tie') *m* Brillenmacher. [wohner.

lunicole (lü-ni-kö'l) *m* Mondbe-

lunule (lü-nü'l) *f* Halbmond *m*; Trabant *m*. [förmig.

lunulé, ~e (lü-nü-le') halbmond-

lupin (lü-pɡ') *m* Lupi'ne *f*.

lupinelle (lü-pi-næ'l) *f* fleischroter Klee. [Hautfarbe.

luridité (ri-di-te') *f* leichenfahle

luron *m*, ~ne *f* (lü-rɡ', ~rö'n) derber, fideler Kerl, resolutes Frauenzimmer.

*Lu*sace (lü-ſã'ß) *f* Lausitz.

lusacien, ~ne (lü-ſã-ßiɡ', ~ßiæ'n) aus der Lausitz.

lustral, ~e (ßträ'l) Reinigungs-...; alle 5 Jahre gefeiert.

lustre (lü'ßtr) *m* 1. Lustrum *n*. 2. Glanz; Kronleuchter.

lustrer(lü-ßtre') glänzend machen.

lustreur (lü-ßtrö'r) *m* Glanzgeber.

lustrine (lü-ßtri'n) *f* Glanzseide.

lustucru (lü-ßtü-krü') *m* armer Schelm.

lut (lüt) *m* Kitt. [Schelm.

luter (lü-te') verkitten.

luth (lüt) *m* Laute *f*.

lutherie (lü-t'ri') *f* Fabrik von Saiten-Instrumenten.

luthérien, ~ne (lü-te-riɡ', ~riæ'n) luthe'risch. [fabrikant.

luthier (lü-tie') *m* Instrumenten-

lutin, ~e (lü-tɡ', ~ti'n) 1. neckisch. 2. *m* Kobold; Quälgeist; Wildfang.

lutiner (lü-ti-ne') plagen.

lutrin (lü-trɡ') *m* Gesangspult *n* in der Kirche.

lutte (lüt) *f* Ringkampf *m*.

lutter (lü-te') ringen, kämpfen.

lutteur (lü-tö'r) *m* Ringer.

luxation (kßã-ßiɡ') *f* Verrenkung.

luxe (lükß) *m* Luxus.

luxer (lü-kße') verrenken.

luxueux, ~se (lü-kßü-ö', ~ö'ſ) luxuriös, überprächtig.

luxure (lü-kßü'r) *f* Unzucht.

luxuriant, ~e (lü-kßü-ri-ɡ, ~ɡ't) üppig wuchernd.

luxurieux, ~se(lü-kßü-ri-ö', ~ö'ſ) unzüchtig. [acker *m*.

luzernière (lü-ſär-niã'r)*f* Luzern-

lycée (li-ße') *m* Gymnasium *n*.

lycéen (li-ße-ɡ') *m* Gymnasiast.

lycopode ♀(li-kö-po'd)*m* Bärlapp.

lymphe (lɡf)*f* Lymphe.

lynx (lɡkß) *m* Luchs.

lyre (lir) *f* Leier. [Ly'riker.

lyrique (li-ri'k) 1. lyrisch. 2. *m*

M.

M. *abr.* = monsieur; MM. = messieurs; S.M. = Sa Majesté; M = midi Süden; m. = masculin, minute.

ma (mä) meine. [Totentanz m.

macabre (mä-kā'br) *f*: danse *f* ~

macadamiser (mä-kä-bä-mĭ-ſe') Chauffeen in Mac Adams Manier anlegen.

Macaire (mä-kā'r) m Maka'rius; Robert ~ abgefeimter Gauner.

macaque (mä-kä'k) m (*f*) gemeine Meerkatze. [flut *f*.

macaret (mä-kä-ræ') m Spring-

macaron (mä-ka-rǫ') m Makrone *f*; länglich runder Einsteckkamm.

macaronée (mä-ka-rŏ-nē') *f* makaro'nisches Gedicht (in der Volksſprache mit lt. Endungen).

macérer (mä-ße-re') einweichen, einbeizen; kasteien.

mâche (māſch) *f* Rapünzchen n.

mâchefer (ma-ſchfā'r) m Hammerſchlag. [Kinnbacken-...

mâchelier, ~ère(ma-ſch'lĭe', ~iā'r)

mâcher (ma-ſche') kauen; benagen.

mâcheur m, ~se *f* (ma-ſchö'r, ~ſchö'ſ) Kauer(in); Freſſer(in).

machin (mä-ſchặ') m Dings(da).

machinal, ~e (mä-ſchĭ-näl) mecha'niſch. [Ränkeſchmied.

machinateur (mä-ſchĭ-na-tö'r) m

machination (mä-ſchĭ-nā-ßǫ') *f* geheimer Anſchlag.

machine (mä-ſchĭ'n) *f* Maſchine; Kunſtgriff m; Triebfeder.

machiner (mä-ſchĭ-ne') anzetteln.

mâchoire (ma-ſchặ'r) *f* Kinnbacken m, Kiefer m; borniertter Menſch.

mâchonner (ſchŏ-ne') mit Mühe kauen; undeutlich ſprechen.

mâchurer (ſchü-re') beſchmieren.

macis (mä-ßĭ') m Muskatblüte *f*.

macle (mā'tl) *f* Waſſernuß.

maçon (ma-ßǫ') m Maurer.

maçonner (ma-ßŏ-ne') (ver-, zu-) mauern.

maçonnerie (ma-ßŏ-n'rĭ') *f* Maurer-arbeit, -verband m.

maçonnique (ma-ßŏ-ni'k) (frei-) maureriſch.

macque (mäk) *f* Flachs-, Hanf-breche. [brechen.

macquer (mä-ke') Flachs, Hanf

macreuse (krö'ſ) *f* Trauer-ente.

macr(o)... (mä-kr(ŏ)...) in Zſa.: groß-..., lang-..., breit-...; zB. macrocéphale großköpfig.

macule (mä-kü'l) *f* Fleck m.

maculer (mä-kü-le') I. *v/a.* beſchmutzen, beflecken. II. *v/n.* abſchmutzen.

madame (mä-ba'm) *f* (*pl.* mesdames) id., gnädige Frau; Majeſtät (Anrede an eine Königin).

madéfaction (mä-bĭ-fä-kßǫ') *f* Anfeuchtung.

madéfier(mä-be-fĭ-e') anfeuchten.

Madeleine (b'læ'n) *f* Magdalene.

Madelon (mä-b'lǫ') *f* Lenchen n.

mademoiselle (mä-bmặ-ſæ'l) *f* (*pl.* mesdemoiselles) Fräulein n, Jungfer.

madère (mä-bā'r)m Madeirawein.

madras (mä-bra'ß) m Kopftuch n.

madré, ~e (mä-bre) gemaſert; *fig.* ſchlau. 2. m Schlau-kopf.

madrépore(mä-bre-pŏ'r)mStern-koralle *f*.

madrier (brĭe') m Eichenbohle *f*.

madrure (mä-brü'r) *f* Maſer; Marmorierung.

maffé, ~e, mafflu, ~e (fle', flü') 1. bausbäckig. 2. s. Bausback.

magasin (mä-gä-ſặ') m Magazin n; Speicher; (Kauf-)Laden; Kutſchenkorb.

magasinage (mǎ-gǎ-ſǐ-na'G) m Einspeichern n; Lager-zeit f, -geld n.

magasinier(mǎ-gǎ-ſǐ-nẽ') m Magazin-verwalter, -inhaber; Lagerbuch n.

mage (maG) m Ma'gi-er; les trois ~s die drei Weisen aus dem Morgenlande.

magicien m, ~ne f (mǎ-Gǐ-ßĩã', ~ßĩã'n) Schwarzkünstler(in), Zauberer, Zauberin.

magie (mǎ-Gǐ') f Zauberei.

magique (mǎ-Gǐ't) zauberisch.

magistral, ~e (mǎ-Gǐ-ßträ'l) herrisch; meisterhaft; Haupt-(Linie eines Planes).

magistrat (mǎ-Gǐ-ßtra') m Justiz-, Verwaltungs-Beamte(r), Richter. [Amt n, -Stand n.

magistrature(ßtra-tü'r) f Richter-

magnanerie (mǎ-nja-n'rǐ') f Seiden-bau m, -wurmerzucht.

magnanime (mǎ-njǎ-nǐ'm) großherzig. [herzigkeit.

magnanimité (nǐ-mǐ-te') f Groß-

magnat (mǎ-gna') id.

magnésie (nje-ſǐ') f Magne'sia, Talk-erde. [tisch.

magnétique (mǎ-nje-ti't) magne'-

magnificence (mǎ-njǐ-fǐ-ßã'ß) f Pracht(-liebe); Freigebigkeit.

magnifique (mǎ-njǐ-fǐ't) prächtig; prachtliebend.

magot(go') m türkischer Affe; häßlicher Mensch; groteske Porzellanfigur; verborgener Schatz.

mahométan m, ~e f (mǎ-ǒ-mě-tã', ~tã'n) Mohammedaner(in).

mahomét(an)isme (t(ǎ-n)i'ßm) m Islam. [baum) f.

mai (mǎ) m Mai(-monat); Maie(n-maie (mǎ) f Backtrog m; Mulde.

maigre (mǎ̃'gr) 1. mager; fig. dürr, dürftig; angle m ~ spitzer Winkel. 2. m das Magere; faire ~ Fastenspeise (kein Fleisch) essen; Schattenfisch.

maigrelet, ~te (mǎ-grǐ-lǎ', ~lǎ't) etwas mager.

maigreur (mǎ-grö'r) f Magerkeit.

maigrir (mǎ-grǐ'r) I. v/n. mager w. II. v/a. schlanker erscheinen lassen; Holz ꝛc. verdünnen.

mail (maj) m Schlägel, Bahn f zum Mall-spiel; Mail-spiel n; öffentlicher Spaziergang.

maille (maj) f Masche; Panzerring m; Schale; Flecken auf den Flügeln des Repphuhns ꝛc.; ehm. kleine Kupfermünze; n'avoir ni sou ni ~ sehr arm sein.

maillé, ~e (mǎ-je') gefleckt; gemascht; fer m ~ Eisengitter n.

maillechort (mǎ-j'ſchö'r) m Neusilber n.

mailler(mǎ-je') I.v/a.Netze stricken; mit e-m Panzer versehen; klopfen. II. v/n. Fruchtknoten ansetzen; se ~ bunte Flecken bekommen (Repphuhn).

mailler (mǎ-je') m Packpferd n.

maillet (mǎ-jǎ') m Schlägel.

maillot (mǎ-jo') m Wickel-band n, -zeug n; Trikot n der Tänzerinnen.

main (mɑ) f Hand; en venir aux ~s handgemein werden; Spiel: Vorhand, Stich m; Reitkunst: ~ en avant (en arrière) Vor-(Hinter-)hand des Pferdes; ~ de papier Buch n Papier; ~ chaude Heißhandspiel n; ~ coulante Handgriff m eines Geländers; ~ courante Klappe.

main-d'œuvre (mɑ-bö'vr) f Arbeitslohn m.

main-forte (mɑ-fö'rt) f Beistand m, bewaffnete Mannschaft.

Mainfroi (mɑ-frɛ̃') m Manfred.

mainlevée (lǐ-wě') f Aufhebung eines gerichtlichen Beschlags.

mainmortable (mör-ta'bl) dem Rechte der toten Hand unterworfen.

mainmorte (mɑ-mö'rt) f tote Hand (unveräußerliches Gut).

maint, ~e (mą', ıną̃t) manche(r).

maintenant (mą-t'ną') jeßt.

maintenir (t'nī'r) feſt zuſammen-
halten; aufrecht erhalten, behaupten. [Schuß im Beſiße.

maintenue (t'nü') f gerichtlicher

maintien (mą-tıą̃') m Aufrecht-
haltung f; (Körper-)Haltung f,
Anſtand.

maire (mär) m id., Bürgermeiſter,
Schultheiß; ~ du palais Ma-
jordo'mus.

mairie (mæ-rī') f Bürgermeiſter-
Amt n; Rathaus n; ~ du palais Hausmeierſchaft.

mais (mä) aber; ſondern; ~ non
gewiß nicht; je n'en puis ~ ich
kann nichts dafür.

maïs (mä-i'ß) m Mais; Welſch-
korn n. [roi) Hofſtaat m.

maison (mæ-ſą') f Haus n; ~ (du

maisonnée (mæ-ſō-nē') f das ge-
ſamte Hauspersonal.

maisonnette(næ't) f Häuschen n.

maître (mä'tr) m Herr, Gebieter;
Eigentümer; Lehrer; Meiſter;
Ober-..., ʒ®. ~ autel Haupt-
Altar; ~ garçon Oberkellner;
~ fripon Erzſchelm; ~ d'hôtel
Haushofmeiſter; ~ de poste
Poſthalter.

maîtresse (mä-træ'ß) f Herrin,
Gebieterin; Frau vom Hauſe;
Lehrerin; Geliebte; mv.part
Mätreſſe; petite ~ Stußerin;
~ femme Hauptweib n. [bar.

maîtrisable (mä-trī-ſa'bl) lenk-

maîtrise (mä-trī'ſ) f Meiſterrecht
n; Singſchule der Chorknaben.

maîtriser(mä-trī-ſe') bemeiſtern;
bändigen.

majesté (mä-Gä-ßte') f Majeſtät.

majestueux, ~se (mä-Gä-ßtü-ö',
~ö'ſ) majeſtätiſch.

majeur, ~e (Gö'r) größer, höher;
v. force; tierce ~e große Terz;
majorenn, großjährig; Lac M~
Lago Maggio're.

majeure(mä-Gö'r)fVorderſaßm.

majorataire (mä-Gö-ra-tä'r) m
Majoratsherr.

majorcain, ~e(mä-Gör-ką',~kä'n)
aus Mallorka.

majordome (mä-Gör-bö'm) m
Haushofmeiſter.

majorité (mä-Gö-rī-te') f Voll-
jährigkeit; Majorität (Stimmen-
mehrheit).

Majorque (Gö'rk) f Mallorka n.

majuscule(mä-Gü-ßkü'l)f großer
Buchſtabe.

mal (mäl) 1. m (pl. maux) das
Böſe,Schlimme; Übel n; Krankheit f, Leiden; haut ~ Fallſucht
f; faire ~ weh thun; ~ du pays
Heimweh n; Mühe f; ~de cœur
Übelkeit f. 2. adv. ſchlecht,
ſchlimm, übel; ~ à l'aise unbe-
haglich; ~ fait mißgeſtaltet; être
~ krank ſein; se trouver ~ ohnmächtig werden; pas ~ de ...
ziemlich viel ...

malaco... (mä-lä-ko...) in Zſſg.:
weich-...

malade (mä-la'b) krank.

maladie (mä-lä-bī') f Krankheit.

maladif, ~ve (mä-lä-bi'f, ~bī'v)
kränklich; fig. krankhaft.

maladresse (mä-lä-bræ'ß) f Un-
geſchicklichkeit.

maladroit, ~e (lä-brą̃', ~brą̃'t)
ungeſchickt. [n; Not f.

malaise (mä-lä'ſ) m Unbehagen

malaisé, ~e (mä-lä-ſe') ſchwierig;
unbequem. [Archipe'l.

Malaisie (lä-ſī') f Malaiiſcher

malandre (mä-lą̃'br) f Mauke der
Pferde; fauliger Knorren im Holze.

malandrin (mä-lą-brą̃') m Stra-
ßenräuber. [ungezogen.

malappris, ~e(mäl-ä-pri',~pri'ſ)

malavisé, ~e (mä-lä-wī-ſe') un-
bedachtſam.

malaxer(mä-lä-kße') durchkneten
weich machen. [gewachſen.

malbâti, ~e (mäl-ba-ti') ſchlecht

*mal*donne (mäl-bŏ'n) *f* Vergeben *n* beim Kartengeben.

mâle (māl) 1. männlich. 2. *m* Männchen *n* der Tiere.

malédiction (mä-lĕ-bĭ-kßĝ') *f* Verwünschung, Fluch *m*.

maléfice (lĕ-fĭ'ß) *m* Behexung *f*.

maléficié, ~e (lĕ-fĭ-ßĭ-e') behext.

malencontre (lᾳ-kĝ'tr) *f* Unglück.

malencontreux, ~se (mä-lᾳ-kᾳ-trŏ', ~trŏ'ß) unglücklich; unheilverkündend. 2. *m* Pechvogel.

mal-en-point (mä-lᾳ-pᶖᾳ') übel dran. [Mißverständnis *n*.

malentendu (mä-lᾳ-tᾳ-bü') *m*

malepeste (l'pǣ'ßt)! zum Henker!

mal-être (mäl-ǣ'tr) *m* Unbehagen.

malfaisant, ~e (mäl-f'ßᾳ', ~f'ßᾳ't) bösartig; schädlich.

malfai*teur m*, ~trice *f* (mäl-fǣ-tŏ'r, ~trĭ'ß) Übelthäter(in).

malfamé, ~e (mäl-fa-me') übelberüchtigt.

malgré (gre') trotz, ungeachtet; ~ moi wider meinen Willen.

malhabile (mäl-ä-bĭ'l) ungeschickt.

malheur (mä-lŏ'r) *m* Unglück *n*; ~ à lui! wehe ihm!

malheureux, ~se (lŏ-rŏ', ~rŏ'ß) unglücklich; unglückselig.

malhonnête (lŏ-nǣ't) unhöflich; unredlich.

malhonnêteté (mä-lŏ-nǣ-tᶖ-te') *f* Unhöflichkeit; Unredlichkeit.

malice (lĭ'ß) *f* Bosheit; Schalkheit. [boshaft; schelmisch.

malicieux, ~se (mä-lĭ-ßĭŏ', ~ßĭŏ'ß)

malignité (mä-lĭ-njĭ-te') *f* Bösartigkeit.

malin *m*, ~igne *f* (mä-lᾳ', ~lĭ'nj) böse, boshaft; schelmisch; schlau, pfiffig; als *s.* Schlaukopf.

maline (mä-lĭ'n) *f* Springflut.

*Ma*lines (mä-lĭ'n) *f* 1. Mecheln *n*. 2. m~ mechelner Spitze.

malingre (mä-lᾳ'gr) kränklich.

malintentionné, ~e (mä-lᾳ-tᾳ-ßĭŏ-ne') übelgesinnt.

*mal*ique (mä-lĭ'k) Apfel-...

malitorne (mä-lĭ-tŏ'rn) *s.* Tölpel.

mal-jugé (mäl-ĝŭ-ǥe') *m* mangelhaftes Urteil.

malle (mäl) *f* Reise-koffer *m*; Fell-eisen *n* b. reitenden Postboten; Briefpost; Tabulett-krämerkasten *m*; auch = malle-poste.

malléable (mäl-lĕ-a'bl) hämmerbar, schmiedbar.

malléer (mäl-lĕ-e') hämmernd strecken, dehnen.

malléole (lĕ-o'l) *f* Fußknöchel *m*.

malle-poste (mäl-pŏ'ßt) *f* Briefpost. [macher.

malletier (mä-l'tĭe') *m* Felleisen-

mallette (lǣ't) *f* kleiner Koffer.

mallier (mä-lĭe') *m* Gabelpferd *n*.

malmener (m'ne') übel zurichten.

malotru *m*, ~e *f* (mä-lo-trü') Tölpel; Trampel *f*.

malouin, ~e (mä-lᾳ', ~lᶖ'n) aus St.-Malo.

malpeigné (mäl-pæ-nje') *m* unsauberer Mensch. [lich.

malpropre (mäl-prŏ'pr) unrein-

malpropreté (mäl-prŏ-prᶖ-te') *f* Unsauberkeit. [gesund.

malsain, ~e (mäl-ßᾳ', ~ßǣ'n) un-

malséant, ~e (mäl-ßĕ-ᾳ', ~ᾳ't) unanständig. [anstößig.

malsonnant, ~e (ßŏ-nᾳ', ~nᾳ't)

malt (mält) *m* Malz *n*.

Maltais *m*, ~e *f* (mäl-tǣ', ~tǣ'ß) Malteser(in).

malter (mäl-te') malzen.

maltôtier (mäl-to-tĭe') *m* Geld-erpresser. [beln.

maltraiter (mäl-træ-te') mißhan-

malveillance (mäl-wǣ-jᾳ'ß) *f* Böswilligkeit.

malveillant, ~e (wǣ-jᾳ', ~jᾳ't) böswillig; übel gesinnt.

malversation (mäl-wǣr-ßä-ßĝ') *f* Unterschleif *m*.

malvoisie (mäl-wᶖä-ßĭ') *f* Malvasier-wein *m*; gekochter Muskatwein.

maman (mä-mạ') *f* Mama.

mamelle(mä-mạ'l)*f* Bruſt; Bie.

mamelon (m'lọ') *m* Bruſtwarze *f*;
rundlicher Hügel.

mamelonné, ~e (mä-m'lŏ-ne')
warzen-förmig.

mamelu, ~e (m'lü') großbrüſtig.

m'amie (mä-mï') mein Liebchen
n, Herzchen *n*.

mammifère (mäm-mï-fǟ'r) *m*
Säuge-tier *n*.

m'amour (mä-mū'r) *f* Liebchen *n*.

manant (mä-nạ') *m* ehm. Bewoh-
ner eines Fleckens oder Dorfes;
jetzt: Bauerlümmel.

manceau (mạ-ßo') aus Le Mans
oder Maine.

manche (mạ̈ſch) 1. *f* Ärmel *m*.
2. la M. Ärmelmeer *n*, Kanal
m. 3. *m* Griff, Stiel. [ſterz.

mancheron (mạ-ſch'rọ') *m* Pflug-

manchon (mạ-ſchọ') *m* Muff.

manchot, ~e (mạ-ſchŏ', ~ſchŏ't)
ein-armig, -händig; n'être pas
~ nicht ungeſchickt ſein.

mandat (mạ-ba') *m* Mandat *n*,
Befehl; Vollmacht *f*; Zahlungs-
Anweiſung *f*; ~ de (ou sur la)
poste Poſt-Anweiſung *f*.

mandataire (mạ-ba-tä'r) *m* Man-
data'r, Bevollmächtigte(r).

mandater (mạ-ba-te'): ~ q. j-m
eine Anweiſung erteilen.

mandat-poste (mạ-ba-pŏ'ßt) *m*
Poſtanweiſung *f*. [ordnung *f*.

mandement (mạ-dmạ') *m* Ver-

mander (dẹ') melden, zu wiſſen
thun; ~ q. jem. zu ſich beſtellen,
entbieten. [backen *m*.

mandibule (mạ-bĭ-bü'l) *f* Kinn-

mandragore (mạ-brä-gō'r) *f*
Alraun(-wurzel) *m*. [teufel.

mandrill (mạ-brĭ'l) *m* id., Wald-

mandrin (mạ-brạ') *m* Loch-eiſen
n; Docke *f* der Drechsler.

manducation (mạ-bü-kä-ßjọ') *f*
Kauen *n*; Genuß *m* des Abend-
mahls.

manège (mä-nǟ'ɢ) *m* Schulrei-
ten *n*; Reitbahn *f*; *fig.* Treiben
n; Kniffe *pl.*

manégé, ~e (ně-ɢe') zugeritten.

mânes (mān) *m/pl.* Manen.

manganèse (mạ-gä-nǟ'ſ) *m* Man-
ga'n *n*.

mangeable (mạ-ɢa'bl) eßbar.

mangeaille (mạ-ɢa'j) *f* Futter *n*;
Fraß *m*. [Pferde-krippe.

mangeoire (mạ-ɢŏä'r) *f* Vieh-,

manger (mạ-ɢe') 1. eſſen; freſſen;
fig. verzehren, durchbringen;
Wörter verſchlucken. 2. *m* Eſſen
n; Speiſe *f*. [Geldſchneiderei.

mangerie (mạ-ɢ'rï') *f* Freſſerei;

mangeur *m*, ~se *f*(mạ-ɢö'r,~ɢö'ſ)
(Viel-)Eſſer(in); ~ de crucifix
Mucker.

mangeure (ɢü'r) *f* angefreſſene
Stelle; Nahrung d. Wildſchweins.

maniable (mä-nĭ-a'bl) handlich;
lenkſam.

maniaque(mä-nĭ-a'k)wahnſinnig.

manie (mä-nï') *f* Wahnſinn *m*;
fixe Idee; übertriebene Vorliebe
für etwas.

maniement (mä-nï-mạ') *m* Befühlen *n*; Handhabung *f*; Verwaltung *f*.

manier(mä-nĭ-e')befühlen; hand-
haben, mit etwas umgehen; behandeln; verwalten.

manière (mä-nĭǟ'r) *f* Art, Weiſe,
Manier; ~s *pl.* Benehmen *n*; de
~ à ou que ... ſo daß ...

maniéré, ~e (mä-nĭe-re') geziert.

maniérer (mä-nĭe-re') zuſtutzen;
künſteln. [viel handhabt.

manieur (mä-nĭö'r) *m* der etwas

manifestation (nĭ-fä-ßtä-ßjọ') *f*
Kund-machung, -gebung; Offenbarung.

manifeste (nĭ-fä'ßt) 1. offenkun-
big, offenbar. 2. *m* Manifeſt *n*.

manifester (mä-nĭ-fä-ßte') bekannt machen; offenbaren.

manigance (mä-nĭ-gạ'ß) *f* Kniff.

manigancer (mă-nĭ-ga-ĝe') anzetteln, heimlich u. ſchlau einfädeln.

manipuler (mă-nĭ-pŭ-le') zweck-
entſprechend behandeln, bearbeiten.

manique (mă-nĭ't) f Handleder n.

maniveau (mă-nĭ-wo') m flacher
Korb für Eßwaren.

manivelle (mă-nĭ-wæ'l) f Kurbel.

manne (măn) f 1. länglicher Korb;
Korbwiege. 2. Manna n.

mannequin (mă-n'tĝ') m Tragkorb; Gliederpuppe f.

mannequiner (mă-n'tĭ-ne') eine
ſteife Haltung geben. [Korb.

mannette (næ't) f zwei-henkeliger

manœuvre (mă-nö'vr) 1. f Handhabung, -griff m; künſtliche
Wendung; Schiffs-, Truppen-
Schwenkung; id. n. 2. m Tagelöhner. [vrieren.

manœuvrer (mă-nö-vre') manö-

manoir (mă-nŏâ'r) m Burg f;
Wohnung f. [bakšblätter.

manoque (mă-nŏ'f) f Docke Ta-

manouvrier (mă-nu-vrĭ-e') m
Tagelöhner.

manque (măt) m Fehlen n, Mangel; Manko n; ~ de foi Treu-
bruch; (par) ~ de... aus Mangel
an... [ſtoß, Nicht-erfüllung f.

manquement (mă-tmĝ') m Ver-

manquer (mă-te') verfehlen, nicht
treffen; verſäumen; v/n. einen
Fehler begehen; fehlerhaft ſein;
fehlen; ~ de qc. et. nicht haben;
außbleiben; verſagen (v. Feuer-
waffen); den Dienſt verſagen;
mißglücken; Bankrott machen;
~ à q. j-m fehlen, ſich wider
jem. vergehen, jem. im Stich
laſſen; ermangeln, unterlaſſen;
il a ~é (de) tomber er wäre beinahe gefallen; il ~e es fehlt.

mansarde (ĝă'rd) f Dachfenſter n
in, Dachſtube unter e-m gebroche-
nen Dache; comble m en ~ ge-
brochenes Dach.

mansuétude (mã-ĝŭ-e-tü'd) f
Sanftmut, Milde.

mante (măt) f (Damen-)Mantel m
ohne Ärmel; Trauermantel m.

manteau (mã-to') m Mantel; fig.
Deckmantel.

mantelet (mã-t'læ') m Mäntel-
chen n; Schußleder n an Wagen.

mantille (mã-ti'j) f Mantilla
(Kopftuch der Spanierinnen).

manuel, ~le (mă-nŭ-ä'l, ~æ'l)
1. Hand-... 2. m Handbuch n.

manufacturer (mă-nŭ-fă-ftŭ-re')
verarbeiten. [Fabrik-...

manufacturier, ~ère (rĭe', rĭä'r)

manuscrit, ~e (mă-nŭ-ĝri', ~ĭ't)
1. handſchriftlich. 2. m Manu-
ſfript n.

manutention (mă-nŭ-tǎ-ĝĩĝ') f
Aufrecht-erhaltung; Verwaltung; Militärbäckerei; Pro-
viant-Anſtalt.

manutentionner (tǎ-ĝĭŏ-ne') das
Brot für die Soldaten backen.

mappemonde (p'mĝ'b) f Welt-,
Erd-karte, Plani-glob m.

maquereau (mă-ĭro') m 1. Makre'le; v. groseille. 2. ~ m, ~
relle f Hurenwirt(in), Kupp-
ler(in). [Kuppelei f.

maquerellage (mă-ĭ'ræ-la'Q) m

maquette (ĭæ't) f grobe Skizze;
Gliedermann m.

maquignon (mă-ĭĭ-njǫ') m Roß-
täuſcher; Unterhändler.

maquignonner (njǫ-ne') Pferdehandel treiben; den Kuppler
machen. [beſchumuteln.

maquiller (mă-ĭĭ-je') ſchminken;

maraîcher (ræ-ſĉe') m Gemüſe-
gärtner. [Moor n.

marais (ræ') m Sumpf, Moraſt,

marasme (mǎ-rǎ'ſm) m allmäh-
liches Abſterben. [mutter.

marâtre (rā'tr) f Stief-, Raben-

maraud (rō') m Lump, Halunke.

maraude (mă-rō'b) f Marobieren.

marauder (mă-ro-be') plündern.

marbre (mä'rbɪ) m Marmor.

marbrer (mär-bre') marmorieren.

marbrerie (mär-brə-rī') f Marmorschleiferei.

marbrier (mär-brĭ-e') m Marmorwaren-fabrifant, -händler.

marbrière (mär-brĭ-ā'r) f Marmorbruch m.   [rierung.

marbrure (mär-brū'r) f Marmorierung

marc (mar, bie jetzige Münze: mart) m 1. Mart f. 2. Träber pl., (Kaffee-)Satz.

marcassin (fä-ßg') m Frischling.

marcescent, ~e(mär-ßä-ßg',~ā't) welfend.

marchand m, ~e f (mär-ſchg', ~ſchā'b) Kaufmann; Handelsfrau; ~ d'habits Kleiberhändler; Abnehmer; il y a ~ ich nehme es zu biefem Preife (bei Auftionen). 2. a. handeltreibenb; preiswürbig; prix m ~ Fabritpreis.   [Affords-arbeit f.

marchandage (mär-ſchg-ba'Q) m

marchander (mär-ſchg-be') : ~qc. um etwas feilſchen, handeln; im Afford arbeiten; ~ q. j-m Schwierigfeiten machen.

marchandeur m, ~se f (mär-ſchg-bȫr, ~bȫ'ſ) Feilſcher(in); Afford-arbeiter(in).

marchandise (ſchg-bī'ſ) f Ware.

marche (märſch) f 1. Gang m, Marſch m; Verlauf m; Stufe, Staffel. 2. Mart, Grenzbistrift; M~ Électorale Kur-Mart.

marché (mär-ſche') m Marft-(Plaß); Einfäufe pl.; Handel, Geſchäft n; à bon ~ wohlfeil.

marche-palier (märſch-pä-lĭe') m Ruhe-ſtaffel f einer Treppe.

marchepied (mär-ſch'pĭe') m Stufen f/pl.; Tritt; Fußſchemel.

marcher (mär-ſche') I. v/n. treten; gehen, ſchreiten, marſchieren; fortſchreiten. II. v/a. ben Thon austreten.

marcheur m, ~se f (mär-ſchȫr, ~ſchȫ'ſ) Fußgänger(in); bon ~ a. guter Segler (Schiff).

marcotte (mär-fö't) f Abſenfer m.

marcotter (fö-te') e. Reis abſenfen.

mardi (mär-bi') m Dienstag.

mare (mär) f Lache, Pfuhl m.

marécage (mä-rĕ-fa'Q) m Bruch n, Moor, Sumpf.   [ſumpfig.

marécageux, ~se (fä-Qȫ, ~Qȫ'ſ) maréchal (mä-rĕ-ſchä'l) m, a. ~ ferrant Huffchmieb; Marſchall; ~ des logis Kavallerie-Unteroffizier.   [ſchallswürbe f.

maréchalat (re-ſchä-la') m Marſchallswürbe

maréchalerie(l'rī') f Huffchmiebefunſt.   [ehm. Gendarmerie.

maréchaussée (mä-re-ſcho-ßē') f

marée (mä-rē') f Ebbe unb Flut; basse ~ Ebbe; haute ~ Flut; See-fiſche m/pl.

marelle (mä-ræ'l) f Mühlenſpiel.

mareyeur(mä-ræ-iȫ'r) m Seefiſchhändler.   [Spielraum m.

marge (märQ) f Ranb m; fig.

margelle (mär-Qæ'l) f ſteinerner Brunnenranb.

marger (mär-Qe') typ. punftieren.

margeur (Qȫ'r) m typ. Punftierer.

marginal, ~e (mär-Qĭ-nä'l) am Ranbe befinblich.

marginer(mär-Qĭ-ne') mit Ranbbemerfungen verſehen.

Margot (mär-go') f Gretchen n.

margotter (gö-te') rufen (Wachtel).

margouillis (mär-gŭ-jī') m Dreck.

margrave (grä'w) m Marfgraf.

Marguerite (mär-g'rī't) f 1. Margarete. 2. m~ Tauſenbſchön n.

marguillier (gĭ-jĭe') m Kirchenvorſteher; bei ben Reformierten: Küſter.

mari (mä-rī') m (Ehe-)Mann.

mariable (mä-rĭa'bɪ) heiratsfähig.

mariage (mä-rĭa'Q) m Heirat f; Ehe f; Ehe-ſtanb; Hochzeit f; id. (Kartenſpiel).

marié m, ~e f (mä-rĭ-e') Bräutigam, Braut f am Hochzeitstage.

marier (mă-rĭ-e′) trauen, eßelich verbinden; (se) ~ (ſich) verßeiraten. [Heiratßſtifter(in).

marieur *m,* ~se *f* (mă-rĭŏ̄′r, ~rĭŏ̄′ſ)

marin, ~e (rĝ′, ri′n) 1. zur See geßörig, See-... 2. *m* See-mann.

marinade (mă-rĭ-na′b) *f* Salzlaße; Eingepökeltes *n;* mariniertes Gericht.

marine (mă-ri′n) *f* See-weſen *n,* -macht; ~ marchande Handelsmarine; See-geruch *m,* -geſchmack *m;* Malerei: See-ſtück *n.*

mariner (mă-rĭ-ne′) einpökeln; in Eſſig legen, marinieren.

marinier (rĭ-nĭē′) *m* Seefahrer; Flußſchiffer. [zuſtehend.

marital, ~e (tă′l) bem Ehemanne

maritalement (rĭ-tă-l′mĝ′) als Eßemann; wie in der Eße.

maritime (tĭ′m) zur See geßörig, See-... [Weib, Trampel.

maritorne (rĭ-tŏ′rn) *f* ſchmutziges

marivaudage (mă-rĭ-wo-ba′Q) *m* geſchraubter Stil.

marjolaine (măr-Gŏ-læ′n) *f* Ma′joran *m.* [ſchwarm *m.*

marmaille (măr-ma′j) *f* Kinder-

marmelade (măr-m′la′b) *f* Mus *n.*

marmite (măr-mĭ′t) *f* Fleißtopf *m.*

marmiton (măr-mĭ-tĝ′) *m* Küchen-junge. [mein.

marmonner (măr-mŏ-ne′) brum-

marmoréen, ~ne (măr-mo-rĕ-ĝ́′, ~æ′n) marmor-artig.

marmoriser (măr-mŏ-rĭ-ſe′) in Marmor verwandeln.

marmot (măr-mo′) *m* kleiner Junge; ~s *pl.* Gören, Kinder *n.* [murmeln.

marmotte (măr-mŏ′t) *f* Murmeltier *n.*

marmotter (măr-mŏ-te′) (her)-

marmouset (mu-ſæ′) *m* Fratzenbild *n;* Knirps.

marne (mărn) *f* Mergel *m.*

marner (măr-ne′) mergeln.

marneux, ~se (măr-nŏ′, ~nŏ̄′ſ) mergelig.

marnière (măr-nĭǣ′r) *f* Mergelgrube.

maronner (ma-rŏ-ne′) brummen.

maroquin (mă-rŏ-kĝ′) *m* Saffian.

maroquiner (rŏ-kĭ-ne′) zu Saffian verarbeiten.

marotte (mă-rŏ′t) *f* Narrenkappe; *fig.* Narrheit, Steckenpferd *n.*

maroufle (mă-ru′fl) 1. *m* Lümmel. 2. *f* Maler-leim.

maroufler (mă-ru-fle′) ein Gemälde aufleinen. [vorragenb.

marquant, ~e (măr-kĝ′, ~ĝ́′t) her-

marque (mărk) *f* (Ab-)Zeichen *n,* Merkmal *n;* Warenzeichen *n;* Brandmal *n;* Spur; Muttermal *n;* Anzeichen *n.*

marquer (măr-ke′) I. *v/a.* bezeichnen; brandmarken; ſtempeln; auf-zeichnen, -ſchreiben; bezeigen; Waren auszeichnen. II. *v/n.* ſich auszeichnen; die Kennung haben (von Pferden).

marqueter (măr-k′te′) ſprenkeln, tigern; mit buntem Holze auslegen. [Arbeit.

marqueterie (kæ-t′rĭ′) *f* eingelegte

marqueur (măr-kŏ′r) *m* Stempler; Zähler bei manchen Spielen.

marquis *m,* ~e *f* (măr-kĭ′, ~kĭ′ſ) ehm. Mark-graf, -gräfin; id.; Geck; ~e *f,* auch: Überzelt *n;* Sonnen-, Regen-dach *n;* îles M.~es Marke′ſaß-Inſeln.

marquoir (măr-kŏǣ′r) *m* Stempel zum Zeichnen der Wäſche.

marraine (ma-ræ′n) *f* Patin.

marri, ~e (ma-ri′) betrübt.

marron (ma-rĝ′) *m* Kaſtani-e *f.*

marron *m,* ~ne *f* (ma-rĝ′, ~rŏ′n): nègre ~ entlaufener Neger; courtier ~ Pfuſchmakler; imprimeur ~ Winkelbrucker; *typ.* un ~ e. heimlich gebrucktes Buch.

marronnier (ma-rŏ-nĭē′) *m* Kaſtanienbaum.

marrube ♀ (măr-rĭ̄′b) *m* Anborn.

mars (mărß) *m* März.

marsouin (măr-ßŭ̆̄') m Meerschwein n (Delphin-Art).
marsupiaux (măr-ßŭ-piŏ') m/pl.
Beuteltiere n.
marteau (măr-to') m Hammer.
martel (tĕ'l) m Hammer; fig. Unruhe f, Sorge f. [anlaschen.
marteler (t'le') hämmern; Bäume
martelet (t'lĕ') m Hämmerchen n.
martial, ~e (măr-ßiă'l) friegerisch,
Kriegs-...; ~m. phm. eisenhaltig. [Eseltreiber(-Stock).
martin-bâton (măr-tạ-ba-tạ') m
martiner (măr-tĭ-ne') hämmern.
martinet (măr-tĭ-năˇ') m Hütten-
hammer; Klopfpeitsche f; Segler (Art Schwalbe).
martingale (tạ-gă'l) f Sprung-
zügel m; Hasardspiel: hartnäc-
kiges Verfolgen einer Art zu
spielen. [Eisvogel.
martin-pêcheur (tạ-pă-schŏ'r) m
mart(r)e (mă'rt, mărt) f Marder.
martyr m, ~e f (măr-tĭ'r) Mär-
tyrer(in). [tob, -tum n.
martyre (măr-tĭ'r) m Märtyrer-
martyriser (tĭ-rĭ-se') martern.
mascarade (mă-ßkă-ra'b) f Mas-
kenfest n. [flut f.
mascaret (mă-ßkă-răˇ') m Spring-
masculiniser(mă-ßkŭ-lĭ-nĭ-se')ein
Wort als männlich gebrauchen.
Masovien m, ~ne f (mă-ßo-wĭ̄',
~wĕˇ'n) Masure, Masurin.
masque (măßk) m Maske f, Larve
f; verlarvte Person; Schein,
Deckmantel. [maskieren.
masquer (mă-ßle') verlarven,
massacrant, ~e (mă-ßă-frạ', ~ạ't)
gräulich. [Gemetzel n.
massacre (mă-ßă'fr) m Blutbad n,
massacrer (mă-ßă-fre') nieder-
metzeln; fig. verhunzen.
massacreur(mă-ßă-frŏ'r) m Men-
schenschlächter; Pfuscher, Ver-
hunzer.
masse (măß) f 1. Masse, Menge;
Klumpen m. 2. Kolben m; bil-

kes Ende des (Billard-)Queues;
Stab m mit goldenem Knopfe;
Treib-hammer m. [stoß.
massé (mă-ße') m Billard: Kopf-
massepain (ß'pạ') m Marzipan.
masser (ma-ße') massenweise anhäufen, gruppieren; méd. mas-
sieren, kneten.
massicot (mă-ßĭ-fo') m Blei-gelb.
massier (mă-ße') m Stabträger.
massif, ~ve (ßĭ'f, ßĭ'w) 1. mas-
siv; fig. plump. 2. m starke
Grundmauer; dichtes Gebüsch.
massue (mă-ßŭ') f Keule.
mastic(mă-ßtĭ'f) m Mastix;(Stein-,
Glaser-)Kitt. [kitten n.
masticage (mă-ßtĭ-fa'Q) m Ver-
mastication (ßtĭ-fă-ßĭ̄')f Kauen.
masticatoire (mă-ßtĭ-fa-tиă'r) m
Kau-mittel n.
mastiquer (mă-ßtĭ-fe') verkitten.
mastoc (mă-ßtŏ'f) m plumper
Kerl. [onanieren.
masturber (mă-ßtŭr-be'): se ~
masure (mă-ßŭ'r) f altes Ge-
mäuer, Ruine.
mat, ~e (măt) glanzlos, matt:
schwer(es Brot); Schach: (a. s/m.)
matt, Matt n.
mât (mā) m Mast(-baum); Klet-
ter-stange f. [der Masten.
mâtage (ma-ta'Q) m Einsetzen n
matamore (mă-tă-mŏ'r) m Maulheld. [kel-tanz, -tänzer.
matassins (tă-ßạ') m/pl. ehm.Gau-
matelas (mă-t'la') m Matratze f;
Polster n. [stern.
matelasser (mă-t'lă-ße') auspol-
matelassier m, ~ère f (t'lă-ßĕ',
~ßĭă'r) Matratzen-macher(in).
matelot (mă-t'lo') m Matrose.
matelote (mă-t'lŏ't) f Art Fisch-
gericht n; Matrosentanz m.
mater (mă-te') matt machen,
schleifen; Schach: matt setzen;
fig. abmatten; bemütigen.
mâter (ma-te') bemasten
matérialiste (mă-te-rĭ-ă-lĭ'ßt) m

Materiali'ſt (Anhänger des Materialismus). [teria'li-en.
matériaux (mä-tĕ-riŏ') m/pl. Ma-
matériel, ~le (tĕ-riä̆'l, ~riä̆'l)
  1. materiell, körperlich; ſinn-
  lich. 2. m das Weſentliche; Ma-
  terial n, Gerät n. [mütterlich.
maternel, ~le (mä-tär-nä̆'l ~ä̆'l)
maternité (tär-nĭ-te') f Mutter-
  ſchaft. [Mathema'tiker.
mathématicien (tĕ-ma-tĭ-ſiã̆') m
Mathieu (mä-tiö') m Mathä-us.
matière (mä-tiä̆'r) f Stoff m, Ma-
  te'ri-e; Anlaß m. [früh.
matin (tă') 1. m Morgen. 2. adv.
mâtin (ma-tă') m großer Hund,
  Köter; Hundsfott.
matinal, ~e (mä-tĭ-nä̆'l) morgend-
  lich; früh aufſtehend.
matinée (mä-tĭ-ne') f Morgen-
  zeit, Vormittag m; id.
mâtiner (ma-tĭ-ne') belegen (von
  einem Hunde, der ſchlechter iſt als die
  Hündin); aushunzen.
matines (mä-ti'n) f Frühmette.
matineux, ~se (mä-tĭ-nö', ~nö'ſ)
  gewohnt früh aufzuſtehen.
matir (mä-tĭ'r) matt verarbeiten.
matois m, ~e f (mä-toä̆', ~toä̆'ſ)
  1. liſtig. 2. s. ſchlauer Fuchs.
matoiserie (toä-ſ'rĭ')f Durchtrie-
matou (tu') m Kater. [benheit.
matras (mä-tra') m Glaskolben;
  ehm. Bolzen.
matrice (mä-trĭ'ß) 1. f Gebär-
  mutter; Metallmutter; Ma-
  trize der Schriftgießer ꝛc.; Eichmaß n; Hauptſteuerrolle. 2. a.
  Mutter-..., Stamm-...
matricide (mä-trĭ-ſĭ'b) m Mut-
  ter-mord, -mörder.
matricule (mä-trĭ-kü'l) f Ma-
  trikel; Stammrolle. [lich.
matrimonial, ~e (mŏ-nĭä̆'l) ehe-
maturation (mä-tü-rä-ßiŏ') f
  Reifwerden n.
mâture (ma-tü'r) f Maſtwerk n.
maturité (mä-tü-rĭ-te') f Reife.

maudire (mo-dĭ'r): ~ q. j-m fluchen; verwünſchen.
maudit, ~e (bi', bĭ't) verflucht.
maugréer (grĕ-e') fluchen, toben.
mauresque (mo-rä̆'ßk) mauriſch.
Maurice (mo-rĭ'ß) m Moritz.
maussade (mo-ßa'b) verdrießlich,
  unfreundlich; geſchmacklos ge-
  macht.
mauvais, ~e (wä̆', wä̆'ſ) ſchlecht,
  übel; ſtreitſüchtig; boshaft.
mauve (mŏw) f Malve.
mauviette (mo-wiä̆'t) f Lerche.
mauvis (mo-wĭ') m Rotdroſſel f.
maux (mŏ) pl. von mal.
maxillaire (mä-kſĭl-lä̆'r) Kinn-
  backen-...
maxime(mä-kſĭ'm)f Grundſatz m.
maximer (mä-kſĭ-me') den höch-
  ſten Preis feſtſetzen.
maximum (mä-kſĭ-mŏ'm) m id.;
  höchſter Preis. [aus Mainz.
mayençais, ~e (mä-iã̆-ßä̆', ~ßä̆'ſ)
Mayence (mä-iã̆'ß) f Mainz n.
mazette (mä-ßä̆'t)f Schindmähre;
  Schwächling; Spiel: Stümper.
méâ-culpâ (me-a-kül-pa') m
  Schuldbekenntnis n.
méandrique (mĕ-a-drĭ'k) mäan-
  driſch, gekrümmt.
mécanicien (mĕ-kä-nĭ-ſiã̆') m
  Mecha'niker; Maſchinenbauer.
mécanique (mĕ-kä-nĭ'k) 1. mecha'-
  niſch. 2. f Mecha'nik.
mécaniser (mĕ-kä-nĭ-ſe') zur Maſchine machen; ärgern.
méchamment (ſchä-niq') böslich.
méchanceté (ſchã-ß'te')f Bosheit;
  ſchlechter Streich; Schlechtigkeit.
méchant, ~e (ſchã', ſchã't) ſchlecht,
  elend; böſe, ſchlimm; mutwillig.
mèche (mä̆ſch) f Docht m; Zunder
  m; Lunte; (Peitſchen-)Schmitze; ~
  de cheveux vereinzelte Haarlocke.
mécher (mĕ-ſche') Wein ſchwefeln.
mécompte (kŏ't) m Rechenfehler;
  getäuſchte Hoffnung. [kenntlich.
méconnaissable (kŏ-nä̆-ßa'bl)un-

méconnaitre (mĕ-ło-nằ'tr) ver-
kennen.

méconnu, ~e (łŏ-nü') verkannt.

mécontent, ~e (mĕ-łŏ-tḡ', ~tḡ't)
unzufrieden.

mécontentement(mĕ-łŏ-tḡ-tmḡ')
m Unzufriedenheit f; Verdruß.

mécontenter (mĕ-łŏ-tḡ-te') miß-
vergnügt machen. [ungläubig.

mécréant, ~e (mĕ-łrĕ-ḡ', ~ḡ't)

mécroire (łrḡ'r) nicht glauben.

médaillé, ~e(me-bă-łe') mit einer
Medaille ausgezeichnet.

médaillier (mĕ-bă-łe') m Münz-
schrank. [łenner.

médailliste(me-bă-łi'ßt) m Münz-

médecin (me-b'ßḡ') m Arzt.

médecine (me-b'ßi'n) f Arznei
(-łunde). [Arznei eingeben.

médeciner(me-b'ßĭ-ne'): ~ q. j-m

médial, ~e, **médian**, ~e (me-bĭ-a'l,
me-bḡ', ~bĭa'n) Mittel-...

médianoche (me-bĭ-ă-nŏ'sch) m
Mitternachtsschmaus nach einem
Fasttage. [telbar.

médiat, ~e (me-bĭ-a', ~a't) mit-

médiateur m, ~trice f (bĭ-a-tŏ'r,
~trĭ'ß) Vermittler(in).

médiation (me-bĭ-ā-ßḡ') f Vermittelung. [mediziniſch.

médical, ~e (me-bĭ-łă'l) ärztlich;

médicamenter(me-bĭ-łă-mḡ-te'):
~ q. j-m Arznei geben.

médicastre (bĭ-łă'ßtr) m Quad-
ſalber. [methode.

médication(me-bĭ-łā-ßḡ')f Kur-

médico-légal, ~e (me-bĭ-ło-lĕ-
gă'l) geſundheits-polizeilich.

médiocre (bĭ-o'tr) mittelmäßig.

médiocrité (me - bĭ - ŏ - łrĭ - te') f
Mittelmäßigkeit.

médire (mĕ-bĭ'r): ~ de q. j-m
Übles nachreden.

médisance (me-bĭ-ßḡ'ß) f üble
Nachrede. [ſchmähſüchtig.

médisant, ~e (me-bĭ-ßḡ', ~ßḡ't)

méditatif, ~ve (mĕ-bĭ-ta-ti'f,
~tĭ'w) nachdenkend.

méditation(me-bĭ-tā-ßḡ')ƒ Nachdenken n; ~s pl. Betrachtungen.

méditer (me-bĭ-te'): ~ qo. über
et. nachdenken; et. im Sinne
haben; im Schilde führen.

Méditerranée (me-bĭ-tä-rä-ne')ƒ,
mer ~ Mittelländiſches Meer.

médulle ꝑ (mĕ-bü'l) f Mark n.

méfaire (mĕ-fă'r) Böſes thun.

méfait (mĕ-fă') m Frevelthat f.

méfiance (me-fĭḡ'ß) f Mißtrauen.

méfiant, ~e (me-fĭḡ', ~fĭḡ't) mißtrauiſch. [mißtrauen.

méfier (me-fĭ-e'): se ~ de q. j-m

méga... (mĕ-ga...) in Zſg.: groß-...

mégarde (mĕ-gă'rb): par ~ aus
Verſehen.

mégie (mĕ-Gĭ') f Weißgerberei.

mégir (mĕ-Gĭr) weiß gerben.

mégisserie (me-Gĭ-ß'rĭ') f Weißgerberei. [gerber.

mégissier (mĕ-Gĭ-ße') m Weiß-

meilleur, ~e (mă-jŏ'r) beſſer; le
~ der Beſte.

Mein (mḡ) m Main(-fluß).

méla... (mĕ-la...)in Zſg.: ſchwarz-...

mélange (mĕ-lḡ'G) m Miſchung f;
Gemiſch n; ~s pl. vermiſchte
Schriften.

mélanger(mĕ-lḡ-Ge') vermiſchen.

mélasse(mĕ-la'ß)f(Zucker-)Sirup.

mêlée (mæ-le') f Handgemenge.

mêler (mæ-le') (ver)miſchen; unter ea. mengen, verwirren; ~
q. dans qc. jem. in etwas verwickeln; se ~ de qc. ſich um
etwas kümmern.

mélèze (mĕ-lḡ'ſ) m Lärchenbaum.

mélilot (mĕ-lĭ-lo') m Honigklee.

mellifère (mằl-lĭ-fă'r) honig-
tragend. [erzeugend.

mellifique (mằl-lĭ-fĭ'ł) honig-

mellivore (mằl-lĭ-wŏ'r) 1.honig-
freſſend. 2. m Honigbachs.

mélodieux, ~se(mĕ-lŏ-bĭŏ', ~bĭŏ'ſ)
melodiös, reich an Wohlklang.

mélomane (lŏ-ma'n) Muſiknarr.

melon (mŭ-lḡ') m Melone f.

melonnière (mĭ-lŏ-nĭā'r) f Me-
lonen-beet n, -land n.
mélopée (mĕ-lŏ-pĕ') f Tonfetzung
für den Gefang. [chen n.
membrane (mᴀ-bra'n) f Häut-
membraneux, ~se (mᴀ-brä-nŏ',
~nŏ'ſ) häutig. [glieb n.
membre (mᴀ̄'bᴦ) m Glied n; Mit-
membré, ~e (mᴀ-bre'): bien ~
von ſchönem Gliederbaue.
membru, ~e (mᴀ-brü') von ſtar-
kem Gliederbaue.
membrure (mᴀ-brü'r) f Glieder
n/pl.; Gliederbau m; Rahm-
ſtück n; Rippenwerk n.
même (mᴀ̄m) 1. ſelbſt; le (la)
~ der-, (die-)ſelbe, der (die)
nämliche; gleich. 2. m Dasſelbe
n; être à ~ de ... im Stande
ſein zu ... 3. adv. ſelbſt, ſogar;
de ~ ebenſo.
mémoire (mĕ-mĭā'r) 1. f Ge-
bächtniß n; Andenken n; de ~
d'homme ſeit Menſchen-Geden-
ken. 2. m Denkſchrift f; Rechnung f, Nota f; ~s pl. Denk-
würdigkeiten. [würdig.
mémorable (mĕ-mŏ-ra'bᴦ) denk-
mémorial (mĕ-mo-rĭā'l) m Ge-
denk-, Tage-buch n.
mémorialiste (mo-rĭ-ă-lĭ'ſt) m
Memoirenſchreiber. [drohend.
menaçant, ~e (mĭ-na-ſᴀ', ~ſᴀ̄'t)
menace (mĭ-nā'ß) f Drohung.
menacer (mĭ-na-ſe'): ~ q. de qc.
j-m mit etwas brohen.
ménage(mĕ-na'G)m Haushaltung
f, Wirtſchaft f; Sparſamkeit f.
ménagement (me-na-G'mᴦ') m
Behutſamkeit f; Schonung f.
ménager (me-nä-Ge') 1. ſparen;
behutſam anwenden; gut benutzen; ſchonen; eine Überraſchung
κ. bereiten; kunſtreich herbei-
führen. 2.~m, ~ère f: a. haus-
hälteriſch; s. Haushälter(in).
mendiant m, ~e f (mᴀ-bᴦᴀ̄', ~bᴀ̄'t)
Bettler(in).

mendicité(mᴀ-bĭ-ßĭ-te')f Bettel-
ſtand m; Bettelei; dépôt m de ~
Land-armenhaus n.
mendier (mᴀ-bĭ-e') (er)betteln.
menée (m'nĕ') f Anſchlag m; ~s
pl. Umtriebe m; Fährte des flüch-
tigen Hirſches.
mener(m'ne') führen, leiten; hin-
ziehen durch Verſprechungen, hinhalten. [ſtrel, Spielmann.
ménestrel(me-nᴀ̆-ſtrᴀ̆'l)m Min-
meneur m, ~se f (m'nŏ'r, m'nŏ'ſ)
Führer(in).
menin (m'nᴀ') m id. (mit dem Dau-
phin erzogener Junker).
menottes (m'nŏ't) f/pl. Hand-
feſſeln. [einer Abtei.
mense (mᴀ̄ß) f Einkünfte pl. aus
mensonge (mᴀ-ßᴀ̄'G) m Lüge f.
mensonger, ~ère (mᴀ-ßᴀ-Ge',
~Gä'r) lügenhaft, trüglich.
menstrues (mᴀ-ſtrü') f/pl. monatliche Reinigung.
mensuel, ~le (mᴀ-ßü-ᴀ̆'l, ~ᴀ̆'l)
monatlich. [bar.
mensurable (mᴀ-ßü-ra'bᴦ) meß-
mental, ~e (mᴀ-tä'l) den Verſtand
betreffend, Geiſtes-..., innerlich,
in Gedanken; ſtill(es Gebet);
calcul m ~ Kopfrechnen n; restriction f ~e Gedanken-Vor-
behalt m.
menterie (t'rĭ') f (kleine) Lüge.
menteur m, ~se f(mᴀ-tŏ'r, ~tŏ'ſ)
1. lügenhaft. 2. s. Lügner(in).
menthe ♀ (mᴀ̄t) f Minze.
mention (mᴀ-ßᴀ̄') f Erwähnung.
mentionner (ßĭŏ-ne') erwähnen.
mentir (mᴀ-tĭ'r) lügen.
menton (mᴀ-tᴀ̄') m Kinn n.
mentonnet (mᴀ-tŏ-nᴀ̆') m Ein-
ſchlag-eiſen n für Thürklinken;
Rinnſtückchen n an Meſſern; Bom-
benring.
mentonnière (tŏ-nĭā'r) f Kinn-
binde; Sturmriemen m.
mentor (mᴀ-tŏ'r) m id., Führer.
menu, ~e (m'nü') 1. dünn; fein,

klein; gering; argent pour les
~s plaisirs Taschengeld n. 2. m
Speise-zettel eines Mahles.
menuaille (mǝ-nŭ-a'j) f allerlei
Kleines n; Scheide-münze;
Menge kleiner Fische.
menuiser (mǝ-nŭ-fe') Holz klein
schneiden; tischlern.
menuiserie (nŭ-f'rī') f Tischlerei.
menuisier(mǝ-nŭ-fīe')m Tischler.
méplat, ~e (mě-pla', ~a't) halb-
flach; auf einer Seite stärker
als auf der andern (Brett).
méprendre (mě-prā̱'br): se ~ sich
vergreifen, sich irren.
mépris (mě-prī') m Verachtung f;
au ~ de ... mit Hintansetzung
von ...   [lich.
méprisable (me-prī-fa'bl) verächt-
méprise (mě-prī'f) f Fehlgriff m,
Versehen n, Irrtum m.
mépriser (me-prī-fe') verachten,
gering schätzen.
mer (măr) f Meer n, See f.
mercantile (măr-ßa-ti'l) kaufmännisch; esprit m ~ Krämer-
geist.
mercenaire (măr-ß'nā'r) 1. ge-
bungen; feil, käuflich. 2. m
Mietling; Söldner.
mercerie (măr-ß'rī') f Kurz- und
Schnitt-warenhandel m.
merci (măr-ßi') 1. m Dank; ich
danke. 2. f crier ~ um Gnade
flehen; à la ~ des vents den
Winden preis gegeben.
mercier m, ~ère f (măr-ßīe', ~-
ßīā'r) Schnitt-, Kurz-waren-
händler(in).
mercredi (krǝ-bi') m Mittwoch.
mercure (kū'r) m Quecksilber n.
mercureux, ~se (măr-kŭ-rö', ~-
rö'f) merkurhaltig.   [weiß m.
mercuriale (măr-kŭ-rīa'l) f Ver-
mercuriaux (măr-kŭ-rīō') m/pl.
Quecksilber-Präparate.
mercuriel, ~le (kŭ-rī-ě'l, ~ě'l)
quecksilber-haltig.

merdaille (măr-ba'j) f Kinder-
geschmeiß n.
merde (mărb) f Kot m, Scheiße.
merdeux, ~se (măr-bö', ~bö'f)
beschissen, dreckig.
mère (măr) 1. f Mutter; ~abeille
Bienenkönigin. 2. a. langue f ~
Muttersprache.
mergue (mărg) m Tauch-Ente f.
méridien, ~ne(me-rī-bī'ǝ', ~bīǝ'n)
1. m Meridian. 2. a. den Meridian betreffend, mittägig.
3. ~ne f Mittagsruhe.
méridional, ~e (me-rī-bī-ŏ-nă'l)
1. südlich. 2. m Südländer.
meringue (mǝ-rā̱'g) f Sahnen-
baiser n.
merise (mǝ-rī'f) f Vogelkirsche.
merisier (mǝ-rī-fīe') m Vogel-
kirschbaum.
méritant, ~e (me-rī-tǎ', ~tǎ't)
verdienstvoll.
mérite (mě-ri't) m Verdienst n.
mériter (me-rī-te') I. v/a. verdienen, würdig sein. II. v/n. bien
~ de ... sich verdient machen
um ...   [lich.
méritoire (me-rī-tŏā'r) verdienst-
merlan (măr-lǎ') m Weißling
(Fisch).
merle (mărl) m Amsel f. [Fisch.
merluche (măr-lŭ'sch) f Stock-
merrain (mă-rǎ') m Holz n in
Brettern; Daubenholz n.
merveille(măr-wě'j) f Wunder n;
à ~ vortrefflich.
merveilleux, ~se (măr-wě-jö'
~jö'f) wunderbar; vorzüglich.
mes... (mǝ-ß...), més... (me-ſ...)
in Zssg.: miß-..., fehl-..., z.B. se
mésallier mißheiraten.
mésange (mě-ſǎ'Ɡ) f Meise.
mésangette (me-ſa-Ꞡǽ't) f Mei-
senfalle.   [Mißgeschick n.
mésaventure (me-ſǎ-wǎ-tü'r) f
mésentendre (me-ſa-tā̱'br) miß-
verstehen.   [ringschätzen.
mésestimer (me-ſǽ-ßtī-me') ge-

mésintelligence (me-ſą-tăl-Π-Ḡā'ß) f Mißhelligkeit.
méso...(me-ſo...) in Zſg.: Mittel-...
mesquin, ~e (mă-ßgą', ~ßki'n) armſelig; kleinlich; knickerig.
mesquinerie (ßki-n'rĭ') f Armſeligkeit; Dürftigkeit; Knauſerei.
message (mă-ßa'Ḡ) m Botſchaft f; Auftrag.
messager m, ~ère f (ßă-Ḡe', ~ă'r) Bote, Botin; pigeon m ~ Brieftaube f.　　[ſonen-fuhrwerk n.
messagerie (mă-ßa-Ḡ'rĭ') f Per-
messe (mæß) f rl. Meſſe.
Messie (mă-ßĭe') m Meſſias.
messier (mă-ßĭe') m Feldhüter.
messin, ~e (mă-ßą', ~ßi'n) aus Metz.　　[(Aus-)Meſſen n.
mesurage (mĭ-ſü-ra'Ḡ) m (Ab-,
mesure (mĭ-ſü'r) f Maß n; Maßregel; Silben-, Takt-maß n.
mesurer (mĭ-ſü-re') meſſen.
mesureur (mĭ-ſü-rō'r) m (Ab-) Meſſer.　　[chen.
mésuser (me-ſü-ſe') mißbrau-
mét(a)... (me-t(ă)...) in Zſg. bj. Auf-einanderfolge, Wechſel, jß. méta-
bole f Umſtellung von Wörtern.
métairie (me-tæ-rĭ') f Meierei.
métallescent, ~e (me-tăl-lă-ßą', ~ßā't) metallglänzend.　　[haltig.
métallifère (tăl-lĭ-fā'r) metall-
métallique (tăl-lĭ'k) metalliſch.
métalliser (me-tăl-lĭ-ſe') in Metall verwandeln.　　[verwandeln.
métamorphoser (tă-mŏr-fo-ſe')
métaphraste (me-tă-frā'ßt) m erklärender Umſchreiber.
métayer m, ~ère f (me-tæ-ĭe', ~tā'r) Meier(in); Pächter(in).
méteil (mĕ-tă'j) m Mengkorn n.
métempsycose (me-tą-pßĭ-kō'ſ) f Seelenwanderung.
météorologiste (me-tĕ-o-rŏ-lŏ-Ḡĭ'ßt) m Wetterbeobachter.
métèque (mĕ-tæ'k) m Metö'ke.
méticuleux, ~se (me-tĭ-kü-lö', ~lö'ß) ängſtlich, zaghaft.

méticulosité (me-tĭ-kü-lo-ſĭ-te') f Ängſtlichkeit, Zaghaftigkeit.
métier (mĕ-tĭe') m Handwerk n, Profeſſion f; Stand; Webeſtuhl; ~ à broder Stickrahmen.
métis m, ~se f (mĕ-tĭ'ß) Meſti'ze; Baſtard.　　[kreuzung f.
métissage (me-tĭ-ßa'Ḡ) m Raſſen-
métrage (me-tra'Ḡ) m Vermeſſung f nach Metern.
mètre (mæ'tr) m Metrum n; Meter n; ~ cube Kubikmeter n.
métré (me-tre') m Meterzahl f.
métreur (me-trö'r) m Vermeſſer.
métrique (me-trĭ'k) 1. metriſch. 2. f Me'trik.
métrologie(me-trŏ-lŏ-Ḡĭ') f Maß- und Gewichts-kunde.
métromanie (me-trŏ-mă-nĭ') f Verſe-wut.
métropole (me-trŏ-pŏ'l) f id.; Hauptſtadt; Mutterſtaat m; erzbiſchöflicher Sitz.
mets (mæ) m Gericht n, aufgetragene Speiſe, Schüſſel f.　　[kleidern].
mettable (mă-ta'bl) tragbar (von
metteur (mă-tö'r) m: ~ en œuvre Zuwelier; typ. ~ en pages id., Seiten-einrichter.
mettre (mă'tr) ſtellen, ſetzen, legen; hineinthun; zehlendes hinzufügen; ein Kleidungsſtück anziehen, umbinden, umhängen, aufſetzen; Geld anlegen; ~ à intérêt verzinslich anlegen; Spiel: (ein-)ſetzen; ~ deux heures à (faire) qc. zwei Stunden zu et. brauchen; ~ q. de qc. jem. bei et. beteiligen; se ~ à (faire) qc. ſich an et. machen, anfangen, etwas zu thun.
meublant, ~e (mö-blą', ~blā't) zum Möblieren geeignet, Möbel-...; meubles m/pl. ~s Alles, was im Zimmer nicht niet- und nagel-feſt iſt.
meuble (mö'bl) 1. a. terre ~ lockerer Boden; bien ~ beweg

meuble... liches Gut. 2. *m* Möbel *n*; le ~ sämtliches Gerät, Mobiliar *n*.

meubler (mö-ble') möblieren; schmücken, bereichern.

meule (möl) *f* Mühl-, Schleif-stein *m*; (Heu· ꝛc.) Schober *m*; Miete. [Schleif-stein-Fabrik.

meulerie (mö-l'rī') *f* Mühl-,

meulier (mö-lĭe') *m* Mühlstein-hauer. [(·Bruch *m*) *m*.

meulière (mö-lĭā'r) *f* Mühlstein

meulon (mö-lọ') *m* Heu-, Salz-haufen.

méum ♀ (me-o'm) *m* Bärwurz *f*.

meunerie (mö-n'rī') *f* Müllerei.

meunier *m*, ~ère *f* (mö-nĭe', ~ĭā'r) Müller(in). [Hungerleider.

meurt-de-faim (mör-bĭ-fą') *m*

meurtre (mö'rtr) *m* Mord.

meurtrier *m*, ~ère *f* (mör-trĭe', ~trĭā'r) 1. mörderisch. 2. *s.* Mörder(in). [scharte.

meurtrière (mör-trĭā'r) *f* Schieß-

meurtrir (trĭr) (zer)quetschen; braun und blau schlagen.

meurtrissure (mör-trĭ-ßū'r) *f* Quetschung.

Meuse (mö̂s) *f* Maas (Fluß).

meute (möt) *f* id.; Schwarm *m* von Menschen. [ben verkaufen.

mévendre (mĕ-wą̄'br) mit Scha-

mévente (mĕ-wą̄'t) *f* Verkauf *m* mit Schaden.

mezzanine(me-sä-nī'n)*f* Zwischen-stock *m*; Halbgeschoßfenster *n*.

mi (mi) 1. ~... in Zssg.: halb-..., ꝛc. à ~-chemin halbwegs; la ~-janvier Mitte Januar. 2. ♪ *m* E *n*.

miasme (mĭ-a'sm) *m* Miasma *n*.

miauler (mĭ-o-le') miauen.

mi-bis, ~e (mi-bĭ', ~bĭ'ß) halb-schwarz (Brot).

mica (mĭ-ła') *m* Glimmer.

miche (mĭsch) *f* Laib *m* Brot.

micmac (mĭł-mä'ł) *m* Durch-stecherei *f*.

micro...(mĭ-łro...)in Zssg.: klein-..., kurz-..., ꝛc. microcéphale klein-köpfig.

midi (mĭ-bĭ') *m* Mittag, 12 Uhr; ~ et demi halb eins; Süden.

mie (mĭ) *f* Krume.

miel (mĭä̆l) *m* Honig.

miellat (mĭä̆-la') *m* Honigtau.

miellé, ~e (mĭä̆-le') mit Honig bestrichen; honig-haltig, -süß.

mielleux, ~se (mĭä̆-lö', ~lö'ß) honig-artig.

mien, ~ne (mĭẽ, mĭä̆n): le ~, la ~ne der (die, das) Meinige.

miette (mĭä̆t) *f* Krümchen *n*.

mieux (mĭö) 1. besser; le ~ am besten; aimer ~ lieber mögen. 2. *m* das Bessere, Beste; du ~ Besserung *f*.

mièvre (mĭä̆'wr) mutwillig.

mièvrerie (mĭä̆-wrĭ-rī') *f* Mut-wille *m*.

mignard, ~e (mĭ-njā'r, ~njä'rb) 1. zart; geziert. 2. *m* Zärtling; geleckte Malerei.

mignarder (mĭ-njär-be') verzär-teln; verkünsteln.

mignardise (njär-bĭ'ſ) *f* Ziererei.

mignon *m*, ~ne *f* (mĭ-njọ', ~njö'n) 1.allerliebst, niedlich. 2. *s.* Lieb-ling; Geliebte(r).

migrateur, ~trice (mĭ-gra-tö'r, ~trĭ'ß) wandernd.

migration (mĭ-grä-ßĭọ') *f* Wande-rung; ~ des peuples Völker-wanderung.

mijaurée (mĭ-Go-rē') *f* Zierpuppe.

mijoter (mĭ-Go-te') bei gelindem Feuer kochen lassen; verhät-mil (mil) a/n. tausend. [scheln.

mil (mĭlj) *m* Hirse *f*.

milan (mĭ-lọ') *m* Gabelweihe *f*.

Milan (mĭ-lọ') *m* Mailand *n*.

milanais, ~e (mĭ-lä-nĕ', ~nĕ'ß) mailändisch. [artig.

miliacé, ~e (mĭ-lĭ-a-ße') hirsen-

miliaire (mĭ-lĭ-ā'r) 1. hirsekorn-förmig. 2. *f* path. Frieseln *pl.*

milice (mĭ-lĭ'ß) *f* Mannschaft,

Heer n; ~s pl. himmlische Heer-
scharen; Bürgersoldaten, Miliz.
milicien (mĭ-lĭ-ßĭ̯a') m Bürger-
soldat.　　　[de ... mitten in ...
milieu (mĭ-lĭ̯ö') m Mitte f; au ~
militant, ~e (mĭ-lĭ-ta', ~tā't)
streitend.　　　[machen.
militariser (tä-rĭ-se') soldatisch
militer (mĭ-lĭ-te'): ~ en faveur
de q. für jem. sprechen.
mille (mil) 1. tausend. 2. m
Meile f.
millée (mĭ-je') f Milchhirse.
millénaire (mĭl-lĕ-nā'r) 1. die
Zahl 1000 enthaltend; tausend-
jährig. 2. m Jahrtausend n.
millésime (mĭl-le-sĭ'm) m Jahreszahl f auf Münzen.
millet (mĭ-jä') m Hirse f.
milliaire (mĭl-lĭ-ā'r) 1. alle tausend Schritte errichtet. 2. m
Meilenstein. [(1000 Millionen).
milliard (mĭl-lĭā'r) m Milliarde f
millième (lĭ̈'m) tausendste(r).
millier (mĭl-lĭe') m (das) Tausend.
milligramme (mĭl-lĭ-grä'm) m
¹/₁₀₀₀ Gramm.
million (mĭ-lĭ̯o') m Million f.
mil(l)ouin (mĭ-lŭ̯a') m Spatel-
ente f.　　　[darstellen.
mimer (mĭ-me') durch Geberden
mimeuse (mĭ-mö'f) f Mimo'se,
Sinnpflanze. [zerstörbar; elend.
minable (na'bl) durch eine Mine
minander (mĭ-no-be') sich zieren.
minauderie(mĭ-no-b'rĭ')f Schön-
thuerei.
mince (mäß) dünn; fig. winzig.
mincer (mₐ-ße') Fleisch in kleine
Stücke zerschneiden.
minceur (mₐ-ßö'r) f Dünne.
mine(min)f 1.Miene, Aussehen n;
faire la ~ schmollen. 2. Bergwerk n, Zeche; ~ de plomb
Reißblei n; Mine (unterirdischer
Gang).　　　[graben.
miner (mĭ-ne') minieren, unter-
minerai (mĭ-n'rä') m Erz n.

minéral, ~e (mi-nĕ-rä'l) 1. mi-
neralisch. 2. m Mineral n, Ge-
stein n.　　　[erzen.
minéraliser (mĭ-nĕ-rä-lĭ-se') ver-
minéralogiste(mĭ-nĕ-rä-lŏ-gĭ'ßt)
m Mineralog. [Kätzchen n.
minet m, ~te f (mĭ-nä', ~nä't)
mineur, ~e (mĭ-nö'r) 1. geringer,
kleiner; ♪ mode m ~ Moll n;
minderjährig. 2. m Bergmann;
Minierer. [Miniaturmaler.
miniaturiste (mĭ-nĭa-tü-rĭ'ßt) m
minier, ~ère (mĭ-nĭe', ~niä'r)
1. Bergwerks-..., Mineral-...
2. ~ère f Bergwerk n, bsd.
Tage-bau m.
minime (mĭ-nĭ'm) 1. sehr klein.
2. m id., Paulinermönch.
ministère (mĭ-nĭ-ßtā'r) m Dienst;
Amt n; ~ public Staats-An-
waltschaft f; Vermittelung f;
Ministerium n.
ministre (mĭ-nĭ'ßtr) m Diener;
~ (du saint Évangile) prote-
stantischer Prediger; Minister;
Gesandte(r).
minium (mĭ-nĭ-o'm) m Mennig.
minois (mĭ-nŭ̯a') m niedliches Ge-
sichtchen.
minon (mĭ-no') m Miez f (Katze).
minorité (mĭ-nŏ-rĭ-te') f Minder-
jährigkeit; Minderzahl.
Minorque (nŏ'rk) f Meno'rka n.
minot (mĭ-no') m Metze f (Mehl,
Salz rc.)　　　[-handel m.
minoterie (nŏ-t'rĭ')f Mehl-fabrik,
minotier (nŏ-tĭe') m Besitzer einer
Mehlfabrik. [12 Uhr Nachts.
minuit (mĭ-nŭĭ') m Mitternacht f,
minuscule (mĭ-nŭ-ßkŭ'l) f, auch:
lettre f ~ kleiner Buchstabe.
minute (mĭ-nü't) f 1. Minute.
2. kleine, geschobene Schrift;
Konzept n; Original-Urkunde.
minuter (mĭ-nŭ-te') sehr klein
schreiben; eine Urkunde entwerfen.
minuterie (nŭ-t'rĭ') f Minuten-
werk n, -zeiger m.

minutie (mĭ-nŭ-ßĭ') f Kleinlichkeit. [kleinlich, zu genau.
minutieux, ~se (nŭ-ßĭö̆', ~ßĭö̆'ß)
mioche (mĭ-o'ſch) m Knirps.
mi-parti, ~e (mi-pär-ti') halb;
zur Hälfte geteilt.
miracle (mĭ-rā'tl) m Wunder n.
miraculeux, ~se (mĭ-rä-kŭ-lö̆',
~lö̆'ſ) wunderbar.
mirage (ra'Q) m Luftſpiegelung f.
mire (mĭr) f (Richt-)Korn n am
Gewehr; point m de ~ Zielpunkt.
mirer (mi-re') genau betrachten;
etw. gegen das Licht beſehen; se
~ ſich ſpiegeln. [würdig.
mirifique (mĭ-rĭ-fĭ'k) bewunderns-
mirliflore (mĭr-lĭ-flŏ'r) m Stuzer.
miroir (mĭ-rŭā'r) m Spiegel.
miroitant, ~e (mĭ-rŭā-tQ', ~tQ't)
ſchillernd.
miroiter (rŭā-te') I. v/a. ſpiegel-
glatt machen. II. v/n. ſchillern.
miroiterie (rŭā-t'rĭ') f Spiegel-
handel m, -fabrikation.
miroton (mĭ-rŏ-tQ') m Rindfleiſch-
ſchnitte pl. mit Zwiebeln.
mis (mĭ) part.p. von mettre.
misaine (mĭ-ßæ'n) f Fockſegel n;
mât m de ~ Fockmaſt.
misanthrope (mĭ-ßQ-tro'p) m
Menſchenfeind. [Miszellen f.
miscellanées (ßæ̆l-lä-nĕ') m/pl.
miscible (mĭß-ßĭ'bĭ) miſchbar.
mise (mĭſ) f Ein-lage, -ſaz m;
Gebot n auf Auktionen; Tracht
(Art ſich zu kleiden); de ~ gangbar, paſſend; ~ en ... Ver-
ſezung in ...
misérable (mĭ-ßĕ-ra'bĭ) elend.
misère (mĭ-ßä'r) f Elend n; Er-
bärmlichkeit; Lappa'li-e.
miséricorde (mĭ - ſe - rĭ - kŏ'rd) f
Barmherzigkeit; Begnadigung.
miséricordieux, ~se (kŏr-bĭö̆', ~-
bĭö̆'ſ) barmherzig.
Misnie (mĭ-ßnĭ') f Meißen n.
misogamie (mĭ-ſo-gä-mĭ') f Ehe-
ſcheu.

misogynie (mĭ-ſo-Gĭ-nĭ') f Wei-
berhaß m.
missel (mĭ-ßæ̆'l) m Meßbuch n.
mission (mĭ-ßĭQ') f Auftrag m;
Sendung; Miſſion.
missive (mĭ-ßĭ'w) f, a. lettre f ~
Sendſchreiben n.
mistigri (mĭ-ßtĭ-grĭ') m 1. Treff-
Bube. 2. M~ Miez f (Kaze).
mistral (ßträ'l) m Nordweſtwind.
mitaine (mĭ-tæ'n) f Fauſthand-
ſchuh m; Damenhandſchuh m
ohne Finger; v. miton.
mite (mĭt) f Milbe.
mité, ~e (mĭ-te') von Motten beſchädigt. [lindernb.
mitigatif, ~ve (tĭ-ga-tĭ'f, ~tĭ'w)
mitiger (mĭ-tĭ-Ge') milbern.
miton (mĭ-tQ') m Pulswärmer;
onguent ~ mitaine wirkungs-
loſes Mittel.
mitonner (mĭ-tŏ-ne') langſam in
der Brühe kochen; geſchickt vorbereiten, auf jem. einwirken;
verzärteln.
mitoyen, ~ne (mĭ-tŭā-jQ', ~jæ'n)
in der Mitte zwiſchen zwei Dingen
befindlich; mur m ~ gemein-
ſchaftliche Grenzmauer.
mitraillade (mĭ-trä-ja'b) f Kar-
tätſchen-ſalve.
mitraille (mĭ-tra'j) f altes Kupfer
oder Eiſen; Kartätſchen-labung.
mitrailler (mĭ - trä - je') nieder-
kartätſchen. [kartätſcher.
mitrailleur (trä-jö̆'r) m Nieder-
mitrailleuse (mĭ-trä-jö̆'ſ) f id.,
Kugelſprize.
mitre (mi'tr) f Biſchofsmüze,
Inful; Schornſteinhaube.
mitré (mi-tre') infulirt (er Abt).
mitron (mi-trQ') m Bäckerburſche;
papierne Müze.
mixte (mĭkßt) gemiſcht.
mixtion (mĭk-ßtĭQ') f Mixtur.
mixtionner (ßtĭŏ-ne') vermiſchen.
mnémotechnie (mnĕ-mo-tæ̆-knĭ')
f Gedächtniskunſt.

mobile (mŏ-bī'l) 1. beweglich; unbeständig; kriegsbereit. 2. *m* Triebfeder *f*.

mobiliaire (bī-lĭã'r) Mobiliar-...

mobilier, ~ère (mŏ-bī-lĭē', ~lĭã'r) 1. aus beweglichen Gütern bestehend. 2. *m* Mobiliar *n*; bewegliche Habe.

mobiliser(bī-lī-sē') mobil machen; ein Kapital flüssig machen.

mobilité (lī-te') *f* Beweglichkeit.

mode (mŏb) 1. *m* Art *f* des Seins; Form *f*, Methode *f*; Modus; Ton-art *f*. 2. *f* Weise, Sitte; Mode; ~s *pl.* a. Mode-waren.

modèle (mŏ-bæ̃'l) *m* Muster *n*; Modell *n*.

modelé (b'le') *m* Modellierung *f*.

modeler (mŏ-b'le) modellieren; gestalten; verjüngt darstellen; se ~ sur q. sich nach j-m bilden.

modérantisme (mŏ-bĕ-rg-ti'ßm) *m* gemäßigte Gesinnung.

modéra*teur* m, ~trice *f* (mŏ-bĕ-ra-tō'r, ~trī'ß) Leiter(in), Regierer(in); Regula'tor *m* an Maschinen. [ßigung.

modération (mŏ-bĕ-rã-ßŏ')*f* Mä-

modéré, ~e (mŏ-bĕ-re') gemäßigt.

modérer (mŏ-bĕ-re') mäßigen, mildern. [nisteren.

modern(is)er(bǎr-n(ī-ſ)e') moder-

modeste (mŏ-bĕ'ßt) bescheiden; ehrbar. [heit; Sittsamkeit.

modestie (bĕ-ßtī') *f* Bescheiden-

modicité (mŏ-bī-ßī-te') *f* Gering-füglkeit. [rungsfähig.

modifiable (bī-fĭ-a'bī) ab-änder-

modificati*f* m, ~ve *f* (bī-fĭ-ka-tī'f, ~tī'w) 1. näher bestimmend. 2. *m* Bestimmungswort *n*.

modifier (mŏ-bī-fĭ-e') abändern, modifizieren; näher bestimmen; mäßigen.

modique (mŏ-bī'l) gering an Wert.

modiste (mŏ-bī'ßt) *f* Putzmacherin. [nière Rückenmark *n*.

moelle (mŏãl) *f* Mark *n*; ~ épi-

moelleux, ~se (mŏã-lŏ', ~lŏ'ſ) markig; kernig u. zart zugleich.

moellon (mŏã-lǫ') *m* Bruch-, Bau-stein.

mœurs (mŏrß) *f/pl.* Sitten; avoir des ~ ehrbar sein; Lokalfarbe.

mofette (mŏ-fæ't) *f* id., Gruben-dampf *m*, Bergwerksschwaden *m*; Stinktier *n*.

moi (mŏã) ich, mich, mir.

moignon(mŏã-nĭǫ') *m* (Arm-, Bein-) Stumpf. [voll *n*.

moinaille (mŏã-na'j) *f* Mönchs-

moindre (mŏǧ'br) geringer; le ~ der geringste. [wärmer.

moine (mŏãn) *m* Mönch; Bett-

moineau (mŏã-no') *m* Sperling.

moinerie (mŏã-n'rī') *f* Mönchs-volk *n*. [lein *n*.

moinillon (mŏã-nī-ǫ') *m* Mönch-

moins (mŏǧ) 1. weniger; le ~ am wenigsten; au (du) ~ wenigstens; à ~ de ... (inf.), à ~ que ... ne ... (subj.) wofern nicht, außer wenn ... 2. *m* Minus-zeichen *n*.

moire (mŏãr) *f* Mohr *m* (gewässer-tes Zeug). [rieren.

moirer (mŏã-re') mohren, moi-

mois (mŏã) *m* Monat; Monats-gelb *n*; ~ *pl.* monatliche Reinigung.

moise (mŏãſ) *f* Bandbalken *m*.

Moïse (mo-ī'ſ) *m* Moses.

moisi, ~e (mŏã-ſī') 1. schimmelig. 2. *m* Schimmel.

moisir (ſī'r) schimmelig machen; v/n. u. se ~ verschimmeln.

moisissure (ſī-ßū'r) *f* Schimmel.

moisson (mŏã-ßǫ') *f* Ernte.

moissonner (mŏã-ßŏ-ne') (ein-) ernten; dahinraffen.

moissonneur m, ~se *f* (mŏã-ßŏ-nō'r, ~nō'ſ) Schnitter(in); ~se *f* a. Mähmaschine.

moite (mŏãt) et. feucht; schlaff.

moiteur(mŏã-tō'r)*f* gelinde Feuch-tigkeit; gelinder Schweiß.

moitié (mßä-tïe') f Hälfte; advt halb.

moitir (mßä-tï'r) anfeuchten.

mol(möl) v. mou. [Backzahn m.

molaire (mö-lä'r) f, auch dent f ~

Moldavie (möl-bä-wï')f Moldau.

môle (möl) 1. m Hafendamm, Molo. 2. f Mondkalb n. [chen.

molécule (mö-lè-kü'l) f Ur-teil-
molester (mö-lè-ßte') belästigen, placken. [chen n; Dreh-rolle.

molette (mö-lä't) f Spornräb-
mollasse (mö-la'ß) allzu weich,
molle (möl) f v. mou. [schlaff.

mollesse (mö-lä'ß) f Weichheit; Schlaffheit; Verweichlichung.

mollet, ~te (lä', lä't) 1. weich, zart. 2. m Wade f am Bein.

mollifier (möl-lï-fï-e') erweichen.

mollir (mö-lï'r) weich werden; ermatten; zu leicht nachgeben.

môme (möm) m Straßenjunge.

moment (mö-mg') m Augenblick; Zeitpunkt; Mechanit Moment n.

momentané, ~e (mö-mg-tä-ne') augenblicklich.

momerie (mo-m'rï') f ehm. Mummerei; Verstellung, Gleißnerei.

momie (mö-mï') f Mumi-e.

momifier (mö-mï-fï-e') in eine Mumi-e verwandeln.

Momonie (mö-mö-nï') f Provinz Munster n in Irland.

mon m, ma f, mes pl. (mg, mä, mä) mein(e). [gezückt n.

monacaille (mö-nä-kä'i) f Mönchs-
monacal, ~e (mö-nä-kä'l) mönchisch. [Mönchstum n.

monachisme (mö-nä-schi'ßm) m
monarque (mö-nä'rk) m Monarch.

monastère (mö-nä-ßtä'r) m Kloster n. [Klösterlichkeit.

monasticité (mö-nä-ßtï-ßï-te') f
monastique (nä-ßti'k) klösterlich.

monceau (mg-ßo') m Haufen.

mondain, ~e (mg-bg', ~bä'n) weltlich, irdisch.

mondanité (bä-nï-te') f Weltlust.

monde (mg̱b) m Welt f; du ~ Leute pl., Besuch; tout le ~ jedermann; avoir du (ob. savoir son) ~ Lebensart haben.

monder (mg-be') säubern, enthülsen; schälen. [Mo'nako.

monégasque (mö-nè-gä'ßk) aus
monétaire (mö-nè-tä'r) Münz-...
monétisation (mö-ne-tï-fä-ßïõ') f Münzprägung.

moniteur (mö-nï-tö'r) m Ratgeber; M~ Anzeiger, id. (Zeitung); Vorturner.

monition (mö-nï-ßïõ') f Warnung des Bischofs vor dem Kirchenbanne.

monitoire (nï-tßä'r) m Mahnbrief.

monitor (nï-tö'r) m id.: a) Warneidechse; b) Panzerschiff mit Turm.

monnaie (mö-nä')f Münze; klein Geld n. [prägen.

monnayer (nä-ße') (aus)münzen,
monnayeur (nä-ßö'r) m Münzer; faux ~ Falschmünzer.

mono... (no...) in Zsg.: allein-..., ein-..., z.B. monocéphale einköpfig. [n für ein Auge.

monocle (mö-nö'kl) m Augenglas
monogamie(gä-mï')f Ehe mit nur einer Frau. [bestehend.

monolithe (lï't) aus e-m Steine
monologuer (mö-nö-lö-ge') ein Selbstgespräch führen.

monomane (mö-nö-ma'n) mit einer fixen Idee behaftet.

monopoleur (mö-nö-pö-lö'r) m Alleinhändler. [Reim.

monorime (nö-rï'm) mit einerlei
monosyllabe (mö-nö-ßïl-la'b) m u. a. einsilbig(es Wort).

mons (mg̱ß) m Herrchen n, Mosjö.

Mons (mg̱ß) m Bergen, belg. Stadt.

monseigneur(mg̱-ßä-njö'r) m, pl. messeigneurs gnädiger Herr, Durchlaucht; Euer (Seiner) Gnaden.

monseigneuriser (mg̱-ßä-njö-rï-se'): j-m den Titel „Monseigneur" geben.

monsieur (mŏ-ßĭŏ') m, abr. mit folgendem Namen: M.; pl. messieurs, abr. M.M. (mein) Herr.

monstre (mǫ'ßtr) 1. m Mißgeburt f; Ungetüm n; Ungeheuer n, Scheusal n. 2. a. koloffal.

monstrueux, ~se (mǫ-ßtrü-ö', ~* ö'f) mißgestaltet; ungeheuer; scheußlich.

monstruosité (mǫ-ßtrü-o-ßī-te') f Mißbildung; Ungeheuerlichkeit.

mont (mǫ) m Berg; ~s pl. Gebirgskette f, bfb. Alpen pl.

montage (mǫ-ta'G) m Hinaufschaffen n; Aufstellen n v. Maschinen: v. monter.

montagnard, ~e (mǫ-tä-njā'r, ~* njä'rd) 1. Gebirgs-... 2. s. Bergbewohner(in).

montagne (mǫ-tä'nj) f Gebirge n, Berg m; ~russe Rutschbahn.

montagneux, ~se (mǫ-tä-njö', ~* njö'f) bergig, gebirgig.

montant, ~e (tǫ', tǫ't) 1. aufsteigend, aufwärts gehend. 2. m Betrag einer Rechnung; Zeit f der Flut; Würze f des Weins, Prikeln n des Senfes; Haupttrieb der Pflanzen; Ständer, Pfosten.

Montbéliard (mǫ-bĕ-ll-ā'r) m Mömpelgard n. [Leihhaus n.

mont-de-piété (mǫ-bŏ-pie-te') m

monte (mǫt) f Beschälen n der Stuten; Beschäl-zeit.

montée (mǫ-te') f Steigen n; Auffahrt, Rampe; Stiege, Treppe.

monter (mǫ-te') steigen; auf et. steigen; ~ à cheval aufsitzen, reiten; in die Lüfte steigen; in die Höhe wachsen; hinaufrücken, befördert werden; (se) ~ à ... sich belaufen auf ...; v/a. besteigen; e-n Fluß hinauffahren; hinaufbringen; ein Pferd (gewöhnlich) reiten; beschälen; ~ un cavalier jem. beritten machen; bien ~é gut beritten sein; ~ q. en linge jem. mit Wäsche versorgen;

être bien ~é en ... gut verfehen fein mit ...; eine Uhr aufziehen; auf-, ein-richten, zusammensetzen; ein Bett aufschlagen; eine Partie veranstalten; e-n Diamanten faffen; eine Flinte schäften; erhöhen; die Lampe hoch schrauben; ~ q. jem. aufreizen; ~ une garde à q. jem. herunter machen; ~ un navire an Bord e-s Schiffes fein, a. ein Schiff befehligen.

monteur (mǫ-tŏ'r) m Zurichter, Maschinenaufsteller; ~en blanc Büchsenschäfter; ~ de coups Flausenmacher. [Berg, Hügel.

monticule (mǫ-tĭ-kü'l) m kleiner

montoir (mǫ-tŏà'r) m (Auf-)Tritt (zum Besteigen eines Pferdes); côté m du ~ linke Seite, côté hors du ~ rechte Seite des Pferdes.

montois, ~e (tŏà', tŏä'f) aus Mons.

montre (mǫ'tr) f Zeigen n; faire ~ de qc. et. zur Schau stellen; Muster-(Karte); Aushängeware; Schaukästchen n; Pferde-schau; Truppen-Musterung; Taschen-uhr.

montrer (mǫ-tre') zeigen; unterrichten, lehren.

montreur m, ~se f (mǫ-trŏ'r, ~* trŏ'f) jem., der etwas zeigt.

montueux, ~se (mǫ-tü-ö', ~* ö'f) bergig, hügelig.

monture (mǫ-tü'r) f Tier n zum Reiten, Reitpferd n; Vereinigungsstück n; Gestell n; Faffung eines Schmuckes; Saiten pl. einer Geige. [mal n.

monument (mŏ-nü-mǫ') m Denk-

moquable (mŏ-ka'bl) verspottenswert.

moquer (mŏ-ke'): se ~ de q., qc. über jem., etwas spotten, sich luftig machen; sich nichts aus etwas machen; être ~é verhöhnt werden. [Unfinn m.

moquerie (mŏ-k'rī') f Spott m;

moquette (mŏ-kä't) f Lockvogel m; Mokade (Art Samt).

moqueur m, ~se ƒ (mŏ-kö'r, ~kö'ſ)
1. ſpottend; höhniſch. 2. *s.*
Spötter(in). 3. *m* Spottdroſſel.
morailler(rä-je') ein Pferd bremſen.
morailles (mŏ-ra'j) ƒ/pl. Bremſe
(Naſenkneiſe für Pferde); Streck-
zange. [haken.
moraillon (mŏ-rä-jŏ') *m* Schließ-
moraine (mŏ-rä'n) ƒ Moräne,
Steinwall *n* eines Gletſchers;
Sterblingswolle.
moral, ~e (mŏ-rä'l) 1. ſittlich
(gut), moraliſch. 2. *m* das Sitt-
liche; Mut in der Ertragung von
Widerwärtigkeiten, guter Geiſt e-s
Heeres ꝛc. [predigt.
morale (mŏ-rä'l) ƒ Moral; Sitten-
moralisa*teur* m, ~trice ƒ (mŏ-rä-
li-ſa-tö'r, ~tri'ſ) die Sittlichkeit beſördernd.
moralité (mŏ-rä-li-te') ƒ ſittliche
Betrachtung; Moral einer Fabel;
ſittlicher Wert, Sittlichkeit.
Morat (mŏ-ra') *m* Murten n.
moratoires (mŏ-ra-tŏä'r): lettres
ƒ/pl. ~ Morato'rium n; inté-
rêts m/pl. ~ Verzugszinſen.
morave (mŏ-rä'w) mähriſch; frère
m ~ Herrnhuter.
Moravie (mŏ-rä-wi') ƒ Mähren n.
morbide (mŏr-bi'b) krankhaft.
morbidesse (bi-bä'ſ) ƒ Weichheit,
Zartheit der Karnation.
morbleu! (mŏr-blö') zum Henker!
morceau (ſo') *m* Biſſen; Stück n.
morceler (mŏr-ſ'le') zerſtückeln.
morcellement (mŏr-ſä-l'mq') m
Zerſtückelung ƒ.
mordache (mŏr-bä'ſch) ƒ große
Feuerzange; Klemmblock m im
Schraubſtock. [ßende Schärfe.
mordacité (mŏr-bä-ſi-te') ƒ bei-
mordancer (mŏr-bq-ſe') beizen.
mordant, ~e (mŏr-bq', ~bä't)
1. beißend; ätzend. 2. *m* Beize
ƒ; geiſtige Schärfe.
mordicant, ~e (mŏr-bi-kq', ~kä't)
beißend, ſcharf.

mordicus (mŏr-bi-kü'ß) ſteif
und feſt.
mordieu! (mŏr-biö') zum Henker!
mordiller (mŏr-bi-je') knabbern.
mordoré, ~e (mŏr-bo-re') gold-
käfer-farbig.
mordre (mo'rbr) beißen; ſtechen
(von Inſekten); ~ à qc. ſich in et.
hineinarbeiten; ~ ſur qc. einen
Eindruck auf et. machen, et. an-
greiſen, ſig. et. ſcharf tadeln.
More (mŏr) *s.* Maure, Maurin;
Mohr(in).
moreau (mŏ-ro') 1. mohrenfarbig;
(cheval) ~ Rappe. 2. *m* Futter-
korb für Maultiere. [ten m.
morelle ⚥ (mŏ-rä'l) ƒ Nachtſchat-
moresque (rä'ſk) 1. mauriſch.
2. ƒ Mohren-weib n, -tanz m.
morfondre (mŏr-fŏ'br) durchkäl-
ten; ſe ~ ſich erkälten; vor Kälte
vergehen; unnütz die Zeit verlieren; ſich zu Tode langweilen.
morgue (mŏrg) ƒ 1. dünkelhafte
Zurückhaltung; Dünkel m, ſtol-
zer Trotz. 2. id., Leichenſchau-
ſtätte in Paris.
morgué! (mŏr-ge') zum Henker!
moribond m, ~e ƒ (mŏ-ri-bq',
~bä'b) Sterbende(r).
moricaud m, ~e ƒ (mŏ-ri-kŏ', ~kö'b)
Schwarzbraune(r); Neger(in).
morigéner (mŏ-ri-Ge-ne'): ~ q.
jem. ſchulmeiſtern.
morille (mŏ-ri'j) ƒ Morchel.
morion(mŏ-ri-q') *m* Pickelhaube ƒ.
mormon m, ~e ƒ (mŏr-mq',
~ŏ'n) Mormo'ne, Mormonin.
morne(mŏrn) trüb(ſinnig), düſter.
mornifle (mŏr-ni'ſ) ƒ Maulſchelle.
morose (mŏ-rŏ'ſ) grämlich.
morosité (mŏ-ro-ſi-te') ƒ Gräm-
lichkeit.
morpion (mŏr-piq') *m* Filzlaus ƒ.
mors (mŏr) *m* Gebiß n; prendre
le ~ aux dents durchgehen (von
Pferden und ſig.).
morse (mŏrß) *m* Walroß n.

morsure (mŏr-ßū'r) f Biß m.

mort (mŏr) f Tod m; ~ d'homme Totschlag m; ~ aux mouches, aux rats Fliegen-, Ratten-gift.

mort, ~e (mŏr, mŏrt) 1. a. tot; abgestorben, gelähmt; stehend(es Waſſer); saison f ~e Saure-Gurken-Zeit. 2. s. der (die) Tote, Leiche. 3. m Strohmann (Whiſt).

mortaise (mŏr-tæ'f) f Zapfenloch.

mortalité (tä-lĭ-te')f Sterblichkeit; Töblichkeit. [sterblich; töblich.

mortel, ~le (mŏr-tæ'l, ~tæ'l)

morte-saison (mŏrt-ßæ-ßǫ') f Saure-Gurken-Zeit. [tel.

mortier(mŏr-tĭe') m Mörſer; Mör-

mortifiant, ~e(mŏr-tĭ-fĭ-ǫ', ~ǫ't) abtötend; bemütigend.

mortification (mŏr-tĭ-fĭ-kā-ßǫ')f Abtötung; Demütigung.

mortifier (tĭ-fĭ-e') Fleiſch mürbe machen; abtöten, kaſteien; tief kränken. [ren.

mort-né, ~e (mor-ne') tot geboren

mortuaire(mŏr-tŭ-ä'r) 1. Sterbe-..., Leichen-... ꝛc.; extrait m ~ Totenschein; maison f ~ Trauerhaus n. 2. m Sterbe-fall.

morue (mŏ-rū') f Kabeljau m; ~ sèche Stockfiſch m.

morve (mŏrw) f Rotz m der Pferde; Nasenschleim(fluß) m.

morveux, ~se (mŏr-wö', ~wö'f) 1. rotzig. 2. s. Grünschnabel.

mosaïque(mŏ-ſǎ-i'k) 1.mosa-iſch. 2. f Moſa-i'k. [arbeiter.

mosaïste(i'ßt)m Moſa-ik-, Muſtv-

moscouade (mŏ-ßkŭ-a'b) f Rohzucker m. [land n.

Moscovie (mŏ-ßkŏ-wĭ') f Ruß-

mosellan, ~e (mŏ-ſǎ-lǫ', ~la'n) an der Moſel gelegen.

mosquée (mŏ-ßke') f Moschee.

mot (mŏ) m Wort n, Ausdruck; bon ~ Witzwort n; Löſung f eines Rätſels; ~ d'ordre Parole f.

motet ♪ (mŏ-tæ') m Mote'tte f.

moteur m, ~trice f (mŏ-tö'r, ~-

tri'ß) 1. bewegend, treibend. 2. s. Anſtifter(in). 3. m bewegende Kraft. [Moti'vn (a. ♪).

motif (mŏ-tĭ'f) m Beweggrund,

motion (mŏ-ßǫ') f Bewegung; Antrag m.

motte (mŏt) f Erdscholle; Klumpen m Butter; Sode Torf; ~ à brûler Lohkuchen m; kleiner Hügel. [(Vogel).

motteux (mŏ-tö') m Weißschwanz

motus! (mo-tū'ß) ſtill!

mou (vor vo. biſw. mol) m, molle f (mu, mŏl) weich; warm u.feucht; verweichlicht; kraftlos; läſſig.

mouchard (mu-ſchä'r) m Polizeiſpion. [ſpionieren.

moucharder (mu-ſchär-be') (aus-)

mouche(muſch)f Fliege; Schminkpfläſterchen n; Lederknopf m (Stoßrappier);Zentrumn(Scheibe).

moucher (mu-ſche') schnäuzen; ein Licht putzen; se ~ ſich schnauben.

moucheron (mu-ſch'rǫ') m Mücke f; Lichtschnuppe f.

moucheter (mu-ſchte') ſprenkeln, tüpfeln; eine Florett-Spitze mit einem Knopfe versehen.

mouchette (mu-ſchæ't) f Kranzleiſte; Einshobel m; ~s pl. Lichtschere. [ſprenkeltes n.

moucheture (mu-ſchtū'r) f Ge-

mouchoir (mu-ſchǒä'r) m: ~ (de poche) Schnupftuch n; ~ de cou Halstuch n.

mouchure (ſchū'r) f ausgeschneuzter Rotz; abgeputzte Lichtschnuppe.

moudre (mū'br) mahlen, zermalmen; ~ de coups durchbleuen.

moue (mū) f schiefes Maul; faire la ~ maulen.

mouette (mŭæ't) f Möwe.

mouflard m,~e f (mu-flä'r,~flä'rd) Bausback.

moufle(mu'ß) 1. f Fausthandschuh m. 2. m et f Flaschenzug m.

mouillage (mŭ-ja'Q) m Anfeuchten n; Ankergrund.

mouiller (mŭ-je') naß machen, anfeuchten; *gr.* das ll und gn mouillieren; Anker werfen.

mouillette (jæ't) *f* Brotschnitte zum Eintunken in weiche Eier.

moulage (mu-la'G) *m* Abformen *n*; Mahlen *n*.

moule (mūl) 1. *m* (Gieß-)Form *f*, Modell *n*. 2. *f* Miesmuschel.

moulé (mu-le') *m* Gedrucktes *n*.

moulé, ~e (mu-le') gegossen; gedruckt; lettre *f* ~e den Druck nachahmende Schrift.

mouler (mu-le') abformen; se ~ sur q. sich nach j-m bilden.

mouleur (mu-lö'r) *m* Former.

moulin (mu-lₐ') *m* Mühle *f*.

mouliné, ~e (mu-li-ne') wurmstichig.

mouliner (mu-li-ne') Seide zwirnen; zerfressen (von Würmern).

moulinet (mu-li-næ') *m* Quirl; Drehkreuz *n*; faire le ~ mit e-m Stocke *ꝛc.* ein Rad schlagen.

moulineur *m*, ~se *f* (mu-li-nö'r, ~nö'f), **moulinier** *m*, ~ère *f* (mu-li-niē', ~niā'r) Seidenzwirner(in).

moulure (mu-lū'r) *f* Gesims *n*.

mourant, ~e (mu-rₐ', ~rā't) sterbend; sich allmählich abdachend; verwaschen (von Farben).

mourir (mu-ri'r) sterben; faire ~ q. jem. hinrichten lassen; absterben, ausgehen; se ~ im Sterben liegen.

mouron ♀ (mu-rₐ') *m* Gauchheil *n*; ~ des oiseaux Vogelmiere *f*.

mousquetade (mu-ẞꝑ-ta'b) *f* Musketenfeuer *n*.

mousqueton (ẞꝑ-tₐ') *m* Stutzen.

mousse (muß) 1. *m* Schiffsjunge. 2. *f* Moos *n*; Schaum *m* des Bieres *ꝛc.*; Sprudeln *n* des Geistes.

mousseau (mu-ẞo') *m*, *a.* pain ~ Griesbrot *n*.

mousser (ẞe') mustern, schäumen; faire ~ herausstreichen.

moussier (mu-ẞiē') *m* Moossammlung *f*. [quirl.

moussoir (mu-ẞₐā'r) *m* Schaum-

mousson (mu-ẞₐ') *m* id., Mensun.

moussu, ~e (mu-ẞū') bemoost.

moustache (ẞtā'ſch) *f* Schnurrbart *m*. [ki'to-netz *n*.

moustiquaire (mu-ẞti-tā'r) *f* Mos-

moustique (mu-ẞti'ꝑ) *m* Moskito, Stechmücke *f*.

moût (mū) *m* Weinmost.

moutard (mu-tā'r) *m* kleiner Junge, Bengel. [Mostrich *m*.

moutarde (mu-tā'rb) *f* Senf *m*,

moutardier (tār-biē') *m* Mostrichbüchse *f*, -fabrikant.

moutier (mu-tiē') *m* Kloster *n*.

mouton (mu-tₐ') *m* Hammel; Hammelfleisch *n*; ~s *pl.* Schafe; schäumende Wellen *f/pl.*; Rammklotz.

moutonner (mu-tŏ-ne') I. *v/a.* kraus, wollicht machen; einen Gefangenen aushorchen. II. *v/n.* sich kräuseln (von Wellen).

moutonnerie (mu-tŏ-n'ri') *f* Dummheit; Nachahmungssucht.

moutonneux, ~se (mu-tŏ-nö', ~nö'f) schäumend; voll Schäfchen(-wolken). [schafsmäßig.

moutonnier, ~ère (tŏ-niē', ~niā'r)

mouture (mu-tū'r) *f* Mahlen *n*; Mahlgeld *n*; impôt *m* sur la ~ Mahlsteuer.

mouvant, ~e (mu-vₐ', ~vā't) bewegend, treibend; beweglich, belebt; sables *m/pl.* ~s Flugsand.

mouvement (mu-v'mₐ') *m* Bewegung *f*, Gang; Antrieb, Regung *f*; reges Leben; parti *m* du ~ Fortschrittspartei *f*.

mouvementé, ~e (mu-v'mₐ-te') wechselvoll. [umrühren.

mouver (mu-ve') Erde auflockern;

mouveron (mu-v'rₐ') *m* Rührkrücke *f*. [Bewegung setzen.

mouvoir (mu-vₐā'r) bewegen, in

moyen, ~ne (mₐā-jₐ', mₐā-fæ'n)

1. mittel; ~âge Mittel-alter n;
vermittelnd; durchschnittlich.
2. m Mittel n; Vermittelung f;
Vermögen n; ~s pl. auch Anlagen f; drl. Beweisgründe.

moyennant (mŏä-iŏ̃-ng') mittels.

moyenne (mŏä-iæ̃'n) f Durchschnittssumme.

moyeu (mŏä-iŏ̃') m Radnabe f.

mû, mue (mü) part.p. v. mouvoir.

muabilité (mü-a-bĭ-lĭ-te') f Unbeständigkeit.

muance (mü-ã'ß) f Mutieren n.

mucilage (ßĭ-la'Q) m Pflanzenschleim. [~nŏ̃'i] schleimhaltig.

mucilagineux, ~se (ßĭ-lä-Qĭ-nŏ̃', mucosité (ko-ßĭ-te') f Schleim m.

mue (mü) f Mauser der Vögel; Abwerfen n des Geweihes; Mutieren n. [ten; mutieren.

muer (mü-e') mausern; sich häu-
muet, ~te (mü-æ', ~æ't) stumm.

mufle (mü'fl) m Schnauze f; Maul n des Hirsches; scheußliches Gesicht, Flabbe f.

mugir (mü-Qĭ'r) brüllen.

mugissement (mü-Qĭ-ßmg') m Gebrüll n. [f; süßer Herr.

muguet (mü-gæ') m Mai-blume

muid (mü̃) Mud n (altes Hohlmaß). [Maultier.

mulasse (mü-la'ß) f junges

mulâtre m, ~sse f (mü-lā'tr, ~-la-træ'ß) f Mulatte, Mulattin.

mule (mül) f Maul-eselin; Pantoffel m. [-tier n.

mulet (mü-læ') m Maul-esel,
muletier (mü-l'tie') m Maultiertreiber. [maus.

mulot (mü-lo') m große Feldmuloter (mü-lŏ-te') in der Erde wühlen.

multi... (mül-ti...) in Zsg.: viel-...,
1B. multicolore vielfarbig.

multiple (mül-ti'vl) vielfach.

multiplicité (tĭ-plĭ-ßĭ-te') f Vielheit. [plizieren; vermehren.

multiplier (mül-tĭ-plĭ-e') multi-

multitude (mül-tĭ-tü̃'b) f Menge.

municipal, ~e (mü-nĭ-ßĭ-pä'l)
1. die Stadt, Gemeinde betreffend; conseil m ~ Magistrat.
2. m Stadtbeamte(r).

municipalité (pä-lĭ-te') f Gemeinde-rat m. [ausrüsten, versehen.

munir (mü-nĭ'r): ~ de qc. mit et.

munition (mü-nĭ-ßŏ̃') f Kriegsbedarf m; pain m de ~ Kommißbrot n. [Proviantmeister.

munitionnaire (mü-nĭ-ßŏ̃-nä'r)

muqueuse (mü-kŏ̃'s) f Schleimhaut. [mig.

muqueux, ~se (kŏ̃', kŏ̃'s) schlei-
mur (mür) m Mauer f, Wand f.

mûr, ~e (mür) reif.

murage (mü-ra'Q) m Vermauern.

muraille (mü-ra'i) f Mauer.

murailler (mü-rä-je') mit einem Mauerwerke stützen.

mural, ~e (mü-rä'l) Mauer-...

mûre (mür) f Maulbeere; ~ sauvage Brombeere.

murer (mü-re') zumauern.

mûreraie (mü-rĭ-ræ') f Maulbeerpflanzung. [baum.

mûrier (mü-rĭe') m Maulbeer-
mûrir (mü-rĭ'r) reifen (o. v/a.).

murmure (mür-mü'r) m Gemurmel n, Geplätscher n, Säuseln n; Murren n, Klage f.

murmurer (mü-re') murmeln, plätschern, säuseln; murren.

musaraigne (mü-ßä-ræ'nj) f Spitzmaus.

musard (mü-ßä'r) m Maul-affe.

musc (mübßk) m Moschus-, Bisam-tier n; Moschus.

muscade (mü-ßka'b) f Muskatnuß.

muscadier (mü-ßkä-bĭe') m Muska'tenbaum. [Stutzer.

muscadin (bg') m Bisampastille f;

muscardin (mü-ßkär-bg') m Haselmaus f.

muscat (mü-ßka') Muskat-...,
raisin m ~ Muskatellertraube f.

muscle (mü'ßkl) m Muskel.

musculaire (mü-ßkü-lä'r) Mus-
kel-... [Muskelbewegung.
musculation (lä-ßiõ') ƒ gesamte
museau (mü-ſo') m Schnauze ƒ.
musée (mü-ſē') m Muse-um n.
museler (mü-ſ'le') einem Hunde ꝛc.
einen Maulkorb anlegen.
muselière (mü-ſ'liä'r) ƒ Maulkorb m. [beln.
muser (mü-ſe') die Zeit vertrö-
musette (mü-ſæt') ƒ Dudelſack m;
Freßſack m der Pferde.
musicien m, ⸝neƒ (mü-ſi-ßiã', ⸝-
ßiæ'n) 1. muſikaliſch. 2. s.
Mu'ſiker(in). [Muſikgold n.
musiƒ, ⸝ve (mü-ſi'ſ, ⸝ſi'w) or m ⸝
musqué, ⸝e (mü-ßke') nach Moſchus riechend, fig. geziert.
musquer (mü-ßke') mit Moſchus
parfümieren.
mutabilité (ta-bi-li-te') ƒ Ver-
änderlichkeit. [änderung.
mutation (mü-tä-ßiõ') ƒ Ver-
mutiler (mü-ti-le') verſtümmeln.
mutin, ⸝e (mü-tä', ⸝ti'n) 1. wi-

derſpenſtig; aufwiegleriſch. 2. m
Aufwiegler.
mutiner (mü-ti-ne') aufrüreriſch
machen; se ⸝ ſich empören.
mutinerie (mü-ti-n'ri') ƒ Wider-
ſpenſtigkeit; Meuterei. [keit ƒ.
mutisme (mü-ti'ßm) m Stumm-
mutualité(mü-tüä-li-te')ƒGegen-
ſeitigkeit. [wechſel-ſeitig.
mutuel, ⸝le (tüä'l, tüæ'l) gegen-,
myope (mi-o'p) kurzſichtig.
myopie(mi-ŏ-pi')ƒKurzſichtigkeit.
myosotis (mi-o-ſo-ti'ß) m Ver-
gißmeinnicht n.
myria... (mi-ri-a...) in 3ſſg.: zehn-
tauſend, ꝛB. myriamètre m Maß
von 10 000 Metern. [ſenbfuß.
myriapode (mi-ri-a-po'b) m Tau-
mystère (mi-ßtä'r) m Geheimnis.
mystérieux, ⸝se (ßti-riõ', ⸝riõ'ſ)
geheimnisvoll. [beſten haben.
mystifier (ßti-fi-e') foppen, zum
mystique (mi-ßti'k) myſtiſch, unerklärlich. [Helden-ſage ƒ.
mythe (mit) m Mythus, Götter-,

N.

nabab (nǎ-bǎ'b) m Na'bob.
nabot (nǎ-bo') m Knirps.
Nabuchodonosor (nǎ-bü-ko-bŏ-
nŏ-ſŏ'r) m Nebukabne'zar.
nacarat (nǎ-kä-ra') hellrot.
nacelle (nǎ-ßæ'l) ƒ Nachen m.
nacre (na'kr) ƒ: ⸝ (de perles)
Perlmutter. [artig.
nacré, ⸝e (nǎ-kre') perlmutter-
nage (naʒ)ƒ: à la ⸝ ſchwimmend;
être en ⸝ in Schweiß gebadet ſn.
nagée (nǎ-ʒe') ƒ Stoß m beim
Schwimmen. [blaſe; Floſſe.
nageoire (nǎ-ʒöä'r) ƒ Schwimm-
nager (na-ʒe') ſchwimmen; rudern. [Schwimmer(in).
nageur m, ⸝se ƒ(nǎ-ʒö'r, ⸝ʒö'ſ)
naguère (nǎ-gä'r) unlängſt.

naiƒ, ⸝ve (nǎ-i'f, ⸝i'w) na-iv;
kindlich unbefangen; einfältig.
nain m, ⸝e (nã, næn) 1. zwerg-
haft. 2. s. Zwerg(in).
naissance (nǎ-ßã'ß) ƒ Geburt;
Entſtehung; Abkunft; Urſprung.
naissant, ⸝e (nǎ-ßã', ⸝ßã't) ent-
ſtehend, angehend; cheveux
m/pl. ⸝s frei flatterndes Haar.
naître (nä'tr) geboren werden;
entſtehen; faire ⸝ erzeugen.
nanan (nǎ-nã') m Zuckerwerk n;
was Feines.
nanisme (nǎ-ni'ßm) m Zwerg-
bildung ƒ.
nantir (nã-ti'r): ⸝ q. j-m ein
Unterpfand geben; ⸝ q. de qc.
jem. mit et. verſehen; être ⸝i

de qc. im Beſitze von et. ſein;
se ⸗ ſich becken. [Unterpfand n.
nantissement (ng‑tĭ‑ßmaّ) m
Naples (nāّpl) m Neapel n.
napolitain, ⸗e(nă‑p̍ŏ‑li‑taّ, ⸗æّn)
neapolitaniſch.
nappe (năp) f Tiſchtuch n; ⸗ d'eau
breiter Waſſerfall, große ru‑
hige Waſſerfläche; Grundwaſſer
n; Wachtelnetz n. [tuch n.
napperon (nă‑p̍'rǫّ) m Obertiſch‑
narcotique (năr‑k̍ŏ‑ti'k) einſchlä‑
fernd, betäubend.
nard (nār) m Narde f.
nargue (nărg) f Geringſchätzung;
faire ⸗ à q. jem. verhöhnen.
narguer (năr‑ge') höhnen.
narine (nă‑ri'n) f Naſenloch n.
narquois, ⸗e (năr‑kȃّ, ⸗kȃّſ)
ſchalkhaft.
narrateur m, ⸗trice f (năr‑ra‑tȏّr,
⸗trĭّß) Erzähler(in).
narratif, ⸗ve (năr‑ra‑ti'f, ⸗tı'v)
erzählend. [Erzählung f.
narration f, narré m (rā‑ßǫّ, ⸗re')
narrer (năr‑re') erzählen.
narval (năr‑wă'l) m id., See‑
Einhorn n. [naſal.
nasal, ⸗e (nă‑ßă'l) Naſen‑…; gr.
nasaliser (nă‑ßă‑li‑ſe') mit dem
Naſenlaute ausſprechen.
nasard, ⸗e (ſā'r, ſā'rd) näſelnd.
nasarde (ſā'rd) f Naſenſtüber m.
nasarder (nă‑ßăr‑be'): ⸗ q. j‑m
einen Naſenſtüber geben.
naseau (ſo') m Naſenloch der Pferde;
fendeur m de ⸗x Eiſenfreſſer.
nasillard m, ⸗e f (ſĭ‑jā'r, ⸗jā'rd)
1. näſelnd. 2. s. Näſeler(in).
nasiller (nă‑ſĭ‑je') näſeln.
nasilleur m, ⸗se f (nă‑ſĭ‑jȏّr, ⸗
jȏّſ) Näſeler(in).
nasse (năß) f Reuſe; être dans
la ⸗ in der Tinte ſitzen.
natal, ˙⸗e (nă‑tă'l) Geburts‑…,
heimatlich.
natalité (tă‑lĭ‑te') f Verhältnis
der Geburten zur Bevölkerung.

natation (nă‑tā‑ßǫّ) f Schwim‑
men n, Schwimmkunſt f.
natatoire (nă‑ta‑tȏȃّr): vessie f ⸗
Schwimmblaſe der Fiſche.
natif, ⸗ve (nă‑ti'f, ⸗tı'w) 1. ge‑
bürtig; angeboren. 2. m Ein‑
geborene(r).
nation (nā‑ßǫّ) f id., Volk n;
Landsmannſchaft.
nationaux (na‑ßŏ̃‑nōّ) m/pl.
Staatsangehörige. [Chriſti ꝛc.
nativité (nă‑tĭ‑wĭ‑te') f Geburt
natte (năt) f (Stroh‑)Matte;
Flechte. [legen; (ein)flechten.
natter (nă‑te') mit Matten be‑
nattier m, ⸗ère f (nă‑tĭȇّ, ⸗tĭȃّr)
Mattenmacher(in).
naturaliste (nă‑tŭ‑ră‑li'ßt) m Na‑
turforſcher; Tier‑ausſtopfer;
phls. Naturaliſt.
naturalité (nă‑tŭ‑ră‑lĭ‑te') f Na‑
turzuſtand m; droit m de ⸗
Heimatsrecht n.
nature(nă‑tŭّr) f Natur; Weſen n;
weibliche Geſchlechtsteile m/pl.
v. Tieren; ⸗ morte Still‑leben n.
naturel, ⸗le (nă‑tŭ‑rẵ'l, ⸗rẵ'l)
1. natürlich; angeboren; echt.
2. m natürliche Beſchaffenheit,
Gemütsart f; Natürlichkeit f;
Eingeborene(r) e‑s unzivilifierten
Landes. [bruch.
naufrage (no‑fra'ǵ) m Schiff‑
naufragé, ⸗e (no‑frä‑ǵe') ſchiff‑
brüchig. [fracht f.
naulage (no‑la'ǵ) m Schiffs‑
nauséabond, ⸗e (no‑ſĕ‑ă‑bǫّ, ⸗
bǫّb) übelkeit erregend.
nausée (no‑ſĕّ) f Übelkeit, Würgen
gen n. [Brechen erregend.
nauséeux, ⸗se (no‑ſĕ‑ȏّ, ⸗ȏّſ)
nautique (no‑ti'k) nautiſch.
nautonier m, ⸗ère f (no‑tŏ‑nĭȇّ,
⸗nĭȃّr) poét. Schiffer(in).
naval, ⸗e (nă‑wă'l) die Schiffe
betreffend, Schiffs‑…, See‑…
navée (nă‑wĕّ) f Schiffsladung.
navet (nă‑wæّ) m weiße Rübe.

navette (nă-wæ't) f Rübſen m; grosse ~ Rapß m; Weber-Schiffchen n, -Schütze m.

navigabilité (nă-wĭ-ga-bĭ-lĭ-te') f Schiffbarkeit eines Fluſſes; Seetüchtigkeit eines Schiffes.

navigable (nă-wĭ-ga-'bĭ) ſchiffbar.

navigateur (nă-wĭ-ga-tō'r) m See-mann. [Schiffahrt.

navigation (nă-wĭ-gā-ſĭǫ') f

naviguer (nă-wĭ-ge') zur See fahren; ſteuern.

navire(nă-wĭ'r) m (See-)Schiff n.

navrant, ~e (wrǫ', wrǫ't) herzzerreißend. [Herz zerreißen.

navrer(nă-wre') tief betrüben; das

ne (nŏ) ... pas nicht; ~ ... plus nicht mehr; ~ ... que nur, erſt.

né, ~e (ne) part.p. von naître; bien ~ von guter Herkunft, gut geartet. [beſtoweniger.

néanmoins (ne-ǫ-mĭǫ') nichts-

néant (nĕ-ǫ') m Nichts n, Nichtigkeit f. [nebelig; finſter.

nébuleux, ~se (ne-bü-lō', ~lō'ſ)

nécessaire (nĕ-ſæ̆-ſæ̆'r) notwendig.

nécessité (nĕ-ſæ̆-ſĭ-te') f Notwendigkeit; Dürftigkeit.

nécessiter(nĕ-ſæ̆-ſĭ-te') nötigen.

nécessiteux, ~se (nĕ-ſæ̆-ſĭ-tō', ~tō'ſ) notleidend.

nécro... (nĕ-fro...) in 3ſſg.: Toten-...

nécromanc(i)e (fro-mǫ'ß, ~mǫ-ſĭ') f Geiſterbeſchwörung.

nectaire (nĕ-ftǎ'r) m Honig-gefäß n der Blumen.

nef (næf) f Schiff n einer Kirche.

néfaste (nĕ-fǎ'ßt) m: jour ~ Unglückstag.

nèfle (næ'fl) f Mispel.

néflier (nĕ-flĕ') m Mispelbaum.

négatif, ~ve (nĕ-ga-ti'f, ~tĭ'w) verneinend; negativ. [nung.

négation (nĕ-gā-ſĭǫ') f Verneiung.

négative (nĕ-ga-tĭ'w) f abſchlägige Antwort. [läſſigkeit.

négligence (nĕ-glĭ-Qǎ'ß) f Nach-

négligent, ~e (nĕ-glĭ-Qǎ', ~Qǎ't) nachläſſig. [ſtgen; unterlaſſen.

négliger (nĕ-glĭ-Qe') vernachläſ-

négoce (nĕ-go'ß) m Handel.

négociable (gŏ-ſĭǎ'bĭ) umſetzbar.

négociant (ſĭǫ') m Großhändler.

négociateur m, ~trice f (gŏ-ſĭǎ-tō'r, ~trĭ'ß) Unterhändler(in).

négociation (ſĭǎ-ſĭǫ') f Unterhandlung. [Wechſel begeben.

négocier(gŏ-ſĭ-e') unterhandeln;

nègre m, **négresse** f (næ'gr, nĕ-græ'ß) Neger(in). [haus n.

négrerie (ne-grŏ-rĭ') f Negerhaus n.

négrier (nĕ-grĭ-e') m Sklavenſchiff n. [kleine(r) Neger(in).

négrillon m, ~ne f (grĭ-jǫ', ~jŏ'n)

neige (næQ) f Schnee m.

neigé, ~e (næ-Qe') beſchneit.

neiger (næ-Qe') ſchneien.

neigeux, ~se (Qō', Qō'ſ) ſchnee-ig.

nenni (nă-nĭ') nein, keineswegs.

nénufar(ne-nü-fa'r)m See-roſe f.

néo... (ne-o...) in 3ſſg.: neu-..., 2c.

néocatholique neu-katholiſch; **néophyte** s. Neu-bekehrte(r).

néphralgie (ne-frăl-Qĭ')f Nierenleiden n.

néphrétique (ne-frĕ-ti'k) 1. Nieren-... 2. m Nierenmittel n; am Nierenweh Leidende(r). 3. f Nierenweh n.

nerf(nărf, pl. nǎr) m Nerv; abus. Sehne f; ~ (nǎr) de bœuf Ochſenziemer; Rippe f am Buchrücken.

néroli (ne-rŏ-lĭ') m Pomeranz-blüten-Eſſenz f.

nerprun (năr-prǫ') m Wegedorn.

nerval, ~e (năr-wǎ'l) Nerveu-...; nervenſtärkend.

nerver(năr-we')mit Sehnen überziehen; behäuten.

nerveux, ~se (năr-wö', ~wö'ſ) Nerven-...;nervig,kraftvoll; nervös, nervenkrank.

nervin (năr-wǫ') nervenſtärkend.

nervosité (năr-wo-ſĭ-te') f nervöſer Zuſtand.

nervure (när-wü'r) f Rippen pl., hervorstehende Grate m/pl.

net, ~te (nět, nět) sauber, rein; lauter, unvermischt; klar, deutlich; quitte et ~ schuldenfrei; produit m ~ Netto-ertrag; adv. gerade heraus; refuser ~ rundweg abschlagen; mettre au ~ ins Reine schreiben.

netteté (ně-tŭ-te') f Reinheit; Reinlichkeit; Klarheit des Verstandes.

nettoiement m, nettoyage m (ně-tŭā-mᵍ', ně-tŭā-fā'G) Reinigen n. [säubern.

nettoyer (ně-tŭā-ŝe') reinigen,

neuf (nŏf, vor cons. nŏ, in Bindung: nŏw) neun.

neuf m, ~ve f (nŏf, nŏw) neu, ungebraucht, frisch; unbewandert.

neutralement (nŏ-tra-l'mᵍ') als Neutrum: intransitiv.

neutraliser (nŏ-trä-li-ŝe') für neutral erklären; unschädlich machen.

neutre (nŏ'tr) 1. sächlich; verbe ~ intransitives Zeitwort; neutral, partei-los. 2. m Neutrum n.

neuvaine (nŏ-wä'n) f neuntägige Andacht. [un ~ ein Neuntel.

neuvième (nŏ-wiĕ'm) neunter;

neveu (nŏ-wö') m Neffe; ~x pl. a. Nachkommen.

névralgie (ne-wräl-Ǧi') f Nervenschmerz m. [zündung.

névrite (ně-wri't) f Nerven-ent-

nez (ne) m Nase f; Schnauze f.

ni (ni) und nicht; ~ ... ~ weder ... noch; ~ moi non plus ich auch nicht. [läßt.

niable (ni-a'bl) was sich leugnen

niais, ~e (ni-ĕ', ~ĕ'ŝ) 1. einfältig, albern. 2. m Einfaltspinsel.

niaiser (ni-æ-ŝe') albernes Zeug treiben.

niaiserie (ni-æ-f'ri') f Albernheit.

nicaise (ni-kĕ'ŝ) m Stoffel.

Nice (niŝ) f Nizza n.

niche (nisch) f 1. Nische, (Bilder-) Blende; Hunde-hütte. 2. Schabernack m.

nichée (ni-schē') f ein Nest voll.

nicher (ni-sche') I. v/n. nisten. II. v/a. an e-n Ort hinpflanzen.

nichet (ni-schĕ') m Nest-Ei n.

nicheur, ~se (ni-schō'r, ~schō'ŝ) nestbauend.

nichoir (ni-schŭā'r) m Heckbauer.

nickel (ni-kĕ'l) m Nickel.

nicotiane (ni-kŏ-ŝi-a'n) f Tabak.

nid (ni) m Nest n. [Nesterbau m.

nidification (ni-bi-fi-kā-ŝi') f

nidoreux, ~se (ni-bŏ-rö', ~rŏ'ŝ)

nièce (niĕŝ) f Nichte. [faulicht.

nielle (niĕl) f 1. Getreide-Brand m. 2. ♀ Rade. 3. schwarzer Schmelz.

nieller (niĕ-le') 1. brandig machen. 2. mit schwarzem Schmelze auslegen.

niellure (niĕ-lü'r) f 1. Getreide-Brand(-Schaden m) m. 2. mit schwarzem Schmelz ausgelegte Gravierung.

nier (ni-e') leugnen.

nigaud m, ~e f (ni-gō', ~gō'b) 1. albern. 2. s. Dummkopf m, alberne Gans.

nigauder (ni-go-de') Albernheiten treiben. [heit.

nigauderie (ni-go-b'ri') f Albern-

nigri... (ni-gri...) in Zssg.: schwarz..., z.B. nigripenne schwarz-flügelig. [hörig.

niliaque (ni-li-a'k) zum Nil ge-

nille (nil) f Gabel an Reben; Kurbel-handgriff m. [schein.

nimbe (nᵈb) m Nimbus, Heiligen-

Nimègue (ni-mĕ'g) f Nimwegen.

nipper (ni-pe') ausstaffieren.

nippes (nip) f/pl. Putzsachen; abgetragene Kleider.

nique (nik): faire la ~ à q. jem. verächtlich behandeln.

niqueter (ni-k'te') ein Pferd englisieren. [Scheinheilige.

nitouche (ni-tu'sch) f: sainte ~

nitre (ni'tr) m Salpeter.

nitré, ~e (ni-tre') mit Salpeter vermiſcht. [peter-haltig.

nitreux, ~se (ni-trö', ~trö'ſ) ſal-

nitrière (ni-tri-ä'r) ſ Salpeter-grube. [Salpeter-...

nitro... (ni-tro...)in 3ſg.: Nitro-...,

nivéal, ~e (ni-wĕ-ä'l) im Schnee wachſend.

niveau (ni-wo') m Grundwage ſ; ~ d'eau Waſſerwage ſ; wage-rechte Fläche; au ~ de ... in gleicher Höhe mit ...

niveler (ni-w'le') mit der Waſſer-wage abmeſſen; nivellieren, einebenen; fig. gleich machen.

niveleur (ni-w'lö'r) m Vermeſſer; Gleichmacher.

nivellement (ni-wĕ-l'mg') m Ab-wägung ſ mit der Waſſerwage; Nivellierung ſ.

nobiliaire (nŏ-bi-liä'r) 1.Adels-... 2. m Adelsbuch n.

noble (nobl) 1. adelig; edel(-mü-tig). 2. m Adlige(r), Edelmann.

noblesse (nŏ-blĕ'ß) ſ Adel m.

noce (noß) ſ Hochzeit; faire la ~ liederlich leben. [bruder.

noceur (nŏ-ßö'r) m luſtiger Kneip-

nocher (nŏ-ſche') m Fährmann.

noctambule (nŏ-ktg-bü'l) s.Nacht-wandler(in).

nocturne (ktü'rn) 1. nächtlich. 2. m Nokturnus (Nachtgeſang in Klöſtern); Notturno n. [lichkeit.

nocuité (nŏ-kü-i-te') ſ Schäd-

nodus (nŏ-bü'ß) m path. Knoten.

Noé (no-e') m Noah.

Noël (ĕ'l) m Weihnachten ſ (m, n).

nœud (nö) m Knoten; Schleife ſ; Knöchel am Finger; Knorren.

noir, ~e (nŏår) 1. ſchwarz; düſter. 2. m Schwarze(r), Neger; das Schwarze; Schwärze ſ; blaues Mal n (von Schlägen).

noirâtre (nŏå-rä'tr) ſchwärzlich.

noiraud m, ~e ſ (rŏ',rŏ'b)1.ſchwarz-braun. 2. s. Schwarzkopf.

noirceur (nŏår-ßö'r) ſ Schwärze; Abſcheulichkeit, Verruchtheit.

noircir (nŏår-ßi'r) I. v/a. ſchwär-zen; verdüſtern; anſchwärzen. II. v/n. ſchwarz werden.

noircissure (ßi-ßü'r) ſ ſchwarzer Fleck; Schwarzwerden n des Wei-

noire (nŏår) ſ Viertelnote. [nes.

noise (nŏåſ)ſ Streit, Händel m/pl.

noiseraie (nŏå-ſ'rä') ſ Nußbaum-pflanzung. [nußſtrauch.

noisetier (nŏå-ſ'tie') m Haſel-

noisette (nŏå-ſä't) 1.ſ Haſelnuß. 2. a. haſelnußbraun.

noix (nŏå) ſ Nuß, Wallnuß; ~ de galle Gall-apfel m.

nolet (nŏ-lä') m Hohlziegel.

noliser (nŏ-li-ſe') ein Schiff be-frachten, mieten.

nom (ng) m Name; ~ de baptême Taufname; gr. Nomen n; ~ de ~! ~ d'une pipe! Himmelſap-perment!

nombrable (ng-bra'bl) zählbar.

nombre (ng'br) m Zahl ſ; An-zahl ſ; gr. Numerus; redne-riſcher Wohlklang; les N-s Nu'meri, viertes Buch Moſis.

nombrer (ng-bre') zſ.-zählen; nu-merieren; herzählen.

nombreux, ~se (ng-brö', ~brö'ſ) zahlreich; wohlklingend.

nombril (ng-bri') m Nabel.

nomenclature (nŏ-mg-kla-tü'r) ſ Namenregiſter n.

nominal, ~e (nŏ-mi-nä'l) na-mentlich. [nennung.

nomination (nŏ-mi-nä-ßiǫ') ſ Er-

nommé, ~e (nŏ-me') genannt; ci-dessus (oder sus) ~ oben er-wähnt; à point ~ zur rechten Zeit; le ~ O der pp. O.

nommément (nŏ-me-mg') na-mentlich, beſonders.

nommer (nŏ-me') (be)nennen; an-geben; ernennen; se ~ heißen.

non (ng) nein; nicht; ~ pas durch-aus nicht; ~ loin nicht weit; ~

plus auch nicht; ~ seulement
nicht nur.

non... (nŏ-n...) in Zsfg.: Nicht-...

non-activité (nŏ-nă-ktĭ-wĭ-te') f:
mettre en ~ zur Disposition
stellen.   [neunzigjährig.

nonagénaire (nŏ-nă-ĝē-nä'r)

nonante (nŏ-nḡ't) neunzig.

nonce (nḡß) m Nuntius.

nonchalant, ~e (nǫ-schă-lg',
~lḡ't) lässig, saumselig.

non-comparution (nǫ-kǫ-pă-rü-
ßǫ')f Nichterscheinen n v.Gericht.

non-lieu (nǫ-lĭö') m Erklärung f
des Gerichtes, daß zur Einleitung
e-s Prozesses kein Grund vor-
liegt.   [f Nonne.

nonnain (nŏ-nḡ') f, nonne (nŏn)

nonobstant (nŏ-nŏb-ßtg') ungeachtet.

non-sens (nǫ-ßḡ'ß) m Unsinn.

non seulement (nǫ ßö-l'mg')
nicht nur.

nonuple (nŏ-nü'pl) neunfach.

non-valeur (nǫ-wă-lö'r) f Wert-
losigkeit; Ausfall m.

noper (nŏ-pe') die Knoten v. Tuche
abzwicken.

nopeur m, ~se f (nŏ-pö'r, ~pö'f)
Tuch-Nopper(in).   [nördlich.

nord (nŏr) 1. m Norden. 2. a.

nord-est(nŏr-bä'ßt)mNord-osten.

nord-ouest (nŏr-bĭä'ßt) m Nord-
west.   [werk n.

noria (nŏ-rĭ-a') m Paternoster-

normand, ~e (nŏr-mg', ~mḡ'b)
normännisch; fig. streitsüchtig;
gerieben.

nos (nŏ) pl. von notre.

noso... (nŏ-fo...) in Zsfg.: Krank-
heits-..., z.B. nosologie f Krankheitslehre.

nostalgie (ßtăl-ĝĭ') f Heimweh n.

notabilité (ta-bĭ-lĭ-te') f Ange-
sehenheit; ~s pl. Honoratioren.

notable (ta'bl) 1. angesehen, hervorragend. 2. m angesehener
Bürger; ~s pl. Honoratioren.

notaire (nŏ-tä'r) m Notar.

notamment (tă-mg') besonders.

notarié, ~e (nŏ-tă-rĭ-e') von e-m
Notar ausgefertigt.

note (nŏt) f Note (a. ♪); Merk-
zeichen n; Anmerkung; Schandfleck m; Nota, Rechnung.

noter (nŏ-te') anmerken, notieren;
buchen; übel anschreiben; in
Noten setzen.   [Bericht.

notice (nŏ-tĭ'ß) f Notiz, kurzer

notification (nŏ-tĭ-fĭ-tă-ßĭǫ') f
förmliche Anzeige.   [zeigen.

notifier (nŏ-tĭ-fĭ-e') förmlich an-

notion (nŏ-ßĭǫ') f Begriff m.

notoire (nŏ-tĭä'r) allgemein bekannt, noto'risch.   [kundigkeit.

notoriété (nŏ-to-rĭē-te') f Offen-

notre (nŏ'tr) unser.

nôtre (nŏ'tr): le, la ~ der (die,
das) Unsrige.

Notre-Dame(nŏtr-ba'm) f Unsere
Liebe Frau, die heilige Jungfrau Maria.

Notre-Seigneur(nŏ-trĭ-ßä-njö'r)
m Unser Herr (Jesus Christus).

noue (nū) f Sumpfgrund m;
Hohlziegel m.

noué, ~e(nü-e') geknüpft; mit der
englischen Krankheit behaftet;
♀ befruchtet; trächtig (Hündin).

nouer (nü-e') zf.-, ein-knüpfen;
ein Gespräch anknüpfen; v/n. ♀
ansetzen (von Blüten); se ~ path.
Knoten ansetzen.

nouet (nü-ä') m Kräutersäckchen.

noueux, ~se (nü-ö', ~ö'f) knotig.

nougat (nu-ga') m Nuß-, Mandel-
kuchen.

nouilles (nuj) f/pl. Nudeln.

noulet (nu-lä') m Kehlrinne f.

nourrain (nu-rg') m Fischbrut f.

nourrice (nu-rĭ'ß) f Amme; Er-
nährerin.

nourricier, ~ère (rĭ-ßĭē', ~ßĭä'r)
1. nährend. 2. s. Ernährer(in).

nourrir (nu-rĭ'r) (er)nähren; j-m
die Kost geben; füttern; säugen,

ftillen; erziehen, bilben; frifch
erhalten, hegen.
nourrissage (nu-rĭ-ṣa'Q) m Vieh-
zucht f. [züchter.
nourrisseur (nu-rĭ-ṣō'r) m Vieh-
nourrisson (rĭ-ṣọ') m Säugling.
nourriture (rĭ-tü'r) f Nahrung,
Futter n; Koft.
nous (nu) wir; uns.
nouure (nü-ü'r) f Knüpfen n;
englifche Krankheit.
nouveau, vor vo. ~vel m, ~velle f
(nu-wo', ~wæ'l, ~wæ'l) 1. neu;
anderer;unbekannt,unerfahren.
2. m das Neue; Neuling, Fuchs.
3. adv. neu; de ~ von neuem.
nouveau-né, ~e (ne') neugeboren.
nouveauté (nu-wo-te') f Neuheit;
Neuerung; neuer Mode-artikel;
neues Stück, Novität.
nouvelle (nu-wæ'l) f 1. v. nouveau. 2. s/f. Nachricht; donnez-
nous de vos ~s laffen Sie von
fich hören; Novelle. [lich.
nouvellement(nu-wæ-l'mą) neu-
nouvelliste (nu-wæ-li'ſt) m
Neutgkeitskrämer; Novellift.
novale (nǒ-wā'l) f Neu-bruch m,
-land n.
novateur m, ~trice f (nǒ-wa-tö'r,
~trǐ'ß) 1. neuerungsfüchtig.
2. s. Neuerer(in).
novice (nǒ-wǐ'ß) 1. s. Novi'ze,
Probe-mönch, -nonne; Neuling.
2. a. unerfahren. [zeit f.
noviciat (nǒ-wi-ßi-a') m Probe-
noyade (nǐa-ḯa'b) f Erfäufung.
noyau (nǐa-ḯo') m Kern (auch fig.),
Stein im Obfte. [ne(r).
noyé m, ~e f (nǐa-ḯe') Ertrunke-
noyer (nǐa-ḯe') ertränken, erfäu-
fen; überfchwemmen; se ~ er-
trinken.
noyer (nǐa-ḯe') m Nußbaum.
nu, ~e (nü) nackt, entblößt; kahl.
nuage (nü-a'Q) m Wolke f.
nuageux, ~se (nü-ǎ-Qö', ~Qö'f)
wolfig.

nuance (nü-ā'ß) f Farben-abftu-
fung; id. [abftufen.
nnancer (nü-ą-ße') fchattieren,
nubile (nü-bǐ'l) mannbar. [keit.
nubilité (bǐ-lǐ-te') f Mannbar-
nucivore (ßǐ-wö'r) Nüffe freffend.
nudité (nü-bǐ-te') f Nacktheit;
~s pl. nackte Figuren.
nue (nü) f Wolke.
nuée (nü-e') f Wetterwolke;
Schwarm m.
nuer (nü-e') die Farben abftufen.
nuire (nüir) fchaden.
nuisibilité (nü-ſi-bǐ-lǐ-te') f
Schädlichkeit.
nuisible (nü-ſi'bl) fchädlich.
nuit (nü) f Nacht. [licher Weile.
nuitamment (nü-tä-mą') nächt-
nuitée (nü-te') f Nachtzeit.
nul, ~le (nül, nül) 1. kein; irgend
ein. 2. a. null und nichtig.
nullement (nü-l'mą') keineswegs.
nullité (nül-lǐ-te') f Ungültigkeit,
Nichtigkeit; gänzliche Unfähig-
keit. [hohlen.
nûment (nü-mą') nackt; unver-
numéraire (nü-mě-rä'r) 1. Zahl-
..., Münz... 2. m bares Geld.
numéral, ~e (nü-mě-rä'l) e-e Zahl
bezeichnend; nom ~Zahlwort n.
numérateur (nü-mě-ra-tö'r) m
(Bruch-)Zähler.
numératif, ~ve (mě-ra-ti'f, ~tǐ'w)
1. zählend. 2. m Zahlwort n.
numération (nü-mě-rā-ßǫ') f
Zählen n.
numérique (nü-mě-ri'k) nume'-
rifch, mit Ziffern.
numéro (nü-mě-ro') m Nummer.
numéroter (mě-rǒ-te') beziffern,
numerieren. [Münzkunde.
numismatique (nü-mǐ-sma-ti'k) f
nuncupatif, ~ve (nǫ-fü-pa-ti'f,
~tǐ'w) mündlich vor Zeugen ge-
macht(es Teftament).
nu-pieds (nü-pǐe') barfuß.
nuptial, ~e (pßǐā'l) hochzeitlich.
nuque (nük) f Genick n, Nacken m.

nutritif, ~ve (nŭ-trĭ-tĭ'f, ~tĭ'w) nahrhaft. [rung.
nutrition (nŭ-tri-ŝĭ͜ǫ') f Ernäh-

nyctalope (nĭ-ftă-lo'p) bei Tage blind. [Muttermut.
nymphomanie (nͅ-fŏ-mă-nĭ') f

O.

O (o) *abr:* = ouest.
oasiens (o-a-ŝĭ͜ǫ') m/pl. Oasen-bewohner.
oasis (o-a-fi'ß) f Oase.
obédience (ŏ-be-bĭ͜ǫ'ß) f geistlicher Gehorsam; Urlaubschein m e-s Klostergeistlichen; Gefängniß n für Mönche. [Pfründen-verwalter.
obédiencier (ŏ-be-bĭ͜ǫ-ŝĭe') m
obéir (ŏ-bĕ-ĭ'r) gehorchen.
obéissance (ŏ-be-ĭ-ŝā'ß) f Gehorsam m; être sous l'~ de q. unter j-s Botmäßigkeit stehen.
obéissant, ~e (ŏ-be-ĭ-ŝā', ~ŝā't) gehorsam. [belasten.
obérer (ŏ-be-re') mit Schulden
obèse (ŏ-bĕ̃'ß) fettleibig. [keit.
obésité (ŏ-be-fi-te') f Fettleibig-
obit (ŏ-bi't) m Seelenmesse f.
objecter (ŏ-bGĕ̃-fte') einwenden.
objection (kß͜ǫ') f Einwurf m.
objet (ŏ-bGæ') m Objekt n, Gegenstand. [Rüge.
objurgation (ŏ-bGŭr-gā-ŝĭ͜ǫ') f
obligataire (ŏ-bĭ-ga-tä'r) m Inhaber von Staatsobligationen.
obligation (ŏ-bĭ-gā-ŝĭ͜ǫ') f Verbindlichkeit, Verpflichtung.
obligatoire (ŏ-bĭ-ga-tŏ̃'r) verbindlich, obligato'risch.
obligé, ~e (ŏ-bĭ-Ge') 1. nötig, unerläßlich. 2. m Schuldner; Lehrvertrag. [fälligkeit.
obligeance (ŏ-bĭ-Gā'ß) f Ge-
obligeant, ~e (ŏ-bĭ-Gā', ~Gā't) dienstfertig, verbindlich.
obliger (ŏ-bĭ-Ge'): ~ q. à qc. jem. zu etwas verpflichten, nötigen; être ~é à q. j-m zu Dank verpflichtet, verbunden sein; ~ q.

de qc. j-m mit et. eine Gefälligkeit erweisen; verpfänden.
obliquangle (ŏ-blĭ-kā'gl) schief-winkelig.
oblique (ŏ-blĭ'k) schief, schräg; *fig.* verdächtig, krumm.
obliquer (ŏ-blĭ-ke') in schräger Richtung marschieren.
obliquité (ŏ-blĭ-kĭ-te') f Schräg-heit; *fig.* Falschheit.
oblitération (ŏ-blĭ-te-rā-ŝĭ͜ǫ') f Verwischung, Auslöschen n; ~ des timbres Entwertung der Briefmarken.
oblitérer (te-re') verwischen; *path.* verstopfen (von kleinen Gefäßen).
oblong, ~ue (ŏ-blǫ', ~blǫ'g) länglich. [Scherflein n.
obole (ŏ-bŏ'l) f O'bolus m;
obombrer (ŏ-bͅ-bre') beschatten.
obreptice (ŏ-brĕ-ptĭ'ß) erschlichen.
obscène (ŏb-ŝæ'n) zotenhaft.
obscénité (ŏb-ŝe-nĭ-te') f Zote.
obscur, ~e (ŏb-ŝkŭ'r) dunkel; unbekannt, ruhmlos. [king.
obscurant (ŏb-ŝkŭ-rͅ') m Finster-
obscurcir (ŝkŭr-ŝĭ'r) verdunkeln.
obscurcissement (ŏb-ŝkŭr-ŝĭ-ßmͅ') m Verdunkelung f.
obscurité (ŏb-ŝkŭ-rĭ-te') f Dunkelheit; Niedrigkeit.
obséder (ŏb-ŝĕ-be'): ~ q. j-m nicht von der Seite gehen; belästigen, überlau'fen. [begängniß n.
obsèques (ŏb-ŝæ̃'k) f/pl. Leichen-
obséquieux, ~se (ŏb-ŝĕ-kĭ-ŏ', ~ŏ'ſ) übertrieben höflich.
obséquiosité (ŏb-ŝĕ-kĭ-o-ſĭ-te') f übertriebene Höflichkeit. [bar.
observable (ŏb-ŝær-wa'bl) bemerk-

observance (ŏb-ŝär wā'ŝ) *f* (Be-
obachtung einer) Orbensregel.

observateur m, ~trice *f* (ŏb-ŝär-
wa-tō'r,~trī'ŝ) 1. beobachtenb.
2. Beobachter(in).

observation (ŝär-wā-ŝŏ̃') *f* Be-
obachtung; Be-, An-merkung.

observatoire (wa-tŏã'r) *m* Stern-
warte *f*. [befolgen; bemerken.

observer (ŏb-ŝär-we') beobachten;

obsession (ŏb-ŝă̈-ŝŏ̃') *f* Zubring-
lichkeit; Geplagtheit.

obsolète (ŏb-ŝŏ-lœ̈'t) veraltet.

obstacle (ŝta't) *m* Hindernis *n*.

obstétrique (ŏb-ŝte-tri'l) *f* Ge-
burtshülfe. [Halsstarrigkeit.

obstination (ŏb-ŝtĭ-nā-ŝŏ̃') *f*

obstiné, ~e (ŏb-ŝtĭ-ne') halsstarrig, eigensinnig.

obstiner (ŏb-ŝtĭ-ne'): s'~ halsstarrig werden; s'~ à qc. hartnäckig auf et. bestehen.

obstruction (ŏb-ŝtrü-fŝŏ̃') *f* Ver-
stopfung.

obstruer (ŏb-ŝtrü-e') verstopfen;
versperren. [leisten.

obtempérer (ŏb-ta-pĕ-re') Folge

obtenir (ŏb-t'nī'r) erlangen; faire
~ qc. à q. j-m zu et. verhelfen.

obturateur m, ~trice *f* (ŏb-tü-ra-
tō'r, ~trī'ŝ) 1. verschließenb.
2. *m* Verschluß. [schließung.

obturation (ŏb-tü-rā-ŝŏ̃') *f* Ver-
obtus, ~e (ŏb-tü', ~tü'ŝ) stumpf.

obtusangle (ŏb-tü-ŝã'gl) stumpf-
winkelig.

obus (ŏ-bü'ŝ) *m* (Haubiß-)Granate.

obusier (ŏ-bü-ŝĭe') *m* Haubiße *f*.

obvier(ŏb-wĭ-e'): ~ à qc. e-r Sache
vorbeugen. [Veranlassung.

occasion (ŏ-ka-ŝŏ̃') *f* Gelegenheit;

occasionner (ŏ-ka-ŝĭŏ-ne') veran-
lassen. [Abendland *n*.

occident (ŏ-kŝĭ-bŏ') *m* Westen;

occidental, ~e (ŏ-kŝĭ-bŏ-tä'l)
westlich.

occiput (ŏ-kŝĭ-pü't) *m* Hinterkopf.

occulte (ŏ-kü'lt) verborgen.

occupant, ~e (ŏ-kü-pạ', ~pā't)
1. besißenb. 2. *m* premier ~
erster Besißnehmer.

occupation (ŏ-kü-pā-ŝŏ̃') *f* Be-
sißnahme; Beschäftigung.

occuper (ŏ-kü-pe') besetzen; inne
haben; beschäftigen.

occurrence (ŏ-kür-rạ'ŝ) *f* Vor-,
Zu-fall *m*; dans l'~ gelegentlich.

Océanie(ŝĕ-ä-nĭ') *f* Australi-en *n*.

océanien, ~ne (ŝĕ-ä-nĭạ', ~nĭæ̈'n)
ozeanisch; australisch.

ocelle (ŏ-ŝæ̈'l) *m* Auge *n* (augen-
ähnlicher Fleck).

ocelot (ŏ-ŝ'lo') *m* Kaßenparder.

ochlocratie (ŏ-klŏ-kra-ŝĭ') *f* Pö-
bel-herrschaft.

ocre (o'r) *f* Ocker *m*.

ocrer (ŏ-kre') burch Ocker färben.

ocreux, ~se (ŏ-krŏ', ~krŏ'ŝ) ocker-
artig.

oct... (ŏ-kt...) in Zssg.: acht-..., 18.
octaèdre: 1. achtflächig. 2. *m*
Achtflächner. [zigjährig.

octogénaire (ŏ-ktŏ-ǵĕ-nä'r) acht-

octroi (ŏ-ktrã̂') *m* Bewilligung
f; städtische Steuer; Accise.

octroyer (ŏ-ktrã̂-ĕ') bewilligen,
verleihen.

oculaire (ŏ-kü-lä'r) Augen-...

oculiste (kü-lĭ'ŝt) *m* Augen-arzt.

odeur (ŏ-bŏ'r) *f* Geruch, Duft *m*.

odieux, ~se (ŏ-bĭŏ', ~bĭŏ'ŝ) ge-
hässig; widerwärtig. [weh *n*.

odontalgie (ŏ-bǫ-täl-ǵĭ') *f* Zahn-

odorable (ŏ-bŏ-ra'bl) riechbar.

odorant, ~e (ŏ-bŏ-rạ', ~rā't)
(wohl-)riechenb.

odorat (ŏ-bŏ-ra') *m* Geruchssinn.

odoriférant, ~e (ŏ-bo-rĭ-fĕ-rạ',
~rā't) wohlriechenb.

œil (ŏj) *m*, *pl.* yeux (ĭŏ̃) Auge *n*
(a. augen-artiger Fleck; Blattknospe);
~ de perdrix hellroter Cham-
pagner. [fenster *n*.

œil-de-bœuf (ŏj-b'bŏ'f) *m* Runb-

œil-de-perdrix (ŏj-bŏ-pär-bri') *m*
Leichborn zwischen ben Zehen;

Gerstenkornmuster *n*, Köper;
v. a. œil.

œillade (ŏ-ja'b) *f* verstohlener
(zärtlicher) Blick.

œillé, ~e (ŏ-je') augenfleckig.

œillère (ŏ-jā'r) 1. *f* Augenbad *n*;
Scheu-leder *n*. 2. dent *f* ~ Augenzahn *m*.   [*♀* Nelke *f*.

œillet (ŏ-jæ') *m* Schnürloch *n*;

œilleton (ŏ-j'tŏ') *m* Wurzel-, bſp.
Nelken-Schößling.

œnologie (e-nŏ-lŏ-ĝĭ') *f* Wein-
bereitungslehre.   [wage *f*.

œnomètre (e-nŏ-mæ'tr) *m* Wein-

œnophile (e-nŏ-fĭ'l) den Wein
liebend.   [röhre *f*.

œsophage (e-ſŏ-fa'ĝ) *m* Speise-

œstre (æ'ſtr) *m* Bremſe *f*.

œuf (ŏf, vor *a.* ŏ; *pl.* ŏ; zu Ende des
Satzes aber ŏf) *m* Ei *n*. [(Gefäß).

œufrier (ŏ-frĭ-e') *m* Eierkocher

œuvé, ~e (ŏ-we') Rogen habend.

œuvre (ŏ'vr) 1. *f* Werk *n*; ~ de la
chair fleischliche Vermischung:
maitre des hautes ~s Scharfrichter *m*; Kirchenvermögen *n*;
banc de l'~ Kirchenvorsteher-
bank. 2. *m* Werk *n* (ſämmtliche
Kupferſtiche eines Meiſters); *♂* Opus
n; grand ~ Stein der Weiſen;
Bau-werk *n*, -körper.

œuvrer (ŏ-vre') arbeiten.

offensant, ~e (ŏ-fŏ-ſŏ', ~ſŏ't) be-
leidigend.   [Schuld, Sünde.

offense (ŏ-fŏ'ß) *f* Beleidigung;

offensé (ŏ-fŏ-ße') *m* Beleidigte(r).

offenser (ŏ-fŏ-ße') beleidigen; verletzen; s'~ de qc. etwas übel
nehmen.

offenseur (fŏ-ßŏ'r) *m* Beleidiger.

offensif, ~ve (ŏ-fŏ-ßĭ'f, ~ßĭ'v) angreifend; ligue *f* ~ve et défensive Schutz- u. Trutz-bündnis *n*.

offensive (ŏ-fŏ-ßĭ'v) *f* Angriff *m*.

offert (ŏ-fā'r) *part.p.* von offrir.

offerte *f*, offertoire *m* (ŏ-fā'rt,
ŏ-fār-tŏ'r) Offerto'rium *n*
(Gebet vor der Opferung).

office (ŏ-fĭ'ß) 1. *m* Berufspflicht
f; Obliegenheit *f*; Geschäfts-
lokal *n*; diplomatiſche Benachrich-
tigung; Gefälligkeit *f*, Dienſt;
Gottesdienſt; saint-~ Inquiſi-
tion *f*; Dienerſchaft *f*. 2. *f*
Silber-, Tiſchgerät-, Speiſe-
kammer *f*; Bedientenzimmer *n*.

officiant (ŏ-fĭ-ßĭã') *m* Meſſe hal-
tender Prieſter.   [amtlich.

officiel, ~le (ŏ-fĭ-ßĭæ'l, ~ßĭæ'l)

officier (ŏ-fĭ-ßĭe') *m* Beamte(r);
Offizier; ~ de santé Arzt zweiter Klaſſe.   [halten.

officier (ŏ-fĭ-ßĭ-e') Gottesdienſt

officieux, ~se (ŏ-fĭ-ßĭŏ', ~ßĭŏ'ſ)
dienſtfertig; von Amtswegen
beſtellt(er Verteidiger); von der
Regierung be-einflußt.

officinal, ~e (ŏ-fĭ-ßĭ-nä'l) offi-
zinell; arzneilich.

officiosité (ŏ-fĭ-ßĭŏ-ßĭ-te') *f* große
Dienſtfertigkeit.

offrande (ŏ-frã'b) *f* (Opfer-)Gabe.

offrant (ŏ-frã') *m* Bieter; le plus
~ der Meiſtbietende.

offre (ŏ'fr) *f* Anerbieten *n*, Offerte;
Angebot *n*.

offrir (ŏ-frĭ'r) (an)bieten; dar-
bringen; darbieten.

offusquer (ŏ-fü-ßke') verdunkeln;
blenden; glanzlos machen; ~
q. j-m ein Dorn im Auge ſein.

ogival, ~e (ŏ-ĝĭ-wä'l) spitzbogig.

ogive (ŏ-ĝĭ'w) *f* Spitzbogen *m*.

ognon v. oignon.

ogre (ŏ'gr) *m* menſchenfreſſender
Rieſe.   [freſſerin.

ogresse (ŏ-græ'ß) *f* Menſchen-

oie (ŭa) *f* Gans.   [bel *f*.

o(i)gnon (belbes: ŏ-njŏ') *m* Zwie-

oignonade (njŏ-na'b) *f* Zwiebel-
gericht *n*.   [beet *n*, -land *n*.

oignonière (njŏ-nĭä'r) *f* Zwiebel-

oindre (ŭã'dr) mit Öl ꝛc. beſtreichen;
ſalben.   [ſchmiere *f*.

oing (ŭã) *m*: vieux ~ Wagen-

oint (ŭã) *m* Gesalbte(r).

oiseau (ŝă-ſo') m Vogel; Jagd-
falke; Lehm-, Kalk-faß n der
Maurer. [Kolibri.
oiseau-mouche (ŝă-ſo-mu'ſch) m
oiseler (ŝă-ſ'le') vogelstellen.
oiseleur(ŝă-ſ'lö't) m Vogelfänger.
oiselier (ŝă-ſ'lie') m Vogel-züch-
ter, -händler.
oisellerie (ŝă-ſă-l'rĭ') f Vogelfang m, -handel m, -hecke.
oiseux, ~se (ŝă-ſo', ~ſö'ſ) müßig;
überflüssig. [unthätig.
oisif, ~ve (ŝă-ſĭ'f, ~ſĭ'w) müßig,
oisillon (ŝă-ſĭ-jo') m Vögelchen n.
oisiveté (ſĭ-w'te')f Müßiggang m.
oison (ŝă-ſo') m Gänschen n.
oléagineux, ~se (ŏ-lĕ-a-ǵĭ-nö',
~nö'ſ) ölig; ölicht.
olfactif, ~ve (ŏl-fă-ktĭ'f, ~tĭ'w)
Geruchs-...
olfaction(ŏl-fă-kſĭọ')f Riechen n.
olivacé, ~e (ŏ-lĭ-wa-ße') oliven-
braun. [ernte.
olivaison (ŏ-lĭ-wă-ſọ')f Oliven-
olivâtre (ŏ-lĭ-wā'tr) olivengrün.
olive (ŏ-lĭ'w)f id.; branche f d'~
Ölzweig m. [fabrik.
oliverie (ŏ-lĭ-w'rĭ')f Oliven-öl-
olivette (ŏ-lĭ-wă't)f Ölbaum-
pflanzung.
olivier (ŏ-lĭ-wĭe') m Ölbaum.
olographe (ŏ-lŏ-grä'f) eigenhän-
dig geschrieben.
ombelle ♀ (ọ-bă'l)f Dolde.
ombilic (ọ-bĭ-lĭ'k) m Nabel.
ombrage (ọ-bra'ǵ) m schattiges
Laub; Schatten; Argwohn.
ombrager (ọ-brä-ǵe') beschatten.
ombrageux, ~se (ọ-brä-ǵö', ~·
ǵö'ſ) scheu; argwöhnisch.
ombre (ọ'br) 1. f Schatten m;
pas l'~ de ... keine Spur von
...; terre f d'~ Umbra-erbe. 2. m
Äsche f (Fisch). [schirm m.
ombrelle (ọ-brä'l)f Sonnen-
ombrer (ọ-bre') schattieren. [tig.
ombreux, ~se (brö', brö'ſ) schat-
omelette (ŏ-m'lă't)f Eierkuchen.

omettre (ŏ-mä'tr) aus-, unter-
lassen.
omis (ŏ-mi') part.p. v. omettre.
omission (ŏ-mĭ-ßĭọ') f Aus-,
Unter-lassung.
omni...(ŏ-mni...) In Zssg.: all-..., ıB.
omniprésence f Allgegenwart.
omoplate (ŏ-mŏ-pla't) f Schul-
on (ọ) man. [ter-blatt n.
once (ọß) f Unze (auch zo.).
onciale (ọ-ßĭă'l) f, auch: lettre f ~
Unzialbuchstabe m.
onction (ọ-kſĭọ') f Salbung.
onctueux, ~se (ọ-ktŭ-ö', ~ö'ſ)
fettig; salbungsvoll.
onde (ọd) f Welle; Flut.
ondé, ~e (ọ-de') wellenförmig;
gewässert (von Zeugen).
ondée (ọ-be') f Regenguß m.
ondin m, ~e f (ọ-dĭ', ~dĭ'n) Was-
ser-Nix(e); Undine f.
ondoiement (bŝă-ıng') m Wellen-
bewegung f; Not-taufe f.
ondoyer(ọ-bŝă-ĭe') L v/n. wogen.
II. v/a. ~ q. j-m die Not-taufe
geben.
onduler(ọ-bŭ-le') wogen, wallen.
onduleux, ~se (ọ-bŭ-lö', ~lö'ſ)
wellig. [schwerlich.
onéreux, ~se (ŏ-nĕ-rö', ~rö'ſ) be-
ongle (ọ'gl) m Nagel am Finger ꝛc.;
Klaue f, Kralle f.
onglée (ọ-gle') f Erstarren n der
Fingerspitzen.
onglet (glä') m Fingerhut; Aus-
schnitt auf e-m Lineal; typ.Karton.
onguent(ọ-ga') m Salbe f, v. mi-
ongulé, ~e (ọ-gŭ-le') hufig. [ton.
onques (ọk) = onc.
onze (ọß) elf.
onzième (ọ-ſĭă'm) elfte(r).
opacité (ŏ-pä-ßĭ-te') f Undurch-
sichtigkeit.
opale (ŏ-pä'l)f Opal m. [artig
opalin, ~e (ŏ-pä-lă', ~lĭ'n) opal-
opaque (ŏ-pä'k) undurchsichtig.

opéra (ŏ-pĕ-ra') m Oper f.

opérable (ŏ-pĕ-ra'bl) operierbar.

opérateur (ŏ-pĕ-ra-tŏ'r) m Ausüber (,s. von Missethaten); id., Wund-arzt; Marktschreier.

opération (pĕ-rā-ßĝ')f Wirken n; Operation; Wirkung; Rechenexempel n.

opérer (ŏ-pĕ-re') bewirken; ausüben; operieren; rechnen.

ophi... (ŏ-fi...) in Zssg.: Schlangen-..., ıs. ophiolâtre m Schlangen-anbeter. [entzündung.

ophtalmie (ŏ-ftäl-mī') f Augen-

opiacé, ~e (ŏ-pĭ-a-ße') opiumhaltig. [pasta f.

opiat (ŏ-pĭ-a') m id. n; Zahn-

opiler (ŏ-pĭ-le') den Stuhlgang verstopfen.

opinant (nĝ') m Stimmende(r).

opiner (ŏ-pĭ-ne') seine Meinung sagen, stimmen.

opiniâtre(ŏ-pĭ-nĩa'tr) halsstarrig.

opiniâtrer (ŏ-pĭ-nĩa-tre'): s'~ à qc. hartnäckig bei etwas beharren. [Halsstarrigkeit.

opiniâtreté (ŏ-pĭ-nĩa-trı-te') f

opinion (ŏ-pĭ-nĝ') f Meinung; Ansicht; Lehre; aller aux~s zur Abstimmung schreiten. [esser.

opiophage (pĭ-ŏ-fa'G) m Opium-

opium (ŏ-pĭ-o'm) m Opium n.

opportun, ~e (ŏ-pŏr-tĝ', ~tü'n) gelegen, bequem.

opportunité (ŏ-pŏr-tü-nĭ-te') f Bequemlichkeit, Günstigkeit.

opposant (ŏ-po-ßĝ') m Gegner.

opposé, ~e (ŏ-po-ße') 1. gegenüberliegend; entgegengesetzt. 2. m Gegenteil n.

opposer (ŏ-po-ße') gegenüber-, entgegen-stellen; vergleichen; einwenden; s'~ sich widersetzen.

opposition (ŏ-po-ßĭ-ßĝ') f Gegenüberstellung; Ein-, Widerspruch m; Opposition(spartei).

oppresser (ŏ-prä-ße') beklemmen, be-engen.

oppresseur (ŏ-prä-ßŏ'r) m Bedrücker. [ßĭ'w) bedrückend.

oppressif, ~ve (ŏ-prä-ßĭ'f, ~.

oppression (ŏ-prä-ßĝ') f Beklemmung; Druck m.

opprimer (ŏ-prĭ-me') zu Boden drücken, unter-, be-drücken.

opprobre (ŏ-pro'br) m Schande f; Schandfleck. [Wahl treffen.

opter (ŏ-pte') notgedrungen eine

opticien (ŏ-ptĭ-ßĝ') m Optiker; Optikus.

option (ŏ-pßĝ') f Wahl.

opulence (ŏ-pŭ-lā'ß) f großer Reichtum. [reich.

opulent, ~e (ŏ-pŭ-lĝ', ~lā't) sehr

opuscule (ŏ-pŭ-sklü'l) m kleine Schrift, Werkchen n.

or (ŏr) 1. m Gold n; d'~ golden. 2. cj. nun aber.

orage (ŏ-ra'G) m Gewitter n; fig. Sturm, Aufruhr. [stürmisch.

orageux, ~se (ŏ-rä-Gŏ', ~Gŏ'f)

oraison (ŏ-rä-ßĝ') f Gebet n; ~ dominicale Vaterunser n; gr. Rede, Sprache; ~ funèbre Leichenrede.

oral, ~e (ŏ-rä'l) mündlich.

orange(ŏ-rā'G)f id., Pomeranze; ~ douce Apfelsine. [farben.

orangé, ~e (ŏ-rḡ-Ge') orange-

orangeade (ŏ-rḡ-Ga'b) f Pomeranzen-limonade.

orangeat (ŏ-rḡ-Ga') m eingemachte Pomeranzen-schale.

oranger (rḡ-Ge') m Pomeranzen-, Apfelsinen-baum.

orateur (ŏ-ra-tŏ'r) m Redner; Sprecher im engl. Unterhause.

oratoire (ŏ-ra-tŏ'r) 1. rednerisch. 2. m Betzimmer n.

orbe(orb) 1. coup m ~ Prellschuß; mur m ~ blinde Mauer. 2. m Kreislauf der Planeten.

orbite (ŏr-bĭ't) f Augenhöhle; Planetenbahn.

orchestre (ŏr-kä'ßtr) m Orchester n; Parkett n im Theater.

*orch*is (ŏr-ṛĭ'ß) *m* Knabenkraut *n*.
ordinaire (ŏr-bĭ-nä'r) 1. gewöhnlich; ordentlich. 2. *m* Alltags-
koft *f*; Portion *f* aus dem Speise-
haufe; d'~, pour l'~ meiftenteils.
ordinant (bĭ-na') *m* Weihbischof.
ordinateur (ŏr-bĭ-na-tŏ'r) *m* Er-
teiler der priefterlichen Weihe.
ordonnance (bŏ-na͞'ß) *f* Anordnung; Verordnung; Ordonnanz.
ordonna*teur m*, ~trice *f* (ŏr-bŏ-
na-tŏ'r, ~trĭ'ß) Anordner(in).
ordonnée (ŏr-bŏ-nē') *f* Ordina'te.
ordonner (ŏr-bŏ-ne') I. *v/a.* anordnen; befehlen. II. *v/n.* ~ de
qc. über etwas verfügen.
ordre (o'rbr) *m* Ordnung *f*; Anordnung *f*; Regel *f*, Gefetz *n*;
Stand, Klaffe *f*; Orden; Prie-
fterweihe *f*; Befehl, Ordre *f*.
ordure (ŏr-bü'r) *f* Schmutz *m*;
Kehricht *n*; *fig.* Unflat *m*, Zote.
ordurier, ~ère (ŏr-bü-rĭē', ~rĭä'r)
1. schmutzig. 2. *m* Zotenreißer;
Kehrichtkaften. [lang-ŏhrig.
oreillard, ~e (ŏ-ră̆-jä'r, ~jä'rb)
oreille (ŏ-ră̆'j) *f* Ohr *n*.
oreillé, ~e (ŏ-ră̆-je') geöhrt.
oreille-d'ours (ŏ-ră̆j-bü'rß) *f*
Aurikel.
oreiller (ŏ-ră̆-je') *m* Kopfkiffen *n*.
oreillère (ŏ-ră̆-jä'r) *f* Ohrwurm.
oreillon (ŏ-ră̆-jo') *m* Ohr(chen) *n*;
Henkel. [birgs-...
oréo... (ŏ-rĕ-o...) in Zffg.: Ge-
orfèvre (ŏr-fä̆'wr) *m* Goldschmied.
orfèvrerie (ŏr-fä̆-wrĭ-rĭ') *f* Gold-
arbeiter-kunft, -waren *pl.*
orfraie (ŏr-frä̆') *f* Fisch-abler *m*.
organique (ŏr-ga̤-nĭ'k) orga'nifch.
organsin (ŏr-ga-fa̤' u. ~ßa̤') *m*
doppelt gezwirnte Seide.
orge (ŏrG) 1. *f* Gerste. 2. *m* ~
mondé Gerftengraupen *pl.*; ~
perlé Perlgraupen.
orgeat (ŏr-Ga') *m* Mandelmilch *f*.
orgelet (ŏr-Q'lä̆') *m* Gerftenkorn
n am Auge.

orgie (ŏr-Gĭ') *f* Saufgelage *n*.
orgue (ŏrg) *m*, im *pl.* *f* Orgel *f*.
orgueil (ŏr-gŏ'j) *m* Hochmut, Stolz.
orgueilleux, ~se (ŏr-gŏ-jŏ', ~jŏ'ß)
hochmütig.
orient (ŏ-rĭ-a') *m* Often; id.
oriental, ~e (ŏ-rĭ-a̤-tä'l) öftlich;
morgenländifch.
orienter (ŏ-rĭa̤-te') nach den Him-
melsgegenden richten; s'~ fich
orientieren, zurechtfinden.
orifice (ŏ-rĭ-fĭ'ß) *m* Öffnung *f*,
Mündung *f*. [unig.
oriforme (ŏ-rĭ-fŏ'rm) mundför-
origan ♀ (ŏ-rĭ-ga') *m* Doften.
originaire (Gĭ-nä'r) urfprünglich;
~ de ... abftammend aus ...
original, ~e (ŏ-rĭ-Gĭ-nä'l) 1. urfprünglich; felbftändig; eigentümlich. 2. *m*: a) Original *n*;
b) kanadifches Elentier.
originalité (ŏ-rĭ-Gĭ-nä-lĭ-te') *f*
Urfprünglichkeit; Eigentüm-
lichkeit; Sonderbarkeit.
origine (ŏ-rĭ-Gĭ'n) *f* Urfprung *m*.
originel, ~le (ŏ-rĭ-Gĭ-nä̆'l, ~nä̆'l)
anerschaffen; péché *m* ~ Erb-
fünde *f*. [2b.
orignal (ŏ-rĭ-nja'l) *m* = original
orillard, ~e (ŏ-rĭ-jä'r, ~jä'rb) =
oreillard.
orillon (ŏ-rĭ-jo') *m* = oreillon.
orin (ŏ-ra') *m* Boje-leine *f*.
oripeau (ŏ-rĭ-po') *m* Rauschgold *n*;
Flitterwerk *n*. [zung.
ormaie (ŏr-mä̆') *f* Ulmen-pflan-
orme (ŏrm) *m* Ulme *f*, Rüfter *f*.
ormeau (ŏr-mo') *m* junge Rüfter.
ormille (ŏr-mĭ'j) *f* Rüfter-fetzling
m; junge Rüfter-pflanzung.
ornemaniste (ŏr-n'mä-nĭ'ßt) *m*
(Zimmer-)Verzierer.
ornement (ŏr-n'ma') *m* Verzie-
rung *f*, Schmuck. [ren.
ornementer (ŏr-n'ma-te') verzie-
orner (ŏr-ne') schmücken.
ornière (ŏr-nĭä'r) *f* (Wagen-)Ge-
leife *n*.

ornitho...(ŏr-nĭ-to...) in Zfig.: Vo-
gel-...
oro... (ŏ-ro...) in Zfig.: Gebirgs-...
orpailleur (ŏr-pă-jō'r) m Goldwäscher.
orphelin m, ~e f (ŏr-f'lĭg', ~lĭ'n)
1. verwaist. 2. s. Waise(n-
knabe m, -kind n) f.
orphelinage (ŏr-f'lĭ-na'Q) m El-
ternlosigkeit f. [haus n.
orphelinat(ŏr-f'lĭ-na') m Waisen-
orphéon (ŏr-fe-ǫ') m Orphe-um n,
Gesangverein.
orphéoniste (ŏr-fe-ŏ-ni'ßt) m
Mitglied n einer Liedertafel.
orpiment (pĭ-mǫ') m Operme'nt.
ort (ŏr) brutto; peser ~ mit der
Tara wiegen.
orteil (ŏr-tă'j) m (große) Zehe.
ortho... (ŏr-to...) in Zfig.: gerade-
..., recht-..., z.B. orthocère ge-
rad-hornig. [big.
orthodoxe(ŏr-tŏ-bŏ'rß) rechtgläu-
orthographe (ŏr-tŏ-grä'f) f Recht-
schreibung.
orthographie (ŏr-tŏ-grä-fĭ') f
Aufriß m; senkrechter Durchschnitt. [Haarseil n.
ortie (ŏr-tĭ') f Brenn-nessel; vét.
ortolan (ŏr-tŏ-lǫ') m id., Fett-
Ammer f.
orvet (ŏr-wä') m Blindschleiche f.
orviétan (ŏr-wĭ-e-tǫ') m Univer-
salmittel n; marchand m d'~
Marktschreier. [fili-en-...
orycto... (ŏ-rĭ-kto...) in Zfig.: Fos-
oryzé, ~e (ŏ-rĭ-ſe') reis-artig.
os (ō ob. ōß) m Knochen, Bein n;
~ pl. Gebeine.
oscillation (ŏ-ßĭl-lä-ßĭǫ') f
Schwingung. [machen.
osciller (ŏ-ßĭl-le') Schwingungen
osculateur, ~trice (ŏ-ßkŭ-la-tō'r,
~trĭ'ß) math. berührend.
osé, ~e (o-ſe') keck, verwegen.
oseille(o-ſä'j) f Sauer-Ampfer m.
oser (o-ſe') wagen; sich erdreisten;
sich erlauben, dürfen.

oseraie (o-ſ'rä') f Weidengebüsch.
oseur (o-ſō'r) m Wagehals.
osier (o-ſĭe') m Korbweide f.
ossature (ŏ-ßa-tū'r) f Knochen-
gerüst n. [(-Spiel n) n.
osselet (ŏ-ß'lä') m Knöchelchen
ossements(o-ßmǫ')m/pl.Gebeine.
osseux, ~se (ŏ-ßō', ~ßō'ſ) knochig.
ossification (ŏ-ßĭ-fĭ-kā-ßĭǫ') f
Knochenbildung; Verknöche-
ossifier (e') verknöchern. [rung.
ossuaire (ŏ-ßŭ-ä'r) m Knochen-
haufen; Beinhaus n.
ostensible (ŏ-ßtǫ-ßĭ'bl) sichtbar.
ostensoir(e) (ŏ-ßtǫ-ßŭä'r)m Mon-
stranz f. [lerei.
ostentation (ßtǫ-tä-ßĭǫ') f Prah-
ostéo... (ŏ-ßte-o...) in Zfig.: Kno-
chen-... [Austernzucht.
ostréiculture (ŏ-ßtre-ĭ-kŭl-tū'r)f
Ostrogot m, ~e f (ŏ-ßtrŏ-go', ~
gŏ't) Ost-gote, -gotin; fig. o~
ungeschliffener Mensch.
otage (ŏ-ta'Q) m Geißel f, Bürge.
otalgie(tăl-Qĭ')f Ohrenschmerz m.
ôter (o-te') wegnehmen; vom
Platze entfernen; Kleider ausziehen; den Hut abnehmen; abziehen, subtrahieren.
ou (ŭ) oder; ~ ... ~ entweder ...
où (ū) wo, wohin; worin. [oder.
ouaille (ŭ-a'j) f Schaf n; Beicht-,
Pfarr-Kind n.
ouais! (ŭä) ei! seht doch!
ouate (ŭat) f Watte.
ouater (ŭä-te') wattieren.
oubli (u-blĭ') m Vergessen n; Ver-
gessenheit f. [(kuchen).
oublie (blĭ') f Hohlhippe, Oblate
oublier (u-blĭ-e') vergessen, verlernen. [bäckerei.
oublierie (u-blĭ-rĭ') f Oblaten-
oubliettes(u-blĭ-ä't)f/pl.Burg-
verließ n.
oublieur m, ~se f (u-blĭ-ŏ'r, ~
ŏ'ſ) Hippenverkäufer(in).
oublieux, ~se (u-blĭ-ŏ', ~ŏ'ſ)
vergeßlich.

ouest (ū̃ēßt) *m* West(en).

ouf! (uf) au! o weh!

oui (ī) ja.

oui-dire (ŭ-i-bī'r) *m* Hörenfagen.

ouïe (ŭ-ī') *f* Gehör(finn *m*) *n*; ~s *pl.* Kiemen der Fifche.

ouïr (ŭ-ī'r) (ab-, an=)hören.

ouragan (u-ră-gā') *m* Orka'n.

ourdir (ŭr-bī'r) Weberei: an=fche-ren, =zetteln; *fig.* anfpinnen.

ourler (ŭr-le') fäumen.

ourlet (ŭr-lä') *m* Saum.

ourleur (ŭr-lö'r) *m* Säumer (Nähmafchine). [bär.

ours (ŭrß) *m* Bär; ~ blanc Eis-

ourse (ŭrß) *f* Bärin; la grande O~ der große Bär. [=müße *f.*

oursin (ŭr-ßā') *m* Bären=fell *n*,

ourson (ŭr-ßā') *m* junger Bär.

outarde (u-tä'rb) *f* Trappe.

outil (u-tī') *m* Handwerkszeug *n.*

outiller (u-tī-je') mit Werk-zeugen verfehen.

outrage (u-tra'G) *m* Beleidigung *f*, Schmach *f.* [beleidigend.

outrageant, ~e (u-trä-Gā', ~ā't)

outrager (u-trä-Ge') gröblich be-leidigen, befchimpfen.

outrageux, ~se (u-trä-Gö', ~Gö'f) befchimpfend. [aufs äußerste.

outrance (u-trā'ß) *f*: à ~ bis

outre(ū'tr) 1.*f* Schlauch *m.* 2. *prp.* jenfeit; außer; en ~ außerdem; d'~ en ~ durch und durch.

outrecuidance (ūtr-kî-bā'ß) *f* Übermut *m.* [übermütig.

outrecuidant, ~e (kî-bā', ~bā't)

outremer (ūtr-mä'r) *m* Ultrama-ri'n *n.* [fchreiten.

outrepasser (ūtr-pa-ße') über-

outrer (u-tre') übertrei'ben; ~é de colère außer fich vor Zorn.

ouvert, ~e(u-wä'r, ~wä'rt) *part.p.* von ouvrir.

ouverture (u-wär-tū'r) *f* Öff-nung; Loch *n*; Eröffnung; Anfang *m*; ♪ id.

ouvrable (u-wra'bl): jour *m* ~ Werkeltag. [Werk *n.*

ouvrage (u-wra'G) *m* Arbeit *f*,

ouvrager (u-wrä-Ge') verzieren.

ouvrant, ~e (u-wrā, ~wrā't): à jour ~ bei Tagesanbruch; à porte(s) ~e(s) bei Thoresöff-nung. [ten.

ouvrer (u-wre') ver-, aus=arbei-

ouvreur *m*, ~se *f*(u-wrö'r, ~wrö'f) Öffner(in), Logenfchließer(in).

ouvrier *m*, ~ère *f* (u-wrī-e', ~wrī-ä'r) 1. *s.* Arbeiter(in), Handwerker. 2. *a.* Arbeiter-...; jour *m* ~ Werkeltag; cheville *f* ~ère Deichfelnagel *m* am Wagen, *fig.* Haupttriebfeder *f.*

ouvrir (wrī'r) öffnen, aufmachen; eröffnen, beginnen; s'~ à q. fich j-m entdecken.

ouvroir (wrā'r) *m* Arbeitsftube *f.*

ovaire (ŏ-wä'r) *m* Eierftock.

ovale (ŏ-wä'l) 1. ova'l. 2. *m* Eirund *n*; Zwirnmafchine *f.*

ovaler (ŏ-wä-le') Seide zwirnen.

ovalité (ll-te') *f* ova'le Geftalt.

ovation (ŏ-wā-ßẽ') *f* id. (öffent-liche Ehrenbezeigung einer Menge).

ove (ŏw) *m* arch. Ei *n.*

ové, ~e (ŏ-we') ei-förmig. [race.

ovine (ŏ-wi'n): race *f* ~ Schaf-

ovipare (ŏ-wi-pä'r) eierlegend.

ovule (ŏ-wü'l) *m* Eichen *n.*

ox..., oxy...(ŏ-kß..., ŏ-kßl...) in Zfg.: fpiß-...; chm. fauer-...

oxonien, ~ne (ŏ-kßŏ-nẽ', ~nä'n) aus Oxford. [ftoff.

oxygène (ŏ-kßl-Gä'n) *m* Sauer-

oyant (ŏ̃-ẽ'): ~ compte Rech-nungsabhörer.

ozone (ŏ-ßo'n) *m* Ozo'n *n.*

P.

pacage (pă-ľa'G) m Biehweibe f.

pacager (pă-ľă-Ge') das Bieh
weiden laffen.

pachy... (pă-ſchi...) in Zſg.: dick-...,
¡B. pachyderme m Dickhäuter.

pacificateur m, ~trice f (pă-ſi-fi-
ľa-tö'r, ~trī'ß) Friedensstif-
ter(in). [Friedensstiftung.

pacification (pă-ſi-fi-ľa-ſiọ') f

pacifier (ſi-fi-e'): ~ un pays den
Frieden in e-m Lande wieder-
herstellen; einen Streit beilegen.

pacifique (ſi'ľ) friebliebend; fried-
lich; océan P~ stiller Ozean.

pacotille (pă-ľö-ti'j) f Frei-gepäck
n, Bei-laſt der Matroſen; Waren
pl. von geringer Güte; Bün-
del n.   [laſt mitnehmen.

pacotiller (pă-ľö-ti-je') eine Bei-

pacte (păľt) m Bertrag.

pactiser (pă-ľtī-ſe') einen Bertrag machen.

padon (pă-du') m Florettbank n.

paganiser (gă-nī-ſe') I. v/a. zum
Heiden machen. II. v/n. heidniſch
handeln u. benken.   [tum n.

paganisme (gă-ni'ßm) m Heiden-

page (paG) 1. m id., Edelknabe.
2. f (Schrift-, Druck-)Seite.

paginer (pă-Gi-ne') die Seiten-
zahlen bezeichnen.

pagnote † (pă-njö't) m Memme f.

paiement (pæ-mạ') m = payement.

païen, ~ne (pă-ĭ̯ạ', ~ĩ̯æ'n) m 1. heidniſch. 2. s. Heide, Heidin.

paillage (pă-ja'G) m Bedecken n
mit Stroh.   [Hurer, Hure.

paillard m, ~e f (pă-jā'r, ~jä'rd)

paillarder (pă-jär-de') huren.

paillardise (jär-bī'ſ) f Hurerei.

paillasse (pă-ja'ß) 1. f Strohſack
m. 2. m Hanswurſt.   [decke f.

paillasson (pă-jă-ßọ') m Stroh-

paille (paj) f Stroh n; ~ hachée

Häckſel m u. n; Spreu; Fleck m in
Diamanten ꝛc.; Bruch m im Metall.

paillé, ~e (pă-je') strohfarben;
brüchig (Metall).

pailler (pă-je') 1. mit Stroh be-
becken, aus-flechten, -polſtern.
2. m Stroh-hof, -ſchuppen,
-miete f.   [Bleicher(t).

paillet (pă-jæ') m, auch: vin m ~

pailleté, ~e (pă-ĭ̯'te') mit Flitter
beſetzt.

paillette (pă-jæ't) f Flitter m;
Gold-körnchen n, -blättchen n.

pailleur m, ~se f (jö'r, jö'ſ) Stroh-
händler(in), -flechter(in).

pailleux, ~se (pă-jö', ~jö'ſ) aus
Stroh; brüchig.

pain (pạ) m Brot n; ~ à cacheter
Oblate f, Mundlack; ~ d'épice
Pfeffer-, Leb-kuchen; ~ de sucre
Hut Zucker.

pair, ~e (pär) 1. gerade, durch
zwei teilbar; sans ~ unver-
gleichlich. 2. m der Gleiche,
Ebenbürtige; Pair, Peer; de ~
auf gleichem Fuße; ⚓ Pari.

paire (pär) f Paar n.

pairesse (pă-ræ'ß) f Peersfrau.

pairie (pă-rī') f Pairſchaft, Pairs-
würde.

paisible (pæ-ſī'bi) friebliebend;
still; ungestört im Besitze.

paisson (pă-ßọ') f Bieh-, blb.
Eichel- und Buch-eckern-Weide.

paître (pä'tr) I. v/a. auf die Weide
führen; abweiden. II. v/n. weiden; envoyer ~ q. jem. zum
Teufel ſchicken.   [~! ſtille!

paix (pæ) f Friede m; Stille, Ruhe.

pal (păl) m Pfahl.

palade (pă-la'b) f Ruderſchlag m.

paladin (pă-lă-dạ') m Paladi'n;
fahrender Ritter.

palais (pă-læ') m Palaſt; Gerichts-

hof; style *m* de ~ Gerichtsstil;
Gaumen.

palan ⊥ (pă-la͞'') m Talje f, Hisse f.

palanche (pă-lā͞'sch) f Tragejoch
n für Eimer.

palanque (pă-la͞'k) f Pfahlwerk n.

palanquin (pă-la͞-ka͞') m Trag-
sessel in Indien.

palatal, ~e (la-tă'l) Gaumen-...

palatin, ~e (pă-la-ta͞', ~ti'n)
1. pfalzgräflich, pfälzisch; comte
m ~ Pfalzgraf. 2. m Woywode;
Palati'n (von Ungarn).

palatinat (pă-la-ti-na') m Pfalz-
grafenwürbe f; Woywodschaft
f; le P~ bie Pfalz. [blatt n.

pale (păl) f Kelchbeckel m; Ruder-
pâle (pāl) blaß, bleich; ~s cou-
leurs Bleichsucht f.

palefrenier(pă-l'fri-nie')m Stall-
knecht. [pferd n; Zelter.

palefroi (pă-l'froă') m Parade-

paléo... (pă-lĕ-o...) in Zsfg.: alt-...

paleron (pă-l'ro͞') m Schulterblatt
n von Tieren. [-stein.

palet (pă-lă') m Wurf-scheibe f,

palette (pă-lă't) f Baßschlägel m;
id., Farbenbrett n; Brettchen n,
Schiene; Kniescheibe; Schulterblatt n. [heit.

pâleur (pa-lö'r) f Blässe, Bleich-

palier (pă-lie') m Treppenabsatz;
Flur zwischen zwei Wohnungen; ho-
rizontale Strecke e-r Eisenbahn.

palifier (pă-li-fi-e') durch einen
Pfahlrost befestigen. [ruf m.

palinodie (pă-li-nŏ-bi') f Wider-

pâlir (pa-li'r) I. v/n. er-blassen,
bleich werden. II. v/a. blaß
machen. [Pfahlwerk n.

palis (pă-li'ß) m (Zaun-)Pfahl;

palissade (pă-li-ßa'b) f Schanz-
pfahl m; Pfahlzaun m.

palissader (pă-li-ßa-be') verpfählen; umzäunen.

pâlissant, ~e (pa-li-ßa͞', ~ßā't)
er-bleichend. [spalieren.

palisser (pă-li-ße') Bäume an-

palliatif, ~ve(păl-li-a-ti'f,~ti'w)
a. und s/m. ein Übel nicht he-
benb(es), sondern nur lin-
bernb(es Mittel).

pallier (păl-li-e') bemänteln; ein
Übel nur oberflächlich heilen.

palme (pălm) 1. f Palmzweig m;
Sieg(es-Palme) m; Palme (Ver-
zierung). 2. m Handlänge f,
Spanne f.

palmé, ~e (păl-me') handförmig;
mit Schwimmhaut versehen.

palmette (păl-mă't) f Palmen-
bäumchen n, -blatt n.

palmier (mie') m Palmenbaum,
Palme f.

palmipède (păl-mi-pă͞'b) platt-
füßig und mit Schwimmhaut.

palmite (păl-mi't) m Palmen-
mark n. [haut.

palmure (păl-mü'r) f Schwimm-

palombe (pă-la͞'b) f Ringeltaube.

palonnier(pă-lŏ-nie') m Ortscheit
n am Wagen.

palot (pă-lo') m Bauerlümmel.

pâlot, ~te (pa-lo', ~lŏ't) et. blaß.

palpable (păl-pa'bl) greifbar;
handgreiflich. [spitze f.

palpe (pălp) f (m) Taster m, Freß-

palpé, ~e (păl-pe') mit Tastern.

palper (păl-pe') betasten.

palpitation (păl-ta-ßiŏ') f krampf-
haftes Zucken; Herzklopfen n.

palpiter (păl-pi-te') zucken; klopfen, pochen (v. Herzen); wogen
(vom Busen). [Kuckuck!

palsambleu! (păl-ßa͞-blö') zum

paltoquet(păl-tŏ-kă')m Lümmel.

paludéen, ~ne, paludeux, ~se(pă-
lü-bĕ-a͞', ~ă'n, pă-lü-bö', ~
bö'ß) Sumpf-...

pâmer (pa-me'): (se) ~ ohnmächtig werden; ~ de joie vor Freuben außer sich sein. [macht.

pâmoison (pa-mŏă-ßo͞') f Ohn-

pampe (pa͞p) f Getreibeblatt n.

pampéen, ~ne (pa͞-pĕ-a͞', ~ă'n)
aus den Pampas.

*pam*phlet (pg-flæ') m Flugblatt
n; Schmähschrift f.
pamphlétaire (fle-tä'r) m Pam-
phletschreiber. [·ranke f.
pampre (pā'pr) m Wein-rebe f.
pan (pg) m Bahn f eines Zeuges;
Rockschoß; (Mauer·) Stück n,
Seite f. [salheilmittel n.
panacée(pă-na-ßē')f id., Univer-
panache (pă-nä'sch) m Helm·,
Feder-busch; Farbenstreifen pl.
panaché, ~e (pă-nä-sché') bunt-
gestreift.
panacher (~) mit e-m Federbusche
verzieren; buntstreifig machen.
panade (pă-na'b) f Brotsuppe.
panage(na'G)mEichel-maft(gelb).
panaire (pă-nä'r) brot-artig.
panais (pă-næ') m Pastinake f.
panard (pă-nā'r) mit auswärts
stehenden Füßen, französisch
(Pferd). [schwür n.
panaris (pă-nă-rĭ') m Nagel-ge-
pancarte (pg-kä'rt) f Anschlage-
zettel m; Wisch m. [Lobrede f.
panégyrique (pă-ne-Gĭ-rĭ'k) m
paner (pă-ne') mit geriebenem
Brote bestreuen. [kammer.
paneterie (pă-nĭ-t'rĭ') f Brot-
panetier(pa-n'tĭe')mBrotmeister.
panetière (pa-n'tĭä'r)fBrottasche
der Hirten.
panic ♃ (pă-nĭ'k) m Fennich.
panicule ♃ (pă-nĭ-kü'l) f Rispe.
panier(nĭe')mKorb; ~ percé Erz-
verschwender; ~ à salade, auch:
Zellenwagen. [Brotbereitung.
panification (pă-nĭ-fĭ-kā-ßĭɔ') f
panique (pă-nĭ'k)f, a. terreur f ~
panischer Schrecken.
panne (pän)f Felbel m; (Schweins·)
Flohm m; ↓ se tenir en ~ auf-
gebraßt liegen.
panneau (pă-no') m Füllung f;
Garn n, Netz n; Fläche f eines
Steines. [aufstellen.
panneauter (pă-no-te') Garne
panneton (n'tɔ') m Schlüsselbart.

*pan*niforme(păn-nĭ-fö'rm)tuch·,
filz·artig.
panonceau (pă-nɔ-ßo') m Schild
n an der Thür eines Notars.
panoplie (nŏ-plĭ') f id. (Gesamtheit
von Waffen als Wandschmuck). ·
panse (pāß)f Wanst m; Vormagen
m der Wiederkäuer; Bauch m einer
Flasche etc.
panser (pg-ße') Wunden verbinden;
Pferde warten, striegeln.
pansu, ~e (pg-ßü') dickbäuchig.
pantalon (tä-lɔ') m Beinkleid n.
pantalonnade (pg-tä-lŏ-na'b) f
Gaukelposse.
pantelant, ~e (pg-t'lɑ', ~t'lɑ't)
keuchend, noch zuckend (v.Fleisch).
panthère (pg-tä'r) f Panther m.
pantière (tĭä'r) f gestrickte Jagd-
tasche.
pantin (pg-tɛ') m Hampelmann.
pantographe (pg-tŏ-grä'f) m
Storchschnabel. [butt.
pantois, ~e (pg-tŏā', ~tŏä'ß) ver-
pantoufle (pg-tu'fl) f Pantoffel m.
paon m, ~ne f (pg, pan) Pfau-
hahn, ·henne.
paonneau (pă-no') m junger Pfau.
papal, ~e (pă-l) päpstlich. [lich.
papalin (pă-lɑ') mv.part päpst-
papauté (pă-po-te') f Papsttum n.
pape (pap) m Papst.
papegai (pă-p'ge') m Vogel von
Holz zum Abschießen.
papelard, ~e (pă-p'lā'r, ~lä'rd)
1. scheinheilig. 2. m Augen-
verdreher. [heiligkeit.
papelardise (p'lär-dĭ'ß) f Schein-
paperasse (pă-p'ra'ß) f altes
Papier, Wisch m.
paperasser (pă-p'rä-ße') in alten
Papieren kramen.
papesse (pă-pä'ß) f Päpstin.
papeterie (pă-pä-t'rĭ') f Papier-
mühle, ·macherei, ·handel m;
Schreibmaterialien pl.
papetier (pă-p'tĭe') m Papier-
macher, ·händler.

papier (pă-p̄ĕ') m Papier n (a.
fig.); ⌐s publics Zeitungen f/pl.;
⌐ monnaie Papiergeld n.
papilionacé, ⌐e(pă-pĭ-lĭŏ̄-na-s̄e')
schmetterlingsartig.
papille (pă-pĭ'l) f Hautwärzchen.
papillon (pă-pĭ-ĭǫ') m Schmetter-
ling.   [flattern.
papillonner (vă-pĭ-jŏ-ne') umher-
papillote (jŏ't) f (Haar-)Wickel.
papiloter (pă-pĭ-jŏ-te') I. v/a.
die Haare aufwickeln, in' Papier wickeln. II. v/n. blinzeln
(vom Auge); flimmern, glitzern;
typ. schmitzen.
Papin (pă-p̄ǎ'): digesteur m (ou
marmite f) de ⌐ papinianischer
Topf.
papule (pă-pŭ'l) f Blatter.
papyracé, ⌐e (pĭ-ra-s̄e') papier-
artig. [2. P.⌐s m christl. Ostern.
pâque (pāk') 1. f jüdisches Passah.
paquebot (pă-k̄'bo') m Paketboot
n, Postschiff n. [blümchen n.
pâquerette (pa-k̄'ræ't) f Gänse-
paquet (pă-k̄æ') m Paket n, Bündel n; Briefschaften f/pl.; Last
f, Beschwerlichkeit f; Stichel-
wort n, Hieb. [Einpacker(in).
paqueteur m, ⌐se f (k̄'tŏ'r, k̄'tŏ̄'s)
par (păr) durch, über, zu; bei,
während; wegen, aus; von beim
pass.; ⌐ Dieu! bei Gott! commencer ⌐ ... anfangen mit ...;
de ⌐ le roi im Namen des Königs; ⌐ trop allzu.
parabole (pă-ră-bŏ'l) f Para'bel
(auch math.).   [schirm.
parachute (pă-ră-schü't) m Fall-
paracrotte (ră-k̄rŏ't) m Schmutz-
gamasche f; Spritzleder n am
Wagen.
parade (pă-ra'b) f Gepränge n,
Staat m; X id.; burleske Scene
vor einer Schau-bude; Fecht-, Reitkunst: Parieren n; Pferdemarkt-
platz m. [⌐ zur Schau reiten.
parader (ră-be') paradieren; faire

paradis(pă-ră-dĭ')m Paradies n;
thé. Galerie f.   [wehr f.
parados (pă-ră-bō') m Rücken-
parafe (pă-ră'f) m Namenszug,
Schnörkel an der Unterschrift; ab-
gekürzte Unterschrift.
parafer (pă-ră-fe') mit seinem
Namenszuge versehen.
parage (pă-ra'Q) m See-strich,
Küstenstrecke f; de haut ⌐ von
vornehmer Abkunft.   [kaffar.
paragraisse(ră-græ's)m Antima-
paragrêle (pă-ră-græ'l) m Hagel-
ableiter.   [glas blasen.
paraisonner (pă-ræ-s̄ŏ-ne') Tafel-
paraitre (ræ'tr) erscheinen, sichtbar werden; scheinen, den Anschein haben.
parallèle (pă-răl-lǣ'l) 1. gleich-
laufend. 2. f Parallel-Linie;
X Parallele; Turnerei: Barren
m. 3. m Parallele f, Vergleichung f.
paralyser (pă-ră-lĭ-s̄e') lähmen.
paralysie (pă-ră-lĭ-s̄ĭ') f (Glieder-)
Lähmung.   [gichtbrüchig.
paralytique (tĭ'k) gelähmt; bibl.
paraneige (ră-nǣ'Q) m Schnee-
schirm.   [loser Diamant.
parangon (pă-rg-gǫ') m Flecken-
parant, ⌐e (pă-rg', ⌐rā'̄t)putzend.
parapet (ră-pæ') m Brustwehr f.
paraphe (pă-ră'f) & v. parafe &.
paraphernaux (pă-ră-fær-nō'):
biens m/pl. ⌐ Eigenvermögen n
der Frau außer der Mitgift.
paraphraser (pă-ră-fra-s̄e') um-
schreibend erläutern. [schirm.
parapluie (pă-ră-plᾱĭ') m Regen-
parasite (pă-ră-s̄ĭ't) 1. schma-
rotzend. 2. m Schmarotzer.
parasol (s̄ŏ'l) m Sonnenschirm.
paratonnerre (pă-ra-tŏ-nᾱ'r) m
Blitzableiter.
paravalanche (pă-ră-vă-lā'̄sch)m
Galerie f gegen Lawinen.
paravent (pă-ră-vg') m Wand-,
Bett-schirm, spanische Wand.

*par*bleu! (păr-blŏ') bei Gott!

parc (părk) *m* Luftwald; Tiergarten; Hürde *f*; Fischgehege *n*; (Artillerie-)Park.

parcage(păr-ka'G) *m* Einpferchen.

parcelle (păr-ßæ'l) *f* Parzelle, Stückchen *n*.

parceller (ßæl-le') zerstückeln.

parce que (pă'rß'k) weil.

parchemin (păr-ſch'mₐ') *m* Pergament *n*; ⌣s *pl.* Urkunden, Adelsbriefe. [gamentmacher.

parcheminier (ſch'mi-nĭĕ') *m* Per-

par-ci (păr-ßi'): ⌣ par-là hier u. da; hin und wieder.

parcimonie (păr-ßi-mŏ-nĭ') *f* kleinliche Sparsamkeit.

parcimonieu*x*, ⌣se (păr-ßi-mŏ-nĭĕ', ⌣nĭ'ß) knickerig.

parcourir (păr-ku-ri'r) durchlaufen, -gehen; überblicken; prüfen. [Strecke.

parcours(păr-ku'r)*m* durchlaufene

pardessus (b'ßü') *m* Überzieher.

par-dessus (⌣) v. dessus 2.

pardi (păr-bi') bei Gott! wahrlich!

par'don (păr-dₒ') *m* Verzeihung *f*; Gnade *f*; ⌣s *pl.* Ablaß *m*.

pardonnable (păr-bŏ-na'bl) verzeihlich; zu entschuldigen.

pardonner (păr-bŏ-ne') verzeihen; ne pas ⌣ à q., auch: jem. nicht verschonen, j-m keinen Pardon geben (von Krankheiten).

pareil, ⌣le (pă-ræ'j) gleich, ähnlich; derartig, solch; mon ⌣ meinesgleichen; rendre la ⌣le Gleiches mit Gleichem vergelten. [(Ärmel-)Aufschlag.

parement (pa-r'mₐ') *m* Schmuck;

parent, ⌣e (pă-rₐ', ⌣rₐ't) 1. verwandt. 2. *s.* Verwandte(r); ⌣s *pl.* Eltern. [schaft.

parenté (pă-rₐ-te') *f* Verwandt-

parer (pa-re') I. *v/a.* aufputzen, schmücken; ablenken, parieren; zurichten. II. *v/n.* ⌣ à qc. etwas abwenden.

*par*ère (pă-rā'r) *m* Gutachten *n*.

paresse (pă-ræ'ß) *f* Faulheit.

paresseu*x* *m*, ⌣se *f* (pă-ræ-ßŏ', ⌣ßŏ'ß) 1. faul; unthätig. 2. *s.* Faulenzer(in). 3. *m* Faultier *n*.

parfaire (păr-fā'r) vollenden; eine Summe ergänzen.

parfait, ⌣e (păr-fæ', ⌣fæ't) 1. vollkommen, vollendet; absolut. 2. *m* Perfektum *n*.

parfiler (păr-fi-le') auszupfen.

parfilure (păr-fi-lü'r) *f* ausgezupfte Fäden *m/pl.*

parfois (păr-fₒã') bisweilen.

parfum (păr-fₒ') *m* Wohlgeruch, Duft. [machen.

parfumer (fü-me') wohlduftend

parfumeur *m*, ⌣se *f* (păr-fü-mŏ'r, ⌣mŏ'ß)Parfümerie-Fabrikant(in), -Händler(in).

parhélie(pă-re-li')*m* Nebensonne.

pari (pă-ri') *m* Wette *f*.

parier (ri-e') wetten. [kraut *n*.

pariétaire (pă-ri-e-tā'r)*f* Mauer-

pariétal, ⌣e (tā'l) auf Mauern wachsend; os *m* ⌣ Scheitelbein *n*.

parieur (pă-riŏ'r) *m* Wetter.

Parisien *m*, ⌣ne *f* (ri-ßĭₐ', ⌣ßĭæ'n) Pariser(in).

parisyllabe, ⌣ique (pă-ri-ßil-la'b, ⌣la-bi'k) gleichsilbig.

parité (pă-ri-te') *f* Gleichheit.

parjure (păr-Gü'r) 1. mein-eidig. 2. *m* Mein-eid. 3. *s.* Meineidige(r). [eidig werden.

parjurer (păr-Gü-re'): se ⌣ mein-

par-là (păr-lă) v. par-ci.

parlage (păr-la'G) *m* Gerede *n*.

parlant, ⌣e (lₐ', lₐ't) redend; gesprächig; sprechend ähnlich.

parlement (păr-l'mₐ') *m* Parlament *n*.

parlementaire (păr-l'mₐ-tā'r) 1. parlamentarisch. 2. *m* Unterhändler. [handeln.

parlementer (păr-l'mₐ-te') unter-

parler (păr-le') sprechen (à q. jem., mit j-m), reden; ch. anschlagen.

parleur m, ~se f (pär-lö'r, ~lö'j) Sprecher(in); Schwätzer(in).
parloir (lä'r) m Sprechzimmer n.
parmi (pär-mi') (mitten) unter.
parodier (pă-rŏ-bĭ-e') spöttisch nachbilden, parodieren.
parol (pă-rŏä') f (Scheibe-, Seiten-) Wand. [Parochie.
paroisse (pă-rŏä'ß) f Kirchspiel n,
paroissial, ~e (pă-rŏä-ßĭä'l) zum Kirchspiele gehörig.
paroissien m, ~ne f (ßĭä', ßĭä'n) 1. Pfarrkind. 2. m Gebet'buch.
parole(pă-rŏ'l) f Wort n; Sprache; Versprechen n; ~s pl., a. Stichelreden, Text m einer Oper.
parotide (rŏ-tĭ'b) f Ohrspeicheldrüse; Ziegenpeter m.
Parque (pärk) f Parze.
parquer (pär-ke') I. v/a. einpferchen; Munition auffahren. II.v/n. in einem Parke, Pferche liegen.
parquet (kä') m id. n (abgeschlossener Raum im Gerichtssaale, in e-r Börse); id. n (getäfelter Fußboden).
parqueter (pär-k'te') täfeln, parkettieren. [felung.
parqueterie (pär-kä-t'rĭ') f Täfelung.
parqueur (pär-kŏ'r) m Austernzüchter. [zeuge.
parrain (pa-rą') m Pate, Taufparricide (pă-rĭ-ßĭ'b) 1. vatermörderisch. 2. s. Vater-, Mutter-, Verwandten-mörder(in). Vater-, Mutter-morb.
parsemer (pär-ßĭ-me') besäen, bestreuen.
part (pär) 1. f Anteil m, Los n; Beteiligung; Mitteilung; de la ~ de q. von Seiten ob. im Auftrage j-s; Ort m; autre ~ anderswo; nulle ~ nirgends; quelque ~ irgendwo(hin); de ~ et d'autre von (nach, auf) beiden Seiten; à ~ bei Seite. 2. m Leibesfrucht f.
partage (pär-ta'ʒ) m Teilung f; Erbteil n, Anteil; das j-m Zu-

fallende; Meinungsverschiedenheit f; Stimmengleichheit f; ligne f du ~ des eaux Wasserscheide.
partager (pär-tă-ʒe') teilen; ab-, ein-teilen; ~ à ... austeilen unter ...; ~ q. jem. bedenken.
partageur (pär-tă-ʒö'r) m Teiler.
partageux (pär-tă-ʒö') m Kommunist.
partance ⚓ (pär-tą'ß) f Abfahrt.
partant (pär-tą') 1. m Abreisende(r). 2. adv. demgemäß.
partenaire (pär-tnä'r) s. Partner(in), Mitspieler(in).
parterre (pär-tä'r) m Fußboden; Gartenbeet n; thé. id. n.
parti (pär-tĭ') m Partei f; Entschluß; Vorteil; Ausweg, Mittel n; Partie f, Heirat f.
partial, ~e (pär-ßĭä'l) partei-isch.
partialité(ßĭä-lĭ-te') f Parteilichkeit. [nahme; Mitwirkung.
participation(tĭ-ßĭ-pā-ßĭ')f Teilparticiper (pär-tĭ-ßĭ-pe'): ~ à qc. an etwas teilnehmen; ~ de qc. etwas von der Natur einer Sache an sich haben.
particulariser(pär-tĭ-kü-la-rĭ-ße') ausführlich erzählen; drt. besonders betreiben.
particularité (pär-tĭ-kü-la-rĭ-te') f Einzelheit, besonderer Umstand. [n; gr. Partikel.
particule (pär-tĭ-kü'l) f Teilchen
particulier, ~ère (pär-tĭ-kü-lĭe', ~lĭä'r) 1. besonder, eigentümlich; privat; merkwürdig. 2.m das Besondere; Privatmann.
partie (pär-tĭ') f Teil m; Lustpartie; Fach n, Geschäft n; handelnde Person, Rolle, ♂ Stimme; (Spiel-)Partie; drt. Partei; en ~ teilweise.
partiel, ~le (pär-ßĭä'l, ~ßĭä'l) einzeln; teilweise vorhanden.
partir (pär-tĭ'r) abreisen (pour nach); ab-gehen, -fahren, -se-

geln; ~ de qc. ausgehen v. et.;
à ~ de ce jour von heute an.
partisan (pär-tĭ-ʃɑ̃') m Partei-
gänger. [♃ Partitur.
partition (pär-ti-ßjɔ̃') f Teilung;
partout (pär-tu') überall.
parure (pä-rü'r) f Putz m; Ge-
schmeide n.
parvenir (pär-w'nĭ'r) anlangen;
zu etwas gelangen; abs. empor-
kommen. [porkömmling.
parvenu m, ~e f (pär-w'nü') Em-
parvis (pär-wĭ') m Vor-hof, -platz
einer Kirche.
pas(pā) 1. m Schritt; (Tanz-)Paß;
Durchgang; Engpaß; Meer-
enge f; Thürschwelle f; Vor-
tritt vor j-m; ~ de vis Schraubengang. 2. adv. ne ... ~ nicht;
~ beaucoup nicht viel; ne ...
pas de kein; ne ... ~ un nicht
ein(er); ne ... ~ non plus auch
nicht. [Oster-...
pascal, ~e (pä-ßkäl) österlich,
pasquinade (ßkĭ-na'b) f Pasquill
n, Schmähschrift. [lich (gut).
passable (pa-ßa'bl) leiblich, ziem-
passade (ßa'b) f flüchtige Durch-
reise; Eintagsliebschaft; schnell
vorübergehende Lust oder Neigung; Zehrpfennig m.
passage (pa-ßa'Q) m Durch-gang,
-reise f; Zug der Vögel; Vorbei-
gehen n, -reiten n 2c.; Ort des
Durchganges, Weg, Straße f;
id. f (mit Glas bedeckter Gang);
Überfahrt f zu Schiffe; Übergang,
Wechsel; Stelle f in einem Buche
oder Musikstücke; arch. geheimer
Aus-, Neben-gang.
passager m, ~ère f (pa-ßä-Qe-,
~Qä'r) 1. vorübergehend, von
kurzer Dauer, flüchtig. 2. s.
Durchreisende(r); ♃ Passagier.
passant m, ~e f (pa-ßä', ~ßä't)
1. s. Vorübergehende(r). 2. a.
chemin ~ lebhafter (a. öffentlicher) Weg.

passavant(pa-ßä-wɑ̃')m Passier-
zettel; ♃ Laufplanken f/pl.
passe (paß) f Ziehen n der Vögel;
lettres de ~Beförderungsbriefe
m/pl.; Aufgeld n, Agio n; Zehrpfennig m; être dans une belle
~ bedeutende Aussichten auf
Beförderung haben; Roulette: id.
(jede Nummer über 18).
passé (pa-ße') 1. m das Vergan-
gene; Vergangenheit f. 2. prp.
nach Ablauf; jenseit.
passe-balle (vaß-bä'l) m Kugel-
maß n, -sieb n.
passe-cordon (paß-kör-bɔ̃') m
Schnürnadel f. [Transitschein.
passe-debout (paß-bə-bu') m
passe-droit (paß-bröä') m Ver-
günstigung f; Zurücksetzung f
j-s durch Bevorzugung eines Minder-
berechtigten. [über-ziehen n.
passée (pa-ße') f Durch-, Vor-
passefiler (pa-ß'fĭ-le') Strümpfe 2c.
stopfen. [Treffe f.
passement (pa-ßmɑ̃') m Borte f,
passementer (ßmɑ̃-te') betreffen.
passementerie (pa-ßmɑ̃-t'rĭ') f
Bortenwirkerei; Posamentier-
arbeit. [Posamenti'er(in).
passementier m, ~ère f (tĭe', tĭä't)
passe-partout (paß-pär-tu') m
Hauptschlüssel.
passe-passe (vaß-pa'ß) m: tours
de ~Taschenspieler-Kunststücke.
passepoil (paß-pöä'l) m Vorstoß.
passeport (pö'r) m (Reise-)Paß.
passer (pa-ße') 1. v/n. durch e-n
Ort, an einem Orte vorüber
gehen, fahren, fließen 2c.; ~ chez
q. bei j-m vorsprechen; zu et.
ü'bergehen; ~ à un examen
durchkommen; ~ maître Meister
werden; verfließen; l'année ~ée
voriges Jahr; vergehen, verblühen; nachlassen; über et. vor-
ragen; ~ pour qc. für etwas
gelten; ~ sur qc. et. überschlagen;
y ~ sich et. Schlimmes ge-

falſen laſſen, darauf gehen;
laiſſer ~ hingehen laſſen. 2.v/a.
über et. hinweg gehen, fahren
ꝛc.; jem. ü'berſetzen; v. Hand
zu Hand gehen laſſen; herüber-
reichen; Flüſſiges durchſeihen;
über et. hinausgehen; überſtei'-
gen; j-m vorkommen; durch-
ſtecken, -ſtoßen; e-n Rock ꝛc. anziehen; die Zeit verbringen; zu-
bringen; ein Examen beſtehen,
geprüft werden; j-m et. hingehen laſſen; et. überſchla'gen,
weglaſſen; ~ par les armes er-
ſchießen. 3. se ~ ſich ereignen;
se ~ de qc. et. entbehren.
passereau (pa-ß'ro') m Sperling.
passerelle (pa-ß'ræ'l) f Steg m
über ein Waſſer. [treib.
passe-temps (paß-tg') m Zeitver-
passeur (pa-ßö'r) m Fährmann.
passe-velours ♀ (paß-wĭ-lū'r) m
Hahnenkamm.
passible (pä-ßĭ'bĭ) empfindungsfähig; être ~ de ... eine Strafe
verwirkt haben.
passif, ~ve (ßĭ'f, ßĭ'w) 1.leidend,
paſſiv. 2.m Paſſiva pl.(Schulden).
passion(pa-ßĝ') f Leiden n Chriſti;
Leidenſchaft; Sucht.
passionné, ~e (pa-ßĭŏ-ne') lei-
denſchaftlich. [lich werden.
passionner (~): se ~ leidenſchaft-
passiveté (pä-ßĭ-w'te') f leiden-
der Zuſtand, Paſſivität.
passoire (pa-ßŏä'r) f Durchſchlag.
pastel (pä-ßtæ'l) m Paſtell-, Far-
ben-ſtift; Waid(-Farbe f).
pasteur (pä-ßtö'r) m Hirt; Seel-
ſorger, Paſtor. [Nachbild.
pastiche (pä-ßti'ſch) m betrügliches
pasticher(pä-ßtĭ-ſche')nachbilden.
pastille (pä-ßti'l) f Räucherkerz-
chen n; Zuckerplätzchen n.
pastoral, ~e (pä-ßtŏ-rä'l) 1.Hir-
ten-... 2. ~e f Schäferſpiel n.
pastoureau (pä-ßtu-ro')m Hirten-
knabe.

patache (pä-tä'ſch) f Zoll-, Poſt-
ſchiff n; Landkutſche.
patapouf (pä-tä-pü'f) m dicker,
ſchwer-atmender Kerl.
pataquès (pä-tä-kæ'ß) m Bin-
dungsſchnitzer.
patarafe (pä-tä-rä'f) f Gekritzel n.
patatras (pä-tä-tra') pardauz.
pataud m, ~e f(pä-tō', ~tō'b) Tol-
patſch; dicke Trutſchel.
patauger (tc-Qe') im Schlamme
herumpatſchen; ſich beim Reden
verwirren.
pâte (pāt) f (Brot-)Teig m; bonne
~ d'homme gute ehrliche Haut;
Paſte. [klecks.
pâté (pa-te') Paſtete f; Tinten-
pâtée (pa-tĕ') f Stopf-nudeln pl.;
Futter n. [zer.
patelin (pä-t'lg') m Fuchsſchwän-
pateliner(pä-t'lĭ-ne') beſchwatzen;
v/n. fuchsſchwänzeln.
patelle (pä-tä'l) f Schüſſelchen n.
patène (tæ'n) f Hoſtien-teller m.
patenôtre (pä-t'nō'tr) f Vaterunſer n; ~s pl. Roſenkranz m.
patent, ~e (pä-tg', ~tg't) offenbar, -kundig.
patente (tg't) f Gewerbe-ſteuer;
Beſcheinigung über die Beſchaffenheit der Waren; ⚓ Ge-
ſundheitspaß m.
Pater (pa-tä'r) m Vaterunſer n.
pâter (pa-te') kleiſtern; v/n. teigig ſein.
patère (pä-tä'r) f Garbinenhalter
m; Haken m zum Aufhängen von
Kleidern.
paternel, ~le (pä-tär-næ'l, ~næ'l)
väterlich. [ſchaft.
paternité (pä-tär-nĭ-te') f Vater-
pâteux, ~se (pa-tö', ~tö'ſ) teigig,
pappig; matſchig; trübe.
patibulaire(pä-tĭ-bü-lä'r)galgen-
mäßig, Galgen-... [Gebuld.
patiemment (pä-ßĝ-mg') mit
patience (pä-ßĝ'ß) f Gebuld;
prendre ~ ſich gebulden.

patient, ~e (pă-ṣĩ̀', ~ṣĩ̀'t) 1. ge-
dulbig; ausdauernd. 2. m armer Sünder (Hinzurichtender);
Patient, der e-e Operation besteht.
patienter (ṣĩ̀-te') sich gedulden.
patin (pă-tĩ̀') m Schlittschuh;
Schneeschuh.
patine (pă-tĩ'n) f Pa'tina (Rost-
überzug auf Bronze-sachen).
patiner (pă-tĩ-ne') Schlittschuh
laufen; v/a. betasten; mit Pa-
tina anstreichen.
patineur m, ~se f (pă-tĩ-nö̃'r,
~nö̃'ṣ) Schlittschuhläufer(in).
pâtir (pa-tĩ'r) leiden.
pâtiras (pa-tĩ-ra') m Sündenbock,
Prügeljunge.
pâtis (pa-tĩ') m geringe Viehweide.
pâtisser (pa-tĩ-ṣe') Kuchen backen.
pâtisserie (pa-tĩ-ṣ'rĩ') f feines
Backwerk; Kuchenbäckerei.
pâtissier m, ~ère f (tĩ-ṣe', ~ṣiă'r)
Kuchenbäcker(in).
patois (pă-tŭ̃a') m Platt n, Mund-
art f.   [Teigwurst f.
pâton (pa-tŏ̃') m Stopfnudel f;
patouiller (pă-tŭ-je') patschen
(im Kote).   [wäscher.
patouilleur (pă-tŭ-jö̃'r) m Erz-
patraque (pă-trä'k) f abgenutzte
Maschine, schlecht gehende Uhr.
pâtre (pā'tr) m Hirt.
patriarcal, ~e (pă-trĩ-är-kă'l) pa-
triarchalisch.   [Patrizier(in).
patricien m, ~ne f (ṣĩ̀', ṣiă'n)
patrie (pă-trĩ') f Vaterland n.
patrimoine (pă-trĩ-mŭ̃a'n) m elter-
liches Erb-teil, -gut.
patron m, ~ne f (pă-trŏ̃', ~trŏ̃'n)
1. m h.a. Patro'n; Modell n,
Muster n; Schablo'ne f. 2. s.
Gönner(in); Schutzheilige(r);
Meister(in), Arbeitgeber(in).
patronage(pă-trŏ̃-na'k)m Schutz-
herrschaft f; Patronatsrecht n.
patronner(pă-trŏ̃-ne') beschützen;
nach einem Muster durchzeichnen;
schablonieren.

patronnesse (pă-trŏ̃-nǎ'ṣ) f:
dame ~ Festordnerin.
patronneur (trŏ̃-nö̃'r) m Muster-
zeichner.   [m; X id.
patrouille(pă-trŭ'j)f Ofenwischer
patrouiller (pă-trŭ-je') manschen,
sudeln; v/n. X patrouillieren;
im Kote patschen.
patte (păt) f Pfote, Tatze; Klaue;
Bein n, Fuß m v. Insekten; Ro-
stral n; Klappe einer Brieftasche.
patte-d'oie (păt-dŭ̃a') f Knoten-
punkt m; Runzeln pl. in den
Augenwinkeln.   [Schleicher(in).
patte-pelu m, ~e f (păt-pĕ-lü')
pattu,~e(pă-tü') dick-,rauch-füßig.
pâturage (pa-tü-ra'k) m Weide
(-platz, -nutzung f) f.
pâture (tü'r) f Futter n, Fraß m.
paturon (pa-tü-rŏ̃') m Fessel f am
Pferdefuße.
paume (pōm) f flache Hand; Faust
(Höhenmaß im Pferdehandel); Ball-
spiel n.
paumelle (po-mǎ'l) f Handleder
n; zweizeilige Gerste.   [messen.
paumer (po-me') mit der Hand
paupérisme (pĕ-rĩ'ṣm) m Massen-
armut f.   [-wimper.
paupière (po-piă'r) f Augen-lid n,
pauser (po-ṣe') pausieren.
pauvre (pō'vr) arm; jämmerlich;
dürftig.   [frau.
pauvresse (po-vrǎ'ṣ) f Bettel-
pauvret m, ~te f (vrǎ', vrǎ't)
armer Schelm; armes Ding.
pauvreté (po-vrĕ-te') f Armut;
Armseligkeit.
pavage (pa-va'k) m Steinpflaste-
rung f.   [brüsten.
pavaner (pă-vă-ne'): se ~ sich
pavé (pa-ve') m Pflaster(-stein) n.
paver (pa-we') pflastern.
pavesan, ~e (pa-vĕ'ṣ̌a', ~ṣ̌a'n)
aus Pavi'a.   [Dämmer.
paveur (pă-vö̃'r) m Pflasterer,
pavillon(pă-vĩ-jŏ̃')m Zelt n; lit m
en ~ Himmelbett n; Garten-,

Luſt-hauß n; Rutſchen-Verdeck n;
⚓ Flagge f.

pavois (pă-wä̆') m ehm. großer
Schild; élever sur le ∼ zu hohen
Ehren erheben; ⚓ Schanzkleid.

pavoiser (pă-wä̆-ſe') beflaggen.

pavot (pă-wo') m Mohn.

payable (pă-ſa'bl) zahlbar.

payant, ∼e (pă-ſa̅', ∼a̅'t) bezah-
lend; wofür gezahlt wird.

paye (păj oder pă) f Löhnung,
Sold m; Zahler(in).

payement, a. paiement u. paiment
(pă-mą') m Bezahlung f.

payer (pă-ſe') bezahlen; ∼ de retour erwidern; büßen; vergelten; ∼ d'audace ſich durch Kühnheit behaupten; se ∼ de qc. ſich
mit et. zufrieden geben.

payeur m, ∼se f (pă-iō̆'r, ∼ō̆'f)
Zahler(in).

pays (pĕ-i') m Land n; Vaterland
n, Heimat f; P Landsmann.

paysage (pe-ĭ-ſa'G) m Landſchaft.

paysagiste(pe-ĭ-ſă-Gi'ßt)m Land-
ſchaftsmaler.

paysan m, ∼ne f (pe-ĭ-ſą', ∼ſă'n)
Bauer, Bäuerin, Landmann.

Pays-Bas (pe-i-ba') m/pl. Nieder-
lande.

péage (pĕ-a'G) m Brücken-, Wege-
geld n; Zollhaus n.

péager m, ∼ère f (pe-ă-Ge', ∼Gä'r)
Zöllner(in).

peau (pō) f Haut; Fell n, Balg m;
Leder n; ∼-rouge m Rothaut f.

peausserie (po-ß'rī') f Leder-
handel m, -waren pl.   [ter.

peaussier (po-ßīe') m Leder-berei-
pec (păk): hareng ∼ Pökelhering.

peccable (păk-ſa'bl) ſündhaft.

peccadille (păk-tă-bi'j) f kleine
Sünde.   [2. Fiſcherei.

pêche (păĕſch) f 1. Pfirſich m.

péché (pĕ-ſche') m Sünde f.

pécher (pĕ-ſche') ſündigen.

pêcher (pă-ſche') 1. fiſchen; fig.
auffangen. 2. m Pfirſichbaum.

pécheur m, pécheresse f (pĕ-
ſchō̆'r, pĕ-ſch'ræ'ß) Sünder(in).

pêcheur m, ∼se f (pă-ſchō̆'r,
∼ſchō̆'f) Fiſcher(in).

pécore (pĕ-kō'r) f dummes Vieh.

pectoral, ∼e (pĕ-ktŏ-ră'l) zur
Bruſt gehörig, Bruſt-... [ſtahl.

péculat (pĕ-kü-la') m Kaſſendieb-

pécule (pĕ-kül) m Barſchaft f.

pécuniaire (pĕ-kü-nīä'r) Geld-...

pédale (bă'l) f Peda'l n; Tritt ...

pédantesque (pe-bǫ-tä̆'ßk) pe-
bantiſch, ſteif.   [ßen ſtehenb.

pédestre (pĕ-bä̆'ßtr) auf ben Fü-

pédiculaire (pe-bĭ-kü-lä'r): maladie f ∼ Läuſeſucht.

pédicule ⚭ (pe-bĭ-kü'l) m Stiel.

pédicure (pe-bĭ-kü'r) m Fuß-arzt.

pédoncule (pe-bǫ-kü'l) m Blu-
menſtiel.   [Maule f

peigne (pänj) m Kamm; vét.

peigné (pă-nje') m Kammwolle f.

peignée (pă-nje') f Strich m mit
bem Kamme; ein Kamm voll
Wolle; Prügelei.

peigner (pă-nje') kämmen; un
mal ∼é Struwwelpeter; fig. feilen, glätten; Wolle krempeln;
Hanf ꝛc. hecheln; F burchprügeln.

peigneur m, ∼se f (pă-njō̆'r, ∼
njō̆'f) Woll-Kämmer(in); Flachs-
Hechler(in).

peignier (nje') m Kammmacher.

peignoir (pă-njä̆'r) m Puber-
mantel; Morgenrock ber Damen.

peignures (pă-njü'r) f/pl. aus-
gekämmte Haare.

peindre(pą̆'br) malen; anſtreichen;
ſchilbern; s'achever de ∼ ſich
ben Reſt geben.

peine (pän) f Strafe; Leiden n,
Kummer m; Sorge, Unruhe;
Mühe, Arbeit; Schwierigkeit;
à ∼ kaum.

peiner(pă-ne') I. v/a. Mühe m.;
Kummer machen. II. v/n. ſich
abmühen.   [∼ Malerin.

peintre (pą̆'tr) m Maler; femme f

peinturage (pₐ-tŭ-ra'G) *m* Anstreichen *n.*

peinture (pₐ-tū'r) *f* Malerei; Ge-
mälbe *n*; Anstrich *m*; Schilde-
rung. [anmalen.

peinturer (pₐ-tŭ-re') anstreichen,

péjoratif, ~ve (pe-Gŏ-ra-ti'f, ~-
ti'v) verschlimmernd. [Haare.

pelade (pₐ-la'b) *f* Ausfallen *n* der

pelage (pₐ-la'G) *m* Hautfarbe *f* der
Pferde; Enthaaren *n* der Häute.

pelard (pₐ-lā'r): bois *m* ~ der Lohe
wegen geschältes Holz.

pelé, ~e (pₐ-le') kahl, räubig.

Pélée (pě-lē') *m* Peleus.

pêle-mêle (pæl-mæ̈'l) bunt durch
einander. [schälen.

peler (pₐ-le') 1. enthaaren. 2. ab-

pèlerin *m*, ~e *f* (pæ-l'rₐ', ~ri'n)
Pilger(in); Wanderer.

pèlerinage (pæ-l'rĭ-na'G) *m* Pil-
gerschaft *f*, Wallfahrt *f.*

pélican (pě-lĭ-ₐ̌') *m* id., Kropf-
gans *f*; Schließklammer *f.*

pelisse (pₐ-li'ß) *f* Pelz(=rock 2c.) *m.*

pelle (pæl) *f* Schaufel, Schippe.

pellée (pě-lē') *f* e-e Schaufelvoll.

pelleter (pě-l'te') umschaufeln.

pelleterie (pě-l'̆-t'rĭ') *f* Kürsch-
nerei; Pelz=handel *m*, =werk *n.*

pelletier (pě-l'tiē') *m* Kürschner.

pellicule (pæl-lĭ-kŭ'l) *f* Häutchen.

pellucide (lŭ-ßĭ'b) durchsichtig.

pelote (p'lŏ't) *f* Knäuel *n*; Näh-
kissen *n*; ~ de neige Schnee-
ball *m.*

peloter (p'lŏ-te') I. *v/a.* zu e-m
Knäuel wickeln. II. *v/n.* mit
einem Balle spielen.

peloton (p'lŏ-tₐ') *m* Knäuel;
Häuflein *n*, ⚔ id., Rotte *f.*

pelotonner (p'lŏ-tŏ-ne') auf e-n
Knäuel wickeln; se ~ sich zu-
sammenrotten.

pelouse (pₐ-lū'f) *f* Grasplatz *m.*

peluche (p'lŭ'sch) *f* Plüsch *m.*

pelure (p'lū'r) *f* Haut, Schale
von Früchten 2c.

---

penaille(pₐ-na'j) *f* Mönchsvolk *n.*

pénal, ~e (pě-nă'l) strafend;
Kriminal=... [barkeit.

pénalité (pe-nă-lĭ-te') *f* Straf-

penaud, ~e (pₐ-nō', ~nō'b) beschämt, verblüfft.

penchant, ~e (pₐ-schₐ', ~schā̈'t)
1. abschüssig. 2. *m* Abhang;
Rand; Hang, Neigung *f.*

pencher (pₐ-sche') I. *v/a.* abschüssig machen, hinneigen lassen. II. *v/n.* sich neigen; ~ pour
q., à qc. zu j-m, etwas Neigung haben. [wert.

pendable (pₐ-ba'ₐ) henkens-

pendaille (pₐ-ba'j) *f* Galgenpack.

pendaison (pₐ-bæ-ßₐ') *f* Henken.

pendant, ~e (pₐ-bₐ', ~bā̈'t)
1. hängend; *fig.* brohend; *drt.*
anhängig. 2. *m* id., Gegenstück
n. 3. ~ *prp.* während; *cj.* ~
que während. [Galgenstrick.

pendard *m*, ~e *f* (pₐ-bā'r, ~bā'rb)

pendeloque (pₐ-b'lŏ'ₐ) *f* Leuchter=,
Ohr=gehänge *n*; Fetzen *m.*

pendentif (bₐ-ti'f) *m* Hängebogen.

pendiller (pₐ-bĭ-je') baumeln.

pendillon (pₐ-bĭ-jₐ') *m* Unruhe
f (in Uhren).

pendre (pā̈'br) I. *v/a.* an=, auf=,
ein=hängen; henken. II. *v/n.*
(herab=)hangen; schweben, un-
entschieden sein.

pendu (pₐ-bŭ') *m* Gehenkte(r).

pendule (pₐ-bŭ'l) 1. *m* Pendel,
Perpendikel. 2. *f* Pendel=uhr.

pêne (pæn) *m* Riegel. [bringlich.

pénétrable (pe-ně-tra'ₐ) burch=

pénétrant, ~e (pe-ně-trₐ', ~trā̈'t)
durchdringend; scharfsichtig.

pénétration (pe-ně-trā-ßₐ') *f*
Eindringen *n*; Scharfblick *m.*

pénétrer (pe-ně-tre') I. *v/a.* durchbringen; durchschauen. II. *v/n.*
~ dans qc. in et. eindringen.

pénible (pě-nĭ'ₐ) mühsam; peinlich. [insel.

péninsule (pe-nₐ-ßŭ'l) *f* Halb=

pénitence (pe-nĭ-tā´ß) *f* Buße,
Reue.

pénitencier (nĭ-tą-ßĭe´) *m* Buß-
priester; Straf-anstalt *f*.

pénitent *m*, ~e *f* (pe-nĭ-tą´, ~tā´t)
1. bußfertig. 2. *s.* Büßer(in).

pennage (pĕn-na´G) *m* Gefieder
n; Schwungfedern *f/pl.*

penne (pĕn) *f* Schwungfeder.

penné, ~e (pĕn-ne´) gefiedert.

pennon (pĕn-nŏ´) *m* Panier *n*
mit hängender Spitze.   [ten *m*.

pénombre (pĕ-nŏ´br) *f* Halbschat-

pensant, ~e (pą-ßą´, ~ßą´t) ben-
kend; bien ~ gut gesinnt.

pensée (pą-ße´) *f* Gedanke *m*; &
Stiefmütterchen *n*.

pens*er* (pą-ße´) denken; meinen;
gedenken; j'ai ~é tomber ich
wäre beinahe gefallen.

pens*eur* *m*, ~se *f* (pą-ßŏ´r, ~
ßŏ´f) Denker(in).   [kenvoll.

pensi*f*, ~ve(pą-ßĭ´f,~ßĭ´w) gedan-

pensum(pą-ßŏ´m)*m* Straf-arbeit.

pent... (pą-t...) in Zsg.: fünf-...,
,B. pentarque *m* Fünfherr.

pente (pą̄t) *f* Abhang *m*, Abdachung; *fig.* Hang *m*, Neigung.

Pentecôte (pą-t'kŏ´t) *f* Pfingsten.

penture (pą-tü´r) *f* Thür-, Fen-
ster-Band *n*.

pénultième (pe-nül-tĭ&´m) vor-
letzt.   [Mangel.

pénurie (pe-nü-rĭ´) *f* großer

pépie (pĕ-pĭ´) *f* Pips *m* der Vögel.

pépier (pe-pĭ-e´) piepen.

pépin (pĕ-pą´) *m* Obstkern; Pe-
ping(-Apfel).

Pépin (pĕ-pą´) *m* Pipi´n.

pépinière (pe-pĭ-nĭā´r) *f* Baum-,
fig. Pflanz-schule.

pépiniériste (pe-pĭ-nĭe-rĭ´ßt) *m*
Baumschulgärtner.

perçage (pąr-ßa´G) *m* Bohren *n*.

perçant, ~e (pąr-ßą´, ~ßą´t)durch-
bohrend, durchdringend; schnei-
bend (von Kälte).

perce (pąrß) *f* Bohrer *m*; mettre

du vin en ~ ein Weinfaß an-
stechen.   [ter-stecher.

perce-beurre (pąrß-bŏ´r) *m* But-

percée (pąr-ße´) *f* Durchhau *m*.

percement (pąr-ßmą´) *m* Durch-,
Aus-bohren.   [Schneeglöckchen.

perce - neige (pąrß - nā´G) *f*

perce-oreille(pąrß-ŏ-rä´j)*m* Ohrwurm.   [(Steuer-)Einnehmer.

percepteur (pąr-ßä-ptŏ´r) *m*

perceptible (pąr-ßä-ptĭ´bl) wahr-
nehmbar; erhebbar (v. Steuern).

perception(pąr-ßä-pßĭŏ´)*f*Wahr-
nehmung; (Steuer-)Erhebung.

percer (pąr-ße´) I. *v/a.* durch-
bohren, -löchern, -stechen; an-
zapfen; lochen; durchschallen.
II. *v/n.* aufgehen; durchbrechen;
Wasser durchlassen; an den
Tag kommen; sich Bahn brechen.

percerette (pąr-ß'rä´t) *f* Zwickbohrer *m*.

percevable(ßȷ-wa´bl) einzutreiben
(von Steuern); wahrnehmbar.

percevoir (pąr-ßȷ-wåā´r) einnehmen, Steuern erheben; wahrnehmen.

perche(pąrsch) *f* 1. Stange; An-
gelstock *m*; Meßrute. 2. Barsch
m (Fisch).

percher (pąr-sche´): ~ u. se ~ sich
auf eine Stange, einen Zweig setzen
(von Vögeln).   [zaun.

perchis (pąr-schĭ´) *m* Stangen-

perchoir (schȧā´r) *m* Aufsetzstange
f im Vogelbauer; Hühnerstall.

perclus, ~e (pąr-klü´, ~klü´f) glie-
der-lahm.   [mung.

perclusion (pąr-klü-ßĭŏ´) *f* Läh-

perçoir (pąr-ßȧā´r) *m* Bohrer *m*.

perçu (pąr-ßü´) *part.p.* von percevoir.   [*n*, id.

percussion(pąr-kü-ßĭŏ´)*f* Klopfen

percuter(pąr-kü-te´) klopfen; *méd.*
perkutieren.

perdable (pąr-ba´bl) verlierbar.

perdition (pąr-bi-ßĭŏ´) *f* Verberben *n*; *rl.* Verdammnis.

perdre (på'rœr) I. v/a. verlieren; irre führen; zu Grunde richten, verderben. II. v/n. an Wert verlieren, sich verschlechtern; se ~ verloren gehen; verschwinden; sich verirren; Billard: sich verlaufen. [Rebhuhn.
perdreau (pår-bro') m junges
perdrix (pår-brī') f Rebhuhn n.
père(rār) m Vater; Pater; Alte(r).
pérégrinité (pe-re-grī-nī-te') f Stand e-s Ausländers. [rung.
péremption (rg-pßīg') f Verjäh-
péremptoire (pe-rg-ptiā'r) un-gültig machend; entscheidend, peremptoʼrisch.
pérenne (pĕ-rä'n) das ganze Jahr dauernd.
perfectible (pår-fä-ktī'bl) ver-vollkommnungsfähig.
perfection (pår-fä-kßīg') f Voll-kommenheit. [vollkommnen.
perfectionner (fä-kßiß-ne') ver-
perfide (pår-fī'b) treulos.
perfidie (fī-bī') f Treulosigkeit.
perforer (pår-fö-re') durchbohren.
péri... (pe-rī...) in Zsfg.: um-...
péricarde (pe-rī-kä'rb) m Herz-beutel. [fahr sein.
péricliter (pe-rī-klī-te') in Ge-
périgée (pe-rī-Gē') m Erdnähe f.
péril (pĕ-rī'l) m Gefahr f.
périlleux, ~se (pe-rī-jö', ~jö'ß) gefährlich. [jähren.
périmer (pe-rī-me') und se ~ ver-
période (pĕ-rī-o'b) 1. f Umlaufs-zeit; Perio'be (auch gr.). 2. m Gipfelpunkt.
péripétie (pe-rī-pe-ßī') f Schick-salswendung; Umschwung m.
périr (pĕ-rī'r) ver-, unter-gehen, umkommen. [lich.
périssable (pe-rī-ßa'bl) vergäng-
péristyle (pe-rī-ßtī'l) m Säulen-gang um einen Hof rc.; rings mit Säulengängen umgebener Platz. [schrift.
perle (pårl) f Perle; typ. Perl-

perlé, ~e (pår-le') mit Perlen besetzt; perl-artig; fein und sauber genäht, ausgeführt.
perler (pår-le') fein ausarbeiten; ♪ glänzend vortragen.
perlimpinpin (pår-lg-pg-pg') m: poudre f de ~ Wunderpulver n.
permanence (pår-mä-nā'ß) f Ständigkeit, Fortdauer.
perméable (pår-mĕ-a'bl) durch-dringlich. [gestatten.
permettre (pår-mä'tr) erlauben,
permis (pår-mī') 1. part.p. von permettre. 2. m Erlaubnis-, Passier-schein.
permission (pår-mī-ßīg') f Er-laubnis; Urlaub m.
permissionnaire (mī-ßīō-nä'r) m Inhaber e-s Erlaubnisscheines; Be-urlaubte(r).
permutable (pår-mü-ta'bl) ver-tauschbar, versetzbar.
permuter (pår-mü-te') sein Amt vertauschen; um-stellen, -setzen.
pernicieux, ~se (pår-nī-ßīö', ~ßīö'ß) verderblich, schädlich.
péronnelle(pe-rö-nä'l) f albernes Frauenzimmer. [Schluß m.
péroraison (rö-rä-ßg') f (Rede-)
pérorer (re') hochtrabend reden.
perpendiculaire (pår-pg-bī-kü-lā'r) 1. senkrecht. 2. f Senk-rechte. [brechen verüben.
perpétrer (pår-pe-tre') ein Ver-
perpétuel, ~le (pår-pe-tüä'l, ~tüä'l) fortwährend, ewig.
perpétuer (pe-tü-e') fortpflanzen.
perpétuité (pår-pe-tü-ī-te') f un-unterbrochene Fortdauer; à ~ auf immer. [verwickelt.
perplexe (pår-plä'kß) bestürzt;
perplexité (pår-plä-kßī-te') f Bestürzung. [tersuchung.
perquisition (pår-kī-sī-ßīg') f Un-
perron (på-rg') m id., erhöhter Aussteigeplatz.
perroquet (på-rö-kä') m Papagei; ♪ mât m de ~ Bramstenge f.

perruche (pă-rü'ſch) f Papagei-
Weibchen n.
perruque (pă-rü'k) 1. f Perücke;
fig. Zopfmensch m. 2. a. alt-
fränkiſch.   [rei.
perruquerie(pă-rü-k'rī') f Zopfe-
persan m, ~e f (păr-ßą', ~ßa'n)
1. (neu-)perſiſch. 2. P~, P~e
s. (Neu-)Perſer(in).
perse (părß) 1.(alt-)perſiſch. 2.P~
s. (Alt-)Perſer(in). 3. la P~
Perſi-en n.   [verfolgen.
persécuter (păr-ßĕ-kü-te') grauſam
persécuteur m, ~trice f (păr-ßĕ-
kü-tŏ'r, ~trī'ß) Verfolger(in).
persécution (păr-ßĕ-kü-ßą') f un-
gerechte Verfolgung; fig. Quä-
Persée (ßĕ') m Pe'rſeus.   [lerei.
persévérance (păr-ßĕ-wĕ-rą'ß) f
Beharrlichkeit.   [beharrlich.
persévérant, ~e (ßĕ-wĕ-rą', ~rą't)
persévérer (păr-ßĕ-wĕ-re') beharren; aushalten.   [aufziehen.
persifler (păr-ßī-fle') verſpotten,
persifleur m, ~se f (păr-ßī-flŏ'r,
~flŏ'f) Spötter(in).
persil (păr-ßī') m Peterſili-e f.
persillade (păr-ßī-ja'b) f Rind-
fleiſch n mit Peterſili-e.
persistance (păr-ßī-ßtą'ß) f Beſtändigkeit.   [beharrlich.
persistant, ~e (r~ăr-ßī-ßtą', ~ą't)
persister (păr-ßī-ßte') : ~ dans qc.
auf etwas beſtehen.
personnage (păr-ßŏ-na'G) m bedeutende Perſönlichkeit; thé.
Perſon f, Rolle f.   [werden.
personnaliser(nă-lī-ſe')perſönlich
personnalité (nă-lī-te') f Perſönlichkeit; ~s pl. Perſonali-en;
Eigenliebe; Anzüglichkeit.
personne (păr-ßŏ'n) 1. f Perſon.
2. pr.indéf. irgend jemand; ne
... ~ niemand.   [perſönlich.
personnel, ~le (ßŏ-nă'l, ~nă'l)
personnifier (nī-fī-e') perſonifi-
zieren.   [tī'w) perſpektiviſch.
perspectif, ~ve (păr-ßpĕ-kti'f, ~-

perspective(păr-ßpĕ-kti'w)f id.;
Fernſicht; fig. Ausſicht.
perspicacité (păr-ßpī-ka-ßī-te') f
Scharfblick m. [Deutlichkeit.
perspicuité (păr-ßpī-kü-ī-te') f
persuader (păr-ßü-ă-be'): ~ q.
jem. überreden; ~ q. de qc.
jem. von etwas überzeugen; ~
q. à qc. jem. zu et. bereden.
persuasif, ~ve (păr-ßü-a-ßī'f, ~-
fī'w) überzeugend.
persuasion (păr-ßü-ā-ßą') f über-
redung(s-Gabe).
perte (părt) f Verluſt m; Untergang m, Verderben n; à ~ de
vue unabſehbar.
pertinacité (păr-tī-na-ßī-te') f
Hartnäckigkeit.   [hörigkeit.
pertinence (păr-tī-ną'ß) f Ge-
pertinent, ~e (păr-tī-ną', ~ną't)
zur Sache gehörig, treffend.
pertuis (păr-tü') m Loch n, Öffnung f; enge Durchfahrt.
pertuisane (tü-ſa'n) f Partiſane.
perturbateur m, ~trice f (păr-
tür-ba-tŏ'r, ~trī'ß) 1. (ruhe-)
ſtörend. 2. s. Ruheſtörer(in).
perturbation (păr-tür-bā-ßą') f
Störung, Umwälzung.
Péruvien m, ~ne f (pe-rü-wą',
~wĭ'äu) Peruaner(in).
pervenche (păr-wą'ſch) f Immer-
grün n.   [verberbt, böſe.
pervers, ~e (păr-wă'r, ~wă'rß)
perversité (păr-wăr-ßī-te')f Verberbtheit.
pervertir (păr-wăr-tī'r) ſittlich verberben; die Ordnung, den Sinn
umkehren.   [Wägegeld n.
pesage (pĭ-ſa'G) m Wiegen n;
pesant, ~e (pĭ-ſą', ~ſą't) 1.ſchwer
(wiegend); vollwichtig; ſchwerfällig, plump. 2. m Gewicht n;
Nähſtein.
pesanteur (pĭ-ſą-tŏ'r) f Gewicht
n, Schwere; Schwerfälligkeit.
pèse-...(pĕſ...) in Zſſg.: ...-Wage f,
z.B. pèse-bière m Bierwage f.

pesée(pĭ-ſē') ſ Wägen n; das auf einmal Gewogene; Druckkraft.

peser (pĭ-ſe') I. v/a. (ab=)wägen (a. fig.), wiegen. II. v/n. wiegen, ſchwer ſein; ~ sur q. auf jem. laſten; ~ sur qc. länger bei et. verharren, et. hervorheben.

pesette (pĭ-ſæ't) ſ Münzwage.

peseur m, ~se ſ (pĭ-ſō'r, ~ſō'ſ) Wäger(in).

peson (pĭ-ſǫ') m Balkenwage ſ.

pesse (pæß) ſ Weißtanne.

peste (pæßt) ſ Peſt, Seuche; ~ bovine Rinderpeſt; ~ soit du ...! hol' der Teufel den ...!

pester (pæ-ßte') fluchen, toben.

pestiféré, ~e (pæ-ßtĭ-fĕ-re') 1. v. der Peſt angeſteckt. 2. m Peſt=kranke(r).

pestilentiel, ~le (pæ-ßtĭ-lǧ-ßǽ'l, ~ßǽ'l) peſt=artig; verpeſtet.

pet (pæ) m Furz. [blatt n.

pétale (pĕ-tǎ'l) ſ Blumenkronen=

pétarade (pe-tǎ-ra'b) ſ Salve von Fürzen; unnötiges Geſchieße.

pétard (pĕ-tā'r) m Petarde ſ, Sprengſchuß.

pétarder(pe-tär-be') mit Petarden ſprengen. [Hausrock.

pet-en-l'air (pæt-ǧ-lā'r) m kurzer

péter (pĕ-te'), a. peter (pǽ-te') furzen; knallen; zerſpringen.

péteur m, ~se ſ (tō'r, tō'ſ) Fur=zer(in). [praffelnb; ſprubelnb.

pétillant, ~e (pe-tĭ-ja', ~jā't)

pétiller (pe-tĭ-je') praffeln; ſpru=beln; perlen.

pétiole (pe-ßĭ-o'l) m Blattſtiel.

petit, ~e (p'ti', p'tĭ't) 1. klein; gering, unbedeutend; gemein, unedel; ~ à ~ allmählich. 2. m der (das) Kleine; Junge(s) n von Tieren. [Weißwein.

petit-blanc (p'ti-blǎ') m ſchlechter

petite-fille (p'tit-fĭ'l) ſ Enkelin.

petite-oie (p'tit-ſa') ſ Gänſeklein.

petitesse (p'tĭ-tæ'ß) ſ Kleinheit; Geringfügigkeit; Kleinlichkeit.

petit-fils (p'ti-fī'ß) m Enkel.

petit-gris (p'ti-grĭ') m Grauwerk.

pétition (pe-ti-ßĭǫ̃') ſ Bittſchrift.

pétitionner (pe-ti-ßĭǒ-ne') eine Bittſchrift einreichen.

petit-lait (p'ti-lǽ') m Molke ſ.

petit-maître m, petite-maîtresse ſ (p'ti-mǽ'tr, p'tit-mǽ-trǽ'ß) Stutzer(in). [neffe.

petit-neveu (p'ti-nĭ-wō') m Groß=

Petit-Poucet (p'ti-pu-ßæ') m Däumling. [eßbare Vögel.

petits-pieds (pĭē') m/pl. kleine

pétras (pĕ-tra') m Tölpel.

pétré, ~e (pe-tre') steinig; Arabie ſ P~e peträiſches Arabien.

pétrel (pĕ-trǽ'l) m Sturmvogel.

pétreux, ~se (pĕ-trō', ~trō'ſ) fel=senhart. [Verſteinerung.

pétrification (pe-trĭ-fĭ-tǎ-ßĭǫ̃') ſ

pétrifier (pe-trĭ-fĭ-e'): (se) ~ (ſich) verſteinern. [Klemme ſ.

pétrin (pĕ-trǟ') m Backtrog; fig.

pétrir (pĕ-trī'r) kneten.

pétrissage (pe-trĭ-ßa'ǧ) m Kneten.

pétrisseur (pe-trĭ-ßō'r) m Kneter; Knetmaſchine ſ.

pétrole (pĕ-trō'l) m Petro'le=um.

pétroleur m, ~se ſ (pe-trö-lō'r, ~lō'ſ) id. (Mordbrenner(in) mittels Petroleum).

pétulance (tü-lǧ'ß) ſ Ungeſtüm n.

pétulant, ~e (pe-tü-la', ~lā't) unbändig.

peu (pō) wenig; ~ à ~ nach und nach; sous ~ in kurzem; tant soit ~ nur ein klein wenig; cj. pour ~ que wenn nur im ge=ringſten. [ſchaft.

peuplade (pö-pla'b) ſ Völker=

peuple (pō'pl) m Volk n; Fiſch=brut ſ; Schößling am Baumfuße.

peupler (pö-ple') bevölkern; mit Brut, Wild ꝛc. beſetzen.

peuplier (pö-plĭ-e') m Pappel ſ.

peur (pör) ſ Angſt; Beſorgnis.

peureux, ~se (pö-rō', ~rō'ſ) ängſt=lich, furchtſam.

peut-être (pö-tǣ'tr) vielleicht.
phalange (fä-lā'G) f Phalanx.
phalène (fä-lǣ'n)f Nachtfalter m.
phanéro... (fä-nĕ-ro...) in Zssg.: deutlich, sichtbar.
phare (fār) m Leuchtturm.
pharisien(fä-rĭ-ßĩ') m Pharisäer.
pharmacie (fär-mä-ßĭ') f Apotheterkunst; Apotheke.
pharmacien (fär-mä-ßĩ') m Apotheker. [scheinungsform).
phase (fāf) f id. (wechselnde Er-
phaséole (fä-ßĕ-o'l) f Bohne.
phébus (fe-bü'ß) m 1. Bombast, Schwulst. 2. P~ Phöbus.
phénicien, ~ne(fe-nĭ-ßĩ',~ßĩ'n) phönizisch.
phénomène (fe-nŏ-mǣ'n) m Natur-Erscheinung f; wahres Wunder.
phil... (fĭl...) in Zssg.: ...liebend, ...freund, ꙇB. philanthrope m Menschenfreund.
philosophe (fĭ-lŏ-ßŏ'f) m Philosoph; Frei-denker; Oberprimaner eines Gymnasiums.
philosophie (fĭ-lŏ-ßŏ-fĭ') f id.; Gelassenheit, Gleichmut m; Lebensweisheit; faire sa ~ in Oberprima sitzen.
philtre (fĭl'tr) m Liebestrank.
phocène (fŏ-ßǣ'n) f Delphin m, bso. Meerschwein n.
phonétique (fŏ-nĕ-tĭ'?) 1. auf Sprachlaute bezüglich, phone'tisch. 2. f Lautlehre.
phoque (fŏ?) m Robbe (a. f).
phosphoré, ~e (fŏ-ßfŏ-re') phosphorhaltig.
photo... (fŏ-to...) in Zssg.: Licht..., ꙇB. photologie f Lichtlehre.
phrasaire (fra-ßä'r) m Lesebuch n mit kurzen Sätzen für Leseschüler.
phrase (frāf) f Satz m; id., leere Redensart; ♂ Tonsatz m.
phraser (fra-fe') I. v/a. beim Lesen ꙇc. die Satzglieder gehörig markieren. II. v/n. Sätze bilden.

phraseur (fra-ßö'r) m Phrasenmacher.
phrasier m, ~ère f(fra-ßĭe',~ßĭä'r) 1. phrasenhaft. 2. s. Phrasenmacher(in).
phtisie (ftĭ-fĭ') f Schwindsucht.
phtisique (ftĭ'?) schwindsüchtig.
phylloxera (fĭl-lŏ-?ße-ra') m Reb-laus f.
physicien (fĭ-fĭ-ßĩ') m Physiker.
physio... (fĭ-fĭ-o...) in Zssg.: Natur-..., ꙇB. physiographe m Naturbeschreiber.
physique (fĭ-fĭ'?) 1. physisch, zur Natur gehörig, körperlich; physikalisch. 2. f Physik, Naturkunde; Sekunda eines collège.
phyto... (fĭ-to...) in Zssg.: Pflanzen-..., ꙇB. phytophage pflanzen-fressend.
piaffer (pfä-fe') stampfen; piaffieren. [Pferd.
piaffeur (pfä-fö'r) m piaffierendes
piaillard m, ~e f (pfä-jā'r,~jä'rb) 1. kreischend. 2. s. Schrei-hals.
piailler (pfä-je') piepen; fig. kreischen, schreien.
piaillerie (pfä-j'rĭ') f Gepiepe n; Geschrei n. [Schrei-hals.
piailleur m, ~se f(pfä-jö'r,~jö'j)
piano(pfä-no') 1. id., leise. 2. m Klavier n; ~ à queue Flügel; ~ droit ou vertical Piani'no n.
pianoter (pfä-nŏ-te') auf dem Klavier klimpern.
piaulard m, ~e f(pĭ-o-lā'r,~lä'rb) Heuler(in). [ren.
piauler (pĭ-o-le') piepen; quar-
piauleur m, ~se f (pĭ-o-lö'r, ~lö'j) 1. piepend; quarrend. 2. s. Schrei-hals.
pic(pĭ?) m 1. Spitzhaue f. 2. Pik, Bergspitze f; à ~ senkrecht. 3. Specht. [men-(Roman ꙇc.).
picaresque (pĭ-fä-rǣ'?f) Schel-
picorée(pĭ-fŏ-re')f Marobieren n; Obststehlen n; Honigsammeln n der Bienen.

picorer(pĭ-ƙŏ-re')marobieren; auf
Beute gehen; Honig sammeln.

picoreur (pĭ-ƙŏ-rō'r) m Marodeur;
Holzdieb; Plagiarius.

picot (pĭ-ƙo') m Splitter; Spitz-
keil; Zäckchen n an Spitzen.

picotant, ~e (pĭ-ƙŏ-tą', ~tą̆'t)
prickelnd.   [Oß anpicken.

picoter(pĭ-ƙŏ-te') prickeln,stechen;
picotin (ƙŏ-tą̆') m Metze f (Hafer).

pie (pĭ) 1. f Elster. 2. cheval m ~
Scheck(e) m. 3. œuvre f ~ from-
mes Werk. 4. P~ Pius.

pièce (pĭ&ß) f Stück n; Flicken m;
Zimmer n; Stückfaß n; Geld-,
Akten-,Theater-Stück n; Possen
m, Streich m; Geschütz n.

pied (pĭe) m Fuß; ch. Lauf; Hand
f des Habichts; Blumenstock; Fuß,
Schuh (Maß); Verhältnis n; au
petit ~ im kleinen.

pied-à-terre (pĭe-tă-tă'r) m Ab-
steige-Quartier n.

pied-canne (pĭe-ƙă'n) m Feldstuhl.
pied-d'alouette ♣ (pĭe-bă-lü-æ't)
m Rittersporn.

pied-de-biche (pĭe-bĭ-bĭ'ſch) m
Geißfuß (Werkzeug).

pied-de-mouche (pĭe-bĭ-mu'ſch)
m Verweisungszeichen n.

piédestal (pĭe-bæ̆-ßtă'l) m Säu-
lenfuß; Fußgestell n.

piège (pĭ&G) m Falle f, Schlinge f.
pie-grièche (pi-grĭ-æ'ſch) f Wür-
ger m (Vogel).   [Steinschlag m.

pierraille (pĭă-ra'j) f grober Kies;
pierre (pĭăr) 1. f Stein m; ~ pré-
cieuse Edelstein m; (Blasen-
2c.) Stein m; ~s concassées
Steinschlag m. 2. P~ m Pe-
trus, Peter.

pierrée (pĭă-rĕ') f unterirdisches
Wassergerinne aus unverbundenen
Kieselsteinen.   [Geschmeide n.

pierreries (rĭ-rĭ') f/pl. Juwelen,
pierreux, ~se (pĭă-rŏ', ~rŏ'ſ)
steinig.   [ſen mit Steinkugeln.

pierrier (rĭe') m Mörser zum Schie-

Pierrot (pĭă-ro') m 1. Peterchen
n. 2. p~ Hanswurst in weißem
Anzuge. 3. p~ Spatz.

piété (pĭ-e-te') f Frömmigkeit;
Liebe und Ehrerbietung; ~ fi-
liale kindliche Liebe.

piéter (pĭe-te') Fuß od. Mal halten (Kegelspiel 2c.); laufen (Rebhuhn).   [stampfen, strampeln.

piétiner(pĭe-tĭ-ne') mit den Füßen
piéton m, ~ne f (pĭe-tą', ~tŏ'n)
Fußgänger(in).

piètre (pĭ&'tr) armselig, schofel.
pieu (pĭŏ) m Pfahl.   [ſchnecke.
pieuvre(pĭŏ'we) f achtarmige Dinten-
pieux, ~se (pĭ-ŏ', ~ŏ'ſ) fromm,
gottselig.

piffre m, ~sse f (pĭ'fr, pĭ-fræ'ß)
Dickwanst, Fresser(in).   [ſen.

piffrer (pĭ-fre'): se ~ sich voll fres-
pigeon (pĭ-Gą') m Taube f; fig.
Gimpel; ~ messager, ~ voyageur Brieftaube f.

pigeonneau (pĭ-Gŏ-no') m junge
Taube.   [-haus n, -schlag.

pigeonnier (Gŏ-nĭe') m Tauben-
pigment (pĭ-gmą') m id. n (Farbe-
stoff der Haut, Haare).

pigne (pinj) f Tannzapfen m;
Silberkuchen m.

pignon (pĭ-nją') m Giebel; Pini-en-nuß f; Getriebe n; Schlof-
ſerei: Nuß f.   [Wandpfeiler.

pilastre (pĭ-lă'ßtr) m vier-eckiger
pile(pĭl) f Haufen m, Stoß m; Ein-
ſatzgewicht n; Rück-, Schrift-
ſeite einer Münze; ~ galvanique
ou de Volta Volta-ische Säule;
Stampftrog m.   [stampfen.

piler (pĭ-le') im Mörser stoßen,
pilerie (pi-l'rĭ') f Stampfhaus n.
pileur m, ~se f (pĭ-lŏ'r, ~lŏ'ſ)
Stampfer(in).

pilier (pĭ-lĭe') m (Stütz-)Pfeiler;
ehm. Schandpfahl; ~ de cabaret jem., der stets in der
Kneipe liegt; ~s pl. Pila'ren.

piliforme (lĭ-fŏ'rm) haarförmig.

pillage (pĭ-ja'G) m Plünderung f.
pillard (pĭ-jā'r) m Plünderer.
piller (pĭ-je') (aus)plündern; rauben.   [pressung.
pillerie (pĭ-j'rĭ') f Dieberei, Er-
pilon (Iǫ') m Stampfe f; Stößer.
pilonner (pĭ-lŏ-ne') stampfen; walken.
pilori (pĭ-lŏ-ri') m Pranger.
pilosité (lŏ-fĭ-te') f Behaartheit.
pilot (pĭ-Io') m (Grund-)Pfahl.
pilote (pĭ-Iŏ't) m Lotse; Führer.
piloter (pĭ-lŏ-te') I. v/a. lotsen. II. v/n. Pfähle einrammen.
pilotin (pĭ-lŏ-tǫ') m Steuer- mannsjunge.
pilotis (lŏ-tĭ') m Grundpfähle pl.
pilule (pĭ-lü'l) f Pille.
pilulier (lü-lĭe') m Pillen-brett n.
pimbêche (pǫ-bǟ'sch) f hochnasige Person.   [pfeffer.
piment (pĭ-mǫ') m id. n, Nellen-
pimpant, ~e (pǫ-pǫ', ~pā't) fein geputzt.   [~ Tannenzapfen.
pin (pǫ) m Fichte f; pomme f de
pinacle (pĭ-nā'tl) m Zinne f; Gipfel.   [~ Spitzengänger.
pinçard (pǫ-ßā'r) m, a. cheval m
pince (pǫß) f Kneifen n; Zange; Krebsschere; vorderer unterer Teil des Pferde-hufes; ~s pl. Schneide-zähne m der Grasfresser.
pincé, ~e (pǫ-ße') 1. geziert. 2. m geziertes Wesen.
pinceau (pǫ-ßo') m Pinsel.
pinceauter (pǫ-ßo-te') mit dem Pinsel ausbessern.   [voll.
pincée (pǫ-ße') f eine Fingerspitze
pince-étoffe (pǫß-ĕ-tŏ'f) m Stoff- drücker (Nähmaschine).
pince-fil (fĭ'l) m Fadenklemme f.
pince-maille (pǫß-ma'j) m Knau- ser.   [quetscher.
pince-nez (pǫß-ne') m Nasen-
pincer (pǫ-ße') kneifen, kneipen; abkneifen; einschnüren; er- tappen; ~ de la guitare Gui- tarre spielen.

pincette (pǫ-ßǟ't) f Zängelchen n; ~s pl. (Feuer-)Zange.
pinceur m, ~se f (pǫ-ßö'r, ~ßö'f) Kneifer(in).
pinçon (pǫ-ßǫ') m Kneifmal n.
pinçoter (pǫ-ßŏ-te') zwicken.
pinçure (pǫ-ßü'r) f Falte im Tuche, Kniff m.   [reden oder schreiben.
pindariser (bǎ-rĭ-se') schwülstig
pingouin (gǔǫ') m Alk, Pingui'n.
pingre (pǫ'gr) m Knauser.
pinier (pĭ-nĭe') m Pini-e f.
pinière (nĭǟ'r) f Fichtenpflanzung.
pinnifère (pĭ-nĭ-fǟ'r) Flossen tragend.   [Dio'pter m.
pinnule (pĭn-nü'l) f kleine Flosse;
pinson (pǫ-ßǫ') m Buchfink.
pintade (pǫ-ta'b) f Perlhuhn n.
pinte (pǫt) f Pinte, Kanne (Maß).
pioche (pĭŏsch) f Hacke.   [hacken.
piocher (pĭŏ-sche') (um-, auf-)
piocheur (pĭŏ-schö'r) m Hacker, Schanzgräber; fig. Ochser (sehr fleißiger Schüler 2c.).
pion (pĭǫ) m Bauer im Schach; (Brett-)Stein.
pionnier (pĭŏ-nĭe') m id., Schanz- gräber.   [Faß].
pipe (pĭp) f Tabaks-Pfeife; id.
pipeau (pĭ-po') m Rohr-, bes. Lock- pfeife f; ~x pl. Leimruten f.
pipée (pĭ-pě') f Vogelfang m mit der Lockpfeife.
piper (pĭ-pe') I. v/n. piepen. II. v/a. durch die Lockpfeife fangen: Würfel, Karten fälschen.
pipeur (pö'r) m falscher Spieler.
pipier (pĭ-pĭ-e') piepen.
pipoir (pĭ-pǎ'r) m Lockpfeife f.
piquant, ~e (tǫ', tā't) 1. spitzig, stechend; prickelnd, pikant. 2. m Stachel.   [m; id. (Karte).
pique (pĭk) f Pike, Spieß m; Groll
piqué (pĭ-ke') m Steppstich; id. (Zeug).   [lerlecker, Schmarotzer.
pique-assiette (pĭk-ǎ-ßǟ't) m Tel-
piquer (pĭ-ke') stechen; durch- nähen, steppen; auf der Zunge:

beißen; ~é des vers wurm-
ftichig; empfindlich berühren;
anftacheln; reizen, anziehen; ~
des deux beide Sporen geben;
se ~ de qc. feinen Stolz in
etwas fetzen.

piquet (pĭ-kæ') m (Abftect-)Pfahl;
Pilet n, kleines Detachement;
Piquet(-fpiel) n.

piqueter (pi-k'te') mit Pfählen
abftecten. [m; Krätzer m.

piquette (pĭ-kæ't) f Trefterwein

piqueur m, ~se f (pĭ-kö'r, ~kö'f)
1. ~ m id. (reitender Jäger); Be-,
Vor-reiter; Bratenfpicter; Bau-
auffeher; Bahnmeifter. 2. s.
Stepper(in). [perei.

piqûre (pĭ-kü'r) f Stich m; Step-

pirate (pĭ-ra't) m Seeräuber.

pirater (ra-te') Seeraub treiben.

pire (pĭr) ärger, fchlimmer; le ~
der (das) ärgfte. [mig.

piriforme (pĭ-ri-fö'rm) birnför-

pirouette (rŭæ't) f Drehrädchen
n; Tanz-, Relt-kunft: id.

pirouetter (pĭ-rŭæ-te') fich im
Kreife herumdrehen.

pis (pĭ) 1. ärger, fchlimmer; au
~ aller im fchlimmften Falle; le
~ aller de q. j-s Notbehelf m.

pis (pĭ) m Euter n. [Fifchzüchter.

pisciculteur (pĭß-ßĭ-kül-tö'r) m

piscine (pĭß-ßĭ'n) f Fifchteich m.

pisé (pĭ-se') m Stampf-, Pifé-

pissat (pĭ-ßa') m Harn. [bau.

pissenlit (pĭ-ßa-li') m Bettnäffer;
♀ Löwenzahn.

pisser (pĭ-ße') piffen.

pisseur m, ~se f (pĭ-ßö'r, ~ßö'f)
Piffer(in). [-faß n.

pissoir (pĭ-ßöa'r) m Piß-raum,

pistache (pĭ-ßtă'fch) f Piftazi-e;
Pini-en-nuß. [zi-en-baum.

pistachier (pĭ-ßtă-fchie') m Pifta-

piste (pĭßt) f Fährte, Spur.

pistil (pĭ-ßtĭ'l) m Blumengriffel,
Stempel. [münze).

pistole (pĭ-ßtö'l) f id. (Gold-

pistolet (pĭ-ßtö-læ') m Piftol n,
Piftole f (Feuerwaffe).

piston (pĭ-ßtǫ') m Kolben, Stempel; Zündkegel.

pitance (pĭ-tā'ß) f Portion Effen.

piteux, ~se (pĭ-tö', ~tö'f) jämmerlich. [leid n.

pitié (pĭ-tie') f Erbarmen n, Mit-

piton (pĭ-tǫ') m Ringnagel; Berg-
fpitze f. [würdig; erbärmlich.

pitoyable (tŏă-ĭa'bĭ) erbarmungs-

pitre (pĭ'tr) m Hanswurft.

pittoresque (pĭ-tö-ræ'ßk) male-
rifch. [Schleim m.

pituite (pĭ-tüĭ't) f (Lungen-, Rafen-)

pivert (pĭ-mä'r) m Grünfpecht.

pivoine (pĭ-mŏă'n) 1. f Pfingft-
rofe. 2. m Dompfaff.

pivot (pĭ-mo') m Angel f, Zapfen.

pivoter (pĭ-mŏ-te') fich um feine
Angel drehen. [Arbeit.

placage (plă-ka'G) m eingelegte

placard (lă'r) m Anfchlag(zettel);
Schmähfchrift f; Wandfchrant.

placarder (plă-kăr-be') öffentlich
anfchlagen.

place (plăß) f Platz m; Marlt m;
Stelle, Raum m; Amt n; Bör-
fenplatz m, Stadt; Feftung.

placement (plă-ßmǫ') m Auf-
ftellen n; Unterbringung f von
Geldern; Vertrieb.

placer (plă-ße') an einen Ort fetzen,
ftellen, legen; an-, unter-brin-
gen; verforgen; Geld anlegen.

placet (plă-ßæ') m Bittfchrift f.

placide (plă-ßĭ'b) ftill, fanft.

placidité (ßĭ-bĭ-te') f Sanftmut.

plafond (plă-fǫ') m (Zimmer-)
Decke f. [fchalen.

plafonner(plă-fö-ne') e-e Decke ver-

plage (plaG) f flaches Geftade,
Strand m; Himmelsgegend.

plagiaire (Gĭă'r) m Ausfchreiber.

plaider (plæ-be') I. v/n. prozef-
fieren; vor Gericht reden. II.v/a.
e-n Rechtshandel führen, eine Sache
verteidigen.

platdeur m, ~se f (plæ-bȫ'r, ~- bȫ'ſ) Prozeſſierende(r); Prozeßſüchtige(r).

plaidoirie (bĕ̄-rī') f Advokatur; Prozeſſieren n. [rede f.

plaidoyer (ĭē') m Verteidigungs-

plaie (plæ) f Wunde; Plage.

plaignant, ~e (plæ-njă', ~njā't) Kläger(in).

plain, ~e (plɑ, plæn) 1. eben, flach. 2. m Grund eines gemuſterten Zeuges.

plain-chant (plɑ-ſchɑ') m gregorianiſcher Kirchengeſang, Choral.

plaindre (plɑ̈'dr) beklagen; ungern miſſen; knapp zumeſſen; se ~ klagen; ſich beklagen; eine Klage einreichen.

plaine (plæn) f Ebene, Fläche.

plain-pied (plɑ-pĭē'): de ~ in einer Flucht, auf gleichem Boden. [ſchwerbe.

plainte (plɑ̈t) f Klage; Be-

plaintiſ, ~ve (plɑ-tī'ſ, ~tī'w) klagend, jammernd.

plaire (plɑ̈r) gefallen; s'il vous plait wenn es Ihnen gefällig iſt; plait-il? wie beliebt?

plaisance (plæ-ſɑ̄'ß) f 1. Luſt, Vergnügen n. 2. P. Piacenza n.

plaisant, ~e (ſɑ', ſɑ̄'t) 1. drollig, kurzweilig. 2. m Spaßmacher.

plaisanter (plæ-ſɑ-te') I. v/n. ſcherzen, ſpaßen. II. v/a. ~ q. jem. aufziehen. [Spaß m.

plaisanterie (ſɑ-t'rī') f Scherz m,

plaisir (plæ-ſī'r) m Vergnügen n, Freude f; Luſt f; Belieben n, Wille; Gefälligkeit f.

plan, ~e (plɑ, plan) 1. eben, flach. 2. m Fläche f; Grundriß, Plan.

planche (plɑ̄ſch) f Brett n, Bohle; ~s pl. Bretter, Bühne; Beet n; Metall-, Holzplatte; (Kupfer-) Stich m.

planchéier ou plancheyer (plɑ-ſche-ē', ~ſchæ-ē') mit Bohlen oder Dielen belegen.

plancher(plɑ-ſche') m Fußboden; Zimmerdecke f.

planchette (plɑ-ſchæ't) f Brettchen n; Blankſcheit n.

plane (plan) f Schnitzmeſſer n.

planer (plä-ne') I. v/a. ebenen, planieren. II. v/n. in der Luft ſchweben.

planétaire (plä-nĕ-tä'r) 1. Planeten-... 2. m Planeta'rium n.

planète (plä-næ't) f Plane't m.

planeur (plä-nȫ'r) m Plattenſchleifer.

plani... (plä-ni...) in Zſſg.: flach-..., Flächen-..., z. B. planimétrie f id., Flächenmeſſung.

plant (plɑ) m Setzling; junge Pflanze; Schonung f.

plantage (plɑ-ta'G) m Pflanzung.

plantain (plɑ-tă') m Wegerich.

plantation (plɑ-tā-ßĭǫ') f Anpflanzung; Plantage.

plante (plɑ̈t) f Pflanze; ~ du pied Fußſohle.

planter (plɑ-te') pflanzen; hinſtellen, -ſetzen; ~ là q., qc. jem. ſitzen oder im Stich laſſen, etwas aufgeben.

planteur (plɑ-tȫ'r) m Pflanzer.

plantigrade (plɑ-tĭ-gra'd) auf den Sohlen gehend.

planton (plɑ-tǫ') m Ordonnanz (-Unteroffizier, -Dienſt) f.

plantureux, ~se (plɑ-tŭ-rȫ', ~rȫ'ſ) reichlich; fruchtbar.

plaque (plɑk) f Platte; Schildchen n; (Ordens-)Stern m; ~ tournante Drehſcheibe.

plaqué (plä-ke') m plattierte Arbeit. [tieren; fournieren.

plaquer (plä-ke') belegen, plat-

plaqueur (plä-kȫ'r) m Plattierer.

plastique (plä-ſti'k) bildſam, plaſtiſch; art m ~ Plaſtik f.

plastron (plä-ſtrǫ') m Bruſtharniſch, -leder n; Zielſcheibe f des Spottes.

plastronner (ſtrŏ-ne') I. v/a. j-m

einen Bruſt-harniſch anlegen.
II. v/n. ſich im Fechten üben.

plat, ~e (pla, plat) 1. flach, platt;
gemein, niedrig. 2. m flacher
Teil von et.; Fläche f; Schüffel
f; Gericht n; Wagschale f.

plat-bord (pla-bō'r) m Schand-
beck n; Dahlborb n.

plateau (plă-to') m Präſentier-
brett n; id. n, Hochebene f;
Scheibe f; Wagschale f.

plate-bande (plăt-bā̄'b) f läng-
lichee Gartenbeet; Einfaffung,
Streifen m; Eiſen-Band n.

plate-forme (plăt-fŏ'rm) f Altan
m; flaches Dach; Terraffe.

platine (plă-ti'n) 1. f Flinten-
ſchloß n; Schloßblech n. 2. m
Plati'n n. [heit, Seichtheit.

platitude (plă-ti-tü'b) f Platt-

plâtrage (pla-tra'G) m Gipsar-
beit f; Düngen n mit Gips.

plâtras (pla-tra') n Gipsschutt.

plâtre (plā'tr) m Gips; Gips-
abguß, -figur f; weiße Schminke.

plâtrer (pla-tre') (ver)gipfen; fig.
zuſammenpfuſchen; bemänteln,
übertünchen. [gips-artig.

plâtreux, ~se (pla-trö', ~trö'f)

plâtrier (pla-tri-e') m Gipsver-
käufer; Gipfer.

plâtrière(tri-ā'r) f Gipsbruch m.

plèbe (plĕb) f Plebs m (f).

plébéien m, ~ne f (ple-be-ĩ̄', ~-
ĩ̄'n) 1. plebe'jiſch. 2. s. Plebe-
be'jer(in).

plein, ~e (plę, plän) 1. voll; ge-
füllt; trächtig; satt; beleibt;
völlig; en ~ ... mitten in ...,
zB. en ~ jour bei hellem Tage.
2. m voller Raum; Fülle f.

plénipotentiaire (ple-ni-pŏ-tg-
ßiā'r) bevollmächtigt.

plénitude (ple-ni-tü'b) f Fülle;
Überfluß m.

pléthore (plĕ-tō'r) f Vollblütig-
feit. [blütig.

pléthorique (ple-tŏ-ri'f) voll-

pleur (plŏr) m Thränen-erguß;
~s pl. Thränen f. [Heuler(in).

pleurard m, ~e f (plŏ-rā'r, ~rä'rb)

pleurer (plŏ-re') I. v/n. weinen;
thränen, triefen. II. v/a. be-
weinen.

pleurerie (plŏ-rĕ-ri') f Weinerei.

pleurésie (plŏ-re-ßi') f Bruſtfell-
entzündung.

pleureur, ~se (rŏ'r, rŏ'ß) klagend;
saule m ~ Trauerweide f.

pleureuse (plŏ-rŏ'ß) f Klageweib
n; ~s pl. Trauerbinden.

pleurnicher (plŏr-ni-ſche') ein
weinerliches Geſicht machen.

pleurnicherie (plŏr-ni-ſch'ri') f
Gewinſel n.

pleurnicheur m, ~se f (plŏr-ni-
ſchŏ'r, ~ſchŏ'ß) Flenner(in).

pleuvoir (plŏ-wā'r) regnen.

plèvre (plĕ'wr) f Bruſtfell n.

pleyon (plă-ßĝ') m Weidenband n.

pli (pli) m Falte f; Brief-Kou-
vert n; sous ce ~ anliegend;
Wendung f; ~s pl. verborgenſte
Winkel des Herzens; Bug.

pliable (pli-a'bl) biegsam.

pliant, ~e (pli-ĝ', ~ā̄'t) biegsam,
geſchmeidig; (siège) ~ m Klapp-
feffel.

plie (pli) f Scholle (Fiſch).

plier (pli-e') I. v/a. zuſammen-
falten; biegen; beugen, bezwingen. II. v/n. ſich biegen.

plinthe (plĩt) f (Säulen-)Platte

plioir (pli-ā'r) m Falzbein n.

plique (pli'f) f Weichſelzopf m.

plisser (pli-ße') falten, fälteln.

plissure (pli-ßü'r) f Falten n.

pliure (pli-ü'r) f Falzen n.

plomb(plŏ) m Blei n; mine f de ~
Graphit(ſtift), Reißblei n; Blei-
arbeit f; Abflußrinne f; ~s pl.
Bleidächer n in Venedig; Plombe
f; Blei-Lot; à ~ lot-, ſenk-
recht. [phit m.

plombagine (plŏ-bä-Gi'n) f Gra-

plombé, ~e (plŏ-be') blei-farbig.

*plomb*er (plǫ-be') mit Blei ausfüllen, beschweren; plombieren;
mit dem Blei-lote messen; den
Acker walzen. [-hütte.
plomberie (b'rĭ') f Blei-arbeit,
plombeur(plǫ-bö'r)m Plombierer.
plombier (plǫ-bĭe') m Blei-ar-
beiter, -gießer, -händler.
plombifère (bĭ-fä'r) blei-haltig.
plombo...(plǫ-bo...)in Zssg.:Blei-...
plongeant, -e (plǫ-Qa', -Qā't)
tauchend; von oben nach unten
zu gesenkt.
plongeon(plǫ-Qǫ')m Meertaucher
(Vogel); faire le ~ untertauchen,
sich bucken, sich aus dem Staube
machen; Kopfsprung.
plonger (plǫ-Qe') I. v/a. tauchen;
in etwas stoßen, stürzen. II. v/n.
untertauchen; ~ sur ... sich über
et. erstrecken, über et. hinab-
schweifen (vom Blick).
plongeur (plǫ-Qö'r) m Taucher;
~s pl. Tauchervögel.
ployable (plĭā-ĭa'bĭ) biegsam.
ployer(plĭā-ĭe') zusammenfalten;
biegen, beugen.
pluche (plüsch) f Plüsch m.
pluie (plüĭ) f Regen m.
plumage(plü-ma'Q) m Gefieder n.
plumail (plü-ma'j) m Federbesen.
plumassier m, -ère f(plü-mä-ßĭe',
-ßĭä'r) f Schmuckfeder-Arbei-
ter(in), -Händler(in).
plume (plüm) f Feder; ~ métallique Stahlfeder.
plumeau (plü-mo') m Federbesen, -büchse f, -deckbett n.
plumée (plü-me') f Federmenge
eines gerupften Vogels; Rupfen n
der Gänse; ~ d'encre Feder voll
Tinte.
plumer (plü-me') e-n Vogel rupfen
(a. fig.); ein Zell abhaaren.
plumet (plü-mä') m Federbusch.
plumetis (plü-m'tĭ') m Feder-
stickerei f. [federig.
plumeux, -se (plü-mö', -mö'f)

plumi... (plü-mi...) in Zssg.: Fe-
ber-...
plumitif (mĭ-ti'f) m Konzept n der
Gerichtsprotokolle; Federfuchser.
plumule (plü-mü'l)f Flaumfeder.
plupart (plü-pā'r): la ~ die
meisten. [Vielheit.
pluralité (rä-lĭ-te') f Mehrheit;
pluriel (plü-rĭä'l) m gr. Plural.
plus (plü) mehr, le ~ am meisten;
~ grand größer, le ~ grand der
größte; ne ... ~ nicht (od. kein)
mehr ...; ne pas ~ ... que eben
so wenig als ...; non ~ auch
nicht; tout au ~ höchstens.
plusieurs (plü-sĭö'r) m et f/pl.
mehrere. [betrag, -wert.
plus-value (plü-wä-lü') f Mehr-
plutocratie (plü-tǒ-kra-ßĭ') f
Geldherrschaft.
plutôt (plü-tō') eher, lieber.
pluvial, -e (plü-wĭā'l) Regen-...
pluvier (wĭe') m Regenpfeifer.
pluvieux, -se (plü-wĭö', -wĭö'f)
regnerisch. [Regenmesser.
pluviomètre (plü-wĭ-o-mä'tr) m
pneumatique (pnö-ma-ti'k): machine f ~ Luftpumpe.
pneumonie (pnö-mǒ-nĭ') f Lun-
gen-entzündung. [Skizze.
pochade (pǒ-scha'b) f flüchtige
poche (pǒsch) f Tasche; ~ de blé
Kornsack m; fehlerhafte Falte;
großer Suppen-, Vorlege-löffel.
pocher (pǒ-sche') Eier einschlagen;
j-m die Augen blau schlagen; einen
Buchstaben mit Schnörkeln versehen; e-e Skizze leicht entwerfen.
pochette (pǒ-schä't) f Täschchen
n; Taschengeige.
pochon (pǒ-schǫ') m Tintenkleks.
poêle (pĭā'l) 1. m (Stuben-)Ofen;
Leichentuch n; Trau-schleier.
2. f Pfanne.
poêlée (pĭā-le') f eine Pfanne
voll; geschmortes Huhn ꝛc.
poêle-fourneau (pĭā'l-für-no') m
Koch-ofen.

poêlette(pŏa-lä't) *f* kleine Pfanne.

poêlier(pŏa-lĭe') *m* Ofenfabrikant; Pfannenschmied.   [rolle.

poêlon (pŏa-lŏ') *m* irdene Kaffe-

poème (pŏ-ä̆'m) *m* Gedicht *n.*

poète (pŏät ob. pŏ-ä̆'t) *m* Dichter.

poétereau (pŏ-e-t'rŏ') *m* Dichterling.

poids (pŏa) *m* Gewicht *n,* Schwere.

poignant, ⸗e (pŏa-nja', ⸗njā't) stechend; peinlich.

poignard (pŏa-njā'r) *m* Dolch.

poignarder (njär-be') erdolchen.

poigne (pŏanj) *f* Faust.

poignée (pŏa-njĕ') *f* Handvoll; Griff *m,* Heft *n.*

poignet (njä') *m* Hand-gelenk *n,* ⸗wurzel *f;* Preischen *n* am Ärmel.

poil (pŏal) *m* Tier-haar *n;* Haar *n* am menschl. Leibe, bsd. Barthaar.

poile (pŏal) *m* (Stuben-)Ofen.

poilu, ⸗e (pŏa-lü') behaart.

poinçon (pŏa-ßŏ') *m* Pfriem; Grabstichel; Stempel.

poinçonner (pŏa-ßŏ-ne') eichen, stempeln.   [men.

poindre (pŏa'dr) anbrechen, keipoing (pŏa) *m* Faust *f.*

point (pŏa) 1. *m* Stich; genähte Spitze; Punkt; ⸗ et virgule Semikolon *n;* Note *f* über Fleiß ꝛc.; mauvais ⸗ Tadel; à ce ⸗ in dem Grade; Anbruch des Tages; à ⸗ zu rechter Zeit; en tout ⸗ völlig; ⸗ de vue Gesichtspunkt; Spiel: id. 2. *adv.* ne ... ⸗ (gar) nicht ..., gar kein ...; ⸗ du tout durchaus nicht.

pointe (pŏat) *f* Spitze; en ⸗ spitz zulaufend; Stachel *m;* Schärfe, Würze; ⸗ de vin Spitz *m;* witziger Einfall; (Tages⸗)Anbruch.

pointeau (pŏa-to') *m* Bohrmeißel.

pointer (pŏa-te') I. *v/a.* stechen: schlachten; punktieren, mit Punkten bezeichnen; Zeug heften; ein Geschütz richten. II. *v/n.* sich bäumen (von Pferden).

pointerolle (pŏa-t'rŏ'l) *f* Spitzhaue.

pointeur (pŏa-tö'r) *m* (Zeug-) Hefter; ⚔ id., Stückrichter.

pointille (tí'j) *f* Spitzfindigkeit.

pointiller (pŏa-tĭ-je') I. *v/a.* punktieren; auf jem. sticheln. II.*v/n.* über Kleinigkeiten streiten.

pointillerie (pŏa-tĭ-j'rí')*f* Sticheleï.   [spitzfindig.

pointilleux, ⸗se (pŏa-tĭ-jö', ⸗jö'j)

pointu, ⸗e (pŏa-tü') spitzig; spitzfindig; scharf, schrill (von der Stimme).   [Punktur.

pointure (pŏa-tü'r)*f* Stich *m; typ.*

poire (pŏar) *f* Birne; ⸗ à poudre Pulverhorn *n.*

poiré (pŏa-re') *m* Birnmost.

poireau(pŏ-ro') *m* Lauch, Porree; Warze *f.*

poirée (pŏ-re' u. pŏa⸗) *f* Mangold *m;* ⸗ rouge Runkelrübe.

poirier (pŏa-rĭe') *m* Birnbaum.

pois (pŏa) *m* Erbse *f.*

poison (pŏa-ßŏ') *m* Gift *n.*

poissarde (pŏa-ßä'rd) *f* Fischweib *n,* Hökerin.

poisser(pŏa-ße')(aus⸗, ver⸗)pichen.

poisseux, ⸗se (ßö', ßö'j) pechig.

poisson (pŏa-ßŏ') *m* Fisch.

poissonnaille (pŏa-ßŏ-na'j) *f* kleine Fische *m/pl.*   [markt *m.*

poissonnerie(pŏa-ßŏ-n'rí')*f* Fisch-

poissonneux, ⸗se (pŏa-ßŏ-nö', ⸗nö'j) fischreich.

poissonnier m, ⸗ère*f*(pŏa-ßŏ-nĭe', ⸗nĭä'r) 1. *s.* Fischhändler(in). 2. *f a.* Fisch-kessel *n.*

poitevin, ⸗e (pŏa-t'wĕ', ⸗t'wi'n) aus Poitou ober Poitiers.

poitrail (pŏa-tra'j) *m* (Pferde⸗) Brust *f;* Brust-riemen; Brust= brett *n.*   [schwindsüchtig.

poitrinaire (trĭ-nä'r) brustkrank,

poitrine (pŏa-tri'n) *f* Brust.

poivrade (pŏa-wra'b) *f* Pfefferbrühe; à la ⸗ mit Pfeffer und Salz.

poivre (p̃ea᷈'vr) m Pfeffer.

poivrer (p̃iã-vre') pfeffern.

poivrier (p̃iã-vrĭ-e') m Pfeffer-
strauch, -faß n.

poivrière (p̃iã-vrĭ-ā'r) f Gewürz-
büchse; Pfeffer-faß n, -selb n.

poix (p̃iã) f Pech n.

polaire (p̃ŏ-lā'r) Polar-...

pôle (p̃ōl) m Pol; Angelpunkt.

poli, ~e (p̃ŏ-lĭ') glatt; glänzend;
gebildet, fein; höflich.

police (p̃ŏ-lĭ'ß) f Polizei; id.,
Versicherungsschein m.

policer (p̃ŏ-lĭ-ße') gesittet machen.

polir (p̃ŏ-lĭ'r) glätten, polieren;
fig. abschleifen.

polisseur (p̃ŏ-lĭ-ßȫ'r) m Polierer.

polissoir (p̃ŏ-lĭ-ßẽā'r) m Polier-
stahl, -bank f. [bürste.

polissoire (p̃ŏ-lĭ-ßẽā'r) f Glanz-

polisson m, ~ne f (p̃ŏ-lĭ-ßǫ', ~-
ßȫ'n) 1. ungezogen; zotenhaft.
2. *s.* Gassen-junge, -mädchen n;
liederlicher Kerl; Zotenreißer.

polissonner (p̃ŏ-lĭ-ßŏ-ne') sich wie
e. Gassenjunge benehmen, herumtreiben; Zoten reißen.

polissonnerie (lĭ-ßŏ-n'rĭ') f Zote.

politesse (p̃ŏ-lĭ-tæ'ß) f Höflichkeit.

politique (p̃ŏ-lĭ-tĭ'k) 1. politisch,
Staats-... 2. m Staatsmann,
Poli'tiker. 3. f Politi'k, Staats-
klugheit. [kannegießern.

politiquer (tĭ-ke') politisieren,

polker (p̃ŏl-ke') Polka tanzen.

polkeur m, ~se f (p̃ŏl-kȫ'r, ~kȫ'ß)
Polkatänzer(in).

pollen (p̃ŏl-lĕ'n) m Blütenstaub.

polluer (p̃ŏl-lŭ-e') entweihen,
schänden.

pollution (p̃ŏl-lŭ-ßĭǫ') f Entwei-
hung, Schändung; ~ involontaire Samenerguß m.

Pologne (p̃ŏ-lǒ'nj) f Polen n.

polonais m, ~e f (p̃ŏ-lŏ-næ', ~æ'ß)
1. polnisch. 2. P~, ~e *s.* Pole,
Polin. 3. ~e f a. id. (Tanz);
kurzer Schnürrock.

poltron m, ~ne f (p̃ŏl-trǫ', ~trȫ'n)
1. feige, verzagt. 2. *s.* Hasenfuß.

poltronnerie (p̃ŏl-trŏ-n'rĭ') f
Feigheit.

poly... (p̃ŏ-lĭ...) in Zfg.: viel-...,
B. polyandrie f Vielmännerei.

polypeux, ~se (p̃ŏ-lĭ-pȫ', ~pȫ'ß)
polypen-artig.

Poméranie (p̃ŏ-mĕ-rā-nĭ') f
Pommern n.

Poméranien m, ~ne f (p̃ŏ-mĕ-rā-
nĭǎ', ~nĭæ'n) Pommer(in).

pomiculture (p̃ŏ-mĭ-kŭl-tü'r) f
Obstbaumzucht. [sieren.

pommader (p̃ŏ-ma-be') pomabi-

pommaille (p̃ŏ-ma'l) f geringe
Apfelsorten *pl.*

pomme (p̃ŏm) f Apfel m; ~ de
terre Kartoffel; (Stock-)Knopf.

pommé, ~e (p̃ŏ-me') Kopf-(Kohl,
-Salat); *fig.* ausgemacht, Erz-...

pommeau (p̃ŏ-mo') m Degen-,
Sattel-knopf.

pommelé, ~e (m'le') mit weißen
Flecken, mit kleinen Wölkchen
(Schäfchen) bedeckt; cheval m
gris ~ Apfelschimmel.

pommelle (p̃ŏ-mæ'l) f Seihblech n
vor einer Röhre.

pommer (p̃ŏ-me') Köpfe ansetzen
(vom Kohl). [garten m.

pommeraie (p̃ŏ-m'ræ') f Apfel-

pommette (p̃ŏ-mæ't) f Knöpfchen
n; Obstbrecher m; Oberbacke.

pommier (p̃ŏ-mĭe') m Apfelbaum.

pomologie (p̃ŏ-mŏ-lŏ-ɡĭ') f Obst-
kunde.

pompe (p̃ǫp) f Gepränge n, Pomp
m; Pumpe; ~ à incendie
Feuerspritze. [sich saugen.

pomper (pǫ-pe') (aus)pumpen; an

pomperie (pǫ-p'rĭ') f Pumpen-
werk n. [haft.

pompeux, ~se (pǫ-pȫ', ~ȫ'ß) pomp-

pompier (pĭe') m Feuerwehrmann.

pompon (pǫ-pǫ') m kleiner Zier-
rat, Flitter.

ponant (p̃ŏ-nǎ') m Westen.

ponce (pōß) f, a. pierre ~ Bims-
ſtein m; Bauſch m zum Durch-
pudern einer Zeichnung.
ponceau (pɔ-ßo') m Klatſchroſe f;
id., Hochrot n.
poncer (pɔ-ße') e-e Zeichnung durch-
pauſen; abbimſen.
ponceur m, ~se f (pɔ-ßö'r, ~ßö'ß)
Durchſtäuber(in). [ſtein-artig.
ponceux, ~se (pɔ-ßö', ~ßö'ß) bims-
poncis (pɔ-ßi') m durchſtochene
Zeichnung. [Punktur.
ponction (pɔ-kßiõ') f Einſtich m,
ponctionner (pɔ-kßiõ-ne'): ~ q.
j-m das Waſſer abzapfen.
ponctualité (pɔ-ktü-ă-li-te') f
Pünktlichkeit.
ponctuation (pɔ-ktü-ā-ßiõ') f In-
terpunktion. [pünktlich.
ponctuel, ~le (pɔ-ktüæ'l, ~tüæ'l)
ponctuer (pɔ-ktü-e') punktieren,
tüpfeln; gr. interpungieren.
pondérable (pɔ-bě-ra'bl) wägbar. [wichts-...
pondéral, ~e (pɔ-bě-rā'l) Ge-
pondérer (pɔ-bě-re') abwägen,
richtig verteilen.
pondeuse (pɔ-bö'ß) f, a. poule ~
Lege-henne.
pondre (põ'br) Eier legen.
poney (pŏ-næ') m Pony (Pferd).
ponger (pɔ-Ge') Waſſer einziehen
(vom Leder).
pont (pɔ) m Brücke f; Hoſen-
Klappe f; ⚓ Deck n.
ponte (põt) 1. f Eierlegen n;
Lege-zeit; die gelegten Eier pl.
2. m Spiel: id.
ponter (pɔ-te') pontieren, gegen
den Bankhalter ſpielen, ſetzen.
pontife (pɔ-ti'f) m Hoheprieſter;
Prälat; souverain ~ Papſt.
pontifical, ~e (pɔ-ti-fi-kā'l) hohe-,
ober-prieſterlich; päpſtlich.
pontificat (-fi-ka') m Hoheprieſter-
tum n; päpſtliche Würde.
pont-levis (pɔ-li-vi') m Fall-,
Zug-brücke f.

ponton (pɔ-tɔ') m id., bſ. Brück-
en-kahn. [tons bringen.
pontonner (pɔ-tŏ-ne') auf Pon-
pontonnier(pɔ-tŏ-nie')m Brücken-
zoll-einnehmer; ✕ id. (Soldat
zum Brücken-ſchlagen).
populace (pŏ-pü-lā'ß) f Pöbel m.
populacier, ~ère (pŏ-pü-la-ßie',
~ßiä'r) pöbelhaft. [lich.
populaire (pŏ-pü-lä'r) volkstüm-
populariser(pŏ-pü-la-ri-ße') beim
Volke einführen; populär machen. [völkerung.
population (pŏ-pü-la-ßiõ') f Be-
populeux, ~se (pŏ-pü-lö', ~lö'ß)
volkreich.
poque(pŏk)m Poch-ſpiel n, -brett n.
porc (pŏr) m Schwein n.
porcelaine (pŏr-ß'læ'n) f Por-
zellan(-Schnecke) n.
porcelainier (pŏr-ß'læ-nie') m
Porzellan-macher, -händler.
porc-épic (pŏr-ke-pi'k) m Stachel-
ſchwein n. [einer Kirche.
porche (pŏrſch) m Halle f, Vorhof
porcher m, ~ère f (pŏr-ſche', ~-
ſchä'r) Schweinehirt(in).
porcherie (pŏr-ſch'ri') f Schwein-
pore (pŏr) m Pore f. [ſtall m.
poreux, ~se (pŏ-rö', ~rö'ß) porös,
löcherig. [phm. Reibſtein.
porphyre (pŏr-fi'r) m Porphyr;
porphyriser (pŏr-fi-ri-ße') fein
zerreiben.
porreau (pŏ-ro') m = poireau.
port(pŏr) m 1. Hafen. 2. Tragen
n; Tracht f eines Schiffs; Fuhrlohn; Porto n; Haltung f,
Anſtand.
portable (pŏr-ta'bl) tragbar.
portage (pŏr-ta'Q) m Tragen n,
Fortſchaffen n. [Hauptthür f.
portail (pŏr-ta'j) m Porta'l n,
portant, ~e (pŏr-tɔ', ~tɔ't) 1. tragend; bien ~ geſund. 2 m
Handhabe f am Koffer ꝛc.
portatif, ~ve (pŏr-ta-ti'f, ~ti'w)
leicht zu tragen.

porte (pŏrt) f Thor n; Thür; la
  Sublime P-te die Hohe Pforte.

porte-... (pŏrt) in Zsg.: ...-Träger,
  2c. porte-aigle m Adlerträger.

porte-clefs(pŏrt-klē')m Gefangen-
  wärter; Schlüsselring.

portecrayon (pŏrt-krä-ǫ') m
  Reißfeder f.

portée (pŏr-tē') f Schuß-, Wurf-,
  Erreichungs-weite; Bereich m;
  Fassungskraft; Tragweite; Be-
  deutung; Tracht junger Hunde.

portefaix (pŏrt-fä') m Lastträger.

portefeuille (pŏr-t'fŏ'j) m Brieftasche f; Mappe f; id., Minister-
  stelle f; Wechselbestand.

porte-glaives (pŏrt-glä'w) m/pl.
  Schwertbrüder.

portemanteau (pŏr-tmg-to') m
  Fell-eisen n; Kleiderriegel.

porte-plume (pŏrt-plü'm) m Fe-
  derhalter.

porter (pŏr-te') I. v/a. tragen;
  bringen, hinschaffen; einen Toast
  ausbringen; ~ sur soi bei sich
  haben, führen; Kleidung 2c. an-
  haben; die Augen 2c. auf etwas
  richten; être ~é pour q., qc.
  für jem., et. Neigung haben;
  Freundschaft hegen; unterstützen;
  ~ q. j-m seine Stimme geben;
  ~ q. à qc. jem. zu et. reizen,
  bewegen; ertragen, aushalten;
  ein Urteil fällen; einschreiben;
  ~ en compte in Rechnung setzen;
  lauten, besagen (von Gesetzen 2c.);
  verursachen, nach sich ziehen.
  II. v/n. ~ sur qc. auf etwas
  liegen, ruhen; reichen bis ...;
  ~ sur q. jem. treffen; ~ à la
  tête, sur les nerfs zu Kopfe
  steigen (vom Wein), die Nerven
  reizen; se ~ sich wohin begeben;
  se ~ à qc. sich zu et. entschließen,
  neigen, hinreißen lassen: sich
  (gut, schlecht) befinden; als Wahl-
  kandidat auftreten.

porteur m, ~se f (pŏr-tö'r, ~tö'f)

Träger(in); Überbringer(in);
  Inhaber(in) eines Wechsels; Sat-
  tel-pferd n.

portier (pŏr-tič') m id., Pförtner.

portière (pŏr-tiä'r) f Pförtnerin;
  Kutschenschlag; Thürvorhang.

portillon (pŏr-ti-jǫ') m Thürchen.

portion (pŏr-ßǫ') f Anteil m; id.

portique (pŏr-ti'k) m Säulen-
  halle f.   [Porträtmaler.

portraitiste (pŏr-trä-ti'ßt) m

portugais, ~e (pŏr-tü-gä', ~gä'f)
  portugiesisch.

posage (po-fa'G) m Aufstellen n.

pose (pōf) f Setzen n, Legung;
  Ausstellen n der Schildwachen;
  Stellung, Haltung; Sitzen n
  bei einem Maler; Verstellung,
  Sucht nach Effekt.

posé, ~e (po-fe') gesetzt, bedächtig.

poser (po-fe') I. v/a. setzen, stellen,
  legen; auf-, hin-stellen; ab-,
  nieder-legen; ~ q. j-m Ansehen
  geben. II. v/n. ~ sur qc. auf
  et. ruhen; e-m Maler sitzen; se ~,
  a. eine wichtige Miene annehmen; se ~ en... auftreten als...

poseur m, ~se f (po-fö'r, ~fö'f)
  Aufsteller(in); jem., der nach
  Effekt hascht.

positif, ~ve (po-fi-ti'f, ~ti'w)
  1. positiv (bestimmt; begründet;
  prosa-isch, berechnend; bejahend).
  2. m gr. Positiv.

position (po-fi-ßǫ') f Lage, Stellung.   [sessene(r).

possédé m, ~e f (pŏ-ßč-de') Be-

posséder (ßč-de') besitzen; völlig
  inne haben; beherrschen; se ~
  Herr über sich sein.

possesseur (ßč-ßö'r) m Besitzer.

possession (po-ßč-ßǫ') f Besitz m.

possibilité (pŏ-fi-bǐ-lǐ-te') f
  Möglichkeit.

possible (pŏ-ßǐ'bl) möglich.

post... (pŏßt...) in Zsg.: nach-...,
  hinter-...   [betreffend, Post-...

postal, ~e (pŏ-ßtä'l) die Post

postdiluvien, ~ne (pŏßt-dĭ-lü-wĭã̄', ~wĭæ̆'n) nachsündflutlich.

poste (pŏßt) 1. f Poſt; Extra-poſt; Poſtſtation; ch. ~s pl. Relaipoſten m. 2. m Poſten; Wacht-poſten, -haus n, -mann-ſchaft f; Amt n, Dienſt.

poster (pŏ-ßte') aufſtellen.

postérieur, ~e (ßtĕ-rĭȭ'r) 1. hinte-rer; ſpäter. 2. m Hintere(r).

postérité (pŏ-ßte-rĭ-te') f Nach-kommenſchaft; Nachwelt.

posthume (ßtü'm) nachgeboren; hinterlaſſen; nach j-s Tode eintretend.

postiche (pŏ-ßti'ſch) nachher hin-zugefügt; unecht; ✗ ſtellver-tretend.

postillon (pŏ-ßtĭ-jǫ') m id.; ~ (de carrosse) Vorreiter (auf einem der Vorderpferde ſitzend).

postpositif, ~ve (pŏßt-po-ſĭ-tĭ'f, ~tĭ'w) gr. nachſtehend.

postuler (pŏ-ßtŭ-le') I. v/a. ~ qc. ſich um et. bewerben. II. v/n. eine Sache als Sachverwalter vertreten. [Stellung.

posture (pŏ-ßtü'r) f Haltung,

pot (pǫ) m Topf; Fleiſchtopf; ehm. Kanne f, Maß n; vider les ~s zechen.

potable (pŏ-ta'bl) trinkbar.

potage (pŏ-ta'ɠ) m Suppe f.

potager m, ~ère f (pŏ-tă-ɠe', ɠā'r) 1. Küchen-..., Suppen-... 2. m Gemüſegarten; Kochherd; Sup-pentopf.

potasse (pŏ-ta'ß) f Pottaſche.

pot-au-feu (pŏt-o-fö') 1. m (pl. ~) Fleiſch-, Bouillon-topf; gekochtesRindfleiſch. 2. a.ſpieß-bürgerlich, philiſtrös.

pot-de-vin (po-dŭ-wǫ̆') m Drauf-geld n zum Kaufpreiſe; Lei-kauf.

poteau (pŏ-to') m Pfahl, Pfoſten.

poteau-affiches (ă-fĭ'ſch) m An-ſchlagſäule f. [fen m Kinder.

potée (tĕ') f ein Topf voll; Hau-

---

potelé, ~e (pŏ-t'le') rund u. voll, fleiſchig.

potence (pŏ-tã̄'ß) f Galgen m; Krücke; Querholz n.

poterie (pŏ-t'rĭ') f Töpfer-ware, -werkstatt; ~ d'étain Zinn-geschirr n. [n, id.

poterne (pŏ-tĭ̆'rn) f Ausfallthor

potiche (pŏ-ti'ſch) f chineſiſches Porzellangefäß; mit Papier-bildern ausgeklebtesGlasgefäß.

potier (pŏ-tĭẽ') m Töpfer; ~ d'é-tain Zinngießer. [Tombak.

potin (pŏ-tǫ̆') m Hartmetall n,

potion (pŏ-ßĭǭ') f Arzneitrank m.

potiron (pŏ-tĭ-rǫ') m Kürbis.

pou (pu) m Laus f.

pouacre (pŭ-a'tr) 1. ſäuiſch. 2. m Schweinigel.

pouah! (pŭã̄) pfui!

pouce (pŭß) m Daumen; Zoll.

poucet (pu-ßæ̆') m Däumling.

poucettes (pu-ßæ̆'t) f/pl. Dau-men-ſchrauben.

poucier (pu-ßĭẽ') m Däumling von Leder ꝛc.; Thürklinkenbrücker.

poudre (pŭ'dr) f Staub m; Streu-ſand m; Puder m; Pulver n; Schießpulver n.

poudré, ~e (pu-dre') beſtäubt.

poudrer (dre') beſtäuben, pudern.

poudrerie (pu-drŭ-rĭ') f Pulver-fabrik, -niederlage. [ſtaubig.

poudreux, ~se (pu-brö', ~brö'ſ)

poudrier (pu-brĭ-e') m Pulver-müller; Streuſandbüchſe f.

poudrière (pu-brĭ-ā'r) f Pulver-mühle, -horn n. [machen.

poudroyer (pu-brŭã̄-ĕ') ſtaubig

pouf (puf) 1. plumps! faire ~ durchbrennen. 2. m Rundſofa n; Tournüre f. [auflachen.

pouffer (pŭ-fe'): ~ de rire laut

Pouille (puj) f: la ~ Apuli-en n.

pouiller (pŭ-je') lauſen; ſchelten.

pouilles (puj) f/pl. Scheltworte n.

pouilleux, ~se (pŭ-jö', ~ô'ſ) lauſig.

poulailler (pu-lă-je') m Hühnerſtall, -ḧändler; armſeliges Neſt; thé. Olymp.

poulain (pu-lᾱ') m Füllen n.

poulaine (pu-læ'n) f: souliers m/pl. à la ~ Schnabelſchuhe.

poularde (lă'rb) f Maſthühnchen n.

poule (pūl) f Huhn n, Henne; ~ d'Inde Truthenne; ~ mouillée feige Memme; Spiel: Stamm m, Saß m; Billard: id.

pouler (pu-le') um den Stamm wetten (beim Wett-rennen).

poulet (pu-læ') m Hühnchen n; Herzchen!; Liebesbrief.

poulette (pu-læ't) f Hühnchen n; junges Mädchen.   [füllen n.

pouliche (pu-lĭ'ſch) f Stuten-

poulie (pu-lĭ') f (Block-)Rolle; ~ mouflée Flaſchenzug m.

poulier (pu-lĭ-e') mit einer Rolle aufwinden.

pouliner (pu-lĭ-ne') fohlen.

poulinière (pu-lĭ-nĭᾱ'r) f: auch: jument ~ Zuchtſtute.   [Polyp.

poulpe (pulp) f acht-armiger

pouls (pū) m Puls.

poumon (pu-mᴼ') m Lunge f.

poupard (pu-pā'r) m Widel-kind n, -puppe f.

poupe (pup) f Schiffshinterteil n.

poupée (pu-pē') f Puppe; Zier-puppe; Kleider-, Hauben-ſtock.

poupin m, ~e f (pu-pᾱ', ~pĭ'n) 1. geſchniegelt. 2. s. Zier-bengel, -äffchen n.   [Kind.

poupon (pu-pᴼ') m baußbäckiges

pour (pūr) 1. für; wegen, um ... willen; in Bezug auf ...; ~ (ce qui est de) moi was mich be-trifft; anſtatt; ce sera ~ demain es iſt bis auf morgen verlegt; faute ~ faute ein Fehler gegen den andern gehalten; en être ~ qc. um et. kommen. 2. cj. ~ que, ~ ... (inf.) damit, um zu ...; ~ ... (inf. passé) weil ...

pourboire (bᴑᾱ'r) m Trinkgeld n.

pourceau (pūr-ßo') m Schwein n.

pourcelet (pūr-ß'læ) m Ferkel n; Aſſel f.

pour-cent (pūr-ßᾱ') m Prozent n.

pourchasser (ſchᾰ-ße') hitzig ver-folgen.   [ḧiebe durchḧauen.

pourfendre(fᾱ'dr) mit e-m Säbel-

pourparler (pūr-pär-le') m Be-ſprechung f.

pourpier (pūr-pĭe') m Portulak.

pourpoint (pūr-pᴼᾱ') m Wams n.

pourpre (pū'rpr) 1. m Purpur (-farbe f, -rot n); Fleckfieber n. 2. f Purpur-ſchnecke, -gewand n; Herrſcherwürde.

pourpré, ~e (pūr-pre') purpurn.

pourquoi (kᴼᾱ') warum, weßhalb.

pourri (pu-ri')m das Faule, Moder.

pourrir (ri'r) I. v/a. in Fäulnis bringen. II. v/n. verfaulen, ver-weſen; reif w. (von Geſchwüren).

pourriture (pu-rĭ-tū'r) f Fäulnis.

poursuite (pūr-ßῡ't) f Verfol-gung; Betreibung; Prozeßver-handlung.

poursuivant (pūr-ßῡ-wᴼ') m Be-werber; Freier; Anſucher, Ver-folger.

poursuivre (pūr-ßῡᾱ'ᴑr) verfolgen; etwas betreiben; gerichtlich be-langen; fortſetzen, fortfahren.

pourtant (pūr-tᴼ') bennoch, doch.

pourtour (pūr-tū'r) m Umfreis.

pourvoi (wᴼᾱ') m Appellation f.

pourvoir(pūr-wᴼᾱ'r) I.v/n. ~ à qc. für et. ſorgen; ~ à un emploi ein Amt beſetzen. II. v/a. ~ q. de qc. jem. mit et. verſorgen, verſehen; se ~ beim Gericht einkommen.

pourvoyeur m, ~se f (pūr-wᴼᾱ-lᴼ'r, ~ᴼ'f) Lieferant(in).

pourvu (wü'): ~ que wenn nur.

poussade (pu-ßa'b) f Stoßen n.

pousse (puß) f Schößling m, Trieb m; Hervorkommen n der Zähne; Herzſchlächtigkeit der Pferde.

pousse-café (puß-fä-fe') m Gläs-chen n Likör nach dem Kaffee.

poussée (pu-ßē') f Stoß m; Druck m, Drang m.

pousser (pu-ße') I. v/a. (an-, fort-)stoßen, drängen, treiben; e-n Schrei ausstoßen; fortführen; ausdehnen; eifrig betreiben; j-m forthelfen, förderlich sein; ein Pferd ꝛc. antreiben; ~ q. à qc. jem. zu et. treiben, verleiten; Schößlinge hervortreiben. II. v/n. hervorkommen, treiben; wachsen; herzschlächtig werden.

poussier (pu-ße') m Kohlen-, Pulver-staub.

poussière (pu-ßiä'r) f Staub m.

poussif, ~ve (pu-ßi'f, ~ßi'w) herzschlächtig.

poussin (pu-ßa̱') m Küchlein n.

poussinière (pu-ßi-niä'r) f Schutz-korb m für Küchlein.

poutre (pū'r) f Balken m.

poutrelle (pu-træ'l) f kleiner Balken.

pouvoir (pu-wä'r) 1. können; dürfen; puissé-je möchte ich; se ~ möglich sein. 2. m Macht f, Vermögen n, Gewalt f; Voll-macht f. [Nord-Amerika].

prairie (præ-rī') f Wiese; id. (in

praline (pra-li'n) f gebrannte Mandel. [bräunen (lassen).

praliner (pra-li-ne') in Zucker

praticable (prä-ti-ka'bl) ausführ-bar; fahrbar, wegsam.

praticien (prä-ti-ßiä') m Sach-walter; praktischer Arzt.

praticulture (prä-ti-kül-tü'r) f Wiesenbau m.

pratique (prä-ti'k) 1. praktisch; zweckmäßig. 2. f Anwendung, Praxis; Ausübung; Erfahrung; ~s pl. Kniffe m, Ränke m; Kund-schaft; Kunde m; Gerichts-praxis.

pratiquer (prä-ti-ke') ausüben; praktizieren; ~ q. mit j-m umgehen, a. jem. anstiften; ver-anstalten; einrichten.

pré (pre) m Wiese f, Anger.

pré... (pre...) in Zssg.: vor-..., ꝛc.

préachat m Vorausbezahlung f.

préalable (pre-ä-la'bl) vorläufig.

préambule (pre-q-bü'l) m Ein-leitung f.

préau (prĕ-o') m kleine Wiese; Gefängnis-, Schul-hof.

prébende (prĕ-ba̱'b) f Präbe'nde, Pfründe.

précaire (prĕ-kä'r) aus Gnade ver-stattet; widerruflich; unsicher.

précaution (ko-ßiő') f Vorsicht.

précautionner (prĕ-ko-ßio-ne'): se ~ sich vorsehen.

précédent, ~e (prĕ-ße-ba̱', ~ba̱'t) vorhergehend, vorig.

précéder (prĕ-ße-be'): ~ q. vor j-m her-gehen, -fahren ꝛc., früher als jem. ankommen.

précepte (ßä'pt) m Vorschrift f.

précepteur (prĕ-ßä-ptő'r) m Hauslehrer. [Erzieherstand.

préceptorat (prĕ-ßä-ptö-ra') m

prêche (præsch) m protestantische Predigt; Protestantismus.

prêcher (præ-sche') predigen.

prêcheur (præ-schő'r) m Prediger-mönch; Sittenprediger.

préchi! précha! (prĕ-schi prĕ-scha') wischi waschi!

précieux, ~se (prĕ-ßiő', ~ßiő'ß) kost-bar; edel (von Steinen); faire la ~se sich zieren.

précipice (ßi-pi'ß) m Abgrund.

précipitamment (ßi-pi-tä-ma') eiligst. [Übereilung.

précipitation (prĕ-ßi-pi-tä-ßiő') f

précipité (prĕ-ßi-pi-te') m chm. Niederschlag.

précipiter (prĕ-ßi-pi-te') (hinab-)stürzen; beschleunigen; chm. niederschlagen; se ~ (sur q.) sich stürzen (auf jem. losstürzen).

précipiteux, ~se (tü-ő', ~ő'ß) steil abstürzend. [n, Präzipuum n.

préciput (prĕ-ßi-pü') m Voraus

précis, ~e (prĕ-ßi', ~ßi'ß) 1. be-

ftimmt; genau; bündig. 2. m
Abriß, Haupt-inhalt. [rabe.
précisément (prĕ-ßĭ-ſe-mg') ge-
préciser (ßĭ-ſe') genau angeben.
précision (ßĭ-ßĝ') *f* Genauigkeit.
précité, ~e (ßĭ-te') vorbemeldet.
précoce (prĕ-ko'ß) frühreif.
précocité (prĕ-kŏ-ßĭ-te') *f* Früh-
reife. [aus abrechnen.
précompter (prĕ-kᵩ-te') im vor-
préconçu (prĕ-kᵩ-ßü') vorgefaßt.
préconiser (prĕ-kŏ-nĭ-ſe') lob-
preiſen; einen Biſchof als gewählt verkünden. [läufer.
précurseur (prĕ-kür-ßö'r) *m* Vor-
prédécéder (pre-bĕ-ßĕ-be') vorher ſterben. [Vorgänger.
prédécesseur (pre-bĕ-ßĕ̆-ßö'r) *m*
prédestination (pre-bĕ̆-ßtĭ-nā-
ßĝ') *f* Vorherbeſtimmung.
prédicateur (pre-bĭ-ka-tö'r) *m*
Prediger. [bigen *n*; Predigt.
prédication (pre-bĭ-kā-ßĝ') *f* Pre-
prédiction (pre-bĭ-kßĝ') *f* Vor-
herſagen *n*; Prophezeiung.
prédilection (pre-bĭ-lĕ̆-kßĝ') *f*
Vorliebe. [ſagen.
prédire (prĕ-bĭ'r) vorher-, weis-
prédisposer (pre-bĭ-ßpo-ſe') empfänglich machen. [herrſchen.
prédominer (pre-bŏ-mĭ-ne') vor-
prééminence (pre-ĕ-mĭ-ng'ß) *f*
Vorrang *m*. [kauf *m*.
préemption (pre-g-pßĝ') *f* Vor-
préface (prĕ-fā'ß) *f* Vorrede.
préfectoral, ~e (pre-fĕ̆-ktŏ-rä'l)
Präfektur-...
préférable (pre-fĕ-ra'bĭ) vorzu-
ziehen (à vor).
préférence (pre-fĕ-rᵩ'ß) *f* Vorzug *m*. [den Vorzug geben.
préférer (prc-fe-re') vorziehen,
préfet (prĕ-fæ') *m* Präfekt.
préfinir(pre-fĭ-nĭ'r)anberaumen.
préfix, ~e (prĕ-fĭ'ß) anberaumt.
préfixe (prĕ-fĭ'ß) 1. vorn an-
geſetzt. 2. *m gr.* Präfix *n*.
préhensible(pre-g-ßĭ'bĭ) greifbar.

préjudice (pre-ğü-bĭ'ß) *m* Nachteil, Schade. [nachteilig.
préjudiciable (pre-ğü-bĭ-ßĭ-a'bĭ)
préjugé (ğü-ğe') *m* Vorurteil *n*.
préjuger (pre-ğü-ğe') vorläufig
entscheiden; vermuten.
prélart (prĕ-lā'r) *m* geteertes Se-
geltuch, Preſenning *f*.
prélasser (pre-la-ße'): se ~ ſich
in die Bruſt werfen.
prélat (prĕ-la') *m* Prälat.
prèle (prÆl) *f* Schachtelhalm *m*.
prélever (pre-lĭ-we') zum voraus erheben.
préliminaire (lĭ-mĭ-nä'r) 1. vorläufig. 2. *m* Einleitung *f*; ~s *pl.*
(Friedens-)Präliminaꞌri-en.
prélude (prĕ-lü'b) *m* Vorspiel *n*.
préluder (pre-lü-be') das Vorspiel machen. [reif; verfrüht.
prématuré, ~e (mä-tü-re') früh-
préméditation(pre-me-bĭ-tā-ßĝ')
f Vorbedacht *m*.
préméditer (pre-me-bĭ-te') vorher überlegen. [linge *m*.
prémices (prĕ-mĭ'ß) *f/pl.* Erſt-
premier *m*, ~ère *f* (prĭ-mĭe',~
mĭä'r) der (die, das) erſte; partir le ~ zuerſt fortgehen; le ~
venu, *a.* der erſte beſte.
premier-né (mĭe-ne') erſtgeboren.
prémunir (pre-mü-nĭ'r): ~contre
qc. vor etwas verwahren.
prenable (prĭ-na'bĭ) einnehmbar.
prendre (prᵩ'br) I. *v/a.* nehmen;
faſſen, ergreifen; gefangen nehmen; eine Stadt einnehmen;
Fiſche ꝛc. fangen; ertappen; zu
ſich nehmen, eſſen, trinken; von
einer Krankheit angeſteckt werden;
~ q. jem. abholen; einen Weg
einſchlagen; auffaſſen; ~ mal
übelnehmen; ~ pour qc. irrtüm-
lich für et. halten; ~ le large die
raume See gewinnen. II. *v/n.*
Wurzel faſſen; einbringen, wirken; zünden, Feuer fangen; zufrieren; ~ à q. j-m ankommen

(von Krankheiten); se ~ d'amitié
Freundschaft fassen; se ~ à q.
de qc. sich wegen et. an jem.
halten; sich benehmen; se ~ à
faire qc. anfangen, et. zu thun.
preneur m, ~se f (prĕ-nōr, ~nŏ'f)
Nehmer(in); Abnehmer(in);
Mieter.
prénom (prĕ-nŋ') m Vorname.
prénommer (pre-nŏ-me'): ~ q.
j-m einen Vornamen geben;
vorher nennen.
préoccupation (pre-ŏ-kŭ-pā-ßiŋ')
f vorgefaßte Meinung; Befan-
genheit.
préoccuper (ŏ-kŭ-pe'): ~ (l'esprit
de) q. j-s Geist im voraus
durch eine Meinung einnehmen;
jem. ausschließlich beschäftigen;
être ~é in Gedanken sein.
préopinant (pre-ŏ-pĭ-nŋ') m Vor-
redner. [nung vorher sagen.
préopiner (pre-ŏ-pĭ-ne') f-e Mei-
préparatif(pre-pă-ra-ti'f) m Vor-
bereitung f, Zurüstung f.
préparation (pă-rā-ßiŋ') f Vor-,
Zu-bereitung. [bereitend.
préparatoire(pre-pă-ra-tŏā'r)vor-
préparer (pre-pă-re') vor-, zubereiten. [Übergewicht n.
prépondérance (pre-pŋ-de-rā'ß)f
préposé (pre-po-se') m Vorgesetz-
te(r). [jem. über et. setzen.
préposer (pre-po-se'): ~ q. à qc.
prépuce (prĕ-pü'ß) m Vorhaut f.
prérogative (pre-rŏ-ga-tĭ'v) f
Vorrecht n, Prärogative.
près (præ) nahe: pas à beaucoup
~ bei weitem nicht; à peu ~
beinahe; à cela ~ dies ausgenommen; de ~ aus oder aus der
Nähe; prp. ~ de nahe bei, neben; mit inf. nahe daran, zu ...;
~ de deux heures beinahe 2
Stunden, fast 2 Uhr. [tung f.
présage (prĕ-sa'G) m Vorbedeu-
présager(pre-să-Ge')vorbedeuten.
presbyte (prĕ-sbi't) weitsichtig.

presbytéral, ~e (prĕ-sbĭ-tĕ-rä'l)
priesterlich.
presbytère(prĕ-sbĭ-tä'r)m Pfarr
haus n. [jährbar
prescriptible(prĕ-skrĭ-ptĭ'bl)ver-
prescription (skrĭ-pßiŋ') f Vorschrift; Rezept n; Verjährung.
prescrire (prĕ-skrĭ'r) I. v/a. vorschreiben; et. verjähren lassen.
II. v/n. verjähren.
préséance(pre-sĕ-ā'ß) f Vorrang.
présence (prĕ-sā'ß) f Gegenwart;
être en ~ ea. gegenüber stehen.
présent, ~e (prĕ-sŋ', ~sā't) 1. gegenwärtig, anwesend. 2. m Gegenwart f; gr. Präsens n: à ~
jetzt; Geschenk n.
présentable(pre-sŋ-ta'bl) empfehlenswert; der sich mit Ehren
sehen lassen kann.
présentation (pre-sŋ-tā-ßiŋ') f
Ein-, Über-reichung; Vorstellung (bei Hofe ic.).
présentement (pre-sŋ-tmŋ') jetzt.
présenter(te') überreichen, darbieten; vorstellen, einführen; hinhalten, -geben: zu e-r Stelle vorschlagen; se ~devant q. vor j-m
erscheinen. [rend, schützend.
préservateur(sĕr-wa-tŏ'r) bewah-
préservatif m, ~ve f (ti'f, tĭ'v)
1.schützend. 2. m Schutzmittel n.
préserver (pre-sĕr-we'): ~ de qc.
vor etwas bewahren, schützen.
présidence (sĭ-dā'ß) f Vorsitz m.
président m, ~e f (sĭ-dŋ', ~dā't)
Vorsitzende(r), Präsident(in).
présider (sĭ-de') den Vorsitz m.
führen. [tĭ'v) mutmaßlich.
présomptif, ~ve (pre-sŋ-ptĭ'f, ~-
présomption (pre-sŋ-pßiŋ') f Vermutung; Eigendünkel m.
présomptueux, ~se (pre-sŋ-ptü-
ŏ', ~ŏ'f) dünkelhaft.
presque (prĕ'-sk) beinahe.
presqu'île (prĕ-skĭ'l) f Halbinsel.
pressant, ~e (sŋ', sā't) drückend;
zudringlich; dringend; eilig.

presse (præß) f Preſſe; Kelter; (Matrosen-)Preſſen n; Bedräng- niß; Gedränge n.

presse-bouchons (præß-bu-ſchǫ') m Pfropfmaſchine f.

pressentiment (prä-ßg-tĭ-mɑ') m Vorgefühl n, Ahnung f.

pressentir (prä-ßg-tī'r) ahnen; jem. ausforſchen.

presse-papiers (præß-pă-plē') m Briefbeſchwerer.

presser (prä-ße') drücken, aus- preſſen; zf. drängen; ~ q. in jem. bringen; zur Eile antrei- ben; être ~é Eile haben; v/n. drängen; rien ne ~e es hat keine Eile; se ~ ſich drängen; ſich be-eilen.

presseur(prä-ßö'r)m Zeugpreſſer.

pression (prä-ßĭǫ') f Druck m, Zwang m. [ter-ſaft.

pressis (prä-ßĭ') m Fleiſch-, Kräu-

pressoir (prä-ßŏa'r) m Kelter f.

pressurer(prä-ß̆ŭ-re')auspreſſen.

prestance(præ-ßtɑ'ß) f ſtattliches Ausſehen.

prestation (ßtä-ßĭǫ') f Leiſtung.

preste (præßt) behende. [bigfeit.

prestesse (præ-ßtæ'ß) f Behen-

prestidigitateur (præ-ßti-di-ǫi- ta-tö'r) m Taſchenſpieler.

prestige (præ-ßtĭ'ǫ) m Blend- werk n; Zauber; Nimbus.

prestigieux, ~se (præ-ßtĭ-ǫĭß', ~ǫĭß'ſ) zauberhaft. [lein n.

prestolet (præ-ßtŏ-læ') m Pfäff-

présumable (pre-ſŭ-ma'bɪ) mut- maßlich, vermutlich.

présumer (ſŭ-me') mutmaßen; v/n. ~ de qc. e-e zu gute Mei- nung von etwas haben.

présure (prĕ-ſŭ'r) f (Kälber-) Lab n. [gerinnen machen.

présurer (pre-ſŭ-re') durch Lab

prêt, ~e (præ, præt) 1. bereit, fertig. 2. m Darlehen n; Aus- leihen n von Büchern ꝛc.

pretantaine ~e~ (prĭ-tg-tæ'n):

courir la ~ herumbummeln, auf den Strich gehen.

prétendant (pre-tg-dɑ') m Be- werber; Prätendent.

prétendre(pré-tā'br)beanſpruchen behaupten, daß ...; willens ſein.

prétendu m, ~e f (pre-tg-bŭ') 1. angeblich. 2. s. Bräutigam, Braut.

prête-nom (præt-nɑ') m jem., der ſeinen Namen zu etwas her- giebt, Strohmann.

prétentieux, ~se (pre-tg-ßĭß', ~ ßĭß'ſ) anmaßlich; geziert.

prétention (pre-tg-ßĭǫ') f An- ſpruch m; Anmaßung.

prêter (præ-te') I. v/a. (aus-) leihen; e-n Gid. Hülfe ꝛc. leiſten; zuſchreiben. II.v/n. ſich dehnen laſſen; ~ à qc. Anlaß zu etwas geben; se ~ à qc. ſich zu etwas hergeben. [gangene Zeit.

prétérit (pre-te-ri't) m gr. ver-

prétérition (pre-te-ri-ßĭǫ') f Über- ge'hung.

préteur (pre-tö'r) m Prätor.

prêteur m, ~se f (præ-tö'r, ~ tö'ſ) Darleiher(in).

prétexte (prĕ-tæ'kßt) m Vorwand.

prétexter (pre-tæ-kßte') vor- ſchützen, -geben. [ſindel n.

prêtraille (præ-ta'j) f Pfaffenge-

prêtre (præ'tr) m Prieſter.

prêtresse(præ-træ'ß)f Prieſterin.

prêtrise (præ-trĭ'ſ) f Prieſter- weihe, -tum n, -ſtand m.

preuve (pröw) f Beweis m; Be- leg m; Probe.

preux (prö) 1. tapfer. 2. m Held.

prévaloir (pre-wă-lŏa'r) über- wiegen, obſiegen; se ~ de qc. ſich auf eine Sache etwas zu gute thun.

prévaricateur (pre-wă-ri-fa-tö'r) 1. pflichtvergeſſen. 2. m Über- tre'ter der Amtspflicht.

prévarication (pre-wă-ri-fă-ßĭǫ') f Pflichtverletzung.

prévariquer(pre-wä-rĭ-ke')amts-
widrig handeln. [kommenheit.
prévenance (w'nā'ß) f Zuvor-
prévenant, ᷜe (pre-w'ng', ᷜng't)
zuvorkommend; einnehmend.
prévenir(w'nĭ'r): ᷜ q. j-m zuvor-
kommen; ᷤ-ᷤ Sache vorbeugen;
für ober gegen jem. zum voraus
einnehmen; ᷜ q. de qc. jem. zu-
vor von etwas benachrichtigen,
vor et. warnen. [vorbeugend.
préventif, ᷜve (wg-ti'f, ᷜtĭ'w)
prévention(ßꞷ')f Eingenommen-
heit, Vorurteil; Beschuldigung.
prévenu m, ᷜe f (pre-w'nü) ber,
bie Angeklagte.
prévision (pre-wĭ-ſꞷ') f Voraussehen n; Vermutung.
prévoir (prĕ-wꞷ̄'r) voraussehen;
im voraus auf etwas Bedacht
nehmen.
prévôt (prĕ-wō') m Vorsteher;
Profoß; Propst; ᷜ de salle
Vorfechter. [ſoß betreffend.
prévôtal, ᷜe(pre-wŏ-tä'l)ben Pro-
prévoyance (pre-wꞷ̃-ꞷ̄'ß) f Vor-
aussicht; Vorsorge.
prévoyant, ᷜe (pre-wꞷ̃-ꞷ̄', ᷜꞷ̄'t)
voraussehend; vorsichtig.
prie-Dieu (pri-biꞷ̃') m Betpult.
prier (prĭ-e') beten; bitten; ᷜ à
diner zu Tische laden.
prière (prĭ-ä'r) f Gebet n; Bitte.
prieur m, ᷜe f (prĭ-ō'r) Pri'or,
Prio'rin. [Priorswürbe f.
prieuré (prĭ-ō-re') m Priorei f;
primage(prĭ-ma'ꞵ)m Primgelb n.
primaire (mä'r) f Elementar-...
primat (prĭ-ma') m Primas.
primatie (prĭ-ma-ßĭ') f Primat
n; Vorrang m eines Erzbischofs.
primauté (prĭ-mo-te') f Vorrang
m; Spiel: Vorhand.
prime (prĭm) 1. de ᷜ abord von
vorn herein; de ᷜ saut flugs.
2. f erstes Stundengebet; Bech-
tunß: id. 3. f Prä'mi-e, Preis
m; Gebühr.

primer (prĭ-me') I. v/n. ben Vorrang haben. II. v/a. übertreffen; prämiieren.
prime-sautier, ᷜère (prim-ßo-tĭe',
ᷜtĭä'r) ber ersten Eingebung
folgend.
primeur (prĭ-mö'r) f erste Zeit
ber Reife; ᷜs pl. erstes Gemüse,
Früh-obst n.
primevère (pri-m'wä'r) f Primel,
Schlüsselblume.
primitif, ᷜve (prĭ-mĭ-ti'f, ᷜtĭ'w)
ursprünglich.
primo (pri-mo') erstens.
primogéniture (prĭ-mo-Ge-nĭ-
tü'r) f Erstgeburt.
primordial, ᷜe (prĭ-mör-bĭā'l)
ursprünglich.
prince m, ᷜsse f (prꞡß, prꞡ-
ßæ'ß) Fürst(in); Prinz(essin).
princier, ᷜère (prꞡ-ßĭe', ᷜßĭä'r)
fürstlich, prinzlich. [fürst.
princillon(prꞡ-ßĭ-jꞷ')m Duobe'z-
principal, ᷜe (ßĭ-pä'l) 1. haupt-
sächlichst, Haupt-... 2. m Hauptsache f;(Schul-)Direktor;ᷜaux pl.
auch: Honoratioren.
principat (prꞡ-ßĭ-pa') m Fürsten-
würde f. [Fürstentum n.
principauté (prꞡ-ßĭ-po-te') f
principe (prꞡ-ßĭ'p) m Ursprung,
Grund-ursache f; Grund-satz,
-wahrheit f; ᷜs pl. Anfangsgründe. [Prinzlein n.
principicule (prꞡ-ßĭ-pĭ-kü'l) m
printanier, ᷜère (prꞡ-tä-nĭe', ᷜ-
nĭä'r) Frühlings-...
printemps (prꞡ-tꞡ') m Frühling.
priorité (prĭ-o-rĭ-te') f Priorität,
Vorrang m.
pris (pri) part.p. von prendre.
prise (priſ) f Nehmen n, Ergreifen n; Prise Tabak; Einnahme;
Eroberung; Wegnahme eines
Schiffes; erbeutetes Schiff, id.;
Fang m, Beute; lâcher ᷜ loslassen; donner ᷜ à... Anlaß
geben zu ...; en être aux ᷜs

handgemein sein; Gefrieren n;
~ de corps Verhaftung.
prisée (prĭ-ʃē') f Schätzung, Taxe.
priser (prĭ-ʃe') I. v/a. abschätzen,
taxieren; hoch halten; loben.
II. v/n. Tabat schnupfen.
priseur m, ~se f (prĭ-ʃō'r, ~ʃō'f)
Taxa'tor; Schnupfer(in).
prisme (prĭʃm) m Prisma n.
prison (prĭ-ʃǫ') f Gefängnis n.
prisonnier m, ~ère f (prĭ-ʃǫ-nĭē',
~nĭā'r) Gefangene(r).
privable (wa'bl) der Entziehung
von et. ausgesetzt; zähmbar.
privation (prĭ-wā-ʃĭǫ') f Entziehung; Entbehrung.
privauté (prĭ-wo-te') f große Ver-
traulichkeit.
privé, ~e (prĭ-we') 1. privat, amt-
frei; zahm. 2. m Abtritt.
priver (we'): ~ q. de qc. jem. e-r
Sache berauben; ein Tier zähmen.
privilège (prĭ-wĭ-lǟ'G) m Privi-
le'gium n, Vorrecht n.
prix (prĭ) m Preis; Wert; Lohn;
Prämi-e f.
probabilité (prǒ-ba-bĭ-lĭ-te') f
Wahrscheinlichkeit.
probable (prǒ-ba'bl) wahrschein-
lich. [weisend.
probant, ~e (prǒ-bǫ', ~bǭ't) be-
probation (prǒ-bā-ʃĭǫ') f (Probezeit vor dem) Noviziat n.
probe (prǒb) rechtschaffen.
probité (prǒ-bĭ-te') f Rechtschaf-
fenheit. [fraglich; zweifelhaft.
problématique (prǒ-ble-ma-ti'k)
problème (prǒ-blǟ'm) m math.
Aufgabe f; Streitfrage f; Pro-
blem n. [(selten-)Rüssel m.
proboscide (prǒ-bǒ-ʃĭ'b) f (In-
procédé (ʃĕ-be') m Verfahren n.
procéder (~) zu et. schreiten; fortschreiten; verfahren; ~de q. von
j-m erzeugt sein.
procédure (ʃĕ-bū'r) f Prozeß-
verfahren n. [Wuchs.
procérité (prǒ-ʃe-rĭ-te') f hoher

procès(prǒ-ʃǟ')m Prozeß,Rechts-
handel.
processif, ~ve(prǒ-ʃǟ-ʃĭ'f, ~l'w)
prozeßsüchtig; Prozeß-...
procession (prǒ-ʃǟ-ʃĭǫ') f id.,
kirchlicher Umzug.
processionnellement (prǒ-ʃǟ-
ʃĭǫ-nǟ-l'mǫ') in feierlichem
Aufzuge. [m Protokoll n.
procès-verbal (prǒ-ʃǟ-wǟr-bā'l)
prochain, ~e(ʃǟ'ǫ, ʃǟ'n) 1. nahe
gelegen, nahe bevorstehend.
2. m der Nächste. [nächstens.
prochainement (prǒ-ʃǟ-n'mǫ')
proche (prǒʃ) nahe; verwandt;
adv. in der Nähe; de ~ en ~
von Ort zu Ort, immer weiter;
prp. ~ (de) qc. nahe bei etwas.
proclamer (prǒ-klā-me') feierlich
bekannt machen; verkündigen.
proclivité (prǒ-klĭ-mĭ-te') f Ge-
neigtheit nach vorn.
procréer (prǒ-krĕ-e') (er)zeugen.
procuration (prǒ-kū-rā-ʃĭǫ') f
Vollmacht.
procurer (prǒ-kū-re') verschaffen.
procureur (prǒ-kū-rō'r) m Sach-
walter; ~ (du roi, &) Staatsan-
walt. [Verschwendung(ssucht).
prodigalité (prǒ-dĭ-gā-lĭ-te') f
prodige (prǒ-dĭ'G) m Wunder
(-Ding n) n; Ausbund.
prodigieux, ~se (prǒ-dĭ-Gĭö',
~Gĭö'f) wunderbar, erstaunlich.
prodigue (prǒ-dĭ'g) 1. verschwen-
derisch. 2. s. Verschwender(in).
prodiguer (prǒ-dĭ-ge') verschwen-
ben; nicht schonen.
producteur (prǒ-dū-ktō'r) m Her-
vorbringer; Produze'nt.
productif, ~ve (prǒ-dū-ktĭ'f, ~
ktĭ'w) einträglich.
production (prǒ-dū-kʃĭǫ') f Her-
vorbringung, id.; Erzeugnis n.
produire (prǒ-dū̄ī'r) vor-führen,
-legen; erzeugen; hervorbringen; einbringen; se ~ sich sehen
lassen.

produit (prŏ-bü̆') *m* Ertrag; Produkt *n*. [nā̆'t) hervorragend.

proéminent, ⸗e (prŏ-ĕ-mĭ-nɑ̄', ⸗˕

profanateur (prŏ-fä-na-tö̆'r) *m* Entweiher, (Templ.) Schänder.

profane (prŏ-fa'n) profa'n, weltlich; ungeweihet; entweihend.

profaner (prŏ-fä-ne') entheiligen.

proférer (prŏ-fe-re') vorbringen, aussprechen.

profès, ⸗esse (fä̆', fä̆'ß) jem., der das Klostergelübbe abgelegt hat.

professer (prŏ-fä̆-ße') öffentlich bekennen; öffentlich lehren.

professeur (prŏ-fä̆-ßö̆'r) *m* Lehrer.

profession (ßï̆ō̆') *f* Bekenntnis *n*; Berufsgeschäft *n*, Stand *m*.

professionnel, ⸗le (ßï̆ō̆-nä̆'l, ⸗˗ nä̆'l) berufsmäßig; enseignement *m* ⸗ Gewerbeschulwesen *n*.

professorat (ßö̆-ra') *m* Professur *f*.

profil (prŏ-fī̆'l) *m* id. *n*, Seitenansicht *f*; Durchschnitt.

profiler (prŏ-fī̆-le') im Profil, im Durchschnitte darstellen.

profit (prŏ-fī̆') *m* id., Gewinn, Nutzen; ⸗s *pl.* Nebenverdienste.

profiter (prŏ-fī̆-te') gewinnen; ⸗ de qc. aus et. Vorteil ziehen; gedeihen. [*fig.* gründlich.

profond, ⸗e (prŏ-fŏ', ⸗fō̆'b) tief;

profondeur (prŏ-fŏ-bö̆'r) *f* Tiefe.

profus, ⸗e (prŏ-fü̆', ⸗fü̆'s) reichlich.

profusion (prŏ-fü̆-ßï̆ō̆') *f* Verschwendung; à ⸗ im Überflusse.

progéniture (prŏ-Ge-nī̆-tü̆'r) *f* Nachkommenschaft.

programme (prŏ-grä̆'m) *m* Fest⸗ 2c. Programm *n*; ⸗ des études Schulplan.

progrès (prŏ-grä̆') *m* Fortschritt.

progresser (prŏ-grä̆-ße') Fortschritte machen.

progressif, ⸗ve (grä̆-ßī̆'f, ⸗ßī̆'w) vorwärts⸗, fortschreitend.

progression (prŏ-grä̆-ßï̆ō̆') *f* Fortschreiten *n*; fortschreitende Reihe, id.

progressiste (prŏ-grä̆-ßī̆'ßt) *m* Fortschrittsmann.

prohiber (prŏ-ĭ-be') verbieten.

prohibitif, ⸗ve (ĭ-bĭ-tī̆'f, ⸗tī̆'w) verbietend. [Einfuhrverbot *n*.

prohibition (ĭ-bi-ßï̆ō̆') *f* Verbot *n*;

proie (prɔ̆ä) *f* Raub *m*; Beute; livrer en ⸗ preisgeben.

projectile (prŏ-Gä̆-ktī̆'l) *m* (Wurf⸗)Geschoß *n*.

projection (prŏ-Gä̆-ktßï̆ō̆') *f* (Fort⸗) Schleudern *n*; Zeichnung auf ebener Fläche, id. [Vorhaben *n*.

projet (Gä̆') *m* Projekt *n*, Plan;

projeter (prŏ-Gĭ-te') vorwärts schleudern; verzeichnen; auftragen; sich *etwas* vornehmen.

prolétaire (prŏ-lĕ-tä̆'r) *m* Proletar'i-er. [Zeugungs⸗...

prolifique (prŏ-lĭ-fī̆'k) fruchtbar,

prolixe (prŏ-lī̆'ks) weitschweifig,

prolixité (prŏ-lī̆-kßĭ-te') *f* Weitschweifigkeit. [Vorspiel *n*.

prologue (prŏ-lo'g) *m* Prolog;

prolonger (prŏ-lŏ-Ge') verlängern; hinausschieben.

promenade (prŏ-m'na'b) *f* Spazier-gang *m*, ⸗fahrt, ⸗ritt *m*; Spazierweg *m*; ⸗ militaire Übungsmarsch *m*.

promener (prŏ-m'ne') herumführen; umherschweifen lassen; hinhalten; se ⸗ spazieren gehen; envoyer ⸗ q. jem. zum Henker schicken. [Spaziergänger(in).

promeneur *m*, ⸗se *f* (m'nö̆'r, nö̆'s)

promenoir (prŏ-m'nɔ̆ä'r) *m* Spazierplatz, Wandelbahn *f*.

promesse (m̆ä̆'ß) *f* Versprechen *n*; Schuld⸗Verschreibung.

promettre (m̆ä̆'tr) versprechen; se ⸗ a. sich verloben.

promis *m*, ⸗e *f* (prŏ-mī̆', ⸗mī̆'s) 1. *part.p.* von promettre. 2. *s.* Verlobte(r).

promiscuité (prŏ-mĭ-ßkü̆-ĭ-te') *f* Durcheinander *n*. [heißung.

promission (prŏ-mĭ-ßï̆ō̆') *f* Ver-

promontoire (prŏ-mɔn̥-tŏä'r) *m* Vorgebirge *n*.

promoteur (prŏ-mo-tö'r) *m* Beförderer; Anstifter. [rung.

promotion (mŏ-ßĩǫ') *f* Beförde-

promouvoir (prŏ-mu-wŏä'r) be-förbern. [flink; hitzig.

prompt, ~e(prɔ, prãt) eilig, schnell;

promptitude (vrɔ-tĩ-tü'b) *f* Ge-schwindigkeit; Behendigkeit.

promu (prŏ-mü') *part.p.* von pro-mouvoir. [bekannt machen.

promulguer (mül-ge') öffentlich

prône (prōn) *m* Predigt *f*.

prôner (pro-ne') übermäßig rüh-men. [nö'ß) Lobpreiser(in).

prôneur *m*, ~se *f* (pro-nö'r, ~

pronom (prŏ-nɔ') *m* Fürwort *n*.

prononcé, ~e(nɔ-ße') 1.stark mar-kiert, bestimmt. 2. *m* (urteils-) Spruch. [II. *v/n.* entscheiden.

prononcer(~) I. *v/a.* aussprechen.

prononciation(prŏ-nɔ-ßĩ-ä-ßĩǫ')*f* Aussprache; Kundmachung e-s Richterspruchs.

pronostic (nŏ-ßtĩ'k) *m* Vorzeichen *n*, -bedeutung *f*; *méd.* Progno'se.

pronostiquer(prŏ-nŏ-ßtĩ-ke') vor-hersagen; schließen lassen auf...

propagateur (prŏ-pä-ga-tö'r) *m* Verbreiter einer Meinung.

propager (prŏ-pä-Ge') fortpflan-zen; verbreiten. [neigung.

propension (prŏ-pɑ-ßĩǫ') *f* Hin-

prophète (prŏ-fä't) *m* Prophet.

prophétesse (prŏ-fĕ-tä'ß) *f* Pro-phetin. [zeiung.

prophétie (prŏ-fĕ-ßĩ') *f* Prophe-

prophétiser (prŏ-fe-tĩ-ße') pro-phezeien. [vorbeugend.

prophylactique (prŏ-fĩ-lä-ktĩ'k)

propice(prŏ-pĩ'ß) günstig; gnädig.

propitiation (prŏ-pĩ-ßĩ-ä-ßĩǫ') *f* Versöhnung. [nenharz *n*.

propolis (prŏ-pŏ-lĩ'ß) *f* (m) Bie-

proportion (prŏ-pŏr-ßĩǫ') *f* Ver-hältnis *n*. [hältnis setzen.

proportionner (ßĩŏ-ne') in Ver-

propos (prŏ-pō') *m* Entschluß, Rede *f*, Äußerung *f*; Gerede *n*; parler à ~ zu gelegener Zeit sprechen; mal à ~ zu ungele-gener Zeit; juger à ~ de ... für ratsam finden zu ...; à ~ babei fällt mir ein; hors de ~ zur Unzeit.

proposable (prŏ-po-ßa'bl) vor-schlagbar. [steller.

proposant (prŏ-po-ßɑ') *m* Antrag-

proposer (prŏ-po-ße') vorschlagen; vorbringen; se ~ qc. sich etwas vornehmen.

proposition(ßĩ-ßĩǫ')*f* Vorschlag *m*; Satz *m* (auch *gr.*), Behauptung.

propre (pro'pr) eigen; eigentlich, wirklich; eigentümlich; ~ à qc. zu et. tauglich; reinlich, sauber.

propret, ~te (prŏ-prä', ~prä'ət) schmuck. [keit.

propreté (prŏ-prə-te') *f* Reinlich-

propriétaire (prĩ-e-tä'r) *s.* Eigen-tümer(in); Hausbesitzer(in).

propriété (prŏ-prĩ-e-te') *f* Eigen-tümlichkeit; Eigentum *n*, Be-sitzung, Gut *n*.

prorata (prŏ-ra-ta'): au ~ ver-hältnismäßig. [vertagen.

proroger (prŏ-rŏ-Ge') aufschieben;

prosaïque (prŏ-ßä-ĩ'k) prosa'-isch.

prosateur (prŏ-ßa-tö'r) *m* Pro-sa'-iker. [ächtung.

proscription (prŏ-ßkrĩ-pßĩǫ') *f*

proscrire (prŏ-ßkrĩ'r) ächten.

proscrit(prŏ-ßkrĩ')*m* Geächtete(r).

prose (prō'ß) *f* Prosa.

prospère (prŏ-ßpä'r) gnädig, ge-wogen; glücklich. [Erfolg h.

prospérer(ßpĕ-re')gedeihen; guten

prospérité (prŏ-ßpe-rĩ-te') *f* Glück *n*, Gedeihen *n*.

prosterner (prŏ-ßtär-ne'): se ~ sich anbetend, flehend niederwerfen.

prostituer (prŏ-ßtĩ-tü-e') der Un-zucht preisgeben; schänden, ent-ehren. [Unzucht; Schändung.

prostitution (prŏ-ßtĩ-tü-ßĩǫ') *f*

prostration(prŏ-ſtrā-ſiõ')/gänz-
liches Darniederliegen.
prote (prŏt) m typ. Faktor.
protecteur m, ~trice f (prŏ-tĕ-
ktŏ'r,~trĭ'ß) 1. beſchützend; régime m ~ Schutzzoll-Syſtem
n. 2. s. Beſchützer(in).
protection (prŏ-tĕ-kſiõ') f Schutz
m, Schirm m; Stütze; Gön-
nerſchaft.
protectionnisme (kſiŏ-ni'ßm) m
Schutzzoll-Syſtem n. [zöllner.
protectionniste (ni'ßt) m Schutz-
protectorat (prŏ-tĕ-ktŏ-ra') m
Schutzherrſchaft f.
protégé m, ~e f (prŏ-tĕ-Ge')
Schützling. [beſchirmen.
protéger (prŏ-tĕ-Ge') beſchützen,
protestation (prŏ-tĕ-ſtā-ſiõ') f
feierliche Verſicherung; Proteſt.
protester(prŏ-tĕ-ſte') I. v/a. beteuern; e-n Wechſel proteſtieren.
II. v/n. ~ de qc. etwas feierlich
beteuern; ~ contre qc. ſich gegen
etwas verwahren.
protêt(prŏ-tæ') m Wechſelproteſt.
proto... (prŏ-to...) in Zſſg.: er-
ſte(r) ...
protocatholique (tŏ - kā - tŏ - li'k)
1. altkatholiſch. 2. s. Altkatho-
lik(in) in Italien.
protocole (prŏ-tŏ-kŏ'l) m Ver-
handlungsbuch n; Formelbuch
n; Protokoll n der Diplomaten.
prototype (ti'p) m Ur-, Vor-bild n.
protubérance (prŏ-tü-bĕ-rā'ß) f
Anſchwellung, Höcker m.
proue (prū) f Schiffsvorderteil n.
prouesse (prū-æ'ß) f Heldentat.
prouvable (pru-wa'bl) beweisbar.
prouver (we') beweiſen, darthun.
provenance (prŏ-w'nā'ß) f Urſprung m. [herstammend.
provenant, ~e (prŏ-w'na', ~nā't)
provende (prŏ-wā'b) f Proviant
m; Miſchkorn n. [-rühren.
provenir(prŏ-w'nĭ'r)her-kommen,
proverbe(wæ'rb) m Sprichwort n.

proverbial, ~e (prŏ-wär-biā'l)
ſprichwörtlich.
proverbialiser (biā-li-ſe') ſprichwörtlich machen. [ſehung.
providence (prŏ-wi-bā'ß) f Vor-
providentiel, ~e(prŏ-wi-ba-ſiæ'l,
~ſiæ'l) von der göttlichen Vor-
ſehung beſtimmt. [ſenken.
provigner (prŏ-wi-nje') Reben ab-
provin (prŏ-wæ') m Abſenker.
province (prŏ-wæ'ß) f Provinz.
provincial m, ~e f (prŏ-wæ-ſiā'l)
1. provinziell. 2. s. Provinz-
bewohner(in), Kleinſtädter(in).
3. m Ordensprovinzial.
proviseur (prŏ-wi-ſŏ'r) m Gym-
naſial-Direktor.
provision(prŏ-wi-ſiõ')f Vorrat m;
id., Bemühungsgebühr.
provisoire (wi-ſŏä'r) proviſoriſch,
einſtweilig.
provisorat (prŏ-wi-ſŏ-ra') m Direktorſtelle f.
provocant, ~e, provocateur, ~-
trice (prŏ-wŏ-kā', ~kā't, prŏ-
wŏ-ka-tŏ'r, ~trĭ'ß) 1. herausfordernd; aufwiegelnd. 2. m
Herausforderer.
provocation (prŏ-wŏ-kā-ſiõ') f
Herausforderung; Anreizung.
provoquer (prŏ-wŏ-ke') heraus-
fordern; zu etwas anreizen.
proximité(prŏ-kſi-mi-te')f Nähe;
nahe Verwandtſchaft.
prude (prüb) ſpröde, zimperlich.
prudemment (prü-bä-mą') adv.
v. prudent. [(Lebens-)Klugheit.
prudence (prü-bā'ß) f Vorſicht,
prudent, ~e (prü-bą', ~bā't) (le-
bens-)klug, vorſichtig.
pruderie(prü-b'rĭ')f Sprödigkeit.
prud'homme (prü-bŏ'm) m Bie-
dermann; Sachverſtändige(r).
pruine (prün) f Mehlſtaub m,
Reif m auf Pflaumen.
pruiné, ~ne (prü-ne') beſtäubt.
prune (prün) f Pflaume, Zwetſche.
pruneau(prü-no') m Backpflaume.

prunelaie(prü-n'læ')/Pflaumen-
garten m. [Aug-apfel m.
prunelle (prü-næ'l) f Schlehe;
prunellier (næ-līe') m Schlehen-
strauch. [baum.
prunier (prü-nīe') m Pflaumen-
prurit(prü-rī't) m (Haut=)Jucken.
Prusse (prüß) f Preußen n.
prussianiser (prü-ßl-ä-nl-fe')
preußisch machen.
prussien m,~ne/(prü-ßīã',~ßīæ'n)
1. preußisch. 2. P~, P~e s.
Preuße, Preußin.
prussifier (prü-ßl-fi-e') = prussianiser. [Blau-säure f.
prussique (prü-ßi'l): acide m ~
psalmodie (pßäl-mö-bl')f eintö-
niges Absingen der Psalmen.
psalmodier (mö-bl-e') ableiern.
psaume (pßōm) m Psalm.
psautier (pßo-tīe') m Psalter;
Rosenkranz von 150 Körnern.
pseudo... (pßö-bo...) in Zßg.:
falsch, Lügen=..., z.B. pseudo-
nyme falschnamig.
pseudo-prophète (pßö-bo-prö-
fæ't) m Lügenprophet.
psych... (pßl-l...) in Zßg.: Seelen-
..., z.B. psychiatrie f Seelen-
heilkunde. [paître.
pu (pü) part.p. von pouvoir und
puant, ~e (pü-ã', ~ã't) stinkend.
puanteur(pü-ã-tö'r) f Gestank m.
pubère (pü-bä'r) mannbar.
puberté (bär-te') f Mannbarkeit.
pubis (pü-bi'ß) m Schamberg.
public, ~que (pü-bll'l, ~bli'l)
1. öffentlich; Staats=...; welt-
kundig. 2. m Publikum n.
publicain (pü-bll-fã') m Zöllner.
publication (lä-ßīã') f Bekannt-
machung; Herausgabe e=s Buches.
publicité (pü-bll-ßl-te') f Offen-
kundigkeit; Öffentlichkeit.
publier (pü-bll-e') öffentlich bekannt machen; ein Buch herausgeben. [flohbraun.
puce (püß) 1. f Floh m. 2. a.

puceau m, ~celle f(pü-ßo', ~ßæ'l)
reiner Junggeselle, Jungfer.
pucelage (pü-ß'la'Q) m Jungfer-
schaft f.
puceron (pü-ß'rã') m Blattlaus f.
puddler (pü-ble') pubbeln.
pudeur (pü-bö'r) f Schamhaftig-
keit, Züchtigkeit.
pudibond, ~e (pü-bl-bã', ~bã'b)
verschämt.
pudicité (bl-ßl-te') f Züchtigkeit.
pudique (pü-bi'l) züchtig.
puer (pü-e') stinken.
puéril, ~e (pü-e-rl'l, ~ri'l) Kin-
bes=...; kindisch.
puérilité (pü-e-rl-ll-te') f kin-
bisches Wesen. [bug.
puff (püf) m Schwindelei f, Hum-
pugilat(pü-Gl-la') m Faustkampf.
puiné, ~e (pü-ne') nachgeboren.
puis (pü) alsbann, barauf.
puisard (pü-ßä'r) m Senkgrube f.
puisatier(pü-ßa-ßīe') m Brunnen-
puiser (pü-ße') schöpfen. [gräber.
puiseur (pü-ßö'r) m (Aus=)Schöp-
fer; Torfstecher.
puisoir (pü-ßä'r) m Schöpfkelle f.
puisque (pü'-ßfs) ba ja, weil nun
einmal... [waltig.
puissamment (pü-ßä-ma') ge-
puissance (pü-ßã'ß) f Macht, Gewalt; Mächtigkeit eines Lagers;
math. Potenz.
puissant, ~e (pü-ßã', ~ßã't) mächtig; körperlich bick, stark.
puits (pü) m Brunnen; ~ de
science grundgelehrter Mann;
Schacht.
pulicaire (pü-ll-fä'r) 1. f Floh-
kraut n. 2. a. fièvre f ~ Fleckfieber n.
pulluler (pül-lü-le) sich schnell
vermehren, wuchern.
pulmonaire (pül-mö-nä'r) 1.Lun-
gen=... 2. f Lungenkraut n.
pulmonie (pül-mö-ni') f Lungen-
entzündung. [krank.
pulmonique(pül-mö-ni'l)lungen-

pulpation (pŭl-pā-ɕi̯ǫ̆') f Verwandlung in Brei. [Mark n.
pulpe (pŭlp) f (Frucht-)Fleisch n;
pulper (pŭl-pe') zu Brei quetschen.
pulpeux, ~se (pŭl-pö̆', ~pö̆'s)
fleischig, brei-ig.
pulsateur, ~trice (pŭl-ɕa-tö̆'r, ~
tri'ß) klopfend; scarabée m ~
Toten-uhr f (Käfer).
pulsation (pŭl-ɕā-ɕi̯ǫ̆') f Puls-
schlag m; Schwingung.
pulvérin (pŭl-wĕ-rǫ̆') m Mehl-
pulver n; Staub-regen bei einem
Wasserfalle. [ver(isiere)n.
pulvériser (pŭl-we-rĭ-se') pul-
puma (pŭ-ma') m id., Kuguar.
pumiciforme (pŭ-mĭ-ßĭ-fö̆'rm)
bimssteinartig. [stinkend.
punais, ~e (nɛ̆', nɛ̆'s) (aus der Nase)
punaise (pŭ-nɛ̆'s) f Wanze.
punch (pǫ̆j́ch) m Punsch.
punique (pŭ-ni'k) punisch, kar-
thagisch.
punir (pŭ-nĭ'r) (be)strafen.
punissable (pŭ-nĭ-ßa'bl) strafbar.
punition (pŭ-ni-ßi̯ǫ̆') f Strafe.
pupille (pŭ-pi'l) 1. s. Mündel
(s. n). 2. f Pupille.
pupitre (pŭ-pi'tr) m Pult n.
pur, ~e (pŭr) rein; echt; makel-
los; bloß, einfach.
purée (pŭ-rĕ') f ein durchs Sieb
gestrichener Brei, id.
pureté (pŭ-r'te') f Reinheit;
Lauterkeit.
purgatif, ~ve (pŭr-ga-ti'f, ~tĭ'w)
1. reinigend. 2. m Abführungs-
mittel. [führung.
purgation (pŭr-gā-ßi̯ǫ̆') f Ab-
purgatoire (pŭr-ga-ti̯ǎ'r) m Fege-
feuer n. [gungsbehälter.
purgeoir (pŭr-Ꙅi̯ǎ'r) m Reini-
purger (pŭr-Ꙅe') reinigen; Sünden
abbüßen; rechtfertigen; méd.
abführen; se ~ ein Abfüh-
rungsmittel nehmen.

purificatif, ~ve (pŭ-rĭ-fĭ-ka-ti'f,
~tĭ'w) reinigend.
purification (rĭ-fĭ-kā-ßi̯ǫ̆') f Reinigung.
purifier (pŭ-rĭ-fĭ-e') reinigen,
läutern. [artig.
puriforme (pŭ-rĭ-fö̆'rm) eiter-
purin (pŭ-rǫ̆') m Mistjauche f.
puriner (pŭ-rĭ-ne') mit Jauche
begießen.
purpurin, ~e (pŭr-pŭ-rǫ̆', ~rĭ'n)
purpurfarben.
pur-sang (pŭr-ßǫ̆') m Vollblut n.
purulent, ~e (pŭ-rŭ-lǫ̆', ~lǫ̆'t)
eiterig.
pus (pŭ) m Eiter.
pusillanime (pŭ-sĭl-lă-nĭ'm)
kleinmütig, verzagt.
pusillanimité (pŭ-sĭl-la-nĭ-mĭ-
te') f Kleinmut m. [blatter.
pustule (pŭ-ßtŭ'l) f Pustel, Eiter-
pustuleux, ~se (pŭ-ßtŭ-lö̆', ~
lö̆'s) eiterblatterig.
putain (pŭ-tǫ̆') f Hure.
putassier, ~ère (pŭ-tă-ßi̯ɛ̆', ~ßi̯ɛ̆'r)
1. hurerisch. 2. m Hurenbock.
putatif, ~ve (pŭ-ta-ti'f, ~tĭ'w):
père m ~ vermeintlicher Vater.
putois (pŭ-ti̯ǎ') m Iltis.
putréfaction (pŭ-trĕ-fă-kßi̯ǫ̆') f
Fäulnis.
putréfier (pŭ-trĕ-fĭ-e') Fäulnis
verursachen; se ~ faulen, verwesen.
putrescible (pŭ-trɛ̆-ßĭ'bl) ver-
faulbar.
putride (pŭ-trĭ'b) faulig.
Pygmée (pĭ-gmĕ') m Pygmäe; p.
Knirps. [bildung.
pyogénie (pĭ-ŏ-Ꙅe-nĭ') f Eiter-
pyramider (pĭ-ră-mĭ-be') eine Py-
ramide bilden, spitz zulaufen.
pyro... (pĭ-ro...) in Zssg. : Feuer-...,
z. B. pyrolâtrie f Feueranbetung.
pyrotechnie (pĭ-rŏ-tɛ̆-knĭ') f
Feuerwerkerei.

Q.

quadragénaire (kŭā-brä-ǧĕ-nā'r)
1. vierzigjährig. 2. *s.* Vierzig
ziger(in). [vier-eckig.

quadrangulaire (kŭā-brg-gŭ-lā'r)

quadri... (kŭā-bri...) in Zsg.: vier
..., vierfach, z. B. quadrifolié, ~e
vierblätterig. [vierseitig.

quadrilatère (kŭā-bri-la-tā'r)

quadrillé, ~e (kä-brī-je') karriert.

quadrumane (kŭā-brŭ-ma'n)
vierhändig.

quadrupède (brŭ-pǣ'b) 1. vier
füßig. 2. *m* Vierfüßer.

quadruple (kŭā-brŭ'pl) 1. vier
fach. 2. *m* das Vierfache; Qua
brupel (Münze). [fachen.

quadrupler(kŭā-brŭ-ple') vervier

quai (kǟ ob. ke) *m* Kai, Flußdamm;
(Eisenbahn-)Perron. [bar.

qualifiable(kä-li-fi-a'bl) bestimm

qualificati*f*, ~ve (kä-li-fi-ka-ti'f,
~tī'w) bestimmend.

qualification (li-fi-kä-ṣiǫ̌') *f* id.,
Benennung; Befähigung zu et.

qualifier (kä-li-fi-e') benennen,
näher bezeichnen; ~ q. de qc.
jem. für et. erklären; ~ q. de duc
j-m den Herzogstitel beilegen.

qualité (kä-li-te') *f* Eigenschaft;
Güte, Wert *m.*

quand (kǫ) 1. wann? 2. *cj.* wann,
wenn, als; mit *condit.*: ~ même
selbst wenn ...

quant (kǫ): ~ à (moi) was (mich)
betrifft; se tenir sur son quant-
à-soi (mit erster Person: quant-
à-moi) gar wichtig thun.

quantième (kǫ-tiǣ'm) *m* der wie
vielte?, Monatstag, Datum *n.*

quantité (kǫ-ti-te') *f* Menge;
Quantität.

quarantaine (kä-rg-tä'n) *f* An
zahl von etwa 40; Alter von

40 Jahren, die Vierziger *m/pl.*;
id., Kontumaz.

quarante (kä-rǡ't) vierzig.

quarantième (kä-rg-tiǣ'm) vier
zigste(r).

quarderonner (kär-b'rŏ-ne') an
den Kanten abrunden.

quart, ~e (kār, kärt) 1. *m* Vier
tel *n*; Viertel-Elle *f*; ~ d'heure
Viertelstunde *f*; ♃ Wache *f*,
Quartier *n.* 2. *a.* fièvre *f* ~e
viertägiges Fieber. 3. ~e *f* ♂
und Fechtkunst: Quarte.

quartanier (kär-tä-nie') *m* vier
jähriges Wildschwein.

quartaut (tō') *m* Vierteltonne *f.*

quarteron (kär-t'rǫ') *m* Viertel
hundert *n*, -pfund *n*; Viertels
schwarzer, Quadro'ne.

quartier (kär-tie') *m* Viertel *n*;
Stadtviertel *n*; Wohnsitz; Par
bo'n, Gnade *f*; Quartier *n*;
kantonnierendes Truppenkorps.

quartier-maître (kär-tie-mǣ'tr) *m*
Quartiermeister.

quartz (kŭartß) *m* Quarz.

quartzeux, ~se (kŭar-tßŏ', ~ŏ'f)
quarzhaltig.

quasi (ka-si') fast, gleichsam.

quasi-contrat (ka-si-kǫ-tra') *m*
stillschweigender Kontrakt.

quassier (kŭäß-ßie') *m* Quassia
baum. [4 teilbar.

quaternaire (kŭā-tär-nā'r) durch

quatorze (kä-tŏ'rß) vierzehn.

quatrain (kä-trǡ') *m* vierzeiliges
Gedicht.

quatre (kä'tr) vier.

Quatre-Cantons (kätr-kǫ-tǫ')
m/pl. die vier Waldstätte.

quatre(-)mendiants (mǫ-biǡ')
m/pl. Studentenfutter *n* (Ge
menge von 4 Fruchtsorten).

Quatre-Temps (ꜰäꜳ-tg′) *m/pl.* Quatember *sg.* [zig.

quatre-vingt(s) (ꜰä-trꜳ-wg′) acht»
quatre-vingt-dix (ꜰä-trꜳ-wg-bl′ꜱ)
neunzig.

quatrième(ꜰä-trꜳ̈′m) 1.vierte(r).
2. *f* Quarta; Epiel: Quarte.

quatuor (ꜰꜳä-tü-ö′r) *m* Quartett *n.*

quayage (ꜰe-ꜳä′G) *m* Kai-geld *n.*

que (ꜰi) 1. *pr/r. ac.* welche(n),
welches, *pl.* welche; ce ⸗ was.
2. *p/i.* was?; Ausruf: wie sehr,
wie viel. 3. fast *cj.* le jour ⸗ ...
der Tag an welchem ... 4. *cj.*
baß; plus grand ⸗ moi größer
als ich; ne ... ⸗ nur, erst; non
⸗ nicht als ob.

quel, ⸗le (ꜰä̈l, ꜰä̈l) welche(r),
welches; was für ein ...; ⸗ que
... welches auch immer ...; ⸗s
qu'ils soient wie sie auch sein
mögen. [...; beliebig.

quelconque (ꜰä̈l-ꜰg̱′ꜰ) irgend ein

quelque (ꜰä̈′l-ꜰi) irgend ein ...;
⸗s *pl.* einige; ⸗ ... que welcher
(oder was für, wie) auch immer
...; *adot* ungefähr.

quelquefois(ꜰä̈l-ꜰ′föä′)bisweilen.

quelqu'un, ⸗e (ꜰä̈l-ꜰg̱′, ⸗ꜰü′n)
jemand, (irgend) eine(r); *pl.*
quelques-uns, -unes einige.

qu'en-dira-t-on (ꜰg-bi-ra-tg′) *m*
Gerede *n* der Leute. [chen *n.*

quenelle (ꜰ′næ′l) *f* Fleischklöß»

quenouille (ꜰ′nu′ꜰ) *f* Spinnrocken
m, Kunkel; tomber en ⸗ ein
Kunkel»Lehen werden; Bett»
pfosten *m.* [voll.

quenouillée (ꜰ′nü-je′)*f* ein Rocken

quercicole (ꜰꜳär-ꜱl-ꜰö′l) auf
Eichen lebend oder wachsend.

querelle (ꜰ′ræ′l) *f* Streit, Zank *m.*

quereller (ꜰ′ræ-le′): ⸗ q. mit j-m
hadern; jem. ausschelten.

querelleur *m,* ⸗se *f* (ꜰ′ræ-lö′r,
⸗lö′ꜰ) 1. zänkisch. 2. *s.* Zän»
ker(in).

querir, quérir (ꜰä̈-rl′r) (ab)holen.

---

questeur (ꜰꜳä̈-ꜱtȫ′r) *m* Quästor;
Schatzmeister.

question (ꜰä̈-ꜱtg̱′) *f* Frage; il
est ⸗ de ... es ist die Rede von
...; Folter. [Fragebuch *n.*

questionnaire (ꜰä̈-ꜱtiö-nä′r) *m*

questionner (ꜰä̈-ꜱtiö-ne′) aus»,
be»fragen.

questionneur *m,* ⸗se *f* (ꜰä̈-ꜱtiö-
nȫ′r, ⸗nȫ′ꜰ) Frager(in).

quête (ꜰä̈t) *f* (Auf»)Suchen *n;*
Almosensammeln *n,* Kollekte.

quêter (ꜰä̈-te′) auf», nach»spüren;
kollektieren.

quêteur *m,* ⸗se *f* (ꜰä̈-tȫ′r, ⸗tȫ′ꜰ)
Almosensammler(in); chien *m*
⸗ Spürhund.

queue (ꜰȫ) *f* Schwanz *m,* Schweif
m; (Haar»)Zopf *m;* Stiel *m;*
Schleppe am Kleide; Billardstock
m; Ende *n;* Nachtrab *m;* lange
Reihe; faire ⸗ einer hinter dem
andern stehen; ⸗ de rat auf»
gerollter Wachsstock; a. lange
dünne Cigarre.

queue-de-rat(ꜰȫ-bꜱ-ra′)*f* Ratten»
schwanz *m,* Rundfeile.

queussi-queumi (ꜰȫ-ꜱꜳ-ꜰȫ-mꜳ′)
ganz eben so.

queuter (ꜰȫ-te′) zwei (Billard»)
Bälle mit dem Queue treffen.

queux (ꜰȫ) *m* Art Wetzstein; † Koch.

qui (ꜰꜳ) 1. *pr/r. nom.* welche(r),
welches; *pl.* welche; à ⸗ mieux
mieux um die Wette; ⸗ que ce
soit wer es auch sein mag.
2. *p/i.* wer? wen?

quia (ꜰꜳä-ꜰä′): être à ⸗ nicht mehr
zu antworten wissen.

quibus (ꜰꜳä-bü′ꜱ) *m* bares Geld.

quiconque(ꜰꜳ-ꜰg̱′)jede(r),der,die.

quidam (ꜰꜳ-bg′) jemand, ein ge»
wisser Mensch. [Ruhe.

quiétude (ꜰꜳä-ꜰe-tü′b) *f* (Seelen»)

quignon (ꜰꜳ-niꜳ′) *m* Runken Brot.

quille (ꜰꜳj) *f* Kegel *m* zum Spiel;
(Schiffs»)Kiel *m.* [(versehen).

quillé, ⸗e (ꜰꜳ-je′) mit einem Kiel

quiller (fǐ-je') um den Anwurf
werfen; bie Regel wieber auf=
feßen.

quillier (fǐ-jǐe') m Regelfreuz n;
bie aufgeftellten Regel.

quinaire (fǐ-nā'r) burch 5 teilbar.

quincaille (fą-fa'j) f furze Ware,
fleines Eifen= unb Meffing=
Gerät n.

quincaillerie (fą-fā-j'rī') f Rurz=
waren(hanbel m) pl.

quincaillier (fą-fā-jǐe') m Eifen=
unb Rurz=warenhänbler.

quinconce (fą'ß) m Quinfunr (Ge=
ftalt ber 5 auf bem Würfel; Schach=
brettform); rautenförm.gepflanz=
tes Gehölz. [Pafch v. Fünfen.

quine (fin) m Fünftreffer (Lotterie);

quinine (fǐ-ni'n) f Chini'n n.

quinique (fǐ-ni'f): acide m ~
China=fäure f. [...

quinqu... (fą̄-f....) in Zffg.: fünf=

quinquagénaire(fą̄-fūa-Qǐ-nā'r)
fünfzigjährig.

quinquet (fą-fæ') m Zug=Iampe f.

quinquina (fą-fǐ-na') m China=,
Fieber=rinbe f.

Quint(fą) ber Fünfte(V); Charles=
~, Sixte=~ Raifer Rarl, Papft
Sirtus V.

quintal (fą-tā'I) m Centner.

quinte (fą̄t) f ♪ Quinte; Quint=
geige,Bratfche; heftiger Huften=
Anfall m; Schrulle.

quinter ♪ (fą-te') in Quinten
fortfchreiten.

quintessencier (fą-tæ̈-ßą-ßǐ-e')
bie Quinteffenz aus et. ziehen.

quinteux, ~se (fą-tö', ~tö'j) Iau=
nifch, wunberlich.

quintuple (fą̄-tü'pl) fünffach.

quintupler (fą̄-tü-ple') verfünf=
fachen. [15, Manbel.

quinzaine (fą-fæ̈'n) f Zahl von

quinze (fą̄ß) fünfzehn. [te(r).

quinzième (fą-ßǐæ̈'m) fünfzehn=

quittance (fǐ-tā'ß) f Quittung.

quittancer (fǐ-tą-ße') quittieren.

quitte (fǐt) quitt, nichts fchulbig;
Ios, Iebig von etwas.

quitter (fǐ-te') verlaffen; fahren
Iaffen; ablegen.

qui-vive? (fǐ-wǐ'w) wer ba?;
être sur le ~ gewaltig auf=
paffen; in Angft fein.

quoailler (fo-ä-je') mit bem
Schweife webeln (vom Pferbe).

quoi (fǒä) 1. pr/r. was; après ~
worauf; en ~ worin; avoir de
~ vivre bie nötigen Mittel zum
Leben haben. 2. pr/indéf. ~ que
vous fassiez was ihr auch im=
mer thun möget. 3. pr/i. was?
de ~? wovon?

quoique (fǒä'-fǐ) obgleich.

quolibet (fǒ-Iǐ-bæ') m fchlechter
Spaß, Anzüglichfeit f; ♪ Quob=
Iibet n.

quote-part fǒt-pā'r) f Anteil m.

quotidien, ~ne (fǒ-tǐ-bǐ̃ą', ~bǐæ̈'n)
täglich.

quotité (fǒ-tǐ-te') f Betrag m.

R.

rabâcher (rä-ba-fche') immer bas=
felbe wieberholen,wieberfäuen.

rabâcheur m, ~se f (rä-ba-fchö'r,
~fchö'j) jem., ber immer bas=
felbe quatfcht.

rabais (rä-bæ̈') m Rabatt, Abzug;

Preisverminberung f; adjudi=
cation au ~ Zufchlag an ben
Minbeftforberuben.

rabaisser (rä-bæ̈-ße') I. v/a. nie=
briger feßen, ftellen, hängen 2c.;
~ sa voix Ieifer fprechen; ben

Preis herunterſetzen; fig. herab-
ſtimmen, -ſetzen. II. v/n. wohlfeiler w.; se ~ ſich demütigen.

rabat (rä-ba') m Kragen; Bäffchen
n/pl. der Geiſtlichen; Rückprall.

rabat-joie (ba-ĝä') m Freuden-
ſtörung f, -ſtörer. [der Jagd.

rabatteur(rä-bä-tö'r)mTreiber auf

rabattre (rä-bä'tr) niederſchlagen,
herunter-laſſen, -klappen; glatt
machen; abziehen vom Preiſe;
das Wild treiben; se ~ plötzlich
einen andern Weg einſchlagen;
se ~ sur qc. ſich an et. ſchab-
los halten.

rabbin (rä-bä') m Rabbiner.

rabêtir (rä-bæ-tī'r) verdummen.

rabiole (rä-bi-o'l) f Kohlrübe.

râble (rā'bl) m Rückenſtück n des
Haſen; Rührhaken.

râblé, ~e, râblu, ~e (ra-ble, ra-
blü') mit breitem Rückenſtück;
vierſchrötig.

râbler (ble') Feuer mit dem Schürhaken rühren.

rabot (rä-bo') m Hobel.

raboter (rä-bŏ-te') (be-, ab-)
hobeln; fig. ausfeilen.

raboteux, ~se (rä-bŏ-tö', ~tö'f)
knorrig; holperig.

rabougrir (rä-bu-grī'r) verkrüp-
peln, verkümmern.

raboutir(rä-bu-tī'r)an ea. ſtücken.

rabrouer (rä-brŭ-e') an-fahren,
-ſchnauzen.

racaille (rä-ka'j) f Lumpenpack
n; fig. Ausſchuß m. [Ente.

racanette (rä-kä-næ't) f Krick-

raccommoder (rä-kŏ-mŏ-be') ausbeffern, flicken; ausſöhnen.

raccommodeur m, ~se f (rä-kŏ-
mŏ-bö'r, ~bö'f) Flicker(in).

raccord (rä-kŏ'r) m Zuſammenfü-
gung f; Übergang.

raccorder (rä-kŏr-be') (geſchickt)
verbinden, zuſammenpaffen;
fig. verſöhnen. [kürzung f.

raccourci (rä-kŭr-ßi') m Ab-, Ver-

raccourcir (rä-kŭr-ßi'r) I. v/a.
ab-, ver-kürzen. II. v/n. und se
~ kürzer werden.

raccourcissement (rä-kŭr-ßi-
ßnɡ') m Verkürzung f.

raccrocher (rä-krŏ-ſche') I. v/a.
wieder anhängen; wieder bekommen; an-locken, -kobern (v.
Dirnen). II. v/n. Billard: einen
Fuchs machen. [Gaffenhure.

raccrocheuse (rä-krŏ-ſchö'f) f

race (räß) f Geſchlecht n, Stamm
m; iro. Brut; Raffe.

rachat (rä-ſcha') m Wieder-,
Rück-kauf; Auslöſung f.

rachetable (rä-ſcha'bl) wieder-
käuflich.

racheter (ſchte') zurückkaufen; eine
Rente ablöſen; freikaufen; fig.
wieder gut machen, einbringen.

rachitique(rä-ſchi-ti'k)rhachitiſch
(mit der engl. Krankheit behaftet).

rachitisme (rä-ſchi-ti'ßm) m
Rhachitis f. [werk n.

racinage (rä-ßi-na'ĝ) m Wurzel-

racine (rä-ßi'n) f Wurzel; holz-
ähnliche Marmorierung auf
Büchern. [Schab-eiſen n.

racle (rā'kl) f Streichmaß n;

racle-boyau (bä-io') m ſchlechter
Fiedler.

raclée (ra-klē') f Auflockern n
des Bodens; Tracht Schläge.

racler (ra-kle') ſchaben, abkratzen;
ein Maß abſtreichen; auf der Geige
kratzen.

raclerie (ra-klö-rī') f Kratzen n.

racleur (ra-klö'r) m Kratzer.

racloir (klä'r) m Schab-eiſen n.

racloire (klä'r) f Abſtreichholz n.

racoler (rä-kŏ-le') gewaltſam anwerben, preſſen.

racoleur (rä-kŏ-lö'r) m Werber.

raconter (rä-kɡ-te') erzählen.

raconteur m, ~se f(rä-kɡ-tö'r, ~-
tö'f) Erzähler(in).

racornir (kŏr-nī'r) zu Hornmaffe
verhärten; se ~ verknöchern.

*rac*quitter (rä-ſī-te'): ~ q. j-m
den Verluſt wieder einbringen;
entſchädigen.

rade (rab) f Rhede.

radeau (rä-bo') m Floß n.

radiaire (rä-biä'r) ſtrahlenförmig.

radial, ~e (rä-biä'l) ſtrahlig.

radiant, ~e (rä-biã', ~biã't)
ſtrahlend.

radiation (rä-bi-ā-ſiõ') f Aus-
ſtrahlen n; Ausſtreichen n eines
Poſtens.

radical, ~e (rä-bi-kä'l) 1. Wur-
zel-...; grünblich; rabika'l. 2. m
Grundſtoff; Radikaler.

radication (rä-bi-kä-ſiõ') f Wur-
zelſtand m.

radié, ~e (rä-bi-e') ſtrahlig.

radier (rä-bi-e') I. v/a. ausſtreichen; löſchen. II. v/n. ſtrahlen.

radieux, ~se (rä-biö', rä-biö'ſ)
ſtrahlend.

radis (rä-bi') m Rabieschen n.

radoter (rä-bö-te') unſinnig reden,
faſeln.

radoterie (bö-t'ri') f Gefaſel n.

radoteur (bö-tö'r) m Faſelhans.

radoub (rä-bu'b) m Ausbeſſerung
f eines Schiffes. [beſſern.

radouber (rä-bu-be') ein Schiff aus-

radoucir (rä-bu-ſi'r) ſanfter ober
milber machen; se ~ gelinber
werden.

radoucissement (bu-ſi-ſmä') m
Gelinberwerden n, Linberung
f; Beſänftigung f.

rafale (rä-fä'l) f Windſtoß m, Bö.

raffermer (rä-fär-me') wieder verpachten. [feſtigen; ſtärken.

raffermir (rä-fär-mi'r) wieder be-

raffermissement (fär-mi-ſmä') m
Wieberbefeſtigung f.

raffinade (rä-fi-na'b) f id., fein-
ſter Zucker.

raffinage (rä-fi-na'ʒ) m Verfei-
nerung f; Raffinieren n.

raffiné, ~e (rä-fi-ne') geläutert;
fig. fein, ſchlau; durchtrieben.

raffinement (rä-fi-n'mä') m Ver-
feinerung f; Spitzfinbigkeit f.

raffiner (rä-fi-ne') I. v/a. verfeinern, läutern; raffinieren.
II. v/n. klügeln. [ſiederei.

raffinerie (rä-fi-n'ri') f Zucker-

raffineur (rä-fi-nö'r) m Zucker-
ſieber. [vernarrt ſein.

raffoler (rä-fö-le'): ~ de q. in jem.

rafle (ra'fl) f 1. Wegraffen n,
Razzia; Paſch m beim Würfeln.
2. Weintrauben-kamm m.

rafler (ra-fle') wegraffen.

rafraichir (rä-fræ-ſchi'r) I. v/a.
erfriſchen; auffriſchen. II. v/n.
kühl werden.

rafraichissement (rä-fræ-ſchi-
ſmä') m Abkühlung f; Er-,
Auf-friſchung f.

rafraichisseur (rä-fræ-ſchi-ſö'r)
m Kühlgefäß n; Verſtäubungs-
Apparat. [heitern.

ragaillardir (rä-gä-jär-bi'r) auf-

rage (raʒ) f Tollheit, Wut ber Hunbe;
Grimm m; raſenber Schmerz;
[Sucht.

rager (ra-ʒe') wüten.

rageur m, ~se f (ra-ʒö'r, ~ʒö'ſ)
Zähzörnige(r).

ragot m, ~te f (rä-go', ~gö't)
1. kurz unb bick. 2. s. bickes
Männchen, b. Frauenzimmer.

ragoûtant, ~e (rä-gu-tä', ~tä't)
appetitlich, lecker. [reizen.

ragoûter (gu-te') Appetit machen;

ragréer (rä-grë-e') überarbeiten;
wieder auftakeln.

raide(räb)ſteif, ſtraff;ſtarrſinnig;
ſteil; reißenb (Fluß).

raideur (ræ-bö'r) f Steifheit;
Schroffheit; Steilheit; Schnelligkeit.

raidir (ræ-bi'r) I. v/a. ſteif ober
ſtraff machen. II. v/n. unb se ~
ſteif werden.

raie (ræ) f Strich m; Streifen
m; Scheitel m im Haar; Furche;
Roche m (Fiſch).

raifort (ræ-fö'r) m Rettig.

rail (ra̱l) *m* (Eisenbahn-)Schiene *f*;
~ mobile Weichen-Schiene *f*.

railler (ră-je') I. *v/a.* ~ q. über
jem. spotten, jem. aufziehen.
II. *v/n. u.* se ~ scherzen. [terei.

raillerie (j'rī') *f* Spaß *m*, Spöt-
railleur *m*, ~se *f* (ră-jŏ̄'r, ~jŏ̄'ſ)
1. spöttisch. 2. *s.* Spaßvogel.

railway (ră̱l-üē') *m* Eisenbahn *f*.

rainer (ră-ne') ausnuten.

rainure (ră-nū̄'r) *f* Falz *m*, Nute.

raiponce (ră-pǭ'ß) *f* Rapunzel.

raire (ră̱r) röhren, schreien (vom
Hirsche).

rais (ră̱) *m* Radspeiche *f*.

raisin (ră-ſą') *m* Wein-Traube *f*;
~ sec Rosine *f*.

raisiné (ſĩ-ne') *m* Weinbeermus *n*.

raison (ră-ſǫ') *f* Vernunft; Verstand *m*; Billigkeit; avoir ~
recht haben; Rechenschaft; (Be-
weis-)Grund *m*; Ursache; Verhältnis *n*; à ~ de ... nach Maßgabe von ...

raisonnable (ră-ſŏ-na'bl) vernünftig; anständig; gehörig.

raisonné, ~e (ră-ſŏ-ne') mit
Gründen belegt.

raisonnement (ră-ſŏ-n'mg') *m*
Urteilen *n*; Vernunftschluß;
Räsonnieren *n*.

raisonner (ſŏ-ne') I. *v/n.* urteilen, schließen; Einwendungen
machen, räsonnieren. II. *v/a.*
durchdenken; begründen.

rajeunir (ră-ɢŏ-nĭ'r) I. *v/a.* verjüngen. II. *v/n. u.* se ~ wieder
jung werden.

rajeunissement (ră-ɢŏ-nĭ-ßmg')
m Verjüngung *f*.

rajuster (ră-ɢü-ßte') wieder in
Ordnung bringen; ausgleichen.

râle (ră̱l) *m* 1. Ralle *f* (Vogel).
2. (Todes-)Röcheln *n*.

râlement (ra-l'mg') *m* Geröchel *n*.

ralentir (ră-lg-tĭ'r) I. *v/a.* lang-
samer machen; schwächen. II. *v/n.*
in et. nachlassen.

ralentissement (ră-lg-tĭ-ßmg') *m*
Nachlassen *n* der Geschwindig-
râler (ra-le') röcheln. [keit.

ralingue ↓ (ră-lą̃'g) *f* Leik *n*.

ralliement (ră-li-mg') *m* Wieder-
versammlung *f*; mot *m* de ~
Feldgeschrei *n*.

rallier (ră-li-e') wieder (ver-)sam-
meln, zusammenziehen; die
Einigkeit herstellen unter ...

rallonge (ră-lą̃'ɢ) *f* Verlänge-
rungsstück *n*.

rallonger (ră-lą̃-ɢe') verlängern.

rallumer (ră-lü-me') wieder an-
zünden.

ramage (ră-ma'ɢ) *m* Baumzweige
pl.; Ranken *pl.*, Blumen *pl.* auf
Zeugen; Gesang der Vögel.

ramager (ră-mă-ɢe') singen,
zwitschern.

ramaigrir (ră-mä-grĭ'r) wieder
mager machen.

ramas (ră-ma') *m* Haufen wert-
lose Dinge, Gesindel.

ramassé, ~e (ră-ma-ße') stark u.
untersetzt.

ramasser (ră-ma-ße') zusammen-
raffen; von der Erde aufheben;
sammeln.

ramassis (ră-ma-ßĭ') *m* zusammen-
gerafftes Zeug, Plunder; Gesindel *n*; Lese-holz *n*.

rame (ram) *f* Ruder *n*; Rieß *n*
Papier; Bohnenstange, Erbsen-
strauch *m*.

rameau (ră-mo') *m* Zweig.

ramée (ră-me') *f* Laub-dach *n*,
-werk *n*.

ramender (ră-mg-de') I. *v/a.* zum
zweiten Male düngen. II. *v/n.*
und se ~ wohlfeiler werden.

ramener (ră-mne') wieder her-,
(mit-, zurück-)bringen.

ramer (ră-me') I. *v/a.* Erbsen, Bohnen stützen. II. *v/n.* rudern.

rameur (ră-mŏ'r) *m* Ruderer.

ramenx, ~se (ră-mŏ', ră-mŏ'ſ)
ästig; verzweigt.

*ram*ier(rǎ-uīͤ')*m* Ringel-, Holztaube *f*; Haufen Reiſig.
ramification (rǎ-mǐ-fǐ-kǎ-ß͡ǫ') *f*
Verzweigung. [verzweigen.
ramifier (rǎ-mǐ-fǐ-e'): se ~ ſich
ramilles (rǎ-mi'j) *f/pl.* Reiſig *n.*
ramollir (rǎ-mǒ-lī'r) (wieder)
erweichen; verweichlichen.
ramoner (rǎ-mǒ-ne') ben Schornſtein fegen. [ſteinfeger.
ramoneur (rǎ-mǒ-nȫ'r) *m* Schorn-
rampant, ~e (rg-pg', ~pā't) krie-
chend (a. *fig.*).
rampe (rāp) *f* Treppengelänber *n*;
Auffahrt; Abhang *m*, Steigung;
thé. Rampe, Lampenreihe vor
der Bühne.
ramper (rg-pe') kriechen (a. *fig.*).
ramponeau (rg-pǒ-no') *m* Steh-
auf (Spielzeug).
ramule (rǎ-mü'l) *f* Äſtchen *n.*
ramure (rǎ-mü'r) *f* Aſtwerk *n*;
(Hirſch-)Geweih *n.*
rance (rāß) ranzig.
ranche (rāſch) *f* (Leiter-)Sproſſe.
rancher(rg-ſche')*m* Stangenleiter.
ranchet (rg-ſchæ') *m* (Wagen-)
Runge *f.* [keit.
rancidité (rg-ßǐ-bǐ-te') *f* Ranzig-
rancir (rg-ßī'r) u. se ~ ranzig w.
rancissure (rg-ßǐ-ßü'r) *f* ranziger
Geſchmack ober Geruch.
rançon (rg-ßǫ') *f* Löſegelb *n.*
rançonner (rg-ßǒ-ne'): ~ q. j-m
ein Löſe-gelb auferlegen; jem.
überteuern. [ſchneiber.
rançonneur (rg-ßǒ-nȫ'r) *m* Gelb-
rancune (rg-kü'n) *f* Groll *m*,
Rachſucht.
rancunier *m*, ~ère *f* (rg-kü-nǐe',
~nǐē'r) 1. grollenb. 2. *s.* Nach-
träger(in). [Stufe *f*, Rang.
rang (rg) *m* Reihe, Orbnung *f*;
rangé, ~e (rg-ge') orbentlich,
rangée (ge') *f* Reihe. [ſolibe.
ranger (ge') in Orbnung ſtellen;
orbnen; ein Zimmer auf-räumen;
unter bie Zahl ſetzen; ~ q. jem.

zum orbentlichen Menſchen machen; se ~ a. bei Seite treten.
ranimer (rǎ-nǐ-me') wieder beleben.
ranule(rǎ-nü'l)*f* Froſchgeſchwulſt.
ranz (rg) *m*: ~ des vaches Kuh-
reigen.
rapace (rǎ-pā'ß) raubgierig.
rapacité (rǎ-pa-ßǐ-te') *f* Raubgier. [ruhigen.
rapaiser (rǎ-pæ-ſe') wieber be-
rapatrier (rǎ-pǎ-trǐ-e') ins Vater-
lanb zurückführen; wieber ausſöhnen. [pel.
râpe (rāp) *f* Reib-eiſen *n*; Raſ-
râpé, ~e (rā-pe') 1. *m* Lauer,
Nachwein; id. (Schnupftabak).
2. *a.* fabenſcheinig.
râper (rā-pe') reiben; raſpeln;
Tabak mahlen.
rapetasser (rǎ-ptǎ-ße') flicken.
rapetasseur *m*, ~se *f* (rǎ-ptǎ-ßȫ'r,
~ßȫ'ß) Flicker(in); Zuſammen-
ſtoppler(in).
rapetisser(rǎ-ptǐ-ße') verkleinern.
rapide (rǎ-pǐ'b) 1. reißenb ſchnell;
ſteil. 2. *m* Stromſchnelle *f.*
rapidité (rǎ-pi-bǐ-te') *f* reißenbe
Schnelligkeit; Steilheit.
rapiécer (rǎ-pǐe-ße') anſtücken.
rapiéceter (pǐe-ß'te') zuſammen-
ſtücken, flicken.
rapière (ra-pǐā'r) *f* langer Degen; Plempe. [Eubler.
rapin (rǎ-pg') *m* Malerlehrling,
rapine (rǎ-pǐ'n) *f* Raub *m.*
rapiner (rǎ-pǐ-ne') rauben, unterſchlagen. [vollſtänbig m.
rappareiller (rǎ-pǎ-ræ-je') wieber
rappel (rǎ-pæ'l) *m* Zurückberu-
fung *f*; ~ à l'ordre Orbnungs-
ruf; Nachzahlung *f.*
rappeler (rǎ-p'le') noch einmal
ober zurück rufen; auffordern,
mahnen; se ~ qc. ſich an etwas
erinnern.
rapport (pǒ'r) *m* Wieberbringen *n*;
Aufſtoßen *n* bes Magens; Ertrag;

Aussage f; Angeberei f; Bericht; Übereinstimmung f; Verhältnis n; Beziehung f; par ~ à ... in Rücksicht auf ...

rapporter (rä-pŏr-te') wieder-, zurück-bringen; Ehre ꝛc. davontragen; anstücken; einbringen, abwerfen; berichten; ~ à qc. auf etwas beziehen, einer Sache zuschreiben; übertragen auf ...; se ~ zu ea. passen; sich beziehen auf ...; s'en ~ à ... es ankommen lassen auf ...

rapporteur m, ~se f (rä-pŏr-tö'r, ~tö'j) Berichterstatter(in); Angeber(in).

rapprochement (rä-prŏ-schmg') m Annäherung f; Zusammenstellung v. Thatsachen zur Vergleichung.

rapprocher (rä-prŏ-sche') nähern; versöhnen; gegen ea. halten.

rapt (räpt) m (Menschen-)Raub, Entführung f.

râpure (ra-pü'r) f Raspelspäne pl.

raquette (rä-kä't) f Rakett n; ch. Sprenkel m.

rare (rār) selten; seltsam; dünn (gesäet); locker. [dünnung.

raréfaction (rä-re-fä-kßŏ') f Verraréfier (rä-re-fi-e') verdünnen.

rareté (ra-r'te') f Seltenheit; Lockerheit, Dünnheit.

ras, ~e (ra, rāß) 1. ganz abgeschoren, glatt, kahl; gestrichen voll ... 2. m Rasch (Zeug).

rasade (rä-ßa'b) f bis an den Rand volles Glas.

rasement (ra-ß'mg') m Abschneiden n des Grases; Schleifung f.

raser (ra-ße') rasieren; dem Erdboden gleich machen, schleifen; ~ qc. an etwas streifen, hinfahren. [vorbei.

rasibus (ra-ßi-bü'ß) dicht an et.

rasoir (ra-ßŏä'r) m Rasiermesser n.

Raspon (rä-ßpŏ') m: Henri ~ Heinrich Raspe. [übersättigen.

rassasier (rä-ßa-ßi-e') sättigen;

rassemblement(rä-ßg-bl'mg')m Zusammenbringen n; Auflauf.

rassembler (rä-ßg-ble') zusammenbringen, versammeln.

rasseoir (rä-ßĕä'r) wieder hinsetzen; beruhigen.

rasséréner (rä-ßĕ-re-ne') wieder aufheitern.

rassis, ~e (ßi', ßi'ß) gelassen, gesetzt; pain m ~ altbackenes Brot.

rassortir (rä-ßŏr-ti'r) neu assortieren. [in jem. vernarrt sn.

rassoter (rä-ßŏ-te'): se ~ de q.

rassurant, ~e (rä-ßü-rg', ~rg't) beruhigend.

rassurer (rä-ßü-re') beruhigen; wieder fest machen.

rat (ra) m Ratte f; Laune f, Grille f; Opernfigurantin f.

ratatiner (rä-ta-ti-ne'): se ~ zs.-schrumpfen. [Essen, Fraß m.

ratatouille (rä-ta-tu'j) f schlechtes

rate (rät) f Milz; épanouir la ~ das Zwerchfell erschüttern.

raté (rä-te') m Versagen n eines Gewehres. [chen m.

râteau (ra-to') m Harke f, Rerâteler (ra-t'le') harken.

râtelier (ra-tl-lie') m Raufe f; Gewehrständer; Gebiß n (beide Zahnreihen).

rater (rä-te') I. v/n. versagen (v. Schußwaffen); fig. fehlschlagen. II. v/a. verfehlen (weil die Flinte versagt).

ratière (rä-tiä'r) f Rattenfalle.

ratification (rä-tl-fl-kā-ßŏ') f Bestätigung, id. [bestätigen.

ratifier (rä-tl-fl-e') ratifizieren,

ratiner (tl-ne') Tuche ꝛc. kräuseln.

ratiociner(ra-ßiŏ-ßi-ne')vernünftig schließen. [nunftgemäß.

rationnel, ~le (nä'l, nä'l) verrationner (rä-ßiŏ-ne') mit Rationen versehen. [burg n.

Ratisbonne(rä-tl-ßŏ'n)f Regensratisser (rä-tl-ße') (ab)schaben; scheuern; harken.

ratissoire (rä-tĭ-ßŏ̆á'r) f Kratze; Gät-hacke. [(fel n.

ratissure (rä-tĭ-ßü'r) f Abschab-

raton (rä-tọ') m kleine Ratte; Waschbär.

rattacher (rä-tä-sche') wieder an-binden, verknüpfen; se ~ à qc. sich an et. wieder anschließen.

ratteindre (rä-tọ̈'br) wieder ein-holen.

rattraper (rä-trä-pe') wieder fan-gen oder erwischen; Zeit wieder einbringen; se ~ sur qc. sich durch etwas entschädigen.

rature (rä-tü'r) f Durchstrich m mit der Feder; Abschabsel n von Zellen. [streichen.

raturer (rä-tü-re') aus-, durch-

rancité (ro-ßĭ-te') f Heiserkeit.

rauque (rōk) heiser, rauh.

ravage (rä-wa'ǥ) m Verwüstung f.

ravager (rä-wä-ǥe') verheeren, verwüsten.

ravaler (rä-wä-le') wieder hin-unterschlucken; fig. erniedrigen, schmälern; Bäume stutzen.

ravauder (rä-wo-be') I. v/a. mit der Nadel ausbessern, flicken; ausschimpfen. II. v/n. herum-kramen; allerhand Zeug schwatzen.

ravaudeur m, ~se f (rä-wo-bö̆'r, ~bȫ'f) Flicker(in); alberne(r) Schwätzer(in).

rave (rāw) f Rübe. [(Außenwerk).

ravelin ⚔ (rä-w'lǧ') m Halbmond

ravigote (rä-wĭ-gŏ't) f pikante Sauce. [stärken.

ravigoter (rä-wĭ-gŏ-te') erquicken,

ravilir (rä-wi-lĭ'r) herabwürdigen.

ravin (rä-wǧ') m Schlucht f.

ravine (rä-wĭ'n) f Gießbach m; Schlucht.

raviner (rä-wĭ-ne') durch Gießbäche verheeren.

ravineux, ~se (rä-wĭ-nö̆', ~nö̆'f) voller Schluchten.

ravir (rä-wĭ'r) rauben; fig. mit sich fortreißen, entzücken.

raviser (rä-wĭ-se'): se ~ sich eines Beffern besinnen.

ravissant, ~e (rä-wĭ-ßa', ~ßā't) reißend (v. Tieren); entzückend.

ravissement (rä-wĭ-ßmạ') m Ent-führung f; Entzücken n.

ravisseur (rä-wĭ-ßö̆'r) m Räuber, Entführer. [proviantieren.

ravitailler (rä-wĭ-tä-je') neu ver-

raviver (rä-wĭ-we') neu beleben.

ravoir (rä-wŏá'r) wieder bekom-men; se ~ sich wieder erholen.

rayer (rä̆-ĭe') ritzen; liniieren; mit Streifen versehen; canon m ~é gezogene Kanone; aus-, durch-streichen.

rayon (rä̆-ǧ') m Strahl; Halb-messer; id., Umkreis; Radspeiche f; Querbrett n in Regalen; ~ de miel Honigwabe f.

rayonnant, ~e (rä̆-ĭŏ-na', ~nā't) strahlend.

rayonner (rä̆-ĭŏ-ne') strahlen.

rayure (rä̆-ĭü'r) f Gestreiftes n; Ritzen n; Züge m/pl. in Feuer-waffen; Ausstreichen n.

razzia (rä-ßĭ-a') f id., Raubzug m.

ré..., a. re... (re..., rĭ...) in Zßg.: wieder-..., zurück-...

ré ♪ (re) m D n (Note).

réactif, ~ve (re-ä-kti'f, ~tǐ'w) rückwirkend. [Rückwirkung.

réaction (re-ä-kßǧ') f Reaktion;

réagir (re-ä-ǥĭ'r) zurück-, gegen ea. wirken.

réalisable (re-ä-lĭ-ßa'bl) aus-führbar; in Geld umzusetzen.

réalisation (re-ä-lĭ-ßā-ßǧ') f Ver-wirklichung; Verwertung.

réaliser (re-ä-lĭ-se') verwirklichen; zu Gelde machen. [keit.

réalité (re-ä-lĭ-te') f Wirklich-

réapparaître (re-ä-pä-rȧ̈'tr) wie-der erscheinen.

réassigner (re-ä-ßĭ-nje') auf e-n andern Fonds neu anweisen; nochmals vorladen. [sichern.

réassurer (re-ä-ßü-re') rückver-

*r*ébarbati*ſ*, ⌄ve(re-bär-ba-tī'ſ, ⌄ tī'ʍ) unfreundlich, mürriſch.

rebâtir (rɪ-ba-tī'r) wieder auf- bauen.

rebattre (rɪ-bä'tr) wieder klopfen oder ſchlagen; Matrazen auf- klopfen; *fig.* wiederholen; avoir les oreilles rebattues de qc. et. zum Überdruſſe gehört haben; wieder durchlau'ſen.

rebelle (rɪ-bä'l) 1. aufrühreriſch. 2. *s.* Rebell(in), Aufrührer(in).

rébellion (re-bäl-lĩǫ') *f* Empö- rung. [antworten.

rebéquer (rɪ-bĕ-ſe'): se ⌄ trozig

rebiffer (rɪ-bɪ-ſe'): se ⌄ ſich ſträuben.

reboiser (rɪ-bɪ̃a-ſe') neu beholzen.

rebond (rɪ-bǫ') *m* Abprall.

rebondi, ⌄e (rɪ-bǫ-bi') bick und runb. [ſpringen.

rebondir (rɪ-bǫ-bī'r) wieder auf-

rebord (rɪ-bǫ̃'r) *m* Rand(leiſte *f*) *m*; Umſchlag; Kragen; (Hut-) Krämpe *f*; Sims.

reborder (bǫ̃r-be') neu einfaſſen.

rebours (rɪ-bū'r) *m* Gegenſtrich des Tuches; Gegenteil *n*; à ⌄ wider den Strich; verkehrt.

rebrousse-poil (rɪ-bruß-pɪ̃a'l): à ⌄ gegen den Strich.

rebrousser (rɪ-bru-ſe') I. *v/a.* wider den Strich bürſten, käm- men; ⌄ chemin plötzlich um- kehren. II. *v/n.* umkehren.

rebuffade (rɪ-bŭ-fa'b) *f* barſche Abweiſung.

rébus (re-bü'ſ) *m* Bilderrätſel *n*.

rebut (rɪ-bü') *m* barſche Abwei- ſung; das von j-m Zurückge- wieſene; Ausſchuß, Brack.

rebutant, ⌄e (rɪ-bü-tǫ', ⌄tǭ't) abſchreckend.

rebuter (bü-te') barſch abweiſen; abſchrecken, abſtoßen; se ⌄ ſich abſchrecken laſſen.

recacheter (rɪ-kă-ſchte') wieder verſiegeln.

*r*écalcitrant, ⌄e(rĕ-kǎl-ßɪ-trǫ', ⌄ trǭ't) ſtörrig. [ſpenſtig ſn.

récalcitrer (rĕ-kǎl-ßɪ-tre') wider-

récapituler (rĕ-kǎ-pɪ-tŭ-le') kurz wiederholen. [treten.

recéder (rɪ-ße-be') wieder ab-

recel (rɪ-ßä'l) *m* Hehlerei *f*.

recéler(rɪ-ßĕ-le')verbergen; (ver-) hehlen. [Hehler(in).

receleur *m*, ⌄se *f* (rɪ-ßĕ-lŏ̃'r, ⌄lŏ̃'ſ)

récemment (rĕ-ßä-mɪg') vor kur- zem. [Zählung *f*.

recensement (rɪ-ßɑ-ßmǫ') *m*

recenser (rɪ-ßɑ-ße') die Bevölkerung zählen.

recenseur (rɪ-ßɑ-ßŏ̃'r) Zähler.

récent, ⌄e (rĕ-ßǫ', ⌄ßǭ't) friſch, neu. [ſchneiden.

receper (rɪ-ßĕ-pe') unten ab-

récépissé (rĕ-ßĕ-pɪß-ße') *m* Em- pfangſchein.

réceptacle(ßĕ-ptā'tl)*m* Sammel- platz; Waſſerbehältnis *n*.

réception (ßĕ-pßĩǫ') *f* Empfang *m*; Aufnahme; Annahme von Theaterſtücken ꝛc.

recette (rɪ-ßä't) *f* Einnahme; (Geld-)Erhebung; Rezept *n*.

recevable(rɪ-ß'wa'bl) annehmbar, zuläſſig.

receveur *m*, ⌄se *f* (rɪ-ß'wŏ̃'r, ⌄ wŏ̃'ſ) Einnehmer(in).

recevoir (rɪ-ß'wɑ̃'r) empfangen; bekommen, erhalten; geneh- migen; il est reçu que ⌄ ... es ſteht feſt, daß ...; feierlich auf- nehmen, einführen; être reçu docteur die Doktorwürde er- halten. [Protokoll *n*.

recez (rɪ-ße') *m* Rezeß, Abſchluß-

rechange (ſchǟ'G) *m* Umwechſeln *n*; de ⌄ zum Erſatze.

réchapper(rĕ-ſchä-pe') davonkom- men. [Angriff.

recharge (rɪ-ſchä'rG) *f* neuer

recharger (rɪ-ſchär-Ge') wieder (auf-)laden; von neuem an- greifen,a.mit Bitten beſtürmen.

recⱨasser (schå-ße') wieder fortjagen. [n; Wärmpfanne f.
réchaud (rĕ-schō') m Kohlenbecken
réchauffé (rĕ-scho-fe') m Aufge-
wärmtes n. [aufwärmen.
réchauffer (~)(wieder) erwärmen;
réchauffoir (scho-fŭä'r) m Wärm-
schüssel f.
rechausser (rĭ-scho-ße'): (se sich)
wieder Schuhe und Strümpfe
anziehen; ~ un mur e-n neuen
Grund unter eine Mauer legen;
Erde um einen Baum anhäufeln.
rêche (räsch) rauh (anzufühlen);
herbe (v. Geschmack); abstoßend.
recherche (rĭ-schä'rsch) f Erfor-
schung; Nachspüren n; Bewerbung; Geziertheit.
rechercher (rĭ-schär-sche') noch
einmal suchen; aufsuchen, nach-
forschen; nach etwas trachten;
sorgfältig ausarbeiten.
rechigner (schĭ-nje') sauer sehen,
griesgrämisch sein.
rechute (rĭ-schŭ't) f Rückfall m.
récidive (rĕ-ßĭ-bĭ'w) f Rückfall
m; en cas de ~ im Wiederbe-
tretungsfalle.
récidiver (rĕ-ßĭ-bĭ-we') e-n Rückfall bekommen; rückfällig w.
récidiviste (rĕ-ßĭ-bĭ-wĭ'ßt) m
rückfälliger Verbrecher.
récif (rĕ-ßĭ'f) m Riff n.
récipé (rĕ-ßĭ-pe') m Arznei-vor-
schrift f. [genseitigkeit.
réciprocité (rĕ-ßĭ-prŏ-ßĭ-te')f Ge-
réciproque (rĕ-ßĭ-prŏ'k) gegen-,
wechsel-seitig.
récit (rĕ-ßĭ') m Erzählung f; ♂
Solo-partie f.
récitateur (rĕ-ßĭ-ta-tö'r) m De-
klama'tor. [Sprechgesang.
récitatif (ta-ti'f) m Rezitativ n,
réciter (rĕ-ßĭ-te') hersagen; vortragen; erzählen; anführen,
citieren.
réclamation(rĕ-klä-mä-ßĭǫ')f id.,
Einspruch m; Zurückforderung.

réclame (rĕ-kla'm) f id. (empfeh-
lender Zeitungsartikel); thé. Stichwort n; typ. Blatthüter m.
réclamer (rĕ-kla-me') I. v/a. anrufen; beanspruchen. II. v/n. ~
contre qc. gegen et. Einspruch
thun; se ~ de q., qc. sich auf
jem., et. berufen.
reclure (rĭ-klŭ'r) einsperren.
reclus m, ~e f (klŭ', klŭ'f) 1. ein-
geschlossen. 2. s. Klausner(in).
reclusion (rĭ-klŭ-ßĭǫ') f Ein-
schließung; Zuchthausstrafe.
reclusionnaire (rĭ-klŭ-ßĭŏ-nä'r) s.
Zuchthäusler(in).
recogner (kŏ-nje') wieder hinein-
schlagen; derb abweisen.
récognition (rĕ-kŏ-gni-ßĭǫ') f
(Wieder-)Erkennen n; drt. An-
erkenntnis f u. n.
recoin (rĭ-kŏǫ') m verborgener
Schlupfwinkel; geheimste Falte
des Herzens. [fikation f.
récolement (rĕ-kŏ-l'mŋ) m Veri-
récollet (rĕ-kŏ-lä') m Rekollekt
(Franziskaner).
récolliger (rĕ-kŏl-lĭ-ǧe'): se ~
seine Gedanken sammeln.
récolte (rĕ-kŏ'lt) f Ernte.
récolter (rĕ-kŏl-te') ernten.
recommandable (rĭ-kŏ-mŋ-ba'bl)
empfehlenswert.
recommandation (rĭ-kŏ-mŋ-bä-
ßĭǫ') f Empfehlung.
recommander(rĭ-kŏ-mŋ-be')(an-)
empfehlen; raten, anbefehlen.
recommencer (kŏ-mŋ-ße') wieder
anfangen.
récompense (rĕ-kǫ-pā'ß) f Belohnung, Lohn m.
récompenser (rĕ-kǫ-pŋ-ße') belohnen; entschädigen.
recomposer (rĭ-kǫ-po-se') wieder
zusammensetzen; umarbeiten.
réconciliable (rĕ-kǫ-ßĭ-lĭä'bl) ver-
söhnbar.
réconciliateur m, ~trice f (kǫ-ßĭ-
lĭä-tö'r, ~trĭ'ß) Versöhner(in).

réconcilier (rĕ-ǐ̯ǫ-ṣǐ-li-e') verſöhnen; e-e Kirche neu einweihen;
in Einklang bringen.

reconduire (rǐ-ǐ̯ǫ-dūī'r) zurückführen, -begleiten; iro. j-m
heimleuchten.

reconduite (rǐ-ǐ̯ǫ-dūī't) f Zurück-
begleitung. [tröften.

réconforter (rĕ-ǐ̯ǫ-för-te') ſtärken;

reconnaissance (rǐ-ǐ̯ǫ-nǎ-ṣā̃'ṣ) f
(Wieder-)Erkennung; Beſichti-
gung; Rekognoszierung; Empfangſchein m; Erkenntlichkeit,
Dankbarkeit. [erkenntlich.

reconnaissant, ~e (nǎ-ṣā̃', ~ṣā̃'t)

reconnaître (rǐ-ǐ̯ǫ-nǎ̃'tr) (wieder-)
erkennen; beſichtigen; rekognos-
zieren; anerkennen; bekennen;
erkenntlich ſn für ...; se ~ auch:
ſich zurechtfinden. [erobern.

reconquérir (rǐ-ǐ̯ǫ-kĕ-rī'r) wieder

reconstituer (ǐ̯ǫ-ṣtǐ-tü-e') wieder
herſtellen. [aufbauen.

reconstruire (rǐ-ǐ̯ǫ-ṣtrüī'r) wieder

recorder (rǐ-för-be') ſeine Lektion
ſich überhören; se ~ avec q.
ſich mit j-m verabreden.

recors (ǐ̯ö'r) m Gerichtsvollzieher,
Exeku'tor. [niederlegen.

recoucher (rǐ-ǐ̯u-ſche') wieder

recoudre (ǐ̯ū'dr) wieder zſ.-nähen.

recoupe (rǐ-ǐ̯u'p) f Abfälle m/pl.
v. Zeug, Steinen 2c.; Grum(me)t
n; Kleienmehl n.

recouper (rǐ-ǐ̯u-pe') wieder be-
ſchneiden; Wein verſchneiden.

recourber (rǐ-ǐ̯ūr-be') krümmen;
umbiegen.

recourir (rǐ-ǐ̯u-rī'r): ~ à q. zu
j-m ſeine Zuflucht nehmen.

recours (rǐ-ǐ̯ū'r) m Zuflucht f; ~
en grâce Begnadigungsgeſuch.

recouvrement (rǐ-ǐ̯u-vrǐ-mǫ') m
1. Wieder-erlangung f, Ein-
treibung f; ~s pl. Rückſtände.
2. Wiederbedecken n, Decke f.

recouvrer (rǐ-ǐ̯u-vre') wieder-
bekommen; eintreiben.

recouvrir (rǐ-ǐ̯u-vrī'r) wieder-
(be)decken; bemänteln.

récréance (rĕ-ǐ̯rĕ-ā̃'ṣ) f: lettres
f/pl. de ~ Abberufungsſchrei-
ben n. [erheiternd.

récréatif, ~ve (ǐ̯re-a-tī'f, ~tī'w)

récréation (rĕ-ǐ̯re-ā-ṣǫ') f Er-
holung; Frei-ſtunde.

récréer (rĕ-ǐ̯rĕ-e') neu beleben;
ergötzen.

recrépir (rǐ-ǐ̯rĕ-pī'r) neu mit Kalk
bewerfen; auffriſchen; ver-
mummen.

récrier (rĕ-ǐ̯rǐ-e'): se ~ aufſchreien;
laut Einſpruch thun.

récriminer (rĕ-ǐ̯rǐ-mǐ-ne') Gegen-
beſchuldigungen vorbringen.

récrire (rĕ-ǐ̯rī'r) wieder ſchreiben.

recroître (rǐ-ǐ̯rǔā̃'tr) wieder
wachſen.

recrudescence (rǐ-ǐ̯rǔ-dĕ-ṣā̃'ṣ) f
Wiederſchlimmerwerden n.

recrue (rǐ-ǐ̯rü') f Nachwuchs m;
Erſatzmannſchaft, Rekruten pl.;
Rekrut m; Aushebung.

recruter (rǐ-ǐ̯rü-te') rekrutieren;
ergänzen.

recruteur (rǐ-ǐ̯rü-tö'r) m Werber.

rectangle (rĕ-ǐ̯tā̃'gl) m Rechteck n.

rectangulaire (rĕ-ǐ̯tǫ-gü-lā̃'r)
rechtwinkelig. [Rektor.

recteur (rĕ-ǐ̯tö'r) m Lenker;

rectificateur (rĕ-ǐ̯tǐ-fǐ-ǐ̯a-tö'r) m
Berichtiger.

rectifier (rĕ-ǐ̯tǐ-fǐ-e') gerade
machen; berichtigen; durch Deſtil-
lieren läutern.

rectiligne (ǐ̯tǐ-lǐ'nǰ) geradlinig.

rectitude (ǐ̯tǐ-tü'b) f Geradheit;
Redlichkeit. [Blattes.

recto (rĕ-ǐ̯to') m erſte Seite eines

rectum (rĕ-ǐ̯tö'm) m Maſtdarm.

reçu, ~e (rǐ-ṣü') 1. empfangen;
üblich. 2. m Empfangſchein.

recueil (rǐ-ǐ̯ö'ǰ) m Sammlung f.

recueillement (rǐ-ǐ̯ö-j'mǫ') m
Sammlung f der Gedanken, Andacht f.

recueillir(rɪ-kö-jî′r)einſammeln; auffangen; zſ.-ſuchen; feine Gebanken ſammeln; jem. bei ſich aufnehmen; se ~ ſich ſammeln.

recuire (kûi′r) noch einmal kochen ob. backen; Stahl wieder glühen.

recul(rɪ-kü′l) *m* Rück-lauf; -ſtoß.

reculade (rɪ-kü-la′b) *f* Zurücklaufen *n*, -weichen *n*. [fernt.

reculé, ~e (kü-le′) entlegen, entrecnler (rɪ-kü-le′) zurück-ſtellen, -ſetzen; weiter hinausrücken; aufſchieben; *v/n.* rückwärts gehen ob. reiten ꝛc.; zurückweichen; ſtoßen (von Gewehren).

reculons (kü-lọ′): à ~ rückwärts; rücklings. [erlangen.

récupérer (ré-kü-pe-re′) wieder récurer (ré-kü-re′) ſcheuern.

récusable (ré-kü-ſa′bɪ) ablehnbar; beſtreitbar. [werfen.

récuser (ré-kü-ſe′) ablehnen, verredan (rɪ-dạ′) *m* ſägenförmige Schanze.

reddition (rӕd-bɪ-ßọ̃′) *f* Zurückgabe; Übergabe einer Feſtung; (Rechnungs-)Ablegung.

redemander (rɪ-b′mạ-be′) noch einmal fragen, forbern; zurückforbern. [löſer.

rédempteur (re-bạ-ptö′r) *m* Errédemption (re-bạ-pßọ̃′) *f* Erlöſung.

redescendre (rɪ-bӕ-ßạ′br) wieder herunterkommen: *v/a.* wieder herunternehmen; e-nBerg wieder hinabſteigen.

redevable (b′wa′bɪ): ~ de qc. noch et. ſchuldig; zu Dank verpflichtet für etwas. [Zins *m.*

redevance(rɪ-b′wạ̄′ß) *f* (Grund-)

rédhibition (re-bɪ-bi-ßọ̃′) *f* Rücknahme eines fehlerhaften verkauften Gegenſtandes.

rédiger (Ge′) zſ.-ſtellen u. ordnen; abfaſſen, zu Papiere bringen.

rédimer (re-bɪ-ine′): se ~ de qc. ſich von etwas loskaufen.

redingote(rɪ-bạ-gö′t) *f* Oberrock.

redire (rɪ-bî′r) noch einmal ſagen; ausplaubern; avoir à ~ zu tabeln haben.

rediseur (rɪ-bɪ-ſö′r) *m* Wieberholer; Ausplauberer.

redite (rɪ-bi′t) *f* Wieberholung des Geſagten. [ſchwall *m.*

redondance (rɪ-bạ-bạ̄′ß) *f* Wortredondant, ~e (bạ′, bạ̄′t) überflüſſig (von Wörtern). [verſtärken.

redoubler (rɪ-bu-ble′) verboppeln; redoutable(rɪ-bu-ta′bɪ) furchtbar.

redonte (rɪ-bu′t) *f* id. (vierectige Schanze); öffentlicher Tanz-, Spiel-ſaal.

redouter (rɪ-bu-te′) ſehr fürchten.

redresser (rɪ-brӕ-ße′) wieder gerabe richten; wieder aufrichten; berichtigen; zurechtweiſen; se ~ a. ſich in bie Bruſt werfen.

redû (rɪ-bü′) *m* Reſt e-r Schulb.

réductible (re-bü-ktî′bɪ) zurückführbar, auflösbar.

rédunction (re-bü-kßọ̃′) *f* Rebuzierung, Einrichtung der Gleichungen; Zurückführung; Verkleinerung; Unterwerfung.

réduire (ré-büi′r) auf etwas zurückführen, rebuzieren; einkochen; verjüngen; vermindern; ~ en qc. in etwas verwanbeln; ~ au silence zum Schweigen bringen; unter-werfen, -jochen; se ~ a. ſich beſchränken, es bei et. bewenben laſſen.

réduit (ré-büi′) *m* verborgenes Plätzchen; Verſchlag.

réédifier (re-é-bɪ-fɪ-e′) wieder aufbauen.

réel, ~le (ré-ӕ′l, ~ӕ′l) 1. wirklich(vorhanden); wahrhaft; binglich; bar. 2. *m* Wirkliches *n*; Wirklichkeit *f.*

réélection (re-é-lӕ-kßọ̃′) *f* Wieberwahl. [wählbar.

rééligible (re-é-lɪ-Ǧi′bɪ) wieder réélire (re-é-lɪ′r) wieder wählen.

refaire (rǝ-fä'r) noch einmal machen, umarbeiten; wieder kräftigen; v/n. noch einmal Karten geben; se ~ wieder zu Kräften kommen. [Spiel.

refait (rǝ-fä') m unentschiedenes

réfection (re-fä-ßǫ') f Wiederherstellung der Kräfte; Mahlzeit in Klöstern. [saal.

réfectoire(re-fä-ktä'r) m Speise-

refend (rǝ-fǟ') m Spalten n; (mur m de) ~ Scheidewand f. [ten.

refendre (rǝ-fǟ'br) (wieder) spal-

référence (re-fě-rǟ'ß) f Bezugnahme; Referenz, Auskunft.

référer (re-fe-re'): ~ à qc. auf et. beziehen; ~ qc. à q. j-m etwas beimessen; den Eid zurückschieben; v/n. Bericht erstatten; se ~ à q. a. sich auf jem. berufen, es auf jem. ankommen lassen.

refermer (rǝ-fär-me') wieder schließen. [gen.

referrer (rǝ-fä-re') neu beschla-

réfléchi, ~e (re-flé-schi') überlegt, bedächtig; reflexiv.

réfléchir(re-flé-schi'r) zurückstrahlen; überlegen, nachdenken; se ~ sich abspiegeln; zurückwirken.

réfléchissement (re-flé-schl-ßng') m Zurückstrahlung f; Widerhall.

reflet (rǝ-flä') m Abglanz, Reflex.

refléter (rǝ-fle-te') Licht zurückwerfen; v/n. ~ sur qc. e-n Abglanz auf etwas werfen.

réflexion (re-flä-kßǫ') f Zurückstrahlung, Widerschein m; Überlegung, Nachdenken n; Betrachtung.

refluer (rǝ-flü-e') zurückfließen.

reflux (rǝ-flü') m Ebbe f.

refondre (rǝ-fǟ'br) um-schmelzen, -arbeiten.

refonte (rǝ-fǟ't) f Umguß m; Umgestaltung.

réformable (re-fǒr-ma'bl) verbesserlich.

réformateur, ~trice (re-fǒr-ma-

tö'r, ~trl'ß) 1. verbessernd. 2. m Reforma'tor.

réformation (re-fǒr-mā-ßǫ') f Umgestaltung; Verbesserung.

réforme (rě-fǒ'rm) f verbessernde Umgestaltung; Abstellung der Mißbräuche; ~ (religieuse) Kirchenverbesserung (durch Luther 2c); Einschränkung; Entlassung ob. Pension; Ausmusterung von Pferden. [formierte(r).

réformé m, ~e f (re-fǒr-me') Re-

reformer (rǝ-fǒr-me') neu bilden.

réformer (re-~) verbessern(d umgestalten); Schädliches abschaffen; einschränken; einen Offizier abdanken; Pferde ausmustern.

refouler (rǝ-fu-le') zurück-drängen, -stauen. [ipenstig.

réfractaire (re-frä-ktä'r) wider-

réfraction (re-frä-kßǫ') f Strahlen-brechung. [vers.

refrain(rǝ-frǟ')m Wiederholungs-

réfrangible(re-frǟ-ǵi'bl) brechbar (von Lichtstrahlen).

réfréner (rǝ-fre-ne') zügeln.

réfrigérant, ~e (re-frl-ǵe-rǟ', ~rǟ't) 1. kühlend. 2. m Kühlmittel n, -gefäß n.

réfrigérer (frl-ǵe-re') abkühlen.

refrogné, ~e (rǝ-frǒ-nje') gerunzelt, verdrießlich. [runzeln.

refrogner (~): se ~ die Stirn

refroidir (rǝ-frǟ-bl'r) erkälten, abkühlen; se ~ kalt werden; sich erkälten.

refroidissement(rǝ-frǟ-bl-ßng') m Erkaltung f, Erkältung f.

refuge (fü'ǵ) m Zuflucht(sort) f.

réfugié(re-fü-ǵi-e')m Flüchtling.

réfugier (~): se ~ sich flüchten.

refuite (rǝ-fü'lt) f ch. Wechsel m; List eines gejagten Tieres.

refus (rǝ-fü') m Weigerung f; das von j-m Verschmähte.

refuser (rǝ-fü-se') ausschlagen; verweigern; von sich abweisen; se ~ à qc. et. nicht zulassen.

*ré*futer (re-fü-te') widerlegen.

regagner (rɪ-gä-nje') wieder ge•
winnen.   [heitern.

regaillardir (rɪ-gä-jär-bī'r) er•

regain (rɪ-gĕ') m Grum(me)t n.

régal (rĕ-gä'l) m Festmahl n;
Schmaus.

régalade (gä-la'b) f Bewirtung;
boire à la ~ trinken, ohne daß
der Rand des Glases die Lippen
berührt; Flackerfeuer n.

régale (rĕ-gä'l) f Regal n, Ho•
heitsrecht n.

régaler (rĕ-gä-le') 1. bewirten,
traktieren; se ~ schmausen.
2. ebenen, planieren.

régalien, ne (rĕ-gä-liǟ', liǟ'n)
hoheitlich.

regard (rɪ-gā'r) m Blick; Beach•
tung f; en ~ gegenüberstehend.

regardant, e (rɪ-gär-ba', bā't)
1. zu sparsam, zu genau. 2. m
Zuschauer.

regarder (rɪ-gär-be') anblicken,
betrachten, besehen; berücksich•
tigen; angehen, betreffen; v/n.
blicken, schauen, sehen.

régate (rĕ-gä't) f Regatta (Ruder•
wettfahrt).

régence (rĕ-Qā'ß) f Regentschaft;
Regierungsbezirk m.

régénérer (re-Ge-nĕ-re') wieder
erzeugen; bessernd umbilden.

régent m, e f (rĕ-Qa', Qā't)
Regent(in); Ordina'rius an
städtischen Schulen.   [stern.

régenter (re-Qa-te') (schul•)mei•

régicide (re-Qī-ßī'b) 1. königs•
mörderisch. 2. m Königsmord;
Königsmörder.

régie (rĕ-Qī') f id., verantwortliche
Verwaltung von Einkünften.

regimber (rɪ-Qa-be') hinten aus•
schlagen; sich sträuben.

régime (rĕ-Qī'm) m Regierung(s•
form) f; Einrichtung f; Scho•
nung f; Lebensweise f, Diät f;
gr. Komplement n, Objekt n.

*ré*gimentaire (re-Qī-mg-tā'r) Re•
giments•...

région (rĕ-Qiō') f Landstrich m;
Gebiet n; Gegend am Körper.

régional, e (re-Qiō-nä'l) einem
Landstriche gehörig.

régir (re-Qī'r) regieren, lenken;
verwalten.   [ter; thé. id.

régisseur (re-Qī-ßö'r) m Verwal•

registre (rɪ-Qi'ßtr) m Eintrage•
buch n, Register n.

réglage (rĕ-gla'Q) m Regulierung
f; Liniieren n.

règle (rǣ'gl) f Lineal n; Regel,
Richtschnur; Ordnung; en ~
regelrecht, in aller Form; les
quatre ~s die 4 Spe'zi-es; ~s
pl. auch: monatliche Reinigung.

règlement (rǣ-glɪ-mg') m Rege•
lung f; Bestimmung f; Verfü•
gung f, Reglement n.

réglementaire (re-glɪ-mg-tā'r)
reglementsmäßig.

réglementer (re-glɪ-mg-te') durch
Verordnungen bestimmen.

régler (re-gle') liniieren; regeln,
einrichten; bestimmen, ab•
machen; se ~ sur q. sich nach
j-m richten.

réglet (rĕ-glǣ') m Winkelhaken;
arch. Riemchen n, Plättchen n.

réglette (rĕ-glǣ't) f Kantel n;
typ. Formsteg m.

réglisse (rĕ-glī'ß) 1. f Süßholz n.
2. m Lakritzensaft.   [renb.

régnant, e (rĕ-njɑ', ɑ̄'t) regie•
Re(g)nau(l)d (rɪ-nō') m Reinhold.

règne (rǣnj) m Regierung(szeit)
f; Herrschaft f; (Natur-)Reich n.

régner (rĕ-nje') herrschen, regie•
ren; sich erstrecken.

régnicole (rĕ-gnī-kō'l) m Staats•
angehörige(r), Inländer.

regorger (rɪ-gör-Qe') ü'berlaufen;
~ de qc. mit et. überfüllt sn;
v/a. wieder herausgeben.

regrat (rɪ-gra') m Kleinhandel.

regratter (rɪ-grä-te') wieder

krautzen; abkratzen; im kleinen
verkaufen. [Kram m.
regratterie (rĕ-grä-t'rī') f Höker=
regrattier m, ~ère f (rĕ-grä-tīe',
~tīā'r) Höker(in); Knicker(in).
regret (rĕ-grä') m Leid n über e-n
Verlust, Bedauern n; Reue f;
~s pl. Klagen f.
regrettable (rĕ-grä-ta'bl) be-
bauernswert.
regretter (rĕ-grä-te'): ~ qc. den
Verlust v. et. bedauern, etwas
vermissen; abs. beklagen.
régulariser (rĕ-gü-lä-rĭ-ĕe') regu-
lieren, in Ordnung bringen.
régularité (re-gü-lä-rĭ-te') f Regelmäßigkeit; geistlicher Stand.
régulateur (rĕ-gü-la-tō'r) m Ord-
ner; Regula'tor.
régule (rĕ-gü'l) m Schattenkönig;
(Metall=)König.
régulier, ~ère (rĕ-gü-līe', ~līā'r)
1. regelmäßig; ordentlich; genau; der Ordensregel gemäß.
2. m Ordensgeistliche(r).
réhabilitation (re-ä-bĭ-lĭ-tä-ßĭ̂')
f Wiedereinsetzung in frühere
Rechte; Ehrenrettung.
réhabiliter (re-ä-bĭ-lĭ-te') wieder
zu Ehren bringen. [gewöhnen.
réhabituer (re-ä-bĭ-tü-e') wieder
rehausser (rĕ-o-ße') wieder erhöhen; steigern; fig. herausstreichen. [einführen.
réimporter (re-g-pŏr-te') wieder
réimposer (re-g-po-ße') neu besteuern; typ. umschießen.
réimpression (re-g-prä-ßĭ̂') f
neuer Abdruck. [abdrucken.
réimprimer (re-g-prĭ-me') wieder
Reims (räß) m Reims n.
rein (rĕn) m Niere f; ~s pl. Lenden f/pl., Kreuz n.
réincorporer (re-g-kŏr-pŏ-re') neu
einverleiben.
reine (rän) f Königin.
reine-claude (rän-klō'b) f id.
(grüne Pflaume).

reinette(rä-nä't)fRenett=Apfel.
reinté, ~e (rä-te') breit und stark
im Kreuz. [einsetzen.
réintégrer (re-g-tĕ-gre') wieder
réitérer (re-ĭ-tĕ-re') wiederholen.
reître (rä'tr) m deutscher Reiter im
fr. Dienste.
rejaillir (rĕ-Gä-jī'r) abprallen,
zurückstrahlen; spritzen.
rejet (rĕ-Gä') m Auswerfen n;
Verwerfung f; Übertragung f
auf e-e andere Rechnung; Nach=
wuchs.
rejeter (rĕ-G'te') wieder=, zurück=
werfen; aus=werfen; neue Zweige
treiben; verwerfen.
rejeton (rĕ-G'tọ) m Schößling;
Nachkömmling.
rejoindre (rĕ-Gọ̈ä'br) wieder vereinigen; ~ q. jem. wieder ein=
holen, treffen.
réjoui m, ~e f (re-Gü-i'): gros
(grosse) ~(e) lustiger Bruder,
lustige Schwester.
réjouir (re-Gü-ī'r) erfreuen; belustigen; se ~ sich freuen; sich
belustigen.
réjouissance (re-Gu-ĭ-ßā'ß) f Be-
lustigung, Fröhlichkeit; Fleisch=
Beilage.
relâche (rĕ-lā'sch) 1. m Nachlassen n, Unterbrechung f; Er-
holung f, Rast f; thé. il y a ~
es ist heute keine Vorstellung.
2. f (Aufenthalt m in einem)
Zwischenhafen m.
relâché, ~e (rĕ-la-sche') schlaff,
locker.
relâchement (rĕ-la-schmg') m Ab-
spannung f, Erschlaffung f;
Erholung f, Ruhe f.
relâcher (rĕ-la-sche') schlaff machen, abspannen; ~ le ventre
offenen Leib machen; wieder
frei lassen; v/n. nachlassen; in
e-n Zwischenhafen einlaufen;
se ~ schlaff w.; sich gehen lassen;
sich erholen.

relais (rĭ-Iä̆') m id. n, Wechsel-
pferde n/pl.; Poststation f, Um-
spann-ort; frische Jagdhunde pl.

relancer (rĭ-Iᶐ-ße') wieder schleudern; ch. wieder auftreiben; ~
q. jem. aufsuchen und be-unruhigen.

relaps (rĭ-Ia'pß) m, ~e f a. u. s.
rückfällig (er Ketzer), Rück-
fällige(r). [weiter machen.

rélargir (rĕ-lär-Gĭ'r) breiter od.

relater (rĭ-Ia-te') berichten, erzählen. [relativ; ungewiß.

relatif, ~ve (ti'f, tĭ'w) bezüglich;

relation (rĭ-Iā-ßĝ') f Beziehung,
Verhältnis n; Erzählung; Rei-
sebeschreibung. [loslassen.

relaxer (rĭ-Iä-k̑ße') ~n Gefangenen

relayer (rĭ-Iä̆-ĭe') b. der Arbeit ablösen; nach ea. beschäftigen;
v/n. frische Pferde nehmen.

reléguer (rĭ-Ie-ge') verweisen;
fig. beseitigen.

relent (rĭ-Iᶐ') m muffiger Geruch
oder Geschmack.

relevailles (rĭ-I'wa'j) f/pl. erster
Kirchgang einer Wöchnerin.

relevé, ~e (rĭ-I'we') 1. gehoben,
erhaben. 2. m Aufstehen n;
Auszug, Verzeichnis n; neuer
Gang (v. Speisen).

relevée (rĭ-I'we') f Nachmittag m.

relève-jupe (rĭ-Iä̆w-Gŭ'p) m Aufschürzer.

relèvement (rĭ-Iä̆-w'mᶐ') m Wie-
deraufrichtung f; Auszug, Verzeichnis n. [m Schutz-anzieher.

relève-quartier (rĭ-Iä̆w-kär-tĭe')

relever (rĭ-I'we') wieder auf-heben, -richten; erhöhen; in die
Höhe richten; hervorheben; zu
Ansehen bringen; verzeichnen;
rügen; ablösen; ~ un plat par
un autre auf e. Gericht e. anderes folgen lassen; ~ q. de qc.
jem. v. einer Verbindlichkeit entbinden; v/n. wieder auf-stehen,
-kommen; ~ de q. bei j-m zu

Lehen gehen; se ~ wieder auf-
stehen; se ~ d'une perte sich v.
e-m Verluste erholen.

reliage (rĭ-II-a'G) m Faßbinder-
Arbeit f.

relief (rĭ-Iiä̆'f) m id. n, erhabene
Arbeit; Hervortreten n; met-
tre en ~ hervorheben; Glanz,
Ansehen n.

relier (rĭ-II-e') wieder (zs.) binden; ein Buch einbinden.

relieur m, ~se f (rĭ-Iiȫ'r, ~iö̆'f)
Buchbinder(in).

religieux m, ~se f (rĭ-II-Giö̆', ~iö̆'f)
1. religiös; gottesfürchtig; gewissenhaft. 2. s. Mönch m,
Nonne f.

religion (rĭ-II-Giô') f Religion,
Glaube m; Frömmigkeit; Ge-
wissenssache; geistlicher Orden,
Kloster n. [wissenhaftigkeit.

religiosité (rĭ-II-Gĭ-o-ßĭ-te') f Ge-
relimer (rĭ-Ii-me') wieder feilen.

reliquaire (rĭ-II-kä̆'r) m Reliquien-
kästchen n.

reliquat (rĭ-II-ka') m Rest, Saldo.

reliquataire (rĭ-II-ka-tä̆'r) m
Restant.

relique (rĭ-II'k) f Reli'qui-e.

relire (rĭ-II'r) wieder (über)lesen.

reliure (rĭ-II-ü̆'r) f (Buch-)Ein-
band m. [vermietung.

relocation (rĭ-Iŏ-kā-ßĝ') f After-
relouer (rĭ-Iŭ-e') wieder (ver-)
mieten. [mern.

reluire (rĭ-Iŭĭ'r) blinken, schim-

reluisant, ~e (rĭ-Iŭĭ-ßᶐ', ~ßᶐ't)
glänzend.

reluquer (rĭ-Iŭ-ke') anblinzeln;
fig. nach et. trachten.

remâcher (rĭ-ma-sche') wieder
kauen; hin u. her überle'gen.

remanier (rĭ-mä̆-nĭ-e') wieder in
die Hand nehmen; umarbeiten.

remarier (rĭ-mä̆-rĭ-e') wieder
verheiraten.

remarquable (rĭ-mär-ka'bl) merkwürdig; bedeutend.

remarque (rĭ-mă'rĭ) f An⸗, Be⸗
merfung.

remarquer (rĭ-măr-fe') (be)merⸯ
fen, beobachten; faire ∿ qc. à
q. jem. auf etwas aufmerffam
machen.   [paďen.

remballer (rₐ-bă-le') wieder ein⸗

rembarquer (rₐ-băr-fe') wieder
einſchiffen; fig. se ∿ dans qc.
ſich auf et. wieder einlaſſen.

rembarrer (rₐ-bₐ-re') derb ab⸗
weiſen.

remblai(rₐ-blæ')mAufſchüttungf.

remblayer (rₐ-blæ-fe') mit Erde,
Schutt ausfüllen.

remboîter (rₐ-bŏa-te') wieder ein⸗
richten, ⸗renfen.

rembourrer(rₐ-bu-re')ausſtopfen,
polſtern.   [ſter⸗haar n.

rembourrure (rₐ-bu-rū'r) f Pol⸗

remboursable (rₐ-bŭr-ßa'bl) zu⸗
rüďzahlbar.

remboursement (rₐ-bŭr-ßmₐ') m
Rüďzahlung f, Nachnahme f.

rembourser (rₐ-bŭr-ße') die Aus⸗
lage zurüďerſtatten; se ∿ ſich
ſelbſt bezahlt machen.

rembrunir (rₐ-brŭ-nĭ'r) (noch
mehr) bräunen; verdüſtern; se
∿ dunfler w.

remède (rĭ-mæ'b) m Heilmittel
n; Klyſtier n.   [helfen.

remédier (rĭ-me-bĭ-e') heilen, ab⸗

remémorer (rĭ-mĕ-mŏ-re') wieder
ins Gedächtnis rufen.

remener (rĭ-m'ne') wieder ob. zu⸗
rüďführen.

remercier (rĭ-măr-ßĭ-e'): ∿ q. de
qc. j-m für et. banfen; ab⸗
banfen; verabſchieben.

remercîment ou ∿ie∿ (ßĭ-mₐ') m
Danf.   [faufsrecht n.

réméré (rĕ-me-re') m Wieder⸗

remetteur (rĭ-mæ-tŏ'r) m Re⸗
mittent, Geld⸗Überſender.

remettre (rĭ-mæ'tr) wieder hin⸗
ſtellen, ⸗ſeßen, ⸗bringen; (ſe) ∿
q. jem. wieder erfennen; ab⸗,

über⸗geben, einhändigen; aus⸗
liefern; ſich e⸗r Sache begeben,
ein Amt niederlegen; auf⸗, ver⸗
ſchieben; e⸗e Partie als unent⸗
ſchieden aufgeben; wieder her⸗
ſtellen; erlaſſen, verzeihen; se
∿ à qc. ſich wieder an etwas
machen; se ∿ sur qc. auf et.
zurüďfommen; se∿de qc. ſich
von et. erholen.

Remi (rĭ-mĭ') m Remi'gius.

réminiscence (rĕ-mĭ-nĭ-ßā'ß) f
(Wieder⸗)Erinnerung; Nach⸗,
An⸗flang m.

remis(rĭ-mĭ')part. p. v. remettre.

remise (rĭ-mĭ'ſ) 1. f Wiederauf⸗
führung e⸗s Stüďes; Ausliefe⸗
rung; Geldſendung, Rimeſſe;
Nachlaß m e⸗r Summe, Strafe;
Rabatt; Aufſchub m; Wagen⸗
ſchuppen m. 2. m feinerer Miet⸗
wagen.   [ven ſtellen.

remiser (rĭ-mĭ-ſe') in den Schup⸗

rémissible (rĕ-mĭ-ßĭ'bl) erläßlich,
verzeihlich.

rémission(rĕ-mĭ-ßĭŏ')fNachſicht;
Erlaſſung, Begnadigung.

rémittent, ∿e (rĕ-mĭ-tₐ', ∿tₐ't)
nachlaſſend.   [führen.

remmener (rₐ-m'ne') wieder weg⸗

rémois, ∿e (re-mŏă', ∿mŏă'ſ) aus
Reims.

remontage (rĭ-mₐ-ta'G) m Berg⸗
fahrt f der Flußſchiffe; Aufziehen
n der Uhr; Vorſchuhen n.

remontant, ∿e (tₐ', tₐ't) remon⸗
tierend, nochmals blühend.

remonte (rĭ-mₐ't) f Bergfahrt;
Wiederausrüſtung der Kavallerie
mit friſchenPferden; Remonte.

remonter (rĭ-mₐ-te') wieder hin⸗
aufgehen, ſteigen, fahren ꝛc.;
aufwärts gehen; wieder in die
Höhe gehen, ſteigen; ∿ à... her⸗
ſtammen aus (einer Zeit); ſich
hinauferſtreďen; remontieren;
v/a. wieder hinauf bringen,
holen ꝛc.; wieder einrichten; ∿

q. de qc. jem. wieder mit et.
verſehen; Stiefel vorſchuhen; eine
uhr wieder aufziehen; neu zſ.-
ſetzen; *fig.* neu beleben, kräfti-
gen.			[ſeder *f* an Uhren.
remontoir (mₐ-tŏā'r) *m* Aufzug-
remontrance (rĭ-mₐ-trā'ß) *f* Vor-
ſtellung, Ermahnung.
remontrer (rĭ-mₐ-tre') wieder zeigen; j-m ſein Unrecht vorhalten;
v/n. mahnen, warnen; en ᷉ à
q. klüger ſein wollen als jem.
rémora (rĕ-mŏ-ra') *m* Schiffshal-
ter (Fiſch); Hindernis *n*.
remords(rĭ-mŏ'r)*m* Gewiſſensbiß.
remorque (mŏ'rk) *f* Schleppen *n*,
Bugſieren *n*.
remorquer (rĭ-mŏr-ke') bugſieren.
remorqueur(kŏ'r) *m* Bugſier-ſchiff
n; Kahn-, Flöße-ſchlepper.
remoudre (rĭ-mū'br) noch einmal
mahlen.			[ſchleifen.
rémoudre (rĕ-mū'br) noch einmal
rémo(u)lade (rĕ-mu-la'b, ᷉ŏ᷉) *f*
id. (pikante Sauce). [ſchleifer.
rémouleur(rĕ-mu-lŏ'r)*m*Scheren-
remous(rĭ-mu')*m* wirbelnde Gegen-
ſtrömung im Kielwaſſer. Meer *f*.
rempailler (rₐ-pä-je') wieder mit
Stroh beflechten ob. ausſtopfen.
remparer (rₐ-ra-re') durch einen
Wall ſchützen.		[werk *n*.
rempart (rₐ-pā'r) *m* Wall, Boll-
rempiéter (rₐ-pĕ-te') Strümpfe an-
ſtricken.		[Stellvertreter(in).
remplaçant *m*, ᷉e *f* (pla-ßₐ', ᷉ā't)
remplacer (rₐ-pla-ße') erſetzen,
als Stellvertreter für jem. ein-
treten.			[Nach-füllen *n*.
remplage (rₐ-pla'G) *m* Auf-,
rempli (rₐ-plĭ') *m* Einſchlag an
Kleidern.
remplier (rₐ-plĭ-e') einſchlagen.
remplir (rₐ-plĭ'r) (wieder) anfüllen; ausfüllen; ergänzen;
erfüllen, verwirklichen.
remplissage (plĭ-ßa'G) *m* Ausfüllen *n*; Füllwerk *n*, Lückenbüßer.

remployer (rₐ-plᷛā-ĕ') wieder
anwenden.		[einſtecken.
rempocher (rₐ-pŏ-ſche') wieder
remporter (rₐ-pŏr-te') wieder
forttragen ober mitnehmen.
remuant, ᷉e (rĭ-mü-ₐ', ᷉ā't) unruhig; rührig.
remue-ménage (rĭ-mü-mĕ-na'G)
m Umſtellen *n* von Möbeln;
Unordnung *f*.
remuer (rĭ-mü-e') I. *v/a.* bewegen, rühren, (weg)rücken; ein
Kind umwickeln; rühren, aufregen. II. *v/n.* unb se ᷉ ſich
rühren.
remueur, ᷉se (rĭ-mü-ŏ'r, ᷉ŏ'ſ)
1. *m* Umrührer; Kornſchauf-
ler. 2. ᷉se *f* Wickelfrau.
rémunérateur *m*, ᷉trice *f* (rĕ-mü-
nĕ-ra-tŏ'r, ᷉trĭ'ß) 1. vergel-
tenb. 2. Vergelter(in).
rémunérer (rĕ-mü-nĕ-re') vergelten, belohnen.
renâcler (rĭ-na-kle') ſchnauben.
renaissance (rĭ-nĕ-ßā'ß) *f* Wie-
der-geburt, -aufleben *n*; id.
renaître (rĭ-nĕ'tr) wieder geboren
werden; wieder aufblühen.
rénal, ᷉e (rĕ-nä'l) Nieren-...
renard *m*, ᷉e *f* (rĭ-nā'r, ᷉nä'rb)
Fuchs, Füchſin; piquer un ᷉ ſich
überge'ben, kotzen. [Fuchs.
renardeau (rĭ-när-bo') *m* junger
renarder (rĭ-när-be') ſchlaue
Streiche machen; kotzen.
renardière (bĭä'r) *f* Fuchsbau *m*.
Renau(l)d *v.* Regnauld.
renchéri, ᷉e (rₐ-ſchĕ-ri') ſpröbe.
renchérir (rₐ-ſchĕ-rĭ'r) I. *v/a.*
verteuern. II. *v/n.* teurer w.;
᷉ sur q. jem. überbieten.
renchérissement (ſchĕ-rĭ-ßmₐ') *m*
Verteuerung *f*.
rencontre(rₐ-kŏ'tr) *f* Begegnung;
aller à la ᷉ entgegen gehen; zu-
fälliges Auffinden; Zweikampf
m; Gefecht *n*; Konjunktur, Gelegenheit; de ᷉ gelegentlich.

*ren*contrer (rᵃ-ꜰᵅ-tre′) I.*v*/*a.* ∼ q. jem. antreffen, j-m begegnen. II. *v*/*n.* es (glücklich ꝛc.) treffen.

rendement (rᵃ-dmᵃ′) *m* Ertrag.

rendez-vous (rᵃ-be-wu′) *m* id. *n*, Stelldichein *n*; Zusammenkunft *f*; Treff-ort; Sammelplatz.

rendormir (rᵃ-dör-mī′r) wieder einschläfern; se ∼ wieder einschlafen. [einschlagen.

rendoubler (rᵃ-bu-ble′) ein Kleid

rendre (rā′br) zurückgeben; abgeben, zustellen; hinschaffen; leisten, erweisen; mit folgendem *a.*: machen; einbringen, abwerfen; (wieder) von sich geben; *abs.* sich erbrechen; eine Festung übergeben; ∼ les armes sich ergeben; ausdrücken, darstellen; übersetzen; ein Urteil sprechen; se ∼ auch: sich wohin begeben; sich er-, hin-geben; nicht mehr fortkönnen.

rendu, ∼e (rᵃ-bū′) 1. abgemattet. 2. *m* Vergeltung *f*; Soldat, der die Waffen streckt. [härten.

rendurcir(bür-ꝣī′r)härter m.; ver-

rêne (rēn) *f* Zügel *m* (auch *fig.*).

René *m*, ∼e *f* (rī-ne′) Rena′tus *m*, Rena′ta *f*.

renégat *m*, ∼e *f* (rī-nĕ-ga′, ∼ga′t) (Glaubens-)Abtrünnige(r).

rénette (rĕ-næ′t) *f* Wirk-eisen *n* der Hufschmiede.

renfermé (rᵃ-fär-me′) *m* : odeur *f* de ∼ dumpfiger Geruch; sentir le ∼ dumpfig riechen.

renfermer (rᵃ-fär-me′) (wieder) einschließen; in sich schließen, enthalten; se ∼ auch: sich beschränken. [*v*/*n.*).

renfler (rᵃ-fle′) aufschwellen (auch

renfoncement(rᵃ-fᵃ-ꝣmᵃ′)*m*Vertiefung *f*.

renfoncer (ꝣe′) wieder oder tiefer hineinstoßen; den Hut antreiben.

renforcer (rᵃ-för-ꝣe′) verstärken.

renfort (rᵃ-fō′r) *m* Verstärkung *f*.

*ren*frogné (rᵃ-frö-nſe′) & = refrogné.

rengager (gă-Ge′) wieder verpfänden; ∼ dans qc. in et. wieder verwickeln; wieder anwerben.

rengainer (rᵃ-gæ̃-ne′) wieder in die Scheide stecken; was man sagen wollte unterdrücken.

rengorgement (rᵃ-gör-G′mᵃ′) *m* Aufgeblasenheit *f*.

rengorger (rᵃ-gör-Ge′): se ∼ sich in die Brust werfen.

rengraisser (rᵃ-græ-ꝣe′) I. *v*/*a.* wieder fett machen. II. *v*/*n.* u. se ∼ wieder fett werden.

reniable (rī-nī-a′bꞁ) leugbar.

renier (rī-nī-e′) verleugnen; abschwören.

renifler (rī-nī-fle′) schnüffeln; *fig.* nicht anbeißen wollen. [*m.*

rénitence(re-nī-tā′ꝣ)*f*Widerstand

renne (ræn) *m* Renntier *n*. [heit.

renom (rī-nᵃ′) *m* Ruf; Berühmt-

renommée (rī-nᵃ-me′) *f* Ruf *m*, Name *m*, Ruhm *m*; Volksstimme, Gerücht *n*. [rühmen.

renommer (me′) wieder ernennen;

renonce (rī-nᵃ′ꝣ) *f* id., fehlende Farbe (Kartenspiel). [sagung *f*.

renoncement (nᵃ-ꝣmᵃ′) *m* Ent-

renoncer (rī-nᵃ-ꝣe′) I. *v*/*n.* ∼ à qc. einer Sache entsagen; et. aufgeben; eine Karte v. anderer Farbe zugeben. II. *v*/*a.* verleugnen.

renoncialeur *m*, ∼trice *f* (ꝣl-a-tō′r, ∼trī′ꝣ) Entsagende(r).

renoncule(rī-nᵃ-kū′l)*f*Ranunkel.

renouée ﹖(rī-nü-e′)*f*Knöterich *m*.

renouer(rī-nü-e′) wieder an-, zuknüpfen; einrenken.

renouveau (rī-nu-wo′) *m* Lenz.

renouveler (rī-nu-w′le′) I. *v*/*a.* erneuern. II. *v*/*n.* zunehmen.

renouvellement(rī-nu-wĕ-l′mᵃ′) *m* Erneuerung *f*.

rénovaleur *m*, ∼trice *f* (re-nᵃ-wa-tō′r, ∼trī′ꝣ) Erneu(e)rer(in).

rénovation (re-nŏ-wā-ßĭ̃') f Erneuerung. [Auskunft f.
renseignement (rₐ-ßæ̃-nj'ma') m
renseigner (nje') wieder lehren;
~ q. sur qc. j-m über et. Auskunft geben. [n; Zins m.
rente (rā̃t) f Rente, Einkommen
renter (rₐ-te') 1. mit Renten versehen. 2. Strümpfe wieder anstricken. [Rentner(in).
rentier m, ~ère f (rₐ-tĭe', ~tĭā'r)
rentraire (rₐ-trā'r) anstoßen,
stopfen. [naht.
rentraiture (rₐ-træ-tü'r) f Stoß-
rentrant, ~e (trₐ', trₐ̄'t) 1. ein-,
zurück-springend. 2. m Nische f.
rentrée (rₐ-trē') f Wiedereintritt
m; Einbringen n der Feldfrüchte;
Wiederanfang m der Schule ꝛc.
nach den Ferien; Eingehen n von
Geldern; Kauffarten pl.
rentrer (rₐ-tre') wieder eintreten;
wieder hinein oder hereingehen,
kommen; nach Hause gehen;
wieder zu etwas zurückkehren;
~ dans qc. in etwas mit einbe-
griffen sein; eingehen (v. Geldern); zurücktreten (v.Ausschlag);
♪ einfallen; v/a. hinein-
bringen; einfahren.
renversant, ~e(rₐ-wär-ßₐ',~ßₐ̄'t)
höchst befremdend.
renverse (rₐ-wär'ß): à la ~ auf
den Rücken (fallen).
renversement (rₐ-wär-ßma') m
Umkehrung f; Umreißen n;
Verwirrung f.
renverser (rₐ-wär-ße') u'm-keh-
ren, -stülpen; u'm-stoßen, -wer-
fen, -stürzen; bestürzt machen,
verstören. [(Kartenspiel).
renvi (rₐ-wi') m Überbieten n
renvier (rₐ-wi-e'): ~ sur q. jem.
überbieten.
renvoi (rₐ-wŏ̃ā') m Zurücksendung
f; Zurückprallen n; Aufstoßen
n, Rülps; Verabschiedung f;
Verstoßung f; Verschiebung f;

Verweisung(ßzeichen n)f; Klin-
gelzug-winkel.
renvoyer (rₐ-wŏ̃ā-ĭe') wieder-, zu-
rück-schicken; zurück-schlagen,
-werfen, -strahlen; entlassen,
fortschicken; an jem. verweisen,
auf et. hinweisen; verschieben.
réoccuper (re-ŏ-kü-pe') wieder
besetzen. [einrichten.
réorganiser (re-ŏr-gā-nĭ-ße') neu
réouverture(re-u-wär-tü'r)f Wie-
dereröffnung. [Höhle f.
repaire (rĭ-pā'r) m Diebesnest n;
repaître (rĭ-pæ̈'tr) I. v/n. essen,
fressen. II. v/a. nähren; ab-
speisen; fig. se ~ de qc. sich
an etwas weiden.
répandre (rĕ-pā̃'br) vergießen,
verschütten; aus-, ver-breiten;
austeilen; (homme) ~u mit
ausgebreiteter Bekanntschaft.
réparable (re-pä-ra'bl) wieder
gut zu machen, ersetzlich.
reparaître (rĭ-pä-ræ̈'tr) wieder
erscheinen.
réparateur m, ~trice f (re-pä-ra-
tö'r, ~trĭ'ß) 1. wieder herstel-
lend; stärkend. 2. s. Wieder-
hersteller(in).
réparation (re-pä-rā-ßĭ̃ō') f Aus-
besserung;Genugthuung; Buße.
réparer (re-pä-re') ausbessern;
wieder gut machen, ersetzen.
repartie (rĭ-pär-tĭ') f schnelle, tref-
fende Entgegnung.
repartir (rĭ-pär-tĭ'r) 1. wieder
fortgehen. 2. entgegnen, erwidern.
répartir (re-pär-tĭ'r) verteilen.
répartition (re-pär-ti-ßĭ̃ō') f Ver-
teilung. [essen n.
repas (rĭ-pa') m Mahlzeit f; Fest-
repasser (rĭ-pa-ße') I.v/n. wieder
vorbei-gehen, -reiten, -fahren;
~ à qc. wieder zu etwas übergehen. II. v/a. jem. wieder ü'ber-
setzen, -fahren; wieder über-
schreiten; wieder hinreichen;

Wäsche plätten; harken; Messer schleifen; noch einmal bu'rch-gehen, -lesen; überhö'ren.

repasseur *m*, ~se *f* (rĭ-pa-ßö'r, ~ßö'j) Plätter(in); Schleifer.

repaver (rĭ-pa-we') neu pflastern.

repeindre (rĭ-pą̈'br) übermalen.

repenser (rĭ-pą-ße'): ~ à qc. et. wieder überle'gen.

repentance (rĭ-pą-tā'ß) *f* Reue.

repentant, ~e (rĭ-pą-tą', ~tā't) reu-mütig.

repentir (rĭ-pą-tĭ'r) 1. se ~ de qc. et. bereuen. 2. *m* Reue *f*.

répercussif, ~ve (re-păr-kü-ßi'f, ~ßĭ'w) zurücktreibend.

répercussion (re-păr-kü-ßĭ̈') *f* Zurück-treibung, -prallen *n*.

répercuter (re-păr-kü-te') zurück-treiben, -werfen.

repère (rĭ-pä'r) *m* (Merk-)Zeichen.

répertoire (re-păr-tŏā'r) *m* Re-pertorium *n*, Sachregister *n*; *thé.* id. *n*.

repeser (rĭ-pĭ-ße') nachwiegen; von neuem erwägen.

répéter (re-pĕ-te') wiederholen; nachsprechen; repetieren; Probe halten; eine Rolle einstudieren.

répétiteur (re-pe-tĭ-tŏ'r) *m* Repe-te'nt; Unterlehrer.

répétition(re-pe-ti-ßĭ̈') *f* Wieder-holung; *thé.* Probe. [völkern.

repeupler (rĭ-pö-ple') wieder be-

repincer (rĭ-pą-ße') wieder knei-fen; jem. wieder fassen.

repiquer (rĭ-pĭ-ke') wieder stechen; ein Pflaster ausbessern; Mühlsteine schärfen; Pflanzen versetzen.

répit (rĕ-vi') *m* Frist *f*, Aufschub.

replacer (rĭ-pla-ße') wieder hin-stellen.

replâtrer(rĭ-pla-tre') übergipsen; bemänteln, vertuschen. [dick.

replet, ~ète (plæ', plæ't) beleibt,

réplétion (re-ple-ßĭ̈') *f* Beleibt-heit; Vollblütigkeit.

repli (rĭ-pli') *m* Falte *f*; Win-

dung *f*; id. (Stützpunkt vorgescho-bener Truppen).

replier (rĭ-plĭ-e') wieder zusam-men-falten, -legen, krümmen; eine Brücke abfahren; zum Rück-zuge zwingen; se ~ sich zurück-ziehen.

réplique (rĕ-pli't) *f* Replik; Ant-wort, Einrede; Stichwort *n*.

répliquer (re-plĭ-ke') replizieren; antworten, erwidern; wider-reden.

répondant (re-pą-dą') *m* Exami-nand; Respondent bei der Messe; Bürge.

répondre (rĕ-pą̈'br) antworten; entsprechen; erwidern; ~ de q., qc. für jem., et. bürgen, ein-stehen; ~ à qc. a. sich bis auf etwas erstrecken.

réponse (rĕ-pą̈'ß) *f* Antwort.

report (rĭ-pö'r) *m* Übertrag einer Summe; Transport; Börse: id.

reporter (rĭ-pör-te') wieder hin-tragen, -bringen; übertragen; reportieren. [berichterstatter.

reporter (tö'r) *m* id., Zeitungs-

repos (rĭ-pŏ') *m* Ruhe *f*, Rast *f*; Ruhepunkt; Absatz einer Treppe; Cäsur *f*.

reposer (rĭ-po-ße') I. *v/a.* aus-ruhen lassen; erfrischen; Ruhe geben. II. *v/n.* ruhen, schlafen; ~ sur qc. auf et. beruhen; se ~ ausruhen; se ~ sur q., qc. sich auf jem., etwas verlassen.

reposoir (rĭ-po-ßŏā'r) *m* Ruhe-platz, -altar. [abstoßend.

repoussant, ~e (rĭ-pu-ßą', ~ßā't)

repousser (rĭ-pu-ße') zurück-sto-ßen, -treiben, -schlagen; ab-, von sich weisen; ab-stoßen, -schrek-ken; neu(e Schößlinge) treiben; treiben, cifelieren.

répréhensible (re-prĕ-ą-ßi'bl) tadelnswert. [Tadel *m*.

répréhension (re-prĕ-ą-ßĭ̈') *f*

reprendre (rĭ-prą̈'br) wieder nehmen; wieder erwischen oder einfangen; wieder befallen (von Krankheiten); fein Wort zurücknehmen; wieder abholen; ausbeffern, ftopfen; tabeln, ausfeßen. II. v/n. erwidern, verfeßen; wieder anwachfen, wieder zuheilen; wieder anfangen oder auffommen; wieder zufrieren.

représaille (rĭ-prĕ-fa'j) f Repreffa'li-e.

représentant (rĭ-pre-fg-tg') m Stell-, Volfs-vertreter.

représentation (tā-ßq̆') f Darlegung; Abbildung; Vertretung; Idee; Vorstellung (o.thé.); würbevolles Auftreten; Einrede.

représenter (rĭ-pre-fg-te') I. v/a. (wieder) vorstellen; auf-, vorweifen; thé. aufführen; ~ q. j-s Stelle vertreten. II. v/n. repräfentieren, würbevoll auftreten. [befchränfenb.

répressif, ~ve (re-prĕ-ßi'f, ~i'w)

répression (re-prĕ-ßq̆') f Unterbrüdung. [weiß m.

réprimande (re-prĭ-mğ'b) f Verréprimander (re-prĭ-mg-be'): ~ q. de qc. j-m et. verweifen.

réprimer (re-prĭ-me'): ~ qc. einer Sache Einhalt thun; unterbrüden; im Zaume halten.

repris (rĭ-prĭ') 1. part.p. v. reprendre. 2. m ~ de justice Sträfling.

reprise (rĭ-prĭ'f) f Wieder(ein)-nahme; Wieder-aufnahme, -aufführung; Stopfen von Zeugen. [ftopfen.

repriser (rĭ-prĭ-fe') ausbeffern,

réprobation (re-prŏ-bā-ßq̆') f Verwerfung; ewige Verbammnis. [haft.

reprochable (rĭ-prŏ-fcha'bĕ) tabel-

reproche (rĭ-prŏ'fch) m Vorwurf, Tabel.

reprocher (prŏ-fche') vorwerfen; mißgönnen; Zeugen verwerfen.

reproducteur, ~trice (rĕ-prŏ-bü̆-ftü̆'r, ~trĭ'ß) 1. fortpflanzenb. 2. m männliches Zucht-tier.

reproduire (rĭ-prŏ-bū̆i'r) wieder hervorbringen, erzeugen; wieder vorzeigen; wieder abbruden.

réprouvé (re-pru-we') m Verbammte(r). [mißbilligen.

réprouver (re-rru-we') verwerfen;

reptile (rĕ-ptĭ'l) 1. friechenb. 2. m friechenbes Tier, Gewürm.

repu, ~e (rĭ-pü̆') part.p. von repaitre; gefättigt.

républicain, ~e (re-pü̆-blĭ-fg', ~-fĕ'n) 1. republifanifch. 2. s. Republifaner(in).

république (re-pü̆-blĭ'f) f Republif; Gemeinwefen n, Staat m.

répudier (pü̆-bĭ-e') verfchmähen; eine Erbfchaft ausfchlagen; feine Frau verftoßen. [wille(n) m.

répugnance (pü̆-njğ'ß) f Wider-

répugnant, ~e (re-pü̆-njg', ~njğ't) wiberftrebenb; wibrig.

répugner (re-pü̆-nje') wiberftreten; zuwiber fein.

répulsif, ~ve (re-pü̆l-ßi'f, ~ßi'w) abftoßenb. [Wiberwille(n) m.

répulsion (pü̆l-ßq̆') f Abftoßung;

réputation (re-pü̆-tā-ßq̆') f Ruf m, Name m. [halten.

réputer (re-pü̆-te') für et. anfehen

requérant m, ~e f (rĭ-fĕ-rg', ~-rğ't) Anfucher(in), Bittfteller(in).

requérir (rĭ-fĕ-rĭ'r) bitten, um et. anhalten; forbern; requirieren; erforbern. [Bittfchrift.

requête (rĭ-fĕ't) f Anfuchen n,

requin (rĭ-fğ') m Haififch.

requinquer (rĭ-fğ-fe'): se ~ fich übermäßig aufpußen.

réquisition (rĕ-fĭ-fĭ-ßq̆') f Anforberung; id., In-anfpruch-nahme; Aufgebot n. [rebe f.

réquisitoire (fĭ-tŏ̄d'r) m Anflage-

rescindant (rĕ-ßg-bg') m Bitte f um Aufhebung eines Urteils.

rescinder (rǎ-ßg̱-be') aufheben, kaſſieren.

rescision(rǎ-ßi-ſig̱')ƒ Aufhebung.

rescrit (rǎ-ßkri') m Reſkript n, Antwort-ſchreiben n.

réseau (rě-ſo') m Netz n.

résection (re-ßǎ-kßig̱')ƒ Heraus-ſchneiden n eines Knochenſtückes.

réservation (re-ſǎr-wā-ßig̱') ƒ Vorbehalt m.

réserve(rě-ßǎ'rw)ƒ Vorbehalt m; à la ~ de ... mit Ausnahme von ...; Zurückhaltung; ✗ Reſerve.

réservé, ~e (re-ßǎr-we') zurück-haltend, behutſam.

réserver (re-ßǎr-we') vor-, zurück-behalten; auf e-e Zeit verſparen.

réservoir (re-ßǎr-wǎ'r) m Be-hälter. [wohnhaft.

résidant, ~e (re-ßi-bg̱', ~bā't)
résidence (re-ßi-bg̱'ß) ƒ Wohnſitz m, ſtändiger Aufenthalt.

résident(re-ßi-bg̱') m, a. ministre ~ Reſide'nt. [reſidieren.

résider (re-ßi-be') ſich aufhalten,
résidu (re-ßi-bü') m Rückſtand.

résignation (re-ßi-nja̱-ßig̱')ƒ Ver-zicht m; Ergebung. [gefaßt.

résigné, ~e (re-ßi-nje') ergeben,
résigner (~): ~ qc. auf et. verzich-ten; abtreten; se ~ ſich ergeben.

résilier (re-ßi-li-e') einen Kontrakt 2c. gerichtlich auflöſen.

résine (rě-ßi'n) ƒ Harz n. [harzig.

résineux, ~se (re-ßi-nö', ~nö'ß)
résinier (re-ßi-nje') m Harz-ein-ſammler. [änderung; Buße.

résipiscence (pi-ßg̱'ß) ƒ Sinnes-résistance (re-ßi-ßtā'ß) ƒ Wider-ſtand m; Haltbarkeit.

résister (re-ßi-ßte') widerſtehen, Widerſtand leiſten; ~ à qc. et. aushalten.

résolu, ~e, adv. résolument (re-ßö-lü', ~lü-mg̱') entſchloſſen.

résolution (re-ßö-lü-ßig̱') ƒ Auf-löſung; Löſung einer Frage; Be-, Ent-ſchluß m; Entſchloſſenheit.

résonance (re-ſö-nā'ß) ƒ Nach-hall m; Mitklingen n; Reſo-nanz(-Boden m).

résonner (re-ſö-ne') widerhallen; laut hallen. [ſaugen.

résorber (re-ſör-be') wieder auf-résoudre(rě-ſū'bᵣe) auflöſen; löſen; beſchließen; ~ q. à qc. jem. zu etwas beſtimmen; se ~ sur qc. ſich über etwas entſcheiden.

résous m, ~te ƒ (re-ſu', ~ſu't) aufgelöſt.

respect (rǎ-ßpǎ') m Ehrfurcht ƒ; Hochachtung ƒ; sans ~ de ... ohne Rückſicht auf ... [bar.

respectable (rǎ-ßpǎ-kta'bi) acht-respecter (rǎ-ßpǎ-kte') achten, verehren; verſchonen.

respectif, ~ve (ßpǎ-kti'f, ~kti'w) wechſelſeitig, beziehungsweiſe.

respectueux, ~se (rǎ-ßpǎ-ktü-ö', ~ö'ſ) ehrerbietig. [bar.

respirable (rǎ-ßpi-ra'bi) atem-respiration (rǎ-ßpi-rā-ßig̱') ƒ Atmen n. [Atmungs-...

respiratoire (rǎ-ßpi-ra-twǎ'r)
respirer (rǎ-ßpi-re') I. v/n. at-men; ~ après qc. ſich nach et. ſehnen. II. v/a. einatmen; fig. nach etwas trachten.

resplendir(rǎ-ßplg̱-bi'r) funkeln, ſtrahlen. [ßmg̱') m Glanz.

resplendissement (rǎ-ßplg̱-bi-responsabilité(ßpg̱-ßa-bi-li-te')ƒ Verantwortlichkeit. [lich.

responsable (ßa'bi) verantwort-ressac (rᵢ-ßǎ'k) m Brandung ƒ.

ressaisir (rᵢ-ßǎ-ßi'r) wieder er-greifen.

ressasser(rᵢ-ßa-ße') wieder durch-beuteln, wieder miſchen; immer wiederholen.

ressant (rᵢ-ßö') m Vorſprung.

ressemblance(rᵢ-ßg̱-blā'ß)ƒ Ähn-lichkeit. [ähnlich.

ressemblant, ~e (ßg̱-blā', ~blā't)
ressembler (rᵢ-ßg̱-ble') ähnlich ſein, gleichen.

*ress*emeler (rĭ-ß̆ĭ-m'le') wieber befoḥlen.

ressentiment (rĭ-ßₐ-tĭ-mₐ') *m* Nachgefühl *n*; Groll.

ressentir (ßₐ-tĭ'r) lebḥaft empfinben; erkennen; merken; se ~ de qc. Nachweḥen von etwas verſpüren; ſich grollenb einer Sache erinnern. [verſtopft.

resserré, ~e(rĭ-ß̆ä-re')einge-engt; resserrer (rĭ-ß̆ä-re') wieber ein-ſchließen; enger zſ.-zieḥen; ben Leib verſtopfen; *fig.* be-engen.

ressort (rĭ-ß̆ō'r) *m* 1. Feberkraft *f*; (Trieb-)Feber*f*. 2. Gerichts-barkeit *f*; Bereich *m* u. *n*.

ressortir(rĭ-ß̆ōr-tĭ'r)wieber (ḥin-) ausgeḥen; ḥervortreten; ~ à ... geḥören zu (einer Gerichtsbarkeit).

ressource (rĭ-ß̆ŭ'rß̆) *f* Hülfs-quelle, -mittel *n*.

ressouvenir (rĭ-ß̆u-w'nĭ'r) *m* 1. (Wieber-)Erinnerung *f*; Nachweḥen *n/pl.* 2.se ~ de qc. ſich an et. wieber erinnern.

ressuer (rĭ-ß̆ŭ-e') I. *v/n.* wieber ſchwiṭen. II. *v/a.* am Feuer wieber erhiṭen.

ressusciter (ră-ß̆ŭ-ß̆ĭ-te') I. *v/a.* wieber auferwecken. II. *v/n.* wieber lebenbig w. [trocknen.

ressuyer (ră-ß̆ŭ-ĭe') wieber ab-restant, ~e(ß̆tₐ', ß̆tₐ̄'t) 1. übrig; rückſtänbig. 2. *m* Rückſtanb.

restaurant, ~e (ră-ß̆to-rₐ', ~rₐ̄'t) 1. ſtärkenb. 2. *m* Stärkungs-mittel *n*; Speiſe-ḥaus *n*, Re-ſtauration *f*.

restaurateur(ß̆to-ra-tō̆'r) *m* Wie-berḥerſteller; id., Speiſewirt.

restauration (ră-ß̆to-rā-ß̆ₒ̆') *f* Wieber-ḥerſtellung, -einſeṭung auf ben Thron.

reste (ră̆ſt) *m* Reſt, bas Übrige; Überbleibſel *n*; au ~ übrigens; de ~ meḥr als nötig.

rester (ră̆-ſte') bleiben; übrig bleiben; beḥarren.

restituable (ră̆-ß̆tĭ-tŭ-a'bĭ) zu erſeṭen.

restituer (ră̆-ß̆tĭ-tŭ-e') wieber ḥerſtellen; ergänzen; erſtatten.

restitution (ß̆tĭ-tŭ-ß̆ₒ̆')*f* Wieber-ḥerſtellung; Wiebererſtattung.

restreindre (ră̆-ß̆trₑ̄'br) be-, ein-ſchränken. [einſchränkenb.

restrictif, ~ve (ß̆trĭ-ktĭ'f, ~tĭ'w) restriction (ră̆-ß̆trĭ-kß̆ₒ̆') *f* Ein-ſchränkung.

résulter (re-ß̆ŭl-te'): ~ de qc. ſich aus et. ergeben, folgen.

résumé (re-ß̆ŭ-me') *m* kurze Über-ſicht, Abriß; en ~ im ganzen.

résumer(ß̆ŭ-me') kurz zuſammen-faſſen. [Wiebererwecker.

résurrecteur (re-ß̆ŭr-ră̆-ktō'r) *m* résurrection (re-ß̆ŭr-ră̆-kß̆ₒ̆') *f* Auferſtehung.

retable (rĭ-ta'bĭ) *m* Altarblatt *n*.

rétablir (re-tă-blĭ'r) wieber ein-richten, einſeṭen, ḥerſtellen; ḥeilen. [Wieberḥerſtellung *f*.

rétablissement(re-tă-blĭ-ß̆mₐ')*m* retaille (rĭ-ta'j) *f* Abſchniṭel *n*.

retailler (rĭ-tă-je') wieber be-, zu-ſchneiben. [zinnen.

rétamer (re-tă-me') wieber ver-retaper(rĭ-tă-pe') Haare kräuſeln; Hüte aufſtuṭen; jem. burch-ḥecheln. [Verzug.

retard (rĭ-tā'r) *m* Verſpätung *f*, retardataire (rĭ-tăr-ba-tā'r) *s.* ſäumige(r) Schüler(in), Zu-ſpätkommer(in).

retarder (rĭ-tăr-be') I. *v/a.* auf-ḥalten, verzögern; eine Uḥr zu-rückſtellen. II. *v/n.* zu ſpät kommen; nachgeḥen (Uḥr).

retenir (rĭ-t'nĭ'r) I. *v/a.* zurück behalten; abzieḥen (von einer Summe); beſtellen, belegen, mie-ten; an-, auf-, zurück-ḥalten. II. *v/n.* trächtig werden; se ~ a. an ſich ḥalten.

rétention (re-tₐ-ß̆ₒ̆') *f* Zurück-, Be-ḥalten *n*.

retentir (rŭ-tą-tī'r) widerhallen;
ertönen.

retentissement (rŭ-tą-tĭ-ßmą') m
Widerhall. [bescheiden.

retenu, ~e (t'nü') zurückhaltend,

retenue (rŭ-t'nü') f Abzug m vom
Gehalte; Nachsitzen n v. Schülern;
Zurückhaltung, Bescheidenheit.

réticence (re-tĭ-ßą'ß) f Verschweigung. [förmig.

réticulé, ~e (re-tĭ-kŭ-le') netz-

rétif, ~ve (rĕ-ti'f, ~tī'w) stätisch,
tückisch; widerspenstig.

rétine (rĕ-ti'n) f Netzhaut.

retirer (rŭ-tĭ-re') zurückziehen; von
einem Orte wegnehmen; jem. bei
sich aufnehmen; gewinnen, Ruhm
ꝛc. einernten; se ~ sich zurückziehen; sich zur Ruhe setzen;
vivre ~é e. eingezogenes Leben
führen; einlaufen.

retomber (rŭ-tą-be') wieder-, zurück-fallen. [maschine f.

retordoir (rŭ-tör-bā'r) m Zwirn-

retordre (rŭ-tö'rbr) noch einmal
drehen; zwirnen.

rétorquer (re-tör-ke') einen Grund
des Gegners zurückschieben, gegen
ihn gebrauchen.

retors, ~e (rŭ-tö'r, ~ö'rß) gedreht;
gewunden; listig.

rétorsion (re-tör-ßĭ̂ą') f Zurückschiebung. [rung.

retouche (rŭ-tu'sch) f Nachbesse-

retoucher (rŭ-tu-sche') wieder berühren; überarbeiten; retuschieren.

retour (rŭ-tū'r) m Rück-kehr f,
-reise f; ~s pl. Windungen f;
Rückblick; Wechsel des Glücks;
sans ~ unwiederbringlich; être
sur le ~ im Verblühen sein,
altern; Erwiderung f, Gegendienst f; fig. Retourkutsche f;
Rückwechsel; droit de ~ Heimfallsrecht n.

retourne (rŭ-tū'rn) f Trumpf m.

retourner (rŭ-tūr-ne') I. v/a. um-

kehren, -wenden; jem. gewaltig
aufregen. II. v/n. zurückkehren;
heimfallen; Trumpf machen;
se ~ sich umwenden; fig. andere Maßregeln ergreifen.

retracer (rŭ-tra-ße') wieder vor
die Augen führen.

rétracter(re-trä-kte') widerrufen;
se ~ sein Wort zurücknehmen.

rétractile (re-trä-kti'l) zurück-,
zusammen-ziehbar. [laufen.

retraire (rŭ-trä'r) wieder an sich

retrait, ~e (rŭ-træ', ~træ't) 1. zs.-gezogen, verkürzt. 2. m Zurücknahme f; Herausnahme f von
Geldern aus der Sparkasse; Zurückweichen n des Meeres; Einlösung f.

retraite (rŭ-træ't) f Nachhausegehen n; Rückzug m; Zapfenstreich m; Zurück-treten n,
-gezogenheit; Ruhesitz m; Entlassung mit Pension; Einziehen n
durch Hitze; Rückwechsel m, Ritratte. [ren.

retraiter (rŭ-træ-te') pensionie-

retranchement (rŭ-trą-schmą') m
Schmälerung f; Abschaffung f;
Verschlag; Verschanzung f.

retrancher(rŭ-trą-sche') ab-, wegschneiden; abziehen; abschaffen,
ausmerzen; Ausgaben streichen;
verschanzen.

rétrécir (re-trĕ-ßĭ'r) schmaler m.,
verengern. [Verengerung f.

rétrécissement(re-trĕ-ßĭ-ßmą') m

retremper (rŭ-trą-pe') wieder
stählen, härten.

rétribuer (re-trĭ-bü-e') nach Gebühr
belohnen, bezahlen.

rétribution (trĭ-bü-ßĭ̂ą') f Belohnung, Vergeltung; Honorar n.

rétro...(re-tro...) in Zssg.: zurück-...,
rückwärts-..., z.B. ~actif, ~ve
zurückwirkend; ~céder wieder
abtreten; ~grade rück-gängig,
-läufig; ~grader rückwärts
gehen; ~spectif, ~ve zurück-blickend.

retrousser (rĭ-tru-ße') in die Höhe
heben; auf-binden, -schürzen;
nez *m* ~é Stülpnase *f*.

retroussis (ßĭ') *m* Hutkrempe *f*;
Stiefelstulpe *f*.   [finden.

retrouver (rĭ-tru-we') wieder-
rets (ræ) *m* Netz *n*, Garn *n*.

réunion (re-ŭ-niŏ') *f* (Wieder-)
Vereinigung; Versammlung,
Verein *m*.   [einigen.

réunir (re-ŭ-nĭ'r) (wieder) ver-
réussi (re-ŭ-ßi') gelungen.

réussir (re-ŭ-ßĭ'r) Erfolg oder
Glück in et. haben; j'ai ~i es ist
mir gelungen; gedeihen.

réussite (re-ŭ-ßi't) *f* Gelingen *n*,
günstiger Erfolg.

revacciner (rĭ-wă-kßĭ-ne') wieder
impfen.   [vergelten.

revaloir (rĭ-wă-lŏä'r) wieder
revanche (wā'ſch) *f* Vergeltung;
en ~ zum Ersatze, dagegen.

revancher (rĭ-wā-ſche'): se ~ ſich
wehren; Vergeltung üben.

rêvasser (ræ-wă-ße') allerlei träumen; ~ à qc. über et. grübeln.

rêvasserie (ræ-wă-ß'rĭ') *f* Träu-
rêve (ræw) *m* Traum.   [merei.

revêche (rĭ-wæ'ſch) herbe; stör-
riſch; spröbe.

réveil (rĕ-wæ'j) *m* Erwachen *n*;
Wecker an Uhren; ⚔ Reveille *f*.

réveille-matin (rĕ-wæj-mă-tă')
m Wecker(-uhr *f*).

réveiller (re-wæ-je') (auf)wecken;
se ~ aufmachen.   [zeit *f*.

réveillon (wæ-jŏ') *m* Nachtmahl-
révélation (re-wĕ-lā-ßiŏ') *f* Ent-
hüllung, Offenbarung.

révéler (re-wĕ-le') enthüllen, entdecken, offenbaren.

revenant, ~e (rĭ-w'nā', ~nā't)
1. einnehmend, gefällig. 2. *m*
Gespenst *n*.

revenant-bon (rĭ-w'na-bŏ') *m*
(*pl.* ~s-~s) Nebengewinn.

revendeur *m*, ~se *f* (rĭ-wa-bŏ'r,
~bŏ'ſ) Trödler(in).

revendiquer (rĭ-wa-dĭ-ke') als sein
Eigentum in Anspruch nehmen.

revendre (rĭ-wā'br) wieder verkaufen; verhökern.

revenir (rĭ-w'nĭ'r) wiederkommen;
zurückkommen; spuken, um-
gehen; aufstoßen (von Speisen);
ſich von etwas erholen; en ~
davonkommen; je n'en reviens
pas ich kann mich nicht genug
barüber wundern; seine Meinung ꝛc. ändern; eintragen;
koſten, zu ſtehen kommen; gefallen, paſſen.   [lauf *m*.

revente (rĭ-wā't) *f* Wiederver-
revenu (rĭ-w'nü') *m* Einkommen
n, Einkünfte *f/pl*.

rêver (ræ-we') I. *v/n.* träumen;
faſeln; ~ à qc. auf et. ſinnen.
II. *v/a.* a. lebhaft wünſchen.

réverbère (re-wăr-bä'r) *m* id. *f*
(Metallspiegel zum Zurückwerfen des
Lampenlichtes); Straßenlaterne *f*.

réverbérer (re-wăr-be-re') zurückwerfen, -ſtrahlen.   [nen.

reverdir (rĭ-wăr-bĭ'r) wieder grü-
révérence (re-we-rā'ß) *f* Ehrerbietung; Votre R~ Euer Ehr-
würden; Verbeugung.

révérencieux, ~se (re-we-rā-ßiŏ',
~ßiŏ'ſ) ehrerbietig.

révérend, ~e (re-we-rā', ~rā'b)
hoch-, ehr-würdig.

révérendissime (we-rā-bĭ-ßĭ'm)
hochwürdig(ſt).

révérer (re-we-re') verehren.

rêverie (ræ-w'rĭ') *f* Träumerei;
Grille.

revers (rĭ-wā'r) *m* Kehr-, Rückseite *f*; Umſchlag an Kleidern,
Stulpe *f*; Schickſalsſchlag.

reverser (rĭ-wăr-ße') wieder ein-
gießen; Güter umladen.

réversible (re-wăr-ßĭ'bĭ) rück-,
heim-fällig.   [Heim-fall *m*.

réversion (re-wăr-ßiŏ') *f* Rück-,
revêtement (rĭ-wæ-tmā') *m* Verkleidung *f*, Mauer-mantel.

revêtir (ri-wæ-ti'r) kleiden, mit Kleidern versehen; ein Gewand anziehen; ~ de qc. mit etwas bekleiden; überzie'hen.

rêveur m, ~se f (ræ-wö'r, ~wö'f) 1. träumerisch. 2. s. Träumer(in).

revient (ri-wĩ') m: prix de ~ Selbstkostenpreis. '

revirement (ri-wi-r'mg') m Wendung f e-s Schiffes; Glückswechsel, Umschwung; Abrechnung f.

revirer ⚓ (ri-wi-re'): ~ (de bord) wieder wenden.

reviser (ri-wi-fe') durchsehen, revidieren. [beleben.

révivifier (re-wi-wi-fi-e') wieder

revivre (ri-wi'wr) wieder aufleben; faire ~ wieder ins Leben rufen. [ruflich.

révocable (re-wö-ka'bi) widerruflich.

révocation (re-wö-ka-ßĩ') f Abberufung; Widerruf m.

revoici (ri-wß-ßi'): me ~ da bin ich wieder. [wieder.

revoilà (ri-wßa-lä'): le ~ da ist er

revoir (ri-wßä'r) wieder sehen; revidieren.

revolin (ri-wö-lg') m Rückwind.

révoltant, ~e (re-wöl-tg', ~tg̱'t) empörend.

révolte (rĕ-wö'lt) f Empörung.

révolté (re-wöl-te') m Empörer.

révolter (re-wöl-te') aufwiegeln; entrüsten; se ~ sich empören.

révolu, ~e (re-wö-lü') zurückgelegt; abgelaufen.

révolution (re-wö-lü-ßĩ') f Umlauf(szeit) m der Planeten; (Staats-)Umwälzung.

révolutionner (ßĩ-ne') zur Empörung bringen; heftig aufregen; umgestalten. [Drehpistole f.

revolver (ri-wöl-wä'r) m id.,

révoquer (re-wö-ke') ab-, zurückberufen; widerrufen.

revu (ri-wü') part.p. v. revoir.

revue (ri-wü') f genaue Durch-

sicht; id., Heerschau; Rundschau (Journal).

rez (re): ~ pied ou terre dem Erdboden gleich.

rez-de-chaussée (re-b'fcho-ße') m Erdgeschoß n.

rhabiller (rä-bi-je') wieder an- (ober neu ein-)kleiden; fig. wieder gut machen. [nisch.

rhénan, ~e (re-ng', ~na'n) rhei-

rhétoricien (tö-ri-ßĩ') m (Schön-) Redner; Unter-Primaner.

rhétorique (re-tö-ri'k) f Redekunst; (classe de) ~, etwa: Unter-Prima.

Rhin (rg) m Rhein.

rhinocéros (ri-nö-ßĕ-ro'ß) m Nashorn n; Nashorn-vogel.

rhombe (rg̱b) m Rhombus, Raute.

rhombé, ~e, rhomboïdal, ~e (rg̱-be', ~bo-i-bä'l) rauten-förmig.

rhubarbe (rü-bä'rb) f Rhabarber.

rhum (röm) m Rum.

rhumatismal, ~e (rü-ma-ti-fmä'l) rheuma'tisch. [tismus.

rhumatisme (ti'ßm) m Rheuma-

rhume (rüm) m Katarrh; ~ de cerveau Schnupfen.

rhythm... v. rythm...

riant, ~e (ri-g', ~g̱'t) lachend, lieblich.

ribaud m, ~e f (bö', bö'b) 1. unzüchtig. 2. s. Hurenjäger m, Hure f.

ribe (rib) f Hanfbreche.

riblette (ri-blæ't) f geröstetes Fleisch-schnittchen.

ribordage (ri-bör-ba'G) m Beschädigung f durch Aneinanderstoßen v. Schiffen.

ribote (ri-bö't) f Schmausen n, fid. Zechen n.

riboter (bö-te') schmausen, zechen.

riboteur m, ~se f (ri-bö-tö'r, ~tö'f) Zecher(in). [lächeln.

ricaner (ri-kä-ne') kichern; hohn-

ricanerie (ri-ka-n'ri') f Hohnlächeln n. [Hohnlacher(in).

ricaneur m, ~se f (kä-nö'r, ~nö'f)

ric-à-ric(rĭf-å-rĭ'f)äußerft pünktlich; ftück-, teil-weife.

richard (rĭ-fchā'r) m reicher Kauz.

riche (rĭfch) 1. reich. 2. m der
Reiche.

richesse(fchæ'ß)fReichtum m; Er-
giebigkeit; Koftbarkeit, Pracht.

ricin (rĭ-ßǎ') m Wunderbaum;
Zecke f; huile f de ~ Ri'cinus-
Öl n.   [abprallen.

ricocher (rĭ-kŏ-fche') auffchlagend

ricochet (kŏ-fchæ') m Abprall eines
Steines auf dem Waffer; Prellfchuß.

ride (rĭd) f Runzel; Falte.

rideau (rĭ-bo') m Vorhang, Gar-
bine f; Stützmauer f einer Bö-
fchung; Schutzwall.

ridelle (rĭ-bæ'l) f Wagenleiter.

rider (rĭ-be') runzeln, in Falten
ziehen; kräufeln.

ridicule (rĭ-bĭ-kü'l) 1. lächerlich.
2. m das Lächerliche.

ridiculiser (rĭ-bĭ-kü-ĭl-fe') lächerlich machen.

rien (rĭ͡ǧ) ne ... ~, ~ ... ne nichts;
ohne ne: etwas; ~ moins que
... nichts weniger als ..., durchaus nicht ...; ~ de moins que ...
nichts geringeres als ...; ~ du
tout gar nichts; un ~ ein Nichts
n, Lappali-e f; en moins de ~
im Nu, im Umfehen.

rieur m, ~se f (rĭ-ŏ'r, rĭ-ŏ'f)
1. lachluftig. 2. s. Lacher(in);
Schäker(in); Spötter(in).

riflard (rĭ-flā'r) m Schrothobel;
Spitzmeißel; altmobifcher großer
Regenfchirm.   [Zwei-takt.

rigaudon (rĭ-go-bǫ') m Tanz im

rigide (rĭ-Gĭ'b) ftreng; ftarr.

rigidité (rĭ-Gĭ-bĭ-te') f Strenge;
Starrheit.   [Ulk m.

rigolade (rĭ-gŏ-la'b) f Scherz m,

rigolbochade (rĭ-gŏl-bŏ-fcha'b)
f ausgelaffener Streich.

rigole (rĭ-gŏ'l) f Rinne; Waffer-
lauf m.   [pen.

rigoler (rĭ-gŏ-le') luftig fn; knet-

rigoleur m, ~se f(rĭ-gŏ-lō'r, ~ŏ'f)
Spaßvogel m; Lach-bruder m;
-fchwefter f.

rigorisme (rĭ-gŏ-rĭ'ßm) m allzu-
große Sittenftrenge.

rigoureux, ~se (rĭ-gu-rö', ~rŏ'f)
unerbittlich ftreng; hart, rauh.

rigueur (rĭ-gŏ'r)f Strenge,Härte;
à la ~ ftreng genommen.

rimaille (rĭ-ma'j) f Reimerei.

rimailler (rĭ-mǎ-je') I.v/n.Reime
fchmieden. II. v/a. in fchlechte
Verfe bringen.

rimailleur (rĭ-mǎ-jŏ'r) m Reim-
fchmied.   [Verfe m.

rime (rĭm) f Reim m; ~s pl.

rimer (rĭ-me') I. v/n. (fich)reimen.
II. v/a. in Reime bringen.

rimeur (rĭ-mŏ'r) m Reimer, Dichterling.

rinceau (rǎ-ßo') m Laubwerk n.

rincée (rǎ-ße') f Tracht Prügel.

rincer (rǎ-ße') aus-, ab-fpülen;
fig. ~ q. jem. derb fchelten,
prügeln, j-m ein Epiel abgewinnen.

rinçoir (rǎ-ßǎ'r) m Spülgefäß n.

rinçure (rǎ-ßü'r) f Spülwaffer n.

ringard (rǎ-gā'r) m Heb-, Schür-
eifen n.

rioter (rĭ-ŏ-te') kichern.

rioteur m, ~se f (rĭ-ŏ-tŏ'r, ~tŏ'f)
Kicherer, Kicherfchwefter f.

ripaille (rĭ-pa'j) f Schlemmerei.

ripailler (rĭ-pǎ-je') fchlemmen.

ripailleur (jŏ'r) m Schlemmer.

ripe (rĭp) f Schab-eifen n.

riper (rĭ-pe') ab-fchaben, -kratzen.

ripopée (rĭ-pŏ-pe') f Gemifch n
von Weinneigen, Gemanfch n.

riposte (rĭ-pŏ'ßt)f fchnelle Gegen-
rede; Gegenftoß m beim Fechten.

riposter (rĭ-pŏ-ßte') fchnell und
heftig antworten oder zurückgeben; parieren u. nachftoßen.

rire (rĭr) 1. lachen; luftig fn;
nur fpaßen; ~ de fpotten über;
se ~ fich luftig machen; se ~

de q. jem. verlachen. 2. m
Lachen n, Gelächter n.
ris (rī) m 1. Lachen n; les Ris
die Götter der Freude. 2. ~ de
veau Kalbs-milch f, -drüse f.
3. ⚓ Reff n, Segelring.
risban (rī-sba') m Rißbank f
(künstlicher Erddamm).
risée (rī-sē') f Gelächter n, Gespött n.
riser (rī-se') reffen.
risible (rī-sī'bl) belachenswert;
lächerlich; lachfähig.
risquable (rī-sfa'bl) gewagt, mißlich; zu wagen.
risque (rīsk) m Gefahr f, Wagnis
n; à tout ~ aufs Geratewohl.
risquer (rī-ske') I. v/a. aufs
Spiel setzen, wagen. II. v/n.
~ de ... Gefahr laufen, zu ...
rissole (rī-sō'l) f Fleisch-pastet-
chen n. [oder backen.
rissoler (rī-sŏ-le') braun braten
rissolette (rī-sŏ-lä't) f geröstetes
Brot-schnittchen mit gehacktem
Fleische. [der Gebräuche.
rit, a. ~e (rit) m Ritus (Ordnung
ritournelle (rī-tūr-nä'l) f Ritor-
nell n; fig. die alte Leier.
rituel (rī-tü-ä'l) m Ritual n;
Kirchenordnung f.
rivage (rī-wa'G) m Gestade n,
Strand.
rival m, ~e f (rī-wä'l) 1. wett-
eifernd. 2. s. Nebenbuhler(in).
rivaliser (rī-wä-lī-se') wetteifern.
rivalité (rī-wä-lī-te') f Neben-
buhlerschaft; Wettstreit m.
rive (rīw) f Ufer n; Wald-Saum m.
river (rī-we') vernieten; fest m.
riverain, ~e (rī-w'ra', ~w'rä'n)
1. Ufer-... 2. m Uferbewohner.
rivet (rī-wä') m Niet n; vernie-
tete Spitze e-s Hufnagels.
rivière (rī-wiä'r) f Fluß m; ~ de
diamants Diamantenschnur.
rivure (rī-wü'r) f Dorn m im Gewinde; Vernieten n.

rixe (rīks) f Zank m, Streit m;
lebhafter Wortwechsel; Rau-
riz (rī) m Reis. [ferei.
rizerie (rī-s'rī') f Handel m mit
Reis: Reis-Schäl-anstalt.
rizière (rī-sïä'r) f Reisfeld n.
rob (rŏb) m 1. eingekochter Saft.
2. Robber im Whist.
robe (rŏb) f lang herabreichendes
Kleid; bsb. Frauen-, Kinder-
kleid; Robe; ~ de chambre
Schlafrock m; Amtskleid n der
Gerichtspersonen; homme de ~
Jurist; Schleppe; Vließ n; Hül-
se v. Gemüsen; Balg m, Fell n;
Farbe der Pferde.
robin (rŏ-ba') m 1. Jurist. 2. R~
des bois Freischütz. [Gasse.
robinet (rŏ-bī-nä') m Hahn am
robinetier (rŏ-bī-nä-tiē') m
Hahnmacher.
robre (rō'br) m = rob 2. [mig.
robuste (rŏ-bü'st) kräftig, stäm-
roc (rŏk) m Fels.
rocaille (rŏ-ka'j) f Haufen m kleiner Steine; Grotten-, Muschel-
werk n. [Arbeiter.
rocailleur (rŏ-ka-jö'r) m Rocaille-
rocailleux, ~se (rŏ-ka-jö', ~jö'j)
steinig; holperig (vom Stil).
rocambole (rŏ-kã-bō'l) f Rocken-
bolle (Art Lauch); das Pikanteste
an einer Sache; Geschwätz n.
Roch (rŏk) m Rochus.
roche (rŏsch) f Felsen m, Stein m.
rocher (rŏ-sche') m hoher, schroffer
Felsen; Klippe f.
rochet (rŏ-schä') m Chorhemd n
mit engen Ärmeln. [felsig.
rocheux, ~se (rŏ-schö', ~schö'j)
rococo (rŏ-kŏ-kō') id., altmodisch.
rocou (rŏ-ku') m Orlean.
rocouerie (rŏ-ku-rī') f Orlean-
färberei. [schleifen.
roder (rŏ-de') Metallstück an ea.
rôder (rō-de') umherstreifen; ~
autour de qc. um et. herum-
schleichen.

*rôd*eur m, ~se *f* (rŏ-bŏ̄'r, ~bŏ̄'f)
Herumstreicher(in).

rodomont(rŏ-bŏ-mɑ̇')mAufschnei-
ber. [Aufschneiderei.

rodomontade (rŏ-bŏ-mɑ̇-ta'b) *f*

rogation (rŏ-gā-ß̇ǫ̇') *f* Gesetzes-
vorschlag *m* bei den Römern; R~s
pl. öffentliches Gebet um Segen für die Feldfrüchte.

rogaton (rŏ-ga-tǫ̇') *m* Schund;
Stadtklatsch; ~s *pl.* Leckereien
f, (Speise-)Reste.

Roger (rŏ-Ǥe') *m* Rüdiger; ~
Bontemps lustiger Bruder.

rogne (rŏnj) *f* Krätze; Flachsseide.

rogner (rŏ-nje') beschneiden.

rogneux, ~se (rŏ-njŏ̄', ~njŏ̄'f)
krätzig, räudig.

rognon (rŏ-njǫ̇') *m* (Kalbs- ꝛc.)
Niere *f*; Hode *f*.

rognure (rŏ-njü'r) *f* Abschnitzel
n/pl.; Beschneiden *n*.

rogomme (rŏ-gŏ'm) *m* Schnaps.

rogue (rog) 1. hochmütig. 2. *f*
Fisch-Rogen *m*.

roi (rŭ̃a) *m* König.

roide & (ræb ob. rŭ̃ab) v. raide &.

roitelet (rŭ̃a-t'læ') *m* Schattenkönig; zo. Zaunkönig.

rôle (rŏ̄l) *m* Rolle *f*, Register *n*;
(Theater-, Tabaks-)Rolle *f*.

romain m, ~e *f* (rŏ-mɑ̇', ~mæ'n)
1. römisch; römisch-katholisch.
2. R~, ~e *s.* Römer(in). 3. *m*
typ. Antiqua *f*.

romaine (rŏ-mæ'n) *f* Schnellwage
mit Laufgewicht; römischer Salat. [chisch.

romaïque (rŏ-mă-i'f) neu-grie-

roman, ~e (rŏ-mɑ̇', ~ma'n) 1. ro-
manisch. 2. *m* romanische
Sprache; Roma'n.

romanche (rŏ-mɑ̄'ſch): langue *f*
~ Rhäto-romanisch *n*, Ro-
maunsch *n*.

romancier m, ~ère *f* (rŏ-mɑ̇-ße',
~ßĭ̄'r) Romandichter(in).

romand, ~e (rŏ-mɑ̇', ~mɑ̄'b) ro-

manisch; la SuisseR~e die französische Schweiz. [manhaft.

romanesque (rŏ-mă-næ'ßf) ro-

romaniser (rŏ-mă-nĭ-ſe') römisch
machen; in romanhafter Weise
erzählen. [tisch.

romantique (rŏ-mɑ̇-ti'f) roman-

romarin *m* (rŏ-mă-rɑ̇') *m* Ros-
marin.

rompre (rɑ̇'pr) I. *v/a.* (ab-, auf-,
durch-,entzwei-)brechen; ɛ-n Verbrecher rädern; abbrechen, aufgeben; nicht inne halten, brechen;
stören, vereiteln; hemmen; zustutzen; ~ q. aux affaires jem.
zu den Geschäften tauglich
machen; ein Bataillon sprengen.
II. *v/n.* brechen; zerreißen; se
~ zerbrechen; se ~ à qc. sich an
etwas gewöhnen.

ronce (rɑ̇ß) *f* Brombeerstrauch
m; ~s *pl. fig.* Dornen *m*.

ronceraie (rɑ̇-ß'ræ') *f* Brombeer-
gestrüpp *n*.

rond, ~e (rɑ̇, rɑ̄b) 1. rund; *fig.*
gerade, offen; ~ en affaires
coulant. 2. *m* Rund *n*; Kreis;
(Seroletten-)Ring. [m.

rondache (rɑ̇-bă'ſch) *f* Rundschild

ronde (rɑ̄b) *f* Runde, Rund-gang
m, -tanz *m*; à la ~ rings herum; ganzeNote; Rundgesang m.

rondeau (rɑ̇-bo') *m* Ringelgedicht
n; Rondo *n*; Rundstab.

rondelet, ~te (rɑ̇-b'læ', ~læ't)
rundlich.

rondelle (rɑ̇-bæ'l) *f* Rundschild m.

rondeur (rɑ̇-bŏ̄'r) *f* Rundung;
Umkreis *m*; Offenheit.

rondin (rɑ̇-bɑ̇') *m* Knüppelholz *n*;
Knüttel; Walze *f*.

rondir (rɑ̇-bĭ'r) sich runden.

rond-point (rɑ̇-pŭ̃ɑ̇') *m* Runde'l
n, runder Platz.

ronflant, ~e (rɑ̇-flɑ̇', ~flɑ̄'t)
schnarrend; hochtrabend.

ronflement(rɑ̇-flĭ-mɑ̇')m Schnar-
chen *n*; Brummen *n*.

ronfler(rͦ-fle')fchnarchen,fchnau-
ben (von Pferden); brummen;
fchnarren.

ronfleur m, ~se f(rͦ-flŏ'r, ~flŏ'f)
Schnarcher(in). [freffenb.

rongeant, ~e (ͤgͤa', ͤgͤa't) nagenb;
ronger (rͦ-ͤge') I. v/a. (ab-, be-,
zer-)nagen; anfreffen. II. v/n.
äßen; wieberfäuen.

rongeur, ~se (rͦ-ͤgŏ'r, ~ͤgŏ'f) 1.
nagenb. 2. m Nage-tier n.

ronron (rͦ-rͦ') m Schnurren n
der Kaße.

ronronner (rͦ-rŏ-ne') fchnurren;
fig. Süßholz rafpeln.

roquer (rŏ-ͤte') rochieren. [Köter.

roquet(rŏ-ͤkä') m Baftarb-Mops;
roquette (rŏ-ͤkä't) f wilbe Rauke.

ros (ro) m (Weber-)Kamm.

rosace (ro-fͣa'ß) f Einfaßrofe,
Rofette.

rosage (ro-fa'ͤg) m Alpenrofe f.

rosaire (ro-fͣa'r) m Rofenkranz
zum Beten.

rosat (ro-fa') Rofen-...

rosbif (rŏ-fbi'f) m Roaftbeef n.

rose (rōf) 1. f Rofe; couleur de
~ in rofenfarbenem Lichte; Rofette. 2. m Rofenfarbe f. 3. a.
rofafarben.

rosé, ~e (ro-fe') blaßrot.

roseau (ro-fo') m Schilfrohr n.

rose-croix (rof-krͣa') m, a. frère
de la ~ Rofenkreuzer.

rosée (ro-fe') f Tau m.

roser (ro-fe') rofenrot machen.

roseraie (f'rä') f Rofengarten m.

rosette (ro-fä't) f Röschen n;
Rofette.

rosier (ro-fͥe') m Rofenftock.

rosière (ro-fͥä'r) f Rofenmäbchen
n; eine Unfchulb.

rosse (rŏß) f (Schinb-)Mähre.

rossée (rŏ-ße') f Tracht Prügel.

rosser (rŏ-fe') burchprügeln.

rossignol (fi-njŏ'l) m Nachtigall
f; Pfeifchen n aus abgelöfter Rinbe;
Labenhüter, Krebs; Dietrich.

rossignoler (rŏ-fi-njŏ-le') wie
eine Nachtigall fchlagen.

Rossinante (rŏ-fi-nͣa't) m Rofi-
nante f; r~ f Kracke. [(Altar).

rossolis (rŏ-fŏ-li') m Rofo'li.

rostre (rŏ'ßtr) m Schnabel; Rüffel; ~s pl. Roftra pl., Rebner-
bühne in Rom.

rot (ro) m Rülps.

rôt (ro) m Braten.

rotateur, ~trice (rŏ-ta-tŏ'r,
~tri'ß) brehenb, Dreh-...

rotation (rŏ-tͣa-ßiͦ') f brehenbe
Bewegung.

rotatoire (ro-ta-tͣa'r) rotierenb.

roter (rŏ-te') rülpfen.

rôti (ro-ti') m Braten. [fchnitte.

rôtie (ro-ti') f geröftete Brot-

rotin (rŏ-tͤa') m Stück n Rotang,
fpanifches Rohr.

rôtir (ro-ti'r) braten; röften; verbrennen. [Röften n.

rôtissage (ti-fa'ͤg) m Braten n,

rôtisserie (ro-ti-ß'ri') f Garküche.

rôtisseur m, ~se f (ro-ti-ßŏ'r,
~ßŏ'f) Gar-koch, -köchin.

rôtissoire (ro-ti-ßͣa'r) f Bratpfanne.

rotonde (rŏ-tͦ'b) f Rotunbe.

rotondité (rŏ-tͦ-bi-te') f Runb-
heit; Beleibtheit.

rotule (rŏ-tü'l) f Kniefcheibe.

roture (ro-tü'r) f Bürgerftanb m.

roturier, ~ère (rŏ-tü-rͥe', ~rͥä'r)
1. nicht abelig. 2. m Bürger-
liche(r).

rouage (rü-a'ͤg) m Räberwerk n.

rouan (rüͣa) m rotgrauer Schimmel. [Riß-eifen n.

rouanne (rü-a'n) f Reißer m;

rouanner (ru-ä-ne') mit bem
Reißer (be)zeichnen.

rouble (rü'bl) m Rubel.

roucou (ru-ku') m Orlea'n. [fen.

roucouler(ru-ku-le') girren, ruck-

roue (rü) f Rab n. [Wüftling.

roué (rü-e') m id., vornehmer

rouelle (ä'l) f (Apfel- xc.) Scheibe.

rouennerie (rŭă-n'rī') f Baum
wollenzeug n auß Rouen.

rouer (rŭ-e') räbern; ~ de coups
de bâton frumm unb lahm
schlagen; ↓ ein Tau aufrollen.

rouerie (rŭ-'rī') f Gaunerei.

rouet (rŭ-æ') m Spinnrad n;
Rab n.   [Wiebe.

rouette (rŭ-æ't) f Binde-Weide,

rouge (rūG) 1. rot; rotglühenb.
2. m Rot n, Röte f; rote
Schminke.

rougeâtre (ru-Gā'tr) rötlich.

rougeaud (ru-Gō') mit rotem Ge-
sichte.   [lehlchen n.

rouge-gorge (ruG-gŏ'rG) m Rot-
rougeole (ru-Gŏ'l) f Masern pl.

rouget, ~te(ru-Gæ', ~Gæ't) 1. rötlich. 2. m Rötling (Fisch), Meer-
barbe f.

rougeur (ru-Gŏ'r) f Röte; Erröten n; ~s pl. Hitzblattern.

rougir (ru-Gī'r) I. v/a. rot färben, röten; glühenb machen.
II. v/n. erröten.

roui (rŭ-i') m Rösten n des Flachses.

rouille (ruj) f Rost m (auch auf
Pflanzen).

rouiller (rŭ-je') rostig machen;
einrosten; se ~ verrosten; bran-
big w.; fig. versauern.

rouillure (rŭ-jŭ'r) f Rosten n;
Rost m.

rouir (rŭ-ī'r) Flachs rösten.

rouissage (ru-ī-ßa'G) m Rösten n.

roulade (ru-la'b) f Hinunterrollen
n; ♪ id., Lauf m.

roulage (ru-la'G) m Fortrollen n
von Fässern; Frachtfuhrwesen n,

roulant, ~e (ru-la', ~lā't) (leicht)
rollenb.

rouleau (ru-lo') m Rolle f; Roll-,
Mangel-holz n; Walze f.

roulement (ru-l'ma') m Rollen
n; ♪ Lauf; (Trommel-)Wirbel;
Geld-umlauf.

rouler (ru-le') I. v/a. (fort-, hin-)
rollen, wälzen; auf-, zusammen-

-rollen, -wickeln; fig. hin unb
her überle'gen; betrügen; prügeln. II. v/n. rollen, sich wälzen;
im Kreise laufen; herum-wan-
bern; ~ sur qc. sich um etwas
brehen, et. betreffen, auf et. beruhen; ~ avec q. mit j-m im
Dienste abwechseln; ↓ schlingern.

roulette (ru-læ't) f Rollräbchen
n; Rollstuhl m; Roulett n.

rouleur, ~se (lŏ'r, lŏ'f) 1. blatt-
wickelnb, Wickel-... 2. m Hau-
sierer; Förbermann; Erbfarrer.

rouleuse (ru-lŏ'f) f Blattwickler m
(Raupe).

roulier (ru-lie') m Kärrner.

roulis (ru-lī') m Schlingern n.

rouloir (ru-lŏā'r) m Rollholz n.

roumain, ~e (mǎ', mæ'n) 1. ru-
mänisch. 2. R~, ~e s. Rumäne,
Rumänin. 3. m Rumäni-er
(Anleihe).   [ni-en n.

Roumanie (ru-mă-nī') f Rumä-
Ro(u)mélie (ru-me-lī', rŏ~) f
Rumt'li n, Romani-en n.

roupie (ru-pī') f Nasentropfen
m; Rupi-e.   [triefnasig.

roupieux, ~se (ru-piŏ', ~piŏ'f)

roupiller (ru-pī-je') schlummern.

roupilleur m, ~se f (ru-pī-jŏ'r,
~jŏ'f) Schläfer(in).

rouquet (ru-læ') m Rammler.

roussâtre (ßā'tr) rötlich, fuchsig.

rousseau (ru-ßo') m Rotkopf.

rousseur (ßŏ'r) f Röte des Haa-
res; taches f/pl. de ~ Sommer-
sprossen.   [ten(-leber n).

roussi (ßi') m Brandgeruch; Juch-
roussin (ru-ßæ') m untersetzter
Hengst; ~ (d'Arcadie) Esel.

roussir (ru-ßī'r) rotgelb machen,
versengen; se ~ fuchsig w.

route (rut) f ('Fahr-, Land-)
Straße; en ~ unterwegs; Bahn,
Lauf m; Weg m; ↓ Fahrt,
Kurs m.

routier (ru-tie') m (alter) Prakti-
kus; Reiseführer (Buch).

routière (ru-tiā'r): carte *f* ~ Reiſekarte.

routine (ru-ti'n) *f* durch Übung erlangte Fertigkeit, Übung; Schlenbrian *m.*

routinier, ~ère(ru-ti-niē', ~niā'r) 1. aus Gewohnheit handelnd. 2. *s.* Gewohnheitsmensch.

routoir (ru-tiā'r) *m* Flachs-Röſte *f.*

rouvieux (wiō') 1. räubig. 2. *m* Räube *f.*

rouvre (rū'wr) *m* Stein-eiche *f.*

rouvrir (ru-wri'r) wieder öffnen.

roux *m*, ~sse *f* (ru, rūß) 1. rot-gelb, fuchsrot; rot-haarig. 2. *s.* Rotkopf. 3. *m* Fuchsrot *n.*

royal, ~e (rɛā-iā'l) königlich.

royale (rɛā-iā'l) *f* Bart *m* unter der Unterlippe.

royaliste (rɛā-ia-li'ßt) 1. königlich geſinnt. 2. *s.* Royaliſt(in).

royaume (rɛā-iō'm) *m* Königreich *n*; Reich *n.*

royauté (rɛā-io-te') *f* Königs-würde, Königtum *n.*

ru (rü) *m* (Berieſelungs-)Graben.

ruade (rü-a'b) *f* Hintenausſchlagen *n*, Hieb *m* mit dem Hinterhufe.

ruban (rü-bq') *m* Band *n.*

rubané, ~e (rü-bā-ne') gebändert; flach.

rubaner (rü-bā-ne') mit Bändern beſetzen; Wachs bändern.

rubanier *m*, ~ère *f* (rü-bā-niē', ~niā'r) 1. Band-... 2. *s.* Band-weber(in).

rubéfier (rü-be-fi-e') röten.

rubicond, ~e (rü-bi-kq', ~kq'b) hochrot, kupferig.

rubis (rü-bi') *m* Rubi'n.

rubrique (rü-bri'k) *f* Rotſtein *m*; Rotgedruckte(s) *n*; Abteilung, Rubri'k; Brauch *m*; Kunſt-griff *m.*

ruche (rüſch) *f* Bienen-korb *m*, -ſtock *m*; Schwarm *m*; Rüſche.

rucher (rü-ſche') 1. mit Rüſchen

einfaſſen. 2. *m* Bienen-haus *n*, -ſtand. [ſtoßen *n* der Speiſen.

ructation (rü-ftā-ßiq') *f* Auf-

rude (rüd) rauh; holperig; herbe; mühſam; unangenehm; hart, ſtrenge; gewaltig.

rudesse (rü-bæ'ß) *f* Rauheit; Härte; Herbe *n*; Derbheit.

rudiment (rü-bi-mq') *m*: ~s *pl.* Anfangsgründe; ~ *sg.* Elemen-tarbuch *n*; Anſatz e-s Organs.

rudimentaire (rü-bi-mq-tā'r) Elementar-...

rudoyer(rü-bā-ie')hart anfahren.

rue (rü) *f* 1. Straße, Gaſſe. 2. ♃ Raute.

ruelle (rü-æ'l) *f* Gäßchen *n*; Platz *m* zwiſchen Bett und Wand.

ruer (rü-e') I. *v/a.* ſchlagen. II. *v/n.* hinten ausſchlagen; se ~ sur q. über jem. herfallen.

rugine (rü-ǵi'n) *f* Schrot-eiſen *n*, Knochenfeile.

rugir (rü-ǵi'r) brüllen.

rugissement (rü-ǵi-ßmq') *m* Ge-brüll *n*. [ligkeit.

rugosité (rü-go-fi-te') *f* Runze-

rugueux, ~se (rü-gö', ~gö'f) runzelig.

ruine (rüin) *f* Einſturz *m*, Ver-fall *m*; Ruin *m*; Verberben *n*; ~s *pl.* Ruinen.

ruiner(rüi-ne')zertrümmern, ver-wüſten; ruinieren, um Hab u. Gut bringen; verberben.

ruineux, ~se (rüi-nö', ~nö'f) bau-fällig; zu koſtſpielig.

ruisseau (rüi-ßo') *m* Bach; Rinn-ſtein, Goſſe *f.*

ruisseler(rüi-ß'le') rieſeln, rinnen.

rum (röm) *m* Rum. [ſtrich.

rumb (rǫb) *m* Kompaß-, Wind-

rumeur (rü-mö'r) *f* Aufruhr *m*, Aufregung; Lärm *m*; verwor-renes Getöſe; Gerücht *n.*

ruminant, ~e (rü-mi-nq', ~nā't) 1. wiederkäuend. 2. ~s *m/pl.* Wiederkäuer.

*rum*iner (rŭ-mĭ-ne′) wieder-
käuen; hin unb her überlegen.
ruolz (rŭ-o′lß) m Neu-silber n.
rupestre (rŭ-pæ′ßtr) auf Felsen
wachsend.
rupture (ptŭ′r) f Bruch m; Aufbrechen n, -sprengen n; Riß m
in Zeugen; Auflösung v. Verträgen.
rural, ~e(rŭ-rä′l)ländlich,Acker-...
ruse (rŭf) f List, Kunstgriff m.
rusé, ~e (rŭ-se′) listig; schlau.
ruser (rŭ-se′) List gebrauchen.
russe (rŭß) 1. russisch. 2. R~ s.
Russe, Russin.
Russie (rŭ-ßĭ′) f Rußland n.

rustaud m, ~e f (rŭ-ßtō, -ßtō′b)
1. bäuerisch. 2. Bauer-lümmel
m, -birne f.
rusticité (rŭ-ßtĭ-ßĭ-te′) f Länd-
lichkeit; bäuerisches Wesen.
rustique (rŭ-ßti′l) ländlich; kunst-
los; bäuerisch, ungeschliffen.
rustre (rŭ′ßtr) 1. flegelhaft. 2. m
Bauerlümmel.
rut (rŭt) m Brunst f.
rutilant, ~e (rŭ-tĭ-la′, ~ā′t)gelb-
rötlich schimmernd.
rythme (rĭ′tm) m Rhythmus,
Ebenmaß n.
rythmique (rĭ-tmi′l) rhythmisch.

S.

sa (ßä) f zu son: seine, ihre.
sabbat (ßä-ba′) m Sabbath;
Schabbes; Hexensabbath; Teu-
felslärm.   [baum m.
sabine (ßä-bĭ′n) f Seven-, Sade-
sable (ßa′bl) m 1. Sand; Nieren-
gries n; Sand-uhr f. 2. Zobel;
hl. schwarze Farbe.
sabler (ßa-ble′) besanden; in
Sand gießen; ein Glas Wein hin-
unterstürzen.
sableur(ßa-blö′r)m Sandformen-
macher; Zecher.
sableux (ßa-blö′) sand(halt)ig.
sablier (ßa-blĭ-e′) m Sand-uhr f;
(Streu-)Sandbüchse f; Sand-
verkäufer.
sablière(ßa-blĭ-ā′r)f Sandgrube;
Grundschwelle.
sablon (ßa-blő′) m Streu-sand.
sablonner (ßa-blŏ-ne′) mit Sand
scheuern.   [~nŏ′ß) sandig.
sablonneux, ~se (ßa-blŏ-nŏ′,
sablonnier (ßa-blŏ-nĭe′) m Sand-
verkäufer.   [sandgrube.
sablonnière (blŏ-nĭā′r) f Streu-
sabord (ßä-bŏ′r) m Stückpforte f.
sabot (ßä-bŏ′) m Holzschuh; Huf;
Hemmschuh; Kreisel.

saboter (ßä-bŏ-te′) I. v/n. mit den
Holzschuhen lärmen. II. v/a.
e-n Pfahl beschuhen; walken;
zurecht pfuschen.
sabotier (ßä-bŏ-tĭe′) m Holzschuh-
macher, -verkäufer.
sabouler(ßä-bu-le′) herumzausen.
sabre (ßā′br) m Säbel.
sabrer (ßa-bre′) niedersäbeln; geschwind abthun, übers Knie
brechen.   [tasche.
sabretache(ßa-brĭ-tä′sch)fSäbel-
sabreur (ßa-brő′r) m Hau-degen.
sac (ßäl) m 1. Sack, Beutel;
Ränzel. 2. gänzliche Plünderung.
saccade (ßä-la′b) f Ruck m (mit
dem Zügel); Verweis, Wischer m.
saccadé, ~e (ßä-lä-be′) kurz abgebrochen; abgerissen (Stil).
saccader (ßä-lä-be′) mit dem
Zügel einen Ruck geben.
saccage (ßä-la′Q) m Verwüstung
f, Verwirrung f.
saccager (la-Ge′) ausplündern;
durch ea. werfen.   [berer.
saccageur (ßä-la-Gŏ′r) m Plün-
sacchareux, ~se (ßä-lä-rŏ′, ~ŏ′ß)
zuckerig.   [ter verwandeln.
saccharifier (lä-rĭ-fĭ-e′) in Zut-

saccharin, ~e (ßä-kä-rĕ', ~ri'n)
zuckerhaltig, Zucker-...

sacerdoce (ßär-bo'ß) m Priester-
amt n, -tum n; Geistlichkeit f.

sacerdotal, ~e (ßä-ßär-bŏ-tä'l)
priesterlich, Priester-...

sachant (ßä-ßchä') part. pr. von
savoir.

sachée (ßä-ßchĕ') f ein Sack voll.

sachet (ßä-ßchä') m Säckchen n,
Beutel; Riechkißchen n.

sacoche (ßä-kŏ'ßch) f Satteltasche;
Geld-tasche, -kaße.

sacramental, ~ale ou ~el, ~elle
(ßä-krä-mq-tä'l ob...tä'l,~tä'l)
sakramentlich; paroles f/pl.
~elles Einsetzungsworte n/pl.;
entscheidende Worte.

sacre (ßa'kr) m 1. Salbung f eines
Königs; Weihe f. 2. Saker-,
Würg-falke.

sacré, ~e (ßä-kre') heilig, geweiht;
vermaledeit.

sacrebleu! (ßä-krß-blö') alle
Wetter!   [ment n.

sacrement (ßä-krß-mq') m Sakra-

sacrer (ßä-kre') I. v/a. salben,
weihen. II. v/n. fluchen.

sacrificateur (ßä-kri-fi-ka-tö'r) m
Opferpriester.

sacrifice (ßä-kri-fi'ß) m Opfer
(-handlung f) n.   [opfern.

sacrifier(ßä-kri-fi-e')opfern; auf-

sacrilège (ßä-kri-lä'G) 1. gottlos,
verrucht, frevelhaft. 2. m Hei-
ligtumsentweiher, Ruchlose(r).
3. m (Heiligtums-)Entheiligung
f, Tempel-, Kirchen-raub.

sacristain (ßä-kri-ßtq') m Kirchendiener.   [Kirchenschatz m.

sacristie(ßä-kri-ßtl') f Sakristei;

safraner (ßä-frä-ne') mit Safran
zubereiten oder färben.

sagace (ßä-gā'ß) scharfsinnig.

sagacité (ßä-ga-ßi-te') f Scharf-
sinn m.

sage (ßaG) 1. weise, klug, vernünftig; ehrbar, sittsam; von

Kindern: artig, folgsam. 2. m
Weise(r).   [amme.

sage-femme (ßaG-fa'm) f Heb-

sagesse (ßä-Gä'ß) f Weisheit,
Klugheit, Verständigkeit; Sittsamkeit; Artigkeit, Folgsamkeit.

sagittaire (ßä-Gi-tä'r) m Bogenschütze; Schlangen-adler; S~
Schütze (Sternbild).

sagou (ßä-gu') m Sago.

sagouin (ßä-gŭ') m Webel-Affe,
fig. Schmutzfink.   [palme f.

sagou(t)ier(ßä-gu-(t)ĕ') m Sago-

saie (ßä) f Sayette (Art Zeug);
Kratzbürste.   [blutend.

saignant, ~e (ßä-njä', ~njä't)

saignée (ßä-njĕ') f Aderlaß m;
das entzogene Blut; Trocken-
legung; Abzugskanal m.

saigner (ßä-nje') I. v/n. bluten.
II. v/a. ~ q. j-m zur Ader
lassen, fig. j-m Geld abnehmen, jem. schröpfen; ein Tier
abschlachten; einen Graben ablassen.   [blutig.

saigneux, ~se (ßä-njö', ~njö'ß)

saillant, ~e (ßä-jä', ~jä't) vor-
springend; fig. hervorragend.

saillie (ßä-ji') f stoßweises Her-
vorsprudeln; par ~s ruckweise;
Aufbrausen n; plötzliches Ab-
springen von einem Gedanken;
witziger Einfall; Heraustre-
ten n der Figuren; Bespringen
n, Beschälen n; Vorsprung m.

saillir (ßä-ji'r) I. v/n. hervor-
sprudeln; hervorragen. II. v/a.
bespringen, beschälen.

sain, ~e (ßq, ßqn) gesund, un-
verletzt, wohlbehalten; unver-
dorben.   [tiger Seidelbast.

sainbois (ßq-bŏä') m rispen-blü-

saindoux (ßq-bu') m Schweine-
schmalz n.

saint, ~e (ßq, ßqt) 1. heilig (sitt-
lich vollendet; gottselig; gottgeweihet;
verehrungswürdig; unter die Heiligen
versetzt); ~ Jean Sankt Johan-

nes. 2. *s.* Heilige(r). 3. *m* le
~ des ~s das Allerheiligste.
sainte-barbe (ßăt-bä'rb) *f* Pulverkammer.
sainteté (ßă-tı-te') *f* Heiligkeit.
saisi (ßæ-fi') *m* Ausgepfändeter.
saisie (ßæ-fi') *f* Beschlag *m*,
Arrest *m*.
saisine (ßæ-fi'n) *f* Besitzrecht *n*
eines Erben, Besitz *m*.
saisir (ßæ-fi'r) ergreifen, fassen,
packen; verstehen, auffassen;
mit Beschlag belegen; ~ q. de
qc. jem. in Besitz von etwas
setzen; se ~ de qc. sich einer
Sache bemächtigen.
saisissable (ßæ-fi-ßa'bl) pfänd-
bar. [ergreifend.
saisissant, ~e (ßæ-fi-ßą', ~ßa't)
saisissement (ßæ-fi-ßmą') *m* Ergreifen *n*; Zusammenfahren *n*
vor Kälte; Ergriffenheit *f*.
saison (ßæ-fǫ') *f* Jahreszeit;
Hauptzeit für etwas.
salacité (ßă-la-ßı-te') *f* Geilheit.
salade (ßă-la'b) *f* Salat *m*.
saladier (ßă-lä-bie') *m* Salat-
schüssel *f*, -korb.
salaire (lä'r) *m* (Arbeits-)Lohn.
salaison (ßă-læ-fǫ') *f* Einsalzen
n; Eingesalzene(s) *n*. [teich.
salant (ßa-lą'): marais *m* ~ Salz-
salarier (ßă-lä-rı-e') besolden.
salaud *m*, ~e *f* (ßă-lō', ~lō'b)
1. schmutzig. 2. *s.* Schmutzfink.
sale (ßăl) schmutzig; *fig.* zotig.
salé, ~e (ßa-le') 1. gesalzen; sal-
zig; *fig.* beißend, scharf. 2. *m*
Schweine-Pökelfleisch *n*.
saler (ßa-le') salzen; ein-salzen,
-pökeln. [Unrat *m*; Zote.
saleté (ßă-l'te') *f* Schmutzigkeit;
saleur *m*, ~se *f* (ßă-lō'r, ~lō'f)
Einsalzer(in). [gewinnung.
saliculture(ßă-lı-kül-tü'r)*f*Salz-
salière (ßă-liä'r) *f* Salzfaß *n*;
Grube über den Augen der Pferde.
saligaud *m*, ~e *f* (ßă-lı-gō', ~...

gō'b) 1. unflätig. 2. *s.* Schmutzfink *m*, -liese *f*.
salin, ~e (ßă-lą', ~lı'n) 1. salz-
haltig, -artig. 2. *m* rohe Pott-
asche. 3. ~e *f* id., Salzwerk *n*.
salir (ßă-li'r) beschmutzen, besudeln. [schmutzend.
salissant, ~e (ßă-lı-ßą', ~ßa't)
salisson (ßă-lı-ßǫ') *f* Dreckliese.
salivaire (ßă-lı-wä'r) Speichel-...
salivation (ßă-lı-wā-ßǫ') *f* Spei-
chelfluß *m*.
salive (ßă-li'w) *f* Speichel *m*.
saliver (ßă-lı-we') viel Speichel
auswerfen.
salle (ßäl) *f* Saal *m*; ~ à manger
Speisezimmer *n*; ~ d'asile
Kleinkinderbewahranstalt.
salmigondis (ßăl-mı-gǫ-bl') *m*
Ragout *n* von allerlei Fleisch-
resten; Mischmasch.
salmis (ßăl-mı') *m* Ragout *n* von
gebratenem Wildbret.
salmoné, ~e (ßăl-mŏ-ne') lachs-
artig. [faß *n*.
saloir (ßă-lŏä'r) *m* Salz-, Pökel-
salon(ßă-lǫ') *m* Empfangszimmer
n; *fig.* feine Welt; Gemälde-
Ausstellung *f*.
salope (ßă-lo'p) 1. schlumpig.
2. *f* Schlumpe; Dirne.
saloperie (ßă-lŏ-p'rı') *f* Unrein-
lichkeit; Zote; Pfusch-Arbeit,
Sauerei.
salpêtre (ßăl-pä'tr) *m* Salpeter.
salpêtrerie(ßăl-pä-trı-rı')*f*Sal-
peter-siederei, -hütte.
salpêtrier (ßăl-pä-trı-e') *m* Sal-
petersieder.
salsifis ♀ (ßăl-ßı-fi') *m* Bocksbart.
saltimbanque (ßăl-tą-bą'k) *m*
Gaukler, Seiltänzer; Marktschreier. [sam.
salubre (ßă-lü'br) gesund, heil-
salubrité (ßă-lü-brı-te') *f* Heil-
samkeit, Zuträglichkeit der Luft etc.
saluer(ßă-lü-e')grüßen; begrüßen;
✗, ⚓ salutieren.

salure (ßä-lü'r) f Salzigkeit.

salut (ßä-lü't) m Wohlfahrt f; Heil n, Rettung f; ewige Seligkeit; Gruß, Begrüßung f; Salve n (Abend-Andacht).

salutaire (ßä-lü-tä'r) heilsam.

salutation (ßä-lü-tä-ßî̆') f Begrüßung; Empfehlung.

salvation (ßäl-wä-ßî̆') f Seligmachung.

salve (ßälw) f (Geschütz-)Salve.

samedi (ßä-mbî') m Sonnabend, Samstag.

Samson (ßₐ-ßₒ̆') m Simson.

sancir (ßî'r) versinken (v. Schiffen).

sanctificateur (ßₐ-ktĭ-fĭ-ka-tö̆'r) m Heiligmacher. [Heiligung.

sanctification (ßₐ-ktĭ-fĭ-kä-ßî̆') f

sanctifier (ßₐ-ktĭ-fĭ-e') heiligen; heilig halten.

sanction (ßₐ-kßî̆') f id., Erteilung der Gesetzeskraft; Genehmigung.

sanctionner (kßĭŏ-ne') Gesetzeskraft erteilen, sanktionieren.

sanctuaire (ßₐ-ktŭ-ä'r) m inneres Heiligtum eines Tempels; geweihte Stätte.

sandal (ßₐ-bä'l) m Sandelholz n.

sandale (ßₐ-bä'l) f id.; Fechtschuh m; Steigbügel m am Frauensattel.

sandre (ßₐ̄'br) m Zander, Sander (Fisch).

sandwich (ßₐ-bü'tsch) f id., schinken-belegtes Butter-brötchen.

sang (ßₐ) m Blut n; pur ~ Vollblut n; Menschenschlag.

sang-froid (ßₐ-frü̆ä') m Kaltblütigkeit f. [Peitschenhieb.

sanglade (ßₐ-gla'b) f herber

sanglant, ~e (ßₐ-gla̅', ~gla̅'t) blutig; fig empfindlich, beschimpfend. [riemen m.

sangle (ßₐ̄'ₐl) f Gurt m; Trag-

sangler (ßₐ-gle') mit einem Gurte zusammenschnüren, gürten; e-n Schlag versetzen; ~ q. jem. schlimm behandeln.

sanglier (ßₐ-glĭ-e') m Wildschwein n; ~ (mâle) Eber, Keiler; ~ femelle Bache f; ~ jeune Frischling. [zen n.

sanglot (ßₐ-glo') m Schluch-

sangloter (ßₐ-glŏ-te') schluchzen.

sangsue (ßₐ-ßü') f Blut-egel m; fig. Blutsauger m.

sanguifier (ßₐ-gŭi-fĭ-e') in Blut verwandeln.

sanguin, ~e (ßₐ-gₐ', ~gi'n) Blut-...; blutreich, vollblütig; blutfarben. [bürstig.

sanguinaire (ßₐ-gĭ-nä'r) blut-

sanguine (ßₐ-gi'n) f Blutstein m; ~ à crayon Rötel m.

sanguinolent, ~e (ßₐ-gĭ-nŏ-lₐ', ~lₐ̄'t) mit Blut gefärbt, blutig.

sanie (ßä-nî') f wässeriger Eiter.

sanieux, ~se (ßä-nĭö̆', ~nĭö̆'s) jauchig. [~ que ... ohne daß ...

sans (ßₐ) ohne; cj. ohne zu ...;

sans-cœur (ßₐ-fö̆'r) m Feigling.

sans-façon m, sans-gêne m (ßₐ-fä-ßₐ', ßₐ-Gä̆'n) m Ungeniertheit f. [Schlucker.

sans-le-sou (ßₐ-lₐ-ßu') m armer

sansonnet (ßₐ-ßŏ-næ') m Staar.

sans-souci (ßₐ-ßu-ßi') m 1. Hans Ohnesorgen. 2. Sorglosigkeit f.

santal (ßₐ-tä'l) m Sandelholz n.

santé (ßₐ-te') f Gesundheit.

Saône (ßô̆n) f id. (frz. Fluß).

sapajou (ßä-pä-Gu') m Wickelschwanz-Affe.

sape (ßäp) f Sappieren n; Sappe.

saper (ßä-pe') sappieren, untergraben.

sapeur (ßä-pö̆'r) m Schanzgräber.

sapeur-pompier (ßä-pö̆r-pₐ-pĭé') m Feuerwehrmann. [blau.

saphirin, ~e (fĭ-rₐ̆', ~ri'n) saphir-

sapientiaux (ßä-pĭₐ-ßĭö̆') : livres S~ Bücher n/pl. der Weisheit.

sapin (ßä-pₐ̆') m Tanne f; Tannenholz n; Sarg; Mietkutsche f.

sapinière (ßä-pĭ-nĭä'r) f Tannenwald m.

saponifier (ßä-pŏ-nĭ-fĭ-e') ver-
ßeifen.

sarbacane (ßär-bă-ka'n) f Blaſe-,
Puſt-rohr n.   [Spott.

sarcasme (ßär-kă'ßm) m beißender

sarcelle (ßär-ßä'l) f Knäk-Ente.

sarcler (ßär-kle') (aus)jäten.

sarclet m, *sarcloir* m (ßär-klä',
ßär-klŭā'r) Gät-hacke f.

sarclure (ßär-klü'r) f ausgegäte-
tes Unkraut.   [...

sarco... (ßär-kŏ...) in Zſſg.: Fleiſch-

sarcome (ßär-kŏ'm) m Fleiſch-
gewächs n.   [ſarg.

sarcophage (kŏ-fa'Q) m Pracht-

Sardaigne (ßär-bä'nj) f Sardi-
ni-en n.

sarde (ßärb) ſarb(in)iſch.

sardoine (ßär-bŭā'n) f Sa'rdonyx.

sardonien, sardonique (ßär-bŏ-
nĭĕ', ßär-bŏ-ni'k) ſardo'niſch
(krampfhaft, vom Lachen), gezwun-
gen; hämiſch.

sarigue (ßă-rĭ'g) m Beutel-tier n.

sarment (ßär-mą') m(Wein-)Rebe
f, Ranke f; Rebholz n.

sarmenteux, ~se (ßär-mą-tŏ', ~-
tŏ'ſ) rebentreibend; rankend.

sarrasin, ~e (ßä-rä-ßą', ~ß'n)
1. ſarazeniſch. 2. S~, S~e s.
Sarazene, Sarazenin. 3. ~ m
Buchweizen.   [gatter n.

sarrasine (ßă-rä-ßĭ'n) f Fall-

sarrau (ßa-rŏ') m Kittel.

sarrette ⚕ (ßa-ræ't) f Färber-
Scharte.

sarriette ⚕ (ßa-rĭĕ't) f Saturei.

sas (ßa) m Haar-, Zeug-ßieb n.

sasse (ßaß) f Waſſerſchaufel.

sasser(ßa-ße')burchſieben; ſichten.

sasset (ßä') m kleines Haarſieb.

sassoire (ßa-ßŭā'r) f Lenkſcheit n.

satané, ~e (ßä-tä-ne') verteufelt.

satanique (ßä-tä-ni'k) ſata'niſch,
teufliſch.   [Scherge.

satellite (ßä-tĕl-li't)m Traba'nt;

satiété (ßä-ßĭ-e-te') f Überſätti-
gung.

satin (ßä-tą') m Atlas (Zeug).

satiné, ~e (ßä-tĭ-ne') 1. atlasartig. 2. m Atlasglanz.

satiner (ßä-tĭ-ne') atlasartig
glätten, ſatinieren.

satirique (ßä-tĭ-ri'k) ſati'riſch;
(poète) ~ m Sati'riker.

satiriser (ßä-tĭ-rĭ-ſe') verſpotten.

satisfaction (ßä-tĭ-ßfä-kßĭŏ̃') f
Genugthuung; Freube.

satisfaire (ßä-tĭ-ßfä'r): ~ à qc.
e-r Sache Genüge thun; einer
Leidenſchaft frŏhnen; v/a. befriebigen; ~ q. jem. zufrieden
ſtellen, j-m Genugthuung geben.   [genügend; erfreulich.

satisfaisant, ~e(ßä-tĭ-ßf'ſą', ~ą't)

saturer (ßä-tü-re') ſättigen; fig.
überſättigen.   [blei-ſarben.

saturnin, ~e (ßä-tür-nǎ', ~nĭ'n)

satyre (ßä-tĭ'r) m Sa'tyr; geiler
Lüftling.

sauce (ßŏß) f id., Brühe, Tunke.

saucer (ßo-ße') eintunken; jem.
mit Waſſer, Kot beſpritzen.

saucisse (ßo-ßi'ß) f Bratwurſt.

saucissier m, *~ère* f (ßo-ßĭ-ße',
~ßĭā'r) Wurſtmacher(in).

saucisson (ßŏ') m Mett-, Schlack-
wurſt f; Zünd-, Pulver-wurſt f.

sauf m, *sauve* f(ßŏf, ßŏw) 1.unbe-
ſchädigt, wohlbehalten. 2. prp.
unbeſchabet, vorbehaltlich; ~
à... (inf.) mit dem Vorbehalte,
baß; ausgenommen.

sauf-conduit (ßof-kǫ-bü̆i') m Ge-
leitsbrief; ſicheres Geleit.

sauge (ßŏG) f Salbei.

saugrenu, ~e (ßo-grĕ-nü') abgeſchmackt, ungereimt.

saulaie (ßo-lä')f Weibengehölz n.

saule (ßŏl) m Weide f; ~ pleureur Trauer-Weide f.

saumâtre (ßo-mä'tr) brackig.

saumon (ßo-mǫ') m Lachs, Salm;
~ d'étain Zinnblock.

saumoné, ~e (ßo-mŏ-ne') lachs-
artig; truite f ~e Lachsforelle.

saumoneau(ßo-mŏ-no')mSälm-
ling.

saumure (ßo-mū'r) f Salz-lafe.

saunage (ßo-na'G) m Salz-Fa-
brifation f; -Handel.

sauner (ßo-ne') I. v/a. e-n Salzteich
in Betrieb fetzen. II. v/n. Salz
hervorbringen.

saunerie (ßo-n'rī') f Salzfiederei.

saunier (ßo-nīe') m Salzfieder;
Pfänner.

saunière (ßo-nīā'r) f Salzmefte.

saupiquet (ßo-pĭ-kæ') m Würz-
brühe f. [(Salz) beftreuen.

saupoudrer (ßo-pu-dre') (mit
saur (ßōr): hareng m ᴗ Büdling.

saure (ßōr) gelbbraun (v. Pferden).

saurer (ßo-re') Heringe räuchern.

sauret (ßo-ræ') = saur.

saurisserie (ßo-rĭ-ß'rī') f (He-
rings-)Räucherplatz m.

saussaie (ßo-ßæ') f = saulaie.

saut (ßō) m Sprung, Satz; Fall,
Sturz; ✗ ᴗ de loup Wolfs-
grube f. [Windes.

saute (ßōt) f Umfpringen n des

sauté (ßo-te') m art Ragout n.

sauter (ßo-te') I. v/n. fpringen;
in die Luft fliegen od. gefprengt
werden; über-fpri'ngen, -ge'-
hen. II.v/a.über et.wegfpringen;
auslaffen, überfchla'gen; eine
Stute befpringen; in Butter
auffchwitzen oder fchmoren.

sautereau (ßo-t'ro') m Hämmerchen n am Klavier. [fchrede.

sauterelle (ßo-t'ræ'l) f Heu-
saute-ruisseau (ßct-rü-ßo') m
Laufburfche. [Springer(in).

sauteur m, ᴗse f (ßo-tō'r, ᴗtō'ß)

sauteuse (ßo-tō'ß) f Hopfer m.

sautiller (ßo-tĭ-je') hüpfen.

sautoir (ßo-tŏā'r) m liegendes od.
Andreas-freuz n; porter en ᴗ
an über der Bruft gefreuzten
Gurten oder an einem über die
Schulter gefchlagenen Gurte
tragen.

sauvage(ßo-wa'G) 1. wild; fcheu;
ungefellig; ungefittet. 2. s.
Wilde(r). [ling.

sauvageon (ßo-wă-Gǫ') m Wild-

sauvagerie (ßo-wa-G'rī) f Zu-
ftand m der Wildheit; Men-
fchen-fcheu.

sauvagin, ᴗe (ßo-wă-Gǎ', ᴗGĭ'n)
1. thranig. 2. m Waffervögel-
gefchmad. 3. ᴗe f Waffervögel
m/pl.; Fifchgeruch m.

sauvegarde (ßo-w'gä'rd) f Schutz-
wache, -brief m.

sauver (ßo-we') retten; inSicher-
heit bringen; felig machen, er-
löfen; j-m et. erfparen; se ᴗ
a. davon laufen.

sauvetage (ßo-w'ta'G) m Rettung
f Schiffbrüchiger; Bergung f.

sauveteur (ßo-w'tō'r) m Retter
von Ertrinfenden.

sauveur (ßo-wŏ'r) m Retter; Er-
löfer; Heiland. [savant.

savamment (ßă-wă-mǫ') adv. zu

savant, ᴗe (ßă-wǫ', ᴗwǭ't) 1. gelehrt; funftvoll. 2. m Gelehrter.

savate (ßă-wă't) f abgetragener
Schuh; Schlappe; Beinftoßen n.

saveter (ßă-w'te') verpfufchen.

savetier (ßă-w'tīe') m Schuh-
flider; Pfufcher.

saveur (ßă-wŏ'r) f Gefchmad m.

savoir (wŏā'r) 1. wiffen; fönnen,
verftehen; erfahren, hören; je
ne saurais ich fann nicht; c'est
à ᴗ es ift noch die Frage; advt
(à) ᴗ und zwar, nämlich. 2. m
Wiffen n, Gelehrfamfeit f.

savoir-faire (wŏar-fā'r) m Ge-
fchidlichfeit f. [Lebensart f.

savoir-vivre (ßă-wŏar-wĭ'wr) m

savon(ßă-wǫ') m Seife f; Wafchen
n mit Seife; Verweis, Rüffel.

savonnage (wŏ-na'G) m Wafchen
n mit Seife; fleine Wäfche.

savonner (ßă-wŏ-ne') (mit Seife)
wafchen; einfeifen; j-m den
Kopf wafchen.

savonnerie (ßǎ-wǒ-n'rī') f Sei-
fenfiederei.

savonnette (wǒ-nǎ't) f Seifen-
fugel zum Rafieren; ~ à barbe
Rafterpinfel m.   [feiftg.

savonneux, ~se (ßǎ-wǒ-nǒ', ~ǒ'f)

savonnier (ßǎ-wǒ-nfe') m Seifen-
fieder.   [fchmecken, foften.

savourer (wu-re') mit Genuß

savoureux, ~se (ßǎ-wu-rǒ', ~rǒ'f)
fchmackhaft.

saxatile (ßǎ-kßa-ti'l) auf Felsen
wachfend, zwifchen Steinen
lebend.

Saxe (ßǎʹß) f Sachfen n.

saxifrage (ßǎ-kßǐ-fra'Q) f Stein-
brech m.

saxon, ~ne (kßǒ', ~ǒ'n) 1. fächfifch.
2. S~, S~ne s. Sachfe, Sächfin.

scabieuse (ßkǎ-bǐǒ'f) f Skabio'fe,
Grindkraut n.   [krätz-artig.

scabieux, ~se (ßkǎ-bǐǒ', ~bǐǒ'f)

scabreux, ~se (ßkǎ-brǒ', ~brǒ'f)
heikllig; anftößig.

scalpel (ßkǎl-pǎ'l) m Zerglie-
rungsmeffer n.

scandale (ßkg-bǎ'l) m Anftoß;
Ürgernis n; ärgerliches Auf-
fehen.   [ärgerlich, anftößig.

scandaleux, ~se (ßkg-bǎ-lǒ',~lǒ'f)

scandaliser (ßkg-bǎ-lǐ-fe'): ~ q.
j-m Ürgernis geben.

scander (ßkg-be') Verfe mit Her-
vorhebung der Versfüße lefen.

Scanie (ßkǎ-nǐ') f Schonen n
(fchweb. Provinz).

scapulaire (ßkǎ-pu-lǎ'r) 1. Schul-
ter~... 2. m Skapulier n, Schul-
terbinde f.   [Käfer.

scarabée (ßkǎ-rǎ-be') m (Mift-)

scarificateur (ßkǎ-rǐ-fǐ-kǎ-tǒ'r) m
Schröpf-eifen n.

scarifier (ßkǎ-rǐ-fǐ-e') fchröpfen.

scarlatine (ßkǎr-la-ti'n) f: fièvre
f ~ Scharlachfieber n.

sceau (ßo) m (Zn-)Siegel n; ~x
pl. Staatssiegel n, Amt n des
Siegelbewahrers.

scélérat m, ~e f (ße-lě-ra', ~ra't)
1. ruchlos. 2. s. Böfewicht m,
Schurkin f.   [ruchtheit.

scélératesse(ßě-lě-ra-tǎ'ß)f Ver-

scellé (ßǎ-le') m gerichtliches
Siegel.   [einkitten.

sceller (ßǎ-le') be-, ver-fiegeln;

scène (ßǎn) f Scene, Bühne; fig.
bramatifche Kunft; Schau-platz
m; Auftritt m.

sceptique (ßě-pti'k) 1. fkeptifch.
2. m Skeptiker, Zweifler.

sceptre (ßǎ'ptr) m Zepter n.

schisme (fchißm) m Kirchenfpal-
tung f, Schisma n.

schiste (fchlßt) m Schiefer.

sciable (ßl-a'bl) fägbar.

sciage (ßl-a'Q) m Sägen n.

sciant, ~e (ßl-g', ~ḡ't) ermübend,
quälend.   [Lebengicht f.

sciatique (ßl-a-ti'k) f Hüftweh n,

scie (ßl) f Säge; Säge-fifch m;
unausftehliche Sache.

sciemment(ßl-ǎ-mg') wiffentlich.

science (ßḡß) f Wiffen n; Kenntnis; Wiffenfchaft.

scientifique (ßlg-tl-fl'k) wiffen-
fchaftlich.   [langweilen.

scier (ßl-e') fägen; jem. fterblich

scierie (ßl-rl') f Schneibemühle.

scieur (ßl-ǒ'r) m Säger; ~ de long
Brettfchneider; Schnitter.

scinder (ßg-be') zerteilen, trennen.

scintiller (ßg-tl-le' ob. ßg-tl-je')
funkeln.

scion (ßḡ) m Schößling, Reis n.

scirpe (ßlrp) m Binfe f.

scission (ßlß-ßǒ') f Spaltung.

sciure(ßl-ü'r)f Säge-fpäne m/pl.

sciuriens (ßlü-rǐg') m/pl. eich-
hörnchen-artige Tiere.

scobine (ßkǒ-bi'n) f Rafpel.

scolaire (ßkǒ-lǎ'r) Schul-...

scolopendre (lǒ-pḡ'br) f Taufend-
fuß m, Affel; ♀ Hirfchzunge.

scombre (ßkḡ'br) m Makre'le f.

scorbutique (ßkǒr-bü-ti'k) 1. fkor-
butifch. 2. m Skorbutkranker.

scorie (ß̆ŏ-rĭ') f Schlacke.

scorifier (ß̆ŏ-rĭ-fĭ-e') verschlacken.

scribe (ß̆rĭb) m Schreiber; schlechter Schriftsteller; Schriftgelehrte(r) bei den Juden.

scrofulaire (ß̆rŏ-fü-lä'r) f Braunwurz. [pheln.

scrofules (ß̆rŏ-fü'l) f/pl. Skro-

scrupule (ß̆rü-pü'l) m Strupel (Gewicht; Gewissenszweifel); Gewissenhaftigkeit f; Zartgefühl n.

scrupuleux, ~se (ß̆rü-pü-lö', ~lö'j) ängstlich gewissenhaft; peinlich genau; zartfühlend.

scrutateur m, ~trice f (ß̆rü-ta-tö'r, ~trĭ'ß) 1. forschend. 2. s. Forscher(in); Wahlprüfer.

scruter (ß̆rü-te') (aus-, er-) forschen. [stimmung.

scrutin (ß̆rü-tạ') m geheime Ab-

sculpter (ß̆ül-te') ausschnitzen; in Holz oder Stein graben oder hauen. [hauer.

sculpteur (ß̆ül-tö'r) m Bild-

sculpture (tü'r) f Bildhauerei; Bildhauer-Arbeit.

se (ß̆) sich. [(und Stimme).

séance (ß̆-ā̆'ß̆) f Sitzung; Sitz m

séant, ~e (ß̆-ā̆', ~ā̆'t) 1. schicklich. 2. m sitzende Stellung; sur son ~ aufrecht.

seau (ß̆ō) m Eimer.

sébile (ß̆-bi'l) f Mulde; Kübel m; kleine Holzschale.

sec, sèche (ß̆ä̆k, ß̆ä̆sch) 1. trocken; ausgetrocknet; gedörrt; hager; ohne weitere Zuthat, rein; fig. dürr, anmutslos; frostig, gefühllos. 2. m das Trockene, Trockenheit f; trockenes Futter; ♃ Drogbank f; être à ~ auf dem Trockenen sitzen.

sécateur (ß̆-ka-tō̆'r) m Baumschere f. [nung.

sécession (ß̆-ß̆ä̆-ß̆ĭ̆ǫ') f Abtren-

séchage (ß̆-scha'ǫ) m Trocknen n.

sèche (ß̆ä̆sch) 1. f von sec. 2. f Sepia, Tintenfisch m.

sécher (ß̆-sche') I. v/a. (ab-, aus-) trocknen; dörren. II. v/n. vertrocknen, verdorren; vor Ärger sich abzehren.

sécheresse (ß̆e-sch'rä̆'ß̆) f Trockenheit, Dürre; Frostigkeit.

sécherie f, séchoir m (ß̆e-sch'rĭ', ß̆e-schā̆'r) Trocken-platz m, -haus n.

second, ~e (ß̆'ǫǫ', ß̆'ǫǫ'b) 1. zweite(r); ander; niedriger stehend. 2. m der Zweite; en ~ an zweiter Stelle; Sekundant; Beistand; zweites Stockwerk.

secondaire (ß̆'ǫǫ-bä̆'r) zweiten Ranges, sekundär; Neben-...

seconde (ß̆'ǫǫ'b) f Sekunde; Sekunda (zweite Klasse); ~ (de change) Sekundawechsel m; typ. zweite Form.

seconder (ß̆'ǫǫ-be'): ~ q. j-m beistehen, helfen; befördern.

secouer (ß̆ı̆-kŭ-e') schütteln, rütteln; abschütteln; fig. aufrütteln.

secourable (ß̆ı̆-ku-ra'bl) hülfreich; dem man zu Hülfe kommen kann.

secourir (rĭ'r): ~ q. j-m zu Hülfe kommen; jem. unterstützen.

secours (ß̆'kū'r) m Hülfe f, Beistand; Unterstützung f.

secousse (ß̆'ku'ß̆) f Erschütterung, Stoß m.

secret, ~ète (ß̆'krä̆', ~ä̆'t) 1. geheim, verborgen; verschwiegen. 2. m Geheimnis n; geheimes Mittel; Kunstgriff; Verschwiegenheit f; geheime Haft; geheimes Fach in einem Schranke.

secrétaire (ß̆ı̆-krĕ-tä̆'r) m Geheimschreiber; Briefsteller (Buch); Schreibtisch.

secrète (ß̆'krä̆'t) 1. f von secret. 2. f stilles Gebe't vor der Messe.

sécréter (ß̆-krĕ-te') absondern.

sécrétion (ß̆-kre-ß̆ĭǫ') f Absonderung.

sectaire (ßă-ꞁtä'r) m Sektierer.
secte (ßălt) f Sekte.
secteur (ßă-ꞁtö'r) m Sektor, Kreisausschnitt.
section (ßă-ꞁßiọ') f Durchschneidung; Abschnitt m; id., Unterabteilung; ⚔ Halbzug m.
sectionner (ßă-ꞁßiọ-ne') in Abschnitte teilen.
séculaire (ßĕ-ꞁŭ-lä'r) hundertjährlich, -jährig.
séculariser (ßĕ-ꞁŭ-la-rĭ-se') säkularisieren, weltlich machen.
sécularité (ßĕ-ꞁŭ-la-rĭ-te')f weltliche Gerichtsbarkeit.
séculier, ~ère (ßĕ-ꞁŭ-lĭe', ~lĭä'r) 1. weltlich; irdisch. 2. m Laie.
sécurité (ßĕ-ꞁŭ-rĭ-te') f Sicherheit, Sorglosigkeit.
sédentaire (ße-dₐ-tä'r) (meist) sitzend; häuslich; seßhaft.
sédiment(ße-bĭ-mₐ')m Bodensatz.
séditieux, ~se (ße-bĭ-ßiọ', ~ßiọ'ß) 1. aufrührerisch. 2. s/m. Aufrührer.
sédition (ße-bi-ßiọ')f Aufstand m.
séducteur m, ~trice f(ße-bŭ-ꞁtö'r, ~trĭ'ß) 1. verführerisch. 2. s. Verführer(in).
séduction (ße-bŭ-ꞁßiọ') f Verführung; Zauber m.
séduire (ße-bŭï'r) verführen, verleiten; bezaubern.
séduisant, ~e (ße-bŭ-ßₐ', ~ßä't) verführerisch; bezaubernd.
segment (ßă-gmₐ') m Abschnitt.
ségrégation (ßĕ-gre-gä-ßiọ') f Absonderung.
seigle (ßä'gl) m Roggen.
seigneur (ßă-njö'r) m (Lehns-, Landes-, Guts-)Herr; le S~ der Herr, Gott. [schaftlich.
seigneurial, ~e (njö-rĭä'l) herr-
seigneurie (ßă-njö-rĭ') f (Lehns-, Guts-)Herrlichkeit; Herrschaft (Gut); Sa S~ Seine Herrlichkeit (Titel).
seille (ßä'j) f Holz-eimer m.

seime(ßäm)f Hornspalte am Hufe.
sein (ßₐ)m Brust f, Busen; Schoß, Mutterleib, Innere(s)n; Herz n.
seine (ßän) f Schleppnetz n.
seing (ßₐ) m Unterschrift f.
seize (ßäß) sechzehn.
seizième (ßä-ßiä'm) sechzehnt.
séjour (ßĕ-ꞁũ'r) m Aufenthalt; Rasttag; (Wohn-)Sitz.
séjourner (ße-ꞁũ-ne') sich aufhalten, verweilen.
sel (ßäl) m Salz n; Witz.
sélection (ßĕ-lă-ꞁßiọ')f Auswahl.
sélénographie (ßĕ-le-nŏ-grä-fĭ') f Mondbeschreibung.
selle (ßäl) f Sattel m; Stuhlgang m; aller à la ~ zu Stuhle gehen; Waschbank; (Reh-)Ziemer m.
seller (ßă-le') satteln.
sellerie (ßă-l'rĭ') f Sattel-, Geschirr-kammer; Geschirr n und Sattelzeug n; Sattler-arbeit.
sellette (ßă-lä't) f kleiner Schemel; Armesünder-stühlchen n.
sellier (ßă-lĭe') m Sattler.
selon (ß'lₐ') gemäß, nach ...; c'est ~ ... je nachdem ...; cj. ~ que ... je nachdem ...., so wie ...
semaille (ß'ma'j) f (meist: ~s pl.) Säen n, Saat; Saat-korn n, -zeit.
semaine (ß'mä'n) f Woche; Wochen-arbeit, -lohn m, -taschengeld n.
semainier m, ~ère f (ß'mä-nĭe', ~nĭä'r) jem., der die Woche hat.
semblable (ßₐ-bla'bl) ähnlich, gleich; derartig, solch.
semblant(ßₐ-blₐ') m(An-)Schein; faire ~ d'être malade sich krank stellen.
sembler (ßₐ-ble') scheinen; den Anschein haben; il me ~e ... mich dünkt ...
semelle (ß'mä'l) f(Schuh-)Sohle; Fuß m (Maß); Schwelle.
semence (ß'mₐ'ß) f Same m.

semer (ßĭ-me') (aus-, ße-)fäen; ausftreuen.

semestre (ß'mæ'ßtr) m Halbjahr n, Semefter n; halbjähriger Urlaub.

semestriel, ~le (ßĭ-mæ-ßtrĭ-æ'l, ~æ'l) halb-jährig, -jährlich.

semeur (ßĭ-nö'r) m Säemann; Ausftreuer.

semi... (ßĭ-mi..) in Zffg.: halb-...

sémillant, ~e (ßé-mĭ-ja', ~jā't) äußerft lebhaft.   [nar n.

séminaire (ßé-mĭ-nā'r) m Semi-

semis (ßĭ-mĭ') m Samenbeet n; Schonung f im Walde.

semoir (ßĭ-mŏā'r) m Säe-tuch n, -ntafchine f.

semonce (ß'mā̲'ß) f Verweis m.

semoncer (ß'mą-ße'): ~ q. j-m e-n Verweis erteilen.   [m.

semoule (ß'mū'l, ß'nū'j) f Grieß

sempiternel, ~le (ßą-pĭ-tăr-næ'l, ~næ'l) immerwährend.

sénateur (ße-na-tö'r) m Sena'-tor; Ratsherr.

séné (ßé-ne') m Sennes-ftrauch, -blätter n/pl.

sénéchaussée (ße-ne-fcho-ßé') f Gerichtsfprengel m eines Sene-fchalls.   [fraut n.

seneçon (ßæ-n'ßǫ') n` Kreuz-

sénevé (ße-n'we') m Ackerfenf.

sénile (ßé-ni'l) greifenhaft.

sénilité (ße-nĭ-lĭ-te') f Alters-fchwäche.

sens (ßā̲ß ober ßą) m Sinn; ~ auditif Gehörsfinn; ~ pl. Sinn-lichkeit f/sg.; Verftand, Sinn; Meinung f; Bedeutung f; Richtung f, Seite f: ~ dessus dessous das unterfte zu oberft.

sensation (ßą-ßā-ßǫ') f (finn-liche) Empfindung; id., Auf-fehen n.   [verftändig.

sensé, ~e (ßą-ße') vernünftig,

sensibilité (ßĭ-bĭ-lĭ-te') f Empfin-bungsvermögen n; Empfind-Ilchkeit; Empfindfamkeit.

sensible (ßą-ßĭ'bĭ) finnlich wahr-nehmbar, merklich; empfind-lich; empfindungsfähig: reiz-bar.   [belei.

sensiblerie (ßĭ-blĭ-rĭ')f Empfin-

sensitif, ~ve (ßą-ßĭ-tĭ'f, ~tĭ'w) Empfindungs-...   [pflanze.

sensitive (ßą-ßĭ-tĭ'w) f Sinn-

sensualité (ßą-ßüā-lĭ-te') f Sinn-lichkeit; ~s pl. finnliche Ge-nüffe m.   [finnlich.

sensuel, ~le (ßą-ßüæ'l, ~ßüæ'l)

sentence (tą'ß) f Kern-, Sitten-fpruch m, Sentenz; (Richter-) Spruch m.

sentencieux, ~se (ßą-tą-ßĭö', ~ßĭö'f) fentenzenreich.

senteur (ßą-tö'r) f (Wohl-)Ge-ruch m.

sentier (ßą-tĭe') m Fußfteig, Pfad.

sentiment (ßą-tĭ-mą') m Gefühl n, Empfindung f; Meinung f, Anficht f.

sentimental, ~e (ßą-tĭ-mą-tą'l) id., empfindfam, gefühlvoll.

sentine (ßą-tĭ'n) f unterfter Schiffsraum; fig. Pfuhl m.

sentinelle (ßą-tĭ-næ'l) f Schild-wache.

sentir (ßą-tĭ'r) fühlen, empfin-den; wahrnehmen, merken; ahnen; riechen; ~ qc. nach et. riechen; v/n. ~ (bon gut) riechen; se ~ de qc. die Folgen von et. verfpüren.

seoir (ßŏår) anftehen, kleiden, fitzen.

séparable (ße-pă-ra'bĭ) trennbar.

séparation (ße-pă-rā-ßǫ') f Tren-nung, Scheidung; Scheide-wand.   [zeln, jeber für fich.

séparément (ße-pă-re-mą') ein-

séparer (ße-pă-re') trennen; ab-fondern, fcheiden.   [nung).

sépia (ße-pĭ-a') f Sepia (-Zeich-

sept (ßæt; vor cons. ßæ) fieben.

septante (ßæ-ptą't) fiebzig.

septembre (ßæ-ptą'br) m Sep-tember.

septénaire(ßĕ-ptĕ-nā'r) 1.fieben
enthaltenb. 2. m Jahrfiebent n.

septennal, ᷚe (ßĕ-ptĕ(n)-nä'l)
fiebenjährig. [Norben.

septentrion (ßĕ-ptg-trĭ-ǫ') m
septentrional, ᷚe (ßĕ-ptg-trĭ-ŏ-
nä'l) nörblich.

septième (ßĕ-tĭ͛æ'm) 1. ftebent.
2. m Siebente(r); Siebenteln.
3. f Se'ptima; ♂ Se'ptime.

septique (ßĕ-ptĭ'f) Fäulnis be-
wirfenb.

septuagénaire (ptŭ-ă-Gĕ-nā'r)
1. fiebzigjährig. 2. m ꝛt f Sieb-
ziger(in).

septuor(ßĕ-ptŭ-ŏ'r) m Septett n.

septuple (ßĕ-ptŭ'pl) fiebenfach.

septupler(ßĕ-ptŭ-ple') verfieben-
fachen. - [Grab(eß)-...

sépulcral, ᷚe (ße-pŭl-frä'l)

sépulcre (ße-pŭ'ltr) m Grab n,
Grabftätte f.

sepulture (ße-pŭl-tŭ'r) f Be-er-
bigung; Grabftätte.

séquelle (ßĕ-fæ'l) f Sippfchaft.

séquence (ßĕ-fā͛'ß) f Kartenfolge.

séquestre (ßĕ-fæ'ßtr) m Befchlag;
(Privat-)Haft f; Sequeftra'tor.

séquestrer (ßĕ-fæ-ßtre') mit Befchlag belegen; jem. wiberrechtlich
einfperren.

sequin (ßĭ-fǫ') m Zechi'ne f.

séran (ßĕ-rǫ') m Hechel f.

sérancer (ße-rǫ-ße') hecheln.

séraphin (ße-ră-fǫ') m Se'raph.

serein, ᷚe (ßĭ-rǫ', ᷚræ'n) 1. hei-
ter, hell; froh. 2. m Abenbtau.

sérénissime (ße-re-nĭ(ß)-ßĭ'm)
burchlauchtigft.

sérénité (re-nĭ-te') f Heiterfeit.

séreux, ᷚse (ßĕ-rŏ', ᷚrŏ'ß)
wäfferig.

serf m, ᷚve f (ßärf, ßärw) 1. leib-
eigen. 2. s. leib-eigene(r).

serfouette (ßär-fŭ-æ't) f (Gät-)
Hacke. [be-hacken.

serfouir (ßär-fŭ-ĭ'r) leicht um-,

serge (ßärG) f Sarfche.

sergent(ßär-Gǫ') m ehm.Gerichts-
biener; ᷚde ville Polizeibiener;
✗ Sergeant. [weber.

serg(i)er (Gĭ͛e' Ge') m Sarfche-

sériciculture (ße-rĭ-ßĭ-fŭl-tŭ'r) f
Seiben-bau m, -zucht.

série (ßĕ-rĭ') f Se'ri-e, Reihe.

sérieux, ᷚse(ßĕ-rĭ͛ß', ᷚrĭ͛ß'ß) 1.ernft
(-haft); aufrichtig, wirflich;
ernftlich. 2. m Ernft(haftig-
feit f).

serin(ßĭ-rǫ')m Zeifig; Kanari-en-
vogel; fig. Gimpel.

seriner (ß'rĭ-ne') ein-orgeln; fig.
eintrichtern. [Orgel.

serinette (ß'rĭ-næ't) f Vogel-

seringue(ßĭ-rā̆'g)f(fleine) Spritze,
Klyftierfpritze.

seringuer (ß'rǫ-ge') (be-, ein-,
aus-)fpritzen.

serment(ßär-mǫ')m Schwur,Eib.

sermon (ßär-mǫ') m Prebigt f.

sermonnaire (ßär-mŏ-nā'r) m
Prebigtbuch n.

sermonner (ßär-mŏ-ne'): ᷚ q.
j-m bie Epiftel lefen.

sérosité (ße-ro-ßĭ-te') f wäfferige
Feuchtigfeit, Lymphe.

serpe (ßärp) f Gartenmeffer n,
Hippe. [♂ Serpent n.

serpent (ßär-pǫ') m Schlange f;

serpentaire (ßär-pǫ-tā'r) 1. m
ast. Schlangenträger. 2. f
Drachenwurz.

serpentant, ᷚe (ßär-pǫ-tǫ', ᷚtā't)
fich fchlängelnb.

serpenteau (ßär-pǫ-to') m junge
Schlange; Ableger; Brillant-
fchwärmer. [geln.

serpenter(ßär-pǫ-te') fich fchlän-

serpentin, ᷚe (ßär-pǫ-tǫ', ᷚtĭ'n)
1. fchlangen-artig. 2. m Schlan-
genrohr n.

serpette (ßär-pæ't) f Garten-,
Winzer-meffer n.

serpillière (ßär-pĭ-lĭ͛ā'r) f Pack-
leinwanb; Sonnenbach n.

serpolet (ßär-pŏ-læ') m Quenbel.

serre (ßär) f Gewächshaus n; Drücken n, Pressen n, Keltern n; Klaue.

serré, ~e (ßä-re') gedrängt; einge-engt; verstopft (vom Leib); knauserig; jouer ~ vorsichtig spielen. [Bremser.

serre-frein (ßär-frä') m, pl. ~-s

serre-papiers (ßär-pä-piē') m, pl. ~-~ Aktenkammer f; Briefbeschwerer. [Daumschraube f.

serre-pouces (ßär-pū'ß) m, pl. ~-~

serrer (ßä-re') ver-, ein-schließen; drücken, pressen; straff(er) anziehen, zf.-schnüren; zf.-drängen.

serre-tête (ßär-tä't) m, pl. ~-~ Kopfband n; Nachtmütze f.

serrure (ßä-rü'r) f (Thür- 2c.) Schloß n. [Schlosser-arbeit.

serrurerie (rü-rĭ-rĭ') f Schlosserei;

serrurier (ßä-rü-riē') m Schlosser.

sertir (ßär-tī'r) Edelsteine fassen.

sertissure (ßär-tĭ-ßü'r) f Fassung.

servage (ßär-wa'G) m Leib-eigen-, Knecht-schaft f.

serval (ßär-wa'l) m Katzenparder.

servant, ~e (ßär-wa', ~wã't) 1. bienend. 2. m Meßdiener. 3. ~e f Dienstmädchen n, Magd; Nebentischchen n.

serve (ßärw) f von serf.

serviabilité (ßär-wĭ-a-bĭ-lĭ-te') f Dienstfertigkeit.

serviable (ßär-wĭa'bĭ) dienstfertig.

service (ßär-wĭ'ß) m Dienst; Aufwartung f; Dienst(-leistung f); ~ divin Gottesdienst; Seelenmesse f; ~ (de table) Tischgeschirr n; Gang von Speisen.

Servie (ßär-wĭ') f Serbi-en n.

servien, ~ne (ßär-wiẽ', ~wĭä'n) serbisch.

serviette (ßär-wĭä't) f id., Tellertuch n; Handtuch n; Aktenmappe. [mein, niedrig.

servile (ßär-wĭ'l) knechtisch; ge-

servilité (ßär-wĭ-lĭ-te') f knechtische Unterwürfigkeit.

servir (ßär-wī'r) (q. j-m) dienen; bedienen, aufwarten; sich dienstfertig zeigen; die Suppe 2c. auftragen; madame est ~ie es ist angerichtet; für ein Haus arbeiten; eine Rente auszahlen; v/n. brauchbar sn, nützen; ~ de qc. als et. dienen, die Stelle v. et. vertreten; se ~ de qc. et. benutzen.

serviteur (ßär-wĭ-tö'r) m Diener.

servitude (ßär-wĭ-tü'b) f Knecht-schaft, Sklaverei; Zwang m; Servitut.

ses (ßä) pl. seine, ihre.

session (ßä-ßiŏ') f id., Sitzungszeit; Sitzung eines Konzils.

setier (ßĭ-tiē') m Sester (Hohlmaß).

séton (ßĕ-tŏ') m Haarseil n.

seuil (ßöj) m Schwelle f.

seul, ~e (ßöl, ßöl) allein, einzig, alleinig; bloß; einsam; ~e (lettre) de change Solawechsel m.

seulement (ßö-l'mã') nur, bloß; ne ... pas ~ nicht einmal.

seulet, ~te (ßö-lä', ~lä't) allein.

sève (ßäw) f Saft m in den Pflanzen; Feuer n des Weines; fig. Kraft, Schwung m.

sévère (ßĕ-wä'r) streng, scharf; ernst, schmucklos.

sévérité (ßĕ-we-rĭ-te') f Strenge, Härte; strenge Regelmäßigkeit.

sévices (ßĕ-wĭ'ß) m/pl. Mißhand-lungen f. [verfahren.

sévir (ßĕ-wĭ'r) wüten, strenge

sevrer (ßĭ-wre') ein Kind entwöhnen, ein Tier absetzen; ~ q. de qc. jem. e-r Sache berauben.

sevreuse (wrö'ß) f Entwöhnerin.

sex... (ßĕ-kß...) in Zfg.: sechs-...

sexagénaire (ßĕ-gßä-Gĕ-nä'r) 1. sechzigjährig. 2. s. Sechziger(in).

sexe (ßĕkß) m Geschlecht n v. lebenden Wesen u. Pflanzen. [jährlich.

sexennal (ßĕ-kßän-nä'l) sechs-

sextuple (ßäf-ßtü'pl) ſechsfach.

sexuel, ~le (ßä-kßü-ä'l, ~ä'l) geſchlechtlich.

si (ßi) 1. wenn, wofern; ~ ce n'est que es ſei denn, daß; ~ tant est que wenn es wahr iſt, daß, wenn anders; ob; le ~ das Wenn. 2. *adv.* ſo; ~ riche qu'il soit ſo reich er auch ſein mag; doch, ja (nach *nég.*); ~ fait allerdings. 3. *m* ♂ ♄ *n* (Note).

siamois, ~e (ßi-à-mßä', ~mßä'ſ) ſiameſiſch, aus Siam.

sibilant, ~e (ßi-bi-lẫ', ~lẫ't) ziſchend; pfeifend.

sicaire (ßi-kẫ'r) *m* gebungener Meuchelmörder. [nenb.

siccatif, ~ve(ßa-ti'f, ~ti'w) trod-

siccité (ßi-kßi-te') *f* Trockenheit.

sidéral, ~e (bë-rä'l) Stern(en)-..., Sidera'l-...; Eiſen-...

siècle (ßiä'kl) *m* Jahrhundert *n*; lange, ewige Zeit; Welt *f*, weltliches Leben.

siège (ßiäß) *m* Seſſel, Stuhl; Sitz; Kutſcherbock; Gerichts-ſtuhl, -ſaal; Belagerung *f*.

siéger (ßiè-ßè) e-n biſchöflichen ꝛc. Sitz inne haben; ſ-n Sitz h.; Sitzung halten; Vorſitzen-ber ſein.

sien, ~ne (ßiẫ, ßiän) ihm (ihr) angehörig; le ~, la ~ne der (die, das) ſeinige, ihrige; faire des ~nes Streiche machen.

sieste (ßiäßt) *f* Mittagsruhe.

sieur (ßiör) *m* Herr; der pp., ein gewiſſer.

sifflant, ~e(ßi-flẫ', ~flẫ't)ziſchenb; (lettre *f*) ~e Ziſchlaut *m*.

sifflement (ßi-fli-mẫ') *m* Pfeifen *n*; Ziſchen *n*.

siffler (ßi-flè') pfeifen; ziſchen; ſauſen (von Kugeln); keichen. II. *v/a.* pfeifen; aus-pfeifen, -ziſchen.

sifflet (ßi-flä') *m* Pfeife *f*; Pfei-fen *n*, Pfiff; Kehle *f*.

siffleur(ßi-flö'r) 1. pfeifend; kei-chend. 2. *m* Pfeifer, Auszischer.

siffloter (ßi-flŏ-te') oft pfeifen.

sigillaire (ßi-ĝil-lä'r) auf Siegel bezüglich.

sigillé, ~e (ßi-ĝil-le') beſiegelt; terre *f* ~e Siegel-erbe.

signal (ßi-njä'l) *m* id. *n*, Zeichen *n*.

signalé, ~e (ßi-njä-le') ausge-zeichnet.

signalement (ßi-nja-l'mẫ') *m* id. *n*; (lettre de) ~ Steckbrief.

signaler (ßi-njä-le') ſignaliſieren, burch ein Signal anbeuten; be-merklich machen; an ben Tag legen, auszeichnen, berühmt machen. [zeichner(in).

signataire (ßi-nja-tä'r) *s.* Unter-

signature (ßi-nja-tü'r) *f* Unter-ſchrift; *typ.* Signatur.

signe (ßinj) *m* Zeichen *n*; Merk-mal *n*; Wink.

signer (ßi-nje') unter-ſchreiben, -zeichnen; Silbergeſchier ſtempeln; se ~ ſich bekreuz(ig)en.

signet (ßi-nä') *m* Leſe-, Buch-zeichen *n*. [bebeutſam.

signifiant, ~e (ßi-nji-fiẫ', ~fiẫ't)

significatif, ~ve(ßi-nji-fi-ka-ti'f, ~ti'w) bedeutſam; bezeichnend.

signification (ßi-nji-fi-ka-ßiẫ') *f* Bedeutung, Sinn *m*; gerichtliche Anzeige.

signifier (ßi-nji-fi-e') bedeuten, die Bedeutung h., heißen; aus-brücklich zu verſtehen geben; gerichtlich anzeigen.

silence(ßi-lẫ'ß)*m*(Still-)Schwei-gen *n*; Stille *f*, Ruhe *f*.

silencieux, ~se (ßi-lẫ-ßiö', ~ßiö'ſ) ſchweigſam; verſchloſſen; ge-räuſchlos.

Silésie (ßi-le-ßi') *f* Schleſien *n*.

Silésien *m*, ~ne *f* (le-ßiẫ', ~ßiä'n) Schleſi-er(in).

silex (ßi-läkß) *m* Kieſel.

silhouette (ßi-luä't) *f* Schatten-riß *m*.

silice (ßl-lî'ß) f reine Kieselerde.
silique (ßl-li'ß) f Schote.
sillage (ßl-ja'G) m Kielwasser n; Fahrt f, Fahrgeschwindigkeit f eines Schiffes.
sillon (ßl-jŏ') m Furche f; fig. Streifen; Rille f.
sillonner (jŏ-ne') (durch-)furchen.
silo (ßl-lo') m id., Getreidegrube f.
silure (ßl-lü'r) m Wels.
simagrée (ßl-mă-grë') f Ziererei.
simiens (ßl-mïã') m/pl. affenartige Tiere n/pl.
similaire (ßl-mï-lä'r) gleichartig.
similarité (ml-lä-rl-te') f Gleichartigkeit.
similitude (ßl-ml-lî-tü'b) f Ähnlichkeit; Gleichnis n.
similor (ßl-ml-lŏ'r) m Mannheimer Gold n.
simonie (ßl-mŏ-nî') f id., Handel m mit geistlichen Stellen.
simoun (ßl-mü'n) m Sa'mum (Wind).
simple (ßã'pl) 1. einfach; schmucklos; arglos, schlicht; einfältig; vor dem s.: weiter nichts als, bloß; gemein(er Soldat). 2. m Einfaltspinsel; das Einfache; Heilkraut n.
simplicité (ßã-plï-ßl-te') f Einfachheit; Unbefangenheit; Einfalt; Einfältigkeit.
simplification (ßã-plï-fl-kä-ßõ') f Vereinfachung.
simplifier (plï-fl-e') vereinfachen.
simulacre (ßl-mü-la'tr) m Götzenbild n; Trugbild n; Scheinhandlung f.
simulateur m, -trice f (ßl-mü-la-tŏ'r, -trl'ß) Simulant(in).
simulation (ßl-mü-lä-ßõ') f Verstellung.
simuler (ßl-mü-le') sich stellen, als ob man etwas thue oder hätte, vorgeben, erheucheln.
simultané, -e; -ment (ßl-mül-tă-ne'; -ne-mã') gleichzeitig.

simultanéité (ßl-mül-tă-ne-ï-te') f Gleichzeitigkeit.
sinapisme (ßl-nă-pi'ßm) m Senfpflaster n.
sincère (ßã-ßä'r) aufrichtig.
sincérité (ßã-ße-rl-te') f Aufrichtigkeit. [haupt n.
sinciput (ßã-ßl-pü't) m Vorbersinge(ßãG)m.Affe; Storchschnabel.
singer (ßã-Ge') nachäffen.
singerie (ßã-G'rî') f Affen-streich m, -posse; Nachäffung.
singulariser (gü-lă-rl-se') durch Sonderbarkeiten auszeichnen.
singularité (ßã-gü-lă-rl-te') f Sonderbarkeit; Eigenheit.
singulier, -ère (ßã-gü-lïe', -lïä'r) 1. einzeln; sonderbar, eigentümlich; ausgezeichnet. 2. m Singular.
sinistre (ßl-ni'ßtr) 1. Unheil verkündend; unheilvoll. 2. m Unglücksfall (durch Feuersbrunst ꝛc.).
sinon (nõ') wo nicht, sonst; außer.
sinueux, -se (ßl-nü-ŏ', -ŏ'f) sich schlängelnd, gewunden.
sinuosité (ßl-nü-o-ßl-te') f Gewundenheit, Windung.
Sion (ßl-õ') m 1. Zi'on n (Berg). 2. Sitten n (Stadt in Wallis).
siphon (ßl-fõ') m (Saug-)Heber; id. (Flasche Selterswasser); Wasserhose f.
sire (ßlr) m ehm. Herr; S- allergnädigster Herr! Majestät!; pauvre ~ armer Tropf.
sirop (ßl-ro') m Sirup.
siroter (ßl-rŏ-te') nippen, langsam ausschlürfen.
sis, -e (ßi, ßlf) liegend, gelegen.
sismomètre (ßl-ßmŏ-mä'tr) m Erdbebenmesser.
site (ßit) m Lage f; Gegend f.
sitôt (ßl-tŏ') so bald (que als).
situation (ßl-tü-ă-ßõ') f Lage; Stellung; Stimmung; Zustand m der Geschäfte.
situé, -e (ßl-tü-e') gelegen.

situer(ßĭ-tü-e')hin-setzen,-stellen.
six (ßĭß; vor cons. ßĭ; in der Bindung: ßĭß) sechs; s/m. (ßĭß)
Sechs f.
sixain (ßĭ-ßǫ'), etc. v. sizain.
sixième (ßĭ-ßĭ̃ä'm) 1. sechster.
2. m Sechstel n; Serta'ner.
3. f Serta.   [m Sirtus.
sixte (ßĭlßt) 1. f ♪ Serte. 2. S.
sizain (ßĭ-ßǫ') m sechszeilige
Strophe; Pack n von 6 Stück.
sizaine(ßĭ-ßæ'n)f halbes Dutzend.
slave (ßlāw) 1. slawisch. 2. S.s.
Slawe, Slawin.
sloop ⚓ (ßlup) m Sloop.
smalt (ßmält) m Schmalte f.
smille (ßmĭj) f Zweispitze.
sobre (ßo'br) mäßig, nüchtern;
zurückhaltend.
sobriété(ßŏ-brĭ-ĕ̆-te')fMäßigkeit,
Nüchternheit; Besonnenheit.
sobriquet (ßŏ-brĭ-kæ') m Spitz-
name.
soc (ßŏk) m Pflugschar f.
sociabilité (ßŏ-ßĭa-bĭ-lĭ-te') f
(Hang m zur) Geselligkeit.
sociable (ßŏ-ßĭa'bl) gesellig.
social, e (ßŏ-ßĭã'l) gesellschaft-
lich; sozial; Gesellschafts-...
socialiser (ßŏ-ßĭã-lĭ-se') gesellig
machen; für den Sozialismus
gewinnen.
socialiste (ßŏ-ßĭã-lĭ'ßt) 1. sozia-
listisch. 2. m Sozialist.
sociétaire (ßĭe-tä'r) s. Mitglied
n e-r Genossenschaft.
société (ßŏ-ßĭe-te')fGesellschaft;
Verein m; la S. (de Jésus)
Jesuiten-Orden m.
socle (ßŏ'kl) m Sockel, Untersatz.
socque (ßŏk) m Soccus; Komödi-e
f; Überschuh.
sœur (ßör) f Schwester; Nonne.
soi (ßŏa) sich; amour de . Selbst-
liebe f.   [nannt, angeblich.
soi-disant (ßŏa-bĭ-ßǫ') inv. soge-
soie (ßŏa) f 1. Seide. 2. Borste.
soierie (ßŏa-rĭ') f Seiden-berei-

tung, -weberei; .s pl. Seiden-
waren.
soif (ßŏaf) f Durst m; Begierde.
soigné, e (ßŏã-nje') 1. sorgfältig
gearbeitet. 2. m du . etwas
Erquisites.
soigner (ßŏã-nje') Sorge tragen
für ..., sorgsam hüten, pflegen;
sorgfältig zubereiten; se . sich
pflegen.
soigneux, se (njö', njö'ß) sorgfältig; . de qc. besorgt um et.
soin (ßŏǫ) m Sorge f, Sorgfalt f;
Besorgung f; .s pl. Dienste,
Pflege f/sg., Aufmerksamkei-
soir (ßŏǎr) m Abend.   [ten f.
soirée (ßŏã-rē') f Abend-zeit, -ge-
sellschaft.
soit(ßŏǎt u. ßŏǎ) es sei; ainsi .-il!
Amen! cj. . que ... es sei nun
daß ...; angenommen.
soixantaine(ßŏã-ßǫ-tæ'n)f Schock
n, (an) sechzig Stück.
soixante (ßŏã-ßǫ't) sechzig.
soixante-dix (-onze, & ein unb)
siebzig 2c.
soixantième (ßǫ-tĭ̃ä'm) 1. sech-
zigst. 2. m Sechzigstel n.
sol(ßŏl) m 1. Acker-, Erd-boden,
Grund. 2. ♪ G(-Note f) n.
solaire (ßŏ-lä'r) Sonnen-...
solandre (ßŏ-lǎ'br) f vét. Rappe,
Raspe.   [schatten.
solanum (ßŏ-lǎ-nŏ'm) m Nacht-
solbatu, e (ßŏl-bä-tü') vét. an
der Fleischsohle verletzt.
soldatesque(ßŏl-ba-tæ'ßk) 1. sol-
batisch. 2. f Soldatenvolk n.
solde (ßŏlb) 1. f Sold m, Löhnung. 2. m Saldo, Rechnungs-
überschuß.
solder (ßŏl-be') 1. besolden.
2. salbieren, abschließen.
sole (ßŏl) f 1. (Acker-)Schlag m.
2. (Fleisch-)Sohle; (Lager-)
Schwelle; See-zunge (Fisch).
solécisme(ßŏ-lĕ-ßĭ'ßm)mSprach-
fehler.

soleil (฿ŏ-lᾰ'j) m Sonne f; Monſtranz f; Sonnenblume f.

solennel, ⹂le (฿ŏ-lă-nᾰ'l, ⹂nᾰ'l)
feierlich; pomphaft.

solennisation (฿ŏ-lă-nĬ-ſā-฿ĝ') f
Feier.   [lichfeit.

solennité (฿ŏ-lă-nĬ-te') f Feier-

Soleure (฿ŏ-lŏ'r) f Solothurn n.

solfier (฿ŏl-fĬ-e') folfeggieren.

solidaire (฿ŏ-lĬ-dᾱ'r) ſolidariſch;
gegenſeitig verantwortlich.

solidariser (฿ŏ-lĬ-dă-rĬ-ſe') ſoli-
bariſch machen.

solidarité (฿ŏ-lĬ-dă-rĬ-te') f ſoli-
bariſche Verpflichtung.

solide (฿ŏ-lĬ'b) 1. feſt, dicht; haltbar, dauerhaft; echt, ſolide;
handfeſt; rechtſchaffen. 2. m
feſter Körper.

solidifier (lĬ-dĬ-fĬ-e') feſt machen;
verdichten.

solidité (฿ŏ-lĬ-dĬ-te') f Dichtigkeit,
Feſtigkeit; Haltbarkeit; Zuver-
läſſigkeit.   [geſpräch n.

soliloque (฿ŏ-lĬ-lŏ't) m Selbſt-

solipède (฿ŏ-lĬ-pᾱ'b) einhufig.

solitaire (฿ŏ-lĬ-tᾱ'r) 1. einſam;
abgelegen; ver m ⹂Bandwurm.
2. m Einſiedler; Solitär (einzeln
gefaßter Diamant).

solitude (฿ŏ-lĬ-tū'b) f Einſam-
feit; Einöde.

solive (฿ŏ-lĬ'w) f Balken m.

soliveau (฿ŏ-lĬ-wo') m kleiner
Balken.

sollicitation (฿ŏ(l)-lĬ-฿Ĭ-tā-฿ĝ') f
bringendes Bitten, Geſuch n;
Betreibung.

solliciter (lĬ-฿Ĭ-te'): ⹂ q. à qc.
jem. zu et. anreizen; j-m zu-
reden, et. zu thun; ⹂ q. de qc.
jem. um et. bitten; ⹂ qc. um
etwas anſuchen; einen Prozeß betreiben; einen Richter günſtig zu
ſtimmen ſuchen.

solliciteur m, ⹂se f (฿ŏ(l)-lĬ-฿Ĭ-
tŏ'r, ⹂tŏ'ſ) Bittſteller(in); Für-
bitter(in); Betreiber(in).

sollicitude (฿ŏ(l)-lĬ-฿Ĭ-tū'b) f
liebevolle Sorgfalt; Beſorgnis.

solstice (฿ŏl-฿tĬ'฿) m Sonnen-
wende f.   [lösbarkeit.

solubilité (฿ŏ-lū-bĬ-lĬ-te') f Auf-

soluble (฿ŏ-lū'bĬ) auflöslich.

solution (฿ŏ-lū-฿ĝ') f Auflöſung.

solvabilité (฿ŏl-wa-bĬ-lĬ-te') f
Zahlungsfähigkeit.   [fig.

solvable (฿ŏl-wa'bĬ) zahlungsfä-

sombre (฿ĝ'bĬ) dunkel, düſter;
finſter.   [fentern.

sombrer (฿ĝ-bre') umſchlagen,

sommaire (฿ŏ-mᾱ'r) 1. kurz ge-
faßt, gedrängt. 2. m Haupt-
Inhalt, ſummariſche Überſicht.

sommation (฿ŏ-mā-฿ĝ') f Auf-
forderung, Mahnung; Vorladung; Summieren n.

somme (฿ŏm) 1. f Summe. 2. m
Schlaf, kurzes Schläfchen. 3. f
Laſt, Tracht eines Eſels ꝛc.; bête f
de ⹂ Laſttier n.

sommeil (฿ŏ-mᾰ'j) m Schlaf;
Schläfrigkeit f.   [mern.

sommeiller (฿ŏ-mᾰ-je') ſchlum-

sommelier (mĬ-lĬe') m Schaffner;
Kellermeiſter. [nerei; Kellerei.

sommellerie (mᾰ-l'rĬ') f Schaff-

sommer (฿ŏ-me') 1. gerichtlich
auffordern; ⹂ une place eine
Feſtung zur Übergabe auffor-
bern. 2. ſummieren. 3. überragen.   [Scheitel(punkt).

sommet (mᾰ') m Gipfel; Spitze f;

sommier (฿ŏ-mĬe') m 1. Haupt-
buch n. 2. Saumtier n; Roß-
haar-matratze f; Wagebalken;
(Glocken-)Welle f.   [Spitze.

sommité (฿ŏ-mĬ-te') f höchſte

somnambule (mng-bū'l) 1. mond-
ſüchtig. 2. s. Nachtwandler(in).

somnifère (฿ŏ-mnĬ-fᾱ'r) 1. ſchlaf-
bringend. 2. m Schlafmittel n.

somnolence (฿ŏ-mnŏ-lᾱ'฿) f
Schlaf-trunkenheit, -ſucht.

somnolent, ⹂e (฿ŏ-mnŏ-lᾱ', ⹂lᾱ't)
ſchläfrig; ſchlafſüchtig.

somptuaire(ßg-ptü-ā'r) den Aufwand betreffend, Luxus-...

somptueux, ~se (ßg-ptü-ö', ~ö'ß)
prächtig.

somptuosité (ßg-ptü-o-ßī-te') f
Pracht, Aufwand m.

son m, sa f, ses pl. (ßg, ßä, ßæ)
sein(e), ihr(e).

son (ßg) m Kleie f. [Sonate.

sonatine (ßŏ-na-tī'n) f kleine

sonde (ßǭd) f (Senk-)Blei n;
Peilen n; Sonde der Chirurgen;
Erdbohrer m.

sonder(ßg-be')loten, peilen; son-
bieren; fig. ergründen.

sondeur (ßg-dō'r) m Mann am
Lot; Untersucher.

songe (ßǭQ) m Traum.

songer (ßg-Qe') träumen; nach-
finnen; bedenken; ~ à qc. auf
etwas finnen. [merin.

songeresse (ßg-Q'ræ'ß) f Träu-
songeur, ~se (Qō'r, Qō'ß) 1. träumerisch. 2. s. Träumer(in).

sonnaille (ßŏ-na'j) f Viehschelle.

sonnailler (ßŏ-nä-je') 1. m Leit-
tier n, -hammel. 2. v/n. beständig läuten.

sonnant, ~e (ßŏ-ng', ~ṅā't) klingend; schlagend (Uhr); à midi ~
mit dem Schlage 12.

sonner (ßŏ-ne') I. v/n. klingen,
tönen, schallen; schlagen (Uhr);
lauten; läuten; ~ du cor auf
dem Horn blasen. II. v/a. läuten; schellen, klingeln.

sonnerie (ßŏ-n'rī') f Geläute n;
Schlagwerk n.

sonnet (ßŏ-næ') m Sonett n.

sonnette (ßŏ-næ't) f Klingel;
Schelle.

sonneur (ßŏ-nō'r) m Glöckner; ~
de cor Hornbläser.

sonore(ßŏ-nō'r) tönend, klingend;
klangreich.

sonorité (ßŏ-no-rī-te') f Hell-
klingen n; Wohlklang m.

sophisme (ßī'ßm) m Trugschluß.

sophistiquer(ßŏ-fī-ßtī-fe') I.v/n.
spißfinbeln. II. v/a. Arzeneien zc.
verfälschen.

soporatif, ~ve, soporifère (ßŏ-pŏ-
ra-tī'f, ~tī'w, ßŏ-pŏ-rī-fä'r)
1. einschläfernd. 2. m Schlafmittel n.

sorbe (ßorb) m Vogelbeere f.

sorbet (ßŏr-bæ') m Sorbe'tt n.

sorbier (ßŏr-bīe') m Eberesche f.

sorcellerie (ßæ-l'rī') f Hexerei.

sorcier m, ~ère f (ßŏr-ßīe', ~ßā'r)
Zauberer, Hexenmeister, Hexe f.

sordide (ßŏr-bī'd) schmutzig, unflätig; filzig. [m; Filzigkeit.

sordidité(ßŏr-bī-bī-te')f Schmuß

sornette (ßŏr-næ't) f Albernheit.

sororicide (ßŏ-rŏ-rī-ßī'b) m
Schwester-mord, -mörder.

sort (ßŏr) m Schicksal n; (Lebens-)
Los n, Geschick n; Entscheidung
f durch den Zufall; tirer au ~
losen; Zauber.

sortable (ßŏr-ta'bl) angemessen.

sorte (ßŏrt)f Art, Gattung, Sorte;
de la ~ auf diese Weise, so; en
quelque ~ gewissermaßen; cj.
de ~ que ... so daß ...

sortie (ßŏr-tī') f Herausgehen n,
Aus-gang m, -ritt m zc.; Aus-
tritt m; Abtreten n v. der Bühne;
Ausfall m aus einer Festung.

sortilège (ßŏr-tī-lǣ'Q) m Zauberei f.

sortir (ßŏr-tī'r) 1. heraus-gehen,
-treten; ausgehen; hervorkommen; relief-artig hervortreten;
aus einer Lage herauskommen; v.
etwas abgehen, abweichen; los-
kommen, sich frei machen; abstammen; v/a. heraus-bringen,
-führen, -ziehen. 2. m au ~
beim Herausgehen; zu Ende
des Winters zc.

sot m, ~te f (ßo, ßŏt) 1. albern,
dumm; verlegen; ärgerlich.
2. s. Dummkopf, Narr, dumme
Gans, Närrin f.

sottise (ßŏ-tī'ſ) f Dummheit;
dummer Streich; Flegelei;
Zote. [ſammlung f.
sottisier (ßŏ-tĭ-ſ̄ĕ') m Schwänke-
sou (ßu) m Sou; pièce f de cent
‿s Fünffrankenſtück n.
Souabe (ßŭ-a'b) f Schwaben n.
soubassement (ßu-ba-ßmg') m
Grundmauer f.
soubresaut (ßu-brĕ-ßŏ') m plötzlicher Sprung, Satz, Stoß.
soubrette (ßu-brǽ't) f id., ver-
ſchmitztes Kammermädchen.
souche (ßuſch) f (Baum-)Stumpf
m; Stamm m eines Geschlechts;
faire ‿ Stammvater ſn.
souchon (ßu-ſchǫ) kleiner Baum-
ſtumpf.
souci (ßu-ßī') m 1. Sorge f, Be-
kümmerniß f; Gram. 2. Rin-
gelblume f; jaune comme un
‿ quittengelb.
soucier (ßu-ßĭ-e'): se ‿ ſich be-
kümmern (de qc. um et.).
soucieux, ‿se (ßu-ßĭŏ', ‿ßĭŏ'ſ)
bekümmert. [-teller m.
soucoupe (ßu-ku'p) f Unter-taſſe,
soudable (ßu-da'bĭ) lötbar.
soudain, ‿e (ßu-dǟ', ‿dǽ'n)
plötzlich, blitzſchnell.
soudard (dā'r) m alter Hau-degen.
soude (ßūd) f Salzkraut n; Soda,
Natron n.
souder (ßu-de') (an)löten, ſchwei-
ßen; feſt verbinden.
soudoir (ßu-dĕä'r) m Lötkolben.
soudoyer (ßu-dĕä-ſ̄e') in ſeinem
Solde haben.
soudure (ßu-dü'r) f Lot n, Löt-
mittel n; Löten n, Schweißen
n; Schweiß-, Löt-ſtelle.
soufflage (ßu-fla'G) m Glas-
Blaſen n.
souffle (ßu'fl) m Hauch; Atemzug;
Wehen n, Säuſeln n; Lüftchen n.
soufflé (ßu-fle') m Eier-Auflauf.
souffler (ßu-fle') I. v/n. blaſen,
puſten; hauchen; wehen, brau-

ſen; ſchnaufen; den Blaſebalg
treten. II. v/a. aus-, weg-bla-
ſen; aufblaſen; zuflüſtern, ſouf-
flieren; mit einem Zuge aus-
trinken.
soufflerie (ßu-flĭ-rī') f Gebläſe n.
soufflet (ßu-flǽ') m Blaſebalg;
Klappverdeck n; Ohrfeige f.
souffleter (ßu-flĭ-te') ohrfeigen,
maulſchellen.
souffleur m, ‿se f (ßu-flŏ'r, ‿flŏ'ſ)
Bläſer(in); Keicher(in); Schnau-
fer (Pferd); Zubläſer(in), thé.
id.; ‿ d'orgues Balgentreter.
soufflure (flü'r) f (Guß-)Blaſe.
souffrance (ßu-frā'ß) f Leiden n;
Duldung; Unterbrechung der
Geſchäfte; rester en ‿ Not leiden,
nicht acceptiert w. [dulbſam.
souffrant, ‿e (frā', frā't) leidend;
souffre-douleur (ßufr-du-lŏ'r) m
Ziel-ſcheibe f des Spottes,
Marterholz n. [leidend.
souffreteux, ‿se (ßu-frĭ-tŏ', ‿tŏ'ſ)
souffrir (ßu-frĭ'r) I. v/a. (er)lei-
den, erdulden; aushalten, vertragen; erlauben. II. v/n. leiden.
soufrage (fra'G) m Schwefeln n.
soufre (ßū'fr) m Schwefel.
soufrer (ßu-fre') ſchwefeln.
soufrière (ßu-frĭ-ǟ'r) f Schwefel-
grube, -büchſe.
souhait (ßŭǽ) m Wunſch.
souhaitable (ßŭǽ-ta'bĭ) wün-
ſchenswert.
souhaiter (ßŭǽ-te') wünſchen.
souillard (ßŭ-jā'r) m Sink-,
Waſſer-loch n in e-m Brunnenſteine.
souille (ßuj) f Suhle, Kot-lache.
souiller (ßŭ-je') beſudeln.
souillon (ßŭ-jǫ) s. Schmutzfink m.
souillure (ßŭ-jü'r) f Schmutz-,
Schand-fleck m.
soûl, ‿e (ßū, ßūl) 1. überſatt; be-
trunken. 2. m Genüge f, Überfülle f.
soulagement (ßu-la-G'mǫ') m Erleichterung f; Unterſtützung f.

soulager (ßu-lǎ-ǧe'): ∼ q. j-m
Erleichterung verschaffen; jem.
erquicken, j-m helfen.
soûlard (ßu-lā'r) m Säufer.
soûler (ßu-le') übersättigen; se ∼
sich besaufen.
soulèvement (ßu-læ-w'mŋ') m
Erhebung f, Steigen n; Aufstand; ∼ de cœur Übelkeit f.
soulever (ßu-l'we') ein wenig in
die Höhe heben, aufrichten;
in Wallung bringen; aufwiegeln; hervorbringen; ∼ le cœur
Übelkeit verursachen; se ∼ sich
erheben, sich empören.
soulier (ßu-līe') m Schuh.
souligner (ll-nje') unterstreichen.
soumettre (mæ'tr) unterwerfen.
soumis, ∼e (ßu-mī', ∼mī'ß) unter-
würfig, fügsam.
soumission (ßu-mĭ-ßŏ̃') f Unterwerfung; Unterwürfigkeit, Er-
gebenheit; Submission.
soumissionnaire(ßu-mĭ-ßŏ̃-nā'r)
m Submittent.
soumissionner(ßu-mĭ-ßŏ̃-ne')ein
Kauf- od. Lieferungsgebot thun.
soupape(pǎ'p) f Klappe, Ventil n.
soupçon (ßu-pßŏ') m Argwohn,
Verdacht; Vermutung f; ein
bißchen, Tröpfchen n.
soupçonner (pßŏ-ne') argwöhnen,
in Verdacht haben; vermuten.
soupçonneux, ∼se (ßu-pßŏ-nŏ',
∼nŏ'ß) argwöhnisch.
soupe (ßup) f (klare Fleischbrüh-)
Suppe mit Brotschnitten; Brotschnitte; tremper la ∼ die Suppe
über die Brotschnitten gießen.
soupente (ßu-pǎ't) f Hänge-bo-
den m, -riemen m.
souper(ßu-pe') 1. zu Abend essen.
2. m Abendessen n.
soupeser (ßu-pĭ-ße') mit der
Hand wiegen. [schüssel.
soupière (ßu-pĭā'r) f Suppen-
soupir (ßu-pī'r) m Seufzer; ♩
Viertelpause f.

soupirail (ßu-pĭ-ra'į) m Luft-,
Keller-loch n.
soupirant m, ∼e f (ßu-pĭ-rą',
∼rą't) 1. (liebe-)seufzend. 2. m
Schmachtende(r), Liebhaber.
soupirer (pĭ-re') seufzen; schmachten; sich nach etwas sehnen.
souple (ßu'pl) biegsam; geschmeidig. [Geschmeidigkeit.
souplesse (plæ'ß) f Biegsamkeit,
souquenille (ßu-k'nī'į) f langer,
grober Leinwandkittel, Stall-
kittel m.
source (ßurß) f Quelle.
sourcil (ßur-ßĭ') m Augenbraue f.
sourciller (ßur-ßĭ-je') die Augenbrauen bewegen; ne pas ∼ keine
Miene verziehen.
sourcilleux, ∼se (ßur-ßĭ-jŏ', ∼jŏ'ß)
sorgenvoll; steil, in die Wolken
ragend; dünkelhaft.
sourd, ∼e (ßūr, ßurd) 1. taub;
dumpf; gedämpft; heimlich,
Schleich-... 2. s. Taube(r).
sourdaud, ∼e (ßur-dō', ∼dō'd)
harthörig.
sourdine (ßur-dī'n) f Sordine,
Dämpfer m; à la ∼ heimlich.
sourd-muet, sourde-muette(ßur-
mü-æ', ßurd-mü-æ't) taub-
stumm.
sourdre (ßū'rdr) hervorquellen.
souriant, ∼e (ßu-rĭ-ą', ∼ą't)
lächelnd. [chen n.
souriceau (ßu-rĭ-ßō') m Mäus-
souricière (ßu-rĭ-ßĭā'r) f Mause-
falle; Verbrecherkneipe.
sourire (ßu-rĭ'r) 1. lächeln. 2. m
Lächeln n. [2. f Maus.
souris (ßu-rĭ') 1. m Lächeln n.
sournois m, ∼e f (ßur-noã', ∼ã'ß)
1. verschlossen, versteckt. 2. s.
Duckmäuser(in).
sournoiserie (ßur-noã-ß'rī') f
Duckmäuserei.
sous (ßu) unter, unterhalb; während; ∼ peu binnen kurzem.
sous-... (ßu...) in Zssg.: Unter-...,

Neben-..., ¡ß. sous-aide m Un-
tergehülfe.

sous-bande (ßu-bā'b) f Kreuz-
band n ju Poſtſendungen.

souscripteur (ßu-ßkri-ptŏ'r) m
Subſkribent, Unterzeichner.

souscription (ßu-ßkri-pßiŏ') f Un-
terzeichnung; Schlußformel e-s
Briefes; Subſkribieren n.

souscrire (ßu-ßkri'r) I. v/a. un-
terschreiben; gut heißen. II. v/n.
~ pour qc. auf et. ſubſkribieren.

sous-entendre (ßu-ßa-tā'br) mit
darunter verſtehen.

sous-entente (ßu-ßa-tā't) f Hin-
tergedanke m.

sous-locataire (ßu-lŏ-ka-tā'r) s.
Aftervermieter(in).

sous-louer (ßu-lü-e') after-ver-
mieten, -mieten. [Unterlage f.

sous-main (ßu-mā') m (Schreib-)

sous-ordre (ßu-ſo'rbr) m Unterordnung f; Untergeordnete(r).

sous-pied(ßu-piē') m Sprung-rie-
men, Strippe f an Hoſen.

soussigné m, ~e f (ßu-ßi-nje')
Endes-Unterschriebene(r).

soustraction (ßu-ßträ-kßiŏ') f
Unterschlagung; Subtraktion;
Abziehen n.

soustraire (ßu-ßträ'r) unterschlagen; entziehen; subtrahieren.

sous-vente (ßu-wā't) f Weiter-
verkauf m.   (Bauchgurt m.

sous-ventrière (ßu-wa-tri-ā'r) f

sous-verge (ßu-wä'rG) m Hand-
pferd n.   [liger Priesterrock).

soutane (ßu-ta'n) f id. (eng-ärme-

soute (ßut) f (Schiffs-)Kammer; ~
aux poudres Pulverkammer.

soutenable (ßu-t'na'bl) haltbar;
durch Gründe zu behaupten; erträglich.

soutènement (ßu-tä-n'mā') m Halt,
Stütze f; Rechnungs-Belag.

soutenir(ßu-t'ni'r) ſtützen, halten,
tragen; aushalten; (v)ertragen;
aufrecht halten; in gleicher Güte
erhalten; j-m den Lebensunterhalt gewähren; ſtärken, nähren;
eine Lehre verteidigen; als wahr
behaupten; j-m Beiſtand leiſten.

soutenu, ~e (ßu-t'nü') anhaltend;
style m ~ eble Schreib-art.

souterrain, ~e (ßu-tä-rā', ~rä'n)
1. unterirdiſch; heimlich. 2. m
unterirdiſches Gewölbe, Keller-
geſchoß n; Tunnel.

soutien (ßu-tiā') m Stütze f, Hort.

soutirer (ßu-ti-re') Flüſſigkeiten ablaſſen, -ziehen; ~ qc. à q. j-m
etwas ablocken.

souvenir (ßu-w'ni'r) 1. se ~ de
qc. ſich an et. erinnern; auf et.
bedacht ſein; faire ~ q. de qc.
jem. an et. erinnern. 2. m Er-
innerung f; Andenken n; Notizbuch n.

souvent (ßu-wa') oft.

souverain m, ~e f (ßu-w'rā',
~rä'n) 1. höchſt, oberſt; unfehlbar; id., oberherrlich, unum-
ſchränkt. 2. s. Oberherr(in), id.,
Staatsoberhaupt n, Fürſtin f.

souveraineté (ßu-w'rä-n'te') f
höchſte Gewalt, Souverainetät;
Gebiet n, Herrschaft.

soyeux, ~se (ßoā-iŏ', ~iŏ'ß) ſeiden-
artig, -weich, -haarig.

spacieux, ~se (ßpä-ßiŏ', ~ßiŏ'ß)
geräumig, weit.

spaciosité (ßpä-ßi-o-ſi-te') f Geräumigkeit.

spadassin (ßpä-bä-ßa') m Raufbold; Mörder.

spadice ₰ (ßpä-bi'ß) m Kolben.

spare (ßpär) m See-Braſſen.

sparte (ßpärt) m ſpaniſches Pfrie-
mengras, Sparto.

spasme (ßpäſm) m Krampf.

spath (ßpat) m Spat; ~ fluor
Flußſpat.

spathe (ßpat) f Blumenſcheide.

spathique (ßpä-ti'k) Spat enthaltend, Spat-...

spatule (ßpä-tü'l) f Spatel m.

spécial, ~e (ßpĕ-ßĭä'l) 1. beſon-
der, ſpeciell. 2. m Spezialiſt,
Fachmann.
spécialiser (ßpĕ-ßĭä-lĭ-ſe') beſonders angeben.
spécialité (ßpĕ-ßĭä-lĭ-te') f Be-
ſonderheit, Specialfach n; aus-
ſchließlicher Handel mit ...
spécieux, ~se (ßpĕ-ßĭö', ~ßĭö'ſ)
ſcheinbar (wahr oder gerecht),
Schein-...
spécification (ßpĕ-ßĭ-fĭ-kä-ßĭǫ') f
beſondere Bezeichnung.
spécifier (ßĭ-fĭ-e') ſpecificieren.
spécifique (ßpĕ-ßĭ-fĭ'k) 1. einer
Species eignend; eigen-artig;
ſpecifiſch. 2. m Speci'fikum n,
Eigenmittel n. [ſtück n.
spécimen(ßpĕ-ßĭ-mĕ'n) m Probe-
spectacle (ßpĕ-ktä'tl) m Anblick,
Schauſpiel n.
spectateur m, ~**trice** f (ßpĕ-ktä-
tö'r, ~trĭ'ß) Zuſchauer(in).
spectral, ~e (ßpĕ-kträ'l) geſpen-
ſtig; phys. Spektral-...
spectre (ßpĕ'ktr) m Geſpenſt n;
Sonnen-Spektrum n. [...
spéculaire (ßpĕ-kü-lä'r) Spiegel-
spéculateur m, ~**trice** f (ßpĕ-kü-
la-tö'r, ~trĭ'ß) Spekulant(in).
spéculatif, ~ve (ßpĕ-kü-la-tĭ'f,
~tĭ'w) forſchend; theore'tiſch;
auf Forſchung gegründet.
spéculer (ßpĕ-kü-le') grübeln;
ſpekulieren.
spencer (ßpą-ßä'r) m Spenzer.
sperme (ßpărm) m tieriſcher Same.
sphéranthe (ßfĕ-rą't) m Ball-
blume f. [Kreisbahn.
sphère (ßfär) f Kugel, Sphäre;
sphéricité (ßfe-rĭ-ßĭ-te') f Kugel-
geſtalt.
sphérique (ßfe-rĭ'k) ſphäriſch.
sphinx (ßfą̈kß) m Sphinx f.
sphragistique (ßfrä-gĭ-ßtĭ'k) f
Siegelkunde. [leſe f.
spicilège (ßpĭ-ßĭ-lä'g) m Ähren-
spinal, ~e (ßpĭ-nä'l) Rückgrat-...

spinelle (ßpĭ-nä'l) 1. m (rubis
m) ~ Spinell. 2. f Spießgras
n; Dörnchen n.
spiral, ~e (ßpĭ-rä'l) ſchnecken-,
ſchrauben-förmig gewunden,
ſpira'l. [lini-e.
spirale (ßpĭ-rä'l) ſid., Schnecken-
Spire (ßpĭr) f Speier n.
spirit(ist)e (ßpĭ-rĭ-tĭ'ßt, ßpĭ-rĭ't)
m Spiriti'ſt. [vergeiſtigen.
spiritualiser (ßpĭ-rĭ-tü-ä-lĭ-ſe')
spiritualité (ßpĭ-rĭ-tü-ä-lĭ-te') f
Geiſtigkeit.
spirituel, ~le(ßpĭ-rĭ-tüä'l, ~tüä'l)
1. geiſtig; geiſtlich; kirchlich;
geiſtreich. 2. m das Geiſtliche;
Seelſorge f, Kirchenweſen n.
spiritueux, ~se (ßpĭ-rĭ-tü-ö', ~-
ö'ſ) 1. weingeiſthaltig, ſpiri-
tuös. 2. m/pl. geiſtige Ge-
tränke. [Alkohol-Gehalt m.
spirituosité (ßpĭ-rĭ-tü-o-ſĭ-te') f
splendeur (ßplą-dö'r) f (Licht-)
Glanz m; Pracht. [prächtig.
splendide (ßplą-dĭ'd) glänzend,
spoliateur m, ~**trice** f (ßpŏ-lĭ-a-
tö'r, ~trĭ'ß) 1. räuberiſch. 2. s.
Berauber(in). [raubung.
spoliation (ßpŏ-lĭ-ä-ßĭǫ') f Be-
spolier (ßpŏ-lĭ-e') berauben.
spondée (ßpą-de') m Sponde'us.
spongieux, ~se (ßpą-gĭö', ~gĭö'ſ)
ſchwammicht.
spontané, ~e (ßpą-tä-ne') freiwillig, aus eigenem Antriebe
handelnd; plötzlich; ſponta'n.
spontanéité (ßpą-tä-ne-ĭ-te') f
Freiwilligkeit; Spontane-ität.
sporadique (ßpŏ-rä-dĭ'k) verein-
zelt auftretend, ſpora'diſch.
sport (ßpört) m id.
spumeux, ~se (ßpü-mö', ~mö'ſ)
ſchaumig, ſchaumbedeckt.
squale (ßkŭal) m Hai(-fiſch).
squame (ßkŭam) f Schuppe.
square (ßkŭär) m id., Garten-an-
lage f. [Gerippe n.
squelette (ßkĭ-lä't) m Skelett n,

stabilité (ħtă-bĭ-lĭ-te') *f* Beſtän=
digkeit; Beſtand *m*; beſtändi=
ger Wohnſiħ.

stable (ħta'bĭ) feſt, beſtändig.

stage (ħtaꞬ) *m* Auditoriat *n*;
Probezeit *f*.

stagnant, ~e (ħtăg-ng', ~nā̆'t)
ſtehend (v. Gewäſſern); ſtockend.

stagnation (nā-ħĭọ') *f* Stehen *n*
der Gewäſſer; Stagnieren *n*.

stalactite (ħtă-lă-ktĭ't) *f* Tropf=
ſtein *m*. [Sperrſiħ *m*.

stalle (ħtăl) *f* Chorſtuhl *m*; *thé.*

stance (ħtāꞬħ) *f* Stanze, Strophe.

station (ħtā-ħĭọ') *f* Stehen *n*;
Stillſtand *m*, Raſt; Halteplaħ
m; Station.

stationnaire (ħta-ħĭọ-nā̆'r) 1. ſtill=
ſtehend. 2. *m* Stations=Te=
legraphiſt; Neuerungsfeind;
Wachtſchiff *n*.

stationner (ħta-ħĭọ-ne') ſtehen
bleiben, halten (von Fuhrwerken).

statique (ħtă-tĭ'ĭ) 1. ſta'tiſch.
2. Sta'tik, Gleichgewichtslehre.

statisticien (ħtă-tĭ-ħtĭ-ħĭạ') *m*
Stati'ſtiker.

statuaire (ħtă-tŭ-ā̆'r) 1. Bild=
ſäulen betreffend, Bildhauer=...
2. *m* Bildhauer. 3. *f* Bild=
hauerkunſt. [Sta'tue.

statue (ħtă-tŭ') *f* Bildſäule,

statuer (ħtă-tŭ-e') feſtſeħen, ver=
ordnen. [Wuchs *m*.

stature (ħtă-tŭ'r) *f* Leibes=Größe,

statut (ħtă-tŭ') *m* Saħung *f*;
Statu't *n*. [mäßig.

statutaire (ħtă-tŭ-tā̆'r) ſtatu'ten=

steamer (ħti-mā̆'r) *m* id., Dampf=
brot *n*. [~ Stearin(=Kerze).

stéarique (ħte-ă-ri'ĭ) *f*: (bougie *f*)

stellaire (ħtĕl-lā̆'r) Sternen=...;
ſternförmig.

stellionat (lĭ-ŏ-na') *m* betrüg=
licher Verkauf, Schwindelei *f*.

stellionataire (ħtĕl-lĭ-ŏ-na-tā̆'r)
m (Grundſtücks=)Schwindler.

sténo... (ħte-no...) in Zſg.: eng=...

sténographe(ħte-nŏ-grā̆'f) *m* Ge=
ſchwindſchreiber, Stenogra'ph.

Stentor (ħtg-tō'r) *m* id.

steppe (ħtĕp) *m* Steppe *f*.

stère (ħtā̆r) *m* Kubi'k=meter.

stéréo... (ħte-rĕ-o...) in Zſg.: Kör=
per=..., ꝛc. **stéréométrie** *f* id.,
Lehre von der Meſſung der
Körper.

stéréotype(rĕ-o-ti'p)mit Platten=
ſchrift hergeſtellt, ſtereoty'piſch.

stérer(ħte-re') Holz ꝛc. nach Kubi'k=
metern vermeſſen.

stérile (ħtĕ-ri'l) unfruchtbar; nuħ=
los; hohl, leer.

stériliser (ħte-rĭ-lĭ-ſe') unfrucht=
bar machen. [barkeit.

stérilité (ħte-rĭ-lĭ-te') *f* Unfrucht=

stétho... (tŏ...) in Zſg.: Bruſt=...,
ꝛc. **stéthomètre** *m* Bruſtmeſſer.

stéthoscope (ħte-tŏ-ħko'p) *m*
Horchrohr *n*.

stigmate (ħtĭ-gma't) *m* Wunden=
mal *n*; Brandmal *n*.

stigmatiser (gma-tĭ-ſe') brand=
marken.

stimulant, ~e (ħtĭ-mŭ-lğ', ~lğ't)
1. anreizend. 2. *m* Reizmittel *n*.

stimuler (ħtĭ-mŭ-le') anreizen;
ſtacheln.

stipendiaire (ħtĭ-pğ-bĭğ̆'r) um
Sold dienend, Söldner=...

stipendié (ħtĭ-pğ-bĭ-e') *m* Sti=
pendia't. [dingen.

stipendier(ħtĭ-pğ-bĭ-e') beſolden;

stipuler (ħtĭ-pŭ-le') vertragsmä=
ßig feſtſeħen, ausbedingen.

stock (ħtŏĭ) *m* Beſtand einer la=
gernden Ware; Stamm=Kapita'l.

stoïcien, ~ne (ħtŏ-ĭ-ħĭạ', ~ħĭæ'n)
1. ſto'=iſch. 2. *m* Sto'=iker, *fig.*
gleichmütig ſtandhafter Mann.

stomachique(ħtŏ-mă-ħĭ'ĭ) 1. den
Magen betreffend, ſtärkend. 2.*m*
magenſtärkendes Mittel.

stopper (ħtŏ-pe') anhalten, Ma=
ſchinen abſperren.

store (ħtŏr) *m* Fenſter=Roulleau *n*.

strabisme (ŝträ-bi'ŝm) *m* Schielen *n*.   [Erbrosselung.
strangulation (ŝtrạ-gü-lā-ŝ$\hat{g}$') *f*
strangurie (ŝtrạ-gü-rī') *f* Harn-
zwang *m*.   [ŝiŝ.
strapontin(ŝträ-pạ-tạ̈') *m* Klapp-
stratagème (ŝträ-tä-G$\bar{æ}$'m) *m*
Kriegslift *f*; Lift *f*.
stratégie (ŝträ-tĕ-Gĭ') *f* Feld-
herrnkunft.   [te'giker.
stratégiste(ŝträ-tĕ-Gi'ŝt)*m* Stra-
stratifier (ŝträ-tĭ-fĭ-e') schichten-
förmig lagern.   [pünktlich.
strict, ~e (ŝtrĭft) ſtreng, genau;
strident, ~e (ŝtrĭ-bạ', ~bạ̈'t)
markerſchütternd, kreiſchend.
strie (ŝtrĭ) *f* Streifen *m*, Riefe.
strié, ~e (ŝtrĭ-e') gerieft, geret-
f(el)t.   [Zapfen.
strobile (ŝtrŏ-bĭ'l) *m* (Tannen- ꝛc.)
strophe (ŝtrŏf) *f* Strophe.
structure (ŝtrü-ktü'r) *f* Bauart,
Gefüge *n*.
stuc (ŝtüf) *m* (Gips-)Stuck.
studieux, ~se (ŝtü-bĭŏ', ~ĭŏ'ſ) fleißig (ŝtudierend); eifrig (ʒu ...).
stupéfaction (ŝtü-pĕ-fä-kŝ$\hat{g}$') *f*
Betäubung; höchstes Erstaunen,
Bestürzung.
stupéfait, ~e (ŝtü-pĕ-fæ', ~fæ't)
höchſt erſtaunt, beſtürʒt, ent-
ſetʒt.   [Entſetʒen erregend.
stupéfiant, ~e (ŝtü-pĕ-fĭ-ạ', ~ạ̈'t)
stupéfier (ŝtü-pĕ-fĭ-e') betäuben;
in Erſtaunen ſetʒen.
stupeur (ŝtü-pŏ'r) *f* Betäubung,
Erſtarrung; Beſtürʒung.
stupide (ŝtü-pĭ'b) ſtumpfſinnig,
dumm; ſtarr vor Schrecken.
stupidité(ŝtü-pĭ-bĭ-te')*f*Stumpf-
ſinn *m*, Dummheit.
style (ŝtil) *m* Stil, Schreib-art *f*;
(Schreib-)Griffel; Blumengrif-
fel; Sonnenzeiger.
styler (ŝtĭ-le'): ~ q. à qc. jem. ʒu
et. abrichten, ſtempeln.
stylet (ŝtĭ-læ') *m* Stile'tt *n*
(feiner Dolch).

styliste (ŝtĭ-li'ŝt) *m* Stili'ſt.
Styrie (ŝtĭ-rī') *f* Steiermark. ·
su (ŝü) 1. *part.p.* von savoir.
2. *m* Wiſſen *n*, Kunde *f*; v. vu 4.
suaire (ŝü-ä'r) *m* Schweißtuch *n*.
suant, ~e (ŝü-ạ', ~ạ̈'t) ſchwitʒend;
ſchweißbar.
suave (ŝü-ā'w) lieblich.   [keit.
suavité (ŝü-ä-wĭ-te') *f* Lieblich-
sub... (ŝüb...) in Zſſg.: unter-...,
faſt, etwas ...   [unterordnen.
subalterniser (ŝü-bäl-tär-nĭ-ſe')
subalternité (ŝü-bäl-tär-nĭ-te') *f*
untergeordnete Stellung.
subdivision (ŝüb-bĭ-wĭ-ſ$\hat{g}$') *f*
Unterabteilung.
subir (ŝü-bĭ'r) erleiden, aushalten, ſich einer Sache unter-
werfen.   [bi't) plötʒlich, jäh.
subit, ~e (*m* ŝü-bĭ' ob. ~bĭ't, *f* ~-
subjonctif (ŝü-bGạ-ktĭ'f) *m* Kon-
junkti'vus.
subjuguer (ŝü-bGü-ge') unter-
jochen, beʒwingen.
sublime (ŝü-blĭ'm) erhaben, hehr.
sublimer (ŝü-blĭ-me') *chm.* ſu-
blimieren, emportreiben.
sublimité (ŝü-blĭ-mĭ-te') *f* Erhabenheit.   [bem Monde.
sublunaire (ŝüb-lü-nä'r) unter
submerger (ŝüb-mär-Ge') unter
Waſſer ſetʒen; verſenken.
submersible (ŝüb-mär-ŝĭ'bl) un-
tertauchbar.
submersion (mär-ŝ$\hat{g}$') *f* völlige
Überſchwemmung;Verſinken *n*.
subordination(ŝüb-ŏr-bĭ-nā-ŝ$\hat{g}$')
f id.; Unterordnung.
subordonné *m*, ~e *f* (ŏr-bŏ-ne')
Untergebene(r).   [ordnen.
subordonner (ŏr-bŏ-ne') unter-
suborner (ŝüb-ŏr-ne') ʒu pflicht-
widrigem Handeln anſtiften; verführen.   [ſtifter; Verführer.
suborneur (ŝüb-ŏr-nŏ'r) *m* An-
subrécargue (ŝü-brĕ-kä'rg) *m*
Superkargo.   [Nachforderung.
subrécot (brĕ-ko') *m* Nachʒeche *f*;

subreptice (ßŭ-bră̆-ptĭ'ß) erschlichen. [schleichung.
subreption (ßŭ-bră̆-pßĭŏ') f Er-
subroger (ßŭb-rŏ-Ǧe'): ~ q. jem.
in eines Andern Rechte und
Stelle einsetzen; subrogé tuteur m gerichtlich ernannter
Mitvormund. [hernach.
subséquemment (ßŭb-ße-lä̆-mŭ')
subséquent, ~e(ßŭb-ßĕ̆-lŭ', ~lŭ̆'t)
(nach)folgend.
subside(ßĭ'b) m Hülfssteuer f; ~s
pl. Subsidi-en, Hülfsgelder.
subsidiaire (ßĭ-bĭä̆'r) beihülflich.
subsistance (ßŭb-ßĭ-ßtȧ̆'ß) f
Lebens-Unterhalt m; ~s pl.
Subsistenzmittel.
subsister (ßŭ̆b-ßĭ-ßte') bestehen,
vorhanden sein; fortbestehen;
sich ernähren.
substance (ßŭ̆b-ßtȧ̆'ß) f Sub-
stanz; Stoff m; Mark n, Saft
m; en ~ im wesentlichen.
substantiel, ~le (ßtȧ-ßĭ̆ä̆'l, ~ßĭ̆ä̆'l)
substantiell; nahrhaft, kräftig.
substantif, ~ve (ßŭb-ßtȧ-ti'f, ~
tĭ'w) 1. selbständig. 2. m
Hauptwort n.
substitué (ßŭ̆b-ßtĭ-tŭ-e') m Nach-
erbe; ✗ jem., der einen Ersatz-
mann hat.
substituer (ßŭ̆b-ßtĭ-tŭ-e') an die
Stelle eines Andern setzen, un-
terschieben; zum Nach-erben
einsetzen. [vertreter.
substitut (ßŭ̆b-ßtĭ-tŭ') m Amts-
substitution (ßŭ̆b-ßtĭ-tŭ-ßĭŏ') f
Unterschiebung; Einsetzung e-s
Nach-erben.
substruction (ßŭ̆b-ßtrŭ-lßĭŏ') f
Grundbau m. [flucht f.
subterfuge(ßŭ̆b-tĕr-fŭ'Ǧ) m Aus-
subtil, ~e (ßŭ̆b-ti'l) dünn, fein;
scharf; scharfsinnig; spitzfindig;
listig, schlau.
subtiliser (ßŭ̆b-tĭ-lĭ-ße') I. v/a.
verfeinern; schlau betrügen;
stibitzen. II. v/n. grübeln.

subtilité (ßŭ̆b-tĭ-lĭ-te') f Dünnheit; Feinheit; Schärfe; Ge-
wandtheit; Scharfsinn m; Verschlagenheit.
subvenir (ßŭ̆b-w'nĭ'r): ~ à q. j-m
zu Hülfe kommen; eine Ausgabe
bestreiten; für etwas sorgen.
subvention (ßŭ̆b-wȧ-ßĭŏ') f außer-
ordentliche Steuer; Staatsun-
terstützung.
subventionner (wȧ-ßĭŏ-ne') aus
Staatsmitteln unterstützen.
subversif, ~ve (ßŭ̆b-wȧr-ßĭ'f,
~ßĭ'w) den Umsturz bezweckend.
subversion (ßŭ̆b-wȧr-ßĭŏ') f Umsturz m; Zerrüttung.
suc (ßŭl) m Saft; Beste(s) n,
Kern. [Surrogat n.
succédané (ßŭ-lße-dă-ne') m
succéder(be'): ~à q., qc. auf jem.,
et. folgen; in der Regierung,
im Amte nachfolgen.
succès (ßŭ-lßä̆') m Erfolg; Gelingen n; Beifall; Fortschritt.
successeur (ßŭ-lßä̆-ßŏ'r) m Nach-
folger. [folge fähig.
successible (lßä̆-ßĭ'bl) zur Erb-
successif, ~ve (ßŭ-lßä̆-ßĭ'f, ~
ßĭ'w) auf ea. folgend, fortwährend.
succession (ßŭ-lßä̆-ßĭŏ') f Auf-
einanderfolge; Erbfolge; Nachlaß m, Erbschaft.
successivement (ßĭä̆-ßĭ-w'mȧ')
nach und nach.
succin (ßŭ-lßȧ') m Bernstein.
succinct, ~e (ßŭ-lßȧ', ~lßȧ̆'t)
bündig, gedrängt.
succion (ßŭ-lßĭŏ') f Saugen n.
succomber (ßŭ-lȧ-be') unter-
liegen. [tigkeit.
succulence (ßŭ-lŭ-lȧ'ß) f Saf-
succulent, ~e (ßŭ-lŭ-lȧ', ~lȧ̆'t)
saftig, saftreich.
succursale (ßŭ-lŭr-ßȧ'l) f Filial-
kirche; Zweig-, Neben-Anstalt.
sucer (ßŭ-ße') (ein-, aus-)saugen.
suceur (ßŏ'r) m (Blut-)Sauger.

suçoir (ßŭ-ßŏa̅'r) *m zo.* Saug-
werkzeug *n.* [mal *n.*

suçon (ßŭ-ßŏ') *m* Sauge-, Kuß-

suçoter (ßŭ-ßŏ-te') lutschen.

sucre (ßŭ'tr) *m* Zucker.

sucré, ~e (ßŭ-kre') zuckersüß.

sucrer (ßŭ-kre') (über-)zuckern.

sucrerie (ßŭ-kri-rī') *f* Zuckersie-
berei; ~s *pl.* Zuckerwerk *n.*

sucrier, ~ère (ßŭ-kri-e', ~a̅'r)
1. auf Zuckerfabrikation bezüglich. 2. *m* Zuckerbose *f;* Zucker-
fabrikant, -sieder.

sucrin (ßŭ-krẽ') *m:* (melon *m*) ~
Zucker-melone *f.*

sud (ßŭb) *m* Süd(en); Südwind.

sudation (ßŭ-ba̅-ßīŏ')*f* Schwitzen.

sudatoire(ßŭ-ba-toa̅'r) *m* Schwitz-
bab *n.*   [Südermanland *n.*

Sudermanie (ßŭ-bär-mă-nī') *f*

sud-est (ßŭ-bä̆'ßt) *m* Süd-Oft
(-Wind).

sudorifique (ßŭ-bŏ-rĭ-fī'k) (*m*)
schweißtreibend(es Mittel).

sud-ouest (ßŭ-buä̅'ßt) *m* Süd-
West(-Wind).

Suède (ßŭ-ä̅'b) *f* Schweden *n.*

Suédois *m,* ~e *f* (ßŭ-e-bŏa̅', ~-
bŏa̅'j) Schwede, Schwedin.

suée (ßŭ-e̅') *f* Angstschweiß *m.*

suer (ßŭ-e') schwitzen.

suerie (ßŭ-rī') *f* Schwitzen *n;*
Schwitzhaus *n.*

sueur (ßŭ-ŏ̅'r) *f* Schweiß *m.*

suffire (ßŭ-fī'r) genügen, aus-
reichen.   [länglich.

suffisamment (ßŭ-fĭ-sä-ma') hin-

suffisance (ßŭ-fĭ-sā̃'ß) *f* Genüge:
à ~ vollauf; Selbstgefälligkeit,
Dünkel *m.*

suffisant, ~e (ßŭ-fĭ-sa', ~sā̃'t)
genügend, hinlänglich; selbst-
gefällig, dünkelhaft.

suffocant, ~e (ßŭ-fŏ-ka', ~kā̃'t)
erstickend.   [stickung.

suffocation (ßŭ-fŏ-ka̅-ßīŏ') *f* Er-

suffoquer (ßŭ-fŏ-ke') erstiden
(auch *v/n.*).

suffragant (ßŭ-frä-ga') *m* 1. a.
évêque ~ Suffraga'n-Bischof.
2. Hülfsprediger.

suffrage (ßŭ-fra'G) *m* (Wahl-)
Stimme *f;* Wahl *f,* Abstimmung *f;* Beifall.

suggérer (ßŭ-gGe-re') eingeben,
unter den Fuß geben.

suggestion (ßŭ-ßGä-ßtīŏ') *f* Eingebung, Einflüsterung.

sugillation (Gll-lā-ßīŏ') *f* blauer
Fled am Körper.

suicide (ßŭĭ-ßī'b) *m* Selbst-mör-
ber, -morb.   [entleiben.

suicider (ßŭĭ-ßī-be'): se ~ sich

suie (ßŭī) *f* Ruß *m.*

suif (ßŭĭf) *m* Talg, Unschlitt.

suiffer (ßŭĭ-fe') mit Talg ein-
schmieren.   [tig.

suiffeux, ~se (ßŭĭ-fŏ̅', ~fŏ̅'f) tal-

suint (ßŭẽ) *m* Woll-Schweiß.

suinter (ßŭẽ-te') (aus-, durch-)
sidern.

Suisse (ßŭĭß) 1. *f* Schweiz. 2. *s.*
Schweizer(in). 3. s~ *m* Thürsteher; Kirchendiener. 4. s~ *a*
schweizerisch.

suite (ßŭĭt) *f* Folgen *n;* Gefolge
n; Fortsetzung e-r Schrift; Rei-
henfolge; folgende Zeit, Folge;
par la ~ in der Folge; Wirkung; Zusammenhang *m;* de ~
in e-r Reihe; tout de ~ sogleich.

suivant, ~e (ßŭĭ-wa', ~wā̃'t)
1. (nach)folgend. 2. *m* Beglei-
ter; Anhänger; Diener. 3. *prp.*
entlang; nach, zufolge. 4. *cj.* ~
que ... je nachdem ...

suivi, ~e (ßŭĭ-wī') fortlaufend.

suivre (ßŭĭ'wr): ~ q. j-m folgen;
verfolgen; fortsetzen, weiter
ausführen; e-m Stande sich widmen; fleißig besuchen; ein Kolleg
hören; etwas befolgen.

sujet *m,* ~te *f* (ßŭ-Gä', ~Gä̆'t)
1. unterworfen; unterthan; gebunden an et.; ausgesetzt, bloß-
gestellt; geneigt, gewohnt et. ju

thun. 2. *s.* Unterthan(in). 3. *m*
Subjekt *n*, Person *f*; Gegenstand, Ziel *n*; Stoff zum Besprechen
ic.; Thema *n* eines Aufsatzes; Anlaß, Ursache *f*; à ce ⌣ in dieser
Beziehung; *gr.* Subjekt *n*.
sujétion (ßü-ge-ßĩõ') *f* Unter-
thänigkeit; lästiger Zwang; Gebundenheit.   [fel-...
sulf... (ßül-f...) in Zsg.: Schwe-
sulfate (ßül-fä't) *m* schwefelsau-
res Salz.   [fel verbinden.
sulfurer (ßül-fü-re') mit Schwe-
sulfureux, ⌣se (ßül-fü-rö', ⌣rö'f)
schwefelhaltig.   [Schmack.
sumac (ßü-mä'f) *m* Sumach;
Sund (ßõd): le ⌣ der Sund.
super ⚓ (ßü-pe') sich verstopfen.
super-... (pär...) über-..., ober-...
superbe (ßü-pä'rb) hochmütig,
stolz; prächtig.
supercherie (ßü-pär-sch'rĩ') *f* Betrug *m*, Hinterlist.
superfétation (ßü-pär-fe-tā-ßĩõ')
f Überschwängerung.   [fläche.
superficie (ßü-pär-fi-ßĩ') *f* Ober-
superficiel, ⌣le (fi-ßi-ä'l, ⌣ä'l)
oberflächlich.   [äußerst fein.
superfin, ⌣e (ßü-pär-fã', ⌣fĩ'n)
superflu, ⌣e (ßü-pär-flü') 1. überflüssig. 2. *m* Überfluß; das
Überflüssige.
superfluité (ßü-pär-flü-ĩ-te') *f*
über-flüssigkeit, -fluß *m*. _
supérieur *m*, ⌣e *f* (ßü-pe-riõ'r)
1. höher (gelegen), ober, Ober-
...; höher (stehend); überle'gen;
hervorragend; vorzüglicher (à
q. als jem.). 2. *s.* Vorgeseß-
te'r); Supe'rior, Superio'rin.
supérieurement (pe-ri-ö-r'mã')
vorzüglich, meisterhaft.
supériorité (ßü-ve-ri-o-ri-te') *f*
Überlegenheit; Obergewalt.
superposer (ßü-pär-po-fe') über
ea. legen.
superposition (po-fi-ßĩõ') *f* Über-
einandersetzung; Hierarchie.

superstitieux, ⌣se (ßü-pär-ßti-
ßiõ', ⌣ßiõ'f) abergläubisch; übertrieben gewissenhaft.
superstition (ßü-pär-ßti-ßiõ') *f*
Aberglaube *m*; übertriebene
Gewissenhaftigkeit.
superstruction (pär-ßtrü-fßiõ')
f Oberbau *m*.
supplanter(ßü-plã-te')ausstechen,
verdrängen.   [vertreter.
suppléant (ßü-plĕ-ã') *m* Stell-
suppléer (ßü-plĕ-e') ergänzen;
hinzudenken; jem. vertreten.
supplément (ßü-ple-mã') *m* Ergänzung *f*, Supplement *n*;
(Zeitungs-)Beilage *f*.
supplémentaire (ßü-plĕ-mã-tä'r)
ergänzend.
supplétif, ⌣ve (ßü-plĕ-ti'f, ⌣ti'w)
Ergänzungs-...
suppliant *m*, ⌣e *f* (ßü-plĩ-ã', ⌣ã't)
1. demütig bittend. 2. *s.* Fle-
hende(r).
supplication (ßü-plĩ-fā-ßĩõ') *f*
demütige Bitte, Flehen *n*.
supplice (ßü-plĩ'ß) *m* Leibes-, bsd.
Todes-strafe *f*; Marter *f*.
supplicié *m*, ⌣e *f* (ßü-plĩ-ßi-e')
Hingerichtete(r).
supplicier (plĩ-ßi-e') hinrichten.
supplier (ßü-plĩ-e') anflehen, demütig bitten.
supplique (ßü-plĩ'f) *f* Bittschrift.
support (ßü-põ'r) *m* Stütze *f*;
Träger; Beistand.   [lich.
supportable (ßü-põr-ta'bl) erträg-
supporter (ßü-põr-te') tragen,
(unter)stützen; ertragen; aushalten.   [nehmen.
supposable (ßü-po-fa'bl) anzu-
supposé, ⌣e (ßü-po-fe') 1. vermutlich falsch. 2. *prp.* voraus-
gesetzt. 3. *cj.* ⌣ que ... gesetzt
daß ...
supposer (ßü-po-fe') annehmen,
vermuten; vorgeben; unter-
schieben.
supposition (ßü-po-fi-ßĩõ') *f* An-

nahme, Voraussetzung; Vermutung; Unterschiebung.
suppôt (ßŭ-pō') m Helfershelfer.
suppressif, ~ve (ßŭ-præ-ßĭ'f, ~·
ßĭ'w) unterdrückend, abstellend.
suppression (ßŭ-præ-ßĭǫ') f Un-
terbrückung, Aufhebung; Aus-
lassung.
supprimer (ßŭ-prĭ-me') unter-
brücken; streichen; auslassen;
aufheben.   [eiternd.
suppurant, ~e (ßŭ-pŭ-rǫ', ~rǭ't)
suppurer (ßŭ-pŭ-re') eitern.
supputer (ßŭ-pŭ-te') berechnen,
überschla'gen.
suprématie (pre-ma-ßĭ') f Su-
prema't n, Oberhoheit; Überlegenheit.
suprême (ßŭ-prǣ'm) höchst, Hoch-
..., Ober-..., äußerst, letzt.
sur (ßŭr) auf, über; bei (ßĭch), in
der Tasche; an einem Flusse;
wegen, hinsichtlich; nach etwas
urteilen ꝛc.; bei m-r Ehre; gegen,
um 10 Uhr; von etwas abziehen;
~ toutes choses vor allen
Dingen.
sur, ~e (ßŭr) sauer, herbe.
sûr, ~e (ßŭr) sicher, gefahrlos;
zuverlässig; zweifellos; pour ~
sicherlich, gewiß; à coup ~ ganz
gewiß; le plus ~ das Sicherste.
surabondance (ßŭ-rä-bǫ-dǭ'ß) f
Überfülle.   [überreichlich.
surabondant, ~e (bǫ-dǫ', ~dǭ't)
surabonder (ßŭ-rä-bǫ-be') in gro-
ßem Überflusse da sein; ~ de qc.
von etwas überfließen.
surannation (ßŭ-rän-nā-ßĭǫ') f
Verjährung.   [veraltet.
suranné, ~e (rän-ne') verjährt;
surbaisser (ßŭr-bæ-ße') ein Gewölbe
flach konstruieren.
surcharge (ßŭr-schä'rG) f neu
hinzukommende Last; Überlas-
tung; Vermehrung der Steiben;
übergeschriebenes Wort.
surcharger (ßŭr-schär-Ge') über-

la'ben; zu sehr belasten; e. Wort
ü'berschreiben.   [hitzen.
surchauffer (ßŭr-scho-fe') über-
surcoupe (ku'p) f ü'berstechen n.
surcouper (ßŭr-ku-pe') eine Karte
ü'berstechen.   [Vermehrung f.
surcroît (ßŭr-krẽa') m Zu'wachs,
surdent (ßŭr-bǫ') f Überzahn m.
surdité (ßŭr-bĭ-te') f Taubheit;
Harthörigkeit.   [golden.
surdorer (ßŭr-bo-re') doppelt ver-
surdos (ßŭr-bō') m Kreuzriemen.
sureau (ßŭ-rō') m Holunder.
surélever (ßŭ-re-l'we') noch mehr
erhöhen.   [ampfer.
surelle (ßŭ-ræ'l) f kleiner Sauer-
sûrement (ßŭ-r'mǫ') adv. v. sûr.
surenchère (ßŭ-rǫ-schǟ'r) f über-,
Höher-Gebot n.   [bieten.
surenchérir (rǫ-schĕ-rĭ'r) ü'ber-
surenchérisseur (ßŭ-rǫ-sche-rĭ-
ßǭ'r) m Ü'berbieter.   [lich.
suret, ~te (ßŭ-ræ', ~ræ't) säuer-
sûreté (ßŭ-r'te') f Sicherheit.
surexciter (ßŭ-ræ̆t-ßĭ-te') über-
reizen.
surface(ßŭr-fā'ß)f (Ober-)Fläche.
surfaire (ßŭr-fä'r) überteu'ern;
abs. vorschlagen; überschä'tzen.
surfaix (ßŭr-fǣ') m Obergurt.
surgeon (Gǫ') m Wurzelreis n;
Ableger.
surgir(ßŭr-Gĭ'r) hervorgehen, auftauchen; ~ au port anlauben,
fig. am Ziele anlangen; hervorquellen.
surhausser (ßŭr-o-ße') erhöhen,
zuspitzen; den Preis noch mehr
erhöhen.   [übermenschlich.
surhumain, ~e (ßŭ-rŭ-mǫ', ~æ'n)
surimposer(rǫ-po-ße') darüber er-
richten; über Gebühr besteuern.
surintendance (ßŭ-rǫ-tǫ-dǭ'ß) f
Ober-Aufsicht(s-Bezirk m).
surintendant (rǫ-tǫ-dǫ') m Ober-
Aufseher; Superintendent.
surjet (ßŭr-Gæ') m überwenbliche
Naht.

sur-jeter(ßür-ĞI-te')überwenblich
näben.		[der Stelle, sogleich.
sur-le-champ (ßür-l'ſchą') auf
surlendemain (ßür-lą-bmg') m
zweitnächſter Tag.		[Ochſen.
surlonge (lą'Ğ) f Lendenſtück n e-s
surmener (ßür-m'ne') ein Tier
übertreiben.		[ſteiglich.
surmontable(ßür-mą-ta'bl) über•
surmonter (ßür-mą-te') über•
ſtei'gen, •ragen;über•wältigen,
•winden.
surmouler (ßür-mu-le') von e-m
Abguſſe abformen.		[Trauben.
surmoût (ßür-mū') m Vorlauf v.
surnager (ßür-na-Ğe') obenauf
ſchwimmen; fig. die Oberhand
behalten.
surnaturel, ~le (ßür-nă-tü-ră̆'l,
~ră̆'l) übernatürlich.		[name.
surnom (ßür-ną') m Bei•, Zu-
surnombre (ną'br) m Überzahl f.
surnommer (ßür-nŏ-me'): ~ q.
j-m einen Beinamen geben.
surnuméraire (ßür-nü-mĕ-rā'r)
überzählig.
surpasser(ßür-ра-ße') über etwas
hinausragen, höher ober größer
ſein als ...; übertreffen.
surpayer (ßür-pă̆-ſe') über den
Wert bezahlen.
surpeau (ßür-pō') f Oberhaut.
surplis (ßür-plï') m Chorhemb n.
surplomb m, surplombement m
(ßür-plą', ~plą-b'mą')m ü'ber•
hangen n.
surplomber (ßür-plą-be') ü'ber•
hangen, aus dem Lot heraus•
treten.		[au ~ außerbem.
surplus (ßür-plü') m Überſchuß;
surpoids (pïȃ') m Übergewicht n.
surprenant, ~e (ßür-pri-ną', ~•
ną't) überraſchend, erſtaunlich.
surprendre (ßür-prą'br) über•
raſchen, •rumpeln; belauſchen;
überliſten; erſchleichen; in Er•
ſtaunen ſetzen.		[prendre.
surpris (ßür-pri') part.p. v. sur-

surprise (ßür-prï'ſ) f Über•fall
m, •liſtung; Überraſchung;
Verwunderung.
sursaut (ßür-ßō') m plötzliches
Auffahren aus dem Schlafe.
surséance(ßür-ßĕ-ą'ß)f Aufſchub
m, Friſt.
sursemer (ßür-ßI-me') nachſäen.
surseoir (ßür-ßȿȃ'r): ~ (à) qc. et.
aufſchieben.
sursis (ßür-ßï') m Aufſchub.
surtaxe (ßür-tä'ŧß) f Nachſteuer;
Zuſchlagsporto n.
surtaxer (ßür-tä-ŧße') zu hoch
veranſchlagen.
surtout (ßür-tu') 1. vor allen
Dingen, beſonders. 2. m Über•
rock; Tafel-Auffatz.
survaleur (ßür-wă-lö'r) f Mehr•
wert m.		[Aufſicht.
surveillance (ßür-wă̆-ją'ß) f
surveillant m, ~e f (ßür-wă̆-ją',
~ją't) Aufſeher(in).
surveille (ßür-wă̆'j) f: ~ de ...
zweiter Tag vor ...
surveiller (ßür-wă̆-je') über•
wa'chen, beaufſichtigen.
survenance (ßür-w'ną'ß) f unvor•
hergeſehenes Dazukommen.
survenant, ~e (ßür-w'ną', ~ną't)
a. und s. unvermutet hinzu•
kommend(er Gaſt).
survendre (ßür-wā'br) zu teuer
verkaufen.
survenir (ßür-w'nï'r) unvermutet
eintreten; noch hinzukommen.
survente (wā't) f Überteuerung.
survêtir (ßür-wă̆-tï'r) übermäßig
bekleiden.		[•ſchütten.
survider (ßür-wï-be') ab•gießen,
survie (ßür-wï') f Überleben n.
survivance(ßür-wï-wą'ß)f Über•
leben n; Leben n nach dem
Tode; Anwartſchaft.
survivancier (ßür-wï-wą-ße') m
Anwärter, Expektant.
survivant,~e (ßür-wï-wą', ~wą't)
Überlebende(r).

survivre (ßür-wï'wr): ~ à q. jem. überleben.

sus (ßüß) 1. en ~ noch baȝu (gerechnet), barüber; courir ~ à q. auf jem. Ioȝgehen, über jem. herfallen. 2. int. ~I frifch! munter!

susceptibilité (ßü-ßă-pti-bï-lï-te') f Empfänglichfeit, Empfinblichfeit, Reiȝbarfeit.

susceptible (ßă-pti'bï) empfänglich (de qc. für et.); empfinblich, reiȝbar.   [anftiften.

susciter(ßü-ßï-te')hervorbringen;

suscription (ßü-ßfrï-pßȫ') f Auffchrift.   [ob-bemelbet.

susdit, ~e (ßü-bï', ßüß-bi', ~bï't)

susnommé, ~e (ßüß-nȫ-me')obengenannt.   [verbächtig.

suspect, ~ (ßü-ßpă'f, ßü-ßpă'ft)

suspecter (ßü-ßpă-fte') für verbächtig halten.

suspendre (ßü-ßp$\overline{\alpha}$'br) aufhängen; auffchieben, ausfeßen; einftweilen bes Amtes entfeßen.

suspendu, ~e (ßü-ßpg-bü') frei hängenb, fchwebenb; in Febern hängenb.

suspens (ßü-ßpg'): en ~ in ber Schwebe; unentfchieben.

suspensif, ~ve (ßü-ßpg-ßï'f, ~ßï'w) auffchiebenb; points m/pl. ~fs Gebanfenpunfte.

suspension (ßü-ßpg-ßȫ') f Aufhängen n; Auffchub m, Stillftanb m; einftweilige Amtsentfeßung; fig. Spannung.

suspensoir(e) (ßpg-ß$\overline{\alpha}$'r) belbes: m Bruchbanb; Suspenfo'rium n.

suspicion (ßpï-ßȫ') f Verbacht m.

suspied (ßü-ßpïe' unb ßü-pïe') m Spannriemen.

sustenter (ßtg-te') unterhalten, ernähren.   [Säufeln n.

susurration (ßü-ßü-rā-ßȫ') f

suture (ßü-tü'r) f Naht.

suzerain, ~e(ßü-ß'rg', ~ă'n) lehnsherrlich; seigneur ~ Lehnsherr.

suzeraineté (ßü-ß'ră-n'te') f Lehnsherrlichfeit.

svelte (fwă̈lt) fchlanf.

sybaritisme (ßï-bă-rï-ti'ßm) m maßlofe Genußfucht, Schwelgerei f.

sycomore (ßï-fŏ-mȫ'r) m id. f, Maulbeerfeigenbaum.

sycophante (fŏ-fģ't) m Angeber.

syllabaire (ßïl-lă-bä'r)m A-B-C-Buch n, Fibel f.

syllabe (ßïl-la'b) f Silbe.

sylvestre (ßïl-wă̈'ßtr) walbig, Walb-...   [Forftwirt.

sylviculteur (ßïl-wï-fül-tȫ'r) m

sylviculture (ßïl-wï-fül-tü'r) f Walbfultur, Forftwiffenfchaft.

symbole (ßg-bŏ'l) m Symbo'l n, Sinnbilb n; Glaubensbefenntniß n.

symboliser (ßg-bŏ-lï-fe') I. v/a. finnbilblich barftellen. II. v/n. in Symbo'len reben.

symétrie (ßï-me-trï') f Ebenmaß n.   [trifch.

symétrique (ßï-me-trï'f) symme'-

sympathiser (ßg-va-tï-fe'): ~ avec q. mit j-m gleichgeftimmt fein.

symphoniste (fŏ-nï'ßt) m Symphoni'en-feßer; Orchefter-Mufifus.   [Anȝeichen n.

symptôme(vtȫ'm)m Sympto'm n,

synallagmatique (ßï-näl-lă-gma-tï'f) eine gegenfeitige Verbinblichfeit enthaltenb.

synchronique (ßg-frŏ-nï'f) gleichȝeitig.   [Gleichȝeitigfeit f.

synchronisme (ßg-frŏ-nï'ßm) m

syncope (ßg-fŏ'p) f Sy'nfope; Ohnmacht.   [furȝ-vertreter.

syndic (bï'f) m Sy'nbifus; Ronſynonyme (ßï-nŏ-nï'm) a. u. s/m. finnverwanbt(es Wort).

synoptique (ßï-nŏ-pti'f) überfichtlich.

systématiser (ßï-ßte-ma-tï-fe') ȝu einem Syfte'm vereinigen.

ta (tä) f v. ton dein(e).

tabac (tä-ba') m Tabak; ~ à fumer (à priser) Rauch- (Schnupf-) Tabak.

tabagie (tä-bä-ĝī') f id., Rauchlokal n; Tabaksgesellschaft; Tabakskasten m. [Dose.

tabatière (tä-bä-tiā'r) f (Tabaks-)

tabellaire (tä-bĕl-lā'r) tafelförmig, Tafel-...; tabellarisch.

tabellion (tä-bĕl-lǐĝ') m ehm. Dorf-Nota'r.

tabernacle (bär-nā'tl) m Hütte f; Zelt n; Laub-, Stifts-hütte f; Sakramentshäuschen n.

tabide (tä-bī'b) schwindsüchtig.

tabis (tä-bī') m Tabi'n (Seidenzeug).

tabiser (tä-bi-se') Band ꝛc. wässern.

tablature (bla-tü'r): donner de la ~ à q. j-m zu schaffen machen.

table (ta'bl) f Tisch m; (Speise-) Tisch m, Tafel; sainte ~ Tisch des Herrn, Altar m; Tabelle, Register n; Tafel, Platte.

tableau (tä-blo') m Gemälde n, Bild n; Wand-Tafel f; Liste f; Tabelle f. [bauen; tafeln.

tabler (tä-ble') rechnen; auf etwas

tabletier (tä-blĕ-tiē') m Kunsttischler, -drechsler.

tablette (tä-blĕ't) f Brett n, Fach n; Tafel, Platte; Tabelle, Übersicht. [tischlerei.

tabletterie (tä-blĕ-t'rī') f Kunst-

tablier (tä-blǐ-e') m Schürze f; Spritzleder n e-r Kutsche; Klappe des Sekretärs.

tabouret (tä-bu-rä') m niedriger Sessel ohne Lehne.

tac (täk) m Schaf-Räude f.

tachant, ~e (tä-scha', -schā't) leicht fleckend.

tache (täsch) f Fleck(en m) m; (Mutter-)Mal n; Schandfleck m.

tâche (täsch) f aufgegebene Arbeit, Aufgabe; à la ~ im Akkord.

tacher (tä-sche') beflecken.

tâcher (ta-sche') sich bemühen, trachten; ~ à ... darauf ausgehen zu ... [sprenkeln.

tacheter (tä-schte') fleckig machen.

tachy... (tä-ki...) in Zssg.: Schnell-..., z.B. tachygraphie f Schnellschreibekunst.

tacite (tä-si't) stillschweigend.

taciturne (si-tü'rn) schweigsam.

taciturnité (tä-si-tür-ni-te') f Schweigsamkeit.

tact (täkt) m Tastsinn, Gefühl n; Takt. [tifer.

tacticien (tä-kti-ŝiĝ') m Tak-

tactile (tä-kti'l) fühlbar.

tactique (tä-kti'k) f Taktik.

tadorne (tä-bö'rn) f Brand-ente.

taffetas (tä-f'ta') m Taft.

tafia (tä-fiā') m Zuckerbranntwein.

Tage (taĝ) m Tajo.

taie (tä) f Überzug m über ein Kopfkissen; weißer Flecken auf der Hornhaut. [zinsbar.

taillable (tä-ja'bl) steuerpflichtig,

taillade (tä-ja'b) f Schnitt m ins Fleisch, Schmarre.

taillader (tä-ja-be') aufschlitzen.

taillanderie (tä-ja-b'rī') f Zeugschmieds-Handwerk n, -Ware.

taillandier (tä-ja-biē') m Zeugschmied. [Schärfe f.

taillant (tä-ja') m Schneide f,

taille (taj) f Be-, Zu-schneiden n, Schnitt m, Behauen n; Schneide; Kerbholz n; ehm. Steuer; (Körper-)Wuchs m, Statu'r; Taille; (Kupfer- ꝛc.) Stich m; (Holz-)Schlag m; Abzug m der Karte im Pharao. [stich m.

taille-douce (taj-dū'ß) f Kupfer-

tailler (tä-je') be-, ein-, zu-

ſchneiben; behauen; homme
bien ~é wohl gewachſener
Menſch; Bienen zeibeln; v/n.
abziehen, Bank halten.

tailleur (tä-jŏ'r) m Schneider,
Kleidermacher; ~ de limes
Feilenhauer; ~ de pierres
Steinmetz; Baukhalter.

tailleuse (jŏ'ſ) f Zuſchneiderin.

taillis (tä-ji') m Buſchholz n.

tailloir (tä-jŏã'r) m (Fleiſch-)Hacke-
brett n.   [nio'l n.

tain (tĝ) m Blattzinn n, Stan-

taire (tär) verſchweigen; se ~
ſchweigen.

taisson (tä-ßŏ') m Dachs.

taissonnière (ßŏ-niã'r) f Dachs-
bau m.

talc (tälk) m Talk(-ſtein).

talcaire (täl-kä'r) Talk-...

talent (tä-lĝ') m Talent n.

talion (tä-li-ŏ') m Wiederver-
geltung f.   [eines Baumes.

talle (täl) f Wurzel-ſchößling m

taller (tä-le') Wurzel-ſchößlinge
treiben.

taloche (tä-lŏ'ſch) f Kopfnuß.

talon (tä-lŏ') m Hacken, Ferſe f;
Sporn der Vögel; (Schuh-)Abſatz;
letztes Ende; (Brot-)Kanten;
id., Abſchnittsſtreifen; Stock
(Karten).

talonner (lŏ-ne'): ~ q. j-m auf den
Ferſen ſein, jem. hart verfolgen;
anſpornen.   [talk-artig.

talqueux, ~se (täl-kŏ', ~kŏ'ſ)

talus (tä-lü') m Böſchung f; en
~ ſchräg(-kantig).

taluter (tä-lü-te') ab-böſchen,
-dachen.   [rinde f.

tamarin (tä-mä-rĝ') m Tama-

tambour (tĝ-bū'r) m Trommel f;
id., Trommelſchläger; Kaffee-
Trommel f; Ständer zum Erwärmen der Wäſche; ~ (à broder) Stickrahmen.

tambourin (tĝ-bu-rĝ') m id. n,
Hand-, Schellen-trommel f.

tambouriner (tĝ-bu-ri-ne') I.v/n.
trommeln, bib. v. Kindern. II.v/a.
Verlorenes austrommeln.

tamis (tä-mi') m Sieb n.

Tamise (tä-mi'ſ) f Theinſe.

tamiser (tä-mi-ſe') (durch)ſieben.

tamiserie (tä-mi-ſ'ri') f Sieb-
fabrik.   [macher.

tamisier (tä-mi-ſie') m Sieb-

tampon (tĝ-pŏ') m hölzerner
Pfropfen, Spund; id., Stöpſel;
(Charpie-)Bauſch; Puffer.

tamponner (tĝ-pŏ-ne') zuſtopfen.

tan (tĝ) m (Gerber-)Lohe f.

tancer (tĝ-ße') ausſchelten.

tanche (tĝſch) f Schlei(h)e.

tandis que (tĝ-bi' kĝ) ... während
(hingegen) ...   [des Schiffes.

tangage (tĝ-ga'ĝ) m Stampfen n

tangent, ~e (tĝ-ĝã', tĝ-ĝã't)
1. berührend. 2. ~e f Tan-
ge'nte.

tangible (tĝ-ĝi'bi) berührbar.

tanguer ⚓ (tĝ-ge') ſtampfen.

tanière (tä-niã'r) f Höhle der wilden Tiere; Grube, Bau m.

tanin (tä-nĝ') m Gerbſtoff.

tanné, ~e (tä-ne') lohfarben; ſonn-
verbrannt.

tanner (tä-ne') lohgar machen,
rot gerben; fig. beläſtigen,
langweilen.

tannerie (tä-n'ri') f Lohgerberei.

tanneur (nŏ'r) m Rot-, Loh-gerber.

tant (tĝ) 1. ſo viel, ſo ſehr; ſo
und ſo viel; ~ soit peu ſei es
auch noch ſo wenig; ~ ... que
teils, teils; ſowohl ... als auch
...; faire ~ que ... es ſo weit
treiben, daß ...; ~ mieux (pis)
deſto beſſer (um ſo ſchlimmer).
2. cj. ~ que ... ſo lange oder ſo
weit als ...; en ~ que ... in ſo-
fern ...; ~ (il) y à que ... ſo
viel iſt ſicher, daß ...; si ~ est
que ... wenn anders ...

tante (tĝt) f id.; co. ma ~ Leihhaus n.

*tan*tième (tg̃-tĩæ̃'m) m der fo u. fo
vielfte Teil.   [flein bißchen.
tantinet (tg̃-tĩ-næ') m: un ~ ein
tantôt (tg̃-to') nachher, heute nach=
mittag; vorhin, heute vormittag; ~..., ~... balb..., balb...
taon (tg̃) m (Vieh=)Bremfe f.
tapage (tă-ya'G) m Lärm, Speft-
tatel.
tapageur m, ~se f (tă-yă-Ġö̃'r,
~Ġö̃'f) 1. Lärmer(in), Ruhe=
ftörer(in). 2. a. lärmend; grell.
tape (tăp) f Schlag m mit der
Hand, Klaps m.   [gelungen.
tapé (tă-pe') gedörrt (v. Früchten);
tapecu(l) (tăp-fü') m Wippe f,
Brett n zum Wippen; Rippen=
brecher (schlechter Wagen).
tapée (tă-pĕ') f Maffe, Haufen m
(Kinder ꝛc.).   ·
taper (tă-ye') I. v/a. flapfen,
fchlagen; j-m zu Kopfe fteigen
(Wein). II. v/n. flopfen; ~ de
l'œil fchlafen.   [lich.
tapinois (tă-yĩ-nſ̃ă') : en ~ heim=
ta*p*ir (tă-yĩ'r) m Tapir.   [lauern.
tapir (yĩ'r) : se ~ fich ducken, fich
tapis (tă-yĩ') m Teppich; Decke f,
Überzug; ~ vert grüner Tifch,
Spieltifch; mettre sur le ~
aufs Tape't bringen.
tapisser (tă-yĩ-ße') tapezieren.
tapisserie (tă-yĩ-ß'rĩ') f Tape'te
Wandteppich m; faire ~ beim
Tanze fitzen bleiben; id., aus=
genähte Arbeit; Tapezier=Ar-
beit, =Gefchäft n.
tapissier m, ~ère f (tă-yĩ-ßĭĕ', ~ʼ-
ßĩă'r) 1. Tapezierer; Möbel=
händler(in). 2. ~ère f Möbel=
wagen m.
tapon (tă-yǫ') m zufammenge-
fnüllter Klumpen, Pack.
tapoter (pǒ-te') flapfen, flopfen.
taquer (fe') typ. die Form flopfen.
taquet (fæ') m Pflock; Klampe f.
taquin, ~e (tă-fg̃', ~fĩ'n) neck=,
zank=füchtig.

*taq*uiner (tă-fĩ-ne') necken, zu
ärgern fuchen.   [Neckerei
taquinerie(tă-fĩ-n'rĩ') f Neckfucht.
taquoir (tă-fŭă'r) m typ. Klopf=
holz n.   [hart anfahren.
tarabuster (tă-ră-bü-ßte') ftören;
tarare! (tă-rā'r) larifari! Poffen!
taraud (ta-rō') m Schrauben-
bohrer.   [fchneiden.
tarauder (ta-ro-be') Schrauben
tard (tār) fpät; au plus ~ fpä-
teftens.
tarder (tār-be') zögern, fäumen,
zaubern; il me ~e es verlangt
mich.
tardif, ~ve (tār-bĩ'f, ~bĩ'w) fpät
(eintretend, reifend); langfam.
tardiveté (tār-bĩ-w'te') f Spät-
reifen n.   [Fehler m.
tare (tār) f Ta'ra, Abgang m; fig.
tarentule (tă-rg̃-tü'l)f Tara'ntel.
tarer (tă-re') befchädigen; tarieren
(das Nettogewicht beftimmen).
targe (tārG) f Tartfche.
targette (tār-Gæ't) f Schubriegel.
targuer (tār-ge') : se ~ de qc. auf
etwas trotzen, pochen.
tarière (tă-rĭă'r) f Stangen=,
Erd=bohrer m.
tarif (tă-rĩ'f) m id., Preisver-
zeichnis n; Taxe f.   [feftfetzen.
tarif(i)er (rĩ-fĩ-)e') einen Tari'f
tarin (tă-rg̃') m Zeifig.
tarir (tă-rĩ'r) trocken legen; (se)
~ verfiegen; aufhören, ftocken.
tarissement (tă-rĩ-ßmg') m Verfiegen n.   [Karten f, =fpiel n.
tarots (ta-ro') m/pl. Taro'f-
tarse (tārß) m Fußwurzel f.
tartan (tār-tg̃') m id. (großgewürfel-
tes Wollenzeug) ; Plaid n und m.
tarte (tārt) f Torte, Obftkuchen m.
tartelette(tār-t'læ't)f Törtchen n.
tartine (tĩ'n) f beftrichene Brot=
fchnitte; ~ de beurre Butterbrot.
tartre (tă'rtr) m Weinftein; crème
de ~ Weinfteinrahm, Kre'-
morta'rtari.

tartufe (tär-tü′f) *m* Scheinheili-
ge(r), Mucker.   [lei.
tartuferie (tär-tü-f′rī′) *f* Heuche-
tartufier (tär-tü-fī-e′) heucheln.
tas (ta) *m* Haufen; Menge *f*; Bau-
stelle *f*; Hand-Amboß.
tasse (täß) *f* (Ober-)Taffe, Schale.
tasseau (ta-ßō′) *m* Tragstein;
Einschub-leiste *f*.
tassée (ta-ße′) *f* eine Taffe voll.
tasser (ta-ße′) in Haufen fetzen,
aufhäufen; se ~ sacken, sich
fenken.   [gucker.
tâte-au-pot (tat-o-po′) *m* Topf-
tâter (ta-te′) befühlen, betasten;
auf die Probe stellen, sondieren;
probieren, kosten; se ~ a. sich
verzärteln.
tâte-vin (tat-waⁿ′) *m* Stechheber.
tatillon *m*, ~ne *f* (ta-tĭ-jǫ′, ~jö′n)
Kleinigkeits-Krämer(in).
tâtonner (ta-tö-ne′) (herum-)tap-
pen; zögernd zu Werke gehen.
tâtons (ta-tǫ′): à ~ im Finstern
tappend.
tatou (tä-tu′) *m* Gürtel-tier *n*.
tatouer (tä-tü-e′) tättowieren.
taudis (to-dī′) *m* kleine schmutzige
Wohnung, Hundeloch *n*.
taupe (tōp) *f* Maulwurf *m*.
taupe-grillon (top-grī-jǫ′) *m*
Maulwurfsgrille *f*.   [ger.
taupier (to-pĭe′) *m* Maulwurfsfän-
taupière (piǟ′r) *f* Maulwurfsfalle.
taupinée, ~ière (to-pĭ-nē′, ~nĭǟ′r)
f Maulwurfshügel *m*.
taureau (to-ro′) *m* Stier, Bulle.
tautologie (tŏ-lŏ-ǤĪ′) *f* id. (über-
flüffige Wiederholung desselben Ge-
bankens).
taux (tō) *m* Taxe *f*, festgefetzter
Preis; Zinsfuß; Steuer-An-
lage *f*.
taveler (tä-w′le′) sprenkeln.
tavelure (w′lü′r) *f* Sprenkelung.
taverne (tä-wä′rn) *f* Schenke,
Kneipe.
taxateur (tä-ßa-tō′r) *m* Taxa'tor.

taxe (taxß) *f* Taxe, Taxpreis *m*;
Steuer(-Anlage).
taxer (tä-ße′) abschätzen; besteuern; ~ q. de qc. jem. e-r
Sache zeihen.
tchèque (tschǟk) 1. tschechisch. 2. T~
s. Tscheche *m*, Tschechin *f*.
te (tŏ) dich, dir.   [niker.
technicien (tǟ-knĭ-ßĭǎⁿ′) *m* Tech-
technique (tǟ-knĭ′k) 1. technisch,
kunst- oder handwerks-mäßig.
2. *f* Technik.
teigne (tänⁱ) *f* (Kopf-)Grind *m*,
Schorf *m*; Motte, Schabe.
teigneux, ~se (tǟ-njö′, ~njö′ß)
grindig.
teiller (tǟ-je′), & *v.* tiller, &.
teindre (taⁿ′br) färben; (Holz)
beizen.
teint (taⁿ) *m* Färben *n*; gefärbter
Stoff; bon (petit) ~ echte (un-
echte) Färbung; id., Gesichts-,
Haut-farbe *f*.
teinte (taⁿt) *f* Farbe(n-Schattie-
rung), Tinte; Farbenton *m*;
Anflug *m*.
teinter (taⁿ-te′) gleichmäßig färben, einförmig anstreichen.
teinture (taⁿ-tü′r) *f* flüssige Farbe;
Färben *n*; Färberei; *pharm.*
Tinktur; *fg.* oberflächliche
Kenntnis.
teinturerie (tü-rŭ-rī′) *f* Färberei.
teinturier (taⁿ-tü-rĭe′) *m* Färber.
tel, ~le (tǟl, tǟl) 1. solch, so be-
schaffen, so; ~ que so wie; so
groß, so vortrefflich; ~ ..., ~ ...
wie..., so...; ~ quel so so, eher
schlecht als gut, unverändert.
2. *pr. ind.* mancher; der u. der.
télégraphier (tǟ-lĕ-grä-fĭ-e′) te-
legraphieren.
téléphone (lĕ-fo′n) *m* Fernsprecher.
tellement (tǟ-l′mǎⁿ′) dermaßen.
telline (tǟ-li′n) *f* Platt-, Tell-
muschel.
téméraire (tĕ-mĕ-rǟ′r) verwegen,
kühn; unbesonnen.

témérité (tĕ-mĕ-rĭ-te') *f* Verwegenheit, Tollkühnheit.

témoignage (tĕ-mŏä-nja'Ǧ) *m* Zeugnis *n*. [gen, erweifen.

témoigner(nje') (be)zeugen; bezei-
témoin (tĕ-mŏ̃ä') *m* Zeuge, Zeugin *f*; Sekundant; Beweis, Zeichen *n*.

tempe (tă̄p) *f* Schläfe.

tempérament (tă-pe-rä-mᵑ') *m* Leibesbeschaffenheit *f*; Gemütsstimmung *f*; Vermittelung *f*; Mischung(sverhältnis *n*) *f*; Verkauf auf Wochenabzahlung.

tempérance (tă-pĕ-rᾱ'ß) *f* Mäßigkeit, Enthaltsamkeit.

tempérant, ~e (tă-pĕ-rᾱ', ~rᾱ't) mäßig, enthaltsam.

température (tă-pe-ra-tŭ'r) *f* Witterung; Wärmegrab *m*.

tempérer (pĕ-re') mildern, mäßigen; *méd.* niederfchlagen.

tempête (tă-pĕ̄'t) *f* Sturm *m*, Ungewitter *n*.

tempêter (pæ-te') wettern, toben.

tempétueux, ~se (pe-tŭ-ö', ~ö̃'f) ftürmisch. [flantifche Kirche.

temple (tᾱ'pl) *m* Tempel; prote-
templier (tᾱ-plĭ-e') *m* Tempelherr, Templer.

temporaire (tă-pŏ-rᾱ'r) nur eine gewiffe Zeit dauernd.

temporalité (pŏ-rä-lĭ-te') *f* weltliche Gerichtsbarkeit e-s Bischofs.

temporel, ~le (tă-pŏ-rĕ'l, ~rᵉ̃'l) 1. zeitlich, irdisch; weltlich. 2. *m* weltliche Macht; Tempora'li-en *pl.* [zögern.

temporiser (pŏ-rĭ-fe') abwarten, temporiseur (tă-pŏ-rĭ-fö̃'r) *m* Zögerer; fabius Cuncta'tor.

temps (tᾱ) *m* Zeit *f*; Wetter *n*; Tempo *n*, Zeitmaß *n*; *gr.* Tempus *n*; à ~ zu rechter Zeit, auf (beftimmte) Z.; de ~ à autre dann und wann. [bar.

tenable (tĭ-na'bɪ) zu halten, halt-
tenace (tĭ-nä'ß) zähe, klebrig;

hartnäckig an et. fefthaltend; geizig, filzig.

ténacité (te-na-ßĭ-te') *f* Zähigkeit; Starrfinn *m*; Filzigkeit.

tenaille (tĭ-na'j) *f* Zange.

tenailler (tĭ-nä-je') mit glühenden Zangen zwicken; peinigen.

tenancier (ng-ßĭe') *m* Zinsmann.

tenant (tĭ-nᵑ') *m* Herausforderer auf e-m Turnier; Verfechter; ~s *pl.* Grenzen *f*; ~s et aboutissants angrenzende Grundftücke; *bl.* Schildhalter. [Tende'nz.

tendance (tᾱ-dᾱ'ß) *f* Streben *n*.

tendant, ~e (tᾱ-dᾱ', ~dᾱ't): ~ à qc. auf et. gerichtet, hinzielend.

tender (tᾱ-dᾱ'r) *m* Tender.

tendeur (tᾱ-dö̃'r) *m:* ~ de pièges Fallenfteller. [fehnig.

tendineux, ~se (tᾱ-dĭ-nö', ~nö̃'f) tendon (tᾱ-dᵒ̃') *m* Sehne *f*.

tendre (tᾱ'br) fpannen; Tapeten aufhängen, damit ausschlagen; darreichen, hinhalten; *v/n.* ~ à qc. auf et. hingehen; auf et. abzielen.

tendre 'tᾱ'br) zart, mürbe; frifch gebacken; empfindlich; zärtlich, liebevoll. [keit; Liebe.

tendresse (tᾱ-bræ'ß) *f* Zärtlich-
tendreté (tᾱ-brĭ-te') *f* Mürbheit.

tendron 'tᾱ-brᵒ̃') *m* Sproffe *f*, Knofpe *f*; junges Mädchen.

ténèbres (tĕ-nᾱ̃'br) *f/pl.* Finsternis *sg.*

ténébreux, ~se (te-nĕ-brö', ~ö̃'f) finfter, düfter, lichtscheu; teuflifch. [zwang.

ténesme (tĕ-næ'fm) *m* Stuhlteneur (tĭ-nö̃'r) 1. *m* ~ de livres Buchhalter. 2. *f* Inhalt *m*, Te'nor *m*.

ténia (te-nĭ-a') *m* Bandwurm.

tenir (t'nĭ'r) halten; erfaßt haben; befitzen, befetzt halten; e-n Raum einnehmen; faffen, enthalten; für et. halten; glauben; *v/n.* feft fitzen, halten; ~

à qc. großen Wert auf etwas legen, s-n Grund in et. h., an et. grenzen; ~ de q. j-m ähnlich sn, nach j-m schlagen; y ~ es aushalten; Platz haben, untergebracht w. können; se ~ sich halten; s'en ~ à qc. es bei et. bewenden lassen; se ~ de ... sich enthalten zu ...

tenon (tı-nǫ') m Zapfen, Stift.

ténor (tĕ-nō'r) m Teno'r(-stimme f, -sänger).

tension (tą-ßǫ') f Spannung.

tenson (tą-ßǫ') f Tenzo'ne.

tentacule (tä-kü'l) m Fühlfaden.

tentant, ~e (tą-tą', ~tā't) verführerisch.

tentat*eur* m, ~trice f (tą-ta-tō'r, ~trı'ß) Versucher(in).

tentation (tą-tā-ßǫ') f Versuchung, Lockung.

tentative (ta-ti'w) f Versuch m.

tente (tąt) f Zelt n; (Charpie-)Wieke.

tenter (tą-te') versuchen, wagen, verlocken, in Versuchung führen.

tenture (tą-tü'r) f Tapeten-Behang m.

tenu (tı-nü') part. p. von tenir; ~ à (ou de) qc. zu et. verpflichtet.

ténu, ~e (tĕ-nü') dünn, fein.

tenue (tı-nü') f Haltung; Buchführung; Anstand m, Benehmen n; Anzug m; Uniform; tout d'une ~ alles zf.-hängend.

ténuité (te-nü-ı̆-te') f Dünnheit, Feinheit. [umhacken.]

tercer (tăr-ße') zum dritten Male

tercet (tăr-ßæ') m drei-zeilige Strophe, Terzine f.

térébenthine (te-rĕ-bą-ti'n) f Terpentin m.

térébration (te-rĕ-brā-ßǫ') f Durch-, An-bohren n.

tergiversation (tăr-ĢI-wăr-ßā-ßǫ') f Ausflucht, Winkelzug m.

tergiverser (tăr-ĢI-wăr-ße') Winkelzüge machen.

terme (tărm) m Grenz-, Hermen-säule f; Grenze f, Ziel n; Ende n; Termin; Frist f; vierteljährige Mietszeit, Miete; Zeit f der Niederkunft; Ausdruck, Wort n; bsd. ~s pl. Zustand, Lage f; math. Glied n.

terminaison (tăr-mı̆-næ-ßǫ') f Ende n; Endung.

terminer (tăr-mı̆-ne') begrenzen; ~ Sache e. Ziel setzen; beendigen, vollenden; se ~ zu Ende gehen; gr. se terminer en ... sich endigen auf ...

ternaire (tăr-nä'r) aus drei (Einheiten) bestehend; dreizählig.

terne (tărn) 1. matt, glanzlos. 2. m Terne f.

ternir (tăr-nı'r) matt oder trübe machen; verdunkeln, trüben; se ~ seinen Glanz verlieren.

ternissure (tăr-nı̆-ßü'r) f Glanzlosigkeit, Anlaufen n.

terrage (tä-ra'Ģ) m Behäufeln n mit frischer Erde.

terrain (tä-rą') m id. n, Strecke f Land; Kampfplatz; Erd-boden, -reich n.

terrasse (tä-ra'ß) f id., Erdwall m.

terrasser (tä-ra-ße') mit Erde beschütten; mit einem Erdwalle umgeben; zu Boden schlagen, niederwerfen.

terrassier (tä-rä-ßı̆e') m Schachtmeister; Erd-Arbeiter.

terre (tăr) f Erde; Erdboden m; Feld n, Land n; Landgut n; Erdstrecke; Thon m; de ~ irden.

terre-à-terre (tăr-ă-tä'r) m Alltäglichkeit f; adv. oh. Schwung, prosa-isch.

terreau (tä-ro') m Dünger-, Damm-erde f, Humus

Terre-*Neuve* (tăr-nő'w) f Neufunland n; t ~-n ~ m Neufundländer (Hund).

terre-neuvier (nő-wı̆e') m Neufunland-Fahrer.

*ter*rer (tä-re') mit Erde bewerfen; behäufeln; Erde auffahren; den Zucker mit Erde decken; se ~ sich in die Erde einwühlen.

terrestre (tä-ræ'ßtr) zur Erde gehörig, Erd-...; irdisch, weltlich.

terreur (tär-rö'r) f Schrecken m, Angst.   [erbfahl.

terreux, ~se (tä-rö', ~rö'ß) erdig ;

terrible (tär-rī'bl) schrecklich.

terrien (tä-rīã') m großer Grundbesitzer.

terrier (tä-rīe') m, auch: papier ~ Grundbuch n; (chien) ~ Dachshund; Bau mancher Tiere.

terrifier (tär-rī-fi-e') in Schrecken setzen; abschrecken.

terrine (tä-ri'n) f id., tiefe Schüssel; Schüsselgericht n.

territoire (tä-rī-tŏã'r) m Territo'rium n, Gebiet n.

territorial, ~e (to-rīã'l) id., auf ein Gebiet bezüglich; Landes-...

terroir (tä-rŏã'r) m (Acker-)Boden.

terroriser (tär-rŏ-rī-se') durch Schrecken regieren, terrorisieren.   [herrschaft f.

terrorisme (rī'ßm) m Schreckens-

tertiaire (tär-ßīã'r) tertiär, einer dritten Ordnung ꝛc. angehörig.

tertre (tä'rtr) m Anhöhe f; Erdhaufen.

tes (tä) pl. v. ton, ta: deine.

tesson (tä-ßg') m Scherbe f.

test 1. (tä ob. täßt) m Schale f; Probiergefäß n. 2. (täßt) m; serment du ~ Test.   [lig.

testacé, ~e (tä-ßta-ße') hartschalig-

testamentaire (tä-ßtä-mg-tä'r) testamenta'risch.

testa*teur* m, ~trice f (tä-ßta-tö'r, ~trī'ß) Erb-lasser(in).

tester (tä-ßte') sein Testament machen.

testicule (tä-ßtĭ-kü'l) m Hode f.

testimonial, ~e (ßtĭ-mŏ-nīã'l) als Zeugnis dienend.   [krampf.

tétanos (te-tä-no'ß) m Starr-

té*l*ard (tæ-tä'r) m Kaulfrosch; Kopfweide f.

tetasses, tétasses (tə-ta'ß, tĕ~) f/pl. schlaffe Brüste.

tête (tät) f Kopf m, Haupt n; Schädel m; Verstand m; Haarwuchs m; Bildseite einer Münze; oberster Teil von et., Gipfel m, Krone; Anfang m; à la ~ de ... an der Spitze von ...; tenir ~ à q. j-m die Stirn bieten; piquer une ~ einen Kopfsprung ins Wasser machen; (Hirsch-)Geweih n; ~ à ~ unter vier Augen.

tête-à-tête (tät-ä-tä't) m Zwiegespräch n.

teter ob. téter (tə-te', tĕ-te') saugen; donner à ~ die Brust geben.

têter (tæ-te') Nägel ꝛc. anköpfen.

téterelle (te-t'ræ'l) f Saug-Apparat m.

tétière (tæ-tīã'r) f Kinderhäubchen n; Kopfgestell n eines Zaumes.

tetin (tə-tỹ') m Brustwarze f.

tetine (tə-ti'n) f Zitze; Euter n als Speise.

teton (tə-tg') m weibliche Brust f, Titte f.

tétra... (te-tra...) in Zssg.: vier-..., z.B. ~èdre a. und s/m. vierflächig(e Figur).

tétras (tĕ-tra') m: grand ~ Auerhahn; petit ~ Birkhahn.

tette (tät) f (Tier-)Zitze.

têtu, ~e (tæ-tü') a. und s. starrköpfig; Starrkopf.

teutomane (tö-tŏ-ma'n) m Deutschtümler.

teuton, ~ne, teutonique (tö-tg', ~tö'n, tö-tŏ-ni'l) teuto'nisch.

texien, ~ne (tä-kßīã', ~kßīã'n) aus Texas.

texte (täkßt) m Text; Bibelspruch.

textile (tä-kßtī'l) spinnbar, Spinn-...   [barkeit.

textilité (tä-kßtĭ-lī-te') f Spinn-

textuaire (tä-kßtü-ä'r) 1. textlich. 2. m bloßer Text-Abdruck.

textuel, ~le (tĕ-rĕtŭ̆ä̆'l, ~rĕtŭä̆'l) textgemäß, wörtlich.

texture (tĕ-rĕtü'r) f Gefüge n, Bau m. [bahn f.

thalweg(tal-wĕ̆'g) m id., Strom-

thaumaturge (to-ma-tü'rǦ) 1. wunderthätig. 2. *.Wunder-thäter(in).

thé (te) m Thee(=Strauch).

théacé, ~e (te-a-ße') thee-artig.

théâtral, ~e (te-a-trä'l) theatra-lisch.

théâtre (tĕ-ä'tr) m Theater n; Bühne f; Schauspielkunst f; Schau-platz. [=maschine.

théière (te-iä'r) f Thee-kanne,

thème(tä̆m) m Gegenstand, Stoff; Plan zu einem Romane; Exerci-tium n.

théo... (tĕ-o...) in Zsg.: Gott-..., z.B. théocratie f Gottes=, Prie-ster=herrschaft. [lo'ge.

théologien (te-ð-lð-Ǧiä̆') m Theo-

théorbe (tĕ-o'rb) m Baßlaute f.

théoricien (te-ð-rĭ-ßiä̆') m Theo-re'tiker.

théorique (te-ð-rĭ'f) theore'tisch.

thérapeutique (te-rä-pö-ti'f) 1. f Heilkunde. 2. a. therapeutisch.

thermal, ~e (tär-mä'l) Warmbad-..., Therma'l-...

thermes (tä̆rm) m/pl. warme Quelle f/sg.; Warmbad n/sg., Gesundbrunnen sg.

thermo... (tär-mo...) in Zsg.: Wärme=..., z.B. thermomètre m Wärmemesser, Thermome'ter.

thésauriser (te-fo-rĭ-je') Schätze sammeln. [=schrift, =übung.

thèse (tä̆f) f The'se, Streit-satz m,

Thierri (tĭä-ri') m Dietrich.

Thionville (tĭǫ-wi'l) f id. n, Diebenhofen n.

thon (tǫ) m Thunfisch.

thorax (to-rä'fß) m Brustkasten; Brust f der Insekten. [gau n.

Thurgovie (tür-gð-wi') f Thur-

thym (tǫ) m Thymian.

tiare (tĭ-ä'r) f Tia'ra, päpstliche Krone.

tibia (tĭ-bĭ-a') m Schienbein n.

tic (tĭf) m Zucken n der Glieder; fehlerhafte Gewohnheit des Viehes; Tick, wunderliche Ange-wohnheit.

tiède (tĭä̆b) lau-warm; lau, schlaff. [Lauheit.

tiédeur (tĭä̆-dö'r) f Lauigkeit.

tiédir (tĭä̆-bĭ'r) lau(=warm) w.

tien m, ~ne f (tĭä̆, tĭä̆n) deinig; le ~ der (das) Deinige.

tierce (tĭä̆rß) f Terz; Te'rti-e; letzter Korrekturbogen.

tiercer (tĭä̆r-ße') den Preis um ein drittel erhöhen; in drei Teile abteilen.

tiers m, ~ce f (tĭä̆r, tĭä̆rß) 1. britt; ~ arbitre Obmann m; ~ état dritter Stand; fièvre ~ce drei-tägiges Fieber. 2. m Dritter (der nicht Partei ist); Drittel n.

tige (tĭǦ) f Stengel m, Stiel m; (Baum-)Stamm m; fig.Stamm-vater m; (Stiefel=)Schaft m.

tignasse (tĭ-nja'ß) f schlechte Pe-rücke.

tigre m, ~sse f (tĭ'gr, tĭ-grä̆'ß) Tiger(in); kleiner Reitknecht.

tigré, ~e (tĭ-gre') getigert.

tigrer (tĭ-gre') tiger-artig färben.

tiliacé, ~e (tĭ-lĭ-a-ße') linden-artig.

tillac ↓ (tĭ-jä'f) m Ober-deck n.

tille (tĭj) f Lindenbast m.

tiller (tĭ-je') Flachs, Hanf pochen.

tilleul (tĭ-jö'l) m Linde f; Lin-denblüten-thee.

tilleur m, ~se f (tĭ-jö'r, ~jö'f) Flachs=, Hanf-pocher(in).

timbale (tǫ-bä'l) f (Kessel=)Pauke.

timbalier (tǫ-bä-lĭe') m Pauk(en-schläg)er.

timbre (tǫ'br) m Hammerglocke f; Klang, Schall; Stempel.

timbre-poste(tǫbr-pö'ßt) m Brief-marke f.

timbrer (tg̈-bre') stempeln; ru-br̍zieren.

timbreur (tg̈-brö'r) *m* Stempler.

timide (tĭ-mĭ'b) furchtsam, schüch-tern.

timidité (tĭ-mĭ-bĭ-te') *f* Furcht-samkeit, Schüchternheit.

timon (tĭ-mg̈') *m* Deichsel *f*; Ru-bervinne *f*.

timonier (tĭ-mŏ-nĭ̃e') *m* Deichsel-pferd *n*; Untersteuermann.

timoré, ∼e (tĭ-mŏ-re') gewissens-ängstlich. [be-...

tinctorial, ∼e (tg̈-kto-rĭã'l) Fär-tine tin) *f* Tiene; Zuber *m*.

tinette (tĭ-nä̆'t) *f* kleiner Zuber, Bütte; Abtritt-Eimer *m*.

tintamarre (tg̈-tä-mä'r) *m* Ge-polter *n*, Getöse *n*.

tintement (tg̈-tmg̈') *m* Anschlagen *n* an die Glocke; Klingen *n*.

tinter (tg̈-te') I. *v/a.* die Glocke mit dem Klöppel schlagen. II. *v/n.* anschlagen; klingen.

tintouin (tg̈-tũ̈g̈') *m* Ohrensausen *n*; *fig.* innere Unruhe, Sorge *f*.

tipule (tĭ-pü'l) *f* Schnake, Mücke.

tique (tĭk) *f* Zecke. [ßen, koppen.

tiquer (tĭ-ke') in die Krippe bei-

tiqueur (tĭ-kö̈'r) *m* Krippenbeißer.

tir (tĭr) *m* Schießen *n*, Schieß-übung *f*; Schuß(lini-e *f*); Schießhaus *n*.

tirade (tĭ-ra'b) *f* id., längerer Wort-erguß.

tirage (tĭ-ra'g̈) *m* Ziehen *n*, Treibeln *n*; Leinpfab; (Lotte-rie)Ziehung *f*; *typ.* Abzug, Abdrucken *n*.

tiraillement (tĭ-rä-j'mg̈') *m* Zer-ren *n*; Gemütsunruhe *f*.

tirailler (tĭ-rä-je') I. *v/a.* hin- u. her-ziehen, zerren. II. *v/n.* Pul-ver verknallen; ✗ plänkeln.

tiraillerie (tĭ-rŏ-j'rĭ') *f* Geschieße *n*; Plänkeln *n*.

tirailleur (tĭ-rá-jö̈'r) *m* schlechter Schütze; id., Plänkler.

tirant (tĭ-rg̈') *m* Zugschnur *f*; Riemen zum Zusammenschnüren; (Stiefel-)Strippe *f*; Zug-eisen *n*; ⚓ ∼ d'eau Tiefgang.

tirasse (tĭ-ra'ß) *f* Streichgarn *n*.

tirasser (rä-ße') mit dem Streich-garn fangen. [Zuge.

tire (tĭr): tout d'une ∼ in einem

tiré (tĭ-re') *m*: chasse au ∼ Schieß-jagd *f*. [zieher.

tire-balle (tĭr-bä'l) *m* Kugel-

tire-botte (tĭr-bŏ't) *m* Stiefel-knecht, -anzieher.

tire-bouchon (tĭr-bu-schg̈') *m* Pfropfenzieher. [Kratzer.

tire-bourre (tĭr-bū'r) *m* (Flinten-)

tire-d'aile (tĭr-bä̃'l) *m*: à ∼ pfeil-schnell fliegen. [zieher.

tire-ligne (tĭr-lĭ'nj) *m* Lini-en-

tirelire (tĭ-r'lĭ'r) 1. *f* Sparbüchse. 2. *m* Trillern *n* der Lerche.

tire-pied (tĭr-pĭ̃e') *m* Knie-riemen.

tirer (tĭ-re') I. *v/a.* ziehen; (her-)aus-, hervor-ziehen; heraus-bringen; erlangen; dehnen, strecken; durch Destillieren auszie-hen; ∼ au sort (aus)losen; (ab-, ver-)schließen, abfeuern; aus e-m Orte beziehen. II. *v/n.* ziehen (a. v. Öfen); gespannt sein; sich wohin wenden; ∼ sur le rouge ins Rote spielen; schießen; los-gehen; ∼ des armes fechten.

tirerie (tĭ-rŏ-rĭ') *f* Drahtzieherei.

tiret (tĭ-rä̆') *m* Bindestrich; Divis *n*; Gedankenstrich. [wand.

tiretaine (tĭ-r'tä̆'n) *f* id., Weiber-

tirette (tĭ-rä̆'t) *f*: ∼ (au jupon) Aufschürzer *m*.

tireur *m*, ∼se *f* (tĭ-rö̈'r, ∼rö̈'s) (Scharf-, Wild-)Schütze; Wech-sel-Aussteller; ∼ de cartes Kartenschläger(in).

tiroir (tĭ-rä̃'r) *m* Schub-lade *f*, Auszug; Schieber (Dampfma-schine); ✗ zweites Glied.

tisane (tĭ-fa'n) *f* Arznei-trank *m*.

tison (tĭ-fg̈') *m* (Feuer-)Brand; ∼

de discorde Zwietrachtſtifter,
a. Zank-apfel.

tisonné, ~e (tĭ-ſŏ-ne') ſchwarz-
fleckig; cheval m ~ Schwarz-
ſchimmel. [herumſchüren.

tisonner (ne') im (Kamin-)Feuer

tisonnier (ſŏ-nĭe') m Schürhaken.

tissage (tĭ-ßa'G) m Weben n.

tisser (tĭ-ße') weben, wirken.

tisserand (tĭ-ß'rạ') m (Lein-)We-
ber. [berei.

tisseranderie (tĭ-ß'rạ-b'rĭ') f We-

tissu, ~e (tĭ-ßü') 1. gewebt. 2. m
Gewebe n, Stoff. [zeug n.

tissu-laine(tĭ-ßü-lä'n) m Wollen-

tissure (tĭ-ßü'r) f Weberei.

tissutier (ßü-tĭe') m Kleinweber.

titiller (tĭ-tĭl-le') kißeln, prickeln.

titre (ti'tr) m (Buch-, Ehren-)Titel;
Überſchrift f eines Kapitels; Bezeichnung f; à ~ de ... in der
Eigenſchaft als ...; en ~ wirklich, ordentlich(er Profeſſor); Di-
plo'm n, Beſtallung f; Urkunde
f, Beweisſtück n; à juste ~
mit vollem Rechte; Rechtsan-
ſpruch; Feingehalt des Goldes ꝛc.

titrer (ti-tre'): ~ q. j-m einen
Titel verleihen; die Seide ti-
trieren, ſortieren.

titulaire (tĭ-tü-lä'r) 1. Titular-
...; im Beſiße eines Amtes befindlich, wirklich. 2. m Inhaber eines Amtes.

toast (toßt) m id., Trinkſpruch.

toaster (to-ßte') einen Toaſt ausbringen.

toc (tŏk) 1. int. tapp. 2. m ge-
dämpftes Schlagwerk.

tocane (tŏ-ka'n) f Vorlaufwein m.

tocsin (tŏ-kßạ') m Sturmläuten n.

toi (tŏa) du; dich; dir.

toile (tŏal) f Leinwand; Gemälde
n; (Theater-)Vorhang m; ~s pl.
ch. Garn n; Segelwerk n.

toilé (tŏa-le') m Spißengrund.

toilerie (tŏa-l'rĭ') f Leinenwa-
re(n-handel m).

toilette(tŏa-lä't) f Pußtiſch(-Tuch
n, -Gerät n) m; Anzug m, Puß
m; feine Leinwand; Packtuch n.

toilier m, ~ère f (tŏa-lĭe', -lĭä'r)
Leinwandhändler(in).

toise (tŏaſ) f Klafter.

toiser (tŏa-ſe') abklaftern; jem.
ſcharf anſehen; abſchäßen.

toison (tŏa-ſọ') f Vließ n.

toit (tŏa) m Dach n; ~ à cochons
Schweinekoben.

toiture (tŏa-tü'r) f Bedachung.

Tolbiac (tŏl-bĭ-a'k) m Zülpich n.

tôle (tōl) f (Eiſen-, Schwarz-)
Blech n.

tolérable (tŏ-lĕ-ra'bl) erträglich.

tolérance (tŏ-lĕ-rạ'ß) f Duldung.

tolérant, ~e (tŏ-lĕ-rạ', -rạ't)
buldſam. [tragen.

tolérer (tŏ-lĕ-re') bulben, er-

tôlier(to-lĭe') m Eiſenblechmacher.

tollé (tŏl-le') m Zetergeſchrei n.

tomate (tŏ-ma't) f id., Liebes-
apfel m. [blanc Neuſilber n.

tombac (tọ-bä'k) m Tombak; ~

tombant, ~e (tọ-bạ', -bạ't) fallenb; herabhangenb; baufällig.

tombe (tọ̄b) f Leichenſtein m;
Grab n, Gruft.

tombeau (tọ-bo') m Grab(-mal n,
-hügel) n. [der Nacht.

tombée (tọ-bē') f Einbruch m

tomber (tọ-be') fallen; hinab-,
herunter-fallen; ausgehen (vom
Haar); herabhangen; ~ sur q.
über jem. herfallen; umfallen;
geraten, kommen; es (gut ꝛc.)
treffen; j-m zufallen; ~ malade
krank werden; abnehmen, nach-
laſſen; ~ d'accord ſich ver-
ſtänbigen. [karren.

tombereau (tọ-b'ro') m Stürz-

tome(tōm) m Teil -s Werkes, Band.

ton (tọ) m Ton; Klang; Ton-art
f; Stimmgabel f; Redeweiſe f;
Lebensart f; Spannkraft f.

ton m, ta f, tes pl. (tọ, tä, tä) bein.

tonal, ~e (tŏ-nä'l) Ton-...

tonlage (tǫ-ba'Ḡ) m Scheren n.
tondeur m, ~se f (tǫ-bō̆'r, ~bō̆'f)
1. s. Scherer(in). 2. ~se f
Scher-maschine.
tondre (tǫ̆'br) (ab)scheren; Hecken
beschneiden. [kraft.
tonicité (tŏ-nĭ-ßĭ-te') f Spann-
tonique(tŏ-ni'ł) 1. tonisch, span-
nend. 2. note f ~ To'nika,
Grundton m. [Tonnengehalt.
tonnage (tŏ-na'Ḡ) m Lastigkeit f;
tonne (tŏn) f Tonne, großes Faß.
tonneau (tŏ-no') m Tonne f;
Schiffslast f.
tonnelage (tŏ-n'la'Ḡ) m: mar-
chandises f/pl. de ~ Faßwaren.
tonnelier (tŏ-n'lĭe') m Böttcher,
Küfer.
tonnelle (tŏ-næ'l) f Gartenlaube;
Tonnengewölbe; Tonnennetz n.
tonnellerie (tŏ-næ̆-l'rĭ') f Bött-
tonner (tŏ-ne') bonnern. [cherei.
tonnerre (tŏ-nā̆r) m Donner;
Wetterstrahl, Blitz.
tonsurer (tǫ-ßü-re') mit der Ton-
sur versehen. [wolle.
tonte (tǫ̆t) f (Schaf-)Schur; Scher-
tonture (tǫ-tü̆'r) f Scheren n;
Scherwolle.
topaze (tŏ-pā̆'ß) f Topas m.
tope! (tŏp) topp! es gilt!
toper (to-pe') den Einsatz halten;
topp sagen, einschlagen.
topinambour (tŏ-pĭ-nǫ-bū̆'r) m
Erd-apfel.
topique (tŏ-pi'ł) 1. Orts-... 2. m
örtliches Heilmittel.
topographe (tŏ-pŏ-grä̆'f) m Orts-
beschreiber.
toquade (tŏ-ła'b) f Schrulle.
toque (tŏ̆ł) f Faltenhut m; Barett n. [rückt.
toqué, ~e (tŏ-łe') verdreht, ver-
toquer (tŏ-łe') anrühren, schlagen;
verrückt machen.
torche (tŏ̆rsch) f (Pech-)Fackel;
Lappen m; Strohwisch m;
Tragwulst auf dem Kopfe; Bund n.

torche-cul (tŏ̆rsch-łü̆') m Arsch-
wisch. [f für Pferde.
torche-nez (tŏ̆rsch-ne') m Bremse
torcher (tŏ̆r-sche') (ab)wischen,
putzen; mit Lehm und Stroh
mauern; pfuschen.
torchère (tŏr-schā̆'r) f Pechpfanne;
Fackelstuhl m; großer Leuchter.
torchis (tŏr-schĭ') m Kleberlehm.
torchon (tŏr-schǫ') m Wisch-,
Scheuer-Lappen.
torcol (tŏr-łŏ'l) m Wendehals.
tordage (tŏr-ba'Ḡ) m Drehen n;
Zwirnen n. [Zwirner(in).
tordeur m, ~se f (tŏr-bō̆'r, ~bō̆'f)
tordre (tŏ̆'rbr) drehen, winden;
auswringen; zwirnen.
tore (tŏr) m Pfühl an Säulen.
toron (tŏ-rǫ') m Ducht f e-s Taues
torpeur (tŏr-pō̆'r) f Erstarrung
Betäubung. [m; Torpe'do m.
torpille (tŏr-pi'j) f Zitterrochen
torquer (tŏr-łe') Tabak spinnen.
torréfacteur (tŏr-re-fä̆-łtō̆'r) m
Röstmaschine f.
torréfaction (tŏr-re-fä̆-łßǫ') f
Rösten n, Dörren n.
torréfier (tŏr-re-fĭ-e') rösten, dörren; Kaffee brennen.
torrent (tŏ-rǫ') m (Berg-)Strom.
torrentiel, ~le(tŏ-rǫ-ßĭæ̆'l, ~ßĭæ̆'l)
strom-artig. [Zone.
torride (tŏ-rĭ'b): zone f ~ heiße
tors, ~e (tŏr, tŏ̆rß) gedreht; schrauben-artig gewunden; verdreht,
schief.
torsade (tŏr-ßa'b) f gewundene
Franze; Gold- ꝛc. Raupe.
torse (tŏ̆rß) m Torso, Rumpf.
torser (tŏr-ße') Windungen um eine
Säule machen. [Winden n.
torsion (tŏr-ßĭǫ') f Drehen n,
tort (tŏr) m Unrecht n; Schädi-
gung f; à ~ et à travers unbesonnen, ohne Überlegung.
torticolis (tŏr-tĭ-łŏ-lĭ') 1. m steifer Hals; fig. Heuchler. 2. a.
schief-, steif-halsig.

tortillard, ~e (tŏr-tĭ-jā'r, ~jä'rd) krumm gewachſen.

tortiller (tŏr-tĭ-je') I. v/a. zſ.-dre-hen, wickeln. II. v/n. ſich drehen und winden, lange zaudern.

tortillon (tŏr-tĭ-jǫ') m ringför-miges Polſter, um Laſten auf dem Kopfe zu tragen.

tortionnaire (tŏr-ßĭŏ-nä'r) 1. ge-waltthätig. 2. m Folterknecht.

tortis (tŏr-tĭ') m Strähne f.

tortu, ~e (tŏr-tü') krumm, ge-wunden; verſchroben.

tortue (tŏr-tü') f Schildkröte.

tortuer (tŏr-tü-e') verbiegen.

tortueux, ~se (tŏr-tü-ö', ~ö'ſ) krumm, gewunden.

torture (tŏr-tü'r) f Folter.

torturer (tü-re') foltern, martern.

toste (tŏßt) m = toast.

tôt (tō) früh, zeitig; plus ~ früher.

total, ~e (tŏ-tä'l) 1. ganz, völlig. 2. m das Ganze, Geſammtbe-trag.

totaliser (tŏ-tä-lĭ-ſe') addieren.

totalité (tä-lĭ-te') f Geſamtheit.

touage (tü-a'Q) m Kettenſchiff-fahrt f.

touaille (tü-a'j) f Handtuch n.

touchant, ~e (tu-ſchä', ~ſchä't) 1. rührend, ergreifend. 2. ~ prp. betreffend, wegen.

touche (tuſch) f Berühren n; An-ſchlag m (Klavier); Strichprobe; pierre de ~ Probierſtein m; Farbenauftrag m, Pinſelſtrich m; Manier e-s Malers; Taſte; Griff-brett n; (Peitſchen-)Schmitze.

toucher (tu-ſche') 1. berühren, befühlen; Geld einnehmen; mit dem Probierſteine probieren; Ochſen vor ſich hertreiben; fig. rühren, ergreifen; jem. betreffen, ange-hen, intereſſieren; die Farben auftragen; v/n. ~ à qc. an et. rühren; an et. haften, hinan-reichen; einem Zeitpunkte nahe ſn; die Pferde anpeitſchen; ♏ auf-

ſtoßen. 2. m Gefühl n, Fühlen n; Gefühlsſinn; ♪ Anſchlag, Spiel n.

toue (tü) f Fährboot n.

touée (tü-e') f Werpen n, Schlep-pen n. [verholen.

touer (tü-e') werpen, ſchleppen,

toueur (tü-ö'r) m Verholer.

touffe (tuf) f Büſchel m; ~ d'ar-bres Gehölz n. [belaubt.

touffu, ~e (tü-fü') buſchig, dicht

toujours (tu-Gū'r) immer, ſtets; noch immer; indeſſen, doch we-nigſtens, immerhin.

toupet (tu-pä') m Haar-Büſchel, Schopf; Stirnhaar n, Tolle f; Frechheit f.

toupie (tu-pĭ') f Kreiſel m.

tour (tūr) 1. f Turm m (auch im Schach). 2. m kreisförmige Be-wegung, Umdrehung f; Um-kreis; Gang um etwas herum; (Spazier-)Gang, Reiſe f; Wen-dung f; Kehr f; Rundung f des Geſichts; ~ de reins Verren-kung f des Kreuzes; Kunſtſtück n; Streich; Wendung f, Dar-ſtellungsweiſe f, Einkleidung f; Reihe f, à mon ~ wenn die Reihe an mir iſt; Drechſelbank.

touraille (tu-ra'j) f Malzdarre.

tourbe (türb) f 1. Torf m. 2. Haufen m, Menge.

tourbeux, ~se (tür-bö', ~bö'ſ) torfhaltig. [n, -ſtich m.

tourbière (tür-biä'r) f Torf-moor

tourbillon (tür-bĭ-jǫ') m Wirbel-wind; Strudel. [ſtrudeln.

tourbillonner (bĭ-jó-ne') wirbeln,

tourd m, ~elle f (tür, tür-bä'l) Singdroſſel f.

tourelle (tu-rä'l) f Türmchen n.

touret (ræ') m Rädchen n, Rolle f.

tourier m, ~ère f (tu-riè', ~riä'r) (Kloſter-)Pförtner(in).

tourillon (tu-rĭ-jǫ') m Dreh-zapfen. [Qual f.

tourment (tür-mɔ') m Marter f,

tourmente (tŭr-mą̄'t) *f* (See-) Sturm *m.*
tourmenter (mą-te') martern, quälen; belästigen; ein Schiff heftig hin- u. her-schleudern; den Stil verkünsteln. [-schleichen.
tournailler (nă-je') herum-laufen,
tournant, ~e (tŭr-ną', ~ną̄'t) 1. sich drehend. 2. *m* Wendung *f*; Ecke *f* einer Straße; Wendeplatz; Strudel; Mühlgang.
tournebroche (tŭr-n'brŏ'sch) *m* Bratenwender.
tournée (tŭr-nē') *f* Rundreise; Ausflug *m.* [blattwender.
tourne-feuille (tŭrn-fŏ'j) *m* Noten-
tourner (tŭr-ne') I. *v/a.* drehen; um-kehren, -wenden; richten, wenden; um etwas herumgehen; et. umgehen; drechseln, drehen; Brot formen. II. *v/n.* sich drehen; mit e-m Wagen umwenden; sich wohin wenden; sich ändern; (se) ~ en qc. in et. ausarten; eine Wendung nehmen; ablaufen; sich färben (von Früchten).
tournesol (tŭr-n'ßŏ'l) *m* Sonnenblume *f.*
tourneur (tŭr-nō̆'r) *m* Drechsler.
tournevis (tŭr-n'wi'ß) *m* Schraubenzieher.
tourniquet (tŭr-ni-kæ') *m* Drehkreuz *n*; (Fenster-, Thür-) Wirbel; Dreh-zeiger (Glücksspiel); Aderpresse *f.* [heit *f.*
tournis (tŭr-nī') *m* Drehkrank-
tournoi (tŭr-nŏā') *m* Turnier *n.*
tournoiement (tŭr-nŏā-mą') *m* Drehen *n*, Wirbeln *n.*
tournoyer (tŭr-nŏā-je') sich im Kreise drehen, wirbeln.
tournure (tŭr-nū'r) *f* Wendung; Anstrich *m*; Körperhaltung; id., Wulst *m.* [Torte.
tourte (tŭrt) *f* mit Fleisch *rc.* gefüllte
tourteau (tŭr-to') *m* Ölkuchen.
tourtereau (tŭr-t'ro') *m* junge Turteltaube.
tourterelle (tŭr-t'ræ'l) *f* Turteltaube.
tourtière (tŭr-tiā'r) *f* Torten-form.
tous (tu) *pl.* v. tout. [genfest *n.*
Toussaint (tu-ßą') *f* Allerheili-
tousser (tu-ße') husten.
tousseur *m*, **~se** *f* (tu-ßō̆'r, ~ßō̆'s) Huster(in).
tout 1. ~ *m*, ~e *f*, tous (tu, als *s.* tuß) *m/pl.*, ~es *f/pl.* ganz, all; ohne *art.* jede(r). 2. *m* Alles *n*; en ~ im ganzen; le ~ das Ganze; rien du ~ gar nichts; (pas, point) du ~ durchaus nicht. 3. *adv.* ganz; ~ d'un coup auf einmal; ~ autant ebensoviel; ~ de suite sogleich; ~ en riant wobei od. während er doch lachte; ~ riche qu'il est so reich er auch ist.
toutefois (tu-t'fŏā') jedoch, dennoch; si ~ wenn je. [Allgegenwart.
toute-présence (tut-prē-są̄'ß) *f*
toute-puissance (tut-pŭi-ßą̄'ß) *f* Allmacht. [(-Hund).
tou-tou (tu-tu') *m* Wauwau
tout-puissant, ~e-~e (tu-pŭi-ßą', tut-pŭi-ßą̄'t) allmächtig.
toux (tū) *f* Husten *m.*
toxique (tŏ-kßi'k) 1. *m* Gift *n.* 2. *a.* giftig. [Leibwächter.
traban (tră-bą') *m* Traba'nt,
tracas (tră-kā') *m* Wirrwarr; Verdrießlichkeiten *f/pl.*
tracasser (tră-kă-ße') I. *v/n.* hin- und her-laufen, sich abquälen; *fig.* Scherereien machen. II. *v/a.* plagen, quälen.
tracasserie (tră-kă-ß'ri') *f* Schererei; Klatscherei; Zank *m.*
tracassier *m*, **~ère** *f* (tră-kă-ßie', ßiā'r) 1. Scherereien verursachend. 2. *s.* Plagegeist.
trace (trāß) *f* Fußstapfe, Spur; Fährte. [Riß.
tracé (tra-ße') *m* Vorzeichnung *f*,
tracer (ße') I. *v/a.* auf-zeichnen, -reißen; abstecken; bezeichnen,

vorſchreiben; ſchreiben; ſchilbern. II. v/n. friechen u. ſtellen-
weiſe wurzeln.

traceret (tra-ß'ræ') m Vorreißer.

traceur m, ⹀se f (tra-ßö'r, ⹀ßö'ſ)
Vorzeichner(in).

trachée (trä-ſchě') f Luftgefäß n
ber Inſeken ꝛc. [Luftröhre.

trachée-artère (trä-ſchě-är-tä'r) f

traçoir (trä-ßöä'r) m Vorreißer.

traction (trä-Fß̃ǫ') f Ziehen n,
Zug m.

tradition (trä-bi-ßǫ') f Übergabe,
Auslieferung; id., mündliche
Überlieferung, Sage.

traditionnel, ⹀le (trä-bi-ßiô-næ'l,
⹀næ'l) burch Trabition fortge-
pflanzt. [ſe'ßer.

traducteur (trä-bŭ-Ftö'r) m Über-

traduction (Fßǫ') f Überſe'ßung.

traduire (trä-bŭǐ'r) über-ſe'ßen,
-tragen; ü'berführen nach ...;
vor einen Richter forbern.

traduisible (trä-bŭǐ-ſǐ'bī) über-
ſe'ßbar. [Verfehr.

trafic (fǐ'f) m Handel, Gewerbe n,

trafiquant (trä-fǐ-fǎ') m Handels-
mann. [(de qc. mit et.).

trafiquer (fǐ-fe') Handel treiben

tragédie (trä-Gě-bǐ') f Trauer-
ſpiel n, Tragöbi-e.

tragédien m, ⹀ne f (trä-Gě-bǐä',
⹀bǐä'n) Tragöbe, Tragöbin.

tragique (trä-Gǐ'f) 1. tragiſch;
unheilvoll. 2. m bas Tragiſche;
Tra'giter.

trahir (trä-Ǐ'r) verraten; ſich
wider jem. vergehen; verleugnen; im Stiche laſſen.

trahison (trä-Ǐ-ſǫ') f Verrat m.

traille (traj) f fliegende Brücke.

train (trg̃) m Gang(-art f), Schritt;
Schwung, Flug; à fond de ⹀
im tollſten Jagen; en bon ⹀
gut im Zuge, im Gange; être
en ⹀ de ... aufgelegt ſein zu ...;
Lärm; Gefolge n; (Eiſenbahn-)
Zug; ⹀ de bois Zug Flößholz;

(Armee-)Train; ⹀ de devant
Vorberteil von Pferden ꝛc.; (Wa-
gen-)Geſtell n; Triebwerf n.

trainant, ⹀e (trä-ng̃', ⹀ng̃'t)
ſchleppend, Schlepp-...

trainard (trä-nä'r) m Nachzügler.

traine (trän) f (Nach-)Schleppen;
Schlepptau n. [Schleife f.

traineau (trä-no') m Schlitten;

trainée (trä-ně') f Streifen m ver-
ſtreuten Kornes ꝛc.; ⹀ (de poudre)
Lauffeuer n.

trainer (trä-ne') I. v/a. ſchleppen;
ſeine Worte lang ziehen, behnen;
⹀ en longueur in bie Länge
ziehen. II. v/n. auf ber Erbe
nachſchleppen; unorbentlich herumliegen; ſich hinſchleppen; zu-
rüdbleiben.

traineur (trä-nö'r) m Schlitten-
führer; Nachzügler.

traire (trär) melfen; Golb, Silber
ꝛc. zu Draht ausziehen.

trait (træ) m Ziehen n, cheval de
⹀ Zugpferd n; Geſchoß n, Pfeil,
Wurfſpieß; Zug beim Trinken;
Feber- ꝛc. Strich; Beziehung f;
(Charafter-)Zug; Streich, ⹀s pl.
a. eheliche Untreue; Ausſchlag
ber Wage; Leitſeil n; Geſchirr-
Tau n, Strang.

traitable (træ-ta'bī) fügſam,
nachgiebig.

traite (træt) f Strecke Wegs;
Ausfuhr von Waren; Handel m,
Sflavenhandel m; Tratte, ge-
zogener Wechſel.

traité (træ-te') m Abhandlung f;
Vertrag, Trafta't.

traitement (træ-tmã') m Behanb-
lung f; Bewirtung f; Beſol-
bung f, Gehalt n.

traiter (træ-te') I. v/a. behanbeln;
erörtern; wegen e-r Sache unter-
hanbeln; ⹀ q. de fat, de prince
jem. einen Geden heißen, j-m
ben Titel Prinz geben; bewirten, traftieren. II. v/n. ⹀ de

qc. von et. handeln; über et. unterhandeln.

traiteur (træ-tö'r) *m* Speisewirt.

traître *m*, ⁓sse *f* (træ'tr, trä-træ'ß) 1. verräterisch. 2. *s.* Verräter(in).

traîtreusement (træ-trö-ſ'mᵃ') verräterischerweise.

trajet (trä-ʒæ') *m* Überfahrt *f*; Fahrt *f*, Reise *f*; zurückzulegende Strecke.

trame (tram) *f* Ein⸱schlag *m*, ⸱schuß *m*; Gewebe *n*; *fig.* Komplott *n*.   [anzetteln.

tramer (trä-me') einschießen; *fig.*

tramontane (trä-mɔ-ta'n) *f* Nordstern *m*; Norden *m*.

tranchant, ⁓e (trɑ-ſchɑ', ⁓ſchɑ̄'t) 1. scharf, schneidend; entscheidend; grell abstechend; absprechend. 2. *m* Schneide *f*, Schärfe *f*.

tranche (trɑ̄ſch) *f* Schnitte, Scheibe; Platte; Kante; (Münz⸱) Rand *m*; (Buch⸱)Schnitt *m*.

tranchée (trɑ-ſche') *f* Graben *m*; Durchstich *m*; Laufgraben *m*; ⁓s *pl.* Leibschneiden *n*.

tranchelard(trɑ-ſch'lä'r)*m* Speckmesser *n*.

trancher (trɑ-ſche') I. *v/a.* ab⸱, durch⸱, zer⸱schneiden; den Knoten durchhauen. II. *v/n.* schneiden; ⁓ sur qc. über et. absprechen; gegen et. grell abstechen; ⁓ de ... sich das Ansehen geben v. ...

tranchet (trɑ-ſchæ') *m* (Schuster⸱) Kneif.   [Hackbrett *n*.

tranchoir (trɑ-ſchɑ̄'r) *m* (Küchen⸱)

tranquille(trɑ-ki'l) ruhig; sorglos.

tranquilliser (trɑ-ki-li-ſe') beruhigen.   [Stille.

tranquillité (trɑ-ki-li-te') *f* Ruhe,

trans... (meist: traß, vor *vo.* traſ) in Zſg.: jenseit, über ... hinaus.

transaction (trɑ-ſa-kßʒɔ̄') *f* Ausgleichung; Vergleich *m*; (Handels⸱)Geschäft *n*.

*trans*border (trɑ-ſbör-be') in ein anderes Schiff umladen.

transcendance (trɑ-ßɑ-dā'ß) *f* hohe Überlegenheit.

transcendant, ⁓e (trɑ-ßɑ-dɑ', ⁓⸱dā't) über das gewöhnliche Maß, über die sinnliche Erfahrung hinausgehend.

transcription (trɑ-ßkri-pßʒɔ̄') *f* Abschreiben *n*, Eintragen *n*.

transcrire(trɑ-ßkri'r) abschreiben; ein⸱, über⸱tragen.

transe (trɑ̄ß) *f* Angst.

transférer (trɑ-ßfe-re') versetzen, ü'berführen; übertra'gen.

transfert (trɑ-ßfä'r) *m* Übertragungs⸱Urkunde *f*.

transfiguration (ßfi-gü-rā-ßʒɔ̄') *f* Verklärung.   [bilden.

transfigurer (trɑ-ßfi-gü-re') um⸱

transformer (trɑ-ßför-me') um⸱bilden, verwandeln.   [läufer.

transfuge (trɑ-ßfü'ʒ) *m* Über⸱

transfuser (trɑ-ßfü-ſe') hinüber⸱gießen, ⸱leiten.   [tre'ten.

transgresser (trɑ-ßgræ-ße') über⸱

transgresseur (trɑ-ßgræ-ßö'r) *m* Übertre'ter.   [sich abfinden.

transiger (ßi-ʒe') sich vergleichen;

transir (trɑ-ßi'r) I. *v/a.* erstarren machen. II. *v/n.* vor Kälte erstarren.   [Tra'nsit(o)⸱Handel.

transit (trɑ-ßi't) *m* Durchgang,

transitaire(ßi-tä'r)1 Durchgangs⸱ ... 2. *m* Tra'nsito⸱Händler.

transiter (trɑ-ßi-te') Waren durch ein Land durchgehen lassen.

transition (ßi-ßʒɔ̄') *f* Übergang *m*.

transitoire (trɑ-ßi-tɑ̄'r) vorübergehend.   [überse'tzen.

translater (trɑß-la-te') buchstäblich

translation (trɑß-la-ßʒɔ̄') *f* Beförderung an e-n andern Ort; Versetzung; Verlegung eines Teiles; Übertra'gung.   [scheinend.

translucide (trɑß-lü-ßi'd) durch⸱

transmarin, ⁓e (trɑ-ßmä-rɑ', ⁓ri'n) überseeisch.

transmettre (trg-ßmä̆'ɪt) an jem. gelangen laffen, über=fenden, =liefern; das Licht durchlaffen.

transmigration(trg-ßmĭ-grā-ßi͡Q) f Überfiedelung. [tragbar.

transmissible (ßmĭ-ßĭ'ɓɪ) über=

transmission (trg-ßmĭ-ßi͡Q') f Über=laffung, =tragung; Fort=pflanzung. [deln.

transmuer (trg-ßmü̆-e') verwan=

transmutable(trg-ßmü̆-ta'ɓɪ) ver=wandelbar. [Durchſichtigkeit.

transparence (trg-ßpä̆-rā'ß) f

transparent, =e (trg-ßpä̆-rā', =rā̆'t) 1. durchſichtig; leicht zu durchſchauen. 2. m id. (durch=ſchimmerndes Gemälde); Ölpapier n; Linienblatt n. [bohren.

transpercer (trg-ßpär-ße') durch=

transpiration (trg-ßpĭ-rā-ßi͡Q') f Haut=Ausdünſtung; Schweiß.

transpirer (ßpĭ-re') ausdünſten, ſchwitzen; ruchbar werden.

transplanter (trg-ßplg-te') ver=pflanzen; überfiedeln.

transport (ßpŏ'r) m Fortſchaffen n, Beförderung f an den Ort ſ=r Beſtimmung; Frachtwagen; per=fönliches Erſcheinen des Richters am Orte; id., Übertragung f auf eine andere Seite; Verzückung f, Ausbruch. [ſchaffbar.

transportable (ßpŏr-ta'ɓɪ) fort=

transportation (trg-ßpŏr-tā-ßi͡Q') f Verweiſung in eine Kolonie.

transporter (trg-ßpŏr-te') fort=ſchaffen, befördern; an einen Ort ver=legen, =ſetzen; übertra'gen, abtreten; jem. außer ſich bringen, entzücken.

transposer(trg-ßpo-ſe') verſetzen; J transponieren.

transposition (trg-ßpo-ſĭ-ßi͡Q') f Umſtellung (beſ. der Wortfolge).

transrhénan, =e (trg-ßre-ng', =na'n) überrheiniſch.

transsubstantiation (trgß-ßü̆b-ßtg-ßiä-ßi͡Q') f id. (Wandelung

des Brotes und Weines in den Leib Chriſti). [durch=ſchwitzen.

transsuder (trgß-ßü̆l-be') aus=,

transvaser (trg-ſwa-ſe') um=gie=ßen, =füllen.

transversal, =e (trg-ſwär-ßä'l) quer hindurchgehend, Quer=...

Transylvanie (trg-ßĭl-wä-nĭ') f Siebenbürgen n.

trantran(trg-trg') m Schlendrian.

trapèze (trä-pä̆'ſ) m Trape'z n; Hänge=reck n.

trappe (träp) f Fall=, Klapp=thür; Schiebefenſter n; Wolfsgrube.

trappeur(trä-pö̆'r) m Fallenjäger, Trapper. [ſtämmig.

trapu, =e (trä-pü') unterſetzt,

traque (trak) f Treibjagd.

traquenard (trä-l'nä'r) m Halb=paß(=gänger); Fuchseiſen n.

traquer (trä-ke') ein Treibjagen anſtellen; mit Netzen umſtellen.

traquet (trä-kä̆') m (Mauer= ꝛc.) Falle f.

travail (trä-wa'j) m Arbeit f, Mühe f; Notſtall.

travailler (trä-wä-je') arbeiten; ſich anſtrengen; leiden, kranf ſn; v/a. bearbeiten; ſorgfältig ausarbeiten; die Gemüter aufrei=zen.

travailleur m, =se f (trä-wä-jö̆'r, =jö̆'ſ) Arbeiter(in); Schanz=gräber.

travée (trä-wē') f Fach n zwiſchen zwei Balken; Jochweite.

travers (trä-wä'r) m Quere f, Querdurchmeſſer; Schiefheit f, Schräge f; Verkehrtheit f, Ver=ſchrobenheit f; de ~ ſchief, ver=quer; en ~ quer=über; à ~ (au ~ de) qc. quer=durch.

traverse(trä-wä'rß) f Querbalken m; (Eiſenbahn=)Schwelle; Quer=gang m, =wall m: Querſtrich m, widriger Zufall.

traversée (trä-wär-ße') f Über=fahrt; Bahnkreuzung.

traverser(trä-wăr-ße')quer burch ein Land gehen, fahren, reisen; über e-n Fluß ꝛc. setzen, schwimmen; burch et. hinburchbringen; hindern, burchkreuzen.

traversier m, ~ère f (trä-wăr-ßiē', ~ßiā'r) 1. Quer-... 2. m Querstock, Riegel.

traversin (trä-wăr-ßą') m Bett-(Kopf pfühl; Wage-balken; Bodenholz n der Tonnen.

travestir (wăß-ßtī'r) (en femme als Frau) verkleiden; travestieren. [Verkleidung f.

travestissement(wăß-ßtī-ßmą') m

Trébisonde (tre-bi-ßą̄'b) f Trapezunt n. [vollwichtig.

trébuchant, ~e (bü-schą', ~schą̄'t)

trébucher (tre-bü-sche') straucheln; überwichtig sein.

trébuchet (tre-bü-schæ') m Goldwage f; Fallbauer n, Falle f.

tréfiler(tre-fī-le')zu Draht ziehen.

tréfileur (fī-lō'r) m Drahtzieher.

trèfle (træ'fl) m Klee; Kleeblattkreuz n; Treff n.

tréfonds(tre-fą') m unterirdischer Grundbesitz. [werk n.

treillage (trä-ja'G) m Gitter-

treillager (trä-jă-Qe') ver-, umgittern. [-laube.

treille (træj) f Wein-gelänber n,

treillis(trä-jī') m netz-artiges Gitter; Glanz-leinwanb f: Drillich.

treillisser (trä-jī-ße') vergittern.

treize (træß) 1. breizehn. 2. m Dreizehn f.

treizième (træ-ßiā'm) breizehnt.

tremblaie (trą-blæ') f Espenwalb m.

tremblant, ~e (trą-blą', ~blą̄'t) zitternd; zaghaft; tremulierenb.

tremblante (trą-blą̄'t) f Zitteraal m. [Espe f.

tremble (trą'bl) m Zitterpappel f,

tremblement (trą-blmą') m Zittern n; ~ de terre Erdbeben n; Tre'molo n.

trembler(trą-ble') zittern,beben; sich fürchten; schwanken; tremulieren.

trembleur (trą-blō'r) m Zitterer, Memme f; Shaker; Zitter-affe.

trembloter (trą-blŏ-te') ein wenig zittern, schaubern.

trémie (tre-mī') f Mühltrichter m.

trémière (tre-miā'r): rose f ~ Stockrose.

trémousser (tre-mu-ße') I. v/a. ~ q. jem. rütteln. II. v/n. sich lebhaft hin- unb her-bewegen; mit ben Flügeln schlagen; se ~ herumspringen.

trempe (trą̄p) f Härten n, Härte bes Stahles; fig. Art, Schlag m.

tremper (trą-pe') I. v/a. ein-tauchen, -weichen, -tunken; Stahl härten, fig. stählen. II. v/n. in et. Nassem liegen, weichen; ~ dans un crime an einem Verbrechen teilhaben.

trempette (trą-pæ't) f in Wein zu tauchenbes Brot-schnittchen.

tremplin (trą-plą') m Trampoli'n n, Schwungbrett n.

trentaine(trą-tæ'n)f etwa breißig Stück n/pl., halbes Schock.

trente (trą̄t) breißig.

Trente (trą̄t) f Trient. [jährig.

trentenaire (trą-t'nā'r) breißig-

trentième (trą-tiā'm) breißigst.

trépan (tre-pą') m Schädelbohrer.

trépaner (tre-pă-ne') trepanieren.

trépas (tre-pa') m Hintritt, Tod.

trépasser(tre-pa-ße') verscheiben.

trépidation (tre-pi-bā-ßą̄') f Beben n.

trépied (tre-piē') m Dreifuß.

trépigner (tre-pi-nje') stampfen, [trampeln.

très (træ) sehr.

Très-Haut (træ-ō') m: le ~ ber Höchste, Gott.

trésillon (tre-fī-ją') m Drehbaum.

trésor (tre-fō'r) m Schatz.

trésorerie (tre-fo-rı-rī') f Schatzkammer, -amt n.

trésorier (tre-so-rïe') *m* Schatzmeister, Rendant.

tressaillement (trä-ßä-j'mg') *m* Zusammenfahren *n*, Schauer.

tressaillir (ßä-ji'r) zusammenfahren, aufzucken.

tresse (träß) *f* (Haar- ꝛc.) Flechte; Geflecht *n*.

tresser (trä-ße') (durch)flechten.

tréteau (trě-to') *m* Gerüst *n*; Gauklerbühne *f*.

treuil (tröj) *m* Wellbaum.

trêve (träw) *f* Waffenstillstand *m*; Rast, Ruhe.

Trèves (träw) *f* Trier *n*.

tri (tri) *m* Sortieren *n*; L'hombre *n* zu Dreien.

triade (trī-a'b) *f* Dreiheit, Trias.

triage (trī-a'Q) *m* Aus-lesen *n*, -wahl *f*.

triangle (trī-ā'gl) *m* Dreieck *n*.

triangulaire (q-gŭ-lä'r) dreieckig.

triangulation (trī-q-gŭ-lā-ßiọ') *f* trigonometrische Vermessung.

tribord (trī-bö'r) *m* Steuerbord.

tribu (trī-bŭ') *f* Tribus; (Volks-) Stamm *m*. [sal.

tribulation (bŭ-lā-ßiọ') *f* Trüb-

tribunal (trī-bŭ-nä'l) *m* Richterstuhl; Gericht(shof) *n*.

tribune (trī-bŭ'n) *f* Rednerbühne; Galerie, Chor *n*; Kirchenstuhl *m*.

tribut (trī-bŭ') *m* Tribu't; Abgabe *f*; Zoll.

tributaire (trī-bŭ-tä'r) tributpflichtig; (fleuve) ~ *m* Nebenfluß.

tric (trik) *m* Trick *m* u. *n* (Whist).

tricher (trī-sche') im Spiele betrügen, fuschern.

tricherie (tri-sch'rī') *f* Betrügerei.

tricheur *m*, -se *f* (trī-schö'r, -schö'f) Betrüger(in) (im Spiele).

trichine (trī-ki'n) *f* Trichi'ne.

tricolore (trī-kŏ-lŏ'r) dreifarbig.

tricorne (trī-kŏ'rn) 1. dreihörnig. 2. *m* Dreimaster, drei-eckiger Hut.

tricot (trī-kŏ') *m* Strickerei *f*; gestrickter Stoff, id. *n*; Strickzeug.

tricotage (trī-kŏ-ta'Q) *m* Stricken *n*; Klöppeln *n*; Strickzeug *n*.

tricoter (kŏ-te') stricken; Spitzen klöppeln.

tricoteur *m*, -se *f* (kŏ-tö'r, -tö'f) 1. Stricker(in); Klöppler(in). 2. -se *f* Trikotwirkerstuhl *m*.

trident (trī-bg') *m* Dreizack.

triennal, -e (än-nä'l) dreijährig.

triennalité (än-nä-lī-te') *f* dreijährige (Amts- ꝛc.) Dauer.

trier (trī-e') auslesen; sortieren; ausmerzen.

trieur *m*, -se *f* (trī-ö'r, -ö'f) Ausleser(in); Erzklauber.

trigaud *m*, -e *f* (trī-gō', -gō'b) 1. heimtückisch. 2. *s.* Duckmäuser(in).

trigauder (go-be') Finten machen.

triglotte (trī-glŏ't) dreisprachig.

trigone (trī-go'n) dreieckig.

trilatéral, -e (trī-lä-tĕ-rä'l) dreiseitig. [seitig.

trille (trij) *m* Triller.

trillion (trī-liọ') *m* Billion *f*, 1000 Milliarden *f/pl*.

trimbaler (trg-bä-le') überall mitschleppen.

trimestre (trī-mä'ßtr) *m* Vierteljahr *n*, Quartal *n*.

trimestriel, -le (trī-mä-ßtrī-ä'l, -ä'l) dreimonatlich.

tringle (trg'gl) *f* Stange, Leiste, bs. Gardinenstange.

tringler (trg-gle') (ab)schnüren (Zimmerei). [-faltigkeit.

trinité(trī-nī-te') *f* Drei-einigkeit,

trinquer (trg-ke'): ~ avec q. beim Trinken mit j-m anstoßen.

trio (trī-o') *m* Terzett *n*, Trio *n*; liederliches ꝛc. Kleeblatt.

triomphal, -e (q-fä'l) Triumph-...

triomphalement (trī-q-fä-l'mg') im Triumphe.

triomphant, -e (trī-q-fg', -fg't) triumphierend, sieghaft; jubelnd, strahlend.

*tri*omphateur (trī-ǫ-fa-tö'r) *m* Triumpha'tor, Sieger.

triomphe (trī-ǫ'f) 1. *m* Triumph. 2. *f* Kartenspiel: Triumph *m*; Trumpf *m*.

triompher (ǫ-fe') triumphieren; ~ de q. über jem. fiegen; frohlocken.

tripaille (trī-pa'j) *f* Gedärme *n*.

triperie (tri-p'rī') *f* Kaldaunengeschäft *n*.

tripes (trip) *f/pl.* Kaldaunen.

tripier (pie') *m* Kaldaunenhöfer.

triple (tri'pl) breifach.

tripler (trī-ple') verbreifachen.

triplicité (trī-plī-ßī-te') *f* Dreifachheit.

tripoli (trī-pŏ-lī') *m* Tripel.

tripot (trī-po') *m* Spielhaus *n*, Spelunke *f*.

tripotage (trī-pŏ-ta'G) *m* Manscherei *f*; Börsenschwindel.

tripoter (trī-pŏ-te') I. *v/n.* manschen; hetzen; in Spielhäusern liegen. II. *v/a.* verwirren; mit ea. abkarten.

tripoteur (trī-pŏ-tö'r) *m* jem., der faule Geschäfte macht.

trique (trik) *f* Knüttel *m*.

triqueballe (trik-bä'l) *m* (auch *f*) Hand-Protzwagen *m*.

trisaïeul *m*, ~e *f* (trī-sä-iö'l) Ur-ur-Groß-vater, -mutter.

trisannuel, ~le (trī-sän-nü̈æ'l, ~nü̈æ'l) breijährig. [teilung.

trisection (trī-ßǣ-kßiǫ') *f* Drei-

trissyllabe (trī-ßīl-la'b) *a. u. s/m.* breifilbig(es Wort).

triste (trist) traurig; betrübend; finster; jämmerlich.

tristesse (trī-ßtæß) *f* Traurigkeit.

tritice, ~e(trī-ti-ße')weizen-artig.

triturable (trī-tü-ra'bl) zerreibbar. [ftoßen.

triturer (trī-tü-re') zerreiben, zer-

trivelin (tri-v'lǫ') *m* Hanswurst.

trivial, ~e (trī-vīā'l) abgebrochen, gemein, platt.

*tri*vialité (trī-vīā-lī-te') *f* Plattheit; Gemeinplatz *m*.

troc (trŏk) *m* Tausch.

trocart (trŏ-kā'r) *m* Trokar, Bauchstecher.

trochée (trŏ-ke') *m* Trochä-us.

trochisque (trŏ-schi'ßk) *m* Pastille *f*, Plätzchen *n*.

troène (trǣn) *m* Ligu'ster.

troglodyte (trŏ-glŏ-bi't) 1. höhlenbewohnenb. 2. *m* Höhlen-bewohner; Zaunkönig.

trogne (trŏnj) *f* (Vollmonds-) Geficht *n*.

trognon (trŏ-njǫ') *m* Kerngehäuse *n*, Grieß; (Kohl-)Strunk.

trois (trǭā') 1. brei. 2. *m* Drei *f*.

troisième (trǭā-ßiǣ'm) 1. britt. 2. *m* der Dritte; Tertianer; britter Stock. 3. *f* Tertia.

trois-mâts ⚓ (trǭā-mā') *m* Dreimafter.

trombe (trǭb) *f* Windwirbel *m*; Wafferhose; ♂ Tromba.

trombone (trǫ-ko'n) *m* Posaune *f*.

trompe (trǭp) *f* ehm. Trompe'te; Jagbhorn *n*; Maultrommel; Rüffel *m* des Elefanten; arch. Trompe.

tromper (trǫ-pe') betrügen, täuschen; irre führen; sich die Zeit verkürzen; se ~ sich irren.

tromperie (trǫ-p'rī') *f* Betrug *m*.

trompeter (pe-te') austrompe'ten.

trompette (trǫ-pæ't) 1. *f* Trompe'te; ~ écoutante Hörrohr *n*. 2. *m* Trompeter.

trompeur *m*, ~se *f* (trǫ-pö'r, ~pö'f) 1. (be)trügerisch. 2. *s.* Betrüger(in).

tronc (trǫ) *m* (Baum-)Stamm; Haupt-, Kern-punkt; Stammhaus *n*; Büchse *f* für Trinkgelder; ~ des pauvres Almosenstock.

tronc(h)e (trǭsch, trǭß) *f* Block *m*, Klotz *m*.

tronchet (trǫ-schæ') *m* Hau-block.

tronçon (trǫ-ßǫ') *m* Stumpf; ab-

geschnittenes Stück; Schwanz-
rübe f. [zerschneiden.
tronçonner (trǫ-ɣǒ-ne') in Stücke
trône (trōn) m Thron.
trôner (tro-ne') thronen.
tronquer(trǫ-ke') (ab)stutzen, verstümmeln.
trop (tro) zu viel, zu sehr; ne ...
pas ‿nicht eben recht; par ‿ gar
zu, allzusehr.
trope (trop) m bildlicher Ausdruck.
trophée (trǒ-fē') m Trophäe f,
Siegeszeichen n.
tropical, ‿e (trǒ-pi-kä'l) tro'pisch.
tropique (trǒ-pi'k) m Wendekreis.
trop-plein (trǒ-plǎ') m Überfülle f.
troquer (trǒ-ke') (ver‐, um‐)
tauschen. [Tauscher(in).
troqueur m, ‿se f (trǒ-kö'r, ‿kö'f)
trot (tro) m Trab.
trotte (trǒt) f Strecke Weges.
trotter (trǒ-te') traben; v. Mäusen:
trippeln; umherlaufen.
trotterie (trǒ-t'rī') f unnützes Umherlaufen.
trotteur (trǒ-tö'r) m Traber.
trottin (trǒ-tǎ') m Laufbursche.
trottiner (trǒ-ti-ne') kurzen Trab
gehen, trippeln.
trou (tru) m Loch n.
trouble (trū'bl) 1. trübe, unklar.
2. m Verwirrung f; Mißhelligkeit f; Unruhe f, Bestürzung f;
‿s pl. Aufruhr. 3. f Käscher m
(zum Greifen der Fische).
trouble-fête (trūbl-fä't) s. Stö-
renfried m.
troubler (tru-ble') Wasser rc. trüben; die Luft rc. in Aufruhr
versetzen; die Ruhe, den Frieden
stören; den Geist verwirren; im
Besitze stören; se ‿ sich verwirren.
trouée (trū-e') f Durchhieb m im
Forst; Öffnung; Lücke.
trouer (trū-e') durchlöchern.
trou-madame (tru-mä-ba'm) m
Rammelspiel n.

troupe (trup) f Trupp m, Schar;
Bande; Truppe; ‿s pl. Truppen, Kriegsvolk n.
troupeau (tru-po') m Herde f.
troupier (tru-pie') m Soldat.
trousse (truß) f Bündel n, Pack
n; chirurgisches Besteck; Barbier-
beutel m; monter en ‿ hinten
aufsitzen; ‿s pl. Pluderhosen;
être aux ‿s de q. hinter j-m
her sein.
trousseau (tru-ßo') m (Schlüssel-)
Bund n; Aussteuer f.
trousse-queue (truß-kö') m
Schwanz-riemen.
troussequin (tru-ßkǎ') m Hinter-
pauschen des Sattels.
trousser (tru-ße') auf-schürzen,
-binden; wegraffen; eine Sache
schnell abmachen. [Falte f.
troussis (tru-ßi') m Einschlag,
trouvable (tru-wa'bl) findbar.
trouvaille (tru-wa'j) f glücklicher
Fund.
trouver (tru-we') finden; erfinden;
erachten; se ‿ sich ein-, vor-
finden; sich befinden.
trouvère (tru-wä'r) m id. (nord-
französischer Minnesänger).
trouveur m, ‿se f (tru-wö'r, ‿-
wö'f) Finder(in); Erfinder;
Spürhund. [Streicher(in).
truand m, ‿e f (trü-a', ‿a'b) Land-
truble (trü'bl) f = trouble 3.
truc (trük) m Beispiel n; Kunstgriff; thé. Maschine f zu Ver-
wandlungen; Schleife f zum
Warentransport; Lowry f.
trucheman, ‿ment (trü-schma') m
Dolmetscher. [Fischkelle.
truelle (trü-ä'l) f (Maurer-)Kelle;
truffe (trüf) f Trüffel. [len.
truffer (trü-fe') mit Trüffeln fül-
truffière (fiä'r) f Trüffelboden m.
truie (trüi) f Sau, Mutterschwein.
truite (trüit) f (Bach-)Forelle.
truité, ‿e (trü-te') forellen-artig;
rot getupft.

trumeau (trŭ-mo') m Fenster-
pfeiler; Pfeilerspiegel; (Rinds-)
Schlägel.   [maß n.

trusquin (trŭ-ßfg') m Streich-
tsar (tßar) m Zar.
tsarine (tßa-ri'n) f Zarin.
tu (tŭ) 1. bu. 2. part.p. v. taire.
tuable (tŭ-a'bl) schlachtbar.
tube (tŭb) m Rohr n, Röhre f;
Tu'bus.   [füttern.
tuber (tŭ-be') mit Röhren aus-
tubercule (tŭ-bär-fŭ'l) m Knöll-
chen n; Höckerchen n; Wurzel-
knolle f; Lungen-Tuberkel f.
tuberculeux, ~se (tŭ-bär-fŭ-lö',
~lö'f) höckerig, warzig; lungen-
schwindsüchtig.
tubéreuse (tŭ-bĕ-rö'f) f Tuberose.
tubéreux, ~se (tŭ-bĕ-rö', ~rö'f)
knollig.   [Höcker m.
tubérosité (tŭ-bĕ-ro-fi-te') f
tudesque (tŭ-bä'ßf) altdeutsch;
altväterisch; plump.
tuer (tŭ-e') töten, tot schlagen;
schlachten; schießen, erlegen;
(se) ~ (sich) zu Tode quälen.
tuerie (tŭ-ri') f Gemetzel n.
tue-tête (tŭ-tä't): à ~ aus vollem Halse.
tueur m, ~se f (tŭ-ö'r, ~ö'f) Tot-
schläger(in); Schweineschläch-
tuf (tŭf) m Tuffstein.   [ter.
tuile (tŭl) f Dachziegel m.
tuileau (tŭ-lo') m Ziegelstück n.
tuilerie (tŭl-['ri') f Ziegelei.
tuilier (tŭl-lie') m Ziegelbrenner.
tulipe (tŭ-li'p) f Tulpe.
tulipier (tŭ-li-pie') m Tulpen-
tulle (tŭl) m Tüll.   [baum.
tuméfaction (tŭ-mĕ-fä-kßfg') f
Anschwellung.   [schwellen.
tuméfier (tŭ-mĕ-fi-e') auf-, an-
tumeur (tŭ-mö'r) f Geschwulst.
tumulaire (tŭ-mŭ-lä'r) Grab-...
tumulte (tŭ-mŭ'lt) m Getümmel
n, Lärm; Aufruhr.
tumultuaire(tŭ-mŭl-tŭ-ä'r) wild,
stürmisch.

tumultueux, ~se (tŭ-mŭl-tŭ-ö',
~ö'f) lärmend, tobend.
tunique (tŭ-ni'f) f Tu'nika; Waf-
fenrock m.   [Durchstich.
tunnel (tŭ-nä'l) m Tu'nnel.
turban (tŭr-bg') m Tu'rban(-tuch
n); ♀ Türkenbund.
turbine (tŭr-bi'n) f id., horizon-
tales Wasserrad.
turbot (tŭr-bo') m Steinbutt.
turbulence (tŭr-bŭ-lg'ß) f Ungestüm n.   [ungestüm, tobend.
turbulent, ~e (tŭr-bŭ-lg', ~lg't)
turc m, turque f (tŭrf) 1. tür-
kisch. 2. T. s. Türke, Türkin.
turcie (tŭr-ßi') f Uferdamm m.
turf (tŭrf) m id., Rennbahn f.
turgescent, ~e (tŭr-Gä(ß)-ßg',
~ßg't) schwellend, strotzend.
turlupin (tŭr-lŭ-pg') m alberner
Spaßmacher.   [meiner Spaß.
turlupinade (tŭr-lŭ-pi-na'b) f ge-
turlupiner(tŭr-lŭ-pi-ne') alberne
Witze machen.   [Steckrübe.
turneps (tŭr-nä'pß) m große
turpitude (tŭr-pi-tŭ'b) f Schändlichkeit; Schandthat.
turquet (tŭ') m Sommerweizen.
Turquie (tŭr-fi') f Türkei.
turquin (tŭr-fg'): bleu ~ tür-
kisch-blau.
turquoise (tŭr-fßa'f) f Türkis m.
tutélaire (tŭ-tĕ-lä'r) schützend,
Schutz-...
tutelle (tŭ-tä'l) f Vormundschaft.
tuteur m, ~trice f (tŭ-tö'r, ~tri'ß)
Vormund, Vormünderin f.
tntie (tŭ-ti') f Hüttennichts n.
tutoiement (tßa-mg') m Duzen n.
tutoyer (tŭ-tßä-ie') duzen, mit
Du anreden.   [Halm.
tuyau (tŭl-lo') m Röhre f, Rohr n;
tympan (tg-pg') m Trommelfell n
im Ohre; Giebelfeld n; Füllung
f; Preßdeckel.
tympaniser (tg-pä-ni-fe') ver-
schreien.   [melsucht.
tympanite (tg-pä-ni't) f Trom-

type (tip) m Ty'pus, Urbild n, Sinnbild n; Grundform f; ~s pl. Lettern, Typen.

typhus (tĭ-fü'ß) m id., Nervenfieber n. [lich.

typique (tĭ-pĭ'k) typisch, urbild

*typ*ographe(tĭ-pŏ-grä'f) m Buchdrucker.

tyrannicide (tĭ-rän-nĭ-ßĭ'b) m Tyrannen-mörder, -morb.

tyrannique (rän-nĭ'k) tyrannisch.

tzar (tßar), & v. tsar, &.

U.

ubiquité (ŭ-bĭ-kŭ-te') f Allgegenwart.

ugorien, ~ne (ŭ-gŏ-rĭ͡ä', ~rĭ͡ä'n) ugrisch, finnisch-lappisch.

ulcération (ŭl-ße-rä-ßĭ͡õ') f Geschwär-bildung.

ulcère (ŭl-ßä'r) m Geschwür n.

ulcérer (ŭl-ße-re') schwären machen; erbittern.

ulcéreux, ~se (ŭl-ße-rö', ~rö'f) geschwürig. [Eulenspiegel.

Ulespiègle (ŭ-lä-ßpĭ͡ä'gl) m

uligineux, ~se(ŭ-lĭ-ʒĭ-nö', ~nö'f) sumpfig; Sumpf-...

ultérieur, ~e (ŭl-te-rĭ͡ö'r) jenseitig; anderweitig, sonstig.

ultimatum(ŭl-tĭ-ma-tö'm)m id. n.

ultra (ŭl-tra') 1. m id. (der äußersten Rechten ob. Linken Angehöriger). 2. ~... in Zsg.: jenseits; übertrieben, z.B. ultra-libéral, ~e übertrieben freisinnig.

ultramontain, ~e (ŭl-tra-mŏ-tä', ~tä'n) 1. jenseit der Berge (Alpen) gelegen oder wohnend; ultramonta'n. 2. m Ultramonta'ner, Römling.

un m, une f (ŏ, ŭn) 1. ein; de deux jours l'~ einen Tag um den andern. 2. a. unteilbar, einfach.

unanime (ŭ-nă-nĭ'm) einstimmig.

unanimité (ŭ-nă-nĭ-mĭ-te')f Einstimmigkeit.

uni, ~e (ŭ-ni') glatt, eben; einfarbig; schmucklos.

unification (ŭ-nĭ-fĭ-kă-ßĭ͡õ') f Einswerden n.

unifier (ŭ-nĭ-fĭ-e') zu Einem machen.

uniforme (ŭ-nĭ-fŏ'rm) 1. gleichförmig, -mäßig; einförmig. 2. m Uniform f.

uniformité (för-nĭl-te') f Gleich-, Ein-förmigkeit. [einfach.

uniment (ŭ-nĭ-mŏ') gleichmäßig;

union (ŭ-nĭ͡õ')f Verbindung; Vereinigung; Bund m; Bündniß n; Staatenbund m; Einigkeit.

unique (ŭ-nĭ'k) einzig.

unir (ŭ-nĭ'r) verbinden, vereinigen; Gatten trauen; ebenen, schlichten.

unisson (ŭ-nĭ-ßŏ') m Gleichklang; Übereinstimmung f.

unitaire (ŭ-nĭ-tä'r) 1. nach Einheit strebend. 2. m Unita'rier.

unité (ŭ-nĭ-te') f Einheit; Arithmetik: Einer m.

univers (ŭ-nĭ-wä'r) m Weltall n.

universalité (wăr-ßä-lĭ-te')f Allgemeinheit; All-umfassenheit.

universel, ~le (wăr-ßä'l, ~ßä'l) allgemein; all-umfassend.

universitaire (ßĭ-tä'r) zur Hochschule gehörig, Universitäts-...

université (ŭ-nĭ-wăr-ßĭ-te') f Universität; Gesamtschulwesen n.

uranais, ~e (ŭ-ră-nä', ~nä'f) aus dem Kanton Uri.

urano... (ŭ-ră-nŏ...) in Zsg.: Himmels-..., z.B. uranographie f Himmelsbeschreibung.

urbain, ~e (ŭr-bŏ', ~bä'n) 1. städtisch. 2. s. Städter. 3. U~ m U'rban.

*urb*anité (ür-bä-nĭ-te′) *f* Artigkeit, Höflichkeit.

ure (ür) *m* Auerochs.

uredo (ŭ-rĕ-bo′) *m* Brandpilz.

urgence(ür-Ǧa′ß)*f* Dringlichkeit,
Not. [genb.

urgent, *e* (ür-Ǧa′, Ǧa′t) drin-

urinal (ü-rĭ-nä′l) *m* Uringlas *n.*

urine (ŭ-ri′n) *f* Harn *m,* Uri′n *m.*

urinoir (ŭ-rĭ-nŏä′r) *m* Piß-an-
stalt *f,* -winkel *m.*

urne (ürn) *f* Urne.

urson (ür-ßǫ′) *m* nord-amerikanisches
Stachelschwein.

urticaire (ür-tĭ-fä′r) *f:* (fièvre *f*)
 Nesselfieber *n.*

us (üß) *m/pl.:* et coutumes Herkommen *n/sg.*

usage (ü-ſa′Ǧ) *m* Gebrauch, Sitte
f; Benutzung *f;* Nutznießung *f;*
Holzungs-, Trift-recht *n:* Ver-
trautheit *f;* du monde Welt-
kenntnis *f;* Lebens-art *f.*

usance (ǖ′ß)*f* Wechselzeit, Uſo *m.*

user (ü-ſe′) 1. de qc. etwas
gebrauchen, anwenden; en
verfahren, sich benehmen. 2. *v/a.*
verbrauchen; abnutzen, abtragen; s′ sich ab-nutzen, -stum-
pfen. 3. *m* langes Vorhalten,
Dauern *n.* |Fabrik.

usine (ü-ſi′n) *f* Hütte(nwerk *n*),

usité, *e* (ü-ſĭ-te′) gebräuchlich.

ustensile (ü-ßtg-ßi′l) *m* (Haus-,
Küchen- Gerät *n.*

ustion (ŭ-ßtĭǫ′) *f* Brennen *n.*

*us*uel, *le* (ŭ-ſüä̈′l, ſüä̈′l) gebräuchlich, üblich.

usufruit(ü-ſü-früĭ′) *m* Nießbrauch.

usufruit*ier m,* *ère f* (ü-ſü-früĭ-
tie′, tiä′r) Nutznießer(in).

usuraire (ü-ſü-rä′r) wucherisch.

usure (ü-ſü′r) *f* Wucher *m;* Ab-
nutzung.

usurier *m,* *ère f* (ŭ-ſü-rie′, riä′r)
Wucherer, Wucherin.

usurpa*teur m,* *trice f* (pa-tö′r,
trĭ′ß) 1. widerrechtliche(r)
Besitznehmer(in); Thronräuber.
2. *a.* uſurpato′risch.

usurper(ŭ-ſür-pe′)sich widerrecht-
lich zueignen, sich anmaßen.

ut ♂ (üt) *m* die Note C *n;* dièse
Cis *n.*

utérin, *e* (ü-tĕ-rǫ′, ri′n) (Ge-
bär-)Mutter-...; halbbürtig von
Mutterseite her; frères s Halb-
brüder.

utile (ŭ-ti′l) nützlich, dienlich.

utilisable (ŭ-tĭ-lĭ-ſa′bĭ) benutzbar.

utilisation (ŭ-tĭ-lĭ-ſä-ßǫ′)*f* Nutz-
barmachung.

utiliser (lĭ-ſe′) nutzbar machen.

utilitaire (ŭ-tĭ-lĭ-tä′r) 1.die Nützlichkeit bezweckend. 2. *m* Uti-
lita′ri-er. [Nutzen *m.*

utilité (ü-tĭ-lĭ-te′) *f* Nützlichkeit,

utricule (ŭ-trĭ-kü′l) *m* kleiner
Schlauch.

uvaire (ŭ-vä′r) traubenförmig.

uvée (ŭ-vē) *f* Traubenhaut des
Auges.

V.

va (wa) 1. *impér.* von aller geh!
2. *int.* es sei! meinetwegen! 3.*m*
sept et le siebenfacher Betrag des Einſatzes.

vacance (wă-ǧa′ß) *f* Unbesetztsein
n, Balanz; s *pl.* Fe′ri-en.

vacant, *e* (wă-ǧa′, ǧa′t) leer-

stehend; unbesetzt, erledigt;
herrenlos. [Lärm.

vacarme (wä-kä′rm) *m* (Heiden-)

vacation (wä-kä-ßǫ′) *f* Mühwal-
tung eines Beamten; s *pl.* Gebühren der Notare; Gerichts-
fe′ri-en; Amts-Erledigung.

vaccoin (wä-t̆ß́ǎ') m Kuhpocken-
Stoff. [Impf-Arzt.

vaccinateur (wä-t̆ßǐ-na-tö'r) m

vaccine (wä-t̆ßi'n) f Kuhpocken
pl.; Impfung. [ein)impfen.

vacciner (wä-t̆ßǐ-ne') (Kuhpocken

vache (wäsch) f Kuh; Kuh-fleisch
n; Kuh-haut, -leber n; ~ de
Russie Juchten m; Lederkoffer
m auf Reisewagen; ~ marine
Walroß n. [Kuh-hirt(in).

vacher m, ~ère f (wä-sche', ~ä'r)

vacherie (wä-sch'rǐ') f Kuhstall m;
Melkerei. [(sch)wankend.

vacillant, ~e (wä-ßǐl-lg', ~lg̈'t)

vaciller (wä-ßǐl-le') (sch)wanken,
wackeln.

vacuité (wä-kü-ǐ-te') f Leere.

vade (wad) f (Spiel-)Einsatz m.

va-et-vient (wa-e-wǐg̈') m Hin-
und Her-bewegung f; Gestänge
n; Fährseil n; Fähre f.

vagabond m, ~e f (wä-gä-bg̈', ~-
bg̈'b) 1. herumstreifend. 2. s.
Landstreicher(in).

vagabondage (wä-gä-bg̈-ba'g) m
Landstreicherei f. [streichen.

vagabonder (gä-bg̈-be') herum-

vagin (wä-g̈g̈') m Mutterscheide f.

vagir (wä-g̈ǐ'r) schreien wie neu-
geborene Kinder; klagen (v. Hasen).

vagissement (wä-g̈ǐ-ßmg̈') m
Geschrei n; Klagen n.

vague (wāg) 1. vag, unbestimmt;
umherziehend (von Blick). 2. f
Woge, Welle.

vaguer (wä-ge') umherschweifen.

vaigre ⊥ (wä̈'gr) f Futterplanke.

vaigrer (wæ-gre') wegern, mit
Planken verkleiden. [tapfer.

vaillamment (wä-jä-mg̈') adv.

vaillance (wä-jg̈'ß) f Tapferkeit.

vaillant, ~e (jg̈', jg̈'t) 1. tapfer,
heldenmütig. 2. m son ~ sein
Hab und Gut. [that.

vaillantise (wä-jg̈-tǐ'ß) f Helden-

vain, ~e (wg̈, wæn) eitel; vergeblich; grundlos; en ~ vergeblich.

vaincre (wg̈'tr) (be)siegen, über-
winden.

vaincu (wg̈-kü') m Besiegte(r).

vainqueur (wg̈-kö'r) m Sieger.

vair (wär) m Grau-werk n.

vairon (wæ-rg̈') 1. glasäugig.
2. m Ellrize f (Fisch).

vaisseau (wæ-ßo') m Gefäß n,
Geschirr n; ~ (sanguin Blut-)
Gefäß n; Schiff n.

vaisselier (wä-ßæ-lǐe') m Ge-
schirrschrank.

vaisselle (wæ-ßæ'l) f Tafel-,
Tisch-geschirr n.

val (wäl) m Thal n.

valable (wä-la'bl) gültig.

Valais (wä-læ') m: le ~ Wallis n.

valant (wä-lg̈') geltend, wert.

valériane (wä-le-rǐ-a'n) f Bal-
drian m.

valet (wä-læ') m Knecht; Diener;
~ de chambre Kammerdiener;
~ de place Lohndiener; Bube
(Karte); Sperrstange f an Thüren;
Klemmhaken. [vack n.

valetaille (wä-l'ta'j) f Bedienten-

valeter (wä-l'te') scherwenzeln;
sich abmühen. [kränklich.

valétudinaire (wä-le-tü-dǐ-nä'r)

valeur (wä-lö'r) f Wert m; Geltung; Valuta, Betrag m;
Tapferkeit. [tapfer.

valeureux, ~se (wä-lö-rö', ~rö'ß)

validation (wä-lǐ-bā-ßg̈')f Gül-
tigkeitserklärung. [sund.

valide (wä-lǐ'b) rechtskräftig; ge-

valider (wä-lǐ-be') für gültig
erklären. [Gültigkeit.

validité (wä-lǐ-dǐ-te') f (Rechts-)

valise (wä-lǐ'ß) f Fell-eisen n.

vallée (wä-le') f Thal n.

vallon (wä-lg̈') m kleines Thal.

valoir (wä-lg̈'r) I. v/n. wert sn,
gelten; taugen; ~ mieux besser
sein; faire ~ geltend machen,
verwerten; ein Gut selbst be-
wirtschaften, einer Sache Wert
geben, herausstreichen; ~ qc. et.

aufwiegen. II. *v/a.* ~ qc. à q.
j-m et. einbringen, abwerfen.

valse (wälß) *f* Walzer *m.*

valser (wäl-ße') Walzer tanzen,
walzen. [Walzertänzer(in).

valseur *m,* ~se *f* (wäl-ßö'r, ~ßö'ß)

valve (wälw) *f* Bentil *n;* Frucht-
klappe; (Muschel-)Schale.

valvule(wäl-wü'l)*f*(Herz-)Klappe.

vampire (wg-pi'r) *m* Bamphyr;
Blutsauger.

van (wg) *m* Getreideschwinge *f.*

vandalisme(wg-bä-li'ßm)*m* Ban-
balismus, Zerstörungswut *f.*

vanité (wä-ni-te') *f* Eitelkeit;
Nichtigkeit.

vaniteux, ~se (wä-ni-tö', ~tö'ß)
lächerlich eitel, eingebildet.

vanne (wan)*f* Schütze eines Wasser-
Kanals.

vanneau (wä-no') *m* Kiebitz.

vanner (wä-ne') schwingen; Ra-
deln fächern. [rei.

vannerie (wä-n'ri') *f* Korbmache-

vannette (wä-nä't) *f* Futter-
schwinge. [schwinger.

vanneur (wä-nö'r) *m* Getreide-

vannier (wä-nie') *m* Korbmacher.

vannure (wä-nü'r) *f* Spreu.

vantail (wg-ta'j) *m* Thür-, Fen-
ster-flügel.

vantard *m,* ~e *f* (wg-tā'r ~tä'rd)
1. ruhmredig. 2. *s.* Groß-
sprecher(in).

vanter (wg-te') rühmen, anprei-
sen; se ~ de qc. sich e-r Sache
rühmen. [rei.

vanterie (wg-t'ri') *f* Großspreche-

va-nu-pieds(wa-nü-pie')*m* Lump.

vapeur (wä-pö'r) 1. *f* Dampf *m;*
Dunst *m;* ~s *pl.* hyste'rische
Launen, Grillen; Malerei: Duft
m. 2. *m* Dampfboot *n.*

vaporeux, ~se (wä-pö-rö', ~rö'ß)
dunstig; nebelhaft; duftig; an
Bapeurs leidend.

vaporisateur (wä-pö-ri-fa-tö'r) *m*
Ab-rauchschale *f.*

vaporiser (wä-pö-ri-fe') ver-
dunsten lassen.

vaquer (wä-ke') erledigt sein; (Ge-
richts- Ferien haben; ~ à qc. e-r
Sache obliegen.

varangue (wä-rg'g) *f* Bauchstück *n*
eines Schiffes.

varec(h) (wä-'k) *m* Tang, Seegras
n; Meer-auswurf; Wrack *n.*

varenne (wä-rä'n) *f* Wild- und
Weide-land *n.* [Bluse.

vareuse (rö'ß) *f* kurze (Matrosen-)

variabilité (wä-ria-bi-li-te') *f*
Beränderlichkeit.

variable (wä-ria'bl) veränderlich.

variation (wä-ri-ā-ßiǫ') *f* Ber-
änderung, Wechsel *m;* ♪ id.

varice (wä-ri'ß) *f* Krampf-ader.

varicelle (wä-ri-ßä'l) *f* Wind-
pocken *pl.* [wechselnd; bunt.

varié, ~e (wä-ri-e') mannigfaltig,

varier (wä-ri-e') I. *v/a.* Abwech-
selung in et. bringen. II. *v/n.*
sich verändern; veränderlich sn;
abweichen (Magnetnadel); ~ sur
qc. verschiedener Ansicht über
etwas sein.

variété (wä-rie-te') *f* Mannig-
faltigkeit; ~s *pl.* Allerlei *n;*
Ab-, Spiel-art. [Pocken *pl.*

variole (wä-ri-o'l)*f* Blattern *pl.,*

varioleux, ~se (wä-ri-o-lö', ~ö'ß)
blatter(n)-krank. [tern-...

variolique (wä-ri-o-li'k) Blat-

varlope (wär-lo'p) *f* großer
Schlichthobel, Rauhbank.

varloper (wär-lo-pe') mit der Rauh-
bant hobeln. [schau *n.*

Varsovie (wär-ßo-wi') *f* War-

vasard (wä-fā'r) schlammig.

vase (wāf) 1. *m* Gefäß *n,* Base *f.*
2. *f* Schlamm *m,* Moder *m.*

vaseux, ~se (wa-fö', ~fö'ß)
schlammig.

vasistas (wä-fi-ßta'ß) *m* Guck-,
Schiebe-fenster *n.*

vassal *m,* ~e *f* (wä-ßā'l) Ba-
fall(in), Lehns-mann, -frau.

vasselage (wă-ß'la'G) m Va-
saLlenschaft f.
vaste (wast) weit, ausgedehnt,
unermeßlich; vielseitig.
va-tout (wa-tu') m id. (das ganze
beim Spiele stehende Geld); fig.
letzter Trumpf. [land n.
Vaud(wō) m: le pays de ~ Waadt-
vaudevilliste (wo-b'wĭ-li'ßt) m
Verfasser von Vaudevilles.
vaudois, ~e (wo-bsă', ~bsă'f)
1.waadtländisch. 2.walbensisch.
vau-l'eau (wo-lō'): à ~ strom-
abwärts.
vaurien (wo-riğ') m Taugenichts.
vautour (wo-tū'r) m Geier.
vautrer (wo-tre'): se ~ sich im
Kote wälzen; sich fühlen.
vautroir (trsă'r) m Sau-lache f.
vavasseur (wă-wă-ßō'r) m Hin-
tersasse.
vayvode (wæ-wo'b) m Woiwo'de.
veau (wo) m Kalb n; Kalb-fleisch
n, -leder n. [2. a. erlebt.
vécu (wĕ-kü') 1. part.p. v. vivre.
vedette(wə-bæ't) f id., Kavallerie-
posten m; Beobachtungsschiff n.
végétable (we-Ge-ta'bl) fähig zu
wachsen.
végétal, ~ale(Ge-tä'l) 1. pflanzen-
haft, Gewächs-... 2. m Pflanze
f, Gewächs n; ~aux pl. Vege-
tabi'li-en.
végétatif, ~ve (ta-ti'f, ~tĭ'w) den
Pflanzenwuchs befördernd.
végétation (we-Ge-tā-ßğ') f
Wachstum n der Pflanzen; Ve-
getation; Pflanzenwelt.
végéter (we-Ge-te') als Pflanze
leben, vegetieren.
véhémence (we-ĕ-mğ'ß) f Heftigkeit, Ungestüm n.
véhément, ~e (we-ĕ-mğ', ~mğ't)
heftig, ungestüm; feurig.
véhicule (we-I-kü'l) m Beförde-
rungsmittel n; Fuhrwerk n.
veille (wæj) f Wachen n; (Nacht-)
Wache; Tag m vorher, Vor-

abend m; à la ~ de ... auf dem
Punkte zu ...
veillée (wæ-jē') f Nachtwache bei
einem Kranten; Abend-unterhal-
tung bei gemeinschaftlicher Arbeit, Spinngesellschaft.
veiller (wæ-je') I. v/n. wachen.
II. v/a. ~ q. bei j-m wachen;
jemand. beobachten.
veilleur m, ~se f (wæ-jō'r, ~jō'f)
1. ~ m Leichen-, Feuer-wächter.
2. ~se f Leichenwärterin; Nacht-
lampe, -licht n.
veinard(wæ-nā'r) m Glückskind n.
veine(wæn) f (Blut-)Ader; Glück
n im Spiel; mauvaise ~ Unglück n, Pech n.
veiné, ~e (wæ-ne') geabert.
veiner (~) abern, aberig machen.
veineux, ~se (wæ-nö', ~nö'f)
aberig; aber-reich; Aber-...
veinule (nü'l) f Blut-äberchen n.
vélar (wĕ-la'r) m Heberich.
velche (wælsch) m Wälscher; fig.
Barba'r, Finsterling.
vêler (wæ-le') kalben.
vélin(wĕ-lğ') m Jungfern-Perga-
ment n; papier ~ Veli'npapier n.
velléité (wæl-le-ĭ-te') f Gelüsten
n, Anwandlung.
vélocifère (wĕ-lŏ-ßĭ-fä'r) m Eilwagen. [ligkeit.
vélocité (wĕ-lŏ-ßĭ-te') f Schnel-
velours (w'lū'r) m Samt; ~
d'Utrecht wollener Plüsch.
velouté, ~e (w'lu-te') 1. samt-
artig, -weich; vin ~ milber bun-
kelroter Wein. 2. m das Samt-
artige; Samtband n. [ben.
velouter (w'lu-te') samt-artig we-
velte (wælt) f Visierstab m.
velter (wæl-te') Tonnen visieren,
eichen. [zottig.
velu, ~e (w'lü') haarig, rauh,
venaison (wɪ-næ-ßğ') f Wildpret
n; en ~ in der Feiste.
vénal, ~e (wĕ-nä'l) käuflich; feil,
bestechlich.

vénalité (we-nă-lĭ-te') f Verkäuflichkeit; Bestechlichkeit.

venant, ~e (w'nḡ', w'nḡ't) 1. kommend; bien ~ gut gedeihend, sicher eingehend. 2. m allants et ~s Ab- und Zu-gehende; à tout ~ dem ersten besten.

vendable (wḡ-ba'bĭ) verkäuflich.

vendange (wḡ-dā'G) f Weinlese.

vendanger (wḡ-dḡ-Ge') Weinlese halten; fig. verwüsten.

vendangeur m, ~se f (wḡ-dḡ-Gö'r, ~Gö'f) Winzer(in).

vendetta(wḡ-dĕt-ta')f Blutrache.

vendeur m, ~se f(wḡ-bö'r, ~dö'f) Verkäufer(in).

vendre (wḡ'br) verkaufen; feil h.; für Geld verraten.

vendredi (wḡ-brĭ-bĭ') m Freitag.

vené, ~e (wĭ-ne') mürbe gebeizt.

vénéneux, ~se (we-nĕ-nö', ~nö'f) giftig.

vener (wĭ-ne') Tiere jagen, hetzen (um das Fleisch mürbe zu machen).

vénérable (we-nĕ-ra'bĭ) 1. ehrwürdig. 2. m Hochwürdige(r); Meister vom Stuhl.

vénération (we-nĕ-rā-ßĭǫ') f Verehrung, Ehrfurcht.

vénérer (we-ne-re') verehren.

vénerie(we-n'rĭ')f Jägerei,Waidwerk n; Hetzjagd; Jagdpersonal n; Jägerhof m. [ne'risch.

vénérien, ~ne (nĕ-rĭǫ', ~rĭǽ'n) ve-veneur (wĭ-nö'r) m (Hetz-)Jäger; grand ~ Oberjägermeister.

vengeance (wḡ-Gā'ß) f Rache; Rachsucht.

venger (wḡ-Ge') rächen; se ~ de q. sich an j-m rächen.

vengeur m, ~eresse f (wḡ-Gö'r, ~G'ræ'ß) 1. Rächer(in). 2. a. rächend.

véniel, ~le (wĕ-nĭǽ'l, ~nĭǽ'l) verzeihlich, läßlich. [giftig.

venimeux,~se(wĭ-nĭ-mö',~mö'f)

venin (wĭ-nḡ') m tierisches Gift; fig. Bosheit f, Galle f.

venir (w'nĭ'r) 1. kommen; voir ~ q. j-s Absicht merken; ~ voir q. jem. besuchen; il vient de sortir ~ er ist eben ausgegangen; zufallen (durch Erbschaft ꝛc.); eintreten, stattfinden; à ~ zukünftig; abstammen;entstehen;gut, schlecht gedeihen, fortkommen; hinaufreichen bis ...; en ~ à qc. zu et. schreiten, greifen. 2. m Kommen n.

Venise (wĭ-nĭ'ß) f Venedig n.

vénitien, ~ne (we-ni-ßĭǫ', ~ßĭǽ'n) venetianisch.

vent (wḡ) m Wind; Blähung f; ch. Witterung f.

ventail (wḡ-ta'j) m unterer Teil des Helmfensters.

vente (wḡt) f Verkauf m; Absatz m, Vertrieb m; Holzschlag m.

venter (wḡ-te') I. v/n. wehen; il vente es ist windig. II. v/a. worfeln.

venteux, ~se (wḡ-tö', ~tö'f) windig; stürmisch; blähend.

ventilateur(wḡ-tĭ-la-tö'r)m Ventila'tor; Wettermaschine f.

ventilation (lā-ßĭǫ') f id., Unterhaltung von Luftzug; Schätzung.

ventiler (wḡ-tĭ-le') ventilieren (mit frischer Luft versehen); zur Abfindung jedes Einzelnen abschätzen.

ventouse (wḡ-tū'ß) f Schröpfkopf m; Zug-, Luft-loch n; Saugenapf m bei Würmern.

ventouser (wḡ-tu-ße') schröpfen.

ventral, ~e (wḡ-trä'l) am Bauche befindlich, Bauch-...

ventre (wḡ'tr) m Bauch, (Unter-)Leib; Ausbauchung f.

ventrée (wḡ-tre') f Wurf m Junge.

ventricule (wḡ-trĭ-kü'l) m an. Kammer f, Höhle f.

ventrière (wḡ-trĭ-ä'r) f Bauchgurt m, -binde; Hänge-gurt m.

ventriloque (wḡ-trĭ-lŏ'k) 1. m Bauchredner. 2. a. bauchredne-risch.

*ven*triloquie (wģ-trĭ-lŏ-ḱĭ') ƒ
Bauchrednerei.

ventru, ~e (wģ-trü') 1. dickbäuchig. 2. *s.* Schmerbauch.

venue (w'nü') ƒ Ankunft; Wuchs
m; tout d'une ~ oben u. unten
gleich dick.

vêpres (wǣ'pr) ƒ/pl. Vesper *sg.*,
Nachmittagsgottesdienst *m*.

ver (wär) *m* Wurm, Made ƒ.

véracité (we-rä-ßĭ-te') ƒ Wahrhaftigkeit. [zeitwörtlich.

verbal, ~e (wär-bä'l) mündlich;

verbaliser (wär-bä-lĭ-ſe') mündlich verhandeln; ein Protoko'll
aufnehmen.

verbe (wärb) *m* Verbum *n*, Zeitwort *n*; biblisch: le V. das Wort.

verbeux, ~se (wär-bö', ~bö'ſ)
wortreich. [Geschwätz *n*.

verbiage (bĭ-a'Ǧ) *m* Wortschwall,

verbiager (wär-bĭ-a-Ǧe') viele
Worte machen.

verbiageur *m*, ~se ƒ (wär-bĭ-a-
Ǧö'r, ~Ǧö'ſ) Schwätzer(in).

verbosité (wär-bo-ſĭ-te') ƒ Weitschweifigkeit.

verdâtre (wär-bä'tr) grünlich.

verdelet, ~te (wär-b'lǣ', ~b'lǣ't)
etwas grün; säuerlich (v. Wein);
noch rüstig.

verdeur (wär-bö'r) ƒ Saft *m* der
Pflanzen; Herbigkeit; Jugend-
kraft. [der Geschworenen.

verdict (bĭ'ḱ) *m* id., Wahrspruch

verdier (wär-bĭe') *m* Grünfink.

verdir (wär-bĭ'r) L *v a.* grün
anstreichen. II. *v/n.* grünen;
Grünspan ansetzen.

verdoyer (wär-bä̆-ĭe') grünen.

verdure (wär-bü'r) ƒ Grün *n* der
Bäume ꝛc.; grünes Laub; Rasen
m; eßbare Kräuter *pl.*

verdurier *m*, ~ère ƒ (wär-bü-rĭe',
~rĭä'r) ehm. Hofküchengärtner;
Krauthändler(in).

véreux, ~se (wĕ-rö', ~rö'ſ) wurmstichig; verdächtig.

verge (wärǦ) ƒ Rute, Gerte;
Geißel; Stab *m*, Stange;
männliches Glied.

vergé, ~e (wär-Ǧe') rutenförmig·
ungleich gewebt oder gefärbt.

verger (wär-Ǧe') 1. *m* Obstgarten.
2. *v/a.* mit der Rute messen.

vergeté, ~e (wär-Ǧ'te') (rot-)
streifig.

vergeter (wär-Ǧ'te') (ab-, aus-)
bürsten; auspeitschen.

vergette (wär-Ǧæt) ƒ kleine Rute;
meist ~s *pl.* (Kleider-)Bürste.

vergeure (Ǧü'r) ƒ Form-draht *m*,
-streifen *m/pl.* im Papiere.

verglas (wär-gla') *m* Glatt-eis *n*.

vergogne (wär-gŏ'nj) ƒ Scham.

vergue (wärg) ƒ Raa, Segelstange.

véridicité (we-rĭ-bĭ-ßĭ-te') ƒ
Wahrhaftigkeit der Rede.

véridique (we-rĭ-bĭ'ḱ) wahrhaft;
der Wahrheit gemäß.

vérificateur (we-rĭ-fĭ-ḱa-tö'r) *m*
Kontrolleur.

vérification (ḱā-ßῐ̆') ƒ Prüfung
der Richtigkeit; Beglaubigung.

vérifier (we-rĭ-fĭ-e') die Richtigkeit
untersuchen, kontrollieren; be-
wahrheiten.

vérin(wĕ-rₐ') *m* Schraubenwinde.

véritable (we-rĭ-ta'bl) wahr; echt,
wirklich; wahrhaft.

vérité (we-rĭ-te') ƒ Wahrheit;
Wahrhaftigkeit; en ~ wahrlich,
in der That; à la ~ zwar.

verjus (wär-Ǧü') *m* Saft unreifer
Trauben; unreife Traube; Krätzer.

verjuter (wär-Ǧü-te') mit Sauer-
wein versetzen.

vermeil, ~le (wär-mǣ'j) 1. (hoch-)
rot. 2. *m* im Feuer vergoldetes
Silber.

vermicel(le) (wär-mĭ-ſchǣ'l ob. ~
ßǣ'l) *m* Fadennudeln ƒ/pl.

vermiculaire (wär-mĭ-ḱŭ-lä'r)
wurmförmig.

vermifuge(wär-mĭ-fü'Ǧ) *a. u.s/m.*
wurm-abtreibend(es Mittel *n*).

vermillon (wår-mǐ-jǫ') m Zinno'-
ber(=rot n); Röte f der Wangen ꝛc.

vermillonner (wår-mǐ-jŏ-ne') mit
Zinnober bemalen.

vermine (mi'n) f Ungeziefer n.

vermisseau (wår-mǐ-ßo') m (Re-
gen-)Würmchen n.

vermouler (wår-mu-le'): se ~
wurmstichig werden.

vermoulu,~e(wår-mu-lü')wurm-
stichig.   [Wurmfraß m.

vermoulure (wår-mu-lü'r) f

vermout (mu't) m Wermutwein.

vernal,~e (wår-nä'l)Frühlings=...

vernir (wår-nǐ'r) fi'rniffen, lak-
kieren; fig. überfirnissen.

vernis (wår-nǐ') m Fi'rnis, Lack,
Glasu'r f; lackiertes Leder; fig.
glänzender Anstrich, Schein.

vernisser (wår-nǐ-ße') glasieren.

vernisseur (nǐ-ßö'r) m Lackierer.

vérole (wĕ-rŏ'l) f Lustseuche; petite ~ Blattern pl., Pocken pl.

vérolé, ~e (we-rŏ-le') mit der
Lustseuche behaftet.

véronique ♀(we-rŏ-ni'k)f Ehren-
preis m.   [waren pl.

verraille (wå-ra'j) f kleine Glas-

verrat (wå-ra') m Eber.

verre (wår) m Glas n; Glas-
glocke f.   [=machen n, =ware.

verrerie (wå-rĭ-rǐ') f Glas-hütte,

verrier (wå-rǐe') m Glasmacher;
Gläserkorb.

verrière (wå-rǐä'r) f Kirchenfen-
ster(=Scheibe) n; Gläser-becken
m (Tafelgeschirr); Glaskasten m.

verrine (wå-ri'n) f Glas-scheibe,
=glocke, =röhre.

verroterie (wå-rŏ-t'rǐ') f kleine
Glaswaren pl.

verrou (wå-ru') m Riegel.

verrouiller (wå-rŭ-je') ver-, zu-
riegeln.

verrue (wå-rü') f Warze.

verruqueux,~se(wå-rŭ-kö', ~ö'ß)
warzig.   [gegen, nach, zu.

vers (wår) 1. m Vers. 2. prp.

versant, ~e (wår-ßą', ~ßą't)
1. leicht umfallend (von Wagen).
2. ~ m Abdachung f, Abhang.

versatile (wår-ßa-ti'l) veränderlich.   [kelmut m.

versatilité (ßa-tǐ-lǐ-te') f Wan-

verse (wårß): à ~ es regnet wie
mit Mulden.

versé, ~e (wår-ße'): ~ dans qc.
in etwas bewandert.

Verseau (wår-ßo') m ast. Wasser-
mann.   [zahlung f.

versement (wår-ßmą') m Ein-

verser (wår-ße') I. v/a. (ein=,
aus=, ver=)gießen; weg=, verschütten; verbreiten, ausströ-
men; einzahlen; um-werfen,
=legen. II.v/n. um-fallen,=wer-
fen (von Wagen); sich lagern (v.
Getreide).

verset (wår-ßæ') m (Bibel=)Vers.

versicolore (wår-ßǐ-kŏ-lŏ'r) ver-
schiedenfarbig.

versificateur(wår-ßǐ-fǐ-ka-tö'r)m
Verse-macher.

versification (wår-ßǐ-fǐ-ka-ßǫ') f
Vers=kunst, =lehre.

versifier (ßǐ-fǐ-e') I. v/a. in Verse
bringen. II. v/n. Verse machen.

version (wår-ßǫ') f Überse'tzung;
Version, Auffassungsweise.

verso (wår-ßo') m Kehrseite f
eines Blattes.   [n am Pfluge.

versoir (wår-ßǎ'r) m Streichbrett

vert, ~e (wår, wårt) 1. grün;
frisch; munter, rüstig; derb,
scharf; noch unreif, herb. 2. m
Grün n; Grünfutter n; Herbe
f, Säure f.   [Grünspan.

vert-de-gris (wår-dĭ-grǐ') m

vertèbre (vå'br) f Wirbelbein n.

vertébré, ~e (wår-te-bre') 1. ge-
wirbelt. 2. ~s m/pl. Wirbel-
tiere n.

vertement (wår-tmą') adv. derb.

vertical, ~e (tǐ-kä'l) id., lot-,
senk-recht; (ligne) ~e f senk-
rechte Linie.

verrtige (wăr-tĭ'ǧ) m Schwindel; rasender Koller der Pferde.

vertigineux, ~se (wăr-tĭ-ǧĭ-nö', ~nö'ſ) schwindelig.

vertigo (wăr-tĭ-go') m Koller; närrische Laune.

vertu (wăr-tü') f Tugend; Sittsamkeit; Kraft; en ~ de kraft, vermöge.

vertueux, ~se (wăr-tü-ö', ~ö'ſ) tugendhaft, sittsam.

verve (wărw) f Begeisterung, Schwung m. [n, Verbe'na.

verveine (wăr-wæ'n) f Eisenkraut

vesce (wæß) f Wicke.

vésicatoire (we-ſĭ-ka-tŏă'r) 1. blasenziehend. 2. m Blasenpflaster.

vésicule (ſĭ-kü'l) f Bläschen n.

vespasienne (wæ-ßpa-ſĭæ'n) f Bedürfnisanstalt, Piſſoir n.

vesse(wæß)f Fiest m, Schleicher m.

vesser (wæ-ße') fiesten.

vesseur m, ~se f (wæ-ßö'r, ~ßö'ſ) Fiester(in).

vessie (wæ-ßĭ') f (Harn-, Haut-) Blase. [Jacke.

veste (wæßt) f ärmelloses Wams;

vestiaire (wæ-ßtĭă'r) m Garderobe f für das Publikum; Kleiderkammer f. [flur, Vorsaal.

vestibule (wæ-ßtĭ-bü'l) m Haus-

vestige (ßtĭ'ǧ) m (Fuß-)Spur f.

veston (wæ-ßtǫ') m kurzer Herrenrock. [Gewand n.

vêtement(wæ-tmǫ')m Kleidung f,

vétéran (we-tĕ-rǫ') m Betera'n; Alter in einer Schulklasse. [au.

Vétéravie (te-rä-wĭ') f Wetter-

vétérinaire(we-te-rĭ-nă'r)1.tierärztlich. 2. m Tier-arzt.

vétille (wĕ-tĭ'j) f Lappa'lie.

vétiller (we-tĭ-je') sich mit Lappa'lien beschäftigen; über Kleinigkeiten kritteln.

vétilleur m, ~se f (we-tĭ-jö'r, ~jö'ſ) Quengler(in).

vétilleux, ~se (we-tĭ-jö', ~jö'ſ) kitzlich, heikel.

vêtir (wæ-tĭ'r) (be)kleiden.

vêtu (wæ-tü') part.p. v. vêtir; a. stark behäutet (von Zwiebeln).

vétusté (we-tü-ßte') f hohes Alter von Sachen.

veuf m, ~ve f (wöf, wöw) 1. verwitwet. 2. s. Witwe(r).

veule (wöl) schlaff; mager.

veuvage (wö-wa'ǧ) m Witwer-, Witwen-stand m.

vexateur m, ~trice f (wæ-kßa-tör, ~trĭ'ß) bedrückend. [rei.

vexation (wæ-kßa-ßĭǫ') f Placke-

vexatoire (kßa-tŏă'r) bedrückend.

vexer (wæ-kße') drücken, placken; verdrießen, ärgern.

viabilité (wĭ-a-bĭ-lĭ-te')f Lebensfähigkeit.

viable (wĭ-a'bl) lebensfähig.

viager, ~ère (wĭ-ă-ǧe', ~ǧă'r) 1. lebenslänglich. 2. m lebenslängliche Rente.

viande (wĭāb) f Fleisch n; Speise.

viander (wĭā-be') äßen, weiden.

viandis (wĭā-bĭ') m Geäß n, Weide f. [Wegzehrung.

viatique (wĭ-a-tĭ'k) m heilige

vibor(d) (wĭ-bŏ'r) m Schan(d)deck n, Dollbord. [gung.

vibration (wĭ-brā-ßĭǫ') f Schwin-

vibrer (wĭ-bre') schwingen, zittern, vibrieren. [Vikar.

vicaire (wĭ-kă'r) m Stellvertreter,

vicarier (wĭ-kă-rĭ-e') ein Pfarramt als Vikar verwesen.

vice (wĭß) m Fehler, Gebrechen n; Laster n.

viciable (wĭ-ßĭ-a'bl) dem Verderben unterworfen.

vicier (wĭ-ßĭ-e') verderben; drl. umstoßen; se ~ schlecht werden.

vicieux, ~se (wĭ-ßĭö', ~ßĭö'ſ) fehler-, laster-haft; ungültig.

vicinal, ~e (wĭ-ßĭ-nă'l): chemin m ~ Vicinal-, Gemeinde-weg.

vicissitude (wĭ-ßĭß-ßĭ-tü'b) f Wechsel m, Unbestand m; ~s pl. Mißgeschick n.

ricomte *m*, ~sse *f* (wĭ-ka̱'t, wĭ-
ko̱-tæ'ß) ehm. Vice=graf, =grä=
fin; jetzt: id.

victime (wĭ-ktĭ'm) *f* Opfertier *n*,
Schlacht=opfer *n*; *fig.* Opfer *n*.

victoire (wĭ-ktŏä'r) *f* Sieg *m*; V~
Victo'ria. [siegreich.

victorieu**r**, ~se (wĭ-kto-riŏ', ~iŏ'f)

victuaille (wĭ-ktü-a'j) *f* Lebens=
mittel *n*.

vidange (wĭ-bā̱'G) *f* Ausleeren *n*;
Abfuhr *f* ber Auswurfstoffe; Nicht=
vollsein *n* eines Fasses; ~s *pl.*
Kot *m* ber Ab=orte.

vidanger (wĭ-bg-Ge') ben Abtritt
reinigen. [ausräumer.

vidangeur (wĭ-bg-Gŏ'r) *m* Abtritt=
vide (wĭb) 1. leer; gehaltlos;
lebig. 2. *m* Leere *f*; leerer
Raum; Nichtigkeit *f*.

videlle (wĭ-bæ'l) *f* Teigräbchen *n*.

vider (wĭ-be') (aus)leeren; ein
Huhn ausnehmen; Wild aus=
wirken; einen Ort räumen; einen
Streit erledigen, schlichten.

vidimer (wĭ-bĭ-me') beglaubigen.

viduité (wĭ-bü-ĭ-te') *f* Witwen=
stand *m*. [länglich.

vie (wĭ) *f* Leben *n*; à ~ lebens=

vieil *m*, ~le *f* (wĭæj, wĭæj) v. vieux.

vieillard (wĭæ-jā'r) *m* Greis.

vieillerie (wĭæ-j'rĭ') *f* alter Trö=
belkram. [Lebens=)Alter *n*.

vieillesse (wĭæ-jæ'ß) *f* (hohes

vieillir (wĭæ-jĭ'r) I. *v/n.* altern;
schwächer w.; veralten. II. *v/a.*
alt machen ob. erscheinen lassen.

vieillissant, ~e (wĭæ-jĭ-ßa̱', ~a̱'t)
alternb.

vieillissement (wĭæ-jĭ-ßma̱') *m*
Altern *n*; Veralten *n*.

vieillot *m*, ~te *f* (wĭæ-jo', ~jŏ't)
1. ältlich. 2. *s.* altes Männ=
chen, Mütterchen *n*.

vielle (wĭæl) *f* Leier.

vieller (wĭæ-le') leiern.

vielleu**r** *m*, ~se *f* (wĭæ-lŏ'r, ~lŏ'f)
Leier=mann, =frau.

Vienne(wĭæn)*f* 1. id., frz.Fluß, frz.
Departement. frz. Stadt. 2. Wien *n*.

vierge (wĭærG) 1. *f* Jungfrau.
2. *a.* jungfräulich, rein; argent
~ gediegenes Silber.

vieux ober vieil *m*, vieille *f* (wĭŭ,
wĭæj, wĭæj) 1. alt. 2. *s.* ber
(bie) Alte. [schmiere *f*.

vieux-oing (wĭŭ-ßŭ̱) *m* Wagen=

vif *m*, ~ve *f* (wif, wĭw) 1. le=
benbig; lebhaft, munter; scharf,
eindringlich. 2. *m* Lebende(r);
lebendes, gesundes Fleisch.

vif-argent (wĭ-fär-Qa̱') *m* Queck=
silber *n*.

vigie (wĭ-Gĭ') *f* (Schiffs=)Wache auf
bem Maste; Ausguck *m*; Sitz *m* bes
Schaffners auf Eisenbahnwagen.

vigilance (wĭ-Gĭ-la̱'ß) *f* Wach=
samkeit. [wachsam.

vigilant, ~e (wĭ-Gĭ-la̱', ~la̱'t)

vigile (wĭ-Gĭ'l) *f* heiliger Abend,
Vigi'lie.

vigne (wĭnj) *f* Weinrebe; cep de
~ Weinstock *m*; Weinberg *m*.

vigneron *m*, ~ne *f* (wĭ-nj'ra̱', ~·
ra̱'n) Winzer(in).

vignoble (wĭ-njo'bl) *m* Weinland.

vigogne (wĭ-go'nj) *f* Vicunna;
Vigognewolle.

vigoureu**r**, ~se (wĭ-gu-rŏ', ~·
rŏ'f) kräftig, stark.

vigueur (wĭ-gŏ'r) *f* Lebenskraft,
Rüstigkeit; Festigkeit, Nach=
bruck *m*; Kraft, Gültigkeit.

vil, ~e (wĭl, wĭl) niebrig, gemein;
à ~ prix sehr wohlfeil.

vilain, ~e (wĭ-la̱', ~læ'n) 1. bür=
gerlich; gemein, verworfen;
garstig, häßlich; geizig, filzig.
2. *m* ehm. Leibeigener; Bürger=
licher; garstiger Mensch; Geiz=
hals. [ben=, Brust=bohrer.

vilebrequin (wĭl-brĭ-ka̱') *m* Trau=

vilenie (wĭ-l'nĭ') *f* Gemeinheit;
Zote; Filzigkeit.

vileté (wĭ-l'te') *f* Geringheit;
Wohlfeilheit.

villipender (wĭ-lĭ-ᵽg-be') verun-
glimpfen.
village (wĭ-la'Q) m Dorf n.
villageois m, ~e f (wĭ-lǎ-Gä̃',
~Qä̃'f) 1. dorfmäßig, ländlich.
2. s. Dorfbewohner(in), Land-
mann, -frau.
ville (wĭl) f Stadt; en ~ auswärts (nicht zu Hause).
villégiature (wĭ-le-Gĭ-a-tü̃'r) f
Sommerfrische.
villeux, ~se (wĭl-Iö̃', ~Iö̃'f) zottig.
vin (wᵹ) m Wein.
vinaigre (wĭ-nä̃'gr) m Essig.
vinaigrer (wĭ-nä̃-gre') mit Essig
anmachen. [fabrik.
vinaigrerie (näg-grĭ-rĭ') f Essig-
vinaigrette (wĭ-nä̃-grä̃'t) f kalte
Essigbrühe; Fleisch n mit Öl
und Essig.
vinaigrier(wĭ-nä̃-grĭ-e')m Essig-
brauer, -flasche f.
vinaire (wĭ-nä̃'r) Wein-...
vindas (wᵹ-da'ß) m Erdspill n;
Göpel. [tĭ'w) rachsüchtig.
vindicatif, ~ve (wᵹ-bĭ-fa-tĭ'f, ~-
vindicte (wᵹ-bĭ'kt) f Sühnung,
Ahndung. [Gährkeller m.
vinée (wĭ-ne') f Wein-ernte;
vinetier(wĭ-nĭ-tĭe')m Berberizen-
strauch. [reich, -artig, -rot.
vineux, ~se (wĭ-nö̃', ~nö̃'f)wein-
vingt (wᵹ, in Zssg. wᵹt) zwanzig.
vingtaine (wᵹ-tä̃'n) f zwanzig
Stück, Stiege.
vingtième (wᵹ-tiä̃'m) 1. zwan-
zigst. 2. m Zwanzigstel n.
vinicole(wĭ-nĭ-kö'l) weinbauend.
vinification (wĭ-nĭ-fĭ-kä-ßĭ̃') f
Weinbereitungskunst.
viol (wĭöl) m Notzüchtigung.
violable (wĭ-ö-la'bĭ) verletzbar.
violacé, ~e (wĭö-la-ße') veilchen-
blau.
violateur m, ~trice f (wĭ-ö-la-
tö̃'r, ~trĭ'ß) Übertreter(in).
violation (wĭ-ö-Iä-ßĭ̃') f Verletzung; Schändung.

violâtre (wĭö-lā'tr) blaßviolett.
viole (wĭol) f Bratsche.
violemment(wĭ-ö-lǎ-ıng') adv. v.
violent.
violence (wĭ-ö-Iā'ß) f Heftigkeit;
Gewalt(samkeit). [waltsam.
violent, ~e (Iᵹ', Iā't) heftig, ge-
violenter (wĭ-ö-Iᵹ-te'): ~ q. j-m
Gewalt anthun.
violer (wĭ-ö-le') verletzen, übertre'ten; ent-heiligen; notzüch-
tigen. [schenblau, violett.
violet, ~te (wĭö-Iä̃', ~Iä̃'t) veil-
violette (wĭö-Iä̃'t) f Veilchen n.
violier (wĭö-Iĭe') m Levkoje f.
violiste (wĭö-Iĭ'ßt) m Bratschen-
spieler. [f; Geiger.
violon(wĭö-Iᵹ')m Geige f, Violine
violoncelle (wĭö-Iᵹ-schä̃'l oder ~-
ßä̃'l) m Cello n.
violoniste (wĭö-Iö-nĭ'ßt) s. Gei-
gen-virtuo'se, -virtuo'sin.
viorne ?(wĭ-o'rn)f Schnee-ball m.
vipère (wĭ-pä̃'r) f Viper, Otter.
virago (wĭ-ra-go') f Mannweib n.
virement(wi-r'mᵹ') m Wenden n
des Schiffes; Abrechnung f; Übertragung f auf einen andern Titel
des Budgets.
virer (wĭ-re') sich wenden und
drehen; ♪ wenden; v/a. die
Posten ab- und zu-schreiben.
vireux, ~se (wĭ-rö̃', ~rö̃'f) giftig;
ekelhaft riechend.
virevolte (wi-r'wö̃'lt) f Volte mit
Rückschwenkung.
virginal, ~e (wĭr-Gĭ-nä̃'l) jungfräulich. [fräulichkeit.
virginité (wĭr-Gĭ-nĭ-te') f Jung-
virgule (wĭr-gü'l) f Komma n.
viridité (wĭ-rĭ-bĭ-te') f grüne
Färbung. [mannhaft.
viril, ~e (wĭ-rĭ'l, ~rĭ'l) männlich;
virilité (wĭ-rĭ-lĭ-te') f Mannes-
alter n; Mannbarkeit.
virole (wĭ-rö'l) f Zwinge, Ring m.
virtualité (wĭr-tü-ǎ-lĭ-te')f Wir-
kungsvermögen n.

virtuel, ~le (wir-tüä'l, ~tüä'l) wirkungsfähig. [reit.

virulence (wi-rü-lạ̈'ß) f Giftig-

virulent, ~e (wi-rü-lạ̈', ~lạ̈'t) giftig.

virus (wi-rü'ß) m Giftstoff.

vis (wiß) f Schraube; Schraubengang m, -schnecke.

visa (wi-sa') m Visum n, Beglaubigung f. [Antlitz n.

visage (wi-sa'G) m Gesicht n,

vis-à-vis (wi-sä-wi') 1. gegenüber. 2. m id., Gegenüber n.

viscère (wi-ßä'r) m Eingeweide n.

viscosité (wi-ßko-si-te') f Klebrigkeit.

visée (wi-se') f Zielen n, Absicht.

viser (wi-se'): ~ à qc. nach etwas zielen; es auf etwas absehen; v/a. visieren. [barkeit.

visibilité (wi-ßi-bi-li-te') f Sicht-

visible (wi-ßi'bl) sichtbar; sichtlich, augenscheinlich.

visière (wi-ßiä'r) f Visier n, Helmgitter n; (Mützen- 2c.) Schirm m; Visier u. Korn n auf Flinten.

visigoth (wi-ßi-go') westgotisch; V~ Westgote.

vision (ßị̃') f Sehen n; Schauen n; id., Gesicht n, Erscheinung.

visionnaire (ßiõ-nä'r) s. Geisterseher(in).

visitation (wi-ßi-tä-ßị̃') f: V~ de la Vierge Heimsuchung Mariä.

visite (wi-ßi't) f id., Besuch m; Visitation, Besichtigung.

visiter (wi-ßi-te') besuchen; heimsuchen; besichtigen; visitieren.

visiteur (wi-ßi-tö'r) m Besucher; Beschauer, Visita'tor.

vison (wi-ßõ') m Mink (Art Marder); Nörz (-fell n).

visqueux, ~se (wi-ßkö', ~ßkö'ß) klebrig; zähe.

visser (wi-ße') an-, fest-schrauben.

Vistule (wi-ßtü'l) f Weichsel.

visuel, ~le (wi-sü̈ä'l, ~sü̈ä'l) Gesichts-..., Seh-...

Vit (wi) m Veit, Vitus.

vital, ~e (wi-tä'l) Lebens-..., lebensfähig. [-fähigkeit.

vitalité (wi-tä-li-te') f Lebens-

vitchoura (wi-tschu-ra') m Wildschur f.

vite (wit) geschwind, schnell.

vitesse (wi-tä'ß) f Schnelligkeit.

viticole (wi-ti-kŏ'l) auf Reben wachsend; weinbauend.

viticulteur (wi-ti-kül-tö'r) m Weinbauer.

vitrage (wi-tra'G) m Fenster-, Glas-werk n; Glas-verschlag.

vitraux (wi-tro') m/pl. Kirchenfenster n.

vitre (wi'tr) f Glasscheibe; Fenster.

vitré, ~e (wi-tre') glasartig, Glas-... [versehen.

vitrer (wi-tre') mit Glasscheiben

vitrerie (wi-trə-ri') f Glaserhandwerk n; Glas-handel m, -ware.

vitrescible (wi-trä-ßi'bl) verglasbar. [glasartig, glasig.

vitreux, ~se (wi-trö', ~trö'ß)

vitrier (wi-tri-e') m Glaser. [bar.

vitrifiable (wi-tri-fi-a'bl) verglas-

vitrifier (wi-tri-fi-e') verglasen.

vitrine (wi-tri'n) f Glas-kasten m, -schrank m; Schau-fenster n.

vivace (wi-wa'ß) 1. lebenskräftig; ausdauernd; perennierend. 2. ♂ (wi-wa'-tsche) adv. lebhaft.

vivacité (wi-wa-ßi-te') f Lebhaftigkeit; Glut, Heftigkeit.

vivandier m, ~ère f (wi-wa-bẽ', ~biä'r) Marketender(in).

vivant, ~e (wi-wa', ~wạ̈'t) 1. lebend, lebendig; lebhaft, geräuschvoll. 2. m Lebender; bon ~ Lebemann; de son ~ bei seinen Lebzeiten.

vivat (wi-wä't) 1. er (sie, es) lebe. 2. m Lebehoch n.

vive (wiw) 1. f Quetse (Fisch). 2. v. vivre.

vivement (wi-w'ma') adv. v. vif.

viveur (wi-wö'r) m Lebemann.

vivier (wĭ-wĭě') m Fiſchteich.

vivifiant, ~e (wĭ-wĭ-fĭ-ą', ~ą't) belebend. [Belebung.

vivification (wĭ-wĭ-fĭ-kā-ßĭǫ') f

vivifier (wĭ-wĭ-fĭ-e') beleben.

vivipare (wĭ-wĭ-pā'r) lebendige Junge gebärend. [leben.

viveter (wĭ-wě-te') kümmerlich

vivre (wĭ'wr) 1. leben; vive le roi! es lebe der König! qui vive? wer da? 2. m Lebensunterhalt; ~s pl. Lebensmittel, Proviant.

vizir (wĭ-fī'r) m Vezi(e)r.

vocable(wŏ-kă'bl) m Wort n; sous le ~ de ... unter dem Namen des Heiligen ...

vocabulaire (wŏ-kă-bŭ-lä'r) m kleines Wörterbuch.

vocal, ~e (kă'l) durch die Stimme hervorgebracht, Vokal-...

vocaliser (wŏ-kă-lĭ-fe') Stimmübungen machen.

vocation (wŏ-kā-ßĭǫ') f Beruf m; Hang m.

vociération (wŏ-ßĭ-fe-rā-ßĭǫ') f lautes Schimpfen, Geſchrei n.

vociérer (wŏ-ßĭ-fe-re') heftig schreien, toben.

vœu (wȫ) m Gelübde n; Gelöbnis n; Votiv-Geſchenk n; Wunſch.

vogue (wog) f Beliebtheit, Ruf m; großer Zulauf.

voguer (wŏ-ge') ſich fortbewegen, dahin ſchwimmen (v. Schiffen).

voici (wĭ̃ǎ-ßĭ') hier iſt, ſind; me ~ hier bin ich; folgendes iſt ...

voie (wĭ̃ǎ) f Weg m, Bahn; ~ ferrée Eiſenbahn; Wagenſpur, Geleiſe n; Spurweite; Transportgelegenheit; Mitteln; Fährte, Spur; ~ d'eau Tracht Waſſer, a. Leck n.

voilà (wĭ̃ǎ-lǎ') da iſt, da ſind; le (la) ~ da iſt er (ſie); nous y ~ da haben wir's.

voile (wĭ̃ǎl) 1. m Schleier, fig. Hülle f; Deckmantel. 2. f Segel n; cent ~s 100 Schiffe.

voiler (wĭ̃ǎ-le') verſchleiern; verhüllen; bemänteln; ein Schiff beſegeln. [rei, ~boden m.

voilerie (wĭ̃ǎ-l'rĭ') f Segel-mache

voilier (wĭ̃ǎ-lĭě') m Segelmacher; (bon) ~ (guter) Segler.

voilure (wĭ̃ǎ-lü'r) f Segel-werk n, ~ſtellung.

voir (wǟr) ſehen, ſchauen, erblicken; faire ~ zeigen; erleben; aller ~ q. jem. beſuchen; ~ q. mit j-m verkehren; einſehen; durchſehen, prüfen; être bien vu gut angeſchrieben ſein; v/n. y ~ ſehen können; ~ à qc. nach etwas ſehen, für etwas ſorgen.

voire (wǟr): ~ (même) ſogar.

voirie (wǟ-rĭ') f Wege-amt n; Schind-anger m.

voisin m, ~e f (wĭ̃ǎ-ſą', ~ſĭ'n) 1. benachbart; angrenzend. 2. s. Nachbar(in). [barſchaft f.

voisinage (wĭ̃ǎ-ſĭ-na'G) m Nach

voisiner (wĭ̃ǎ-ſĭ-ne') gute Nachbarſchaft halten.

voiturage (wĭ̃ǎ-tŭ-ra'G) m Transport auf der Achſe.

voiture (wĭ̃ǎ-tü'r) f Wagen m; Kutſche; Fracht; Frachtgeld n; lettre de ~ Frachtbrief m.

voiturer(wĭ̃ǎ-tü-re') Fracht fahren.

voiturier (tü-rĭě') m Fuhrmann.

voiturin (wĭ̃ǎ-tü-rą') m Lohnkutſcher.

voix (wĭ̃ǎ) f Stimme; Laut m, Ton m; Anſchlagen n der Hunde; aller aux ~ abſtimmen.

vol (wŏl) m 1. Diebſtahl, Raub. 2. Flug, Fliegen n; (Auf-) Schwung; Vogel-Beize f.

volable (wŏ-la'bl) (be)ſtehlbar.

volage (wŏ-la'G) flatterhaft.

volaille (wŏ-la'j) f Federvieh n, Huhn n.

volant, ~e (wŏ-lą', ~lą't) 1. fliegend. 2. m Federball; id. (loſe aufgeſetzter Beſatz); (Windmühlen-) Flügel.

volatil, ~e (wŏ-la-tĭ'l, ~tĭ'l) flüchtig; sel m ~ Riechsalz n.

volatile (wŏ-la-tĭ'l) a. unb s/m. geflügelt(es Tier).

volatiliser (wŏ-la-tĭ-lĭ-ſe') verflüchtigen.

vol-au-vent (wŏl-o-wa̱') m Blätterteig-paſtete f.

volcan (wŏl-ka̱') m Vulkan.

volcanique (wŏl-kă-ni'k) vulkaniſch; fig. gährend.

vole (wŏl) f Schlemm m, alle (Karten-)Stiche.

volée (wŏ-lĕ') f (Auf-, Aus-)Flug m; Kette, Volk n (Vögel); Rang m, Stand m; Salve; Schwung m der Glocke; Tracht Prügel.

voler (wŏ-lĕ') 1. fliegen; eilen. 2. ſtehlen; jem. beſtehlen.

volerie (wŏ-l'rĭ') f Vogel-Beize; Dieberei.

volet (wŏ-læ') m Fenſterladen; Fallthürchen n am Taubenſchlage; (Waſſerrad-)Schaufel f.

voleter (wŏ-l'tĕ') flattern.

voleur m, ~se f (wŏ-lŏ̄'r, ~lŏ̄'ſ) Dieb(in).

volière (wŏ-lĭā'r) f Vogelhaus n.

volige (wŏ-lĭ'ǧ) f dünnes Brett; Dachlatte.

volontaire (wŏ-lǫ-tä'r) 1. freiwillig; eigenwillig. 2. m Freiwilliger. [als Freiwilliger.

volontariat (lǫ-ta-rĭ-a') m Dienſt

volonté (wŏ-lǫ-tĕ') f Wille m; Belieben n; ~s pl. Grillen, Launen. [willig.

volontiers (wŏ-lǫ-tĭĕ') gern,

volte (wŏlt) f raſche Wendung; id., Kreisritt m.

volte-face (wŏlt-fa̱'ß) f halbe Wendung um ſich ſelbſt; faire ~ kehrt machen.

voltige (wŏl-tĭ'ǧ) f Schlappſeil n; Voltigieren n.

voltiger (wŏl-tĭ-ǧĕ') (herum-) flattern; voltigieren.

voltigeur (wŏl-tĭ-ǧŏ̄'r) m Kunſt-, Luft-ſpringer; ⚔ id.

volubilité (wŏ-lü-bĭ-lĭ-tĕ') f leichte Drehbarkeit; Zungenfertigkeit.

volume (wŏ-lü'm) m Band eines Buches; Raum-inhalt; Umfang der Stimme.

volumineux, ~se (wŏ-lü-mĭ-nŏ̄', ~ŏ̄'ſ) bände-reich; umfangreich.

volupté (wŏ-lü-ptĕ') f Wolluſt; Hochgenuß m.

voluptueux, ~se (wŏ-lü-ptü-ŏ̄', ~ŏ̄'ſ) 1. wollüſtig. 2. m Wollüſtling.

volute (wŏ-lü't) f Walzenſchnecke; arch. Schnecke, Spirale.

vomique (wŏ-mi'k) 1. noix f ~ Brechnuß. 2. f Lungengeſchwür.

vomir (wŏ-mĭ'r) (aus-)brechen; ſich überge'ben; fig. ausſpeien.

vomissement (wŏ-mĭ-ßma̱') m Er-brechen n.

vomitif, ~ve (wŏ-mĭ-ti'f, ~tĭ'w) 1. Erbrechen erregend. 2. m Brechmittel n.

vorace (wŏ-ra̱'ß) gefräßig.

voracité (ra-ßĭ-tĕ') f Gefräßigkeit.

vos (wŏ) pl. von votre.

Vosges (wōǧ) f/pl. Voge'ſen pl., Wasgau m.

votant (wŏ-ta̱') 1. abſtimmend. 2. m der Stimmende.

vote (wŏt) m Vo'tum n, Stimme f; Abſtimmung f.

voter (wŏ-tĕ') abſtimmen; votieren, durch Abſtimmung genehmigen.

votif, ~ve (wŏ-ti'f, ~tĭ'w) angelobt, Votiv-...

votre (wŏ'tr), pl. vos (wŏ) euer, eure, Ihr(e).

vôtre (wŏ'tr): le (la) ~ der (die, das) Eurige, Ihrige.

vouer (wŭ-ĕ') widmen, weihen.

vouloir (wu-lŏā'r) 1. wollen; gebieten; mögen; je voudrais ich möchte; bien voulu gern geſehen ob. gelitten; einwilligen;

je le veux bien ich bin es
zufrieden; ~ dire bedeuten; en
~ à q. j-m böse sein, grollen;
auch: sein Augenmerk auf jem.
richten, j-m zu Leibe wollen;
en ~ à qc. nach etwas trachten.
2. m (mauvais) ~ (böser) Wille.
vous (wu) ihr, Ihr, euch, Euch;
Sie, Ihnen.
vousoyer (wu-fßä-fe'): ~ q. zu j-m
Sie sagen.
voussoir (wu-ßßä'r) m Gewölb-
stein. [rundung.
voussure (wu-ßü'r) f Bogen-
voûte (wût) f Gewölbe n, Wöl-
bung.
voûter (wu-te') wölben; se ~ sich
wölben, krumm werden.
voyage (wßä-fä'G) m Reise f;
Fahrt f; Fuhre f; Reise-beschrei-
bung f. [auf Reisen sein.
voyager (ßä-Ge') (umher) reisen,
voyageur m, ~se f (wßä-fä-Gö'r,
~Gö'f) Reisende(r).
voyant, ~e (wßä-ßä', ~ßä't) 1. se-
henb; grell, schreiend (v. Farben).
2. m (Hell-)Seher, Prophet.
voyelle (wßä-ßä'l) f Vokal m.
voyer (wßä-fe') m Wege-aufseher.
voyou (wßä-iu') m Straßenjunge.
vrac ⚓ (wräk) m Unordnung; en
~ durch einander.
vrai, ~e (wrä, wrä) 1. wahr;
wahrhaft; naturgetreu; wirklich; il est ~ que freilich, allerdings. 2. m das Wahre; Wahrheit f; à ~ dire offen gestanden.
vraiment (wrä-mg') wahrlich,
wahrhaftig. [scheinlich.
vraisemblable (ßg-bla'bl) wahr-
vraisemblance(ßg-blä'ß)f Wahrscheinlichkeit.

vrille(wrij)f Zwickbohrer m; (Bit-
tel-)Ranke.
vriller (wrl-je') I. v/a. an-, durchbohren. II. v/n. schrauben-artig
in die Höhe steigen.
vrillerie (wrl-j'rl') f Bohrer-
schmiede(-handwerk n).
vu (wü) 1. part.p. v. voir. 2. prp.
nach Durchsicht von ...; in An-
betracht, in Erwägung. 3. cj.
~ que ... weil ja ..., da doch ...
4. m Sehen n; au ~ et au su
de tout le monde vor den Augen und mit Wissen aller Welt;
Durchsicht f, Prüfung f.
vue (wü) f Gesicht n, Sehen n;
double ~ Doppelsehen n; Augen pl., Blick m; An-, Be-sehen
n, Anblick m; à ~ d'œil nach
dem Augenmaße; être en ~
sichtbar, in Sicht sein; à ~ auf
Sicht; Ansicht; Aus-, Fern-sicht;
fig. Absicht, Plan m; Scharfblick m; Licht-Öffnung.
Vulcain (wül-kg') m Vulka'n.
vulcaniser (wül-kä-nl-fe') Kaut-
schut vulkanisieren, schwefeln.
vulgaire (wül-gä'r) 1. allgemein
verbreitet oder üblich, gewöhnlich; gemein, alltäglich; langue
f ~ Volks-, Vulgär-sprache.
2. m das gemeine Volk.
vulgariser (gä-rl-fe') gemeinver-
ständlich machen. [heit.
vulgarité (gä-rl-te') f Gemein-
vulnérable (wül-ne-ra'bl) ver-
wundbar.
vulnéraire (wül-ne-rä'r) 1. Wunden heilend, Wund-... 2. m
Wundbalsam. 3. f Wundkraut.
vulve (wülw) f äußere weibliche
Scham.

W.

wag(g)on (wă-gǫ') m id., Eisenbahnwagen.
wallon, ~(n)e (wă-lǫ', ~lo'n) wallo'nisch; W~, W~(n)e s. Wallo'ne, Wallo'nin. [bin f.
Wende (wẽb) s. Wende m, Wen-

wendique (wǫ-bi'ℓ) wendisch.
whig (wῑlg) a. et s/m whiggiftisch;
  Whig.
whist (ữßt) m id. n (Kartenspiel).
wurst (würßt) m kleiner Muni-
  tionswagen.

X.

Xant(h)ippe (gfǫ-tℓ'p) 1. m Xan-
  thippus. 2. f id., fig. zän-
  kisches Weib.
xantho... (gfǫ-to...)in Zssg.: gelb-...
xéranthème (gfe-rǫ-tẽ'm) m
  Strohblume f. [Stabt).
Xérès (fĕ-ræ'ß) m Jerez (span.

Xerxès (gfǎr-ßæ'ß) m Xerxes
xylo... (gfῑ-lo...) in Zssg.: Holz-...,
  s. xylographe m Holzschnei-
  ber. [xylogra'phisch.
xylographique (gfῑ-lŏ-grǎ-fℓ'ℓ)
xyloïde (gfῑ-lŏ-ℓ'b) holz-ähnlich.

Y.

y (i) bort, (ba)hin, ba(selbst);
  baran, barauf, bazu; babei.
yacht (ℓ-a'ℓ) m Jacht f.
yack (ℓ-a'ℓ) m id., Grunz-ochs.
yam (ℓ̃m) m Jamswurzel f.
yeuse (ℓ-ŏ'f) f immergrüne Eiche.

yeux (ℓ̃ß) m/pl. von œil.
yole (ℓ-o'l) f Jolle.
ypréau (ℓ-brĕ-o') m Silberpappel
  f; langstielige Rüster.
Yves (ℓ̃w) m Iwo, Iwein.

Z.

zain (fǫ): (cheval m) ~ einfarbiges Pferd ohne Abzeichen.
zèbre (fæ̃'br) m Zebra n.
zébrer (fe-bre') ze'bra-artig streifen. [Streifung.
zébrure (fĕ-brü'r) f ze'bra-artige
zébu (fĕ-bü') m Ze'bu (indischer
  Buckel-ochs). [(-pflanze) m.
zédoaire (fe-bŏ-ā'r) f Zitwer
Zélande (fe-lǫ̃'b) f Seeland n.
zélateur m, ~trice f (fe-la-tŏ'r,
  ~trℓ'ß) Eiferer, Zelo't(in).
zèle (fℓl) m Eifer, Drang, Be-
flissenheit f.

zélé, ~e (fe-le') eifrig.
zénith (fĕ-ni't) m Zenith, Schei-
telpunkt.
zéphire, zéphyr(fe-fℓ'r)m Ze'phyr,
lauer Wind.
zéro (fe-ro') m Null f; Nullgrad.
zest(e) (fæßt) 1. int.paß! Possen!;
  husch. 2. m être entre le zist
  et le ~ so so sein, nicht gut u.
  nicht schlecht sein.
zeste (fæßt) m Nußsattel; abge-
schälter Streifen einer Citro-
nen- 2c. schale; pas un ~ keinen
  Pfifferling wert.

zézayer (ze-zä-ĭe') lispeln, z für weiches g sprechen.

zibeline (zĭ-b'lĭ'n) f (a. martre ~) Zobel m.

zigzag(zĭg-zå'g) m Zickzack n (a.⚔).

zigzaguer (zĭg-zå-ge') I. v/a. Zickzacke auf etwas machen. II. v/n. hin- und her-taumeln.

zinc (zä̃) m Zink n.

zincage (zä̃-kå'G) m Be-, Ver-zinken n.

zingane, ~ri (zä̃-ga'n, ~gă-ri') a. u. s. zigeunerisch; Zigeuner(in).

zinguer (zä̃-ge') mit Zink decken.

zinguerie (zä̃-g'rĭ') f Zinkhütte.

zingueur(zä̃-gö'r) m Zinkarbeiter.

ziste (zĭßt) v. zest.

zizanie (zĭ-ză-nĭ') f: semer la ~ Zwietracht säen.

zodiaque (zŏ-bĭ-a'ʈ) m Tierkreis.

zone (zon) f Zone, Erdgürtel m; Streifen m; Landstrich m.

zoo... (zo-o...) in Zsg.: Tier-..., z.B. **zoographie** f Tierbeschreibung; **zoologie** f id., Tierkunde; zoophage Tiere fressend; zoophyte m Tierpflanze f.

zostère ♀ (zŏ-ßtā'r) f Wasser-riemen m; ~ marine Seegras n.

zut(h) (süt) nichts da! benk' nicht dran!

zygène (zĭ-Qä'n) m Hammerfisch.

Langenscheidts Bibliothek

sämtlicher griechischen und römischen Klassiker
in neueren deutschen
Muster-Übersetzungen.

„Wenn wir uns dem klassischen Altertum gegenüberstellen und es ernstlich in der Absicht anschauen, uns daran zu bilden, so gewinnen wir die Empfindung, als ob wir erst eigentlich zu Menschen würden.“   Goethe.

„Die Schriften der alten Griechen und Römer sind, wo nicht die einzige, so doch die vorzüglichste Schule der Humanität.“   Herder.

„Ohne das wiedererweckte Studium der Klassiker wäre keine neue Philosophie und Beredsamkeit, keine Kritik, Kunst und Poesie entstanden. Europa säße noch immer in der Dämmerung und labte sich an den abenteuerlichen Romanen des Mittelalters. Alles daher, was den Geschmack an den Alten unter uns fördert, sei uns wert: ihre Ausgaben denen, welche der Ursprachen mächtig sind, ihre Übersetzungen den Laien im Griechischen und Lateinischen.“   Herder.

„Die alten Klassiker verdienen unsere Verehrung wegen des sie charakterisierenden praktischen Verstandes, wegen der Gediegenheit ihrer Ideen, wegen der Natureinfalt und Grazie ihrer Darstellung, wegen ihres Ernstes und ihrer moralischen Weisheit, wegen ihres hohen Freiheits- und Vaterlandsgeistes und ihres Sinnes für Lebenseinfachheit und Freundschaft. Sie lehren die echte Philosophie des Lebens; sie sind die Ulmen, an denen — wie in Italien die Weinrebe — die Reben unsrer neueren Gelehrsamkeit und Litteratur hinaufranken. Lessing.

Philologen ersten Ranges, wie Donner, Sommerbrodt, Stahr, Suchier ꝛc., haben gewetteifert, uns in dieser „Bibliothek“ die unsterblichen Werke der Griechen und Römer in formvollendeter Verdeutschung und feinfühligster Anpassung an den Urtext darzubieten. Bei keinem, der auf Bildung Anspruch macht, in keiner Schulbibliothek sollte man diese als mustergiltig anerkannte Sammlung, welche auch in bezug auf anständige Ausstattung allen billigen Ansprüchen genügt, vermissen. Einer der berühmtesten Fachmänner bezeichnet die Langenscheidtsche Klassiker-Bibliothek als
„Einen wahren Schatz für unsere auf gesunden Wegen
fortschreitende Nation.“

Die Anschaffung ist durch den außerordentlich billigen Preis jedermann ermöglicht. Zur Vermeidung von Verwechselungen mit anderweiten älteren Übersetzungen verlange man die „Langenscheidtsche“ Sammlung.

Erschienen sind folgende 65 Klassiker: